주석 형법

[총칙 2]

(제3판)

§ 25 ~ § 86

편집대표

박 상 옥 / 김 대 휘

韓國司法行政學會

머리말(제 3 판)

한국사법행정학회 편 주석형법 총칙 제 2 판이 2011 년도에 간행된 후 벌써 오랜 기간이 지났다. 그 동안 형법과 형사특별법이 여러 차례 개정되었고, 새로운 학설·판례도 많이 축적되었다. 국내 유일의 형법 주석서인 본 서가 현행 형사법에 대한 연구의 길잡이 내지 형사실무의 지침서로서의 역할을 제대로 담당할 수 있게 하기 위하여 그 내용의 쇄신과 보완이 필요한 시점이 되었다. 이번의 새로운 주석형법 총칙은 종래 이론 위주에서 판례와 실무를 중심으로 개편하려 하였고, 따라서 그 집필에 법관 등 법실무가와 실무 경험이 있는 교수들이 대거 참여해 주셨다. 다만 방대한 주석서의 특성 상 여러분들이 나누어 집필한 관계로 그 내용의 일관성과 통일성을 기하기는 어려운 점이 있었지만, 편집위원회에서 형식을 통일하고 가능한 한 내용의 조정에도 노력하였다.

이번 총칙 편의 주석서 역시 국내의 판례·학설을 정확하게 소개하고 분석함으로써 우리 형사법학계와 형사실무의 현 상황을 명확하게 파악할 수 있게 하도록 노력하였고, 필요한 경우 외국의 주요한 학설, 판례도 소개하였다. 본 주석서가 형사법의 연구자와 실무가에게 큰 도움을 줄 수 있고, 우리 형사사법의 수준을 높이는 데 기여할 수 있기를 기대한다. 본 서의 편집자들은 향후에도 수정과 보완을 계속해 나갈 것을 약속드린다.

집필에 수고하여 주신 집필자 여러분들과 기획 및 편집에 수고하여 주신 편집위원들 및 본 주석서를 출판하여 주신 한국사법행정학회 이종균 회장님과 이형한 부장 및 직원들에게 깊이 감사를 드린다.

2020 년 1 월

편집대표 대법관 박상옥
변호사 김대휘

머리말(제 2 판)

한국사법행정학회 편 주석형법 총칙 제 1 판이 간행된 후 벌써 오랜 기간이 지났다. 그동안 형법이 일부 개정되고 형사특별법이 많이 제정되었으며, 새로운 학설·판례가 많이 축적되었다. 우리나라 유일의 형법 주석서인 주석형법이 현행 형사법에 대한 연구의 길잡이요 형사실무의 지침서로서의 역할을 바르게 담당할 수 있기 위하여, 내용의 진정한 쇄신과 보완이 필요한 단계가 되었다. 이번의 새로운 주석형법의 집필에 있어서도 전과 마찬가지로 명망 있는 국내의 학자와 실무가들이 대거 참여하여 주셨다. 다만 여러분들이 분야를 나누어 집필한 관계로 그 형식이나 내용의 일관성을 기하기 어려운 점이 있었으나, 편집위원회에서 가능한 한 그 조정과 통일에 힘을 쏟았다. 또한 각칙 편에 비하여 상당히 늦게 총칙 편의 주석서가 간행된 점에 대하여 이유를 불문하고 깊이 사과를 드린다.

현재 형법의 개정 작업이 진행 중이지만, 형사법의 기본이론에 관한 부분인 총칙은 부분적 수정이나 용어의 정비 이외에 크게 변함은 없을 것이므로, 그에 따라 향후 개정과 보완을 하여 갈 예정이다. 각칙 편과 마찬가지로 총칙 편의 주석 역시 국내외의 주요한 판례·학설을 정확하게 소개하여 분석함으로써 우리 형사법의 현 상황을 명확하게 파악할 수 있게 하도록 노력하였으나, 아직 부족한 점이 없지 않다. 향후 수정과 보완을 계속해 나갈 것이지만, 본서가 형사법의 연구자와 실무가에게 큰 도움을 줄 수 있고, 우리 형사법문화의 수준을 높이는 데 기여할 수 있기를 기대한다.

집필에 수고하여 주신 필자들과 기획 및 편집에 수고하여 주신 편집위원들 및 본 주석서를 출판하여 주신 한국사법행정학회의 회장님과 직원들에게 깊이 감사를 드린다.

2011 년　10 월

편집대표 변호사 박재윤

머리말(제 1 판)

우리가 刑法을 이해함에 있어서 敎科書的인 敍述은 理論體系的인 把握에 도움을 주지만, 實務的인 面에서는 註釋書的인 敍述이 꼭 필요하다. 註釋書는 學說과判例가 個個의 條文을 中心으로 하여 정리되어 있으므로, 實定法規의 理解에 직접으로 도움을 준다. 實務에 있어서는 결국 條文의 올바른 適用이 必要·不可缺한데, 이는 條文의 理論的 背景과 條文適用의 先例에 대한 깊고도 정확한 智識을 前提로 삼는 것이다.

이러한 意味에서 「刑法各則」에 이어서 「刑法總則」에 관한 자세한 註釋書가 크게 요망되던 차에, 現行刑法이 시행된지 35년 만에야 이 所望을 풀게 되었다. 「刑法總則」에 관한 註釋書의 出刊計劃이 세워진지는 오래되지만, 구체적으로 執筆分擔이 확정된 것은 1984년 3월 이었으므로, 벌써 4년이 지났다. 그동안 學界에서는 훌륭한 業績이 많이 나왔고 또 判例도 많이 나왔을 뿐 아니라 整理가 되고 있는 줄로 안다. 그럼에도 불구하고 이렇게 出刊이 늦어진 데에는, 刑法總論의 理論的 整理가 그렇게 쉽지 않다는 데에도 하나의 理由를 찾을 수 있으리라고 생각한다. 理論과 判例의 相補的인 發展은 刑法의 分野에 있어서도 꼭 필요한데, 이 註釋書가 하나의 좋은 길잡이가 되리라고 생각한다.

刑法典의 全面的인 改正作業은 1985년 6월에 法務部에 「刑事法改正特別審議委員會」가 발족됨으로써 시작되었는데, 「刑法改正의 基本方向」의 設定에 이어서 「改正刑法의 要綱」의 確定을 눈앞에 두고 있다. 앞으로 「準備草案」의 作成, 「公廳期間」에 이어서 「確定草案」의 作成이 남아 있는데, 우리의 刑法改正作業에 이 刑法註釋書가 큰 도움을 주리라고 믿는다.

「刑法總則」의 上卷에 이어서 下卷도 곧 出刊되리라고 생각한다. 그 동안 바쁘신 가운데 열심히 執筆하여 주신 筆陣 여러분과 함께, 이 책을 出版해 주신 韓國司法行政學會 李鍾均 會長께 감사드리는 바이다. 끝으로 執筆分擔의 確定 얼마 後 인 1984년 4월에 故人이 된 서울 大學校의 姜求眞敎授, 가장 먼저 脫稿해 주셨는데 이 책의 出刊을 보기 前인 1987년 8월에 故人이 되신 忠南大學校의 權文澤敎授께 이 자리를 빌어 삼가 冥福을 비는 바입니다.

1988년 6월

編輯代表 金 鍾 源

주석 형법 [총칙] 집필자

권오석 서울중앙지방법원 부장판사

김대휘 변호사

김문성 의정부지방법원 부장판사

김태업 서울남부지방법원 수석부장판사

김희수 대법원 재판연구관

마용주 대법원 수석재판연구관

송병훈 대법원 재판연구관

심 담 수원고등법원 부장판사

유성욱 대법원 재판연구관

이동식 수원지방법원 부장판사

이상원 서울대학교 법학전문대학원 교수

이상주 서울중앙지방법원 부장판사

이주원 고려대학교 법학전문대학원 교수

전승수 법무연수원 교수

정문경 서울고등법원 판사

조병구 서울서부지방법원 부장판사

조의연 서울북부지방법원 부장판사

최형표 서울중앙지방법원 부장판사

하태한 서울고등법원 판사

(2020. 2. 24. 현재)

[범 례]

Ⅰ. 서술방식

1. 원고는 횡서체로 하고 한글 전용을 원칙으로 한다. 다만 법령명이나 의미 전달에 혼란이 있는 경우 한자를 괄호안에 병기하였다.

2. 타이틀은 다음과 같이 구분하였다.

Ⅰ.
1.
가.
1)
가)
(1)
(가)
①
㉮

3. 조문은 집필당시의 개정법률을 근거로 하며 그 내용은 종합법률정보(http://glaw.scourt.go.kr)에 수록된 법령에 준하였다.

4. 조문 하단에는 집필하려는 조문과 관련된 관련조문이나 비교조문을 나열하였고, 해당 조문의 목차를 두었다.

5. 각 조문별로 주석을 서술하였고 별면으로 처리하였다. 각주의 일련번호는 각 편, 장, 절, 관, 조문별로 새롭게 번호를 부여하였다.

Ⅱ. 법령 표기

1. 법령의 인용시에는 원칙적으로 약어를 사용하지 않았다.

2. 본문속에 법령을 표기할 때에는 본문의 법령인용은 원문 그대로 사용하며 제○조 제○항 제○호 등으로 기재하였다.

※ 예) ① 본문의 경우

민사소송법 제476조 제1항, 민법 제289조의2 제1항

② ( )안의 경우

(민사소송법 제479조 제2항 제1호, 민법 제280조 제1항 제1호)

Ⅲ. 판례 표기

1. 판례의 표기는 다음과 같은 방법에 따른다.

▷ 대법원 1996. 4. 26. 선고 96다1078 판결.

▷ 대법원 1992. 5. 26. 선고 92다84 판결, 대법원 1993. 10. 26. 선고 93다6409 판결, 대법원 1996. 6. 14. 선고 96다46374 판결.

▷ 대법원 1996. 11. 16.자 95마252 결정.

▷ 대법원 1995. 11. 16. 선고 94다56852, 56853 전원합의체 판결.

☞ 사건번호는 병합, 반소, 참가 사건 구분 없이 '94다56852, 56853'과 같이 나열하였다.

▷ 부산지방법원 동부지원 2000. 1. 18. 선고 2000가합10574 판결.

▷ 헌법재판소 1994. 7. 29. 선고 92헌바49, 52 결정.

2. 외국 판결은 그 나라의 표준적인 표시방법에 따라 표시할 수 있다. 다만, 일본판결의 경우에 선고일자는 서기연도로 기재하며, 일본연호는 사용하지 않았다.

▷ 일본대심원 대정 9년 12월 20일 판결

☞ 日大判 1920. 12. 20.

▷ 일본최고재판소 소화 34년 6월 19일 판결

☞ 日最判 1959. 6. 19.

3. 판례 출처는 검색이 가능한 판례의 경우는 출처를 밝히지 않았다. 하지만 그 이외 경우는 출처를 밝히기 위한 약어는 다음과 같다. 약어로 표기된 출처는 괄호(공1988, 623)안에 넣어 표기한다.

▷ 법원공보 1988년 4월 15일 제822호 623면 → 공1988, 623

▷ 법원공보 1993년 7월 15일 제948호 1697면 → 공1993하, 1697

☞ 법원공보가 상, 하로 분리된 1993년부터는 상, 하를 구분하여 표시하였다.

▷ 판례공보 1996년 2월 1일 제3호 461면 → 공1996상, 461

▷ 대법원판례집 제43권 2집 민사편 230면 → 집43-2, 230

☞ 다만, 대법원판례집 제31권 6집까지는 편별로 면수가 독립되어 있으므로 '집31-6, 민149'와 같이 편별 표시를 하였다.

▷ 대법원판결요지집 민사·상사편 Ⅰ-2집 680-2면 65번 판결 → 요민Ⅰ-2, 680- 2(65)

☞ 형사 · 군사편은 '요형', 특별편은 '요특'으로 표시하였다.

▷ 각급법원(제1,2심) 판결공보 2005년 2월 10일 제18호 215면 → 각공18, 215

▷ 고등법원판례집 1970년 형사·특별편 20면 → 고집1970, 형특20

▷ 하급심판결집 1984년 제2권 229면 → 하집1984-2, 229

▷ 헌법재판소판례집 제3권 569면 → 헌집3, 569

▷ 헌법재판소공보 제3호 255면 → 헌공3, 255

▷ 사법논집 제25집 311면 → 사법논집(25), 311

▷ 사법연구자료 제21집 153면 → 사법연구(21), 153

▷ 재판자료 제61집 364면 → 재판자료(61), 364

▷ 대법원판례해설 1995 하반기(통권 제24호) 151면 → 판례해설(24), 151

Ⅳ. 기타 인용 표기

1. 판결, 문헌 인용시 약어는 사용하지 않으며 해당 페이지에 대한 "면", "쪽" 등의 글자 표시는 생략하였다.

2. 참고문헌의 표기는 다음과 같이 하였다.

▷ 이시윤, 민사소송법(신정보판), 박영사(1995), 232.

▷ 주석 민법, 물권편(2)(제4판), 한국사법행정학회(2011), 98(박삼봉)

▷ 민법주해 Ⅷ, 채권(1), 박영사(1995), 159(송덕수)

3. 저자가 2명 이상인 경우 '/ '를 사용하여 2명의 이름을 모두 밝히되, 3명 이상인 경우에는 '○○○ 외 2인' 등으로 표기하였다.

4. 논문이나 단행본, 월간지, 기타 논문집의 인용은 다음과 같이 하였다.

▷ 김기정, "집합건물의 집행을 둘러싼 몇 가지 법률문제에 대한 고찰", 사법논집(27), 5.

▷ 윤진수, "토지 임차인의 매수청구권 행사와 법원의 석명의무", 인권과 정의 236호(1996. 4.), 133-139.

5. 외국 문헌은 그 나라의 인용례에 따르는 것을 원칙으로 하되, 책 이름에 이탤릭체나 밑줄 등을 사용하지 아니하고 논문 제목에 "　　" 표시를 하였다.

▷ Walter E. May, "International Equipment Leasing: The UNIDROIT Draft Convention," 105 Harv. L. Rev. 80(1991).

▷ 植田勝博, "ユ-ザ-からみた リ-ス契約の 問題點", 金融法務事情 1101號(1985. 10.), 24.

▷ 南部二三雄, リ-スの 實務, 東京: 東洋經濟新報社(1973), 178.

6. 인터넷 자료는 다음과 같이 표기하였다.

▷ 저자명, 자료제목(2009. 9. 1. 방문), <http://www.scourt.go.kr/seminar/ d-3.htm>

[목 차]

제1편 총칙

제 2 장 죄

제 2 절 미수범

[총설]

[참고문헌] 권오걸, 형법총론(제2판), 형설출판사(2007); 김성돈, 형법총론(제5판), 성균관대학교출판부(2017); 김성천/김형준, 형법총론(제8판), 소진(2018); 김일수/서보학, 새로쓴 형법총론(제13판), 박영사(2018); 박상기, 형법총론(제9판), 박영사(2012); 박상기/전지연, 형법학(총론·각론 강의)(제4판), 집현재(2018); 배종대, 형법총론(제13판), 홍문사(2017); 손동권/김재윤, 새로운 형법총론(초판), 율곡출판사(2011); 신동운, 형법총론(제8판 보정판), 법문사(2015); 오영근, 형법총론(제4판), 박영사(2018); 이영란, 형법학: 총론강의(제3판), 형설출판사(2011); 이정원, 형법총론, 신론사(2012); 이재상 외 2인, 형법총론(제9판), 박영사(2017); 이형국/김혜경, 형법총론(제5판), 법문사(2019); 임웅, 형법총론(제10정판), 법문사(2018); 정성근/박광민, 형법총론(제2판), 성균관대학교출판부(2015); 정영일, 형법강의(총론)(제3판), 학림(2017); 진계호/이존걸, 형법총론(제8판), 대왕사(2007).

Ⅰ. 범죄의 실행단계에서 본 미수범의 위치와 의미

범죄가 완성되기 위해서는 범죄의 결의(범죄의사)부터 범죄행위의 종료에 이르기까지 형법에서 의미를 가지는 여러 단계를 거치게 된다. 다만, 범죄의 결의는 그것이 어떠한 형태로든 외부에 표현되지 않는 한 내심의 의사 그 자체로는 형법상 행위가 아니므로 처벌대상이 되지 않는다.

범죄의 실행단계는 다음의 그림과 같이 정리할 수 있다. 이러한 여러 단계 중 미수범이 차지하는 위치와 의미를 검토하고, 각 단계를 나누는 구별기준에 유의할 필요가 있다.

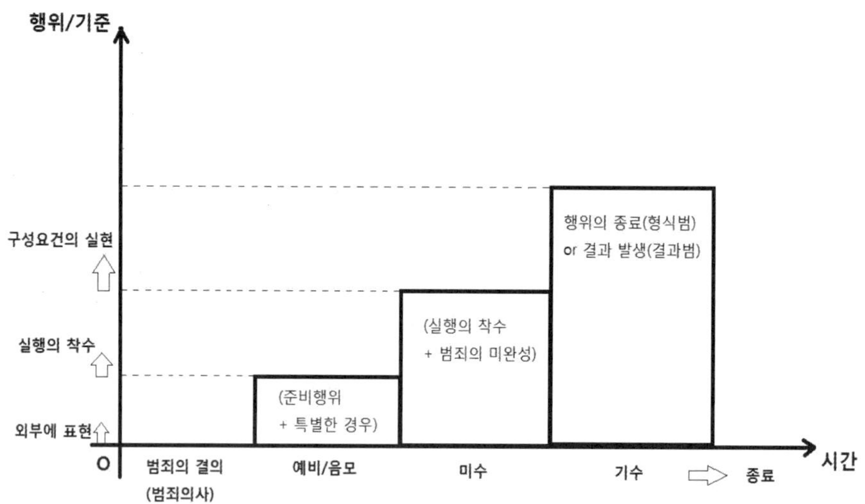

미수범은 범죄의 실행에 착수하였다는 점에서 예비·음모와 구별된다. '실행의 착수'는 미수와 예비·음모의 단계를 구별하는 기준이 되고, 행위의 가벌성을 결정하는 데 중요한 의의가 있다.[1] 형법 제28조 해당 부분에서 상술하는 바와 같이 극히 예외적인 경우에만 처벌되는 예비·음모와 비교하여 볼 때, 미수범은 구성요건의 실현에 직접적으로 나아가는 실행의 착수가 있다는 점에서 위법행위의 정형을 드러내고 있다고 볼 수 있다.

또한 미수범은 '범죄의 미완성'을 구성요건으로 한다는 점에서 구성요건의 실현이 완성된 경우인 '기수(旣遂)'와 구별된다. 기수의 경우에는 범죄의 실행에 착수하여 행위를 종료하거나(형식범의 경우) 결과가 발생한 때(결과범의 경우) 구성요건의 실현이 완성된다. 기수는 '구성요건의 형식적 완성'을 의미하고, 이 때 각각의 범죄구성요건에서 예정된 완전한 법정형의 부과가 가능해진다.

기수와 구별될 수 있는 개념으로 '범죄의 종료'가 있다. 범죄의 종료라 함은 구성요건에 의하여 보호되는 법익의 침해가 행위자가 의욕한대로 발생한 때로서 '구성요건의 실질적 종료'[2]라고도 한다. 일반적으로 범죄의 종료는 범죄성립의 관

1 이재상 외 2인, 형법총론(제9판), 박영사(2017), 372.

2 김일수/서보학, 새로쓴 형법총론(제13판), 박영사(2018), 375-376은 (범죄)행위의 종료를 범죄의 기수와 동일한 용어로 사용하고 있고, 범죄의 실질적 종료에 대해서는 '범죄의 완수 내지 완료'라는 용어를 사용한다. 신동운, 형법총론(제8판 보정판), 법문사(2015), 471 이하; 오영근, 형법총론(제4판), 박영사(2018), 304에서도 이와 유사하게 '범죄의 완료'라는 용어를 사용하고 있다.

점에서 기수와 차이가 없기 때문에 형법의 관심대상으로서의 의미가 크지 않지만, ①계속범에 있어서의 범죄의 기수시기와 종료시기의 시간적 구분(예를 들어 감금죄는 감금행위가 보호법익인 피해자의 장소선택의 자유를 침해할 정도로 시간적으로 계속되었으면 그때 감금죄의 기수에 달하지만, 그 후에도 감금행위가 계속되다가 피해자를 풀어준 시점에서는 감금죄가 종료된다),[3] ②공소시효의 기산점(형사소송법 제252조 제1항: "시효는 범죄행위의 종료한 때로부터 진행한다."), ③범죄의 기수 이후 종료 이전까지의 공범의 성립 가능성(예를 들어 기수 이후의 절도나 강도의 도주로를 확보해 주는 경우 등은 절도죄나 강도죄의 공범으로 평가될 수 있다), ④범죄의 기수 이후 종료 전에 형의 가중사유가 실현된 경우(예를 들어, 감금죄의 기수 후 감금이 계속되는 동안 피감금자에게 가혹행위를 가하면 중감금죄가 인정된다),[4] ⑤범죄의 기수 이후 종료 이전까지 정당방위나 긴급피난에 있어서의 침해행위나 위난의 현재성 인정(예를 들어 절도죄와 관련하여 정당방위에 있어서의 공격의 현재성은 실행의 착수 이후 기수 단계를 거쳐 범죄의 종료에 이르기까지의 전체 과정에서 인정된다) 등에 있어서는 양자를 구별할 실익이 있다. 이와 달리 범죄의 실현단계로서 독자적인 종료 개념이 불필요하다는 견해[5]가 있으나 위 견해에 대하여는 종료개념을 너무 과도하게 이해하고 있고, 형사소송법 제252조 제1항에서 명문으로 공소시효의 기산점으로서의 '범죄행위의 종료' 개념을 인정하고 있으므로 타당하다고 보기는 어렵다는 비판이 있다.[6]

Ⅱ. 미수범의 처벌근거

범죄론의 논리구조상 범죄가 시작되면 원칙적으로 처벌의 대상이 된다. 형법 제29조는 "미수범을 처벌할 죄는 각 본조에 의한다."고 규정하고 있고, 이에 따라 형법에서는 미수범의 처벌을 형법 각칙에 개별적으로 규정하고 있기 때문에 '미수범은 법률에 규정이 있는 경우에만 예외적으로 처벌된다.'는 인상을 준다. 실제로도 다수의 견해는 미수범을 특별규정에 의하여 예외적으로 처벌되는 것으로 파

3 정영일, 형법강의(총론)(제3판), 학림(2017), 223.
4 김성천/김형준, 형법총론(제8판), 소진(2018), 315-317; 정영일, 형법강의(총론)(제3판), 학림(2017), 223.
5 박상기, 형법총론(제9판), 박영사(2012), 351-353; 박상기/전지연, 형법학(총론·각론 강의)(제4판), 집현재(2018), 207.
6 이정원, 형법총론, 신론사(2012), 262.

악하고 있다.[7] 이에 대하여 미수범은 해당 불법 구성요건의 행위반가치를 완전히 구비하고 있고, 실행의 착수에 의하여 법익에 대한 위험이라는 충분한 결과반가치를 갖추고 있기 때문에 원칙적으로 처벌의 대상이 되는 것으로 이해하는 것이 타당하는 견해도 있다.[8]

미수범의 처벌근거에 관한 논의는 입법적 정당성의 문제에 국한되는 것이 아니라, 실행의 착수시기, 중지미수의 자의성 및 불능미수의 위험성 등을 판단하는 법률해석의 기초가 된다.[9]

법이론적으로 미수범의 처벌근거에 관하여는 종래 객관설(미수범 처벌근거가 객관적 구성요건이 실현될 위험성에 있다는 견해), 주관설(미수범 처벌근거가 행위자의 범죄실현의사에 있다는 견해), 절충설(미수범 처벌근거가 일차적으로는 행위자의 범죄실현의사의 표현에 있지만, 그 표현이 법질서의 효력이나 법적 안정성에 대한 신뢰를 깨뜨리는 구성요건적 결과발생 측면이 있는 경우에 가벌성이 인정된다는 견해)이 제시되어 왔다.[10] 객관설은 미수범 처벌범위의 지나친 확장을 방지할 수는 있지만 객관적인 위험을 실행의 착수로 봄으로써 미수의 인정이 너무 늦고 인정범위가 매우 협소해지는 단점이 있다. 주관설은 범죄실현의 출발점이 되는 범죄실현의사를 가능한 한 앞당겨서 차단하는 장점은 있지만, 범죄의사가 확인되면 미수범으로 평가함으로써 실행의 착수를 너무 빨리 인정하여 미수의 범위가 지나치게 확대되는 단점이 있다. 그에 따라 주관적인 행위자의 의사와 객관적인 위험성을 합리적으로 조화시킴으로써 미수범의 본질과 처벌근거를 설명하고 있는 절충설(보통 '인상설'이라

7 권오걸, 형법총론(제2판), 형설출판사(2007), 437-440; 박상기, 형법총론(제9판), 박영사(2012), 349; 손동권/김재윤, 새로운 형법총론(초판), 율곡출판사(2011), 428; 신동운, 형법총론(제8판 보정판), 법문사(2015), 470; 오영근, 형법총론(제4판), 박영사(2018), 306; 이영란, 형법학: 총론강의(제3판), 형설출판사(2011), 388; 이재상 외 2인, 형법총론(제9판), 박영사(2017), 375; 이형국/김혜경, 형법총론(제5판), 법문사(2019), 309; 임웅, 형법총론(제10정판), 법문사(2018), 379; 정성근/박광민, 형법총론(제2판), 성균관대학교출판부(2015), 391; 정영일, 형법강의(총론)(제3판), 학림(2017), 225; 진계호/이존걸, 형법총론(제8판), 대왕사(2007), 471.

8 이정원, 형법총론, 신론사(2012), 260.

9 이정원, 형법총론, 신론사(2012), 262. 이에 반하여 배종대, 형법총론(제13판), 홍문사(2017), 349 이하는 미수범의 처벌근거에 관한 논의를 입법적 정당성의 문제에 국한시키고, 그 밖에 미수범 처벌규정의 해석과는 관련이 없다는 입장이다.

10 김성돈, 형법총론(제5판), 성균관대학교출판부(2017), 423; 김일수/서보학, 새로쓴 형법총론(제13판), 박영사(2018), 377-378; 오영근, 형법총론(제4판), 박영사(2018), 305-306; 이재상 외 2인, 형법총론(제9판), 박영사(2017), 373-375; 신동운, 형법총론(제8판 보정판), 법문사(2015), 474-476 외 다수.

고도 한다)이 통설[11]로서 지지되고 있다.

Ⅲ. 형법상 미수범의 유형과 처벌

형법상 미수범의 유형은 크게 (협의의) 장애미수(障碍未遂), 중지미수(中止未遂), 불능미수(不能未遂)의 세 가지로 구분할 수 있다. 학설은 장애미수의 개념을 다시 광·협의로 나눌 것인지 여부에 관하여 견해가 나누어지지만 어느 견해에 의하더라도 우리나라 형법이 제2절 미수범 부분에서 제25조부터 제27조까지 세 가지 유형의 미수범을 규정하고 있다는 점에는 견해가 일치한다. 장애미수의 개념을 광·협으로 나누는 견해[12]는 범죄의 미완성이 자의(自意)적이었는지 여부를 기준으로 크게는 행위자의 의사에 반하여 범죄를 완성하지 못한 광의의 장애미수와 행위자의 의사에 의하여 범죄를 중지한 경우인 중지미수로 나누고, 광의의 장애미수 가운데 다시 결과 발생이 불가능하더라도 위험성이 있어 처벌하는 불능미수와 그 외의 경우인 협의의 장애미수라는 개념을 구분한다. 그리고 이에 따라 형법 제25조는 협의의 장애미수, 제26조는 중지미수, 제27조는 불능미수에 관하여 규정하는 것으로 해석한다. 반면 장애미수와 불능미수를 각 독립된 미수형태라고 보는 견해[13]는 광의의 장애미수의 하나로 불능미수 개념을 인정하는 것을 부정한다. 이에 따르면 형법 제25조는 장애미수만을 규정한 것이라고 해석한다.

11 권오걸, 형법총론(제2판), 형설출판사(2007), 440; 김성돈, 형법총론(제5판), 성균관대학교출판부(2017), 423; 김성천/김형준, 형법총론(제8판), 소진(2018), 320; 김일수/서보학, 새로쓴 형법총론(제13판), 박영사(2018), 377; 박상기, 형법총론(제9판), 박영사(2012), 354; 박상기/전지연, 형법학(총론·각론 강의)(제4판), 집현재(2018), 209; 배종대, 형법총론(제13판), 홍문사(2017), 350; 손동권/김재윤, 새로운 형법총론(초판), 율곡출판사(2011), 430; 신동운, 형법총론(제8판 보정판), 법문사(2015), 476-478; 이영란, 형법학: 총론강의(제3판), 형설출판사(2011), 390; 이정원, 형법총론, 신론사(2012), 263; 이형국/김혜경, 형법총론(제5판), 법문사(2019), 324-325; 임웅, 형법총론(제10정판), 법문사(2018), 379; 정영일, 형법강의(총론)(제3판), 학림(2017), 225; 진계호/이존걸, 형법총론(제8판), 대왕사(2007), 487. 다만, 객관적 기준을 강조하는 입장으로는 오영근, 형법총론(제4판), 박영사(2018), 306 이하. 또한 미수범의 처벌근거에 관하여 주관적 요소와 객관적 요소를 모두 고려하는 절충설이 타당하지만, 이것이 반드시 인상설과 일치하는 것은 아니라는 입장으로는 김성돈, 형법총론(제5판), 성균관대학교출판부(2017), 423; 신동운, 형법총론(제8판 보정판), 법문사(2015), 475-479; 이재상 외 2인, 형법총론(제9판), 박영사(2017), 375; 정성근/박광민, 형법총론(제2판), 성균관대학교출판부(2015), 391 이하.

12 손동권/김재윤, 새로운 형법총론(초판), 율곡출판사(2011), 464; 이재상 외 2인, 형법총론(제9판), 박영사(2017), 376; 임웅, 형법총론(제10정판), 법문사(2018), 380; 정성근/박광민, 형법총론(제2판), 성균관대학교출판부(2015), 389.

13 김성돈, 형법총론(제5판), 성균관대학교출판부(2017), 424; 김일수/서보학, 새로쓴 형법총론(제13판), 박영사(2018), 487; 오영근, 형법총론(제4판), 박영사(2018), 303; 이영란, 형법학: 총론강의(제3판), 형설출판사(2011), 387; 이정원, 형법총론, 신론사(2012), 264; 정영일, 형법강의(총론)(제3판), 학림(2017), 225.

위와 같이 세 가지 유형의 미수범을 구별하는 실익은 처벌의 정도 차이에 있다. 기수범의 형에 비하여 (협의의) 장애미수의 형은 임의적 감경이고(형법 제25조 제2항), 중지미수의 형은 필요적 감경 또는 면제이며(형법 제26조), 불능미수의 형은 임의적 감경 또는 면제이다(형법 제27조).

제 25 조 [미수범]

① 범죄의 실행에 착수하여 행위를 종료하지 못하였거나 결과가 발생하지 아니한 때에는 미수범으로 처벌한다.
② 미수범의 형은 기수범보다 감경할 수 있다.

[관련조문] 형법 제29조.

[참고문헌] 권오걸, 형법총론(제2판), 형설출판사(2007); 김성돈, 형법총론(제5판), 성균관대학교출판부(2017); 김성천/김형준, 형법총론(제8판), 소진(2018); 김일수/서보학, 새로쓴 형법총론(제13판), 박영사(2018); 박상기, 형법총론(제9판), 박영사(2012); 박상기/전지연, 형법학(총론·각론 강의)(제4판), 집현재(2018); 배종대, 형법총론(제13판), 홍문사(2017); 손동권/김재윤, 새로운 형법총론(초판), 율곡출판사(2011); 신동운, 형법총론(제8판 보정판), 법문사(2015); 오영근, 형법총론(제4판), 박영사(2018); 이영란, 형법학: 총론강의(제3판), 형설출판사(2011); 이정원, 형법총론, 신론사(2012); 이재상 외 2인, 형법총론(제9판), 박영사(2017); 이형국/김혜경, 형법총론(제5판), 법문사(2019); 임웅, 형법총론(제10정판), 법문사(2018); 정성근/박광민, 형법총론(제2판), 성균관대학교출판부(2015); 정영석, 형법총론(제5전정증판), 법문사(1984); 정영일, 형법강의(총론)(제3판), 학림(2017); 진계호/이존걸, 형법총론(제8판), 대왕사(2007); 박종민, "지급명령신청에 의한 소송사기와 그 기수시기", 대법원판례해설 50호(2004), 653-673.

Ⅰ. 본조의 의의

본조 제1항은 "미수범"이라는 제목 아래 "범죄의 실행에 착수하여 행위를 종료하지 못하였거나 결과가 발생하지 아니한 때에는 미수범으로 처벌한다."고 규정한다. 본조 제1항 앞부분의 "범죄의 실행에 착수하여 행위를 종료하지 못한 경우"를 '착수미수'라 하고, 뒷부분의 "범죄의 실행에 착수하여 결과가 발생하지 아니한 경우"를 '실행미수'라고 한다. 착수미수는 형식범(거동범: 구성요건의 내용이 결과의 발생을 요하지 않고 법에 규정된 행위로써 충족되는 범죄, 예를 들어 주거침입죄, 무고죄, 위증죄 등)에서 의미가 있고, 실행미수는 결과범(구성요건이 결과의 발생을 요건으로 하고 있는 범죄, 예를 들어 살인죄, 사기죄 등)에서만 의미가 있다. 이러한 착수미수와 실행미수는 형법상 처벌의 차이가 있지 않다는 점에서 구별의 실익이 크지 않을 수는 있으나, 아래 형법 제26조에서 상술하는 중지범(중지미수)의 해석에서는 의미가 있다.

본조 제1항은 미수범의 성립요건 중 객관적 구성요건인 '실행의 착수'와 '범죄의 미완성'을 규정함에 의의가 있다. 본조에서 명문으로 규정하지는 않지만 당연히 '고의' 즉 구성요건실현의 결의는 미수범의 주관적 구성요건으로 요구된다. 또한 미수범이 성립하기 위해서는 개별 범죄별로 각칙상의 특별구성요건이 충족되어야 한다.[1] 이는 형법 제29조가 "미수범을 처벌할 죄는 각 본조에 정한다."고 규정한 내용을 통해서도 알 수 있다.

본조 제1항은 "미수범"이라는 제목 아래 형법상 미수범 성립에 공통적으로 요구되는 '실행의 착수'와 '범죄의 미완성'이라는 객관적 구성요건을 모두 규정하고 있다. 이와 관련하여 본조가 미수범에 관한 일반규정의 성격도 겸하고 있는지에 관한 학설상 견해가 나누어진다.[2] 일반규정으로 보는 것이 타당하지 않다는 견해[3]는 본조 제2항에서 제1항의 미수범에 대한 형의 임의적 감경을 규정하고 있고, 이는 형법 제26조의 중지범(중지미수)에 대한 형의 필요적 감면, 형법 제27조의 불능범(불능미수)에 대한 형의 임의적 감면과 비교할 때 처벌의 정도에 차이가 있다는 점을 근거로 들고 있다. 어느 견해에 의하더라도 아래 Ⅱ.에서 보는 것처럼 본조가 미수범의 유형 중 (협의의) 장애미수에 관한 규정이라고 보는 것에는 학설이 대체로 일치한다.

Ⅱ. 입법취지 및 입법례

본조 제1항과 형법 제29조에 의하면 어느 범죄든지 간에 법률에 미수범을 처벌한다는 명문의 규정이 있으면 범죄의 실행에 착수하여 행위를 종료하지 못하였거나 결과가 발생하지 아니한 때에 미수범으로 처벌할 수 있지만, 외국의 입법례 중에는 죄질의 경중에 따라 미수범의 처벌을 달리하는 경우가 있다. 예를 들어, 독일 형법 제12조, 제23조 제1항은 법정형의 하한이 1년 이상의 자유형으로 규정된 중죄(重罪, Verbrechen)의 경우에는 별도의 미수범 처벌규정이 없더라도 미수범을 처벌하고, 법정형의 하한이 중죄보다 경한 자유형 또는 벌금형인 경죄(輕罪, Vergehen)의

1 이재상 외 2인, 형법총론(제9판), 박영사(2017), 377.
2 미수범의 일반규정으로도 생각할 수 있다는 견해로는 오영근, 새로운 형법총론(초판), 율곡출판사(2011), 314; 이영란, 형법학: 총론강의(제3판), 형설출판사(2011), 409; 진계호/이존걸, 형법총론(제8판), 대왕사(2007), 485.
3 이정원, 형법총론, 신론사(2012), 265.

경우에는 법률에 명문의 규정이 있는 경우에만 미수범을 처벌한다.[4] 스위스 형법 제22조에서는 장기 3년 이상의 자유형이 규정된 중죄이거나 장기 3년 이하의 자유형이 규정된 경죄이거나 구별하지 않고 미수범을 원칙적으로 처벌하고 있다.[5]

Ⅲ. 미수범의 성립요건

1. 범죄실현의사(주관적 구성요건)

본조 제1항에서 명문으로 규정하고 있지는 않지만, 미수범이 성립하기 위해서는 구성요건실현의 결의(범죄실현의사)에 해당하는 고의 등의 주관적 구성요건이 요구된다. 미수범이 성립하기 위해서는 먼저 행위자가 형법 각칙상의 구성요건 실현을 위하여 행동하여야 한다. 행위자가 범죄를 완성시킬 의도, 즉 구체적인 구성요건 실현을 위한 주관적 구성요건요소를 모두 구비하여야 미수범도 성립이 가능하다. 여기에는 일반적으로 요구되는 주관적 구성요건요소인 고의 이외에 개별 범죄별 구체적인 구성요건에 따라 요구되는 초과주관적 구성요건요소인 목적이나 불법영득의사 등도 모두 포함된다. 가중적 구성요건에 대한 미수범이 성립하기 위해서는 가중사유에 대한 인식도 있어야 한다. 처음부터 범죄를 미완성에 그치게 하려는 의도(이른바 '미수의 고의')는 범죄를 실현하려지 않으려는 의도이므로 형법상의 고의가 될 수 없고, 이 경우에는 미수범도 성립하지 않게 된다. 미수범의 고의도 기수범의 고의와 같다. 따라서 범죄실현의사는 미필적 고의[6]로도 충분하다. 미수범의 고의는 무조건적인 구성요건실현의사, 즉 확정적 행위의사가 있어야 하며, 조건부 행위의사만으로는 충분하지 않다는 견해가 있다.[7] 이에 대하여 조건

4 독일 형법 제23조(미수의 가벌성) 제1항에서는 "중죄의 미수는 언제나, 경죄의 미수는 법률에 명문의 규정이 있는 경우에 한하여 이를 벌한다."라고 규정한다. 신동운, 형법총론(제8판 보정판), 법문사(2015), 559-560.

5 이정원, 형법총론, 신론사(2012), 265.

6 김성돈, 형법총론(제5판), 성균관대학교출판부(2017), 427; 김일수/서보학, 새로쓴 형법총론(제13판), 박영사(2018), 379; 배종대, 형법총론(제13판), 홍문사(2017), 352; 신동운, 형법총론(제8판 보정판), 법문사(2015), 482; 이재상 외 2인, 형법총론(제9판), 박영사(2017), 377; 정성근/박광민, 형법총론(제2판), 성균관대학교출판부(2015), 393; 진계호/이존걸, 형법총론(제8판), 대왕사(2007), 487-488.

7 권오걸, 형법본총론(제2판), 형설출판사(2007), 441; 김성돈, 형법총론(제5판), 성균관대학교출판부(2017), 427; 김일수/서보학, 새로쓴 형법총론(제13판), 박영사(2018), 379; 손동권/김재윤, 새로운 형법총론(초판), 율곡출판사(2011), 431; 신동운, 형법총론(제8판 보정판), 법문사(2015), 482; 이영란, 형법학: 총론강의(제3판), 형설출판사(2011), 391; 이재상 외 2인, 형법총론(제9판), 박영사(2017), 377; 정성근/박광민, 형법총론(제2판), 성균관대학교출판부(2015), 393.

부 행위의사가 무엇을 의미하는지 정확하지는 않지만 만약 범죄를 시작한 이후 행위의 중단이나 계속 여부를 일정한 조건에 결부시간 경우라면 행위 시점에서 행위자는 조건이 충족 여부에 관계없이 행동하는 미필적 고의가 있는 것이므로 이 역시 미수범의 고의에 해당한다는 견해가 있다.[8] 미수범의 고의는 미수범은 범죄실현의사를 전제로 하고 이는 구성요건적 고의를 의미하므로, '과실범의 미수'는 인정되지 않는다.[9]

2. 실행의 착수

미수범이 성립하기 위해서는 범죄 실행의 개시, 즉 '실행의 착수'가 있어야 한다. 실행의 착수는 예비·음모와 미수를 구별하는 기준이 된다. 그렇다면 과연 무엇이 '실행의 착수' 여부를 결정하는 기준이 될 것인가가 문제되는데, 그 기준에 관해서는 앞서 본 미수범의 처벌근거 논의와 연결되어 아래와 같이 객관설, 주관설 및 절충설의 대립이 나타난다.[10] 그러나 이와 같은 학설상의 견해들은 실행의 착수라는 개념의 본질이 무엇이고 이를 어떻게 이해할 것인지에 관한 일응의 기준을 제시하는 것으로서, 위 견해들이 곧바로 개별 사안에서 실행의 착수가 있었는지 여부의 문제인 '실행의 착수시기'를 판단하는 구체적인 기준에 관한 답을 주지는 않는다. 결국 실행의 착수시기에 대한 판단은 별도로 각칙상의 개별 범죄의 구성요건 실행행위 해석의 문제로 귀결되므로, 판례에 나타난 구체적인 죄명별 사안을 유형화하여 살펴보는 것은 실무상 의미가 있다.

가. 학설

1) 객관설

객관설은 실행의 착수를 '객관적인 구성요건적 행위의 개시'로 본다. 여기서 '구성요건적 행위의 개시'를 어떻게 파악하느냐에 따라 형식적 객관설과 실질적 객관설이 나뉜다. 이러한 객관설은 형법상 행위가 주관적 의사와 객관적인 표현으로 구성되어 있음에도 범인의 범죄의사를 도외시한 채 실행의 착수 기준을 제3

8 이정원, 형법총론, 신론사(2012), 266.
9 신동운, 형법총론(제8판 보정판), 법문사(2015), 482; 이재상 외 2인, 형법총론(제9판), 박영사(2017), 378.
10 실행의 착수시기 판단기준에 관한 학설에 관하여 상세한 것으로서 대표적으로는 김일수/서보학, 새로쓴 형법총론(제13판), 박영사(2018) 379-381; 신동운, 형법총론(제8판 보정판), 법문사(2015), 478-481; 이재상 외 2인, 형법총론(제9판), 박영사(2017), 378-381 참조.

자의 입장에서 객관적으로만 설정한다는 비판을 받는다.

가) 형식적 객관설

형식적 객관설은 엄격한 의미에서 구성요건에 해당하는 행위 또는 적어도 이론적으로 구성요건에 해당한다고 볼 수 있는 행위의 일부분을 행하는 것이 실행의 착수라고 본다. 위 이론은 객관적 위험이 인정될 정도로 범죄실현의사가 외부에 표현되어 법적 평화를 위태롭게 하는 '구성요건적 행위의 전(前)단계의 행위'에도 미수를 인정하지 못하게 되는 등 미수의 범위가 너무 좁게 되는 형사정책상의 결함이 있다는 비판이 있다.

나) 실질적 객관설

형식적 객관설의 단점을 보완하는 이론으로서, 실질적 객관설은 '구성요건적 행위의 직접 전단계의 행위를 한 때'가 실행의 착수라고 본다. 실질적 객관설의 입장에서는 '구성요건적 행위와 필연적으로 결합되어 있는 행위'(이른바 'Frank 공식')[11] 또는 '보호법익에 대한 직접적 위험 내지 법익침해에 밀접한 행위'[12]를 실행의 착수로 본다. 그러나 본래 범죄의 실현은 예비단계부터 기수에 이르기까지 법익에 대한 위험은 점점 양적으로 증가하기 때문에, 실질적 객관설 역시 명확한 기준을 제시한다고 보기는 어렵다.

2) 주관설

주관설은 범행의사의 확실성이 인정될 때, 즉 '범의(犯意)의 비약적 표동(表動)'이 실행의 착수라고 본다.[13] 그러나 주관설은 구성요건적 행위의 정형을 도외시하고 미수범죄를 인정함으로써 죄형법정주의의 명확성 원칙에 어긋나고, 형법을 심정법학으로 만들며, 예비와 미수의 구별이 불분명해져 미수의 인정범위가 너무 확대된다는 비판이 있다.

3) 절충설(주관적 객관설)

미수범의 인정범위가 지나치게 좁아지는 객관설의 단점과 부당하게 확대되는 주관설의 단점을 보완하기 위해 실질적·객관적 요소와 주관적 요소를 결합하여 실행의 착수를 보는 견해가 절충설(주관적 객관설)이다. 즉, 실행의 착수가 있느냐

11 Frank, StGB 18.Aufl., 1931, S. 87[이정원, 형법총론, 신론사(2012), 267에서 재인용].

12 M. E. Mayer, AT, 2.Aufl., 1923, S. 353; RGHSt 53, 217; 59, 389; BGHSt 2, 380; 4, 273; 29, 150[이정원, 형법총론, 신론사(2012), 267에서 재인용].

13 정영석, 형법총론(제5전정증보판), 법문사(1984), 217-218.

에 대한 기본적인 기준은 개별행위가 행위의 객체 또는 구성요건의 실현에 대한 직접적 위험이 인정되느냐이지만, 이에 해당하는지 여부는 객관적으로 결정하는 것이 아니라 주관적 표준인 개별적 범행계획이나 범행의사에 의해 결정되어야 한다는 입장이다. 우리나라의 통설이 지지하고 있다.[14] 이러한 절충설은 객관설과 주관설이 가지는 단점을 배제하고 미수범의 성립범위를 적절히 정할 수 있다는 점에서 타당하다.

독일 형법 제22조는 "행위자의 행위에 대한 표상(表象)에 따를 때 구성요건의 실현을 직접적으로 개시한 사람은 미수에 이른 것이다."라고 규정하는데,[15] 여기서 행위에 대한 표상은 주관적 범행계획을 의미하므로, 위 규정은 명문으로 주관적 객관설(개별적 객관설: individuell-objektive Theorie)을 취하고 있다. 이러한 개별적 객관설은 독일에서 1969년 독일 형법 총칙 개정 시 채택되어 1975년 독일 신형법 제22조에서 실행의 착수에 관한 기준으로 명시되었다고 한다.[16]

나. 실행의 착수시기에 관한 구체적 판단기준

절충설(주관적 객관설)에 의할 때 실행의 착수는 개별적인 구성요건의 해석과 범인의 범행계획이 동시에 고려되어야 하므로, 일반적·획일적 판단은 불가능하고, 범인의 범행계획에 비추어 개별 실행행위나 그와 밀접한 행위가 구성요건의 해석에 의하여 당해 사안에서 실행의 착수에 해당하는지를 구체적으로 판단해야 한다. 다만, 실행의 착수시기에 관하여 다음과 같은 판단기준이 제시될 수 있다.

1) 구성요건적 행위의 개시

앞서 본 형식적 객관설의 입장에서 볼 때, 구성요건적 행위의 일부가 이미 개시되었을 때에는 원칙적으로 실행의 착수가 인정된다. 특히 결합범이나 가중적

14 권오걸, 형법총론(제2판), 형설출판사(2007), 445-446; 김성돈, 형법총론(제5판), 성균관대학교출판부(2017), 428; 김성천/김형준, 형법총론(제8판), 소진(2018), 325; 김일수/서보학, 새로쓴 형법총론(제13판), 박영사(2018), 381; 박상기, 형법총론(제9판), 박영사(2012), 361; 박상기/전지연, 형법학(총론·각론 강의)(제4판), 집현재(2018), 217; 배종대, 형법총론(제13판), 홍문사(2017), 354; 손동권/김재윤, 새로운 형법총론(초판), 율곡출판사(2011), 433; 신동운, 형법총론(제8판 보정판), 법문사(2015), 481; 오영근, 형법총론(제4판), 박영사(2018), 309; 이영란, 형법학: 총론강의(제3판), 형설출판사(2011), 394-395; 이정원, 형법총론, 신론사(2012), 268-269; 이재상 외 2인, 형법총론(제9판), 박영사(2017), 381; 이형국/김혜경, 형법총론(제5판), 법문사(2019), 328; 임웅, 형법총론(제10정판), 법문사(2018), 374; 정성근/박광민, 형법총론(제2판), 성균관대학교출판부(2015), 395; 정영일, 형법강의(총론)(제3판), 학림(2017), 228; 진계호/이존걸, 형법총론(제8판), 대왕사(2007), 490.

15 신동운, 형법총론(제8판 보정판), 법문사(2015), 465.

16 신동운, 형법총론(제8판 보정판), 법문사(2015), 480.

구성요건의 경우에 결합범의 요건이나 가중요건의 일부가 개시되면 실행의 착수가 인정될 수 있다. 예를 들어 강도죄나 강간죄의 폭행 또는 협박행위 시, 야간주거침입절도죄의 주거침입 시, 특수절도죄의 건조물 일부 손괴 시 실행의 착수가 있다고 보아야 한다. 다만, 결합범의 경우에 구성요건의 구조상 그 결합 방법에 따라 단순히 일부의 실행이 있었다는 것만으로는 결합범의 착수를 인정할 수 없는 경우도 있다. 예를 들어 강도살인죄, 준강도죄나 강도강간죄는 절도·강도가 충족되었더라도 살인 또는 폭행·협박과 같은 해당 범죄의 본질적인 행위를 개시해야 실행의 착수가 있다고 볼 수 있다.

2) 구성요건실현을 위한 직접적 행위

앞서 본 실질적 객관설의 입장에서 볼 때, 구성요건적 행위가 개시되지 않았더라도 구성요건의 실현을 위한 직접적 행위가 있으면 실행의 착수가 인정될 수 있다. 이러한 직접적 행위는 행위자의 구체적인 범죄의사 내지 범행계획에 비추어 볼 때 구성요건적 행위와 시간적·장소적으로 연결되고 접근한 경우에 인정될 수 있다. 예를 들어 주간에 절도의 의사로 타인의 주거에 침입한 것만으로는 절도죄 실행의 착수가 있다고 볼 수 없지만, 절취할 재물을 물색하거나 그 재물에 접근한 때에는 실행의 착수를 인정할 수 있다. 그러나 구성요건 실현을 위하여 행위자의 별도의 실행행위가 필요한 경우(예를 들어 단순히 범행에 사용할 도구의 준비, 범행 장소의 물색과 범행지에 도착하는 것, 범행기회의 점검 등)에는 실행의 착수가 있다고 보기 어렵다.

3) 범죄의사의 고려

앞서 본 주관설의 입장에서 볼 때, 직접 구성요건의 실현을 위한 행위인 실행의 착수가 있었는지는 행위자의 범죄의사 내지 범행계획에 의하여 판단되어야 한다. 다시 말해서 행위자의 범행계획이 그대로 진행되면 그 이외의 본질적인 중간행위가 개입되지 않아도 구성요건이 실현될 수 있는 행위에 착수하였거나, 범죄자의 의사에 의하여 공격수단이 공격객체와 실재적 연관에 놓여 직접적 위험범위에 들어가게 된 행위가 인정된다면 실행의 착수가 있다고 볼 수 있다.

다. 판례

대법원 판례는 실행의 착수에 관하여 개별 범죄에 따라 다소 다르게 판단하기는 하지만, 대체로 이른바 '밀접행위설'을 취하고 있다. 실행의 착수에 관한 개별 범죄별 주요한 대법원판결 사례들은 다음과 같다.

1) 살인죄

가) 피고인이 격분하여 피해자를 살해할 것을 마음먹고 밖으로 나가 낫을 들고 피해자에게 다가서려고 하였으나 제3자가 이를 제지하여 그 틈을 타서 피해자가 도망함으로써 살인의 목적을 이루지 못한 경우에는 살인죄의 실행의 착수가 인정된다.[17]

나) 피고인이 상관인 그 소속 중대장을 살해·보복할 목적으로 수류탄의 안전핀을 빼고 그 사무실로 들어간 경우에는 상관살인죄의 실행의 착수가 인정된다.[18]

다) 중앙청 내 개천절 경축식장에서 수류탄을 투척하여 대통령을 살해할 목적으로 피고인이 사직공원에서 실행담당자 2인에게 수류탄 2개를 교부한 것만으로는 살인죄의 실행의 착수라고 보기 어렵다.[19]

라) 피고인이 조카인 피해자(10세)를 살해할 것을 마음먹고 저수지로 데리고 가서 미끄러지기 쉬운 제방 쪽으로 유인하여 함께 걷다가 피해자가 스스로 물에 빠진 것이라면 피고인은 살인의 예비단계에 있었을 뿐 아직 실행의 착수에는 이르지 아니하였다.[20]

2) 강간죄

가) 강간죄는 부녀를 간음하기 위하여 피해자의 항거를 불능하게 하거나 현저히 곤란하게 할 정도의 폭행 또는 협박을 개시한 때에 그 실행의 착수가 있다고 보아야 할 것이고, 실제로 그와 같은 폭행 또는 협박에 의하여 피해자의 항거가 불능하게 되거나 현저히 곤란하게 되어야만 실행의 착수가 있다고 볼 것은 아니다.[21]

나) 강간 목적으로 피해자를 차에 태워 주행하여 외포케 하고 시속 50킬로미터로 운행하여 여관 앞까지 강제연행한 후 강간하려다가 미수에 그친 경우에는 강간죄의 실행의 착수가 인정된다.[22]

다) 간음할 목적으로 새벽 4시에 여자 혼자 있는 방문을 두드리고 피해자가

17 대법원 1986. 2. 25. 선고 85도2773 판결.
18 대법원 1970. 6. 30. 선고 70도861 판결.
19 대법원 1956. 11. 30. 선고 4289형상217 판결.
20 대법원 1992. 2. 11. 선고 91도2951 판결.
21 대법원 2000. 6. 9. 선고 2000도1253 판결.
22 대법원 1983. 4. 26. 선고 83도323 판결.

위험을 느끼고 가까이 오면 뛰어내리겠다고 하는데도 베란다를 통하여 창문으로 침입하려고 한 경우에는 강간죄의 실행의 착수가 인정된다.[23]

라) 피고인이 잠을 자고 있는 피해자의 옷을 벗긴 후 자신의 바지를 내린 상태에서 피해자의 음부 등을 만지고 자신의 성기를 피해자의 음부에 삽입하려고 하였으나 피해자가 몸을 뒤척이고 비트는 등 잠에서 깨어 거부하는 듯한 기색을 보이자 더 이상 간음행위에 나아가는 것을 포기한 경우에는 준강간죄의 실행의 착수가 인정된다.[24]

마) 강간죄의 실행의 착수가 있었다고 하려면 강간의 수단으로서 폭행이나 협박을 한 사실이 있어야 할 터인데, 피고인이 강간할 목적으로 피해자의 집에 침입하였다 하더라도 안방에 들어가 누워 자고 있는 피해자의 가슴과 엉덩이를 만지면서 간음을 기도하였다는 사실만으로는 강간의 수단으로 피해자에게 폭행이나 협박을 개시하였다고 하기는 어렵다.[25]

3) 주거침입죄

가) 주거침입죄는 사실상의 주거의 평온을 보호법익으로 하는 것이므로 신체의 일부만 타인의 주거 안으로 들어갔다고 하더라도 거주자가 누리는 사실상의 주거의 평온을 해할 수 있는 정도에 이르렀다면 범죄구성요건을 충족하는 것이고, 신체의 일부라도 타인의 주거 안으로 들어간다는 범의로써 예컨대 주거로 들어가는 문의 시정장치를 부수거나 문을 여는 등 침입을 위한 구체적 행위를 시작하였다면 주거침입죄의 실행의 착수는 있었다고 보아야 하고, 신체의 극히 일부분이 주거 안으로 들어갔지만 사실상 주거의 평온을 해하는 정도에 이르지 아니하였다면 주거침입죄의 미수에 그친다. 피고인이 야간에 타인의 집 창문을 열고 얼굴을 들이미는 등 행위를 하였더라도 자신의 신체의 일부가 집 안으로 들어간다는 인식 아래 사실상 주거의 평온을 해하였다면 주거침입죄는 기수에 이르렀다.[26]

나) 주거침입죄의 실행의 착수는 주거자, 관리자, 점유자 등의 의사에 반하여 주거나 관리하는 건조물 등에 들어가는 행위, 즉 구성요건의 일부를 실현하는 행

23 대법원 1991. 4. 9. 선고 91도288 판결.
24 대법원 2000. 1. 14. 선고 99도5187 판결.
25 대법원 1990. 5. 25. 선고 90도607 판결.
26 대법원 1995. 9. 15. 선고 94도2561 판결.

위까지 요구하는 것은 아니고 범죄구성요건의 실현에 이르는 현실적 위험성을 포함하는 행위를 개시하는 것으로 족하다고 할 것이나, 침입 대상인 아파트에 사람이 있는지를 확인하기 위해 그 집의 초인종을 누른 행위만으로는 침입의 현실적 위험성을 포함하는 행위를 시작하였다거나, 주거의 사실상의 평온을 침해할 객관적인 위험성을 포함하는 행위를 한 것으로 볼 수 없다.[27]

4) 절도죄

대법원은 절도죄의 실행의 착수에 관하여 이른바 '물색행위설'을 취하고 있다. 학설에서는 이러한 판례의 입장을 실질적 객관설로 파악하는 견해[28]와 절충설(주관적 객관설)로 파악하는 견해[29]로 나뉘지만, 어느 견해에 따르더라도 실행의 착수 인정 여부에 관한 결론에서는 차이를 보이지 않는다.

가) 일반절도죄

(1) 실행의 착수를 인정한 사례

(가) 마당의 빨랫줄에 말리고 있는 스웨터를 절취하기 위하여 마당에 들어가 빨랫줄 아래까지 접근하여 훔치려는 순간 발각된 경우 실행에 착수하였다고 인정된다.[30]

(나) 금품을 절취하기 위하여 고속버스 선반 위에 놓인 손가방의 한쪽 걸쇠만 열었던 경우에도 절도죄의 실행의 착수가 인정된다.[31]

(다) 소매치기가 피해자의 양복상의 주머니로부터 금품을 절취하려고 그 호주머니에 손을 뻗쳐 그 겉을 더듬은 때에는 절도범행은 실행에 착수하였다고 인정된다.[32]

(라) 자동차 내부의 물건을 절취하기 위하여 자동차 앞문의 손잡이를 잡아당기는 행위는 실행의 착수가 된다.[33]

27 대법원 2003. 10. 24. 선고 2003도4417 판결, 대법원 2006. 9. 14. 선고 2006도2824 판결, 대법원 2008. 4. 10. 선고 2008도1464 판결.

28 김일수/서보학, 새로쓴 형법총론(제13판), 박영사(2018), 381; 배종대, 형법총론(제13판), 홍문사(2017), 354; 오영근, 형법총론(제4판), 박영사(2018), 310; 이재상 외 2인, 형법총론(제9판), 박영사(2017), 379; 임웅, 형법총론(제10정판), 법문사(2018), 372; 정성근/박광민, 형법총론(제2판), 성균관대학교출판부(2015), 395.

29 김성돈, 형법총론(제5판), 성균관대학교출판부(2017), 429; 이정원, 형법총론, 신론사(2012), 269; 정영일, 형법강의(총론)(제3판), 학림(2017), 228.

30 대법원 1965. 6. 22. 선고 65도427 판결.

31 대법원 1983. 10. 25. 선고 83도9432, 83감도420 판결.

32 대법원 1984. 12. 11. 선고 84도2524 판결.

33 대법원 1986. 12. 23. 선고 86도2256 판결.

(마) 금품을 훔칠 목적으로 피해자의 집에 담을 넘어 침입하여 그 집 부엌에서 금품을 물색하던 중에 발각되어 도주한 것이라면 이는 절취행위에 착수한 것이라고 보아야 한다.[34]

(바) 범인들이 함께 담을 넘어 마당에 들어가 그 중 1명이 그곳에 있는 구리를 찾기 위하여 담에 붙어 걸어가다가 잡혔다면 절취 대상에 대한 물색행위가 인정되어 절도죄의 실행의 착수가 인정된다.[35]

(2) 실행의 착수를 부정한 사례

(가) 돈을 절취할 의사로 전화채권을 사주겠다고 피해자를 골목길로 유인한 경우에는 절도죄의 실행에 착수하였다고 할 수 없다.[36]

(나) 노상에 세워놓은 자동차 안에 있는 물건을 훔칠 생각으로 자동차의 유리창을 통하여 그 내부를 손전등으로 비춰본 것에 불과하다면, 비록 유리창을 따기 위해 면장갑을 끼고 있었고 칼을 소지하고 있었다 하더라도 절도의 예비행위로 볼 수는 있겠으나 타인의 재물에 대한 지배를 침해하는데 밀접한 행위를 한 것이라고는 볼 수 없어 절취행위의 착수에 이른 것이라 할 수 없다.[37]

(다) 절도의 목적으로 피해자의 집 현관을 통하여 그 집 마루 위에 올라서서 창고문으로 향하다가 피해자에게 발각되어 체포된 경우에는 절도죄의 실행의 착수가 인정되지 않는다.[38]

(라) 소를 흥정하고 있는 피해자의 뒤에 접근하여 그가 들고 있던 가방으로 돈이 들어 있는 피해자의 하의 왼쪽 주머니를 스치면서 지나간 행위는 단지 피해자의 주의력을 흩트려 주머니 속에 든 금원을 절취하기 위한 예비단계의 행위에 불과한 것이고 이로써 실행의 착수에 이른 것이라고는 볼 수 없다.[39]

(마) 절도죄의 실행의 착수시기는 재물에 대한 타인의 사실상의 지배를 침해하는 데에 밀접한 행위를 개시한 때라고 보아야 하므로, 야간이 아닌 주간에 절도의 목적으로 타인의 주거에 침입하였다고 하여도 아직 절취할 물건의 물색행위를 시작하기 전이라면 주거침입죄만 성립할 뿐 절도죄의 실행에 착수한 것으로 볼

34 대법원 1987. 1. 20. 선고 86도2199 판결.
35 대법원 1989. 9. 12. 선고 89도1153 판결.
36 대법원 1983. 3. 8. 선고 82도2944 판결.
37 대법원 1985. 4. 23. 선고 85도464 판결.
38 대법원 1986. 10. 28. 선고 86도1753 판결.
39 대법원 1986. 11. 11. 선고 86도1109, 86감도143 판결.

수 없는 것이어서 절도미수죄는 성립하지 않는다.[40]

나) 특수절도죄

(1) 두 사람이 공모 합동하여 야간에 타인의 재물을 절취하려고 한 사람은 망을 보고 또 한 사람은 기구를 가지고 출입문의 자물쇠를 떼어 내거나 출입문의 환기창문을 연 경우 특수절도의 실행의 착수가 인정된다.[41]

(2) 2인 이상이 합동하여 '주간에' 절도 목적으로 타인의 주거에 침입하였다 하여도 아직 절취할 물건의 물색행위를 시작하기 전이라면 특수절도죄의 실행에 착수한 것으로 볼 수 없으므로 주간에 아파트 출입문 시정장치를 손괴하다가 마침 귀가했던 피해자에게 발각되어 도주한 경우 형법 제331조 제2항에서 정한 특수절도죄의 실행에 착수한 것으로 볼 수 없다.[42]

(3) 특수절도범이 현실적으로 절취 목적물에 접근하지는 못하였다고 하더라도 타인의 주거에 침입하여 건조물의 일부인 방문고리를 손괴하였다면 형법 제331조의 특수절도죄에 착수하였다고 할 것이다.[43]

(4) 피고인들이 타인의 절도행위가 중단된 후 그로부터 도움을 요청받고 절도현장에서 벗어난 장소에서 타인의 얽힌 쇠밧줄을 푸는 행위에 가담한 행위는 중단된 절도행위의 재개를 위한 준비행위에 가담한 것으로서 그것만으로 재물에 대한 피해자의 사실상의 지배를 침해하는 데 밀접한 행위를 개시하였다고는 할 수 없어 실행의 착수를 부정하였다.[44]

다) 야간주거침입절도죄

(1) 야간에 타인의 재물을 절취할 목적으로 사람의 주거에 침입한 경우에는 그 주거에 침입한 때에 야간주거침입절도죄의 실행에 착수하였다고 본다.[45]

(2) 야간에 아파트에 침입하여 물건을 훔칠 의도 아래 아파트 베란다 철재난간까지 올라가 유리창문을 열려고 시도했다면 야간주거침입절도죄의 실행에 착수

40 대법원 1966. 5. 3. 선고 66도383 판결, 대법원 1992. 9. 8. 선고 92도1650 판결, 대법원 2010. 4. 29. 선고 2009도14554 판결.

41 대법원 1986. 7. 8. 선고 86도843 판결.

42 대법원 2009. 12. 24. 선고 2009도9667판결.

43 대법원 1967. 6. 20. 선고 67도728 판결, 대법원 1977. 7. 26. 선고 77도1802 판결, 대법원 2004. 10. 15. 선고 2004도4505 판결.

44 대법원 1999. 9. 17. 선고 98도3077 판결.

45 대법원 1970. 4. 24. 선고 70도507 판결, 대법원 2003. 10. 24. 선고 2003도4417 판결, 대법원 2006. 9. 14. 선고 2006도2824 판결.

한 것으로 보아야 한다.[46]

5) 강도죄

가) 야간주거침입강도죄

형법 제334조 제1항 소정의 야간주거침입강도죄는 주거침입과 강도의 결합범으로서 시간적으로 주거침입행위가 선행되므로 주거침입을 한 때에 본죄의 실행에 착수한 것으로 볼 것인바, 같은 조 제2항 소정의 흉기휴대 합동강도죄에 있어서도 그 강도행위가 야간에 주거에 침입하여 이루어진 경우에는 주거침입을 한 때에 착수한 것으로 보는 것이 타당하다.[47]

나) 특수강도죄

특수강도의 실행의 착수는 강도의 실행행위, 즉 사람의 반항을 억압할 수 있는 정도의 폭행 또는 협박에 나아갈 때에 있다 할 것이고, 야간에 흉기를 휴대한 채 타인의 주거에 침입하여 집안의 동정을 살피는 것만으로는 특수강도의 실행에 착수한 것이라고 할 수 없다.[48]

다) 준강도죄

준강도는 절도범인이 절도의 기회에 재물탈환, 항거 등의 목적으로 폭행 또는 협박을 가함으로써 성립되는 것이므로 그 폭행 또는 협박은 절도의 실행에 착수하여 그 실행 중이거나 그 실행 직후 또는 실행의 범의를 포기한 직후로서 사회통념상 범죄행위가 완료되지 아니하였다고 인정될만한 단계에서 행하여짐을 요한다.[49]

6) 사기죄

대법원 판례는 소송사기에서는 법원을 기망하여 재물 또는 재산상의 이익을 편취할 의사로서 소 또는 반소를 제기하거나 허위의 항변을 제출한 때에 실행의 착수가 있다고 판단한다. 또한 강제집행 및 경매절차와 관련하여도 소송사기가 성립할 수 있다고 본다. 다만, 가압류 신청의 경우는 달리 보고 있다.[50]

가) 실행의 착수를 인정한 사례

(1) 소송사기는 법원을 기망하여 자기에게 유리한 판결을 얻고 이에 터잡아

46 대법원 1984. 12. 26. 선고 84도2433 판결, 대법원 2003. 10. 24. 선고 2003도4417 판결.

47 대법원 1992. 7. 28. 선고 92도917 판결.

48 대법원 1991. 11. 22. 선고 91도2296 판결.

49 대법원 1984. 9. 11. 선고 84도1398, 84감도214 판결, 대법원 1999. 2. 26. 선고 98도3321 판결.

50 소송사기의 실행의 착수에 관해서는 박종민, "지급명령신청에 의한 소송사기와 그 기수시기", 대법원 판례해설 50호(2004), 653-673 참조.

상대방으로부터 재물을 교부받거나 재산상 이익을 취득하는 것을 말하고, 소송에서 주장하는 권리가 존재하지 않는 사실을 알고 있으면서도 법원을 기망한다는 인식을 가지고 소를 제기하면 이로써 실행의 착수가 있고, 소장의 유효한 송달이나 (해당 재산의) 피해자에 대한 직접적인 기망을 요하지 아니한다.[51]

(2) 피고인이 특정 권원에 기하여 민사소송을 진행하던 중 법원에 조작된 증거를 제출하면서 종전에 주장하던 특정 권원과 별개의 허위의 권원을 추가로 주장하는 경우에 그 당시로서는 종전의 특정 권원의 인정 여부가 확정되지 아니하였고, 만약 종전의 특정 권원이 배척될 때에는 조작된 증거에 의하여 법원을 기망하여 추가된 허위의 권원을 인정받아 승소판결을 받을 가능성이 있으므로, 가사 나중에 법원이 종전의 특정 권원을 인정하여 피고인에게 승소판결을 선고하였다고 하더라도, 피고인의 이러한 행위는 특별한 사정이 없는 한 소송사기의 실행의 착수에 해당된다.[52]

(3) 피고인 또는 그와 공모한 사람이 자신이 토지의 소유자라고 허위의 주장을 하면서 소유권보존등기 명의자를 상대로 보존등기의 말소를 구하는 소송을 제기한 경우 그 소송에서 위 토지가 피고인 또는 그와 공모한 사람의 소유임을 인정하여 보존등기 말소를 명하는 내용의 승소확정판결을 받는다면, 이에 터 잡아 언제든지 단독으로 상대방의 소유권보존등기를 말소시킨 후 위 판결을 부동산등기법 제130조 제2호 소정의 소유권을 증명하는 판결로 하여 자기 앞으로 소유권보존등기를 신청하여 그 등기를 마칠 수 있게 되므로, 이는 법원을 기망하여 유리한 판결을 얻음으로써 '대상 토지의 소유권에 대한 방해를 제거하고 그 소유명의를 얻을 수 있는 지위'라는 재산상 이익을 취득한 것이고, 그 경우 기수시기는 위 판결이 확정된 때이다.[53]

(4) 적극적 소송당사자인 원고뿐만 아니라 방어적인 위치에 있는 피고라 하더라도 허위내용의 서류를 작성하여 이를 증거로 제출하거나 위증을 시키는 등의 적극적인 방법으로 법원을 기망하여 착오에 빠지게 한 결과 승소확정판결을 받음으로써 자기의 재산상의 의무이행을 면하게 된 경우에는 사기죄가 성립되고, 위 허위내용의 서류를 증거로 제출하거나 그에 따른 주장을 담은 답변서나 준비서면

51 대법원 1974. 3. 26. 선고 74도196 판결, 대법원 1993. 9. 14. 선고 93도915 판결, 대법원 2006. 11. 10. 선고 2006도5811 판결.

52 대법원 2004. 6. 25. 선고 2003도7124 판결.

53 대법원 2006. 4. 7. 선고 2005도9858 전원합의체 판결.

을 제출한 경우에 사기죄의 실행의 착수가 인정된다.[54]

(5) 강제집행절차를 통한 소송사기는 집행절차의 개시신청을 한 때 또는 진행 중인 집행절차에 배당신청을 한 때에 실행에 착수하였다고 볼 것이다. 민사집행법 제244조에서 규정하는 부동산에 관한 권리이전청구권에 대한 강제집행은 그 자체를 처분하여 그 대금으로 채권에 만족을 기하는 것이 아니고, 부동산에 관한 권리이전청구권을 압류하여 청구권의 내용을 실현시키고 부동산을 채무자의 책임재산으로 귀속시킨 다음 다시 그 부동산에 대한 경매를 실시하여 그 매각대금으로 채권에 만족을 기하는 것이다. 이러한 경우 소유권이전등기청구권에 대한 압류는 당해 부동산에 대한 경매의 실시를 위한 사전 단계로서 의미를 가지거나, 전체로서의 강제집행절차를 위한 일련의 시작행위라고 할 수 있으므로, 허위 채권에 기한 공정증서를 집행권원으로 하여 채무자의 소유권이전등기청구권에 대하여 압류 신청을 한 시점에 소송사기의 실행에 착수하였다고 볼 것이다.[55]

(6) 대여금 채권자가 채무자에 대하여 승소확정판결을 받은 대여원리금채권을 그 판결확정 후에 전액을 변제받고서도 형식상 적법한 채무명의인 판결정본을 그대로 소지하고 있음을 이용하여 위 판결정본에 기한 채권이 존재함을 내세워 집행관으로 하여금 그 집행절차를 수임하게 하여 위 채무자 소유의 동산에 압류집행을 하도록 하였다면, 채권자의 압류집행 신청행위는 사기의 실행의 착수에 해당한다.[56]

(7) 채무자가 강제집행을 승낙한 취지의 기재가 있는 약속어음 공정증서에 있어서 그 약속어음의 원인관계가 소멸하였음에도 불구하고, 약속어음 공정증서 정본을 소지하고 있음을 기화로 이를 근거로 강제집행을 하였다면 강제집행 신청시에 사기의 실행에 착수한 것이다.[57]

나) 실행의 착수를 부정한 사례

(1) 가압류는 강제집행의 보전방법에 불과하고 그 기초가 되는 허위의 채권을 피보전권리로 삼아 가압류를 하였더라도 그 채권에 관하여 현실적으로 청구의 의사표시를 한 것이라고 볼 수 없으므로, 본안소송을 제기하지 아니한 채 가압류신

54 대법원 1998. 2. 27. 선고 97도2786 판결, 대법원 2007. 9. 7. 선고 2006도7797 판결.
55 대법원 2015. 2. 12. 선고 2014도10086 판결.
56 대법원 1988. 4. 12. 선고 87도2394 판결.
57 대법원 1999. 12. 10. 선고 99도2213 판결.

청을 한 것만으로는 사기죄의 실행에 착수하였다고 할 수 없다.[58]

(2) 부동산 소유권이전등기에 관한 특별조치법에 의거하여 임야의 사실상의 양수자가 확인서발급 신청을 하자 피고인이 위조된 계약서 사본을 첨부하여 위 임야의 소유자라고 허위 주장하여 이의신청을 한 결과 위 확인서 발급신청이 기각되었다고 하더라도, 이는 위 사실상 양수자가 자기 앞으로 소유권이전등기에 필요한 위 확인서를 발급받지 못하도록 방해가 되었을 뿐이고, 이것만으로는 피고인이 위 임야에 관한 어떠한 권리를 취득하거나 의무를 면하는 것은 아니므로 위 임야를 편취하려는 기망행위에 나아간 것이라고 보기 어렵다.[59]

(3) 태풍피해 복구보조금 지원 절차의 전제가 된 피해신고만 하고 보조금 지원신청을 하지 않은 경우에는 사기죄의 실행에 착수하였다고 할 수 없다.[60]

7) 배임죄

타인의 사무를 처리하는 자가 배임의 범의로, 즉 임무에 위배하는 행위를 한다는 점과 이로 인하여 자기 또는 제3자가 이익을 취득하여 본인에게 손해를 가한다는 점에 대한 인식이나 의사를 가지고 임무에 위배한 행위를 개시한 때 배임죄의 실행에 착수한 것이고, 이러한 행위로 인하여 자기 또는 제3자가 이익을 취득하여 본인에게 손해를 가한 때 기수에 이른다는 것이 대법원 판례의 입장이다.[61]

가) 군조합의 구매주임이 정상가격보다 높은 가격으로 묘목을 판매하여 재산상 이득을 취하고 조합원들에게 손해를 끼칠 목적으로 조합원들로부터 묘목의 구매신청서를 받은 이상 업무상배임의 실행에 착수한 것이고, 위 묘목 판매사업이 조합사업으로 확정할 절차인 이사회의 결의나 도지부의 승인을 거치지 않았더라도 이는 조합 내부의 절차에 불과하여 업무상배임미수의 성립 여부가 달라지지 않는다.[62]

나) 피고인이 카바레 영업을 할 목적으로 카바레 건물을 임차하면서 임대차계약이 종료될 때까지 반환하기로 하는 약정 아래 카바레영업허가 명의를 이전받았다면 임대인에 대한 대내적 관계에서는 위 영업허가권의 단순한 임차인 내지 명의수탁자에 불과하다 할 것이므로 임대차계약 종료 시에 이를 반환하는 범위

58 대법원 1982. 10. 26. 선고 82도1529 판결, 대법원 1988. 9. 13. 선고 88도55 판결.
59 대법원 1982. 3. 9. 선고 81도2767 판결.
60 대법원 1999. 3. 12. 선고 98도3443 판결.
61 대법원 2017. 7. 20. 선고 2014도1104 전원합의체 판결.
62 대법원 1966. 9. 27. 선고 66도912 판결.

안에서 타인의 사무를 처리하는 자라고 할 것이니, 이 임무를 위배하여 이를 제3자에게 처분하고 그 명의를 이전하려 하였다면 배임죄의 실행의 착수가 인정된다.[63]

다) 주식회사의 대표이사가 대표권을 남용하는 등 그 임무에 위배하여 약속어음을 발행한 경우 대표이사로서는 배임의 범의로 임무위배행위를 함으로써 실행에 착수한 것이고, 약속어음 발행이 무효일 뿐만 아니라 그 어음이 융통되지도 않았다면 회사는 어음발행의 상대방에게 어음채무를 부담하지 않기 때문에 특별한 사정이 없는 한 회사에 현실적으로 손해가 발생하였다거나 실해 발생의 위험이 발생하였다고도 볼 수 없으므로, 이때에는 배임죄의 기수범이 아니라 배임미수죄로 처벌하여야 한다.[64]

라) 부동산소유자가 해당 부동산을 제1차 매수인에게 매도하고 계약금과 중도금까지 수령한 이상 특단의 사정이 없으면 잔금수령과 동시에 매수인 명의로의 소유권이전등기에 협력할 임무가 있고 이 임무는 주로 위 매수인을 위하여 부담하는 임무라고 할 것이므로, 위 매매계약이 적법하게 해제되었다면 모르되 그렇지 않은 이상 이를 다시 제3자와의 사이에 그 부동산에 대한 매매계약을 체결하고 계약금과 중도금까지 수령한 것은 위 제1차 매수인에 대한 소유권이전등기 협력의무의 위배와 밀접한 행위로서 배임죄의 실행의 착수라고 보아야 한다.[65]

마) 부동산의 이중양도에 있어서 매도인이 제2차 매수인으로부터 계약금만을 지급받고 중도금을 수령한 바 없다면 배임죄의 실행의 착수가 있었다고 볼 수 없다.[66]

8) 간첩죄

간첩의 목적으로 외국 또는 북한에서 국내에 침투 또는 월남하는 경우에는 기밀탐지가 가능한 국내에 침투 상륙함으로써 간첩죄의 실행의 착수가 있다고 할 것이다.[67]

9) 특별형법

가) 피고인이 일화 500만 엔은 기탁화물로 부치고 일화 400만 엔은 휴대용

63 대법원 1981. 7. 28. 선고 81도966 판결.
64 대법원 2017. 7. 20. 선고 2014도1104 전원합의체 판결.
65 대법원 1984. 8. 21. 선고 84도691 판결, 대법원 2010. 4. 29. 선고 2009도14427 판결.
66 대법원 2003. 3. 25. 선고 2002도7134 판결.
67 대법원 1984. 9. 11. 선고 84도1381 판결.

가방에 넣어 국외로 반출하려고 하는 경우에(외국환거래법위반죄) 500만 엔에 대하여는 기탁화물로 부칠 때 이미 국외로 반출하기 위한 행위에 근접·밀착한 행위가 이루어졌다고 보아 실행의 착수가 있었다고 할 것이지만, 휴대용 가방에 넣어 비행기에 탑승하려고 한 나머지 400만 엔에 대하여는 그 휴대용 가방을 보안검색대에 올려놓거나 이를 휴대하고 통과하는 때에 비로소 실행의 착수가 있다.[68]

나) 비지정문화재의 수출미수죄(문화재보호법위반죄)가 성립하기 위하여는 비지정문화재를 국외로 반출하는 행위에 근접·밀착하는 행위가 행하여진 때에 그 실행의 착수가 있는 것으로 보아야 한다.[69]

다) 관세포탈 범의를 가지고 선박을 이용하여 물품을 영해 내에 반입한 때에 관세법위반의 실행의 착수가 인정되며, 실행의 착수 인정에 물품의 양육이나 그에 밀접한 행위를 요하지 않는다.[70]

라) 세관원에게 "잘 부탁한다."는 말을 하였다는 사실만으로는 사위(詐僞) 기타 부정한 방법으로 관세를 포탈하는 범행의 방조행위에 해당된다거나 그 범행의 실행에 착수하였다고 볼 수 없다.[71]

마) 관세를 포탈할 목적으로 수입할 물품의 수량과 가격이 낮게 기재된 계약서를 첨부하여 수입예정물량 전부에 대한 과세가격 사전심사를 신청함으로써 과세가격을 허위로 신고하고 이에 따른 과세가격 사전심사서를 미리 받아두는 행위는 관세포탈죄의 실현을 위한 준비행위에 해당하여 관세포탈예비죄가 성립할 뿐, 실행의 착수에 이르렀다고 보기 어렵다.[72]

바) 도망·잠적에 상응할 정도로 병역의무의 이행을 면탈하고 병무행정의 적정성을 침해할 직접적인 위험이 있는 단계에 이르렀을 때 비로소 병역법 제86조에 의하여 처벌되는 사위(詐僞)행위의 실행에 이르렀다고 보아야 하므로, 병역처분의 변경을 받기 위해 사위의 방법으로 허위의 병사용진단서를 발급받는 행위만으로는 실행의 착수에 해당하지 않는다.[73]

사) 범죄수익은닉의 규제 및 처벌에 관한 법률 제3조 제1항 제3호에서 정한

68 대법원 2001. 7. 27. 선고 2000도4298 판결.
69 대법원 1999. 11. 26. 선고 99도2461 판결.
70 대법원 1984. 7. 24. 선고 84도832 판결.
71 대법원 1971. 8. 31. 선고 71도1204 판결.
72 대법원 1999. 4. 9. 선고 99도424 판결.
73 대법원 2005. 9. 28. 선고 2005도3240 판결.

범죄수익 등의 은닉에 관한 죄의 실행의 착수는 범죄수익 등이 생겼을 때 비로소 가능하므로, 아직 범죄수익 등이 생기지 않은 상태에서는 범죄수익 등의 은닉에 관한 죄의 실행의 착수가 있다고 인정하기 어렵다.[74]

라. 특별한 범죄유형에서의 실행의 착수시기 문제

1) 공동정범의 착수시기

공동정범에 있어서 여러 공동정범자의 행위가 있을 경우 언제 실행의 착수가 있다고 인정할 것인지에 관해, 모든 공동정범자의 전체 범행계획을 기초로 판단할 때 공동정범 가운데 한 사람이 구성요건 실현행위를 직접 시작한 때에 모든 공동정범에 대하여 실행의 착수가 인정된다는 견해가 통설이다(전체적 해결방법).[75] 이에 반하여 가담자 1인의 착수가 있더라도 아직 실행에 착수하지 못한 단순가담자에 불과한 사람을 공동정범으로 취급하는 것은 미수범에 대하여 공모공동정범을 긍정하는 결과가 되어 부당하다는 이유에서 공동정범에 있어서 각 가담자들의 실행의 착수시기를 개별적으로 판단하여 결정해야 한다는 견해도 있다(개별적 해결방법).[76]

2) 간접정범의 착수시기

형법 제34조 제1항의 간접정범은 '이용자의 이용행위'와 '피이용자의 실행행위'로 구성된다. 간접정범의 실행의 착수시기를 양자 중 어디에서 찾을 것인가에 관해서는 견해가 대립되고 있다. 종래 통설은 이용자가 피이용자를 이용하기 시작한 때에 실행의 착수가 있다고 본다(이용자 기준설).[77] 간접정범에서의 피이용자는 도구로 이용되는 단순한 물건과도 같기 때문에 실행의 착수는 이용자의 행위

74 대법원 2007. 1. 11. 선고 2006도5288 판결.

75 권오걸, 형법총론(제2판), 형설출판사(2007), 446-447; 김성천/김형준, 형법총론(제8판), 소진(2018), 329-330; 박상기, 형법총론(제9판), 박영사(2012), 363; 배종대, 형법총론(제13판), 홍문사(2017), 360; 손동권/김재윤, 새로운 형법총론(초판), 율곡출판사(2011), 439-440; 오영근, 형법총론(제4판), 박영사(2018), 311; 이영란, 형법학: 총론강의(제3판), 형설출판사(2011), 396; 이재상 외 2인, 형법총론(제9판), 박영사(2017), 383; 이형국/김혜경, 형법총론(제5판), 법문사(2019), 331; 임웅, 형법총론(제10정판), 법문사(2018), 376; 진계호/이존걸, 형법총론(제8판), 대왕사(2007), 498.

76 김일수/서보학, 새로쓴 형법총론(제13판), 박영사(2018), 383; 이정원, 형법총론, 신론사(2012), 361; 정성근/박광민, 형법총론(제2판), 성균관대학교출판부(2015), 397.

77 권오걸, 형법총론(제2판), 형설출판사(2007), 447; 박상기, 형법총론(제9판), 박영사(2012), 362-363; 손동권/김재윤, 새로운 형법총론(초판), 율곡출판사(2011), 440; 이영란, 형법학: 총론강의(제3판), 형설출판사(2011), 396; 이재상 외 2인, 형법총론(제9판), 박영사(2017), 384; 임웅, 형법총론(제10정판), 법문사(2018), 376.

는 이용행위로 끝나고 그 후의 피이용자의 행위는 이용자의 행위 결과로서 인과관계의 일부를 형성할 뿐이라는 이유를 제시한다. 반면 피이용자의 실행행위가 개시되는 시점에 실행의 착수가 있다고 보는 견해가 있다(피이용자 기준설).[78] 또한 피이용자를 선의의 도구와 악의의 도구인 경우로 나누어, 선의의 도구인 경우에는 간접정범자가 그의 의사에 의하여 필연적으로 실행행위에 이르도록 지배한 것이므로 이용자의 행위가 종료할 때 실행의 착수가 인정되지만, 악의의 도구인 경우에는 피이용자의 조종의사에 의하여 구성요건실현의 위험이 좌우되므로 피이용자의 행위를 기준으로 실행의 착수를 인정하는 견해도 있다(이분설).[79] 그리고 간접정범의 경우에도 실행의 착수시기를 판단하는 일반원칙(절충설)에 따라 구체적 사안마다 개별적으로 판단해야 한다는 견해도 있다(개별화설).[80]

3) 원인에 있어서 자유로운 행위의 착수시기

형법 제10조 제3항의 원인에 있어서 자유로운 행위의 경우에 언제 실행의 착수를 인정할 것인지의 문제는 원인에 있어서 자유로운 행위의 본질 내지 가벌성의 근거를 어디서 찾느냐(원인설정행위인지 아니면 책임능력 결함상태에서의 실행행위인지)와 연결된다. 종래의 다수설은 원인에 있어서 자유로운 행위를 자신의 책임능력 결함상태를 도구로 이용하는 간접정범으로 이해하여 원인행위 시에 실행의 착수가 있다고 보았다.[81] 반면 실행의 착수는 객관적 구성요건의 정형을 떠나서는 논증하기 어렵고, 행위와 책임의 동시존재 원칙에 대한 예외로서 원인에 있어서 자유로운 행위의 책임을 인정하는 통설에서는 책임능력 결함상태에서의 구성요건적 개시행위에 실행의 착수가 있다고 본다.[82] 또한 원인에 있어서 자유로운 행위

78 김성돈, 형법총론(제5판), 성균관대학교출판부(2017), 650; 김일수/서보학, 새로쓴 형법총론(제13판), 박영사(2018), 383; 신동운, 형법총론(제8판 보정판), 법문사(2015), 683; 이형국/김혜경, 형법총론(제5판), 법문사(2019), 330.

79 정성근/박광민, 형법총론(제2판), 성균관대학교출판부(2015), 397.

80 김성천/김형준, 형법총론(제8판), 소진(2018), 329; 배종대, 형법총론(제13판), 홍문사(2017), 360; 이정원, 형법총론, 신론사(2012), 343; 진계호/이존걸, 형법총론(제8판), 대왕사(2007), 497.

81 김일수/서보학, 새로쓴 형법총론(제13판), 박영사(2018), 383-384. 종래는 권문택, 남흥우, 백남억, 이건호, 정영석, 황산덕 교수 등의 지지를 받았던 다수설이었다.

82 권오걸, 형법총론(제2판), 형설출판사(2007), 448; 김성천/김형준, 형법총론(제8판), 소진(2018), 330; 박상기, 형법총론(제9판), 박영사(2012), 363; 배종대, 형법총론(제13판), 홍문사(2017), 360; 손동권/김재윤, 새로운 형법총론(초판), 율곡출판사(2011), 441; 오영근, 형법총론(제4판), 박영사(2018), 311; 이영란, 형법학: 총론강의(제3판), 형설출판사(2011), 396; 이재상 외 2인, 형법총론(제9판), 박영사(2017), 384-385; 이형국/김혜경, 형법총론(제5판), 법문사(2019), 331; 진계호/이존걸, 형법총론(제8판), 대왕사(2007), 498.

를 원인설정행위와 책임능력 결함상태에서의 실행행위로 인위적으로 분리해서는 안 되고, 실행의 착수시기를 판단하는 일반원칙(절충설)에 따라 구체적 사안마다 개별적으로 판단해도 충분하다는 견해도 있다.[83]

3. 범죄의 미완성

범죄가 완성에 이르면 기수이지 미수가 아니므로, 미수범이 성립되기 위해서는 범죄가 완성에 이르지 않아야 한다. 범죄가 완성되지 못한 이유가 수단의 잘못인지, 객체의 착오에 의한 것인지를 묻지 않는다.[84] 본조 제1항에서는 '행위를 종료하지 못한 경우(착수미수)'와 '결과가 발생하지 아니한 경우(실행미수)'로 범죄의 미완성을 표현하고 있으나, 장애미수에서는 양자의 구별 실익이 크지 않다는 점은 앞서 설명하였다(☞ 제25조 Ⅰ. 본조의 의의 주석 참조). 그밖에 결과가 발생하였으나 인과관계와 객관적 귀속이 부정되는 경우(형법 제17조)에도 기수가 될 수 없으므로 미수가 인정된다. 같은 취지에서 형법 제19조의 독립행위의 경합에 있어서도 비록 결과가 발생하였더라도 각각의 독립행위와 결과 사이에 인과관계와 객관적 귀속이 인정되지 않는 경우에는 미수범으로 처벌한다고 규정하고 있다.

Ⅳ. 미수범의 처벌

본조 제2항은 "미수범의 형은 기수범보다 감경할 수 있다."고 규정함으로써 (협의의) 장애미수를 형의 임의적 감경의 대상으로 정하고 있다. 다만 개별 법률에 따라서는 미수범에 대하여 이러한 형의 감경을 배제하는 규정을 두고 있는 경우가 있고, 이 때에는 본조 제2항에 의한 형의 감경은 인정되지 않는다. 예를 들어 관세법 제271조 제2항, 대외무역법 제55조, 물류정책기본법 제71조 등의 경우 "미수범은 본죄에 준하여 처벌한다."고 규정하고 있다. 대법원 판례는 "상습적으로 형법 제329조부터 제331조까지의 죄 또는 그 미수죄를 범한 사람은 무기 또는 3년 이상의 징역에 처한다."는 구 특정범죄 가중처벌 등에 관한 법률(2016. 1. 6. 법률 제13717호로 개정되기 전의 것) 제5조의4 제1항이 적용되는 상습절도죄의 경우 형법 제25조 제2항에 의한 형의 미수감경은 허용되지 아니한다고 판단하였다.[85]

그 외에 미수범의 처벌에 관하여는 형법 제29조(미수범의 처벌)의 해당 부분

83 이정원, 형법총론, 신론사(2012), 222-225.
84 이재상 외 2인, 형법총론(제9판), 박영사(2017), 385.
85 대법원 2010. 11. 25. 선고 2010도11620 판결, 대법원 2013. 8. 14. 선고 2013도6018 판결.

을 참조한다.

V. 미수범에 관한 관련문제

1. 형식범(거동범)과 미수

형식범(거동범)은 구성요건의 내용이 결과의 발생을 요하지 않고 법에 규정된 행위로써 충족되는 범죄를 말한다(예를 들어 주거침입죄, 무고죄, 위증죄 등). 형식범(거동범)의 경우에도 미수가 가능한지에 관하여 학설이 나뉜다. 부정설은 형식범(거동범)에서 별도로 결과의 발생이 필요하지 않기 때문에 미수의 문제는 생각할 여지가 없다고 본다.[86] 반면 형식범(거동범) 중에도 미수범 처벌규정이 있는 경우도 있으므로(예를 들어 형법 제164조 제1항의 현주건조물 방화죄) 형식범(거동범)에 대해서도 일반범죄와 마찬가지로 미수를 부정할 이유가 없다는 견해도 있다.[87]

2. 부작위범과 미수

부작위에 의하여 범하는 범죄인 부작위범은 진정부작위범과 부진정부작위범으로 나뉜다. 그 구별기준으로는 형식설(형법이 부작위범의 구성요건을 두는지 여부에 따라, 구성요건이 부작위에 의해서만 실현될 수 있는 범죄가 진정부작위범, 부작위에 의하여 작위범의 구성요건을 실현하는 경우가 부진정부작위범)과 실질설[진정부작위범은 단순한 부작위에 의하여 구성요건이 충족되고(형식범: 거동범), 부진정부작위범은 결과의 발생을 요함(결과범)]의 대립이 있다. 부작위범에 대해 미수가 성립되는지 여부에 관해서는 아래와 같이 유형별로 학설이 나뉜다.

가. 진정부작위범과 미수

형법에서 진정부작위범이면서 미수범 처벌규정을 두고 있는 범죄는 퇴거불응죄(형법 제319조 제2항)만이 존재한다. 진정부작위범은 결과의 발생을 요건으로 하지 않고 요구되는 행위를 하지 않으면 범죄가 완성되므로 (불능범을 제외한 나머지)

86 권오걸, 형법총론(제2판), 형설출판사(2007), 449; 박상기/전지연, 형법학(총론·각론 강의)(제4판), 집현재(2018), 218; 이영란, 형법학: 총론강의(제3판), 형설출판사(2011), 397(다만, 주거침입죄는 행위자의 신체 일부가 들어간 때 착수미수 형태의 미수범은 가능하다고 본다); 이재상 외 2인, 형법총론(제9판), 박영사(2017), 386; 정영석, 형법총론(제5전정중판), 법문사(1984), 222; 진계호/이존걸, 형법총론(제8판), 대왕사(2007), 499-500.

87 김성천/김형준, 형법총론(제8판), 소진(2018), 328; 손동권/김재윤, 새로운 형법총론(초판), 율곡출판사(2011), 442; 오영근, 형법총론(제4판), 박영사(2018), 312(거동범은 실행미수는 있을 수 없으나 착수미수는 가능하다는 견해이다).

미수를 생각할 수 없다는 견해[88](따라서 퇴거불응죄의 미수처벌 규정을 입법의 오류로 본다)가 있는 반면, 진정부작위범에서도 미수가 성립할 수 있다는 견해[89](따라서 퇴거불응죄의 미수처벌 규정은 가능하다고 본다)도 있다.

나. 부진정부작위범과 미수

부진정부작위범의 미수와 관련해서 문제가 되는 것은 실행의 착수시기이다. 이에 관하여 위험방지가 가능한 첫 순간(최초 구조가능시점)으로 보는 견해,[90] 위험방지가 가능한 마지막 시점(최후 구조가능시점)으로 보는 견해,[91] 작위의무를 이행해야 하는 시점으로 보는 견해(법익에 대한 직접적인 위험야기·증대 기준설)를 상정할 수 있으나, 실행의 착수시기에 관하여 절충설(주관적 객관설)에 따른 마지막 견해가 통설[92]이다. 즉, 부진정부작위범은 보호법익에 대한 급박한 구체적인 위험이 있음에도 불구하고 부작위로 나아가 구성요건적 불법결과를 발생할 수 있게 한 때에 실행의 착수가 있다고 본다.[93]

3. 결과적가중범과 미수

결과적가중범이란 고의에 의한 기본범죄에 의하여 행위자가 예견하지 않았던 중한 결과가 발생한 때에 그 형이 가중되는 범죄이다. 그 종류로는 과실로 중한 결과를 발생케 한 경우인 '진정결과적가중범'과 중한 결과를 고의(특히 미필적 고의)에 의하여 발생케 한 경우인 '부진정결과적가중범'이 있다. 결과적가중범에서 미수가 성립하는 경우는 논리적으로 ①기본범죄가 미수이고 중한 결과가 발생한

88 손동권/김재윤, 새로운 형법총론(초판), 율곡출판사(2011), 441; 이영란, 형법학: 총론강의(제3판), 형설출판사(2011), 397; 이재상 외 2인, 형법총론(제9판), 박영사(2017), 386; 이형국/김혜경, 형법총론(제5판), 법문사(2019), 331; 정영석, 형법총론(제5전정중판), 법문사(1984), 223; 진계호/이존걸, 형법총론(제8판), 대왕사(2007), 500.

89 김성천/김형준, 형법총론(제8판), 소진(2018), 327-328; 박상기/전지연, 형법학(총론·각론 강의)(제4판), 집현재(2018), 217.

90 보증인에 대한 명령은 결과발생의 방지가 가능한 처음 순간에 개입할 것을 요구하기 때문이고, 행위가 가능한 첫 순간에 실행의 착수가 있게 되며, 이는 결국 실행의 착수와 동시에 부진정부작위범은 기수에 이르게 된다는 견해이다.

91 보증인은 최후에 결과의 방지조치를 취하면 충분하기 때문이라고 보는 견해이다.

92 김성천/김형준, 형법총론(제8판), 소진(2018), 327; 김일수/서보학, 새로쓴 형법총론(제13판), 박영사(2018), 385; 박상기/전지연, 형법학(총론·각론 강의)(제4판), 집현재(2018), 218; 손동권/김재윤, 새로운 형법총론(초판), 율곡출판사(2011), 441; 오영근, 형법총론(제4판), 박영사(2018), 331; 이영란, 형법학: 총론강의(제3판), 형설출판사(2011), 398; 이재상 외 2인, 형법총론(제9판), 박영사(2017), 387; 이형국/김혜경, 형법총론(제5판), 법문사(2019), 331.

93 이재상 외 2인, 형법총론(제9판), 박영사(2017), 387.

경우, ②기본범죄가 기수이고 중한 결과가 발생하지 않은 경우, ③ 본범죄가 미수이고 중한 결과도 발생하지 않은 경우를 상정할 수 있는데, 진정결과적가중범의 경우 중한 결과가 발생하지 않은 때에는 과실에 의해 발생해야 할 중한 결과의 미수(즉, 과실범의 미수)는 인정되지 않으므로 ②의 경우는 불가능하다. ②의 경우는 중한 결과를 고의로 발생케 하려고 한 부진정결과적가중범에서만 가능하다. 따라서 결과적가중범의 미수가 가능한 경우는 아래의 두 가지로 나누어 검토해볼 수 있다.

가. 기본범죄가 미수이고 중한 결과가 발생한 경우

결과적가중범에서 기본범죄와 결합된 중한 결과가 발생하였으나 기본범죄 자체가 미수에 그친 경우에 결과적가중범의 미수가 인정될 수 있는지가 문제된다. 독일의 통설과 같이 결과적 가중범의 미수를 인정해야 한다는 견해도 있으나,[94] 중한 결과가 발생한 이상 결과적가중범은 기수가 되었다고 해석하는 견해가 종래의 통설[95]이었다. 판례도 강간이 미수에 그친 경우에도 강간치상죄[96] 또는 강간치사죄[97]가 성립한다고 판단하였다.

그러나 1995년 개정형법에서 제324조의5(제324조의3의 인질상해·치상죄, 제324조의4의 인질살해·치사죄에 대한 미수범 처벌), 제342조(제337조의 강도치상죄, 제338조의 강도치사죄에 대한 미수범 처벌)에서 결과적가중범의 미수처벌 규정이 도입되었다. 이에 따라 입법적으로 결과적가중범의 미수가 인정되게 되었으나, 이론적·실무적 문제점에 관한 논의는 계속되고 있다.

나. 부진정결과적가중범에서 중한 결과가 발생하지 않은 경우

형법에서 부진정결과적가중범이면서 미수범 처벌규정을 두고 있는 범죄는 현주건조물 일수치사상죄(제182조, 제177조 제2항)가 존재한다. 현행법상 위 규정 외에 부진정결과적가중범에 대한 미수범을 처벌하는 규정이 없으므로 그 미수범을 인

94 오영근, 형법총론(제4판), 박영사(2018), 313.

95 배종대, 형법총론(제13판), 홍문사(2017), 361; 손동권/김재윤, 새로운 형법총론(초판), 율곡출판사(2011), 442; 이영란, 형법학: 총론강의(제3판), 형설출판사(2011), 398; 이정원, 형법총론, 신론사(2012), 429-431; 이재상 외 2인, 형법총론(제9판), 박영사(2017), 389; 정영석, 형법총론(제5전정중판), 법문사(1984), 222; 진계호/이존걸, 형법총론(제8판), 대왕사(2007), 500.

96 대법원 1988. 8. 23. 선고 88도1212 판결.

97 대법원 1995. 5. 12. 선고 95도425 판결.

정할 수 없다는 견해[98](따라서 위 현주건조물 일수치사상죄는 입법의 오류로 본다)와 현행법상으로도 위 현주건조물 일수치사상죄에 관하여 미수범 처벌규정을 두고 있으므로 그 미수범을 인정할 수 있다는 견해[99](따라서 위 현주건조물 일수치사상죄의 미수처벌 규정은 가능하다고 본다)가 대립된다. 위 현주건조물 일수치사상죄의 미수에 관한 제182조의 규정에도 불구하고 부진정결과적가중범인 현주건조물 방화치사상죄나 교통방해치사상죄와 같은 다른 규정에서는 미수범 처벌규정을 두고 있지 않은 상황과의 균형을 고려하면 일반적으로는 부진정결과적 가중범의 미수는 인정하기 어렵다는 견해가 다수이다.

98 배종대, 형법총론(제13판), 홍문사(2017), 361; 손동권/김재윤, 새로운 형법총론(초판), 율곡출판사(2011), 442; 이영란, 형법학: 총론강의(제3판), 형설출판사(2011), 398; 이정원, 형법총론, 신론사(2012), 427; 이재상 외 2인, 형법총론(제9판), 박영사(2017), 389; 정영석, 형법총론(제5전정중판), 법문사(1984), 222; 진계호/이존걸, 형법총론(제8판), 대왕사(2007), 500.

99 박상기, 형법총론(제9판), 박영사(2012), 362; 오영근, 형법총론(제4판), 박영사(2018). 313.

제 26 조 [중지범]

범인이 자의로 실행에 착수한 행위를 중지하거나 그 행위로 인한 결과의 발생을 방지한 때에는 형을 감경 또는 면제한다.

[관련조문] 형법 제29조.

[참고문헌] 권오걸, 형법총론(제2판), 형설출판사(2007); 김성돈, 형법총론(제5판), 성균관대학교출판부(2017); 김성천/김형준, 형법총론(제8판), 소진(2018); 김일수/서보학, 새로쓴 형법총론(제13판), 박영사(2018); 박상기, 형법총론(제9판), 박영사(2012); 박상기/전지연, 형법학(총론·각론 강의)(제4판), 집현재(2018); 배종대, 형법총론(제13판), 홍문사(2017); 손동권/김재윤, 새로운 형법총론(초판), 율곡출판사(2011); 신동운, 형법총론(제8판 보정판), 법문사(2015); 오영근, 형법총론(제4판), 박영사(2018); 이영란, 형법학: 총론강의(제3판), 형설출판사(2011); 이정원, 형법총론, 신론사(2012); 이재상 외 2인, 형법총론(제9판), 박영사(2017); 이형국/김혜경, 형법총론(제5판), 법문사(2019); 임웅, 형법총론(제10정판), 법문사(2018); 정성근/박광민, 형법총론(제2판), 성균관대학교출판부(2015); 정영석, 형법총론(제5전정증판), 법문사(1984); 정영일, 형법강의(총론)(제3판), 학림(2017); 진계호/이존걸, 형법총론(제8판), 대왕사(2007).

Ⅰ. 본조의 의의

본조는 "중지범"이라는 제목 아래 "범인이 자의로 실행에 착수한 행위를 중지하거나 그 행위로 인한 결과의 발생을 방지한 때에는 형을 감경 또는 면제한다."고 규정한다. 본조는 중지미수(中止未遂, Rücktritt vom Versuch)를 규정한 것으로 이해된다.

중지미수는 (협의의) 장애미수(형법 제25조), 불능미수(제27조)와 함께 형법에서 인정하는 미수범의 한 형태로서, 실행의 착수가 있었다는 점에서 예비·음모 및 예비의 중지와 구별되고, 행위종료가 없거나 결과가 발생하지 않았다는 점에서 기수와 구별된다. 중지미수는 행위의 미종료나 결과의 불발생이 자의(自意)에 의한 것이었다는 점에서 장애미수와 구별되고, 자의적 중지가 없었다면 결과발생이 가능할 수도 있었다는 점에서 처음부터 결과발생이 불가능한 불능미수와 구별된다.

Ⅱ. 입법취지 및 입법례

본조는 중지미수에 대하여 형을 필요적으로 감면하는 것으로 규정한다. 이러한 형의 필요적 감면은 다른 미수와는 달리 '자의'에 의한 결과 불발생에 따른 특별 취급으로 볼 수 있다. 그 구체적인 처벌근거에 대하여는 아래에서 별도로 논한다.

비교법적으로 중지미수의 성립요건이나 처벌례는 각국의 입법례에 따라 달리 나타난다. 영미법계에서는 중지미수와 장애미수를 구별하지 않고 일률적으로 처벌하지만, 독일 형법(제24조)[1]이나 오스트리아 형법(제16조), 그리스 형법(제44조)은 중지미수를 처벌하지 않는다.[2] 반면 스위스 형법(제23조 제1항)에서는 중지미수의 경우 형을 감경 또는 면제할 수 있는 것으로 규정한다(형의 임의적 감면).[3]

Ⅲ. 중지미수의 법적 성격과 처벌근거

우리나라 형법이 형의 임의적 감경인 장애미수나 형의 임의적 감면인 불능미수보다 중지미수에 대하여 형의 필요적 감면으로 특별취급을 하는 근거에 관하여 크게는 형사정책적 근거를 내세우는 견해와 형법적 근거를 내세우는 견해(법률설)로 나누어 생각해볼 수 있다.[4] 이는 중지미수의 법적 성격 내지 그 본질을 어떻게 이해할 것인지의 문제라고도 할 수 있다.[5]

중지미수를 가볍게 처벌하는 이유에 관하여 형사정책적 근거를 내세우는 견해는 다시 ①형사정책설("실행에 착수했으나 지금이라도 중지하면 처벌하지 않겠다."는 황금의 다리이론으로서, 범죄기수를 방지하려는 형사정책적 고려가 근거라는 견해), ②은사설[범행중지와 결과발생 방지의 공적(功績)을 인정하여 형을 감면한다는 견해]로 나뉜다. 형법적 근거를 내세우는 견해(법률설)는 ①위법성(불법) 감소·소멸설(중지의 결

1 독일 형법은 제24조 제1항 제1문에서 "자의로 범죄의 계속 실행을 포기하거나 그 범죄의 기수를 방지한 자는 미수로 벌하지 아니한다."고 규정한다. 중지범의 사안이 기소된 경우에 독일 법원은 피고인에게 범죄불성립을 이유로 무죄를 선고하여야 한다. 신동운, 형법총론(제8판 보정판), 법문사(2015), 492.

2 이재상 외 2인, 형법총론(제9판), 박영사(2017), 390.

3 이재상 외 2인, 형법총론(제9판), 박영사(2017), 390.

4 중지미수의 법적 성격과 처벌근거에 관한 학설에 관하여 상세한 것으로서 대표적으로는 김일수/서보학, 새로쓴 형법총론(제13판), 박영사(2018) 395-397; 신동운, 형법총론(제8판 보정판), 법문사(2015), 492-495; 이재상 외 2인, 형법총론(제9판), 박영사(2017), 390-394 참조.

5 신동운, 형법총론(제8판 보정판), 법문사(2015), 492; 이재상 외 2인, 형법총론(제9판), 박영사(2017), 390.

의는 위법성을 소멸·감소시키는 주관적 요소라는 견해), ②책임 감소·소멸설(중지행위로 인해 행위자의 비난가능성인 책임이 소멸·감소한다는 견해), ③형벌목적설(자의로 범행을 중지한 사람은 사회적 위험성이 없어 일반예방·특별예방 관점에서 처벌이 불필요하다는 견해)로 구분된다. 형사정책설과 법률설을 결합한 결합설(형의 감경은 법률설에, 형의 면제는 형사정책설에 근거한다는 견해)도 제시되고 있다.

위와 같은 중지미수에 대한 형의 필요적 감면의 근거 또는 중지미수의 법적 성격에 관한 학설은 각 견해별로 장·단점이 있고 세부적인 논의가 있기는 하지만, 그 자체로 실익이 크다고 보기는 어렵다. 다만 중지미수의 주관적 구성요건인 '자의성'의 해석에 영향을 미친다는 점에서 의의가 있다. 특히 위 견해들이 대부분 독일 형법의 경우 중지미수에 관해 범죄불성립으로 보아 처벌하지 않는 것을 설명하기 위해 등장한 학설이라는 점에서 중지범에 대해 범죄성립을 긍정하되 형의 필요적 감경 또는 면제를 규정하고 있는 우리나라 형법의 해석 기준으로 그대로 작용하기는 어려운 측면이 있다.[6]

IV. 중지미수의 성립요건

중지미수는 주관적 구성요건으로서 '자의성'을 필요로 하고, 객관적 구성요건으로서는 ①실행에 착수하였을 것, ②실행행위의 종료 전에 실행행위를 중지하거나, 실행행위 종료 후 결과의 발생을 방지하는 행위가 있을 것, ③결과가 발생하지 않았을 것이 요구된다.

1. 주관적 구성요건으로서의 '자의성(自意性)'

중지미수는 범인이 '자의(自意)로' 범죄를 완성하지 않은 것이다. 즉, 중지미수는 주관적 구성요건으로서 자의성(自意性, Freiwilligkeit)이 요구된다. 만일 실행에 착수한 행위를 중지하거나 결과의 발생을 방지하였더라도 자의성이 없다면 중지미수가 성립될 수 없고, 장애미수나 불능미수가 인정될 수 있을 뿐이다. 자의성을 어떻게 파악할 것인지에 관해서는 아래와 같이 객관설, 주관설, 프랑크(Frank) 공식, 규범설, 절충설이 제시되고 있으나,[7] 이러한 견해들은 대부분 독일

6 신동운, 형법총론(제8판 보정판), 법문사(2015), 494-495.

7 자의성의 판단기준에 관한 학설에 관하여 상세한 것으로서 대표적으로는 김일수/서보학, 새로쓴 형법총론(제13판), 박영사(2018) 397-399; 신동운, 형법총론(제8판 보정판), 법문사(2015), 495-497; 이재상 외 2인, 형법총론(제9판), 박영사(2017), 395-396 참조.

학계에서 주장된 것이 우리나라에서도 그대로 논의되는 것으로서 중지미수에 대한 처벌과 법률체계를 달리 하는 우리나라의 논의에 위 독일 이론이 그대로 타당하다고 보기는 어렵다. 따라서 자의성의 개념을 어느 정도의 범위에서 인정할 것인지에 대한 일응의 판단기준을 얻기 위해서 우리나라 대법원 판례에서 자의성을 어떠한 경우에 인정하고 있는지를 사례별로 살펴보는 것은 의미가 있다.

가. 학설

1) 객관설

'외부적 사정'에 의한 중지인 경우에는 자의성이 인정되지 않지만, 그 외의 경우에는 모두 자의성이 인정된다는 견해이다. 객관설은 자의성의 개념을 가장 넓게 인정한다. 객관설에 대해서는 외부적 사정으로 인한 것인가 내부적 동기로 인한 것인가를 구별하는 것이 명확하지 않다는 비판이 제기된다.

2) 주관설

후회나 동정, 연민, 죄책감 등 윤리적 동기로 인하여 중지를 한 경우에만 자의성이 인정되고, 그 외에는 모두 자의성이 인정되지 않는다는 견해이다. 주관설은 자의성의 개념을 가장 좁게 이해한다. 주관설에 대해서는 자의성과 윤리성을 혼동한 것이라는 비판이 있다.

3) 프랑크(Frank) 공식

범행을 할 수 있었음에도 하기를 원치 않아서 중지한 때('안 한 것')에 자의성이 인정되고, 범행을 하려고 했지만 할 수 없어서 중지한 때('못한 것')에는 자의성이 인정되지 않는다는 견해이다.[8] 이에 대해서는 해석에 따라 자의성의 범위가 부당히 확대될 수 있고, 자의성과 행위의 실행가능성을 혼동한 것이라는 비판이 가능하다.

4) 규범설

행위자가 범행을 중지하게 된 내심적 태도라는 심리적 요소를 처벌이라는 관점에서 규범적 관점으로 평가하여 자의성 여부를 판단하는 견해이다.[9] 이 견해에

8 정영석, 형법총론(제5전정증판), 법문사(1984), 228.

9 김일수/서보학, 새로쓴 형법총론(제13판), 박영사(2018), 400; 박상기, 형법총론(제9판), 박영사(2012), 369; 정성근/박광민, 형법총론(제2판), 성균관대학교출판부(2015), 407.

의하면 '범죄인의 이성(理性)'에 비추어 이성적이지 않은 이유에서의 중지,[10] 불법에서 합법으로 돌아온 경우 등으로 평가될 수 있는 경우에는 자의성이 인정된다고 본다. 이에 대해서는 자의성이 인정되기 위해 합법성 또는 윤리성을 요구하는 것은 부당하고, 자의성 개념을 지나치게 좁게 인정한다는 비판이 제기된다.

5) 절충설

사회통념상 범죄실행에 대한 장애가 될 만한 사유가 있는 경우에는 장애미수이지만 그러한 사유가 없음에도 불구하고 자율적 동기에 의해 중지한 때에는 자의성이 인정된다는 견해이다(자율적 동기·타율적 동기 구별설). 절충설에 대해서는 사회통념상 범죄실행에 대한 장애라는 개념이 불분명하여 판단기준이 명확하지 않다는 비판이 가능하다. 우리나라의 통설[11]이다.

나. 자의성의 판단기준

자의성 판단은 행위자가 주관적으로 인식한 사실을 기초로 판단하여야 하고, 객관적·외부적 사실을 기준으로 결정되는 것이 아니다.[12] 따라서 객관적으로 장애사실이 있거나 결과의 발생이 불가능함에도 불구하고 주관적으로는 이를 알지 못한 채 자율적으로 중지한 경우에는 중지미수가 될 수 있다.[13] 반대로 객관적으로 장애가 될 수 없는 사실을 장애가 된다고 생각하고 중지하였을 때에는 자의에 의한 중지가 되지 않아 중지미수가 성립될 수 없을 것이다.

사정의 변경이 없음에도 불구하고 스스로 자율적인 내적 동기에 의하여 중지를 한 때에는 자의성이 인정되는데, 예를 들어 후회·동정·공포 또는 범행의욕의 상실과 같은 동기에서 중지한 때가 이에 해당된다.[14] 자율적으로 중지를 한 이상 그것이 윤리적으로 정당한 가치를 가질 것을 요하는 것은 아니다.[15] 공포 또는 두려움에 의한

10 범인이 보다 나은 기회를 포착하기 위해 중지하였다면 그것은 '범인의 이성'에 비추어볼 때 합리적이므로 이 경우에는 자의성이 부인되나, 범행을 중지하는 내심의 결단이 '범인의 이성'에 비추어 비합리적이라면 자의성이 인정된다고 한다. 신동운, 형법총론(제8판 보정판), 법문사(2015), 496.

11 권오걸, 형법총론(제2판), 형설출판사(2007), 457; 김성돈, 형법총론(제5판), 성균관대학교출판부(2017), 450; 배종대, 형법총론(제13판), 홍문사(2017), 364; 손동권/김재윤, 새로운 형법총론(초판), 율곡출판사(2011), 447; 신동운, 형법총론(제8판 보정판), 법문사(2015), 497; 이정원, 형법총론, 신론사(2012), 278; 이재상 외 2인, 형법총론(제9판), 박영사(2017), 396; 이형국/김혜경, 형법총론(제5판), 법문사(2019), 345; 정영일, 형법강의(총론)(제3판), 학림(2017), 233; 진계호/이존걸, 형법총론(제8판), 대왕사(2007), 507.

12 이재상 외 2인, 형법총론(제9판), 박영사(2017), 398.

13 이재상 외 2인, 형법총론(제9판), 박영사(2017), 398-399.

14 이재상 외 2인, 형법총론(제9판), 박영사(2017), 397.

15 이재상 외 2인, 형법총론(제9판), 박영사(2017), 397.

중지는 일률적으로 자의에 의한 중지가 아니라고 볼 것은 아니고, 자율적인 동기에 의한 것인지 아닌지 여부에 따라 개별적으로 달리 판단될 수도 있을 것이다.

반면 범죄의 실행 또는 완성이 불가능하기 때문에 중지한 때에는 자의에 의한 중지가 될 수 없다.[16] 범죄의 실행이 가능하더라도 상황이 현저히 불리해지는 등으로 인해 합리적 판단에 의할 경우 범죄를 중단하는 것 외에 다른 선택을 하기 어려운 경우라면 자의성이 인정된다고 할 수 없다.[17]

피해자의 법익보호를 위해서는 행위자가 어떤 동기에서든 범행을 중지하면 되는 것이라는 점에서 중지미수의 자의성 개념을 지나치게 엄격하게 해석할 필요는 없다고 할 것이다.[18] 독일의 경우는 중지미수에 해당될 경우 실행에 착수한 사람임에도 예외적으로 처벌을 하지 않는 것이어서 자의성을 엄격하게 해석해야 하는 반면, 우리나라 형법에서는 형을 감경만 해도 되므로 독일에 비해서는 자의성을 넓게 인정해도 무방하다고 봄이 타당하다.[19]

다. 판례

대법원은 "중지미수와 장애미수를 구분하는데 있어서는 범죄의 미수가 자의에 의한 중지이냐 또는 어떤 장애에 의한 미수이냐에 따라 가려야 하고, 특히 자의에 의한 중지 중에서도 일반사회통념상 장애에 의한 미수라고 보여지는 경우를 제외한 것을 중지미수라고 풀이함이 일반이다."[20] 또는 "범죄의 실행행위에 착수하고 그 범죄가 완수되기 전에 자기의 자유로운 의사에 따라 범죄의 실행행위를 중지한 경우에 그 자의에 의한 중지가 일반사회통념상 장애에 의한 미수라고 보이는 경우가 아니면 이는 중지미수에 해당한다."[21]고 판시함으로써 대체로 중지미수의 자의성에 대한 견해 중 절충설의 입장에 서 있다고 볼 수 있다. 사안에 따라서는 "피고인은 … 가책을 느낀 나머지 스스로 결의를 바꾸어 … 그 범행을 중지하여"라고 판시[22]한 것처럼 주관설에 가까운 판단을 한 경우도 있다고 평가된

16 이재상 외 2인, 형법총론(제9판), 박영사(2017), 398.
17 이재상 외 2인, 형법총론(제9판), 박영사(2017), 398.
18 오영근, 형법총론(제4판), 박영사(2018), 322.
19 오영근, 형법총론(제4판), 박영사(2018), 322.
20 대법원 1985. 11. 12. 선고 85도2002 판결
21 대법원 1993. 10. 12. 선고 93도1851 판결, 대법원 1997. 6. 13. 선고 97도957 판결, 대법원 1999. 4. 13. 선고 99도640 판결, 대법원 2011. 11. 10. 선고 2011도10539 판결, 대법원 2016. 10. 13. 선고 2016도11765 판결.
22 대법원 1986. 3. 11. 선고 85도2831 판결.

다.[23] 자의성에 관한 주요한 대법원판결 사례들은 다음과 같다.

1) 자의성을 인정한 사례

가) 피고인은 A와 함께 피해자 B가 경영하는 사무실의 금품을 절취하기로 공모하여 피고인은 그 부근 포장마차에 있고 A는 위 상회의 열려진 출입문을 통하여 안으로 들어가 물건을 물색하고 있는 동안 피고인은 자신의 범행전력 등을 생각하여 가책을 느낀 나머지 스스로 결의를 바꾸어 B에게 A의 침입사실을 알려 그와 함께 A를 체포하여 그 범행을 중지하여 결과발생을 방지하였다면 피고인은 중지미수의 요건을 갖추었다.[24]

나) 피고인은 피해자를 강간하려고 하다가 피해자가 다음번에 만나 친해지면 응해주겠다는 취지의 간곡한 부탁으로 인하여 그 목적을 이루지 못했고, 그 후 피고인은 피해자를 자신의 차에 태워 집에까지 데려다 주었다면, 피고인은 자의로 피해자에 대한 강간행위를 중지한 것이고, 피해자가 다음에 만나 친해지면 응해주겠다는 취지로 한 간곡한 부탁은 사회통념상 범죄실행에 대한 장애라고 여겨지지 않으므로, 피고인의 행위는 중지미수에 해당된다.[25]

다) 피고인이 피해자를 반항하지 못하게 한 후 간음하려고 하였으나 갑자기 정신이 들어 자신의 행동을 후회하여 미안하다고 하며 피해자의 주거지에서 나와 미수에 그친 것은 중지미수에 해당한다.[26]

2) 자의성을 부정한 사례

가) 피고인이 피해자를 살해하려고 그의 목 부위와 왼쪽 가슴 부위를 칼로 수 회 찔렀으나 피해자의 가슴 부위에 많은 피가 흘러나오는 것을 발견하고 겁을 먹고 그만두는 바람에 미수에 그친 것이라면, 위와 같은 경우 피가 흘러나오는 것에 놀라거나 두려움을 느끼는 것은 일반 사회통념상 범죄를 완수함에 장애가 되는 사정에 해당한다고 보아야 할 것이므로, 이를 자의에 의한 중지미수라고 볼 수 없다.[27] 피고인이 피해자를 살해하려고 복부를 주방용 가위로 힘껏 찔렀으나 피해자가 입에서 피를 흘리는 것을 보고 놀란 나머지 범행현장에서 자고 있던 다른

23 오영근, 형법총론(제4판), 박영사(2018), 322.
24 대법원 1986. 3. 11. 선고 85도2831 판결.
25 대법원 1993. 10. 12. 선고 93도1851 판결.
26 대법원 2016. 10. 13. 선고 2016도11765 판결.
27 대법원 1999. 4. 13. 선고 99도640 판결.

사람을 깨워 119에 신고하여 피해자를 병원으로 후송하게 하고 피고인은 체포될 것이 두려워서 도망친 경우라면 이를 살인미수의 중지미수라고 볼 수 없다.[28]

나) 피고인이 장롱 안에 있는 옷가지에 불을 놓아 건물을 소훼하려 하였으나 불길이 치솟는 것을 보고 겁이 나서 물을 부어 불을 끈 것이라면, 위와 같은 경우 치솟는 불길에 놀라거나 자신의 신체안전에 대한 위해 또는 범행 발각시의 처벌 등에 두려움을 느끼는 것은 일반 사회통념상 범죄를 완수함에 장애가 되는 사정에 해당한다고 보아야 할 것이므로, 이를 자의에 의한 중지미수라고 볼 수 없다.[29]

다) 피고인이 두려움으로 항거불능의 상태에 있는 피해자의 양손을 뒤로 하여 기저귀로 묶고 눈을 가린 후 하의를 벗기고 강간하려고 하였으나 잠자던 피해자의 어린 딸이 깨어 우는 바람에 도주하였고, 또 다른 피해자를 강간할 마음을 먹고 두려움으로 항거불능의 상태에 있는 피해자에게 옷을 벗으라고 협박하여 피해자를 강간하려고 하였으나 피해자가 시장에 간 남편이 곧 돌아온다고 하면서 임신 중이라고 말하자 도주하였다는 것인바, 위와 같은 사정에 비추어 볼 때 피고인이 자의로 강간행위를 중지하였다고 볼 수는 없다.[30]

라) 피고인 A, B, C가 강도행위를 하던 중 피고인 A, B는 피해자를 강간하려고 작은 방으로 끌고 가 팬티를 강제로 벗기고 음부를 만지던 중 피해자가 수술한지 얼마 안 되어 배가 아프다면서 애원하는 바람에 그 뜻을 이루지 못하였다면, 강도행위의 계속 중 이미 공포상태에 빠진 피해자를 강간하려고 한 이상 강간의 실행에 착수한 것이고, 피고인들이 간음행위를 중단한 것은 피해자를 불쌍히 여겨서가 아니라 피해자의 신체조건상 강간하기에 지장이 있다고 본 데에 기인한 것이므로, 이는 일반의 경험상 강간행위를 수행함에 장애가 되는 외부적 사정에 의하여 범행을 중지한 것에 지나지 않아 중지범의 요건인 자의성을 결여하였다.[31]

마) 범행 당일 미리 제보를 받은 세관직원들이 범행장소 주변에 잠복근무를 하고 있어 그들이 왔다갔다 하는 것을 본 피고인이 범행의 발각을 두려워한 나머지 자신이 분담하기로 한 실행행위에 이르지 못한 경우, 이는 피고인의 자의에 의한 범행의 중지가 아니어서 중지범에 해당한다고 볼 수 없다.[32]

28 대법원 2010. 10. 28. 선고 2010도10972 판결.
29 대법원 1997. 6. 13. 선고 97도957 판결.
30 대법원 1993. 4. 13. 선고 93도347 판결.
31 대법원 1992. 7. 28. 선고 92도917 판결.
32 대법원 1986. 1. 21. 선고 85도2339 판결.

바) 피고인이 공소외 2에게 위조한 주식인수계약서와 통장사본을 보여주면서 50억 원의 투자를 받았다고 말하며 자금의 대여를 요청하였고, 이에 공소외 2와 함께 50억 원의 입금 여부를 확인하기 위해 은행에 가던 중 은행 입구에서 차용을 포기하고 돌아간 것이라면, 이는 피고인이 범행이 발각될 것이 두려워 범행을 중지한 것으로서, 일반 사회통념상 범죄를 완수함에 장애가 되는 사정에 해당한다고 보아야 할 것이므로, 이를 자의에 의한 중지미수라고는 볼 수 없다.[33]

사) 피고인은 염산에페트린으로 메스암페타민(필로폰) 합성 중간제품을 만드는 과정에서 그 범행이 발각되어 검거됨으로써 메스암페타민 제조의 목적을 이루지 못하고 미수에 그친 것이므로 피고인의 범행과정에 원료불량으로 인한 제조상의 애로, 제품의 판로문제, 범행탄로 시의 처벌공포, 상피고인 A의 포악성 등과 같은 사정이 있었더라도 그 사정만으로는 중지미수의 자의성이 인정된다고 보기 어렵다.[34]

아) 피고인이 기밀탐지 임무를 부여받고 대한민국에 입국하여 기밀을 탐지·수집하던 중 경찰관이 피고인의 행적을 탐문하고 있다는 말을 전해 듣고 지령사항 수행을 보류하고 있던 중 체포되었다면, 피고인은 기밀탐지 기회를 노리다가 검거된 것이므로 이를 중지범으로 볼 수는 없다.[35]

자) 피고인이 새시 하도급 부탁에 대한 대가로 파텍 필립 시계를 사달라고 요구하였으나 상대방이 시계 가격을 알아본 후 너무 부담이 되어 피고인에게 거짓말까지 하였다가 들통이 나서 그 때부터 피고인과 서먹한 사이가 되었고, 그 후 피고인이 시계를 사지 말라고 한 것이므로, 상대방은 이미 피고인이 위와 같은 말을 하기 전에 시계구입을 포기하고 있었던 것으로 보일뿐만 아니라 피고인이 위와 같은 말을 한 것이 자기의 자유로운 의사에 따라 범죄의 실행행위를 중지한 것으로 볼 수 없다.[36]

2. 실행의 착수

본조의 "실행에 착수한"의 표현에 따라 중지미수가 성립하기 위해서는 객관적 구성요건으로서 실행의 착수가 인정되어야 한다. 실행의 착수가 있기 이전에

33 대법원 2011. 11. 10. 선고 2011도10539 판결.
34 대법원 1985. 11. 12. 선고 85도2002 판결.
35 대법원 1984. 9. 11. 선고 84도1381 판결.
36 대법원 2012. 5. 9. 선고 2012도845 판결.

중지하여 실행의 착수를 포기한 경우에는 아래 VI. 1.항에서 상술할 '예비의 중지'의 문제가 발생한다. 실행의 착수에 관한 상세 논의는 앞서 본 형법 제25조에서 상술한 미수범에 관한 일반이론이 그대로 적용된다.

3. 행위의 중지 또는 결과발생의 방지

본조 중 "범인이 자의로 실행에 착수한 행위를 중지한 때"가 착수미수에서의 중지미수이고, "범인이 자의로 실행에 착수한 행위로 인한 결과의 발생을 방지한 때"가 실행미수에서의 중지미수를 의미한다. 즉, 중지미수가 성립하기 위해서 착수미수에서는 '실행행위의 중지'가, 실행미수에서는 '결과발생의 방지'가 객관적 구성요건으로서 요구된다. 따라서 먼저 착수미수와 실행미수의 구별 기준을 살펴보고, 그 다음 착수미수와 실행미수에 있어서 중지미수가 성립하기 위한 객관적 구성요건을 살펴본다.[37]

가. 착수미수와 실행미수의 구별

착수미수와 실행미수는 행위자가 결과발생에 필요한 행위를 다하였는가, 즉 실행행위를 종료하였는가에 따라 구별된다.[38] 착수미수는 실행에 착수하였으나 실행행위를 완료하지 아니한 경우의 미수를 말하고(따라서 '미종료미수'라고도 한다), 실행미수는 실행에 착수한 행위를 완료하였으나 결과가 발생하지 아니한 경우의 미수를 말한다(따라서 '종료미수'라고도 한다). 착수미수와 실행미수를 구별하는 기준, 즉 무엇을 기준으로 언제 실행행위가 종료된 것으로 볼 것인가에 관해서는 주관설(실행의 착수 시 행위자의 의사에 의하여 실행의 종료시기를 결정하는 견해), 객관설(객관적으로 보아 결과를 발생시킬 수 있는 행위가 종료된 경우에는 실행행위의 종료를 인정하는 견해), 절충설(행위자의 의사와 행위 당시의 객관적 사정을 종합하여 결과발생에 필요한 행위가 종료되었으면 실행행위의 종료를 인정하는 견해)로 견해가 나뉜다.[39]

비록 실행의 착수시기의 판단기준에 관한 견해와 실행의 종료시기의 구별기준에 관한 견해가 논리필연적으로 연결되는 것은 아니지만, 실행의 착수시기를

37 착수미수와 실행미수의 구별은 장애미수에서는 큰 실익이 없으나, 중지미수의 객관적 구성요건 해석에서는 의미가 크다는 점은 앞서 형법 제25조 미수범 해당 부분(☞ I. 본조의 의의)에서 이미 살펴보았다.

38 이재상 외 2인, 형법총론(제9판), 박영사(2017), 399.

39 각 학설에 대한 구체적인 내용으로는 대표적으로 김일수/서보학, 새로쓴 형법총론(제13판), 박영사(2018) 402-403; 신동운, 형법총론(제8판 보정판), 법문사(2015), 501-502; 이재상 외 2인, 형법총론(제9판), 박영사(2017), 399-400 참조.

절충설(주관적 객관설)에 의해 결정했다면, 실행의 종료시기 역시 절충설에 따라 주관적 요소와 객관적 요소를 모두 고려하여 결정하는 것이 논리일관성이 있을 것이므로, 행위자의 범행계획을 고려하여 법익침해의 직접적 행위가 종료되었을 때 실행행위의 종료가 인정된다고 볼 수 있다.

나. 착수미수의 중지미수

착수미수에 있어서 중지미수가 성립되기 위해서는 실행행위의 계속을 중지하고, 결과가 발생하지 않아야 한다.

1) 실행을 중지할 것

착수미수는 실행행위를 중지하는 것, 즉 실행행위의 계속을 포기하는 부작위에 의하여 중지미수가 된다.[40]

가) 불능행위의 중지가 가능한지 여부

실행행위의 중지는 그 실행이 가능할 것을 전제로 하지만, 설령 외부적 장애나 기타 사정으로 인해 실행행위를 계속하는 것이 불가능하였음에도 행위자는 실행행위를 계속하는 것이 가능하다고 오인하고 실행행위를 중지하였더라도 중지미수는 성립될 수 있다.[41] 예를 들어 이미 경찰관이 잠복하고 있었기 때문에 물건을 꺼내는 것이 불가능하였다고 하더라도, 절도의 실행에 착수한 사람이 물건을 꺼내는 것을 자의적으로 중지한 경우에는 중지미수가 성립될 수 있다.[42]

나) 실행의 종국적 포기가 필요한지 여부

실행에 착수한 행위의 계속을 포기한다는 것이 행위의 목표달성 자체를 종국적으로 포기해야지만 중지한 것으로 인정되는지 문제가 될 수 있다. 독일의 통설은 실행의 종국적 포기가 필요하다고 보고, 범행을 더 좋은 기회로 미루거나, 좀 더 좋은 방법을 택하기 위해 실행을 중지한 경우에는 독일 형법에서는 중지미수가 인정되지 않는다고 한다.[43] 그러나 중지미수를 처벌하지 않는 독일 형법과는 달리 단순히 형을 감경 또는 면제하도록 한 우리나라 형법의 해석에 있어서는 실행의 중지를 반드시 실행의 종국적 포기로 엄격하게 해석할 필요는 없다.[44] 실행

40 이재상 외 2인, 형법총론(제9판), 박영사(2017), 401.
41 오영근, 형법총론(제4판), 박영사(2018), 325; 신동운, 형법총론(제8판 보정판), 법문사(2015), 499; 이재상 외 2인, 형법총론(제9판), 박영사(2017), 401.
42 오영근, 형법총론(제4판), 박영사(2018), 325.
43 이재상 외 2인, 형법총론(제9판), 박영사(2017), 401.
44 이재상 외 2인, 형법총론(제9판), 박영사(2017), 401.

행위의 중지를 실행의 종국적 포기로 해석하는 것은 피고인에게 불리한 축소해석으로서 허용되지 않는다고 봄이 타당하다. 실행의 중지란 계획된 구체적 행위의 실현 그 자체가 아니라 이미 행하여진 실행의 착수행위를 더 이상 계속하지 않는 것을 의미하므로,[45] 범행을 종국적으로 포기하지 않은 경우라고 하더라도 중지미수가 인정될 수 있다고 봄이 타당하다.

2) 결과가 발생하지 않을 것

범죄결과가 발생하지 않아야 한다. 만약 실행행위를 중지하였음에도 결과가 발생한 경우에는 이미 기수에 이른 것이 되어 중지미수가 성립될 수 없고, 다만 양형에서 고려될 수 있을 뿐이기 때문이다.

다. 실행미수의 중지미수

실행미수에 있어서 중지미수가 성립되기 위해서는 행위자가 결과발생을 방지하는 행위를 해야 하고, 결과가 발생하지 않아야 한다.

1) 결과의 발생을 방지할 것

행위자가 결과발생의 방지를 위한 행위를 해야 한다. 통설은 범인이 결과발생방지를 위해 '진지한 노력'을 해야 하므로 실행미수에서의 중지미수는 단순히 행위의 계속을 부작위하는 것만으로는 부족하고, 행위자가 자의에 의하여 결과발생의 방지행위를 '적극적으로' 할 것을 요한다고 본다.[46] 또한 원칙적으로 범인 스스로 결과발생 방지행위를 해야 하고, 타인의 도움을 받거나 타인을 시켜서 방지행위를 할 수는 있으나 이때 타인은 행위자로 인하여 방지행위를 해야 하고, 타인에 의한 결과방지가 범인 자신의 결과발생을 방지한 것과 동일시 할 수 있을 정도의 진지한 노력을 요한다고 한다.[47]

이에 대하여는 독일 형법의 경우 '진지한 노력'을 명문으로 두고 있으나 우리나라 형법에서는 단순히 '결과발생을 방지한 때'로만 규정할 뿐 진지한 노력을 규정하고 있지는 않은 점, 독일 형법과는 달리 우리나라 형법은 중지미수에서 형의

45 이재상 외 2인, 형법총론(제9판), 박영사(2017), 401.

46 권오걸, 형법총론(제2판), 형설출판사(2007), 463; 김성천/김형준, 형법총론(제8판), 소진(2018), 345; 박상기, 형법총론(제9판), 박영사(2012), 374; 손동권/김재윤, 새로운 형법총론(초판), 율곡출판사(2011), 454; 이재상 외 2인, 형법총론(제9판), 박영사(2017), 401-402; 임웅, 형법총론(제10정판), 법문사(2018), 402.

47 김일수/서보학, 새로쓴 형법총론(제13판), 박영사(2018), 325; 배종대, 형법총론(제13판), 홍문사(2017), 369; 임웅, 형법총론(제10정판), 법문사(2018), 402.

감경만 할 수도 있으므로 중지미수의 요건을 지나치게 엄격하게 해석할 것은 아닌 점 등에 비추어 부작위에 의한 결과발생의 방지나 진지한 노력이 인정되지 않는 형태의 결과발생 방지행위도 가능하다고 보는 반대견해도 있다.[48] 이 견해에 따르면 예를 들어 타인에게 결과발생 방지를 부탁하고 자신은 도주한 경우에도 결과가 방지된 이상 범인의 진지한 노력이 없더라도 중지미수가 성립된다고 보고, 범인 자신이 계획했던 모든 실행행위를 다하였으나 결과발생이 되지 않은 실행미수에서 행위자가 새로운 범행을 계속하여 결과를 발생시킬 수 있는 충분한 가능성이 있었음에도 불구하고 자의로 새로운 범행을 계속하지 않은 경우에는 중지미수가 성립될 수 있다고 본다.

2) 결과가 발생하지 않을 것

실행미수의 중지미수가 인정되기 위해서는 결과가 발생하지 않아야 한다. 착수미수의 중지미수에서와 마찬가지로, 만약 실행행위를 중지하였음에도 결과가 발생한 경우에는 이미 기수에 이른 것이 되어 중지미수가 성립될 수 없고, 다만 양형에서 고려될 수 있을 뿐이다.

그러나 실행행위와 결과발생 간에 인과관계가 없거나, 발생된 결과를 실행행위에 객관적으로 귀속시킬 수 없는 때에는 비록 결과가 발생하였더라도 중지미수가 성립된다. 예를 들어 살인행위자가 결과발생 방지를 위하여 피해자를 병원으로 후송하여 생명을 구했으나, 그 병원에 화재가 나서 피해자가 사망한 경우처럼 결과발생을 방지하기 위한 노력이 있었음에도 불구하고 다른 원인에 의하여 결과가 발생한 때가 그러한 경우이다.[49]

3) 방지행위와 결과 불발생 사이의 인과관계

결과발생 방지행위와 결과 불발생 사이에 인과관계가 필요한지에 관해서는 아래의 두 가지 경우가 구체적으로 문제된다.

가) 불능미수의 중지미수 성립 여부

실행의 수단이나 대상의 착오로 인하여 처음부터 결과발생이 불가능한 경우에도 행위자가 이를 알지 못하고 결과발생을 방지하려는 진지한 노력을 한 경우처럼 행위자의 행위가 불능미수와 중지미수의 요건을 모두 갖춘 경우 중지미수가

48 오영근, 형법총론(제4판), 박영사(2018), 326.
49 이재상 외 2인, 형법총론(제9판), 박영사(2017), 403.

성립될 수 있는지에 관해 견해가 나뉜다. 방지행위와 결과 불발생 사이에 인과관계가 없으므로 불능미수의 중지미수는 인정될 수 없다는 부정설도 있으나,[50] 통설[51]은 불능미수의 중지미수를 긍정한다. 불능미수의 형은 임의적 감면이지만 중지미수의 형은 필요적 감면이므로, 결과발생의 위험성이 더 적은 경우를 결과발생의 위험성이 더 큰 경우보다 무겁게 취급하는 것은 형의 균형상 불합리하다는 것을 주된 이유를 한다.

나) 행위자 이외의 원인에 의해 결과가 방지된 경우

행위자에게 귀속시킬 수 없는 다른 원인에 의하여 결과가 발생하여 결과의 발생이 없다고 보아야 하는 경우에 그 결과 불발생이 방지행위로 인한 것이라고 볼 수 있는지 문제된다.[52] 예를 들어 범인이 피해자를 살해하기 위해 중상을 입힌 후 자의로 피해자의 사망을 방지하기 위한 노력을 하였으나 그 행위로는 결과가 방지될 수 없고, 마침 지나가던 의사가 응급조치를 잘해서 피해자가 사망하지 않은 경우에도 중지미수를 인정할 것인지의 문제이다.[53] 부정설은 결과의 불발생과 방지행위 사이에 인과관계가 없으므로 중지미수를 인정할 수 없다고 본다.[54] 반면 긍정설은 우리나라 형법은 결과발생을 방지할 것만을 규정하고 그 원인이 무엇인가를 규정하고 있지 않다는 점에서 중지미수를 인정할 수 있다고 본다.[55]

V. 중지미수의 처벌

1. 형의 필요적 감면

중지미수는 형을 감경 또는 면제한다(형의 필요적 감면). 착수미수와 실행미수

50 김성돈, 형법총론(제5판), 성균관대학교출판부(2017), 455-456.

51 권오걸, 형법총론(제2판), 형설출판사(2007), 464; 김성천/김형준, 형법총론(제8판), 소진(2018), 345; 김일수/서보학, 새로쓴 형법총론(제13판), 박영사(2018), 404; 박상기, 형법총론(제9판), 박영사(2012), 375; 박상기/전지연, 형법학(총론·각론 강의)(제4판), 집현재(2018), 229; 배종대, 형법총론(제13판), 홍문사(2017), 370; 신동운, 형법총론(제8판 보정판), 법문사(2015), 509; 오영근, 형법총론(제4판), 박영사(2018), 327; 이영란, 형법학: 총론강의(제3판), 형설출판사(2011), 421; 이재상 외 2인, 형법총론(제9판), 박영사(2017), 403; 이형국/김혜경, 형법총론(제5판), 법문사(2019), 350; 임웅, 형법총론(제10정판), 법문사(2018), 403; 정성근/박광민, 형법총론(제2판), 성균관대학교출판부(2015), 410-411; 정영일, 형법강의(총론)(제3판), 학림(2017), 236; 진계호/이존걸, 형법총론(제8판), 대왕사(2007), 513.

52 이재상 외 2인, 형법총론(제9판), 박영사(2017), 404.

53 오영근, 형법총론(제4판), 박영사(2018), 327.

54 권오걸, 형법총론(제2판), 형설출판사(2007), 463-464; 김일수/서보학, 새로쓴 형법총론(제13판), 박영사(2018), 404.

55 박상기, 형법총론(제9판), 박영사(2012), 375; 오영근, 형법총론(제4판), 박영사(2018), 327; 이재상 외 2인, 형법총론(제9판), 박영사(2017), 404.

에서의 각 중지미수에 대하여는 형의 차이가 없다. 중지미수가 인정되는 경우에 형을 면제할 것인지 감경할 것인지는 해당 사건을 담당하는 법관의 재량에 달린 문제이다.

독일 형법은 중지미수의 경우 "벌하지 않는다"고 규정하는 반면, 우리나라 형법은 중지미수에 대하여 형을 "면제한다"는 표현을 사용하고 있다. 여기서 "형을 면제한다"는 의미는 미수범 자체는 성립되지만 형사정책적인 이유에서 중지자에게 특혜를 주어 형벌을 과하지 않겠다는 뜻으로 볼 수 있다.[56]

따라서 중지미수에 대한 형의 감경·면제는 인적처벌감경·조각사유로 볼 수 있고, 이는 중지자에게만 적용되고 다른 공범에게는 적용되지 않는다.[57] 따라서 공동정범에 있어서 자의로 중지한 사람은 중지미수가 되지만, 다른 공동정범은 장애미수가 된다.[58]

2. 원래 계획한 범행은 중지했으나 다른 죄명에 해당하는 결과 발생 시의 처리

중지범이 범행을 중지하였으나 다른 죄명에 해당하는 결과가 발생한 때에는 어떻게 처리할 것인지가 문제된다.[59]

가. 기수범적 중지미수(가중적 미수, 법조경합의 경우)

예를 들어, 피해자를 살해하려고 칼로 찔러 상해를 입힌 뒤 자의로 범행을 중지한 경우와 같이 중한 범죄의 중지미수에 경한 범죄의 기수범이 포함되어 있는 경우 경한 범죄의 기수범을 따로 처벌할 것인지가 문제될 수 있다. 독일의 경우 중지미수가 불처벌로 되어 있는 관계로 위의 예에서 살인죄는 중지미수로 처벌되지 않지만 상해죄가 기수이므로 상해기수로 처벌해야 하는 것은 아닌지 문제될 수 있으나, 우리나라 형법은 중지미수의 형을 필요적 감면으로 정하고 있으므로 위의 기수범적 중지미수를 논할 실익이 거의 없고,[60] 중한 범죄의 중지미수를 인정하면 된다. 위의 예에서는 살인죄의 중지미수를 인정한 후 사안에 따라 형의 면제 또는 감경 여부를 판단하면 충분할 것으로 보인다.

56 오영근, 형법총론(제4판), 박영사(2018), 327.
57 신동운 형법총론(제8판 보정판), 법문사(2015), 499; 오영근, 형법총론(제4판), 박영사(2018), 327.
58 이재상 외 2인, 형법총론(제9판), 박영사(2017), 409.
59 이재상 외 2인, 형법총론(제9판), 박영사(2017), 404.
60 오영근, 형법총론(제4판), 박영사(2018), 328(다만 중한 죄에 미수범 처벌규정이 없는 경우라면, 독일과 마찬가지로 경한 죄의 기수로 처벌할 필요성이 있다고 본다).

나. 상상적 경합의 경우

예를 들어, 상상적 경합관계에 있는 상해죄와 공무집행방해죄 중 상해죄에 대해서만 중지미수가 된 경우에는 상해죄의 중지미수범과 공무집행방해죄의 기수범은 상상적 경합관계에 있게 된다. 이때 공무집행방해죄(법정형의 상한이 5년 이하의 징역)보다 원래 법정형이 높던 상해죄(법정형의 상한이 7년 이하의 징역)를 중지미수로 법률상 감경(3년 6개월 이하의 징역)을 하였을 때, 기수가 된 공무집행방해죄의 법정형보다 낮아지는 경우가 발생한다. 이러한 경우 공무집행방해죄로 처벌해야 한다는 견해,[61] 상상적 경합의 경우 법정형이 더 무거운 범죄를 선택한 후 형을 선택하고 형법 제56조에 의한 감경을 해야 한다는 견해가 나누어진다.[62]

VI. 중지미수에 관한 관련문제

1. 예비의 중지(중지범의 특례 적용 여부)

가. 학설

미수범에 대해서는 자의로 중지한 경우 형을 필요적으로 감면하도록 규정하고 있다(형법 제26조). 이에 대하여 실행에 착수하지 않아 법익침해의 위험성이 훨씬 적은 예비죄의 처벌에서도 중지범의 특례와 같은 형의 필요적 감면을 인정하여야 하는 것은 아닌지에 대하여 전면적 긍정설, 형량비교 긍정설, 자수규정 준용설, 전면적 부정설의 견해 대립이 있다.

1) 전면적 긍정설

예비행위에도 형법 제26조를 전면적으로 (유추)적용하여야 한다는 견해[63]이다. 예비죄의 처벌은 예외적인 것이므로 예외에 대한 예외를 넓게 인정해도 무방하고 실행의 착수 전후의 중지 모두 하나의 과정에서 다음 과정으로의 범행계속을 중지하는 점에서는 공통된다는 것이다.[64] 예비행위가 미수범에 대하여 법익침해의 위험성이 훨씬 적다는 점에서 예비행위단계에도 자의로 중지한 경우 형의

61 김성돈, 형법총론(제5판), 성균관대학교출판부(2017), 457; 손동권/김재윤, 새로운 형법총론(초판), 율곡출판사(2011), 455; 임웅. 형법총론(제10정판), 법문사(2018), 405.

62 오영근, 형법총론(제4판), 박영사(2018), 328-329.

63 권오걸, 형법총론(제2판), 형설출판사(2007), 466; 오영근, 형법총론(제4판), 박영사(2018), 332; 임웅, 형법총론(제10정판), 법문사(2018), 389; 정영일, 형법강의(총론)(제3판), 학림(2017), 238.

64 오영근, 형법총론(제4판), 박영사(2018), 332.

필요적 감면을 통해 범죄를 저지르지 않도록 할 유인을 주어야 한다는 점에서 주장한다.[65] 이에 대해서는 실행의 착수와 달리 행위의 정형성이 없어 그 시작과 종료 시점을 확인할 수 없는 예비행위의 중지를 인정하는 것은 결과적으로 예비의 중지미수를 인정하는 것이나 다름없다는 비판이 있다.[66]

2) 형량비교 긍정설

예비죄의 형이 중지범의 형보다 무거울 경우에만 중지범의 특례를 인정하는 견해로서 예비죄의 형과 중지범의 형의 균형에 근거를 둔다.[67] 다수설의 입장이다. 이에 대하여는 예비·음모죄는 각칙에 개별적으로 규정되어 있는 반면 중지범의 특례는 총칙에 규정되어 있을 뿐이므로 필요적 감경 또는 면제의 대상이 되는 형은 개별적인 구성요건이 확정될 때 비로소 구체화되므로 총칙 규정과 각칙 규정 사이에 형을 비교하는 것은 곤란하다는 비판이 있다.[68]

3) 자수규정 준용(유추적용)설

예비행위가 자수에 이르렀거나 능동적 후회의 표현에 이르렀을 때만 예비죄의 자수에 관한 필요적 감면규정(예를 들어 형법 제90조 제1항 단서)을 준용(유추적용)하자는 견해이다.[69] 이에 대하여는 왜 자수의 정도에 이를 때만 자수규정을 적용하는지 그 이유가 분명하지 않고 예비·음모에 대한 자수규정은 입법자가 특별히 마련한 것임에도 이를 일반화하는 것은 입법자의 결단을 우회하는 처사라는 비판이 있다.[70]

4) 전면적 부정설

예비행위는 아직 실행의 착수가 없으므로 미수범에 적용되는 형법 제26조를 근거로 할 수 없고, 개별 범죄에서 예비·음모의 중지에 관한 자수규정이나 작량

65 권오걸, 형법총론(제2판), 형설출판사(2007), 466.

66 김성돈, 형법총론(제5판), 성균관대학교출판부(2017), 469; 김일수/서보학, 새로쓴 형법총론(제13판), 박영사(2018), 411.

67 박상기, 형법총론(제9판), 박영사(2012), 379; 박상기/전지연, 형법학(총론·각론 강의)(제4판), 집현재(2018), 232; 배종대, 형법총론(제13판), 홍문사(2017), 372; 이영란, 형법학: 총론강의(제3판), 형설출판사(2011), 423; 이재상 외 2인, 형법총론(제9판), 박영사(2017), 406; 이정원, 형법총론, 신론사(2012), 315; 이형국/김혜경, 형법총론(제5판), 법문사(2019), 318; 정성근/박광민, 형법총론(제2판), 성균관대학교출판부(2015), 386; 진계호/이존걸, 형법총론(제8판), 대왕사(2007), 482.

68 김일수/서보학, 새로쓴 형법총론(제13판), 박영사(2018), 410.

69 김성돈, 형법총론(제5판), 성균관대학교출판부(2017), 469; 김일수/서보학, 새로쓴 형법총론(제13판), 박영사(2018), 411.

70 신동운 형법총론(제8판 보정판), 법문사(2015), 514.

감경 규정을 통해 충분히 배려할 수 있다는 입장이다.[71]

나. 판례

대법원 판례는 예비·음모죄에 대하여 중지범의 특례 적용을 인정하지 않고 있다. 대법원은 "중지범은 범죄의 실행에 착수한 후 자의로 그 행위를 중지한 때를 말하는 것이고 실행의 착수가 있기 전인 예비음모의 행위를 처벌하는 경우에 있어서 중지범의 관념은 이를 인정할 수 없는 것"이라고 판시함으로써 실행의 착수가 없는 예비·음모죄에 대하여는 미수범에 적용되는 형법 제26조의 근거조문을 사용할 수 없다고 명시적으로 판단하였다.[72]

2. 공범(교사범, 방조범)과 중지미수

중지미수는 인적 처벌조각·감경사유이므로 중지자에게만 적용되기 때문에, 협의의 공범인 교사범과 방조범에 있어서도 정범이 자의로 중지한 때에는 정범은 중지미수가 되지만 공범은 장애미수의 공범이 된다. 공범이 정범의 실행을 중지케 하는 경우에는 공범은 중지미수의 공범이 되고 정범은 장애미수로 처벌받는다.[73]

3. 공동정범과 중지미수

가. 학설

공동정범의 중지미수가 성립하기 위해서는 자신의 범행을 중지해야 할 뿐만 아니라 다른 공범의 행위도 중지시키거나 결과발생을 방지해야 하고 공동정범 중 일부가 자의로 실행행위를 중지하였으나 다른 공동정범이 결과를 발생시킨 경우는 자의로 중지한 공동정범도 중지미수가 인정되지 않는다고 보는 것이 통설[74]이다. 이에 대하여는 독일 형법은 명문으로 기수에 이르지 못하게 할 것을 요건으로

71 김성천/김형준, 형법총론(제8판), 소진(2018), 348; 신동운 형법총론(제8판 보정판), 법문사(2015), 515.

72 대법원 1966. 4. 21. 선고 66도152 전원합의체 판결, 대법원 1991. 6. 25. 선고 91도436 판결, 대법원 1999. 4. 9. 선고 99도424 판결.

73 이재상 외 2인, 형법총론(제9판), 박영사(2017), 409.

74 권오걸, 형법총론(제2판), 형설출판사(2007), 467; 김성천/김형준, 형법총론(제8판), 소진(2018), 348; 김일수/서보학, 새로쓴 형법총론(제13판), 박영사(2018), 405; 박상기, 형법총론(제9판), 박영사(2012), 377; 박상기/전지연, 형법학(총론·각론 강의)(제4판), 집현재(2018), 229; 배종대, 형법총론(제13판), 홍문사(2017), 372; 손동권/김재윤, 새로운 형법총론(초판), 율곡출판사(2011), 460; 오영근, 형법총론(제4판), 박영사(2018), 329; 이영란, 형법학: 총론강의(제3판), 형설출판사(2011), 423; 이재상 외 2인, 형법총론(제9판), 박영사(2017), 408; 임웅, 형법총론(제10정판), 법문사(2018), 404; 정영일, 형법강의(총론)(제3판), 학림(2017), 238; 진계호/이존걸, 형법총론(제8판), 대왕사(2007), 514.

하고 있어 이러한 해석이 가능하지만, 우리나라는 공범의 범행을 중지시킬 것을 요구하는 명문의 규정이 없음에도 피고인에게 유리한 개념을 엄격하게 해석하는 것은 허용되지 않고 공범 중 일부가 자의로 중지한 경우에는 공동정범 사이의 의사연락도 더 이상 존재하지 않는다고 할 수 있다는 이유로 이 경우에도 중지미수를 인정해야 한다는 견해[75]가 있다.

나. 판례

대법원 1954. 1. 30. 선고 4286형상103 판결에서 "공범에 있어서는 공범자의 1인이 범의를 중지함으로써 족한 것이 아니고 공범자의 범죄실행을 중지하게 하여야" 한다고 판결한 이래 대법원 판례는 일관되게 다른 공범의 범행을 중지하게 하지 아니한 이상 자기만의 범의를 철회, 포기하여도 중지미수로는 인정될 수 없다는 입장을 유지해오고 있다.

1) 피고인이 공소외 1 중위와 범행을 공모하여 동 중위는 엔진오일을 매각 처분하고, 피고인은 송증정리를 하기로 한 것은 사후에 범행이 용이하게 탄로나지 않도록 하는 안전방법의 하나이지, 위 중위가 보관한 위 군용물을 횡령하는데 있어 송증정리가 없으면 절대 불가능한 것은 아니며, 피고인은 후에 범의를 철회하고 송증정리를 거절하였다 하여도 공범자인 위 중위의 범죄 실행을 중지케 하였다는 것이 아니므로 피고인에게 중지미수를 인정할 수 없다.[76]

2) 피고인은 원심 공동피고인들과 공모하여 이 사건 범행현장까지 함께 갔다가 공범들의 절취범행 도중에 그 장소를 떠났다는 것이므로 피고인은 합동절도의 공동정범으로서의 죄책을 부담하고 중지미수에 해당하지 아니한다.[77]

3) 공범인 피고인들이 합동하여 피해자를 텐트 안에서 강간하기로 하고 피고인 A는 밖에서 망을 보고 피고인 B가 먼저 강간한 후 이어 피고인 A가 강간하려다가 자의로 중지하였더라도, 피고인 B가 강간행위에 나아간 이상 피고인 A에 대하여 성폭력범죄의 처벌 및 피해자보호 등에 관한 법률 위반(특수강간등)의 중지미수가 될 수 없다.[78]

[75] 오영근, 형법총론(제4판), 박영사(2018), 330.
[76] 대법원 1969. 2. 25. 선고 68도1676 판결.
[77] 대법원 1998. 11. 27. 선고 98도3186 판결.
[78] 대법원 2005. 2. 25. 선고 2004도8259 판결.

4) 피고인은 공동피고인과 절도를 공모하고 공동피고인이 가게에 들어가 물건을 물색하고 있는 동안, 자신의 범행전력 등을 생각하여 가책을 느낀 나머지 스스로 결의를 바꾸어 가게주인에게 공동피고인의 침입사실을 알려 그와 함께 공동피고인을 체포한 사안에서 특정범죄 가중처벌 등에 관한 법률 위반(절도)의 중지미수의 성립을 인정할 수 있다.[79]

79 대법원 1986. 3. 11. 선고 85도2831 판결.

제 27 조 [불능범]

실행의 수단 또는 대상의 착오로 인하여 결과의 발생이 불가능하더라도 위험성이 있는 때에는 처벌한다. 단, 형을 감경 또는 면제할 수 있다.

[관련조문] 형법 제29조.

[참고문헌] 권오걸, 형법총론(제2판), 형설출판사(2007); 김성돈, 형법총론(제5판), 성균관대학교출판부(2017); 김성천/김형준, 형법총론(제8판), 소진(2018); 김일수/서보학, 새로쓴 형법총론(제13판), 박영사(2018); 박상기, 형법총론(제9판), 박영사(2012); 박상기/전지연, 형법학(총론·각론 강의)(제4판), 집현재(2018); 배종대, 형법총론(제13판), 홍문사(2017); 손동권/김재윤, 새로운 형법총론(초판), 율곡출판사(2011); 신동운, 형법총론(제8판 보정판), 법문사(2015); 오영근, 형법총론(제4판), 박영사(2018); 이영란, 형법학: 총론강의(제3판), 형설출판사(2011); 이정원, 형법총론, 신론사(2012); 이재상 외 2인, 형법총론(제9판), 박영사(2017); 이형국/김혜경, 형법총론(제5판), 법문사(2019); 임웅, 형법총론(제10정판), 법문사(2018); 정성근/박광민, 형법총론(제2판), 성균관대학교출판부(2015); 정영석, 형법총론(제5전정중판), 법문사(1984); 정영일, 형법강의(총론)(제3판), 학림(2017); 진계호/이존걸, 형법총론(제8판), 대왕사(2007); 천진호, "불능미수범의 결과발생 불가능과 관련한 해석상의 문제점", 동아법학 42호(2008. 8.), 91-116; 하태훈, "미수범 체계의 재정립", 형사법연구 22호(2004. 12.), 234-248.

Ⅰ. 본조의 의의

본조는 "불능범"이라는 제목 아래 실행의 수단 또는 대상의 착오로 결과의 발생이 불가능하더라도 위험성이 있는 때에는 미수범으로 처벌하는 것으로 규정한다. 이는 행위자에게 범죄의사가 있고 실행의 착수라고 볼 수 있는 행위가 있지만, 결과불법의 측면에서 실행의 수단이나 대상의 착오로 인하여 구성요건적 결과 발생이 처음부터 원시적으로 불가능한 경우라도 행위불법의 측면에서 법률적 관점에서 볼 때 그 행위의 위험성이 있으면 처벌한다는 미수범의 한 형태로서 불능미수에 관한 규정이라고 보는 것이 통설[1]과 판례[2]이다.

불능미수는 결과의 발생이 불가능하더라도 위험성이 있다는 점에서 그 위험성도 없는 불능범과 개념상 구별된다고 보는 견해가 다수이나,[3] 양자를 동의어로 이해하는 견해도 있다.[4]

불능미수는 결과의 발생이 불가능하여 미수에 그친 것이라는 점에서 결과의 발생은 가능하지만 미수에 그친 형법 제25조의 (협의의) 장애미수와 구별된다고 보는 것에 견해가 일치한다. 판례도 피고인이 남편을 살해하고자 배춧국에 농약을 타 먹게 하였으나 피해자가 국물을 토하여 그 뜻을 이루지 못하고 살인미수로 기소된 사안에서, "형법은 범죄의 실행에 착수하여 결과가 발생하지 아니한 경우의 미수와 실행수단의 착오로 인하여 결과발생이 불가능하더라도 위험성이 있는 경우의 미수와는 구별하여 처벌하고 있으므로" 농약의 치사량을 심리하여 피고인의 행위가 어느 경우에 해당하는지 가렸어야 함에도 원심이 이를 심리하지 아니한 채 장애미수로 인정한 것에 장애미수와 불능미수에 관한 법리오해 등의 잘못이 있다고 판단함으로써 불능미수와 장애미수를 구별하는 태도를 취하고 있다.[5] 불능미수는 자의적인 측면에서는 형법 제26조의 중지미수와도 구별된다.

1 권오걸, 형법총론(제2판), 형설출판사(2007), 469; 김성돈, 형법총론(제5판), 성균관대학교출판부(2017), 431; 김성천/김형준, 형법총론(제8판), 소진(2018), 350; 김일수/서보학, 새로쓴 형법총론(제13판), 박영사(2018), 386; 박상기, 형법총론(제9판), 박영사(2012), 381; 박상기/전지연, 형법학(총론·각론강의)(제4판), 집현재(2018), 233; 배종대, 형법총론(제13판), 홍문사(2017), 374; 손동권/김재윤, 새로운 형법총론(초판), 율곡출판사(2011), 464; 신동운, 형법총론(제8판 보정판), 법문사(2015), 525; 오영근, 형법총론(제4판), 박영사(2018), 334; 이영란, 형법학: 총론강의(제3판), 형설출판사(2011), 425; 이정원, 형법총론, 신론사(2012), 288; 이재상 외 2인, 형법총론(제9판), 박영사(2017), 410; 이형국/김혜경, 형법총론(제5판), 법문사(2019), 354; 임웅, 형법총론(제10정판), 법문사(2018), 406; 정성근/박광민, 형법총론(제2판), 성균관대학교출판부(2015), 414; 정영일, 형법강의(총론)(제3판), 학림(2017), 239; 진계호/이존걸, 형법총론(제8판), 대왕사(2007), 518.

2 대법원 2019. 3. 28. 선고 2018도16002 전원합의체 판결.

3 권오걸, 형법총론(제2판), 형설출판사(2007), 469; 김성돈, 형법총론(제5판), 성균관대학교출판부(2017), 431; 김성천/김형준, 형법총론(제8판), 소진(2018), 350; 김일수/서보학, 새로쓴 형법총론(제13판), 박영사(2018), 386; 박상기, 형법총론(제9판), 박영사(2012), 381; 박상기/전지연, 형법학(총론·각론강의)(제4판), 집현재(2018), 233; 손동권/김재윤, 새로운 형법총론(초판), 율곡출판사(2011), 464; 오영근, 형법총론(제4판), 박영사(2018), 334; 이정원, 형법총론, 신론사(2012), 288; 이재상 외 2인, 형법총론(제9판), 박영사(2017), 410; 임웅, 형법총론(제10정판), 법문사(2018), 407; 정성근/박광민, 형법총론(제2판), 성균관대학교출판부(2015), 413; 정영석, 형법총론(제5전정증판), 법문사(1984), 233; 정영일, 형법강의(총론)(제3판), 학림(2017), 239; 진계호/이존걸, 형법총론(제8판), 대왕사(2007), 519.

4 배종대, 형법총론(제13판), 홍문사(2017) 375; 신동운, 형법총론(제8판 보정판), 법문사(2015) 527; 이영란, 형법학: 총론강의(제3판), 형설출판사(2011) 425.

5 대법원 1984. 2. 14. 선고 83도2967 판결.

Ⅱ. 입법취지 및 입법례

본조는 구성요건적 결과 발생이 처음부터 불가능하더라도 위험성이 있는 때에 처벌하는 것으로 규정하고 있으므로 위험성의 유무가 미수범의 성립 여부를 좌우한다. 불능미수에 관한 외국 입법례로서 독일 형법은 "행위자의 행위에 대한 표상(表象)에 따를 때 구성요건의 실현을 직접적으로 개시한 자는 미수에 이른 것이다."라고 규정하고(제22조),[6] "범죄가 행하여지려는 객체 또는 범행에 사용되는 수단의 성질상 미수가 결코 기수에 이를 수 없음을 행위자가 현저한 무지로 인하여 알지 못한 때에는 법원은 형을 면제하거나 재량에 의하여 형을 감경할 수 있다."라고 규정함으로써(제23조 제3항)[7] 위험성 유무가 미수범 성립에 영향을 주는 것이 아니고, 위험성이 없더라도 행위자가 현저한 무지로 인하여 범행이 기수에 이를 것을 알 수 없었던 예외적인 경우에 한하여 형의 임의적 감면이 이루어지는 것으로 규정한다. 또한 불능미수와 장애미수의 구별이 구성요건적 결과 발생의 가능 여부가 아니라 행위자가 범죄 실현의 불가능함을 현저한 무지로 알지 못하였는지 여부를 기준으로 하고 있다.

Ⅲ. 불능미수의 성립요건

불능미수범이 성립하기 위해서는 객관적 구성요건으로서 ①실행의 착수, ②실행의 수단 또는 대상의 착오로 인한 결과발생의 불가능, ③위험성이 있어야 하고, 주관적 구성요건이 충족되어야 한다.

1. 실행의 착수

불능미수는 미수범의 한 형태이므로 행위자가 실행에 착수하였을 것을 요한다. 범죄의 특정 구성요건의 실현이 실행의 수단 또는 대상의 착오로 불가능하더라도 범죄실현 의사를 외부적으로 인식할 수 있는 단계에는 이르러야 하고, '행위자의 행위로 인하여 구성요건적 결과 발생이 가능하였더라면'이라는 가정 아래 실행의 착수 여부를 판단하여야 한다. 실행의 착수는 예비·음모와 미수를 구별하는 기준이면서 불능미수의 가벌성 여부를 판단하는 척도도 된다. 실행의 착수에

6 신동운, 형법총론(제8판 보정판), 법문사(2015), 480.
7 신동운, 형법총론(제8판 보정판), 법문사(2015), 480.

관한 상세 논의는 앞서 형법 제25조에서 상술한 미수범에 관한 일반이론이 그대로 적용된다.

2. 실행의 수단 또는 대상의 착오로 인한 결과발생의 불가능

불능미수가 성립하기 위해서는 구성요건적 결과 발생이 불가능한 실행의 수단이나 대상을 결과 발생이 가능한 수단이나 대상으로 오인하여 범죄가 기수에 이를 수 없어야 한다.

가. 실행의 수단의 착오

실행의 수단의 착오는 예를 들어 치사량 미달의 농약을 먹여 사람을 살해하고자 한 경우처럼 행위자가 의도한 행위 방법으로는 구성요건적 결과 발생이 당초부터 불가능한 경우이다. 수단 자체에 착오가 있다는 점에서 구성요건적 착오 이론에서 행위자가 인식한 것과는 다른 객체에 결과가 발생한 '타격의 착오'와는 구별된다.[8]

나. 대상의 착오

대상의 착오는 예를 들어 사체를 살해하려고 하는 것처럼 행위자가 의도한 행위 객체가 구성요건 실현의 대상이 될 수 없는 경우이다. 구성요건 실현의 대상이 될 수 없는 이유는 예를 들어 이미 살해된 사람에게 권총을 발사하는 경우처럼 사실상 불가능한 경우이던지 피해자가 자신이 준 것인 줄 모르고 재물을 절취한 것처럼 법률상 불가능한 것이든지 묻지 않는다.[9]

대상의 착오는 객체의 불가능성을 말하는 것으로, 구성요건적 착오 이론에서 객체의 동일성에 관한 착오인 '객체의 착오'와 구별된다.[10]

다. 주체의 착오로 인한 불능미수범의 성립 가능 여부

본조에서는 결과발생이 불가능한 원인으로 실행의 수단과 대상의 착오를 명시하고 있다. 이와 관련하여 행위 주체의 착오, 예를 들어 진정신분범에서 신분이 없는 사람이거나 부진정부작위범위에서 보증인지위에 있지 아니한 사람이 신분이

8 박상기, 형법총론(제9판), 박영사(2012), 383; 이재상 외 2인, 형법총론(제9판), 박영사(2017), 415; 이형국/김혜경, 형법총론(제5판), 법문사(2019), 357.

9 배종대, 형법총론(제13판), 홍문사(2017), 376; 이재상 외 2인, 형법총론(제9판), 박영사(2017), 415; 이형국/김혜경, 형법총론(제5판), 법문사(2019), 357; 진계호/이존걸, 형법총론(제8판), 대왕사(2007), 522.

10 권오걸, 형법총론(제2판), 형설출판사(2007), 474; 박상기, 형법총론(제9판), 박영사(2012), 383; 배종대, 형법총론(제13판), 홍문사(2017), 376; 이재상 외 2인, 형법총론(제9판), 박영사(2017), 415; 이형국/김혜경, 형법총론(제5판), 법문사(2019), 357.

나 보증인지위에 있는 것으로 오인하고 구성요건적 행위를 한 경우에도 불능미수범이 성립될 수 있는지에 관하여 학설상 논의가 있다. 본조의 명문 규정을 넘어 처벌범위를 확대하는 것은 입법취지나 죄형법정주의의 원칙에 부합하지 않음을 이유로 부정하는 견해가 다수이다.[11] 반면 본조에서 규정하는 착오의 유형은 예시적 규정으로 보아야 하고 주체의 착오는 행위자 표상에 의하여 불법구성요건을 실현하는 행위이기 때문에 불능미수범에서 제외할 이유가 없으므로 위험성 여부에 따라 그 가벌성을 판단해야 한다는 견해도 있다.[12]

주체의 착오에 관한 이러한 학설 대립에 대하여 독일 형법은 결과발생이 불가능한 경우도 일률적으로 미수로 처벌하지만 우리나라 형법은 위험성이 있는 경우만 처벌대상으로 삼기 때문에 위험성이 있는 경우가 아닌 한 주체의 착오에 관한 논의는 무의미한데, 대부분 주체의 착오는 위험성이 없을 것이므로 어느 견해에 의하더라도 주체의 착오로 인한 결과발생의 불가능은 처벌되지 않을 것이어서, 결국 이러한 견해 대립은 현실적으로 큰 의미가 없다는 평가가 있다.[13] 이처럼 실무상 중요성이 크지 않는 이유로 우리나라 형법상 공무원의 직무범죄 중 입법적으로 신분범의 미수를 처벌할 수 있는 가능성이 제한되어 있기 때문이라고 설명하는 견해[14]가 있다.

라. 결과발생의 불가능

불능미수에 해당하기 위해서는 결과발생이 불가능한 것, 즉 범죄가 기수에 이를 수 없어야 한다. 이 점에서 불능미수는 결과발생이 가능한 형법 제25조의 (협의의) 장애미수와 구별된다. 결과발생이 불가능하다는 개념을 어떻게 볼 것인지에 대하여 사실적·자연적 개념으로 해석하는 견해와 규범적·평가적 개념으로 해

11 권오걸, 형법총론(제2판), 형설출판사(2007), 475; 김성돈, 형법총론(제5판), 성균관대학교출판부(2017), 435; 김성천/김형준, 형법총론(제8판), 소진(2018), 354; 김일수/서보학, 새로쓴 형법총론(제13판), 박영사(2018), 390; 신동운, 형법총론(제8판 보정판), 법문사(2015), 524; 오영근, 형법총론(제4판), 박영사(2018), 337-338; 이재상 외 2인, 형법총론(제9판), 박영사(2017), 416; 이형국/김혜경, 형법총론(제5판), 법문사(2019), 358-359; 임웅, 형법총론(제10정판), 법문사(2018), 409; 정성근/박광민, 형법총론(제2판), 성균관대학교출판부(2015), 417-418; 정영일, 형법강의(총론)(제3판), 학림(2017), 241; 진계호/이존걸, 형법총론(제8판), 대왕사(2007), 522-523.

12 박상기, 형법총론(제9판), 박영사(2012), 384-385; 박상기/전지연, 형법학(총론·각론 강의)(제4판), 집현재(2018), 236; 손동권/김재윤, 새로운 형법총론(초판), 율곡출판사(2011), 468; 이정원, 형법총론, 신론사(2012), 298-299.

13 배종대, 형법총론(제13판), 홍문사(2017), 377.

14 하태훈, "미수범 체계의 재정립", 형사법연구 22호, 245.

석하는 견해로 나뉜다.[15] 사실적·자연적 개념으로 해석하는 견해[16]에 따르면 결과발생의 불가능은 규범적·평가적으로 문제되는 위험성의 개념과 구별해야 하고, 결과발생이 불가능했는지 여부는 자연과학적·사실적 법칙에 의하여 결정하여야 한다는 것이다. 반면 규범적·평가적 개념으로 해석하는 견해[17]는 결과발생의 불가능을 자연과학적·사실적 기준으로 판단해서는 불능미수와 장애미수의 구별이 불가능하고 불능미수의 범위가 너무 넓어진다고 비판하면서 규범적·평가적 기준이 필요하다고 해석한다. 예를 들어 빈 금고를 여는 행위에 대하여 사실적·자연적 개념으로 해석하는 견해는 결과발생이 불가능하다고 보는 반면 규범적·평가적 개념으로 해석하는 견해에 의하면 일정한 조건 아래에서는 결과발생의 개연성이 있지만 그 행위 당시의 우연한 사정에 의하여 일어나지 않은 것으로 인정할 수 있어 결과발생이 불가능한 경우에 해당하지 않아 장애미수가 성립한다고 본다.

결과발생이 불가능한지의 판단시점과 주체에 대하여는 미수범의 성립시기인 실행의 착수를 기준으로 판단하여야 한다는 견해가 유력하다.[18] 실행의 착수 이후 시점을 기준으로 한다면 실행행위가 있은 후에 밝혀진 여러 사정들을 고려하게 되어 대다수의 미수범은 결과발생이 불가능한 미수범이 되어 불능미수의 범위를 확대시키고 장애미수의 범위를 현저하게 축소시켜 부당하다는 것이다.[19] 반면 일부 견해는 결과발생이 불가능한지 여부는 일단 실행행위가 있은 이후에 밝혀진 여러 가지 사정들을 고려하여 법관이 객관적·사후적으로 판단해야 한다고 해석한다.[20] 이러한 논의는 다음과 같은 점에서 실익이 있다. 피해자를 독살하려고 치사량을 초과하는 독약을 음료수에 혼입하여 건네주었으나 피해자가 음료수를 마시

15 결과발생의 불가능의 개념과 학설에 관한 논의로 상세한 것으로서 대표적으로는 천진호, "불능미수범의 결과발생 불가능과 관련한 해석상의 문제점", 동아법학 42호(2008. 8.), 91-116 참조.

16 권오걸, 형법총론(제2판), 형설출판사(2007), 473; 김성돈, 형법총론(제5판), 성균관대학교출판부(2017), 433; 김성천/김형준, 형법총론(제8판), 소진(2018), 353; 오영근, 형법총론(제4판), 박영사(2018), 337; 이재상 외 2인, 형법총론(제9판), 박영사(2017), 413; 정성근/박광민, 형법총론(제2판), 성균관대학교출판부(2015), 416.

17 이정원, 형법총론, 신론사(2012), 292.

18 김일수/서보학, 새로쓴 형법총론(제13판), 박영사(2018), 388; 권오걸, 형법총론(제2판), 형설출판사(2007), 473; 배종대, 형법총론(제13판), 홍문사(2017), 376; 이영란, 형법학: 총론강의(제3판), 형설출판사(2011), 426; 천진호, "불능미수범의 결과발생 불가능과 관련한 해석상의 문제점", 동아법학 42호(2008. 8.), 102.

19 천진호, "불능미수범의 결과발생 불가능과 관련한 해석상의 문제점", 동아법학 42호(2008. 8.), 101-102.

20 김성돈, 형법총론(제5판), 성균관대학교출판부(2017); 433; 신동운, 형법총론(제8판 보정판), 법문사(2015), 526.

는 순한 맛이 이상한 것을 느끼고 뱉어 사망하지 않은 경우 사후적으로 판단하여야 한다는 견해에 의하면 결과발생이 불가능한 것으로 볼 수 있으나, 실행의 착수 시점에서 파악해야 한다는 견해에 의하면 결과발생이 가능하다고 볼 수 있다.

대법원은 본조에서 "결과의 발생이 불가능하다는 것은 범죄행위의 성질상 어떠한 경우에도 구성요건의 실현이 불가능하다는 것을 의미한다."고 판시하면서, 피고인이 베트남에 거주하는 공소외인으로부터 필로폰을 수입하기 위하여 '워터볼' 장난감 안에 액체에 필로폰을 용해하여 은닉한 다음 이를 국제우편을 통해 받는 방식으로 필로폰을 수입하고자 한 행위가 범죄의 성질상 그 실행의 수단 또는 대상의 착오로 인하여 결과의 발생이 불가능한 경우가 아니라고 판단하고, 이와 달리 피고인에 대하여 마약류 관리에 관한 법률 위반(향정)죄의 불능미수가 인정된다고 판단한 원심판결에 불능미수에 관한 법리오해로 인하여 판결에 영향을 미친 잘못이 있다고 보았다.[21]

3. 위험성

가. 의의

위험성은 처벌되지 않는 불능범과 처벌되는 불능미수를 구별하는 표지이다. 즉, 위험성이 있으면 미수범으로 처벌되고, 위험성이 없으면 처벌되지 않는다.

나. 학설

위험성의 판단기준에 관하여 여러 다양한 견해가 제시되고 있다.[22] 크게는 위험성 유무 판단에 행위자의 주관적 의사나 행위 당시 인식한 사정과 일반인이 인식할 수 있었던 객관적 사정을 어떻게 고려할 것인지에 따라 달라진다.

1) 구(舊) 객관설(객관적 위험설, 순객관설, 절대적·상대적 불능설)

결과발생의 가능성을 위험성으로 보고, 실행의 수단 또는 대상의 착오로 인하여 어떠한 경우에도 결과가 발생할 수 없는 절대적 불능(위험성이 없음)과 결과발생의 가능성이 있는 상대적 불능(위험성이 있음)으로 구분하고, 절대적 불능은 처벌할 수 없으나 상대적 불능은 불능미수로 처벌할 수 있다는 견해이다. 결과발생의 가능성인 위험성 유무에 관한 판단에서 행위자의 주관적 의사나 인식을 전

21 대법원 2019. 5. 16. 선고 2019도97 판결.

22 불능미수의 위험성에 관한 학설에 관하여 상세한 것으로서 대표적으로는 신동운, 형법총론(제8판 보정판), 법문사(2015), 528-530; 이재상 외 2인, 형법총론(제9판), 박영사(2017), 416-420 참조.

혀 고려하지 않고 사후에 법관의 입장에서 추상적·객관적으로 파악하고자 하는 견해이다. 이에 대해서는 절대적 불능과 상대적 불능의 구별 기준이 명확하지 않다는 비판이 가능하다.

2) 신(新) 객관설(구체적 위험설, 신객관적 위험설)

행위 당시에 행위자가 특별히 인식한 주관적 사정과 일반인이 인식할 수 있었던 객관적 사정을 일반 경험법칙(통찰력 있는 사람의 판단)에 비추어 구체적 위험성이 있다고 판단되면 불능미수범으로 판단하는 견해이다. 구 객관설과 달리 행위자가 행위 당시에 인식한 사정을 위험성 유무의 판단요소로 고려하되, 이에 대하여 일반인이 구체적으로 위험성을 인식할 수 없다면 위험성이 인정되지 않는다고 본다. 현재 우리나라 다수설이다.[23] 이에 대해서는 행위자가 인식한 사정과 일반인이 인식할 수 있었던 사정이 서로 다를 경우 판단기준이 명확하지 않나는 비판이 제기된다.

3) 추상적 위험설(주관적 객관설, 법질서에 대한 위험설)

행위 당시에 행위자가 인식한 사정을 기초로 그러한 사정이 실제로 존재하였더라면 일반인의 판단에서 볼 때 그 행위가 결과를 발생시켰으리라고 인정되는 것을 추상적 위험 또는 법질서에 대한 위험이라고 하고, 위험성 판단의 기초를 행위자의 주관에 두고 (주관적)판단 주체를 일반인으로 정하여(객관설) 일반인의 입장에서 이러한 위험이 있으면 불능미수범이 성립한다고 보는 견해이다. 종래 우리나라의 다수설이었다.[24] 이에 대해서는 판단의 기초를 행위자가 알고 있는 사

23 김일수/서보학, 새로쓴 형법총론(제13판), 박영사(2018), 394; 박상기, 형법총론(제9판), 박영사(2012), 387; 박상기/전지연, 형법학(총론·각론 강의)(제4판), 집현재(2018), 239; 배종대, 형법총론(제13판), 홍문사(2017), 380; 신동운, 형법총론(제8판 보정판), 법문사(2015), 530(종전 구체적 위험설이 일반인들이 인식할 수 있었던 사정을 판단의 기초로 사는 것과 일반적 경험법칙, 즉 일반인의 관점에 따라 위험성을 판단하는 것을 비판하면서 위험성 판단은 행위자의 범행결의를 평범한 일반인이 아닌 과학적 전문지식을 갖춘 일반인의 관점에서 평가하여야 하고, 그 점에서 기존의 구체적 위험설과는 다른 '강화된 구체적 위험설'이라는 입장이다; 오영근, 형법총론(제4판), 박영사(2018), 343(종전 구체적 위험설이 행위자가 특별히 인식했던 사정도 기초로 하는 것과 달리 일반인이 인식할 수 있었던 사정만을 기초로 위험성을 판단하여야 하고, 그 점에 기존의 구체적 위험설과는 다른 '올바른 구체적 위험설'이라는 입장이다); 이재상 외 2인, 형법총론(제9판), 박영사(2017), 419.

24 권오걸, 형법총론(제2판), 형설출판사(2007), 480; 김성돈, 형법총론(제5판), 성균관대학교출판부(2017), 440; 김성천/김형준, 형법총론(제8판), 소진(2018), 358; 손동권/김재윤, 새로운 형법총론(초판), 율곡출판사(2011), 472(형감경만 되는 불능미수의 위험성은 구체적 위험설에 의하여 결정하고 형면제가 가능한 불능미수의 위험성은 추상적 위험설에 의하여 결정하여야 하므로, 형감면의 불능미수의 하나에 포섭될 수 있는 최소한의 위험성은 추상적 위험성이 된다고 본다); 임웅, 형법총론(제10정판), 법문사(2018), 421; 정성근/박광민, 형법총론(제2판), 성균관대학교출판부(2015), 423; 정영석, 형법총론(제5전정증판), 법문사(1984), 240; 정영일, 형법강의(총론)(제3판), 학림(2017), 244; 진계호/이존걸, 형법총론(제8판), 대왕사(2007), 527.

정에 국한하므로 행위자가 경솔하게 잘못 안 경우에도 그 사정만을 기초로 위험성을 판단하게 되어 부당하다는 비판이 있다.[25]

4) 인상설

행위자의 법적대적 의사가 일반인에게 법질서를 침해하는 인상을 심어줄 있는 경우에는 위험성이 있다고 판단되어 불능미수가 성립한다는 견해이다.[26] 이에 대해서는 법질서를 침해하는 인상에 대한 판단 기준이 명확하지 않다는 비판이 가능하다.

5) 주관설

행위자의 범행 개시에 의하여 범죄 실행의사가 명확하게 표명되면 결과 발생이 불가능하더라도 가벌적 불능미수의 성립을 인정하는 견해이다.[27] 이 견해에 의하면 불가벌적인 불능미수는 인정하지 않되, 예외적으로 미신범의 경우에는 미수가 성립하기 위하여 필수적으로 요구되는 실행의 착수가 없기 때문에 처벌되는 미수의 범위에서 제외된다고 한다. 독일 형법 제23조 제3항과 독일 판례의 입장[28]이다.

다. 판례

1) 개관

대법원은 일부 판결에서 위험성 유무의 판단기준을 범죄행위의 성질상 결과발생 또는 법익침해의 가능성이 절대로 있을 수 없는 경우인지 여부로 삼음으로써 구 객관설과 유사한 입장을 취한 경우가 있다.[29] 그러나 최근의 전원합의체 판결을 비롯한 주류는 "불능범의 판단기준으로서 위험성의 판단은 피고인이 행위 당시에 인식한 사정을 놓고 이것이 객관적으로 일반인의 판단으로 보아 결과발생의 가능성이 있느냐를 따져야 한다."라고 판시하거나,[30] '피고인이 행위 당시에 인

25 이형국/김혜경, 형법총론(제5판), 법문사(2019), 362.
26 이형국/김혜경, 형법총론(제5판), 법문사(2019), 364.
27 이영란, 형법학: 총론강의(제3판), 형설출판사(2011), 431.
28 이재상 외 2인, 형법총론(제9판), 박영사(2017), 420.
29 대법원 1973. 4. 30. 선고 73도354 판결, 대법원 1984. 2. 28. 선고 83도3331 판결, 대법원 1985. 3. 26. 선고 85도206 판결, 대법원 1990. 7. 24. 선고 90도1149 판결, 대법원 1998. 10. 23. 선고 98도2313 판결, 대법원 2001. 4. 10. 선고 2001도766 판결, 대법원 2007. 7. 26. 선고 2007도3687 판결.
30 대법원 1978. 3. 28. 선고 77도4049 판결, 대법원 2005. 12. 8. 선고 2005도8105 판결, 대법원 2006. 7. 27. 선고 2006도2096 판결, 대법원 2011. 2. 24. 선고 2010도1916 판결, 대법원 2019. 3. 28. 선고 2018도16002 전원합의체 판결.

식한 사정을 놓고 객관적으로 일반인의 판단으로 보았을 때 결과가 발생할 위험성도 있으므로 피고인의 행위는 불능미수에 해당할 여지가 많다'는 취지로 판단함으로써[31] 추상적 위험설에 가까운 입장을 취하고 있다.

2) 불능미수의 성립을 인정한 사례

가) 피고인이 일부러 불발시키기 위해 제조된 지 10년 이상 경과한 탄환을 다시 3, 4일간 물수건에 싸두었다가 직접 실행행위자에게 내어줌으로써 직접 실행행위자가 이러한 사정을 모른 채 살해 의사로 권총을 발사하였으나 탄자가 불량하여 불발된 경우 총탄을 충전하여 발사하는 행위는 결과 발생을 초래할 위험이 내포되어 있었다고 할 것이므로 불능범이라고 할 수 없다.[32]

나) 피고인이 피해자를 살해할 목적으로 우물과 펌프에 농약을 혼입하였으나 위 농약이 악취가 나서 보통의 경우 마시기가 어렵고 또 혼입한 농약의 분량으로 보아 사람을 치사에 이르게 할 정도는 아니라고 하더라도 농약의 혼입으로 살인의 결과가 발생할 위험성이 절대로 없다고 단정할 수는 없다.[33]

다) 피고인이 살인의 의사로 요구르트 1병마다 농약을 주입하였으나 원심판시 치사추정량은 쥐에 대한 것을 인체에 추정하는 극히 일반적·추상적인 것이어서 사람의 연령, 체질, 영양 기타 신체상황에 따라 상당한 차이가 있을 수 있으므로 피고인이 넣은 농약이 치사량에 약간 미달한다 하더라도 이를 마시는 경우 사망의 결과 발생의 가능성을 배제할 수는 없다.[34]

라) 피고인이 필로폰 제조를 공모하고 그 제조원료를 사용하여 필로폰 제조를 시도하였으나 제조기술 부족으로 완제품을 제조하지 못하였고 미완성품에서 필로폰 성분이 검출되지 아니하였다고 하여 습관성의약품제조미수죄의 성립에 영향이 없다.[35]

마) 피고인이 다른 공동피고인에게 피해자를 살해하라고 하면서 준 음료수병에 성인 남자를 사망에 이르게 하기에 충분한 용량의 농약을 넣었고, 피고인이 피해자 소유승용차의 브레이크호수를 잘라 브레이크액을 유출시켜 주된 제동기능을 완전히 상실시킴으로써 피해자가 자동차를 몰고 가다가 반대차선의 자동차와

31 대법원 2015. 8. 13. 선고 2015도7343 판결.
32 대법원 1954. 1. 30. 선고 4286형상103 판결.
33 대법원 1973. 4. 30. 선고 73도354 판결.
34 대법원 1984. 2. 28. 선고 83도3331 판결.
35 대법원 1984. 10. 10. 선고 84도1793 판결.

충돌을 피하기 위하여 브레이크 페달을 밟았으나 전혀 제동이 되지 아니하여 사이드브레이크를 잡아당김과 동시에 인도에 부딪치게 함으로써 겨우 위기를 모면할 수 있었던 경우 피고인의 위 행위는 어느 것이나 사망의 결과발생에 대한 위험성을 배제할 수 없다.[36]

바) 피해자는 A에게 양식어업면허를 이전하여 운영하던 중 그 어업면허 유효기간이 만료되기 전 관할관청에 유효기간 연장신청을 하였다가 불허가 처분을 받자 피해자가 A를 원고로 하여 국가를 상대로 손실보상청구 소송을 제기하여 제1심 및 항소심에서 승소판결을 받았으나 상고심에서 파기환송되어 파기환송 후 항소심 진행 중, A는 손실보상청구권을 타인에게 양도하지 아니하고 피해자의 실질적인 손실보상금 청구소송 수행 및 손실보상금 수령 등 청구권 보전에 협력할 의무가 있음에도 그 임무를 위배하여, 피고인과 사이에 A의 손실보상청구권을 양수받아 승계참가하여 피해자의 손실보상금을 가로채기로 공모하고 피고인에게 양도서류를 작성·교부한 후 확정일자 있는 내용증명우편으로 피고에게 통지하였으나, 손실보상청구권이 법률상 발생하지 않았다고 하더라도, 피고인이 파기환송 후 항소심 계속 중 A와 사이에 이를 양수받는 대가로 A에게 손실보상금을 수령하면 1억 원을 지급하기로 약정하였고, 파기환송 후 항소심에서 청구원인의 변경 등을 통하여 새로운 주장이 제출되거나 그 밖에 위 어업면허와 관련하여 다른 법적 구제 수단이 강구될 여지도 있었으므로 당시 A가 상고심에서 파기환송판결을 받은 상태에 있었다는 등의 사정만으로는 객관적으로 일반인의 판단으로 보아 A와 피고인의 배임행위로 피고인이 재산상 이익을 취득할 위험성이 없었다고 할 수는 없다.[37]

사) 피고인이 피해자의 집 앞에서 방충망을 통해 방안을 들여다보다 이미 사망하여 술상 옆에 엎어져 있던 피해자를 발견하고 피해자가 술에 취해 잠든 것으로 생각하여 주거에 침입하여 재물을 절취하고 나가다가 피해자를 다리와 엉덩이 등을 만진 사안에서, 주거침입 후 준강제추행의 불능미수의 성립을 인정할 수 있다.[38]

아) 피고인이 피해자를 유사강간한 것으로 기소된 사안에서, 유사간음행위 자

36 대법원 1990. 7. 24. 선고 90도1149 판결.
37 대법원 2006. 7. 27. 선고 2006도2096 판결.
38 대법원 2013. 7. 11. 선고 2013도5355 판결.

체가 유사강간죄의 폭행에 해당한다고 평가할 수 없다는 이유로 무죄로 판단한 원심을 수긍하면서, 피해자가 깨어 있었다는 점에서 유사강간을 무죄로 피고인은 피해자가 자고 있어 심신상실의 상태에 있다고 인식한 채 이를 이용하여 피해자에 대한 유사강간 행위를 하였으므로 준유사강간의 고의를 가지고 있었으나, 피해자가 실제로는 심신상실의 상태에 있지 않았으므로 대상의 착오로 인하여 유사강간의 결과 발생이 불가능하였으므로 피고인이 행위 당시에 인식한 사정을 놓고 객관적으로 일반인의 판단으로 보았을 때 결과가 발생할 위험성도 있으므로 준유사강간죄의 불능미수에 해당할 여지가 많다고 판단하여 공소장 변경 없이 준유사간강죄의 불능미수를 인정하는 경우 방어권행사에 실질적 불이익을 초래할 염려가 있다는 이유로 미수죄를 직권으로 판단했어야 한다는 검사의 상고이유 주장을 배척하였다.[39]

자) 피고인이 잠들어 있는 것으로 잘못 인식하고 피해자를 추행한 사안에서 대상의 착오로 결과발생이 불가능하지만 위험성이 있어 준강제추행의 불능미수에 해당한다는 원심의 판단을 별도의 판시 없이 수긍하였다[40]

차) 피고인이 잠들어 있는 것을 잘못 인식하고 피해자를 간음하려고 하였다가 피해자가 눈을 떠 실제로 간음하지 못한 사안에서, 성폭력범죄의 처벌 등에 관한 특례법위반(특수준강간) 준강간죄의 장애미수로 기소되었으나 준강간죄의 불능미수를 유죄로 인정하고 장애미수를 이유에서 무죄로 판단한 원심을 수긍하였다.[41]

카) 피고인이 자신의 집 안방에 누워있는 피해자가 술에 만취하여 항거불능 상태에 있다고 오인하고 간음하여 주위적으로 준강간, 예비적으로 준강간의 불능미수로 기소된 사안에서, 피고인이 피해자가 심신상실 또는 항거불능 상태에 있다고 인식하고 그러한 상태를 이용하여 간음할 의사로 피해자를 간음하였으나 피해자가 실제로는 심신상실 또는 항거불능 상태에 있지 않은 경우, 피고인이 행위 당시에 인식한 사정을 놓고 일반인이 객관적으로 판단하여 보았을 때 준강간의 결과가 발생할 위험성이 있었으므로 준강간죄의 불능미수가 성립한다.[42]

39 대법원 2015. 8. 13. 선고 2015도7343 판결.
40 대법원 2016. 7. 29. 선고 2016도5873 판결, 대법원 2018. 9. 13. 선고 2018도10053 판결.
41 대법원 2017. 9. 7. 선고 2017도9805 판결.
42 대법원 2019. 3. 28. 선고 2018도16002 전원합의체 판결.

3) 불능미수의 성립을 부정한 사례

가) 피고인이 혼인무효인 A를 배우자 있는 여자로 알고 상간하였다가 호적상 배우자로 등재된 남자로부터 간통죄로 고소를 당하자, 혼인의 효력 문제를 언급하지는 아니한 채 A와 상간한 사실이 없는데도 있는 것처럼 무고하였다는 취지로 위 남자를 고소하였더라도 피고인의 고소내용이 객관적으로 진실에 부합하는 이상 무고죄가 성립될 여지가 없고, 형법 제27조는 위험성이 있는 경우 기수범의 성립을 규정한 것이 아니라 불능범과의 관계에서 미수범의 성립을 인정하고 있을 뿐이므로 피고인이 고소내용이 허위라고 인식하고 형사처분을 받게 할 목적으로 고소하여 고소에 위험성이 있는 것으로 본다고 하더라도 무고죄의 기수범으로 처벌할 수는 없다.[43]

나) 피고인이 자신의 수입물품이 수입자동승인물품이었음에도 이를 수입제한 또는 수입금지 품목으로 오인하여 반제품인양 가장 신고하였더라도 위 수입물품이 수입자동승인품목이었던 이상 이를 무역거래법에서 금지하는 사위 기타 부정한 행위로써 수입허가를 받은 경우에 해당한다고 볼 수 없다.[44]

다) 피고인이 해당 토지를 매수하지 않았음을 알면서 사망한 사람을 상대로 매매를 원인으로 한 소유권이전등기청구 소송을 제기하여 승소판결을 받아 자신의 명의로 소유권이전등기를 마쳤더라도 위 승소판결의 효력은 재산상속인들에게 미치지 아니므로 사기죄를 구성한다고 할 수 없고, 피고인의 행위가 소송사기죄의 불능미수에 해당한다고 볼 수 없다.[45]

라) 피고인이 건물임대차계약을 체결한 후 처만 전입신고를 하고 가족들과 함께 거주해오던 중 임대인을 채무자로 한 근저당권실행의 임의경매절차가 진행되자 임대인에게 피고인의 처 명의로 전세계약서를 다시 작성해달라고 부탁하였고, 임대인이 직접 기존에 작성하였던 전세계약서의 임차인란에 피고인 명의를 지우고 피고인의 처 명의로 변경 기재하여 확정일자를 받은 후 경매법원에 변경된 전세계약서 등을 첨부하여 배당요구를 한 다음 소액임차인으로 우선 변제를 받았더라도, 피고인은 전세계약서상 임차인 명의를 피고인의 처 명의로 변경하지

43 대법원 1982. 6. 22. 선고 82도826 판결. 무고죄는 미수범 처벌규정이 없으므로 결국 처벌할 수 없는 것이라고 본 사례이다.

44 대법원 1983. 7. 12. 선고 82도2114 판결.

45 대법원 2002. 1. 11. 선고 2000도1881 판결.

않고도 소액임대차보증금에 대한 우선변제권 행사로 배당금을 수령할 권리가 있었으므로 재물의 편취라는 결과발생은 불가능하였으므로 피고인의 행위를 객관적으로 결과발생의 가능성이 있는 행위라고 볼 수 없다.[46]

마) 피고인이 민사소송의 상대방이었던 A로부터 소송비용 명목으로 100만 원을 송금받았음에도 상대방을 피고로 하여 종전에 피고인이 A를 상대로 제기하였던 여러 소와 관련한 소송비용 상당액의 지급을 구하는 손해배상금 청구의 소를 제기였더라도, 피고인이 소송비용액 확정절차에 의하지 아니하고 소송비용의 지급을 구하기 위하여 제기한 위 손해배상금 청구의 소는 소의 이익이 흠결된 부적법한 소로서 허용될 수 없으므로 객관적으로 소송비용의 청구방법에 관한 법률적 지식을 가진 일반인의 판단으로 보아 결과 발생의 가능성이 없어 위험성이 인정되지 않는다.[47]

바) 피고인은 피해자 운영의 A 회사의 명목상 대표이사로서 A 회사가 피해자 운영의 B 회사의 공사대금채권에 관하여 압류 및 추심명령을 받은 사실을 알고 위 채권을 빼돌릴 생각으로 A 회사의 압류 및 전부명령에 기한 채권 중 1억 원을 피고인의 채권자에게 양도였으나, 피고인이 이미 압류 및 전부명령에 기한 채권이 제3자에게 양도된 사정을 알고 있는 상태에서 이 사건 채권양도행위에 이르렀다면 채권양도 등에 관한 법률적 지식이 있는 일반인의 입장에서 볼 때, 그 이유만으로 이 사건 채권양도행위로 인한 재산상 손해 발생이라는 결과 발생은 불가능할 뿐만 아니라 그 위험성도 없다고 할 것이어 배임죄의 불능미수에 해당하지 않는다.[48]

4. 범죄실현의사(주관적 구성요건)

불능미수범이 성립하기 위해서는 객관적 구성요건표지를 인식하고 이를 실현하고자 하는 고의가 필요하다. 미필적 고의로 충분하다. 고의는 확정적인 의사를 요한다는 점에서 과실범의 불능미수는 인정되지 않고, 기수의 의사여야 한다는 점에서 미수의 고의도 인정되지 않는다. 고의 외에 범죄별 구성요건에 따라 요구되는 초과주관적 구성요건요소로서 목적이나 불법영득 의사 등도 있어야 한다. 주관적 구성요건에 관한 상세 논의는 앞서 본 형법 제25조에서 상술한 미수범에 관한 일반이론이 그대로 적용된다.

46 대법원 2002. 2. 8. 선고 2001도6669 판결.
47 대법원 2005. 12. 8. 선고 2005도8105 판결.
48 대법원 2011. 2. 24. 선고 2010도1916 판결.

Ⅳ. 불능미수의 처벌

1. 형의 임의적 감면

미수범 처벌 규정이 있는 범죄에서 불능미수범은 형을 감경 또는 면제할 수 있다. 형법 제25조의 장애미수가 형을 임의적 감경으로, 제26조의 중지미수가 형의 필요적 감면으로 규정한 것과는 다르다.

2. 불능미수에 대한 중지미수의 성립 여부

실행의 수단이나 대상의 착오로 인하여 결과발생이 불가능함에도 행위자가 이를 알지 못하고 결과발생을 방지하려는 진지한 노력을 한 경우처럼 행위자의 행위가 불능미수와 중지미수의 요건을 모두 갖춘 경우 중지미수의 성립을 인정할 것인지에 관하여 학설상 논의가 있다.

통설[49]은 이러한 경우에는 불능미수가 아닌 중지미수의 성립을 인정하여야 한다는 입장이다. 중지미수의 성립을 인정하는 근거로는 불능미수에 대한 형은 임의적 감면인 반면 중지미수는 형의 필요적 감면이라는 점, 결과방지를 위한 노력은 동일한데 결과발생의 위험성이 적은 경우를 위험성이 큰 경우보다 무겁게 처벌하는 것이 되어 형평에 어긋난다는 점, 형법의 미수범 규정에 관한 논리구성상 먼저 중지미수에 해당하는지 여부를 판단하고, 그 다음으로 불능미수에 해당하는지를 판단한 다음 어디에도 해당하지 않는 경우에는 제25조 제1항의 미수범으로 판단하는 것이 타당하다는 점을 들고 있다.[50]

반면 불능미수의 성립을 인정하여야 한다는 견해는 결과발생은 행위자의 노력과는 무관하게 처음부터 불가능한 것이었다는 점을 근거로 들고 있다.[51]

49 권오걸, 형법총론(제2판), 형설출판사(2007), 464; 김성천/김형준, 형법총론(제8판), 소진(2018), 345; 김일수/서보학, 새로쓴 형법총론(제13판), 박영사(2018), 404; 박상기, 형법총론(제9판), 박영사(2012), 375; 박상기/전지연, 형법학(총론·각론 강의)(제4판), 집현재(2018), 229; 배종대, 형법총론(제13판), 홍문사(2017), 370; 신동운, 형법총론(제8판 보정판), 법문사(2015), 509; 오영근, 형법총론(제4판), 박영사(2018), 327; 이영란, 형법학: 총론강의(제3판), 형설출판사(2011), 421; 이재상 외 2인, 형법총론(제9판), 박영사(2017), 403; 이형국/김혜경, 형법총론(제5판), 법문사(2019), 350; 임웅, 형법총론(제10정판), 법문사(2018), 403; 정성근/박광민, 형법총론(제2판), 성균관대학교출판부(2015), 410-411; 정영일, 형법강의(총론)(제3판), 학림(2017), 236; 진계호/이존걸, 형법총론(제8판), 대왕사(2007), 513.

50 천진호, "불능미수범의 결과발생 불가능과 관련한 해석상의 문제점", 동아법학 42호(2008. 8.), 109-110.

51 김성돈, 형법총론(제5판), 성균관대학교출판부(2017), 455-456; 정영석, 형법총론(제5전정중판), 법문사(1984), 230.

제 28 조 [음모, 예비]

범죄의 음모 또는 예비행위가 실행의 착수에 이르지 아니한 때에는 법률에 특별한 규정이 있는 한 벌하지 아니한다.

[관련조문] 형법 제25조, 제29조.

[참고문헌] 주석 형법, 총칙편(2)(제2판), 한국사법행정학회(2011); 권오걸, 형법총론(제2판), 형설출판사(2007); 김성돈, 형법총론(제5판), 성균관대학교출판부(2017); 김성천/김형준, 형법총론(제8판), 소진(2018); 김일수/서보학, 새로쓴 형법총론(제13판), 박영사(2018); 박상기, 형법총론(제9판), 박영사(2012); 박상기/전지연, 형법학(총론·각론 강의)(제4판), 집현재(2018); 배종대, 형법총론(제13판), 홍문사(2017); 손동권/김재윤, 새로운 형법총론(초판), 율곡출판사(2011); 신동운, 형법총론(제8판 보정판), 법문사(2015); 오영근, 형법총론(제4판), 박영사(2018); 이영란, 형법학: 총론강의(제3판), 형설출판사(2011); 이정원, 형법총론, 신론사(2012); 이재상 외 2인, 형법총론(제9판), 박영사(2017); 이형국/김혜경, 형법총론(제5판), 법문사(2019); 임웅, 형법총론(제10정판), 법문사(2018); 정성근/박광민, 형법총론(제2판), 성균관대학교출판부(2015); 정영석, 형법총론(제5전정증판), 법문사(1984); 정영일, 형법강의(총론)(제3판), 학림(2017); 진계호/이존걸, 형법총론(제8판), 대왕사(2007).

Ⅰ. 본조의 의의

본조는 "범죄의 음모 또는 예비행위가 실행의 착수에 이르지 아니한 때에는 법률에 특별한 규정이 없는 한 벌하지 아니한다."고 규정함으로써 행위자가 범죄실현의 의사를 가지고 한 행위가 실행의 착수에 이르지 아니한 경우 원칙적으로 처벌하지 않고 입법자가 그 처벌이 필요하다고 보아 특별히 규정을 둔 예외적인 경우에만 처벌함을 명확히 하고 있다. 예비·음모를 원칙적으로 처벌하지 않는 것에 대해서는 다음과 같은 이유가 제시되고 있다.[1] 즉, 예비·음모는 법익침해 단계, 즉 기수의 단계로부터 멀리 떨어져 있으므로 법익침해의 위험성이 적고, 일상적

1 주석 형법, 총칙편(2)(제2판), 한국사법행정학회(2011), 110(신동운).

인 행위의 모습을 취하는 경우가 많아 범죄 실현으로 나아가려는 의사를 증명하기 어려우며, 예비·음모행위를 하더라도 범죄 실현에 나아가기 전에 되돌아 올 수 있는 기회를 주는 것이 좋다는 것이다.

Ⅱ. 입법취지와 입법례

본조는 범죄의 예비·음모는 원칙적으로 처벌하지 않는다는 형식으로 규정하고 있다. 범죄의 실행에 착수한 미수범도 각 죄에서 처벌규정을 두고 있을 때만 처벌되지만 형법 제29조가 "미수범을 처벌할 죄는 각 본조에서 정한다."고 규정한 것과는 그 형식이 다르다. 또한 예비와 음모를 대등하게 규정하고 있다.

예비와 음모를 처벌하는 입법형식에 관하여 그 실현하는 범죄와의 관계를 기준으로 볼 때 다음의 세 가지 형식을 들고 있는 견해가 있다.[2] 첫째 독립적 구성요건 형태로서 하나의 범죄실현을 위한 준비행위를 독자적인 구성요건으로 포착하여 처벌하는 방법이다. 내란목적살인죄(형법 제88조)는 내란죄(형법 제87조)와의 관계에서는 예비행위에 해당하는 것이지만 독자적인 구성요건으로 포착한 것으로 보고 있다. 둘째 단순 예비·음모 형태로서 "…죄를 범할 목적으로 예비, 음모한 자"라는 형식으로 범죄 실현을 위한 준비행위를 일정한 목적 범죄의 '예비 또는 음모'로만 규정하는 방법이다. 우리나라 형법상 예비·음모죄는 이러한 형식으로 통일적으로 규정되어 있다. 예비·음모는 그 자체로는 행위정형성을 갖지 않고 실현을 의도한 목적범죄의 구성요건이 위법행위의 정형을 제시한다. 셋째 우리 형법에서는 사용하고 있지 않은 입법형식으로 첫째와 둘째의 중간 형태로서 범죄 실현의 준비행위를 보다 구체적으로 제시하여 '예비 또는 음모'에 일정한 표지를 추가하고 이러한 예비·음모행위만 처벌하는 방법이다. 독일 형법에서 '원판 등을 제작하는 방법'으로 통화위조를 예비한 자를 처벌하는 것(독일 형법 제146조, 제149조 참조)과 일본 형법에서 '자금 또는 식량을 공급하거나 기타의 행위에 의하여' 내란의 예비·음모를 방조한 자를 처벌하는 것(일본 형법 제79조)이 이에 해당한다.

2 신동운, 형법총론(제8판 보정판), 법문사(2015), 551-552; 주석 형법, 총칙편(2)(제2판), 한국사법행정학회(2011), 114-116(신동운).

Ⅲ. 예비·음모죄의 성립요건

1. 범죄의 음모 또는 예비행위로서 실행의 착수에 이르지 아니한 행위

가. 예비와 음모의 개념

1) 학설

예비와 음모는 모두 실행의 착수 이전의 준비행위이다. 예비와 음모 개념의 구별기준에 관하여 견해가 일치하는 것은 아니다.[3] 음모를 2인 이상이 범죄를 실현하기로 합의하는 것으로 심리적 준비임에 비하여 예비는 그 외에 준비행위나 물적 준비행위라는 견해가 있고, 음모를 예비의 하나로 보는 견해도 있다.

예비와 음모의 상호관계에 관하여 본조가 "범죄의 음모 또는 예비행위"라는 표현을 사용하였음을 들어 시간적으로 음모는 예비행위에 선행하는 준비행위로서 물적 준비행위에도 이르지 못한 단계에서의 의사합치라고 보는 견해가 있다.[4] 이 견해에 의하면 1인이 예비행위를 하던 중 다른 사람과 범죄실현의 의사합치를 한 경우 다른 사람을 예비죄의 공범으로 의율하면 충분하다고 한다.

2) 판례

대법원 판례는 예비와 음모를 구별하고 있다. 밀항예비만 처벌하고 있는 밀항단속법 사안으로 갑이 일본으로 밀항하고자 을에게 도항비로 일화 100만 엔을 주기로 약속하였다가 그 후 밀항을 포기한 사안에서, 피고인의 행위는 밀항의 음모에 지나지 않는다고 보아 밀항예비죄의 성립을 부정하였다.[5] 갑과 을이 교회 경리과를 습격하여 헌금관리직원을 위협하여 헌금을 강취할 것을 공모하고 범행에 사용할 흉기를 구입하고 교회 내외를 배회하면서 기회를 엿본 것이 강도예비죄로 기소된 사안에서, 공소사실에서 강도결의를 하였다는 부분은 그 결의의 일시, 장소 등이 명시되어 있지 아니한 점과 강도예비의 문구 등에 비추어 강도예비죄의 공범 관계에 있음을 적시한 것일 뿐 그 결의 자체를 따로 강도음모죄로 기소한 것으로 볼 수 없고, 예비는 음모에 해당하는 행위를 제외하는 것으로 새겨야 한다

3 예비와 음모의 구별기준에 관한 학설에 관하여 상세한 것으로서 대표적으로는 이재상 외 2인, 형법총론(제9판), 박영사(2017), 423 참조.

4 주석 형법, 총칙편(2)(제2판), 한국사법행정학회(2011), 111(신동운).

5 대법원 1986. 6. 24. 선고 86도437 판결.

고 판단하면서 강도예비죄를 무죄로 판단한 원심에 대하여 강도음모죄로 성립 여부를 따져보지 아니한 잘못이 있다는 검사의 상고이유 주장을 받아들이지 아니하였다.[6] 이러한 판례의 태도에 대하여 명확하지는 않지만 음모를 예비에 선행하는 것으로 파악하는 것으로 해석하는 견해가 있다.[7]

판례는 갑과 을이 수회에 걸쳐 "총을 훔쳐 전역 후 은행이나 현금수송차량을 털어 한탕 하자"라는 말을 한 것에 대하여 강도음모죄로 기소된 사안에서, "음모죄에서 말하는 음모는 2인 이상의 자 사이에 성립한 범죄실행의 합의를 말한다고 하면서 이러한 합의를 인정하기 위해서는 단순히 범죄실행을 외부에 표시·전달하는 것만으로는 부족하고 객관적으로 보아 특정한 범죄의 실행을 위한 준비행위라는 것이 명백히 인식되고 그 합의에 실질적인 위험성이 인정될 때에 비로소 음모죄가 성립한다."고 판시하면서 강도음모죄의 성립을 부정하였다.[8] 또한 특정 정당 소속의 국회의원 피고인 갑 및 지역위원장 피곤인 을을 비롯한 피고인들이, 이른바 조직원들과 회합을 통하여 회합 참석자 130여 명과 한반도에서 전쟁이 발발하는 등 유사시에 상부 명령이 내려지면 바로 전국 각 권역에서 국가기간시설 파괴 등 폭동을 할 것을 통모함으로써 내란의 죄를 범할 목적으로 음모하였다는 내용의 내란음모죄로 기소된 사안에서, 내란음모죄 성립에 필요한 '내란범죄 실행의 합의'를 하였다고 할 수 없다는 이유로 내란 음모죄 성립을 부정하였다.[9] 위 사안에서 대법원은 '음모는 실행의 착수 이전에 2인 이상의 자 사이에 성립한 범죄실행의 합의로서, 합의 자체는 행위로 표출되지 않은 합의 당사자들 사이의 의사표시에 불과한 만큼 실행행위로서의 정형이 없고, 따라서 합의의 모습 및 구체성의 정도도 매우 다양하게 나타날 수 밖에 없으므로, 범죄실행의 합의가 있다고 볼 것인지는 음모죄의 성립범위가 과도하게 확대되지 않도록 엄격하게 제한하여야 한다.'고 판시하였다. 또한 '내란음모죄가 성립하려면 개별 범죄행위에 관한 세부적인 합의가 있을 필요는 없으나, 공격의 대상과 목표가 설정되어 있고, 그 밖의 실행계획에 있어서 주요 사항의 윤곽을 공통적으로 인식할 정도의 합의가 있어야 하고, 단순히 내란에 관한 범죄결심을 외부에 표시·전달하는 것만으로는 부족하고 객관적으로 내란범죄의 실행을 위한 합의라는 것이 명백히 인정되고, 그러한

6 대법원 1984. 12. 11. 선고 82도3019 판결.
7 주석 형법, 총칙편(2)(제2판), 한국사법행정학회(2011), 112-113(신동운).
8 대법원 1999. 11. 12. 선고 99도3801 판결.
9 대법원 2015. 1. 22. 선고 2014도10978 전원합의체 판결.

합의에 실질적인 위험성이 인정되어야 한다.'고 판시하였다.

나. 예비·음모죄의 법적 성질

1) 학설

우리나라 형법상 예비·음모죄의 법적 성질에 대하여는 발현형태설, 독립구성요건설, 이분설이 제시되었고, 그 중 발현형태설이 다수의 견해이다. 발현형태설에 의할 경우 예비·음모는 다양한 형태로 나타나므로 그 처벌범위가 지나치게 확대되지 않도록 예비·음모죄의 구조를 어떻게 볼 것인지에 대한 논의로 이어진다는 점에 실익이 있다.

발현형태설은 예비·음모는 실행의 착수 이전에 행해지는 여러 준비행위이므로 예비·음모죄는 다양한 발현형태를 그 형사처벌이 대상으로 삼고 있다는 입장이다.[10] 독립구성요건설은 예비·음모죄는 기본범죄의 몇 가지 중요한 구성요건에 대하여 그 준비행위를 처벌하기 위해 독자적으로 구성요건이 만들어진 것이라는 입장이다.[11] 이분설은 예비·음모죄를 기본범죄의 발현형태로 규정한 경우와 독립된 구성요건으로 설정된 경우로 나누어 보는 입장이다.

2) 판례

대법원 판례는 발현형태설을 취하고 있는 것으로 해석된다.[12] 예비죄의 종범 성립 여부가 문제된 사안에서, "형법 제28조에 의하면 범죄의 음모 또는 예비행위가 실행의 착수에 이르지 아니한 때에는 법률에 특별한 규정이 없는 한 벌하지 아니한다고 규정하여 예비죄의 처벌이 가져올 범죄의 구성요건을 부당하게 유추 내지 확장해석하는 것을 금지하고 있다"고 해석하면서 "형법각칙의 예비죄를 처단하는 규정을 바로 독립된 구성요건 개념에 포함시킬 수는 없다고 하는 것이 죄

10 권오걸, 형법총론(제2판), 형설출판사(2007), 484-485; 김성돈, 형법총론(제5판), 성균관대학교출판부(2017), 462; 김성천/김형준, 형법총론(제8판), 소진(2018), 361; 박상기, 형법총론(제9판), 박영사(2012), 356; 박상기/전지연, 형법학(총론·각론 강의)(제4판), 집현재(2018), 210-211; 손동권/김재윤, 새로운 형법총론(초판), 율곡출판사(2011), 478-479; 신동운, 형법총론(제8판 보정판), 법문사(2015), 553; 오영근, 형법총론(제4판), 박영사(2018), 346; 이영란, 형법학: 총론강의(제3판), 형설출판사(2011), 402; 이정원, 형법총론, 신론사(2012), 310; 이재상 외 2인, 형법총론(제9판), 박영사(2017), 425; 이형국/김혜경, 형법총론(제5판), 법문사(2019), 312; 임웅, 형법총론(제10정판), 법문사(2018), 383; 정성근/박광민, 형법총론(제2판), 성균관대학교출판부(2015), 381-382; 정영일, 형법강의(총론)(제3판), 학림(2017), 247; 진계호/이존걸, 형법총론(제8판), 대왕사(2007), 476.

11 김일수/서보학, 새로쓴 형법총론(제13판), 박영사(2018), 407; 배종대, 형법총론(제13판), 홍문사(2017), 384.

12 주석 형법, 총칙편(2)(제2판), 한국사법행정학회(2011), 117(신동운).

형법정주의의 원칙에도 합당하는 해석"이라고 판시하였다.[13]

다. 예비·음모죄의 구조

예비·음모죄의 법적 성질에 관하여 발현형태설을 취하는 경우 예비·음모죄의 구조를 어떻게 보아야 할 것인지에 관하여 목적범구조긍정설과 목적범구조부정설이 나누어진다.

1) 목적범구조긍정설

예비·음모죄가 "…조를 범할 목적으로 예비 또는 음모한 자는 …의 형에 처한다"는 규정방식에 착안하여 예비·음모죄의 구조를 목적범에 준하는 것으로 파악하는 견해이다.[14] 이에 따르면 예비·음모죄에서 일정한 죄를 범하려는 목적은 초과주관적 구성요건요소가 되고, 행위의 핵심은 예비·음모행위는 그 자체로 독자적인 실행행위가 된다. 예비·음모의 고의는 목적범죄를 실현하기 위한 준비행위 그 자체에 대한 인식과 인용이 된다. 예비·음모의 고의에 대하여 예비·음모죄의 처벌범위가 확대되지 않도록 목적범죄에 대한 인식이 확정적 인식의 정도에 이르러야 한다는 견해[15]와 목적범죄에 대한 구성요건적 고의는 예비·음모에서 기수에 이르기까지 통일적으로 작용하여야 한다는 점에서 미필적 인식으로도 충분하다는 견해[16]로 나누어진다.

2) 목적범구조부정설

예비·음모의 목적범 구조를 부정하는 견해이다.[17] 예비·음모 그 차제는 위법행

13 대법원 1976. 5. 25. 선고 75도1549 판결.

14 권오걸, 형법총론(제2판), 형설출판사(2007), 486; 김성돈, 형법총론(제5판), 성균관대학교출판부(2017), 467; 김성천/김형준, 형법총론(제8판), 소진(2018), 364; 김일수/서보학, 새로쓴 형법총론(제13판), 박영사(2018), 409; 배종대, 형법총론(제13판), 홍문사(2017), 384; 손동권/김재윤, 새로운 형법총론(초판), 율곡출판사(2011), 481; 오영근, 형법총론(제4판), 박영사(2018), 350; 이영란, 형법학: 총론강의(제3판), 형설출판사(2011), 404; 이재상 외 2인, 형법총론(제9판), 박영사(2017), 427; 임웅, 형법총론(제10정판), 법문사(2018), 385; 정영일, 형법강의(총론)(제3판), 학림(2017), 249; 진계호/이존걸, 형법총론(제8판), 대왕사(2007), 477-478.

15 배종대, 형법총론(제13판), 홍문사(2017), 384; 손동권/김재윤, 새로운 형법총론(초판), 율곡출판사(2011), 481; 오영근, 형법총론(제4판), 박영사(2018), 351; 이재상 외 2인, 형법총론(제9판), 박영사(2017), 427; 임웅, 형법총론(제10정판), 법문사(2018), 385; 정영일, 형법강의(총론)(제3판), 학림(2017); 진계호/이존걸, 형법총론(제8판), 대왕사(2007), 478.

16 김성돈, 형법총론(제5판), 성균관대학교출판부(2017), 468; 김성천/김형준, 형법총론(제8판), 소진(2018), 364.

17 박상기, 형법총론(제9판), 박영사(2012), 357; 박상기/전지연, 형법학(총론·각론 강의)(제4판), 집현재(2018), 211; 신동운, 형법총론(제8판 보정판), 법문사(2015), 555-556; 이형국/김혜경, 형법총론(제5판), 법문사(2019), 314-315; 정성근/박광민, 형법총론(제2판), 성균관대학교출판부(2015), 383.

위의 정형성을 가지고 있지 않으므로 예비·음모 자체를 수정된 구성요건으로 하거나 독자적인 실행행위로 파악할 수 없고, 목적범죄의 구성요건이 제시하는 실행의 착수 이전 단계에서 다양한 발현형태를 가지고 있을 뿐이라는 견해이다. 이에 따르면 예비·음모죄에서 말하는 "… 죄를 범할 목적으로"는 일정한 범죄 실현에 대한 구성요건적 고의를 말하므로 예비·음모 자체의 독자적인 고의는 인정할 필요가 없다.

2. 주관적 구성요건

예비·음모죄도 주관적 구성요건이 구비되어 있어야 한다. 이에 대한 학설상 논의는 앞서 예비·음모죄의 구조에 관한 논의가 적용된다. 즉 목적범구조긍정설에 따르면 목적범죄를 범할 목적이 있어야 하고 확정적 고의에까지 이르러야 하는지에 관하여는 견해가 나뉜다. 목적범구조부정설에 따르면 목적범죄에 대한 구성요건적 고의와 같다.

판례는 피고인이 상습으로 심야 인적 드문 주택가 주차장이나 길가에 주차된 자동차 문을 열고 물건을 훔치는 범행을 해오다가 검거되었는데 주택가를 배회하면서 범행 대상을 물색할 당시 등산용 칼을 휴대하고 있어 강도예비죄로 기소된 사안에서, 피고인에게 강취 목적이 있었음에 대하여 합리적 의심의 여지없이 증명되었다고 보기는 어렵다는 점을 지적하면서, "강도예비·음모죄가 성립하기 위해서는 예비·음모 행위자에게 미필적으로라도 '강도'를 할 목적이 있음이 인정되어야 하고 그에 이르지 않고 단순히 '준강도'할 목적이 있음에 그치는 경우 강도예비·음모죄로 처벌할 수 없다고 봄이 상당하다"고 판시하여 강도예비죄의 성립을 부정하였다.[18] 이에 따르면 목적범죄에 대한 고의는 미필적 인식으로도 충분한 것으로 보인다.

IV. 예비·음모죄의 성립범위

예비·음모죄의 성립 범위를 어느 정도까지 인정할 것인지에 관하여 아래와 같은 쟁점이 논의되고 있다.

1. 예비·음모죄의 미수범

미수범을 처벌하려면 각 죄에서 명문의 규정을 두어야 하는데(형법 제29조)

18 대법원 2006. 9. 14. 선고 2004도6432 판결.

예비·음모죄의 미수범 처벌 규정을 두지 않고 있는 이상 예비·음모죄의 미수범은 인정되지 않는다.[19] 다만 독일 형법은 법정형의 하한이 1년 이상의 자유형으로 규정되어 있는 중죄(重罪)에 대하여는 별도의 명문 규정이 없이도 미수범을 처벌하는 것으로 규정하고 있으므로(독일 형법 제12조 제1항, 제23조 제1항), 예비·음모죄의 법정형이 이에 해당하는 경우 미수범 처벌이 가능한지에 대하여 학설상 논란의 대상이 되고 있다.

2. 타인을 위한 예비·음모

가. 학설

다른 사람의 실행행위를 위한 준비행위를 한 경우 예비·음모죄의 성립을 인정할 것인지에 관하여 학설상 견해가 대립되나, 부정하는 견해가 다수이다. 부정설은 예비·음모란 자기 자신의 실행행위를 준비하는 행위이므로 다른 사람의 범행을 위한 준비행위는 이에 포함되지 않는다는 것이다.[20] 형법이 예비·음모죄를 규정하면서 일정한 범죄의 실현을 목적으로 요구하는 것은 범인 스스로 범죄를 실현할 것을 목적으로 하는 것이고, 타인을 위한 준비행위는 실질적으로 공범행위인데 타인이 실행에 착수하였는지 여부에 따라 동일한 준비행위에 대한 법적 평가가 공범과 예비·음모로 달라지는 것은 부당하다는 것을 근거로 든다. 또한 타인을 위한 준비행위는 법익침해의 관점에서 볼 때 통상의 예비·음모에 비해 더욱 간접적임에도 이를 예비·음모로 처벌하는 것은 예비·음모의 처벌확장을 경계한 본조의 취지에 반한다는 근거를 들거나[21] 타인을 위한 예비·음모 논의는 "화폐, 지폐 또는 은행권의 위조 또는 변조의 용도에 공할 목적으로 기계 또는 원료

19 박상기, 형법총론(제9판), 박영사(2012), 359; 박상기/전지연, 형법학(총론·각론 강의)(제4판), 집현재(2018), 213; 손동권/김재윤, 새로운 형법총론(초판), 율곡출판사(2011), 485; 신동운, 형법총론(제8판 보정판), 법문사(2015), 559; 이재상 외 2인, 형법총론(제9판), 박영사(2017), 431; 진계호/이존걸, 형법총론(제8판), 대왕사(2007), 484.

20 권오걸, 형법총론(제2판), 형설출판사(2007), 486; 김성돈, 형법총론(제5판), 성균관대학교출판부(2017), 466; 김성천/김형준, 형법총론(제8판), 소진(2018), 367; 박상기, 형법총론(제9판), 박영사(2012), 357-358; 박상기/전지연, 형법학(총론·각론 강의)(제4판), 집현재(2018), 212; 배종대, 형법총론(제13판), 홍문사(2017), 386; 손동권/김재윤, 새로운 형법총론(초판), 율곡출판사(2011), 482; 오영근, 형법총론(제4판), 박영사(2018), 350; 이영란, 형법학: 총론강의(제3판), 형설출판사(2011), 406; 이정원, 형법총론, 신론사(2012), 313; 이재상 외 2인, 형법총론(제9판), 박영사(2017), 429; 이형국/김혜경, 형법총론(제5판), 법문사(2019), 313; 임웅, 형법총론(제10정판), 법문사(2018), 386; 정성근/박광민, 형법총론(제2판), 성균관대학교출판부(2015), 384; 정영일, 형법강의(총론)(제3판), 학림(2017), 250; 진계호/이존걸, 형법총론(제8판), 대왕사(2007), 480.

21 주석 형법, 총칙편(2)(제2판), 한국사법행정학회(2011), 126(신동운).

를 준비한 자"를 통화위조등 준비죄로 처벌하고 있는 일본 형법 제153조에 기인하는 일본 형법학의 소산이라고 평가하는 견해도 있다.[22] 반면 긍정설은 공범과 예비·음모 모두 간섭적으로 법익을 침해하는 행위로서 유사하다는 점을 근거로 다른 사람의 범행을 위한 준비행위도 예비·음모에 포함된다고 본다.

나. 판례

타인을 위한 예비·음모가 성립할 수 있는지에 관하여 명시적으로 판시한 대법원 판결 사례는 없다. 피고인 갑은 을이 절취한 차량임을 알고서도 을, 병으로부터 위 승용차를 이용하여 강도를 하려고 하니 운전해달라는 부탁을 받고 운전해 주었고 을과 병이 강도대상을 물색하던 중 검문 중이던 경찰에 체포된 사안에서 피고인 갑에게 장물운반죄가 성립하는지에 관하여 "피고인은 강도예비와 아울러 장물운반의 고의를 가지고 위와 같은 행위를 하였다고 봄이 상당하다"고 판단하였다.[23] 위 판결에 대하여 대법원이 강도예비를 인정한 것에 대하여 을과 병의 강도 범행을 물적으로 준비해 준 갑의 운전행위를 예비로 포착한 것으로 타인을 위한 예비·음모를 인정한 예라고 새길 여지는 있으나 갑의 주관적 의도가 순수하게 을과 병의 강도 범행을 준비하려는데 있었는지 분명하지 않으므로 이를 타인을 위한 예비·음모 사례로 단정하는데 신중을 기할 필요가 있다는 견해가 있다.[24]

3. 예비·음모죄와 공범

가. 예비·음모죄와 공동정범

다수의 견해는 예비·음모죄의 공동정범 성립을 긍정하지만[25] 이를 부정하는 견해도 있다.[26] 예비·음모의 실행행위성을 긍정하는 목적범구조긍정설은 그 이론

22 이형국/김혜경, 형법총론(제5판), 법문사(2019), 313.

23 대법원 1999. 3. 26. 선고 98도3030 판결.

24 주석 형법, 총칙편(2)(제2판), 한국사법행정학회(2011), 125(신동운)

25 김성천/김형준, 형법총론(제8판), 소진(2018), 368; 김일수/서보학, 새로쓴 형법총론(제13판), 박영사(2018), 411; 박상기, 형법총론(제9판), 박영사(2012), 358; 손동권/김재윤, 새로운 형법총론(초판), 율곡출판사(2011), 483; 신동운, 형법총론(제8판 보정판), 법문사(2015), 561; 이재상 외 2인, 형법총론(제9판), 박영사(2017), 427; 정영일, 형법강의(총론)(제3판), 학림(2017), 250; 진계호/이존걸, 형법총론(제8판), 대왕사(2007), 482.

26 이정원, 형법총론, 신론사(2012), 310(각자 예비죄의 단독범인 동시범으로 인정한다); 오영근, 형법총론(제4판), 박영사(2018), 351(자기를 위한 예비행위 시 공동정범 긍정하나 타인을 위한 예비행위 시 부정한다); 임웅, 형법총론(제10정판), 법문사(2018), 386(기본범죄에 대한 음모죄로 인정한다).

적 귀결로 공동정범 성립을 인정하게 되는데 목적범구조부정설이라도 목적범죄 실현의 공동의 의사연락과 그 준비행위를 공동으로 분담하였다면 공동정범 성립을 인정할 수 있다.

판례는 강도예비죄의 방조범이 문제된 사안에서 "형법 제32조 제1항의 타인의 범죄를 방조한 자는 종범으로 처벌한다는 규정의 타인의 범죄란 정범이 범죄를 실현하기 위하여 착수한 경우를 말하는 것이라고 할 것이므로 종범이 처벌되기 위하여는 정범의 실행의 착수가 있는 경우에만 가능하고 정범이 실행의 착수에 이르지 아니한 예비의 단계에 그친 경우에는 이에 가공하는 행위가 예비의 공동정범이 되는 경우를 제외하고는 이를 종범으로 처벌할 수 없다고 할 것이다."라고 판시하여 예비·음모죄의 공동정범 성립을 인정하고 있다.[27]

나. 예비·음모죄와 교사범

형법 제31조 제2항은 "교사를 받은 자가 범죄의 실행을 승낙하고 실행의 착수에 이르지 아니한 때에는 교사자와 피교사자를 음모 또는 예비에 준하여 처벌한다."고 규정하고, 제31조 제3항은 "교사를 받은 자가 범죄의 실행을 승낙하지 아니한 때에도 교사자에 대하여는 전항과 같다"고 규정함으로써 교사자를 예비·음모에 준하여 처벌하도록 한다. 이로써 예비·음모죄에 제3자가 교사범으로 관여하는 경우에는 예비·음모에 준하여 처벌한다.

판례는 부정선거에 항의하는 시위대의 진압방법을 논의하던 중 회의 참석자가 시위진압 책임자에게 총기사용을 건의한 경우에 부정선거관련자처벌법위반의 예비·음모의 교사범이 성립될 수 있다고 보면서도 예비·음모죄의 형에 관하여 특별한 규정이 없어 이를 처벌할 수 없다고 판단하였다.[28]

다. 예비·음모죄와 방조범

예비·음모죄에 대하여 제3자가 방조의 형태로 관여할 수 있는지에 관하여 교사와 달리 형법상 명문의 규정을 두고 있지 않으므로 예비·음모죄의 구조에 관한 목적범구조긍정설과 목적범구조부정설에 따라 그 인정 여부에 관한 견해를 달리한다. 방조범의 성립을 부정하는 견해가 다수이다. 목적범구조긍정설의 입장에서 예비·음모는 독자적인 위법행위의 정형으로 가지고 있다고 보아 예비·음모죄의

27 대법원 1976. 5. 25. 선고 75도1549 판결.
28 대법원 1977. 6. 28. 선고 77도251 판결.

방조를 인정하는 견해가 있지만,[29] 다수의 견해는 방조의 성립을 부정한다.[30] 목적범구조부정설의 입장에서 예비·음모는 그 자체로 행위의 정형성을 확보하지 못하였나는 짐에 중점을 두어 예비·음모죄에 대하여 방조범의 성립을 인정하는 것은 형사처벌의 확대시켜 예외적 처벌이라는 관점에서 타당하지 않음을 들어 방조범의 성립을 부정하는 견해도 있다.[31]

판례는 예비죄에 대한 방조범 성립을 부정한다. 앞서 예비죄의 공동정범에서 논의에서 본 강도예비방조 사안에서 "범죄 구성요건 개념상 예비죄의 실행행위는 무정형, 무한정한 행위이고 종범의 행위도 무정형, 무한정한 것이며 형법 제28조에서는 예비죄의 처벌이 가져올 범죄의 구성요건을 부당하게 유추 내지 확장하는 것을 금지하고 있음"을 지적하면서 "형법 전체의 정신에 비추어 예비의 단계에서는 그 종범의 성립을 부정하고 있다고 보는 것이 타당한 해석"이라고 명시적으로 판시한 이래 예비행위의 방조행위는 방조범으로서 처단할 수 없다는 입장을 유지하고 있다.[32]

V. 예비·음모죄의 죄수

예비·음모는 다양한 형태로 발현되는 것이므로 단일한 범죄 실현을 위한 수개의 준비행위가 행해지더라도 이러한 준비행위는 전체로서 하나의 준비행위가 되어 하나의 예비 또는 음모죄가 성립한다.[33] 준비행위가 실행의 착수의 단계로 발전한 경우에는 독자적 의미를 잃고 미수범만 성립하고 다시 범죄가 기수에 이르면 기수범만 성립한다.

29 김일수/서보학, 새로쓴 형법총론(제13판), 박영사(2018), 413.

30 권오걸 형법총론(제2판), 형설출판사(2007), 498; 김성돈, 형법총론(제5판), 성균관대학교출판부(2017), 463; 배종대, 형법총론(제13판), 홍문사(2017), 387; 손동권/김재윤, 새로운 형법총론(초판), 율곡출판사(2011), 484; 오영근 형법총론(제4판), 박영사(2018), 353; 이재상 외 2인, 형법총론(제9판), 박영사(2017), 431; 정영일 형법강의(총론)(제3판), 학림(2017), 251; 진계호/이존걸, 형법총론(제8판), 대왕사(2007), 484.

31 박상기, 형법총론(제9판), 박영사(2012), 359; 박상기/전지연, 형법학(총론·각론 강의)(제4판), 집현재(2018), 213; 신동운, 형법총론(제8판 보정판), 법문사(2015), 563; 이형국/김혜경, 형법총론(제5판), 법문사(2019), 321; 정성근/박광민, 형법총론(제2판), 성균관대학교출판부(2015), 388-389.

32 대법원 1976. 5. 25. 선고 75도1549 판결, 대법원 1977. 5. 18. 선고 77도541 판결, 대법원 1979. 11. 27. 선고 79도2201 판결.

33 김일수/서보학, 새로쓴 형법총론(제13판), 박영사(2018), 413; 손동권/김재윤, 새로운 형법총론(초판), 율곡출판사(2011), 485; 신동운, 형법총론(제8판 보정판), 법문사(2015), 563; 진계호/이존걸, 형법총론(제8판), 대왕사(2007), 484.

판례도 이와 같은 입장에 있다. 즉, 피고인들이 피해자에 대한 살인을 공모하고 두 차례에 걸친 예비행위를 거쳐 피해자를 살해한 사안에서, 대법원은 "살해의 목적에서 동일인에게 일시·장소를 달리하여 수차에 걸쳐 단순한 예비행위를 하거나 또는 공격을 하였으나 미수에 그치다가 드디어 목적을 달성한 경우에 그 예비행위 내지 공격행위가 동일한 의사 발동에서 나왔고 그 사이에 범의의 갱신이 없는 한 각 행위가 같은 일시·장소에서 행해졌거나 또는 다른 장소에서 행해졌거나를 막론하고 또 그 방법이 동일하거나 여부를 가릴 것이 없이 살해의 목적을 달성할 때까지의 행위는 모두 실행행위의 일부로서 이를 포괄적으로 보고 단순한 한 개의 살인기수죄를 처단할 것인지 살인예비 내지 미수죄와 동 기수죄의 경합죄로 처단할 수는 없는 것"이라는 기준을 제시하면서 피고인을 1개의 살인기수죄로 처단하여야 할 것이라고 판시하였다.[34]

VI. 예비·음모죄의 처벌

1. 개관

범죄의 예비와 음모는 법률에 규정이 있어야 처벌한다. 형법상 예비·음모에 관하여 처벌규정을 두고 있는 범죄는 내란죄(제90조 제1항), 외환죄(제101조 제1항), 외국에 대한 사전죄(제111조 제3항), 폭발물사용죄(제120조 제1항), 도주원조죄(제150조), 방화죄(제175조), 일수죄(제183조), 교통방해죄(제191조), 음용수유해물혼입·수도불통죄(제197조), 통화의 위조·변조죄(제213조), 유가증권의 위조·변조죄 및 우표·인지의 위조·변조죄(제224조), 살인죄(제255조), 국외이송목적의 약취·유인·매매 및 그 국외이송죄(제290조), 강도죄(제343조) 등이 있다. 형법은 예비와 음모를 함께 처벌하고 있다. 특별법으로는 국가보안법, 특정범죄 가중처벌 등에 관한 법률 등에서 일부 범죄에 대하여 예비·음모의 처벌규정을 두고 있고, 관세법 제271조 제3항과 같이 예비만 처벌하고 있는 경우도 있다.

본조는 예비·음모죄의 법정형에 대하여는 규정하고 있지 않으므로 예비·음모죄를 처벌하는 각 죄에서는 그 법정형에 대한 규정을 두어야 한다. 이 점에서 본조에서 말하는 "특별한 규정"은 처벌과 함께 법정형에 대한 규정을 포함하는 것이라고 할 수 있다. 반면 미수범은 형법 제25조 내지 제26조에서 형에 관하여 규

34 대법원 1965. 9. 28. 선고 65도695 판결.

정하고 있으므로 형법 제29조에서 "각 본죄에 정한다"는 미수범 처벌 여부만 명시하면 되는 것과 다르다. 판례도 이와 같은 입장이다. 대법원은 "예비, 음모는 이를 처벌한다."고만 규정한 부정선거 관련자 처벌법 제5조 제4항의 적용과 관련하여, "형법 제28조에 의하면 범죄의 음모 또는 예비행위가 실행의 착수에 이르지 아니한 때에는 법률에 특별한 규정이 없는 한 처벌하지 아니한다고 규정하고 있어 범죄의 음모 또는 예비는 원칙으로 벌하지 아니하되 예외적으로 법률에 특별한 규정이 있을 때 다시 말하면 음모 또는 예비를 처벌한다는 취지와 그 형을 함께 규정하고 있을 때에 한하여 이를 처벌할 수 있다"고 판시하였다.[35]

한편 형법에는 일정한 예비·음모에 대하여 그 목적한 죄를 실행에 이르기 전에 자수한 때에 그 형을 감경 또는 면제한다는 자수 특례를 규정한 것이 있다. 내란예비음모(제90조 제1항 난서), 외환예비음모(제101조 제1항 단서), 폭발물사용예비음모(제120조 제1항 단서), 방화예비음모(제175조 단서), 통화위조예비음모(제213조 단서) 등이다.

2. 예비의 중지(중지범의 특례 적용 여부)

실행에 착수하지 않아 법익침해의 위험성이 훨씬 적은 예비죄의 처벌에서도 형법 제26조의 중지범의 특례와 같은 형의 필요적 감면을 인정하여야 하는 것은 아닌지에 대하여 전면적 긍정설, 형량비교 긍정설, 자수규정 준용설, 전면적 부정설의 견해 대립이 있다. 예비죄의 형이 중지범의 형보다 무거울 경우에만 중지범의 특례를 인정하는 견해가 다수설이다. 각 견해에 대한 상세 논의는 형법 제26조에서 중지미수의 관련문제 중 예비의 중지 논의가 그대로 적용된다.

대법원은 "중지범은 범죄의 실행에 착수한 후 자의로 그 행위를 중지한 때를 말하는 것이고 실행의 착수가 있기 전인 예비음모의 행위를 처벌하는 경우에 있어서 중지범의 관념은 이를 인정할 수 없는 것"이라고 판시함으로써 실행의 착수가 없는 예비·음모죄에 대하여는 미수범에 적용되는 형법 제26조의 근거조문을 사용할 수 없다고 명시적으로 판단하였다.[36] 이처럼 판례는 예비죄에 대한 중지범 특례 적용을 인정하지 않는 입장이다.

35 대법원 1977. 6. 28. 선고 77도251 판결.
36 대법원 1966. 4. 21. 선고 66도152 전원합의체 판결, 대법원 1991. 6. 25. 선고 91도436 판결, 대법원 1999. 4. 9. 선고 99도424 판결.

제 29 조 [미수범의 처벌]

미수범을 처벌할 죄는 각 본조에 정한다.

[관련조문] 형법 제28조.

[참고문헌] 신동운, 형법총론(제8판 보정판), 법문사(2015).

Ⅰ. 본조의 의의

본조는 미수범이 개개의 형벌법규를 규정하는 '각 본조'에 규정되어 있는 경우에 한하여 처벌된다는 취지이다. 여기서 '각 본조'라 함은 위법행위의 정형을 규정한 각칙 상의 개개의 형벌법규를 의미한다.[1]

Ⅱ. 입법취지 및 입법례

우리나라 형법의 경우 본조에 의하여, 미수범을 처벌하려면 형법 각칙의 미수범 처벌규정에 '각 본조'를 지시해두는 입법방식을 취하고 있다. 즉, 형법 각칙에 있는 범죄 중 미수범이 처벌되는지 여부는 해당 범죄의 각칙 규정에서 미수범을 처벌하는 별도의 규정이 어떠한 내용으로 존재하는지를 찾아보아야만 알 수 있다.

반면 앞서 형법 제25조에서 설명한 외국 입법례와 같이, 독일 형법은 범죄를 중죄(重罪, Verbrechen: 법정형의 하한이 1년 이상의 자유형으로 규정된 범죄)와 경죄(輕罪, Vergehen: 법정형의 하한이 중죄보다 경한 자유형 또는 벌금형인 범죄)로 나누고(독일 형법 제12조), 중죄의 경우에는 언제나, 경죄의 경우에는 법률에 명문의 규정이 있을 때 한하여 미수범을 처벌하는 것으로 규정한다(독일 형법 제23조 제1항).

Ⅲ. 규정 방식

형법 각칙에서 미수범을 처벌하는 각 본조는 통상 '제○○○조 (미수범)'이라는 제목 아래 "○○○조의 미수범은 처벌한다."는 형태로 규정되어 있다. 예를 들

1 신동운, 형법총론(제8판 보정판), 법문사(2015), 469.

어 절도미수죄(제342조)의 경우에는 "제329조 내지 제341조의 미수범은 처벌한다." 라고 규정하는데, 여기서 미수범의 처벌규정이 지시하는 형법 제329조부터 제341조까지의 조문이 '각 본조'이다.

제 3 절 공범

[총설]

[참고문헌] 주석 형법 총칙(1)(제2판), 한국사법행정학회(2011); 박상기, 형법총론(제9판), 박영사(2012); 김일수/서보학, 새로쓴 형법총론(제13판), 박영사(2018); 이재상 외 2인, 형법총론(제9판), 박영사(2017); 오영근, 형법총론(제4판), 박영사(2018); 박상기/전지연, 형법학(총론·각론 강의)(제4판), 집현재(2018); 정영일, 형법강의(총론)(제3판), 학림(2017); 배종대, 형법총론(제13판), 홍문사(2017); 정성근/박광민, 형법총론(제2판), 성균관대학교출판부(2015); 임웅, 형법총론(제10정판), 법문사(2018); 손동권/김재윤, 새로운 형법총론(초판), 율곡출판사(2011); 김성돈, 형법총론(제5판), 성균관대학교출판부(2017); 신동운, 형법총론(제11판), 법문사(2019); 이형국/김혜경, 형법총론(제5판), 법문사(2019); 김신규, 형법총론강의, 박영사(2018).

Ⅰ. 다수인이 참가하는 범죄형태

1. 형법상 정범과 공범의 구분

가. 형법의 규정 내용

형법은 제1편 총칙 가운데 죄에 관한 장인 제2장의 제3절 공범에서 공동정범(제30조), 교사범(제31조), 종범(제32조), 공범과 신분(제33조), 간접정범, 특수한 교사, 방조에 대한 형의 가중(제34조)을 규정하고 있다. 원래 형법각칙의 구성요건은 원칙적으로 한 사람이 이를 실행하는 것을 예상한 것이다. 이와 같이 하나의 범죄를 한 사람이 단독으로 실행하는 형태를 단독정범이라고 한다. 이에 대하여 제3절 공범에서는 여러 사람이 범죄를 실행하는 범죄형태로서 공동정범, 교사범, 종범, 간접정범을 규정하고 있는 것이다.

형법상 공범에는 교사범과 종범 외에도 공동정범과 간접정범도 포함되어 있는 것처럼 보이지만, 공동정범과 간접정범은 정범에 해당하는 것으로 보기 때문에 교사범과 종범만을 협의의 공범에 해당하는 것으로 본다. 이러한 협의의 공범과 공동정범 및 간접정범을 모두 포괄해서는 광의의 공범이라고 부르고 있다.

광의의 공범, 즉 여러 사람이 범죄를 실행하는 범죄형태 가운데 공동정범과 간접정범은 정범에 해당하는 것으로 보고 나머지 교사범과 종범은 협의의 공범(이하 '공범'은 '협의의 공범'을 의미하는 것으로 본다)에 해당하는 것으로 보는데, 그렇다면 정범과 공범을 나누는 기준은 무엇인지 문제가 된다. 형법은 정범에 관하여 별도의 정의규정을 두고 있지 아니하기 때문에 어떠한 기준을 근거로 정범과 공범을 나눌 것인지가 문제된다고 할 수 있다.

나. 정범과 공범의 입법형식

여러 사람이 범죄를 실행하는 범죄형태를 규율하는 입법형식에는 2가지의 방식이 있다.

1) 단일정범체계

정범과 공범 등 범죄의 실행에 관여한 형태를 구별하지 아니한 채 범죄실행에 관여한 모든 사람들을 포괄하여 정범이라고 하고, 처벌에 있어서만 각자 관여한 정도에 따라 양형상의 차이를 두거나 동일하게 처벌하는 입법형식이다. 이 입법형식은 정범이나 교사범 또는 종범 모두 구성요건적 결과에 인과적으로 기여하였다는 점에서 동일하고 공범 특히 종범을 가볍게 처벌하는 근거가 불명확하다는 것을 이유로 한다. 오스트리아 형법과 독일의 질서위반법이 이에 따르고 있다.

그러나 이러한 입법형식은 구성요건적 실행행위를 한 사람과 그 실행에 단순히 가담한 사람을 구별하여 규정하지 아니함으로써 과도하게 처벌대상이 확대되는 문제가 있을 뿐만 아니라 범죄실행에 가담하는 행위의 질적·양적인 차이를 인정하지 아니한 채 가담한 사람을 모두 정범으로 인정하는 것은 사회 일반의 법감정에 반한다는 문제점이 있다.

2) 이원적 체계

범죄의 실행에 관여한 자를 그 참가형태에 따라 정범과 공범으로 구성요건상 구별하고, 형법각칙상의 구성요건이 총칙상의 공범을 보완하도록 하는 입법형식이다. 대부분의 나라의 형법이 이러한 입법형식을 채택하고 있다. 우리 형법도 이러한 입법형식에 따라 공동정범, 간접정범과 교사범, 종범을 구별하면서 종범의 형을 감경하고 있다. 다만 우리 형법이 과실범에 대하여는 단일정범체계에 가까운 입법형식을 취하고 있다.

다. 제한적 정범개념이론과 확정적 정범개념이론

정범과 공범의 구별에 있어서는 정범도 아니고 공범도 아닌 제3의 영역이 존재하지 아니하기 때문에, 무엇인 정범인가 하는 정범 개념의 정의가 근본문제가 되어 정범이 먼저 정의된 후 그 나머지가 공범으로 분류되는 '정범 개념의 우위성'이 관철되고 있다고 할 수 있다.

1) 제한적 정범개념이론

제한적 정범개념이론은 직접 형법각칙의 구성요건에 해당하는 행위를 스스로 행한 자만이 정범에 해당하고, 구성요건에 해당하는 행위 외의 다른 행위에 의하여 구성요건의 실현에 단순히 기여한 자는 정범이 될 수 없다고 보는 견해이다. 이에 따르면 구성요건에 해당하는 행위를 직접 하지 아니한 교사범과 종범 그리고 간접정범은 정범에 해당하지 아니하게 된다. 형법상 구성요건에 해당하는 행위를 한 자에 대하여만 가벌성을 인정할 수 있기 때문에, 공범인 교사범이나 종범은 구성요건에 해당하는 행위를 한 자가 아니어서 원칙적으로 불가벌이라고 할 수 있음에도 형법은 교사범과 종범을 처벌하고 있으므로, 제한적 정범개념이론에 의하면 형법이 교사범과 종범에 대하여 처벌규정을 둔 것은 구성요건에 해당하는 행위 외의 행위에 대하여 가벌성을 확장한 것으로서 처벌확장사유를 인정한 것이라고 한다. 제한적 정범개념이론에는 간접정범과 구성요건적 행위를 실행하지 아니하는 자의 정범성을 무조건 부정함으로써 정범으로 처벌하여야 할 사람을 정범으로 처벌하지 못하는 납득하기 어려운 문제가 발생할 수 있다는 난점이 있다.

2) 확장적 정범개념이론

확장적 정범개념이론은 구성요건의 실현에 어떠한 형태로든 기여한 사람을 모두 정범으로 보는 견해이다. 이에 따르면 구성요건에 해당하는 행위를 직접 하지 아니한 교사범과 종범도 정범에 해당하게 된다. 그럼에도 형법이 교사범과 종범을 별도로 규정하여 처벌을 가볍게 할 수도 있다고 규정하고 있는 것은, 이들을 정범의 처벌범위를 축소하는 처벌축소사유로 보기 때문이라고 한다. 확장적 정범개념이론은 정범의 개념을 지나치게 넓게 봄으로써 불명확하게 처벌대상이 확대되어 죄형법정주의 원칙에 반하는 결과가 초래되는 문제가 있다.

3) 제한적 정범개념이론의 타당성 및 보완필요성

확장적 정범개념이론은 정범 개념을 범죄의 참가형태에 따라 정립하지 아니하고 구성요건적 결과 발생에 대하여 조건이 되는 행위를 한 사람들을 모두 정범에 해당하는 것으로 봄으로써, 처벌의 범위가 불명확하게 확대되어 죄형법정주의에 반하여 형법의 보상석 기능을 소홀히 하는 문제가 있다. 확장적 정범개념이론에 의하면 형법에 규정된 공범을 제외한 나머지를 정범이라고 보아야 하므로 '정범 개념의 우위성'의 원칙에 반하는 문제도 있다. 따라서 원칙적으로 제한적 정범개념이론이 타당하다고 할 수 있다.

그러나 제한적 정범개념이론은 구성요건적 행위만을 정범성 인정의 요건으로 함으로써 간접정범과 구성요건적 행위를 직접 하지 아니하는 공동정범의 정범성을 무조건 부정하는 문제가 있으므로, 구성요건적 행위에서 더 나아가 정범성 인정의 요건을 보완하여 정립할 필요가 있다.

2. 필요적 공범

가. 임의적 공범과 필요적 공범

교사범, 종범, 공동정범 및 간접정범과 같은 광의의 공범은 한 사람이 실현할 것을 예상하고 규정한 형법각칙상 보통의 구성요건을 여러 사람이 가담하여 실현한 것으로서 이를 '임의적 공범'이라고 한다. 이에 비하여 형법각칙상의 구성요건 자체가 반드시 2인 이상 여러 사람의 가담이 있어야 실현되는 경우를 '필요적 공범'이라고 한다.

나. 집합범과 대향범

필요적 공범 가운데 집합범은 여러 사람이 동일한 방향에서 같은 목표를 향하여 공동으로 작용하는 범죄를 의미한다. 집합범에는 소요죄(형법 제115조) 등과 같이 구성요건적인 행위를 한 사람들 모두에 대하여 동일한 법정형이 부과되어 있는 경우와 내란죄(제87조) 등과 같이 구성요건적인 행위를 한 사람들을 기능, 지위, 역할 및 행위의 양태에 따라 구분하여 각각에 대하여 다른 법정형이 부과되어 있는 경우가 있다.

대향범은 2인 이상이 상호 대립되는 방향의 행위를 통하여 성립하는 범죄를 의미한다. 대향범에는 ①도박죄(형법 제246조)와 아동혹사죄(제274조) 등과 같이 쌍방의 법정형이 같은 경우, ②뇌물죄에 있어서 수뢰죄(제129조)와 뇌물공여죄(제133조), 배임수증재죄에 있어서 배임수재죄(제357조 제1항)와 배임증재죄(제357조 제2항) 등과 같이 쌍방의 법정형이 다른 경우 및 ③음화반포죄(제243조) 등과 같이 일방만을 형사처벌하는 경우가 있다.

다. 합동범의 필요적 공범 해당 여부

형법의 특수도주죄(제146조), 특수절도죄(제331조 제2항), 특수강도죄(제334조 제2항) 등에서 2인 이상이 합동하여 죄를 범한 경우 가중처벌하는 규정을 두고 있다. 이러한 범죄들을 합동범이라고 한다. 이러한 합동범이 필요적 공범에 해당하는지에 관하여는 다음과 같이 견해가 대립하고 있다. 즉 ①형법각칙상의 합동범의 구성요건이 2인 이상의 행위주체를 전제로 하고 있고 합동과 공동의 의미를 구별하여 합동범을 특별한 범죄유형으로 규정하고 있으며 합동범에 대하여는 공범에 관한 형법 규정이 적용되지 아니하므로, 합동범을 필요적 공범에 해당하는 것으로 보는 견해,[1] ②합동범을 1인의 행위로도 성립하는 범죄에 대하여 2인 이상이 가담하면 형이 특별히 가중되는 부진정 필요적 공범에 해당하는 것으로 보는 견해,[2] ③필요적 공범은 범죄의 성질상 반드시 2인 이상이 관여해야만 범죄가 성립하고 단독으로는 범죄가 성립하지 아니하는 것이지만, 합동범의 기본범죄는 1인의 행위로도 성립할 수 있고 2인 이상이 합동하는 경우에는 행위의 위험성이 크다고 보아 불법이 가중되어 특별히 형을 가중하는 것이어서 합동범은 공동정범의 특수한 형태에 불과할 뿐이므로, 합동범이 필요적 공범에 해당하는 것은 아니라는 견해가[3] 있다.

라. 필요적 공범에 대한 형법 총칙상의 공범규정 적용 여부

1) 필요적 공범 내부에 대한 적용 여부

필요적 공범 중 집합범은 구성요건을 실현하는 행위의 태양이 명시되어 있으면서 이에 따른 법정형이 정해져 있고, 대향범의 경우도 상호 대립되는 방향의 행위자에 대한 처벌에 관하여 형법각칙에 별도로 규정되어 있으므로, 필요적 공범에 대하여는 임의적 공범에 적용하는 형법 총칙상의 공범규정이 적용될 여지가

1 박상기, 형법총론(제9판), 박영사(2012), 399; 임웅, 형법총론(제10정판), 법문사(2018), 430-431; 손동권/김재윤, 새로운 형법총론(초판), 율곡출판사(2011), 567.

2 배종대, 형법총론(제13판), 홍문사(2017), 397; 김성돈, 형법총론(제5판), 성균관대학교출판부(2017), 490-491.

3 이재상 외 2인, 형법총론(제9판), 박영사(2017), 435; 박상기/전지연, 형법학(총론·각론 강의)(제4판), 집현재(2018), 244; 정성근/박광민, 형법총론(제2판), 성균관대학교출판부(2015), 508-509; 신동운, 형법총론(제11판), 법문사(2019), 747; 이형국/김혜경, 형법총론(제5판), 법문사(2019), 370; 김신규, 형법총론강의, 박영사(2018), 421.

없다.

음화반포죄(형법 제243조) 등과 같이 일방만을 형사처벌하는 대향범의 경우 처벌을 받지 아니하는 일방이 처벌을 받는 상대방을 적극적으로 교사한 때는 음화반포죄의 교사범이 성립한다는 견해가 있다.[4] 이에 대하여 구성요건 실현에 필요한 최소한의 정도를 넘는 경우, 예를 들어 음란물의 매수자가 단순히 수동적으로 매수함에 그치지 아니하고 적극적인 가담으로써 판매자를 교사·방조하여 이를 매수하는 경우에는 교사범이나 종범이 성립한다는 견해도 있다.[5]

그러나 대향범의 일방을 형사처벌하지 아니한다는 것은 그 행위를 정범으로 처벌하지 아니할 뿐만 아니라 교사범이나 종범으로도 처벌하지 아니한다는 취지로 보아야 하므로, 처벌을 받지 아니하는 일방이 처벌을 받는 상대방을 적극적으로 교사하거나 방조하였더라도 그를 교사범이나 종범으로 처벌하여서는 아니 된다.[6]

대법원은 2014. 1. 16. 선고 2013도6969 판결 등에서[7] “금품 등의 수수와 같이 2인 이상의 서로 대향된 행위의 존재를 필요로 하는 관계에 있어서는 공범이나 방조범에 관한 형법총칙 규정의 적용이 있을 수 없다. 따라서 금품 등을 공여한 자에게 따로 처벌규정이 없는 이상, 그 공여행위는 그와 대향적 행위의 존재를 필요로 하는 상대방의 범행에 대하여 공범관계가 성립되지 아니하고, 오로지 금품 등을 공여한 자의 행위에 대하여만 관여하여 그 공여행위를 교사하거나 방조한 행위도 상대방의 범행에 대하여 공범관계가 성립되지 아니한다.”라고 판시함으로써, 처벌을 받지 아니하는 일방이 처벌을 받는 상대방을 적극적으로 교사하거나 방조하였더라도 그를 교사범이나 종범으로 처벌하여서는 아니 된다는 점을 분명히 하였다.

4 정영일, 형법강의(총론)(제3판), 학림(2017), 255; 배종대, 형법총론(제13판), 홍문사(2017), 398; 김성돈, 형법총론(제5판), 성균관대학교출판부(2017), 493-494.

5 김일수/서보학, 새로쓴 형법총론(제13판), 박영사(2018), 482; 손동권/김재윤, 새로운 형법총론(초판), 율곡출판사(2011), 569.

6 주석 형법 총칙(1)(제2판), 한국사법행정학회(2011), 141(신동운); 정성근/박광민, 형법총론(제2판), 성균관대학교출판부(2015), 510; 임웅, 형법총론(제10정판), 법문사(2018), 431; 신동운, 형법총론(제11판), 법문사(2019), 742.

7 대법원 1988. 4. 25. 선고 87도2451 판결, 대법원 2004. 10. 28. 선고 2004도3994 판결, 대법원 2005. 11. 25. 선고 2004도8819 판결, 대법원 2007. 10. 25. 선고 2007도6712 판결, 대법원 2009. 6. 23. 선고 2009도544 판결, 대법원 2011. 4. 28. 선고 2009도3642 판결, 대법원 2017. 6. 19. 선고 2017도4240 판결 등.

2) 필요적 공범 외부에서의 가담의 경우

소요죄나 내란죄와 같은 집합범의 경우 집단 밖에서 자금, 정보 등을 제공하거나 다른 사람의 가담을 권유한 사람에 대하여는 당연히 형법 총칙상의 공범규정이 적용되어야 한다. 다만 그 적용범위에 있어서 소요죄나 내란죄를 실현하는 집단의 구성원이 아닌 자에게 공동정범을 인정할 수 없다고 보아야 하므로, 교사범과 종범에 관한 규정만이 적용되는 것으로 보아야 한다.[8]

대향범의 경우 외부에서 상호 대립되는 방향의 각각의 행위자에 대한 교사범이나 종범뿐만 아니라 공동정범의 성립도 가능하다는 것이 통설이다. 그러나 처벌을 받지 아니하는 일방에 대하여는 교사범이나 종범 또는 공동정범의 성립이 불가능하다고 보아야 한다.

Ⅱ. 정범과 공범의 구별기준

1. 객관설

객관주의 형법이론의 입장에 서서 행위자의 의사가 아니라 행위의 객관적 의의에 따라 정범과 공범을 구별하고자 하는 학설들이다.

가. 형식적 객관설

구성요건에 해당하는 행위를 직접 한 사람을 정범으로, 그 밖의 방법으로 구성요건 실현에 기여하는 사람을 공범으로 각각 보는 견해이다. 제한적 정범개념 이론과 일맥상통하는 견해이다.

그러나 이 견해에 따르면 간접정범인 배후의 이용자는 구성요건적 행위를 직접 하지 아니하기 때문에 간접정범의 정범성을 설명할 수 없다는 난점이 있다. 그 밖에 공동정범의 경우 구성요건적 행위의 일부를 수행하는 경우에는 별문제가 없지만, 구성요건적 행위에 속하지 아니하는 행위를 수행하였지만 기능적·분업적 관점에서 구성요건 실현에 중요한 역할을 담당한 경우에는 정범의 성립을 인정하지 아니하는 부당한 결론에 이르게 된다.

나. 실질적 객관설

행위가담의 위험성의 정도에 따라 정범과 공범을 구별하는 견해들이다. 이때

8 주석 형법 총칙(1)(제2판), 한국사법행정학회(2011), 140-141(신동운); 신동운, 형법총론(제11판), 법문사(2019), 744; 김신규, 형법총론강의, 박영사(2018), 421-422.

행위가담의 위험성의 중점을 어디에 두느냐에 따라 학설이 나뉘게 된다.

1) 필연설

필연설은 구성요건의 실현에 있어서 필요불가결한 기여를 한 사람을 정범으로, 그렇지 아니한 단순가담자를 공범으로 각각 보는 견해이다. 인과관계에 있어서의 원인설과 일맥상통한 견해라고 할 수 있다. 법익침해에 있어서 가치상 우세한 영향을 미쳤는지에 따라 정범과 공범을 구별하는 우세설도 이에 속한다고 할 수 있다.

이 견해에 대하여는 인과관계론에 있어서 원인과 단순한 조건을 구별하는 것이 사실상 불가능하다는 원인설의 난점과 자연과학적인 기준을 법률판단의 기초로 그대로 원용하는 원인설의 한계가 그대로 적용된다는 비판 및 공동정범과 종범을 구별하는 데는 유용하지만 간접정범과 교사범을 구별하는 데는 아무런 도움을 주지 못한다는 비판이 있다.

2) 동시설

구성요건적 행위 수행과의 시간적 연관을 기준으로 하여 가담자가 이러한 행위 수행 중에 가담하였는지 또는 그 전이나 후에 가담하였는지에 따라 정범과 공범을 나누는 견해이다.

그러나 이 견해에 따르면 문서위조죄에서 위조행위 시에 펜이나 잉크를 빌려준 사람은 종범이 아닌 공동정범이 되고, 다른 사람과 공모하여 살인을 저지르기로 마음먹은 범인이 대상자를 범행 장소로 유인하여 다른 공모자로 하여금 사람을 살해하게 한 경우에는 범행을 주도하였음에도 공동정범이 아닌 종범이 되는 불합리한 결론에 이를 수 있다. 또한 구성요건적 행위 수행과의 시간적 연관을 기준으로 정범과 공범을 나누면 간접정범의 정범성을 파악할 수 없게 되는 문제가 있다. 간접정범은 보통 구성요건적 행위 수행 시에는 가담을 하지 아니하기 때문에 정범이 아닌 종범으로 보아야 하는 것이다.

2. 주관설

주관설은 인과요소의 등가성을 인정하는 인과관계에 관한 조건설을 전제로 한다. 주관설에 의하면 결과에 대한 모든 조건은 원인으로서 등가이기 때문에, 정범과 공범은 객관적으로는 구별할 수 없고 행위자의 주관적 요소에 따라 구별하여야 한다는 것이다.

가. 고의설

정범과 공범을 행위자의 의사에 따라 구별하는 견해이다. 의사설이라고도 한다. 행위자가 정범의 의사, 즉 자기의 범죄를 행할 의사를 가지고 행위한 때는 정범에 해당하고, 공범의 의사, 즉 타인의 범죄로서 행위를 야기하거나 촉진한 때는 공범이 된다고 한다.

고의설은 정범의 의사를 가진 자가 정범이고 공범의 의사를 가진 자가 공범이라고 보지만, 정범의 의사와 공범의 의사는 정범과 공범 개념의 확정을 전제로 하기 때문에 고의설에 대하여는 순환론에 빠지게 되어 사실상 정범과 공범의 구별기준을 제시하지 못한다는 비판이 제기된다. 또한 고의설은 행위의 객관적 측면이나 구성요건 실현에의 객관적 기여를 도외시하고 행위자의 의사에 치중하기 때문에 구성요건적인 행위의 정형성이라는 형사처벌의 한계를 벗어나 정범으로서의 처벌대상이 불명확하게 확대됨으로써 죄형법정주의 원칙에 반한 결과를 초래할 수 있다는 문제도 있다.

나. 이익설

이익설은 목적설이라고도 하는데, 자기의 이익 또는 목적을 위하여 행위한 자는 정범이 되고 다른 사람의 이익 또는 목적을 위하여 행위한 자는 공범이 된다는 견해이다.

이익설에 대하여는 다음과 같은 비판이 제기된다. 우선 어떠한 행위가 자기의 이익이나 목적을 위한 것인지 또는 다른 사람의 이익이나 목적을 위한 것인지 분명하지 아니하다는 점이다. 다음으로 형법은 촉탁에 의한 살인죄(형법 제252조 제1항)와 촉탁에 의한 낙태죄(제269조 제2항, 제270조 제1항)를 규정하고 있는데, 이익설에 따르면 이러한 구성요건들을 직접 실현한 사람도 정범이 아니라 공범이 될 수밖에 없는 문제가 있고, 제3자가 재물이나 재산상의 이익을 취득하게 되는 사기죄(제347조 제2항) 등과 같은 경우에도 구성요건들을 직접 실현한 사람이 공범이 될 수밖에 없는 문제가 있다. 또한 이익설도 행위의 객관적 측면이나 구성요건 실현에의 객관적 기여를 도외시하고 행위자의 이익 또는 목적에 치중하기 때문에 구성요건적 행위의 정형성이라는 형사처벌의 한계를 벗어나 정범으로서의 처벌대상이 불명확하게 확대됨으로써 죄형법정주의 원칙에 반한 결과를 초래할 수 있다는 문제가 있다.

3. 행위지배설

행위지배설은 정범과 공범의 구별기준을 주관적 요소와 객관적 요소의 결합에서 찾는다는 점에서 주관설과 객관설의 절충이라고 할 수 있다. 행위지배설은 주관적 요소에 보다 치중하는지 또는 객관적 요소에 보다 치중하는지에 따라 다소간의 견해차이가 있지만, 대체로 '구성요건에 해당하는 사건진행의 장악', 즉 '사태의 핵심형상을 지배하는 것'을 행위지배로 이해한다. 행위지배설에 의하면 사태의 핵심형상을 계획적으로 형성·조종함으로써 구성요건의 실현 여부를 그 의사에 따라 좌우하면서 이를 실행한 자를 정범으로 보고, 이러한 요소 없이 구성요건적 행위를 야기하거나 촉진한 자는 공범에 해당하는 것으로 본다.

행위지배를 하는 자는 '사태의 중심인물로서 적합한 수단을 계획적으로 조종·사용할 의사를 가지고 구성요건 실현에 이르기까지의 경과를 자신의 수중에 두고 있는 자'를 말한다. 그리고 행위지배는 주관적 요소와 객관적 요소로 구성되는데, 수단의 계획적·의식적 조종의사는 주관적 요소를 이루고, 구성요건 실현에 대한 행위기여라는 객관적 비중은 객관적 요소를 이루게 된다.

록신(Roxin)은 행위지배를 행위자가 범죄실행에 기여한 작용에 따라 유형적으로 파악하였다. 이에 따르면 행위지배란 직접 또는 우월적 지위에서 행위사상(行爲事象)의 진행을 조종·장악하여 그 진행과정을 지배하는 것을 말한다. 이때 행위자가 금지된 행위와 결과 발생에 대하여 위와 같은 지배를 할 수 있는 범죄를 지배범죄라고 하고, 지배범죄의 범행에 대하여 행위지배를 하는 중심인물을 정범, 행위지배 없이 다른 사람의 범행을 유발·촉진·원조하여 범행에 가담하면 관여형태에 따라 교사범이나 종범이 된다고 한다. 록신은 행위지배의 형태를 다음과 같이 나누었다.

① 실행지배 : 사태의 진행을 조종·장악하여 스스로 구성요건의 내용을 직접 실현하는 행위지배를 실행지배라고 한다. 이는 단독정범의 정범성의 표지가 된다.

② 의사지배 : 우월적 지위에서 조종의사에 의하여 강요를 통하여 또는 착오에 빠진 자나 사정을 모르는 자를 조종·장악하여 자신의 범행계획에 따라 구성요건의 내용을 간접적으로 실현하는 행위지배를 의사지배라고 한다. 이는 간접정범의 정범성의 표시가 된다.

③ 기능적 행위지배 : 2인 이상이 공동하여 죄를 범한 공동정범에 있어서의

행위지배는 기능적 행위지배이다. 공동정범은 공동의 결의에 의하여 분업적으로 구성요건을 실현하는 정범의 유형이다. 즉 공동정범은 범행계획에 따른 각자의 역할분담에 따라 범행계획의 수행에 필요한 불가결한 부분을 분업에 의하여 공동으로 수행하는 것이다. 이러한 행위지배를 통하여 공동정범은 각자가 공동의 행위지배를 가진 정범이 된다. 이에 따라 부분적인 행위가담도 전체적인 행위지배가 될 수 있는 것이므로, 망을 보는 행위는 물론 범행계획을 수립한 후 다른 가담자들을 조종하는 범죄집단의 수괴도 정범이 될 수 있다.

4. 행위지배설의 채택

정범과 공범의 구별은 주관적 요소와 객관적 요소를 종합한 행위지배설에 따라 해결하는 것이 타당하다.[9] 이러한 견해가 통설이라고 할 수 있다. 정범이란 구체적인 행위사상의 중심체로서 스스로 또는 다른 사람을 통하거나 공동으로 범행을 지배하는 자이고, 공범은 행위지배 없이 정범으로 하여금 범행을 하도록 정범의 고의를 유발하거나 정범의 범행에 가공하여 그것을 촉진하는 자라고 할 것이다.

대법원은 2008. 4. 10. 선고 2008도1274 판결 등에서[10] "형법 제30조의 공동정범은 2인 이상이 공동하여 죄를 범하는 것으로서, 공동정범이 성립하기 위하여는 주관적 요건으로서 공동가공의 의사와 객관적 요건으로서 공동의사에 기한 기능적 행위지배를 통한 범죄의 실행사실이 필요하고, 공동가공의 의사는 타인의 범행을 인식하면서도 이를 제지하지 아니하고 용인하는 것만으로는 부족하고 공동의 의사로 특정한 범죄행위를 하기 위하여 일체가 되어 서로 다른 사람의 행위를 이용하여 자기의 의사를 실행에 옮기는 것을 내용으로 하는 것이어야 한다."라

9 주석 형법 총칙(1)(제2판), 한국사법행정학회(2011), 147(손동권); 박상기, 형법총론(제9판), 박영사(2012), 394; 김일수/서보학, 새로쓴 형법총론(제13판), 박영사(2018), 420; 이재상 외 2인, 형법총론(제9판), 박영사(2017), 444; 오영근, 형법총론(제4판), 박영사(2018), 360; 박상기/전지연, 형법학(총론·각론 강의)(제4판), 집현재(2018), 247; 정영일, 형법강의(총론)(제3판), 학림(2017), 260; 배종대, 형법총론(제13판), 홍문사(2017), 393; 정성근/박광민, 형법총론(제2판), 성균관대학교출판부(2015), 502; 손동권/김재윤, 새로운 형법총론(초판), 율곡출판사(2011), 573-574; 이형국/김혜경, 형법총론(제5판), 법문사(2019), 386; 김신규, 형법총론강의, 박영사(2018), 429.

10 대법원 1989. 4. 11. 선고 88도1247 판결, 대법원 1993. 3. 9. 선고 92도3204 판결, 대법원 1998. 9. 22. 선고 98도1832 판결, 대법원 2003. 3. 28. 선고 2002도7477 판결, 대법원 2015. 10. 29. 선고 2015도5355 판결 등.

고 판시함으로써, 정범과 공범의 구별을 행위지배라는 기준에 의하여야 함을 분명히 하였다.

5. 행위지배설의 한계

형법각칙상의 어떠한 구성요건의 경우에는 행위지배가 있더라도 정범으로는 인정할 수 없고 공범만이 인정되는 경우가 있다. 이러한 경우 정범과 공범의 구별 기준으로서의 행위지배설에 한계가 있을 수밖에 없다.

가. 신분범

범죄 구성요건에 전제되어 있는 특별한 일신전속적인 특성, 관계 내지 지위 또는 특별한 일신전속적 상태라는 요소를 구비한 자만이 범죄의 주체가 될 수 있는 범죄를 말한다. 수뢰죄(형법 제129조)에서의 '공무원 또는 중재인', 위증죄(제152조)에서의 '법률에 의하여 선서한 증인', 횡령죄(제355조 제1항)에서의 '타인의 재물을 보관하는 자', 배임죄(제355조 제2항)에서의 '타인의 사무를 처리하는 자' 등이 이러한 신분자에 해당한다. 신분범의 경우 범죄 구성요건이 요구하는 일정한 신분을 가진 자만이 정범이 될 수 있고, 신분을 가지지 아니한 자는 공범이 될 수밖에 없다. 그러나 형법은 제33조 본문에서 신분 없는 자가 신분 있는 자의 범죄에 가담한 경우에는 신분 없는 자에 대하여도 공동정범의 규정을 적용하도록 함으로써 신분 없는 자의 신분 있는 자와의 공동정범 성립을 가능하게 하고 있다.

나. 의무범

의무범이란 형법 이전의 특별한 의무의 위반을 본질로 하는 범죄를 말한다. 의무범에 가담한 사람 가운데 실제 행위지배를 한 사람이 있더라도 특별한 의무의 주체가 아니면 정범이 될 수 없고 공범만이 성립할 수 있다고 한다.

그러나 의무범으로 분류되는 범죄들 가운데 신분범으로 볼 수 있는 범죄들도 있어 의무범과 신분범의 관계를 어떻게 정립할 것인지의 문제가 있다. 즉 의무범으로 분류되는 범죄들 가운데 신분범으로 볼 수 있는 범죄들의 경우 의무 없는 신분 없는 자의 의무 있는 신분 있는 자와의 공동정범을 인정하지 아니한다면 형법 제33조 본문에 반하는 결론에 이르게 되는 것이다.

다. 자수범

자수범이란 구성요건적 행위를 행위자가 자신의 신체를 통하여 몸소 또는 자신이 직접적으로 수행할 것을 구성요건에 미리 규정하고 있는 범죄를 의미한다. 자수범에서 행위자의 자수적인 행위수행을 구성요건으로 규정한 것은 바로 자수성에 당해 범죄의 특별한 행위반가치적 요소가 있기 때문이다. 예를 들어 위증죄(형법 제152조)에서는 선서를 하고 허위의 진술을 한 자만이 정범이 된다고 한다.

자수범의 경우에는 행위지배라는 척도가 아니라 자수성이라는 척도에 의하여 정범과 공범이 구별된다고 한다. 자수범의 경우에는 다른 사람의 행위를 이용하여 간접적으로 범죄행위를 하는 간접정범이 성립할 수 없고, 자수성이 없는 가담자는 비록 기능적 행위지배가 있더라도 공동정범이 성립할 수 없다고 한다.

Ⅲ. 공범의 종속성과 처벌근거

1. 공범의 종속성 여부

공범인 교사범은 정범을 교사하여 죄를 범하게 한 때 성립하고 종범은 정범의 범죄를 방조한 때 성립한다. 이때 정범과 공범의 관계에 관하여 공범이 정범에 종속하여 성립하는지 또는 공범이 정범과는 독립하여 성립하는지가 문제된다.

가. 공범종속성설

공범종속성설은 공범의 성립은 정범의 성립에 종속한다는 견해이다. 공범은 정범을 전제로 한 개념으로서 정범이 범죄의 실행행위를 하고 공범은 이에 가담한 것에 불과하므로, 공범은 정범의 행위에 종속되어 정범이 성립하는 때에 한하여 성립한다는 것이다. 공범의 본질은 다른 사람의 구성요건 실현에 가담하는 데 있고 공범의 불법은 구성요건이 실현되어야 형성되는 것이므로, 공범의 처벌근거는 정범의 행위를 야기하거나 촉진하여 정범의 행위에 원인이 되었다는 데 있다고 한다. 공범종속성설은 공범의 성립은 정범의 처벌을 조건으로 하는 것은 아니지만, 적어도 정범이 구성요건을 실현하는 행위에 착수하여야 비로소 공범이 성립한다는 것이다. 공범종속성설에 따르면 교사범의 교사행위에도 불구하고 정범이 실행에 착수하지 아니하면 정범의 행위를 교사한 교사범은 기도된 교사에 불과하고 정범이 실행에 착수하여야 비로소 교사의 미수가 된다고 한다.

나. 공범독립성설

공범독립성설은 공범은 독립한 범죄일 뿐 정범에 종속하여 성립하지 아니한다고 한다. 범죄를 반사회적 성격의 징표라고 보는 주관주의범죄론에서는 반사회성의 징표만 있으면 범죄가 성립한다는 것이므로, 교사범의 교사행위에 의하여 반사회성의 징표가 드러나거나 종범의 방조행위에 의하여 반사회성의 징표가 드러나면, 정범의 성립 여부와 관계없이 교사범이나 종범이 성립한다고 한다. 공범은 다른 사람의 범죄행위를 교사하거나 방조하는 행위로 자신의 범죄를 행하는 단독정범에 해당한다고 보게 되는 것이다. 공범독립성설에 따르면 공범은 정범의 성립과 관계없이 독립하여 성립하는 것이므로, 정범이 실행에 착수하지 아니하였더라도 정범의 행위를 교사한 교사범은 교사의 미수로 처벌되어야 한다. 즉 미수의 공범뿐만 아니라 공범의 미수도 미수범으로 처벌되는 것이다.

다. 형법의 태도

형법은 제31조 제1항에서 교사범을 "타인을 교사하여 죄를 범하게 한 자"로 규정하고 있고, 제32조 제1항에서 종범을 "타인의 범죄를 방조한 자"로 규정하고 있다. 이는 공범인 교사범과 종범이 정범의 존재를 전제로 종속하여 성립한다는 취지를 규정한 것으로 해석할 수 있다. 피교사자가 실행을 승낙하고 실행에 이르지 아니하거나 실행을 승낙하지 아니한 때는 예비·음모에 준하여 처벌한다는 형법 제31조 제2항, 제3항은 교사의 미수에 관한 공범독립성설의 견해를 취한 것이라고 해석할 수 없다. 따라서 형법은 공범종속성설을 취하고 있다고 보아야 한다.

대법원은 2017. 5. 31. 선고 2016도12865 판결 등에서[11] "방조범은 종범으로서 정범의 존재를 전제로 하는 것이므로, 정범의 범죄행위 없이 방조범만이 성립될 수는 없다."고 판시하였고, 대법원은 2000. 2. 25. 선고 99도1252 판결에서 "교사범이 성립하기 위해서는 교사자의 교사행위와 정범의 실행행위가 있어야 하는 것이므로, 정범의 성립은 교사범의 구성요건의 일부를 형성하고 교사범이 성립함에는 정범의 범죄행위가 인정되는 것이 그 전제요건이 된다."고 판시하였다. 이와 같이 대법원도 공범종속성설을 취하고 있다.

2. 종속의 정도

가. 종속의 정도

공범은 정범의 행위에 종속되어 정범이 성립하는 때에 한하여 성립한다고 할 때, 정범의 범죄 성립요건이 어느 정도 충족되어야 공범이 성립한다고 할 것인지가 문제된다. 즉 정범이 범죄의 성립요건인 구성요건 해당성, 위법성, 책임, 가벌

11 대법원 1974. 5. 28. 선고 74도509 판결, 대법원 1979. 2. 27. 선고 78도3113 판결.

성 가운데 어느 단계까지 충족하여야 공범이 성립하는 것인지 논란이 되는 것이다.

나. 종속정도에 관한 학설

마이어(M. E. Mayer)는 정범에 종속하여 공범이 성립할 수 있는 종속의 형식을 다음 4가지로 분류하였고, 이러한 분류는 오늘날에도 통용되고 있다.

1) 최소한의 종속형식

정범의 행위가 구성요건에 해당하면 공범이 성립한다는 견해이다. 공범이 성립하기 위하여 정범의 행위가 위법하거나 유책할 필요까지는 없다는 것이다.[12]

2) 제한적 종속형식

정범의 행위가 구성요건에 해당하고 위법하면 공범이 성립하고, 반드시 정범이 유책할 것을 요하는 것은 아니라는 견해이다. 책임이 없는 정범의 행위를 교사하거나 방조하는 행위를 한 경우에도 정범의 범죄는 성립하지 아니하지만 공범인 교사범이나 종범은 성립한다고 한다.

3) 극단적 종속형식

정범의 행위가 구성요건에 해당하고 위법할 뿐만 아니라 유책하여야 비로소 공범이 성립한다는 견해이다. 즉 정범이 범죄의 성립요건을 모두 충족하여야 공범이 성립한다는 견해이다.

4) 확장적 종속형식

정범의 행위가 구성요건에 해당하고 위법하고 유책할 뿐만 아니라 가벌성의 조건까지 모두 갖추어야 비로소 공범이 성립한다는 견해이다. 이러한 견해를 최극단적 종속형식이라고도 한다. 이에 따르면 정범의 신분관계에 따른 형의 가중 및 감면은 모두 공범의 성립에도 영향을 미치게 된다. 오늘날 확장적 종속형식을 주장하는 사람은 없는 것으로 보인다.

다. 형법에서 공범의 종속 정도

최소한의 종속형식은 정범의 위법하지 아니한 행위를 교사하거나 방조한 사람에 대하여도 공범의 성립을 인정하게 되는 부당한 결론에 이르기 때문에 이를 채택하기는 어렵다. 나아가 확장적 종속형식도 정범의 신분관계에 따른 형의 가

12 손동권/김재윤, 새로운 형법총론(초판), 율곡출판사(2011), 589.

중 및 감면이 모두 공범의 성립에 영향을 미치게 되어 형법 제33조[13] 단서에 반하는 결론에 이르기 때문에 이를 받아들일 수 없다. 그렇다면 제한적 종속형식과 극단적 종속형식 가운데 어느 견해가 타당한지가 문제가 된다.

형법이 극단적 종속형식을 채택하고 있다고 보는 견해는 다음과 같은 이유를 제시한다. 우선 형법 제31조 제1항이 교사범에 관하여 "타인을 교사하여 죄를 범하게 한 자"로, 형법 제32조 제1항이 종범에 관하여 "타인의 범죄를 방조한 자"로 각각 규정하고 있으므로, 형법의 문언해석상 정범의 행위가 범죄의 성립요건을 모두 충족한 때 비로소 공범이 성립한다고 보아야 한다. 즉 정범의 행위가 구성요건에 해당하고 위법할 뿐만 아니라 유책하여야 비로소 공범이 성립한다는 것이다. 다음으로 정범이 책임능력이 없어 처벌되지 아니하는 경우 간접정범이 성립한다는 형법 제34조 제1항의 해석상 이러한 경우에는 교사범의 성립을 부정한다고 보아야 하므로, 형법은 공범의 종속정도에 관하여 극단적 종속형식을 채택하고 있다고 보아야 한다.[14]

그러나 형법의 해석상 제한적 종속형식을 채택하고 있다고 보아야 한다.[15] 그 이유는 다음과 같다. 첫 번째로 형법 제31조 제1항이 교사범에 관하여 "타인을 교사하여 죄를 범하게 한 자"로, 형법 제32조 제1항이 종범에 관하여 "타인의 범죄를 방조한 자"로 각각 규정하고 있더라도, 이를 정범의 행위가 범죄의 성립요건을 모두 충족하는 것을 의미하는 것으로 엄격하게 제한하여 해석할 이유는 없다. 공범이 정범의 구성요건에 해당하고 위법한 행위를 교사하거나 방조한 경우에 공범이 성립하는 것으로 해석하는 것을 불가능하다고 할 수 없다. 두 번째로 극단적 종속형식에서와 같이 정범이 책임요건을 충족하지 못하여 범죄가 성립하지 아니하는 경우에는 공범이 성립하지 아니한다고 보게 되면, 정범 개인에 대하여만 귀

13 형법 제33조 [공범과 신분] 신분관계로 인하여 성립될 범죄에 가공한 행위는 신분관계가 없는 자에게도 전 3조의 규정을 적용한다. 단, 신분관계로 인하여 형의 경중이 있는 경우에는 중한 형으로 벌하지 아니한다.

14 신동운, 형법총론(제11판), 법문사(2019), 652.

15 주석 형법 총칙(1)(제2판), 한국사법행정학회(2011), 154(손동권); 박상기, 형법총론(제9판), 박영사(2012), 398; 김일수/서보학, 새로쓴 형법총론(제13판), 박영사(2018), 478; 이재상 외 2인, 형법총론(제9판), 박영사(2017), 448-449; 박상기/전지연, 형법학(총론·각론 강의)(제4판), 집현재(2018), 250-251; 정영일, 형법강의(총론)(제3판), 학림(2017), 263; 배종대, 형법총론(제13판), 홍문사(2017), 401; 정성근/박광민, 형법총론(제2판), 성균관대학교출판부(2015), 518; 임웅, 형법총론(제10정판), 법문사(2018), 443; 김성돈, 형법총론(제5판), 성균관대학교출판부(2017), 569; 이형국/김혜경, 형법총론(제5판), 법문사(2019), 377; 김신규, 형법총론강의, 박영사(2018), 433-434.

속되어야 하는 책임조각사유로 인하여 공범의 성립도 부정하게 되어 개인책임의 원리에 반하게 된다. 세 번째로 간접정범에 관한 형법 제34조 제1항의 해석상 필연적으로 형법이 극단적 종속형식을 채택하고 있다는 결론에 이르게 되는 것도 아니다. 정범이 책임능력이 없어 처벌되지 아니하는 경우 이러한 정범을 교사하거나 방조하는 경우 반드시 간접정범만이 성립한다고 볼 수 없는 것이다. 이러한 경우에도 교사하거나 방조한 사람에게 정범성이 인정되지 아니한다면, 즉 행위지배 가운데 의사지배가 인정되지 아니한다면, 교사범이나 종범은 성립한다고 해석할 수 있다.

3. 공범의 처벌근거

가. 처벌근거론의 내용

공범이 정범에 종속하여 성립한다면, 공범이 범죄의 구성요건을 직접 실현한 것이 아님에도 공범 가운데 교사범은 정범과 동일한 형으로, 종범은 감경된 형으로 각각 처벌하는 근거를 어디에 둘 것인지가 문제 된다. 공범의 종속성과 관련하여 공범의 처벌근거가 무엇인지 검토되어야 한다.

나. 처벌근거에 관한 학설

1) 책임가담설

책임가담설은 공범의 처벌근거가 공범에 의하여 야기된 법익침해에 있는 것이 아니라 공범이 정범으로 하여금 유책하게 범죄행위를 하도록 하여 정범을 타락시켰다는 데 있다고 한다. 공범은 정범을 통하여 법익을 침해하였기 때문에 처벌되는 것이 아니라 공범의 행위가 정범에 대한 침해에 해당하기 때문에 공범을 처벌한다는 것이다. 공범의 처벌근거에 관한 학설 가운데 극단적 종속형식과 일맥상통하는 이론이라고 할 수 있다. 그러나 책임가담설에 대하여는 극단적 종속형식에 대한 비판과 마찬가지로 개인책임의 원리에 반한다는 비판이 제기될 수 있다.

2) 불법가담설

불법가담설은 공범의 처벌근거가 정범에게 위법한 행위를 야기하거나 정범의 위법한 행위를 촉진한 데 있다고 한다. 공범은 형법각칙의 구성요건의 배후에 있는 금지규범을 위반한 것이 아니라, 공범의 불법은 정범의 사회통합성을 해체함으로써 법적 평온을 파괴한 데 있다고 한다. 책임가담설을 제한적 종속형식에 따라 변형시킨 이론이라고 할 수 있다. 이에 따라 진정신분범에 대한 비신분자의 공범도 가능하게 된다. 그러나 불법가담설은 공범 중 교사범에 대하여는 적용할 수 있어도 종범의 처벌근거로는 불명확하여 공범의 처벌근거를 통일적으로 설명할 수 없고, 사회통합성의 개념도 증명하기 어렵고 애매하다는 비판을 받고 있다.

3) 순수야기설

공범의 불법을 정범의 불법에서 찾지 아니하고 공범 자체의 불법인 공범 구성요건을 인정하여 공범 불법의 독자성을 인정하는 견해이다. 공범은 다른 사람의 불법에 가담하는 것이 아니라 다른 사람의 불법에 불법하게 가담하는 것이고, 정범만이 법익을 침해하고 공범은 이에 가담하는 것이 아니라 공범 스스로 법익을 침해하는 것이어서 공범의 반가치는 정범의 법익침해의 방향을 제시하는 데 있다고 한다. 그러나 순수야기설은 공범종속성설을 취하고 있는 형법의 태도와 일치한다고 할 수 없다. 불법에는 결과반가치와 행위반가치가 있음을 요함에도 공범에 대하여는 행위반가치만 있으면 족하다고 하여 정범의 실행행위가 없는 상황에서 공범의 행위반가치만으로 공범을 처벌하는 것은 타당하다고 할 수 없다.

4) 종속적 야기설

종속적 야기설은 공범의 처벌근거를 공범이 정범의 범행을 야기하거나 촉진한다는 점에 있다고 하여 공범 불법의 근거와 정도는 정범의 불법에 의존한다고 해석한다.[16] 공범은 정범의 행위를 야기하거나 촉진하였기 때문에 처벌받는 것이어서, 공범의 불법은 그 근거나 정도에 있어서 정범의 불법에 종속한다고 한다.[17] 이 견해는 공범이 종속하는 불법을 결과불법에 한정하고 있다. 공범의 독자적인 불법요소를 부각시키지 아니하고 종속성을 강조하여 공범종속성설에 따라 순수야기설을 수정한 이론이라는 점에서 공범종속성설에 의하여 수정된 야기설이라고도 한다.

5) 혼합적 야기설

순수야기설과 종속적 야기설을 절충하여 공범의 불법이 일부는 정범의 결과불법에서, 일부는 공범의 행위나 결과불법에서 각각 유래한다고 해석함으로써, 공범의 불법은 종속적이지만 동시에 자신의 불법을 포함하고 있다고 보는 견해를

16 이형국/김혜경, 형법총론(제5판), 법문사(2019), 379; 김신규, 형법총론강의, 박영사(2018), 436.

17 주석 형법 총칙(1)(제2판), 한국사법행정학회(2011), 157(손동권); 박상기/전지연, 형법학(총론·각론 강의)(제4판), 집현재(2018), 252; 정영일, 형법강의(총론)(제3판), 학림(2017), 257; 배종대, 형법총론(제13판), 홍문사(2017), 402; 김성돈, 형법총론(제5판), 성균관대학교출판부(2017), 396.

혼합적 야기설이라고 한다. 종속적 침해설이라고도 한다.

가) 행위불법 독립·결과불법 종속설

공범은 법익침해라는 결과불법을 직접 실현할 수 없으므로 정범의 결과불법에 종속하지만, 공범도 공범 스스로 공범의 고의로서 교사행위나 방조행위를 하여 정범으로 하여금 범죄행위에 나아가게 하거나 정범의 범죄실행을 촉진·원조하였으므로 행위불법은 공범 독자적으로 실현한다고 한다.[18]

나) 결과불법 종속·독립설

공범은 정범에 종속하여 성립하므로 정범의 결과불법에 종속하면서 공범 독자적으로 법익을 침해한다는 견해이다. 공범이 정범의 실행행위에 가공함으로써 공범 스스로 자신의 고의로 정범을 통하여 간접적으로 법익을 침해하여 자신의 결과불법을 실현하는 것도 정범에 종속된 결과불법과 더불어 처벌의 근거가 된다는 것이다.[19]

18 정성근/박광민, 형법총론(제2판), 성균관대학교출판부(2015), 521-522; 임웅, 형법총론(제10정판), 법문사(2018), 445; 손동권/김재윤, 새로운 형법총론(초판), 율곡출판사(2011), 592-593.

19 김일수/서보학, 새로쓴 형법총론(제13판), 박영사(2018), 476; 김성돈, 형법총론(제5판), 성균관대학교출판부(2017), 572.

제 30 조 [공동정범]

2인 이상이 공동하여 죄를 범한 때에는 각자를 그 죄의 정범으로 처벌한다.

[관련조문] 형법 제19조(독립행위의 경합), 제33조(공범과 신분), 제263조(동시범), 형사소송법 제11조(관련사건의 정의), 제187조(공범의 소송비용), 제233조(고소의 불가분), 제252조(시효의 기산점), 제253조(시효의 정지와 효력).

[참고문헌] 주석 형법 총칙(1)(제2판), 한국사법행정학회(2011); 박상기, 형법총론(제9판), 박영사(2012); 김일수/서보학, 새로쓴 형법총론(제13판), 박영사(2018); 이재상 외 2인, 형법총론(제9판), 박영사(2017); 오영근, 형법총론(제4판), 박영사(2018); 박상기/전지연, 형법학(총론·각론 강의)(제4판), 집현재(2018); 정영일, 형법강의(총론)(제3판), 학림(2017); 배종대, 형법총론(제13판), 홍문사(2017); 정성근/박광민, 형법총론(제2판), 성균관대학교출판부(2015); 임웅, 형법총론(제10정판), 법문사(2018); 손동권/김재윤, 새로운 형법총론(초판), 율곡출판사(2011); 김성돈, 형법총론(제5판), 성균관대학교출판부(2017); 신동운, 형법총론(제11판), 법문사(2019); 이형국/김혜경, 형법총론(제5판), 법문사(2019); 김신규, 형법총론강의, 박영사(2018); 정영일, "합동범에 관한 판례연구", 형사판례연구[7](1999); 김종구, "합동범에 관한 연구 - 독일형법상 집단절도죄와 비교법적 관점에서", 비교형사법연구(제5권 제1호)(2003).

Ⅰ. 공동정범의 의의와 본질

1. 공동정범의 의의

공동정범이란 2인 이상이 공동하여 범죄를 실행하는 범죄유형을 의미한다. 공동정범은 정범을 공동으로 하는 것이므로, 가담자 각자에 대하여 행위지배가 있어야 한다. 여기서 행위지배는 기능적 행위지배로서 범행계획에 따른 각자의 역할분담에 따라 범행계획의 수행에 필요한 불가결한 부분을 분업에 의하여 공동으로 수행하는 것을 의미한다. 이러한 기능적 행위지배는 사태의 진행을 조종·장악하여 스스로 구성요건의 내용을 직접 실현하는 단독정범의 실행지배나 우월적 지위에서 조종의사에 의하여 강요를 통하여 또는 착오에 빠진 자나 사정을 모르는 자를 조종·장악하여 자신의 범행계획에 따라 구성요건의 내용을 실현하는 간접정범의 의사지배와는 구별되는 것이다.

공동정범은 2인 이상의 다수인이 가담하여 범죄를 실행한다는 점에서 필요적 공범이나 협의의 공범, 즉 공범과 유사하다. 그러나 공동정범은 1인이 실행가능한 범죄의 구성요건을 여러 사람이 가담하여 실행한다는 점에서 필요적 공범과 다르고, 2인 이상의 기능적 행위지배를 통하여 범죄의 구성요건을 실현한다는 점에서 행위지배 없이 다른 사람의 범죄에 가담하는 협의의 공범인 교사범이나 종범과도 구별된다.

공동정범에 관하여 규정한 형법 제30조는 2인 이상이 실행행위의 일부를 분담한 경우 공동행위자의 기능적 행위지배를 조건으로 각자가 발생한 결과 전부에 대하여 정범으로서의 책임을 부담시키는 데 그 의의가 있다. 공동정범의 이러한 특성을 '일부실행·전부책임'이라고 할 수 있다. 즉 공동정범은 기능적 행위지배를 매개로 공동행위자들에 대하여 자신이 실행하지 아니한 행위 부분에 대하여 정범의 책임을 지우는 데 그 의의가 있는 것이다.

분업의 원리에 의하여 역할을 분담하게 되면 다수의 사람들의 협업에 의하여 범죄를 대규모로 신속하게 실현할 수 있으므로, 분업의 원리가 작용하는 공동정범의 경우에는 범죄피해가 급속하게 확산될 우려가 있다고 한다. 공동정범의 이러한 특징에 착안할 때 공동정범을 효과적으로 차단하는 방법은 공동의 범죄 실현에 가담한 각각의 사람에게 실현된 범죄 전체에 대한 형사책임을 부담시키는 것이라고 한다.[1]

2. 공동정범의 본질

가. 공동의 의의

형법 제30조에서 2인 이상이 공동하여 죄를 범한 때 공동정범이 성립한다고 규정하고 있으므로, 공동정범은 과연 무엇을 공동으로 하는 범죄형태로 볼 수 있는지가 문제가 된다고 할 수 있다. 이러한 문제를 공동정범의 본질론이라고 할 수 있다. 이에 관하여는 범죄공동설과 행위공동설이 대립하고 있다.

범죄공동설에 의하면 이종의 범죄, 즉 고의범과 과실범, 과실범과 과실범 사이에는 공동정범의 성립을 인정하지 아니하게 되고, 행위공동설에 의하면 이러한 경우에도 공동정범이 성립하고 가담자 각자는 그 결과에 대해서 고의나 과실의 범위 내에서 책임을 부담한다고 한다. 범죄공동설과 행위공동설의 대립은 수인이 공동하여 특정한 범죄를 범하는 경우에만 공동정범의 성립을 인정할 것인지 또는

1 신동운, 형법총론(제11판), 법문사(2019), 598.

수인이 여러 개의 행위를 공동하여 각자의 범죄를 범하는 경우에도 공동정범의 성립을 인정할 것인지의 문제라고 할 수도 있다. 이와 같이 범죄공동설에 의하면 공동정범이 성립하는 범위가 좁게 되고 행위공동설에 의하면 공동정범이 성립하는 범위가 넓어지게 되므로, 그 반대의 결과 범죄공동설에 의하면 동시범이 성립하는 범위가 넓어지고 행위공동설에 의하면 동시범이 성립하는 범위가 좁아지게 되는 것이다.

나. 범죄공동설

범죄공동설이란 하나의 고의범에 대하여 공동정범이 성립한다는 견해이다. 즉 수인일죄에 한하여 공동정범이 성립한다는 것이다. 범죄공동설은 공동정범을 일정한 구성요건에 해당하는 실행행위를 공동으로 하는 경우라고 이해하면서 특정한 구성요건적 범죄를 예상하고 이를 수인이 공동하여 실행하는 형태를 공동정범으로 본다. 범죄공동설에 의하면 이종의 범죄, 즉 고의범과 과실범, 과실범과 과실범 사이에는 공동정범의 성립을 인정하지 아니하게 된다.

범죄공동설도 행위공동설과의 관계에서 공동정범의 성립범위를 어느 정도로 인정할 것인지에 관하여 견해가 다음과 같이 나뉘어 있다.

1) 고의공동설

범죄공동설의 원형으로서 특정한 1개의 동일한 고의범을 공동으로 하는 경우에만 공동정범이 성립한다고 보는 견해이다. 고의가 같은 수인일죄에 대하여만 공동정범이 성립한다고 한다. 즉 형법 제30조의 공동하여 죄를 범한 때의 죄를 특정한 1개의 동일한 고의범으로 제한하여 해석한다. 고의공동설에 의하면 예컨대 갑, 을, 병이 공동으로 정을 살해하는 경우와 같이 동일한 고의범에 한하여 공동정범이 성립하고, 만일 각자의 고의가 다르면 이는 모두 동시범이 된다고 한다. 따라서 고의공동설은 결과적가중범의 공동정범 성립을 인정하지 아니하게 된다.

그러나 공동정범의 성립을 위하여 공동으로 하여야 하는 것을 특정한 1개의 동일한 고의범으로 한정하여야 할 형법상 근거가 없다고 할 수 있다. 고의공동설은 공동정범의 성립범위가 너무 좁게 제한되어 있다. 예를 들어 갑과 을이 공동하여 을의 부친 병을 총으로 쏘아 살해한 경우 갑에 대하여는 살인죄, 을에 대하여는 존속살인죄의 성립이 문제되는데, 갑과 을이 1개의 동일한 고의범을 공동으로 범한 것이 아니어서 갑과 을 사이에는 공동정범이 성립하지 아니하게 된다. 이때 병이 갑이 쏜 총에 의하여 사망하였을 때 갑은 살인죄의 기수, 을은 존속살인죄의 미수가 될 것이고, 반대로 병이 을이 쏜 총에 의하여 사망하였을 때 갑은 살인죄의 미수, 을은 존속살인죄의 기수가 된다는 것이다. 이 경우 병이 을의 부친이 아니라면 병이 갑 또는 을 가운데 누구의 총에 의하여 사망하였더라도 1개의 동일한 고의범을 공동으로 범하는 것이 되어 갑과 을 사이에 살인죄의 공동정범이 성립하게 되는 것과 비교하면, 고의공동설은 공동정범의 성립범위가 너무 좁고 처벌에 있어서도 비합리적인 결론에 이르게 된다는 비판이 제기될 수 있다.

2) 구성요건공동설

구성요건공동설은 공동정범의 성립을 1개의 범죄를 공동으로 한 때에 한하여 인정하되, 공동정범이 성립한 범위 내에서 공동행위자 각자의 책임을 개별적으로 고의의 범위 내에서 정해야 한다는 견해이다. 예를 들어 갑은 살해의 의사로서, 을은 상해의 의사로서 공동하여 병을 사망하게 한 경우, 구성요건공동설에 의하면 갑과 을은 살인죄의 공동정범으로 되지만 을은 형법 제15조 제1항에 의하여 상해죄 또는 상해치사죄의 형으로 처벌된다고 한다. 또한 갑이 강도행위를 하고 을이 절도의 의사로 망을 보아준 경우, 일단 갑과 을은 강도죄의 공동정범으로 되지만 을에 대하여는 절도죄의 형을 과하게 된다. 구성요건공동설은 살인 또는 강도의 고의가 없는 자에게도 일단 살인죄 또는 강도죄의 공동정범이 성립한다고 보게 되는 것이다. 이와 같이 구성요건공동설은 공동정범의 성립과 그 책임을 구별하여 논의하여야 한다는 기본적 인식에서 출발하고 있다. 공동정범의 성립과 책임을 구별하여 공동정범의 성립을 오로지 객관적인 구성요건 충족의 문제로 파악함으로써 공동행위자 각자의 고의의 내용은 반드시 일치할 필요가 없다고 보고 있다.

공동정범은 주관적으로 공동실행의 의사가 있고 이에 의하여 객관적으로 공동실행행위가 있어야 한다. 공동실행의 의사는 공동행위자들 사이의 의사의 연락이 있으면 충분하고 반드시 의사의 교환 내지 합의가 있음을 요하지 아니한다. 실행행위의 공동은 반드시 공동행위자들 모두 구성요건의 정형적인 행위를 실제 공동으로 하여야 하는 것이 아니고, 역할을 분담하여 구성요건을 분업적으로 실현하는 것이라면 공동행위자들 모두 발생한 결과 전부에 대하여 책임을 지는 것이다. 그럼에도 구성요건공동설은 단순히 상해 또는 절도의 의사로 공동의 실행행위에 가담한 자에게도 살인죄 또는 강도죄의 공동정범의 성립을 인정하게 됨으로써, 자신의 고의의 내용이 아닌 결과에 대하여 범죄의 성립을 인정하는 문제가 있다. 이러한 점에서 공동정범의 성립을 객관적인 구성요건 충족의 문제로서 파악하여 성립과 책임을 구별하는 구성요건공동설의 태도는 적어도 공동정범 개념과 조화되는 이론이라고 할 수 없다. 이는 고의 없는 자에게 중한 고의책임을 묻게 되어 사실상 결과책임을 인정하는 것과 다름이 없으므로 형법의 기본원리인 책임주의에 반한다고 할 수 있다.

3) 부분적 범죄공동설

공동정범은 일정한 구성요건에 해당하는 행위를 공동으로 행하는 것이지만 공동행위자 각자의 죄가 각각 별개인 경우에도 그 수개의 죄가 구성요건적으로 중첩하는 때는 그 중첩되는 한도 내에서 실행행위의 공동, 즉 공동정범의 성립을 인정하는 견해이다. 예를 들어 갑은 상해의 의사로, 을은 살인의 의사로 공동하여 병을 사망에 이르게 한 경우, 갑의 행위는 상해죄의 실행행위이고 을의 행위는 살인죄의 실행행위로서 갑과 을의 행위는 그 구성요건을 달리하지만, 살인의 의사 중에는 상해의 의사가 포함되고 살인행위와 상해행위는 외부적·객관적 측면에서 중첩하는 것이므로, 상해죄의 범위 내에서 갑과 을 사이에 공동정범의 성립을 인정한다. 이 경우 병의 사망이 누구에 의하여 발생하더라도 갑이 병의 사망을 예견할 수 있었다면 상해치사죄의 책임을 부담하지만, 을은 그의 행위로 병이 사망한 경우에는 살인죄의 책임을 갑의 행위로 병이 사망한 경우에는 살인미수죄의 책임을 부담한다.

부분적 범죄공동설에 대하여 위와 같은 사례에서 상해의 고의만을 가짐으로써 상대적으로 경한 범죄에 대한 고의를 가진 갑은 상대적으로 중한 살인의 고의를 가진 을의 행위결과에 대하여까지 책임을 부담하는 데 비하여, 중한 살인의 고의를 가진 을은 상대적으로 경한 상해의 고의를 가진 갑의 행위결과에 대하여 책임을 부담하지 아니하는 불공평한 결과가 초래된다는 비판이 있다. 특히 을이 갑의 행위로 인하여 병이 사망할 수도 있다는 것을 예견할 수 있는 경우 그 처벌이 특히 불공평하다고 한다.[2]

다. 행위공동설

2인 이상이 실행행위를 공동으로 하여 범죄를 실행하는 것을 공동정범이라고 이해하는 견해이다. 여기서 공동으로 하는 실행행위는 반드시 특정한 1개의

2 정성근/박광민, 형법총론(제2판), 성균관대학교출판부(2015), 547.

동일한 고의범의 실행행위임을 요하지 아니하므로, 실행행위를 공동으로 하는 것이면 동일한 구성요건을 실현하는 수인일죄뿐만 아니라 공동행위자 각자가 서로 다른 구성요건을 실현하는 수인수죄에 대하여도 공동정범이 성립할 수 있다고 한다.

종래 행위공동설은 공동정범의 성립을 위한 공동의 대상을 전 구성요건적 사실행위, 즉 자연적 의미의 행위로 보았다. 이에 반하여 현재에는 전 구성요건적 사실행위를 공동으로 하는 것은 형법상 의미 없는 행위의 공동이고 형법상의 행위는 구성요건적 정형을 떠나서는 의미를 가질 수 없는 것으로 보아, 공동정범의 성립을 위하여 공동으로 하여야 하는 대상을 구성요건적인 행위로 보고 있다. 이러한 의미에서 종래의 행위공동설을 사실공동설이라고 하고, 현재의 행위공동설을 구성요건적 행위공동설 또는 실행행위공동설이라고 한다.[3]

행위공동설 중에는 공동정범의 성립을 공동실행하기로 한 의사의 범위와 각자의 기능적 행위지배가 인정되는 범위 내에서 긍정하는 기능적 행위지배설도 있다.[4]

행위공동설은 2인 이상이 각자 자기의 실행행위를 공동으로 한다는 의사가 있으면 충분하고 반드시 결과를 공동으로 한다는 의사까지는 필요없다고 한다. 행위공동설에 의하면 고의가 다른 수개의 고의범 사이의 공동정범은 물론 고의범과 과실범 사이의 공동정범 및 과실범과 과실범 사이의 공동정범의 성립도 인정하게 된다. 따라서 행위공동설에 의하면 범죄공동설보다 공동정범의 성립범위가 넓어진다고 할 수 있다.

대법원은 1962. 3. 29. 선고 4294형상598 판결에서 "형법 제30조에 공동하여 죄를 범한 때의 죄는 고의범이고 과실범이고를 불문한다고 해석하여야 할 것이고 따라서 공동정범의 주관적 요건인 공동의 의사도 고의를 공동으로 가질 의사임을 필요로 하지 않고 고의행위이고 과실행위이고 간에 그 행위를 공동으로 할 의사이면 족하다고 해석하여야 할 것이므로 2인 이상이 어떠한 과실행위를 서로의 의사연락 아래 하여 범죄되는 결과를 발생케 한 것이라면 여기에 과실범의 공동정범이 성립되는 것이다."라고 판시함으로써 행위공동설을 취함을

3 이재상 외 2인, 형법총론(제9판), 박영사(2017), 473; 정영일, 형법강의(총론)(제3판), 학림(2017), 265; 정성근/박광민, 형법총론(제2판), 성균관대학교출판부(2015), 548-549.

4 임웅, 형법총론(제10정판), 법문사(2018), 452-453; 김성돈, 형법총론(제5판), 성균관대학교출판부(2017), 534-535.

분명히 하였다. 그 후에도 대법원은 행위공동설에 입각한 판결을 선고하고 있다.[5]

라. 범죄이론과의 관계

종래까지 범죄이론에서의 객관주의와 주관주의의 대립이 공동정범의 본질에 관한 범죄공동설과 행위공동설의 대립으로 이어진다고 생각되어 왔다. 범죄공동설은 객관주의, 행위공동설은 주관주의 각각의 논리적 귀결로서 이해되고 범죄공동설과 행위공동설은 그 전제가 되는 인식의 차이로 말미암아 대립이 있는 것으로 생각되어 왔다. 범죄를 반사회적 성격의 징표라고 이해하는 주관주의 범죄이론에 의하면, 여러 사람이 1개의 고의범을 공동으로 한다는 것 그 자체는 확실히 무의미한 것이다. 공동정범의 성립에 필요한 주관적 요건을 고의의 공동에 한정하지 아니하고 실행행위를 공동으로 한다는 의사가 있으면 충분하다고 이해한다면, 주관주의 범죄이론과 행위공동설의 결합은 당연한 결과라고 할 수 있다. 이에 반하여 범죄의 정형적인 의미를 중요시하는 경우에는 특정한 범죄를 예정하고 그 범죄를 수인이 공동하여 실행하는 경우가 공동정범이라고 하게 될 것이고 따라서 객관주의 범죄이론은 범죄공동설과 결합되는 것이 논리적 귀결이라고 할 수 있다. 따라서 대체로 범죄공동설은 객관주의와 결합하고 행위공동설은 주관주의와 결합하고 있다고 주장되어 왔다.

그러나 객관주의를 취하면서 행위공동설을 채택하는 경우도 있으므로, 범죄이론에서의 대립이 공동정범의 본질에 관한 대립으로 그대로 이어진다고 단정할 수 없다고 보아야 한다.

Ⅱ. 공동정범의 성립요건

형법 제30조는 2인 이상이 공동하여 죄를 범한 때 공동정범이 성립한다고 규정하고 있다. 공동정범은 2인 이상이 공동하여 죄를 범하는 것이므로, 그 성립요건으로서 주관적 요소로 2인 이상이 실행행위를 공동으로 한다는 의사, 즉 공동실행의 의사가 있어야 하고, 객관적 요소로 공동의 실행행위, 즉 공동실행의 사실이 존재하여야 한다.

5 대법원 1978. 9. 26. 선고 78도2082 판결, 대법원 1979. 8. 21. 선고 79도1249 판결, 대법원 1994. 3. 22. 선고 94도35 판결 등.

1. 주관적 요건

가. 공동실행의 의사

1) 의의

공동정범 성립을 위한 주관적 요건으로 공동실행의 의사를 들 수 있다. 공동실행의 의사는 공동행위자 사이에 존재하는 함께 범죄행위를 실행한다는 주관적 의사를 말하는 것이다. 공동가공의 의사, 의사의 연락 또는 공동범행의 의사라고도 한다. 공동행위자 각자에게 상호적으로 존재하여야 한다. 공동실행의 의사는 기능적 행위지배의 본질적 요소로서 이로 인하여 개별적 행위가 전체로 결합되어 분업적으로 실행된 행위의 전체에 대한 책임을 인정할 수 있게 된다.

2) 동시범과 편면적 공동정범

동시범이란 2인 이상의 단독정범이 서로 의사의 연락 없이 동일한 객체에 대하여 동시 또는 근접한 시기에 각자 범죄를 실행하는 것을 의미한다. 동시범은 외관상으로는 공동정범과 유사하지만 공동정범 성립의 주관적 요건인 공동실행의 의사가 아무에게도 없다는 점에서 공동정범과 구별된다. 동시범은 단독정범이 우연히 병존하고 경합된 경우라고 할 수 있다. 형법은 제19조에서 "동시 또는 이시의 독립행위가 경합한 경우에 그 결과 발생의 원인된 행위가 판명되지 아니한 때에는 각 행위를 미수범으로 처벌한다."고 규정함으로써, 동시범의 실행행위 가운데 결과 발생의 원인된 것이 어떠한 것인지 판명되지 아니한 경우에는 공동정범과 달리 각각의 행위자를 단독정범의 미수범으로 처벌하고 있다.

이에 비하여 범죄 구성요건을 실현하는 공동행위자들 가운데 일방에게만 공동정범 성립의 주관적 요건인 공동실행의 의사가 존재하는 경우를 편면적 공동정범이라고 한다. 편면적 공동정범도 공동정범에 해당한다는 견해가 있을 수 있으나, 공동정범이 성립하기 위하여는 공동정범 성립의 주관적 요건인 공동실행의 의사가 공동행위자 각자에게 상호적으로 존재하여야 하므로, 편면적 공동정범은 공동정범에 해당하지 아니한다. 편면적 공동정범은 실행지배의 유무에 따라 단독정범인 동시범 또는 방조범이 될 수 있을 뿐이다.

대법원은 1985. 5. 14. 선고 84도2118 판결에서 "공동정범은 행위자 상호간에 범죄행위를 공동으로 한다는 공동가공의 의사를 가지고 범죄를 공동실행하는 경우에 성립하는 것으로서, 여기에서의 공동가공의 의사는 공동행위자 상호간에 있어야 하며 행위자 일방의 가공의사만으로는 공동정범 관계가 성립할 수 없다."고 판시함으로써, 편면적 공동정범은 공동정범에 해당하지 아니한다고 보았다.

3) 공동실행의 의사의 형성방법

공동정범의 주관적 요건인 공동실행의 의사는 공동가공의 의사 또는 의사의 연락이라고 하고 공동행위자 각자에게 상호적으로 존재하여야 한다. 공동실행의 의사는 명시적이건 묵시적이건 묻지 아니하고 적어도 상호양해만 되어 있으면 공동실행의 의사는 있다고 하게 된다. 반드시 공동행위자들 사이의 의사의 표시 또는 교환이나 합의를 필요로 하는 것은 아니고, 의식적·의욕적인 공동실행의 의사가 아니어도 무방하다. 공동행위자들 전원이 일정한 장소에 집합하여 직접 모의할 것을 요구하지 아니한다. 공동행위자들 가운데 1인 또는 2인 이상이 릴레이식으로 범의를 연락하거나 간접적으로 범의의 연락이 이루어짐으로써 그 내용에 대한 포괄적 또는 개별적인 의사의 연락이나 인식이 있으면 공동실행의 의사를 인정할 수 있다. 공동행위자들 사이에 서로 면식이 있을 필요까지 없고, 단순히 자신 외의 다른 사람이 공동으로 범행을 실행한다는 사실에 대한 인식이 있으면 족하다.

대법원은 2012. 1. 27. 선고 2010도10739 판결 등에서[6] "2인 이상이 범죄에 공동가공하는 공범관계에서 공모는 법률상 어떤 정형을 요구하는 것이 아니고, 2인 이상이 공모하여 어느 범죄에 공동가공하여 그 범죄를 실현하려는 의사의 결합만 있으면 되는 것으로서, 비록 전체의 모의과정이 없었다고 하더라도 수인 사이에 순차적으로 또는 암묵적으로 상통하여 그 의사의 결합이 이루어지면 공모관계가 성립한다."고 판시하였다.

4) 공동실행의 의사에 대한 증명

공동행위자들 사이에 공동실행의 의사가 있다는 것은 그 내심의 의사를 자백하지 아니하는 이상 정황사실에 의하여 증명할 수밖에 없다. 그리고 이러한 증명은 범죄의 성립요건을 이루는 사실에 대한 증명이므로 엄격한 증명이 요구된다.

대법원은 공모관계를 인정하기 위하여는 엄격한 증명이 요구되지만 피고인이 범죄의 주관적 요소인 공모의 점을 부인하는 경우에는 사물의 성질상 이와 상당

6 대법원 1988. 9. 13. 선고 88도1114 판결, 대법원 2004. 12. 24. 선고 2004도5494 판결, 대법원 2005. 1. 27. 선고 2004도7511 판결 등.

한 관련성이 있는 간접사실 또는 정황사실을 증명하는 방법으로 이를 증명할 수 밖에 없고 이때 무엇이 상당한 관련성이 있는 간접사실에 해당할 것인가는 정상적인 경험칙에 바탕을 두고 치밀한 관찰력이나 분석력에 의하여 사실의 연결상태를 합리적으로 판단하는 방법으로 하여야 한다고 판시하였다.[7]

5) 공동실행의 의사의 성립시기

공동실행의 의사가 공동행위자들 사이에 성립하는 시기는 공동의 실행행위가 있기 전인 것이 보통이지만, 공동의 실행행위가 있을 때 또는 공동의 실행행위가 이루어지는 도중에도 성립할 수 있다. 공동실행의 의사가 공동의 실행행위가 있기 전에 성립하는 경우를 예모적 공동정범이라고 한다. 예를 들어 갑과 을이 병을 살해할 의사로 사전에 공동으로 모의하여 공동의 실행의사를 결정한 후 그 공동의사에 의하여 살해행위를 분담하는 경우이다. 다음으로 공동실행의 의사가 실행행위가 있을 때 성립하는 경우를 우연적 공동정범이라고 한다. 예를 들어 갑과 을이 공동의 실행행위를 하기 전에는 병에 대한 살해를 공동으로 모의하지는 아니하였으나 공동의 실행행위가 이루어질 때 우연히 갑과 을의 의사가 연락되어 병에 대한 살해행위를 각자 분담하게 되는 경우이다. 마지막으로 공동실행의 의사가 실행행위의 일부를 종료한 후 나머지 실행행위를 계속하는 중 또는 실행행위 후 결과의 발생 전에 성립하는 경우를 승계적 공동정범이라고 한다. 예를 들어 갑이 강도의 의사로서 병에 대하여 폭행을 가하여 항거불능의 상태에 빠뜨린 후에 우연히 지나가던 갑의 친구인 을이 갑에게 자기의 범의를 고하고 갑과 공동하여 병의 재물을 탈취하는 경우가 이에 해당한다.

공동실행의 의사가 언제까지 있어야 공동정범이 성립하는지에 관하여는, 실행의 착수 후 기수에 이르기까지 공동실행의 의사가 있으면 공동정범이 성립한다는 견해와[8] 기수 이후 범행이 종료하기까지 공동실행의 의사가 있으면 공동정범이 성립한다는 견해가 있다.[9] 대법원은 범죄의 종류에 따라 공동정범 성립의 종기를 다르게 보고 있다. 즉시범과 상태범의 경우에는 범죄가 기수에 이르기까지 공동실행의 의사가 있어야 하지만, 계속범의 경우에는 기수 후 범행이 종료하기까지 공동실행의 의사가 있으면 공동정범이 성립한다고 한다. 대법원은 2012. 8.

7 대법원 2011. 12. 22. 선고 2011도9721 판결 등.
8 손동권/김재윤, 새로운 형법총론(초판), 율곡출판사(2011), 599-600.
9 정영일, 형법강의(총론)(제3판), 학림(2017), 268.

30. 선고 2012도6027 판결 등에서[10] "범인도피죄는 범인을 도피하게 함으로써 기수에 이르지만, 범인도피행위가 계속되는 동안에는 범죄행위도 계속되고 행위가 끝날 때 비로소 범죄행위가 종료된다. 따라서 공범자의 범인도피행위 도중에 그 범행을 인식하면서 그와 공동의 범의를 가지고 기왕의 범인도피상태를 이용하여 스스로 범인도피행위를 계속한 경우에는 범인도피죄의 공동정범이 성립하고, 이는 공범자의 범행을 방조한 종범의 경우도 마찬가지이다."라고 판시하였다.

나. 승계적 공동정범의 문제

공동실행의 의사가 실행행위의 일부를 종료한 후 나머지 실행행위를 계속하는 중 또는 실행행위 후 결과의 발생 전에 성립하는 승계적 공동정범의 경우 나중에 공동실행의 의사를 갖고 가담한 후행자의 책임범위를 어떻게 정할 것인지, 즉 승계적 공동정범에서의 공동정범의 성립범위가 문제가 된다. 후행자가 자신이 가담하기 전에 이루어진 실행행위에 대하여도 공동정범의 책임을 부담하는지 또는 자신이 가담한 후에 비로소 이루어진 공동의 실행행위와 그 결과에 대하여만 공동정범의 책임을 부담하는지가 문제되는 것이다.

1) 전체성립설

후행자의 가담 전에 이루어진 실행행위에 대하여도 공동정범의 성립을 인정하여 후행자가 그에 대한 책임을 부담한다고 보는 견해이다.[11] 선행자의 행위를 인식하고 이를 이용하려는 의사의 연락을 근거로 후행자에게도 그의 가담 전에 이루어진 실행행위를 포함한 전체의 실행행위에 대하여 공동정범의 성립을 인정하여야 한다는 견해이다. 후행자가 선행자의 의사를 이해하고 이미 이루어진 사정을 이용하면서 실행에 참가한 때는 공동정범의 성립요건인 공동의 실행의사와 공동의 실행행위가 모두 존재하고 의사의 연락이 전체의 실행행위 가운데 어느 시점에 있었는지는 문제되지 아니하므로, 후행자도 그의 가담 전에 이루어진 실행행위를 포함한 전체의 실행행위에 대하여 공동정범의 책임을 져야 함을 이유로 한다.

후행자가 자신이 가담한 후에 비로소 이루어진 공동의 실행행위에 대하여만 공동정범의 성립을 인정하고 그에 대한 책임을 부담한다면, 이는 실질적으로 승

10 대법원 1995. 9. 5. 선고 95도577 판결.
11 주석 형법 총칙(1)(제2판), 한국사법행정학회(2011), 167-168(손동권); 손동권/김재윤, 새로운 형법총론(초판), 율곡출판사(2011), 602.

계적 공동정범 개념 자체를 부정하는 것과 다름없다는 것이다. 공동행위자가 자신이 가담한 후에 비로소 이루어진 실행행위에 대하여 공동정범의 책임을 부담하는 것은 승계적 공동정범이라는 개념을 채용하지 아니하더라도 기존의 공동정범 개념으로 충분히 포섭할 수 있는 것이다. 승계적이라고 할 경우의 승계는 선행자의 실행행위 부분을 계승하고 이것과 후행행위와의 사이에 공동정범관계를 인정하려는 것에서 그 의미를 찾을 수 있다고 한다. 후행자가 선행자와의 양해 하에 선행자의 실행행위를 인계하거나 이미 성립한 실행행위를 이용하여 범죄를 실현한 것이면 공동실행의 의사가 존재한다고 볼 수 있고, 범행계획에 따른 각자의 역할분담에 따라 범행계획의 수행에 필요한 불가결한 부분을 분업에 의하여 공동으로 수행하는 기능적 행위지배를 후행자에 대하여도 인정할 수 있다고 한다.

2) 제한성립설

후행자에 대하여는 그 가담 이후에 비로소 이루어진 실행행위에 대하여만 공동정범의 성립을 인정하여야 한다는 견해이다.[12] 그 이론적 근거로 다음과 같은 주장이 제기된다.

후행자의 가담 전에 선행자에 의하여 단독으로 행하여진 실행행위와 그 결과에 대하여 후행자에게 공동정범의 성립을 인정하기 위하여는 그 실행행위와 그 결과를 후행자에게 객관적으로 귀속시킬 수 있어야 하고, 이를 위하여는 인과관계가 인정되어야 한다. 그러나 인과관계는 후행자가 가담한 공동의 실행행위로 인하여 발생한 결과에 대하여만 인정할 수 있는 것이다. 따라서 전체성립설은 후행자에게 다른 사람의 행위로 인한 결과에 따른 죄책을 부담시킨다는 점에서 자기책임의 원칙에 반한다고 할 수 있다.

나아가 승계적 공동정범도 공동정범이므로 공동의 지배 또는 기능적 행위지배가 인정되어야 한다. 그러나 후행자의 가담 전에 선행자에 의하여 단독으로 행하여진 실행행위와 그 결과에 대하여는 공동의 지배 또는 기능적 행위지배가 있었다고 할 수 없다. 행위지배는 행위자의 주관적 요소와 객관적 요소의 결합을 의

12 박상기, 형법총론(제9판), 박영사(2012), 414-415; 이재상 외 2인, 형법총론(제9판), 박영사(2017), 478-479; 오영근, 형법총론(제4판), 박영사(2018), 373; 박상기/전지연, 형법학(총론·각론 강의)(제4판), 집현재(2018), 257; 정영일, 형법강의(총론)(제3판), 학림(2017), 268-269; 배종대, 형법총론(제13판), 홍문사(2017), 408; 정성근/박광민, 형법총론(제2판), 성균관대학교출판부(2015), 554; 임웅, 형법총론(제10정판), 법문사(2018), 456; 김성돈, 형법총론(제5판), 성균관대학교출판부(2017), 541-542; 김신규, 형법총론강의, 박영사(2018), 459.

미하는데, 이미 선행자에 의하여 행하여진 실행행위와 그 결과에 대한 후행자의 인식과 선행자와 후행자 간의 상호이해가 있다는 것만으로는 선행자의 실행행위에 대한 공동의 지배 또는 기능적 행위지배가 있었다고 할 수 없다. 전체성립설은 형법상의 추인이나 사후고의를 인정하는 문제점이 있는 것이다.

이에 대하여 후행자는 그 가담 이후 비로소 이루어진 실행행위와 그 결과에 대하여만 공동정범의 성립을 인정한다는 결론을 유지하면서도 승계적 공동정범의 개념을 별도로 인정할 필요가 없다는 견해도 있다.[13]

3) 대법원판례

대법원은 1997. 6. 27. 선고 97도163 판결 등에서[14] "계속된 거래행위 도중에 공동정범으로 범행에 가담한 자는 비록 그가 그 범행에 가담할 때에 이미 이루어진 종전의 범행을 알았다 하더라도 그 가담 이후의 범행에 대하여만 공동정범으로 책임을 지는 것이라고 할 것이므로, 비록 이 사건에서 거래행위 전체가 포괄하여 하나의 죄가 된다 할지라도 피고인에게 그 가담 이전의 거래행위에 대하여서까지 유죄로 인정할 수는 없다 할 것이다."라고 판시함으로써, 제한성립설을 채택하고 있음을 분명히 하였다.

다. 과실범의 공동정범

1) 의의

과실범의 공동정범이란 2인 이상이 일정한 행위를 공동으로 하면서 공동의 과실로 과실범의 구성요건적 결과가 발생한 경우 성립하는 공동정범의 형태를 의미한다. 예를 들어 갑과 을이 사냥을 하면서 서로 의사의 연락 하에 일정한 대상을 야수로 오인하고 총을 쏘았는데 야수가 아닌 사람이 총에 맞아 사망을 하거나 다친 경우와 갑과 을이 함께 돌을 굴리다가 떨어뜨려 사람을 죽거나 다치게 한 경우 과실범의 공동정범 성립이 문제될 수 있다.

2) 논의의 실익

과실범의 공동정범을 인정하면 공동의 과실행위로 과실범의 구성요건적 결과를 발생하게 한 공동행위자들을 모두 공동정범으로 처벌하게 된다. 즉 갑과 을이

13 김일수/서보학, 새로쓴 형법총론(제13판), 박영사(2018), 451; 신동운, 형법총론(제11판), 법문사(2019), 603; 이형국/김혜경, 형법총론(제5판), 법문사(2019), 402.

14 대법원 1982. 6. 8. 선고 82도884 판결.

사냥을 하면서 서로 의사의 연락 하에 일정한 대상을 야수로 오인하고 총을 쏘았는데 야수가 아닌 사람이 총에 맞아 사망을 하거나 다친 경우와 갑과 을이 함께 돌을 굴리다가 떨어뜨려 사람을 죽거나 다치게 한 경우, 갑과 을에 대하여 모두 과실치사죄나 과실치상죄의 공동정범이 성립하는 것으로 보는 것이다. 이에 반하여 과실범의 공동정범을 인정하지 아니하면 공동행위자들 각각에 대하여 개별적으로 과실범의 구성요건 충족 여부를 검토하여 과실범의 단독정범 성립 여부를 따지게 된다. 이러한 경우 공동의 과실행위로 과실범의 구성요건적 결과를 발생하게 하였더라도 실제 구성요건적 결과 발생과 인과관계가 있는 행위를 하지 아니한 공동행위자는 과실범으로 처벌할 수 없게 된다. 예를 들어 갑과 을이 사냥을 하면서 서로 의사의 연락 하에 일정한 대상을 야수로 오인하고 총을 쏘았는데 야수가 아닌 사람이 총에 맞아 사망을 하거나 다친 경우, 갑 또는 을 가운데 어느 한 사람은 총을 맞히지 아니한 것으로 밝혀지면 그 사람에 대하여는 과실치사죄나 과실치상죄가 성립하지 아니하는 것이다. 따라서 과실범의 공동정범을 인정하게 되면 과실범의 처벌범위가 확대된다. 형법 제30조의 해석과 관련하여 과실범의 공동정범을 인정할 수 있는지 논의하는 해석론의 차원에서뿐만 아니라 과실범의 공동정범을 인정함으로써 사회적으로 타당한 결과를 얻을 수 있는지를 논의하는 형사정책적 차원에서도 과실범의 공동정범 인정 여부가 문제되고 있는 것이다.

3) 견해의 대립

가) 긍정설

과실범의 공동정범 성립을 인정하는 견해이다. 그 이론적 근거에 따라 긍정설은 다음과 같이 나눠진다.

(1) 행위공동설

행위공동설은 공동정범이 특정한 범죄를 공동으로 하는 것이 아니라 사실상의 행위를 공동으로 하는 것이어서 공동실행의 의사도 고의의 행위이든 과실의 행위이든 어떠한 사실상의 행위를 공동으로 할 의사가 있으면 그 존재를 인정할 수 있으므로, 과실범의 공동정범도 성립할 수 있다고 한다. 행위공동설에서는 의사의 연락이라는 것도 범의의 공동이 아니라 단순한 행위의사의 공동으로 족하다고 본다.

이에 대하여는 과실범의 경우에만 형법상 무의미한 전 구성요건적 행위, 즉 자연적 의미의 행위를 공동으로 하는 것에 대하여 공동정범의 성립을 인정함으로써 고의범의 공동정범과 수미일관하지 아니한 논리를 취하고 있다는 비판이 있다.

(2) 공동행위주체설

공동행위주체설은 실행행위의 분담 없이 공모한 것만으로 공동정범의 성립을 인정하는 공동의사주체설에 반대하여 주장된 학설이다. 공동정범의 성립에는 공모만으로 부족하고 실행행위의 분담이 있어야 하는데, 공동의 실행행위를 하겠다는 의사의 연락에 의하여 공동행위주체가 성립한다고 보고 공동행위자 각자가 실행행위를 분담한 이상 과실로 과실범의 구성요건적 결과를 발생시킨 경우에는 과실범의 공동정범이 성립한다고 보는 견해이다.

이에 대하여는 공동행위주체설은 공모공동정범의 이론적 근거로 주장된 공동의사주체설과 대립하는 이론에 불과할 뿐 이에 근거하여 공동정범의 본질이 설명된다고 할 수 없고, 과실범에 있어서는 어떻게 의사의 연락과 실행행위의 분담에 의하여 공동행위주체가 성립하는지에 관하여 설명을 하지 못한다는 비판이 제기된다.

(3) 기능적 행위지배설

공동정범의 본질이 기능적 행위지배에 있다고 하면서 기능적 행위지배가 인정된다면 과실범의 공동정범도 성립할 수 있다고 보는 견해이다.[15] 이에 따르면 과실범의 공동정범이 성립하기 위하여는 공동행위자들 간의 의사의 연락은 필요하지 않고 공동행위자들 간의 주의의무위반의 공동과 기능적 행위지배가 있으면 과실범의 공동정범이 성립한다고 한다.

이에 대하여 기능적 행위지배도 행위지배의 하나로서 행위지배는 범죄의 실현의사 또는 고의를 전제로 하는 것이므로 과실범에 있어서는 기능적 행위지배 자체를 인정할 수 없다는 비판이 있다.

(4) 과실공동·행위공동설

과실범의 경우 공동정범이 성립하기 위하여는 의사의 연락을 요하지 아니하고 주의의무위반의 공동과 행위의 공동이 있을 때 공동정범이 성립할 수 있다고 보는 견해이다.[16] 공동정범의 본질에 관하여 행위공동설을 취하면서도 행위의 의

15 정성근/박광민, 형법총론(제2판), 성균관대학교출판부(2015), 573; 임웅, 형법총론(제10정판), 법문사(2018), 460; 손동권/김재윤, 새로운 형법총론(초판), 율곡출판사(2011), 608.

16 주석 형법 총칙(1)(제2판), 한국사법행정학회(2011), 175-179(손동권); 김일수/서보학, 새로쓴 형법총론(제13판), 박영사(2018), 462-464; 이재상 외 2인, 형법총론(제9판), 박영사(2017), 483-484; 정영일, 형법강의(총론)(제3판), 학림(2017), 267; 김성돈, 형법총론(제5판), 성균관대학교출판부(2017), 544.

미를 구성요건적 행위로 이해하여 과실범의 구성요건인 주의의무위반이 있고 그 구성요건적 결과를 초래하는 행위의 공동이 있으면 과실범의 공동정범이 성립한다고 한다.

이에 대하여는 고의범의 공동정범이 성립하기 위하여 주관적 요건으로 의사의 연락을 요한다고 하면서도 과실범의 공동정범의 성립에는 이를 요하지 아니한다고 함으로써 고의범과 과실범의 공동정범 성립에 요건을 달리하여야 하는 이유를 설명할 수 없다는 비판이 있다.

나) 부정설

과실범의 공동정범의 성립을 부정하고 공동행위자 각자를 과실범의 동시범으로 의율하여 처벌하면 충분하다는 견해이다.[17] 부정설에 따르면 갑과 을이 사냥을 하면서 서로 의사의 연락 하에 일정한 대상을 야수로 오인하고 총을 쏘았는데 야수가 아닌 사람이 총에 맞아 사망하거나 다친 경우 그 사람이 갑과 을 중 누가 쏜 총에 맞았는지 분명하지 아니하다면, 형법 제19조에 따라 갑과 을 모두 과실치사죄나 과실치상죄의 미수범이 되는 것이지만, 이러한 죄들의 미수범은 처벌하지 아니하므로 갑과 을 모두 형사처벌을 할 수 없게 된다.

(1) 범죄공동설

범죄공동설은 공동정범의 본질을 특정한 고의범을 공동으로 행하는 것으로 이해하기 때문에 특정한 범죄를 공동으로 한다는 인식, 즉 고의의 공동이 없는 과실범의 공동정범의 성립을 인정하지 아니하게 된다. 즉 과실범의 공동정범은 성립할 수 없고 언제나 과실범의 동시범이 성립한다는 것이다.[18]

이에 대하여 범죄공동설 자체가 공동정범의 성립범위를 부당하게 좁게 제한하기 때문에 타당하지 아니하다는 비판이 있다.

(2) 목적적 행위지배설

공동정범은 정범의 한 유형이고 정범이 성립하기 위하여는 범죄의사와 목적적 행위지배가 있어야 하므로, 이를 결여한 과실범에 대하여는 공동정범의 성립을 인정할 수 없다는 견해이다.

이에 대하여 과실행위는 목적적 행위라고 할 수 없고, 정범요소는 주관적 요

17 오영근, 형법총론(제4판), 박영사(2018), 370; 임웅, 형법총론(제10정판), 법문사(2018), 464-466.
18 신동운, 형법총론(제11판), 법문사(2019), 620.

소와 객관적 요소에 의하여 파악하여야 하는데 주관적 요소인 고의에 치중하여 목적적 행위지배가 없다는 이유로 과실범 공동정범의 성립을 부정하는 것은 타당하지 아니하다는 비판이 있다.

(3) 기능적 행위지배설

공동정범에는 기능적 행위지배가 있어야 한다고 보아 기능적 행위지배는 범행계획에 따른 각자의 역할분담에 따라 범행계획의 수행에 필요한 불가결한 부분을 분업에 의하여 공동으로 수행하는 것을 의미하므로, 이러한 의미의 기능적 행위지배를 결여한 과실범에 대하여는 공동정범이 성립할 수 없고, 과실의 공동이 있을 때 각자 동시범이 성립하는 것으로 보아야 한다는 견해이다. 과실범의 공동정범을 인정하면 책임주의에 반한다는 주장도 한다.[19]

이에 대하여는 과실범에 대하여 행위지배를 인정하지 아니함으로써 과실범에 대하여는 공동정범뿐만 아니라 단독정범의 성립도 인정하지 아니하는 부당한 결론에 이른다는 비판이 있다.

4) 대법원판례

대법원은 1962. 3. 29. 선고 61도598 판결에서 "형법 제30조에 공동하여 죄를 범한 때의 죄는 고의범이고 과실범이고를 불문한다고 해석하여야 할 것이고 따라서 공동정범의 주관적 요건인 공동의 의사도 고의를 공동으로 가질 의사임을 필요로 하지 않고 고의행위이고 과실행위이고 간에 그 행위를 공동으로 할 의사이면 족하다고 해석하여야 할 것이므로 2인 이상이 어떠한 과실행위를 서로의 의사연락 아래 하여 범죄되는 결과를 발생케 한 것이라면 여기에 과실범의 공동정범이 성립되는 것이다."라고 판시함으로써, 과실범의 공동정범의 성립을 인정하였다. 그 후 대법원은 일관되게 과실범의 공동정범 성립을 인정하고 있다.[20]

대법원이 과실범의 공동정범 성립을 인정한 사안은 다음과 같다.

① 검문에 응하지 아니한 채 화물차를 질주시킨 행위에 대하여 화주와 운전자가 합의하여 이러한 행동을 하였기 때문에 과실공동이 인정된다고 보

19 박상기/전지연, 형법학(총론·각론 강의)(제4판), 집현재(2018), 260; 배종대, 형법총론(제13판), 홍문사(2017), 414-415; 이형국/김혜경, 형법총론(제5판), 법문사(2019), 400; 김신규, 형법총론강의, 박영사(2018), 460.

20 대법원 1978. 9. 26. 선고 78도2082 판결, 대법원 1982. 6. 8. 선고 82도781 판결, 대법원 1994. 3. 22. 선고 94도35 판결, 대법원 1994. 5. 24. 선고 94도660 판결, 대법원 1996. 8. 23. 선고 96도1231 판결, 대법원 1997. 11. 28. 선고 97도1740 판결, 대법원 2009. 6. 11. 선고 2008도11784 판결.

아 화주와 운전자에게 검문하는 경찰관에 대한 과실치사죄의 공동정범 성립을 인정하였다.[21]

② 공장장과 대표이사가 의사의 연락 아래 크림빵을 제조함에 있어 과실을 저지른 경우 과실범의 공동정범 성립을 인정하였다.[22]

③ 운전병이 운전하던 지프차의 선임 탑승자는 이 운전병의 안전운행을 감독하여야 할 책임이 있는데 오히려 운전병을 데리고 주점에 들어가서 같이 음주한 다음 운전케 한 결과 운전병이 음주로 인하여 취한 탓으로 사고가 발생한 경우에는 선임 탑승자에게도 과실범의 공동정범이 성립한다고 보았다.[23]

④ 정기관사와 부기관사가 열차를 퇴행시킨 행위에 대하여 서로 상론 동의한 경우 부기관사가 정기관사의 지휘감독을 받기는 하지만 열차의 퇴행에 관하여 상론 동의한 이상 과실범의 공동정범이 성립한다고 보았다.[24]

⑤ 건물의 설계자와 시공사의 대표이사 각자는 협력하여 건물을 안전하고도 견고하게 신축하여야 할 주의의무가 있었을 뿐만 아니라 서로 의사를 연락하여 건물을 신축하였던 것이므로 그들 사이에 과실범의 공동정범이 성립한다고 보았다.[25]

⑥ 터널 굴착공사를 담당한 건설회사의 현장소장과 공사현장의 시공업무 전반을 관리·감독하는 한국전력공사 지중선사업처의 지소장에 대하여 과실범의 공동정범이 성립한다고 보았다.[26]

⑦ 건물(삼풍백화점) 붕괴의 원인이 건축계획의 수립, 건축설계, 건축공사공정, 건물 완공 후의 유지관리 등에 있어서의 과실이 복합적으로 작용한 데 있다고 보아 각 단계별 관련자들을 업무상과실치사상죄의 공동정범으로 보았다.[27]

⑧ 성수대교와 같은 교량이 그 수명을 유지하기 위하여는 건설업자의 완벽한 시공, 감독공무원들의 철저한 제작·시공상의 감독 및 유지·관리를 담당하

21 대법원 1962. 3. 29. 선고 61도598 판결.
22 대법원 1978. 9. 26. 선고 78도2082 판결.
23 대법원 1979. 8. 21. 선고 79도1249 판결.
24 대법원 1982. 6. 8. 선고 82도781 판결.
25 대법원 1994. 3. 22. 선고 94도35 판결.
26 대법원 1994. 5. 24. 선고 94도660 판결.
27 대법원 1996. 8. 23. 선고 96도1231 판결.

고 있는 공무원들의 철저한 유지·관리라는 조건이 합치되어야 하는 것이므로, 위 각 단계에서의 과실 그것만으로 붕괴원인이 되지 못하더라도, 그것이 합쳐지면 교량이 붕괴될 수 있다는 점은 쉽게 예상할 수 있고, 따라서 위 각 단계에 관여한 자는 전혀 과실이 없다거나 과실이 있다고 하여도 교량붕괴의 원인이 되지 않았다는 등의 특별한 사정이 있는 경우를 제외하고는 붕괴에 대한 공동책임을 면할 수 없다고 보아 과실범의 공동정범 성립을 인정하였다.[28]

라. 결과적가중범의 공동정범

결과적가중범의 공동정범이란 기본범죄만을 모의한 후 공동행위자들 가운데 일부가 고의나 과실로 중한 결과를 발생시킨 경우이다. 예를 들어 갑과 을이 강도만을 모의하였는데 을이 고의나 과실로 피해자를 살해한 경우이다.

중한 결과를 발생시킨 공동행위자에게 중한 결과에 대한 고의가 있는 경우 다른 공동행위자에게 중한 결과 발생에 대한 고의범이 성립하지 아니하는 것은 당연하다. 위의 사례에서 을에게 살인의 고의가 있는 경우 갑에게 강도살인죄의 공동정범이 성립하지 아니한다. 다만 갑에게 피해자의 사망에 대한 예견가능성이 있는 경우 강도치사죄가 성립한다고 할 수 있다. 갑에게 강도치사죄가 성립할 때 갑의 강도치사죄와 을의 강도살인죄가 공동정범의 관계에 있는지 동시범에 불과한 지 문제가 될 수 있다. 행위공동설을 취하면 갑의 강도치사죄와 을의 강도살인죄의 공동정범 성립을 인정하지만, 범죄공동설을 취하면 이를 인정하지 아니하게 될 것이다.

대법원은 1991. 11. 12. 선고 91도2156 판결에서 "강도의 공범자 중 1인이 강도의 기회에 피해자에게 폭행 또는 상해를 가하여 살해한 경우, 다른 공모자가 살인의 공모를 하지 아니하였다고 하여도 그 살인행위나 치사의 결과를 예견할 수 없었던 경우가 아니면 강도치사죄의 죄책을 면할 수 없다고 할 것이나, 그렇게 한다고 하여도 이 사건에서 피고인이나 변호인은 항소이유로서 이를 전혀 예견할 수 없었다고 주장하고 있으므로, 이에 관하여는 사실심인 원심이 판단을 하여야 할 것이다. 강도살인죄는 고의범이고 강도치사죄는 이른바 결과적가중범으로서 살인의 고의까지 요하는 것이 아니므로, 수인이 합동하여 강도를 한 경우 그 중 1인이 사람을 살해하는 행위를 하였다면 그 범인은 강도살인죄의 기수 또는 미수의 죄

28 대법원 1997. 11. 28. 선고 97도1740 판결.

책을 지는 것이고 다른 공범자도 살해행위에 관한 고의의 공동이 있었으면 그 또한 강도살인죄의 기수 또는 미수의 죄책을 지는 것이 당연하다 하겠으나, 고의의 공동이 없었으면 피해자가 사망한 경우에는 강도치사의, 강도살인이 미수에 그치고 피해자가 상해만 입은 경우에는 강도상해 또는 치상의, 피해자가 아무런 상해를 입지 아니한 경우에는 강도의 죄책만 진다고 보아야 할 것이다."라고 판시하였을 뿐, 강도살인죄와 강도치사죄의 공동정범 성립 여부에 관하여 구체적으로 밝히지 아니하였다.

중한 결과를 발생시킨 공동행위자에게 중한 결과에 대한 과실이 있고 다른 공동행위자에게도 중한 결과 발생에 대한 예견가능성이 있는 경우 공동행위자들 각자에 대하여 결과적가중범이 성립하는데 이러한 결과적가중범들 사이에 공동정범이 성립하는지가 문제가 된다. 위의 사례에서 갑에게 피해자의 사망에 대한 예견가능성이 있는 경우 갑과 을에게 강도치사죄의 공동정범이 성립하는지가 문제가 되는 것이다. 이는 과실범의 공동정범을 인정하는지에 따라 그 결론을 달리한다고 보아야 한다. 과실범의 공동정범을 인정한다면 결과적가중범의 공동정범을 인정하게 되지만, 과실범의 공동정범을 인정하지 아니한다면 공동행위자 각각에 대하여 결과적가중범의 단독정범, 즉 동시범이 성립한다고 보게 된다. 공동정범의 성립범위는 기능적 행위지배가 인정되는 고의범에 한정되기 때문에 고의와 과실의 결합형식인 결과적가중범에 있어서는 고의범인 기본범죄에 대하여만 공동정범의 성립이 가능하고 과실로 초래된 중한 결과에 대하여는 결과적가중범의 공동정범 성립이 인정되지 아니한다는 견해도 있다.[29] 또한 공동행위자들에게 기본범죄의 고의와 중한 결과에 대한 예견가능성이 있고, 특히 기본범죄에 대한 공동의 의사가 있으면 결과적가중범의 공동정범 성립은 인정될 수 있다고 하면서 결과적가중범의 공동정범 성립은 과실범의 공동정범 성립과 반드시 논리적인 연관관계를 갖는 것이 아니라고 하는 견해도 있다.[30]

대법원은 2000. 5. 12. 선고 2000도745 판결 등에서[31] "결과적가중범인 상해

29 임웅, 형법총론(제10정판), 법문사(2018), 470; 신동운, 형법총론(제11판), 법문사(2019), 625; 이형국/김혜경, 형법총론(제5판), 법문사(2019), 413.

30 주석 형법 총칙(1)(제2판), 한국사법행정학회(2011), 180(이정원); 손동권/김재윤, 새로운 형법총론(초판), 율곡출판사(2011), 623; 김성돈, 형법총론(제5판), 성균관대학교출판부(2017), 556.

31 대법원 1978. 1. 17. 선고 77도2193 판결, 대법원 1993. 8. 24. 선고 93도1674 판결, 대법원 1997. 10. 10. 선고 97도1720 판결, 대법원 2013. 4. 26. 선고 2013도1222 판결 등.

치사죄의 공동정범은 폭행 기타의 신체침해 행위를 공동으로 할 의사가 있으면 성립되고 결과를 공동으로 할 의사는 필요 없으며, 여러 사람이 상해의 범의로 범행 중 한 사람이 중한 상해를 가하여 피해자가 사망에 이르게 된 경우 나머지 사람들은 사망의 결과를 예견할 수 없는 때가 아닌 한 상해치사의 죄책을 면할 수 없다고 할 것이다."라고 판시하였다. 대법원은 중한 결과를 발생시킨 공동행위자에게 중한 결과에 대한 과실이 있고 다른 공동행위자에게도 중한 결과 발생에 대한 예견가능성이 있는 경우 공동행위자들 각자에 대하여 결과적가중범의 공동정범 성립을 인정하고 있다고 할 수 있다.

2. 객관적 요건

가. 공동의 실행행위

1) 의의

공동정범의 성립을 위한 객관적 요건으로 공동의 실행행위가 있어야 한다. 공동의 실행행위는 공동행위자 상호간의 분업적 협력에 의하여 역할을 분담하면서 공동의 작업을 하는 것이다. 공동의 실행행위는 범죄 실현을 위한 범행계획의 실현단계에서 목적으로 하는 결과의 실현을 위하여 불가결한 전제를 이루는 기여를 하는 것이면 충분하다. 공동행위자 각자의 역할분담 자체가 구성요건에 해당하는 경우뿐만 아니라 어느 한 공동행위자의 역할분담은 구성요건에 해당하지 아니하더라도 전체 구성요건을 실현하는 데 필요불가결한 행위기여가 있으면 된다고 할 수 있다. 즉 공동행위자들은 상호의존적 관계에서 구성요건을 실행하는 것이고 공동행위자들은 대등한 동반자로서 구성요건의 실현을 위하여 서로 기여하고 보충하는 것이라고 할 수 있다. 이에 반하여 분업적인 분담에 의하여 기능적으로 공동작업을 하는 대등한 동반자라고 볼 수 없는 단순한 공모자는 공동정범이라 할 수 없고 경우에 따라서 교사범 또는 종범이 성립할 수 있다.

2) 기능적 행위지배

기능적 행위지배가 인정되는 공동실행행위에는 각각의 공동행위자의 행위가 독립하여 구성요건에 해당하는 경우는 물론, 공동행위자들의 행위가 전체로서 구성요건에 해당하는 경우도 포함된다. 기능적 행위지배는 범행계획에 따른 각자의 역할분담에 따라 범행계획의 수행에 필요한 불가결한 부분을 분업에 의하여 공동으로 수행하는 경우에 인정된다. 구성요건적 실행행위라고 볼 수 없는 행위라도 기능적 행위지배가 인정되는 한 공동실행의 행위가 있다고 하게 되는 것이다. 이러한 의미에서의 실행행위는 갑과 을이 동시에 병에 대하여 상해를 가하는 경우, 갑은 병에 대하여 권총으로서 협박을 하고 을은 병의 재물을 탈취하는 경우 또는 갑이 먼저 병에게 치사량 절반 분량의 독약을 복용시키고 다음에 을이 나머지 절반 분량의 독약을 복용시키는 경우와 같이 공동행위자들의 행위가 모두 구성요건적 실행행위에 해당하는 것도 있지만, 다른 공동행위자가 강도범행을 하도록 범행현장에 데려다주거나 다른 공동행위자가 절도나 강도 범행으로 절취하거나 강취한 재물을 운반하여 주는 경우와 같이 구성요건적 실행행위에 해당하지 아니하는 행위를 분담하였더라도 기능적 행위지배가 인정되는 실행의 분담행위도 있을 수 있다.

3) 형태

공동의 실행행위는 작위는 물론 부작위에 의하여도 가능하다. 보호의무가 있는 부모가 작위의무에 위반하여 그 자녀를 아사시킨 경우 부작위에 의한 살인죄의 공동정범이 성립하게 된다. 행위공동설에 따르면 공동의 실행행위는 고의행위이건 과실행위이건 묻지 아니하므로 고의행위와 과실행위의 상호간은 물론 과실행위 상호간의 공동정범도 성립할 수 있는 것이다.

나. 공모공동정범

1) 의의

공모공동정범이란 2인 이상의 자가 공모하여 공모자 가운데 일부가 공모에 따라 범죄를 실행하였을 때 직접 실행행위를 분담하지 아니한 공모자에게도 공동정범이 성립한다는 이론이다. 공모공동정범은 일본의 판례를 동하여 형성·발전된 것으로서 대법원도 일관되게 공모공동정범을 인정하고 있다.

2) 학설의 대립

가) 긍정설

(1) 공동의사주체설

공모에 의하여 수인 사이에 공동의사주체가 형성되어 범죄의 실행행위가 있으면 실행행위를 분담하지 아니하더라도 공동의사주체로서 공동정범이 성립한다고 보는 견해이다.

이에 대하여는 다음과 같은 비판이 제기된다. 공동의사주체설이 공동정범을 공동의사주체의 활동으로 보면서도 그 책임을 공동의사주체를 구성하는 개인에 대하여 부담시키는 것은 책임의 전가로서 자기책임의 원칙에 반하고, 단체책임의 원리에 입각하여 실행행위를 분담하지 아니한 공모자에게 다른 사람의 실행행위가 있었음을 들어 공동정범으로서의 책임을 부담시키는 것은 개인책임의 원칙에 반한다고 할 수 있다. 다음으로 공동정범은 정범으로서 공범이 아님에도 공동의사주체설은 공모자 가운데 한 사람의 실행행위가 있으면 이에 종속하여 다른 공모자도 공동정범이 된다고 하여 사실상 종속성을 인정하고 있다. 이와 같이 정범인 공동정범이 다른 정범에 종속한다는 것은 정범의 본질에 반하는 것이다. 또한 공동의사주체설은 공모자도 실행행위를 한 자와 마찬가지로 중요할 역할을 한 것으로 보아 공동정범에 해당하는 것으로 보는데, 모의에 단순 가담하였다는 것만으로 중요한 역할을 담당하였다고 보는 것은 부당하다.

(2) 간접정범유사설

간접정범유사설은 실행행위에 가담하지 아니한 공모자도 다른 사람과의 공모를 통하여 다른 사람의 실행행위를 이용하여 자신의 범죄의사를 실현한 것이므로, 타인을 도구로 이용하여 범죄를 하는 간접정범과 유사하게 공동정범의 성립을 인정할 수 있다는 견해이다. 즉 공동실행의 의사에 의하여 실행행위를 한 자에게 심리적 구속을 미치는 경우 실행행위를 한 자를 이용하여 자신의 범죄의사를 실현한 것이 되므로 실행행위를 한 자는 공모자의 도구로서의 역할을 한 것으로 평가할 수 있다고 한다. 다만 공모공동정범에 있어서 공모자와 실행행위를 한 자 사이의 관계는 전자에 의하여 후자가 일방적으로 도구로서 이용되는 것이 아니라 후자도 전자에 의하여 지원을 받고 실행을 고무받음으로써 공동하여 범죄를 실행한 것이므로 공동정범에 해당하게 되는 것이라고 한다.

이에 대하여는 다음과 같은 비판이 제기된다. 우선 실행행위를 분담하지 아니하고 모의에만 가담한 사람의 공동정범 성립을 인정하는 공모공동정범은 간접정범과 본질적으로 다르다. 간접정범과 피이용자는 지배와 피지배의 관계인데 반하여 공동정범 간에는 상호 협력가공 또는 역할분담의 관계가 있기 때문이다. 따라서 외형상의 유사성을 들어 공동정범성을 인정하기 위하여 본질과 성격이 다른 간접정범을 근거로 삼는 것은 무리한 해석이다. 간접정범은 일종의 단독정범에 해당하므로 공동정범을 간접정범과 유사하다고 하는 것은 공동정범을 부정하는 것일 뿐만 아니라 책임 있는 자의 행위를 서로 이용하여 죄를 범한 공동정범이 책임무능력자의 행위를 이용하는 간접정범과 같은 실질을 가질 수 없는 것이다. 공동정범을 간접정범과 유사하다고 보게 되면 실행의 착수시기를 간접정범의 이용행위 시에 있다고 하게 되므로, 공모공동정범은 공모 시에 실행의 착수가 있다고 보게 되는 부당한 결론에 이르게 된다.

(3) 적극이용설

직접 실행행위를 하지 아니하였더라도 범죄 구성요건의 실현에 주동적 역할을 한 사람을 정범으로 처벌할 필요가 있다는 전제에서 실행행위를 전체적·실질적으로 관찰하여 공모자의 이용행위가 실행행위로 인정되는 경우 공모공동정범을 인정하는 견해이다. 즉 공모자의 이용행위를 실행행위와 동일한 것으로 볼 수 있다면 여기에 공동정범성을 인정하려는 것이다. 이때의 공모는 단순한 의사의 연락 정도로는 부족하고 공모자 사이에 자타 구속적인 강도, 즉 범죄수행에 중요한 역할을 담당하여 공모자가 직접 실행행위를 한 자를 적극 이용하였다고 볼 만한 정도에 이르러야 할 뿐만 아니라 객관적 요건으로 공모자에게 합의 외에도 구성요건적 결과 실현을 위한 범죄수행을 용이하게 하는 객관적 행동이 필요하다고 한다.

이에 대하여는 공모자의 적극 이용행위와 단순 이용행위 사이에는 정도의 차이가 있을 뿐이므로 불명확성으로 말미암아 이를 정범성 인정요소로 하기에 적절하지 아니하고, 단순히 범죄수행을 용이하게 하는 객관적 행동이 있다고 하여 공동정범이 될 수 없으며, 공모자의 이용행위를 정범성 인정의 근거로 하는 것이 간접정범유사설과 같다고 할 수 있으므로, 간접정범유사설에 대한 비판이 그대로 적용될 수 있다고 한다.

(4) 기능적 행위지배설

공모공동정범의 성립을 인정하면서도 공동정범이 성립할 수 있는 공모의 범위를 제한함으로써 엄격한 요건 하에 공모공동정범이 성립할 수 있다는 견해이다.[32] 공동정범의 객관적 요건인 공동의 실행행위는 공동행위자가 구성요건에 해당하는 실행행위를 직접 분담한 경우에만 인정되는 것이 아니라 기능적 행위지배가 있는지, 즉 공동행위자가 범행계획의 범위 안에서 공동하여 결과를 실현하는데 불가결한 요건이 되는 기능을 분담하였는지에 따라 결정하여야 한다는 것이

32 이재상 외 2인, 형법총론(제9판), 박영사(2017), 490-491; 손동권/김재윤, 새로운 형법총론(초판), 율곡출판사(2011), 617; 김신규, 형법총론강의, 박영사(2018), 462.

다. 실행행위를 직접 분담하지 아니한 공모자에 대하여도 범죄를 조직하고 지휘하거나 범죄의 실행자를 지정하여 실행하는 때와 같이 전체 범행계획의 중요한 기능을 담당하였다고 인정되는 경우에는 공동정범의 성립을 인정하여야 한다는 것이다.

이에 대하여는 기능적 행위지배 존부의 관점에서 공모공동정범 성립 여부를 판단한다면 공모공동정범의 개념을 별도로 인정할 필요가 없다는 비판이 있다. 공동행위자가 구성요건에 해당하는 실행행위를 분담하지 아니하더라도 범행계획의 범위 안에서 공동하여 결과를 실현하는 데 불가결한 요건이 되는 기능을 분담하였다면 그에게 공동정범이 성립한다는 것은 공동정범의 본질에 비추어 당연한 결론이기 때문이다.

나) 부정설

형법의 해석상 실행행위를 분담한 경우에만 공동정범이 성립하는 것이므로 공동정범 성립의 객관적 요건을 충족하지 아니하는 공모공동정범의 성립을 인정할 수 없다고 한다. 직접 실행행위를 분담하지 아니한 공모자에게는 그 가담의 형태에 따라 교사범이나 종범이 성립할 수 있을 뿐이라고 한다. 집단의 배후에서 범행을 지휘하거나 중요한 역할을 담당하고 있는 두목이나 간부들에 대한 처벌의 필요성이 있더라도, 형법이 교사범을 정범과 같은 형으로 처벌하고 있고 형법 제34조의[33] 특수교사·방조에 관한 규정이 있는 이상 위와 같은 사람들에 대한 처벌 필요성만으로 공모공동정범을 인정할 필요는 없다고 한다.[34]

이에 대하여는 다음과 같은 비판이 제기된다. 우선 공모공동정범은 집단범죄나 공동범죄의 실체를 정확히 파악하고 이에 대처하기 위하여 고안된 것이라는 점에서 그 합리성을 인정하여야 한다. 공동정범의 성립에 있어서 직접적인 실행

33 형법 제34조 [간접정범, 특수한 교사, 방조에 대한 형의 가중]
① 어느 행위로 인하여 처벌되지 아니하는 자 또는 과실범으로 처벌되는 자를 교사 또는 방조하여 범죄행위의 결과를 발생하게 한 자는 교사 또는 방조의 예에 의하여 처벌한다.
② 자기의 지휘, 감독을 받는 자를 교사 또는 방조하여 전항의 결과를 발생하게 한 자는 교사인 때에는 정범에 정한 형의 장기 또는 다액에 그 2분의 1까지 가중하고 방조인 때에는 정범의 형으로 처벌한다.

34 박상기, 형법총론(제9판), 박영사(2012), 419; 김일수/서보학, 새로쓴 형법총론(제13판), 박영사(2018), 455; 박상기/전지연, 형법학(총론·각론 강의)(제4판), 집현재(2018), 266-267; 정영일, 형법강의(총론)(제3판), 학림(2017), 272; 배종대, 형법총론(제13판), 홍문사(2017), 421-422; 정성근/박광민, 형법총론(제2판), 성균관대학교출판부(2015), 568-569; 신동운, 형법총론(제11판), 법문사(2019), 613-616; 이형국/김혜경, 형법총론(제5판), 법문사(2019), 408.

행위의 분담이라는 객관적 요건의 충족을 엄격하게 요구할 때는 집단의 배후에서 범행을 지휘하거나 중요한 역할을 담당하고 있는 두목이나 간부들을 공동정범으로 처벌할 수 없게 되어 집단범죄나 공동범죄의 실체와 사회현실에 맞지 아니하다는 것이다. 형법이 교사범을 정범과 같은 형으로 처벌하고 있고 형법 제34조의 특수교사·방조에 관한 규정이 있더라도, 처벌을 같이한다는 이유로 정범으로 처벌하여야 할 자를 공범으로 처벌하는 것은 타당하다고 할 수 없고, 특수교사·방조는 공모 외에 특별한 구성요건의 충족을 필요로 하므로 위와 같은 두목이나 간부들에 대한 정당한 처벌에 공백이 발생할 수 있다. 다음으로 공모공동정범은 대법원판결을 통하여 확고하게 확립되어 있는 이론이고 당분간 대법원판례의 변동도 기대하기 어려운 상황이다. 이러한 상황에서 공모공동정범의 성립 자체를 부정함으로써 대법원판례와 평행선을 달리기보다는 공모공동정범의 성립은 인정하되 그 인정범위를 합리적으로 제한하는 것이 타당하다고 할 수 있다. 즉 어떠한 공모에 의하여 공모공동정범이 성립하는지 그 성립요건을 명확히 하면서 그 한계를 설정할 필요가 있다는 것이다.[35]

3) 대법원판례

대법원은 1983. 3. 8. 선고 82도3248 판결 등에서[36] "공모공동정범은 공동범행의 인식으로 범죄를 실행하는 것으로 공동의사주체로서의 집단전체의 하나의 범죄행위의 실행이 있음으로 성립하고 공모자 모두가 그 실행행위를 분담하여 이를 실행할 필요가 없고 실행행위를 분담하지 않아도 공모에 의하여 수인 간에 공동의사주체가 형성되어 범죄의 실행행위가 있으면 그 실행행위를 분담하지 않았다고 하더라도 공동의사주체로서 정범의 죄책을 지게 하는 것이니 범죄의 집단화 현상으로 볼 때 범행의 모의만 하고 실행행위는 분담하지 않아도 그 범행에 중요한 소임을 하는 것을 간과할 수 없기 때문에 이를 공모공동정범으로서 처단하는 것이다."라고 판시함으로써, 공동의사주체설에 따라 공모공동정범을 인정하기도 하였다.

대법원은 1988. 4. 12. 선고 87도2368 판결 등에서[37] "공모공동정범이 성립되

35 주석 형법 총칙(1)(제2판), 한국사법행정학회(2011), 191(이정원).

36 대법원 1993. 1. 29. 선고 90도450 판결.

37 대법원 1988. 8. 9. 선고 88도839 판결, 대법원 1988. 9. 13. 선고 88도1114 판결, 대법원 1993. 4. 23. 선고 92도2628 판결, 대법원 1996. 3. 8. 선고 95도2930 판결, 대법원 2006. 8. 25. 선고 2006도3631 판결.

려면 두 사람 이상이 공동의 의사로 특정한 범죄행위를 하기 위하여 일체가 되어 서로가 다른 사람의 행위를 이용하여 각자 자기의 의사를 실행에 옮기는 것을 내용으로 하는 모의를 하여 그에 따라 범죄를 실행한 사실이 인정되어야 하고, 이와 같이 공모에 참여한 사실이 인정되는 이상 직접 실행행위에 관여하지 안했더라도 다른 사람의 행위를 자기의사의 수단으로 하여 범죄를 하였다는 점에서 자기가 직접 실행행위를 분담한 경우와 형사책임의 성립에 차이를 둘 이유가 없다."라고 판시함으로써, 간접정범유사설에 따라 공모공동정범을 인정하기도 하였다.

그러나 최근 대법원은 2017. 1. 12. 선고 2016도15470 판결 등에서[38] "형법 제30조의 공동정범은 2인 이상이 공동하여 죄를 범하는 것으로서, 공동정범이 성립하기 위해서는 주관적 요건으로서 공동가공의 의사와 객관적 요건으로서 공동의사에 기한 기능적 행위지배를 통한 범죄의 실행사실이 필요하고, 공동가공의 의사는 공동의 의사로 특정한 범죄행위를 하기 위하여 일체가 되어 서로 다른 사람의 행위를 이용하여 자기의 의사를 실행에 옮기는 것을 내용으로 하는 것이어야 한다. 공모자 중 구성요건에 해당하는 행위 일부를 직접 분담하여 실행하지 않은 사람도 전체 범죄에서 그가 차지하는 지위, 역할이나 범죄 경과에 대한 지배나 장악력 등을 종합해 볼 때, 단순한 공모자에 그치는 것이 아니라 범죄에 대한 본질적 기여를 통한 기능적 행위지배가 존재하는 것으로 인정되는 경우 이른바 공모공동정범으로서의 죄책을 질 수 있다."라고 판시함으로써, 주로 기능적 행위지배설에 따라 공모공동정범을 인정하고 있다.

다. 합동범

1) 의의

형법의 특수도주죄(제146조), 특수절도죄(제331조 제2항), 특수강도죄(제334조 제2항) 등에서 2인 이상이 합동하여 죄를 범한 경우 가중처벌하는 규정을 두고 있다. 이러한 범죄들을 합동범이라고 한다. 2인 이상이 합동하여 죄를 범한 경우에는 단독으로 죄를 범한 경우에 비하여 범죄실행에 있어서 위험성이 크다는 이유로 가중처벌하는 규정을 둔 것이다.

38 대법원 2013. 9. 12. 선고 2013도6570 판결, 대법원 2012. 1. 27. 선고 2011도626 판결, 대법원 2010. 12. 23. 선고 2010도7412 판결, 대법원 2010. 7. 15. 선고 2010도3544 판결, 대법원 2009. 8. 20. 선고 2008도11138 판결, 대법원 2009. 6. 23. 선고 2009도2994 판결, 대법원 2007. 10. 26. 선고 2007도4702 판결, 대법원 2007. 4. 26. 선고 2007도428 판결, 대법원 1998. 5. 21. 선고 98도321 전원합의체 판결 등.

2) 합동범의 본질

가) 공모공동정범설

합동범을 공동정범과 구별하여야 한다는 전제 하에 합동범이 집단범의 한 형태로서 형을 가중하여야 한다는 합목적적 견지에서 도입되었다고 보아 합동은 공모공동정범과 그 밖의 공동정범을 포함하는 새로운 개념으로서 특별한 구성요건에 해당한다고 보는 견해이다. 형법상의 공동정범에 공모공동정범은 포함되지 아니하지만, 집단범죄를 중하게 처벌하려는 취지에서 제정된 합동범의 경우에 한하여 공모공동정범이 인정된다는 것이다.

이에 대하여는 합동을 공모와 동일하게 해석하는 것은 형법의 법문의 의미를 넘는 유추해석이 될 위험이 있고, 합동범의 범위가 지나치게 확대되어 합동범에 관하여는 총칙상의 교사나 방조가 성립할 여지가 거의 없어지게 될 뿐만 아니라 공모공동정범이론에 대한 비판이 합동범에 그대로 적용되는 것을 피할 수 없다는 지적이 있다. 또한 오늘날 정범의 표지로서 일반적으로 받아들여지고 있는 행위지배설의 입장에서 볼 때, 공모만으로 공동정범의 성립을 인정하는 공모공동정범이론은 정범의 본질에 반할 뿐만 아니라 교사나 방조와의 구별을 거의 불가능하게 함으로써 형법이 공범과 정범을 구별하여 취급하도록 한 입법형식을 무의미하게 만든다는 비판도 그대로 적용된다.

나) 가중적 공동정범설

합동범은 그 본질상 공동정범과 같은 것이지만, 집단범죄에 대처하기 위한 형사정책상의 필요에 의하여 특별히 형을 가중한 것에 불과하다는 견해이다. 가중적 공동정범설에 의하면 2인 이상이 반드시 범죄현장에서 협동할 필요가 없으므로, 범죄현장에서 공동으로 실행하는 경우는 물론 비록 범죄현장에서 공동하지는 아니하더라도 공동의 실행행위를 하여 공동정범이 성립할 정도에 이르게 되면 합동범이 성립하게 된다고 한다. 집단적인 도주, 절도, 강도 범죄의 위험성을 염두에 두고 이에 대한 강력한 대책을 강구하기 위하여 형을 가중하고 이를 공동정범과 구별하여 합동이라는 용어를 사용하였다는 것이다. 이에 따르면 공동정범이 성립하면 합동범도 성립하는 것이므로 합동범에 대한 공동정범의 성립을 별도로 인정할 필요가 없게 된다.

이에 대하여는 형법이 공동과 구별하여 합동이라는 용어를 사용하고 있는 취지를 설명하지 못하고 있고, 집단범죄에 대처하기 위한 형사정책상 필요에 의하여 형을 가중하는 것이 도주죄, 절도죄, 강도죄의 경우에만 한정되는 이유를 설명하지 못하며, 합동범의 구조적 특성이나 불법의 실체를 밝히지 아니한 채 단순히 집단범죄의 위험에 대처한다는 형사정책적 필요성만을 내세워서 공동정범에 대하여 형을 가중하는 것은 책임주의에 위반된다는 비판이 제기된다.

다) 현장설

합동을 범행현장에서의 공동실행, 즉 시간적·장소적 협동을 의미한다고 보는 견해이다.[39] 이에 따르면 합동은 공동보다 좁은 개념으로서 합동범이 성립하려면 단순한 공모나 공동정범에 이를 정도의 기능적 행위지배만으로는 부족하고 범죄현장에서 실행행위를 분담할 것이 필요하다고 본다. 합동은 명백히 공동보다는 좁은 의미를 갖는 것으로서 구법시대의 도범방지법 제2조 제2호의 '2인 이상이 현장에서 공동하여' 규정 부분을 참조한 것이기 때문에 '현장에서 공동하여'로 해석하여야 한다는 점과 합동범에 대하여 가중처벌하는 것은 2인 이상의 시간적·장소적 협동에 의하여 법익침해에 대한 구체적 위험성이 증가한다는 것을 고려하였기 때문이라는 짐을 근거로 한다. 이에 따르면 합동범의 성립범위는 크게 축소된다. 현장설에 의하면 합동범은 공동정범보다 좁은 개념으로서 공동정범 성립의 요건 외에 현장성이라는 요건이 추가적으로 요구된다. 물론 합동범이 성립하기 위하여는 당연히 공동정범 성립의 요건을 충족하여야 하므로 범행현장에 있었더라도 기능적 행위지배가 없었다면 합동범이 될 수 없는 것이다.

이에 대하여는 도범방지법에 해당한다고 볼 수 있는 것은 특수절도죄와 특수강도죄의 경우뿐이고 특수도주죄는 그 법에 없던 것인데 왜 새로이 합동범의 유형으로 규정하였는지를 설명할 수 없다는 비판과 합동하지 아니하였지만 기능적 행위지배를 한 수괴나 배후거물 등이 오히려 합동범의 공동정범으로 처벌받지 아니하고, 도리어 그의 교사 또는 방조 내지 기본범죄의 공동정범으로 처벌받을 수밖에 없다는 부당한 결론에 이르게 된다는 비판이 제기된다.

39 박상기, 형법총론(제9판), 박영사(2012), 426; 박상기/전지연, 형법학(총론·각론 강의)(제4판), 집현재(2018), 244; 정영일, 형법강의(총론)(제3판), 학림(2017), 274; 배종대, 형법총론(제13판), 홍문사(2017), 431; 정성근/박광민, 형법총론(제2판), 성균관대학교출판부(2015), 578; 임웅, 형법총론(제10정판), 법문사(2018), 473; 손동권/김재윤, 새로운 형법총론(초판), 율곡출판사(2011), 630-631; 김성돈, 형법총론(제5판), 성균관대학교출판부(2017), 557-558; 신동운, 형법총론(제11판), 법문사(2019), 750; 이형국/김혜경, 형법총론(제5판), 법문사(2019), 411.

합동범을 범행현장에서의 공동실행이 있는 공동정범으로 보는 현장설에 대하여 다음과 같은 수정된 견해들도 있다.

우선 공동정범보다 합동범을 특별히 가중처벌하도록 규정한 형법규정에 비추어 볼 때 범행현장에서의 공동실행 외에 가담자 각자가 단독정범으로서의 요건을 충족하여야 합동범이 성립한다는 견해가[40] 있다. 즉 공동정범은 2인 이상이 공동하여 기능적 분업에 의하여 하나의 범죄를 공동으로 실행하는 경우이지만, 합동범은 2인 이상의 각자가 주관적·객관적으로 해당범죄의 단독정범을 수행하면서 성립하는 범죄유형이라는 것이다. 이에 의하면 성폭력범죄의 처벌 및 피해자보호 등에 관한 법률 제6조의 특수강간·강제추행죄의 경우 2인 이상이 현장에서 폭행·협박을 공동으로 하고 간음·추행행위까지도 공동으로 실행한 경우에만 합동범이 성립한다고 한다.

다음으로 현장설에서 말하는 시간적·장소적 공동행위에서 장소적 공동행위의 의미를 사실상의 의미로 좁게 해석할 것이 아니라, 시간적 동시성이 있으면서 현장에서 공동하여 실행행위를 한 경우라고 평가될 수 있다면 합동범으로 볼 수 있다는 견해가[41] 있다. 예를 들어 3인이 절도의 모의를 하고 2인은 빈집에 들어가 금고를 털고, 그 집의 구조와 금고를 여는 방법에 관하여 잘 아는 나머지 1인은 자신의 집에 남아 휴대전화로 범행현장에 있는 2인에게 그 집에 대한 침입경로와 금고를 여는 방법을 계속적으로 알려주고 지시한 경우, 자신의 집에 남아 있던 1인도 합동하여 절도죄를 실행한 것으로 볼 수 있다는 것이다. 사실상 범행현장에 있지 아니한 자도 범행현장에 있는 것과 동일하게 평가할 수 있다면, 범행현장에서의 협력으로 보아야 한다는 것이다.

라) 현장적 공동정범설

합동범의 개념을 가중적 공동정범설과 현장설의 중간에서 파악하여 합동범을 현장에 의하여 제한된 공동정범, 즉 현장적 공동정범이라고 보는 견해이다.[42] 이 견해는 합동범은 2인 이상의 시간적·장소적인 근접활동 내지 협동을 요하는 점에 그 본질적 특징이 있다고 보면서도 합동범의 본질을 공동정범의 일종으로 파악한

40 정영일, "합동범에 관한 판례연구", 형사판례연구[7](1999), 118. 126.
41 김종구, "합동범에 관한 연구 - 독일형법상 집단절도죄와 비교법적 관점에서", 비교형사법연구(제5권 제1호)(2003), 189-191.
42 김일수/서보학, 새로쓴 형법총론(제13판), 박영사(2018), 468-469.

다. 즉 합동범은 주관적 요건으로서 공모 외에 객관적 요건으로서 현장에서의 실행행위의 분담을 요한다는 것이다. 이때 실행행위의 분담은 반드시 동시에 동일 장소에서의 실행행위를 특정하여 분담하는 것만을 뜻하는 것이 아니라, 시간적·장소적으로 협동관계에 있으면 충분하다고 한다. 따라서 합동범은 공동정범보다 좁은 개념에 속한다. 이 점에서는 현장설의 결론과 일치한다. 이 견해는 합동범도 본질상 공동정범의 한 형태이므로, 2인이 현장에서 범행을 실행하였더라도 1인만이 정범표지를 갖추어 실행하고 다른 1인은 단지 공범의 표지만을 갖고 실행했다면, 양자는 비록 현장성의 표지를 갖추고 있어도 합동범이 될 수 없다고 한다. 반면에 2인 이상이 현장에서 협력하여 범행을 하였다면 비록 현장에서 실행행위를 분담하지는 아니하였어도 범죄 실행을 배후에서 계획하고 조종함으로써 전체 범죄의 실현에 기능적 행위지배를 한 자는 합동범의 공동정범이 된다고 한다. 따라서 합동범의 성립범위는 현장설보다는 넓고 가중적 공동정범설보다는 좁아지게 된다.

이에 대하여 합동범인 현장적 공동정범에 대하여 또 다른 공동정범의 성립을 인정함으로써 공동정범의 공동정범이라는 수긍하기 어려운 정범이론을 전개하고 있다는 비판이 제기되고 있다.

마) 대법원판례

대법원은 1969. 7. 22. 선고 67도1117 판결에서 "합동절도의 경우에는 주관적 요건으로서의 공모 외에 객관적 요건으로서의 실행행위의 분담이 있어야 할 것이고 그 실행행위에 있어서는 시간적으로나 장소적으로 합동관계가 있다고 볼 수 있는 것이라야 할 것이다."라고 판시한 이래 현장설을 취하고 있다.[43]

합동범의 주관적 요건으로서의 공모나 모의는 반드시 사전에 이루어진 것만을 필요로 하는 것이 아니고, 범행현장에서 암묵적으로 의사상통하는 것도 포함된다고 한다.[44] 또한 객관적 요건으로서 현장에서의 실행행위의 분담은 반드시 동시에 동일 장소에서 실행행위를 특정하여 분담하는 것만을 뜻하는 것이 아니라, 시간적으로나 장소적으로 서로 협동관계에 있다고 볼 수 있으면 충분하다고 한다.[45] 따라서 공동행위자가 범행대상을 물색하는 과정에서 절취행위 장소가 자

43 대법원 1996. 3. 22. 선고 96도313 판결, 대법원 1998. 2. 27. 선고 97도1757 판결, 대법원 2004. 8. 20. 선고 2004도2870 판결, 대법원 2012. 6. 28. 선고 2012도2631 판결 등.

44 대법원 1998. 2. 27. 선고 97도1757 판결.

45 대법원 2012. 6. 28. 선고 2012도2631 판결.

신이 대기 중인 차량으로부터 다소 떨어지게 된 때가 있었더라도 공동행위자의 절취행위 장소 부근에서 자신이 운전하는 차량 내에 대기하고 있었던 경우, 공동행위자가 피해자의 집에서 절취행위를 하는 동안 그 집안의 가까운 곳에 대기하고 있다가 절취한 물건을 가지고 같이 나온 경우,[46] 절도범행 현장에서 파수를 본 경우, 한 사람은 망을 보고 또 한 사람은 기구를 가지고 출입문의 자물쇠를 떼어내거나 출입문의 환기 창문을 연 경우, 상대방이 강간범행의 실행행위를 하는 동안에 방문 밖에서 교대로 대기하고 있었던 경우에는 분담한 실행행위의 시간적·장소적 협동관계를 인정하여 합동범이 성립할 수 있다.

3) 합동범의 공동정범의 성립 여부

합동범에 대하여 공동정범이 성립할 수 있는지가 문제된다. 예를 들어 3인 이상이 절도범행을 하기로 모의함에 있어 1인은 범행대상의 물색과 방법을 연구하면서 나머지 2인 이상에게 물색한 대상과 범행방법을 알려주는 대신 범행현장에는 가지 아니하고 2인만이 1인이 알려 준 바에 따라 범행현장에서 직접 절도범행을 실행한 경우에 범행현장에 가지 아니한 1인에게도 특수절도죄의 공동정범이 성립하는지가 문제되는 것이다.

가) 부정설

합동범에서의 합동이란 시간적·장소적 협동을 의미한다고 보아 현장에서 실행행위를 분담한 자만이 합동범이 될 수 있고 현장에 있지 아니한 자는 합동범으로는 물론이고 그 공동정범으로도 처벌할 수 없다는 견해이다.[47] 그 근거는 다음과 같다. 형법의 문언상 합동은 공동과 명백히 구별되기 때문에 직접 범행현장에서의 실행행위에 가담하지 아니한 자도 합동하여 실행행위를 하였다고 보는 것은 해석의 한계를 벗어나는 것이다. 합동범을 가중처벌하는 규정을 두고 있는 이유는 2인 이상이 범행현장에 있으면서 집단적으로, 경우에 따라서는 조직적으로 일정한 범죄를 저지를 경우에는 범죄적 에너지와 법익침해의 현실적 위험성이 현저하게 증대되어 행위불법이 가중되기 때문인데, 범죄의 위험성은 범죄현장에서 협동할 경우에 증대되는 것이므로 시간적·장소적으로 협동하지 아니한 사람에게 행

46 대법원 1996. 3. 22. 선고 96도313 판결.

47 박상기, 형법총론(제9판), 박영사(2012), 429; 박상기/전지연, 형법학(총론·각론 강의)(제4판), 집현재(2018), 271; 배종대, 형법총론(제13판), 홍문사(2017), 433; 정성근/박광민, 형법총론(제2판), 성균관대학교출판부(2015), 578; 임웅, 형법총론(제10정판), 법문사(2018), 473; 신동운, 형법총론(제11판), 법문사(2019), 752-753.

위불법의 가중과 그에 상응하는 책임을 지우는 것은 책임원칙에 어긋난다. 기능적 행위지배는 공동정범이 되기 위하여 요구되는 최소한의 표지일 뿐 충분한 표지가 되는 것은 아니고 합동범에 대하여는 공동정범의 일반적인 표지인 기능적 행위지배 외에 현장성이라는 표지를 입법자가 추가적으로 요구한 것이다. 이러한 현장성은 일종의 자수적 성질을 갖는 정범성의 표지이므로 현장에서의 실행분담이 없는 자는 합동범의 정범이 될 수 없다. 즉 합동범은 현장에서의 범행실행이라는 일종의 자수적 성질을 가진 범죄라고 보아야 한다. 현장성에 의하여 확보된 정범성의 표지를 현장성 이외의 다른 형태의 표지인 기능적 행위지배에 기하여 확장하는 것은 특수한 불법유형을 설정하여 제한적으로 형사처벌을 가중하려는 입법자의 의도에 반하는 것이다. 합동범을 필요적 공범 또는 공동정범의 특별한 형태로 보게 되면 합동범의 외부에 위치하는 사람은 합동범이 공동정범이 될 수 없고, 형법 제30조의 규정과 공동정범에 관한 일반이론이 적용될 여지가 없다. 배후인물이나 수괴로 인정될 정도의 역할을 하였다면 형법 제34조 제2항의 특수교사·방조에 해당할 것이므로 오히려 공동정범으로 처벌하는 것보다 중하게 처벌할 수 있고, 지휘·감독관계가 아닌 경우에는 실행한 합동범보다 중하게 처벌하여야 할 정도의 배후인물이나 수괴가 될 수 없을 것이므로, 합동범의 방조범이나 기본범죄의 공동정범으로 처벌하더라도 부당하게 가벼운 처벌이라고 할 수 없다.

나) 긍정설

공모공동정범설은 공모만 있으면 합동범이 성립한다고 하기 때문에 현장에 있지 아니한 자에 대하여는 합동범이 공동정범이 아니라 합동범이 성립한다는 것이다. 또한 가중적 공동정범설은 현장성을 구비하지 아니하였더라도 공동실행의 사실이 공동정범이 될 정도에 이르면 합동범의 성립을 인정하므로 합동범의 공동정범이라는 이론 구성을 할 필요 없이 현장에 있지 아니한 자를 합동범으로 처벌할 수 있게 된다. 따라서 두 견해 모두 범행현장에서 직접 실행행위를 한 자가 1인이건 2인 이상이건 불문하고 범행장소에 가지 아니한 다른 공모자도 합동범으로 처벌할 수 있게 되는 것이다. 한편 현장적 공동정범설의 경우 현장 밖에서 전체 합동범 관계를 기능적 역할분담의 관점에서 주도적으로 지배한 배후거물이나 공범은 범행에 대한 공동지배가 있는 한 합동범의 공동정범 성립을 제한적으로 인정할 수 있다는 견해를 취하고 있다.[48]

48 김일수/서보학, 새로쓴 형법총론(제13판), 박영사(2018), 470.

현장설을 취하면서 합동범의 공동정범 성립을 인정하는 근거는 다음과 같다. 합동범 자체는 2인 이상이 현장성을 구비하여야 성립하지만, 합동범의 공동정범은 정범과 공범의 구별에 관한 일반적 기준인 기능적 행위지배의 유무에 따라 결정되어야 한다. 즉 합동범의 공모에는 참여하였으나 현장에서 실행행위를 직접 분담하지 아니한 공모자에 대하여도 공동정범의 일반이론에 비추어 그가 현장에서 범행을 실행한 2인 이상의 행위에 대한 기능적 행위지배라는 정범성의 표지를 갖추고 있는 한 그 2인 이상이 현장에서 실행한 범행에 대하여 공동정범의 성립을 부정할 이유가 없다.[49] 합동범을 가중처벌하는 근거는 행위불법과 위험성의 증대에 있는데, 반드시 같은 장소에서 실행을 분담한 때만 행위불법과 위험성의 증대에 기여했다고 보는 것은 잘못이다. 집단범죄의 특성상 현장 밖에서도 범행계획에 따른 역할분담의 방법으로 행위불법과 위험성의 증대에 얼마든지 기여할 수 있다. 따라서 기능적 행위지배의 관점에서 현장에서의 합동범과 같은 정도의 행위기여를 하였다고 인정되는 자에게 합동범과 동등한 책임을 부과하는 것은 책임주의 원칙에 위배되는 것이 아니다. 합동범의 '2인 이상이 합동하여'라는 표지는 '흉기의 휴대'와 마찬가지로 행위불법 요소로서의 의미를 가지는데, 흉기를 휴대하지 아니한 자도 공동행위자가 흉기를 휴대하고 있음을 인식하고 실행행위를 분담하였다면 형법 제331조 제2항 전단의 특수절도죄의 공동정범이 되는 것과 마찬가지로, 3인이 합동절도를 공모하고 그 중 2인이 현장에서 실행행위를 하였다면 2인 이상이 현장에서 합동한다는 사실을 인식한 나머지 1인에게도 기능적 행위지배가 인정되는 경우 특수절도죄의 공동정범 성립이 가능하다고 보아야 한다. 합동범을 책임요소의 가중이 아니라 위법요소의 가중이라고 보는 한 이에 가담한 공범자는 기본적 구성요건의 적용을 받지 아니하고 합동범의 적용을 받는다고 보아야 할 것이다. 필요적 공범이 외부관여자에 대하여 공동정범 규정의 적용을 배제하는지는 개별적인 구성요건 해석의 문제로 귀착되고, 최소한 3인 이상이 공모하고 그 중 2인 이상이 시간적·장소적으로 협동하여 실행행위를 한 경우에만 합동범의 처벌범위가 확대되는데, 이것을 입법자의 의도와 배치되는 것으로 단정할 수 없다. 합동범의 공동정범의 성립가능성을 원천적으로 부정하면 교사범으로 될 수 없는 자가 정범성은 갖추었으나 범행현장에는 가지 아니한 경우 합동범의 종

49 손동권/김재윤, 새로운 형법총론(초판), 율곡출판사(2011), 632; 김성돈, 형법총론(제5판), 성균관대학교출판부(2017), 559-560; 이형국/김혜경, 형법총론(제5판), 법문사(2019), 412.

범이나 기본범죄의 공동정범이 될 수 있을 뿐이어서 부당하게 처벌이 가벼워지고, 철저하게 일체화된 범죄집단의 수괴가 부하들을 시켜 범죄를 실행한 경우에는 정범의 성격이 더욱 짙다고 보아야 하는데, 범행현장에 가지 아니하였다는 점만으로 합동범의 공동정범을 부정하는 것은 범죄 실현에 있어서의 실질적인 기여도를 무시하고 형식적으로 외관만을 본 것이다. 즉 현장설에 따르면 합동범의 성립범위가 지나치게 좁아져 사안에 따라서는 합동범에 대하여 엄중한 형벌을 규정한 입법취지를 몰각시키는 형사정책적으로 바람직하지 못한 결과를 낳을 수 있는 것이다. 예를 들어 범행현장에서 협동하지는 아니하였지만, 처음부터 전체 범행을 계획하고 주도한 특수절도의 수괴·배후거물 등이 위법이 가중된 특수절도죄의 공동정범으로 처벌받지 아니하고 도리어 교사·방조 또는 단순절도죄의 공동정범으로 처벌받는 납득하기 어려운 결론에 이를 수 있다는 것이다. 재산·재물에 대한 보호가 고도의 전자적·기술적 장치에 의하여 이루어지고 있는 현대사회에서는 과거와 같이 모든 범인이 현장에 출동하는 집단절도나 집단강도와 같은 형태로 범죄가 행해지기보다는 오히려 현장과 현장 밖에 있는 범인들 간의 유기적이고 기능적인 역할분담을 통하여 범죄가 행해질 가능성이 크다는 점에서 기능적 행위지배의 관점을 매개로 현장에서 범행을 직접 실행한 범인과 현장 밖의 범인 사이에 공동정범의 성립가능성을 열어 놓는 것은 형사정책적 관점에서 요청된다고 할 수 있다.

다) 대법원판례

대법원은 과거 "형법 제331조 제2항 후단에 규정된 합동절도죄의 경우에는 주관적 요건으로서 공모 외에 객관적 요건으로서 실행행위의 분담이 있어야 하고 그 실행행위에 있어서는 시간적으로나 장소적으로 협동관계가 있음을 요하므로, 갑이 을 및 병과 한자리에 모여 을 및 병은 직접 소를 훔치기로 하고 갑은 트럭을 대절하여 훔친 소를 함께 운반하는 등으로 서로 공모한 다음, 트럭을 대절한 갑이 황소를 절취하여 국도상에서 기다리고 있는 을과 병을 만나 위 트럭에 황소를 싣고 운반한 경우, 갑의 실행행위를 시간적으로나 장소적으로 절취행위와 협동관계가 있다고 할 수 없어 합동절도로 문의할 수 없으나, 소위 공동정범에 있어서 범죄행위를 공모한 후 그 실행행위에 직접 가담하지 아니하더라도 다른 공범자의 분담실행한 행위에 대하여 공동정범의 죄책을 면할 수 없는 것이므로, 갑은 일반절도죄의 공동정범 또는 적어도 합동절도방조로서의 죄책을 면할 수 없다 할 것이다."라고 판시하여 공모만 하고 범행현장에서 시간적·장소적으로 협동하지 아니한 자에 대하여 합동절도의 공동정범 성립을 부정하였다.[50]

그러나 대법원은 1998. 5. 21. 선고 98도321 전원합의체 판결을 통하여 "3인 이상의 범인이 합동절도의 범행을 공모한 후 적어도 2인 이상의 범인이 범행현장에서 시간적, 장소적으로 협동관계를 이루어 절도의 실행행위를 분담하여 절도범행을 한 경우에는 공동정범의 일반이론에 비추어 그 공모에는 참여하였으나 현장에서 절도의 실행행위를 직접 분담하지 아니한 다른 범인에 대하여도 그가 현장에서 절도범행을 실행한 위 2인 이상의 범인의 행위를 자기 의사의 수단으로 하여 합동절도의 범행을 하였다고 평가할 수 있는 정범성의 표지를 갖추고 있다고 보이는 한 그 다른 범인에 대하여 합동절도의 공동정범의 성립을 부정할 이유가 없다고 할 것이다. 형법 제331조 제2항 후단의 규정이 위와 같이 3인 이상이 공모하고 적어도 2인 이상이 합동절도의 범행을 실행한 경우에 대하여 공동정범의 성립을 부정하는 취지라고 해석할 이유가 없을 뿐만 아니라, 만일 공동정범의 성립가능성을 제한한다면 직접 실행행위에 참여하지 아니하면서 배후에서 합동절도의 범행을 조종하는 수괴는 그 행위의 기여도가 강력함에도 불구하고 공동정범으로 처벌받지 아니하는 불합리한 현상이 나타날 수 있다. 그러므로 합동절도에서도 공동정범과 교사범·종범의 구별기준은 일반원칙에 따라야 하고, 그 결과 범행현장에 존재하지 아니한 범인도 공동정범이 될 수 있으며, 반대로 상황에 따라서는 장소적으로 협동한 범인도 방조만 한 경우에는 종범으로 처벌될 수도 있다."라고 판시함으로써, 현장설을 따르면서도 그 동안의 판례를 변경하여 합동범의 공동정범 성립을 인정하였다.[51]

라. 공동정범에서의 이탈

공모자 가운데 한 사람이 공모관계에서 이탈한 경우 그 공모자에게 공동정범이 성립하는지의 문제는 다른 공모자가 실행에 착수하지 아니하였는지 또는 착수하였는지에 따라 구분하여 검토되어야 한다.

1) 실행의 착수 전의 이탈

공모관계에서 이탈하기 위하여는 실행의 착수 전에 범행결의를 포기한 공모

50 대법원 1976. 7. 27. 선고 75도2720 판결.
51 대법원 2011. 5. 13. 선고 2011도2021 판결.

자가 그 사실을 다른 공모자에게 표시하여야 하는지에 관하여 견해가 대립할 수 있다. 대법원은 1986. 1. 21. 선고 85도2371 판결에서 공모관계 이탈의 표시가 명시적임을 요하지 아니하지만 묵시적으로나마 표시되어야 한다고 판시함으로써 공모관계 이탈의 의사표시가 필요하다는 것을 분명히 하였다.

공모자 중 한 사람이 다른 공모자가 실행행위를 착수하기 전에 공모관계에서 이탈한 경우 원칙적으로 공모관계에서 이탈한 자에 대하여는 공동정범이 성립하지 아니한다고 보아야 한다. 대법원은 1995. 7. 11. 선고 95도955 판결에서 "공모공동정범에 있어서 공모자 중의 1인이 다른 공모자가 실행행위에 이르기 전에 그 공모관계에서 이탈한 때에는 그 이후의 다른 공모자의 행위에 관하여는 공동정범으로서의 책임을 지지 않는다."고 판시하였다.

그러나 공모관계에서 이탈한 자가 다른 공모자의 범죄의 실행에 중요한 영향을 미치고 있는 때는 그 영향력을 제거하기 위한 진지한 노력이 있는 때에 한하여 공동정범이 성립하지 아니한다고 보아야 한다. 대법원도 2008. 4. 10. 선고 2008도1274 판결 등에서[52] "공모공동정범에 있어서 공모자 중의 1인이 다른 공모자가 실행행위에 이르기 전에 그 공모관계에서 이탈한 때에는 그 이후의 다른 공모자의 행위에 관하여는 공동정범으로서의 책임은 지지 않는다 할 것이나, 공모관계에서의 이탈은 공모자가 공모에 의하여 담당한 기능적 행위지배를 해소하는 것이 필요하므로 공모자가 공모에 주도적으로 참여하여 다른 공모자의 실행에 영향을 미친 때에는 범행을 저지하기 위하여 적극적으로 노력하는 등 실행에 미친 영향력을 제거하지 아니하는 한 공모관계에서 이탈하였다고 할 수 없다."고 판시하였다. 이 대법원 판결에서 다른 3명의 공모자들과 강도모의를 하면서 삽을 들고 사람을 때리는 시늉을 하는 등 그 모의를 주도한 피고인이 함께 범행대상을 물색하다가 다른 공모자들이 강도의 대상을 지목하고 뒤쫓아 가자 단지 "어?"라고만 하고 비대한 체격 때문에 뒤따라가지 못한 채 범행현장에서 200m 정도 떨어진 곳에 앉아 있었으나 다른 공모자들이 피해자를 쫓아가 강도상해의 범행을 한 사안에서 피고인이 다른 공모자들이 강도상해죄의 실행에 착수하기까지 범행을 만류하는 등으로 그 공모관계에서 이탈하였다고 볼 수 없으므로 강도상해죄의 공동정범으로서의 죄책을 진다고 보았다.

52 대법원 2010. 9. 9. 선고 2010도6924 판결, 대법원 2015. 2. 16. 선고 2014도14843 판결.

2) 실행의 착수 이후의 이탈

공모자 가운데 한 사람이 공동실행의 의사로 실행행위를 착수한 후 실행의 분담에서 이탈한 경우에도 다른 공모자에 의하여 구성요건적 결과가 발생한 경우에는 공동정범이 성립한다고 보아야 한다. 대법원은 1984. 1. 31. 선고 83도2941 판결에서 "행위자 상호간에 범죄의 실행을 공모하였다면 다른 공모자가 이미 실행에 착수한 이후에는 그 공모관계에서 이탈하였다고 하더라도 공동정범의 책임을 면할 수 없는 것이므로, 피고인 등이 금품을 강취할 것을 공모하고 피고인은 집 밖에서 망을 보기로 하였으나 다른 공모자들이 피해자의 집에 침입한 후 담배를 사기 위해서 망을 보지 않았다고 하더라도 피고인은 판시 강도상해죄의 공동정범의 죄책을 면할 수가 없다."고 같은 취지로 판시하였다. 대법원은 2018. 1. 25. 선고 2017도12537 판결 등에서[53] "공동정범은 범죄행위 시에 그 의사의 연락이 묵시적이거나 간접적이거나를 불문하고, 행위자 상호간에 주관적으로 서로 범죄행위를 공동으로 한다는 공동가공의 의사가 있음으로써 성립하고, 범죄의 실행을 공모하였다면 다른 공모자가 이미 실행행위에 착수한 이후에는 그 공모관계에서 이탈하였다고 하더라도 공동정범의 책임을 면할 수 없다."고 판시하였다.

공동정범에서의 이탈이 인정되기 위하여는 다른 공모자의 범죄 실행을 저지하여야 한다. 공모관계에서 이탈한 공모자가 구성요건적 결과의 발생을 저지한 경우 그 공모자는 중지미수에 해당하고 그 밖의 공모자들은 장애미수에 해당하게 된다.

Ⅲ. 공동정범의 처벌

1. 공동정범의 처벌

가. 정범의 형

공동정범은 각자를 그 죄의 정범으로 처벌한다. 공동정범에 해당하면 공동행위자 각각의 행위는 객관적 구성요건을 실현시키는 정도에 미치지 아니하더라도 공동의 실행행위에 의하여 발생한 결과 전체에 대하여 책임을 부담한다고 할 수 있으므로 정범으로 처벌하는 것이다. 공동행위자들 각각을 정범으로 처벌한다는 것일 뿐 공동행위자들 각각의 가담행위와 책임은 다를 수 있기 때문에 구체적 양

[53] 대법원 2002. 8. 27. 선고 2001도513 판결, 대법원 2011. 1. 13. 선고 2010도9927 판결.

형에서 차이가 날 수는 있는 것이다.

나. 공동정범의 착오

공동행위자들이 공동의 실행행위에 의하여 발생한 결과 전체에 대하여 책임을 부담하는 것은 공동행위자들이 범행계획에 따라 실행행위를 분담하여 결과를 발생시켰기 때문이므로, 구성요건적 결과 발생에 대한 책임은 공동실행의 의사에 포함된 것으로 제한된다. 공동의 실행행위에 의하여 발생한 결과의 내용과 공동실행의 의사 내용이 일치하지 아니하는 경우에는 다음과 같은 문제가 발생한다.

공동정범의 착오란 공동정범의 주관적 요건과 객관적 요건이 서로 일치하지 아니하는 경우, 즉 공동실행의 의사와 공동의 실행행위 사이에 불일치가 있는 경우를 말한다.

공모자 가운데 한 사람이 방법의 착오를 일으킨 경우, 예를 들어 갑과 을이 병을 살해하기로 공모한 후 갑이 총을 쏘는 동안 을은 골목 어귀에서 망을 보고 있었는데 갑의 총알이 빗나가 병이 아니라 그 옆에 있던 정이 총알에 맞아 사망한 경우가 이에 해당한다. 이때는 방법의 착오를 해결하는 견해에 따라 결론이 달라진다. 법정적 부합설에 따르면 갑과 을 모두에게 정에 대한 살인죄의 공동정범이 성립하지만, 구체적 부합설에 따르면 갑과 을 모두에게 병에 대한 살인미수죄의 공동정범과 정에 대한 과실치사죄의 공동정범이 성립한다.

공모자 가운데 한 사람이 객체의 착오를 일으킨 경우, 예를 들어 절도를 공모한 갑과 을이 범행 도중 발각되어 미수에 그친 후 도주하다가 갑이 뒤따라오던 사람을 추격자로 생각하여 총을 쏘았는데 총에 맞은 사람이 을이었던 경우이다. 이때 착오를 일으키지 아니한 공모자, 즉 을에 대하여는 공동정범의 책임을 인정하지 아니하는 견해가 있을 수 있고, 공모자 가운데 한 사람이 일으킨 객체의 착오는 다른 공모자에 대하여도 객체의 착오에 해당하여 고의가 조각되지 아니하므로 공동정범이 성립한다고 보는 것이 견해도 있다. 즉 을에 대하여는 그 대상이 자신이어서 강도살인죄의 불능미수가 된다는 것이다. 공모자 가운데 한 사람이 객체의 착오를 일으킬 정도이면 다른 공모자 역시 객체의 착오를 일으킬 수 있는 상황이고 이러한 상황에서 발생한 결과는 공모한 내용과 다르지 아니한 것으로 보아야 한다는 것이다.[54]

54 김성돈, 형법총론(제5판), 성균관대학교출판부(2017), 620.

공동실행의 의사와 공동의 실행행위 사이에 질적인 차이가 있는 경우에는 실행행위를 하지 아니한 다른 공동행위자는 그 실행행위에 대한 공동정범이 성립하지 아니한다. 즉 갑과 을이 살인을 공모한 후 살해행위의 실행 중에 을이 다른 사람의 물건을 절취한 경우 갑에 대하여는 절도죄의 공동정범이 성립하지 아니한다.

공동실행의 의사와 공동의 실행행위 사이에 양적인 차이가 있는 경우에는 공동행위자가 공동실행의 의사의 내용에 비하여 작은 정도의 실행행위를 한 경우와 많은 정도의 실행행위를 한 경우로 각각 나눌 수 있다. 전자의 경우에는 실행행위를 하지 아니한 다른 공동행위자에 대하여도 그 실행행위에 대한 공동정범이 성립하지만, 후자의 경우에는 실행행위를 하지 아니한 다른 공동행위자에 대하여 그 실행행위에 대한 공동정범이 성립하지 아니한다. 예를 들어 갑과 을이 병을 살해할 것을 공모한 후 을이 병에 대한 상해행위만을 한 경우, 갑과 을은 병에 대한 상해죄의 공동정범이 되지만 갑과 을 모두에 대하여 살인미수죄의 공동정범도 성립하므로, 상해죄의 공동정범은 살인미수죄의 공동정범에 흡수되어 살인미수죄의 공동정범만이 성립하게 된다. 한편 갑과 을이 점유이탈물횡령죄를 공모한 후 을이 절도행위를 한 경우, 갑에 대하여 점유이탈물횡령죄의 공동정범이 성립할 뿐, 절도죄의 공동정범은 성립하지 아니한다.

다. 공동정범과 신분

신분관계로 성립되는 범죄, 즉 진정신분범에 대하여 비신분자의 기능적 행위지배가 인정되는 경우 형법 제33조 본문에 따라 비신분자에 대하여도 진정신분범의 공동정범이 성립한다. 예를 들어 공무원이 아닌 사람도 공무원과 함께 수뢰죄나 허위공문서작성죄의 공동정범을 범할 수 있는 것이다. 신분관계로 인하여 형의 경중이 있는 범죄, 즉 부진정신분범에 대하여 비신분자의 기능적 행위지배가 인정되는 경우에는 형법 제33조 단서에 따라 비신분자에 대하여는 기본범죄의 공동정범만이 성립한다. 즉 갑과 을이 을의 부친 병을 살해하기로 공모한 후 실제 병을 살해한 경우 갑에 대하여는 존속살인죄가 아닌 살인죄의 공동정범만이 성립하는 것이다.

2. 특수한 유형의 범죄에 대한 공동정범

가. 부작위범의 공동정범

공동의 실행행위는 부작위에 의하여도 이루어질 수 있는지가 문제된다. 예를 들어 구조의무를 부담하는 수상안전요원 2인이 서로의 의사연락 하에 물에 빠진 사람을 구조하지 아니하는 경우 살인죄의 공동정범이 성립할 수 있는지가 문제되는 것이다.

1) 부정설

부작위범에 대하여는 공동정범의 성립을 인정할 필요가 없다는 견해이다.

부작위범에서의 정범과 공범의 구별에 대하여는 작위범에서 발전된 정범기준을 사용할 수 없고 부작위범론에 따라 이루어져야 한다는 것이다. 그 결과 부작위범의 성립요건을 충족하는 보증인은 작위범의 공범이 아니라 그 자신이 정범에 해당한다. 작위범의 참가자들은 사건에 대한 사실적 영향력을 행사하고 그 영향력의 강도나 종류에 따라 정범과 공범이 구별된다. 그러나 부작위에 의한 참가는 사건에 대한 사실적 영향력은 존재하지 아니하고 단지 잠재적 관련성만 가지고 있다. 사건에 대한 잠재적 관련성만으로는 작위범의 정범성 인정요건인 행위지배가 있었다고 할 수 없으므로 정범으로 판단할 수 없고 작위행위자와의 관련성이 현실적으로 존재하지 아니하기 때문에 공범도 성립하지 아니한다고 한다. 부작위에 의한 가담은 작위에 의한 가담과는 다른 독자적인 제3의 범죄형태에 해당한다는 것이다. 이 범죄형태의 특성은 결과 발생을 저지하지 아니하는 방법으로 작위범의 구성요건을 실현하는 것이 아니라 부진정부작위범의 고유한 구성요건을 실현하는 것이다. 부진정부작위범은 모두 정범에 해당한다고 보아야 한다.

2) 긍정설

부작위범에 대한 공동정범의 성립을 인정하는 견해는[55] 다음과 같다.

형법 제33조에 따라 보증인이 아닌 자가 보증인이 범하는 부작위범에 가담한 경우에는 당해 부작위범의 공동정범이 될 수 있다.

부진정부작위범은 순수한 의무범이므로 공동실행의 의사가 있는 한 기능적인 범행의 실행분담까지 있을 필요는 없고 단지 의무위반의 공동성만 있으면 공동정범이 성립한다.[56]

다수의 보증인들에게 공동으로 놓여 있는 의무를 오직 공동으로만 이행할 수 있는 입장이었다면 이들 간에 공동정범 성립이 가능하다.[57]

55 오영근, 형법총론(제4판), 박영사(2018), 379-380.
56 수석 형법 총칙(1)(제2판), 한국사법행정학회(2011), 205(정영일).
57 김일수/서보학, 새로쓴 형법총론(제13판), 박영사(2018), 464.

공동정범에 있어서 공동의 가공행위는 부작위에 의하여 이루어질 수도 있다. 그러나 이때에도 부작위가 다른 사람의 범행을 인식하면서도 이를 제지하지 아니하고 용인하는 정도가 아니라 특정한 범죄행위를 하기 위하여 일체가 되어 서로 다른 사람의 행위를 이용하여 자기의 의사를 실행에 옮기는 정도에 이르러야 한다.

부작위에 의한 공동정범은 적어도 공동가공의 의사가 있고 각자 다른 사람의 행위를 이용하여 자기의 의사를 실행에 옮긴다고 하는 공동정범의 이론에 비추어 볼 때 부정될 것은 아니다.

어떤 결과의 발생을 방지하여야 할 의무 있는 자가 여러 명 존재하고 더구나 그 각자가 자기 혼자서도 결과 발생을 방지할 수 있었음에도 수인이 공동으로 그 의무를 태만히 하여 결과를 발생시킨 경우에 부작위의 공동정범이 성립한다.

3) 대법원판례

대법원도 2008. 3. 27. 선고 2008도89 판결에서 공통의 의무가 있고 공통으로 실행이 가능할 경우에만 공동정범이 성립할 수 있다고 판시함으로써 부작위범의 공동정범 성립을 인정하였다.

나. 미수죄의 공동정범

공동정범 각자가 자신이 분담한 실행행위를 동시에 착수하지 아니한 경우 공동정범의 실행의 착수시기를 언제로 할 것인지가 문제된다.

1) 전체적 해결설

공모자 가운데 한 사람이 구성요건적 행위를 직접적으로 한 시점부터 공동정범 전체의 실행의 착수가 있는 것으로 보는 견해이다.[58] 공동정범의 경우 공동실행의 의사에 따라 각자가 실행행위를 분담하는 것이므로 공모자 가운데 일부가 처음 구성요건적 행위를 직접 시작한 시점에 실행의 착수가 있다고 보아야 한다는 것이다. 개별적 해결설에 따르게 되면 공모자 자신의 실행행위에 대하여만 실행행위로서의 성질을 인정하게 됨으로써 미수범의 공동정범에 대하여는 '일부실행·전부책임'이라는 공동정범의 원칙이 적용되지 아니하게 되는 문제가 있다는 것이다.

58 주석 형법 총칙(1)(제2판), 한국사법행정학회(2011), 192-193(이정원); 정영일, 형법강의(총론)(제3판), 학림(2017), 270; 손동권/김재윤, 새로운 형법총론(초판), 율곡출판사(2011), 624; 신동운, 형법총론(제11판), 법문사(2019), 626.

2) 개별적 해결설

공모자별로 실행의 착수시기를 각각이 분담한 실행행위를 직접 시작한 때로 정하자는 견해이다. 전체적 해결설에 따르게 되면 스스로 아식 분남된 실행행위를 하지 아니함으로써 단순가담자에 불과한 공모자에게도 공동정범의 성립을 인정함으로써 사실상 공모공동정범을 인정하는 부당한 결과가 된다는 것을 근거로 한다.[59]

다. 예비죄의 공동정범

예비죄의 공동정범을 인정할 것인지는 형법 제30조의 '공동하여 죄를 범한 때'의 죄에 예비죄도 포함되는지와 관련하여 논의된다. 즉 공동정범에서 요건이 되는 범죄의 실행행위에 기본적인 구성요건적 실행행위 외에 예비행위도 포함될 수 있는지가 문제되는 것이다.

부정설은 공동정범에서 요건이 되는 범죄의 실행행위는 기본적인 구성요건적 실행행위만이 해당되는 것이고 수정된 구성요건으로 독립하여 규정되어 있는 예비행위는 이에 해당하지 아니하므로 예비죄의 공동정범이 성립할 수 없다고 한다.

이에 반하여 긍정설은 예비죄 자체의 실행행위도 공동정범에서 요건이 되는 범죄의 실행행위에 해당할 수 있으므로 예비죄의 공동정범도 성립할 수 있다고 한다. 예비죄의 공동정범 성립을 인정하지 아니한다면, 예비죄를 저지를 것을 공모한 후 그 예비행위를 분담하여 수행하는 경우 각각의 공동행위자 개별적으로는 예비죄의 구성요건을 충족하지 못한다고 하여 처벌을 하지 못하는 것은 부당하다는 것을 그 근거로 한다.

59 김일수/서보학, 새로쓴 형법총론(제13판), 박영사(2018), 455-456; 정성근/박광민, 형법총론(제2판), 성균관대학교출판부(2015), 560.

제 31 조 [교사범]

① 타인을 교사하여 죄를 범하게 한 자는 죄를 실행한 자와 동일한 형으로 처벌한다.

② 교사를 받은 자가 범죄의 실행을 승낙하고 실행의 착수에 이르지 아니한 때에는 교사자와 피교사자를 음모 또는 예비에 준하여 처벌한다.

③ 교사를 받은 자가 범죄의 실행을 승낙하지 아니한 때에도 교사자에 대하여는 전항과 같다.

[관련조문] 형법 제33조(공범과 신분), 제34조(간접정범, 특수한 교사, 방조에 의한 형의 가중), 형사소송법 제11조(관련사건의 정의), 제187조(공범의 소송비용), 제233조(고소의 불가분), 제253조(시효의 정지와 효력).

[참고문헌] 주석 형법 총칙(2)(제2판), 한국사법행정학회(2011), (이정원); 박상기, 형법총론(제9판), 박영사(2012); 김일수/서보학, 새로쓴 형법총론(제13판), 박영사(2018); 이재상 외 2인, 형법총론(제9판), 박영사(2017); 오영근, 형법총론(제4판), 박영사(2018); 박상기/전지연, 형법학(총론·각론 강의)(제4판), 집현재(2018); 정영일, 형법강의(총론)(제3판), 학림(2017); 배종대, 형법총론(제13판), 홍문사(2017); 정성근/박광민, 형법총론(제2판), 성균관대학교출판부(2015); 임웅, 형법총론(제10정판), 법문사(2018); 손동권/김재윤, 새로운 형법총론(초판), 율곡출판사(2011); 김성돈, 형법총론(제5판), 성균관대학교출판부(2017); 이건호, 형법학개론, 고려대학교출판부(1977); 권문택, 미수의 교사, 고시계(1978. 9.); 김정환, 교사범의 공범관계이탈과 관련한 대법원의 판단에 대한 비판, 서울법학, 서울시립대학교(2014); 조병선, 피교사자의 객체의 착오와 교사자로의 고의귀속, 법학논집, 청주대학교(1994).

Ⅰ. 교사범의 의의 및 처벌근거

1. 의의

교사범이란 타인으로 하여금 범죄를 결의하게 하여 이를 실행하게 한 자를 말한다. 타인으로 하여금 정범으로서 구성요건을 실행하게 할 뿐 자신이 그 실행행위에 직접 가담하지는 않는다는 점에서 교사범은 단독의 정범과 구별되고, 범죄 실행과 관련된 행위지배나 역할분담이 없이 피교사자의 실행행위에 의하여 범죄가 실현된다는 점에서 공동정범과 구별된다. 피교사자인 정범에게 행위지배를 완전히 맡겨 놓은 공범에 불과하다는 점에서는 간접정범과 구별되고, 공범의 일종이지만 새로운 범죄를 야기하였다는 점에서 범죄를 범행을 결의하여 실행하는 자에게 정신적·물질적 도움을 준 데에 불과한 종범과 다르다.

2. 처벌근거

형법 각칙상의 구성요건적 실행행위에 직·간접적으로 가담하지 않는 자는 원칙적으로 해당 벌칙 규정에 의해 처벌되지 않는다. 교사범은 실행행위에는 가담한 바 없더라도 정범의 범죄를 야기하고 이를 통해 불법을 조장함으로써 법질서를 해하였다는 점에서 처벌의 필요성이 인정된다. 또한 범행의 결의를 갖고 있지 않던 자에게 그러한 결의를 갖게 하였다는 점에서 이미 범행의 결의를 갖고 있던 사람의 범죄 실행만을 용이하게 해 준 데에 그치는 종범과 비교하여 행위의 불법성도 더 크다. 이에 형법은 종범에 대해 정범의 형보다 필요적으로 감경하는(제31조) 반면, 교사범에 대해서는 정범에 준하여 처벌하도록 정하고 있다.

Ⅱ. 교사범의 성립요건

공범으로서 교사범은 정범을 예정한 개념이고 정범에 종속하여 성립하므로(공범의 종속성),[1] 교사범은 피교사자가 범죄를 실행하여 불법을 야기해야만 처벌된다. 정범의 성립은 교사범의 구성요건의 일부를 형성하고 교사범이 성립하기 위한 전제요건이다.[2] 이에 교사범의 성립요건으로는, 교사자의 교사행위 외에 정범의 실행행위가 필요하다.

1. 교사행위

교사행위란 타인에게 범행을 결의하게 하는 행위를 말한다. 타인이 이미 범행을 결의하고 있었다면 교사범이 성립할 여지는 없고 후술하는 '실패한 교사'가 될 뿐이다.

가. 피교사범죄의 특정성·구체성

교사자가 교사행위를 통하여 타인에게 결의시키는 범죄는 어느 정도 구체적으로 특정된 것이어야 한다. 막연히 "범죄를 하라"거나 "절도를 하라"고 말하는

1 대법원 1998. 2. 24. 선고 97도183 판결.
2 대법원 2000. 2. 25. 선고 99도1252 판결.

등의 행위만으로는 교사행위가 되기에는 부족하다.[3] 예컨대 조직폭력배의 두목이 그 조직원들에게 "피해자로부터 돈을 가져 와라."라고 소리친 것을 가리켜 직접 상대방을 공격하도록 지시를 내린 행위로 보아 상해를 교사한 것으로 볼 수 없고,[4] 나이 어린 사람에게 "밥값을 구하여 오라."라고 말한 정도만으로는 절도를 교사한 것이라고 보기에 부족하다.[5] 같은 취지에서 자녀들로 하여금 조총련의 간부로 있는 자신의 형에게 단순한 신년인사와 안부의 편지를 하도록 한 것만으로는 반국가단체의 구성원과의 통신연락을 교사하였다고 볼 수 없다는 것이 판례이다.[6]

다만 범죄의 명칭까지 들어 구체적으로 명시하지 않더라도 당사자 사이에서 공통적으로 알아채거나 이해할 수 있는 내용의 범죄라면 이를 교사하는 행위를 통해 교사범이 성립할 수 있다.[7] 예컨대 피고인이 상대방에게 "피해자를 정신 차릴 정도로 때려주라."라고 말하였다면 이는 상해에 대한 교사행위로 볼 수 있고,[8] 피고인이 갑, 을, 병이 절취하여 온 장물을 상습으로 매수해 오다가 갑, 을에게 드라이버 등 범행도구를 구입해 주면서 "병이 구속되어 도망을 다니려면 돈도 필요할 텐데 열심히 일을 하라."라고 말하였다면 이는 절도의 교사가 있었던 경우로 볼 수 있다.[9] 또한 대리로 시험을 치룰 자에게 시험장에 입장하라고 한 이상 주거침입죄의 교사죄가 성립하고,[10] 소나무를 도벌하여 상자를 만들어 달라는 취지로 부탁을 하면서 도벌자금까지 교부한 이상 산림에 관한 절도교사죄가 성립한다는 것이 판례이다.[11]

나. 피교사자의 타인성

피교사자는 특정한 타인이어야 한다. 불특정인에 대한 교사는 선동행위는 될 수 있을지언정 범죄의 교사행위라고 볼 수는 없다. 다만 피교사자는 특정되기만 하면 충분하고 1인이든 수인이든 불문하며 교사자가 피교사자의 신원을 알고 있

3 대법원 1971. 2. 23. 선고 71도45 판결.
4 대법원 2006. 2. 24. 선고 2005도955 판결.
5 대법원 1984. 5. 15. 선고 84도418 판결.
6 대법원 1971. 2. 23. 선고 71도45 판결.
7 대법원 1969. 4. 22. 선고 69도255 판결.
8 대법원 1997. 6. 24. 선고 97도1075 판결.
9 대법원 1991. 5. 14. 선고 91도542 판결.
10 대법원 1967. 12. 19. 선고 67도1281 판결.
11 대법원 1969. 4. 22. 선고 69도255 판결.

을 필요는 없다.

교사범이 성립하기 위해서는 피교사자가 책임능력자일 필요는 없다(제한적 종속형식). 피교사자가 10세 남짓한 소년인 경우와 같이 어느 정도 사물을 변별하고 의사를 결정할 능력이 있는 책임무능력자라면 이러한 피교사자를 정범으로 한 교사범이 성립할 수 있다. 반면 소아나 고도의 정신병자 등과 같이 시비선악의 변별능력이 없고 규범의식을 가질 수 없을 정도의 완전한 책임무능력자를 교사한 경우에는 피교사자가 교사자의 범죄 실행을 위한 도구에 지나지 않으므로 간접정범이 성립할 뿐 교사범은 성립하지는 않는다고 보아야 한다.[12] 피교사자가 교사자의 지휘·감독을 받는 자인 경우에는 형법 제34조 제2항의 특수교사가 성립할 수 있다.

다. 교사행위의 수단·방법

교사행위의 수단·방법에는 별다른 제한이 없다는 것이 통설[13] 및 판례[14]이나. 정범이 범죄를 결의하게 할 만한 모든 수단, 예컨대 명령, 지시, 설득, 애원, 요청, 유혹, 감언, 이익제공 및 약속, 기망, 위협 등이 모두 유효한 수단이 된다. 다만 기망이나 위협을 수단으로 타인으로 하여금 범행을 결의하게 한 경우 교사자에게 우월한 의사지배가 인정되는 때에는 교사범이 아닌 간접정범이 성립할 수 있다.[15]

범행의 일시, 장소, 방법 등 세부적인 사항까지를 특정하여 교사할 필요는 없고 정범으로 하여금 일정한 범죄의 실행을 결의하게 할 정도에 이르면 충분하다. 반드시 명시적·직접적인 수단이나 방법에 의할 것을 요하지 않지만, 피교사자에게 막연히 범죄를 실행하라고 하거나 해당 범행과 관련된 불법적인 목적이나 동기를 언급한 것만으로는 교사행위가 되기에 부족하다.[16] 더 나아가 교사행위는 적어도 정범의 불법과 비례할만한 불법내용을 포함해야 한다는 견해가 있다.[17] 즉

12 임웅, 형법총론(제10정판), 법문사(2018), 496.

13 박상기, 형법총론(제9판), 박영사(2012), 459; 김일수/서보학, 새로쓴 형법총론(제13판), 박영사(2018), 484; 이재상 외 2인, 형법총론(제9판), 박영사(2017), 497; 오영근, 형법총론(제4판), 박영사(2018), 390; 박상기/전지연, 형법학(총론·각론 강의)(제4판), 집현재(2018), 288; 정영일, 형법강의(총론)(제3판), 학림(2017), 282; 배종대, 형법총론(제13판), 홍문사(2017), 457; 정성근/박광민, 형법총론(제2판), 성균관대학교출판부(2015), 581; 임웅, 형법총론(제10정판), 법문사(2018), 496; 손동권/김재윤, 새로운 형법총론(초판), 율곡출판사(2011), 577; 김성돈, 형법총론(제5판), 성균관대학교출판부(2017), 659.

14 대법원 1991. 5. 14. 선고 91도542 판결, 대법원 2008. 12. 24. 선고 2008도9108 판결.

15 주석 형법 총칙(2)(제2판), 한국사법행정학회(2011), 208(이정원)의 각주5 참조.

16 김일수/서보학, 새로쓴 형법총론(제13판), 박영사(2018), 484; 이재상 외 2인, 형법총론(제9판), 박영사(2017), 498.

17 주석 형법 총칙(2)(제2판), 한국사법행정학회(2011), 208~209(이정원); 박상기, 형법총론(제9판), 박영사(2012), 459.

형법이 교사범을 정범과 동일한 형으로 처벌하므로 교사범의 불법내용도 정범의 불법과 비례하도록 교사자의 교사행위가 이루어져야 한다는 것이다. 따라서 교사행위의 수단·방법은 명백한 정신적 접촉을 통하여 피교사자의 의사형성에 영향을 줄 수 있는 수단으로 제한되어야 한다고 본다. 이러한 견해에 따를 경우 단순히 범행을 자극할 만한 상황을 조성하거나 범행의 기회를 제공한 것만으로는 명백한 정신적 연결이 결여되었다고 보기 때문에 교사의 수단으로 충분하지 않게 된다. 예컨대 평소에 미워하던 자가 지나다니는 곳에 100만 원 짜리 수표를 떨어뜨려 놓고 그가 점유이탈물횡령죄를 범하도록 하는 행위는 교사행위가 되지 않는다는 것이다. 또한 단순한 충고나 정보 제공 역시 정범의 불법과 비례할 만한 불법이 인정되지 않으므로 교사의 수단으로는 부족하고 정신적 방조행위에 불과하다고 본다.[18] 다만 통설의 입장에서도 묵시적인 방법의 교사행위는 인정하지만, 단순히 범죄를 유발할 수 있는 상황을 조성한 경우에 불과하다면 교사행위라고 할 수 없다고 보는 만큼 각각의 견해에 따른 결론에서의 차이는 크지 않다고 본다. 예컨대 통설에 의하더라도, 갑이 을의 처 A를 살해할 의사도 A가 그의 정부와 간통하는 현장에 을을 보내어 격분한 을이 A를 살해한 때에도 갑을 살인교사범으로 볼 수는 없다.

2인 이상이 공동으로 교사행위를 한 경우 기능적 행위지배이론에 따라 교사행위의 일부에만 가담한 자도 공동으로 교사범이 될 수 있다는 견해가 있다.[19] 일본 최고재판소도 수인이 교사할 것을 공모하고 그 중 일부만이 교사행위를 한 때에 교사행위를 하지 않은 공모자도 교사범이 된다고 판시하였다.[20] 이는 공모공동정범이론을 교사범에 적용한 것이라고 볼 수 있다. 공동정범이 아닌 교사범에 위 이론을 적용하는 데에 반대하면서 이러한 경우에는 간접교사 내지 연쇄교사의 성립만을 인정해야 한다고 보는 견해도 있다.[21] 공모공동정범이론 자체가 비판의 여지가 있는 이론이라는 점에 비추어 볼 때 정범의 영역을 벗어나 교사범에까지 이를 적용할 수 있을지 의문이 있으므로, 후자의 견해가 타당하다고 본다.

18 주석 형법 총칙(2)(제2판), 한국사법행정학회(2011), 209(이정원).

19 김일수/서보학, 새로쓴 형법총론(제13판), 박영사(2018), 485; 배종대, 형법총론(제13판), 홍문사(2017), 457; 임웅, 형법총론(제10정판), 법문사(2018), 497; 손동권/김재윤, 새로운 형법총론(초판), 율곡출판사(2011), 577; 김성돈, 형법총론(제5판), 성균관대학교출판부(2017), 659.

20 日大判 1931. 12. 3., 刑集 10권 677.

21 정성근/박광민, 형법총론(제2판), 성균관대학교출판부(2015), 581.

라. 부작위에 의한 교사행위

교사행위가 부작위에 의해서도 가능한지가 문제된다. 부정하는 견해가 다수설이다.[22] 부작위범이 성립하기 위해서는 보증인 지위와 행위의 동가치성이 요구된다. 교사란 범행결의가 없는 자에게 새로 범행을 결의시키는 것이다. 그런데 현실적으로 부작위가 새로운 범행의 결의를 일으킬 수 있는 경우를 상정하기는 어렵다. 보증인 지위에 있는 자라 할지라도 이미 범행을 결의한 피보증인의 범죄를 방지하지 아니하였다고 하여 교사범의 성립을 인정할 수도 없다. 아직 범행을 결의하지 아니한 자에 대하여 범행결의를 하지 못하도록 하는 '보증인 지위'는 법률적으로 상정하기 어려울 뿐만 아니라 법률은 현실적으로 "타인으로 하여금 범행을 결의하지 못하도록 하라."는 취지의 보증인의 의무를 어느 누구에게도 부과할 수는 없기 때문이다.[23] 이에 대하여 과실의 선행행위로 부하에게 고의를 유발시킨 후 부하의 실행행위를 그대로 방치한 폭력조직의 두목에게 보증인의무 위반을 인정함으로써 부작위에 의한 교사를 인정하려는 견해가 있다.[24] 형법상의 행위에는 작위뿐만 아니라 부작위도 당연히 포함되어 있고, 일정한 부작위는 정범의 행위보다는 교사행위와 동가치성이 있다고 볼 수 있는 경우가 있다는 점 등을 근거로 한다. 그러나 위 사례에서 폭력조직의 두목에게는 교사범의 주관적 성립요건으로서 교사행위에 관한 고의가 흠결되어 있으므로 교사범의 성립을 인정할 수는 없다. 만일 두목에게 보증인으로서 의무위반이 인정될 경우라면 교사범이 아니라 부작위정범의 성립을 인정하는 것이 자연스럽고 그렇지 못할 경우에는 부작위에 의한 방조범이 성립한다고 보는 것이 타당하다. 두목이라는 지위에 있는 자는 폭력조직의 일과 관련하여 부하들에 대해 우월적 의사지배력을 갖고 있거나 적어도 부하들의 범죄 실행에 상당한 정신적인 영향을 미치는 것이 일반적이기 때문이다.[25] 같은 이유로 사람의 생명이나 신체를 침해할 위험성이 있는 정신병자를 감독하는 자와 같이, 피감독자로부터 발생되는 위험을 지배하는 지위에 있는 감독자가 피감독자에 의한 법익침해의 결과를 의도적으로 방지하지 아니한 경우에는

22 이러한 다수설에 반대하여 부작위에 의한 교사를 인정할 수 있다고 보는 소수견해로는 오영근, 형법총론(제4판), 박영사(2018), 391.

23 주석 형법 총칙(2)(제2판), 한국사법행정학회(2011), 209(이정원).

24 오영근, 형법총론(제4판), 박영사(2018), 391; 정영일, 형법강의(총론)(제3판), 학림(2017), 282.

25 주석 형법 총칙(2)(제2판), 한국사법행정학회(2011), 209; 손동권/김재윤, 새로운 형법총론(초판), 율곡출판사(2011), 577.

교사범이 아닌 간접정범으로서 형사책임을 부담한다고 보아야 한다.[26]

마. 간접교사·연쇄교사

간접교사란 정범을 교사하도록 타인을 교사하는 경우를 말한다. 예컨대 갑이 을을 교사하여 을이 병으로 하여금 죄를 범하도록 병을 교사한 경우이다. 이 때 갑의 을에 대한 교사가 정범 병이 범한 죄에 대한 교사로서 인정될 수 있는지 문제된다. 구 형법[27] 제61조 제2항은 '교사범을 교사한 자'를 교사범의 형으로 처벌하는 규정을 두었으나 형법에는 이러한 내용의 규정이 없다. 과거 이에 관한 명문의 교정을 두지 않았다거나 범죄의 정형적 의미를 중시하면서 형벌법규의 엄격한 해석을 강조하는 입장에서 교사범의 한 유형으로서 간접교사를 부정하는 견해가 있었다.[28] 그러나 현재 통설[29] 및 판례[30]는 간접교사를 교사범에 해당하는 것으로 본다. 제31조 제1항이 '타인을 교사하여 죄를 범한 자'라고만 규정하고 있는데 그 방법에는 제한이 없으므로 피교사자가 반드시 정범일 필요는 없다. 또한 간접교사자가 직접교사자도 행위사정을 알 것이라고 생각하고 교사행위로 나아간 이상 직접교사자와는 질적인 차이가 없고, 정범과 함께 범죄를 야기하는 주된 원인을 제공하였다는 점에서 처벌의 필요성도 인정된다.

연쇄교사란 교사가 수인을 거쳐 순차적으로 계속되는 경우를 말한다. 간접교사의 경우 교사자가 최종 실행행위자를 인식하고 있는데 비해 연쇄교사인 경우 이를 인식하지 못하였다는 점에 양자의 차이가 있다고 보아 연쇄교사에서는 그러한 상황을 인식·인용한 경우에 한하여 교사범의 성립을 인정해야 한다는 견해가 있다.[31] 그러나 연쇄교사는 본질적으로 간접교사가 중첩된 경우로서 간접교사를 교사범으로 인정하는 이상 최초의 교사자와 정범인 직접실행자 사이에 몇 명의 순차적인 교사자가 있었는가와 관계없이 연쇄적으로 교사행위를 한 자는 모두 교

26 주석 형법 총칙(2)(제2판), 한국사법행정학회(2011), 209(이정원).

27 1953. 9. 18. 우리 형법 제정 이전의 의용형법을 말한다. 이하 같다.

28 정영석, 형법총론(제5전정판), 법문사(1983), 261; 황산덕, 형법총론(제7정판), 방문사(1982), 283.

29 박상기, 형법총론(제9판), 박영사(2012), 460; 김일수/서보학, 새로쓴 형법총론(제13판), 박영사(2018), 489; 이재상 외 2인, 형법총론(제9판), 박영사(2017), 505; 오영근, 형법총론(제4판), 박영사(2018), 392; 박상기/전지연, 형법학(총론·각론 강의)(제4판), 집현재(2018), 297; 정영일, 형법강의(총론)(제3판), 학림(2017), 287; 배종대, 형법총론(제13판), 홍문사(2017), 464; 정성근/박광민, 형법총론(제2판), 성균관대학교출판부(2015), 589; 임웅, 형법총론(제10정판), 법문사(2018), 507; 손동권/김재윤, 새로운 형법총론(초판), 율곡출판사(2011), 592; 김성돈, 형법총론(제5판), 성균관대학교출판부(2017), 663.

30 대법원 1967. 1. 24. 선고 66도1586 판결, 대법원 1974. 1. 29. 선고 73도3104 판결.

31 오영근, 형법총론(제4판), 박영사(2018), 392.

사범으로 처벌된다고 보는 것이 통설이며, 판례이다.[32] 그리하여 교사자가 타인을 교사하여 범죄를 실행하게 하였으나 그 타인이 직접 범죄를 실행하지 않은 채 또 다른 타인을 교사하여 범죄를 실행하게 한 경우라도 최초의 교사자는 교사범으로 처벌된다.

연쇄교사에서 가장 문제되는 경우는 교사사실을 인식하지 못한 선의의 중간 교사자가 있는 경우에 교사의 고의가 인정되지 않는 선의의 교사자를 처벌할 수 없음은 당연하지만 이를 제외한 그 이전의 교사자에 대해 교사범이 성립하는가이다. 이에 대해서는 선의의 중간 개입자가 한 행위는 단순한 의사의 전달일 뿐 타인으로 하여금 죄를 범하게 할 의사로 한 것이 아니므로 교사의 연쇄에서 벗어나게 되고 이는 연쇄교사의 중단을 의미하므로 그 이전이 교사자도 함께 처벌을 면하게 된다는 견해가 있을 수 있다. 그러나 현재의 통설은 선행의 교사자에 대해서는 여전히 교사범이 성립한다고 본다.[33] 교사범을 처벌하는 이유는 타인으로 하여금 범죄 실행을 결의하게 한 데에 있는데, 중간에 선의의 제3자가 개입하더라도 최초의 교사행위가 있었던 사실에는 변함이 없을 뿐만 아니라 교사자가 목표로 삼은 범행이 실현되었다면, 그 이전의 교사자는 타인을 교사하여 죄를 범하게 한 자에 해당한다고 볼 수 있기 때문이다. 교사범이 공범관계로부터 이탈하기 위해서는 피교사자가 범죄의 실행행위에 나아가기 전에 자신으로 인하여 형성된 피교사자의 범죄 실행의 결의를 해소시키는 것이 필요하다고 하면서 객관적으로 그와 같은 조치가 있었다고 평가되지 않는 한 교사범으로서의 책임을 면할 수 없다고 본 판례도 이와 같은 취지라고 할 수 있다.[34]

바. 교사행위의 입증

교사범에서 교사행위는 범죄를 구성하는 사실이므로 이를 인정하기 위해서는 엄격한 증명이 요구되지만, 교사행위는 정범의 범죄 실행과는 달리 그 배후에서 다양한 수단·방법을 사용해 밀행적으로 이루어지는 것이 보통이어서 이를 확증하기가 용이하지 않다. 교사자가 교사한 사실을 부인할 경우에는 사물의 성질상 그와 상당한 관련성이 있는 간접사실을 증명하는 방법에 의하여 이를 입증하여야

32 대법원 1974. 1. 29. 선고 73도3104 판결.
33 박상기, 형법총론(제9판), 박영사(2012), 475; 이재상 외 2인, 형법총론(제9판), 박영사(2017), 506; 박상기/전지연, 형법학(총론·각론 강의)(제4판), 집현재(2018), 298.
34 대법원 2012. 11. 15. 선고 2012도7407 판결.

한다는 것이 판례이다.[35]

2. 교사자의 고의

가. 의의

교사범이 성립하기 위해서는 주관적 구성요건으로서 교사자의 고의가 필요하다. 교사자의 고의란 '타인으로 하여금 범죄를 결의하게 하고 결의된 범죄를 실행하도록 하려는 고의'를 말한다.

독일 형법 제26조는 "고의로, 타인으로 하여금 그 타인이 고의로 범한 위법행위를 결심하게 하였던 자는 교사자로서 정범과 동일하게 처벌한다."라고 규정함으로써 이러한 내용의 교사자의 고의를 명문으로 규정하고 있다. 반면 형법은 교사자의 고의를 특별히 규정하고 있지는 않다. 종래에는 이러한 차이점에 근거하여 교사범의 성립요건으로 고의가 필수적인 것은 아니라고 보면서 과실에 의한 교사도 인정해야 한다는 견해가 있었다.[36] 예컨대 의사가 부주의로 독약을 약품으로 오인하고 간호사에게 교부하여 환자로 하여금 복용하게 함으로써 사망의 결과를 발생시킨 경우 의사는 과실에 의한 교사범이 된다는 것이다. 그러나 어떠한 의도를 갖지 않은 채 타인에게 범죄를 결의시키는 행위를 불법행위로 설정하여 법률로 금지하는 것은 논리적으로나 현실적으로 불가능하다고 보아야 한다.[37] 위 사안에서 의사는 그의 부주의한 행위에 대한 예견가능성 및 인과관계 유무에 따라 과실범의 정범으로 처벌될 수 있을 뿐이라고 봄이 타당하다. 현재 교사범의 성립에는 주관적 구성요건으로 고의가 요구되고 과실에 의한 교사범의 성립은 불가능하다고 보는 데에 견해가 일치하고 있다.

나. 고의의 내용

교사자의 고의의 내용에 관하여, 종래 범죄 실현에 대한 고의를 필요로 하지 않고 단지 피교사자로 하여금 범죄의 결의를 일으키게 하려는 의사로 충분하다는 견해가 있다.[38] 그러나 현재에는 '피교사자의 범행결의에 대한 고의(교사의 고의)'와 '정범의 범죄 실현에 대한 고의(정범의 고의)'라는 이중의 고의 내지 중첩된 고

35 대법원 2000. 2. 25. 선고 99도1252 판결, 대법원 2014. 1. 23. 선고 2013도13295 판결.
36 이건호, 형법학개론, 고려대학교출판부(1977), 188.
37 주석 형법 총칙(2)(제2판), 한국사법행정학회(2011), 211(이정원).
38 권문택, 미수의 교사, 고시계(1978. 9.), 23.

의가 필요하다는 것이 통설이다.[39] 교사범은 정범으로 하여금 범죄를 실현시키는 것이므로 피교사자의 객관적 행위상황에 대해서도 인식과 의사를 갖출 것을 요하고, 따라서 교사의 고의뿐만 아니라 정범의 고의도 교사자의 고의의 내용에 포함된다고 보아야 한다.

교사자의 고의는 단독정범에서처럼 미필적인 것만으로도 충분하다. 교사하려는 범죄가 목적범인 경우 교사자에게도 그러한 목적이 있어야만 목적범에 대한 교사범이 성립할 수 있다는 견해가 있다.[40] 그러나 교사자는 목적을 갖고 해당 범죄를 직접 실행하는 자가 아니므로 그 자신에게 정범과 동일한 내용의 목적이 있을 필요는 없고 피교사자가 일정한 목적 하에 행위를 한다는 것을 아는 것만으로 충분하다고 본다.[41]

다. 미수의 교사

교사자의 고의 중 '정범의 고의'는 피교사자에 의한 특정한 범죄 실현의 고의, 즉 교사한 범죄가 기수에 이르도록 하려는 것, 즉 '정범 기수의 고의'이어야 한다. 교사한 범죄가 미수에 그치게 하려는 의도는 교사자의 고의로 충분하지 않다. 교사자가 고의로 교사행위를 하였으나 애초부터 피교사자에 의한 범죄를 완성시키려는 의도가 아니라 미수에 그치게 하려는 의도가 있었던 경우를 '미수의 교사'라고 한다. 예컨대 갑이 원래 A의 금고에는 돈이 없는 것을 알면서도 을에게 위 금고 안에 있는 돈을 절취해 올 것을 교사한 경우, 또는 경찰관 갑이 마약판매상 A를 체포하기 위해 다른 마약판매상 을에게 A에게 마약을 판매할 것을 교사하고 을이 마약을 판매하려는 현장에서 A를 바로 체포하는 경우 등이다. 교사자의 고의를 범죄의 결의를 일으키게 하려는 의사로 충분하다는 견해에 선다면 자연스럽게 미수의 교사도 가벌적인 행위로 보게 되어 정범이 미수에 그친 이상 미수죄의 교사범으로

39 박상기, 형법총론(제9판), 박영사(2012), 461; 김일수/서보학, 새로쓴 형법총론(제13판), 박영사(2018), 485; 이재상 외 2인, 형법총론(제9판), 박영사(2017), 499; 오영근, 형법총론(제4판), 박영사(2018), 392; 박상기/전지연, 형법학(총론·각론 강의)(제4판), 집현재(2018), 289; 정영일, 형법강의(총론)(제3판), 학림(2017), 280; 배종대, 형법총론(제13판), 홍문사(2017), 457; 정성근/박광민, 형법총론(제2판), 성균관대학교출판부(2015), 584; 임웅, 형법총론(제10정판), 법문사(2018), 498; 손동권/김재윤, 새로운 형법총론(초판), 율곡출판사(2011), 579; 김성돈, 형법총론(제5판), 성균관대학교출판부(2017), 662.

40 정영일, 형법강의(총론)(제3판), 학림(2017), 280; 배종대, 형법총론(제13판), 홍문사(2017), 457; 임웅, 형법총론(제10정판), 법문사(2018), 498; 정성근/박광민, 형법총론(제2판), 성균관대학교출판부(2015), 584.

41 김일수/서보학, 새로쓴 형법총론(제13판), 박영사(2018), 485; 배종대, 형법총론(제13판), 홍문사(2017), 457; 김성돈, 형법총론(제5판), 성균관대학교출판부(2017), 663.

처벌해야 한다는 결론이 된다. 그러나 범행의 고의란 범죄를 실현하려는 의도를 말하므로 미수범의 성립에도 완전한 기수의 고의가 요구된다. 범죄를 단지 미수에 그치게 하려는 의도는 애초부터 범죄를 실현하지 않으려는 의도로서 고의로 인정되기 어려울 뿐만 아니라 미수범도 성립할 여지가 없다. 이러한 점이 공범이라고 하여 달라질 이유도 없다. 따라서 피교사자의 범죄를 완성에 이르게 하려는 의도 없이 단지 미수에 그치게 하려는 의도는 교사자의 고의로 인정될 수 없고, 이에 대해서는 교사범으로 처벌할 수 없을 뿐만 아니라 실제 범행이 미수에 그쳤다고 하더라도 미수의 교사도 성립할 여지가 없다고 보아야 한다. 교사자의 고의에 관하여 이중의 고의 내지 중첩적 고의가 필요하다는 입장에 서 있는 현재의 통설이다.

라. 함정수사

미수의 교사에 해당하는 대표적인 경우로 함정수사(agent provocateur)가 있다. 함정수사란 수사기관이 범인을 검거하기 위하여 범죄를 행하도록 사주하고 범죄가 기수에 이르기 전에 범인을 체포하는 수사방법을 말한다. 주로 범의를 갖지 않던 자에 대하여 수사기관이 사술이나 계략 등을 사용하여 잠재적인 범의를 유발하는 방법으로 범인으로 검거하는 경우를 말한다. 마약, 밀수, 조직폭력, 위조 등 범죄는 점 조직에 의해 은밀하게 범죄가 실행됨에 따라 수사기관의 증거 확보가 매우 힘들고, 함정수사가 효과적인 수단으로 인식되어 빈번하게 활용된다. 그러나 함정수사는 범죄를 예방하는 것이 본래의 책무로 되어 있는 수사기관이 범죄 발생에 직·간접적으로 관여하는 것이고, 그 과정에서 범인에 대한 확실한 검거만을 의도하여 사술이나 계략 등 과도한 수단이 사용되는 경우가 있음에 따라 헌법상 법치국가원리, 적법절차원칙의 관점에서 통제의 필요성이 지적되고 있다. 이에 수사과정의 절차법적 효력 및 이를 통해 기소된 피고인에 대한 처벌의 가부 등이 실무상 문제된다. 한편 수사기관이 아닌 사인(私人)이 타인으로 하여금 처벌받게 하려고 범죄를 행하도록 사주하고 범죄가 기수에 이르게 한 경우도 있다. 이는 함정수사와는 구별되는 상황으로서 교사범의 성립에 관한 앞서의 논의가 그대로 적용된다. 사인이 함정에 빠트릴 의사로 공무원에게 금품을 공여하여 공무원이 그 금품을 직무와 관련하여 수수한 이상 뇌물수수죄가 성립한다고 함으로써 사인의 함정교사에 기한 것이라도 범행을 결의하여 이를 실행한 이상 피교사자는 그에 대한 법적 책임을 면할 수는 없다는 것이 판례이다.[42]

42 대법원 2008. 3. 13. 선고 2007도10804 판결.

1) 수사기관이 미수의 고의만을 가진 경우

수사기관의 행위가 미수의 교사에 그친 경우에는 교사자로서의 고의가 부정되어 미수의 교사죄는 물론, 예비죄도 성립하지 않는다. 예비죄가 성립하기 위해서도 본죄를 범할 목적 외에도 본죄를 범할 목적으로 준비한다는 인식과 의사로서 고의가 필요한데,[43] 미수의 교사에서는 본죄를 범하려는 의도가 결여되어 있다. 따라서 함정수사가 미수의 교사에 해당할 경우에는 교사자인 수사기관에 대해서는 함정수사를 통해 사주한 범죄에 관하여 실체법상으로 불가벌이다.

2) 범인이 수사기관에 의해 교사된 범죄를 실현한 경우

함정수사에서 수사기관의 당초 의도와는 달리 교사된 범죄가 범인에 의해 실현된 경우에는 수사기관은 방조범의 예에 따라 처벌되어야 한다는 견해가 있다.[44] 그러나 교사자의 고의가 부정됨으로써 교사범의 성립이 부정된다면, 이러한 미수의 교사를 한 자의 주관적·심리적 태도는 방조의 고의를 인정하기에도 부족하다고 보아야 한다. 방조범의 고의도 타인의 범죄 실현에 조력하기 위하여 행동해야만 인정될 수 있는 것이며 범죄 실현의 의도 없이 범죄에 조력하는 척하는 행동에는 방조범의 고의가 인정되기 어렵다. 즉 완전한 범죄의 실현을 의도하지 않는 경우에는 범죄에 대한 모든 고의가 인정될 수 없고 방조범의 성립도 인정할 수 없다고 봄이 타당하다.[45] 이에 다수설은 수사기관의 의도와는 달리 정범의 범죄가 기수에 이르렀을 때에는 결과발생에 대한 수사기관의 과실 유무에 따라 과실범으로서 책임을 지울 수 있을 뿐이라고 본다.[46] 함정수사에서 수사기관의 의도와는 달리 정범의 범죄가 기수에 이르렀다 하더라도 실현된 범죄에 대하여 고의범으로서 수사기관의 교사나 방조가 인정될 수는 없지만, 주의의무위반, 인과관계 여부 등에 의하여 발생한 결과에 대해 과실범의 구성요건을 충족시킨 경우라면 과실범의 '정범'으로서의 책임을 인정한다고 하여 부당하다고 볼 수는 없다.

43 대법원 2009. 10. 29. 선고 2009도7150 판결.

44 박상기, 형법총론(제9판), 박영사(2012), 468; 박상기/전지연, 형법학(총론·각론 강의)(제4판), 집현재(2018), 289; 배종대, 형법총론(제13판), 홍문사(2017), 457.

45 주석 형법 총칙(2)(제2판), 한국사법행정학회(2011), 213(이정원).

46 김일수/서보학, 새로쓴 형법총론(제13판), 박영사(2018), 486; 이재상 외 2인, 형법총론(제9판), 박영사(2017), 500; 오영근, 형법총론(제4판), 박영사(2018), 393; 정성근/박광민, 형법총론(제2판), 성균관대학교출판부(2015), 585; 임웅, 형법총론(제10정판), 법문사(2018), 500; 손동권/김재윤, 새로운 형법총론(초판), 율곡출판사(2011), 582; 김성돈, 형법총론(제5판), 성균관대학교출판부(2017), 665.

3) 수사기관이 확실한 검거만을 의도하는 경우

함정수사를 진행하는 수사기관으로서는 정범이 기수에 이르기 전에 체포한다는 인식을 갖지 않는 것이 일반적이다. 확실한 물증확보를 위해서는 실행의 착수 즉시 체포하는 것이 오히려 비효과적일 수도 있기 때문이다. 따라서 수사기관은 정범의 미수나 기수보다는 기수 후 도주의 효과적인 차단에 더 관심을 기울이게 된다. 그렇다면 이러한 경우는 수사기관이 교사자로서 범죄 실현에 대해 적어도 미필적 고의를 갖는 경우에 해당한다고 볼 수 있다.[47] 따라서 단순히 미수의 교사라고 말할 수는 없고 수사기관에 대해서는 사주한 범죄에 대해 교사범이 성립한다.

4) 수사기관이 범인의 검거를 위해 과도한 수단을 사용한 경우

수사기관이 범인의 검거를 위해 사용한 수단·방법을 기준으로 함정수사는 일반적으로 '기회제공형'과 '범의유발형'의 두 가지 유형으로 분류된다. 기회제공형이란 범행의사를 이미 갖고 있는 자에 대하여 수사기관이 계략으로 범행의 기회를 제공하거나 범행을 용이하게 하여 검거하는 방법이다. 범의유발형이란 아직 범행의사를 갖고 있지 아니한 자에 대해 범행의사를 일으켜 범죄를 저지르도록 유도하여 검거하는 방법이다.

기회제공형 함정수사인 경우 범행의 기회를 주거나 범행을 용이하게 하는 방법은 상대방으로 하여금 범행의 결의를 갖게 하는 것을 본질로 하는 교사행위의 수단으로는 충분하지 않다. 이는 전형적인 방조의 수단일 뿐이다. 따라서 이를 수사기법으로 사용한 수사기관에 대해서는 교사범이 성립하지 않는다. 판례도, 전혀 범의가 없는 자로 하여금 범행을 유발하게 한 경우가 아니라면 피고인의 행위가 범죄가 되지 아니한다거나 공소제기절차 내지 공소권에 흠이 있는 경우라고 볼 수 없고 또 그와 같은 조사행위는 이를 도의적으로 비난함은 별 문제로 하고 그로 말미암아 피고인의 기본적 인권이 침해된 것이라고는 보기 어렵다거나,[48] 단순히 범행의 기회를 제공하거나 범행을 용이하게 하는 것에 불과한 수사방법은 경우에 따라 허용될 수 있다고 판시함으로써,[49] 기회제공형 함정수사에 대해서는

47 주석 형법 총칙(2)(제2판), 한국사법행정학회(2011), 214(이정원).
48 대법원 1963. 9. 12. 선고 63도190 판결.
49 대법원 2013. 10. 24. 선고 2012도2544 판결, 대법원 2007. 7. 26. 선고 2007도4532 판결, 대법원 2007. 7. 12. 선고 2006도2339 판결, 대법원 2004. 5. 14. 선고 2004도1066 판결, 대법원 1992. 10. 27. 선고 92도1377 판결, 대법원 1983. 4. 12. 선고 82도2433 판결, 대법원 1982. 6. 8. 선고 82도884 판결.

대체로 수사방법으로서의 적법성 및 범죄에 대한 불가벌성을 인정해 왔다.

반면 범죄유발형 함정수사인 경우에는 원칙적으로 구성요건 단계에서 교사자인 수사기관에 대해 교사범의 성립이 인정된다. 함정수사를 진행하는 수사기관이 미필적으로라도 고의에 의한 정범의 기수 범행을 유발한 것으로 볼 수 있기 때문이다. 범죄수사의 목적에 따른 것이라도 사용된 수단이 추구하는 목적에 상당하지 않다면 이는 수사의 비례원칙상 허용될 수 없다. 또한 범의유발형 함정수사는 범죄가 있은 연후에 수사기관이 수사를 개시하는 통상의 수사와 달리, 수사기관이 범죄형성에 처음부터 개입하여 사인의 범죄실현을 유도하면서 위법을 조장한 경우로서, 국가가 기만적으로 사인의 범죄를 유도하고 다시 이를 처벌하는 것이 되어 수사의 신의칙과 정의의 관념에도 반하는 것으로 볼 수 있다.[50] 범죄의 조직화·지능화 추세로 인한 범인검거와 증거수집의 곤란을 극복하기 위한 수사기법의 하나로 함정수사의 필요성을 부인할 수는 없지만, 함정수사도 헌법 제12조 제1항의 적법절차 원칙과 여기에서 파생한 수사의 상당성, 비례성 원칙을 준수하는 범위에서만 적법하게 허용되어야 한다. 따라서 범죄 실현과정에 수사기관이 과도하게 개입하는 방법의 범의유발형 함정수사는 원칙적으로 허용될 수 없다. 판례도, 본래 범의를 가지지 아니한 자에 대하여 수사기관이 사술이나 계략 등을 써서 범의를 유발케 하여 범죄인을 검거하는 함정수사는 위법하다고 판단하면서, 구체적인 사건에서 위법한 함정수사에 해당하는지 여부는 해당 범죄의 종류와 성질, 유인자의 지위와 역할, 유인의 경위와 방법, 유인에 따른 피유인자의 반응, 피유인자의 처벌 전력 및 유인행위 자체의 위법성 등을 종합하여 판단하여야 한다고 판시하였다.[51] 보다 구체적으로, 수사기관과 직접 관련이 있는 유인자가 피유인자와의 개인적인 친밀관계를 이용하여 피유인자의 동정심이나 감정에 호소하거나, 금전적·심리적 압박이나 위협 등을 가하거나, 거절하기 힘든 유혹을 하거나, 또는 범행방법을 구체적으로 제시하고 범행에 사용될 금전까지 제공하는 등으로 과도하게 개입함으로써 피유인자로 하여금 범의를 일으키게 하는 것은 위법한 함정수사에 해당하여 허용되지 않지만, 유인자가 수사기관과 직접적인 관련을 맺지 아니한 상태에서 피유인자를 상대로 단순히 수차례 반복적으로 범행을 부탁하였을 뿐 수사기관이 사술이나 계략 등을 사용하였다고 볼 수 없는 경우는, 설령 그로 인하

50 박상기, 형법총론(제9판), 박영사(2012), 470; 임웅, 형법총론(제10정판), 법문사(2018), 500.
51 대법원 2007. 7. 12. 선고 2006도2339 판결.

여 피유인자의 범의가 유발되었다 하더라도 위법한 함정수사에 해당하지 않는다.[52] 판례는 이를 전제로, 위법한 함정수사에 기한 검찰의 공소제기는 그 절차가 법률의 규정에 위반하여 무효인 때(형사소송법 제327조 제2호)에 해당하여 공소기각 판결 사유에 해당한다고 판시하였다.[53]

3. 피교사자의 실행행위

가. 피교사자의 범행결의

교사자의 교사행위와 피교사자의 범행결의 사이에는 인과관계가 있어야 한다. 피교사자의 범행결의가 교사자의 교사행위와 인과적인 연관관계가 없는 경우에는 이른바 '실패한 교사'에 불과하다(형법 제31조 제3항). 예컨대 이미 범죄를 결의하고 있는 자에 대한 교사행위가 그러하다. 다만 교사범이 성립하기 위해 교사행위가 정범의 범죄 실행에 대한 유일한 조건일 필요는 없다. 교사행위에 의하여 피교사자가 범죄 실행을 결의하게 된 이상 피교사자에게 다른 원인이 있어 범죄를 실행한 경우에도 교사범의 성립에는 영향이 없다.[54] 예컨대 교사행위에 의하여 정범이 실행을 결의하게 된 이상 비록 정범에게 범죄의 습벽이 있어 그 습벽과 함께 교사행위가 원인이 되어 정범이 범죄를 실행한 경우에도 교사범의 성립에는 영향이 없다는 것이 판례이다.[55]

이미 범행을 결의하였지만 그 실행을 주춤거리고 있던 자를 교사하여 확실하게 범행을 결심하게 하는 경우는 범행결의의 강화에 불과하며 방조범이 성립할 수 있을 뿐이다. 그러나 범죄의 실행에 대하여 회의를 갖고 있던 자를 교사하여 범행을 결심하게 하였다면 이는 완전한 교사에 해당한다.[56] 판례는, 피교사자가 범죄의 실행에 착수한 경우 그 범행결의가 교사자의 교사행위에 의하여 생긴 것인지는 교사자와 피교사자의 관계, 교사행위의 내용 및 정도, 피교사자가 범행에

52 대법원 2007. 11. 29. 선고 2007도7680 판결, 대법원 2008. 7. 24. 선고 2008도2794 판결, 대법원 2013. 3. 28. 선고 2013도1473 판결.

53 같은 취지에서 위법한 함정수사로 판단하여 공소기각 된 사안으로는, 대법원 2005. 10. 28. 선고 2005도1247 판결, 대법원 2006. 9. 28. 선고 2006도3464 판결, 대법원 2007. 7. 13. 선고 2007도3672 판결, 대법원 2007. 10. 12. 선고 2007도5571 판결, 대법원 2008. 4. 24. 선고 2008도1411 판결, 대법원 2008. 10. 23. 선고 2008도7362 판결, 대법원 2018. 5. 30. 선고 2018도4795 판결 등이 있다. 원심이 피고인에 대해 유죄를 인정하였으나 위법한 함정수사로 볼 여지가 있다는 이유로 원심을 파기한 사안으로는, 대법원 2004. 5. 14. 선고 2004도1066 판결.

54 대법원 2012. 11. 15. 선고 2012도7407 판결.

55 대법원 1991. 5. 14. 선고 91도542 판결.

56 주석 형법 총칙(2)(제2판), 한국사법행정학회(2011), 217(이정원).

이르게 된 과정, 교사자의 교사행위가 없더라도 피교사자가 범행을 저지를 다른 원인이 있었는지 여부 등 제반 사정을 종합적으로 고려하여 사건의 전체적 경과를 객관적으로 평가하여 판단되어야 한다고 판시하였다. 그리하여 피교사자가 교사자의 교사행위 당시에는 일응 범행을 승낙하지 아니한 것으로 보이더라도 위와 같은 제반 사정을 종합하여 볼 때 이후 그 교사행위에 의하여 범행을 결의하게 된 것으로 인정되는 이상 교사범이 성립할 수 있다고 보았다.[57]

한편 교사범은 교사자가 교사행위에 의해 피교사자의 범행 결의를 생기게 함을 핵심적인 요건으로 하므로, 교사의 사실에 대해 피교사자의 인식이 있을 것을 전제로 한다. 따라서 피교사자가 자신이 교사를 받고 있다는 사실을 알지 못하는데도 교사자가 일방적으로 교사하는 소위 '편면적 교사'는 인정될 수 없다.[58]

나. 피교사자의 범죄실행

교사범이 성립하기 위해서는 교사행위로 인하여 피교사자가 적어도 범죄의 실행에 착수하여야 한다.[59] 피교사자가 실행에 착수한 범죄는 구성요건에 해당하고 위법성조각사유가 존재하지 않는 등 적어도 불법의 요소는 갖추어야 한다. 피교사자의 행위가 책임까지 구비할 필요는 없다(제한적 종속형식). 정범과 교사범은 각자의 행위에 따른 책임을 부담하면 충분하기 때문이다.

피교사자가 범죄의 실행을 승낙하고 예비·음모에 나아간 경우에는 아직 타인을 교사하여 죄를 범하게 한 경우에 해당하지 않는다. 이는 피교사자가 범죄의 실행을 착수하지 아니한 경우, 즉 교사의 미수 중 '효과 없는 교사'에 해당하고 교사자와 피교사자는 음모 또는 예비에 준하여 처벌될 뿐이다(형법 제31조 제2항). 한편 피교사자로 하여금 최종적으로 목표한 범죄에 이르게 하려는 의사로 예비행위를

57 대법원 2013. 9. 12. 선고 2012도2744 판결. 피고인이 결혼을 전제로 교제하던 여성 갑의 임신 사실을 알고 수회에 걸쳐 낙태를 권유하다가 거부당하자, 갑에게 출산 여부는 알아서 하되 더 이상 결혼을 진행하지 않겠다고 통보하고, 이후 아이에 대한 친권을 행사할 의사가 없다고 하면서 낙태할 병원을 물색해 주기도 하였는데, 이후 갑이 피고인에게 알리지 아니한 채 자신이 알아본 병원에서 홀로 낙태시술을 받은 사안에서, 피고인은 갑에게 직접 낙태를 권유할 당시뿐만 아니라 출산 여부는 알아서 하라고 통보한 이후에도 계속 낙태를 교사하였고, 갑은 이로 인하여 낙태를 결의·실행하게 되었다고 보아야 하고, 갑이 당초 아이를 낳을 것처럼 말한 사실이 있다는 사정만으로 피고인의 낙태교사행위와 갑의 낙태결의 사이에 인과관계가 단절되었다고 볼 수 없다고 하여, 피고인에게 낙태교사죄를 인정한 원심판단을 수긍한 사안이다.

58 김일수/서보학, 새로쓴 형법총론(제13판), 박영사(2018), 486; 정성근/박광민, 형법총론(제2판), 성균관대학교출판부(2015), 585; 임웅, 형법총론(제10정판), 법문사(2018), 497; 김성돈, 형법총론(제5판), 성균관대학교출판부(2017), 666.

59 대법원 1998. 2. 24. 선고 97도183 판결, 대법원 2000. 2. 25. 선고 99도1252 판결.

교사한 자에 대해 예비죄의 성립을 인정하는 견해가 있다.[60] 그러나 예비죄는 그 자체로 구성요건적 범죄의 실행이 아니라 범죄의 준비에 불과하고 일반구성요건과는 달리 행위의 정형성을 갖추지 못하여 예비행위에 대해서도 교사범을 인정할 경우에는 처벌의 범위가 지나치게 확대되어 부당한 결과가 초래될 수 있다. 따라서 예비행위 자체에 대한 교사행위에 의하여 피교사자가 예비죄를 범한 데에 불과하다면 교사범은 성립하지 않는다고 보아야 한다.[61] 교사행위에도 불구하고 피교사자가 범죄의 실행을 승낙하지 않거나 교사행위와 피교사자에 의한 범죄의 실행 사이에 인과관계가 없는 경우에는 교사의 미수 중 '실패한 교사'로서 예비·음모에 준하여 처벌될 수 있다(형법 제31조 제3항). 반면 피교사자로 하여금 실행의 착수에 이르지 않고 오로지 예비죄만을 범하게 하려는 의사로 예비행위를 교사한 자는 '미수의 교사'에 해당하여 불가벌이라고 보아야 한다.

피교사자가 교사자의 교사행위에 의해 범죄 실행을 결의한 후 실행행위 이전에 교사자로부터 범행을 중단할 것을 요구받고도 피교사자가 범행을 실행한 경우에 교사자는 공범관계로부터 이탈하여 교사범의 죄책을 부담하지 않는다고 볼 수 있는지가 문제된다. 판례는, 교사범이 피교사자가 범죄의 실행행위에 나아가기 전에 그 공범관계로부터 이탈함으로써 교사범으로서의 죄책에서 벗어나기 위해서는 교사범에 의하여 형성된 피교사자의 범죄 실행의 결의를 해소하는 것이 필요하고, 이때 교사범이 피교사자에게 교사행위를 철회한다는 의사를 표시하고 이에 피교사자도 그 의사에 따르기로 하거나 또는 교사범이 명시적으로 교사행위를 철회함과 아울러 피교사자의 범죄 실행을 방지하기 위한 진지한 노력을 다하여 당초 피교사자가 범죄를 결의하게 된 사정을 제거하는 등 제반 사정에 비추어 객관적·실질적으로 보아 교사범에게 교사의 고의가 계속 존재한다고 보기 어렵고 당초의 교사행위에 의하여 형성된 피교사자의 범죄 실행의 결의가 더 이상 유지되지 않는 것으로 평가할 수 있을 정도가 되어야 한다고 판시하였다.[62] 다만 이 경

60 김일수/서보학, 새로쓴 형법총론(제13판), 박영사(2018), 489.

61 오영근, 형법총론(제4판), 박영사(2018), 399; 김성돈, 형법총론(제5판), 성균관대학교출판부(2017), 666.

62 대법원 2012. 11. 15. 선고 2012도7407 판결. 피고인 갑이 피교사자인 을에게 피해자 병의 불륜관계를 이용하여 공갈할 것을 교사하였고, 이에 을이 병을 미행하여 병의 불륜현장을 카메라로 촬영한 후 갑에게 이 사실을 알리자 갑이 을에게 병을 공갈하는 것을 단념하라고 말하면서 공갈의 범행으로 나아가는 것을 만류하였으나 을이 갑의 제안을 거절하면서 촬영한 동영상을 병의 핸드폰에 전송하여 공갈한 사안에서, 교사행위와 공갈행위 사이에 상당인과관계가 인정되고 갑의 만류행위가 있었지만 을이 이를 명시적으로 거절하고 당초와 같은 범죄 실행의 결의를 그대로 유지한 이상 갑이 공범관계에서 이탈한 것으로 볼 수 없다고 판시한 사안이다. 위 판결에 대한 비판으로는 김정환, 교사범의 공범관계이탈과 관련한 대법원의 판단에 대한 비판, 서울법학, 서울시립대학교(2014)이 있다.

우에도 '효과 없는 교사'로서 교사자는 형법 제31조 제2항에 의한 죄책을 부담할 수 있다.

교사자가 피교사자에 대해, 예컨대 형법 제27조의 불능범과 같이 실행의 착수가 있더라도 결과의 발생이 불가능한 범죄를 교사한 경우 원칙적으로 교사범으로 처벌할 수 없다. 판례는, 갑이 공범 중 1인으로서 수사절차에서 참고인 또는 피의자로 조사받으면서 자기의 범행을 구성하는 사실관계에 관하여 허위로 진술하고 허위 자료를 제출한 행위가 공범 을이 도피하게 하는 결과를 초래하더라도 갑을 범인도피죄로 처벌할 수 없는 이상 이때 을이 이러한 행위를 교사하였더라도 범죄가 될 수 없는 행위를 교사한 것에 불과하여 원칙적으로 갑에 대해 범인도피교사죄가 성립하지 않는다고 보면서,[63] 예외적으로 을의 행위가 방어권의 남용으로 볼 수 있을 때에는 범인도피교사죄에 해당할 수 있다고 판시하였다.[64]

정범의 성립은 교사범의 구성요건 일부를 형성하므로 소송에서 교사범의 사실적시에 있어서는 정범의 범죄구성요건이 되는 사실 전부가 적시되어야 한다. 이러한 기재가 없는 교사범의 사실 적시는 죄가 되는 사실적시라고 할 수 없으므로 공소제기의 절차가 부적법한 것이어서 무효가 되고 공소기각 판결(형사소송법 제327조 제2호)의 대상이 된다.[65]

Ⅲ. 교사자에 대한 처벌

교사범은 정범과 동일한 형으로 처벌한다. 교사범은 직접 범죄 실행에는 가담하지 않았으나 정범에게 범죄를 결의시키고 범행에 주된 원인이 되었기 때문에 불법과 책임이 정범에 준한다고 보기 때문이다. 여기서 동일한 형이란 피교사자가 행한 죄의 법정형과 동일함을 말하는 것일뿐 반드시 선고형까지 동일할 필요는 없다.[66] 정범과 교사범의 선고형은 각자의 책임에 따라 달리할 수 있으며, 예컨대 사안에 따라서는 공범인 교사범의 선고형이 정범의 선고형보다 무거울 수도 있다. 또한 반드시 정범이 교사범보다 먼저 처벌되어야 한다거나 정범과 함께 처벌되어야 하는 것도 아니다. 공범의 종속성은 성립상의 종속성을 의미하는 것일

63 대법원 2008. 12. 24. 선고 2007도11137 판결.
64 대법원 2014. 4. 10. 선고 2013도12079 판결.
65 대법원 1981. 11. 24. 선고 81도2422 판결, 대법원 1982. 2. 23. 선고 81도822 판결.
66 대법원 1955. 9. 27. 선고 4288형상220 판결.

[하태한]

뿐 처벌에서의 종속성을 의미하는 것은 아니기 때문이다.

한편 2인 이상의 서로 대향된 행위의 존재를 필요로 하는 대향범에 대하여는 교사범에 관한 형법 규정이 적용될 수 없다는 것이 판례이다.[67] 예컨대 의사가 환자의 요구에 의해 의료법의 관련규정을 위반하여 직접 진찰하지도 않고 처방전만을 교부하였을 때, 의사는 의료법상의 처벌규정에 따라 처벌되지만, 처방전을 교부받은 환자에 대해 의료법상 처벌규정이 따로 없다고 하여 형법상 교사범 규정을 적용하여 처벌할 수는 없다.[68]

형법상 자기의 지휘·감독을 받는 자를 교사한 때에는 정범의 형의 2분의 1까지 가중하여 처벌하도록 되어 있다(형법 제34조 제2항). 다만 위 규정에 대해서는 공범의 본질에 반하여 위헌·무효라는 견해가 있다.[69]

IV. 관련문제

1. 교사의 미수

교사의 미수란 교사자가 피교사자에게 범죄 실행을 교사하였으나 여러 사유로 교사자의 교사가 완성되지 못한 경우를 말한다. 일반적으로 다음의 네 가지 정도가 문제된다. 즉 ①교사자의 교사에 의하여 피교사자가 범죄의 실행을 승낙하고 실행에 착수하였으나 미수에 그친 경우, ②교사자의 교사행위에 의해 피교사자가 범죄의 실행을 승낙하였으나 실행에 착수하지 않은 경우, ③교사자가 피교사자를 교사하였으나 피교사자가 범죄의 실행을 승낙하지 않은 경우, ④교사자가 피교사자를 교사하였으나 피교사자가 이미 범행을 결의하고 있었던 경우 등이다.

교사범을 처벌하는 이유는 피교사자로 하여금 범죄 실행을 결의하게 하고 그 죄를 범하게 하려고 한 데에 있으므로, 비록 교사가 목적이 달성되지 못하였더라도 교사의 미수에 대해 처벌할 필요성은 인정된다. 이는 처음부터 피교사자의 범행이 미수에 그치도록 하려고 한 데에 불과한 미수의 교사가 불가벌이라는 점과 구별된다.

67 대법원 2017. 6. 19. 선고 2017도4240 판결.
68 대법원 2011. 10. 13. 선고 2011도6287 판결.
69 주석 형법 총칙(2)(제2판), 한국사법행정학회(2011), 218(이정원).

가. 협의의 교사의 미수

교사자의 교사에 의하여 피교사자가 범죄의 실행을 승낙하고 실행에 착수하였으니 미수에 그친 경우이다. 이는 본질적으로 정범의 미수에 해당하는 경우로서, 교사행위 자체가 미수에 그친 경우와는 다르다. 교사자의 교사행위에 의하여 피교사자가 범죄의 실행을 승낙하고 실행에 착수하였다면 교사자의 교사행위는 미수가 아니라 기수에 이른 것이다. 다만 정범인 피교사자가 미수범이 되는 것에 종속하여 교사자는 미수죄의 교사범이 되고, 피교사자가 범한 죄에 대해 미수범 처벌규정이 있는 경우라면 교사자는 해당 정범의 미수와 동일한 법정형 한도에서 처벌된다(형법 제31조 제1항).

이때 정범이 미수에 그친 것과 관련하여 교사자와 피교사자 중 누구에게 자의(自意)가 있었는지 여부에 따라 장애미수(형법 제25조)와 중지미수(제26조) 규정의 적용 여부가 결정된다. 피교사자만이 자의로 실행행위를 중지하거나 결과발생을 방지한 때에는 피교사자는 중지미수로 되고, 교사자는 장애미수의 교사범이 된다. 반대로 교사자가 자의에 의하여 피교사자의 착수 후 그 실행행위를 중지시키거나 결과발생을 방지하였는데 그러한 사실이 피교사자에게 의외의 장애사유로 작용한 된 때에는 피교사자는 장애미수가 되고 교사자만 중지미수의 교사범이 된다.

나. 효과 없는 교사

교사자의 교사행위에 의하여 피교사자가 범죄의 실행을 승낙하였으나 실행에 착수하지 아니한 경우를 말한다. 교사행위로 인해 피교사자가 범죄의 실행을 승낙한 이상 교사행위가 실패한 것은 아니지만 피교사자가 교사된 범죄 실행에 착수하지 않았기 때문에 교사행위는 효과가 없었던 것이라고 볼 수 있다. 그 외에 피교사자가 실행을 위한 행위를 하였으나 착수에 이르지 못한 채 예비·음모에 그친 경우, 그리고 실행에 착수하였으나 불가벌적 미수(형법 제27조)에 그친 경우도 이에 포함된다고 보는 견해가 있다.[70]

교사범이 성립하려면 반드시 피교사자가 범죄 실행에 착수해야 하므로, 효과 없는 교사에 대해서는 형법 제31조 제1항의 교사범 규정을 적용할 수는 없다. 교사의 미수를 포함한 공범의 미수란 타인의 범죄에 가담하는 행위를 완성조차 하

70 이재상 외 2인, 형법총론(제9판), 박영사(2017), 506; 배종대, 형법총론(제13판), 홍문사(2017), 465.

지 못한 상태로서, 공범의 종속성에 따라 원칙적으로 그 가담행위는 불가벌이다. 이러한 행위를 처벌하기 위해서는 법률의 특별한 규정을 필요로 한다. 형법은 공범의 미수로서 효과 없는 교사를 처벌할 필요가 있다고 보아 이에 대한 특별 규정으로 제31조 제2항을 두었다. 위 규정에 따라 효과 없는 교사에 대해 교사자와 피교사자가 예비·음모에 준하여 처벌된다. 그런데 형법 제28조에 의하면 범죄의 예비·음모행위는 법률에 특별한 규정이 있는 때에 한하여 처벌하도록 되어 있으므로, 효과 없는 교사인 때에도 법률에 예비·음모를 특별히 처벌한다는 취지와 그 형이 함께 규정되어 있을 때에 한하여 처벌이 가능하고 그렇지 않은 경우는 교사자 및 피교사자 모두 불가벌이다.[71]

다. 실패한 교사

교사자가 피교사자를 교사하였으나 피교사자가 범죄의 실행을 승낙하지 아니한 경우와 피교사자가 이미 범행을 결의하고 있었던 경우를 말한다.[72] 앞서의 효과 없는 교사와 실패한 교사를 통틀어 '기도된 교사'라 한다. 이는 교사자의 입장에서 볼 때 교사행위 자체가 미수에 그친 경우에 불과하다고 볼 수 있다. 이러한 형태의 교사의 미수도 원칙적으로 불가벌이나 형법은 제31조 제3항에 예외적으로 이를 처벌하는 특별규정을 두고 교사자만을 예비·음모에 준하여 처벌하도록 규정하고 있다.

실패한 교사 중 피교사자가 이미 범행을 결의하고 있었던 경우는 교사의 미수에 관한 형법 제31조 제3항이 적용되는 외에도, 사안에 따라서는 교사행위가 피교사자의 범행에 관한 결의를 강화시키는 수단으로 작용함으로써 정신적 방조에 이르렀다고 평가될 수 있고 그 경우에는 형법 제32조 제1항이 적용될 수 있다. 실패한 교사가 논리적으로 교사의 미수 이외에 기수의 종범을 성립시키게 되는 것이다. 다만 방조의 불법성 평가는 실패한 교사의 그것에 모두 포함되는 것으로 볼 수 있으므로, 이들 두 죄는 상상적 경합이 아니라 법조경합의 관계에 해당하여 실패한 교사로만 처벌된다.[73]

2. 교사의 착오

교사의 착오는 교사자가 인식한 고의 내용에 잘못이 있는 경우이다. 교사자

71 대법원 1977. 6. 28. 선고 77도251 판결.

72 대법원 1991. 5. 14. 선고 91도542 판결, 대법원 2012. 8. 30. 선고 2010도13694 판결, 대법원 2013. 9. 12. 선고 2012도2744 판결.

73 주석 형법 총칙(2)(제2판), 한국사법행정학회(2011), 221(이정원).

가 피교사자에 대해 착오한 경우와 실행행위에 대해 착오한 경우의 두 가지로 나누어 볼 수 있다.

가. 피교사자에 대한 착오

교사자가 피교사자의 책임능력에 관하여 착오가 있었던 경우이다. 피교사자의 책임능력에 대한 인식은 교사자의 고의의 내용에 포함되지 않는다. 따라서 이러한 내용의 교사자의 착오는 교사범의 성립에 아무런 영향을 주지 못한다.[74]

나. 실행행위에 대한 착오

1) 구체적 사실의 착오

교사자의 교사내용과 피교사자의 실행행위의 불일치가 동일한 구성요건 안에서 발생한 구체적 사실의 착오로서 피교사자가 실행행위의 구성요건적 객체의 착오나 방법의 착오를 일으킨 경우에 이러한 피교사자의 착오가 교사자에게 어떻게 작용하는지가 문제된다. 이 경우 피교사자의 방법의 착오가 교사자에게도 방법의 착오가 된다는 데에는 대체로 견해가 일치한다. 반면 피교사자에게 객체의 착오가 있는 경우, 예컨대 교사자 갑이 피교사자 을에게 병을 살해할 것을 교사하고 이를 승낙한 을이 실행에 착수하였으나 방법의 착오로 인하여 전혀 다른 인물인 정을 살해하게 된 경우이다. 이 경우에도 사실의 착오에 관한 일반론(법정적 부합설)에 따라 피교사자의 객체의 착오는 교사자에게도 객체의 착오로 작용한다고 보는 견해(객체의 착오설),[75] 피교사자가 객체의 착오를 일으킨 경우에는 피교사자의 착오로 인하여 교사자가 의도하지 않았던 다른 객체에 법익의 침해가 나타나게 되므로 교사자에 대해서는 방법의 착오로 보아야 한다는 견해(방법의 착오설),[76] 교사자의 교사행위와 피교사자의 실행행위 사이에 불일치가 있기는 하지만 양자의 불일치가 일반적인 생활경험에 따라 예견 가능한 범위 내에 있는 경우 양자를 다른 행위로 볼 수 없기 때문에 이를 고려함이 없이 교사자의 고의를 인정할 수

74 임웅, 형법총론(제10정판), 법문사(2018), 507; 손동권/김재윤, 새로운 형법총론(초판), 율곡출판사(2011), 589; 김성돈, 형법총론(제5판), 성균관대학교출판부(2017), 668.

75 이재상 외 2인, 형법총론(제9판), 박영사(2017), 503; 배종대, 형법총론(제13판), 홍문사(2017), 461; 정성근/박광민, 형법총론(제2판), 성균관대학교출판부(2015), 591; 임웅, 형법총론(제10정판), 법문사(2018), 505; 손동권/김재윤, 새로운 형법총론(초판), 율곡출판사(2011), 588; 김성돈, 형법총론(제5판), 성균관대학교출판부(2017), 670.

76 박상기, 형법총론(제9판), 박영사(2012), 463; 김일수/서보학, 새로쓴 형법총론(제13판), 박영사(2018), 489; 오영근, 형법총론(제4판), 박영사(2018), 398; 정영일, 형법강의(총론)(제3판), 학림(2017), 284.

있다는 견해(인과과정의 착오설)[77] 등이 있다. 그러나 교사자가 교사한 범죄와 피교사자가 실현한 범죄가 구체적으로 일치하지 않는 경우라도 피교사자가 실현한 범죄가 교사의 내용과 본질적인 점에서 일치하면 교사자의 착오는 객체의 착오로 평가되어야 한다. 객체의 착오설이 타당하다. 따라서 위 사례의 피교사자 을이 교사자 갑의 살인교사행위와 본질적으로 일치하는 살인의 범행을 실현하였으므로, 갑에 대해서는 살인교사죄가 성립한다.

2) 추상적 사실의 착오

교사자의 교사행위와 피교사자의 실행행위의 불일치가 서로 다른 범죄구성요건에 걸쳐 발생하는 경우이다. 예컨대 교사자가 상해를 교사했는데 피교사자가 폭행을 실행하거나 살인을 저지른 경우 등이다. 피교사자가 교사 받은 내용보다 적게 실행하는 경우와 피교사자가 교사 받은 내용을 초과하여 실행하는 경우로 나누어 생각하는 것이 일반적이다.

가) 과소 실행

피교사자가 교사 받은 범죄와 동질인 범죄를 적게 실행한 때에는 교사자에 대해 피교사자가 실행한 범위 내에서의 완전한 교사범 및 교사한 한도에서 교사의 미수(형법 제31조 제2항)가 각각 성립하고 두 죄는 상상적 경합이 된다는 것이 통설이다.[78] 예컨대 강도를 교사 받은 피교사자가 절도죄만을 범한 경우, 교사자에 대해서는 적게 실행된 범죄인 절도의 교사범이 성립하되, 원래 교사된 범죄인 강도에 관하여는 교사의 미수로서 강도예비·음모에 준하여 처벌되므로 절도교사와 강도예비·음모의 상상적 경합이 되고 형이 중한 강도예비·음모죄로 처벌된다. 그러나 적게 실행된 범죄라도 교사 받은 범죄와 질적인 차이가 있다면 이와 같이 볼 수는 없고, 원래 교사한 범죄에 대한 교사의 미수(형법 제31조 제2항)만이 성립한다. 예컨대 강도살인죄를 교사하였으나 피교사자가 강간죄만을 범한 경우 강도

77 박상기/전지연, 형법학(총론·각론 강의)(제4판), 집현재(2018), 291; 조병선, 피교사자의 객체의 착오와 교사자로의 고의귀속, 법학논집, 청주대학교(1994), 117.

78 박상기, 형법총론(제9판), 박영사(2012), 463; 김일수/서보학, 새로쓴 형법총론(제13판), 박영사(2018), 487; 이재상 외 2인, 형법총론(제9판), 박영사(2017), 502; 박상기/전지연, 형법학(총론·각론 강의)(제4판), 집현재(2018), 291; 정영일, 형법강의(총론)(제3판), 학림(2017), 285; 배종대, 형법총론(제13판), 홍문사(2017), 461; 정성근/박광민, 형법총론(제2판), 성균관대학교출판부(2015), 592; 임웅, 형법총론(제10정판), 법문사(2018), 506; 손동권/김재윤, 새로운 형법총론(초판), 율곡출판사(2011), 586; 김성돈, 형법총론(제5판), 성균관대학교출판부(2017), 671. 이러한 통설에 대해 양자의 법조경합이 성립하여 중한 범죄의 예비·음모죄만으로 처벌된다는 견해로는 오영근, 형법총론(제4판), 박영사(2018), 397.

살인예비·음모에 준하여 처벌된다.

나) 초과 실행

피교사자가 당초 교사 받은 내용 이상으로 범죄를 실행한 경우에 교사자는 초과한 부분에 대하여는 원칙적으로 교사범으로서의 형사책임을 부담하지 않는다. 초과된 부분에 대하여는 교사행위가 존재하지 않기 때문이다. 예컨대 교사자가 단순절도를 교사했는데 피교사자가 보다 중한 야간주거침입절도죄나 강도죄를 범한 경우에도 교사자는 단순절도죄에 대한 교사범으로서의 책임만을 부담한다.[79]

문제는 피교사자가 초과 실행한 부분이 교사된 범죄와 질적으로 동일하고 이로부터 야기될 수 있는 인과관계 있는 결과가 되는 경우이다. 교사자가 상해 또는 중상해를 교사하였는데 피교사자가 상해치사죄나 살인죄를 범한 경우가 전형적인 사례이다. 이 경우 교사자는 교사한 범위 내에서 상해교사죄의 책임을 부담해야 한다는 데에는 학설상 이론이 없다. 나아가 사망의 결과에 관하여 교사자가 어떠한 책임을 져야 할 것인지에 관하여는 견해가 대립된다. 먼저 과실치사죄가 추가로 성립하고 상해교사죄와의 상상적 경합을 인정해야 한다는 견해(상상적 경합설)가 있다.[80] 결과적 가중범에 관한 형법 제15조 제2항은 정범에 관한 규정이므로 이 규정을 교사범에 바로 적용하는 것은 행위자에게 불리한 유추적용으로 허용될 수 없다는 점 등을 근거로 한다.[81] 그러나 교사자에게 사망의 결과 발생에 대한 과실이나 예견가능성이 있었던 경우에는 상해치사죄의 교사범이 성립한다고 봄이 타당하고 이러한 견해(결과적 가중범설)가 통설이며,[82] 판례이다.[83] 상상적 경합설처럼 상해를 교사하여 예견 가능한 범위 내에서 피해자 사망을 야기한 행위에 대해 상해교사죄만 인정하는 것은 불법의 내용을 완전하게 포착하지 못한 결론이

79 종범에 관하여 같은 취지로 대법원 1985. 2. 26. 선고 84도2987 판결.

80 오영근, 형법총론(제4판), 박영사(2018), 397.

81 상상적 경합설은 이러한 경우 교사자의 행위는 '상해교사치사죄'가 되어야 하는데 이러한 죄는 실정형법이 예정하고 있지 않다는 점을 지적한다.

82 박상기, 형법총론(제9판), 박영사(2012), 463; 김일수/서보학, 새로쓴 형법총론(제13판), 박영사(2018), 488; 이재상 외 2인, 형법총론(제9판), 박영사(2017), 503; 박상기/전지연, 형법학(총론·각론 강의)(제4판), 집현재(2018), 290; 정영일, 형법강의(총론)(제3판), 학림(2017), 286; 배종대, 형법총론(제13판), 홍문사(2017), 462; 정성근/박광민, 형법총론(제2판), 성균관대학교출판부(2015), 581; 임웅, 형법총론(제10정판), 법문사(2018), 507; 손동권/김재윤, 새로운 형법총론(초판), 율곡출판사(2011), 587; 김성돈, 형법총론(제5판), 성균관대학교출판부(2017), 670.

83 대법원 1993. 10. 8. 선고 93도1873 판결, 대법원 1997. 6. 24. 선고 97도1075 판결, 대법원 2002. 10. 25. 선고 2002도4089 판결.

다. 피해자의 사망이라는 불법적 결과가 상해교사에 의해 발생된 것이라면 결과적 가중범인 상해치사죄의 교사범을 인정해야 한다. 예견가능성 여부를 피교사자가 아닌 교사자를 기준으로 엄격히 인정한다면 이는 교사자에게 예견가능한 결과에 대한 정범으로서의 책임이 아니라 공범으로서의 책임을 지우는 것이어서 행위자에게 불리한 유추적용이라고 볼 수도 없다.

피교사자의 실행행위가 교사된 범죄를 질적으로 초과한 경우는 어떠한가. 예컨대 폭행죄를 범하도록 교사 받은 자가 절도죄를 범하는 경우 또는 모욕죄를 범하도록 교사 받은 자가 살인죄를 범하는 경우 등이다. 이처럼 질적으로 서로 유사성이 인정되지 않은 범죄 사이에는 일종의 교사의 미수 관계가 성립하는 것으로 해석할 수 있다. 즉 피교사자가 특정 범죄의 실행을 승낙하였으나 해당 범죄의 실행에는 나아가지 아니한 경우로서 형법 제31조 제2항에 의한 효과 없는 교사에 해당할 수 있다. 다만 이때의 질적인 초과는 본질적인 것임을 전제로 한다. 이러한 다수의 견해[84]와는 달리 실행행위에 '질적 초과'가 있는 경우와 '질적 차이'가 있는 경우를 개념적으로 구별해야 한다고 하거나 위와 같은 상황을 질적 초과가 아닌 질적 불일치가 있는 경우라고 해석하는 견해도 있다.[85] 즉 질적·양적을 불문하고 실행이 초과된 범죄라고 보기 위해서는 교사된 범죄와 일부라도 중첩된 범죄내용이 있고 나머지 초과된 부분이 있어야 함에도 위의 사안에서는 이러한 범죄내용의 중첩이 없으므로, 이를 실행의 초과로 이해함은 잘못이라는 것이다. 이러한 견해에 따르면, 예컨대 절도죄를 범하도록 교사 받은 자가 강도죄를 범한 경우와 같이 다수설이 양적 초과 실행이라고 분류하는 사례가 질적 초과 실행에 해당하게 된다.

3. 교사범과 신분 및 공범간의 경합

교사범에 대해서도 공범과 신분에 관한 형법 제33조가 적용된다. 그 결과 신분 없는 자도 진정신분범의 교사범이 될 수 있다. 부진정신분범에서 비신분자는

84 박상기, 형법총론(제9판), 박영사(2012), 463; 김일수/서보학, 새로쓴 형법총론(제13판), 박영사(2018), 488; 이재상 외 2인, 형법총론(제9판), 박영사(2017), 503; 박상기/전지연, 형법학(총론·각론 강의)(제4판), 집현재(2018), 290; 정영일, 형법강의(총론)(제3판), 학림(2017), 286; 배종대, 형법총론(제13판), 홍문사(2017), 462; 정성근/박광민, 형법총론(제2판), 성균관대학교출판부(2015), 592; 임웅, 형법총론(제10정판), 법문사(2018), 506; 손동권/김재윤, 새로운 형법총론(초판), 율곡출판사(2011), 577.

85 주석 형법 총칙(2)(제2판), 한국사법행정학회(2011), 224(이정원); 오영근, 형법총론(제4판), 박영사(2018), 390; 김성돈, 형법총론(제5판), 성균관대학교출판부(2017), 659.

기본범죄의 교사범이 된다.

협의의 공범은 정범에 대해 법조경합 중 보충관계에 있다. 그에 따라 교사자가 나아가 피교사자와 범죄의 실행행위를 공동으로 하게 되면 교사범의 성립은 공동정범으로 흡수된다. 또 종범은 교사범에 대하여 법조경합 중 보충관계에 있기 때문에 교사자가 피교사자의 실행행위를 방조하면 종범의 성립은 교사범에 흡수된다.

제 32 조 [종범]

① 타인의 범죄를 방조한 자는 종범으로 처벌한다.

② 종범의 형은 정범의 형보다 감경한다.

[관련조문] 형법 제33조(공범과 신분), 제34조(간접정범, 특수한 교사, 방조에 의한 형의 가중), 제56조(가중감경의 순서), 형사소송법 제11조(관련사건의 정의), 제187조(공범의 소송비용), 제233조(고소의 불가분), 제253조(시효의 정지와 효력).

[참고문헌] 주석 형법 총칙(2)(제2판), 한국사법행정학회(2011)(이정원); 박상기, 형법총론(제9판), 박영사(2012); 김일수/서보학, 새로쓴 형법총론(제13판), 박영사(2018); 이재상 외 2인, 형법총론(제9판), 박영사(2017); 오영근, 형법총론(제4판), 박영사(2018); 박상기/전지연, 형법학(총론·각론 강의)(제4판), 집현재(2018); 정영일, 형법강의(총론)(제3판), 학림(2017); 배종대, 형법총론(제13판), 홍문사(2017); 정성근/박광민, 형법총론(제2판), 성균관대학교출판부(2015); 임웅, 형법총론(제10정판), 법문사(2018); 손동권/김재윤, 새로운 형법총론(초판), 율곡출판사(2011); 김성돈, 형법총론(제5판), 성균관대학교출판부(2017).

Ⅰ. 종범의 의의 및 처벌근거

1. 의의

종범이란 타인의 범죄를 방조하는 자를 말한다. 형법 제32조 제1항의 문언에 따라 방조범이라고도 한다. 방조의 사전적 의미는 곁에서 남을 도와주는 것이므로, 타인이 범죄행위를 쉽게 하거나 법익침해를 강화하도록 도와주는 일체의 행위를 말하는 것으로 해석된다. 종범은 어디까지나 타인의 범죄를 도와주는 자이므로 정범의 범죄 실행을 전제로 하고 정범의 범죄에 종속하여 성립한다. 종범은 정범으로 하여금 범행의 결의를 강화하게 하거나 범죄 실행을 도와줌으로써 그의 범죄에 간접적으로 가담하는 자에 불과하다.

교사범은 범행결의가 없는 사람에게 그것을 결의하게 하여 범죄를 실행하게 하는 자이지만 종범은 이미 범행결의를 갖고 있는 자의 실행행위에 조력한다는 점에서 양자는 다르다. 실무에서 종범과 함께 그 성립 여부가 자주 문제되는 것이 공동정범인데, 양자는 실행행위에 대한 행위지배 여하에 따라 구별된다.[1] 공동정범은 공동의 의사에 의하여 가담자 각각의 역할 분담에 따라 분업적으로 범죄구성요건을 실현함으로써 객관적·주관적으로 실행행위를 지배하는 자인데 반하여, 종범은 그러한 의사 연결을 요하지 않을 뿐만 아니라 실행행위의 분담도 없다.

2. 처벌근거

종범의 처벌근거도 교사범의 그것과 유사하다. 종범은 실행행위에는 직접 가담한 바가 없더라도 정범의 범죄를 용이·가능하게 하고 이를 통해 불법을 지속·확대함으로써 법질서를 해하였다는 점에서 처벌의 필요성이 인정된다. 종범은 이미 범죄결의를 갖고 있는 자의 실행행위를 용이하게 해 주는 데에 그친다는 점에서는 범죄결의를 새로 갖게 하는 교사범과 비교하여 불법성이 약하다고 볼 수 있다. 그에 따라 종범에 대해서는 정범의 형보다 필요적으로 감경하도록 되어 있다(형법 제32조 제2항).

Ⅱ. 종범의 성립요건

종범은 정범에 종속하여서만 성립하므로, 종범이 성립하기 위해서는 정범의 성립이 전제되어야 한다.[2] 이에 종범의 성립요건으로는, 방조자의 방조행위와 정범의 실행행위가 필요하다.

1. 방조행위

방조행위란 타인의 범행을 가능하게 하거나 용이하게 하는 행위 또는 정범에 의한 법익침해를 강화하는 일체의 행위를 말한다.

가. 방조행위의 수단·방법

방조행위의 수단 및 방법은 정범의 실행행위를 용이하게 하는 직접·간접의

1 대법원 1989. 4. 11. 선고 88도1247 판결, 대법원 1993. 3. 9. 선고 92도3204 판결, 대법원 1995. 2. 17. 선고 94도3297 판결, 대법원 1996. 1. 26. 선고 95도2461 판결, 대법원 2000. 4. 11. 선고 99도334 판결, 대법원 2017. 5. 17. 선고 2017도2573 판결.

2 대법원 1974. 5. 28. 선고 74도509 판결, 대법원 2017. 5. 31. 선고 2016도12865 판결.

모든 행위를 포함하고, 거동에 의한 것(거동방조)은 물론, 언어에 의한 것(언어방조)도 가능하다고 보는 것이 통설[3] 및 판례이다.[4] 정범이 범행을 한다는 점을 알면서 그 실행행위를 용이하게 한 이상 정범이 누구에 의하여 실행되어지는가를 확실히 알 필요도 없다.[5]

거동방조는 기술적·물질적·유형적 방조를 말한다. 범행에 필요한 도구를 마련해 주는 행위, 대상을 물색하거나 소개해 주는 행위, 공범을 소개하는 행위, 장소를 제공하는 행위, 자금을 제공하는 행위, 범죄 실행에 필요한 사무 처리를 보조한 행위 등이 이에 속한다. 판례는, 청부살인을 해 줄 사람을 소개해 준 행위,[6] 불법게임장의 업주에게 경품으로 사용될 상품권을 공급한 행위,[7] 의사가 사무장 병원에 고용되어 진료는 하지 않고 진료부만을 작성해 준 행위,[8] 감정평가사가 부정대출용도로 부실한 내용의 감정평가서를 작성해 준 행위,[9] 강도하려는 자에게 여분의 휴대폰을 빌려준 행위,[10] 불법 다단계유사수신업체 운영을 위한 전산프로그램을 전문적으로 공급해 준 행위,[11] 회사 재산을 횡령하려는 대표자에게 사채업자를 소개시켜 준 행위,[12] 대학교수 채용에 관한 청탁의 중개를 부탁받고 관련자를 서로 소개시켜 준 행위,[13] 운전면허가 없거나 술에 취한 사람에게 승용차를 제공하거나 열쇠를 건네주어 승용차를 운전하게 한 행위,[14] 회원들이 불법 저작물이나 음란물을 업로드하거나 다운로드할 수 있도록 인터넷사이트를 개설·운영한

3 박상기, 형법총론(제9판), 박영사(2012), 479; 김일수/서보학, 새로쓴 형법총론(제13판), 박영사(2018), 492; 이재상 외 2인, 형법총론(제9판), 박영사(2017), 508; 오영근, 형법총론(제4판), 박영사(2018), 400; 박상기/전지연, 형법학(총론·각론 강의)(제4판), 집현재(2018), 299; 정영일, 형법강의(총론)(제3판), 학림(2017), 292; 배종대, 형법총론(제13판), 홍문사(2017), 466; 정성근/박광민, 형법총론(제2판), 성균관대학교출판부(2015), 596; 임웅, 형법총론(제10정판), 법문사(2018), 511; 손동권/김재윤, 새로운 형법총론(초판), 율곡출판사(2011), 595; 김성돈, 형법총론(제5판), 성균관대학교출판부(2017), 674.

4 대법원 1982. 9. 14. 선고 80도2566 판결, 대법원 1995. 9. 29. 선고 95도456 판결.

5 대법원 1977. 9. 28. 선고 76도4133 판결.

6 대법원 2005. 12. 23. 선고 2005도6111 판결.

7 대법원 2010. 3. 25. 선고 2008도1141 판결.

8 대법원 1982. 4. 27. 선고 82도122 판결.

9 대법원 2008. 4. 10. 선고 2008도653 판결.

10 대법원 2013. 10. 24. 선고 2013도9514 판결.

11 대법원 2011. 12. 8. 선고 2010도9500 판결.

12 대법원 2012. 6. 28. 선고 2012도2628 판결.

13 대법원 1999. 3. 12. 선고 98도473 판결.

14 대법원 2000. 8. 18. 선고 2000도1914 판결, 대법원 2014. 5. 16. 선고 2014도943 판결.

행위,[15] 도박자금을 빌려 준 행위,[16] 도박장소를 제공한 행위,[17] 관세부당환급을 위해 운영되던 위장수출회사에서 직원으로 근무하면서 관련 사무를 처리한 행위[18]를 모두 방조행위로 인정하였다.

언어방조는 지적·정신적·무형적 방조로서 실행방법에 대한 기술적 조언, 필요한 정보의 제공, 범행결의의 강화(격려, 응원) 등이 여기에 해당한다. 판례는, 절도범에게 장물처분을 약속하는 행위,[19] 범행이 발각될 경우를 대비한 알리바이 조작을 위해 유류품을 은닉해 줄 것을 약속하는 행위,[20] 강도죄를 범하려는 범인들에게 범행 대상의 위치 등을 알려 준 행위,[21] 도주차량죄를 범하고 도주 중인 남편에게 사고경위 등 정보를 알려주고 심리적 안정을 찾을 수 있도록 한 행위,[22] 노동조합의 불법시위행위를 변명하는 내용의 보도자료를 배포하는 등의 행위를 하여 그 주장의 정당성을 홍보한 행위,[23] 정신요양시설의 장이 수용 중인 사람의 다른 수용자에 대한 폭력행위를 용인하거나 은근히 부추긴 행위,[24] 증권회사 담당직원이 무단 인출된 주식임을 알고도 입고 받아 운용해 준 행위,[25] 아파트 지하실의 소유자가 임차인의 무단용도변경행위를 묵시적으로 승인한 행위,[26] 초등학생을 유인하여 살해하려는 자에게 범행대상의 물색을 조언하고 범행을 고무하는

15 대법원 2007. 12. 14. 선고 2005도872 판결, 대법원 2015. 8. 27. 선고 2013도12267 판결.
16 대법원 2015. 10. 29. 선고 2015도13444 판결.
17 대법원 2004. 6. 10. 선고 2003도6964 판결. 다만 인터넷 게임사이트의 온라인게임에서 통용되는 사이버머니를 구입하고자 하는 사람을 유인하여 돈을 받고 위 게임사이트에 접속하여 일부러 패하여 주는 방법으로 사이버머니를 판매한 피고인을 도박개장방조죄로 기소한 사안에서, 정범인 게임사이트 개설자의 도박개장행위를 인정할 수 없는 한 종범으로서 피고인에 대해 도박개장방조죄가 성립하지 않는다고 본 판례로, 대법원 2007. 11. 29. 선고 2007도8050 판결.
18 대법원 2005. 4. 29. 선고 2003도6056 판결. 반면 이 경우에도 범행과 관련 없는 단순 노무에만 종사한 직원인 경우에는 방조행위의 성립을 인정하기 어려울 것이다. 같은 취지의 판례로 대법원 1990. 12. 11. 선고 90도2178 판결.
19 BGHSt. 8, 390.
20 대법원 2012. 7. 12. 선고 2012도5365 판결.
21 대법원 1999. 7. 23. 선고 99도2299 판결.
22 대법원 2008. 11. 13. 선고 2008도7647 판결.
23 대법원 2006. 4. 27. 선고 2006도539 판결.
24 대법원 2001. 12. 24. 선고 2001도5222 판결.
25 대법원 1995. 9. 29. 선고 95도456 판결. 다만 대향적 거래관계에서 상대방의 배임행위에 편승하여 이익을 취득한 것만으로는 공동정범의 성립을 인정하기에는 부족하다고 하면서 관여의 정도가 실행행위자의 배임행위를 교사하거나 배임행위의 전 과정에 적극 관여한 정도에 이르지 않는 한 외견상 방조행위로 평가될 수 있는 행위가 있었다 할지라도 범죄를 구성할 정도의 위법성은 없다고 판시한 판례로, 대법원 2005. 10. 28. 선고 2005도4915 판결, 대법원 2011. 10. 27. 선고 2010도7624 판결, 대법원 2013. 4. 11. 선고 2012도15892 판결.
26 대법원 1985. 11. 26. 선고 85도1906 판결.

말을 한 행위,[27] 불법 점거시위 주동자의 지시를 받고 그 현장을 촬영해 준 행위[28]도 모두 방조행위로 인정하였다.

형사소송에서 종범의 사실적시에 있어서도 정범의 범죄구성요건이 되는 사실 전부가 적시되어야 함은 교사범의 경우와 다를 바 없다. 그 기재가 없는 경우는 물론, 그 수단·방법이 전혀 특정되어 있지 않은 경우에는 공소제기의 절차가 부적법한 것이 되어 무효이고 공소기각 판결의 사유가 된다.[29]

나. 방조행위의 시기

방조행위의 시기는 정범의 실행행위 착수의 전·후에 관계없이 가능하다. 정범이 실행행위에 착수하여 범행을 하는 과정에서 이를 방조한 경우뿐 아니라 정범의 실행의 착수 이전에 장래의 실행행위를 예상하고 이를 방조한 경우에도 그 후 정범이 실행행위에 나아간 이상 그 실행행위 전부에 관한 종범이 성립할 수 있다.[30] 실행의 착수 이전이라도 정범의 결의를 강화하거나 범행의 도구를 마련해 주는 등의 방조행위는 얼마든지 가능하며 착수 후의 방조행위와 질적으로 큰 차이가 없기 때문이다.

정범의 실행의 착수 후 기수에 이르기까지 종범이 성립할 수 있다는 데에는 견해가 일치한다. 정범의 범죄가 기수에 이른 후 종료되기 전까지 그 실행행위 전부에 관한 종범이 성립할 수 있는지에 대해 통설[31]은 이를 긍정하는 반면, 범행의 종료를 독자적인 범행단계로 인정할 수 없음을 전제로 기수 이후에도 구성요건에 해당하는 법익침해의 상태가 계속되거나 계속범인 경우에 한하여 종범의 성립을 제한적으로만 인정해야 한다는 견해[32]가 있다. 방조행위는 정범의 범죄 실행 중에 이를 용이하게 하거나 기회를 촉진시키는 행위를 하는 데에 그치지 않고, 정범의 법익침해를 강화하는 행위를 하는 것도 이에 포함될 수 있다는 점에서 통설이

27 대법원 2018. 9. 13. 선고 2018도7658, 2018전도54 등 판결.
28 대법원 1997. 1. 24. 선고 96도2427 판결.
29 대법원 1981. 11. 24. 선고 81도2422 판결, 대법원 1979. 2. 27. 선고 78도3113 판결.
30 대법원 2004. 6. 24. 선고 2002도995 판결, 대법원 2013. 11. 14. 선고 2013도7494 판결.
31 김일수/서보학, 새로쓴 형법총론(제13판), 박영사(2018), 484; 이재상 외 2인, 형법총론(제9판), 박영사(2017), 510; 오영근, 형법총론(제4판), 박영사(2018), 400; 정영일, 형법강의(총론)(제3판), 학림(2017), 293; 배종대, 형법총론(제13판), 홍문사(2017), 467; 정성근/박광민, 형법총론(제2판), 성균관대학교출판부(2015), 598; 임웅, 형법총론(제10정판), 법문사(2018), 513; 손동권/김재윤, 새로운 형법총론(초판), 율곡출판사(2011), 599; 김성돈, 형법총론(제5판), 성균관대학교출판부(2017), 677.
32 박상기, 형법총론(제9판), 박영사(2012), 485; 박상기/전지연, 형법학(총론·각론 강의)(제4판), 집현재(2018), 288.

타당하고, 판례[33]도 같은 태도이다. 예컨대 추적되고 있는 절도범을 오토바이를 이용하여 안전하게 도피시키는 행위, 절도죄가 기수에 이른 후 도품을 함께 운반해 준 행위 등도 모두 절도죄 자체의 방조행위가 될 수 있다. 보이스피싱 수법의 사기죄 범인이 피해자를 기망하여 범인의 계좌로 돈을 송금·이체 받았다면 편취행위는 기수에 이르지만 그 후 범인의 지시에 따라 현금지급기에서 편취된 돈을 인출한 행위는 범죄가 실질적으로 종료되기 전에 범죄 실행을 돕는 방조행위로서 사기죄의 종범이 성립할 수 있다는 것이 판례이다.[34]

그러나 정범의 범죄가 실질적으로 종료된 후에는 방조범이 성립할 여지는 없다.[35] 이로써 실질적 법익침해 상태가 종결되기 때문이다. 범죄종료 후의 방조행위는 범인은닉죄(형법 제151조), 장물취득죄(제362조)와 같은 독립적 구성요건에 해당하는 경우에 한하여 처벌될 수 있다.

다. 부작위에 의한 방조

부작위에 의한 교사가 인정되지 않는 것과는 대조적으로 방조행위는 작위뿐만 아니라 부작위에 의하여도 가능하다는 것이 통설이고, 판례이다.[36] 다만 부작위가 방조행위로 평가되기 위해서는 방조자에게 정범의 행위로 인한 결과발생을 방지해야 할 보증인지위가 있어야 한다. 보증인지위가 전제되지 않은 부작위, 예컨대 절도범을 목격하고도 제지하지 않은 부작위는 법적 의무의 위반이 없으므로 방조행위가 될 수 없다. 판례도, 형법이 금지하고 있는 법익침해의 결과발생을 방지할 법적 작위의무를 지고 있는 자가 그 의무를 이행함으로써 결과발생을 쉽게 방지할 수 있었음에도 불구하고 그 결과의 발생을 용인하고 이를 방관한 채 그 의무를 이행하지 아니한 경우에, 그 부작위가 작위에 의한 법익침해와 동등한 형법적 가치가 있는 것이어서 그 범죄의 실행행위로 평가될 만한 것이라면, 작위에 의한 실행행위와 동일하게 부작위범으로 처벌할 수 있다고 하여 보증인지위가 있음을 전제로 부작위에 의한 방조행위의 성립을 인정하면서 그러한 작

33 대법원 1982. 4. 27. 선고 82도122 판결. 간호보조원의 무면허 진료행위가 있은 후 의사가 그 내용을 진료부에다 기재한 행위를 무면허 진료행위의 종범으로 처벌한 사례이다.

34 대법원 2017. 5. 31. 선고 2017도3045 판결.

35 대법원 1982. 4. 27. 선고 82도122 판결, 대법원 2009. 6. 11. 선고 2009도1518 판결.

36 대법원 1984. 11. 27. 선고 84도1906 판결, 대법원 1985. 11. 26. 선고 85도1906 판결, 대법원 1996. 9. 6. 선고 95도2551 판결, 대법원 2001. 12. 24. 선고 2001도5222 판결, 대법원 2006. 4. 28. 선고 2003도4128 판결.

위의무는 법령, 법률행위, 선행행위로 인한 경우는 물론, 기타 신의성실의 원칙이나 사회상규 혹은 조리상 인정될 수 있다고 판시하였다.[37] 그리하여 국군 복지근무단장이 부하의 영업수익금 누락행위를 알면서도 묵인한 경우,[38] 입찰담당공무원이 자신이 맡고 있는 입찰사건의 입찰보증금이 계속적으로 횡령되고 있다는 사실을 알면서도 이를 제지하거나 상관에게 보고하지 않고 방치한 경우,[39] 인터넷사이트 관리자가 저작권을 침해한 불법 게시물을 삭제하지 않고 방치한 경우,[40] 인터넷포털사이트 담당직원은 사이트 내 성인오락물 채널에 음란만화가 지속적으로 게재되는 사실을 알면서도 그 제공업체들에게 삭제를 요구하지 않은 경우,[41] 백화점 담당직원이 매장 내에서 위조 상표가 부착된 상품의 판매사실을 알고도 묵인한 경우,[42] 은행장이 부하 직원의 부정대출사실을 발견하고도 손해보전을 위해 필요한 조치를 취하지 않은 경우[43] 등에 대해 모두 부작위에 의한 방조의 성립을 인정하였다.

한편 범죄의 결과발생을 방지할 보증인이 범죄의 결과발생을 방지하지 아니한 때에는 원칙적으로 범죄 실현에 대한 행위지배가 긍정되고 이러한 부작위는 작위에 의한 범죄 실현과 실질적으로 동가치성이 인정된다. 그러나 순수한 형식범이나 특수한 행위정형을 요하는 범죄에서는 단순한 부작위만으로 작위에 의한 범죄 실현과 실질적 동가치성이 인정되지 않고 행위지배도 인정되지 않는다. 이러한 경우에는 정범의 성립은 인정될 수 없고 사안에 따라 부작위에 의한 종범이 성립할 수 있을 뿐이다. 판례는, 보호자가 의학적 권고에도 불구하고 치료를 요하는 환자의 퇴원을 간청하여 담당 전문의와 주치의가 치료중단 및 퇴원을 허용하는 조치를 취함으로써 환자를 사망에 이르게 한 행위에 대하여 보호자, 담당 전문의 및 주치의 모두 부작위에 의한 살인죄의 공동정범으로 기소된 사안에서, 담당 전문의와 주치의에게 환자의 사망이라는 결과 발생에 대한 정범의 고의는 인정되나 환자의 사망이라는 결과나 그에 이르는 사태의 핵심적 경과를 계획적으로 조종하거나 저지·촉진하는 등으로 지배하고 있었다고 보기는 어렵다고 보아 살인방

37 대법원 2006. 4. 28. 선고 2003도4128 판결.
38 대법원 2006. 6. 15. 선고 2004도3219 판결.
39 대법원 1996. 9. 6. 선고 95도2551 판결.
40 대법원 2015. 3. 12. 선고 2012도13748 판결.
41 대법원 2006. 4. 18. 선고 2003도4128 판결.
42 대법원 1997. 3. 14. 선고 96도1639 판결.
43 대법원 1984. 11. 27. 선고 84도1906 판결.

조죄만 성립한다고 판시하였다.[44]

라. 방조행위와 인과관계

방조는 무정형의 개념으로서 정범의 범죄에 도움을 주는 가능한 모든 종류의 수단·방법이 이에 해당하는 것으로 이해되고 있다. 그러나 구체적 사안에서 방조행위를 불법행위로 간주하여 형사처벌의 대상으로 삼는 것이 정당화되기 위해서는 행위의 불법이나 반가치성과의 관련성 하에서 최소한의 객관적인 수준에 달할 것이 요구된다. 이는 주로 방조행위와 인과관계의 문제로 논의되는데, 가벌적 방조행위라고 하기 위해서는 방조행위가 정범의 구성요건실현에 대한 원인이 될 것까지를 요하는가의 문제라고 할 수 있다.

1) 부정설

방조행위가 정범의 행위를 가능, 용이하게 하였다고 인정되면 충분하고 그 자체로 정범의 실행행위의 원인이 될 필요까지는 없다고 보는 견해이다. 이러한 입장에서 독일의 판례는 정범의 법익침해를 가능하게 하거나 강화하거나 또는 본범의 실행을 용이하게 함으로써 정범의 범죄를 촉진하는 자를 종범이라고 하면서 방조행위는 정범의 범죄를 촉진하는 것으로 충분하고 본범의 범행 그 자체에 대하여 인과적일 필요가 없다고 보고 있다.[45] '촉진설'이라고도 한다. 형법은 단순히 '정범을 방조한 자'를 종범으로 처벌하고 있을 뿐이지 '타인을 방조하여 범죄를 실행하게 한 자'를 처벌대상으로 삼고 있지는 아니하여 교사범과는 구별되어야 하고, 정범에 의하여 야기된 결과가 종범의 작품으로 귀속될 수 없으며, 인과관계는 정범에 대해 처벌을 위한 필수적인 요건이 되는 것이지 종범에 대해서도 정범과 동일한 내용의 인과관계에 관한 논리를 적용할 필요는 없다는 등을 근거로 한다. 종범은 정범에 대한 결과발생의 위험성을 증대시키는 행위에 불과하다고 보는 '위험증대설', 종범을 위험범으로 이해하여 방조행위가 구성요건상 보호되는 법익에 대한 추상적 위험 또는 추상적·구체적 위험을 야기하면 종범으로 처벌된다고 보는 '위험범설'도 이러한 범주에 속한다고 볼 수 있다.[46]

그러나 촉진설에 대해서는 독일 내에서도 방조행위의 정범과의 관련성에 관한

44 대법원 2004. 6. 24. 선고 2002도995 판결(보라매병원 사건). 다만 이 경우 담당 전문의 등의 행위는 부작위가 아닌 작위에 해당한다고 보았다.
45 BGHSt. 2, 130.
46 이재상 외 2인, 형법총론(제9판), 박영사(2017), 511.

증명 곤란의 문제를 회피하기 위한 이론에 불과하고, 위 이론에 의할 경우 형법상 불가벌인 방조의 미수를 완전한 종범으로 처벌하게 됨으로써 종범에 대한 처벌 범위가 부당하게 확대된다는 비판이 있다.[47] 위험증대설, 위험범설에 대해서도 공범의 처벌근거가 정범의 범행을 종속적으로 야기하는 데에 있음에도 종범을 정범에 종속하여 성립하는 공범이 아닌 독립적인 위험범으로 취급하였다는 비판이 강하다.[48]

2) 긍정설

방조행위는 정범의 범죄에 대한 인과관계를 요하며 적어도 그 범죄 실행의 방법이나 수단에 영향을 미쳤을 것을 요한다는 견해로서, 현재 우리나라의 통설이다.[49] 공범의 처벌근거는 타인의 불법을 야기 또는 촉진하는 데 있는 것이므로 공범이 정범의 구성요건실현에 아무런 원인을 제공하지 못한 경우라면 공범으로서 처벌근거를 인정할 수 없다고 보아야 하고, 부정설은 공범의 종속성과 배치되고 구성요건실현에 영향을 미치지 못한 촉진행위까지도 무리하게 방조행위로 인정함으로써 가벌성의 범위를 지나치게 확대한다는 등을 근거로 한다. 판례도 같은 취지에서,[50] 축산목장의 관리인이 경영에 관여한 바는 없이 업주의 지시에 따라 축사청소 등 행위에 종사한 데에 불과하다면 업주의 폐수정화시설 설치의무위반의 죄에 대한 방조행위로 볼 수는 없다거나,[51] 웨이터가 업소 내 출입이 금지

47 주석 형법 총칙(2)(제2판), 한국사법행정학회(2011), 228(이정원).

48 주석 형법 총칙(2)(제2판), 한국사법행정학회(2011), 228(이정원).

49 박상기, 형법총론(제9판), 박영사(2012), 482; 김일수/서보학, 새로쓴 형법총론(제13판), 박영사(2018), 493; 이재상 외 2인, 형법총론(제9판), 박영사(2017), 512; 오영근, 형법총론(제4판), 박영사(2018), 403; 박상기/전지연, 형법학(총론·각론 강의)(제4판), 집현재(2018), 306; 정영일, 형법강의(총론)(제3판), 학림(2017), 291; 배종대, 형법총론(제13판), 홍문사(2017), 467; 정성근/박광민, 형법총론(제2판), 성균관대학교출판부(2015), 602; 임웅, 형법총론(제10정판), 법문사(2018), 514; 손동권/김재윤, 새로운 형법총론(초판), 율곡출판사(2011), 600; 김성돈, 형법총론(제5판), 성균관대학교출판부(2017), 679.

50 판례의 태도에 대해 박상기, 형법총론(제9판), 박영사(2012), 482, 정성근/박광민, 형법총론(제2판), 성균관대학교출판부(2015), 601은 인과관계 부정설을 취한 것이라는 해석한다. 그러나 인터넷 링크를 하는 행위가 저작권법상 복제 및 전송에 해당하는지 여부가 쟁점이 되었던 2015. 3. 12. 선고 2012도13748 판결에서 대법원은, "형법상 방조행위는 정범의 실행을 용이하게 하는 직접, 간접의 모든 행위를 가리키는데, 링크를 하는 행위 자체는 인터넷에서 링크하고자 하는 웹페이지 등의 위치 정보나 경로를 나타낸 것에 불과하여, 인터넷 이용자가 링크 부분을 클릭함으로써 저작권자에게서 이용 허락을 받지 아니한 저작물을 게시하거나 인터넷 이용자에게 그러한 저작물을 송신하는 등의 방법으로 저작권자의 복제권이나 공중송신권을 침해하는 웹페이지 등에 직접 연결된다고 하더라도 침해행위의 실행 자체를 용이하게 한다고 할 수는 없으므로, 이러한 링크 행위만으로는 저작재산권 침해행위의 방조행위에 해당한다고 볼 수 없다."라고 판시함으로써, 단순히 실행행위를 자극하거나 촉진하는 데에 그친 것만으로는 부족하고 실행행위 자체를 용이하게 할 것을 방조행위의 요건으로 제시하고 있다는 점에서 인과관계 부정설을 취하고 있다고 보기는 어렵다.

51 대법원 1990. 12. 11. 선고 90도2178 판결.

된 미성년자를 홀 출입구까지 안내한 행위만으로는 미성년자를 클럽에 출입시킨 행위의 방조행위가 아니라고 하였고,[52] 스스로 입영기피를 결심하고 집을 나서는 아들에게 이별을 안타까워하면서 "잘되겠지 몸조심하라"라고 말하며 악수를 나눈 것만으로는 입영기피를 방조하였다고 보기에 부족하며,[53] 일제 양복지를 반입하면서 담당 세관원에게 "잘 부탁한다."라는 말을 하였다는 사실만으로 관세포탈의 범행을 방조한 것으로 볼 수 없다고 하였다.[54] 또한 간첩이란 정을 알면서 간첩에게 숙식을 제공하였거나,[55] 간첩의 심부름으로 안부편지나 사진을 전달하거나,[56] 무전기를 매몰하는 데 망을 보아 준 행위[57]만으로는 간첩방조죄를 구성하지 않는다고 보았다.

긍정설 내에서도 인과관계의 구체적인 내용이나 기준을 무엇으로 삼을 것인가에 관하여 다시 세 가지의 입장이 대립한다. 제1설은, 방조행위가 정범의 실행행위와 공동으로 결과를 야기해야 하며 방조행위와 정범의 실행행위 사이에 인과관계가 있어야 한다는 견해이다(결과야기설).[58] 이 견해는 인과관계의 의미에 관하여 방조행위와 실행행위 사이에 조건설에 따른 인과관계까지 요구되지는 않지만 적어도 방조행위가 정범에 의한 법익침해를 가능 또는 강화하거나 정범의 실행행위를 용이하게 한다는 의미에서 합법칙적 관련성은 존재해야 한다고 본다. 제2설은, 방조행위가 정범의 실행행위의 기회를 증대시킨 경우에 한하여 종범의 성립을 인정하는 견해이다(기회증대설).[59] 즉 인과관계는 결과귀속의 필요조건이지만 충분조건은 아니므로 종범의 결과귀속을 위해서는 법적으로 허용되지 않는 결과발생의 위험을 증가시킨 행위만 귀속된다는 귀속이론의 일반원칙에 따라 범죄 실행의 기회를 증대시켜야 종범의 성립을 인정할 수 있다는 것이다. 제3설은, 방조행위가 정범의 실행행위에 대한 엄격한 조건인지를 묻지 않고 상당히 개연적인 원인행위가 되었으

52 대법원 1984. 8. 21. 선고 84도781 판결.
53 대법원 1983. 4. 12. 선고 82도43 판결.
54 대법원 1971. 8. 31. 선고 71도1204 판결.
55 대법원 1967. 1. 31. 선고 66도1661 판결.
56 대법원 1966. 7. 12. 선고 66도470 판결.
57 대법원 1983. 4. 12. 선고 82도43 판결.
58 이재상 외 2인, 형법총론(제9판), 박영사(2017), 512; 정영일, 형법강의(총론)(제3판), 학림(2017), 282; 임웅, 형법총론(제10정판), 법문사(2018), 514.
59 박상기, 형법총론(제9판), 박영사(2012), 484; 김일수/서보학, 새로쓴 형법총론(제13판), 박영사(2018), 493; 박상기/전지연, 형법학(총론·각론 강의)(제4판), 집현재(2018), 306; 정성근/박광민, 형법총론(제2판), 성균관대학교출판부(2015), 602; 손동권/김재윤, 새로운 형법총론(초판), 율곡출판사(2011), 600; 김성돈, 형법총론(제5판), 성균관대학교출판부(2017), 680.

면 인과관계가 인정된다고 보는 견해이다(상당인과관계설).[60] 이 견해에 의하면 방조행위가 정범의 범행을 정신적·물질적으로 용이하게 해 줌으로써 결과발생에 기여한 부분이 있으면 인과관계가 인정되지만 정범의 범죄행위와 직접 관련 없는 사항을 도와주는 데에 그쳤다면 방조행위가 성립하지 않는다고 본다.

3) 검토 및 소결

정범의 실행행위와 결과 사이에 적용되는 인과관계에 관한 이론을 종범의 성립 여부에 관한 판단기준에도 그대로 적용된다고 볼 필요는 없다. 제1설을 취할 경우 그 수단·방법에 아무런 제한이 없다고 봄으로써 행위의 정형성이 결여되어 있는 방조행위에 대해 다시 광범위한 조건이나 합법칙적 관련성에 기하여 형사책임의 범위를 한정하려는 것은 범죄 성립의 범위를 지나치게 확대하게 될 우려가 있다. 이러한 비판은 상당성에 관한 기준이 불명확한 제3설에 대해서도 마찬가지로 적용된다. 예컨대 땀을 뻘뻘 흘리며 금고를 부수고 있는 금고털이범에게 콜라 한 잔을 건네주어 목을 축이게 행위도 제1설이나 제3설의 관점에서는 인과적으로 평가될 여지가 있는데 이를 방조행위라고 보아 종범의 성립을 인정하는 것은 지나친 면이 있다.[61] 방조범의 인과관계에 대하여는 정범에 관한 인과관계 이론의 합리적인 변형이 요구되고 합법칙적 관련성의 전제 하에서 구성요건 실현의 기회를 현실적으로 증대시킨 경우에 한하여 인과적 관련성을 인정하면 충분하다. 제2설이 타당하다. 이러한 의미에서 방조행위를 '인과적 위험증대를 통한 종속적 법익침해'라고 말할 수 있다.[62] 따라서 방조행위는 구성요건의 실현을 가능하게 하거나 용이하게 하거나 범행결의를 강화시키거나 범죄의 성공을 확보함으로써 정범의 범행에 유용하고 정범의 범죄 상황을 유리하도록 만드는 모든 행위를 의미한다. 어떠한 경우에도 범죄 실현의 기회를 감소시키는 효과를 초래한다면 이는 방조행위로 평가될 수 없다.

2. 방조의 고의

가. 의의·내용

방조의 고의란 타인의 범죄를 방조하는 고의를 말한다. 독일 형법 제27조 제1

60 배종대, 형법총론(제13판), 홍문사(2017), 468.
61 주석 형법 총칙(2)(제2판), 한국사법행정학회(2011), 230(이정원).
62 Roxin, LK StGB, 11. Aufl., 1993, § 27 Rdnr. 5.[주석 형법 총칙(2)(제2판), 한국사법행정학회(2011), 230(이정원)에서 재인용함].

항은 "고의로 타인의 고의 불법행위에 조력을 제공한 자는 방조범으로 처벌된다." 라고 규정함으로써, 교사자의 고의와 마찬가지로 방조의 고의에 대해서도 명문의 규정을 두었으나, 형법은 방조의 고의를 특별히 규정하고 있지는 않다. 통설은 과실에 의한 종범의 성립을 부정하면서 종범의 성립요건으로 방조의 고의가 필요한 것으로 해석하고 있다.[63] 판례도 같다.[64]

방조행위는 정범의 범죄를 도와주는 것이므로 정범의 범죄 실현에 관한 모든 객관적 행위상황에 대한 인식과 의사가 방조의 고의의 내용이 되어야 한다. 따라서 교사자의 고의와 마찬가지로 방조자의 고의는, 미필적인 것으로도 족하지만 정범의 실행을 방조한다는 '방조의 고의'와 정범의 행위가 구성요건에 해당한다는 점에 대한 '정범의 고의', 즉 이중의 고의 내지 중첩된 고의를 요한다는 것이 통설이며, 판례이다.[65] 다만 방조자가 범죄의 일시·장소·객체 또는 구체적인 범죄 상황까지 모두 인식할 필요는 없다. 또한 정범이 누구이며 그 실존 유무까지 알아야 하는 것도 아니다.[66]

나. 미수의 방조

방조의 고의 중 정범의 고의, 즉 정범의 범죄 실현에 관한 고의란 교사범에서와 마찬가지로 정범의 범죄가 기수에 이르도록 도와주려는 의도를 말한다. 처음부터 정범의 범죄가 미수에 그치게 할 의사로 방조하는 경우, 즉 미수의 방조는 방조의 고의가 부정되어 종범이 성립하지 않는다. 범죄가 미수에 그치게 할 의도로 방조행위를 하였으나 방조자의 원래 예상과는 달리 정범의 행위가 기수에 이르게 된 경우에도 방조의 고의가 없는 한 방조자는 불가벌이고 정범만이 실행한 범죄로 처벌된다. 반대로 기수의 고의로 방조행위를 하였으나 예상과 달리 정범

63 박상기, 형법총론(제9판), 박영사(2012), 486; 김일수/서보학, 새로쓴 형법총론(제13판), 박영사(2018), 494; 이재상 외 2인, 형법총론(제9판), 박영사(2017), 515; 오영근, 형법총론(제4판), 박영사(2018), 401; 박상기/전지연, 형법학(총론·각론 강의)(제4판), 집현재(2018), 309; 정영일, 형법강의(총론)(제3판), 학림(2017), 290; 배종대, 형법총론(제13판), 홍문사(2017), 468; 정성근/박광민, 형법총론(제2판), 성균관대학교출판부(2015), 595; 임웅, 형법총론(제10정판), 법문사(2018), 514; 손동권/김재윤, 새로운 형법총론(초판), 율곡출판사(2011), 602; 김성돈, 형법총론(제5판), 성균관대학교출판부(2017), 680.

64 대법원 2003. 4. 8. 선고 2003도382 판결, 대법원 2015. 12. 23. 선고 2015도14858 판결, 대법원 2018. 1. 25. 선고 2016도18715 판결.

65 대법원 1977. 9. 28. 선고 76도4133 판결, 대법원 2003. 4. 8. 선고 2003도382 판결, 대법원 2004. 6. 24. 선고 2002도995 판결, 대법원 2005. 4. 29. 선고 2003도6056 판결, 대법원 2007. 10. 26. 선고 2007도4702 판결, 대법원 2010. 1. 14. 선고 2009도9963 판결.

66 대법원 1977. 9. 28. 선고 76도4133 판결, 대법원 2007. 12. 14. 선고 2005도872 판결.

의 범죄 실행이 미수에 그친 경우라면 미수범의 종범이 성립할 수 있다.

다. 편면적 방조

방조의 고의는 정범의 범죄 실현에 대한 인식과 의사를 포함하지만 정범이 방조자의 방조 사실을 인식할 필요는 없다. 즉 교사범과는 달리 정범의 의사와 관계없이 일방적으로 정범의 범죄를 방조하는 이른바 '편면적 방조'도 가능하다.[67] 예컨대 절도범의 애인이 일방적으로 몰래 망을 보아 줌으로써 정범의 실행을 도와주는 경우 등이다.[68] 편면적 교사, 편면적 공동정범의 성립이 부정되는 것과는 구별되는 점이다.

3. 정범의 실행행위

가. 정범의 범죄실행

종범은 타인의 범죄를 방조하는 것이므로 정범의 범죄실행 없이 종범만이 독립하여 성립될 수는 없다.[69] 이는 편면적 종범에서도 마찬가지이다. 예컨대 갑이 아들 A의 입영을 기피할 목적으로 A 몰래 허위의 증빙서류를 첨부한 현역병 입영연기원을 제출한 행위는 병역법상 입영기피 방조행위에 해당하지만 정범인 A의 입영기피행위가 없었다면 갑을 종범으로 처벌할 수는 없다.

정범의 범죄는 구성요건에 해당하고 위법할 것을 요하고 책임까지 요구되지는 않는다. 또한 종범의 성립은 정범이 고의범인 경우에만 가능하다. 정범에게 범죄 실현에 대하여 고의가 없는 경우에는 이에 대한 고의의 공범 가담은 불가능하다. 이러한 경우 실현된 범죄에 대한 고의의 행위지배가 인정됨으로써 과실범으로 처벌되는 자를 이용하여 범죄를 실현하는 간접정범이 성립될 수 있음은 별개의 문제이다.

종범이 성립하기 위해서는 정범의 범죄가 적어도 미수의 단계에 이르러야 한다. 정범의 범죄가 아직 예비단계인 그친 때에는 방조의 미수에 불과하여 불가벌이다. 교사의 미수가 형법상 특별규정(형법 제31조 제2항, 제3항)에 의하여 처벌되는 것과는 달리, 방조의 미수에 대하여는 이러한 규정이 없다.

67 대법원 1974. 5. 28. 선고 74도509 판결.
68 주석 형법 총칙(2)(제2판), 한국사법행정학회(2011), 234(이정원).
69 대법원 1970. 3. 10. 선고 69도2492 판결, 대법원 1974. 5. 28. 선고 74도509 판결, 대법원 2016. 11. 10. 선고 2016도7886 판결, 2017. 5. 31. 선고 2016도12865 판결.

나. 예비죄의 종범

방조행위가 실행의 착수 전 예비단계에 그친 경우, 즉 예비행위만을 도울 의도로 이루어진 때에 예비죄 자체에 대한 종범의 성립을 인정할 수 있는지가 문제된다. 예비죄의 실행행위성을 인정함으로써 예비죄 자체에 대한 종범의 성립을 인정하는 견해가 있다.[70] 정범이 기수에 이르기 위한 실행의 결의를 갖고 그 객관화의 표현으로 예비행위에 이르렀다면 실행의 착수를 미연에 방지하려는 입법자의 의도에 비추어 예비의 불법은 독자성을 갖춘 것으로서 별도의 범죄로 처벌할 필요성이 있음을 근거로 한다. 그러나 형법 제32조 제1항은 타인의 범죄를 방조하는 자를 종범으로 처벌하고 있으며 여기서 타인의 범죄란 명백하게 본범을 의미하는 것이지 예비죄를 말하는 것이라고 보기는 어렵다. 예비죄 자체에 대한 방조행위란 실질적으로 본범의 범행을 방조하는 경우일 것이다. 그렇지 않다면 기본범죄를 도외시한 예비행위 자체에 대한 방조행위란 결국 '본범의 죄를 실행의 착수조차 시키지 않으려는 의도'로 행위 하는 것을 의미하므로 방조의 고의 자체가 인정될 수도 없다. 방조에 관한 고의가 없는 자에 대하여 예비의 방조를 인정하는 것은 예비행위를 예외적으로만 처벌하려는 예비죄 규정의 입법취지에도 반한다. 이 경우는 방조자가 본범의 범행을 방조하였으나 본범이 아직 실행의 착수에 나아가지 아니한 경우로서 방조의 미수가 되어 처벌할 수 없다고 봄이 타당하다.[71] 통설의 입장이며,[72] 판례도 일관되게 형법 제32조 제1항에서 '타인의 범죄'란 정범이 범죄를 실현하기 위하여 착수한 경우를 말하는 것이고 종범이 처벌되기 위하여는 정범의 실행의 착수가 있는 경우에만 가능하고 정범이 실행의 착수에 이르지 아니한 예비의 단계에 그친 경우에는 이에 가공하는 행위가 예비의 공동정범이 되는 경우를 제외하고 이를 종범으로 처벌할 수는 없다고 함으로써 예비죄의 종범 성립을 부정한다.[73]

70 김일수/서보학, 새로쓴 형법총론(제13판), 박영사(2018), 495.

71 주석 형법 총칙(2)(제2판), 한국사법행정학회(2011), 235(이정원).

72 박상기, 형법총론(제9판), 박영사(2012), 488; 이재상 외 2인, 형법총론(제9판), 박영사(2017), 514; 박상기/전지연, 형법학(총론·각론 강의)(제4판), 집현재(2018), 308; 정영일, 형법강의(총론)(제3판), 학림(2017), 294; 배종대, 형법총론(제13판), 홍문사(2017), 470; 정성근/박광민, 형법총론(제2판), 성균관대학교출판부(2015), 604; 임웅, 형법총론(제10정판), 법문사(2018), 519; 손동권/김재윤, 새로운 형법총론(초판), 율곡출판사(2011), 603; 김성돈, 형법총론(제5판), 성균관대학교출판부(2017), 683.

73 대법원 1976. 5. 25. 선고 75도1549 판결, 대법원 1979. 5. 22. 선고 79도552 판결, 대법원 1979. 11. 27. 선고 79도2201 판결.

Ⅲ. 종범의 처벌

종범의 형은 정범의 형보다 감경한다(형법 제32조 제2항). 종범은 형의 필요적 감경사유이고, 이러한 한도 내에서 종범의 종속성은 완화된다. 형의 감경은 정범에 비해 법정형을 감경한다는 것이지 선고형을 감경한다는 것은 아니다. 종범에 대한 최종의 선고형이 정범보다 가볍지 않더라도 위법이라 할 수는 없다.[74] 공범의 종속성에 따라 정범의 행위가 미수에 그친 경우에는 종범의 형은 다시 사안에 따라 임의적(제25조 제2항) 또는 필요적 감경(제26조)이 됨으로써 이중의 감경이 가능하다.

자기의 지휘·감독을 받는 자를 방조하여 범죄결과를 발생시키는 특수방조에 대해서는 정범의 형으로 처벌한다(형법 제34조 제2항). 경범죄 처벌법 제4조도 동법 제3조 각호에 열거된 죄를 범하도록 도와준 사람을 그 죄를 지은 사람에 준하여 벌하도록 형법총칙상 종범의 처벌에 관한 특별규정을 두고 있으므로, 그 범위 내에서 형법 제32조의 필요적 감경 규정의 적용은 배제된다. 형법각칙의 간첩방조죄(제98조 제1항), 자살방조죄(제252조 제2항), 도주원조죄(제147조, 제148조) 등은 모두 방조행위를 독립적인 범죄구성요건으로 하여 실질적 종범을 정범과 동일한 형으로 처벌하도록 정한 규정이다. 이러한 범죄에 대해서도 형법 제32조 소정의 형의 감경을 할 수는 없다.[75] 관세포탈미수행위에 관하여 처벌하는 관세법 제271조 제1항에 관하여도 같다.[76]

Ⅳ. 관련문제

1. 방조의 착오

교사범에서 설명한 내용이 대체로 그대로 적용된다. 요약컨대 정범의 책임능력에 관한 방조자의 착오는 종범의 성립에 영향이 없다. 방조자의 방조행위 내용과 정범의 실행행위 내용의 불일치가 서로 다른 범죄구성요건에 걸쳐 발생한 경우로서, 과소 실행인 경우 방조한 범죄와 동일한 죄질의 범죄를 적게 실행한 때에 한하여 방조자는 정범이 실행한 범위 내에서의 완전한 종범으로서의 책임만을 진

74 대법원 2002. 12. 24. 선고 2002도5085 판결, 대법원 2015. 8. 27. 선고 2015도8408 판결.
75 대법원 1986. 9. 23. 선고 86도1429 판결.
76 대법원 1978. 9. 26. 선고 78도2052 판결, 대법원 1985. 8. 13. 선고 85도1278 판결.

다. 교사범과 달리 종범에 대해서는 방조의 미수가 불가벌이기 때문이다. 반면 정범이 방조의 고의의 대상인 기본범죄보다 중한 결과적 가중범을 실현한 경우에는 기본범죄에 한하여 종범이 성립하고 중한 결과에 대하여는 방조자에게 과실이 있는 때에 한하여 결과적가중범에 대한 종범으로서의 책임을 질 수 있다.

2. 방조의 방조

교사범의 경우와 동일하게 간접방조·연쇄방조에 대해서는 정범이 성립하는 한 완전한 종범이 성립한다. 형법이 방조자를 처벌하는 이유는 정범의 실행을 용이하게 한다는 점에 있으므로 그의 방조행위가 정범의 실행에 대해 간접적인지, 직접적인지를 가릴 필요가 없고 정범이 누구에 의하여 실행되어지는가를 알고 있을 필요도 없으며, 정범이 범행을 한다는 정을 알면서 그 실행행위를 용이하게 한 이상 종범으로 처벌함이 타당하기 때문이다.[77] 다만 단순히 중간의 종범에 대해 영향을 주는 것만으로는 부족하고 실제로 정범의 행위에 인과적으로 영향을 준 경우에만 종범의 종범이 성립할 수 있다(기회증대설).

3. 교사의 방조

교사자를 방조하는 행위도 정범의 행위가 실현되도록 조력하는 행위이므로 정범의 실행행위에 영향을 준 경우에는 종범이 성립한다. 다만 교사의 미수에 대한 방조행위는 정범이 실행의 착수에 이르지 못한 경우로서 종범은 성립하지 않는다.

4. 방조의 교사

구 형법 제62조 제2항은 종범을 교사한 자를 종범의 형으로 처벌하도록 규정하였으나, 형법에는 이러한 규정이 없다. 종범을 교사한 자도 실질적으로 정범을 방조한 것이고, 종범의 교사에 비하여 가담의 정도가 가볍다고 할 수 있는 종범의 종범을 인정하는 이상 종범에 대한 교사도 실질적으로 정범을 방조한 행위로서 완전한 종범이 성립한다고 본다. 이 경우에도 교사행위에 응하여 실제로 정범이 실행의 착수에 이른 경우에 한하여 종범으로 처벌된다.

5. 종범과 신분 및 공범간의 경합

종범에 대해서도 공범과 신분에 관한 형법 제33조가 적용된다. 그 결과 신분

77 대법원 1977. 9. 28. 선고 76도4133 판결.

없는 자도 진정신분범의 종범이 될 수 있다. 부진정신분범에서 비신분자는 기본범죄의 종범이 된다. 종범은 공동정범·교사범에 대해서는 법조경합의 관계에 있다.

제 33 조 [공범과 신분]

신분관계로 인하여 성립될 범죄에 가공한 행위는 신분관계가 없는 자에게도 전 3조의 규정을 적용한다. 단, 신분관계로 인하여 형의 경중이 있는 경우에는 중한 형으로 벌하지 아니한다.

[관련조문] 형법 제30조(공동정범), 제31조(교사범), 제32조(종범), 제34조(간접정범, 특수한 교사, 방조에 대한 형의 가중).

[참고문헌] 이재상 외 2인, 형법총론(제9판), 박영사(2017); 김일수, 서보학, 새로쓴 형법총론(제13판), 박영사(2018); 오영근, 형법총론(제4판), 박영사(2018), 배종대, 형법총론(제13판), 홍문사(2017); 임웅, 형법총론(제10정판), 법문사(2018); 손동권, 김재윤, 새로운 형법총론(초판), 율곡출판사(2011); 박상기, 형법총론(제9판), 박영사(2012); 박상기, 전지연, 형법학(총론·각론 강의)(제4판), 집현재(2018); 김성돈, 형법총론(제5판), 성균관대학교출판부(2017); 정영일, 형법강의(총론)(제3판), 학림(2017); 차용석, "공범과 신분", 고시연구 13권 5호, 고시연구사(1986); 백원기, "신분과 공범의 성립", 형사판례연구(6), 박영사(1998); 염정철,"공범과 신분", 법정(새)4권 4호, 한국사법행정학회(1974).

Ⅰ. 본조의 의의

신분범은 범죄의 성립 또는 형벌의 가중, 감경에 특정한 신분을 요하는 범죄를 말한다. 즉 신분이 불법을 구성하거나 책임을 가중, 감경하는 것으로 정하여진 범죄이다. 전자를 진정신분범, 후자를 부진정신분범이라고 한다.

신분범은 신분자의 특별한 지위 내지 상태에 따른 특수의무위반을 불법의 구성요소, 불법 또는 책임의 가중, 감경요소로 하므로, 비신분자는 신분범의 정범으로서 죄책을 지지 아니하고, 다만 신분범을 교사하거나 방조한 경우 신분범의 교사범, 종범으로서 죄책을 지는 것이 원칙이다. 그러나 비신분자와 신분자가 신분범에 가공한 경우 법익침해에 대한 불법 또는 책임의 양과 질을 따지지 아니한 채 일률적으로 비신분자에게 신분범의 교사범, 종범으로서의 죄책을 묻는 것이 타당한지 문제될 수 있다. 예컨대 진정신분범인 수뢰죄에 있어 공무원 아닌 자와 공무원 사이에 기능적 행위지배를 통해 수뢰한 경우 공무원 아닌 자에게 수뢰죄의 교사범 또는 종범의 죄책만을 묻는 것이 타당한지, 부진정신분범인 존속살해죄에 있어 처가 아들을 교사하여 남편을 살해한 경우 처에게 존속살해죄의 교사범으로서의 죄책을 묻는 것이 처가 직접 남편을 살해한 경우와 비교하여 타당한지의 문제이다.

형법 제33조는 이를 해결한다. 앞서 본 예에서 공무원 아닌 자는 공무원과 공동정범의 죄책을 지게 되고, 처는 일반살해죄의 교사범으로서의 죄책을 지거나 존속살해죄의 교사범이 성립하나 일반살해죄에 따라 과형되게 된다. 즉 형법 제33조는 신분범에 있어 법익침해에 대한 불법과 책임의 양과 질에 따라 비신분자에게 합당한 죄책을 묻고자 하는데 의의가 있다.

Ⅱ. 입법취지 및 입법례

1. 입법취지

형법 제33조 본문을 공동정범에 대한 관계에서는 비신분자의 정범성을 인정하는 특별규정, 교사범, 종범에 대한 관계에서는 공범종속성 원칙에 따른 당연규정으로 이해하고, 제33조 단서를 공범에 있어 책임개별화원칙을 선언한 규정으로서 공범종속성의 원칙 중 제한적 종속형식을 취함에 따른 당연규정으로 이해하는 견해,[1] 제33조 본문을 공동정범에 대한 관계에서는 위법신분의 위법연대, 교사범, 종범에 대한 관계에서는 종속성 강화를 규정한 것으로 이해하고, 제33조 단서는 공동정범에 대한 관계에서는 위법신분의 연대해제, 교사범, 종범에 대하여는 종속성 완화를 규정한 것으로 보는 견해,[2] 제33조는 공동정범에 대한 관계에서는 특별규정이지만 교사범 및 종범에 대한 관계에서는 공범종속성 원칙에 따른 처벌상의 획일성을 해결하는 제한규정으로 이해하는 견해,[3] 제33조 본문의 신분이 공범

1 이재상 외 2인, 형법총론(제9판), 박영사(2017), 521; 손동권, 김재윤, 새로운 형법총론(초판), 율곡출판사(2011), 614; 임웅, 형법총론(제10정판), 법문사(2018), 527.

2 김일수, 서보학, 새로쓴 형법총론(제13판), 박영사(2018), 504.

3 박상기, 형법총론(제9판), 박영사(2012), 494; 손동권, 김재윤, 새로운 형법총론(초판), 율곡출판사(2011), 614.

에게 연대하여 작용하는 위법신분으로 이해하는 견지에서 공동정범에 대한 관계에서도 당연규정으로 이해하는 견해,[4] 한편 제33조는 공범종속성 원칙과는 무관하게 비신분자인 공범의 형사책임과 관련하여 신분의 효과를 비신분자에게 미치게 하려는 특별규정으로 이해하는 견해[5]가 있다. 제33조 본문만큼은 비신분자에게 신분의 효력을 미치게 함으로써 결과적으로 공동정범 성립의 근거가 되는 규정이라는 데에는 이론이 없다.

2. 독일과 일본의 형법 규정

독일 형법 제14조 제1항은 특별한 인적 속성, 관계 또는 상태를 특별한 인적 요소(Besondere persöliche Merkmale)라고 규정하면서 제28조는 '특별한 인적 요소'라는 제목 하에 제1항에서 '정범의 가벌성에 근거하는 특별한 인적 요소(제14조 제1항)가 공범(교사범 또는 방조범)에게 결여된 경우에는 제49조 제1항에 따라 그 형이 감경된다', 제2항에서 '법률이 특별한 인적 요소를 형의 가중, 감경 또는 조각사유로 규정한 경우 그 규정은 특별한 인적 요소가 있는 범죄관여자(정범 또는 공범)에 대하여서만 적용된다'라고 규정한다. 제29조는 '범죄관여자의 독립적인 가벌성'이라는 제목 하에 '각 범죄관여자는 타인의 책임에 대한 고려 없이 자신의 책임에 따라 처벌된다'고 규정한다.

독일 형법은 신분의 개념을 정의하는 규정을 두고 있다. 한편 비신분자의 진정신분범에 대한 교사범, 방조범의 성립만을 인정하고 형을 필요적으로 감경을 하도록 규정하고 있다. 제28조 제2항에서 형법 제33조 단서와 유사한 규정을 두면서도 제29조에서 별도로 책임개별화원칙을 천명하고 있다. 독일 형법은 제28조 제2항의 위법신분으로서의 가감적신분과, 제29조의 책임신분을 구분하고 있다.[6]

일본 형법 제65조는 '신분범의 공범'이라는 제목 하에 제1항에서 '범인의 신분에 의하여 구성될 범죄행위에 가공한 때에는 신분이 없는 자라도 공범으로 한다.', 제2항에서 '신분에 의하여 특히 형의 경중이 있는 때에는 신분이 없는 자에게는 통상의 형을 과한다'고 규정한다.[7]

4 정성근, 박광민, 형법총론(제2판), 성균관대학교출판부(2015), 615.
5 김성돈, 형법총론(제5판), 성균관대학교출판부(2017), 694.
6 임웅, 형법총론(제10정판), 법문사(2018), 523.
7 일본 형법의 해석론에 관한 논의는 홍태석, "일본 형법상 공범과 신분", 원광법학 제24권 제2호, 원광대학교 법학연구소(2008) 참조.

Ⅲ. 신분의 개념 및 종류

1. 신분의 개념

가. 의의

형법 제33조는 독일 형법과 달리 신분의 개념을 정의하고 있지 아니하다. 통설은 신분을 '범죄의 성립이나 형의 가중, 감경에 영향을 미치는 인적 표지로서 행위자의 일신상 구비된 특별한 성질·지위·상태'라고 정의한다.[8] 판례는 '남녀의 성별, 내·외국인의 구별, 친족관계, 공무원인 자격과 같은 관계뿐만 아니라 널리 일정한 범죄행위에 관련된 범인의 인적관계인 특수한 지위 또는 상태'라고 정의한다.[9]

나. 특성

1) 행위자관련성

신분은 행위자관련적 표지를 개념요소로 하고 행위관련적 표지는 신분과 무관하다. 통설은 범죄행위의 주관적 구성요건인 고의, 목적, 불법영득의사 등은 행위관련적 표지에 해당하므로 신분이 아니라고 본다.[10] 이에 대하여 주관적 구성요건에서 '주관적'이라는 말의 의미는 이미 행위자관련성을 전제하므로 주관적 구성요건도 신분으로 볼 수 있다는 견해,[11] 주관적 구성요건은 행위관련적 표지일 뿐만 아니라 행위자관련적 표지이기도 하나 신분은 객관적·외부적 행위자관련적 표지를 의미하므로 주관적 구성요건은 신분이 아니라는 견해[12]도 있다.

판례는 모해목적자가 증인에게 위증을 교사한 사안에서 모해목적자를 모해위증죄의 교사범으로 처벌하였다.[13] 통설에 따르면 모해목적이 신분이 될 수 없으므로 모해목적자에게 단순위증죄의 교사범이 인정된다.[14] 그 밖에 판례가 다른 범죄

8 정성근, 박광민, 형법총론(제2판), 성균관대학교출판부(2015), 606.

9 대법원 1994. 12. 23. 선고 93도1002 판결, 대법원 2010. 9. 30. 선고 2009도8885 판결.

10 이재상 외 2인, 형법총론(제9판), 박영사(2017), 518; 손동권, 김재윤, 새로운 형법총론(초판), 율곡출판사(2011), 609; 배종대, 형법총론(제13판), 홍문사(2017), 480, 정성근, 박광민, 형법총론(제2판), 성균관대학교출판부(2015), 607; 박상기, 전지연, 형법학(총론·각론 강의)(제4판), 집현재(2018), 312.

11 백원기, "신분과 공범의 성립", 형사판례연구(6). 박영사(1998), 158.

12 김성돈, 형법총론(제5판), 성균관대학교출판부(2017), 687.

13 대법원 1994. 12. 23. 선고 93도1002 판결.

14 김일수, 서보학, 새로쓴 형법총론(제13판), 박영사(2018), 498. 이에 대하여 모해목적은 신분으로 볼 수 없으나, 책임개별화원칙에 따라 모해목적자에게 모해위증죄의 교사범 성립을 인정함이 타당하다는 견해로는 손동권, 김재윤, 새로운 형법총론(초판), 율곡출판사(2011), 610.

에서 목적을 신분으로 인정한 적은 없다.

[판례] 대법원 1994. 12. 23. 선고 93 도 1002 판결
형법 제152조 제1항과 제2항은 위증을 한 범인이 형사사건의 피고인 등을 '모해할 목적'을 가지고 있었는가 아니면 그러한 목적이 없었는가 하는 범인의 특수한 상태의 차이에 따라 범인에게 과할 형의 경중을 구별하고 있으므로, 이는 바로 형법 제33조 단서 소정의 '신분관계로 인하여 형의 경중이 있는 경우'에 해당한다고 봄이 상당하다.

2) 계속성

신분에 계속성을 요하는지에 관하여 견해 대립이 있다. 통설은 신분 중 인적 관계 또는 지위는 본질적으로 계속성을 요하지만 영업성, 상습성과 같은 인적 상태는 반드시 계속성을 요하지 않는다고 한다.[15] 이에 반하여 신분이라는 용어는 어느 정도의 계속성을 전제하는 개념인 점, 계속성은 행위자관련적 표지와 행위관련적 표지를 구별하는 유용한 도구인 점, 계속성이 없는 목적, 심신상실 또는 흥분 상태가 신분이 될 수 없음이 명백한 점을 근거로 신분에는 반드시 계속성을 요한다고 보는 견해가 있다.[16] 판례는 신분 개념이 계속성을 전제 하는 지에 관하여 판단한 바 없다.

2. 신분의 종류

가. 형식적 분류

통설은 신분을 구성적 신분, 가감적 신분, 소극적 신분으로 분류한다. 구성적 신분과 가감적 신분을 적극적 신분이라고 한다.[17]

1) 구성적 신분

구성적 신분은 범죄의 구성요건이 되는 신분이다. 수뢰죄, 직무유기, 직권남용죄의 공무원, 위증죄의 선서한 증인, 허위진단서작성죄의 의사 등, 업무상비밀누설죄의 의사 등 일정한 업무자, 횡령자의 재물보관자, 배임죄의 사무처리자 등이 여기에 속한다. 구성적 신분을 요하는 범죄가 진정신분범이다.

15 이재상 외 2인, 형법총론(제9판), 박영사(2017), 518; 김일수, 서보학, 새로쓴 형법총론(제13판), 박영사(2018), 499; 정성근, 박광민, 형법총론(제2판), 성균관대학교출판부(2015), 607.
16 오영근, 형법총론(제4판), 박영사(2018), 424; 임웅, 형법총론(제10정판), 법문사(2018), 521.
17 정성근, 박광민, 형법총론(제2판), 성균관대학교출판부(2015), 605.

판례가 인정한 구성적 신분은 직무유기죄의 구체적 직무의무가 있는 공무원,[18] 직권남용권리행사방해죄의 공무원,[19] 허위공문서 작성 및 그 행사죄의 공무원,[20] 배임죄의 사무처리자,[21] 배임수재죄의 사무처리자,[22] 상법 제628조 제1항, 제622조 제1항 납입가장죄의 발기인, 업무집행사원, 이사 등,[23] 군형법 제41조 근무기피목적사실죄의 군인 또는 군무원,[24] 공직선거법 제257조 제1항 제1호 각 기부행위제한위반죄의 각 기부행위자,[25] 조세범처벌법 제9조 제1항 조세포탈죄 납세의무자 및 법정책임자 등,[26] 정치자금법 제45조 제2항 제2호 정치자금 부정수수죄의 후원인 및 후원회,[27] 사립학교법 제73조 교비회계전출·대여죄 이사장, 사립학교 운영자 등,[28] 국가공무원법 제84조의2, 제66조 제1항 집단행위금지죄의 공무원,[29] 구 방문판매 등에 관한 법률 제60조 제3호, 제18조 제2항 허위사실 등 표시죄의 통신판매업자,[30] 구 복표발행, 현상기타사행행위단속법 제8조 제2항, 제2조 제4항 무허가 유사사행행위죄의 유사사행행위자,[31] 구 식품위생법 제74조, 제22조 제1항 무허가 영업죄의 유흥주점영업자,[32] 구 부동산중개업법 제38조 제1항 제1호, 제4조 무등록 중개죄 의 중개업자,[33] 농업협동조합법 제50조 제2항 호별방문죄의 임원이 되고자 하는 자, 부정수표단속법 제2조 제2항 부정수표발행·작성죄의 수

18 대법원 1997. 4. 22. 선고 95도748 판결.
19 대법원 2010. 1. 28. 선고 2008도7312 판결, 대법원 2009. 1. 30. 선고 2008도6950 판결.
20 대법원 2009. 3. 26. 선고 2008도93 판결.
21 대법원 2003. 10. 24. 선고 2003도4027 판결.
22 대법원 2002. 7. 26. 선고 99도5192 판결, 대법원 1999. 1. 15. 선고 98도663 판결.
23 대법원 2011. 7. 14. 선고 2011도3180 판결, 대법원 2010. 5. 13. 선고 2010도2541 판결, 대법원 2006. 6. 2. 선고 2005도3431 판결.
24 대법원 1992. 12. 24. 선고 92도2346 판결.
25 대법원 2008. 3. 13. 선고 2007도9507 판결, 2006. 1. 26. 선고 2005도8250 판결, 1997. 12. 26. 선고 97도2249 판결, 대법원 1997. 6. 13. 선고 96도346 판결.
26 대법원 2014. 1. 23. 선고 2012도10571 판결, 대법원 2010. 6. 10. 선고 2010도2180 판결, 대법원 2008. 4. 24. 선고 2007도11258 판결, 대법원 2006. 6. 15. 선고 2006도1933 판결, 대법원 2005. 6. 10. 선고 2005도1855 판결, 대법원 2004. 11. 12. 선고 2004도5818 판결,대법원 1998. 5. 8. 선고 97도2429 판결.
27 대법원 2010. 6. 24. 선고 2010도1958 판결, 대법원 2009. 1. 30. 선고 2008도8138 판결.
28 대법원 2009. 5. 14. 선고 2009도1445 판결, 대법원 1996. 12. 23. 선고 95도1120 판결, 대법원 1995. 5. 26. 선고 94도2445 판결.
29 대법원 2005. 10. 13. 선고 2004도5839 판결.
30 대법원 2001. 4. 27. 선고 2001도269 판결.
31 대법원 1990. 11. 13. 선고 90도1848 판결.
32 대법원 2003. 3. 14. 선고 2002도6733 판결.
33 대법원 2010. 9. 30. 선고 2009도8885 판결.

표발행인,[34] 부정수표단속법 제4조 허위신고죄의 수표발행인,[35] 자본시장과 금융투자업에 관한 법률 제444조 제13호, 제159조 제7항 거짓사업보고서제출죄의 대표이사, 제출업무 담당이사,[36] 구 건설기술관리법 제42조 제1호의3, 제24조의2 제2항 부적합 건설자재 사용죄의 건설업자[37] 등이 있다.

2) 가감적 신분

가감적 신분은 범죄의 성립과는 무관하나 형의 가중 또는 감경 요소로 작용하는 신분이다. 가중적 신분은 존속살해죄의 직계비속, 상습도박죄의 습벽자, 업무상횡령죄의 업무상 보관자 등이 있고, 감경적 신분은 형이 감경되는 자수자, 영아살해죄의 직계존속 등이 있다. 가감적 신분이 규정된 범죄가 부진정신분범이다.

판례가 인정한 가감적 신분은 모해위증죄의 모해목적자,[38] 존속살인죄의 직계존속,[39] 업무상횡령죄의 업무상 보관자,[40] 업무상배임죄의 업무상 사무처리자,[41] 상호저축은행법 제39조 제2항 제2호상 배임죄의 주체인 상호저축은행의 발기인, 임원 등 및 그 밖에 사용인,[42] 성매매알선 등 행위의 처벌에 관한 법률 제19조 제2항 제1호의 영업 성매매알선자[43] 등이 있다.

3) 소극적 신분

소극적 신분은 범죄성립을 부정하게 하거나 처벌을 면하게 하는 신분이다. 통설은 이를 위법성조각신분(불구성적 신분), 책임조각신분, 처벌조각신분으로 구분한다. 위법성조각신분으로는 의료행위를 하는 의사, 법률사무를 처리하는 변호사,

34 대법원 1993. 7. 13. 선고 93도1341 판결; 대법원이 명시적으로 수표발행인을 신분으로 판시하지는 아니하였으나 비발행인과 수표발행인과의 공동정범을 인정하였다.

35 대법원 2014. 1. 23. 선고 2013도13804 판결, 대법원 2003. 1. 24. 선고 2002도5939 판결, 대법원 1992. 11. 10. 선고 92도1342 판결. 대법원이 명시적으로 수표발행인을 신분으로 판시하지는 아니하였으나 범죄주체는 수표발행인에 국한된다고 판시하였고 비발행인과 수표발행인과의 공동정범 성립을 인정하였다.

36 대법원 2012. 8. 23. 선고 2011도14045 판결.

37 대법원 2011. 7. 28. 선고 2010도4183 판결.

38 대법원 1994. 12. 23. 선고 93도1002 판결.

39 대법원 1961. 8. 2. 선고 4294형상284 판결.

40 대법원 2018. 5. 30. 선고 2015도12910 판결, 대법원 2012. 2. 23. 선고 2011도15857 판결, 대법원 2003. 11. 14. 선고 2003도4909 판결, 대법원 1989. 10. 10. 선고 87도1901 판결.

41 대법원 2018. 8. 30. 선고 2018도10047 판결, 대법원 2014. 5. 16. 선고 2013도13938 판결, 대법원 2010. 9. 9. 선고 2010도6507 판결, 대법원 2003. 10. 23. 2003도4283, 대법원 1999. 4. 27. 선고 99도883 판결, 대법원 1995. 2. 3. 선고 94도3122 판결, 대법원 1986. 10. 28. 선고 86도1517 판결.

42 대법원 1997. 12. 26. 선고 97도2609 판결.

43 대법원 2017. 7. 18. 선고 2017도7463 판결, 대법원 1997. 12. 26. 선고 97도2249 판결, 대법원 1997. 6. 13. 선고 96도346 판결.

운전행위를 하는 운전면허 소지자, 무기를 휴대하는 사법경찰관 등이 있다. 책임조각신분으로는 형사미성년자, 심신상실자, 범인은닉죄·증거인멸죄에 있어 본인을 위하여 죄를 저지른 친족 또는 동거가족(형법 제151조 제2항, 제155조 제4항), 형이 면제되는 자수자(제52조 제1항) 등이 있다. 처벌조각신분으로는 재산범죄의 피해자로서 형이 면제되는 범인의 직계혈족, 배우자, 동거친족, 동거가족 또는 그 배우자(제328조 제1항 등) 등이 있다.

나. 실질적 분류

신분을 위법신분, 책임신분으로 분류하는 견해가 있다. 신분이 정범행위의 법익침해성을 근거지우거나 조각하는 기능을 하는 경우를 위법신분, 책임비난에 관련된 것인 경우를 책임신분으로 본다. 신분범에 있어 위법연대·책임개별화 원칙을 밝히기 위해 이러한 분류법이 이론적으로 타당하다고 한다.[44]

그러나 위법신분과 책임신분의 구별이 명확하지 아니하고, 위법연대·책임개별화원칙은 실정법에 의해 구체화되는 원칙이므로 양자를 구별할 실익도 없다는 비판도 있다.[45] 다만, 신분을 실질적으로 분류하는 견해도 형법 제33조의 해석과 적용에 있어는 통설과 결론을 같이 한다.[46]

3. 특수한 문제

가. 부진정부작위범에서의 신분

부진정부작위범의 보증인 지위도 행위자관련적 표지를 갖춘 신분으로 보는 견해가 있다. 부진정부작위범의 경우 보증인 지위자만이 행위주체가 될 수 있고 보증인 지위는 부진정부작위범의 정범성을 인정하는 기준이 되는 점을 주요 근거로 한다.[47] 이에 대하여 신분은 계속성을 전제하는 개념이라는 전제 하에 부진정부작위범의 보증인 지위는 작위가 필요한 특수한 상황이 현실화 되는 개념에 불과하다며 이를 부정하는 견해도 있다.[48]

판례는 직무유기죄를 부진정부작위범으로 본다.[49] 판례는 병가 중인 공무원

44 정성근, 박광민, 형법총론(제2판), 성균관대학교출판부(2015), 609.
45 오영근, 형법총론(제4판), 박영사(2018), 425.
46 정성근, 박광민, 형법총론(제2판), 성균관대학교출판부(2015), 612.
47 박상기, 형법총론(제9판), 박영사(2012), 492.
48 오영근, 형법총론(제4판), 박영사(2018), 424.
49 대법원 1983. 3. 22. 선고 82도3065 판결.

이 직무 수행 중인 공무원의 불법쟁위행위에 가담한 사안에서 병가 중인 공무원은 직무유기죄의 주체가 될 수는 없으나 직무수행 중인 공무원의 직무유기죄에 가공하였다면 직무유기죄의 공동정범으로 처벌할 수 있다고 하였다.[50]

나. 자수범에서의 신분

자수범이란 범인 스스로 구성요건을 실현해야 성립하는 범죄이다. 자수범은 범인의 직접 실행을 요하므로 일신적 인적 관여에 의한 공동실행이 불가능하다. 따라서 자수범의 경우 스스로 구성요건을 직접 실현한 자만이 정범이 되고, 타인을 이용하여 범죄를 실현하는 간접정범이나 공동정범은 성립할 수 없다.[51] 즉 자수범에서 공동정범이 문제되는 경우 형법 제33조가 적용될 수 없다. 이는 자수범에서의 신분이 제33조의 신분이 아니어서가 아니라 자수범의 개념상 정범의 주체가 직접 실행행위를 한 자로 한정되기 때문이다.

판례는 자수범의 개념을 명시적으로 인정한 바 없으나, 파면공무원이 공무원과 함께 국가공무원법 제66조 제1항이 금지하는 집단행위를 한 사안에서 "위 법 조항에 의하여 금지되는 노동운동이나 공무 이외의 일을 위한 집단적 행위의 태양이 행위자의 신체를 수단으로 하여야 한다거나 행위자의 인격적 요소가 중요한 의미를 가지는 것으로 볼 수 없어 공무원이 스스로 위와 같은 행위를 한 경우만을 처벌하고자 하는 것으로 볼 수는 없다"고 하였고,[52] 유사 사안에서 "자수범에 관한 법리오해의 위법이 없다"고 하거나 "양곡관리법 제33조 제1항 위반죄가 정범 자신이 직접 범죄를 실행하여야 하는 자수범이라고 볼 수도 없다"고 함으로써[53] 자수범의 개념 자체를 부인하고 있지는 아니한 것으로 보인다. 하급심에서 비신분자가 신분자의 위증에 가공하였더라도 위증죄는 자수범이므로 비신분자에게 위증죄의 공동정범이 성립할 수 없다고 한 예가 있다.[54]

판례는 "부정수표단속법 제4조의 허위신고죄의 주체는 발행인에 국한되고 발행인 아닌 자는 거짓 신고의 고의 없는 발행인을 이용하여 간접정범의 형태로 그 죄를 범할 수도 없으므로, 타인으로부터 명의를 차용하여 수표를 발행하는 경우 명의차용인은 허위신고죄의 주체가 될 수 없다"고 하면서도,[55] "명의차용인이 수

50 대법원 1997. 4. 22. 선고 95도748 판결.
51 이재상 외 2인, 형법총론(제9판), 박영사(2017), 464.
52 대법원 2005. 10. 13. 선고 2004도5839 판결.
53 대법원 2007. 7. 12. 선고 2006도3150 판결.
54 인천지방법원 2012. 4. 27. 2012노151 판결.
55 대법원 2014. 1. 23. 선고 2013도13804 판결, 대법원 2003. 1. 24. 선고 2002도5939 판결.

표발행인과 공모한 경우에는 허위신고죄의 주체가 될 수 있다"고 하였다.[56] 즉, 판례는 허위신고죄의 해석상 비발행인이 단독정범 또는 간접정범이 될 수 없다고 보았을 뿐 허위신고죄를 자수범으로 인정하였다고 보기는 어렵다.

또한 판례는 "농업협동조합법 제50조 제2항 소정의 호별방문죄는 임원이 되고자 하는 자라는 신분자가 스스로 호별방문을 한 경우만을 처벌하는 것으로 보아야 하고, 비록 신분자가 비신분자와 통모하였거나 신분자가 비신분자를 시켜 방문케 하였다고 하더라도 비신분자만이 호별방문을 한 경우에는 신분자는 물론 비신분자도 같은 죄로 의율하여 처벌할 수는 없다"고 하였다.[57] 그러나 당해 사안에서 비후보자가 후보자가 함께 호별방문한 범죄사실에 대하여는 비후보자에게 호별방문죄의 공동정범 성립을 긍정하였다. 판례는 호별방문죄의 해석상 신분자의 직접 실행행위, 즉 방문행위가 요구된다고 하였으나, 호별방문죄를 자수범으로 인정하였다고 보기 어렵다.

다. 소위 행위자관련적 신분범 내지 의무범에서의 신분

행위자의 특유한 신분상 의무위반을 범죄성립의 표지로 하는 소위 행위자관련적 신분범 내지 의무범에 있어서는 비신분자가 신분자의 범죄에 가공하였더라도 공동정범이 성립되지 않는다.[58] 즉 소위 행위자관련적 신분범 내지 의무범에 있어서의 신분은 형법 제33조 본문의 적용이 배제된다.

판례는 공직선거법상 기부행위제한위반죄의 주체가 아닌 자의 공동정범 성립이 문제된 사안에서 공직선거법의 취지가 각 기부행위제한자 이외의 비신분자는 처벌하지 않으려는 의미로 해석된다고 보고 비신분자의 공동정범 성립을 부정하였다.[59]

> [판례] 대법원 2008. 3. 13. 선고 2007도9507 판결
> 공직선거법 제257조 제1항 제1호에서 규정하는 각 기부행위제한위반의 죄는 공직선거법 제113조(후보자 등의 기부행위 제한), 제114조(정당 및 후보자의 가족 등의 기부행위 제한), 제115조(제3자의 기부행위 제한)에 각기 한정적으로 열거되어 규정하고 있는 신분관계가 있어야만 성립하는 범죄이고, 죄형법정주의의 원칙상 유추해

56 대법원 2007. 5. 11. 선고 2005도6360 판결, 대법원 1995. 12. 12. 선고 94도3348 판결.
57 대법원 2003. 6. 13. 선고 2003도889 판결.
58 김일수, 서보학, 새로쓴 형법총론(제13판), 박영사(2018).
59 대법원 2008. 3. 13. 선고 2007도9507 판결, 2006. 1. 26. 선고 2005도8250 판결, 1997. 12. 26. 선고 97도2249 판결, 대법원 1997. 6. 13. 선고 96도346 판결.

석은 할 수 없으므로, 위 각 해당 신분관계가 없는 자의 기부행위는 위 각 해당 법조항 위반의 범죄로는 되지 않는다. 또한, 각 법조항을 구분하여 기부행위의 주체 및 그 주체에 따라 기부행위제한의 요건을 각기 달리 규정한 취지는 각 기부행위의 주체자에 대하여 그 신분에 따라 각 해당법조로 처벌하려는 것이므로, 각 기부행위의 주체로 인정되지 아니하는 자가 기부행위의 주체자 등과 공모하여 기부행위를 하였다 하더라도 그 신분에 따라 각 해당법조로 처벌하여야지 기부행위 주체자에 해당하는 법조 위반의 공동정범으로 처벌할 수는 없다.

그 밖에 판례는 공중위생관리법상 영업신고의무자가 아닌 피부관리실 실장의 공동정범 성립이 문제된 사안에서 "부작위범 사이의 공동정범은 다수의 부작위범에게 공통된 의무가 부여되어 있고 그 의무를 공통으로 이행할 수 있을 때에만 성립한다"라고 전제한 다음 영업자의 직원이나 보조자는 공중위생관리법상 영업신고의무자인 영업상 권리의무의 귀속주체에 포함되지 아니한다는 이유로 비신분자인 피부관리실 실장과 신고의무자인 피부관리실 운영자와의 공동정범 성립을 부정하였다.[60]

Ⅳ. 형법 제33조 본문과 단서의 관계

형법 제33조는 '신분관계로 인하여 성립될 범죄에 가공한 행위는 신분관계가 없는 자에게도 전3조의 규정을 적용한다. 단, 신분관계로 인하여 형의 경중이 있는 경우에는 중한 형으로 벌하지 아니한다'고 규정한다. 형법 제33조 본문과 단서의 관계에 관하여 논란이 있다. 형법 제33조 본문과 단서와의 관계를 어떻게 이해할 것인지에 따라 비신분자에 대한 과형이 달라지지는 아니한다. 그러나 비신분자의 죄명이 결정됨으로써 공소시효기간과 일반사면의 대상여부가 달라질 수 있다(형사소송법 제251조, 사면법 제8조).

다수설은 형법 제33조 본문을 진정신분범의 성립과 과형을 규정한 것으로, 단서를 부진정신분범의 성립과 과형을 규정한 것으로 이해한다. 즉 본문은 구성적 신분의 종속성 및 연대성을, 단서는 가감적 신분의 비종속성 또는 책임개별화 원칙을 선언한 규정으로 본다. 형법 제33조 본문이 '신분관계로 인하여 성립될 범죄'라고 규정하고 있는데 부진정신분범은 신분관계로 인하여 성립하는 범죄가 아니므

60 대법원 2008. 3. 27. 선고 2008도89 판결.

로 문리해석상 이는 진정신분범을 의미하는 것이 명백하다는 점, 소수설과 같이 보면, 부진정신분범에 가담한 공범의 죄명과 이에 대한 과형이 각각 다르게 되어 죄명이 갖는 법적·사회적 평가를 부정하는 결과가 되는 점을 주요 근거로 한다.[61]

소수설은 형법 제33조 본문을 모든 신분범의 성립에 관한 규정으로, 단서를 부진정신분범의 과형을 규정한 것으로 본다. 즉 본문은 모든 신분의 종속성 및 연대성을, 단서는 부진정신분범에 가담한 비신분에 대한 과형의 개별화를 선언한 규정으로 이해한다. 제33조 본문은 '신분관계로 인하여 성립될 범죄'로 규정하고 있는데 부진정신분범의 경우에도 비신분자에게는 그 신분범이 성립하지 아니하고 통상의 범죄가 성립하고, 단서는 '신분관계로 인하여 형의 경중이 있는 경우'라고 규정하고 있어 본문의 '범죄', 단서의 '경우'를 유기적으로 해석하면 문리해석상 '신분관계로 인하여 성립될 범죄'에 부진정신분범도 포함될 수 있다는 점을 주요 근거로 한다.[62]

판례는 소수설의 입장과 같다.

[판례] 대법원 1997. 12. 26. 선고 97 도 2609 판결
상호신용금고법 제39조 제1항 제2호 위반죄는 상호신용금고의 발기인·임원·관리인·청산인·지배인 기타 상호신용금고의 영업에 관한 어느 종류 또는 특정한 사항의 위임을 받은 사용인이 그 업무에 위배하여 배임행위를 한 때에 성립하는 것으로서, 이는 위와 같은 지위에 있는 자의 배임행위에 대한 형법상의 배임 내지 업무상배임죄의 가중규정이고, 따라서 형법 제355조 제2항의 배임죄와의 관계에서는 신분관계로 인하여 형의 경중이 있는 경우라고 할 것이다. 그리고 위와 같은 신분관계가 없는 자가 그러한 신분관계에 있는 자와 공모하여 위 상호신용금고법위반죄를 저질렀다면, 그러한 신분관계가 없는 자에 대하여는 형법 제33조 단서에 의하여 형법 제355조 제2항에 따라 처단하여야 할 것인바, 그러한 경우에는 신분관계가 없는 자에게도 일단 업무상배임으로 인한 상호신용금고법 제39조 제1항 제2호 위반죄가 성립한 다음 형법 제33조 단서에 의하여 중한 형이 아닌 형법 제355조 제2항에 정한 형으로 처벌되는 것이다.

61 이재상 외 2인, 형법총론(제9판), 박영사(2017), 520; 김일수, 서보학, 새로쓴 형법총론(제13판), 박영사(2018), 505-506; 손동권, 김재윤, 새로운 형법총론(초판), 율곡출판사(2011), 613; 정영일, 형법강의(총론)(제3판), 학림(2017), 311; 배종대, 형법총론(제13판), 홍문사(2017), 475; 박상기, 형법총론(제9판), 박영사(2012), 495; 박상기, 전지연, 형법학(총론·각론 강의)(제4판), 집현재(2018), 315; 임웅, 형법총론(제10정판), 법문사(2018), 525; 정성근, 박광민, 형법총론(제2판), 성균관대학교출판부(2015), 615.

62 오영근, 형법총론(제4판), 박영사(2018), 431; 김성돈, 형법총론(제5판), 성균관대학교출판부(2017), 694.

[판례] 대법원 1961. 8. 2. 선고 4294형상284 판결
실자와 더불어 남편을 살해한 처는 존속살해죄의 공동정범이다.

V. 형법 제33조 본문의 해석 및 적용범위

형법 제33조 본문의 '신분관계로 인하여 성립될 범죄에 가공한 행위는 신분관계가 없는 자에게도 전3조의 규정을 적용한다'고 규정한다. 여기서 '신분관계로 인하여 성립될 범죄'에 부진정신분범도 포함되는지는 제33조 본문과 단서와의 관계에서 본 바와 같다. 그 밖에 ①'범죄에 가공한 행위'에 신분자가 비신분자의 범죄에 가공한 경우도 포함되는지 여부, ②'전 3조의 규정을 적용한다'에 공동정범, 교사범, 종범 외에 간접정범도 포함되는지 여부, 즉 비신분자의 간접정범 성립여부에 관하여 논란이 있다.

1. 신분자가 비신분자의 범죄에 가공한 경우

형법 제33조 본문은 비신분자가 신분자의 범죄에 가공한 경우 적용되는 규정임이 분명하다. 신분자가 비신분자에게 가공한 경우라도 신분자와 비신분자 사이에 기능적 행위지배가 인정되어 공동정범의 성립요건이 갖춰진 경우라면 제33조 본문이 적용되어 비신분자에게 공동정범이 성립된다.[63] 문제는 신분자가 비신분자에게 진정신분범을 교사, 방조한 경우 형법 제33조 본문이 적용될 수 있는지 여부이다.

통설은 형법 제33조 본문의 적용이 없다고 본다. 제33조 본문은 문언상 비신분자가 신분자에게 가담한 경우에만 적용되는 것임이 명백하다는 점, 제33조 본문의 적용이 있다고 하면 정범 없는 공범의 성립을 인정하게 되어 공범종속성 원칙에 반하는 점을 주요 근거로 한다.[64] 이에 따르면 신분자에게는 교사범, 종범이 성립할 수 없고, 신분 없는 고의 있는 도구를 이용한 간접정범이 성립할 뿐이며, 비신분자에게는 원칙적으로 범죄가 성립할 수 없다. 이때 비신분자가 그 정을 안

63 정성근, 박광민, 형법총론(제2판), 성균관대학교출판부(2015), 616, 김일수, 형법 제33조, 고시계 35권7호(401호), 국가고시학회(1990), 133, 김성돈, 형법총론(제5판), 성균관대학교출판부(2017), 695-696, 오영근, 형법총론(제4판), 박영사(2018), 434.

64 이재상 외 2인, 형법총론(제9판), 박영사(2017), 522, 김일수, 서보학, 새로쓴 형법총론(제13판), 박영사(2018), 504, 손동권, 김재윤, 새로운 형법총론(초판), 율곡출판사(2011), 616, 정성근, 박광민, 형법총론(제2판), 성균관대학교출판부(2015), 617, 김성돈, 형법총론(제5판), 성균관대학교출판부(2017), 696, 정영일, 형법강의(총론)(제3판), 학림(2017), 312, 오영근, 형법총론(제4판), 박영사(2018), 433.

경우 간접정범의 종범이 성립하게 된다고 한다.[65] 이에 대하여 공범독립성설에 입각하여 제33조 본문이 적용된다는 견해가 있다.[66] 이에 따르면 신분자에게는 교사범, 종범, 비신분자에게는 종범이 성립하게 된다.

판례가 신분자가 비신분자의 진정신분범을 교사, 방조한 경우 형법 제33조 본문의 적용여부를 명시하여 판단한 적은 없다. 제33조 본문은 비신분자에게 신분의 종속성 또는 연대성을 인정하려는 취지의 규정일 뿐이므로 제33조 본문의 적용이 처음부터 문제될 여지가 없기 때문으로 보인다. 판례는 공범종속성설에 따라 정범의 존재 없는 공범을 인정하지 아니하므로[67] 신분자에게는 당연히 신분범의 간접정범이 성립을 인정할 것으로 보인다. 하급심에서는 "신분자가 비신분자를 이용하여 간접으로 죄의 구성요소를 실행한 경우 간접정범으로 처벌할 수 있다"고 판시한 예가 있다.[68]

2. 비신분자의 간접정범 성립여부

가. 학설

간접정범이 정범이 아닌 공범임을 전제로 형법 제34조가 간접정범을 '교사 또는 방조의 예'에 따라 처벌하도록 규정하므로 제33조 본문의 '전 3조의 규정을 적용한다'에 간접정범도 포함된다는 견해가 있다. 이에 따르면 비신분자가 신분자를 고의 없는 도구로 이용한 경우 비신분자에게 간접정범이 성립한다는 것이다.[69] 그러나 통설은 간접정범이 공범이 아닌 정범임을 전제로 부정한다. 형법 제33조가 제34조의 규정을 적용한다고 규정하지 아니하는 점, 제33조 본문은 비신분자가 신분범의 공동정범이 될 수 있다는 취지일 뿐 비신분자 단독으로 정범이 될 수 있다는 것을 정한 취지는 아니라는 점, 비신분자의 가벌성 확대를 방지하기 위하여서라도 제33조 본문을 제한적으로 해석할 필요가 있는 점을 주요 근거로 한다.[70]

65 정성근, 박광민, 형법총론(제2판), 성균관대학교출판부(2015), 617.

66 염정철, "공범과 신분", 법정(새)4권 4호, 한국사법행정학회(1974), 45.

67 대법원 2011. 7. 14. 선고 2009도13151 판결, 대법원 1974. 5. 28. 선고 74도509 판결.

68 서울고등법원 2010. 3. 25. 선고 2009노2945 판결.

69 차용석, "공범과 신분", 고시연구 13권 5호, 고시연구사(1986), 35.

70 이재상 외 2인, 형법총론(제9판), 박영사(2017), 522; 배종대, 형법총론(제13판), 홍문사(2017), 476; 손동권, 김재윤, 새로운 형법총론(초판), 율곡출판사(2011), 615; 박상기, 형법총론(제9판), 박영사(2012), 494; 정성근, 박광민, 형법총론(제2판), 성균관대학교출판부(2015), 616; 정영일, 형법강의(총론)(제3판), 학림(2017), 311; 김성돈, 형법총론(제5판), 성균관대학교출판부(2017), 699; 임웅, 형법총론(제10정판), 법문사(2018), 527.

나. 판례

판례는 다음과 같은 사안에서 비신분자의 간접정범 성립을 부정한 바 있다.

① 수표발행인이 아닌 자에 대하여 "부정수표단속법 제4조의 허위신고죄 성립이 문제된 사안에서 '발행인 아닌 자는 허위신고의 고의 없는 발행인을 이용하여 간접정범의 형태로 죄를 범할 수도 없다"고 하였다.[71]

② 임야 매도를 의뢰받은 자에 대하여 이중매매에 따라 제1매수인을 피해자로 하는 배임죄 성립이 문제된 사안에서 "피고인은 피해자에 대한 관계에서 타인 사무를 처리할 지위에 있다고 볼 수 없으므로 피고인이 고의 없는 매도인을 이용하여 이중매도 행위를 하였다고 하더라도 피고인을 배임죄로 처벌할 수 없다"고 한 원심 판단을 인용·수긍하였다.[72]

③ 사업보고서 제출의무자가 아닌 자에 대하여 자본시장과 금융투자업에 관한 법률 제444조 제13호, 제159조 제7항의 거짓 사업보고서 제출죄 성립이 문제된 사안에서 "사업보고서 제출의무자인 대표이사나 제출업무를 담당하는 이사가 아닌 자는 고의 없는 대표이사나 제출업무를 담당하는 이사를 이용하여 간접정범의 형태로 죄를 범할 수 없다"는 원심 판단을 인용·수긍하였다.[73]

④ 적합 건설자재 사용의무자가 아닌 레미콘 공급업자에 대하여 구 건설기술관리법 제42조 제1호의3, 제24조의2 제2항의 부적합 건설자재 사용죄 성립이 문제된 사안에서 "건설업자 아닌 피고인들이 부적합 레미콘임을 알지 못하는 피해 건설업체들을 이용하여 부적합 레미콘을 사용하게 함으로써 간접정범의 형태로 죄를 범할 수도 없다"는 원심 판단을 인용·수긍하였다.

한편 하급심에서는 명시적으로 "비신분자가 신분자를 이용하여 진정신분범의 간접정범이 될 수 없다"고 판시한 예도 있다.[74]

다만, 판례는 비공무원에게 허위공문서작성의 간접정범이 성립하는지 여부에 관하여 원칙적으로 부정하면서도,[75] 공무원의 직무보조자가 그 직위를 이용하여

71 대법원 2014. 1. 23. 선고 2013도13804 판결, 대법원 2003. 1. 24. 선고 2002도5939 판결, 대법원 1992. 11. 10. 선고 92도1342 판결.

72 대법원 2011. 12. 8. 선고 2011도2467 판결.

73 대법원 2012. 8. 23. 선고 2011도14045 판결.

74 서울고등법원 2007. 7. 20. 선고 2007노835 판결.

75 대법원 1961. 12. 14. 선고 4292형상645 전원합의체 판결.

행사할 목적으로 허위의 내용이 기재된 문서 초안을 그 정을 모르는 상사에게 제출하여 결제하도록 하는 등의 방법으로 작성권한이 있는 공무원으로 하여금 허위의 공문서를 작성하게 한 경우,[76] 공무원의 상급자로서 감독관계에 있는 자가 작성권한 있는 공무원을 이용하여 허위의 공문서를 작성하게 한 경우[77] 간접정범의 성립을 긍정한 바 있다.

판례의 대체적 경향은 다수설과 같이 비신분자에게 간접정범의 성립을 부정하는 것으로 보이고, 허위공문서작성죄에 있어서는 공문서 작성의 특수성, 즉 직무보조자 또는 상급자의 필연적 관여 및 그에 따른 보호법익의 침해가능성을 감안하여 한정된 범위 내에 있는 비신분자에 대하여만 예외적으로 정범성을 확대하고 있는 것으로 이해된다.

VI. 형법 제33조 단서의 해석 및 적용범위

형법 제33조 단서는 '단, 신분관계로 인하여 형의 경중이 있는 경우에는 중한 형으로 벌하지 아니한다'고 규정한다. 여기서 ①'신분관계로 인하여 형의 경중이 있는 경우'에 신분자가 비신분자에게 부진정신분범을 교사, 방조한 경우도 포함되는지, ②'중한 형으로 벌하지 아니한다'의 의미를 감경적 신분범에 있어 비신분자도 신분자와 마찬가지로 경한 죄의 죄책을 지는 것으로 이해할 수 있는지 관하여 논란이 있다.

1. 신분자가 비신분자의 범죄에 가공한 경우

형법 제33조 단서는 제33조 본문과 같이 비신분자가 신분자의 범죄에 가공한 경우 적용되는 것은 분명하다. 또한 신분자가 비신분자에게 가공한 경우라도 신분자와 비신분자 사이에 기능적 행위지배가 인정되어 공동정범의 성립요건이 갖춰진 경우라면 역시 비신분자에게 공동정범이 성립된다. 여기서도 신분자가 비신분자에게 부진정신분범을 교사, 방조한 경우 제33조 단서가 적용될 수 있는지 여부가 문제된다. 예컨대, 아들이 모친으로 하여금 부친을 살해하도록 교사한 경우 아들이 보통살해죄 교사범의 죄책을 지는지, 존속살해죄 교사범의 죄책을 지는지의 문제이다.

76 대법원 2011. 5. 13. 선고 2011도1415 판결, 대법원 2010. 1. 14. 선고 2009도9963 판결, 대법원 1992. 1. 17. 선고 91도2837 판결, 대법원 1962. 5. 17. 선고 4293형상297 판결.

77 대법원 1996. 10. 11. 선고 95도1706 판결.

다수설은 진정신분범의 경우와 달리 제33조 단서의 적용이 있다고 본다. 여기에는 형법 제33조 단서가 책임개별화원칙을 선언한 규정이라는 점을 근거로 하는 견해,[78] 제33조를 교사범 또는 종범 규정(제31조 제1항, 제32조 제1항)의 특별규정이라는 점을 근거로 하는 견해가 있다.[79] 이에 따르면 아들은 존속살해죄 교사범의 죄책을 진다. 소수설은 진정신분범의 경우와 마찬가지로 신분자가 비신분자에게 가공한 경우는 제33조가 적용될 수 없고 공범종속성 원칙에 따라야 한다고 본다.[80] 이에 따르면 아들은 보통살해죄 교사범의 죄책을 진다.

판례는 모해목적자가 증인에게 위증을 교사한 사안에서 모해목적자를 모해위증죄의 교사범으로 처벌하였고,[81] 상습자가 비상습자의 도박을 방조한 사안에서 상습자를 상습도박죄의 방조범으로 처벌하였다.[82] 즉 판례는 신분자가 비신분자에게 부진정신분범을 교사·방조한 경우 비신분자와 신분자의 책임을 개별적으로 보고 각자의 책임에 따른 죄책을 인정하는 것으로 보인다. 이에 따르면 아들은 존속살해죄 교사범의 죄책을 진다.

2. '중한 형으로 벌하지 아니한다'의 의미

가중적 신분범의 경우 비신분자는 통상의 죄책을 지거나, 판례에 따르면 가중적 신분범이 성립하나 통상의 죄에 정한 형으로 과형됨이 명백하다. 그런데 감경적 신분범의 경우 비신분자가 감경적 신분범의 죄책을 지게 되는지 논란이 있다. 예컨대 영아살해죄를 교사한 비신분자가 영아살해죄 교사범의 죄책을 지는지, 보통살인죄 교사범의 죄책을 지는지의 문제이다. 형법 제33조 단서가 독일 형법과 같이 '가중, 감경사유는 신분자에게만 적용한다'고 규정하지 아니하고, '중한 형으로 벌하지 않는다'고만 규정하고 있기 때문이다.

다수설은 비신분자가 보통살인죄 교사범의 죄책을 진다고 본다. 형법 제33조 단서는 본질적으로 책임의 개별화를 규정하므로 비신분자와 신분자 각자의 책임에 따따른 죄책을 지는 것이 법의 취지에 부합한다는 점, '중한 형으로 벌하지 않는다'는 문언은 가중적 구성요건을 적용하여 처벌하지 말라는 것일 뿐 기본적 구

78 이재상 외 2인, 형법총론(제9판), 박영사(2017), 525; 손동권, 김재윤, 새로운 형법총론(초판), 율곡출판사(2011), 619; 정성근, 박광민, 형법총론(제2판), 성균관대학교출판부(2015), 620.

79 김성돈, 형법총론(제5판), 성균관대학교출판부(2017), 697.

80 오영근, 형법총론(제4판), 박영사(2018), 434.

81 대법원 1994. 12. 23. 선고 93도1002 판결.

82 대법원 1984. 4. 24. 선고 84도195 판결.

성요건을 적용하여 처벌하는 것까지 금지하는 것은 아니라는 점을 주요 근거로 한다.[83] 이에 대해 소수설은 비신분자가 영아살해죄 교사범의 죄책을 진다고 본다. 형법 제33조 단서가 '중한 형으로 벌하지 않는다'고 규정한 의미는 비신분자를 신분자보다 중하게 처벌하지 않는다는 의미이고 이와 다른 해석은 죄형법정주의에 반하는 유추해석이라는 점을 주요 근거로 한다.[84]

판례는 없고 하급심의 예도 없다. 다만, 판례는 형법 제33조 본문을 부진정신분범의 성립 근거로 이해하므로 비신분자에게 영아살해죄 교사범의 죄책을 인정할 가능성이 크다. 영아살해죄 교사범의 성립을 긍정하면서 보통살해죄의 교사범으로 과형할 수는 없기 때문이다.

Ⅶ. 소극적 신분과 공범

1. 형법 제33조 적용여부

소극적 신분범에 형법 제33조가 적용된다고 보는 견해가 있다. 제33조는 진정신분범, 부진정신분범이라는 용어를 사용하지 않고 예컨대 무면허의료행위는 의사라는 신분에 따라 범죄성립이 좌우되기 때문에 '신분관계로 인하여 성립할 범죄'라고 할 수 있다고 한다.[85] 통설은 제33조는 일정한 신분관계가 적극적으로 존재하는 경우 적용되는 규정으로서 소극적 신분에는 적용될 여지가 없고 소극적 신분범에 대한 공범은 공범종속성 원칙에 따라 결정된다고 한다.[86]

2. 위법성조각신분

비신분자가 신분자의 행위에 가공한 경우 비신분자, 신분자 모두에게 범죄가 성립되지 아니한다. 신분자가 비신분자의 행위에 가공한 경우에는 신분자에게 비

83 이재상 외 2인, 형법총론(제9판), 박영사(2017), 525; 손동권, 김재윤, 새로운 형법총론(초판), 율곡출판사(2011), 618; 배종대, 형법총론(제13판), 홍문사(2017), 477; 정성근, 박광민, 형법총론(제2판), 성균관대학교출판부(2015), 619; 박상기, 형법총론(제9판), 박영사(2012), 498; 박상기, 전지연, 형법학(총론·각론 강의)(제4판), 집현재(2018), 316; 정영일, 형법강의(총론)(제3판), 학림(2017), 312; 임웅, 형법총론(제10정판), 법문사(2018), 530.

84 오영근, 형법총론(제4판), 박영사(2018), 432, 김성돈, 형법총론(제5판), 성균관대학교출판부(2017), 695.

85 오영근, 형법총론(제4판), 박영사(2018), 435.

86 이재상 외 2인, 형법총론(제9판), 박영사(2017), 526; 손동권, 김재윤, 새로운 형법총론(초판), 율곡출판사(2011), 616, 621; 박상기, 형법총론(제9판), 박영사(2012), 498; 박상기, 전지연, 형법학(총론·각론 강의)(제4판), 집현재(2018), 318; 오영근, 형법총론(제4판), 박영사(2018), 436.

신분자에 대한 교사범·종범이 성립할 수 있다. 여기서 신분자에 대한 공동정범 성립여부에 관하여는 부정하는 견해가 있으나,[87] 통설은 신분자의 행위에 위법성이 조각된다고 하더라도 신분자가 신분지위를 남용하여 비신분자의 불법행위에 가담하는 것까지 정당화될 수 없다는 점, 또는 공동정범은 타인의 행위를 이용하여 자기의 의사를 실행해 옮기는 것이므로 비신분자와 신분자 모두 불법행위를 함께 한 것으로 보아야 한다는 점을 근거로 이를 긍정한다.[88]

판례는 의료인이 비의료인의 무면허의료행위에 가공한 경우 공동정범 또는 교사범의 성립을 인정한 바 있다.[89] 한편, 판례는 의료인이 아닌 자가 의료인을 고용하여 의료개관을 개설한 사안에서 의료인에게 의료기관 개설은 의료인만이 할 수 있도록 정한 의료법 위반죄의 공동정범을 인정하였고,[90] 약사가 약사 아닌 자에게 명의를 내여하여 약국을 개설하도록 한 사안에서 약사가 아닌 자의 약국 개설을 금지한 약사법 제20조 제1항 위반죄의 공동정범을 인정한 원심을 수긍하였다.[91] 또한 판례는 공공단체 등 위탁선거에 관한 법률 제66조 제1호의 선거운동 제한규정위반죄에 있어 후보자가 비후보자로 하여금 선거운동을 하게 한 사안에서 후보자에게 공공단체 등 위탁선거에 관한 법률 제66조 제1호의 공동정범 성립을 인정한 원심을 수긍하였다.[92]

다만, 판례는 변호사 아닌 자가 변호사를 고용하여 법률사무소를 개설한 사안에서 변호사를 변호사법위반죄의 공범으로 처벌할 수 없다고 하였다.[93] 그런데 이는 변호사 아닌 자의 법률사무소 개설을 금지한 변호사법 제34조 제4항이 의료법이나 약사법과는 달리 '변호사의 고용'을 구성요건으로 정하고 있음에 착안하여 변호사 아닌 자의 고용행위와 변호사의 피고용행위가 필요적 공범 중 편면적 대향범의 관계에 있다고 보고, 대향범의 경우 형법총칙상의 공범 규정이 적용되지

87 김성돈, 형법총론(제5판), 성균관대학교출판부(2017), 702-703; 임웅, 형법총론(제10정판), 법문사(2018), 531.

88 이재상 외 2인, 형법총론(제9판), 박영사(2017), 526; 손동권, 김재윤, 새로운 형법총론(초판), 율곡출판사(2011), 623; 정성근, 박광민, 형법총론(제2판), 성균관대학교출판부(2015), 621.

89 대법원 1986. 2. 11. 선고 85도448 판결, 대법원 1986. 7. 8. 선고 86도749 판결.

90 대법원 2001. 11. 30. 선고 2001도2015 판결, 대법원 1986. 2. 11. 선고 85도448 판결.

91 대법원 2018. 11. 29. 선고 2018도13073 판결, 대법원 2018. 5. 15. 선고 2018도4080 판결, 대법원 2017. 9. 21. 선고 2017도10269 판결.

92 대법원 2017. 5. 31. 선고 2016도9071 판결.

93 대법원 2004. 10. 28. 선고 2004도3994 판결.

아니한다는 기존 법리[94]를 확인한 사안이다. 이에 대해 변호사를 불가벌적 대향자로 보더라도 불가벌적 대향자를 불가벌로 보는 실질적인 이유가 공범성립까지 배제시킬 만큼 충분하지 않다거나, 변호사가 대향적 고용관계를 형성한 이후 법률사무소를 개설 운영하는 공동의 목적에 함께 나아갔으므로 공범종속성 원칙에 따라 변호사를 처벌할 수 있다는 비판적 견해도 있다.[95]

3. 책임조각신분

비신분자가 신분자의 행위에 가공한 경우 비신분자에게 공범성립이 인정되고, 신분자에게는 책임이 조각되어 범죄가 성립하지 않는다. 판례는 "범인이 자신을 위하여 타인으로 하여금 허위의 자백을 하게 하여 범인도피죄를 범하게 하는 행위는 방어권의 남용으로 범인도피교사죄에 해당하고 이 경우 그 타인이 형법 제151조 제2항에 의하여 처벌을 받지 아니하는 친족, 호주 또는 동거 가족에 해당한다 하여 달리 볼 것은 아니다"고 하면서 비신분자인 범인에게 범인도피죄 교사범 성립을 인정하였다.[96]

신분자가 비신분자의 행위에 가공한 경우 비신분자에게는 공범성립이 인정되나 신분자에게는 책임이 조각되어 범죄가 성립되지 아니하는지 여부에 관하여 형사미성년자와 같이 신분자가 절대적 신분자인 경우에는 범죄가 성립하지 아니하지만 범인은닉죄, 증거인멸죄에 있어 친족 또는 동거가족과 같은 상대적 신분자인 경우 신분자도 공범으로 처벌받을 수 있다는 견해가 있다.[97] 예컨대 부친이 제3자를 교사하여 범인인 아들을 은닉하도록 한 경우 부친은 제3자와의 관계에서 책임조각을 인정받을 만한 기대불가능성을 상실한 것으로 보아야 하므로 부친에게 범인은닉죄의 교사범 성립을 인정하여야 한다는 것이다. 통설은 절대적 신분자와 상대적 신분자를 구분하지 아니하고 신분자에게 범죄가 성립되지 아니한다고 본다.[98]

94 대법원 2002. 7. 22. 선고 2002도1696 판결, 대법원 2002. 1. 25. 선고 2000도90 판결, 대법원 2001. 12. 28. 선고 2001도5158 판결, 대법원 1988. 4. 25. 선고 87도2451 판결, 대법원 1985. 3. 12. 선고 84도2747 판결.

95 손동권, 김재윤, 새로운 형법총론(초판), 율곡출판사(2011), 622; 김성돈, 형법총론(제5판), 성균관대학교출판부(2017), 702.

96 대법원 2006. 12. 7. 선고 2005도3707 판결, 대법원 2000. 3. 24. 선고 2000도20 판결.

97 김성돈, 형법총론(제5판), 성균관대학교출판부(2017), 703.

98 이재상 외 2인, 형법총론(제9판), 박영사(2017), 527; 손동권, 김재윤, 새로운 형법총론(초판), 율곡출판사(2011), 624; 배종대, 형법총론(제13판), 홍문사(2017), 478; 정성근, 박광민, 형법총론(제2판), 성균관대학교출판부(2015), 622; 임웅, 형법총론(제10정판), 법문사(2018), 532.

4. 처벌조각신분

비신분자가 신분자의 행위에 가공한 경우 비신분자, 신분자 모두 공범이 성립하나, 신분자는 처벌받지 아니한다.

신분자가 비신분자의 행위에 가공한 경우 신분자를 처벌할 수 있는지 여부에 관하여 처벌조각적 신분은 행위자가 직접 관계를 맺는 자와의 관계에서만 인정되므로 제3자로 하여금 범죄를 범하게 한 경우에는 신분효과를 인정할 수 없으므로 신분자를 처벌할 수 있다는 견해가 있다.[99] 통설은 신분자를 처벌할 수 없다고 본다.[100]

99 김성돈, 형법총론(제5판), 성균관대학교출판부(2017), 705.

100 이재상 외 2인, 형법총론(제9판), 박영사(2017), 527; 손동권, 김재윤, 새로운 형법총론(초판), 율곡출판사(2011), 624; 배종대, 형법총론(제13판), 홍문사(2017), 479; 정성근, 박광민, 형법총론(제2판), 성균관대학교출판부(2015), 623; 정영일, 형법강의(총론)(제3판), 학림(2017), 314; 임웅, 형법총론(제10정판), 법문사(2018), 532.

제34조 [간접정범, 특수한 교사, 방조에 대한 형의 가중]

① 어느 행위로 인하여 처벌되지 아니하는 자 또는 과실범으로 처벌되는 자를 교사 또는 방조하여 범죄행위의 결과를 발생하게 한 자는 교사 또는 방조의 예에 의하여 처벌한다.

② 자기의 지휘, 감독을 받는 자를 교사 또는 방조하여 전항의 결과를 발생하게 한 자는 교사인 때에는 정범에 정한 형의 장기 또는 다액에 그 2분의 1까지 가중하고 방조인 때에는 정범의 형으로 처벌한다.

[관련조문] 형법 제30조(공동정범), 제31조(교사범), 제32조(종범), 제34조(간접정범, 특수한 교사, 방조에 대한 형의 가중).

[참고문헌] 이재상 외 2인, 형법총론(제9판), 박영사(2017), 김일수, 서보학, 새로쓴 형법총론(제13판), 박영사(2018), 오영근, 형법총론(제4판), 박영사(2018), 배종대, 형법총론(제13판), 홍문사(2017), 임웅, 형법총론(제10정판), 법문사(2018), 손동권, 김재윤, 새로운 형법총론(초판), 율곡출판사(2011), 박상기, 형법총론(제9판), 박영사(2012), 박상기, 전지연, 형법학(총론·각론 강의)(제4판), 집현재(2018), 김성돈, 형법총론(제5판), 성균관대학교출판부(2017), 정영일, 형법강의(총론)(제3판), 학림(2017), 정성근, 박광민, 형법총론(제2판), 성균관대학교출판부(2015), 주석 형법 총칙(2)(제2판), 한국사법행정학회(2011).

Ⅰ. 간접정범의 의의와 본질

1. 간접정범의 의의

간접정범이란 타인을 생명 있는 도구로 이용하여 자기의 범죄를 실현하는 자를 말한다. 형법 제34조 제1항은 간접정범을 '어느 행위로 인하여 처벌되지 아니하는 자 또는 과실범으로 처벌되는 자를 교사 또는 방조하여 범죄행위의 결과를 발생하게 한 자'라고 규정하고 있다. 이 경우 범죄에 이용되는 사람을 피이용자 또는 범행매개자라 하고 타인을 범죄에 이용하는 사람을 이용자 또는 배후자라고 한다. 간접정범은 타인을 생명 있는 도구로 이용한다는 점에서 범죄구성요건을 스스로 실현하거나 타인을 생명 없는 도구[1]로 이용하는 적접정범과 구별되고, 단독정범이라는 점에서 2인 이상이 기능적 행위지배를 하는 공동정범과 구별된다.

비교법적으로 독일, 일본과 비교하여 볼 때, 간접정범이 실정법에 가장 먼저 규정된 나라는 우리나라이다. 우리 형법은 1953년 제정 당시부터 제34조 제1항에서 현재와 같은 간접정범 규정을 두었다. 반면 독일은 1975년의 신형법에 비로소 간접정범을 명문으로 규정하였고, 일본은 간접정범이 학설과 판례상으로만 인정되고 있을 뿐 아직까지 명문으로 규정된 바 없다.

2. 간접정범의 본질

독일 형법(StGB) 제25조는 '정범(Täterschaft)'이란 표제 하에 제1항에서 '자기 또는 타인을 통하여 범죄를 실행한 자는 정범으로 처벌된다.'라고 규정하고 있고, 제2항에서 '다수가 범죄를 공동으로 행한 경우에는 각자 정범으로 처벌된다.'라고 규정하고 있다. 독일 형법의 규정 형식을 보면 '타인을 통하여 범죄를 실행한 자', 즉 간접정범 역시 공동정범과 함께 정범에 해당한다는 것은 의문의 여지가 없다. 이에 반해 우리 형법 제34조는 '간접정범'이란 표제 하에 제1항에서 간접정범을 '교사 또는 방조의 예에 의하여 처벌한다'라고 규정함으로써 간접정범이 공범인지 아니면 정범인지에 관한 여지가 남게 되었다. 간접정범의 본질에 관하여는 전통적으로 정범설과 공범설의 대립이 있어 왔고, 최근에는 공범형 간접정범설 등이 등장하였다. 이는 공범종속성설 가운데 제한적 종속성설과 극단적 종속설의 대립과도 직접 연관된다.[2]

가. 간접정범 본질의 논의실익

간접정범을 정범으로 볼 것인가 아니면 공범으로 볼 것인가에 따라 아래와 같은 논의의 실익이 있다.

첫째, 법적효과와 관련하여, 정범설에 의하면 간접정범은 정범의 형으로 처벌되어야 하나, 공범설에 의하면 간접정범이 교사범의 형태로 나타나면 죄를 실행한 자와 동일한 형으로 처벌하고 방조범의 형태로 나타날 경우에는 간접정범의 형을 필요적으로 감경해야 한다.

둘째, 실행의 착수시기와 관련하여, 정범설에 의하면 이용자가 피이용자를 이

1 타인을 생명 없는 도구로 이용하는 경우로는 甲이 거울 앞에 있는 乙을 밀어 거울을 깨는 것과 같이 타인의 반사운동을 이용하는 경우가 있다.

2 김성돈, 형법총론(제5판), 성균관대학교출판부(2017), 633.

용하는 시점에 간접정범의 실행의 착수가 있다고 보나, 공범설에 의하면 피이용자의 실행행위를 기준으로 실행의 착수시점을 결정하게 된다.

셋째, 다수인이 하나의 범죄를 실현하는데 관여한 경우, 정범설에 의하면 정범우월의 원칙에 따라 공동정범이나 간접정범 등 정범의 성립을 먼저 검토하고 정범성립이 부정될 경우에 교사·방조를 검토하나, 공범설에 의하면 공동정범을 먼저 검토하고 나서 협의의 공범인 교사·방조를 검토한 다음 교사·방조가 성립하지 않는 경우에 비로소 간접정범을 검토하게 된다.

넷째, 간접정범을 공범으로 보면 간접정범의 미수는 공범의 미수에 해당하여 예비·음모에 준하여 처벌된다(형법 제31조 제2항, 제3항).

나. 학설의 태도

1) 정범설

가) 확장적 정범론

확장적 정범론에 따르면 직접적 또는 간접적이든, 적극적 또는 소극적이든 간에 구성요건적 결과발생에 조건을 부여하면 모두 정범이 된다. 간접정범뿐만 아니라 교사범 및 방조범도 당연히 정범이 된다. 형법이 정범처벌규정과는 별도로 간접정범과 공범의 처벌규정을 둔 이유는 공범도 원래 정범이지만 총칙상의 공범규정을 통해 처벌범위를 제한하는 형벌축소사유를 인정하고 있는 것이라고 해석한다.

그러나 이 학설에 대하여는, 행위자가 범죄에 참가하는 형태에 따라 정범 개념을 정립하지 아니하고 결과발생에 대한 조건적 인과관계만으로 정범성 여부를 결정하므로 정범의 범위가 확대되어 형법의 보장적 기능을 저해할 위험이 있고, 정범과 공범은 법적 평가개념이므로 이를 자연과학적 인과관계 유무로 확장할 수 없으며, 교사범의 형은 정범과 동일하여 형벌제한규정이 없으므로 교사범은 정범인지 공범인지가 불명하게 된다는 비판이 있다.[3]

나) 도구이론

도구이론은 간접정범이 논의된 초기부터 전개된 이론이다. 이 학설에 따르면 간접정범은 물적 도구나 생명 없는 타인을 도구를 이용하는 직접정범과 '규범적·평가적'으로 동일시할 수 있으므로, 배후의 이용자인 간접정범은 스스로 실행행위

3 정성근/박광민, 형법총론(제2판), 성균관대학교출판부(2015), 523.

를 하는 정범에 해당한다. 이 경우 피이용자는 규범의식이 결여되어 있으므로, 피이용자에게 규범의식이 구비되어 있어 도구적 성격이 부정된다면 그 이용행위는 간접정범이 아니라 교사범으로 평가된다.[4]

그러나 이 학설에 대하여는, 피이용자의 도구적 성질을 기준으로 정범성을 인정하게 되므로, 피이용자가 도구로 이용되었느냐에 따라 정범 또는 공범이 되어야 하는 것은 불합리하다는 비판이 있다.[5]

다) 행위지배설[6]

행위지배설에 따르면 우월적 지배에 있는 자가 조종의사에 의하여 피이용자를 조종·장악하여 범행을 실행하는 간접정범과 범행의 진행을 직접 조종·장악하여 스스로 실행하는 직접정범은 규범적으로 동일한 행위지배라고 평가되므로 간접정범도 행위지배를 하는 정범이 된다. 행위지배설은 정범과 공범의 구별기준에 대해 객관설과 의사설을 종합한 견해라고 할 수 있다. 이 학설의 입장에서는 간접정범을 피이용자에 대하여 우월한 의사지배를 가지고 있는 정범이라고 설명한다.

2) 공범설

가) 제한적 정범론

제한적 정범론에 따르면 구성요건에 해당하는 정형적 실행행위를 직접 실행한 자만이 정범이 된다. 따라서 타인을 이용하여 범죄를 실현하는 간접정범은 정범이 될 수 없고 공범만이 될 수 있을 뿐이다. 따라서 간접정범의 처벌규정은 공범처벌규정과 마찬가지로 실정법상 정범처벌규정에 대해 '형벌확장사유'를 인정한 것으로 해석된다.

그러나 이 학설에 대하여는 범죄의 실행은 정형적 실행행위 이외에 구성요건적 결과발생에 불가결한 기여를 한 경우에도 실행행위성을 인정하지 않으면 공동정범과 집단범의 정범성을 인정할 수 없게 된다는 점에서 실행행위를 지나치게 제한한다는 비판이 제기된다.[7]

4 임웅, 형법총론(제10정판), 법문사(2018), 476.

5 정성근/박광민, 형법총론(제2판), 성균관대학교출판부(2015), 523.

6 김성돈, 형법총론(제5판), 성균관대학교출판부(2017), 635; 김일수/서보학, 새로쓴 형법총론(제13판), 박영사(2018), 431; 임웅, 형법총론(제10정판), 법문사(2018), 479; 박상기/전지연, 형법학(총론·각론 강의)(제4판), 집현재(2018), 275; 배종대, 형법총론(제13판), 홍문사(2017), 442; 손동권/김재윤, 새로운 형법총론(초판), 율곡출판사(2011), 508; 이재상 외 2인, 형법총론(제9판), 박영사(2017), 454; 정성근/박광민, 형법총론(제2판), 성균관대학교출판부(2015), 523; 정영일, 형법강의(총론)(제3판), 학림(2017), 298.

7 정성근/박광민, 형법총론(제2판), 성균관대학교출판부(2015), 524.

나) 공범독립성설

공범독립성설에 따르면 정범의 실행행위와 범죄성 여부와 상관없이 교사행위·방조행위 그 자체가 공범의 실행행위가 되므로 교사자·방조자는 피교사자·피방조자의 범죄성립과 상관없이 항상 공범이 된다. 그리고 간접정범이라는 개념도 처음부터 인정할 필요가 없게 된다.

그러나 이 학설에 대하여는, 교사행위·방조행위 자체는 기본적 구성요건의 실행행위와 구별해야 하고, 형법 제34조의 표제도 간접정범이라고 하고 있을 뿐만 아니라 처벌에 있어서도 교사·방조의 '예에 의하여' 처벌하도록 하였을 뿐, 그것이 곧 교사범·방조범이라는 취지가 아니므로 이 규정을 이유로 공범이라고 할 수 없고, 형법은 공범종속성설에 의하고 있다고 해석해야 하므로 이 학설은 타당하지 않다는 비판이 제기된다.[8]

다) 공범형 간접정범설[9]

공범형 간접정범설은 간접정범의 정범성은 인정하나, 간접정범을 타인을 생명있는 도구로 이용하는 형태의 범죄라고 하는 것은 형법 제34조의 문언에 반한다는 것을 지적하면서 형법규정의 문언을 토대로 우월적 의사지배가 없더라도 '어느 행위로 인하여 처벌되지 아니하는 자 또는 과실범으로 처벌되는 자를 교사 또는 방조'하면 간접정범이 된다고 한다. 그리고 제34조 제1항의 '교사 또는 방조하여'를 '사주 또는 이용하여'가 아닌 '제31조 내지 제33조의 교사 또는 방조'로 해석한다.

그러나 이 학설에 대하여는, 공범형 간접정범설은 공범형 간접정범을 형법 제34조에 규정된 간접정범의 전형으로 보고 그 이외의 간접정범에 대해서는 형법규정과는 별도로 도구형 간접정범이 된다고 하나, 예외적으로 인정되어야 할 특수한 간접정범 사례(신분 없는 고의 있는 도구, 목적 없는 고의 있는 도구)를 제34조 제1항의 주된 적용대상으로 삼게 되어 주객을 전도시키는 결과를 초래하게 된다는 비판이 제기된다.[10]

다. 대법원의 태도

간접정범의 본질을 명시적으로 언급한 대법원 판결은 없다. 다만 간접정범의

8 정성근/박광민, 형법총론(제2판), 성균관대학교출판부(2015), 524.
9 오영근, 형법총론(제4판), 박영사(2018), 417, 418.
10 김성돈, 형법총론(제5판), 성균관대학교출판부(2017), 635.

성립범위와 관련하여, 대법원 1983. 6. 14. 선고 83도515 전원합의체 판결은 '형법 제34조 제1항이 정하는 소위 간접정범은 어느 행위로 인하여 처벌되지 아니하는 자 또는 과실범으로 처벌되는 자를 교사 또는 방조하여 범죄행위의 결과를 발생케 하는 것으로 이 어느 행위로 인하여 처벌되지 아니하는 자는 시비를 판별할 능력이 없거나 강제에 의하여 의사의 자유를 억압당하고 있는 자, 구성요건적 범의가 없는 자와 목적범이거나 신분범일 때 그 목적이나 신분이 없는 자, 형법상 정당방위, 정당행위, 긴급피난 또는 자구행위로 인정되어 위법성이 없는 자 등을 말하는 것으로 이와 같은 책임무능력자, 범죄사실의 인식이 없는 자, 의사의 자유를 억압당하고 있는 자, 목적범, 신분범인 경우 그 목적 또는 신분이 없는 자 위법성이 조각되는 자 등을 마치 도구나 손발과 같이 이용하여 간접으로 죄의 구성요소를 실행한 자를 간접정범으로 처벌하는 것이다.'라고 판시하였다. 위 대법원 판결에 대하여는, '마치 도구나 손발과 같이 이용하여'라는 표현을 근거로 도구이론을 전제로 간접정범의 정범성을 인정한 것으로 볼 수 있다는 견해,[11] '책임능력이 없거나 책임조각사유가 인정되는 사람을 이용하는 경우'에도 간접정범의 성립을 인정하는 이상 우리 형법이 극단적 종속형식을 채택하고 있다는 인식을 보여주고 있다고 해석하는 견해[12]가 있다.

Ⅱ. 간접정범의 성립요건

형법 제34조 제1항은 '어느 행위로 인하여 처벌되지 아니하는 자 또는 과실범으로 처벌되는 자를 교사 또는 방조하여 범죄행위의 결과를 발생하게 한 자는 교사 또는 방조의 예에 의하여 처벌한다.'라고 규정하고 있다. 위 규정에 따르면 ① 피이용자가 어느 행위로 인하여 처벌되지 아니하는 자 또는 과실범으로 처벌되는 자에 해당하여야 하고, ②이용자가 교사 또는 방조라는 이용행위를 하여야 하며, ③이용자의 교사 또는 방조행위에 의하여 범죄행위의 결과가 발생해야 간접정범이 성립한다.

11 김성돈, 형법총론(제5판), 성균관대학교출판부(2017), 634; 정성근/박광민, 형법총론(제2판), 성균관대학교출판부(2015), 523.

12 주석 형법 총칙(2)(제2판), 한국사법행정학회(2011), 274(문채규).

1. 피이용자의 행위

가. 어느 행위로 인하여 처벌되지 아니하는 자

'어느 행위로 인하여 처벌되지 아니하는 자'란 범죄구성요건인 구성요건해당성, 위법성, 책임 중 어느 하나가 없어 범죄성립이 부정되는 자이다.

1) 구성요건해당성이 없는 행위자를 이용한 경우

구성요건에 해당하지 않는 피이용자의 행위에는 구성요건해당성, 위법성 또는 책임이 없는 경우, 목적 등 초주관적 구성요건요소를 충족하지 못한 경우, 신분범의 경우에 피이용자에게 신분이 결여된 경우 등이 있다.

가) 객관적 구성요건요소가 결여된 경우

피이용자의 행위가 구성요건적 행위가 아니어서 범죄구성요건을 충족하지 못하는 경우가 있다. 자상행위나 자살, 자기물건 손괴행위 등이 대표적이다.

피이용자로 하여금 자신의 신체를 상해하게 하는 자상행위에 대하여는 처벌하는 규정이 없다. 따라서 피이용자의 행위는 처벌대상이 아니다. 이와 관련하여 대법원 1970. 9. 22. 선고 70도1638 판결은 '피고인이 피해자를 협박하여 피해자로 하여금 자상케 한 경우 피고인에게 피해자의 상해결과에 대한 인식이 있고 피해자에 대한 협박의 정도가 피해자의 의사결정의 자유를 상실케 함에 족한 이상, 피고인에게 중상해죄가 인정된다.'고 판시한 바 있다.

피이용자를 기망·강요·교사·방조 등의 방법으로 자살하도록 한 경우 위계 등에 의한 촉탁살인 등 죄(형법 제253조 후단), 자살교사·방조죄(제252조 제2항), 살인죄의 간접정범 중 어느 죄가 성립하는지 문제될 수 있다.

이 경우 타인을 교사 또는 방조하여 자살하게 한 경우에는 자살교사·방조죄가 성립하고, 위계 또는 위력으로써 타인으로 하여금 자살을 결심하게 한 경우에는 위계 등에 의한 촉탁살인 등 죄가 성립한다는 견해,[13] 이용자가 강요나 기망으로 피이용자를 살인의 도구로 삼은 경우에는 살인죄의 간접정범이 성립한다는 견해,[14] 이용자에게 의사지배가 인정되면 위계 등에 의한 촉탁살인 등 죄에 해당하고 의사지배가 부인되면 자살교사·방조죄가 성립한다는 견해,[15] 강요 또는 기망에

13 박상기, 형법총론(제9판), 박영사(2012), 439; 정영일, 형법강의(총론)(제3판), 학림(2017), 299.
14 배종대, 형법총론(제13판), 홍문사(2017), 443.
15 임웅, 형법총론(제10정판), 법문사(2018), 484.

의해 피이용자를 자살하게 한 경우에는 위계 등에 의한 촉탁살인 등 죄(형법 제253조)가 성립한다는 견해[16] 등이 있다. 위계 등에 의한 촉탁살인 등 죄, 자살교사·방조죄는 자살자가 자살의 의미를 아는 경우이므로, 자살의 의미조차 모르는 사람으로 하여금 자살하게 한 경우에는 살인죄의 간정정범이 성립한다고 봄이 타당하다.[17]

이와 관련하여 대법원 1987. 1. 20. 선고 86도2395 판결은 '피고인이 7세, 3세 남짓된 어린자식들에 대하여 함께 죽자고 권유하여 물속에 따라 들어오게 하여 결국 익사하게 하였다면 비록 피해자들을 물속에 직접 밀어서 빠뜨리지는 않았다고 하더라도 자살의 의미를 이해할 능력이 없고 피고인의 말이라면 무엇이나 복종하는 어린자식들을 권유하여 익사하게 한 이상 살인죄가 성립한다.'라고 판시하였다. 위 대법원 판결에 따르면 피이용자가 자살의 의미를 모르는 경우에는 이용자를 살인죄의 간접정범으로 처벌할 수 있다 할 것이다.

나아가 피이용자로 하여금 자신의 신체를 만지거나 촬영하게 하는 경우에도 이를 처벌하는 규정이 없으므로 피이용자의 행위는 처벌대상이 아니다. 이와 관련하여 대법원 2018. 2. 8. 선고 2016도17733 판결은 '강제추행죄는 사람의 성적 자유 내지 성적 자기결정의 자유를 보호하기 위한 죄로서 정범 자신이 직접 범죄를 실행하여야 성립하는 자수범이라고 볼 수 없으므로, 처벌되지 아니하는 타인을 도구로 삼아 피해자를 강제로 추행하는 간접정범의 형태로도 범할 수 있다. 여기서 강제추행에 관한 간접정범의 의사를 실현하는 도구로서의 타인에는 피해자도 포함될 수 있다고 봄이 타당하므로, 피해자를 도구로 삼아 피해자의 신체를 이용하여 추행행위를 한 경우에도 강제추행죄의 간접정범에 해당할 수 있다.'라고 판시하면서 피고인이 피해자들을 협박하여 겁을 먹은 피해자들로 하여금 어쩔 수 없이 나체나 속옷만 입은 상태가 되게 하여 스스로를 촬영하게 하거나, 성기에 이물질을 삽입하거나 자위를 하는 등의 행위를 하게 한 경우 피해자들을 도구로 삼아 피해자들의 신체를 이용하여 그 성적 자유를 침해한 행위로서, 그 행위의 내용과 경위에 비추어 일반적이고도 평균적인 사람으로 하여금 성적 수치심이나 혐오감을 일으키게 하고 선량한 성적 도덕관념에 반하는 행위라고 볼 여지가 충분하

16 김일수/서보학, 새로쓴 형법총론(제13판), 박영사(2018), 432.
17 김성돈, 형법총론(제5판), 성균관대학교출판부(2017), 636, 637; 오영근, 형법총론(제4판), 박영사(2018), 410.

다고 판단하였다. 또한 대법원 2018. 1. 25. 선고 2017도18443 판결은 '피고인이 아동·청소년인 피해자를 협박하여 스스로 아동·청소년의 성보호에 관한 법률(이하 '청소년성보호법'이라고 한다) 제2조 제4호의 어느 하나에 해당하는 행위 또는 그 밖의 성적 행위에 해당하는 아동·청소년 자신의 행위를 내용으로 하는 화상·영상 등을 생성하게 하고 이를 인터넷 사이트 운영자의 서버에 저장시켜 피고인의 휴대전화기에서 재생할 수 있도록 하였다면, 간접정범의 형태로 청소년성보호법 제8조 제1항에서 정한 아동·청소년이용음란물을 제작하는 행위라고 보아야 한다.'라고 판시하면서 피고인이 아동·청소년인 피해자로 하여금 음란한 동영상을 촬영하게 하고 이를 휴대전화기로 전송받은 피고인의 행위는 아동·청소년이용음란물을 제작하는 행위에 해당한다고 판단하였다.

나) 주관적 구성요건요소가 결여된 경우

(1) 고의가 결여된 경우

고의가 없는 피이용자를 이용하여 범죄를 실현시킨 자는 간접정범으로 처벌된다. 또한 구성요건착오에 빠져 있는 자를 이용하는 때에도 경우에 따라서는 고의 없는 도구를 이용한 경우가 될 수 있다.[18] 한편 형법 제228조는 '공무원에 대하여 허위신고를 하여 공정증서원본 또는 이와 동일한 전자기록등 특수매체기록에 부실의 사실을 기재 또는 기록하게 하거나 면허증, 허가증, 등록증 또는 여권에 부실의 사실을 기재하게 한 자'를 처벌하는 규정을 두고 있는데, 이는 고의 없는 피이용자의 행위를 이용한 자를 간접정범으로 본다는 형법 각칙의 특별규정이다.

고의가 없는 피이용자를 이용하여 범죄를 실현시키는 경우로는 아래의 경우를 예로 들 수 있다.

(가) 공문서위조죄와 간접정범

공무원 아닌 자가 관공서에 허위 내용의 증명원을 제출하여 그 내용이 허위인 정을 모르는 담당공무원으로부터 그 증명원 내용과 같은 증명서를 발급받은 사안에 있어, 대법원 2001. 3. 9. 선고 2000도938 판결은 '어느 문서의 작성권한을 갖는 공무원이 그 문서의 기재 사항을 인식하고 그 문서를 작성할 의사로써 이에 서명날인하였다면, 설령 그 서명날인이 타인의 기망으로 착오에 빠진 결과 그 문

18 김일수/서보학, 새로쓴 형법총론(제13판), 박영사(2018), 432; 손동권/김재윤, 새로운 형법총론(초판), 율곡출판사(2011), 509.

서의 기재사항이 진실에 반함을 알지 못한데 기인한다고 하여도, 그 문서의 성립은 진정하며 여기에 하등 작성명의를 모용한 사실이 있다고 할 수는 없다.'라고 판시하면서 공문서위조죄의 간접정범 성립을 부정하였다.

(나) 유가증권변조죄와 간접정범

대법원 1984. 11. 27. 선고 84도1862 판결은 '유가증권의 변조죄에 있어서 변조라 함은 진정으로 성립된 유가증권의 내용에 권한 없는 자가 그 유가증권의 동일성을 해하지 않는 한도에서 변경을 가하는 것을 말하고 설사 진실에 합치하도록 변경한 것이라 하더라도 권한없이 변경한 경우에는 변조로 되는 것이고 정을 모르는 제3자를 통하여 간접정범의 형태로도 범할 수 있는 것이다.'라고 판시하였다.

(다) 사기죄와 간접정범

소송사기는 법원을 속여 자기에게 유리한 판결을 얻음으로써 상대방의 재물 또는 재산상 이익을 취득하는 범죄이다. 소송사기와 관련하여 대법원 2007. 9. 6. 선고 2006도3591 판결은 '자기에게 유리한 판결을 얻기 위하여 소송상의 주장이 사실과 다름이 객관적으로 명백하거나 증거가 조작되어 있다는 정을 인식하지 못하는 제3자를 이용하여 그로 하여금 소송의 당사자가 되게 하고 법원을 기망하여 소송 상대방의 재물 또는 재산상 이익을 취득하려 하였다면 간접정범의 형태에 의한 소송사기죄가 성립하게 된다.'라고 판시하였다.

(라) 명예훼손죄와 간접정범

대법원 2002. 6. 28. 선고 2000도3045 판결은 '출판물에 의한 명예훼손죄는 간접정범에 의하여 범하여질 수도 있으므로 타인을 비방할 목적으로 허위의 기사 재료를 그 정을 모르는 기자에게 제공하여 신문 등에 보도되게 한 경우에도 성립할 수 있다.'라고 판시하였다.

(마) 피이용자의 행위가 과실행위인 경우

피이용자의 행위가 과실행위인 경우 과실범처벌규정이 없는 경우에도 이용자가 피이용자의 행위를 이용한 경우라면 당해 고의범죄의 간접정범이 성립할 수 있다.[19]

(2) 목적범에서 목적이 결여된 경우

목적범이란 목적이 초과주관적 요소인 범죄유형을 의미한다. 목적범 중에는

19 김성돈, 형법총론(제5판), 성균관대학교출판부(2017), 637; 임웅, 형법총론(제10정판), 법문사(2018), 484.

목적이 없으면 별도의 범죄가 성립하지 않는 진정목적범과 목적이 없더라도 별도의 범죄가 성립하는 부진정목적범이 있다. 형법 각칙상 진정목적범에는 무고죄(제156조), 허위공문서작성죄(제227조) 등이 있고, 부진정목적범에는 내란목적살인죄(제88조), 모해위증죄(제152조 제2항) 등이 있다.

목적범에 있어 목적 있는 이용자가 목적 없는 피이용자의 고의행위를 이용한 경우에 간접정범이 성립하는지에 관하여는 견해가 대립한다.

긍정설은 피이용자는 고의를 가지고 행위한 자이므로 이용자의 사실적인 행위지배를 인정할 수 없지만 규범적·법적 행위지배가 인정되어 간접정범이 성립한다고 하거나,[20] 목적범에서는 형법상 중요한 사태가 이용자의 목적이라는 특수한 주관적 요소를 통하여 비로소 발생한다거나,[21] 간접정범을 공범형 간접정범으로 이해해야 하기 때문에 피이용자의 도구성을 부인하고 따라서 이용자에게 의사지배가 없어도 형법 제34조의 형식적 요건만 갖추면 간접정범을 인정해야 한다고 한다.[22] 피이용자의 책임에 관하여는 방조범으로 처벌할 수 있다는 견해[23]와 간접정범은 어느 행위로 처벌되지 아니하는 자를 이용하여야 하므로 방조범으로 처벌할 수 없다는 견해[24]가 있다.

부정설[25]은 행위지배란 규범적·법적인 지배가 아니라 행위과정에 대한 객관적·사실적 지배이므로 고의 있는 피이용자의 행위에 대하여는 이용자의 행위지배를 인정할 수 없어 간접정범이 인정되지 않고 직접정범 또는 공범이 성립할 수 있다고 한다. 이 경우 피이용자에 대하여는 정범이 된다는 견해,[26] 피이용자는 목적범에 대해 방조의 의사를 갖고 있다고 보기 어렵기 때문에 대체로 방조범조차도 성립하지 않는 경우가 많다고 보는 견해[27]가 있다.

20 김성돈, 형법총론(제5판), 성균관대학교출판부(2017), 639; 배종대, 형법총론(제13판), 홍문사(2017), 444; 이재상 외 2인, 형법총론(제9판), 박영사(2017), 456; 정성근/박광민, 형법총론(제2판), 성균관대학교출판부(2015), 527.

21 손동권/김재윤, 새로운 형법총론(초판), 율곡출판사(2011), 513.

22 오영근, 형법총론(제4판), 박영사(2018), 421.

23 배종대, 형법총론(제13판), 홍문사(2017), 444.

24 김성돈, 형법총론(제5판), 성균관대학교출판부(2017), 639; 이재상 외 2인, 형법총론(제9판), 박영사(2017), 456; 정성근/박광민, 형법총론(제2판), 성균관대학교출판부(2015), 527.

25 김일수/서보학, 새로쓴 형법총론(제13판), 박영사(2018), 435; 박상기/전지연, 형법학(총론·각론 강의)(제4판), 집현재(2018), 279; 임웅, 형법총론(제10정판), 법문사(2018), 486; 정영일, 형법강의(총론)(제3판), 학림(2017), 299.

26 박상기, 형법총론(제9판), 박영사(2012), 443.

27 임웅, 형법총론(제10정판), 법문사(2018), 486.

생각건대 피이용자는 목적이 없어 정범으로 처벌받지 아니하므로, 이용자에 대해서는 간접정범이 성립한다고 본다.

이와 관련하여 대법원 1997. 4. 17. 선고 96도3376 전원합의체 판결은 국헌문란의 목적으로 비상계엄을 전국으로 확대한 사안에 있어, '국헌문란의 목적을 달성하기 위하여 그러한 목적이 없는 대통령을 이용하여 이루어진 것이므로 간접정범의 방법으로 내란죄를 실행한 것으로 보아야 한다.'라고 판시한 바 있다.

다) 신분이 결여된 경우

신분범이란 형법상 행위주체의 신분요소가 구성요건요소인 범죄유형을 의미한다. 신분범 중에서 신분관계에 있는 자만이 범할 수 있는 범죄를 진정신분범이라고 한다.

(1) 신분자가 비신분자를 이용하는 경우

진정신분범에서 신분자가 신분 없는 고의 있는 도구를 이용한 경우 간접정범이 성립하는지에 관하여는 견해의 대립이 있다.

긍정설은 규범적·사회적 행위지배를 인정할 수 있다거나[28] 형법 제34조 제1항의 해석론상 공범형 간접정범을 인정할 수 있음[29]을 근거로 한다. 긍정설 중에서는 피이용자에 대하여 방조범의 성립을 긍정하는 견해도 있다.[30]

부정설은 이용자에게 의사지배가 인정될 수 없음을 그 이유로 하면서 이 경우 이용자는 교사범이 되고, 피이용자는 방조범 또는 공동정범이 된다고 한다.[31]

의무범인정설은 신분범 중 의무범에 해당하는 진정신분범이 문제될 경우에는 의사지배와 관계 없이 간접정범으로 볼 수 있으나, 지배범인 경우에는 의사지배가 있는 경우에 한하여 간접정범이 성립하고, 그 피이용사실을 알고서 행위한 신분 없는 피이용자에 대해서는 방조범이 성립한다고 한다.[32]

생각건대 피이용자는 신분이 없어 정범으로 처벌받지 아니하므로, 이용자에 대해서는 간접정범이 성립한다고 본다.

28 김성돈, 형법총론(제5판), 성균관대학교출판부(2017), 640; 배종대, 형법총론(제13판), 홍문사(2017), 444; 이재상 외 2인, 형법총론(제9판), 박영사(2017), 457; 정성근/박광민, 형법총론(제2판), 성균관대학교출판부(2015), 529.

29 오영근, 형법총론(제4판), 박영사(2018), 421.

30 배종대, 형법총론(제13판), 홍문사(2017), 444; 정성근/박광민, 형법총론(제2판), 성균관대학교출판부(2015), 541.

31 임웅, 형법총론(제10정판), 법문사(2018), 486.

32 김일수/서보학, 새로쓴 형법총론(제13판), 박영사(2018), 433.

이와 관련하여 대법원 1996. 10. 11. 선고 95도1706 판결은 경찰서 보안과장인 피고인이 甲에 대한 음주운전사실 적발 사실을 눈감아주기 위하여 부하 직원으로 하여금 일련번호가 동일한 가짜 음주운전 적발보고서에 乙에 대한 음주운전사실을 기재하도록 하여 그 정을 모르는 담당 경찰관으로 하여금 주취운전자 음주측정처리부에 乙의 음주운전사실을 기재한 후 날인을 하고, 이를 비치한 사안에서, '피고인이 그 정을 모르는 담당 경찰관으로 하여금 주취운전자 음주측정처리부에 甲이 아닌 乙의 음주운전사실을 기재하도록 한 이상, 乙이 음주운전으로 인하여 처벌을 받았는지의 여부와는 관계 없이, 피고인은 허위공문서작성 및 동행사죄의 간접정범으로서의 죄책을 면할 수 없다.'라고 판단하였다.

(2) 비신분자가 신분자를 이용하는 경우

형법 제34조 제1항이 간접정범은 공범의 예에 의하여 처벌한다고 규정하고 있으므로, 여기에는 제33조가 적용되어 비신분자도 간접정범으로 신분범을 범할 수 있다고 하는 견해도 있으나, 제33조는 비신분자가 신분자와 함께 신분범의 공동정범 또는 교사·방조범이 될 수 있다는 것이지 비신분자가 단독으로 신분범의 정범이 되는 것은 아니다. 따라서 신분범에 있어 비신분자는 정범이 될 수 없다. 그러므로 비신분자가 신분자를 이용하더라도 간접정범으로 처벌될 수 없다.

예를 들어, 허위공문서작성죄의 주체는 그 문서를 작성할 권한이 있는 명의의인 공무원에 한하므로 공무원이 아닌 자는 원칙적으로 허위공문서작성죄의 간접정범이 될 수 없다. 이와 관련하여 대법원 2001. 3. 9. 선고 2000도938 판결은 '어느 문서의 작성권한을 갖는 공무원이 그 문서의 기재 사항을 인식하고 그 문서를 작성할 의사로써 이에 서명날인하였다면, 설령 그 서명날인이 타인의 기망으로 착오에 빠진 결과 그 문서의 기재사항이 진실에 반함을 알지 못한데 기인한다고 하여도, 그 문서의 성립은 진정하며 여기에 하등 작성명의를 모용한 사실이 있다고 할 수는 없으므로(대법원 1970. 7. 28. 선고 70도1044 판결 참조), 공무원 아닌 자가 관공서에 허위 내용의 증명원을 제출하여 그 내용이 허위인 정을 모르는 담당 공무원으로부터 그 증명원 내용과 같은 증명서를 발급받은 경우 공문서위조죄의 간접정범으로 의율할 수는 없다.'라고 판시하였다. 다만 대법원 1990. 10. 30. 선고 90도1912 판결[33]은 공문서의 작성권한이 있는 공무원을 보좌하여 공문서의 기안

33 대법원 2017. 5. 17. 선고 2016도13912 판결도 동일한 취지임.

을 담당하는 공무원이 그 직위를 이용하여 행사의 목적으로 허위공문서를 기안하여 그 정을 모르는 상사의 서명날인을 받아 공문서를 완성한 경우에 허위공문서작성죄의 간접정범이 성립한다고 보았다.[34] 나아가 대법원 1992. 1. 17. 선고 91도2837 판결[35]은 '공문서의 작성권한이 있는 공무원의 직무를 보좌하는 자가 그 직위를 이용하여 행사할 목적으로 허위의 내용이 기재된 문서 초안을 그 정을 모르는 상사에게 제출하여 결재하도록 하는 등의 방법으로 작성권한이 있는 공무원으로 하여금 허위의 공문서를 작성하게 한 경우에는 간접정범이 성립되고 이와 공모한 자 역시 그 간접정범의 공범으로서의 죄책을 면할 수 없는 것이고, 여기서 말하는 공범은 반드시 공무원의 신분이 있는 자로 한정되는 것은 아니라고 할 것이다.'라고 판시함으로써 공무원 아닌 자가 공문서작성을 보좌하는 공무원과 공모하여 허위의 문서초안을 상사에게 제출하여 결재케 한 경우에는 허위공문서작성죄의 간접정범의 공범이 성립한다고 하였다.

발행인 아닌 자가 허위신고의 고의 없는 발행인을 이용하여 부정수표단속법 제4조에 따른 신고를 하게 한 사안에서, 대법원 2003. 1. 24. 선고 2002도5939 판결은 '부정수표단속법 제4조가 "수표금액의 지급 또는 거래정지처분을 면할 목적"을 요건으로 하고, 수표금액의 지급책임을 부담하는 자 또는 거래정지처분을 당하는 자는 발행인에 국한되는 점에 비추어 볼 때 그와 같은 발행인이 아닌 자는 부정수표단속법 제4조가 정한 허위신고죄의 주체가 될 수 없고, 발행인이 아닌 자는 허위신고의 고의 없는 발행인을 이용하여 간접정범의 형태로 허위신고죄를 범할 수도 없다.'라고 판시하였다.

2) 피이용자에게 위법성조각사유가 있는 경우

피이용자에게 위법성조각사유가 있는 때에도 간접정범이 성립한다. 형법 총칙이 정한 위법성조각사유에는 정당행위(제20조), 정당방위(제21조), 긴급피난(제22조), 자구행위(제23조), 피해자의 승낙(제24조)이 있다.

가) 정당행위 중 법령에 의한 행위

정당행위 중 법령에 의한 행위로는 불법체포·감금을 그 예로 들 수 있다. 대

34 이와 관련하여서는 공무원이라고 하더라도 작성권한이 없는 공무원이 작성권한이 있는 공무원을 시켜 허위공문서를 작성하게 한 경우에 간접정범은 성립될 수 없고, 교사범이나 방조범이 성립 가능할 것이라는 견해가 있다[박상기/전지연, 형법학(총론·각론 강의)(제4판), 집현재(2018), 276].

35 대법원 2010. 4. 29. 선고 2010도875 판결도 동일한 취지임.

법원 2006. 5. 25. 선고 2003도3945 판결은 '감금죄는 간접정범의 형태로도 행하여질 수 있는 것이므로, 인신구속에 관한 직무를 행하는 자 또는 이를 보조하는 자가 피해자를 구속하기 위하여 진술조서 등을 허위로 작성한 후 이를 기록에 첨부하여 구속영장을 신청하고, 진술조서 등이 허위로 작성된 정을 모르는 검사와 영장전담판사를 기망하여 구속영장을 발부받은 후 그 영장에 의하여 피해자를 구금하였다면 형법 제124조 제1항의 직권남용감금죄가 성립한다.'라고 판시하였다. 이 경우 영장발부에 관여한 담당 검사나 판사의 행위는 불법체포·감금죄(형법 제124조 제1항)의 구성요건에 해당하지만 형법 제20조의 법령에 의한 행위에 해당하여 위법성이 조각된다.

또한 법령에 의한 행위로 부정수표단속법 제7조 제1항에 따른 금융기관의 고발의무를 들 수 있다. 금융기관 종사자는 직무상 위조·변조수표를 발견한 때에는 부정수표단속법 제7조 제1항에 따라 수사기관에 고발해야 한다. 대법원 2005. 12. 22. 선고 2005도3203 판결은 피고인이 금융기관에 피해자가 수표를 위조하였다는 내용의 허위신고를 하고, 금융기관의 은행원이 부정수표단속법 제7조 제1항에 따라 수사기관에 고발을 한 사안에서, '피고인이 위조 수표에 대한 고발의무가 있는 은행원을 도구로 이용하여 수사기관에 고발을 하게 하고 이어 수사기관에 대하여 피해자를 위조자로 지목함으로써 자발적으로 수사기관에 대하여 허위의 사실을 신고한 것이라고 평가하여야 할 것이고, 은행원이 고발을 할 당시 피고발자를 성명불상자로 기재하였다거나 피고인이 피해자를 위조자로 지목하는 진술을 한 것이 사법경찰관리의 질문에 대한 답변으로 한 것이라고 하여 달리 볼 것이 아니다.'라고 판시하면서 금융기관 은행원이 피고인의 도구로 이용되었다고 볼 수 없다는 이유로 무죄를 선고한 원심을 파기하였다.

나) 정당방위 등

이용자가 피이용자에게 정당방위상황을 야기하여 범죄를 실현하게 하는 경우에 피이용자는 형법 제34조 제1항의 '어느 행위로 인하여 처벌되지 아니하는 자'에 해당하므로 이용자는 간접정범으로 처벌된다. 이때 이용자는 공격자와 방위행위자 모두 이용해야 한다. 방위행위자가 방위행위 이외의 방법으로도 공격을 피할 수 있거나 공격자가 단순한 동기의 착오를 일으킨 경우는 제외된다.[36] 공격자

36 박상기, 형법총론(제9판), 박영사(2012), 444; 손동권/김재윤, 새로운 형법총론(초판), 율곡출판사(2011), 514; 정성근/박광민, 형법총론(제2판), 성균관대학교출판부(2015), 530.

나 방위행위자 모두 더 이상 이용당하는 도구가 아니고, 정당방위상황을 야기한 이용자 역시 행위의 지배자가 아니기 때문이다. 한편, 방위행위자에게 방위의사가 없어서 정당방위가 성립하지 않으면 방위행위자의 공격자에 대한 교사범이 성립한다는 견해가 있다.[37]

정당방위에 관한 위와 같은 논의는 피이용자에게 위법성조각사유로서 정당행위, 긴급피난, 자구행위, 피해자의 승낙이 있는 경우에도 마찬가지로 적용될 수 있다.

3) 피이용자에게 책임조각사유가 있는 경우

공범종속형식과 관련하여 제한적 종속형식을 취하면 피이용자의 행위에 구성요건해당성과 위법성의 요건만 충족되면 공범의 성립도 가능하게 된다. 이 경우 간접정범과 공범의 성립관계가 문제될 수 있다. 이러한 경우 간접정범은 정범이므로 정범우위성의 원칙에 따라 이용자의 피이용자에 대한 우월적 의사지배가 인정되면 간접정범의 성립을 긍정하고 부정되면 공범의 성립을 긍정해야 할 것이다.[38] 반면 극단적 종속형식을 취하면 피이용자에게 책임이 조각되면 공범이 성립하지 않으므로 간접정범의 성립이 인정된다.

이와 관련하여 대법원 1983. 6. 14. 선고 83도515 전원합의체 판결은 '형법 제34조 제1항은 "책임무능력자 등"을 마치 도구나 손발과 같이 이용하여 죄의 구성요소를 실행한 자를 간접정범으로 처벌하는 것이다.'라고 판시하였다. 위 대법원 판결은 간접정범의 본질과 무관하게 형법 제34조 제1항의 문언에 충실한 해석이라고 생각된다.

책임이 조각되는 피이용자를 이용한 경우로는 아래의 경우를 들 수 있다.

가) 책임능력이 없는 자

형사미성년자나 심신상실자(형법 제10조 제1항) 등과 같이 책임능력이 없는 피이용자를 이용하여 범죄를 실현하는 자는 간접정범으로 처벌된다.[39] 도구성을 정하는 기준은 어디까지나 법적인 책임성-귀책가능성-이지 형사책임능력의 심사에 따른 자기결정능력 유무에 따라 판단할 것은 아니기 때문이다.[40] 다만 형사미성

37 배종대, 형법총론(제13판), 홍문사(2017), 445.
38 배종대, 형법총론(제13판), 홍문사(2017), 446; 이재상 외 2인, 형법총론(제9판), 박영사(2017), 459.
39 김일수/서보학 새로쓴 형법총론(제13판), 박영사(2018), 437; 박상기, 형법총론(제9판), 박영사(2012), 444; 오영근, 형법총론(제4판), 박영사(2018), 420; 주석 형법 총칙(2)(제2판), 한국사법행정학회(2011), 290(문채규).
40 박상기, 형법총론(제9판), 박영사(2012), 444.

년자의 경우와 관련하여서는 형사미성년자라도 사리분별력이 있어서 이용자의 우월적 의사지배를 인정하기가 어려울 경우에는 이용자의 간접정범을 부정하고 교사범이나 방조범의 성립을 인정할 수도 있다고 하는 견해[41]도 있다.

한편 심신미약자(형법 제10조 제2항)에 대하여는 형을 임의로 감경하는 것에 그치므로 심신미약자를 이용하여 범죄를 범하게 하는 경우에는 간접정범이 성립하지 않는다.

나) 법률의 착오

피이용자가 법률의 착오에 빠진 경우와 관련하여, 정당한 이유가 없으면 이용자에 대하여 원칙적으로 교사범을 인정해야 하지만 정당한 이유가 인정되는 이상 이용자는 언제나 간접정범이 된다는 견해,[42] 정당한 이유 유무를 묻지 않고 이용자가 피이용자의 착오상태를 야기하였거나 착오상태를 인식하고 이용한 때에는 간접정범이 되지만 피이용자의 착오를 인식하지 못하고 이용한 경우에는 교사범 또는 종범이 성립한다는 견해,[43] 정당한 이유가 없으면 피이용자의 책임이 조각되지 않아 형법 제34조 제1항에 따라 이용자에 대하여 간접정범이 성립할 수 없지만 정당한 이유가 있는 경우에는 무조건 이용자의 간접정범을 인정할 것이 아니라 구체적인 사정에 따라 이용자에게 우월적 의사지배가 부정되면 교사범을 인정해야 한다는 견해,[44] 회피가능·불가능을 묻지 않고 피이용자의 행위가 자유롭지 못한 상태이면 간접정범이 성립하고 그렇지 않으면 교사범이 성립한다는 견해[45] 등이 있다.

살피건대 피이용자에게 정당한 이유가 있다면 피이용자는 처벌받지 아니하므로 이용자는 간접정범으로 처벌될 수 있다. 그러나 피이용자에게 정당한 이유가 없다면 피이용자는 정범으로 처벌받으므로 이용자는 간접정범이 아니라 교사범으

41 김성돈, 형법총론(제5판), 성균관대학교출판부(2017), 641; 배종대, 형법총론(제13판), 홍문사(2017), 446; 손동권/김재윤, 새로운 형법총론(초판), 율곡출판사(2011), 516; 임웅, 형법총론(제10정판), 법문사(2018), 487; 정성근/박광민, 형법총론(제2판), 성균관대학교출판부(2015), 530; 정영일, 형법강의(총론)(제3판), 학림(2017), 300.

42 오영근, 형법총론(제4판), 박영사(2018), 420; 주석형법 총칙(2)(제2판), 한국사법행정학회(2011), 291(문채규).

43 배종대, 형법총론(제13판), 홍문사(2017), 446; 이재상 외 2인, 형법총론(제9판), 박영사(2017), 459; 정영일, 형법강의(총론)(제3판), 학림(2017), 301.

44 김성돈, 형법총론(제5판), 성균관대학교출판부(2017), 642; 정성근/박광민, 형법총론(제2판), 성균관대학교출판부(2015), 532.

45 박상기, 형법총론(제9판), 박영사(2012), 446.

로 처벌되어야 한다.

다) 위법성조각사유의 전제사실에 대한 착오

위법성조각사유의 전제사실에 대한 착오에 빠진 자를 이용한 경우에도 간접정범이 성립한다.[46]

라) 강요된 행위

저항할 수 없는 폭력이나 자기 또는 친족의 생명, 신체에 대한 위해를 방어할 방법이 없는 협박에 의하여 강요된 행위는 형법 제12조에 따라 벌하지 아니하므로, 강요된 행위에 해당하여 책임이 조각되는 피이용자를 이용하여 범죄를 실현시킨 사람은 간접정범으로 처벌된다. 그러나 피이용자에게 자발적 의사가 인정되는 때에는 공범의 성립이 가능하다.[47]

그 밖에 군대, 경찰과 같이 강력한 명령복종기구 내 또는 범죄조직 내의 구속적인 명령, 특히 상관의 위법한 명령을 집행하는 부하의 행위의 경우에도 적법행위기대가능성의 유무에 따라 위와 같이 해결될 수 있다고 본다.[48]

4) 형벌이 조각되는 자의 행위를 이용하는 경우

인적 처벌조각사유가 있거나 객관적 처벌조건이 결여되어 처벌되지 아니하는 자는 정책적 관점에서 정범에게 인정된 것에 불과하고 이용자의 우월적 의사지배도 인정할 수 없으므로 형법 제34조 제1항에서 말하는 '어느 행위로 인하여 처벌되지 아니하는 자'에 해당하지 않는다. 따라서 이용자는 공범으로 처벌된다.[49]

나. 과실범으로 처벌되는 자

형법상 과실범으로는 과실폭발성물건파열등죄(제173조의2), 과실치상죄(제266조), 과실치사죄(제267조), 업무상과실·중과실치사상죄(제268조), 업무상과실·중과실장물취득죄(제364조) 등이 있다. 형법 제34조 제1항은 과실범으로 처벌되는 자를 이용한 경우에도 간접정범의 성립을 인정하고 있으므로, 피이용자의 행위가 과실범에 해당하더라도 이용자는 고의범죄의 간접정범으로 처벌된다. 이는 구성요건

46 김성돈, 형법총론(제5판), 성균관대학교출판부(2017), 642; 박상기, 형법총론(제9판), 박영사(2012), 447; 정성근/박광민, 형법총론(제2판), 성균관대학교출판부(2015), 532.

47 배종대, 형법총론(제13판), 홍문사(2017), 446; 손동권/김재윤, 새로운 형법총론(초판), 율곡출판사(2011), 516; 이재상 외 2인, 형법총론(제9판), 박영사(2017), 459.

48 임웅, 형법총론(제10정판), 법문사(2018), 488.

49 손동권/김재윤, 새로운 형법총론(초판), 율곡출판사(2011), 517; 임웅, 형법총론(제10정판), 법문사(2018), 488; 정성근/박광민, 형법총론(제2판), 성균관대학교출판부(2015), 531.

착오에 빠져 있는 자를 이용한 경우 착오자가 그 사실을 인식하지 못한 데에 과실이 있어 과실범으로 처벌되는 때에도 여기에 해당할 수 있다.[50]

피이용자의 행위가 과실범으로 처벌되는 경우 이외에 처벌규정이 없어 불가벌적 과실범에 해당하는 경우에는 형법 제34조 제1항의 '과실범으로 처벌되는 자'에 해당하는 것으로 보기보다는 '어느 행위로 인하여 처벌되지 아니하는 자'에 해당하는 것으로 보는 것이 타당하다.[51] 형법 제34조 제1항은 명문상 과실범으로 '처벌되는' 자로 규정되어 있기 때문이다.

2. 이용자의 이용행위

가. 주관적 요건

1) 고의

이용자의 이용행위는 고의행위이어야 한다. 이 경우 피이용자의 의사를 부당하게 억압하여야 하는지와 관련하여, 대법원 2008. 9. 11. 선고 2007도7204 판결은 '처벌되지 아니하는 타인의 행위를 적극적으로 유발하고 이를 이용하여 자신의 범죄를 실현한 자는 위 법조항이 정하는 간접정범으로서의 죄책을 지게 되고, 그 과정에서 타인의 의사를 부당하게 억압하여야만 간접정범에 해당하게 되는 것은 아니다.'라고 판시하였다.

2) 초주관적 구성요건요소 등

간접정범도 정범이므로 목적범에 있어서는 목적을, 신분범에 있어서는 신분을 갖추고 있어야 한다.

나. 객관적 요건

1) 이용행위

간접정범은 피이용자를 생명있는 도구로 이용하여 구성요건을 실현하는 정범이다. 이것은 이용자가 우월한 지위에서 피이용자의 의사를 지배하고 이를 통해 범죄를 실현하는 것을 의미한다.

그런데 형법 제34조 제1항은 간접정범에 있어서 이용행위를 '교사 또는 방조'라고 표현하고 있다. 이와 관련하여 형법 제34조는 협의의 공범에 관한 규정들에

50 김일수/서보학, 새로쓴 형법총론(제13판), 박영사(2018), 438; 정성근/박광민, 형법총론(제2판), 성균관대학교출판부(2015), 534.

51 정영일, 형법강의(총론)(제3판), 학림(2017), 301.

뒤이어 위치하는 것이므로 제34조 제1항은 이용행위가 공범적 행위인 '교사 또는 방조'이지만 피이용자의 성격이 특수한 경우에 관하여 마련된 특별규정이라고 보아야 하고, 제34조 제1항의 간접정범을 '교사 또는 방조의 예'에 의하여 처벌하고 있으므로, 이용행위가 외형상 '교사'에 해당할 경우에는 제31조에 따라 처벌되고 '방조'에 해당할 때에는 제32조에 따라 처벌되므로, 이용행위를 '교사 또는 방조'의 본래의 의미로 이해해야 한다는 견해[52]가 있다. 대법원 1983. 6. 14. 선고 83도515 전원합의체판결 역시 '형법 제34조 제1항의 간접정범의 행위는 교사 또는 방조임이 그 규정의 명문상 분명하다'라고 판시한 바 있다.

그러나 다수설은 이용행위를 '교사 또는 방조'와 같은 공범적 행위로 국한하여 해석하기보다는 '사주 또는 이용'의 의미로 해석한다.[53] 이 경우 이용행위에 교사 또는 방조의 방법이 포함될 수 있음은 물론이다.[54]

2) 부작위에 의한 간접정범

이용행위는 작위에 의하는 것이 보통이나, 부작위에 의한 이용행위도 성립할 여지가 있다. 이 경우 부작위에 의한 간접정범이 성립하는지에 관하여는 견해가 나뉜다.

간접정범긍정설[55]은 이용자가 피이용자의 범죄실현을 방지해야 할 보증인적 지위에 있는 경우에 부작위에 의한 간접정범의 성립을 긍정한다.

간접정범부정설[56]은 의사지배가 인정되지 않으므로 부작위에 의한 간접정범의 성립을 부정한다. 이 견해는 부작위에 의한 간접정범의 성립을 논하기보다 바로 직접정범을 검토한 후, '정범'으로서 간접정범이 성립하지 않으면 교사범 또는 방조범의 성립 여부를 검토한다. 한편 간접정범부정설 중에는 부작위에 의한 교사는 불가능하더라도, 이론적으로는 방조적 형태로는 간접정범의 성립이 가능하다는 견해도 있다.[57] 그러나 부작위에 의한 간정정범의 성립을 인정하든, 부작위

52 오영근, 형법총론(제4판), 박영사(2018), 420; 정영일, 형법강의(총론)(제3판), 학림(2017), 302.

53 김일수/서보학, 새로쓴 형법총론(제13판), 박영사(2018), 438; 박상기/전지연, 형법학(총론·각론 강의)(제4판), 집현재(2018), 285; 이재상 외 2인, 형법총론(제9판), 박영사(2017), 461; 임웅, 형법총론(제10정판), 법문사(2018), 482; 정성근/박광민, 형법총론(제2판), 성균관대학교출판부(2015), 534.

54 이재상 외 2인, 형법총론(제9판), 박영사(2017), 461.

55 정영일, 형법강의(총론)(제3판), 학림(2017), 303.

56 김성돈, 형법총론(제5판), 성균관대학교출판부(2017), 655; 김일수/서보학, 새로쓴 형법총론(제13판), 박영사(2018), 439; 박상기, 형법총론(제9판), 박영사(2012), 456; 배종대, 형법총론(제13판), 홍문사(2017), 451; 정성근/박광민, 형법총론(제2판), 성균관대학교출판부(2015), 534.

57 박상기, 형법총론(제9판), 박영사(2012), 456.

에 의한 방조범을 인정하든 양형을 정함에 있어서는 필요적으로 감경해야 하므로 양자의 실익은 크지 않다.

생각건대, 부작위를 통해서는 피이용자에 대한 의사지배를 할 수 없으므로 부작위에 의한 간접정범은 성립될 수 없다고 본다. 이 경우 이용자의 책임과 관련하여서는 직접정범에서 요구되는 실행지배가 없으므로 부작위에 의한 직접정범은 성립하지 않고, 피이용자의 행위가 고의행위이고 위법성이 인정되는 한 부작위에 의한 방조범이 성립한다는 견해[58]가 있다.

3) 과실에 의한 간접정범

이용행위가 과실에 의한 경우 간접정범이 성립하는지에 관하여는 견해가 나뉜다. 긍정설은 간접정범은 정범이므로 과실에 의한 간접정범이 성립될 수 있다고 한다. 부정설[59]은 과실에 의한 이용행위에 있어서는 이용의사를 인정할 수 없다거나 이용자의 우월적 의사지배에 기초한 행위지배가 없다는 이유 등을 들어 간접정범이 성립될 수 없다고 한다. 이 경우 과실범의 동시범으로 해결해야 한다고 한다.[60]

생각건대 간접정범을 인정하는 이유는 이용자가 타인을 생명 있는 도구로 이용하기 때문인데, 이용자의 행위가 과실에 의한 경우에는 이용의사를 인정할 수 없으므로, 부정설이 타당하다.

3. 범죄행위의 결과발생

가. 범죄행위의 결과발생에 대한 해석

형법 제34조 제1항은 '범죄행위의 결과를 발생하게 한 자'를 간접정범으로 본다고 규정하고 있어, 마치 범죄행위의 결과가 발생하지 않으면 간접정범이 성립하지 않는 것으로 해석될 여지도 있다. 그러나 간접정범은 정범이다. 실행의 착수가 있은 후 범죄행위의 결과가 발생하지 않았다는 이유로 간접정범의 성립을 부정하면 미수범으로도 처벌할 수 없게 되는 불합리한 결과가 발생한다. 그러므로

58 김성돈, 형법총론(제5판), 성균관대학교출판부(2017), 655.

59 김성돈, 형법총론(제5판), 성균관대학교출판부(2017), 644; 박상기, 형법총론(제9판), 박영사(2012), 454; 배종대, 형법총론(제13판), 홍문사(2017), 455; 손동권/김재윤, 새로운 형법총론(초판), 율곡출판사(2011), 521; 임웅, 형법총론(제10정판), 법문사(2018), 491; 정영일, 형법강의(총론)(제3판), 학림(2017), 302.

60 배종대, 형법총론(제13판), 홍문사(2017), 455; 임웅, 형법총론(제10정판), 법문사(2018), 491.

범죄행위의 결과발생은 구성요건에 해당하는 사실의 실현을 의미하는 것으로 해석해야 한다. 이 경우 범죄행위의 결과발생은 간접정범의 기수 요건에 불과하다. 따라서 결과가 발생하지 않더라도 실행의 착수가 인정되고 미수범 처벌규정이 있으면 범죄행위의 결과가 발생하지 않더라도 간접정범의 미수범으로 처벌할 수 있다.

나아가 범죄행위의 결과발생은 이용자의 이용행위로 인하여 피이용자의 행위에 의하여 발행하여야 한다. 즉 이용자의 이용행위와 피이용자에 의한 결과발생 사이에 인과관계가 있어야 한다. 이와 관련하여 대법원 2002. 6. 28. 선고 2000도3045 판결은 '출판물에 의한 명예훼손죄는 간접정범에 의하여 범하여질 수도 있으므로 타인을 비방할 목적으로 허위의 기사 재료를 그 정을 모르는 기자에게 제공하여 신문 등에 보도되게 한 경우에도 성립할 수 있다. 그러나 제보자가 기사의 취재·작성과 직접적인 연관이 없는 자에게 허위의 사실을 알렸을 뿐인 경우에는, 제보자가 피제보자에게 그 알리는 사실이 기사화 되도록 특별히 부탁하였다거나 피제보자가 이를 기사화 할 것이 고도로 예상되는 등의 특별한 사정이 없는 한, 피제보자가 언론에 공개하거나 기자들에게 취재됨으로써 그 사실이 신문에 게재되어 일반 공중에게 배포되더라도 제보자에게 출판·배포된 기사에 관하여 출판물에 의한 명예훼손죄의 책임을 물을 수는 없다.'라고 판시하였다.

이용자의 이용행위는 있었으나 피이용자의 범죄행위가 없는 경우 아래에서 살펴보는 바와 같이 실행의 착수시기에 관하여 이용자기준설에 따르면 미수범이 성립할 수 있고, 피이용자기준설에 따르면 예비·음모죄만이 성립할 수 있다.

나. 간접정범에 있어 실행의 착수시기

피이용자가 직접 구성요건적 행위를 개시한 때에는 구성요건적 결과가 발생하지 않더라도 간접정범의 실행의 착수를 인정하는 데에는 아무런 이견이 없다. 따라서 간접정범에 있어 실행의 착수가 문제가 되는 경우는 피이용자가 직접 구성요건적 행위를 개시하기 전이다. 이에 관하여는 아래와 같은 견해의 대립이 있다.

1) 이용자기준설[61]

이용자기준설은 간접정범은 사람을 생명 있는 도구로 이용하는 것이기 때문에 이용자의 이용행위시에 실행의 착수가 있는 것으로 본다. 이 견해는 간접정범

61 박상기/전지연, 형법학(총론·각론 강의)(제4판), 집현재(2018), 284; 이재상 외 2인, 형법총론(제9판), 박영사(2017), 461; 임웅, 형법총론(제10정판), 법문사(2018), 489.

에 있어서는 이용자의 우월한 의사에 의한 행위지배가 정범성의 표지이고 피이용자의 행위는 이용자의 의사지배 하에 놓인 자동적 행위에 불과하기 때문에 원칙적으로 배후의 이용행위를 기준으로 삼는 것이 타당하다는 것이다.

그러나 이 견해에 대하여는 이용행위의 개시만으로는 아직 피이용자가 우월한 의사지배의 영향력 하에 들어왔다고 볼 수 없고, 또한 보호법익에 대한 침해위험이 야기되었다고도 볼 수 없는 경우도 있을 수 있다는 점에서 이용자가 이용행위를 개시한 시점에 일반적으로 실행의 착수를 인정하는 것은 불합리하다는 비판이 있다.[62]

2) 피이용자기준설[63]

피이용자기준설은 구성요건적 행위의 사회적 정형성 요구에 충실하기 위해서는 간접정범의 실행의 착수시점을 피이용자의 행위를 기준으로 본다. 주로 공범설의 입장에서 주장되는데, 간접정범은 통상의 교사범 또는 방조범으로 처벌하지 못하는 경우에 대비하기 위한 보완장치이므로 기본형태인 교사범 또는 방조범의 예에 따라서 실행의 착수시점을 결정해야 한다는 것이다.

그러나 이 견해에 대하여는 간접정범 역시 정범인데, 이용자의 이용행위가 있어도 피이용자가 아무런 행위를 하지 않으면 미수범으로는 처벌할 수 없고 단지 예비·음모로만 처벌해야 한다는 비판이 있다.

3) 이분설[64]

이분설은 피이용자가 고의 없는 도구에 해당하는 경우에는 이용자가 생명 있는 도구를 이용하기 시작하는 순간에 실행의 착수가 있다고 보고, 피이용자가 고의 있는 도구에 해당하는 경우에는 피이용자가 실행의 착수에 나아가는 시점에 이용자에게 실행의 착수가 인정된다고 보는 견해이다. 고의 있는 도구의 경우에는 피이용자가 이용자의 영향권을 떠나서 사태의 진행 여부를 결정할 수 있음을 그 근거로 한다.

그러나 이 견해에 대하여는 피이용자의 주관에 따라 실행의 착수시기를 판단하므로, 판단의 기준이 불명확하게 된다는 비판이 있다.[65]

62 김일수/서보학, 새로쓴 형법총론(제13판), 박영사(2018), 439.

63 김성돈, 형법총론(제5판), 성균관대학교출판부(2017), 650; 오영근, 형법총론(제4판), 박영사(2018), 421; 주석 형법 총칙(2)(제2판), 한국사법행정학회(2011), 301(문채규).

64 정성근/박광민, 형법총론(제2판), 성균관대학교출판부(2015), 534

65 정영일, 형법강의(총론)(제3판), 학림(2017), 303.

4) 개별화설[66]

개별화설은 보호법익에 대한 위험야기행위가 어느 때에 직접적 위험야기의 단계에 이르는가를 고려하여 개별구성요건별로 간접정범의 실행의 착수시기를 결정하자는 견해이다. 이 견해에 따르면 이용자가 더 이상 아무런 조치를 취하지 않더라도 피이용자의 행위에 의하여 독자적으로 구성요건이 실현될 수 있으면 실행의 착수를 인정하나, 이용행위만으로 구성요건의 실현이 확실시되는 경우에는 이용행위 시점에 실행의 착수를 인정한다.

그러나 이 견해에 대하여는 간접정범의 실행의 착수라는 문제를 개별구성요건의 해석문제로 돌려버림으로써 총론적인 기준모색을 포기한다는 결함을 안고 있다는 비판이 있다.[67]

5) 판례의 태도

간접정범의 실행의 착수시기가 언제인지에 관한 대법원의 명시적인 판단은 아직 없다. 다만, 대법원 2019. 9. 9. 선고 2019도9315 판결은 피고인이 피해자들을 협박하여 피해자들로 하여금 피해자들의 가슴 등을 찍게 하려고 하였으나 피해자들이 이를 거부하여 미수에 그친 사안에서, '이 사건과 같이 피해자들을 도구로 삼아 이들의 신체를 이용하는 간접정범 형태로 강제추행을 하는 경우, 피이용자(피해자들)로 하여금 스스로 추행하게 할 고의로 이용자(피고인)가 피이용자를 협박하였다면, 이는 피이용자의 의사제압을 위한 이용행위에 해당함과 동시에 강제추행의 고의로 피해자를 직접 협박한 경우에 해당하므로, 피이용자가 추행행위에 나아가지 않았더라도 실행의 착수가 있었다고 볼 수 있다.'라고 한 원심의 결론을 수긍하였다. 위 사건은 피고인이 피이용자인 피해자들로 하여금 스스로 추행행위를 하게 할 의도로 '신체 사진을 찍어 보내지 않으면 피해자들의 신체가 촬영된 사진을 SNS에 게시하겠다'는 등의 내용이 담긴 메시지를 전송한 것은 '피해자들의 항거를 곤란하게 할 정도의 폭행 또는 협박을 개시한 때'에 해당한다고 보아 강제추행죄의 실행의 착수를 인정한 사안이다.

66 김일수/서보학, 새로쓴 형법총론(제13판), 박영사(2018), 439; 박상기, 형법총론(제9판), 박영사(2012), 454; 손동권/김재윤, 새로운 형법총론(초판), 율곡출판사(2011), 523; 정영일, 형법강의(총론)(제3판), 학림(2017), 304.

67 주석 형법 총칙(2)(제2판), 한국사법행정학회(2011), 300(문채규).

Ⅲ. 간접정범의 처벌

1. 간접정범기수의 처벌

형법 제34조 제1항은 "어느 행위로 인하여 처벌되지 아니하는 자 또는 과실범으로 처벌되는 자를 교사 또는 방조하여 범죄행위의 결과를 발생하게 한 자는 교사 또는 방조의 예에 의하여 처벌한다."라고 규정하고 있다. 이 규정에 의하면 사주 또는 이용행위가 교사에 해당하면 교사범(제31조)으로, 방조에 해당하면 방조범(제32조)으로 처벌한다는 의미이다. 방조에 해당하는 경우 이는 필요적 감경 사유에 해당하므로, 이를 누락하여 형을 정하였다면 파기사유에 해당한다. 한편, 간접정범은 정범임에도 불구하고 공범의 예에 의하여 처벌하도록 한 것은 입법론상 타당하지 않다는 비판이 있다.[68]

2. 간접정범미수의 처벌

간접정범을 교사 또는 방조의 예에 따라 처벌한다고 하여 간접정범이 공범으로 되는 것은 아니다. 간접정범은 어디까지나 '정범'이므로, 간접정범의 미수의 경우에는 정범에 관한 일반 미수조항(형법 제25조 내지 제27조)의 적용을 받을 뿐 교사의 미수(제31조 제3항)로 처벌되는 것은 아니다. 교사의 미수로 처벌하게 되면 이미 실행에 착수한 정범을 예비·음모로 처벌하는 모순된 결과가 발생한다.[69]

Ⅳ. 형법 제34조 제2항

1. 형법 제34조 제2항의 성질 및 존재 의의

형법 제34조 제2항은 "자기의 지휘, 감독을 받는 자를 교사 또는 방조하여 전항의 결과를 발생하게 한 자는 교사인 때에는 정범에 정한 형의 장기 또는 다액에 그 2분의 1까지 가중하고 방조인 때에는 정범의 형으로 처벌한다."라고 규정하고 있다.

68 김일수/서보학, 새로쓴 형법총론(제13판), 박영사(2018), 440; 손동권/김재윤, 새로운 형법총론(초판), 율곡출판사(2011), 521; 이재상 외 2인, 형법총론(제9판), 박영사(2017), 462; 정성근/박광민, 형법총론(제2판), 성균관대학교출판부(2015), 535.

69 김일수/서보학, 새로쓴 형법총론(제13판), 박영사(2018), 440; 배종대, 형법총론(제13판), 홍문사(2017), 452.

가. 성질

형법 제34조 제2항이 공범의 특수한 경우를 규정한 것인지, 아니면 간접정범의 특수한 경우를 규정한 것인지에 관하여 견해의 대립이 있다.

특수교사·방조범설[70]은 이 규정은 교사범·방조범의 특수한 경우를 규정하고 있다는 견해이다. 이 경우 '전항의 결과'는 교사 또는 방조한 범행결과를 의미한다고 해석한다.

특수간접정범설[71]은 간접정범의 특수한 경우를 규정하고 있다는 견해이다. 이 경우 '전항의 결과'는 간접정범의 범죄결과를 의미한다고 해석한다.

결합설[72]은 특수한 교사범·방조범과 특수한 간접정범을 모두 규정하고 있다는 견해이다. 이 경우 '전항의 결과'는 간접정범의 범죄결과와 교사·방조한 범죄결과까지 포함한다고 해석한다. 현재의 다수설이다.

나. 존재 의의

형법 제34조 제2항은 공모만 있고 공동의 실행분담이 없어 공동정범으로 처벌할 수 없는 경우에 그 의미가 있다. 그러나 우리 대법원은 공모만 있고 공동의 실행분담이 없는 자에 대하여는 공모공동정범 이론에 따라 처벌을 하고 있다. 따라서 실무상 제34조 제2항이 적용될 가능성은 적은 편이라고 할 것이다. 여기에 대하여는 공모공동정범 이론을 부정하고 막후거물이 하수자를 교사·방조한 경우에 제34조 제2항에 의하여 특수교사범, 특수방조범 또는 특수간접정범으로 가중처벌할 수 있으므로, 제34조 제2항은 집단범에 대한 대책의 하나로서 막후거물을 중하게 처벌할 수 있다는 데에 그 의의가 있다는 견해가 있다.[73]

2. 지휘·감독의 근거와 범위

지휘·감독의 근거는 법령이나 계약 또는 사무관리에 국한되지 않고, 사실상 지휘·감독 관계에 있으면 족하다. 다만 교사 또는 방조를 행한 자는 상대방이 자신의 지휘·감독을 받는 자임을 인식하고 있어야 한다. 그러나 상대방이 지휘·감

70 주석 형법 총칙(2)(제2판), 한국사법행정학회(2011), 301(문채규).

71 김일수/서보학, 새로쓴 형법총론(제13판), 박영사(2018), 444.

72 김성돈, 형법총론(제5판), 성균관대학교출판부(2017), 653; 박상기, 형법총론(제9판), 박영사(2012), 458; 배종대, 형법총론(제13판), 홍문사(2017), 455; 손동권/김재윤, 새로운 형법총론(초판), 율곡출판사(2011), 527; 이재상 외 2인, 형법총론(제9판), 박영사(2017), 468; 임웅, 형법총론(제10정판), 법문사(2018), 489; 정성근/박광민, 형법총론(제2판), 성균관대학교출판부(2015), 543.

73 정성근/박광민, 형법총론(제2판), 성균관대학교출판부(2015), 544.

독을 받고 있는 사항에 관한 범죄를 저지를 필요는 없다.

3. 처벌

자기의 지휘, 감독을 받는 자를 교사 또는 방조하여 형법 제34조 제1항의 범행을 저지르면, 법관은 교사인 때에는 반드시 형의 장기 또는 다액의 2분의 1까지 가중해야 하고, 방조인 때에는 정범의 형으로 처벌해야 한다. 형을 가중하는 근거에 대하여는, 불법가중으로 형을 가중한다는 견해,[74] 지휘·감독자가 그 지위를 이용하여 피지휘자·피감독자를 교사·방조하는 것은 더욱 비난가능성이 크기 때문이라고 하는 견해,[75] 우월적 지위를 이용한 일종의 강요에 의한 의사지배나 착오에 의한 의사지배가 용이하기 때문이라고 하는 견해,[76] 지휘·감독자와 피지휘·피감독자의 관계가 특수교사·방조의 구성요건요소로 되어 있는 이상 행위불법이 가중된 것으로 해석하는 견해[77] 등이 있다.

V. 관련 문제

1. 정범 배후의 정범이론

가. 정범 배후의 정범개념

피이용자가 고의범의 범죄성립요건을 모두 갖춰 처벌되는 경우에도 이용자의 우월적 의사지배가 인정되는 경우 간접정범을 인정할 수 있는지가 논의된다. 독일 형법 제25조 제1항은 간접정범을 '타인을 통하여 범죄를 실행한 자'라고 규정하고 있으므로 피이용자가 정범으로 처벌되는 경우에도 이를 '타인을 통하여' 범죄를 실현시킨 것으로 파악하여 간접정범의 성립을 인정할 여지가 있다. 즉 원래 정범 배후의 정범이론은 피이용자의 범위를 제한하지 않는 독일 형법의 간접정범 규정에 대한 해석론에서 주장되고 있는 개념이다.

나. 정범 배후의 정범이론 인정 여부

독일 형법학의 해석론에 의하면 정범 배후의 정범이론이 인정될 수 있는 유

74 김일수/서보학, 새로쓴 형법총론(제13판), 박영사(2018), 444.

75 배종대, 형법총론(제13판), 홍문사(2017), 455; 이재상 외 2인, 형법총론(제9판), 박영사(2017), 468; 정성근/박광민, 형법총론(제2판), 성균관대학교출판부(2015), 542.

76 박상기, 형법총론(제9판), 박영사(2012), 458.

77 김성돈, 형법총론(제5판), 성균관대학교출판부(2017), 652.

형으로, 피이용자가 회피가능한 법률의 착오에 빠져 책임이 조각되지 않는 경우, 피이용자가 객체의 착오를 일으킨 경우, 피이용자가 조직적 권력구조 속에서 상층부의 지시에 절대복종하여 기계적으로 범죄를 수행하는 경우 등이 있다.

독일 형법 제25조 제1항과 달리 우리 형법 제34조 제1항은 '어느 행위로 인하여 처벌되지 아니하는 자'만을 간접정범으로 규정하고 있는데, 우리 형법의 해석론으로 독일 형법학에서 논의되고 있는 유형의 경우에 간접정범을 인정할 것인지에 관하여는 견해가 대립한다.

1) 긍정설[78]

이 견해는 이용자에 주목하여 자신이 추구하는 목표달성을 위해 타인을 이용하고 있다는 사실에 간접정범의 본질을 찾아, 이용자의 피이용자에 대한 우월적 의사지배가 인정되면 간접정범을 인정할 수 있다고 한다. 이 견해에 의하면 피이용자가 처벌되는지 여부는 중요하지 않다.

2) 부정설[79]

이 견해는 우리 형법 제34조 제1항이 '어느 행위로 인하여 처벌되지 아니하는 자 또는 과실범으로 처벌되는 자'를 이용한 경우에 한해 간접정범의 성립을 인정하고 있는데, 이 경우 피이용자는 위 두 경우 중 어디에도 해당하지 않기 때문에 간접정범은 성립할 수 없고, 교사범을 인정해야 한다고 한다.

3) 사견

독일 형법의 간접정범 규정과 달리 우리 형법 제34조 제1항은 '어느 행위로 인하여 처벌되지 아니하는 자 또는 과실범으로 처벌되는 자'를 이용하는 경우에 한하여 간접정범이 성립하는 것으로 하여 피이용자의 범위를 명시적으로 제한하고 있다는 점에서 우리 형법의 해석론으로는 정범 배후의 정범이라는 형태의 간접정범을 인정할 수 없다고 본다. 나아가 정범 배후의 정범이론은 공범으로 처벌받을 자를 정범으로 처벌해야 한다는 형사정책적 필요성을 주장하나, 형법은 간접정범을 교사·방조의 예에 의하여 처벌할 뿐이므로 공범이 성립하면 간접정범을

78 박상기, 형법총론(제9판), 박영사(2012), 448; 손동권/김재윤, 새로운 형법총론(초판), 율곡출판사(2011), 519; 정영일, 형법강의(총론)(제3판), 학림(2017), 306.

79 김성돈, 형법총론(제5판), 성균관대학교출판부(2017), 647; 배종대, 형법총론(제13판), 홍문사(2017), 449; 이재상 외 2인, 형법총론(제9판), 박영사(2017), 461; 임웅, 형법총론(제10정판), 법문사(2018), 483; 정성근/박광민, 형법총론(제2판), 성균관대학교출판부(2015), 533; 주석 형법 총칙(2)(제2판), 한국사법행정학회(2011), 293(문채규).

인정해야 할 실익도 없다.[80] 따라서 정범 배후의 정범이론은 우리나라에서는 인정할 수 없는 이론에 해당한다. 이 경우 책임 있는 피이용자를 이용한 때에는 이용자를 공범 또는 공동정범으로 처벌하면 족할 것이다.

2. 간접정범과 착오

간접정범은 이용자가 피이용자를 이용하여 범죄행위의 결과를 발생하게 해야 한다. 따라서 간접정범에 있어 착오는 이용자가 피이용자의 성질에 대해 있는 경우, 피이용자에게 있는 경우, 피이용자의 실행행위가 이용자의 고의내용을 초과하거나 다른 구성요건을 실행하는 경우 등으로 나눌 수 있다.

가. 이용자가 피이용자의 성질에 대해 착오를 일으킨 경우

1) 이용자는 피이용자가 구성요건적 고의 및 책임능력 등 범죄성립요건을 모두 갖추고 있다고 생각하고서 피이용자를 이용하였는데, 실제로는 피이용자가 완전한 범죄성립요건을 갖추지 못한 경우가 있을 수 있다. 이 경우 이용자가 피이용자를 악의 있는 도구로 간주한 이상 간접정범으로서 우월한 의사지배를 할 만큼의 범행지배를 할 수 없으므로 이용자를 공범의 기수로 처벌해야 한다는 견해,[81] 이용자의 행위는 전형적인 교사 또는 방조에 해당하나 정범에게 고의나 책임능력 등이 없어 '어느 행위로 처벌되지 아니하는 자'에 해당하므로 형법 제34조 제1항에 따라 간접정범의 기수로 처벌해야 한다는 견해,[82] 피이용자에게 고의가 없는 경우에는 간접정범이 성립하고, 피이용자를 책임능력자로 오인한 경우에는 공범이 성립한다는 견해[83]가 있다. 살피건대 의사지배에 대한 인식이 없다는 것은 정범의 고의가 인정되지 않는다는 것을 의미하는 것이지 공범의 고의까지 인정할 수 없다는 것은 아니므로 피이용자를 이용한 구체적 모습에서 공범의 고의를 인정할 수 있는 경우에는 공범으로 처벌하는 것이 타당하다고 본다.[84]

80 이재상 외 2인, 형법총론(제9판), 박영사(2017), 461.

81 김성돈, 형법총론(제5판), 성균관대학교출판부(2017), 648; 김일수/서보학, 새로쓴 형법총론(제13판), 박영사(2018), 441; 배종대, 형법총론(제13판), 홍문사(2017), 452; 오영근, 형법총론(제4판), 박영사(2018), 414; 임웅, 형법총론(제10정판), 법문사(2018), 490; 정성근/박광민, 형법총론(제2판), 성균관대학교출판부(2015), 536; 정영일, 형법강의(총론)(제3판), 학림(2017), 307.

82 주석 형법 총칙(2)(제2판), 한국사법행정학회(2011), 293(문채규).

83 박상기, 형법총론(제9판), 박영사(2012), 451, 452; 손동권/김재윤, 새로운 형법총론(초판), 율곡출판사(2011), 524, 525.

84 김성돈, 형법총론(제5판), 성균관대학교출판부(2017), 648.

2) 반대로, 이용자는 피이용자에게 구성요건적 고의나 책임능력 등 범죄성립요소가 결여되어 있다고 생각하였는데 실제로는 피이용자가 이러한 범죄성립요소를 모두 갖춘 경우도 있을 수 있다. 이 경우 피이용자의 성질에 대한 착오는 이용자의 인식을 기준으로 하여 결정해야 하므로 간접정범이 성립한다는 견해, 간접정범의 미수와 공범의 기수의 상상적 경합에 해당한다는 견해,[85] 피이용자에게 고의가 있는 경우에는 간접정범의 미수가 성립하고, 피이용자가 책임능력자인 경우에는 공범이 성립한다는 견해,[86] 이용자에게 행위지배가 있다고 볼 수 없으므로 공범이 성립한다는 견해[87]가 있다. 살피건대 형법 제34조 제1항은 어느 행위로 인하여 처벌되지 아니하는 자를 간접정범의 하나로 규정하고 있는데, 피이용자는 직접정범으로 처벌되므로 이용자는 간접정범으로 처벌될 수 없다. 따라서 이용자는 교사범 또는 방조범으로 처벌해야 한다고 본다. 범행을 지배한 자는 이용자가 아니라 피이용자이기 때문이다.

나. 피이용자가 착오를 일으킨 경우

이용자의 이용행위와 피이용자의 행위가 일치하지 않는 경우가 있다.

1) 동일구성요건 내의 착오인 경우

이용자에게는 착오가 없는데 피이용자가 착오를 일으키는 경우가 있을 수 있다. 예를 들어 甲이 정신병자 乙을 이용하여 丙을 살해하려고 하였으나, 乙이 착오를 일으켜 丁을 살해한 경우이다.

법정적 부합설에 의하면 동일구성요건 내의 피이용자의 객체의 착오나 방법의 착오는 이용자에게도 마찬가지로 객체의 착오나 방법의 착오가 되므로 이용자는 발생사실에 대한 간접정범이 된다.[88] 방법의 착오라고 하더라도 동종의 구성요건에 속하는 객체에 결과가 발생하면 고의기수범을 인정하기 때문이다.

한편 구체적 부합설에 의하면 피이용자가 방법의 착오를 일으킨 경우에는 이

85 손동권/김재윤, 새로운 형법총론(초판), 율곡출판사(2011), 524.

86 박상기, 형법총론(제9판), 박영사(2012), 451, 452.

87 김성돈, 형법총론(제5판), 성균관대학교출판부(2017), 648; 김일수/서보학, 새로쓴 형법총론(제13판), 박영사(2018), 441; 배종대, 형법총론(제13판), 홍문사(2017), 452; 오영근, 형법총론(제4판), 박영사(2018), 414; 이재상 외 2인, 형법총론(제9판), 박영사(2017), 463; 임웅, 형법총론(제10정판), 법문사(2018), 490; 정성근/박광민, 형법총론(제2판), 성균관대학교출판부(2015), 536; 정영일, 형법강의(총론)(제3판), 학림(2017), 307; 주석형법 총칙(2)(제2판), 한국사법행정학회(2011), 294.

88 이재상 외 2인, 형법총론(제9판), 박영사(2017), 463; 정성근/박광민, 형법총론(제2판), 성균관대학교출판부(2015), 536; 주석 형법 총칙(2)(제2판), 한국사법행정학회(2011), 297(문채규).

용자에게도 방법의 착오를 인정한다. 그런데 피이용자가 객체의 착오를 일으킨 경우에는 이용자에게 이를 그대로 적용하여 고의기수범을 인정할 것인지에 관하여는 견해가 대립한다. 고의·과실 기준설은 피이용자가 고의로 행위한 경우에는 이용자 자신이 고의로 행위한 것과 마찬가지로 보아서 객체의 착오로 취급하여 이용자에게 고의기수범의 책임을 인정하나, 피이용자가 고의 없이 행위한 경우에는 피이용자가 객체의 착오를 범하였더라도 이용자에 대해서는 방법의 착오를 인정하여 이용자는 발생된 결과에 대한 과실범과 의도한 결과에 대한 미수범의 상상적 경합으로 처벌된다. 방법의 착오 기준설은 피이용자가 고의로 행위하였는가 과실로 행위하였는가를 묻지 아니하고 언제나 이용자에게 방법의 착오를 인정하는 입장이다.[89] 이 견해에 따르면 이용자는 의도한 결과에 대한 간접정범의 미수와 발생된 결과에 대한 과실범의 상상적 경합으로 처벌된다.

이와 관련하여 대법원 1975. 4. 22. 선고 75도727 판결은 피고인이 피해자 A를 살해할 목적으로 발사한 총탄이 이를 제지하려고 피고인 앞으로 뛰어들던 피해자 B에게 명중되어 피해자 B가 사망한 사건에서, '사람을 살해할 목적으로 총을 발사한 이상 그것이 목적하지 아니한 다른 사람에게 명중되어 사망의 결과가 발생하였다 하더라도 살의를 저각하지 않는다.'라고 판시한 바 있고, 대법원 1984. 1. 24. 선고 83도2813 판결은 피고인이 피해자 A를 살해하기 위해 몽둥이를 힘껏 후려친 가격으로 피를 흘리며 마당에 고꾸라진 피해자 A와 피해자 A의 등에 업힌 피해자 B의 머리부분을 위 몽둥이로 내리쳐 피해자 B를 현장에서 두개골절 및 뇌좌상으로 사망케 한 사안에서, '소위 타격의 착오가 있는 경우라 할지라도 행위자의 살인의 범의성립에 방해가 되지 아니한다.'라고 판시하였다. 위 대법원 판결의 취지에 비추어 볼 때, 피이용자가 방법의 착오나 객체의 착오를 일으킨 경우라도 이용자에게 고의기수범을 인정해야 할 것으로 본다.

2) 동일구성요건 외의 착오로서 양적 초과인 경우

피이용자가 이용자의 이용행위를 양적으로 벗어나 범죄행위의 결과를 발생시키는 경우가 있다. 이 경우 이용자는 초과부분에 대해서는 책임을 부담하지 아니

89 김일수/서보학, 새로쓴 형법총론(제13판), 박영사(2018), 441; 박상기/전지연, 형법학(총론·각론 강의)(제4판), 집현재(2018), 283; 배종대, 형법총론(제13판), 홍문사(2017), 452; 오영근, 형법총론(제4판), 박영사(2018), 415; 정영일, 형법강의(총론)(제3판), 학림(2017), 307.

하고 이용한 범위 내에서만 간접정범으로 처벌된다.[90] 다만 이용자에게 초과부분에 대한 미필적 고의가 인정되거나 중한 결과에 대한 예견가능성이 인정된다면 초과부분에 대한 간접정범 또는 결과적 가중범의 간접정범이 성립한다.[91]

3) 동일구성요건 외의 착오로서 질적 초과인 경우

피이용자가 이용자의 이용행위를 질적으로 초과한 경우에는 이용자의 피이용자에 대한 의사지배를 인정할 수 없으므로 피이용자가 실행한 행위 전부에 대하여 간접정범이 성립하지 않는다.[92] 다만, 이용자는 자신이 계획한 범죄에 대해서는 경우에 따라 미수범 또는 음모·예비죄로 처벌될 수 있다.

3. 자수범

자수범은 정범 자신이 구성요건적 행위를 직접 실행함으로써만 범할 수 있는 범죄를 말한다. 자수범은 직접의 단독정범으로만 범죄를 실행할 수 있고 자수성이 인정되지 않으면 행위지배가 인정되더라도 정범이 될 수 없으므로 자수성이 정범의 표지가 된다.[93] 따라서 자수범의 경우에는 타인을 이용하여 범죄를 실현하는 간접정범이나 공동정범은 성립이 불가능하고, 이용자는 공범이 될 수 있을 뿐이다. 이와 같이 자수범의 실행행위는 직접정범의 형태로서만 성립할 수 있으므로, 자수범은 간접정범의 성립에 대하여 한계를 긋는 기능을 한다.[94]

가. 자수범 인정 여부

자수범을 인정할 것인지에 관하여는 견해의 대립이 있다.

1) 부정설

이 견해는 형법 제33조에서 진정신분범의 공동정범을 인정하고 있고, 제34조

90 김성돈, 형법총론(제5판), 성균관대학교출판부(2017), 649; 김일수/서보학, 새로쓴 형법총론(제13판), 박영사(2018), 441; 배종대, 형법총론(제13판), 홍문사(2017), 452; 손동권/김재윤, 새로운 형법총론(초판), 율곡출판사(2011), 525; 이재상 외 2인, 형법총론(제9판), 박영사(2017), 463; 정성근/박광민, 형법총론(제2판), 성균관대학교출판부(2015), 536; 정영일, 형법강의(총론)(제3판), 학림(2017), 307; 주석 형법 총칙(2)(제2판), 한국사법행정학회(2011), 297(문채규).

91 김성돈, 형법총론(제5판), 성균관대학교출판부(2017), 649; 김일수/서보학, 새로쓴 형법총론(제13판), 박영사(2018), 442; 배종대, 형법총론(제13판), 홍문사(2017), 452; 이재상 외 2인, 형법총론(제9판), 박영사(2017), 463; 정성근/박광민, 형법총론(제2판), 성균관대학교출판부(2015), 536; 정영일, 형법강의(총론)(제3판), 학림(2017), 308; 주석 형법 총칙(2)(제2판), 한국사법행정학회(2011), 297(문채규).

92 손동권/김재윤, 새로운 형법총론(초판), 율곡출판사(2011), 525.

93 정성근/박광민, 형법총론(제2판), 성균관대학교출판부(2015), 537.

94 임웅, 형법총론(제10정판), 법문사(2018), 492.

제1항에서 정한 바와 같이 간접정범을 교사·방조의 예에 의하게 되면 피이용자에게만 신분이 있고 이용자에게는 신분이 없더라도 교사범 또는 방조범에 적용되는 제33조에 의하여 간접정범이 될 수 있으므로 현행법상 자수범은 인정될 수 없다고 한다.

그러나 이 견해에 대해서는 형법 제34조는 간접정범은 교사·방조범은 아니지만 교사·방조범과 같은 형벌을 과한다는 의미에 불과하므로 간접정범에 항상 제33조가 적용된다고 할 수 없어 비신분자가 신분범의 간접정범이 될 수 없는 경우도 있을 수 있다는 비판이 있다.[95]

2) 긍정설

가) 문언설[96]

문언설은 형벌법규의 구성요건의 문언을 기준으로 자수범의 성립 여부를 결정하자는 견해이다. 형법법규에 행위자가 직접 범행을 할 것을 전제로 하는 범죄가 있다는 것으로서 강간죄를 그 예로 들고 있다. 이 견해에 의하면 신분범, 진정부작위범, 성범죄 등은 자수범에 해당한다.

그러나 이 견해에 대하여는 어떤 범죄가 자수범인가는 형식적인 규정만으로 결정할 수 없을 뿐만 아니라 언어의 의미는 다양하므로 이를 일의적으로 해석하여 정범성 여부를 판단하는 기준으로 삼을 수 없다는 비판이 있다.[97]

나) 거동범설

거동범설은 구성요건적 실행행위만 있으면 범죄가 성립하는 거동범과 결과발생을 중요시하는 결과범으로 구분한 후 거동범을 자수범으로 보는 견해이다.

그러나 이 견해에 대해서는 거동범의 불법내용이 행위 자체에 있는 것은 사실이나 거동범은 태도 자체가 사회적으로 유해하거나 법익침해를 가져올 위험성이 있는 결과가 간접적으로 연결될 때에만 처벌되므로 모든 거동범이 자수범이 되는 것은 아니며, 결과범 중에도 자수범이 있을 수 있다는 비판이 있다.[98]

다) 진정자수범·부진정자수범설

진정자수범·부진정자수범설은 자수범을 진정자수범과 부진정자수범으로 구

95 오영근, 형법총론(제4판), 박영사(2018), 416.

96 손동권/김재윤, 새로운 형법총론(초판), 율곡출판사(2011), 529; 오영근, 형법총론(제4판), 박영사(2018), 417.

97 정성근/박광민, 형법총론(제2판), 성균관대학교출판부(2015), 538.

98 정성근/박광민, 형법총론(제2판), 성균관대학교출판부(2015), 538.

분한 후, 진정자수범에는 음행매개죄(형법 제242조) 등과 같이 누가 그 행위를 하느냐가 중시되는 행위자형법적 범죄와 군형법상 계간죄 등과 같이 법익침해는 없지만 행위의 반윤리적 성격 때문에 처벌되는 행위관련적 범죄 등이 있으며, 부진정자수범에는 위증죄나 군무이탈죄와 같이 법익침해는 있으나 이것보다는 특수한 의무침해가 중시되는 범죄 등이 있다고 한다. 이러한 범죄들에서는 결과나 법익침해보다는 일정한 행위자의 행위 또는 의무위반이 중시되므로 간접정범은 성립하지 않는다고 한다.

그러나 이 견해에 대해서는 진정자수범과 부진정자수범의 구별실익이 없고, 법익침해가 중시되는 한 간접정범의 형태도로 위 범죄를 범할 수 있다는 비판이 있다.[99]

라) 삼유형설[100]

삼유형설은 형법상 준강간·준강제추행죄, 피구금자간음죄, 군형법상 계간죄와 같이 범죄의 실행행위가 직접 행위자의 신체를 통해서 행해질 것을 요구하는 범죄, 형법상 명예훼손죄, 모욕죄, 업무상비밀누설죄 등과 같이 행위자의 인격적 태도가 표출될 것을 요구하는 범죄, 형법상 위증죄, 군형법상 군무이탈죄 등과 같이 범죄 그 자체의 성질 때문이 아니라 형법 이외의 법률이 구성요건상 행위자 스스로의 실행행위를 요구하는 범죄 등이 자수범에 해당한다는 견해이다.

그러나 이 견해에 대해서는 행위자를 중시하는 범죄인가 아니면 법익침해를 중시하는 범죄인가의 구별기준이 분명하지 않다는 비판이 있다.[101]

3) 자수범 관련 대법원 판례

아래에서 보는 바와 같이 대법원 판결 중 명시적으로 '자수범'에 해당한다고 판시한 죄가 없기는 하나 자수범임을 전제로 판단한 판결도 있고, 명시적으로 자수범에 해당하지 아니한다고 판단한 판결도 있는 점에 비추어 보면, 대법원은 자수범의 개념 자체는 인정하고 있는 것으로 보인다.

가) 자수범임을 전제로 판단한 사례

대법원 2003. 6. 13. 선고 2003도889 판결은 '농업협동조합법 제50조 제2항

99 오영근, 형법총론(제4판), 박영사(2018), 416.
100 배종대, 형법총론(제13판), 홍문사(2017), 454; 이재상 외 2인, 형법총론(제9판), 박영사(2017), 467; 임웅, 형법총론(제10정판), 법문사(2018), 494; 정성근/박광민, 형법총론(제2판), 성균관대학교출판부(2015), 540.
101 오영근, 형법총론(제4판), 박영사(2018), 416.

소정의 호별방문죄는 "임원이 되고자 하는 자"라는 신분자가 스스로 호별방문을 한 경우만을 처벌하는 것으로 보아야 하고, 비록 신분자가 비신분자와 통모하였거나 신분자가 비신분자를 시켜 방문케 하였다고 하더라도 비신분자만이 호별방문을 한 경우에는 신분자는 물론 비신분자도 같은 죄로 의율하여 처벌할 수는 없다.'라고 판시하였다.

대법원 2003. 1. 24. 선고 2002도5939 판결은 '부정수표단속법 제4조가 "수표금액의 지급 또는 거래정지처분을 면할 목적"을 요건으로 하고, 수표금액의 지급책임을 부담하는 자 또는 거래정지처분을 당하는 자는 발행인에 국한되는 점에 비추어 볼 때 그와 같은 발행인이 아닌 자는 부정수표단속법 제4조가 정한 허위신고죄의 주체가 될 수 없고, 발행인이 아닌 자는 허위신고의 고의 없는 발행인을 이용하여 간접정범의 형태로 허위신고죄를 범할 수도 없다 할 것인바, 타인으로부터 명의를 차용하여 수표를 발행하는 경우에 있어서도 수표가 제시됨으로써 당좌예금계좌에서 수표금액이 지출되거나 거래정지처분을 당하게 되는 자는 결국 수표의 지급인인 은행과 당좌예금계약을 체결한 자인 수표의 발행명의인이 되고, 수표가 제시된다고 하더라도 수표금액이 지출되거나 거래정지처분을 당하게 되는 자에 해당된다고 볼 수 없는 명의차용인은 부정수표단속법 제4조가 정한 허위신고죄의 주체가 될 수 없다.'라고 판시하였다.

나) 자수범을 부정한 사례

대법원 2018. 2. 8. 선고 2016도17733 판결은 '강제추행죄는 사람의 성적 자유 내지 성적 자기결정의 자유를 보호하기 위한 죄로서 정범 자신이 직접 범죄를 실행하여야 성립하는 자수범이라고 볼 수 없으므로, 처벌되지 아니하는 타인을 도구로 삼아 피해자를 강제로 추행하는 간접정범의 형태로도 범할 수 있다.'라고 판시하였다.

대법원 2005. 10. 28. 선고 2005도2754 판결은 용도가 지정된 정부관리양곡인 중국산 수입쌀을 그 지정된 용도에 위반하여 시중에 유통시킨 사안에서 '구 양곡관리법(2005. 3. 31. 법 제7433호로 개정되기 전의 것) 제33조 제1호 위반죄가 정범 자신이 직접 범죄를 실행하여야 하는 자수범이라고 볼 수도 없다.'라고 판시하였다.

대법원 2005. 10. 13. 선고 2004도5839 판결은 '국가공무원법 제66조 제1항 및 지방공무원법 제58조 제1항은 "공무원은 노동운동 기타 공무 이외의 일을 위한 집단적 행위를 하여서는 아니된다"고 규정하여 그 주체를 공무원으로 제한하고 있긴 하지만, 위 법조항에 의하여 금지되는 노동운동이나 공무 이외의 일을 위한 집단적 행위의 태양이 행위자의 신체를 수단으로 하여야 한다거나 행위자의 인격적 요소가 중요한 의미를 가지는 것으로 볼 수 없어 공무원이 스스로 위와 같은 행위를 한 경우만을 처벌하고자 하는 것으로 볼 수는 없고, 한편 형법 제33조는 "신분관계로 인하여 성립될 범죄에 가공한 행위는 신분관계가 없는 자에게도 전3조의 규정을 적용한다."고 규정하고 있으므로 신분범에 있어서 비신분자라 하더라도 신분범의 공범으로 처벌될 수 있다 할 것이다.'라고 하면서 국가공무원법 제66조 제1항 및 지방공무원법 제58조 제1항이 자수범에 해당한다는 피고인의 상고이유를 배척하였다.

제 4 절 누범

[총설]

[참고문헌] 송문호, 형법개정과 상습누범, 형사정책연구 제81호, 형사정책연구원, 5-32; 원형식, "상습범과 누범의 가중처벌의 문제", 형사법연구, 한국형사법학회, 제22호(2014); 이재상, 사회보호법론; 임웅, 누범수형자의 효율적 관리방안(1993); 大塚 仁 外, 大コンメンタール, 第4巻, 青林書院, 第4版(2013); Baumann/Weber, Strafrecht, Allgemeiner Teil, 9. Aufl. 1985; Ernst-Walter Hanack, "Das Juristische Konzept der sozialtherapeutischen Anstalt und der sonstigen Maβregeln im neuen Strafrecht", Kriminologische Gegenwartsfragen, Bd. 10; Maurach/Gössel/Zipf, Strafrecht Allgemeiner Teil. Bd. 2, 7 Aufl.; Münchener Kommentar zum Stafgesetzbuch Verlag C. H. Beck München, 2016(3 Aufl.), Bd. 2; Schönke/Schröder/Stree, Strafgesetzbuch Kommentar, Verlag C. H. Beck München, 2019(30 Aufl.), Bd. 1.

Ⅰ. 누범의 의의

1. 누범의 개념과 연역, 입법례

누범(累犯, Rückfall)이란 범죄를 누적적으로 범하는 것을 말한다. 광의로는 확정판결을 받은 범죄가 있는 경우에 그 후에 다시 범한 범죄를 의미(전자를 전범, 후자를 후범이라고 한다)하고 누범은 그 범행의 횟수에 따라 재범, 3범, 4범 등을 총칭하는 것이나, 협의로는 광의의 누범 가운데 형법 제35조의 요건을 구비한 경우, 즉 형법상의 누범을 의미한다.

누범은 전범(前犯)과 후범(後犯)의 관계에 따라 일반누범과 특별누범으로 나눌 수 있다. 전범과 후범이 죄질을 같이하는 동종의 누범에 대하여 특별하게 가중하는 경우를 특별누범이라고 할 것이며, 죄질을 같이 하는 경우뿐만 아니라 죄질을 달리하는 이종의 누범에 대하여도 누범을 인정하는 것을 일반누범이라고 부를 수 있다.[1] 우리 형법은 일반누범에 관한 규정만을 두고 있으나, 뒤에서 언급하는 각

[1] 大塚 仁 外, 大コンメンタール, 第4巻, 青林書院, 第4版(2013), 418[이하 大塚 外(4)로 약칭함]; 임웅, 형법총론(제10정판), 법문사(2018), 681은 동종의 누범과 이종의 누범이라고 부른다.

종 특별법상의 누범은 특별누범에 해당하고, 그 형이 가중되어 있다.

누범이 초범에 비하여 강한 비난을 받아야 한다는 것은 소박한 정의관념에 부합하고, 로마법이나 중세법, 동양의 당률에도 절도 등의 죄에 관한 가중 규정이 있었다. 19세기 프랑스 형법에 절도 등에 대한 동종의 누범규정을 두었고, 2005년 개정으로 매춘이나 폭행 등에도 적용범위가 확장되었다(제1권 제4장 제56조). 오스트리아 형법 제39조와 독일 구 형법 제48조는 고의범에 대한 일반누범의 가중규정을 두고 하한을 2배 가중하였다(독일은 1986. 4. 13. 23차 형법 개정에 의하여 폐지되었다). 영국(1967년 형사재판법 제37조, 제38조 및 1973년 형사법원의 권한에 관한 법 제28조 및 1997년 개정)도 살인, 방화 등 중대범죄에 대하여 누범 가중규정을 두었고, 미국도 살인, 방화, 강간 등 중대범죄에 관하여 3진아웃법을 채택하는 주가 많이 있나. 현행 일본 형법은 제56조에서 징역에 처해진 자가 그 집행 종료 또는 집행이 면제된 날로부터 5년 이내에 다시 범죄를 저저른 경우에 그 자를 징역형에 처하는 때에 이를 재범(再犯)이라 하고, 그 죄에 정한 징역의 장기 2배의 가중을 하며(제57조), 3범 이상인 자에 대하여도 재범의 예에 따르도록 되어 있다(제59조).

2. 누범과의 구별개념

가. 경합범

누범과 경합범은 행위자가 행한 수개의 범죄행위가 존재하며 그 법률상의 효과로서 형이 가중된다는 점에서 공통된다. 누범은 수개의 범죄가 누적적 관계에 있는 경우임에 대하여 경합범은 수개의 범죄가 병행적 관계에 있으며, 누범에서 이전의 범죄는 그 자체로 심판의 대상이 아닌 반면 경합범에서는 수개의 죄가 동시에 심판의 대상이 된다는 점에서 누범은 경합범과 다르다.

또한 경합범은 가장 중한 죄에 정한 장기 또는 다액의 2분의 1까지 가중한다는 점에서 장기의 2배까지 가중할 수 있는 누범과 차이가 있으며, 벌금형에 대해서는 누범이 인정되지 않는다는 점에서도 경합범과 구별된다.

나. 상습범

누범은 범죄의 반복을 요건으로 하여 형법 제35조의 요건을 갖춘 자를 말한다. 일반적으로 상습범은 성격상의 소질 또는 관행에 의하여 습득된 내부적 성벽으로 인하여 반복하여 범죄를 행하고 또 이를 반복할 습벽이 있는 자를 말하고, 형법 등에 특별한 규정이 있는 경우에만 정해진 특정범죄에 대하여 가중 처벌된다. 따라서 모든 누범자가 상습범이라고 할 수 없고, 단 한 번의 범행이라도 범죄의 반복적 성향이 인정되는 상습범이 있을 수도 있다. 누범은 범행의 횟수를 기초로 하여 규정되는 개념으로서 법률학적, 통계학적 개념이라 할 수 있고, 상습범은 '상습성'이라고 하는 범죄의 반복적 습벽을 기초로 하는 개념으로 범죄학적, 심리학적 개념이라 할 수 있다.[2] 따라서 누범과 상습범은 별개의 개념이므로, 상습범 가중규정과 누범 가중규정을 이중으로 적용할 수 있고,[3] 상습범을 가중 처벌하는 특별법을 위반하는 경우에도 형법상의 누범가중을 할 수 있다.[4] 또한 일반누범이나 특별누범 이외에 상습범이 누범요건을 갖춘 '상습누범'이 있을 수 있고, 특정범죄 가중처벌 등에 관한 법률 제5조의4 제6항이나 제5조의5의 예와 같이 명시적 규정이 있는 경우에는 그에 따라 가중 처벌된다.

3. 누범의 성질

형법은 누범에 대하여 형을 가중하는 사유로 규정하고 있는데, 누범의 성질을 어떻게 파악할 것인가에 대하여는 견해가 대립하고 있다.

누범은 수개의 범죄를 누적적으로 범한 경우이고 경합범은 수개의 범죄를 병립적으로 범한 경우로서, 비록 종적인가 횡적인가의 차이는 있을지라도 수개의 죄를 범하였다는 점에서 양자는 동일하므로, 누범 역시 죄수론으로 취급하여야 한다고 보는 견해[5]가 있다.

그러나 죄수론은 심판의 대상이 되는 수개의 범죄를 현실적인 심판대상으로 보고 있는 반면, 누범에서의 현실적인 심판대상은 후범이므로 이를 죄수론의 문제로 볼 수 없다. 오히려 형법은 누범과 경합범을 다른 절에서 규정하고 있으며, 나아가 형의 가중은 일반적으로 양형규정을 토대로 행하여지는 것을 고려하면 누범의 성질을 양형에 대한 법률상의 가중·감경사유, 즉 양형사유로 보아야 한다.[6]

2 임웅, 형법총론(제10정판), 법문사(2018), 682.

3 대법원 1982. 5. 25. 선고 82도600, 82감도115 판결; 일본의 판례, 다수설; 大塚 外, 大コン(4), 424; 日最判 1969. 9. 26.(集 23-9,1154) : 단 상습성 인정의 자료로 쓰인 전과를 다시 누범 가중사유로 삼는 것은 부당하다는 일본의 소수설이 있다.

4 대법원 1985. 7. 9. 선고 85도1000 판결(공1985, 1152) : 특정범죄가중처벌등에관한법률 제5조의4 제1항 위반죄가 성립되는 경우에도 형법 제35조 소정의 누범요건을 충족하는 때에는 누범가중을 하여야 한다.

5 오영근, 형법총론(제4판), 박영사(2018), 471은 누범은 수죄이지만 과형상 일죄라고 한다.

6 통설; 이재상 외 2인, 형법총론(제9판), 박영사(2017), 603; 김일수/서보학, 새로쓴 형법총론(제13판), 박영사(2018), 767 등; Maurach/Gössel/Zipf, Strafrecht Allgemeiner Teil. Bd. 2, 7 Aufl., S. 492.

Ⅱ. 누범 가중의 근거와 타당성

누범에 대한 형의 가중은 전범에 대한 처벌이 끝났음에도 불구하고 이를 기초로 후범을 중하게 처벌하는 것이라고 볼 여지가 있는바, 헌법이 보장하고 있는 일사부재리의 원칙과 평등의 원칙에 반하는 것이 아닌지, 특히 형법상 책임주의와 조화될 수 있는지 문제된다.

1. 누범 가중과 일사부재리원칙

누범 가중은 누범을 이유로 형을 가중하는 것이므로 전범이 다시 처벌받는 것이 되어 헌법 제13조 제1항이 보장하고 있는 일사부재리의 원칙에 위반되는 위헌의 규정이 아닌가 문제된다.

이에 대하여, 누범 가중은 행위자 책임에 근거한 것이고, 후범에 대한 형의 가중근거로 전범을 고려한 것이므로 피고인은 전범에 대하여 거듭 처벌받게 되는 결과가 되어 일사부재리의 원칙에 반한다는 견해,[7] 누범을 죄수의 문제로 보는 입장에서 누범에 대하여 가중된 형벌을 과하는 것은 전범에 대하여 형벌을 과하는 것이 포함되어 있는 것이므로 전범을 이중 처벌하는 것이라는 견해[8]가 있다.

그러나 누범 가중은 전범을 하나의 정상으로서 필요적으로 참작하여 후의 범죄에 대한 책임을 가중하는 것이므로, 처벌의 대상은 어디까지나 후범인 이상 누범 가중이 일사부재리의 원칙에 반한다고 할 수 없다.[9] 헌법재판소도 형법 제35조 제1항이 누범을 가중처벌하는 것은 전범에 대하여 형벌을 받았음에도 다시 범행을 하였다는 데 있는 것이지, 전범에 대하여 처벌을 받았음에도 다시 범행을 하는 경우에는 전범도 후범과 일괄하여 다시 처벌한다는 것은 아님이 명백하므로, 누범에 대하여 형을 가중하는 것이 헌법상의 일사부재리의 원칙에 위배하여 피고인의 기본권을 침해하는 것이라고는 볼 수 없고(헌법재판소 1995. 2. 23. 선고 93헌바43 결정), 누범 가중은 형의 장기를 가중하는 것이고 하한을 가중하는 것이 아니므로, 그 범위 내에서 양형을 할 수 있고, 이 점에서 폐지된 독일 구 형법상 누범과 다르다고 한다(헌법재판소 2011. 5. 26. 선고 2009헌바63 결정).

7 배종대, 형법총론(제13판), 홍문사(2017), 601.
8 오영근, 형법총론(제4판), 박영사(2018), 477.
9 통설, 판례; 이재상 외 2인, 형법총론(제9판), 박영사(2017), 604 등 및 대법원 1970. 9. 29. 선고 70도1656 판결; 日最判 1969. 9. 26.(集 26-23, 1154)도 같은 취지.

2. 누범 가중과 평등의 원칙

누범 가중이 전과자라는 사회적 신분에 의하여 피고인을 불합리하게 차별하는 것이므로 평등의 원칙에 위배된다는 견해[10]도 있으나, 누범 가중은 피고인의 책임과 특별예방 및 일반예방이라는 형벌의 목적에 비추어 피고인에 적합한 형을 양정하는 것이므로 법원이 양형의 조건을 고려하여 누범을 다른 범죄인보다 무겁게 벌하는 것을 불합리한 차별이라 할 수 없다.[11]

3. 누범 가중과 책임주의

누범을 가중하는 근거에 관하여, ①이미 형을 받은 자가 반성하지 않고 재범한 때 행위자의 반사회적 위험성이 커지기 때문이라는 견해[12](행위자책임설), ②누범이 종전 판결에 의하여 부여된 금지의 충격(衝擊)을 강화된 범죄에너지에 의하여 극복하였다는 점에서 행위책임이 가중된 것이라는 견해[13](행위책임설), ③원칙적인 행위책임에 의하여 객관화된 행위자책임 때문이라는 견해[14](절충설)가 제시되고 있다. 그밖에 전형(前刑)의 집행이 재범방지의 효과가 없었으므로 형을 가중할 필요가 있다는 점에 근거를 두어 누범 가중을 행위책임에 더하여 형벌의 특별예방적 기능에 착안하는 형사정책적 제도라고 보는 견해도 있다.[15]

책임주의(Schuldprinzip)의 원칙에 따라 누범에 대한 형의 가중은 책임의 가중에 그 근거를 찾는 것이지만, 누범의 경우, 행위책임 자체가 가중된다고 보면 위법성의 가중으로 파악할 것인데, 같은 행위에 위법성을 달리 보는 것이 책임주의와 조화가 될 수 있는지 의문이 제기된다. 누범을 행위자책임의 가중으로 보거나

10 오영근, 형법총론(제4판), 박영사(2018), 476; 배종대, 형법총론(제13판), 홍문사(2017), 601.

11 통설, 판례; 이재상 외 2인, 형법총론(제9판), 박영사(2017), 605 등 및 대법원 1983. 4. 12. 선고 83도420 판결, 헌법재판소 1995. 2. 23. 선고 93헌바43 결정(헌집7-1, 225). 누범을 가중처벌하는 것은 전범에 대한 형벌의 경고적 기능을 무시하고 다시 범죄를 저질렀다는 점에서 비난가능성이 많고, 누범이 증가하고 있다는 현실에서 사회방위, 범죄의 특별예방 및 일반예방이라는 형벌목적에 비추어 보아, 형법 제35조가 누범에 대하여 형을 가중한다고 해서 그것이 인간의 존엄성 존중이라는 헌법의 이념에 반하는 것도 아니며, 누범을 가중하여 처벌하는 것은 사회방위, 범죄의 특별예방 및 일반예방, 더 나아가 사회의 질서유지의 목적을 달성하기 위한 하나의 수단이기도 하는 것이므로 이는 합리적 근거 있는 차별이어서 헌법상의 평등의 원칙에 위배되지 아니한다. 日最判 1950. 1. 24.(集 4-1, 54)도 일본 헌법 재14조위 평등원칙에 위반되지 않는다고 한다.

12 오영근, 형법총론(제4판), 박영사(2018), 475은 누범전과는 행위자요소라고 한다.

13 이재상 외 2인, 형법총론(제9판), 박영사(2017), 605; 박상기, 형법총론(제9판), 박영사(2012), 557; 정성근/박광민, 형법총론(제2판), 성균관대학교출판부(2015), 707 등.

14 김일수/서보학, 새로쓴 형법총론(제13판), 박영사(2018), 592.

15 임웅, 형법총론(제10정판), 법문사(2018), 685; 中野, 總論, 234.

행위책임을 인격의 표현으로 이해하여 행위책임을 인격책임과 결합시키는 것은, 범죄 이외의 생활태도는 단지 양형의 고려사유가 될 뿐이고 행위자책임의 가중에 따라 일률적으로 중한 형벌을 과하는 것도 책임주의와 관련하여 문제가 있다. 형법상 일반누범에 대한 형의 가중이 책임주의와 조화될 수 있는지 독일의 구 형법하에서 매우 다투어졌다. 즉, 판결의 경고기능 위반을 이유로 한 형의 가중은 부당하고 위험한 재사회화 수단이라고 하거나,[16] 누범은 형의 집행에 의하여 안정성이 더욱 약화되었기 때문에 오히려 책임이 감경되어야 할 경우이며, 국가와 사회가 형의 집행에 의하여 범죄인을 효과적으로 돕지 못하는 한 이는 부당하다고 하는 유력한 비판이 있었다.[17] 이에 독일 연방헌법재판소는 일정한 실질적인 누범의 요건 하에서 이를 긍정하였다.[18] 즉 개별 사건에서 행위자가 구체적인 경우, 종전 판결의 경고기능 위반이라는 관점에서 더 강한 책임비난이 이루어져야 할 사정이 인정되어야 한다는 것이다. 그 후 형법 제48조의 일반누범에 대한 가중조항은 폐지되었고, 단지 아동에 대한 성추행죄의 특별누범은 존치되어 있으며, 헌법에 합치되도록 제한해석을 하고 있다.[19]

누범 가중의 근거를 책임의 가중이고 판결의 경고기능으로 보는 이상, 책임능력이 미약한 경우나 판결의 경고기능을 받아들일 수 없는 의지박약자나 인격결함자에 대하여, 또는 고의범이 아닌 과실범에 대하여는 판결의 경고로 인한 형의 가중이 정당한지 의문이 제기된다.[20] 오히려 전형적인 누범자의 대부분은 그러한 결함이나 환경 등의 요인에 의하여 재범을 하는 경우라 할 것인데, 그러한 자가 종전 판결의 경고를 위반한 사실이 과연 책임의 가중사유가 될 수 있는지 여부에 대하여는 논란의 여지가 있다.

생각건대 누범에 대한 형의 일률적인 가중이 책임원칙에 배치되는 측면이 있고, 판결의 경고위반에 대한 책임비난은 재범이 경고의 무시로 인하여 보다 강하게 비난받을 수 있을 때에만 가능한 것이라는 점에서 사회적 도움의 결여로 인한 누범에 대하여는 책임비난이 가중될 근거가 박약하다. 궁극적으로 입법론상 누범

16 Ernst-Walter Hanack, "Das Juristische Konzept der sozialtherapeutischen Anstalt und der sonstigen Maβregeln im neuen Strafrecht", Kriminologische Gegenwartsfragen, Bd. 10, S. 71.

17 Baumann/Weber, Strafrecht, Allgemeiner Teil, 9. Aufl.(1985), S. 642.

18 BVerfGE 50, 134.

19 Schönke/Schröder/Stree, Strafgesetzbuch Kommentar, 2019(30 Aufl.), Bd. 1. §176a, Rn. 6, 7.

20 원형식, "상습범과 누범의 가중처벌의 문제", 형사법연구, 한국형사법학회, 제22호(2014), 572 참조.

가중 규정을 폐지하는 것이 바람직하고, 이를 유지하는 경우에도 책임원칙과의 조화를 위하여 종전 판결의 경고기능 위반이라는 관점에서 더 강한 책임비난이 이루어져야 할 사정. 즉 실질적 누범요건을 명시하는 것이 바람직하다.[21] 현행법의 누범도 책임주의의 합헌적 해석의 요청에 따라 쓰여지지 않은 요건으로 실질적 누범요건을 요구하는 것이 고려되어야 할 것이다.

Ⅲ. 누범에 대한 형사정책적 대응

누범현상의 격증[22]으로 인하여 누범, 특히 상습누범에 대한 대책은 형사정책의 가장 중요한 과제가 되고 있다. 상습누범에 대한 형사정책적 대응으로는 형의 가중과 부정기형 및 보안처분의 세 가지 방법이 있으며,[23] 누범현상을 누범에 대한 형의 가중으로 대처하는 것이 타당한지에 대하여 논의가 있다.

누범 가중의 근거를 행위자책임에 근거한 것이라고 보는 입장에서는 형사정책적으로 누범에 대한 형의 가중은 무의미하다고 볼 수밖에 없으므로, 누범규정을 삭제하여야 하고, 사회방위와 특별예방의 관점에서 '보안처분'으로 누범현상에 대처하여야 한다고 주장한다.[24] 한편 누범가중을 행위책임에 근거한 것이라고 보는 입장에서도 현재 사회보호법상 보호감호는 폐지되었지만 특별법상 동종의 누범에 대한 형벌가중을 통하여 재범의 위험에 강력히 대처하고 있으므로, 재사회화 이념의 형사정책적 발전경향을 고려하여 형법상의 일반누범의 가중규정은 삭

21 이재상 외 2인, 형법총론(제9판), 박영사(2017), 606; 정영일, 형법강의(총론)(제3판), 학림(2017), 347 등. 한편 박상기, 형법총론(제9판), 박영사(2012), 530; 임웅, 형법총론(제10정판), 법문사(2018), 686은 누범규정을 존치하더라도 독일 구 형법과 같이 고의범에 국한해야 한다고 주장한다.

22 누범개념을 광의로 파악하여 우리나라의 '범죄의 누범화 현상'을 살펴보면, 형법범 내의 누범구성비가 1970년 7.2%, 1980년 27.5%, 1990년 45.1%로서 급격한 상승추세를 보이고 있으며, 누범의 '중누범화현상'도 뚜렷하여 전과 4범 이상인 중누범이 누범 중에 차지하는 비율은 1970년 8.4%, 1980년 18.8%, 1990년 34.7%로서 심각한 범죄문제로 대두하고 있으며[임웅, 누범수형자의 효율적 관리방안(1993), 15 참조], 지금도 다르지 않다.

23 이재상, 사회보호법론, 경문사(1981), 80-90.

24 송문호, 형법개정과 상습누범, 형사정책연구 제81호, 형사정책연구원, 5-32 참조; 상습누범에 대하여 폐지된 사회보호법상 보호감호제 내지 독일의 보안감호제의 도입이 주장되었다. 법무부의 2011년 형법 개정초안에 의하면, 누범 및 상습범에 관한 규정을 삭제하고, 방화, 살인 등의 죄로 징역 1년 이상의 실형을 3회 이상 선고받고 그 형기의 합계가 5년 이상인 자가 최종형의 전부 또는 일부의 집행을 받거나 그 집행이 면제된 후 5년 안에 방화, 살인 등의 죄를 고의로 범하여 1년 이상의 징역을 선고하는 경우 또는 일정한 죄에 관하여 상습성이 인정되는 경우에는 보호수용을 선고하도록 하는 제도가 구상되었다. 일본은 상습누범에 대하여 부정기형의 도입을 규정한 1974년 개정초안이 나온 적이 있었다.

제하여야 한다는 견해가 유력하다.[25]

바람직한 형사정책 내지 사회정책이 대안으로 제시될 수 없는 이상, 일정한 경우 재범을 무겁게 처벌하는 것은 책임원칙에 부합하지 않는다고 볼 수 없고, 형사정책상으로도 불가피한 측면이 있다. 그러나 보호수용 등의 보안처분에 의하여 누범이나 상습범에 관한 대책을 전담하게 하는 것은 보안처분제도의 현상에 비추어 과중한 부담을 주는 것이다.[26] 그리고 일반예방의 관점에서 누범에 대한 형의 가중이 누범의 격리로 인한 사회방위나 범죄억지에 실효성이 있다거나 특별예방의 관점에서도 범죄자의 사회복귀에 도움이 된다고 볼 증거도 없다. 특히 특별법상 동종의 누범 가중규정을 적용하고 다시 형법상 일반누범의 가중을 하는 실무례는 이중평가와 형벌의 과잉이라는 문제가 있다. 궁극적으로는 누범 가중규정을 폐지하되, 이를 유지하는 경우에도 실질적 누범요건을 입법론이나 해석론으로 요구하는 것이 바람직함은 앞에서 지적하였다.

25 손동권, "상습범 및 누범에 관한 형벌가중의 문제점", 형사판례연구(4), 112-113; 김대성, 누범규정에 대한 비판적 고찰, 중앙대법학연구원 법학논문집 제40권 제1호, 181-204 참조.

26 이재상 외 2인, 형법총론(제9판), 박영사(2017), 607.

제35조 [누범]

① 금고 이상의 형을 받어 그 집행을 종료하거나 면제를 받은 후 3년내에 금고 이상에 해당하는 죄를 범한 자는 누범으로 처벌한다.
② 누범의 형은 그 죄에 정한 형의 장기의 2배까지 가중한다.

[관련조문] 폭력행위 등 처벌에 관한 법률 제2조 제3항, 제3조 제4항(2016. 1. 6. 개정), 특정범죄 가중처벌 등에 관한 법률 제5의4 제5항, 제5조의5(전문개정 2010. 3. 31), 제5조의4 제6항(2005. 8. 4. 신설), 특정강력범죄의 처벌에 관한 특례법 제3조(2014. 1. 7. 개정), 환경범죄 등의 단속 및 가중처벌에 관한 법률 제8조, 보건범죄 단속에 관한 특별조치법 제3조의 2.

[참고문헌] 大塚 仁 外, 大コンメンタール, 第4卷, 青林書院, 第4版(2013); Schönke/Schröder/Stree, Strafgesetzbuch Kommentar, Verlag C. H. Beck München, 2019(30 Aufl.), Bd. 1.

Ⅰ. 누범 가중의 요건

형법 제35조 제1항은 누범 가중의 요건을 규정하고 있다. 이에 의하면 금고 이상의 형을 받아 그 집행을 종료하거나 면제를 받은 후 3년 내에 금고 이상에 해당하는 죄를 범한 때에 누범으로 처벌된다. 형법은 누범이 성립하기 위한 형식적 요건만을 규정하고 실질적 요건은 명시적으로 요구하지 않고 있으며, 아직 판례와 학설상으로도 인정되지 않고 있음은 전술한 바와 같다.

1. 전범(前犯)에 대한 요건

가. 금고 이상의 형을 선고받았을 것

전범의 형은 금고 이상의 형일 것을 요한다. 여기서 금고 이상의 형이란 선고형을 의미한다. 따라서 금고보다 가벼운 형인 자격상실, 자격정지, 벌금, 구류, 과료 또는 몰수에 해당하는 형을 선고받은 때에는 처음부터 누범관계가 성립하지 않는다. 금고 이상의 형이란 유기징역과 유기금고를 말한다. 사형과 무기징역 또는 무기금고도 금고 이상의 형에 속하지만 이러한 형을 선고받은 자가 감형으로 인하여 유기징역이나 유기금고로 되거나 특별사면 또는 형의 시효로 그 집행이 면제된 때에는 누범의 요건을 충족할 수 있다.

금고 이상의 형을 선고받은 이상 적용된 법률이 형법인가 특별법인가는 묻지 않는다. 따라서 군사법원의 판결에 의하여 징역형을 선고받은 때에도 누범가중사유가 될 수 있다. 소년법에 의한 부정기형을 선고받은 때에도 같다. 전범이 고의범인가 과실범인가도 불문하고, 전과의 수도 문제되지 않는다.

나. 형의 선고가 유효할 것

금고 이상의 형을 선고받았을 것을 요하므로 형의 선고는 유효하여야 한다. 따라서 이미 실효된 형은 누범의 전과가 될 수 없고(대법원 2002. 10. 22. 선고 2002감도39 판결),[1] 일반사면에 의하여 형 선고의 효력이 상실된 때에는 그 범죄는 누범의 전과가 될 수 없다(대법원 1965. 11. 30. 선고 65도910 판결).[2] 선고유예가 취소 또는 실효되지 않고 그 기간을 경과하면 면소되고(형법 제60조), 집행유예의 선고를 받은 자가 그 선고의 실효 또는 취소됨이 없이 유예기간을 경과한 때에도 형의 선고는 효력을 잃으므로(형법 제65조), 선고유예나 집행유예의 기간이 경과한 경우에 다시 죄를 범하여도 누범이 될 수는 없다(대법원 1970. 9. 22. 선고 70도1627 판결). 따라서 집행유예의 판결을 받고 그 기간 경과 후 다시 범죄를 저지른 행위는 집행유예된 범죄와의 사이에 누범관계가 성립하지 아니한다.

그러나 복권은 일반사면의 경우와 같이 형 선고의 효력을 상실시키는 것이 아니라 형 선고의 효력으로 인하여 상실 또는 정지된 자격을 회복시키는 것에 지나지 아니하므로 복권이 있었다고 하더라도 그 전과사실은 누범 가중사유에 해당한다(대법원 1981. 4. 14. 선고 81도543 판결). 특별사면은 형 선고의 효력을 상실시키는 것이 아니라 형을 면제시켜 주는 것이므로 특별사면이 있었어도 그 전과사실은 누범 가중사유에 해당된다(대법원 1986. 11. 11. 선고 86도2004 판결).[3] 한편 금고

1 특정범죄 가중처벌 등에 관한 법률 제5조의4 제5항은, 형법 제329조 내지 제331조와 제333조 내지 제336조, 제340조, 제362조의 죄 또는 그 미수죄로 3회 이상 징역형을 받은 자로서 다시 이들 죄를 범하여 누범으로 처벌할 경우도 제1항 내지 제4항과 같다고 규정하고 있고, 한편 형의 실효 등에 관한 법률에 의하여 형이 실효된 경우에는 형의 선고에 의한 법적 효과가 장래에 향하여 소멸되므로 형이 실효된 후에는 그 전과를 특정범죄 가중처벌 등에 관한 법률 제5조의4 제5항 소정의 징역형의 선고를 받은 경우로 볼 수는 없다. 대법원 1982. 3. 23. 선고 82도235, 82감도46 판결(공1982, 618), 대법원 1983. 4. 26. 선고 83도144, 83감도35 판결(공1983, 932), 대법원 1983. 9. 13. 선고 83도1840, 83감도339 판결(공1983, 1549)등도 같다.

2 대법원 1964. 3. 31. 선고 64도34 판결(집12-1, 형4), 대법원 1965. 4. 6. 선고 65도163 판결 참조.

3 형의 선고를 받은 자가 특별사면을 받아 형의 집행을 면제받고 또 후에 복권이 되었다 하더라도 형 선고의 효력이 상실되는 것은 아니므로 실형을 선고받아 복역하다가 특별사면으로 출소한 후 3년 이내에 다시 범죄를 저지른 자에 대한 누범가중은 정당하다.

이상의 형을 선고받아야 하므로 벌금형을 선고받은 때에는 이로 인하여 대체자유형인 노역장유치가 집행되었다고 하더라도 누범 가중사유가 되지 않는다. 또한 확정판결은 재심판결이 선고되면 당연히 효력을 상실하므로, 확정판결에 의한 형의 집행이 끝난 후 3년 내에 이루어진 범행에 대하여 누범의 전과가 될 수 없다(대법원 2017. 9. 21. 선고 2017도4019 판결).

다. 형의 집행을 종료하거나 면제받았을 것

선고된 금고 이상의 형은 집행이 종료되었거나 집행을 면제받았을 것을 요한다. 형의 집행을 종료하였다고 함은 형기가 만료된 경우를 말하며, 형의 집행을 면제받은 경우로는 형의 시효가 완성된 때(형법 제77조), 특별사면에 의하여 형의 집행이 면제된 때(사면법 제5조 제1항 제2호), 외국에서 형의 집행을 받았을 때(형법 제7조), 형법 제6조 단서에 따른 형집행의 면제가 있는 경우 등을 들 수 있다.

전형은 집행이 종료 또는 면제되었을 것을 요하므로 전형의 집행 전이나 집행 중, 집행정지 처분 중에 다시 죄를 범하여도 누범이 될 수는 없다. 따라서 금고 이상의 형에 대한 집행유예 판결을 선고받아 그 유예기간 중에 있는 자는 형의 집행 전이거나 또는 미결구금일수의 산입에 의하여 형의 일부를 집행 받는데 불과하므로 집행유예 기간 중에 죄를 범하였다고 하여 누범이 될 수 없다.[4] 다만, 집행유예가 취소되어 징역형의 집행이 종료된 때에 비로소 누범의 전과가 될 수 있다. 전범의 형의 집행 중 또는 집행 정지 중에 범한 죄도 누범이 아니다. 따라서 복역 중에 도주하여 범한 죄나 교도소 안에서 범한 죄는 누범이라고 할 수 없다. 마찬가지로 선고유예기간 중의 범행이나 선고유예기간 도과 후의 범행에 대해서는 누범이 성립될 수 없으나, 선고유예가 실효되어 유예된 형을 선고하고 그 형의 집행을 종료할 때, 이는 누범 가중사유인 전과사실이 될 수 있다.

한편 가석방된 자가 가석방기간 중에 다시 죄를 범한 경우도 형 집행 종료 후의 범죄가 아니므로 누범이 될 수 없다.[5] 그러나 가석방이 취소되지 않고 잔형기를 경과한 때에 형의 집행은 종료한 것으로 간주되므로(형법 제76조 제1항), 가석방기간 후 누범가중을 할 수 있고, 가석방이 취소되거나 실효되어 잔형기 동안 복

4 대법원 1965. 10. 5. 선고 65도676 판결(집13-3, 형33), 대법원 1968. 11. 5. 선고 68도1266 판결, 대법원 1979. 2. 27. 선고 78도3195 판결, 대법원 1983. 8. 23. 선고 83도1600 판결(공1983, 1462) 참조.

5 대법원 1974. 7. 16. 선고 74도1531 판결, 대법원 1976. 9. 14. 선고 76도2158 판결, 대법원 1976. 9. 14. 선고 76도2071 판결(공1976, 9373) 참조.

역해야 할 때 그 집행이 종료함으로써 누범 가중사유인 전과사실이 될 수 있다.

2. 후범(後犯)에 대한 요건

가. 금고 이상에 해당하는 죄를 다시 범할 것

누범으로서 판결의 대상이 되는 범죄는 금고 이상의 형에 해당하는 죄일 것을 요한다. 여기서 금고 이상에 해당하는 죄의 의미에 관하여는 법정형을 의미한다는 견해도 있으나, 판례와 다수설에 의하면 선고형을 뜻한다.[6] 대법원은 "형법 제35조 제1항에 규정된 금고 이상에 해당하는 죄라 함은 유기금고형이나 유기징역형으로 처단할 경우에 해당하는 죄를 가리키는 것"이고(대법원 1982. 7. 27. 선고 82도1018 판결),[7] "법정형 중 벌금형을 선택하는 경우에는 누범가중을 할 수 없다"고 한다(대법원 1982. 9. 14. 선고 82도1702 판결).

나. 전범의 형 집행 종료 또는 면제 후 3년 이내에 범하여 졌을 것

전범의 형의 집행을 종료하거나 면제를 받은 후 3년 이내에 후범이 행하여질 것을 요한다. 따라서 전범 전과 이전에 죄를 범한 경우는 물론 형 집행 종료 후 3년이 경과된 후에 다시 죄를 범한 경우는 누범에 해당한다고 할 수 없다.

그 기간의 기산점은 전범의 형 집행을 종료한 날 또는 형 집행을 면제받은 날로부터 기산하는 것이 다수의 견해이지만,[8] 법문상 형 집행의 종료 또는 면제 '후'로 되어 있고 형법 제62조 제1항 단서의 해석론과의 균형상 누범기간의 기산점은 형 집행이 종료된 다음날이라고 보는 것이 타당하다.[9]

후범의 범죄형태가 기수이건 미수이건, 정범이건 공범이건 불문하고, 금고 이상에 해당하는 죄를 범한 시기는 실행의 착수시를 기준으로 결정하되 예비 음모를 처벌하는 범죄의 경우, 이 기간 내에 예비 음모가 있었을 때에는 누범의 요건

6 이재상 외 2인, 형법총론(제9판), 박영사(2017), 610 등 통설.

7 형법 제35조 제1항에 소위 금고 이상에 해당하는 죄라 함은 유기금고형이나 유기징역형으로 처단할 경우에 해당한 죄를 지칭한다 할 것이므로 그 죄에 정한 형 중 선택한 형이 동조 제2항에 따라 그 형기를 가중할 수 없는 사형이나 무기형인 경우는 물론 금고 이하의 자격형이나 재산형인 경우에도 누범 가중의 대상이 될 수 없고 또 그 가중대상이 되는 금고 이상의 형과 그 이하의 형이 병과된 경우라 할지라도 누범 가중의 기본형이 되는 것은 전자에 국한한다.

8 이재상 외 2인, 형법총론(제9판), 박영사(2017), 611 등 통설.

9 대구고등법원 1986. 12. 10. 선고 86노1347 판결(하집 1986-4, 391), 일본 형법 제56조 제1항은 명시적으로 "집행을 종료한 날 또는 집행의 면제를 받은 날로부터"라고 되어 있으나, 일본 판례는 익일설을 채택하고 있다. 日最判 1982. 3. 11.(刑集 36-1, 253); 大塚 仁 外, 大コンメンタール, 第4巻, 青林書院, 第4版(2013), 429 이하 참조.

을 충족하였다고 할 것이다.[10] 포괄적 일죄, 상상적 경합의 경우 최초 행위의 실행의 착수가 3년 이내에 있으면 누범에 해당된다. 포괄일죄의 일부 행위가 누범기간 전에 이루어지고 나머지 행위가 누범기간 내에 행하여진 경우 누범기간 내에 범죄의 실행행위가 있는 이상 그 행위 전부가 누범관계에 있다고 보아야 한다.[11]

실체적 경합의 경우에는 누범기간 내에 행하여진 범죄에 대해서만 누범이 됨이 당연하다. 상습범에 대하여는 상습범 중의 일부 행위가 누범기간 내에 이루어진 이상 나머지 행위가 누범기간 경과 후에 행하여졌더라도 그 행위 전부가 누범관계에 있다(대법원 1982. 5. 25. 선고 82도600, 82감도115 판결).[12]

3. 실질적 누범요건(實質的 累犯要件)

아직 우리나라의 판례와 학설이 인정하지 않고 있는 것이지만, 누범가중 규정을 합헌적으로 제한 해석한다면, 독일 연방헌재의 판례에 나타난 실질적 누범요건, 즉 개별 사건에서 행위자가 구체적인 경우 종전 판결의 경고기능 위반이라는 관점에서 더 강한 책임비난이 이루어져할 사정이 인정되어야 한다는 합헌적 해석이 가능하고, 입법론으로도 제시될 수 있음은 앞에서 지적하였다.

동종의 누범 내지 특별누범의 경우는 그 요건상 범죄적 일관성을 요구하고 있으나, 우리 형법 상의 일반누범은 이종의 누범에 관하여 범죄적 연관성을 명시적으로 요구하지 아니한다. 만일 위와 같은 해석론이나 입법론에 따라 실질적 누범요건을 인정한다면 이종의 누범의 경우, 전범과 후범 사이에 범죄적 연관성이 있을 것을 요한다고 볼 것이다.[13] 반드시 후범이 전범과 같은 죄명이거나 죄질을 같이 하는 동종의 범죄일 것을 요하지 않지만, 범죄적 연관성이란 매우 모호하고 판단하기 어려운 면이 있다. 구체적으로는 판결의 경고기능 위반이나 범죄적 에너지의 표출이라는 점에서 후범이 고의범이 아니라 단순한 과실범인 때에는 실질적 누범요건에 해당되지 않는 경우가 많을 것이고, 책임능력이 미약하여 종전 판결의 경고를 이해하지 못하는 경우도 요건의 결여가 인정될 수 있을

10 이재상 외 2인, 형법총론(제9판), 박영사(2017), 611 등 통설.

11 日最判 1968. 11. 7.(刑集 22-12, 1335)

12 대법원 1976. 1. 13. 선고 75도3397 판결(공1976, 8988)도 같다.

13 Schönke/Schröder/Stree, Strafgesetzbuch Kommentar, Verlag C. H. Beck München, 2019(30 Aufl.), Bd. 1, §48 Rn. 18.

것이다.

실질적 누범요건을 심리·판단하기 위하여는 전범의 범죄사실과 후범의 죄질이나 정도를 비교하는 것뿐만 아니라 시간적 간격 및 내적 연관성 등이 심사되어야 하고, 그 밖에 책임비난을 위하여 피고인의 심리적 요소와 성격적 특성 및 생활환경 등이 전체적으로 평가되어야 할 것이다.

Ⅱ. 누범의 효과

1. 누범의 처벌 - 형의 가중

누범의 형은 그 죄에 정한 형의 장기의 2배까지 가중한다. 다만, 개정된 형법 제42조 단서에 의하여 그 장기가 50년을 초과할 수 없다. 이때 형법은 누범의 형에 대하여 장기만을 가중하고 있으므로 누범이라 하여 형의 단기까지 가중되는 것은 아니다. 즉 그 처단형은 그 죄에 정한 단기 이상, 그 죄에 정한 장기의 2배 이하가 된다. 따라서 법정형이 '~년 이상'으로 된 중죄의 경우에는 법관의 양형 선택의 폭에 큰 영향이 없고, 법정형이 '~년 이하'로 된 경죄의 경우에만 장기가 그대로 2배 가중되어 그 실질적 의미가 있다고 할 수 있다. 그러나 특별형법인 특정강력범죄의 처벌에 관한 특례법 제3조나 특정범죄 가중처벌 등에 관한 법률 제5조의4 제6항 등의 경우에 해당하는 누범은 장기뿐만 아니라 단기까지도 2배 가중된다.

누범으로 가중되는 형은 법정형을 의미하며 선고형을 뜻하는 것은 아니므로 누범 가중의 경우라 하여 반드시 그 형의 법정형을 초과하여야 하는 것이 아니라, 법원은 단기까지의 범위에서 선고형을 정할 수 있다. 또 누범에 대하여 법률상 또는 재판상의 감경을 할 수 있음은 당연하다. 이때 누범이 수죄인 경우, 법령적용의 순서에 따라 상상적 경합의 경우에는 가장 중한 죄의 형으로 처단한 후 누범가중을 하고, 실체적 경합의 경우에는 먼저 누범 가중을 한 후 법률상 가중, 감경을 하고나서 경합범 가중을 하는 것이 확립된 실무이다.

한편 누범이 수죄인 경우 그 중 가장 중한 죄의 소정형에서 무기징역형을 선택하는 이상, 무기징역형으로만 처벌하여야 하고, 무기징역형을 선택한 후 형법 제56조 제6호의 규정에 의하여 작량감경을 하는 경우에는 형법 제42조의 규정에 의하여 유기징역형의 상한을 초과한 징역형은 선고할 수 없다(대법원 1992. 10. 13.

선고 92도1428 전원합의체 판결).[14]

2. 소송법적 효과

가. 필요적 가중사유(형법 제35조 제2항)

누범 가중은 필요적이므로 누범에 해당함에도 불구하고 누범 가중을 하지 않거나, 특정강력범죄의 처벌에 관한 특례법상의 누범에 해당하여 필요적으로 단기의 2배를 가중하여야 함에도 불구하고 형법상의 누범 가중만을 하는 경우는 모두 법령적용의 잘못으로 판결에 영향을 미치는 경우에 해당하여 판결의 파기사유가 된다.

나. 누범가중의 부수적 문제

1) 공소장에 누범 가중사유가 되는 전과가 기재되어 있지 않을 경우 불고불리의 원칙에 의하여 공소장변경 없이는 누범 가중을 할 수 없는지 여부가 문제된다.

이는 누범 가중사유가 되는 전과의 성질과 관련되는데 전과사실은 형벌권의 범위를 정하는 범죄사실이라고 보는 견해와 범죄사실이 아니므로 진술에 대한 판단만 명시하면 족하다고 하는 견해가 있었으나, 누범 가중의 사유가 되는 전과를 범죄사실이라고 할 수는 없고, 다만 법률상 형의 가중사유로서 형벌권의 범위를 정하는 중요사실에 해당할 뿐이라고 보아야 한다.[15] 따라서 누범 전과사실 그 자체는 범죄사실이 아니므로 불고불리의 원칙이 적용되지 아니하며, 공소장에 기재되지 않은 전과사실을 인정하고 피고인을 누범으로 처벌할 수 있다(대법원 1971. 12. 21. 선고 71도2004 판결).

2) 누범 전과는 범죄사실이 아니지만 법률상 형의 가중사유이므로 누범 가중시 누범 전과사실을 명시하지 않은 것은 위법하고(대법원 1966. 12. 6. 선고 66도1430

14 형법 제38조 제1항 제1호는 경합범 중 가장 중한 죄에 정한 형이 사형 또는 무기징역이나 무기금고인 때에는 가장 중한 죄에 정한 형으로 처벌하도록 규정하고 있으므로, 경합범 중 가장 중한 죄의 소정 형에서 무기징역형을 선택한 이상 무기징역형으로만 처벌하고 따로이 경합범 가중을 하거나 가장 중한 죄가 누범이라 하여 누범 가중을 할 수 없음은 더 말할 나위도 없고, 위와 같이 무기징역형을 선택한 후 형법 제56조 제6호의 규정에 의하여 작량감경을 하는 경우에는 같은 법 제55조 제1항 제2호의 규정에 의하여 7년 이상의 징역으로 감형되는 한편, 같은 법 제42조의 규정에 의하여 유기징역형의 상한은 15년이므로 15년을 초과한 징역형을 선고할 수 없다(이는 구 법 하의 판례이고, 개정 형법에 의하여 유기징역형의 상한이 30년으로 상향되었다).

15 이재상 외 2인, 형법총론(제9판), 박영사(2017), 612 등 통설.

판결),[16] 누범 가중을 할 때 누범의 시기와 집행종료 관계를 명시하여야 함도 당연하다. 만일 실질적 누범요건을 요구하는 경우에는 그 요건을 재판상 심리하고 판단하여야 할 것이지만, 요건이 인정되어 누범 가중을 하는 이상 판결에 그 판단근거를 명시할 필요까지는 없다고 본다. 다만 실질적 누범요건을 인정하는 경우, 그 요건이 결여되어 누범 가중을 하지 않는 경우에는 이를 배척하는 판단을 명시하여야 할 것이다.

3) 누범 전과는 형벌권의 범위를 정하는 중요사실이므로 엄격한 증명을 요한다.[17] 누범 전과는 대개 전과조회서에 나와 있으나, 그 전과사실은 피고인의 자백에 의하여 인정할 수 있고, 이에 대한 보강증거가 있어야 하는 것도 아니다.[18] 실무상 전과사실을 범죄사실의 모두에 적시하고 그 인정자료를 증거의 표목에 적시하고 있다. 실질적 누범요건을 요구하는 경우에도 그 요건의 판단을 위한 사실관계는 자유로운 증명으로 족하다고 할 것이다.

4) 기타 판결문에서 수개의 누범 전과의 적시 요령

처단할 죄가 여러 개 있고 전과가 여러 개 있을 때에는 어느 죄가 어느 전과와의 관계에서 누범에 해당하는지를 명시하고 처단할 여러 죄 중 일부만이 누범에 해당하는 경우에는 그 일부에 대하여만 누범가중을 해야 하므로 그것을 특정하여야 한다.

16 日最判 1964. 5. 23.(集 18-4, 166)도 같다.
17 日最判 1958. 2. 26.(集 12-2, 316)
18 대법원 1981. 6. 9. 선고 81도1353 판결(공1981, 14068), 대법원 1979. 8. 21. 선고 79도1528 판결(공1979, 12202), 日最決 1954. 12. 24.(集 8-13, 2343).

제 36 조 [판결선고후의 누범발각]

판결선고후 누범인 것이 발각된 때에는 그 선고한 형을 통산하여 다시 형을 정할 수 있다. 단, 선고한 형의 집행을 종료하거나 그 집행이 면제된 후에는 예외로 한다.

[참고문헌] 김대성, 누범규정에 대한 비판적 고찰, 중앙대법학연구원 법학논문집 제40권 제1호, 181 이하; 김대휘, "특별누범의 처단" 형사판례연구(16), 박영사(2008); 김일수, "특정강력범죄의 처벌에 관한 특례법 제3조 누범의 직권 적용 여부", 재판과 판례 제25집(2016), 대구판례연구회, 423-446; 김정환, "형법상 누범규정에 대한 특별관계로서 특별법상 누범규정의 해석", 형사법연구 제26권 제3호(2014); 손동권, "상습범 및 누범에 관한 형벌가중의 문제점". 형사판례연구(4); 송문호, 형법개정과 상습누범, 형사정책연구 제81호, 형사정책연구원; 법원실무제요 형사Ⅱ, 법원행정처, (2008); 大塚 仁 外, 大コンメンタール, 第4卷, 青林書院, 第4版(2013).

Ⅰ. 제도의 취지

판결선고 후 누범인 것이 발각된 때에는 그 선고한 형을 통산하여 다시 형을 정할 수 있다. 본조는 피고인이 재판 시에 타인의 인적 사항을 모용하거나 기타 사위에 의하여 전과사실을 은폐하여 누범 가중을 면하고 재판확정 후에 누범인 것이 발각된 경우에 대비하고, 전과사실의 확정에 재판이 집중되고 재판이 부당하게 지연되는 폐해를 막기 위하여, 재판확정 후에 누범인 것이 발각된 때에도 누범가중의 원칙에 따라 이미 선고한 형을 가중할 수 있도록 한 것이다.

그러나 본조는 재판 시에 전과를 은폐하여 누범 가중을 면한 피고인뿐만 아니라 피고인이 전과를 자백하였으나 법관의 잘못에 의하여 누범 가중규정이 적용되지 않은 경우에도 적용된다. 다만, 이미 선고한 형의 집행을 종료하거나 그 집행이 면제된 후에 누범인 것이 발각된 때에는 다시 형을 정할 수 없다. 이 경우에도 형을 가중하는 것은 범죄인에게 지나치게 가혹하고 이미 자유를 회복하여 사회에 복귀되어 있는 범죄인의 현 상태는 존중되어야 한다는데 근거가 있다.

Ⅱ. 일사부재리의 원칙과의 관계

본조는 이미 확정판결에 의하여 선고한 형을 다시 가중한다는 점에서 헌법이 보장하고 있는 일사부재리의 원칙(헌법 제13조 제1항)에 반하지 않느냐가 문제된다.

이에 대하여 확정판결 후 누범인 사실이 발각되어 새로운 사정에 기하여 가중형만을 추가하는 것은 일사부재리의 원칙에 저촉된다고 할 수 없고, 다만 인권보장과 법적 안정성의 측면에서 입법론으로는 재고할 여지가 있다는 견해가 있다.[1]

그러나 형벌권의 존부와 범위에 관한 사실에 대하여 검사에게 거증책임을 지우고 형사피고인에 대하여 진술거부권을 보장하고 있으면서, 피고인이 누범 전과를 은폐하였다고 하여 가중형을 추가하는 것은 불이익한 진술을 강요하는 결과가 되고, 동일한 범죄에 대하여 새로운 사정만을 이유로 가중형을 추가하는 것은 동일한 범죄를 거듭 처벌하는 것으로서 일사부재리의 원칙에 정면으로 위배된다는 견해가 다수이다.[2] 스위스 형법 또는 오스트리아 형법에는 이러한 규정이 없으며, 일본 형법 제58조도 재판 확정 후 불이익변경이 되는 것은 일사부재리의 원칙에 반한다는 이유로 1947년의 형법 개정에 의하여 폐지되었다.[3]

Ⅲ. 누범 발각에 의하여 형을 다시 정하는 절차

누범 발각에 의하여 다시 형을 정하는 절차는 형사소송법의 규정에 의한다. 즉 검사는 그 범죄사실에 대하여 최종 판결을 한 법원에 청구하고(제336조 제1항), 최종 판결법원이 사건을 관할하되 합의부 관할사건은 합의부가 결정한다. 법원이 위 결정을 함에 있어서는 피고인 또는 그 대리인의 의견을 물은 후에 결정하여야 한다(제336조 제2항, 제335조 제2항). 형사소송법 제336조 제2항이 제335조 제3항을 준용하지 아니하므로 법원의 결정에 대하여는 즉시항고가 불가능하며 보통항고만이 가능하다.[4]

1 정성근/박광민, 형법총론(제2판), 성균관대학교출판부(2015), 686.
2 이재상 외 2인, 형법총론(제9판), 박영사(2017), 614 등 다수설.
3 大塚 仁 外, 大コンメンタール, 第4巻, 青林書院, 第4版(2013), 441.
4 법원실무제요 형사Ⅱ, 법원행정처(2008), 466.

[후론: 특별법상의 누범]

형법상의 일반누범의 규정 외에도 아래의 각 특별법이 형법에 대한 특별규정으로 특별누범의 처벌을 규정하고 있는데, 특별법이 형법에 우선하여 적용되지만, 형법상 일반누범의 요건에 해당되는 경우에 또 다시 형법상 누범 가중을 할 것인지 문제가 된다.

Ⅰ. 폭력행위 등 처벌에 관한 법률

폭력행위등처벌에관한법률 제2조 제3항(2016. 1. 6. 개정)에 의하면, 형법 각 해당 조항 및 각 해당 조항의 상습범, 특수범, 상습특수범(각 해당 조항의 상습범의 미수범, 특수범의 미수범, 상습특수범의 미수범을 포함한다)을 위반하여 2회 이상 징역형을 받은 사람이 다시 제2항 각 호에 규정된 죄를 범하여 누범으로 처벌할 경우에는 각 호의 구분에 따라 가중처벌하고, 같은 법 제3조 제4항(2016. 1. 6. 개정)에 의하면, 형법 각 해당 조항 및 각 해당 조항의 상습범, 특수범, 상습특수범(각 해당 조항의 상습범의 미수범, 특수범의 미수범, 상습특수범의 미수범을 포함한다)을 위반하여 2회 이상 징역형을 받은 사람이 다시 다음 각 호의 죄를 범하여 누범으로 처벌할 경우에는 각 호의 구분에 따라 가중 처벌한다고 되어 있다.

Ⅱ. 특정범죄 가중처벌 등에 관한 법률

특정범죄가중처벌등에관한법률 제5조의4(상습강도, 절도죄 등의 가중처벌; 2016. 1. 6. 개정) 제5항에 의하면, 형법 제329조부터 제331조까지, 제333조부터 제336조까지 및 제340조, 제362조의 죄 또는 그 미수죄로 세 번 이상 징역형을 받은 사람이 다시 이들 죄를 범하여 누범으로 처벌하는 경우에 각 호의 구분에 따라 가중처벌하고, 같은 법 제5조의5(강도상해 등 재범자의 가중처벌; 전문개정 2010. 3. 31)에 의하면, 형법 제337조, 제339조의 죄 또는 그 미수죄로 형을 선고받고 그 집행이 끝나거나 면제된 후 3년 내에 다시 이들 죄를 범한 사람은 사형, 무기 또는 10년 이상의 징역에 처한다고 되어 있다.[1]

그리고 2005. 8. 4. 신설되고 헌재 결정으로 2016. 1. 6. 개정된 특정범죄가중처벌등에관한법률 제5조의4 제6항에 의하면, 상습적으로 형법 제329조부터 제331조까지의 죄나 그 미수죄 또는 제2항의 죄로 두 번 이상 실형을 선고받고 그 집행이 끝나거나 면제된 후 3년 이내에 다시 상습적으로 형법 제329조부터 제331조까지의 죄나 그 미수죄 또는 제2항의 죄를 범한 경우에는 3년 이상 25년 이하의 징역에 처한다. 본 조항은 사회보호법이 폐지됨에 따라 종전에 보호감호의 주요 대상이었던 상습절도 등에 대한 처벌을 강화할 목적으로 신설된 것으로 보이고, 이른바 '상습누범'에 해당하는 것이다.

Ⅲ. 특정강력범죄의 처벌에 관한 특례법

구 특정강력범죄의처벌에관한특례법 제3조는 특정강력범죄로 형을 받아 그 집행을 종료하거나 면제받은 후 3년 이내에 다시 특정강력범죄를 범한 때에는 그 죄에 정한 형의 장기 및 단기의 2배까지 가중하도록 되어 있었다. 헌법재판소는 강도상해죄, 강도치상죄, 강도강간죄 또는 그 미수죄로 형을 받아 그 집행을 종료하거나 면제를 받은 후 3년 이내에 다시 강도상해죄 (또는 미수죄), 강도치상죄를 범한 경우에, 후범이 특정범죄가중처벌등에관한 법률위반(강도상해 등 재범)죄로 기소되었다면 특정범죄가중처벌등에관한법률상의 누범가중 규정을 적용하고 다시 특정강력범죄의처벌에관한특례법상의 누범가중을 하는 것은 책임원칙에 반하는 과잉형벌이고 형벌체계상의 균형성 및 평등원칙 위반이라는 이유로 한정위헌결정을 하였다(헌법재판소 2008. 12. 26. 선고 2007헌가10, 16 결정[2]). 그에 따라 2014. 1. 7. 위 조항은 "특정강력범죄로 형을 선고받고 그 집행이 끝나거나 면제된 후 3년 이내에 다시 특정강력범죄를 범한 경우(형법 제337조의 죄 및 그 미수의 죄를 범하여 특정범죄가중처벌등에관한법률 제5조의5에 따라 가중처벌되는 경우는 제외한다)에는 그 죄에 대하여 정하여진 형의 장기 및 단기의 2배까지 가중"하는 것으로 개정되었다.

1 헌법재판소 2012. 5. 31. 선고 2011헌바15,90 결정은 위 조항이 합헌이라고 결정하였다.

2 합헌이라는 소수의견이 있고, 대법원은 그 이전에 특정강력범죄의처벌에관한특례법 제3조 전부를 합헌이라고 판시한 바 있어(대법원 2005. 4. 14. 선고 2005도1258 판결), 헌재의 판단과 배치된다.

Ⅳ. 환경범죄 등의 단속 및 가중처벌에 관한 법률

환경범죄등의단속및가중처벌에관한법률 제3조 내지 제5조 또는 제7조의 죄로 금고 이상의 형을 선고받고 그 집행을 종료하거나 면제받은 후 3년 내에 위 법 제3조 제1항, 제4조 제3항 또는 제7조의 죄를 범한 자는 무기 또는 5년 이상의 유기징역에 처하고, 이 경우 제7조의 죄를 범한 자는 폐기물의 투기 또는 매립으로 인하여 취득한 가액의 2배 이상 10배 이하에 상당하는 벌금을 병과한다(제8조).

Ⅴ. 보건범죄 단속에 관한 특별조치법

보건범죄단속에관한특별조치법 제2조 또는 제3조의 죄로 형을 받아 그 집행을 종료하거나 면제받은 후 3년 내에 다시 제2조 제1항 제1호 또는 제3조 제1항 제1호의 죄를 범한 사람은 사형·무기 또는 5년 이상의 징역에 처한다(제3조의2).

Ⅵ. 특별법상 누범의 성격과 처단

특별법상의 누범은 전범과 후범이 죄질을 같이하는 동종의 누범에 대하여 특별하게 가중하는 경우로서 특별누범에 해당한다. 특별누범은 죄질을 같이 하는 경우뿐만 아니라 죄질을 달리하는 이종의 누범에 대하여도 형을 가중하는 형법상의 일반누범과의 관계가 문제 된다.

특정강력범죄의처벌에관한특례법상의 누범은 형법상 누범의 특칙으로서 이 규정이 적용되는 경우에 일반누범의 규정은 적용하지 않고 위 가중규정을 직권 적용할 것인지에 관하여 하급심 판례는 갈리고 있었다.

일찌기 대법원은, "특정강력범죄의처벌에관한특례법 제3조에 해당하는 피고인에 대하여는 형법 제35조가 아닌 특강법 제3조에 의한 누범 가중을 하여 처벌하여야 하고, 검사가 위와 같은 피고인을 기소하면서 공소장에 누범 가중에 대한 적용법조를 형법 제35조로 기재하였다고 하여 이에 구애받을 것은 아니다"(대법원 1999. 2. 12. 선고 98도4036 판결)라고 하여 직권 적용설을 채택하였었다.[3]

그런데 구 특정범죄가중처벌등에관한법률 제5조의4 제6항(같은 조 제1항, 제2

[3] 대법원 2012. 7. 5. 선고 2012도6154 판결도 같다. 이 판결에 대한 평석으로, 김일수, "특정강력범죄의 처벌에 관한 특례법 제3조 누범의 직권 적용 여부", 재판과 판례 제25집(2016), 대구판례연구회, 423-446.

항의 죄, 즉 상습 내지 공동하여 상습으로 형법 제329조 내지 제331조의 절도 내지 특수절도의 죄로 2회 이상 실형을 받아 그 집행을 종료하거나 면제받은 후 3년 이내에 같은 죄를 범한 때에는 그 죄에 정한 형의 단기의 2배까지 가중한다)도 누범 가중의 특칙인 특별누범의 규정으로 보아야 하는지 논란이 있었다. 대법원은 본 조항이 사회보호법의 폐지에 따라 종전에 보호감호의 주요대상이었던 상습절도에 대한 처벌을 강화할 목적으로 신설된 것으로 보이고, 또 조문의 체계가 일정한 구성요건을 정하는 형식으로 되어 있으며, 적용요건이나 효과가 형법 제35조와 달리 규정되어 있다는 이유로 이를 누범 가중이 아니라 별도의 새로운 구성요건을 창출한 것으로 보아야 한다고 판시하고 있다(대법원 2006. 4. 28. 선고 2006도1296 판결).[4] 즉, 위 조항을 누범 가중에 관한 형법 제35조를 보충하는데 불과한 규정으로 새길 것이 아니므로, 법원이 본 조항을 적용하기 위하여서는 검사가 공소장에 위 조항을 기재하거나 적용법조의 추가, 변경을 하여야 하고, 직권으로 적용할 것이 아니라고 한다. 나아가 대법원은 새로운 구성요건에 해당하는 위 범죄를 저지른 경우에는 누범에 해당하는 전과가 있는 것이므로, 특정범죄가중처벌등에관한법률 제5조의4 제6항에 정한 형에 다시 형법 제35조의 누범 가중을 한 형기범위 내에서 처단형을 정할 것이라고 한다(대법원 2006. 12. 8. 선고 2006도6886 판결[5]). 이러한 판례의 견해는 직권 적용에 의하여 예상하지 못하게 법정형이 상향되는 불이익을 당할 수 있으므로, '의심스러울 때는 피고인의 이익으로' 해석하고, 검사의 기소재량을 인정하며, 특히 단순누범으로 동조 제1항의 죄를 범한 경우보다 동조 제6항의 죄를 범한 경우에 단기는 2배 가중되지만 장기는 오히려 짧다는 모순이 있다는 점에 근거하고 있다.

그러나 본조 제6항은 본조 제1항, 제2항에 해당하는 상습범의 형벌 구성요건

4 대법원 1994. 9. 27. 선고 94도1391 판결 등도 구 특정범죄가중처벌등에관한법률 제5조의4 제5항의 규정 취지는 같은 법조 제1항, 제3항 또는 제4항에 규정된 죄 또는 그 미수죄로 3회 이상 징역형을 받은 자로서 다시 이를 범하여 누범으로 처벌할 경우에는 상습성이 인정되지 않은 경우에도 상습범에 관한 제1항 내지 제4항 소정의 법정형에 의하여 처벌한다는 뜻이라고 새겨지므로, 제1항 내지 제4항에 정한 형에 다시 형법 제35조에 의하여 누범가중한 형기범위 내에서 처단형을 정하는 것이 타당하다고 한다. 서울중앙지방법원 2006. 3. 17. 선고 2005고합1200 판결 등도 같은 취지.

5 위 견해에 입각하면 특정범죄가중처벌등에관한법률상의 특별누범이나 폭력행위 등 처벌에 관한 법률의 누범가중규정들도 일반누범의 특별규정이 아니라 새로운 구성요건의 창출로 보게 될 것이지만, 구 특정강력범죄의처벌에관한특례법 제3조에 대한 위 헌법재판소 2007헌가10,16 결정에서 특정강력범죄의 처벌에 관한 특례법상의 누범과 특정범죄가중처벌등에관한법률상의 누범을 이중 적용하는 것이 과잉처벌이라는 판단에 비추어 위 해석은 책임원칙에 반하고 헌법에 합치되지 않는다는 의심이 있다.

이외에 부가적으로 누범에 해당하는 요건도 포함하여 정해진 범죄와 처벌의 전력에 따라 형을 가중(단기의 2배까지)하고 있는 것인데, 이는 객관적 처벌조건에 유사한 형의 가중요건으로서 양형규정이고 진정한 구성요건이 아니라고 할 것이다. 위 조항의 누범에 해당하는 경우, 동시에 형법 제35조의 일반누범의 요건도 충족하고 있으므로, 위 조항의 특별누범으로 가중된 형에 다시 일반누범으로 가중을 한다는 것은 이중평가(Doppelverwertung) 및 그에 따른 과잉처벌이라는 비판을 면하지 못한다. 이 경우, 같은 전과가 이중평가되어 장기형이 두 번 가중되는 경우, 형법 제42조 후문에 따라 장기 징역 50년까지 처단형이 상향되고 선고형이 나올 수 있는 가능성도 있다. 그러나 위 특별법의 가중규정들은 재범이건 3범이건 동종의 누범 가중을 정한 특별규정으로서 특별누범이고, 형법상 일반누범의 요건도 포섭하고 있으므로, 이중적용을 하는 것은 특별법 우선의 원칙을 무시한 것이라고 생각된다.[6] 그리고 검사의 기소재량은 절대적인 것이 아니라 법원의 통제 하에 있는 것이고, 기소내용에 따라 법적용을 달리하는 것은 검사의 자의에 맡긴다는 비판을 받을 수 있으며, 특별법상 누범규정들에 대한 해석의 일관성에 문제가 있다. 그러므로 위 조항을 누범 가중의 특칙으로 보아 직권 적용을 인정하는 것이 타당하다.

그런데 위 특별법의 조항을 보충규정으로 해석하여 법원의 직권 적용을 긍정하는 하급심의 일부 판결은[7] 동조 제1항의 죄를 범한 경우보다 동조 제6항의 죄를 범한 경우에 단기는 2배 가중되지만 장기는 오히려 짧다는 문제 때문에 위 특칙에 의한 가중뿐만 아니라 일반누범의 가중도 다시 하고 있다. 그러나 형법 제42조의 개정으로 유기형의 장기가 15년에서 30년이 되어 단기형의 2배의 가중으로 장기형이 단기형보나 짧게 될 수 있는 모순도 해소되었다. 따라서 위 특별규정을 보충규정으로 보아 직권 적용을 인정하면서도 형법의 일반누범 규정을 다시 적용하여 이중의 가중을 하는 것은 가혹하다고 생각된다.

한편 대법원은, 구 특정범죄가중처벌등에관한법률 제5조의4 제5항의 취지는 동항에 해당하는 경우에는 상습성이 인정되지 않는 때에도 상습범에 관한 제1항 내지 제4항 소정의 법정형으로 처단한다는 뜻이므로, 특정범죄 가중처벌 등에 관

6 부산고등법원 2006. 3. 9. 선고 2006노63 판결도 같은 취지.

7 서울중앙지방법원 2006. 3. 29. 선고 2006노564 판결, 서울동부지방법원 2006. 1. 26. 선고 2005노1268 판결에 의하면, 위 규정을 법원이 직권으로 적용하여야 하고 이를 적용하지 아니하거나 잘못 적용한 경우에는 법령위반으로 파기될 수 있다고 하는데, 이를 특별누범으로 본 것이다.

한 법률 제5조의4 제1항 소정의 상습범으로 기소되었으나 상습성이 인정되지 않는 경우에 그 상습성의 근거로 적시된 피고인의 범죄전력이 그대로 동조 제5항 소정의 범죄전력 및 누범 가중의 요건을 충족하고 있다면 법원이 직권으로 제5항을 적용할 수 있고, 그 기본적 사실에 있어서 아무런 차이가 없을 뿐 아니라 피고인의 방어에 실질적 불이익을 끼칠 우려도 없다 할 것이므로 법원은 공소장변경절차를 거칠 필요 없이 피고인에 대하여 위 제5항을 적용, 처단할 수 있다고 판시한 바 있다(대법원 1984. 12. 11. 선고 84도1782 판결).[8] 위 판례의 견해는 위 제5항이 특별누범이라는 전제 하에서 방어에 실질적 불이익이 없는 한 직권 적용할 수 있다는 것인데, 통일적인 법해석이 필요하다.[9]

그러므로 본조 제5항뿐만 아니라 상습 '특별누범'에 해당하는 제6항의 가중을 하고 다시 형법상 일반누범의 가중을 하지 않는 것이 타당하다.[10] 다만 각 범죄이 법정형을 정하고 있는 제5항과 달리 본조 제6항의 형은 하한이 가중되고 있으므로, 위 조항의 특별누범의 요건을 충족하는데도 위 조항으로 기소되지 아니한 경우에 법원은 곧바로 직권 적용을 할 것은 아니고, 검사에게 공소장 변경을 요구하는 등으로 피고인의 방어권을 보장하는 것이 바람직할 것이다.[11]

8 대법원 2007. 7. 27. 선고 2007도4097 판결도, "검사가 피고인을 특정범죄가중처벌등에관한법률 제5조의4 제1항 소정의 상습범으로 기소한 경우에도 그 공소사실에 상습성의 근거로 적시된 피고인의 범죄전력이 그대로 같은 조 제5항 소정의 범죄전력 및 누범가중의 요건을 충족하고 있다면 그 기본적 사실에 있어서는 아무런 차이가 없을 뿐 아니라 피고인의 방어에 실질적 불이익을 끼칠 우려도 없다고 할 것이어서 법원은 공소장변경절차를 거칠 필요 없이 피고인에 대하여 같은 조 제5항을 적용하여 처벌할 수 있다"고 한다.

9 구 특정범죄가중처벌등에관한법률 제5조의5의 규정 취지는 강도상해죄·강도강간죄 또는 그 미수죄로 형을 받아 집행을 종료하거나 면제를 받은 후 3년 내에 다시 이들 죄를 범한 자에 대하여 가중처벌을 하여 같은 조 소정의 법정형에 의하여 처벌한다는 뜻으로 새겨야 하고, 한편 위 법률 제5조의5 위반죄는 특정강력범죄의처벌에관한특례법 제2조 제2항에 의하여 특정강력범죄에 해당하므로, 같은 법 제3조에 의하여 누범 가중을 한 형기범위 내에서 처단형을 정하는 것이 타당하다고 하여(대법원 2006. 3. 23. 선고 2006도536 판결), 직권적용을 인정하였으나(단 일반누범 가중도 하는 경우, 3중의 가중이 되고 상한은 이중으로 가중되어 배제되었다), 이중의 가중에 해당한다는 헌재의 헌법불합치 결정으로 2014. 1. 7. 특정강력범죄의처벌에관한특례법 제3조가 형법 제337조의 죄 및 그 미수의 죄를 범하여 특정범죄가중처벌등에관한법률 제5조의5에 따라 가중처벌되는 경우는 제외하도록 개정되었다.

10 김대휘, "특별누범의 처단", 형사판례연구(16), 박영사(2008) 참조; 김정환, "형법상 누범규정에 대한 특별관계로서 특별법상 누범규정의 해석", 형사법연구 제26권 제3호(2014) 108 이하도 같은 취지.

11 특정강력범죄처벌에관한특례법 제3조의 직권 적용에 관하여 같은 견해로는, 김일수, "특정강력범죄의 처벌에 관한 특례법 제3조 누범의 직권 적용 여부", 재판과 판례 제25집(2016), 대구판례연구회, 444.

제5절 경합범

[전론: 총설]

[참고문헌] 김용욱, 경합론의 체계적 구조, 현대형사법의 쟁점과 과제(이형국 교수 화갑기념논문집), 1998; 大塚 仁 外, 大コンメンタール, 第4卷, 青林書院, 第4版(2013); Basler Kommentar Strafrecht I, M.A. Niggli, H. Wipraechtiger(hrsg.), Helbing Lichtenhahn Verlag, 2 Aufl.(2007); Günther Jakobs, Strafrecht Allgemeiner Teil. 1991(2 Aufl.); Strafgesetzbuch, Leipziger Kommentar, Laufhutte, Heinrich Wuehelm, Bd. 2, De Gruyter Verlag, 11 Aufl.(2006); Maurach/Gössel/Zipf, Strafrecht Allgemeiner Teil. Bd. 2, 7 Aufl.; Münchener Kommentar zum Stafgesetzbuch, Bernd von Heintschel-Heinegg, Verlag C. H. Beck München, 2016(3 Aufl.), Bd. 2; Schönke/Schröder/Stree, Strafgesetzbuch Kommentar, Verlag C. H. Beck, 30 Aufl.(2019), Bd. 1.; Systematischer Kommentar zum Strafgesetzbuch, bearbeitet von Günther, Horn, Hoyer, Rudolphi, Samson, Bd 1, Allgemeiner Teil, 7 Aufl.; Tröndle/Fischer, Beck'sche Kurzkommentar, Verlag C. H. Beck, 66 Aufl.(2019).

Ⅰ. 총설

1. 죄수론의 의의와 과제

범죄의 경합, 즉 수죄(數罪)는 범죄의 개수를 결정하는 이론적 기준을 전제로 하고 있으며, 이것이 바로 죄수론이 담당하여야 할 과제라고 할 수 있다. 형법총칙 제2장 제5절은 경합범의 개념과 처벌에 관하여 규정하고 있다. 구체적으로 죄수를 결정하는 것은 강학상 죄수론(罪數論)으로 다루고 있으며, 이를 경합론(Konkurrenzlehre)이라 부르기도 하고, 수죄인 경우의 가중 처벌을 논하는 것도 여기에 포함된다. 죄수론은 행위자가 하나 또는 몇 개의 구성요건을 실현시켰는지, 그에 따른 형벌법규의 적용상 법정형이 경합하는 경우, 어떻게 처리할 것인지의 문제를 다룬다. 다만 죄수의 단복을 가리기 위하여는 먼저 행위자가 하나 또는 몇 개의 행위를 하였는지를 가려야 하고, 이 역시 죄수론 내지 경합론의 과제가 된

다.[1]

2. 경합범의 처벌에 관한 입법주의

하나의 행위가 수죄에 해당하는 경우, 법조경합이 아닌 경우에는 상상적 경합 내지 관념적 경합이 되고, 여러 행위가 수죄에 해당하는 경우에는 실체적 경합이 된다. 실체적 경합을 좁은 의미에서의 경합범이라 할 수 있는데, 다툼은 있으나 상상적 경합도 수죄로 보는 경우, 위 양자를 포함한 광의의 경합범(일본의 병합죄; 併合罪),[2] 즉 수죄를 어떻게 처단할 것인가에 대하여는 입법례에 따라 태도가 일치하지 않는다. 역사적, 비교법적인 관점에서 수죄의 처단에 관한 입법주의에는 다음의 세 가지 기본원칙이 있어 왔다.

가. 병과주의

각 죄에 정한 형을 병과하는 것을 말한다. 수죄의 처벌에 관한 가장 전통적인 원칙이며, 영미법상의 원칙이다. 병과란 각 죄의 형을 합산 내지 누적을 하거나 이종의 형을 함께 과하는 것이다(Kumulatinsprinzip). 그러나 병과주의 내지 합산주의에 대하여는, ①유기자유형을 병과할 때는 실제로 무기형과 같은 효과를 가져오게 되어 형벌의 성질을 바꾸는 결과를 초래할 뿐만 아니라, ②병과주의의 기초가 되고 있는 개개의 형의 가산은 분리된 개개의 형벌보다 심한 고통을 주기 때문에 정당한 형벌이 될 수 없다는 비판을 받고 있다.[3]

형법은 합산주의를 채택하지 않고, 경합범에 있어서 각 죄에 정한 형이 사형 또는 무기징역이나 무기금고 이외의 이종의 형인 때에만 병과주의를 채택하고 있다(제38조 제1항 제3호). 또한 뒤에서 보는 바와 같이 과료나 몰수 및 관세법위반

1 죄수가 아니라 행위의 수를 기준으로 수죄의 법효과를 결정하므로, 이 과정을 죄수론과 구분하여 경합론이라고 부르는 것이 더 적절하다는 견해도 있다; 김용욱, 경합론의 체계적 구조, 현대형사법의 쟁점과 과제, 이형국 교수 화갑기념논문집(1998), 383. 일본에서도 죄수론은 본래적 1죄의 경우, '구성요건의 1회 충족'이라는 점에서 범죄론에 속하고(포괄적 단순1죄와 법조경합 포함), 본래적 수죄인 견련범과 집합범, 포괄1죄, 불가벌적 사전, 사후행위 및 상상적 경합이나 실체적 경합은 형벌적용과 과형상의 문제로 합목적성의 요청에 따르는 범죄경합론으로서 형벌론에 속하는 것으로 구분하고, 소인과 공소사실, 기판력 및 일사부재리 등의 소송법적 문제와 관련시키고 있다; 大塚 仁 外, 大コンメンタール, 第4卷, 青林書院, 第4版(2013) 177 이하 참조.

2 가장 넓은 의미에서는 법조경합도 죄수론 내지 경합론에 포함시킬 수 있다.

3 Maurach/Gössel/Zipf, Strafrecht Allgemeiner Teil. Bd. 2, 7 Aufl.,(Maurach/Gössel/Zipf로 약칭), S. 344; Schönke/Schröder/Stree(, Strafgesetzbuch Kommentar, Verlag C. H. Beck, 30 Aufl.(2019), Bd. 1, Vor §52, Rn. 4.

등의 죄도 병과주의를 채택한다.[4]

나. 흡수주의

수죄 가운데 가장 중한 죄에 정한 형으로 처단하고 다른 경한 죄에 정한 형은 여기에 흡수시키는 것을 말한다(Absorptionsprinzip). 여기서 경한 죄에 정한 형의 하한이 중한 죄에 정한 형의 하한보다 높은 경우, 경한 죄에 정한 형의 하한으로 처단하는 것을 결합주의(Kombinationsprinzip)라고 한다.

형법은 상상적 경합(제40조)과 경합범 가운데 중한 죄에 정한 형이 사형 또는 무기징역이나 무기금고인 때(제38조 제1항 제1호)에 흡수주의를 취하고 있다. 다만 결합주의에 관하여는 형법에 명문 규정이 없다.

다. 가중주의

수죄에 대하여 하나의 전체형(全體刑 : Gesamtstrafe)을 선고하되 형을 가중하는 것을 말한다(Asperationsprinzip). 전체형은 통상 가장 중한 죄에 정한 형을 가중하는 방법으로 이루어지고 전체 형은 각 죄에 정한 형을 합산한 총계를 벗어나지 않는 것이 원칙이다. 병과주의와 흡수주의의 결함을 시정한 절충적 방법이라고 할 수 있다.

형법은 경합범에서 각 죄에 정한 형이 사형 또는 무기징역이나 무기금고 이외의 동종의 형인 경우에 원칙적으로 가중주의에 의하여 처벌하고 있다(형법 제38조 제1항 제2호). 일본의 경우도 같다(일본 형법 제47조). 대륙법계 형법은 경합범의 처단을 가중주의에 의하고 있으며, 스위스 형법(제68조)과 오스트리아 형법(제28조)은 실체적 경합과 상상적 경합을 모두 가중주의에 의해 처벌하고 있다.

3. 경합범의 처벌에 관한 실질적 원칙

최광의의 경합범에 대한 처단형과 선고형을 확정함에 있어서 다음 두가지 원칙이 고려되어야 한다.[5] 이 원칙들은 형사법상 인정되는 '범죄와 형벌의 균형'이나 '책임주의'(Schuldprinzip)라는 일반적 법원리에서 도출되고, 이는 헌법상의 비례원칙에도 근거하고 있으므로, 우리 형법의 해석상으로 타당한 원칙이라 할 것이다.

4 수개의 질서위반행위에 대하여는 각 행위에 대한 과태료를 각각 부과하도록 하는 병과주의를 채택하고 있다(질서위반행위규제법 제13조 제2항).

5 Münchener Kommentar zum Stafgesetzbuch, Bernd von Heintschel-Heinegg, Verlag C. H. Beck München 2016(3 Aufl.), Bd. 2/1 Vor §52ff., Rn. 15 ff.

가. 이중평가금지(Doppelverwertungsverbot)의 원칙

이 원칙은 양형에 의의 있는 사정은 -그것이 형벌가중적인 것이든, 감경적인 것이든- 이중으로 고려되어서는 아니 된다는 것인데, 이는 책임주의에 근거하는 소극적 원리로서 일사부재리원칙과 그 취지를 같이 한다. 독일 연방법원도 경합범의 처리에 관하여 피고인에게 불리한 이중평가는 금지되어야 함을 강조하고 있다.[6] 이와 관련하여 법조경합의 경우, 성립되지 아니하는 다른 범죄의 불법이나 책임 내용이 법률상 처단형의 형성에 영향을 미치지 못함은 물론이지만, 그것이 양형에 고려될 수 있는가 하는 의문이 있고,[7] 또 광의의 경합범에 대한 처단형의 형성에 있어서 경한 범죄에 정해진 형벌의 하한이나 중한 병과형이 반영될 수 있는지, 반영될 수 있다면 이 원칙에 반하지 않는지 문제가 제기될 수 있다.[8]

나. 전부평가(Ausschöpfungsgebot)의 원칙

이 원칙은 유죄판결 시 행위자가 실현한 모든 불법과 책임내용을 빠뜨리지 않고 전부 평가하여 양형에 반영하여야 한다는 것으로서, 행위자에게 귀속될 수 있는 모든 책임이 선고형으로 전환될 것을 명한다. 이는 책임주의를 실현하는 적극적 원리라 할 것이고, 형벌의 부과를 통한 책임 속죄와 법익 침해에 대한 부정(否定)을 통한 법적 평화의 회복을 목표로 하는 형벌관에 입각할 때 포기할 수 없는 원칙이다. 특히 현행법이 실체적 경합범에 대하여 가중주의를 채택하되 그 처단 시 형벌의 상한을 제한하고 있으므로, 실무상 처단형의 범위 내에서 선고형을 결정할 때 이러한 양형의 원칙을 유의하여야 할 것이다.

Ⅱ. 죄수론

1. 죄수론의 필요성

형법 각칙의 구성요건은 원칙적으로 행위자가 한개의 행위로 하나의 구성요건을 실현했을 때에 적용된다. 그러나 행위자가 한개 또는 수개의 행위에 의하여 같은 구성요건을 여러 번 충족하였거나 수개의 구성요건을 실현한 경우에, 어떤 범죄가 몇 번 성립하는 것인지 또 어떻게 처벌할 것인가에 대하여는 형법 각칙상

6 BGH St. 39, 100(109) = NJW 1993, 1662.
7 ☞ 주석 형법 총칙(2) [전론1: 일죄] Ⅱ. 3. 참조.
8 ☞ 주석 형법 총칙(2) 제40조 Ⅴ. 1. 다. 참조.

아무런 규정이 없다. 한편 형법 제37조 내지 제40조에서는 죄수에 따라 그 처벌을 달리하고 있는데, 행위자가 행한 범죄가 일죄인가 수죄인가를 결정하는지의 문제는 법률에 규정이 없어 흠결로 남고, 해석론으로 해결하여야 한다.

죄수에 따라 실체법적으로는 처단형이 달라지고, 소송법적 효과도 달라지며, 죄수에 관한 판단 잘못은 법령위반으로 상급심의 파기사유가 되므로, 죄수론 내지 경합론은 특히 실무상 중요한 의의를 가지게 되고, 피고인으로서도 처단형뿐만 아니라 기판력의 범위나 일사부재리 등의 소송법적 이해가 달려 있다. 그리고 특별법인 특정범죄 가중처벌 등에 관한 법률이나 특정경제범죄 가중처벌 등에 관한 법률 등에는 재산죄의 이득액이나 뇌물죄의 수뢰액, 조세포탈의 세액에 따라 가중 처벌하는 규정을 두고 있는데, 일죄가 되는지 수죄가 되는지에 따라 가중규정이 적용되어야 할 것인지 여부가 결정되기도 한다.[9]

2. 죄수론의 개념과 위치

죄수론은 위와 같은 경우 범죄의 수가 한개인가 수개인가를 규명하는 이론을 말하고, 죄수에 따라 범죄의 위법성과 책임이 증감하게 될 뿐만 아니라 처단형이나 선고형이 달라지게 되므로, 그러한 의미에서 죄수론은 범죄론과 형벌론의 중간에 위치하는 이론이라고 할 수 있다.[10] 그럼에도 오늘날 죄수론은 구체적 사안에 따라 복잡 다양하게 해결하여야 할 실무적인 문제이고, 적정, 타당한 양형으로 해결할 수 있는 문제라는 등의 이유로 죄수론의 체계적 지위가 범죄론에서 형벌론의 무대로 옮겨가게 되면서 그 중요성이 감소되고 그 논의가 표류하게 되었다는 점이 지적되고 있다.[11]

또한 죄수에 따라 소송절차상 공소사실과 범죄사실 특정의 정도, 공소제기의 효력, 기판력의 범위, 공소시효, 판결문의 주문표시 여부 등에서 각 차이가 나게 되고, 형의 집행에도 영향을 주는 경우도 있을 수 있으므로, 죄수론은 나아가 소송절차와 형 집행의 영역과도 관계되는 것이다.[12]

9 ☞ 주석 형법 총칙(2) [전론1: 일죄] Ⅲ. 3.의 다. 참조.

10 Strafgesetzbuch, Leipziger Kommentar, Bd. 2, Laufhutte, Heinrich Wuehelm, De Gruyter Verlag, 2006(11 Aufl.);11 Aufl(1998), Vor §52 Rn. 1; 이재상 외 2인, 형법총론(제9판), 박영사(2017), 529; 이재상, 죄수론연구 (1), 법조 33-6, 33.

11 大塚 仁 外, 大コンメソタール, 第4卷, 青林書院, 第4版(2013), 168; 범죄경합론의 지도원리로 '처벌의 1회성' 원칙을 제시하고 있다; 180 이하 참조.

12 Günther Jakobs, Strafrecht Allgemeiner Teil. 1991(2 Aufl.), 31/1.

3. 경합의 유형

가. 법조경합 내지 부진정경합(Scheinbare Konkurrenz)

한개의 행위가 외관상 수개의 죄의 구성요건에 해당하는 것처럼 보이지만 실제로는 법률상 일죄만이 성립되고 경합이 생기지 않는 경우를 법조경합 또는 부진정 경합이라 한다. 예컨대, 강도죄는 강요죄와 절도죄의 결합에 의하여 가중된 범죄유형으로서 강도죄가 성립하면 강요죄나 절도죄는 성립되지 아니한다. 법조경합 관계에 있는 수죄 중에서 배제되는 죄는 성립되는 죄에 흡수되어 법적 평가의 대상에서 배제된다(Exklusionsprinzip).

나. 진정경합(Echte Konkurrenz)

진정경합은 각기 독립적인 범죄들이 별도로 성립되는 경우이고, 이는 다시 실체적 경합 또는 상상적 경합으로 나뉜다. 위에서 본 바와 같은 경합범의 처벌방법에 따라 형벌의 범위가 설정되고 그 범위 내에서 양형이 이루어지는데, 가중주의 하에서는 법정형의 경합(Strafrahmenkonkurrenz)이 되어 가중기준에 따라 처단형이 형성되고, 병과주의 하에서는 형벌의 경합(Strafenkonkurrenz)이 있게 된다. 우리 형법상 상상적 경합은 중한 범죄의 형에 따라 처단되지만, 그렇다고 하여 별도로 성립되는 경한 범죄가 법적 평가의 대상에서 배제되는 것이 아니라 그 법정형만 흡수되는 것이고, 처단형의 형성이나 양형에 고려될 수 있는 것이다. 이 점에서 -대부분 경한- 다른 한 죄의 성립이 전면 배제되고 법정형의 경합이 일어나지 아니하는 법조경합과는 다르다.

4. 죄수결정의 기준

가. 전통적인 학설의 대립

범죄의 수를 어떻게 정할 것인가, 다시 말하면 일죄와 수죄를 결정하는 기준이 무엇인가에 대하여, 독일이나 일본의 학설을 따라 다양한 이론이 제시되어 있다.

1) 행위표준설

범죄의 본질을 행위에 있다고 보는 입장에서, 모든 구성요건의 본질적 요소는 행위이므로 행위가 하나면 범죄도 하나이고 행위가 수개면 범죄도 수개라고 본다. 즉 행위가 하나면 범죄도 1개이고, 1개의 행위가 수개의 구성요건에 해당하는 때에는 한 개의 범죄에 대한 수개의 평가에 지나지 않는다는 것이다. 이에 의하면 연속범은 수죄이지만 상상적 경합은 일죄가 된다.[13]

대법원은 미성년자의제강간죄 또는 미성년자의제강제추행죄는 행위 시마다 한 개의 범죄가 성립하고(대법원 1982. 12. 14. 선고 82도2442 판결), 폐지된 간통죄와 혼인빙자간음죄도 각 간음행위마다 1개의 죄가 성립한다고 하여, 적어도 성범죄의 경우는 전형적인 행위표준설에 의거하고 있다. 또 판례는 동일한 공무를 집행하는 다수의 공무원을 폭행·협박한 경우에 공무원 수에 따라 여러 공무집행방해죄가 성립하고 그 행위가 동일한 장소에서 동일한 기회에 이루어진 것으로서 사회관념상 1개의 행위로 평가되는 경우에 상상적 경합이 된다고 한다(대법원 2009. 6. 25. 선고 2009도3505 판결). 그러나 다수의 공무원이 하나의 공무를 집행하는 경우라면 법익표준설에 의할 때 1죄가 된다고 볼 여지도 있다.

그러나 행위표준설에 의하면 수개의 행위로 1개의 범죄를 실현한 경우를 수죄로 보는 부당한 결과를 초래할 뿐 아니라, 1개의 범죄의 구성요건이 수개의 행위로 충족되고 있는 경우를 설명하지 못한다는 난점이 있다.

2) 법익표준설

범죄의 본질을 법익의 침해라고 보고 범죄의 수를 범죄행위로 인하여 침해되는 보호법익의 수 또는 결과의 수를 기준으로 하여 결정하려고 하는 이론이다. 따라서 1개의 행위로 인하여 수개의 법익을 침해하였거나 수개의 결과를 발생케 한 경우에는 수죄이지만, 수개의 행위에 의하여 1개의 법익을 침해하였으면 1죄가 된다.

또 법익표준설은 보호법익을 법익과 그 귀속주체의 관계에 따라 생명, 신체, 자유, 명예 등의 일신 전속적 법익과 재산, 공공의 안전 등과 같은 비전속적 법익으로 구별하여, 전자는 법익주체마다 1개의 범죄가 성립한다고 보고, 후자는 재산관리나 지배의 수에 따르며, 국가적, 사회적 법익의 침해의 경우에는 행위의 수가 아니라 사회의 평온과 같은 법익 침해의 수에 따라 죄수를 결정한다.[14] 이에 의하면 상상적 경합은 실질상으로는 수죄이지만 처벌상 1죄로 취급되는 데 불과하다.

대법원은 포괄일죄, 특히 연속범의 경우 이외에는 원칙적으로 법익표준설과 같은 태도를 취하고 있는데, 예컨대 위조통화를 행사하여 재물을 불법영득한 때

13 이재상 외 2인, 형법총론(제9판), 박영사(2017), 530.
14 大塚 仁 外, 大コンメソタール, 第4卷, 青林書院, 第4版(2013), 174 이하는 법익표준설에 가깝다.

에는 위조통화행사죄와 사기죄의 경합범이 성립하고(대법원 1979. 7. 10. 선고 79도 840 판결),[15] 횡령 세금에 직할시세인 취득세, 등록세 등과 구세인 재산세, 종합토지세 등 및 국세인 방위세 또는 교육세가 포함되어 있는 경우, 피해자 내지 피해법익 별로 별개의 죄가 성립한다고 본다(대법원 1995. 9. 5. 선고 95도1269 판결).[16]

그러나 법익표준설도 수개의 법익침해가 1개의 범죄를 구성하는 경우를 설명하지 못하므로 범죄의 결과 또는 법익만에 의하여 죄수를 결정하는 것은 타당하다고 할 수 없다는 비판이 있다.[17]

3) 의사표준설

범죄의 본질을 범죄의사의 표현이라고 보아 범죄의사를 기준으로 하여 범죄의 수를 결정해야 한다는 이론이다. 즉, 고의 과실을 불문하고 단일하고 일관된 범죄의사가 있으면 1개의 범죄가 되고, 수개의 범죄의사가 있는 때에는 수개의 범죄가 된다는 것이다. 이에 의하면 상상적 경합은 물론 연속범도 의사의 단일성이 인정되면 일죄가 된다.

대법원은 사기죄에 있어서 동일한 피해자에 대하여 수회에 걸쳐 기망행위를 하여 금원을 편취한 경우, 그 범의가 단일하고 범행 방법이 동일하다면 사기죄의 포괄일죄만이 성립하며(대법원 2002. 7. 12. 선고 2002도2029 판결), 소유자를 달리하는 수필지의 임야를 훼손한 때에도 단일하고 계속적인 의사가 인정되는 이상 포괄일죄라고 판시하고 있는데(대법원 1983. 3. 8. 선고 83도122 판결), 기본적으로 의사표준설에 따른 것으로 보인다.

그러나 의사표준설도 범죄의 수를 객관적으로 파악될 수 없는 주관적 범죄의사에 의하여 결정하는 것은 범죄의 객관성이나 정형성을 무시하는 결과가 될 뿐 아니라, 하나의 범죄의사를 가졌다고 하여 다수의 범죄결과가 발생한 때까지 1죄라고 하는 것은 부당하다는 비판을 받고 있다.

15 "통화위조죄에 관한 규정은 공공의 거래상의 신용 및 안전을 보호하는 목적으로 하고 있고, 사기죄는 개인의 재산법익에 대한 죄이어서 양죄는 그 보호법익을 달리하고 있으므로 위조통화를 행사하여 재물을 불법영득한 때에는 위조통화행사죄와 사기죄의 양죄가 성립된다."

16 "횡령 세금에 직할시세인 취득세, 등록세 등과 구세인 재산세, 종합토지세 등 및 국세인 방위세 또는 교육세가 포함되어 있는 경우, 직할시세, 구세 및 국세는 각기 과세주체를 달리하고 세금을 수납할 수 있는 근거 규정도 서로 다르므로, 비록 세금 횡령이라는 단일한 범의가 계속적으로 발현된 일련의 범행이더라도 직할시세, 구세 및 국세를 횡령한 각 범행을 통틀어 하나의 포괄일죄로 볼 수는 없고 그 피해자 내지 피해법익 별로(즉 직할시세, 구세 및 국세별로) 구분하여 별개의 죄가 성립한다."

17 이재상 외 2인, 형법총론(제9판), 박영사(2017), 531.

4) 구성요건표준설

죄수론을 법률적인 구성요건 충족의 문제로 해석하여 구성요건을 1회 충족하면 일죄이고 수개의 구성요건에 해당하면 수죄라고 하는 이론이다.[18] 이에 의하면 상상적 경합은 원래 수죄이지만 과형상 일죄로 취급될 뿐이다. 대법원은 조세포탈의 죄수는 위반사실이 구성요건에 충족되는 횟수에 의하여 결정된다고 하여(대법원 2000. 4. 20. 선고 99도3822 전원합의체 판결),[19] 구성요건표준설의 입장에 섰다고 보인다.

그러나 구성요건표준설도 구성요건을 몇번 충족했는가를 결정하는 것이 반드시 명백한 것이 아니고, 한개의 행위에 의하여 같은 구성요건을 수회 충족한 경우에 일죄인가 수죄인가를 명백히 할 수 없다는 비판을 받고 있다.[20]

나. 검토

최근에는 죄수의 결정은 어느 한 가지 표준만으로는 결정할 수 없고 여러 요소를 모두 고려해야 함을 전제로, 행위가 단수이냐 복수이냐를 결정하는 행위표준설로 해결하되, 사회적·법적 의미의 행위로 재구성하여야 한다는 견해가 제시되고 있다.[21] 같은 맥락에서 형법 제37조와 제40조 등의 해석상 행위와 죄는 동의어가 될 수 없으며, 범죄는 행위를 구성요건이라는 관점에서 평가하는 것이고, 따라서 구체적 범죄의 성립은 구성요건 충족의 문제이므로, 죄수의 기준으로서의 행위는 원칙적으로 구성요건적 행위를 의미한다고 보아야 한다.[22] 따라서 원칙적

18 정성근/박광민, 형법총론(제2판), 성균관대학교출판부(2015), 632; 김성돈, 형법총론(제5판), 성균관대학교출판부(2017), 713 등; 일본에서는 小野, 刑法講義, 1932, 237에서 주창되어 다수설이 되었다. 단 구성요건의 1회 충족은 형법 각본조의 구성요건에 있는 사실의 범위를 확정하는 것이므로, 이를 위해서는 의사, 행위, 결과, 법익 등 일체의 사정을 총합적으로 판단할 것이라 하여, 결과적으로는 총합설과 유사하다; 大塚 仁 外, 大コンメンタール, 第4卷, 青林書院, 第4版(2013), 174.

19 원래 조세포탈범의 죄수는 위반사실의 구성요건 충족 회수를 기준으로 하여 예컨대, 소득세포탈범은 각 과세년도의 소득세마다, 법인세포탈범은 각 사업년도의 법인세마다, 그리고 부가가치세의 포탈범은 각 과세기간인 6월의 부가가치세마다 1죄가 성립하는 것이 원칙이나, 특정범죄 가중처벌 등에 관한 법률 제8조 제1항은 연간 포탈세액이 일정액 이상이라는 가중사유를 구성요건화하여 조세범처벌법 제9조 제1항의 행위와 합쳐서 하나의 범죄유형으로 하고 그에 대한 법정형을 규정한 것이므로, 조세의 종류를 불문하고 1년간 포탈한 세액을 모두 합산한 금액이 위 법률 제8조 제1항 소정의 금액 이상인 때에는 같은 항 위반의 1죄만이 성립하고, 또한 같은 항 위반죄는 1년 단위로 하나의 죄를 구성하며 그 상호간에는 경합범 관계에 있다.

20 이재상 외 2인, 형법총론(제9판), 박영사(2017), 532.

21 임웅, 형법총론(제10정판), 법문사(2018), 605 이하는 사회적, 형법적 행위표준설을 주장한다.

22 Günther Jakobs, Strafrecht Allgemeiner Teil. 1991(2 Aufl.), S. 899 f.; Schönke/Schröder/Stree, Strafgesetzbuch Kommentar, Verlag C. H. Beck, 30 Aufl..(2019), Bd. 1, Vor §52, Rn. 10; Maurach/Gössel/Zipf, S. 299, Systematischer Kommentar zum Strafgesetzbuch(이하 SK로 약칭), bearbeitet von Günther, Horn, Hoyer, Rudolphi, Samson, Bd 1, Allgemeiner Teil, 7 Aufl., Vor §52 Rn. 42 참조.

으로 구성요건표준설에 입각하면서도 구성요건적 행위의 수를 결정하는 데는 범죄의사와 행위, 결과 및 보호법익 등을 동시에 고려하여야 한다는 견해가 타당하다고 볼 것이다.[23] 다만 위와 같은 죄수결정의 기준에 관한 이론들이 다양하고 복잡한 사례에서 명확한 해결기준을 제시하지 못하고 있으며, 결국 죄수의 결정은 행위 단일성과 행위 다수성의 문제로서 판례와 실무는 구체적인 범죄형태나 사례에 따라 결정하고 있다고 말할 수 있다.

다. 판례

판례도 같은 취지에서 개별적 범죄나 사안에 따라 위의 네 가지 학설 중 어느 하나에 의하거나 위에 제시된 기준들을 결합하여 죄수를 결정하고 있다. 판례는 성범죄의 경우, 행위표준설에 입각하고 있으며, 단일한 범의 하에 세금을 횡령한 경우에도 직할시세, 구세 및 국세별로 별개의 죄가 성립된다고 한 위 판례는 법익표준설을 따른 것이라고 볼 수 있다. 한편 판례는 감금행위가 강간죄나 강도죄의 수단이 된 경우에도 감금죄는 강간죄나 강도죄에 흡수되지 아니하고 별죄를 구성한다고 하는데(대법원 1997. 1. 21. 선고 96도2715 판결), 이는 구성요건표준설을 따른 것이라고 할 수 있다. 또 판례는 살해의 목적으로 동일인에게 일시, 장소를 달리하고 수차에 걸쳐 예비행위를 하거나 또는 공격을 가하였으나 미수에 그치다가 드디어 그 목적을 달성한 경우 1개의 살인기수죄만 성립하고, 살인예비죄 혹은 살인미수죄는 성립하지 않는다고 하는데(대법원 1965. 9. 28. 선고 65도695 판결), 이는 법조경합의 보충관계이지만 의사표준설을 따른 것으로 볼 수 있다.

그리고 판례는 피해자를 1회 강간하여 상처를 입게 한 후 약 1시간 후에 장소를 옮겨 같은 피해자를 다시 1회 강간한 경우 강간치상죄와 강간죄의 실체적 경합범에 해당된다고 하는데(대법원 1987. 5. 12. 선고 87도694 판결), 이는 행위표준설과 구성요건표준설을 결합한 것이라고 할 수 있다. 또 판례는 단일한 범의 하에 동일인으로부터 동일한 방법에 의해 금원을 편취한 경우에는 포괄일죄이지만, 범의의 단일성과 계속성이 인정되지 않거나 범행방법이 동일하지 않은 때에는 각 범행은 실체적 경합범이라고 하는데(대법원 2004. 6. 25. 선고 2004도1751 판결), 이는 의사표준설과 행위표준설을 결합한 것이라고 할 수 있다.

그밖에 부진정 결과적가중범의 경우, 판례는 법정형도 죄수 결정에 참고하고

23 이재상 외 2인, 형법총론(제9판), 박영사(2017), 534 등 다수설(총합설).

있다. 사람을 살해할 목적으로 현주건조물에 방화하여 사망에 이르게 한 경우에는 현주건조물방화치사죄로 의율하여야 하고 이와 더불어 살인죄와의 상상적 경합범으로 의율할 것은 아니며, 다만 존속살인죄와 현주건조물방화치사죄는 상상적 경합범관계에 있으므로, 법정형이 중한 존속살인죄로 의율함이 타당하다고 하는바(대법원 1996. 4. 26. 선고 96도485 판결), 이는 특별관계의 경우지만, 형벌의 불균형을 고려하여 죄수를 결정한 것이 된다.[24]

결국 죄수는 각 범죄 구성요건에 비추어 행위자의 의사와 행위, 결과 내지 법익 등을 종합하여 판례와 실무에서 개별적 구체적으로 결정되는 것에 따를 수밖에 없다고 할 것이다.

24 ☞ 주석 형법 총칙(2) [전론1: 일죄] Ⅱ. 2. 가. 참조.

[전론 1: 일죄]

[참고문헌] 김용욱, '법조경합의 문제점', 사회과학연구 제14집(배재대학교 사회과학연구소), 1997; 김용욱, 경합론의 체계적 구조, 현대형사법의 쟁점과 과제(이형국 교수 화갑기념논문집), 1998; 안경옥, "비자금 조성행위의 형사처벌에 대한 한독 판례 비교 및 검토", 형사법의 신동향, 대검찰청, 2013; 이석배, "횡령죄와 배임죄의 관계", 동아법학 제 46호, 동아대학교 법학연구소, 2010; 이재상, 죄수론연구 (1), 법조 33-6; 박흥식, 연속범의 개념과 죄수, 형법판례150선, 박영사(2019), 142; 우인성, 포괄일죄와 상상적 경합의 구분, 형법판례150선, 박영사(2019), 144; 허일태, 죄수론과 연속범, 형법연구 1, 201면 이하; 大塚 仁 外, 大コンメンタール, 第4巻, 青林書院, 第4版(2013); 平野龍一, 刑法總論 II; 阿部純二, 判例刑法研究(4); 藤永, 刑法判例研究, 1981; Basler Kommentar Strafrecht I, M.A. Niggli, H. Wipraechtiger(hrsg.), Helbing Lichtenhahn Verlag, 2 Aufl.(2007); Günther Jakobs, Strafrecht Allgemeiner Teil. 1991(2 Aufl.); Strafgesetzbuch, Leipziger Kommentar, Bd. 2, Laufhutte, Heinrich Wuehelm, De Gruyter Verlag, 2006(11 Aufl.); Maurach/Gössel/Zipf, Strafrecht Allgemeiner Teil. Bd. 2, 7 Aufl.; Münchener Kommentar zum Stafgesetzbuch, Verlag C. H. Beck München, 3 Aufl.(2016), Bd. 2; Puppe, Idealkonkurrenz und Einzelverbrechen, 1979; Schönke/Schröder/Stree, Strafgesetzbuch Kommentar, Verlag C. H. Beck, 30 Aufl.(2019), Bd. 1; Systematischer Kommentar zum Strafgesetzbuch, bearbeitet von Günther, Horn, Hoyer, Rudolphi, Samson, Bd 1, Allgemeiner Teil, 7 Aufl.; Tröndle/Fischer, Beck'sche Kurzkommentar, Verlag C. H. Beck, 66 Aufl.(2019).

Ⅰ. 총설 – 죄수론에서의 행위

원칙적으로 범죄의 수가 1개인 것, 즉 1개의 행위가 1개의 구성요건을 1회 충족하는 것을 일죄라고 한다. 일죄에는 단일죄, 단순일죄(법조경합, 포괄일죄)가 있고,[1] 수죄에 해당하지만 과형상 일죄인 상상적 경합이 있다.

[1] 김성돈, 형법총론(제5판), 성균관대학교출판부(2017), 714 이하에 의하면, 다수의 행위에 의한 구성요건의 실현을 프로그램화하고 있는 '행위통합적 구성요건'을 단순일죄라 하고, 계속범, 결합범, 협의의 포괄일죄, 상습범, 영업범 등을 예로 들고 있다(법조경합과 함께 단순일죄에 포함시키고, 광의의 포괄일죄를 별도로 분류하고 있다).

1개의 행위로 1개의 구성요건을 평가적으로 충족한 때를 단일죄라고 하며, 일죄가 되는 전형적인 경우이다. 여기서 1개의 행위라고 할 때 그 행위의 의미에 관하여 논란이 있는데, 판례는 행위단일성을 자연적 의미에서의 행위로 파악하고 있으나, 이에 대하여 전(前) 법률적인 사회적 행위단일성은 있을 수 없다고 하여 구성요건적 행위 단일성을 기준으로 할 것이라는 견해도 있다.[2]

그런데 여기서 자연적 의미에서의 1개의 행위란 무엇인가에 관하여, 우리 대법원은 "형법 제40조에서 말하는 한개의 행위란 법적 평가를 떠나 사회관념상 행위가 사물자연의 상태로서 한개로 평가되는 것"으로 보고 있으며(대법원 1987. 2. 24. 선고 86도2731 판결), '자연적 관찰'이나 '사회통념'을 기준으로 제시하고 있는 판례도 있다(대법원 1987. 7. 21. 선고 87도564 판결).[3] 같은 취지에서 일본의 최고재판소도 "1개의 행위란 법적평가를 떠나서 구성요건적 관점을 사상하여 자연적 관찰에 의하여 행위자의 동태가 사회적 견해 상 1개의 것으로 평가되는 경우를 말한다"고 판시하고 있다.[4] 또한 독일의 판례와 다수설도 자연적 의미에서의 행위론을 따른다, 독일 판례에 의하면,[5] 자연적 의미에서의 1개의 행위란 "단일한 의사결정'(einheitlicher Willensentschluss)뿐만 아니라 전체적 행위경과가 그 자체로 -객관적으로- 제3자의 시각에서 자연적 관찰에 의하여 하나로 귀속되는 행위로 인식될 수 있을 정도의 직접적 연관성(unmittelbarer Zusammenhang)이 필요하다"고 한다.

우선 1개의 행위로 수개의 구성요건을 충족하여 원래는 수죄이나 과형상 일죄로 취급되는 상상적 경합에 관한 형법 제40조에서의 '행위'는 이러한 자연적 의미에서의 행위로 보아야 할 것인데, 위에서 제시한 의사결정의 단일성과 실행행위의 직접적 연관성은 단일행위로 평가될 수 있는 일응의 기준이 된다고 할 것이다. 그러나 실제로 자연적 의미에서의 행위개념을 파악하고 그 단일성을 확정하는 것은 그리 쉽지 않다.[6] : 자연적 행위에서 자연스러운 것은 없다![7]

2 이재상 외 2인, 형법총론(제9판), 박영사(2017), 555; 배종대, 형법총론(제13판), 홍문사(2017), 557 등.

3 오영근, 형법총론(제4판), 박영사(2018), 480은 사회통념상 행위 단일성을 지지한다.

4 日最判 1974. 5. 29.(刑集 28-4, 114, 168); 같은 날 일본 최고재판소에서 3개의 판결이 선고되었는데, ① 무면허운전과 운전 중 업무상과실치상을 병합죄로, ② 음주운전과 주취운전을 관념적 경합으로, ③ 무면허운전과 자동차검사증의 유효기간 만료된 자동차를 운행한 행위를 관념적 경합으로 판시하였다.

5 BGH St. 4, 219(220); 10, 230(231); 41, 368 등 확립된 독일의 판례.

6 심지어 그러한 개념은 실제적으로 쓸모없는 것이라는 비판이 있다; Günther Jakobs, Strafrecht Allgemeiner Teil. 1991(2 Aufl.), 32/35 ff.; Münchener Kommentar zum Stafgesetzbuch, Bernd von Heintschel-Heinegg, Verlag C. H. Beck München 2016(3 Aufl.), Bd. 2/1 Vor §52 Rn. 52 ff.

7 Tröndle/Fischer, Beck'sche Kurzkommentar, Verlag C. H. Beck, 66 Aufl.(2019), Vor §52 Rn. 2.

그런데 일반적으로 죄수론의 전제가 되는 행위의 범위와 숫자를 확정함에 있어서 그 행위에 대하여 주관적, 객관적인 면에서 법적인 구성요건에 비춘 선이해(先理解 : Vorverständnis) 내지 그에 따른 규범적 평가도 수반된다는 점은 부인할 수 없다.[8] 특히 한개 또는 수개의 자연적 행위가 수개의 구성요건을 충족하지만 구성요건 상호간의 관계에 따라 한개의 구성요건만 적용되거나(법조경합), 수개의 자연적 의미의 행위가 법적·사회적 의미에서 한개의 행위로 결합하여 포괄적으로 일죄를 구성하는 것으로 평가되는 경우(포괄일죄)도 있는데, 이때에는 자연적 의미에서의 행위가 명백히 구성요건에 비추어 규범적으로 평가되는 것이다. 이러한 경우를 단일행위로 한개의 범죄만 성립되는 단일죄에 비하여 단순일죄라고 부르기도 한다.

단순일죄에 관하여는 어떠한 실정법상의 규정도 없으므로, 학설은 여러 가지 이론으로 그 원리를 설명하고 있지만, 판례, 통설에 따라 살펴본다.

Ⅱ. 법조경합

1. 의의

법조경합(法條競合 : Gesetzeskonkurrenz)이란 1개의 행위가 외관상 수개의 범죄 구성요건에 해당하는 것처럼 보이지만, 위에서 본 이중평가금지의 원칙에 의하여[9] 그 중 하나의 구성요건적 평가에 다른 구성요건의 위법성 평가가 포함되거나 배제되어 실질적으로 1개의 구성요건만을 충족하고, 따라서 일죄만을 구성하는 경우를 말한다(대법원 2003. 4. 8. 선고 2002도6033 판결).[10] 독일 연방법원의 판례에 의하면, 한 행위의 불법내용이 문언상 적용될 수 있는 여러 구성요건들 중에 하나의 구성요건에 전부 포섭될 때 법조경합이 생기고, 그 판단기준은 행위자가 침해

8 같은 취지에서 행위단일성은 사회적 형법적 의미의 맥락에서 결정될 문제라는 견해로는, 임웅, 형법총론(제10정판), 법문사(2018), 627; 또한 허일태, 죄수론과 연속범, 형법연구 1, 201 이하도 기본적으로는 자연적 의미에서의 행위론을 지지하고, 고의의 단일성과 실행행위의 상호관련성을 기준으로 제시하고 있지만, 법규범이나 사회적 가치기준에 따른 선이해를 언급하고 있다.

9 Günther Jakobs, Strafrecht Allgemeiner Teil. 1991(2 Aufl.), S. 861 ff.; Systematischer Kommentar zum Strafgesetzbuch, bearbeitet von Günther, Horn, Hoyer, Rudolphi, Samson, Bd 1, Allgemeiner Teil, 7 Aufl. Vor §52 Rn. 79; Schönke/Schröder/Stree, Strafgesetzbuch Kommentar, Verlag C. H. Beck, 30 Aufl..(2019), Bd. 1, Vor §52 ff. Rn. 102.

10 대법원 2000. 7. 7. 선고 2000도1899 판결(공 2000, 1911) 및 대법원 1998. 3. 24. 선고 97도2956판결(공 1998, 1248)도 같다.

한 법익과 구성요건이라고 한다.[11]

법조경합은 법률이 경합하는 경우이지만 실제로 하나의 법률만이 적용된다는 점에서 단순일죄로서[12] 각 법률이 정한 구성요건상의 범죄가 전부 성립하는 상상적 경합이나 실체적 경합과 구별되며, 이러한 의미에서 법조경합을 외관상의 경합 또는 부진정 경합이라고 부르기도 한다. 상상적 경합은 1개의 행위가 실질적으로 수개의 구성요건을 충족하는 진정경합의 경우이고, 법조경합은 1개의 행위가 외관상 수개의 죄의 구성요건에 해당하는 것처럼 보이나 실질적으로 1죄만을 구성하는 경우를 말하는데, 실질적으로 1죄인가 또는 수죄인가는 구성요건적 평가와 보호법익의 측면에서 고찰하여 판단하여야 한다는 것이다(대법원 2002. 7. 18. 선고 2002도669 판결). 법조경합은 비교적 무시할 수 있는 정도의 불법이 동시에 실현된 범죄의 더 중한 불법 뒤에 물러서는 것으로, 그것이 소송경제의 고려에 부합하고 책임주의에 반하지 않는다는 사고에 기초하고 있다: "법률은 사소한 일에 관여하지 않는다('de mininis non curat lex')."

2. 법조경합의 태양

통상 법조경합의 인정범위나 종류에 관하여 종래 독일이나 일본의 학설상 많은 다툼이 있어 왔지만, 우리의 통설은 독일의 다수설을 따라 법조경합에는 특별관계, 보충관계 및 흡수관계의 세 가지가 있다고 설명한다.[13]

가. 특별관계

법조경합의 한 형태인 특별관계(Spezialität)란 어느 구성요건이 다른 구성요건의 모든 요소를 포함하는 이외에 다른 요소를 구비하여야 성립하는 경우로서, 특

11 BGH St 39, 100(108)= NJW 1993, 1662. 이에 대하여는, 배제되는 구성요건이 보호하는 법익이 반드시 동일한 것은 아니므로 위 기준은 부적절하다는 비판도 있다; Münchener Kommentar zum Stafgesetzbuch, Verlag C. H. Beck München, 3 Aufl.(2016), Bd. 2, Vor §52 ff. Rn. 18.

12 일본에서는 결합범과 접속범을 '포괄적 단순일죄'라 하고, 법조경합의 특별관계, 보충관계, 흡수관계를 '경합적 단순일죄'라고 한다; 大塚 仁 外, 大コンメンタール, 第4卷, 青林書院, 第4版(2013), 187 이하 참조.

13 이재상 외 2인, 형법총론(제9판), 박영사(2017), 536 이하 등 다수설. 독일에서는 법조경합은 전적으로 넓은 의미에서의 특별관계로 귀착된다고 하는 견해가 있고[Günther Jakobs, Strafrecht Allgemeiner Teil. 1991(2 Aufl.), 31/13, 17], 김용욱, '법조경합의 문제점', 사회과학연구, 제14집(배재대학교 사회과학연구소), 1997, 241도 이를 지지한다. 한편 독일에서는 좁은 의미의 특별관계(명시적 보충관계도 특별관계의 한 경우이다)만이 엄격한 논리적 의미에서의 법조경합이고, 실질적 보충관계나 흡수관계는 상상적 경합으로 보는 견해도 있다. 독일의 통설과 판례는 보충관계나 흡수관계는 양형에서 상상적 경합과 같은 취급을 하고 있으므로, 특별관계 이외에는 불필요하다고 비판한다.; Puppe, Idealkonkurrenz und Einzelverbrechen, 1979, S. 19 f., S. 325 참조.

별관계에 있어서는 특별법의 구성요건을 충족하는 행위는 일반법의 구성요건을 충족하지만 반대로 일반법의 구성요건을 충족하는 행위는 특별법의 구성요건을 충족하지 못하고(대법원 2005. 2. 17. 선고 2004도6940 판결),[14] 특별관계에 있는 구성요건이 우선적으로 적용된다(lex specialis derogat legi generali; "특별법은 일반법을 폐지한다").

특별관계의 대표적인 경우로는, 가중적 구성요건(존속살해죄와 살인죄, 특수절도죄와 절도죄 등) 또는 감경적 구성요건(영아살해죄와 살인죄, 촉탁살인죄와 살인죄 등)과 기본적 구성요건의 관계, 결합범(강도죄의 경우, 절도와 폭행, 협박, 강도상해의 경우, 강도와 상해)[15] 또는 결과적 가중범(상해치사죄와 상해죄의 관계 등)과 그 내용을 이루는 기본범죄와의 관계, 특별형벌법규에 대한 일반형벌법규의 관계를 들 수 있다(대법원 1967. 4. 18. 선고 67도113 판결). 이른바 부진정 결과적가중범의 경우, 고의로 중한 결과를 발생하게 한 행위가 별도의 구성요건에 해당하지만 그 형이 결과적가중범의 형보다 낮은 때에는 결과적가중범이 고의범에 대하여 특별관계에 있다고 보는 것이 판례이다(대법원 2008. 11. 27. 선고 2008도7311 판결).[16] 그 반대의 경우, 고의범에 대하여 (부진정) 결과적가중범에 정한 형보다 더 무겁게 처벌하는 규정이 있는 때에는 상상적 경합이 된다.[17] 그에 대하여 진정 결과적가중범은 고의범이 성립되면 배제될 것이다.

특별관계가 인정되기 위하여는 특별형벌법규의 구성요건이 일반형벌법규의 구성요건을 포함하고 침해법익을 같이 할 것을 요건으로 한다. 예컨대 특정범죄가중처벌등에관한법률 제5조의11의 위험운전치사상죄(2007. 12. 21. 신설)는 형법 제268조의 특별법인 교통사고처리특례법에 대한 특별형벌법규이므로, 그 죄가 성립되는 경우에는 교통사고처리특례법위반죄는 그 죄에 흡수되어 별죄를 구성하지 아니한다(대법원 2008. 12. 11. 선고 2008도9182 판결). 그런데 특정범죄가중처벌등에관한법률상의 위험운전치사상죄와 도로교통법상의 음주운전죄와의 관계도 실체적 경합으로 보는 것이 판례이지만(대법원 2008. 11. 13. 선고 2008도7143 판결), 위험운전

14 위 판결은 구 정치자금에관한법률은 정치자금과 관련한 부정을 방지하기 위한 규정으로서 형법 제132조의 알선수뢰죄와 특별관계에 있다고는 볼 수 없다고 한다. 대법원 2012. 8. 30. 선고 2012도6503 판결 등도 같은 취지.

15 강요미수와 그 수단인 협박의 기수가 상상적 경합이라는 독일 판례가 있으나(BayOLG 2002. 8. 29. 1 StR. R 75/02= NJW 2003, 966), 비판을 받고 있다.

16 특수공무집행방해치상과 폭력행위 등 처벌에 관한 법률위반(집단·흉기 등 상해)의 관계.

17 ☞ 뒤의 주석 형법 총칙(2) 제40조 Ⅳ. 1. 나. 2) 가) 주석 참조.

치사상죄는 음주운전과 교통사고처리특례법위반의 결합범이고 결과적 가중범의 형태로 규정되어 있으며, 그 법정형도 양 범죄의 위험성을 평가하여 정해진 것으로 보이므로, 법조경합의 특별관계에 있다고 볼 것이다.[18]

한편 대법원은 배임행위에 사기가 수반된 경우에 판례는 법조경합의 관계로 사기죄만 성립된다는 종전의 판례를 변경하여 상상적 경합이 된다고 한다(대법원 2002. 7. 18. 선고 2002도669 전원합의체 판결).[19] 피고인이 지방선거의 기부행위제한기간 중 후보경선에서 후보자로 당선될 목적으로 선거권을 가진 당원 등에게 현금 400만 원을 제공한 사안에 대하여, 판례는 공직선거및선거부정방지법과 정당법은 각기 그 입법목적 및 보호법익을 달리하고 있을 뿐만 아니라, 공직선거및선거부정방지법 제113조, 제112조와 정당법 제31조의2 제1항 본문의 내용을 비교하여 보면, 그 행위 주체, 제한 또는 금지가 이루어지는 기간의 유무, 고의와 더불어 목적을 요하는지 여부, 기부행위 또는 금품 등 제공의 대상, 행위의 내용 및 방법 등 구체적인 구성요건에 많은 차이가 있어 정당법의 구성요건이 공직선거및선거부정방지법의 구성요건의 모든 요소를 포함하는 외에 다른 요소를 구비하는 경우에 해당하지 않으므로, 정당법의 규정이 공직선거및선거부정방지법의 규정에 대하여 특별관계가 아니라 상상적 경합의 관계에 있다고 보았다(대법원 2003. 4. 8. 선고 2002도6033 판결). 같은 취지에서 판례는 주식회사의 외부감사에 관한 법률 제20조 제1항 제2호와 공인회계사법 제20조, 제12조 제2항의 관계의 경우와 같이 행정법규 상호간에도 특별관계를 대체로 부정하고 있다(대법원 1993. 6. 22. 선고 93도498 판결). 또 대법원은 대체로 형법의 구성요건과 행정적 처벌법규는 입법목적이나 보호법익이 다르고 구성요건에도 차이가 있으므로, 특별관계가 아니라 상상적 경합으로 보아 특별관계의 성립을 제한하고 있다. 예컨대 대법원은 자동차관리법 제78조, 제71조가 형법 제238조 제1항 소정의 공기호부정사용죄의 특별관계를 부정하였다(대법원 1997. 6. 27. 선고 97도1085 판결).[20]

18 이 사건의 하급심은 음주운전죄가 위험운전치사상죄에 흡수되어 따로 성립되지 아니한다고 하였다. 한편 헌재는 위험운전치사상죄가 명확성 원칙이나 과잉금지에 위반되지 아니하여 합헌이라고 하였다(헌법재판소 2009. 5. 28. 선고 2008헌가11 결정).

19 ☞ 주석 형법 각칙(6)(제5판), 제40장 제355조 제2항 Ⅶ. 제2항, 561(노태악) 주석 참조.

20 도로교통법위반과 형법상의 업무상과실자동차파괴죄에 관계에 관하여, 대법원 1983. 9. 27. 선고 82도671 판결(공 1983, 1625).

나. 보충관계

보충관계(Subsidiarität)는 어떤 형벌법규가 다른 형벌법규의 적용이 없을 때에 보충적으로 적용되는 것을 말하며, 중한 형을 정한 다른 구성요건에 해당하지 않는 때에 당해 구성요건으로 처벌되는 관계에 있는 경우이다. 여기에는 형사법규가 인정하는 명시적 보충관계와 구성요건의 체계적 해석과 의미연관에 의하여 인정되는 묵시적 보충관계가 있다.[21] 보충관계에 있어서는 "기본법은 보충법에 우선한다"(lex primaria derogat legi subsidiariae)는 원리에 의하여 보충법의 적용이 배제된다.

1) 명시적(내지 형식적) 보충관계

형법이 명시적 보충관계를 인정하는 것으로는 외환유치죄(제92조), 여적죄(제93조), 모병이적죄(제94조)에 대한 일반이적죄(제99조), 현주건조물방화죄(제164조 제1항), 공용건조물방화죄(제165조), 일반건조물방화죄(제166조)에 대한 일반물건방화죄(제167조)를 들 수 있다. 다만 명시적 보충관계는 일반적 규정에 대한 특별관계의 한 태양으로 볼 수도 있다.

2) 묵시적(내지 실질적) 보충관계

묵시적 보충관계는 형벌법규의 의미와 목적에 대한 해석에 의하여 결정될 수 있다고 하는데, 통설은 다음의 두 가지 경우에 인정하고 있다. 그러나 묵시적 보충관계는 각 구성요건들의 실질적인 평가에 의하여 인정되는 것이고, 뒤에서 보는 흡수관계와 규범적인 평가가 다르지 않고, 단지 학술용어상의 문제일 뿐이라는 지적이 타당하다.[22] 특별관계나 명시적 보충관계에서는 배제되는 구성요건이 반드시 수반되어 동시에 실현되지만, 실질적 보충관계나 흡수관계에서는 단지 통상적, 전형적으로 나타나는 차이만 있고, 그 실질적 관계에는 차이가 없다는 것이다. 그러한 이유로 실질적 보충관계를 흡수관계로 보는 견해나 독일의 경우, 판례가 법조경합에 대하여 상상적 경합과 그 처벌을 같이 하고 있으므로, 양자를 모두 상상적 경합으로 보는 견해도 있다.[23] 묵시적 보충관계는 다음의 경우 인정된다(통설).

21 이재상 외 2인, 형법총론(제9판), 박영사(2017), 538 등 통설.
22 Münchener Kommentar zum Stafgesetzbuch, Verlag C. H. Beck München, 3 Aufl.(2016), Bd. 2, Vor §52ff. Rn. 33, 42 참조.
23 Puppe, Idealkonkurrenz und Einzelverbrechen, 1979, S. 19 f. 325 참조.

가) 불가벌적 사전행위(경과범죄)[24]

이른바 불가벌적 사전행위(mitbestrafte Vortat)의 경우에 보충관계를 인정하는 것이 통설이다. 불가벌적 사전행위란 범죄 실현을 위한 앞 단계의 행위를 말하며, 하나의 범죄의사에 의한 여러 단계의 범죄 실현이 있는 경우, 전 단계의 범죄는 같은 법익에 대한 다음 단계의 침해가 있으면 그 독자적 의의를 잃는다. 불가벌적 사전행위는 다음 단계의 행위보다 중대한 불법내용을 가져서는 아니된다. 예컨대 강도미수는 절도기수에 대하여 보충관계가 될 수 없다.

불가벌적 사전행위의 예로, 예비는 미수와 기수에 대하여, 예비와 미수는 기수에 대하여 보충관계에 있게 된다(대법원 1965. 9. 28. 선고 65도695 판결).[25] 그런데 여기서 기수로 처벌되는 경우에 미수나 예비에 대한 것이 함께 처벌(mitbestraft)되는 것이므로, '불가벌'이란 용어는 부적절하고, 단지 별도의 처벌이 없다는 뜻일 뿐이다.[26] 또 예컨대 살인의 결과에 이르기 전 단계에서의 상해는 이른바 경과범죄(Durchgangsdelikt)로서 보충관계에 있다고 볼 수 있다.[27] 후행의 살인이 미수에 그칠 때에도 그 단계에까지 일어난 상해도 살인미수(장애미수 또는 중지미수)에 포섭되는 보충적 범죄라고 보아야 할 것이다. 다만 독일의 연방법원은 확립된 판례로 이러한 견해를 유지하여 오다가,[28] 1998. 9. 24. 판례를 변경하여 이 경우 살인미수죄와 상해죄가 단일행위로서 상상적 경합이 된다고 하며,[29] 학설도 이를 지지하고 있다.[30] 그 이유로는, 실현된 불법내용이 가능한 한 판결에 정확히 모사되

24 법조경합의 형태를 행위의 단복에 따라 이원화하려는 견해가 있다; 박상기, 형법총론(제9판), 박영사(2012), 512; 임웅, 형법총론(제10정판), 법문사(2018), 607. 이에 따르면 한 개의 행위가 인정되는 경우를 부진정 상상적경합이라고 부르고, 불가벌적 사전행위와 불가벌적 사후행위와 같이 행위가 수개인 경우를 부진정 실체적 경합이라고 부른다. 이 견해는 불가벌적 사전행위와 불가벌적 사후행위를 각각 보충관계와 흡수관계의 하위유형으로 취급하지 않고 독자적으로 부진정 실체적 경합의 형태로 인정하는 특징을 보이고 있다.

25 단일한 의사발동으로부터의 살인예비, 음모 내지 미수행위는 살인기수에 포괄적으로 평가되어 결국 1개의 살인기수죄만 성립하고 살인의 예비, 음모나 미수죄는 성립되지 아니한다. 단, 박성철, 판례를 중심으로 한 포괄적 일죄와 과형상 일죄, 재판자료 49, 법원행정처, 506은 이를 포괄일죄의 한 경우로 보고 있다.

26 법조경합을 전부 특별관계라고 하는 견해에 의하면, 위와 같은 경우는 범죄의 '완성도에 의한 특별관계'(Spezialität kraft Vollendungsdichte)라고 본다 : Günther Jakobs, Strafrecht Allgemeiner Teil. 1991(2 Aufl.), 31/26.

27 오영근, 형법총론(제4판), 박영사(2018), 461은 상해죄와 살인죄, 유기죄와 살인죄는 고의를 달리하고 그 성립 범위가 다르므로 보충관계에 있다고 할 수 없다고 한다. 살인죄가 성립하지 않는다고 해서 반드시 상해죄 및 유기죄가 성립하는 것은 아니고 두 범죄는 살인죄와 무관하게 성립할 수도 있고, 마찬가지 이유로 강도미수죄와 절도죄도 보충관계가 아니라고 한다.

28 예컨대 BGH St 22, 248(249) = NJW 1969, 59.

29 BGH St. 44, 196(199) = NJW 1999, 69. 또 그 후 강도시 상해를 가하였고 강도는 미수에 그쳤으나 사망에 이른 경우에, 강도치사와 상해치사의 상상적 경합이 된다고 하는 판례도 나왔다(BGH St 46, 24).

30 Münchener Kommentar zum Stafgesetzbuch, Verlag C. H. Beck München, 3 Aufl.(2016), Bd. 2, Vor § 52ff. Rn. 27, 52 참조. 그래야만 상해의 결과가 판결에 명시되고 양형에 반영된다는 것이다(Klarstellungsfunktion; 명시기능).

어야 하고, 또 상해는 경과단계이기는 하지만 모든 경우의 살인미수가 상해를 수반하는 것은 아니라는 점을 들고 있다. 물론 독극물에 의한 즉사를 원하는 경우와 같이 상해의 고의와 결과가 없는 살인미수도 있을 수 있으나, 살인의 고의에 상해의 고의가 포섭되는 경우가 보통인데, -大는 小를 겸하므로- 살인의 고의에 상해의 고의를 병존시키는 것은 논리적 모순이고, 미수의 법적 효과는 임의적 감경일 뿐이며, 그 상해의 결과는 살인미수의 양형에 중요한 의의를 가지는 것이므로, 위 경우, 상해죄는 불가벌적 사전행위로서 보충관계에 있다고 볼 것이다.[31] 같은 맥락에서 독일의 판례, 학설은 오랜 기간에 걸쳐 -가혹행위 등과 같은 방법으로- 여러 차례 상해를 가하다가 결국 살해한 경우에는 상해와 살인의 상상적 경합 또는 실체적 경합이 되는 경우가 있다고 한다.[32]

한편 공동가공의 미수는 그 후에 실제로 저지른 종범에 대하여 경과범죄로서 보충관계에 있다고 볼 것이다.[33] 그러나 장애미수를 저지른 후 새로운 범죄의사로 다시 같은 범행을 저지른 경우는 항상 보충관계가 된다고 볼 수 없고, 실체적 경합이 되는 경우가 있을 수 있다.[34]

나) 가벼운 침해방법

같은 법익에 대한 침해에 있어서 무거운 침해방법에 대하여 가벼운 침해방법은 보충관계에 있다고 본다. 즉 종범은 교사범과 정범에 대하여, 교사범은 정범에 대하여,[35] 부작위범은 작위범에 대하여,[36] 과실범은 고의범에 대하여 통상 각 보

31 Günther Jakobs, Strafrecht Allgemeiner Teil. 1991(2 Aufl.), 31/40. 다만 형벌면제적인 중지미수를 인정하는 독일(형법 제24조)에서는 특히 살인의 중지미수인 경우에 그 결과인 상해죄로 처벌할 필요성이 있으나, 우리 형법은 중지미수에 임의적 감면을 규정하였고, 실무상 상해의 결과를 수반한 살인의 중지미수에 대하여 형 면제를 하는 예는 없을 것이다.

32 Münchener Kommentar zum Stafgesetzbuch, Verlag C. H. Beck München, 3 Aufl.(2016), Bd. 2, Vor §52ff. Rn. 53; BGH St. 1998. 12. 17. 4 StR. 563/98.

33 Münchener Kommentar zum Stafgesetzbuch, Verlag C. H. Beck München, 3 Aufl.(2016), Bd. 2, Vor §52ff. Rn. 47; Schönke/Schröder/Stree, Strafgesetzbuch Kommentar, Verlag C. H. Beck, 30 Aufl.(2019), Bd. 1, Vor §30 Rn. 38.

34 BGH St 41, 368 = NJW 1996, 936; 살인이 미수에 그친 후 새로운 범의로 살인교사를 한 경우.

35 Münchener Kommentar zum Stafgesetzbuch, Verlag C. H. Beck München, 3 Aufl.(2016), Bd. 2, Vor §52ff. Rn. 48. 따라서 교사자가 함께 범행을 한 경우에 교사는 공동정범에 대하여 불가벌적 사전행위로 볼 것이다. 그러나 교사가 정범에 대하여 반드시 가벼운 침해방법이 된다고 보는 것은 문제가 있다(법정형이 같고, 또 예컨대 조직범죄의 경우).

36 대법원 2004. 6. 24. 선고 2002도995 판결(공 2004, 1255); "어떠한 행위가 적극적 작위에 의하여 이루어질 수 있음은 물론 결과의 발생을 방지하지 아니하는 소극적 부작위에 의하여도 실현될 수 있는 경우에, 행위자가 자신의 신체적 활동이나 물리적·화학적 작용을 통하여 적극적으로 타인의 법익 상황을 악화시킴으로써 결국 그 타인의 법익을 침해하기에 이르렀다면, 이는 작위에 의한 범죄로 봄이 원칙이다"

충관계에 있다고 설명되고 있으나, 이를 특별관계의 한 경우로서 범죄에의 '관여나 결과의 강도에 의한 특별관계'(Spezialität kraft Beteiligungs und Erfolgsintensität)가 된다고 볼 수도 있다.[37]

다. 흡수관계

구성요건에 해당하는 행위의 불법과 책임내용이 일반적으로 다른 구성요건에 포섭되었지만 특별관계나 보충관계가 인정되지 않는 경우를 흡수관계(Konsumtion)라고 한다. 이는 흡수법의 구성요건이 피흡수법의 구성요건을 당연히 포함하는 것이 아니라는 점에서 특별관계와, 또 서로 다른 범죄가 통상적, 전형적으로 결합된다는 점에서 보충관계와 구별된다는 것이 통설의 견해이다.[38] 흡수관계에서는 "전부법은 부분법을 폐지한다"(lex consumens derogat legi consumptae)는 법원리에 의하여 전부법만 적용되고, 부분법의 적용은 차단된다(Sperrwirkung). 통상 흡수관계에는 다음의 두 가지 경우가 있다고 설명된다.

1) 불가벌적 수반행위(전형적 수반행위)

'불가벌적 수반행위(mitbestrafte Begleittat)'란 법조경합의 한 형태인 흡수관계에 속하는 것으로서, 행위자가 특정한 죄를 범하면 비록 논리필연적인 것은 아니지만 일반적·전형적으로 다른 구성요건을 충족하고, 이때 그 구성요건의 불법이나 책임 내용이 주된 범죄에 비하여 경미하기 때문에 처벌이 별도로 고려되지 않는 경우를 말한다. 예컨대 사람을 살해하는 과정에서 의복을 손상시킨 행위나 상해를 가하면서 행한 협박행위(대법원 1976. 12. 14. 선고 76도3375 판결), 사문서위조에 수반된 인장의 위조행위(대법원 1978. 9. 26. 선고 78도1787 판결), 감금의 수단으로 한 단순 협박행위(대법원 1982. 6. 22. 선고 82도705 판결), 자동차불법사용죄에 수반되는 휘발유 소비행위(대법원 1985. 3. 26. 선고 84도1613 판결) 신용카드부정사용죄에 수반된 매출전표의 위조 및 제시행위(대법원 1992. 6. 9. 선고 92도77 판결) 등은 전형적인 수반행위로서 각 죄에 흡수되고 별죄를 구성하지 않는다. 일본에는 흡수관계의 침해된 보호법익이 동종인가의 여부에 따라 동질적 흡수관계와 이질적 흡

37 Günther Jakobs, Strafrecht Allgemeiner Teil. 1991(2 Aufl.), 31/26ff.

38 이재상 외 2인, 형법총론(제9판), 박영사(2017), 539 등 통설; BGH NJW 2002, 150은 흡수관계를 법조경합의 독자적인 유형으로 보는 것에 의문을 제기하고, 보충관계나 광의의 특별관계로 파악한다. 스위스 판례는 불가벌적 수반행위를 보충관계로 보고, 강간이나 강도와 시간적 공간적으로 밀접한 관련성이 있는 한, 수반되는 자유침해(감금)죄는 강간죄나 강도죄에 대하여 보충적이라고 한다[BGE 98 Ⅳ 104 ff.; Basler Kommentar Strafrecht Ⅰ, M.A. Niggli, H. Wipraechtiger(hrsg.), Helbing Lichtenhahn Verlag, 2 Aufl.(2007), Art. 49 Rn. 25].

수관계로 나누고, 전자는 본래적 일죄이고 범죄론의 죄수문제로 보지만, 후자는 수죄로서 경합론의 형벌적용 문제로 보는 견해가 제시되고 있으나,[39] 그 구분이 반드시 명확한 것이 아니고, 이론상의 문제일 뿐이다.

다만 수반행위가 주된 범죄에 흡수된다고 보려면 적어도 수반행위의 불법이나 책임의 내용을 별도로 평가하지 않아도 무방한 경우에 한정되어야 하고(대법원 1997. 4. 17. 선고 96도3376 전원합의체 판결),[40] 수반행위가 일반적인 범위를 넘어서 고유한 불법과 책임 내용을 가질 때는 흡수관계가 성립하지 않는다. 대법원은, 업무방해죄와 폭행죄는 구성요건과 보호법익을 달리하고 있고, 업무방해죄의 성립에 일반적·전형적으로 사람에 대한 폭행행위를 수반하는 것은 아니며, 폭행행위가 업무방해죄에 비하여 별도로 고려되지 않을 만큼 경미한 것이라고 할 수도 없으므로, 설령 피해자에 대한 폭행행위가 동일한 피해자에 대한 업무방해죄의 수단이 되었다고 하더라도 그러한 폭행행위가 이른바 '불가벌적 수반행위'에 해당하여 업무방해죄에 대하여 흡수관계에 있다고 볼 수 없다고 한다(대법원 2012. 10. 11. 선고 2012도1895 판결).[41]

39 大塚 仁 外, 大コンメンタール, 第4巻, 青林書院, 第4版(2013), 194, 195.

40 [다수의견] "반란의 진행과정에서 그에 수반하여 일어난 지휘관계엄지역수소이탈 및 불법진퇴는 반란 자체를 실행하는 전형적인 행위라고 인정되므로, 반란죄에 흡수되어 별죄를 구성하지 아니한다"(반대의견 있음) : 그밖에 판례에 의하면, 상해를 하면서 같은 시간 같은 장소에서 동일한 피해자에게 가해진 협박죄(대법원 1976. 12. 14. 선고 76도3375 판결), 강간죄의 수단으로 행해진 폭행·협박죄(대법원 2002. 5. 16. 선고 2002도51 전원합의체 판결), 공갈죄의 수단으로서 행한 협박죄(대법원 1996. 9. 24. 선고 96도2151 판결), 감금을 하기 위한 수단으로서 행한 협박죄(대법원 1982. 6. 22. 선고 82도705 판결), 특정범죄 가중처벌 등에 관한 법률 제5조의4 제1항에 규정된 상습절도 등 죄를 범한 범인이 그 범행의 수단으로 범한 주거침입죄(대법원 1984. 12. 26. 선고 84도1573 판결), 특정범죄 가중처벌 등에 관한 법률상 상습절도죄를 범한 자가 절도죄와 함께 범한 자동차등불법사용죄(대법원 2002. 4. 26. 선고 2002도429 판결), 특정범죄 가중처벌 등에 관한 법률상의 상습강도죄를 범하기 위해 행한 강도예비죄(대법원 2003. 3. 28. 선고 2003도665 판결), 마약매매죄가 성립한 경우 매매목적 마약소지죄(대법원 1977. 12. 13. 선고 77도1380 판결), 여신전문금융업법 제70조 소정의 신용카드부정사용을 위해 행한 사문서위조죄 및 동행사죄(대법원 1992. 6. 9. 선고 92도77 판결)는 불가벌적 수반행위가 된다.

41 같은 맥락에서 대법원은 회계보고 허위기재로 인한 지방교육자치에 관한 법률위반죄와 증빙서류 허위기재로 인한 지방교육자치에 관한 법률 위반죄에 관하여, 위 각 죄는 각 행위 주체, 행위 객체 등 구체적인 구성요건에 있어 차이가 있고, 증빙서류 허위기재 행위가 회계보고 허위기재로 인한 지방교육자치에 관한 법률위반죄에 비하여 별도로 고려되지 않을 만큼 경미한 것이라고 할 수도 없으므로, 증빙서류 허위기재 행위가 이른바 '불가벌적 수반행위'에 해당하여 회계보고 허위기재로 인한 지방교육자치에 관한 법률 위반죄에 대하여 흡수관계에 있다고 볼 수는 없다고 한다(대법원 2017. 5. 30. 선고 2016도21713 판결) : 그밖에도 강간죄나 강도죄의 수단으로 행한 감금죄(대법원 1997. 1. 21. 선고 96도2715 판결), 사기죄를 범한 자가 범한 방문판매 등에 관한 법률 제28조 제1항 및 제45조 제2항 제1호 위반죄(대법원 2001. 3. 27. 선고 2000도5318 판결), 사기죄의 수단으로 행한 방카씨유에 저질유를 혼합하거나 감량하는 등의 석유사업법위반죄(대법원 1980. 5. 13. 선고 80도716 판결), 강취한 신용카드로 주류대금을 지급한 경우의 사기죄와 신용카드부정사용죄(대법원 1997. 1. 21. 선고 96도2715 판결), 김재규 등이 박정희 대통령 및 경호원들을 살해하고 내란을 기도하였다가 미수에 그친 사안의 경우 내란목적살인죄와 내란미수죄(대법원 1980. 5. 20. 선고 80도306 판결), 조세범처벌법 제9조 제1항 소정의 '사기 기타 부정한 행위로써 조세를 포탈'하기 위한 수단으로 행해진 사문서위조 및 동행사죄(대법원 1989. 8. 8. 선고 88도2209 판결), 수인이 공모 공동하여 향정신성의약품을 매수한 후 그 공범자 사이에 그 중 일부를 수수하는 죄(대법원 1998. 10. 13. 선고 98도2584 판결) 등은 불가벌적 수반행위가 아니다.

이러한 흡수관계는 하나의 범죄가 다른 범죄에 대하여 부차적인 경우로서, 전형적으로 -때로는 필연적으로- 수반되거나 주된 범죄의 행위태양에 포함되어 -대개는 범죄의 비중이 약하므로- 다른 범죄의 귀책에서 이미 평가되었다고 볼 수 있으므로, 이를 '수반행위에 의한 특별관계'(Spezialitaet zur Begleittat)으로 보는 유력한 견해도 있다.[42]

2) 불가벌적 사후행위

가) 의의

불가벌적 사후행위(mitbestrafte Nachtat)란 범죄에 의하여 획득한 위법한 이익을 확보하거나 사용·처분하는 구성요건에 해당하는 사후행위가 이미 주된 범죄에 의하여 완전히 평가된 것이기 때문에 별죄를 구성하지 않는 경우를 말한다. 예컨대, 횡령죄는 타인의 재물을 보관하는 자가 재물을 횡령하는 경우에 성립하는 범죄로서, 일단 횡령한 이후 재물을 처분하는 것은 불가벌적 사후행위에 해당하여 처벌할 수 없다(대법원 1993. 3. 9. 선고 92도2999 판결). 절취한 자기앞수표를 현금 대신 교부한 행위(대법원 1993. 11. 23. 선고 93도213 판결),[43] 장물보관 의뢰를 받은 자가 그 정을 알면서 이를 보관하고 있다가 임의 처분한 행위(대법원 2004. 4. 9. 선고 2003도8219 판결),[44] 타인을 공갈하여 교부받은 재물을 처분한 행위(대법원 1986. 2. 11. 선고 85도2513 판결), 명의신탁받아 보관 중이던 토지를 명의신탁자의 승낙 없이 제3자에게 근저당권설정등기를 경료해 준 후, 다른 사람에게 매도한 행위(대법원 1999. 11. 26. 선고 99도2651 판결) 등은 불가벌적 사후행위에 불과하여 별도로 사기죄나 횡령죄가 성립하지 않는다.

나) 법적 성격

독일에서는 불가벌적 사후행위를 보충관계로 보거나,[45] 실체적 경합에 해당

42 Günther Jakobs, Strafrecht Allgemeiner Teil. 1991(2 Aufl.), 31/30.

43 "금융기관 발행의 자기앞수표는 그 액면금을 즉시 지급받을 수 있는 점에서 현금에 대신하는 기능을 가지고 있어서 장물인 자기앞수표를 취득한 후 이를 현금 대신 교부한 행위는 장물취득에 대한 가벌적 평가에 당연히 포함되는 불가벌적 사후행위로서 별도의 범죄를 구성하지 아니한다".

44 대법원 1976. 11. 23. 선고 76도3067 판결도 같다; "절도 범인으로부터 장물보관 의뢰를 받은 자가 그 정을 알면서 이를 인도받아 보관하고 있다가 임의 처분하였다 하여도 장물보관죄가 성립하는 때에는 이미 그 소유자의 소유물 추구권을 침해하였으므로 그 후의 횡령행위는 불가벌적 사후행위에 불과하여 별도로 횡령죄가 성립하지 않는다"

45 Schönke/Schröder/Stree, Strafgesetzbuch Kommentar, Verlag C. H. Beck, 30 Aufl..(2019), Bd. 1, Vor §52 Rn. 112.

하지만 인적 처벌조각사유라고 하는 견해[46]가 있고, 우리나라에는 불가벌적 사전행위와 함께 부진정 실체적 경합에 유사한 관계라고 보는 견해[47]도 있다. 그러나 통상 불가벌적 사후행위는 그 자체가 위법하고 유책한 행위이지만 주된 범죄가 전제로 하거나 예정하는 행위이며, 주된 범죄가 의미를 가지기 위하여는 일반적으로 행해져야 한다는 점에서 주된 범죄와 전형적 연관성이 인정되므로, 흡수관계로 보는 것이 일반적이다.[48]

그런데 사후행위는 단지 별죄가 성립되지 않을 뿐 전체적 사건의 경과에 포함되어 사전의 침해인 주된 범죄에 이미 평가되어 함께 처벌되는 것이라고 볼 것이므로, 불가벌적 사후행위라는 용어는 적절하지 않고, 따라서 이를 '함께 처벌되는 사후행위'라고 하여야 할 것이다.[49] 이러한 점에서 불가벌적 사후행위를 '사전 침해에 의한 특별관계'(Spezialität kraft Vorgriffs)로 보는 유력한 견해도 있다.[50]

다) 성립요건

(1) 주된 범죄가 있을 것

주된 범죄는 재산죄인 경우가 보통인데, 전형적인 절도나 횡령 등의 경우 행위객체인 재물의 취거가 완성되었다면 그 범죄는 기수가 될 것이나, 그 후에 범죄자가 이를 손괴한 경우에 그 사후행위는 사전의 범죄행위에서 전제가 되는 지속적이고 완전한 소유권의 상실로 연결되어 있고, 따라서 그 위법성이 이미 평가가 되어 함께 처벌되고 있는 것이므로, 별도의 범죄가 성립되거나 따로 처벌되지 않는 것이다. 불가벌적 사후행위는 반드시 재산죄에 한하는 것은 아니고, 부작위범의 경우 – 예컨대 부양의무나 병역의무의 불이행의 경우 – 작위의무의 이행을 거부하여 범죄가 성립된 경우에 그 후에도 계속 이를 이행하지 않아도 불가벌적 사후행위가 된다. 그밖에 간첩이 탐지·수집한 국가기밀을 적국에 누설한 행위도 불가벌적 사후행위가 된다(대법원 1982. 4. 27. 선고 82도285 판결).

(2) 사후행위는 범죄의 구성요건에 해당하는 행위

어떤 범죄에도 해당하지 않는 행위는 당연히 불가벌이고, 불가벌적 사후행위

46 Maurach/Gössel/Zipf, S. 397, 340.

47 앞의 각주 24 참조.

48 이재상 외 2인, 형법총론(제9판), 박영사(2017), 541 등 다수설. 판례 중에는 불가벌적 사후행위를 포괄일죄의 범주에 넣고 있는 것도 있다; 대법원 1982. 11. 23. 선고 82도2201 판결(공 1982, 241).

49 독일의 'mitbestrafte Nachtat'을 직역한 것이고, 같은 취지에서 일본에는 '共罰的 事後行爲'라고 부르는 학자들도 있다[大塚 仁 外, 大コンメンタール, 第4卷, 青林書院, 第4版(2013), 218]. 이 점은 불가벌적 사전행위나 수반행위의 경우에도 같다.

50 Günther Jakobs, Strafrecht Allgemeiner Teil. 1991(2 Aufl.), 31/34.

라고 할 필요도 없다. 예컨대, 절도범이 절취한 재물을 손괴한 경우와는 달리 이를 단순히 소비한 때에는 보관관계가 없어 구성요건에 해당하지 않으므로 당연히 불가벌이고 불가벌적 사후행위가 아니다.

(3) 사후행위는 주된 범죄와 같은 보호법익을 침해하고 초과 침해하지 않을 것

사후행위가 같은 피해자의 새로운 법익을 침해하거나 다른 사람의 법익을 침해한 때나 사후행위에 의하여 법익침해가 증가한 경우에는 불가벌적 사후행위가 될 수 없다는 것이 통설이다.

(가) 새로운 법익 침해의 경우

사후행위가 다른 사람의 새로운 법익을 침해한 때에는 불가벌적 사후행위가 아니다. 따라서 예금통장과 인장을 갈취한 후 예금 인출에 관한 사문서를 위조한 후 이를 행사하여 예금을 인출한 행위는 공갈죄 외에 별도로 사문서위조와 동행사죄 및 사기죄가 성립하고(대법원 1979. 10. 30. 선고 79도489 판결), 강취한 신용카드를 가지고 정당한 소지인인양 가맹점 점주를 속여 물품 등을 제공받은 경우 신용카드부정사용죄와 별도로 사기죄가 성립하며(대법원 1997. 1. 21. 선고 96도271 판결), 절취한 대마를 흡입할 목적으로 소지하는 행위는 절도죄 외에 무허가대마소지죄를 구성한다(대법원 1999. 4. 13. 선고 98도3619 판결). 또 판례에 의하면, 현금카드를 강취하여 현금자동지급기에서 현금을 인출한 경우에는 강도죄와는 별도로 절도죄가 성립한다(대법원 2007. 5. 10. 선고 2007도1375 판결).[51]

(나) 침해된 법익의 범위를 초과한 경우

피해자와 법익이 같아도 사후행위가 주된 범죄에 의하여 침해된 법익의 범위를 초과한 때에는 불가벌적 사후행위가 아니다. 따라서 절도범이 절취한 문서를 이용하여 피해자의 재물을 편취하거나, 절취한 재물을 다시 피해자에게 매각한 때에는 각 절도죄와 사기죄의 실체적 경합이 된다. 피해자가 같아도 다른 피해법익을 새로 침해한

51 "강도죄는 공갈죄와는 달리 피해자의 반항을 억압할 정도로 강력한 정도의 폭행·협박을 수단으로 재물을 탈취하여야 성립하는 것이므로, 피해자로부터 현금카드를 강취하였다고 인정되는 경우에는 피해자로부터 현금카드의 사용에 관한 승낙의 의사표시가 있었다고 볼 여지가 없다. 따라서 강취한 현금카드를 사용하여 현금자동지급기에서 예금을 인출한 행위는 피해자의 승낙에 기한 것이라고 할 수 없으므로, 현금자동지급기 관리자의 의사에 반하여 그의 지배를 배제하고 그 현금을 자기의 지배하에 옮겨 놓는 것이 되어서 강도죄와는 별도로 절도죄를 구성한다고 할 것이다"(대법원 2007. 4. 13. 선고 2007도1377 판결도 같은 취지) 이와 달리 "현금카드를 갈취한 경우에는 하자있는 의사이지만 피해자의 승낙이 있는 것이므로 그 카드로 현금자동지급기에서 현금을 인출한 행위는 단일하고 계속적인 범의 하에서 이루어진 일련의 행위로서 포괄하여 하나의 공갈죄가 성립된다고 한다" 그러나 강도죄의 경우에도 새로운 법익의 침해가 없는 것이고, 강도 후 현금인출행위는 피해자가 다른 부분은 있지만 침해된 법익을 초과하지 않으므로, 불가벌적 사후행위가 된다고 볼 여지가 있다.

경우, 예컨대 열쇠를 훔친 범인이 계속적 범행을 위하여 그 열쇠로 문을 열고 들어간 경우에 그 주거침입(나아가 새로운 절도행위도)은 불가벌적 사후행위가 될 수 없다.[52]

52 판례에 의하면, 절취한 승차권을 환불받은 경우의 사기행위(대법원 1975. 8. 29. 선고 75도1996 판결), 절취한 원목에 관하여 합법적으로 생산된 것인 것처럼 관계당국을 기망하여 산림법 소정의 연고권자로 인정받아 수의계약의 방법으로 매수한 경우의 사기행위(대법원 1974. 10. 22. 선고 74도2441 판결), 피해자를 기망하여 약속어음을 교부받아 피해자에 대한 피고인의 채권의 변제에 충당한 경우의 횡령행위(대법원 1983. 4. 26. 선고 82도3079 판결), 명의신탁받아 보관 중이던 토지를 임의로 매각하여 이를 횡령한 후 그 매각대금을 이용하여 다른 토지를 취득하였다가 이를 제3자에게 담보로 제공한 경우(대법원 2006. 10. 13. 선고 2006도4034 판결), 명의신탁받아 보관 중이던 토지를 명의신탁자의 승낙 없이 제3자에게 근저당권설정등기를 경료해 준 후 다른 사람에게 매도한 경우 뒤의 횡령행위(대법원 2000. 3. 24. 선고 2000도310 판결), 향정신성의약품수수의 죄가 성립되는 경우에는 그 수수행위의 결과로서 그에 당연히 수반되는 향정신성의약품의 소지행위(대법원 1990. 1. 25. 선고 89도1211 판결), 신고 없이 물품을 수입한 본범이 이를 취득·양여하는 행위(대법원 2008. 1. 17. 선고 2006도455 판결) 등은 침해된 법익을 초과하지 않는 경우로서 불가벌적 사후행위가 된다.
반면에 대마취급자가 아닌 자가 절취한 대마를 흡입할 목적으로 소지하는 행위는 절도죄의 보호법익과는 다른 새로운 법익을 침해하는 행위이므로 절도죄의 불가벌적 사후행위로서 절도죄에 포괄흡수된다고 할 수 없고 절도죄 외에 별개의 죄를 구성한다고 할 것이며, 절도죄와 무허가대마소지죄는 경합범의 관계에 있다(대법원 1999. 4. 13. 선고 98도3619 판결); 그밖에 매입한 향정신성의약품을 처분함이 없이 계속 소유하고 있는 경우(향정신성의약품소유죄; 대법원 1997. 7. 28. 선고 96도2839 판결), 허가없이 판매의 목적으로 의약품을 제조하여 이를 판매한 행위(무허가의약품판매죄; 대법원 1984. 10. 23. 선고 84도1945 판결), 간호보조원의 무면허 진료행위가 있은 후에 이를 의사가 진료부에다 기재하는 행위(무면허의료행위 방조죄; 대법원 1982. 4. 27. 선고 82도122 판결), 문화재보호법에 위반하여 취득한 문화재를 양도하는 행위(대법원 1983. 7. 26. 선고 83도706 판결), 절취한 소를 도축장이나 수육가공장이 아닌 장소에서 도살하거나 해체하는 행위(구 축산물가공처리법위반죄; 대법원 1964. 8. 27. 선고 64도267 판결), 절취한 전당표로 전당물을 찾은 행위(사기죄; 대법원 1980. 10. 14. 선고 80도2155 판결), 동일인이 법정환율과 취급수수료에 의하지 아니하고 동일한 외국통화를 매입하고 다시 이를 매도하는 행위(외국환관리법위반죄; 대법원 1988. 10. 11. 선고 88도994 판결), 자동차를 절취한 후 자동차등록번호판을 떼어내는 행위(대법원 2007. 9. 6. 선고 2007도4739 판결), 회사의 대표이사가 회사의 대표기관으로 피해자들을 기망하여 교부받은 금원을 보관하던 중의 횡령행위(횡령죄; 대법원 1989. 10. 24. 선고 89도1605 판결), 명의수탁자가 신탁 받은 부동산의 일부에 대한 토지수용보상금 중 일부를 소비하고, 이어 수용되지 않은 나머지 부동산 전체에 대한 반환을 거부한 경우(대법원 2001. 11. 27. 선고 2000도3463 판결), 주식회사의 대표이사가 타인을 기망하여 신주를 인수하게 한 후 그로부터 납입받은 신주인수대금을 횡령한 행위(대법원 2006. 10. 27. 선고 2004도6503 판결), 명의수탁자가 신탁 받은 부동산의 일부에 대한 토지수용보상금 중 일부를 소비하고, 이어 수용되지 않은 나머지 부동산 전체에 대한 반환을 거부한 경우(횡령죄; 대법원 2001. 11 .27. 선고 2000도3463 판결), 사람을 살해한 후 사체를 다른 장소로 옮겨 유기한 행위(사체유기죄; 대법원 1997. 7. 25. 선고 97도1142 판결), 평소 본범과 공동하여 수차 상습절도를 범하여 실질적인 범죄집단을 이루고 있던 자가 자신이 정범자로 되지 않은 본범의 절도범행으로 취득한 장물을 취득한 행위(장물취득죄; 대법원 1986. 9. 9. 선고 86도1273 판결), 신용카드를 절취한 후의 부정사용행위(신용카드부정사용죄; 대법원 1996. 7. 12. 선고 96도1181 판결), 회사 대표자가 경비지출을 과다계상하여 장부에 기장하여 회사자금을 횡령하고 이를 토대로 법인세 등의 조세를 납부한 행위(조세포탈죄: 대법원 1992. 3. 10. 선고 92도147 판결), 담보가등기 설정으로서 강제집행면탈죄가 성립한 후 이에 기초하여 이루어진 가등기 양도 및 본등기(대법원 2008. 5. 8. 선고 2008도198 판결), 피해자에게 근저당권을 설정해 주겠다고 기망하여 금원을 편취한 다음 목적 부동산에 대하여 제3자에게 근저당권을 설정하여 준 배임행위(대법원 2008. 3. 27. 선고 2007도9328 판결), 영업비밀이 담긴 타인의 재물을 절취하여 그 영업비밀을 부정사용한 행위(대법원 2008. 9. 11. 선고 2008도5364 판결), 이적단체구성 또는 가입죄를 범한 이후 이적활동행위(대법원 1997. 10. 24. 선고 1327 판결) 등은 침해된 법익을 초과하여 불가벌적 사후행위가 아니라 별도의 범죄가 성립한다고 한다.

라) 불가벌적 사후행위의 처리

불가벌적 사후행위는 주된 범죄에 의하여 완전히 평가된 것이므로 별죄를 구성하지 않고 주된 범죄에 흡수된다.[53] 따라서 주된 범죄가 사후행위보다 법정형이 낮거나 주된 범죄가 공소시효의 완성이나 소송조건의 흠결 등 소송법적 이유로 처벌될 수 없는 경우에도 사후행위는 불가벌이다.[54] 다만, 주된 범죄가 범죄의 성립요건을 결하였거나 범죄의 증명이 없기 때문에 처벌받지 아니하는 경우에는 사후행위가 별도의 구성요건을 충족하는 한 처벌될 수 있다.[55] 그리고 사후행위 자체는 구성요건에 해당하는 위법한 행위이고 사후행위에만 관여한 제3자에게는 그 전제가 되는 주된 범죄가 없기 때문에 불가벌적 사후행위도 있을 수 없어 사후행위에만 관여한 제3자는 공범으로 처벌될 수 있다(대법원 1986. 9. 9. 선고 86도1273 판결).[56]

그런데 최근 일본에서는 불가벌적 사후행위도 별도의 범죄로 성립되지만 그것에 의하여 처단되는 관계에 있지 아니한 것으로 해석하거나 처분상 1죄로 보는 견해도 등장하고 있다.[57]

라. 이른바 택일관계와 선택관계

학설상 '택일관계'(Alternativität)란 절도죄와 횡령죄와 같이 양립되지 않는 두 개의 구성요건 사이에 그 일방만이 적용되는 관계를 말한다. 택일관계를 법조경

53 불가벌의 법적 구성에 관하여 일본에서는, 구성요건 해당성이 없다는 견해부터, 책임조각사유로 보거나 가벌적 사전행위를 행한 것을 일신적 처벌조각사유로 보는 견해도 있다; 大塚 仁 外, 大コンメンタール, 第4卷, 青林書院, 第4版(2013), 217.

54 Schönke/Schröder/Stree, Strafgesetzbuch Kommentar, Verlag C. H. Beck, 30 Aufl.(2019), Bd. 1, Vor §52 Rn. 116; Systematischer Kommentar zum Strafgesetzbuch, bearbeitet von Günther, Horn, Hoyer, Rudolphi, Samson, Bd 1, Allgemeiner Teil, 7 Aufl. Vor §52 Rn. 102. 그러나 사전범죄의 공소시효가 완성된 경우 등 소송법적 이유로 사전범죄가 처벌되지 못하는 경우에 처벌될 수 있다는 것이 독일 판례이다; BGH 1992. 10. 17. 5 StR 517/92. 임웅, 형법총론(제10정판), 법문사(2018), 611은 이를 지지한다.

55 이재상 외 2인, 형법총론(제9판), 박영사(2017), 544 등 다수설. 독일의 BGH St 30, 235(236); Münchener Kommentar zum Stafgesetzbuch, Verlag C. H. Beck München, 3 Aufl.(2016), Bd. 2, Vor §52ff. Rn. 66; Schönke/Schröder/Stree, Strafgesetzbuch Kommentar, Verlag C. H. Beck, 30 Aufl..(2019), Bd. 1, Vor §52 Rn. 135. 예컨대 절도의 범행이 증명되지 않는 경우에 증거상 명백한 장물취득이나 운반죄를 적용할 수 있다. 그러나 절도범이라면 처벌되지 않는 행위가 그것이 불명할 때 처벌되는 것은 "의심스러울 때 피고인의 이익으로"의 원칙에 반한다는 비판이 있다; 藤永, 刑法判例研究, 1981, 42.

56 이재상 외 2인, 형법총론(제9판), 박영사(2017), 543.

57 平野龍一, 刑法總論 Ⅱ, 411 이하; 阿部純二, 判例刑法研究(4), 246 이하 참조.

합의 한 예로 보는 견해도 있으나,[58] 법조경합은 행위가 외관상 수개의 구성요건에 해당하는 경우인데 반하여, 택일관계는 외관상으로도 하나의 범죄만 성립한다는 점에서 법조경합과 구별되므로, 택일관계를 법조경합으로 보지 않는 것이 통설적 견해이다.[59]

그런데 횡령죄와 배임죄가 법조경합의 관계에 있다는 것은 다툼이 없으나, 특별관계로 보는 것이 다수설이다.[60] 그러나 횡령죄와 배임죄는 배신죄라는 그 본질이 같고 단지 행위의 객체가 재물과 재산상 이익이라는 차이만 있을 뿐이므로, 택일관계로 볼 수 있을 것이다. 판례 중에 "업무상배임죄와 업무상횡령죄는 다같이 신임관계를 기본으로 하고 있는 재산범죄로서 그 형벌에 있어서도 같은 조문에 규정되어 경중의 차이가 없으므로 업무상배임죄에 해당하는데도 이를 업무상횡령죄로 처벌하였다 하더라도 그와 같은 법령적용의 잘못은 판결 결과에 영향을 미치는 것이 아니"라고 한 것이 있다(대법원 2006. 6. 27. 선고 2006도1187 판결).[61]

한편 양립할 수 있는 두 개의 구성요건이 그 어느 것이나 적용될 수 있는 경우는 이른바 '선택관계'(Wahlverhältnis)에 있다고 할 수 있는데, 이러한 형벌 구성요건의 양립은 입법상 회피되어야 할 것이다. 예컨대 공무원의 직무에 속한 사항의 알선에 관하여 금품을 수수 또는 약속한 경우에 특정범죄 가중처벌 등에 관한 법률 제5조가 있고, 또 그보다 구성요건이 더 넓기는 하지만 변호사법 제111조가 중복 적용될 수 있는데, 이 경우를 선택관계의 예라고 볼 수 있다. 양자는 모두 특별법이고 신 구법의 판별도 어려워 이러한 법률의 경합 시 어느 것이 우선 적

58 오영근, 형법총론(제4판), 박영사(2018), 462.

59 이재상 외 2인, 형법총론(제9판), 박영사(2017), 537; 김성돈, 형법총론(제5판), 성균관대학교출판부(2017), 722 등 다수설; 일본의 경우, 大塚 仁 外, 大コンメンタール, 第4巻, 青林書院, 第4版(2013), 191도 같다.

60 주석 형법 각칙(6)(제5판), 제40장 [총설] Ⅱ, 182 이하(노태악) 주석 참조; 신동운, 형법각론, 법문사(2017), 1069 이하는 택일관계로 보고 있으며, 일본은 택일관계로 보는 것이 다수설이다; 大塚 仁 外, 大コンメンタール, 第4巻, 青林書院, 第4版(2013), 196.

61 위 판례가 특별관계설이라는 견해도 있으나, 횡령죄가 일반법인 배임죄에 대하여 특별관계에 있다는 점에서 이 판례를 특별관계설의 입장으로 보기 곤란하다는 견해도 있다; 이석배, "횡령죄와 배임죄의 관계", 동아법학 제46호, 동아대학교 법학연구소(2010), 388, 389. 따라서 횡령과 배임은 별개 독립한 범죄인데, 위탁금전의 경우와 같이 양죄가 모두 성립할 수 있는 경우에 택일관계로 보는 견해도 있다(독립관계설); 안경옥, "비자금 조성행위의 형사처벌에 대한 한독 판례 비교 및 검토", 형사법의 신동향, 대검찰청(2013), 139; 이석배, "횡령죄와 배임죄의 관계", 동아법학 제 46호, 동아대학교 법학연구소(2010), 390; 허일태, "위탁 금전과 형법상 소유권개념", 비교형사법연구 제5권 제1호, 한국비교형사법학회(2003), 274 등 참조.

용되는지 문제가 되지만, 양자의 법정형이 다르지 아니하므로(5년 이하의 징역 또는 1천만 원이하의 벌금 및 필요적 몰수, 추징; 단 변호사법위반은 병과가 가능하다), 실무상 검찰이 기소 시 선택한 법률에 의하여 처벌하고 있다. 이 경우 한쪽이 선택되면 다른 한쪽이 배제되지만, 이를 법조경합 관계에 있다고 볼 수는 없다.

3. 법조경합의 효과

법조경합에서 배제되는 법규는 적용될 수 없다. 법조경합과 상상적 경합의 차이는, 법조경합에서 배제되는 법규의 범죄적 요소는 양형에 있어 원칙적으로 고려되지 않아야 하는 것인데, 상상적 경합에서는 부가되는 법규의 범죄적 요소가 -불법의 평가에 있어서- 이중으로 평가될 수 있다는 것이다. 그러나 불가벌적 수반행위나 사후행위 등이 범죄의 수단이나 결과 또는 행위 전후의 정황 등으로 양형에 참작될 수 있는 것은 이중평가금지의 원칙에 반하지 아니하고, 오히려 전부평가의 원칙에 부합한다.[62] 다만 이는 양적인 평가일 뿐이고, 참작되는 (형벌가중적인) 사정은 우선 적용되는 범죄 구성요건의 위법성이나 책임의 영역에 속하지 않은 경우이어야 할 것이다.[63] 그런데 독일과 스위스의 통설, 판례는 법조경합도 상상적 경합의 경우와 같이 배제되는 범죄에 정한 형벌의 하한이 고려되어야 하고, 배제되는 법규에 정하여진 부가형도 부과될 수 있다고 한다.[64] 그러나 상상적 경합과 법조경합은 구조상 차이가 있고 그 법적 처리도 달라야 하므로, 우리 형법의 해석상 이는 받아들일 수 없고, 우리 실무도 고려하고 있지 않다.

법조경합은 단일한 범죄이므로 법조경합 중의 일부 행위를 분리하여 공소 제기할 수 없다. 다만 우선되는 범죄가 친고죄나 반의사불벌죄인 경우에는 그 소송

62 Münchener Kommentar zum Stafgesetzbuch, Verlag C. H. Beck München, 3 Aufl.(2016), Bd. 2, Vor §52ff. Rn. 56; Schönke/Schröder/Stree, Strafgesetzbuch Kommentar, Verlag C. H. Beck, 30 Aufl..(2019), Bd. 1, Vor §52ff. Rn. 141; BGH St 19, 188(189) = NJW 1964, 559; 30, 147(148) = NJW 1981, 2422(확립된 판례임). 단 법조경합을 특별관계나 명시적 보충관계에 한정하는 견해는 이중평가금지를 엄격히 적용하고, 불가벌적 사전 또는 사후행위나 수반행위는 기본범죄와 상호 의존적인 하나의 행위로 보아 상상적 경합을 인정한다; Puppe, Idealkonkurrenz und Einzelverbrechen, 1979, S. 325.

63 Günther Jakobs, Strafrecht Allgemeiner Teil. 1991(2 Aufl.), 31/38; Schönke/Schröder/Stree, Strafgesetzbuch Kommentar, Verlag C. H. Beck, 30 Aufl.(2019), Bd. 1, Vor §52ff. Rn. 141.

64 결합주의 내지는 경한 법률의 차단효과(Sperrwirkung des milderen Gesetzes) : Münchener Kommentar zum Stafgesetzbuch, Verlag C. H. Beck München, 3 Aufl.(2016), Bd. 2, Vor §52ff. Rn. 63; Günther Jakobs, Strafrecht Allgemeiner Teil. 1991(2 Aufl.), 31/39; BGH St 1, 152(156); 15, 345(346) = NJW 1961, 978(확립된 판례임); 스위스의 경우, Basler Kommentar Strafrecht I, M.A. Niggli, H. Wipraechtiger(hrsg.), Helbing Lichtenhahn Verlag, 2 Aufl.(2007), Art. 49, 27.

조건의 의미와 목적에 따라 판단되어야 한다. 인적처벌조각사유가 있는 경우나 공소시효의 완성 등 소추조건의 결여로 인한 절차상 장애가 있는 경우에도 마찬가지이다.[65] 예컨대 문호나 담장을 손괴한 특수절도가 친족의 재물을 절취하였는데, 그 문호 등이 타인의 소유인 경우에는 특수절도는 친족상도례에 따라 형 면제 또는 공소권이 없다고 하더라도 재물손괴로 처벌될 수 있다고 볼 것이다.[66] 그러나 절취한 친족의 재물을 손괴한 경우에 손괴죄에는 친족간의 특례가 없다고 하더라도 따로 불가벌적 사후행위인 손괴죄로 처벌할 수 없는 것이다.[67] 그리고 2012. 12. 18. 형법 개정 전에 친고죄였던 강간죄의 고소가 없는 경우, 결합범인 강간죄의 일부로서 법조경합의 관계에 있는 폭행·협박의 점만을 따로 처벌할 수 없고, 그에 대하여만 따로 공소가 제기된 경우는 공소기각 판결을 하여야 한다(대법원 2002. 5. 16. 선고 2002도51 판결).

법조경합의 경우 배제된 법률은 적용될 수 없어 행위자가 그 법률에 의하여 처벌받지 아니하고, 따라서 법원은 경합되는 범죄행위 하나하나에 대하여 별도로 유·무죄 판단을 하지 않는다. 즉 법원은 전체적으로 하나의 범죄 성립 여부만을 판단하며 배제된 법률은 판결 주문에는 물론 이유에도 기재되지 않는다.

다만 법조경합에 있어서 배제되는 법률은 적용되는 법률의 일부이므로 제3자는 배제되는 범죄에 대하여 공범으로 가담할 수 있다. 제3자가 특히 가중적 구성요건을 인식하지 못한 때에는 기본적 구성요건에 대한 고의의 범위에서 공범이 된다.[68] 공범은 외부적인 행위기여나 고의의 범위에 따라 배제되는 구성요건에도 관여될 수 있는 것이고, 이는 제한적 종속형식에도 부합한다.

Ⅲ. 포괄일죄

1. 포괄일죄의 의의

포괄일죄(包括一罪 : Bewertungseinheit)의 의미에 관하여는 학설상 상당한 혼란이 있으나, 포괄일죄를 수개의 행위가 포괄적으로 한개의 구성요건에 해당하여

65 Münchener Kommentar zum Stafgesetzbuch, Verlag C. H. Beck München, 3 Aufl.(2016), Bd. 2, Vor §52ff. Rn. 71 ff. 참조.

66 독일의 통설 판례: Münchener Kommentar zum Stafgesetzbuch, Verlag C. H. Beck München, 3 Aufl.(2016), Bd. 2, Vor §52ff. Rn. 71; BGH St 29, 54(56) = NJW 1979, 2055.

67 ☞ 앞의 Ⅱ. 2. 다. 2) 라) 참조.

68 Basler Kommentar Strafrecht Ⅰ, M.A. Niggli, H. Wipraechtiger(hrsg.), Helbing Lichtenhahn Verlag, 2 Aufl.(2007) Art. 49 28.

일죄를 구성하는 경우로 보는 것이 통설, 판례이다.

판례에 의하면, 포괄일죄는 수개의 행위가 포괄적으로 한 개의 구성요건에 해당하여 단순히 하나의 죄를 구성하는 것으로, 수개의 행위가 결합하여 하나의 범죄를 구성하든가, 수개의 동종의 행위가 동일한 의사에 의하여 반복되든가, 또는 하나의 동일한 법익에 대하여 수개의 행위가 불가분적으로 접속, 연속하여 행하여지는 것이므로, 그 어떠한 경우를 막론하고 구성요건에 해당하는 수개의 행위가 근원적으로 동종의 행위로서 그 구성요건을 같이 함을 전제로 하는 것이라고 한다(대법원 1985. 9. 24. 선고 85도1686 판결).[69]

판례, 통설은 형법 제40조에서 말하는 '행위'를 자연적, 사회관념상의 의미에서의 행위로 보아 하나의 법규침해만을 의미하는 구성요건적 행위와는 구별하고 있다(후술). 자연적 의미에서의 행위는 회피할 수 있는 어떠한 결과를 야기하는 행위라 할 수 있고, 그것이 전체적 경과에서 하나의 행위로 볼 수 있어야 한다. 그런데 상상적 경합은 한개의 자연적 행위가 수개의 구성요건을 충족시키는 경우인데 반하여, 이른바 포괄일죄에 있어서는 구성요건적 행위가 그 구성요건의 형식상 또는 해석상 수개의 자연적 행위의 결합이나 연속을 전제로 하는 것이고, 이는 자연적 의미에서의 행위개념의 확장으로서 법적인 단일 행위로 평가되는 것이다.[70] 여기서 죄수는 자연적 의미에서의 행위의 숫자와 괴리되어 구성요건을 표준으로 하여 하나가 되는 것이다.

우선 구성요건의 형식상 수개의 자연적 행위의 결합을 범죄로 규정한 경우는 구성요건을 고려한 자연적 행위개념의 확장이라고 볼 것인데, 폭행, 협박과 간음행위의 결합인 강간죄의 예를 들 수 있다. 그러나 강간죄는 폭행, 협박은 행위의 수단이고, 단지 다수행위에 의한 범죄(Mehraktige Delikte)라 할 것이므로, 굳이 포괄일죄라고 할 필요는 없다. 다만 강도강간의 경우와 같이 각 결합된 자연적 행위가 모두 범죄 구성요건을 충족하는 경우에는 결합범으로서 포괄일죄로 취급된다.

69 한편 다른 판례에 의하면, 이른바 포괄일죄라는 것은 일반적으로 각기 따로 존재하는 수개의 행위가 당해 구성요건을 한번 충족하여 본래적으로 일죄라는 것으로, 이 수개의 행위가 혹은 흡수되고 혹은 사후행위가 되고 혹은 위법상태가 상당 정도 시간적으로 경과하는 등으로 본래적으로 일죄의 관계가 이루어지는 것이므로 별개의 죄가 따로 성립하지 않음은 물론 과형상의 일죄와도 이 점에서 그 개념 등을 달리하는 것이라고 한다[대법원 1982. 11. 23. 선고 82도2201 판결(공1982, 241)]. 이 판례는 포괄일죄를 법조경합도 포섭하는 광의의 개념으로 파악한 것이다.

70 Münchener Kommentar zum Stafgesetzbuch, Verlag C. H. Beck München, 3 Aufl.(2016), Bd. 2, Vor §52ff. Rn. 22 ff.; 독일에서는 포괄일죄를 '구성요건적 행위단일성'(Tatbestandliche Handlungseinheit) 또는 '평가적 일죄'(Bewertungseinheit)라고 한다.

또 다음에서 보는 계속범이나 집합범 등과 같이 구성요건의 해석상 수개의 자연적 행위의 결합이나 연속으로 일죄가 성립된다고 평가되는 경우가 있는데, 단일하고 계속된 범의 하에 일정기간 계속하여 행하고 그 피해법익도 동일한 경우의 죄수관계는 포괄일죄가 되고, 이때 구성요건의 해석이나 평가에는 형벌법규의 규율목적이 고려되어야 하지만, 그 구분은 반드시 쉽지 않다.

포괄일죄는 단순일죄로서 그 행위의 개수에 상관없이 원래 일죄이므로 외형상 수개의 범죄에 해당하는 것으로 보이는 법조경합, 수개의 범죄이면서 처벌만 일죄로 하는 과형상의 일죄와 각 구별된다.

2. 포괄일죄의 태양

당해 구성요건 자체에 동일한 법익을 침해하는 수개의 행위양태가 규정되어 있어 수개의 행위가 하나의 죄로 포괄되는 경우를 좁은 의미의 포괄일죄라고 한다.[71] 예컨대 동일인을 체포하여 감금하는 경우에는 감금죄(형법 제276조 제1항), 동일인에게 뇌물을 요구 또는 약속하여 이를 수수하는 경우에는 뇌물수수죄(제129조 제1항),[72] 범인을 은닉하고 도피케 한 경우에 범인은닉죄(제151조 제1항)의 각 일죄만이 성립한다. 또 마약의 수입과 취득 및 판매 등 여러 행위를 한 경우에도 각 부분행위로만 별개의 죄가 성립될 수 있지만 동일한 법익을 침해한 일련의 행위로서 하나의 행위로 평가할 수 있다.[73]

한편 협의의 포괄일죄 외에도 같은 법익에 대하여 시간적·장소적으로 접근된 수개의 행위가 같은 의사에 의하여 반복된 경우와 같이 일련의 행위가 그 구성요건의 형식상 또는 해석상 수개의 자연적 행위의 결합이나 연속을 전제로 하여 그것이 하나의 구성요건을 충족시킨다고 평가될 때에 광의의 포괄일죄로 인정하고 있음은 위에서 보았다. 학설상 논란은 있지만, 대체로 광의의 포괄일죄의 태양으로는 접속범, 연속범 및 집합범이 있다고 한다.[74]

가. 결합범

결합범(Zusammengesetztes Delikt)이란 구성요건의 내용상 개별적으로 독립된

71 이재상 외 2인, 형법총론(제9판), 박영사(2017), 544 등 다수설; 결합범, 수개의 행위를 전제로 하는 범죄 및 계속범을 포함시킨다. 그러나 임웅, 형법총론(제10정판), 법문사(2018), 624는 법익침해를 야기하는 일련의 행위가 1개의 행위로 평가되므로, 수개의 행위가 1개의 범죄로 되는 포괄일죄와는 성격이 다르다고 한다.

72 대법원 1983. 11. 8. 선고 83도711 판결, 대법원 1985. 9. 24. 선고 85도1502 판결.

73 BGH St 30, 28(31) = NJW 1981, 1325.

74 이재상 외 2인, 형법총론(제9판), 박영사(2017), 545.

범죄구성요건에 해당하는 수개의 행위가 결합하여 1개의 범죄를 구성하는 경우를 말한다. 예컨대 우선 강도는 폭행, 협박과 절도의 결합범이라 할 수 있고, 또 강도살인죄[75]는 강도죄와 살인죄, 강도강간죄는 강도죄와 강간죄의 결합범이다.

결합범은 그와 결합된 부분범죄에 대하여 법조경합인 특별관계에 있는 것이지만, 결합범 자체는 1개의 범죄완성을 위하여 수개의 실행행위가 포함되어 있다는 점에서 이 역시 포괄일죄가 된다고 할 수 있다.[76] 결합범은 포괄일죄이므로 그 일부분에 대한 실행의 착수는 원칙적으로 전체에 대한 실행의 착수가 되고,[77] 일부분에 대한 방조도 전체에 대한 방조가 된다.

나. 계속범

계속범(Dauerdelikt)이란 구성요건적 행위가 기수에 이르러 위법한 상태를 야기하고 구성요건적 행위를 계속함으로써 그 상태가 유지되는 범죄를 말하며, 감금죄, 직무유기죄[78] 등이 여기에 해당하고, 음주운전이나 무면허운전도 계속범으

75 대법원 1983. 6. 28. 선고 83도1210 판결(공 1983, 1164), 대법원1987. 9. 22. 선고 87도1592 판결(공 1987, 1679).

76 이재상 외 2인, 형법총론(제9판), 박영사(2017), 545 등 다수설. 한편 大塚 仁 外, 大コンメンタール, 第4卷, 青林書院, 第4版(2013), 204 이하는 상해죄의 실행 중 강도상해의 범의를 일으켜 범행을 한 경우, 상해의 결과가 강도의 범의발생 전 혹은 후에 일어난 폭행에 기인한 것인지 불명한 경우에는 별도의 상해죄를 인정하지 아니하고, 엄격한 의미에서의 결합범은 아니지만 이를 강도상해죄와 혼합적 포괄일죄의 관계에 있다고 한다.

77 대법원 2003. 10. 24. 선고 2003도4417 판결(공 2003, 2285), 대법원 1983. 3. 8. 선고 83도145 판결(공 1983, 711); 야간에 타인의 재물을 절취할 목적으로 사람의 주거에 침입한 경우에는 주거에 침입한 단계에서 이미 형법 제330조에서 규정한 야간주거침입절도죄라는 범죄행위의 실행에 착수한 것이다. 한편 대법원 1992. 7. 28. 선고 92도917 판결(공 1992, 2696)에 의하면, 형법 제334조 제1항 소정의 야간주거침입강도죄는 주거침입과 강도의 결합범으로서 시간적으로 주거침입행위가 선행되므로 주거침입을 한 때에 본죄의 실행에 착수한 것으로 볼 것인바, 같은 조 제2항 소정의 흉기휴대 합동강도죄에 있어서도 그 강도행위가 야간에 주거에 침입하여 이루어지는 경우에는 주거침입을 한 때에 실행에 착수한 것으로 보는 것이 타당하다고 한다.

78 대법원 1997. 8. 29. 선고 97도675 판결(공 1997, 2983); 직무유기죄는 그 직무를 수행하여야 하는 작위의무의 존재와 그에 대한 위반을 전제로 하고 있는바, 그 작위의무를 수행하지 아니함으로써 구성요건에 해당하는 사실이 있었고 그 후에도 계속하여 그 작위의무를 수행하지 아니하는 위법한 부작위상태가 계속되는 한 가벌적 위법상태는 계속 존재하고 있다고 할 것이며, 형법 제122조 후단은 이를 전체적으로 보아 1죄로 처벌하는 취지로 해석되므로 이를 즉시범이라고 할 수 없다. 그밖에 판례에 의하면, 공익법인이 주무관청의 승인을 받지 않고 수익사업을 하는 범죄(대법원 2006. 9. 22. 선고 2004도4751 판결), 부설주차장을 주차장 외의 용도로 사용한 행위(대법원 2006. 1. 26. 선고 2005도7283 판결), 무허가 시장개설죄(대법원 1981. 10. 13. 선고 81도1244 판결) 등은 즉시범이 아닌 계속범이다. 그러나 내란죄(대법원 1997. 4. 17. 선고 96도3376 판결), 학대죄(대법원 1986. 7. 8. 선고 84도2922 판결), 횡령죄(대법원 1978. 11. 28. 선고 78도2175 판결), 산림절도죄(대법원 1974. 10 .22. 선고 74도2441 판결), 폭력행위 등 처벌에 관한 법률 제4조의 범죄단체조직죄(대법원 1995. 1. 20. 선고 94도2752 판결), 국가보안법 제7조 제1항의 이적단체구성 또는 가입죄(대법원 1970. 11. 24. 선고 70도1860 판결), 도시계획법이나 농지의 보전 및 이용에 관한 법률상의 무허가토지형질변경죄(대법원 1996. 9. 24. 선고 96도1536 판결), 도주죄(대법원 1991. 10. 11. 선고 91도1656 판결), 군형법상의 무단이탈죄(대법원 1983. 11. 8. 선고 83도2450 판결), 무허가도로점용죄(대법원 1986. 10. 14. 선고 86도435 판결) 등은 즉시범 혹은 상태범이다.

로 볼 수 있다. 즉, 음주나 무면허 상태에서 운전을 계속한 이상 1죄가 성립되고 그 주행거리 및 시간은 아무런 영향을 미치지 못한다. 계속범에 대하여 이른바 즉시범(내지 상태범; Zustandsdelikt)은 범행의 종료 후 즉시 범죄가 성립되고, 그 후에 법익침해의 상태가 유지되더라도 불가벌적 사후행위가 된다. 대법원도 동일 죄명에 해당하는 수개의 행위 또는 연속된 행위를 단일하고 계속된 범의 하에 일정기간 계속하여 행하고 그 피해법익도 동일한 경우에는 이들 각 행위를 포괄일죄로 처단할 것이라고 한다(대법원 2005. 9. 30. 선고 2005도4051 판결).[79]

계속범은 위법한 상태가 없어질 때까지는 일시적 중단으로는 종료되지 않으므로,[80] 위법한 상태를 유지하기 위한 행위는 그것이 같은 구성요건을 다시 충족하는 경우에도 포괄하여 일죄가 될 뿐이다. 예컨대 감금된 피해자가 2일 후에 탈출하는 것을 행위자가 잡아서 2일간 더 감금한 때에는 2개의 2일간의 감금죄가 성립하는 것이 아니라 1개의 4일간의 감금죄가 성립하는 것이다. 또 음주운전 시 주유소나 휴게소에서 잠시 운전을 중단하더라도 범행이 종료되는 것은 아니다. 한편 음주운전과 음주운전 시의 교통사고는 별개의 범죄로 보나, 교통사고 이후에 다시 음주운전을 한 경우에 최초의 음주운전죄가 단절되고 별개의 범죄가 성립되는지 의문이 있다. 이 점에 관하여 교통사고로 인하여 음주운전죄의 계속이 단절된다는 독일의 판례[81]가 있고, 이에 의하면 별죄가 성립되고, 실체적 경합이 될 것이다. 그러나 사고 등과 같은 외적 상황으로 인하여 운전을 중단하였다가 새로운 결의로 운전을 재개한 경우에만 새로운 음주운전죄가 성립된다고 볼 것이다.[82] 따라서 음주상태로 자동차를 운행하다가 1차 사고를 낸 후에도 계속 운행하여 2차 사고를 낸 경우에 음주운전죄가 별도로 성립되지 아니한다는 것이 판례인데[대법원 2007. 7. 26. 2007도4404(공 281, 1422) 판결], 이는 범죄의사가 계속되고 새로운 결의가 없었기 때문이다.

79 대법원 2006. 5. 11. 선고 2006도1252 판결도 같은 취지이고, 계속범뿐만 아니라 후술하는 연속범도 포괄일죄로 볼 수 있다.

80 Systematischer Kommentar zum Strafgesetzbuch, bearbeitet von Günther, Horn, Hoyer, Rudolphi, Samson, Bd 1, Allgemeiner Teil, 7 Aufl. Vor §52 Rn. 50; Schönke/Schröder/Stree, Strafgesetzbuch Kommentar, Verlag C. H. Beck, 30 Aufl..(2019), Bd. 1, Vor §52 Rn. 84.

81 BGH St. 21, 203 ff.; BGH NJW 1970, 1429.

82 독일의 통설. Münchener Kommentar zum Stafgesetzbuch, Verlag C. H. Beck München, 3 Aufl.(2016), Bd. 2, Vor §52 Rn. 29; Schönke/Schröder/Stree, Strafgesetzbuch Kommentar, Verlag C. H. Beck, 30 Aufl..(2019), Bd. 1, Vor §52 Rn. 85; Leipziger Kommentar, Bd. 2, Laufhutte, Heinrich Wuehelm, De Gruyter Verlag, 11 Aufl.(2006), Vor §52 Rn 54.

계속범은 기수 이후에도 범죄행위가 계속되므로 기수 이후 범죄의 종료 전까지 공범의 성립이 가능하고, 공소시효의 기산점도 범죄의 최후 종료시점이며, 형벌법규의 변경이 있는 경우에도 원칙적으로 그 행위 완결 당시의 법률을 적용할 것이다.

다. 접속범

동일한 법익에 대한 수개의 구성요건적 행위가 불가분하게 접속하여 행하여지는 것을 접속범이라고 한다. 이는 반복적으로 동일한 구성요건을 실현하는 경우로서(wiederholte Verwirklichung des Tatbestandes), 하나의 행위에 의하여 구성요건의 충족이 가능한 경우에도 수개의 행위가 동일한 기회에 동일한 장소에서 지속적, 반복적으로 이루어져서 그것이 불가분하게 결합되어 전체적으로 하나의 구성요건이 실현되었다고 보는 것이다. 즉 이때 수개의 행위는 그로 인하여 단지 구성요건적 불법이 강화되거나 불법의 양이 증가된 것에 지나지 않으므로, 전체적으로 하나의 행위로 포괄되어 일죄가 성립한다.[83] 행위자가 당초부터 일련의 행위를 계획하였거나 행위 수행 중에 선행행위가 후행행위의 전제가 되는 경우에 일죄가 되고, 특히 행위의 주관적 측면, 즉 범죄의사의 점에서 귀책의 단일성이 인정되는 것이다. 접속범은 '단일한 의사결정'(einheitlicher Willensentschluss)에 기하여 전체적 행위경과가 자연적 관찰에 의하여 하나로 귀속되는 행위로 인식될 수 있을 정도로 직접적 연관성(unmittelbarer Zusammenhang)이 있는 경우에 인정되는 것이므로, 자연적 의미에서도 하나의 행위로 평가될 여지가 있고, 따라서 이는 자연적 행위개념의 확장으로 볼 수도 있을 것이다.[84]

예컨대 절도범이 문 앞에 자동차를 대기해 놓고 재물을 수회 반출하여 자동

83 단 접속범은 현행법상 인정되고 있지 아니한 개념으로서 이를 인정할 것인지, 인정한다면 죄형법정주의에 반하는 것이 아닌지 논의가 있는데, 통설은 이를 인정한다[이재상 외 2인, 형법총론(제9판), 박영사(2017), 545 등]. 박성철, 판례를 중심으로 한 포괄적 일죄와 과형상 일죄, 재판자료 49, 법원행정처, 517; 이한곤, 포괄적 일죄에 관한 제문제점, 검찰(1989), 285은 피고인에게 불이익하지 아니하고 합목적적이라고 한다. 그러나 예컨대 계속적인 독극물의 투여나 행위수단의 변경으로 인한 지속적인 구성요건 실현행위(Fortlaufende Tatbestandsverwirklichung)도 일종의 접속범으로 볼 여지가 있으나, 이는 경과범죄로서 최종적으로 구성요건을 실현하는 행위에 흡수되는 관계에 있다고 볼 것이다. 접속범을 연속범에 포함시키는 견해로는, 임웅, 형법총론(제10정판), 법문사(2018), 623.

84 따라서 접속범은 동일한 구성요건에 해당하는 행위가 단절없이 반복되는 경우인 한, 과형상 포괄적으로 처벌되는 포괄일죄와는 달리 본래적 일죄인 이른바 '포괄적 단순일죄'로 보는 견해가 일본에서 유력하다(이 견해는 계속범도 포괄적 단순일죄로 본다); 大塚 仁 外, 大コンメンタール, 第4巻, 青林書院, 第4版(2013), 191 이하 참조.

차에 싣는 방법으로 절취한 경우,[85] 하루에 행해진 연속적인 수회의 무면허 수입행위(대법원 1984. 6. 26. 선고 84도782 판결), 한 장의 문서에서 같은 사람의 명예를 훼손하는 수개의 사실을 적시한 경우, 선서한 증인이 같은 기일에 여러 가지 사실에 관하여 기억에 반하는 허위의 진술을 한 경우(대법원 1998. 4. 14. 선고 97도3340 판결) 등이 여기에 해당한다. 판례는 지방교육자치에 관한 법률 제50조, 정치자금법 제49조 제1항의 회계보고 허위기재로 인한 지방교육자치에 관한 법률 위반죄는 회계책임자가 정당한 사유 없이 선거비용에 대하여 허위기재함으로써 성립되는데, 하나의 회계보고서에 여러 가지 선거비용 항목에 관하여 허위 사실을 기재하였더라도 선거비용의 항목에 따라 별개의 죄가 성립하는 것이 아니라 전체로서 하나의 지방교육자치에 관한 법률 위반죄가 성립한다고 하며, 수개의 선거비용 항목을 허위기재한 하나의 선거비용 보전청구서를 제출하여 대한민국으로부터 선거비용을 과다 보전받아 이를 편취하였다면 이는 일죄로 평가되어야 하고, 각 선거비용 항목에 따라 별개의 사기죄가 성립하는 것은 아니라고 한다(대법원 2017. 5. 30. 선고 2016도21713 판결). 이는 포괄일죄 중 접속범의 예라고 볼 것이다.

접속범이 되려면, ①단일한 범의에 기하여, ②반복된 행위가 시간적·장소적으로 밀접하게 접속되어 행하여져야 하며, ③반복된 행위는 같은 법익에 대한 것이어야 하되, 개별 행위가 반드시 같거나 동종의 것이어야 하는 것은 아니다. 그러나 행위자가 수개의 행위에 의하여 다른 법익을 침해하였거나, 전속적 법익에 있어서 주체를 달리하는 법익을 침해한 때에는 이미 불법의 양적 증가라고 할 수 없으므로 포괄일죄가 되지 아니한다.[86] 한편 접속범을 이루는 수개의 행위 중의 일부 행위에 대하여만 공범이 성립될 수 있다.

라. 연속범

1) 개념

연속범(Fortgesetzter Delikt)이란 연속된 수개의 행위가 동종의 범죄에 해당하는 것을 말한다. 연속범은 연속된 수개의 행위가 반드시 구성요건적으로 일치할 것을 요하지 않고, 밀접한 시간적·장소적 접속도 요건으로 하지 아니하여 그 사

85 동일한 창고로부터 2시간 단위로 3회에 걸쳐 현미를 절취한 경우; 日最判 1949. 7. 23.(刑集 3-8, 1373)

86 이재상 외 2인, 형법총론(제9판), 박영사(2017), 546 등 다수설; Systematischer Kommentar zum Strafgesetzbuch, bearbeitet von Günther, Horn, Hoyer, Rudolphi, Samson, Bd 1, Allgemeiner Teil, 7 Aufl. Vor §52 Rn. 53.

이의 연관이 긴밀하지 않다는 점에서 접속범과 구별된다. 연속범에 관하여는 구 형법에 규정이 있었고, 이를 과형상 일죄로 취급하였으나, 현행 우리나라와 일본의 형법은 이를 폐지하였다.[87]

2) 연속범의 법적 취급

가) 학설의 대립

연속범은 개별적 행위가 하나의 단일한 행위로 결합되고 있는 반면 접속범에 비하여 행위 사이의 연관이 긴밀하지 않지만, 형법에는 연속범에 관한 규정이 없으므로, 연속범을 어떻게 취급할 것인지가 문제된다.

이에 대하여, ①연속범을 단일행위에 의한 포괄일죄로 볼 수는 없으나, 구 형법 제55조와 같이 처분상의 일죄로 취급해야 한다는 견해,[88] ②독일 판례[89]의 영향을 받아 연속범의 개념을 부정하고 접속범과 달리 개개의 연속행위가 각 독립한 범죄를 구성하므로 연속범은 실질상 수죄로서 많은 범죄를 범한 자에게 특혜를 주는 것은 실질적 정의에 반하는 것이어서 실체적 경합범으로 처벌해야 한다는 견해,[90] ③법관에게 입증 및 형의 양정에 대한 부담을 감경한다는 소송경제적 근거 및 연속범은 하나의 생활영위책임이 인정된다는 근거와 행위자에게 유리한 이론틀을 제공하는 판례이론을 뒤집을 이유가 없다는 근거 등으로부터 동일한 방법과 동일한 의사로 동일한 법익을 침해하는 계속적인 행위인 연속범은 포괄일죄로 보아야 한다는 다수의 견해[91]가 대립하고 있다.

나) 대법원 판례

대법원은 수뢰죄에 있어서 단일하고도 계속된 범의 아래 동종의 범행을 일정기간 반복하여 행하고 그 피해법익도 동일한 것이라면 돈을 받은 일자가 상당한

87 일본에서는 폐지된 구 형법상의 연속범으로 문제되었던 사안 중에서 포괄일죄로 보아야 할 것과 병합죄로 보아야 할 것으로 분류하는 견해가 있다; 大塚 仁 外, 大コンメンタール, 第4巻, 青林書院, 第4版(2013), 220 이하 참조.

88 황산덕, 형법총론(제7정판), 방문사(1982), 299.

89 BGH St. 40, 138(1994. 3. 5.) = NJW 1994, 1163.

90 김성돈, 형법총론(제5판), 성균관대학교출판부(2017) 등 소수설. 독일의 다수설도 연속범을 실체법상의 제도로 승인하지 아니하고, 소송절차상 분리기소나 추후기소의 문제에 대하여는 소송법적 제도로 대처할 것이라 한다; Günther Jakobs, Strafrecht Allgemeiner Teil. 1991(2 Aufl.), 32/38 ff.; Münchener Kommentar zum Stafgesetzbuch, Verlag C. H. Beck München, 3 Aufl.(2016), Bd. 2, Vor §52 Rn 60 ff.

91 이재상 외 2인, 형법총론(제9판), 박영사(2017), 547; 오영근, 형법총론(제4판), 박영사(2018), 467; 정영일, 형법강의(총론)(제3판), 학림(2017), 327; 임웅, 형법총론(제10정판), 법문사(2018), 621 등 다수설.

기간에 걸쳐 있고, 돈을 받은 일자 사이에 상당한 기간이 끼어 있다 하더라도 각 범행을 통틀어 일죄가 성립된다고 하며(대법원 2000. 1. 21. 선고 99도4940 판결), 20일 간에 걸쳐 피해자 소유 임야에서 계속 고령토를 절취한 경우에 하나의 절도로 인정하고(대법원 1971. 2. 23. 선고 70도2612 판결), 사기죄에 있어서 동일한 피해자에 대하여 수회에 걸쳐 기망행위를 하여 금원을 편취한 경우에 그 범의가 단일하고 범행 방법이 동일하다면 사기의 일죄만이 성립한다고 판시하고 있다(대법원 2002. 7. 12. 선고 2002도2029 판결). 또 동일인으로부터 취직 교제비 명목으로 2개월간 7차례에 걸쳐 금품을 교부받아 편취한 경우는 1죄로 보았다(대법원 1988. 9. 6. 선고 87도1166 판결). 대법원은, "저작재산권 침해행위는 저작권자가 같더라도 저작물 별로 침해되는 법익이 다르므로, 각각의 저작물에 대한 침해행위는 원칙적으로 각 별개의 죄를 구성한다. 다만 단일하고도 계속된 범의 아래 동일한 저작물에 대한 침해행위가 일정기간 반복하여 행하여진 경우에는 포괄하여 하나의 범죄가 성립한다고 볼 수 있다"고 한다(대법원 2012. 5. 10. 선고 2011도12131 판결).[92] 위 판례들은 연속범이라는 용어를 사용하고 있지는 아니하지만, 만일 위 각 사안을 연속범으로 보아 이를 포괄일죄로 처리하고 있는 것으로 생각된다.

3) 연속범의 요건

우선 구 법상 연속범의 요건을 살펴보면, 연속범이 되기 위하여는 우선 개별적인 행위가 범죄의 요소를 모두 갖추어야 한다. 즉 각 행위는 구성요건에 해당하고 위법·유책하며, 친고죄에 있어서의 고소,[93] 공소시효의 미도과 등 소추조건과 처벌조건도 갖추어야 한다. 연속범은 다음과 같은 객관적 요건과 주관적 요건을 갖출 것을 요한다. 대법원은 연속범이라는 용어를 전혀 사용하지 아니하고 있지만, 수개의 범죄행위를 하나의 죄로 인정하기 위하여는 범의의 단일성 외에도 각 범죄행위 사이에 시간적 장소적 연관성이 있고 범행의 방법 간에도 동일성이 인정되는 등 수개의 범죄행위를 하나의 범죄로 평가할 수 있는 경우에 해당하여야 한다고 판시하고 있는데(대

92 2개의 인터넷 파일공유 웹스토리지 사이트를 운영하는 피고인들이 이를 통해 저작재산권 대상인 디지털 콘텐츠가 불법 유통되고 있음을 알면서도 다수의 회원들로 하여금 수만 건에 이르는 불법 디지털 콘텐츠를 업로드하게 한 후 이를 수십만 회에 걸쳐 다운로드하게 함으로써 저작재산권 침해를 방조하였다는 내용으로 기소된 사안이고, 각 저작물에 대한 침해행위는 각 경합범 관계이지만, 동일한 저작물에 대한 수회의 침해행위에 대한 각 방조행위가 포괄하여 하나의 범죄가 성립한다고 보았다; 이 판결에 대한 평석으로는, 박흥식, 연속범의 개념과 죄수, 형법판례 150선, 박영사(2019), 142.

93 Schönke/Schröder/Stree, Strafgesetzbuch Kommentar, Verlag C. H. Beck, 30 Aufl..(2019), Bd. 1, Vor §52 Rn. 33.

법원 2005. 9. 15. 선고 2005도1952 판결), 이는 연속범에 해당한다고 볼 것이다.

가) 객관적 요건

(1) 피침해 법익의 동일성

개개의 행위는 같은 법익을 침해하여야 한다. 따라서 절도죄와 주거침입죄, 감금죄와 상해죄 사이에는 연속범이 있을 수 없다. 같은 법익을 침해한 경우에도 생명, 신체, 자유와 같은 전속적 법익에 있어서 법익의 주체가 다를 때에는 연속범이 되지 아니한다(대법원 1991. 6. 25. 91도643 판결). 따라서 수인에 대한 살인(대법원 1991. 8. 27. 91도1637 판결)이나 상해, 강간은 각 포괄일죄가 될 수 없고, 행위의 개수에 따라 실체적 또는 상상적 경합이 될 뿐이다.

법익의 동일성이 인정되기 위하여 개개의 행위는 원칙으로 같은 구성요건에 해당하여야 하나, 구성요건이 형법 각칙의 같은 장 또는 같은 조문에 속하느냐가 기준이 되는 것이 아니라 같은 형법상의 금지에 기초하였는가를 기준으로 한다. 그러므로 절도죄와 횡령죄, 절도죄와 강도죄(대법원 1990. 1. 23. 89도2260 판결), 공갈죄와 준강도죄 또는 문서위조죄와 문서손괴죄 사이의 연속범은 있을 수 없다. 그러나 피침해법익이 동일한 동종의 범죄인 이상 기본적 구성요건과 가중적 구성요건, 기수와 미수 사이에 연속범이 성립되고, 이 경우 포괄하여 가중적 구성요건이나 기수의 포괄일죄가 성립된다. 예컨대 절도와 절도미수 및 특수절도가 연속범의 관계에 있을 때 1개의 특수절도가 성립된다.[94]

(2) 침해행위의 동종성

범행의 객체나 실행의 목적이 동일할 필요는 없으나, 개개의 행위는 범죄 실행의 형태가 유사하여야 한다. 따라서 고의범과 과실범, 작위범과 부작위범, 정범과 공범 사이의 연속범은 있을 수 없다.[95]

(3) 시간적·장소적 근접성

개개의 행위는 또한 시간적·장소적 근접성[96]이 있어 본질적으로 동일한 관계

94 이재상 외 2인, 형법총론(제9판), 박영사(2017), 549. 다만 경한 죄의 기수와 중한 죄의 미수가 연속된 때에는 양죄의 상상적 경합이 된다고 한다.

95 이재상 외 2인, 형법총론(제9판), 박영사(2017), 549 등 통설; 죄질이 다른 고의범들이나 고의범과 과실범 사이의 연속범은 부정하지만, 정범과 공범, 작위범과 부작위범 사이에는 연속범이 성립할 수 있다는 반대견해로는 오영근, 형법총론(제4판), 박영사(2018), 468.

96 이재상 외 2인, 형법총론(제9판), 박영사(2017), 549 등 다수설; 장소적 근접성은 엄격하게 인정해서는 안된다는 견해로는, 오영근, 형법총론(제4판), 박영사(2018), 469; 임웅, 형법총론(제10정판), 법문사(2018), 631.

를 이용하였다고 볼 수 있어야 계속성이 인정될 수 있다.[97] 판례는 절취한 신용카드로 여러 가맹점들로부터 물품을 구입한 경우, 포괄일죄가 된다고 하지만(대법원 1996. 7. 12. 선고 96도1181 판결), 범죄 사이의 기간이 너무 길거나, 장소적으로 멀리 떨어진 다른 도시에서 이루어진 무전취식행위는 연속범이 될 수 없다(대법원 1982. 11. 9. 선고 82도2055 판결 등).[98]

나) 주관적 요건

주관적 요건으로는 범의의 단일성이 인정되어야 한다. 범의의 단일성을 인정하기 위하여는 전체고의(Gesamtvorsatz)[99]를 필요로 한다는 견해도 있으나, 전체고의가 있는 때에만 연속범을 인정하는 것은 계획적이고 치밀한 범죄자에게 부당한 특혜를 주고 연속범을 포괄일죄로 취급하는 취지에도 부합하지 않으므로, 범의의 단일성은 계속적 고의 또는 범의의 계속성(연쇄고의; Kettenvorsatz)으로 족하다.[100]

따라서 피해자를 1회 강간한 후 2백 미터 쯤 가다가 다시 1회 간음한 사안에서는 피고인의 범의나 시간적 장소적 계속성으로 보아 2번째의 간음행위는 처음 행위의 연속으로 볼 수 있다고 하며(대법원 1970. 9. 29. 선고 70도1516 판결), 선거운동을 위하여 다수의 조합원을 호별로 방문한 경우 그 범의의 단일성이 인정되는 연속범에 해당한다고 볼 것이므로, 호별방문죄는 경합범이 아니라 포괄일죄가 된다(대법원 2007. 7. 12. 선고 2007도2191 판결).

그러나 동일 피해자에 대하여 차량 안에서 강간을 시도하다가 지나가던 사람에게 발각되어 미수에 그친 후 1시간 30분 정도 자동차를 운전하여 장소를 달리하여 강간을 행한 경우에, 시간적, 장소적 계속성이나 범의의 단일성이 있다고 볼 수 없다(대법원 1996. 9. 6. 선고 96도1763 판결). 또한 신용협동조합 전무가 수개의 거래처로부터 각기 다른 일시에 1인당 대출한도를 초과하여 대출을 하여 달라는 부탁을 받고 이에 응하여 각기 다른 범의 하에 부당대출을 하여 준 경우는 포괄일죄로 볼 수 없으며(대법원 1997. 9. 26. 선고 97도1469 판결), 여신전문금융업법 제

97 Maurach/Gössel/Zipf, S. 310; Schönke/Schröder/Stree, Strafgesetzbuch Kommentar, Verlag C. H. Beck, 30 Aufl..(2019), Bd. 1, Vor §52 Rn. 41.

98 그밖에 대법원 1985. 10. 22. 선고 85도1457 판결(공 1985, 1586), 대법원 1991. 2. 26. 선고 90도2900 판결(공 1991, 1124) 참조.

99 독일의 소수설; 전체고의(Gesamtvorsatz)란 행위자가 사전에 범행의 시간, 장소, 피해자 및 범행방법을 포함한 행위의 전체 경과를 인식하고 이를 개별적 행위에 의하여 단계적으로 실현할 것을 결의한 경우를 의미한다.

100 이재상 외 2인, 형법총론(제9판), 박영사(2017), 550 등 통설.

70조 제2항 제3호 위반죄는 신용카드를 이용한 자금융통행위 1회마다 하나의 죄가 성립한다고 할 것인데, 일정기간 다수인을 상대로 동종의 자금융통행위를 계속하였다고 하더라도 그 범의가 단일하다고 할 수 없으므로 이 경우 포괄하여 하나의 죄만이 성립한다고 할 수 없다(대법원 2001. 6. 12. 선고 2000도3559 판결).

4) 연속범의 인정 여부와 처리

연속범의 개념은 현행법상 인정되고 있지 아니하지만, 위와 같은 요건 하에서 실체법상으로 포괄하여 1죄가 되는 것으로 볼 수 있으며, 이때 연속범의 행위자는 1죄로 처벌받게 된다. 포괄하여 1죄로 평가되는 연속범 중에서 개별행위를 이루는 구성요건이 다른 때는 그 중 가장 가중적인 구성요건에 의하여 처벌받는다. 다만 경한 죄의 기수와 중한 죄의 미수가 연속되어 포괄하여 일죄로 평가되는 때에는 양 죄의 상상적 경합이 되는 경우가 있을 것이다.[101]

그러나 위와 같은 연속범의 요건은 엄격하게 제한된 범위 내에서 인정되어야 하고, 그러한 경우 따로 연속범의 개념을 인정할 것인지 의문이 있다.[102] 연속범과 접속범의 차이는 단지 시간적, 장소적 연관의 긴밀성에 있을 뿐이고 연속범의 규정이 폐지된 이상, 연속범의 개념은 더 이상 사용할 필요가 없고, 종래 연속범으로 인정되던 경우를 포괄일죄로 평가할 수 있다면 이를 넓은 의미의 접속범으로 보면 될 것이며, 그렇지 않은 경우는 실체적 경합으로 처리하여야 할 것이다.[103] 대법원이 포괄일죄로 본 위 사안들도 접속범으로 볼 수 있을 것이다. 같은 취지에서 대법원은, 공직선거법상의 선전행위가 약 2개월 남짓한 기간에 걸쳐 서로 다른 장소에서 별개의 사람들을 대상으로 이루어졌고, 그 구체적 행위 역시 서로 동일성이 인정하기 어려운 다양한 행위들이어서, 하나의 범죄로 평가할 수 있는 경우에 해당하기 어렵다고 한다(대법원 2005. 9. 15. 선고 2005도1952 판결). 또 동일인에게 3차례에 걸쳐 편취하였어도 시간적 간격이 있고 매번 그 명목이 다른

101 앞의 각주 94 참조; 독일의 Systematischer Kommentar zum Strafgesetzbuch, bearbeitet von Günther, Horn, Hoyer, Rudolphi, Samson, Bd 1, Allgemeiner Teil, 7 Aufl. Vor §52 Rn. 48; Schönke/Schröder/Stree, Strafgesetzbuch Kommentar, Verlag C. H. Beck, 30 Aufl.(2019), Bd. 1, Vor §52 Rn. 66.

102 박성철, 판례를 중심으로 한 포괄적 일죄와 과형상 일죄, 재판자료 49, 법원행정처, 508 이하; 안동준, 연속범개념의 검토, 이형국 교수 화갑기념논문집(1998), 419 이하; 김용욱, 경합론의 체계적 구조, 현대형사법의 쟁점과 과제, 이형국 교수 화갑기념논문집(1998), 383 이하도 같은 취지.

103 김성돈, 형법총론(제5판), 성균관대학교출판부(2017), 733은 같은 취지. 그리고 연속범이 하나의 단일행위로 평가될 수 있는 경우에 한해서 범죄구성요건을 표준으로 하여 단순일죄가 된다고 하는 견해도 이와 같다고 본다.; 허일태, 죄수론과 연속범, 형법연구 1(1997. 9), 194 이하 참조.

경우에는 수죄이고(대법원 1989. 11. 28. 선고 89도1309 판결), 또 동일한 피해자에 대하여 수회에 걸쳐 기망행위를 하여 금원을 편취하였으나 범의의 단일성과 계속성이 인정되지 않거나 범행방법이 동일하지 않은 경우에는 실체적 경합이 된다고 하여(대법원 2004. 6. 25. 선고 2004도1751 판결), 연속범에 준하는 포괄일죄의 성립범위를 제한하고 있는 것으로 보인다.

연속범이 인정되는 경우, 소송법상으로도 1죄가 되므로, 포괄일죄의 소송법상 취급이 그대로 적용된다(후술).

마. 집합범

1) 개념

집합범(Sammelstraftat : Kollektivdelikt)이란 다수의 동종의 행위가 동일한 의사에 의하여 반복되는 것이 당연히 예정되어 있어 일괄하여 일죄를 구성하는 경우를 말한다.

2) 집합범의 태양

영업범, 직업범, 상습범이 여기에 속한다. 영업범이란 영업적 음란물판매죄(형법 제243조)와 같이 행위자가 행위의 반복으로 수입원을 삼는 것을 말하며, 상습범은 상습도박죄(제246조 제2항)와 같이 행위자가 반복된 행위로 인하여 얻어진 경향으로 인하여 죄를 범하는 것이고, 직업범은 무면허의료행위(의료법 제25조 제1항)와 같이 범죄의 반복이 경제적·직업적 활동이 된 경우를 말한다.[104]

3) 집합범의 법적 취급

상습성이나 영리성만으로 개별적 행위를 포괄할 수는 없고, 집합범을 포괄일죄로 처리하는 것은 특수한 범죄에너지를 가진 범죄자에게 부당한 특혜를 주는 것이므로, 연속범 등 다른 포괄일죄의 요건에 해당함을 별론으로 하고 경합범으로 보아야 한다는 견해[105]가 있으나, 집합범은 이들 구성요건의 해석상 범죄의 요

104 영업범과 직업범을 포괄하여 영업범으로 부르는 견해로는, 김성돈, 형법총론(제5판), 성균관대학교 출판부(2017), 734.

105 이재상 외 2인, 형법총론(제9판), 박영사(2017), 551; 박상기, 형법총론(제9판), 박영사(2012), 510 등 소수설; 다만 연속범 등 포괄일죄의 다른 요건에 해당할 때에는 일죄가 될 수 있는 것은 별개의 문제라고 한다. 독일의 다수설; Günther Jakobs, Strafrecht Allgemeiner Teil. 1991(2 Aufl.), 32/34. 일본의 大塚 仁 外, 大コンメンタール, 第4巻, 青林書院, 第4版(2013), 197에 의하면, 집합범은 본래적 수죄이나 상상적 경합과 마찬가지로 구성요건상 처벌의 일회성 원칙이 적용되는 경우로서 일종의 과형상 일죄라고 한다.

소가 되는 영업성, 상습성 및 직업성이 개별적인 행위를 하나의 행위로 통일하는 기능을 가지고 있으며, 상습범은 이미 형법상 충분한 가중처벌을 받고 있으므로, 집합범을 포괄일죄라고 하는 것이 다수의 견해이다.[106]

4) 판례

대법원은 우선 집합범 중 영업범에 해당하는 무허가유료직업소개행위(대법원 1993. 3. 26. 선고 92도3405 판결), 무면허의료행위(대법원 1966. 9. 20. 선고 66도928 판결)는 각 그 구성요건의 성질상 동종행위의 반복이 예상되는 것이므로 반복된 수개의 행위는 포괄하여 1죄가 성립한다고 본다. 또 게임장에서 사행성간주게임물인 게임기에 경품으로 문화상품권을 넣은 후 점수에 따라 손님들에게 제공함으로써 문화관광부장관이 고시하는 방법에 의하지 아니하고 경품을 제공하였다는 공소사실로 두 차례 기소된 경우, 각 공소사실은 모두 단일하고 계속된 범의 하에 동일죄명의 범행을 일정기간 반복하여 행한 것으로서 그 피해 법익도 동일한 것이므로 포괄일죄에 해당한다고 본다(대법원 2007. 3. 29. 선고 2007도595 판결).[107] 그러나 불법게임영업에 관하여, 1차 범행 후 게임기가 몰수되고 영업정지가 된 후 새로이 물건을 구입하여 영업을 재개한 경우, 별개의 범죄가 성립된다고 한다(대법원 2010. 11. 11. 선고 2007도8645 판결). 또 대법원은 폐기물을 어느 곳에 매립하는지에 따라 범죄의 성립 여부가 달라질 뿐만 아니라 매립은 그 자체로 매립장소와 불가분의 관계에 있다고 볼 수 있고, 매립장소에 따라 해당 지역이나 주민에게 미치는 영향이 상당하며, 매립장소 변경 시 범의의 갱신이 이루어질 수 있다는 점 등을 고려할 때, 장소를 달리한 폐기물 매립에 대하여 폐기물관리법 제8조 제2항 위반죄에 관한 포괄일죄의 성립을 부정하였다(대법원 2013. 5. 24. 선고 2011도9549 판결).

상습범의 경우, 동종의 범죄인 이상 기본적 구성요건과 가중적 구성요건, 기수와 미수 사이에 포괄일죄가 성립되고, 이때 가장 중한 죄의 상습범으로 처단된다. 따라서 3번의 특수절도와 1번의 절도 등 7개의 범죄사실이 상습적으로 반복된 경우 법정형이 가장 중한 상습특수절도죄에 의하여 처단되고(대법원 1975. 5. 27. 선고 75도1184 판결), 기수와 미수 사이에는 기수범의 상습범으로 처단된다(대법원 1976. 5. 25. 선고 76도1224 판결). 직계존속에 대한 폭행과 상해를 상습으로 범하였

106 오영근, 형법총론(제4판), 박영사(2018), 466; 배종대, 형법총론(제13판), 홍문사(2017), 553; 김일수/서보학, 새로쓴 형법총론(제13판), 박영사(2018), 530 등 다수설.

107 이 판결에 대한 평석으로는, 우인성, 포괄일죄와 상상적 경합의 구분, 형법판례150선, 박영사(2019), 144.

고 그것이 존속에 대한 동일한 폭력습벽의 발현으로 인정되는 경우에는 그 중 법정형이 더 중한 상습존속상해죄에 나머지 행위들을 포괄시켜 하나의 죄만이 성립한다(대법원 2003. 2. 28. 선고 2002도7335 판결). 나아가 판례는 상습범의 의미를 확대하여, 구 폭력행위 등 처벌에 관한 법률 제2조 제1항의 상습성은 위 법상의 각 범죄행위를 포괄한 폭력습벽을 포함한다고 보아, 상해죄의 전과사실 등에 의하여 손괴를 포함한 폭력행위의 상습성을 인정하여 상해와 재물손괴 행위를 상습폭력죄의 포괄일죄로 인정할 수 있다고 한다(대법원 1990. 4. 24. 선고 90도653 판결). 나아가 특정범죄 가중처벌 등에 관한 법률 제5조의4 제1항 소정의 상습절도 등의 죄를 범한 범인이 그 범행의 수단으로 주간에 주거에 침입한 경우 그 주거침입죄는 상습절도 등의 죄에 흡수되어 별개로 주거침입죄를 구성하지 아니한다고 보았다(대법원 1984. 12. 26. 선고 84도1573 전원합의체 판결; 소수의견은 실체적 경합으로 본다). 그러나 예컨대 특정범죄 가중처벌 등에 관한 법률 제5조의4 제3항에 형법 제337조를 들고 있지 아니하므로, 강도상해는 특정범죄 가중처벌 등에 관한 법률에 의한 상습강도죄에 흡수되지 아니하고 별개의 죄가 되어 실체적 경합관계에 있다고 한다(대법원 1990. 9. 28. 선고 90도1365 판결).

그러나 상습범이란 어느 기본적 구성요건에 해당하는 행위를 한 자가 범죄행위를 반복하여 저지르는 습벽, 즉 상습성이라는 행위자적 속성을 갖추었다고 인정되는 경우에 이를 가중처벌 사유로 삼고 있는 범죄유형을 가리키므로, 상습성이 있는 자가 같은 종류의 죄를 반복하여 저질렀다 하더라도 상습범을 별도의 범죄유형으로 처벌하는 규정이 없는 한 각 죄는 원칙적으로 별개의 범죄로서 경합범으로 처단할 것이다(대법원 2012. 5. 10. 선고 2011도12131 판결).[108]

3. 포괄일죄의 처리

가. 실체법적 효과

1) 실체법상 일죄

포괄일죄는 실체법상 일죄이므로 하나의 죄로 처벌된다. 구성요건을 달리하

108 "저작권법 제140조 본문에서 저작재산권 침해로 인한 제136조 제1항의 죄를 친고죄로 규정하면서, 제140조 단서 제1호에서 영리를 위하여 상습적으로 위와 같은 범행을 한 경우에는 고소가 없어도 공소를 제기할 수 있다고 규정하고 있으나, 상습으로 제136조 제1항의 죄를 저지른 경우를 가중처벌한다는 규정은 따로 두고 있지 않은 경우, 수회에 걸쳐 저작권법 제136조 제1항의 죄를 범한 것이 상습성의 발현에 따른 것이라고 하더라도, 이는 원칙적으로 경합범으로 보아야 하는 것이지 하나의 죄로 처단되는 상습범으로 볼 것은 아니다, 그것이 법규정의 표현에 부합하고, 상습범을 포괄일죄로 처단하는 것은 그것을 가중 처벌하는 규정이 있기 때문이라는 법리적 구조에도 맞다"

는 행위가 포괄일죄로 되는 때에는 중한 죄의 일죄만 성립한다. 한편 포괄일죄는 수개의 행위가 포괄하여 1죄를 구성하는 것이므로, 일부 행위의 공소시효가 완성되었거나 친고죄의 고소가 없는 때에도 다른 행위의 처벌을 방해하지 않는다.

그리고 특별법상 수뢰액이나 이득액, 포탈세액 등이 일정 금액 이상이라는 기준에 따라 가중처벌을 하는 가중적 구성요건을 정하고 있는 경우에, 각 행위가 연속범 내지 접속범의 요건에 해당하고 그로 인한 이득액 등을 합하면 그 일정 금액 이상에 해당하는 경우, 위 각 행위들은 포괄하여 특별법위반의 일죄가 된다.[109]

2) 포괄일죄의 완성시기

포괄일죄는 최종 범죄의 실행 종료 시에 완성된다. 따라서 포괄일죄로 되는 개개의 범죄행위가 법 개정의 전후에 걸쳐서 행하여진 경우에는 신·구법의 법정형에 대한 경중을 비교하여 볼 필요 없이 범죄 실행 종료 시의 법이라고 할 수 있는 신법을 적용할 것이다(대법원 2004. 5. 28. 선고 2004도1465 판결).[110]

포괄일죄의 중간에 다른 종류의 확정판결이 끼어있는 경우, 포괄일죄는 확정판결 후인 최종의 범죄행위 시에 완성되는 것이므로, 그 확정판결 때문에 포괄적 범죄가 둘로 나뉘는 것이 아니라 그 확정판결 후의 범죄로서 다루어야 한다(대법원 2002. 7. 12. 선고 2002도2029 판결).[111] 또한 포괄일죄의 공소시효는 최종의 범죄행위가 종료한 때부터 진행한다(대법원 2002. 10. 11. 선고 2002도2939 판결).

3) 포괄일죄와 공범

포괄일죄의 일부분에 대한 공범의 성립도 가능하다. 공범은 자신의 고의와 가담의 정도에 따라 그 부분에 대한 공동정범, 교사범 또는 종범이 된다. 다만, 공범은 자신이 관여한 이후의 범행에 대하여만 책임을 진다(대법원 1997. 6. 27. 선고 97도163 판결).

나. 소송법상 효과

포괄일죄는 소송법상으로도 일죄이다.

109 예컨대, 조세의 종류를 불문하고 1년간 포탈한 세액을 모두 합산한 금액이 특정범죄 가중처벌 등에 관한 법률 제8조 제1항 소정의 금액 이상인 때에는 포괄하여 같은 항 위반의 1죄만이 성립한다; 대법원 2000. 4. 20. 선고 99도3822 판결(공 2000, 1225). 다만 뒤의 다. 항에 보는 바와 같은 문제가 있다.

110 대법원 1998. 2. 24. 선고 97도183 판결(공 1998, 937), 대법원 1986. 7. 22. 선고 86도1012 판결(공 1986, 1153) 등도 같다.

111 대법원 2001. 8. 21. 선고 2001도3312 판결(공 2001, 2137), 대법원 2001. 3. 13. 선고 2000도4880 판결(공 2001, 919) 등도 같다.

1) 포괄일죄의 범죄사실 특정

포괄일죄에 있어서는 그 죄의 일부를 구성하는 개개의 행위에 대하여 구체적으로 특정하지 아니하더라도 그 전체 범행의 시기와 종기, 범행방법, 범행횟수 또는 피해액의 합계 및 피해자나 상대방을 명시하면 이로써 그 범죄사실은 특정된다(대법원 1998. 5. 29. 선고 97도1126 판결).

2) 공소제기의 효력 및 심판의 대상

포괄일죄는 소송법상 일죄이므로 포괄일죄의 일부에 대한 공소제기의 효과는 포괄일죄의 전부에 미치며, 포괄일죄의 전부가 잠재적인 심판의 대상이 된다.

3) 공소장 변경

재판 중 포괄일죄의 나머지 부분에 대하여 추가로 기소할 수 없고, 공소사실 추가에 의한 공소장의 변경만이 허용된다. 다만 상습범의 중간에 동종의 확정판결이 있는 경우에는 전후 범죄사실의 일죄성은 그에 의하여 분단되어 공소 제기된 범죄사실과 판결이 확정된 범죄사실만이 포괄하여 하나의 상습범을 구성하고, 추가로 발견된 확정판결 후의 범죄사실은 그것과 경합범 관계에 있는 별개의 상습범이 되므로, 검사는 공소장 변경절차에 의하여 이를 공소사실로 추가할 수는 없고 어디까지나 별개의 독립된 범죄로 공소를 제기하여야 한다(대법원 2000. 3. 10. 선고 99도2744 판결).

한편 검사가 단순일죄라고 하여 사기 범행을 먼저 기소하고 포괄일죄인 상습사기 범행을 추가로 기소하였으나 그 심리과정에서 전후 범죄사실이 모두 포괄하여 상습사기의 일죄를 구성하는 것으로 밝혀진 경우에는, 공소를 유지하는 검사는 먼저 기소한 범죄사실에 추가기소한 범죄사실을 추가하여 전체를 상습사기로 공소장 변경을 한 후 추가기소 부분에 대하여는 공소취소를 하여야 한다. 다만 이와 같은 처리에 의하지 않더라도 검사의 추가기소는 공소장 변경과는 실질상 차이가 없으므로, 석명 후 공소장변경으로 간주하여, 기소된 범죄사실 전부에 대하여 실체판단을 하면 족하고, 추가기소에 대하여 공소기각 판결을 할 필요는 없다(대법원 1999. 11. 26. 선고 99감도97 판결).[112]

112 검사가 수개의 협박범행을 먼저 기소하고 다시 별개의 협박범행을 추가로 기소한 경우에 관하여는, 대법원 2007. 8. 23. 선고 2007도2595 판결(공 282, 1504) 참조.

4) 판결문의 주문과 이유

포괄일죄는 일죄이고 일죄에 대하여는 하나의 주문만이 있을 뿐이므로(대법원 1961. 10. 26. 선고 4294형상449 판결), 포괄일죄의 일부가 무죄 또는 공소기각에 해당하는 경우에는 주문에서 따로 무죄 또는 공소기각을 선고하지 아니하고, 판결의 이유에서 그 취지의 판단을 한다. 포괄일죄의 일부가 무죄, 나머지가 면소 또는 공소기각에 해당하는 경우에는 피고인에게 유리한 무죄를 주문에서 표시하고 면소나 공소기각 부분은 이유 중에서 설시하면 된다. 다만 판결이유에 무죄 등을 설시하지 않았다고 하여 반드시 위법한 것은 아니다(대법원 1995. 3. 24. 선고 94도1112 판결).

5) 포괄일죄와 기판력

포괄일죄의 일부에 대한 확정판결의 기판력은 포괄일죄의 전부에 미친다. 즉 포괄일죄의 일부에 대한 판결의 기판력은 항소심 판결 선고 시까지 범하여진 다른 사실에 미치며(대법원 2000. 2. 11. 선고 99도4797 판결), 포괄일죄의 일부에 관하여 약식명령이 확정된 경우, 약식명령의 기판력은 약식명령의 발령 시 전의 범행에 대하여 미치므로(대법원 1994. 8. 9. 선고 94도1318 판결), 각 그 이전 범행에 대하여 새로 공소가 제기된 경우에는 면소판결을 선고하여야 한다.

다만 상습범으로서의 포괄적 일죄의 관계에 있는 수개의 범죄사실 중 일부에 대하여 유죄판결이 확정되고, 그 확정된 사실심 판결의 선고 전에 범해진 나머지 범죄에 대하여 새로이 공소가 제기된 경우, 면소의 선고를 하기 위해서는 전의 확정판결에서 당해 피고인이 상습범으로 기소되어 처단되었을 것을 필요로 한다(대법원 2004. 9. 16. 선고 2001도3206 전원합의체 판결).[113]

6) 포괄일죄와 상소

포괄일죄의 일부에 대한 상소 제기의 효력은 포괄일죄의 전부에 미치므로 포괄일죄 중 일부만에 대하여 상소가 있었던 때에는 나머지 부분도 상소심에 이심되어 상소심의 심판의 대상이 된다(대법원 2001. 2. 9. 선고 2000도5000 판결).[114] 다

113 종전 확정판결의 죄명이 상습범이었는지 여부를 고려하지 아니하고, 단지 확정판결이 있었던 죄와 새로 기소된 죄 사이에 상습범인 관계가 인정된다는 이유만으로 확정판결의 기판력이 새로 기소된 죄에 미친다고 판시하였던 판례(대법원 1978. 2. 14. 선고 77도3564 판결, 대법원 2002. 10. 25. 선고 2002도1736 판결 등 다수)를 변경하였다(반대의견 있음).

114 대법원 1990. 1. 25. 선고 89도478 판결(공 1990, 590), 대법원 1989. 4. 11. 선고 86도1629 판결(공 1989, 774) 등도 같다. 포괄적 일죄의 관계에 있는 공소사실 중 일부 유죄, 나머지 무죄의 판결에 대하여 검사만이 무죄부분에 대한 상고를 하고 피고인은 상고하지 아니하더라도, 상소불가분의 원칙상 검사의 상고는 그 판결의 유죄부분과 무죄부분 전부에 미치는 것이므로 유죄부분도 상고심에 이심되어 그 심판대상이 된다.

만 환송 전 항소심판결의 유죄부분에 대하여 피고인만이 상고하였을 뿐 무죄부분에 대하여 검사가 상고를 하지 않은 경우, 무죄부분은 당사자 간의 공격방어의 대상에서 벗어나 사실상 심판대상에서 벗어나게 되므로, 상고심으로부터 위 유죄부분에 대한 항소심판결이 잘못되었다는 이유로 사건을 파기환송받은 항소심이 그 무죄부분에 대하여 다시 심리 판단하여 유죄를 선고할 수 없다(대법원 1991. 3. 12. 선고 90도2820 판결).

7) 포괄일죄와 재심 - 재심심판절차와 기판력

상습범의 선행범죄로 유죄의 확정판결을 받은 사람이 그 후 동일한 습벽에 의해 후행범죄를 저질렀는데(이하 뒤에 저지른 범죄를 '후행범죄'라 한다) 유죄의 확정판결에 대하여 재심이 개시된 경우, 동일한 습벽에 의한 후행범죄가 재심대상판결에 대한 재심판결 선고 전에 저지른 범죄라고 하더라도 재심판결의 기판력이 후행범죄에 미치지 않는다(대법원 2019. 6. 20. 선고 2018도20698 전원합의체 판결).[115] 상습범에서 유죄의 확정판결 전후의 범죄사실은 그것이 동일한 습벽에 의해 저질러졌다고 하더라도 그 확정판결(재심대상판결은 재심개시에도 불구하고 여전히 확정판결로서 존재한다)에 의하여 분단되어 동일성 없는 범죄가 되고, 동시에 심리할 가능성이 없으므로(재심심판절차에서 후행범죄를 추가하는 공소장 변경이나 병합 심리가 허용되지 않는다), 재심대상판결을 전후하여 범한 선행범죄와 후행범죄의 일죄성은 재심대상판결에 의하여 분단되어 동일성이 없는 별개의 상습범이 된다는 것이 다수의견의 논거이다. 이 경우, 아직 판결을 받지 아니한 후행범죄와 재심판결이 확정된 선행범죄 사이에는 전단 경합범 관계에 있고, 후단 경합범이 성립하지 않는다(☞ 뒤의 주석 형법, 총칙(2) 제37조 Ⅲ. 3. 주석 참조).

다. 포괄일죄의 딜레마

죄수를 정하고 그에 대한 처리를 함에 있어 통상의 경우에는 경합범 가중을 한 수죄의 처단형이 중하게 되지만, 형법범죄의 가중구성요건을 정해 놓은 특별법상의 범죄로 포괄일죄가 되는 경우, 반대로 특별법위반의 1죄가 형법범의 경합범보다 형이 무거운 반대의 현상이 일어나는 모순이 있다. 예컨대 수뢰액수의 다

115 단 대법관 2인의 반대의견이 있다. 이에 대하여 다수의견은, 재심판결의 기판력이 재심판결의 선고 전에 선행범죄와 동일한 습벽에 의해 저질러진 모든 범죄에 미친다고 하면, 선행범죄에 대한 재심대상판결의 선고 이후 재심판결 선고시까지 저지른 범죄는 동시에 심리할 가능성이 없었음에도 모두 처벌할 수 없다는 결론에 이르게 되는데, 이는 처벌의 공백을 초래하고 형평에 반한다고 비판한다.

과에 따라 가중처벌을 규정한 특정범죄 가중처벌 등에 관한 법률 제2조나 이득액이 많은 경우에 특정재산범죄의 가중처벌을 규정한 특정경제범죄 가중처벌 등에 관한 법률 제3조를 적용함에 있어서 나타나는 문제이다. 여러 차례에 걸쳐 5천만 원 이상을 수뢰한 경우에 수죄로 되어 형법상 뇌물죄에 경합범 가중을 한 처단형(7년 6월 이하의 징역형)이 특정범죄 가중처벌 등에 관한 법률위반의 포괄일죄로 되는 경우의 법정형(무기 또는 10년 이상의 징역)보다 현저히 낮기 때문에 재판실무에서 피고인이 수죄의 경합범으로 처리되기를 원하고 있는 현상이 나타나고 있다.[116] 이를 '포괄일죄의 딜레마'라고 말할 수 있고, 이러한 모순은 위헌의 소지도 있어 입법적으로 정리되어야 할 부분인데, 구체적 사안에서 'in dubio pro reo'의 원칙으로 돌아가서 처리되어야 할 것이다. 그러한 취지에서 대법원은, 외국환거래의 신고의무를 규정하고 10억 원 이상의 미신고 거래에 대한 형사처벌을 하는 외국환거래법 제18조 제1항, 제29조 제1항 제3호, 시행령 제40조 제2호 등의 해석에 관하여, "관련 규정의 연혁 및 내용을 형벌법규해석의 원칙, 포괄일죄에 관한 법리 등에 비추어 살펴보면, 외국환거래법 제29조 제1항 제3호, 제18조 제1항 본문에 의하여 처벌 대상이 되는 미신고 자본거래는, 금액을 일부러 나누어 거래하는 이른바 '분할거래방식'의 자본거래에 해당한다는 등의 특별한 사정이 없는 한, 개별적으로 이루어지는 자본거래 금액이 10억 원 이상인 경우를 의미한다"고 보아 피고인에게 유리하게 포괄일죄의 성립을 제한하고 있다(대법원 2019. 1. 31. 선고 2018도16474 판결).[117]

116 재판실무상 포괄일죄로 기소된 경우, 공소장 변경 없이 경합범으로 인정할 수 있는지, 또 그 반대의 경우도 가능한지의 문제도 발생한다.

117 검사 상고기각; "만약 관련 규정을 일정 기간 동안 이루어진 미신고 자본 거래의 총액이 10억 원을 초과하는 경우 형사처벌의 대상이 된다고 해석할 경우, 신고의무 면제 대상 또는 과태료부과 대상에 불과하던 자본거래가 누적되어 총액이 10억 원을 초과하게 되었다는 우연한 사정에 의하여 소급하여 신고 대상 또는 형사처벌 대상이 되는 불합리한 결과를 야기하게 된다."고 한다.

[전론 2: 수죄]

[참고문헌] 大塚 仁 外, 大コンメンタール, 第4巻, 青林書院, 第4版(2013); Basler Kommentar Strafrecht Ⅰ, M.A. Niggli, H. Wipraechtiger(hrsg.), Helbing Lichtenhahn Verlag, 2 Aufl.(2007); Günther Jakobs, Strafrecht Allgemeiner Teil. 1991(2 Aufl.); Strafgesetzbuch, Leipziger Kommentar, Bd. 2, De Gruyter Verlag, 11 Aufl.(2006); Maurach/Gössel/Zipf, Strafrecht Allgemeiner Teil. Bd. 2, 7 Aufl.; Münchener Kommentar zum Stafgesetzbuch Verlag C. H. Beck München, 3 Aufl.(2016), Bd. 2; Schönke/Schröder/Stree, Strafgesetzbuch Kommentar, 2019(30 Aufl.), Bd. 1; Tröndle/Fischer, Beck'sche Kurzkommentar, Verlag C. H. Beck, 66 Aufl.(2019).

Ⅰ. 총설

형법 각칙의 구성요건은 원칙적으로 행위자가 1개의 행위로 하나의 구성요건을 실현했을 것을 전제로 하지만, 경합범은 일련의 행위가 수개의 형벌법규를 위반하는 불법평가가 이루어지는 경우이고, 실체적 경합(實體的 競合 : Realkonkurrenz)과 상상적 경합(想像的 競合 : Idealkonkurrenz)를 포함한다. 실체적 경합은 수죄의 전형적인 경우이고, 고유한 의미의 경합범이라고 할 수 있다. 그 구별은 하나의 행위가 여러 불법으로 평가되는 경우인가(상상적 경합 또는 관념적 경합), 수개의 독립적 행위로 여러 불법에 해당하는가(실체적 경합; 일본의 병합죄)에 달려 있다. 독일과 스위스, 일본의 영향을 받은 우리나라는 상상적 경합과 실체적 경합을 구분하여 취급하고 있지만, 대륙법계에서도 스위스나 오스트리아는 양자에 같은 법적 효과를 부여하고 있으며, 프랑스는 상상적 경합의 관념을 인정하지 않고 있다.[1]

상상적 경합의 경우, 자연적 관찰이나 사회관념 상 1개로 인정되는 행위는 불법도 1개라고 보아야 하나 1개의 행위에 대해 복수의 행위불법을 인정하게 되면 형의 양정에서 동일한 행위로 불법이 이중평가(Doppelverwertung)가 될 수 있고, 일사부재리 등 소송법적 문제도 생긴다. 한편 실체적 경합은 자연적 관찰이나 사회관념에 따를 때 행위가 수개이고 주관적으로도 수개의 의사활동에 기한 것이므로 행위자가 실현한 불법은 모두 평가되어야 한다. 이 경우, 수개의 행위불법에

1 Basler Kommentar Strafrecht Ⅰ, M.A. Niggli, H. Wipraechtiger(hrsg.), Helbing Lichtenhahn Verlag, 2 Aufl.(2007), Art. 49 1-4.

대한 형을 병과하는 것이 논리적이고 처리도 간명하지만, 미국의 예와 같이 판결이 확정되지 않은 모든 죄의 형을 단순히 병과하는 것(병과주의)은 행위자에게 지나치게 가혹한 처벌이라는 형사정책적 고려에서 우리 형법은 독일과 일본의 예를 따라 원칙적으로 가중주의를 채택하고 있다.

이와 같이 상상적 경합과 실체적 경합의 구분을 명확히 하지 않으면 불법 평가에 관해 이중평가금지에 반할 수 있다. 특히 구성요건적 불법이 수죄에 해당하는 경우, 이를 상상적 경합으로 볼 것인가, 실체적 경합으로 볼 것인가 하는 것은 범죄자에 대한 양형에도 상당한 영향을 미치게 된다. 우리 판례는 사안 별로 해결하는 경향이고, 따라서 그 구분이 모호하고 자의적이라고 할 수 있다. 또 판례는 포괄일죄를 인정하는 데에 너무 인색하고, 상상적 경합보다 실체적 경합을 더 넓게 인정하고 있는 경향이다. 실체적 경합과 상상적 경합의 구분에 관해 우리와 비슷한 규정을 두고 있는 독일의 학설, 판례[2]가 실체적 경합을 보조이론(자연적 행위의 법적 관념의 확장 또는 연결효과 등)으로 제한하고 상상적 경합을 넓게 인정하는 것과 대조를 이룬다. 또한 견련범(일본 형법 제54조 제1항 후단)을 상상적 경합으로 처리하는 일본 역시 상상적 경합을 우리보다 넓게 인정하고 있다.

Ⅱ. 실체적 경합과 상상적 경합의 구분

실체적 경합과 상상적 경합을 구분하는 기준인 1개의 행위란 법적 평가를 떠나 사회관념상 행위가 사물자연의 상태로서 1개로 평가되는 것을 의미한다. 상상적 경합 관계의 경우에는 그중 1죄에 대한 확정판결의 기판력은 다른 죄에 대하여도 미친다(대법원 2017. 9. 21. 선고 2017도11687 판결).

상상적 경합과 실체적 경합에 공통되는 요소는 수개/수회의 형벌법규 위반이고, 양자를 구분해주는 요소는 그것이 단일하고 동일한 행위의 경과인가에 달려있다. 따라서 경합범의 심사가 '법규 위반의 심사'와 '행위 단일성 및 동일성의 심사'라는 2단계로 이루어진다. 자연적 행위가 사회관념 상 한 개의 행위로 평가되지만 그 행위경과가 수개의 불법으로 평가되는 상상적 경합에서 구성요건적 행위가 완전히 동일한 경우는 드물다(예; 하나의 폭탄을 던져서 수인을 살해한 경우). 단일한 행위로 인정되지 못한 일련의 행위라고 하더라도 구체적 범행에서 그 행위들 사이에

2 Münchener Kommentar zum Stafgesetzbuch, Verlag C. H. Beck München 3 Aufl.(2016), Bd. 2, Vor §52ff., Rn. 2.

본질적인 부분적 동일성이 인정되면 행위의 수는 1개로 확정되어 상상적 경합으로 처리되어야 한다. '경합론' 내지 '죄수론' 상 상상적 경합의 1개 행위란 수죄를 구성하는 각각의 구성요건 실행행위가 전부 또는 일부 중첩되는 경우라고 정의할 수 있을 것이고, 실행행위의 중첩이란 어떠한 구성요건의 실행행위를 이루는 자연적 행위가 다른 구성요건 실현에도 전적으로 혹은 부분적이지만 본질적으로 기여하였다는 의미이다. 그러나 예컨대, 아버지가 두 아이를 유모차에서 꺼내어 순차로 바다에 던지는 행위(다수성)와 두 아이가 있는 유모차를 통째로 바다에 던지는 행위(단일성)는 그 불법내용에 차이가 없다.[3] 이와 같이 행위 단일성과 다수성의 실체법적 구분은 행위의 구성요건 해당성 포섭이라는 우연에 좌우되는 만큼 모호하다. 우리 판례와 실무는 상상적 경합의 인정에 매우 까다로운 편이고, 구성요건적 행위 태양과 보호법익이 서로 다르고 어느 한 죄의 불법과 책임 내용이 다른 죄의 불법과 책임 내용을 모두 포함하고 있지 않은 경우나 목적과 수단의 관계에 있거나 행위의 부분적 동일성이 인정되더라도 실체적 경합을 인정하는 경향이다.

한편 상상적 경합은 1개의 행위가 실질적으로 수개의 구성요건을 충족하는 경우를 말하고, 법조경합은 1개의 행위가 외관상 수개의 죄의 구성요건에 해당하는 것처럼 보이나 실질적으로 1죄만을 구성하는 경우를 말하며, 실질적으로 1죄인가 또는 수죄인가는 구성요건적 평가와 보호법익의 측면에서 고찰하여 판단하여야 한다는 것이 판례의 명제이다(대법원 2012. 10. 11. 선고 2012도1895 판결,[4] 대법원 2011. 11. 24. 선고 2010도8568 판결).[5] 그러나 상상적 경합과 법조경합 역시 그 구별기준이 명확하지는 아니하고, 판례도 개별 사안에 따라 그때그때(ad hoc) 해결하고 있다.

3 Münchener Kommentar zum Stafgesetzbuch, Verlag C. H. Beck München 3 Aufl.(2016), Bd. 2, Vor §52ff., Rn. 6의 예.

4 위 판례에 의하면, "업무방해죄와 폭행죄는 구성요건과 보호법익을 달리하고 있고, 업무방해죄의 성립에 일반적·전형적으로 사람에 대한 폭행행위를 수반하는 것은 아니며, 폭행행위가 업무방해죄에 비하여 별도로 고려되지 않을 만큼 경미한 것이라고 할 수도 없으므로, 설령 피해자에 대한 폭행행위가 동일한 피해자에 대한 업무방해죄의 수단이 되었다고 하더라도 그러한 폭행행위가 이른바 '불가벌적 수반행위'에 해당하여 업무방해죄에 대하여 흡수관계에 있다고 볼 수 없고, 상상적 경합으로 인정된다"

5 구 국토의 계획 및 이용에 관한 법률(2009. 2. 6. 법률 제9442호로 개정되기 전의 것, 이하 '국토계획법'이라 한다)과 구 경제자유구역의 지정 및 운영에 관한 법률(2009. 1. 30. 법률 제9366호 경제자유구역의 지정 및 운영에 관한 특별법으로 개정되기 전의 것, 이하 '경제자유구역법'이라 한다)은 각각 입법목적과 보호법익을 달리하고 있을 뿐만 아니라, 처벌조항인 국토계획법 제140조 제1호, 제56조 제1항과 경제자유구역법 제33조 제1호, 제8조의2 제1항을 비교하여 보면 행위 대상지역 및 허가권자, 금지되는 행위의 내용 등 구체적인 구성요건에서 상당한 차이가 있으므로, 국토계획법 제140조 제1호, 제56조 제1항 위반죄가 경제자유구역법 제33조 제1호, 제8조의2 제1항 위반죄와 법조경합 관계에 있다고 하기 어렵고, 두 죄는 각각 독립된 구성요건으로 이루어져 있다.

제 37 조 [경합범]

판결이 확정되지 아니한 수개의 죄 또는 금고 이상의 형에 처한 판결이 확정된 죄와 그 판결확정전에 범한 죄를 경합범으로 한다. <개정 2004.1.20>

[참고문헌] 법원행정처, 법원실무제요, 형사Ⅱ(2008); 최병각, "사후적경합범에 대한 고찰", 형사판례연구(24), 2016, 박영사, 27 이하; 大塚 仁 外, 大コンメンタール, 第4卷, 青林書院, 第4版(2013); Basler Kommentar Strafrecht Ⅰ, M.A. Niggli, H. Wipraechtiger(hrsg.), Helbing Lichtenhahn Verlag, 2 Aufl.(2007); Günther Jakobs, Strafrecht Allgemeiner Teil. 1991(2 Aufl.); Strafgesetzbuch, Leipziger Kommentar, Bd. 2, De Gruyter Verlag, 11 Aufl.(2006); Maurach/Gössel/Zipf, Strafrecht Allgemeiner Teil. Bd. 2, 7 Aufl.; Münchener Kommentar zum Stafgesetzbuch Verlag C. H. Beck München, 3 Aufl.(2016), Bd. 2; Schönke/Schröder/Stree, Strafgesetzbuch Kommentar, 2019(30 Aufl.), Bd. 1; Tröndle/Fischer, Beck'sche Kurzkommentar, Verlag C. H. Beck, 16 Aufl.(2019).

Ⅰ. 경합범의 의의

본조는 협의의 경합범, 즉 실체적 경합(實體的 競合 : Realkonkurrenz)의 요건을 규정하고 있다. 이를 고유한 의미의 경합범이라고 할 수 있다. 경합범이란 판결이 확정되지 아니한 수개의 죄 또는 금고 이상의 형에 처한 판결이 확정된 죄와 그 판결이 확정되기 전에 범한 죄를 말한다. 판결이 확정되지 아니한 수개의 죄를 형법 제37조 전단 경합범 내지 동시적 경합범(이하 '전단 경합범'이라 한다)이라 하고, 금고 이상의 형에 처한 판결이 확정된 죄와 그 판결이 확정되기 전에 범한 죄를 형법 제37조 후단 경합범 내지 사후적 경합범(이하 '후단 경합범'이라 한다)이라고 한다.

경합범은 수개의 행위로 수죄를 실현한 경우이므로 이는 1개의 행위가 수개의 죄에 해당하는 상상적 경합과 구별되고, 단지 외관상의 경합이 있을 뿐 일죄인 법조경합과도 구별된다. 한편 상상적 경합의 경우와 같이 수죄가 동종의 범죄인지 여부에 따라 동종의 실체적 경합과 이종의 실체적 경합으로 나눌 수 있다.

Ⅱ. 형법 제37조 전단 경합범의 요건

판결이 확정되지 아니한 수개의 죄가 있어 동시에 심판할 수 있는 경우를 형법 제37조 전단 경합범이라고 한다. 예컨대, 갑이 A, B, C, D, E의 5개 죄를 범하고, 그중 어느 것도 확정판결을 받지 아니한 때에는 그 전부가 전단 경합범이 된다. 전단 경합범이 성립하기 위하여는 다음과 같은 요건이 구비되어야 한다.

1. 수개의 행위로 수개의 죄를 범할 것

수개의 행위로 수개의 죄를 범하여야 하는데, 수개의 행위란 일단 법적 평가를 떠나서 사회관념상 행위가 사물자연의 상태로서 혹은 자연적 의미에서 수개로 평가되는 것을 말한다(대법원 1987. 2. 24. 선고 86도2731 판결). 예컨대 수인의 피해자에게 각 피해자별로 기망행위를 가한 경우(대법원 1997. 6. 27. 선고 97도508 판결), 예금통장을 절취한 후 예금청구서를 위조한 경우(대법원 1991. 9. 10. 선고 91도1722 판결), 수개의 유가증권을 위조한 경우(대법원 1983. 4. 12. 선고 82도2938 판결), 횡령을 교사하고 상물을 취득한 경우(대법원 1969. 6. 24. 선고 69도692 판결), 사람을 살해하고 사체를 유기한 경우(대법원 1997. 7. 25. 선고 97도1142 판결, 대법원 1984. 11. 27. 선고 84도2263 판결)가 이에 해당한다. 다만 수개의 자연적 행위가 한개의 범죄를 구성하는 경우에는 포괄하여 일죄가 되는 것이므로, 경합범의 문제가 나오지 아니한다. 법문상 '수개의 죄'가 되는지의 확정이 중요하고, 그 확정에는 법적 구성요건에 비추어 규범적 판단이 필요한 것이다. 또한 수개의 행위라는 징표는 한개의 행위로 수개의 죄가 성립되는 상상적 경합과 구획을 긋는 기준이라 할 것이지만, 구체적인 경우 과연 그 행위들이 수개인지, 수개의 죄를 구성하는지를 확정하는 것은 그리 명확하지 아니하고 매우 어려운 문제이다.

2. 수개의 죄는 모두 판결이 확정되지 않았을 것

판결이 확정되었다는 것은 판결이 상소 등 통상의 불복방법에 의하여 다툴 수 없게 된 상태를 말하므로(대법원 1983. 7. 12. 선고 83도1200 판결), 판결 선고 후 상소기간 중이거나 상소가 제기된 때에도 재판이 확정된 것이 아니다. 또한 일단 확정판결을 받은 이상, 이후 형의 선고가 효력을 잃거나 형의 집행이 면제되었거나 형이 소멸된 경우에도 '판결이 확정된 경우'에 해당한다.[1]

또한 수개의 죄는 모두 판결이 확정되지 않아야 하므로, 원래 수죄가 전단 경합범의 관계에 있었으나 검사가 먼저 일죄만을 기소하여 그 일죄에 관한 판결이 확정된 때(대법원 1966. 6. 7. 선고 66도526 판결), 경합범 중 일죄에 관한 부분만

[1] 日最判 1954. 3. 11.(集 8-3, 270)

파기환송되었는데 다른 죄에 대한 판결이 이미 확정된 때(대법원 1974. 10. 8. 선고 74도1301 판결),[2] 위 수개의 죄는 전단 경합범이 되지 아니한다.

3. 수개의 죄는 동시에 판결될 것

수개의 죄가 모두 판결이 확정되지 아니한 죄일지라도 그것이 모두 같은 심판의 대상이 되어 같이 판결될 수 있는 상태에 있지 않으면 전단 경합범이 될 수 없다. 따라서 판결이 확정되지 아니한 수개의 죄 가운데 일부가 기소되지 않았거나, 수개의 죄가 모두 기소는 되었으나 사정상 별개로 심판 받은 때에는 전단 경합범이 될 수 없다.

반면에 수개의 죄 중 일부만 기소되었다고 하여도 나머지 죄가 후에 추가로 기소되어 병합심리된 때에는 전단 경합범이 될 수 있고, 제1심에서 별도로 판결된 수죄일지라도 항소심에서 병합심리한 때에는 각 죄는 전단 경합범이 된다(대법원 1972. 5. 9. 선고 72도597 판결). 그러나 별도로 기소되어 각별로 심리되고 있는 죄를 법원이 반드시 병합심리해야 하는 것은 아니다(대법원 1971. 1. 26. 선고 70도2560 판결). 다만, 동일한 피고인에 대한 수 개의 범죄사실이 별도로 기소되어 제1심 법원이 사건 별로 별개의 형을 선고한 후 그 사건이 모두 항소되어 항소심이 병합 심리하게 된 경우에는, 각 죄가 경합범 규정에 따라 처벌되어야 하는 사후적 직권조사사유가 발생한 것이므로, 피고인이 그 중 일부 사건에 대하여 적법한 기간 내에 항소이유서를 제출하지 않은 경우라도, 항소심 법원은 제1심 판결을 모두 파기하고 각 죄를 형법 제37조 전단의 경합범으로 처벌하여야 한다(대법원 1998. 10. 9.자 98모89 결정).

Ⅲ. 형법 제37조 후단 경합범의 인정 이유와 요건

금고 이상의 형에 처한 판결이 확정된 죄와 그 판결확정 전에 범한 죄를 형법 제37조 후단 경합범이라고 하며, 갑이 범한 A, B, C, D, E의 5개 죄 가운데 C죄에 대하여 금고 이상의 형에 처한 판결이 확정된 때에는 전단 경합범의 관계에 있는 A, B의 각죄가 C죄와 후단 경합범의 관계에 있는 것이다. 후단 경합범을 인정하는 이유는 판결확정 전에 범한 죄가 법원에 알려졌다면 마땅히 경합범

2 "피고인에 대한 병역법위반죄와 하천법위반죄의 경합범에 대하여 항소심이 전자에 대해서는 유죄, 후자에 대해서는 무죄를 선고하자 검사만이 후자에 대해서 상고하여 상고심이 후자 부분만을 파기 환송하였으면 항소심은 후자에 대해서만 심판해야 한다."

의 예에 의하여 처벌되었을 것이므로 법원에 알려지지 않았다는 이유만으로 유리하거나 불리하게 취급받아서는 안 된다는 점에 있다.[3] 또한 판결의 경고기능이라는 관점에서 확정판결 이후의 범행과 그 이전의 범행은 차이가 있고, 판결이 확정된 범죄와 동시심판의 가능성이라는 소송법적 고려도 있으므로 판결 확정 이전의 범죄를 확정판결로 차단하여 별도로 처리하는 것이라고 이해될 수 있다. 형법 제37조 전단 경합범을 동시적 경합범이라 하고, 후단 경합범을 사후적 경합범이라고도 부른다.[4]

1. 수개의 행위로 수개의 죄를 범할 것

이는 실체적 경합의 기본적 요건이고, 위 제1항의 설명과 같다.

2. 금고 이상의 형에 처한 판결이 확정된 죄가 있을 것

후단 경합범이 되기 위하여는 수개의 죄 가운데 금고 이상의 형에 처한 판결이 확정된 죄가 있어야 한다.

가. 금고 이상의 형에 처한 판결

'금고 이상의 형에 처한 판결'이란 즉 금고형, 징역형, 무기징역형, 사형이 확정된 판결을 말하고, 벌금형을 선고한 판결이나 약식명령이 확정된 때에는 판결이 확정된 죄가 있는 것이 아니다.[5]

나. 개정법률의 적용범위

위 개정법률 시행 당시 법원에 계속 중인 사건 중 위 개정법률 시행 전에 벌금형 및 그보다 가벼운 형에 처한 판결이 확정된 경우에는, 형법 제37조 후단의 개정법률은 특별한 경과규정을 두고 있지 않으나, 일반적으로 피고인에게 하나의 형을 선고하는 것이 유리하므로 위 개정법률을 적용하는 것이 오히려 피고인에게

3 Leipziger Kommentar, Bd. 2, De Gruyter Verlag, 11 Aufl.(2006), §55 Rn. 2; Systematischer Kommentar zum Strafgesetzbuch, bearbeitet von Günther, Horn, Hoyer, Rudolphi, Samson, Bd 1, Allgemeiner Teil, 7 Aufl. Vor §55 Rn. 1; Schönke/Schröder/Stree, Strafgesetzbuch Kommentar, Verlag C. H. Beck, 30 Aufl.(2019), Bd. 1, §55 Rn. 1; Tröndle/Fischer, Beck'sche Kurzkommentar, Verlag C. H. Beck, 16 Aufl.(2019),Vor §55 Rn. 1. 후단 경합범의 인정이유에 관하여, 일본에는 다양한 견해가 있다; 大塚 仁 外, 大コンメンタール, 第4巻, 青林書院, 第4版(2013), 248 참조.

4 이재상 외 2인, 형법총론(제9판), 박영사(2017), 563; 최병각, "사후적 경합범에 대한 고찰", 형사판례연구 (24), 박영사(2016), 259 이하.

5 2004. 1. 20. 법률 제7077호로 위 조문이 개정되기 전의 형법 제37조는 후단 경합범을 '판결이 확정된 죄와 그 판결확정 전에 범한 죄'로 규정하고 있어 벌금형이나 약식명령이 확정된 경우도 판결이 확정된 죄가 있는 것으로 해석하였다.

불리하게 되는 등의 특별한 사정[6]이 없는 한, 형법 제1조 제2항을 유추 적용하여 위 벌금형 등의 확정 전후에 범한 각 죄를 형법 제37조 전단 경합범 관계에 있는 것으로 보아야 한다(대법원 2004. 6. 25. 선고 2003도7124 판결).[7]

다. 금고 이상의 형에 처한 판결이 '확정'된 죄

'판결이 확정된 죄'라 함은 수개의 독립한 죄 중의 어느 죄에 대하여 확정판결이 있었던 사실 자체를 의미하고, 형 집행의 종료 여부, 집행유예의 실효 여부는 묻지 않는다(대법원 1984. 8. 21. 선고 84모1297 판결). 따라서 집행유예의 판결 확정 후 집행유예기간을 도과하여 형의 선고가 실효되었거나, 선고유예의 판결 확정 후 선고유예기간을 도과하여 면소된 것으로 간주된 때, 판결 확정 후 일반사면에 의하여 형의 선고의 효력이 상실된 때, 모두 '판결이 확정된 죄'에 해당한다(대법원 1995. 12. 22. 선고 95도2446 판결).[8]

3. 확정판결 전에 범한 범죄가 있을 것

'확정판결 전'에 범한 죄가 있어야 하는데, 판결의 확정시기는 판결 선고 후 상소기간이 도과되었거나, 상소를 포기·취하하였거나, 대법원의 판결이 선고된 때(대법원 1967. 6. 2.자 67초22 결정) 등이므로, 판결이 확정되기 전이라면 항소심 판결 선고 이후 상고심 계속 중에 범한 범죄도 후단 경합범이 된다.[9]

'확정판결 전에 범한 범죄'란 확정판결 전에 범죄를 종료한 경우를 의미한다. 따라서 계속범, 연속범, 상습범과 같은 포괄일죄의 중간에 별종의 확정판결이 있을지라도 그 범죄는 확정판결 후인 최종의 범죄행위 시에 종료된 것이므로 확정판결 후의 죄가 되는 것일 뿐, 확정판결에 의하여 1개의 죄가 나뉘어 경합범이 되

6 예를 들어, 벌금형 확정 전에 범한 제1죄의 법정형이 2년 이하의 징역, 제2죄의 법정형이 3년 이하의 징역이며, 벌금형의 확정 후에 범한 제3죄의 법정형이 10년 이하의 징역일 때, 전단 경합범으로 처리하면 피고인에게 선고될 수 있는 징역형의 상한은 15년이 되나, 후단 경합범으로 처리하면 피고인에게 선고될 수 있는 징역형의 최고한도의 합계는 14년 6월이므로 후단 경합범으로 처리하는 것이 더 유리하다.

7 대법원 2004. 4. 23. 선고 2004도805 판결, 대법원 2004. 2. 13. 선고 2003도7554 판결도 같다.

8 대법원 1992. 11. 24. 선고 92도1417 판결도 같다.

9 오영근, 형법총론(제4판), 박영사(2018), 488; 이재상 외 2인, 형법총론(제9판), 박영사(2017), 565(단입법론 상 재검토를 요한다고 한다) 등 다수설. 이에 대하여 후단 경합범을 인정하는 취지가 동시심판의 가능성이 있었던 사건에 대하여 전단 경합범과 같이 취급하자는 데 있고, 판결의 기판력도 최종의 사실심인 항소심 판결선고 시를 기준으로 하는 것이므로, 이론상 확정판결 이전에 범한 죄란 '항소심 판결 선고 이전에 범한 죄'라고 봄이 타당하다는 견해가 있다; 김성돈, 형법총론(제5판), 성균관대학교출판부(2017), 756; 배종대, 형법총론(제13판), 홍문사(2017), 563; 김일수/서보학, 새로쓴 형법총론(제13판), 박영사(2018), 541.

는 것이 아니다(대법원 2001. 8. 21. 선고 2001도3312 판결).[10]

그리고 유죄의 확정판결을 받은 사람이 그 후 별개의 후행범죄를 저질렀는데 유죄의 확정판결에 대하여 재심이 개시된 경우, 후행 범죄가 재심대상판결에 대한 재심판결 확정 전에 범하여졌다 하더라도 선행범죄와 상습범의 일죄가 되지 아니하고, 아직 판결을 받지 아니한 후행범죄와 재심판결이 확정된 선행범죄 사이에는 후단 경합범이 성립하지 않는다(대법원 2019. 6. 20. 선고 2018도20698 전원합의체 판결; 반대의견 있음).[11] 아직 판결을 받지 아니한 후행범죄는 재심 심판절차에서 재심대상이 된 선행범죄와 함께 심리하여 동시에 판결할 수 없었으므로, 후행범죄와 재심판결이 확정된 선행범죄 사이에는 후단 경합범이 성립하지 않고, 동시에 판결할 경우와 형평을 고려하여 그 형을 감경 또는 면제할 수 없기 때문이다.

10 불가분설, 이재상 외 2인, 형법총론(제9판), 박영사(2017), 566 등 통설; 대법원 2001. 3. 13. 선고 2000도4880 판결도 같다; 계속범에 관하여 日最判 1960. 2. 9.(集 14-1, 82); 상습범에 관하여 日最判 1964. 7. 9.(集 18-6, 375). 일본에서는 가분설을 취하는 소수설과 하급심 판례가 있다; 大塚 仁 外, 大コンメンタール, 第4巻, 青林書院, 第4版(2013), 251 이하 참조.

11 이와 달리 재심대상판결을 받은 사람이 그 후 별개의 후행범죄를 저질렀는데 재심대상판결에 대한 재심판결이 후행범죄 판결보다 먼저 확정되는 경우에, 후행범죄와 재심판결이 확정된 재심사건 범죄 사이에 후단 경합범이 성립한다는 취지로 판시한 대법원 2013. 9. 12. 선고 2012도12190 판결과 대법원 2016. 2. 18. 선고 2015도17440 판결 등은 이 판결과 배치되는 범위에서 변경되었다.

제 38 조 [경합범과 처벌례]

① 경합범을 동시에 판결할 때에는 다음의 구별에 의하여 처벌한다.

1. 가장 중한 죄에 정한 형이 사형 또는 무기징역이나 무기금고인 때에는 가장 중한 죄에 정한 형으로 처벌한다.
2. 각 죄에 정한 형이 사형 또는 무기징역이나 무기금고 이외의 동종의 형인 때에는 가장 중한 죄에 정한 장기 또는 다액에 그 2분의 1까지 가중하되 각 죄에 정한 형의 장기 또는 다액을 합산한 형기 또는 액수를 초과할 수 없다. 단 과료와 과료, 몰수와 몰수는 병과할 수 있다.
3. 각 죄에 정한 형이 무기징역이나 무기금고 이외의 이종의 형인 때에는 병과한다.

② 전항 각호의 경우에 있어서 징역과 금고는 동종의 형으로 간주하여 징역형으로 처벌한다.

[관련조문] 관세법 제278조 제1항, 조세범처벌법 제20조, 공직선거법 제18조 제3항, 새마을금고법 제21조의2, 농업협동조합법 제49조의2, 중소기업협동조합법 제51조의2, 수산업협동조합법 제51조의2.

[참고문헌] 이의진, "새마을금고법 제21조 제1항 제8호 등 위헌소원 : 새마을금고법상의 선거범죄와 다른 죄의 경합범에 대하여 분리 선고 규정을 두지 않은 새마을금고법 제21조가 헌법에 위반되는지 여부(헌재 2014. 9. 25. 2013헌바208, 판례집 26-2상, 505)"; 헌법재판소결정해설집 2(2016), 헌법재판소; 大塚 仁 外, 大コンメンタール, 第4巻, 青林書院, 第4版(2013).

Ⅰ. 본조의 취지

본조는 경합범을 동시에 판결할 경우의 처벌에 관하여 규정하고 있는데, 이는 이른바 형법 제37조 전단 경합범의 처벌에 관한 규정이다. 경합범은 행위자에 의하여 실제로 수개의 구성요건이 실현된 경우이므로, 이론상으로는 경합범의 경우 행위자가 실현한 범죄의 형을 병과함이 타당할 것이다. 그러나 병과주의는 자유형의 종류와 성질을 변경하는 결과를 초래할 뿐만 아니라, 형벌의 누진적 효과 때문에 가혹한 형벌을 과하게 되는 결함이 나타날 수 있다. 그래서 우리 형법은 경합범의 처벌에 관하여 가중주의를 원칙으로 하면서 이에 대한 예외를 인정하여 형의 가중이 불가능하거나 무의미한 때에는 흡수주의를, 병과가 가능한 이종의 형인 때에는 병과주의를 채택하여 이를 보충하고 있다.

본조가 규정하고 있는 경합범을 동시에 판결할 때의 처벌례에 관하여 살펴보기로 한다.

Ⅱ. 경합범과 흡수주의

가장 중한 죄에 정한 형이 사형 또는 무기징역이나 무기금고인 때에는 가장 중한 죄에 정한 형으로 처벌한다.[1]

가장 중한 죄에 정한 형이 사형 또는 무기형인 때에는 다른 형을 병과하거나 가중하는 것이 무의미하거나 지나치게 가혹하므로, 가장 중한 죄에 정한 형이 사형 또는 무기징역이나 무기금고인 때에는 흡수주이를 채택한 것이다. 특히 무기징역인 경우에 다른 범죄에서 선택된 한시적인 자유형은 그에 포함되어 동시에 집행되는 것으로 볼 수도 있는 것이다.

이 때 가장 중한 죄에 정한 형으로만 처벌한다고 하여 사형 또는 무기형에 처할 죄 이외의 범죄는 불문에 붙인다는 의미가 아니므로, 이 경우에도 모든 죄에 관하여 형의 선택, 누범 가중 및 법률상의 감경에 대하여 판단하지 않으면 안 된다. 여기서 '가장 중한 형에 정한 형이 사형 또는 무기형인 때'란 형법 제56조에 의한 가중 감경의 순서에 따라 경합범 가중과 작량감경을 하기 전의 단계에서 사형 또는 무기형이 선택된 때, 즉 법정형에 누범 가중과 법률상의 감경을 한 처단형으로 사형이나 무기형이 정하여진 경우를 의미하는 것으로 해석될 여지가 있다. 그러나 사형을 처단형으로 결정하고 무기징역으로 작량감경하는 경우에는 문제가 없으나, 무기형을 감경하는 경우에는 경합범 가중의 입법취지가 몰각될 수 있다. 그러므로 가장 중한 죄로 사형 또는 무기징역에 처하여질 경우란 선고형으로 사형 또는 무기징역형이 정하여진 때로 해석함이 상당하고,[2] 이는 형법 제56조 제5호가 '경합범 가중'으로 되어 있어 가중이 없이 흡수되는 제1호의 경우에는 적용되지 아니한다고 볼 수 있기 때문이다. 대법원도 가장 중한 죄의 소정형 중 사형을 선택한 때에는 본조 제1항 제1호에 의하여 처단할 것이라고 판시하고 있는

1 참고로 일본 형법 제46조 제1항, 제2항 각 본문도 "병합죄 중 1개의 죄에 대하여 사형 또는 무기형에 처할 때에는 다른 형은 과하지 아니한다"고 규정한다.

2 선고형설; 大塚 仁 外, 大コンメンタール, 第4巻, 青林書院, 第4版(2013), 258.

데(대법원 1968. 7. 31. 선고 68도678 판결), 그 취지는 명백하지 않다. 다만 전자의 견해(처단형설)를 취하더라도 적어도 경합범 가중으로 사형이나 무기형에 처할 경우에는 흡수되는 다른 형벌과의 관계상 작량감경은 금지되거나 자제되어야 한다고 본다면 그 결과는 같을 것이다.[3]

따라서 사형이나 무기형으로 선고형이 정하여질 때 별죄에 대하여 정해진 유기징역, 유기금고, 벌금, 구류 및 과료 등의 형은 모두 사형 또는 무기형에 흡수된다. 별죄에 대하여 역시 사형이나 무기형으로 정하여진 때에도 중한 죄에 정한 하나의 사형이나 무기형에 흡수된다고 볼 것이다.[4]

그런데 특별법인 특정경제범죄가중처벌등에관한법률 제3조 제1항 제1호의 경우 무기형이 선택형으로 규정되어 있고, 제2항에 이득액 이하의 벌금이 필요적 병과형으로 규정되어 있는데, 형법 해석상 또는 특별법 우선의 원칙상 경합범 가중 시 중한 죄인 위 법률위반에 정한 무기징역을 선택하는 경우에도 경합범 관계에 있는 다른 죄에 정한 형들은 흡수되지만 당해 중한 죄의 필요적 병과형은 흡수되지 않는다고 해석하여야 할 것이다. 같은 취지에서 가장 중한 죄에 대하여 부가형인 몰수나 추징을 할 수 있는 경우에는 이를 사형이나 무기징역형에 병과하는 것도 가능하다고 생각된다. 나아가 중한 죄가 아닌 흡수되는 다른 죄에 대하여 부가형으로서 보안처분적인 몰수나 추징이 정하여져 있는 경우에도 이를 사형이나 무기징역과 함께 병과할 수 있는지의 문제가 제기된다. 절대적 흡수주의를 규정한 제1호의 문언상 의문이 있고 이 문제는 입법적으로 정리되어야 할 것인데,[5] 이를 긍정한 하급심 판례가 있다.[6]

한편 2개 이상의 죄에 대하여 재판하는 경우에도 그 사이에 경합범 관계가 없으면, 별도로 형을 정하여 병과하여야 한다. 따라서 2개의 주문에서 사형을 선고하거나 사형과 무기징역을 선고하는 것도 가능하다. 다만, 실제로 사형을 집행

3 사형 이외에 무기징역형이 선택형으로 정하여진 경우, 무기징역형에 처할 때에는 사형을 선택하여 작량감경을 하여서는 안 된다는 일본 판례가 있다; 강도살인죄에 관하여, 日最判 1965. 11. 2.(集 19-8, 797)

4 大塚 仁 外, 大コンメンタール, 第4巻, 青林書院, 第4版(2013), 259.

5 참고로 일본 형법 제46조 제1항, 제2항 각 단서에 의하면, 1개의 죄로 사형에 처해질 경우에는 몰수는 병과할 수 있고, 무기형에 처하여질 경우에는 벌금, 과료 내지 몰수를 병과할 수 있도록 하고 있다.

6 서울고등법원 1996. 12. 16. 선고 96노1892 판결: 전두환에 대하여 무기형을 선고하면서 별죄(뇌물수수)에 대한 추징을 부가하였는데, 상고심에서 다투어지지 아니한 채 상고가 기각되었다.

한 경우에는 경합범의 관계가 아니라고 할지라도 몰수나 추징 이외의 형은 사실상 집행할 수 없게 된다.

Ⅲ. 경합범과 가중주의

각 죄에 정한 형이 사형 또는 무기징역이나 무기금고 이외의 동종의 형인 때에는 가장 중한 죄에 정한 장기 또는 다액에 2분의 1까지 가중한다. 다만, 과료와 과료, 몰수와 몰수는 병과할 수 있는바, 이는 병과주의의 한 경우로 볼 것이다. 위 조항은 특별법위반죄와 형법위반죄의 경합범에도 적용된다(대법원 1959. 12. 24. 선고 4292형상491 판결 등). 다만 경합범에 속하는 범죄의 숫자를 불문하고 있어, 중한 죄의 법정형의 2분의 1만 가중하는 것은 범죄와 형벌의 균형상 맞지 않는다는 비판이 있을 수 있다.

참고로 일본 형법 제47조는 우리와 같으나, 독일 형법 제54조에 의하면, 동종의 형인 때에는 가장 중한 형을 가중하여 하나의 형을 과하되 가중 시 2분의 1의 제한을 두지 아니한다.[7] 다만 가중 시 "행위자의 인격과 개별 범죄행위들이 포괄적으로 평가"되어야 하고, "하나의 전체형(Gesamtstrafe)은 개별 형벌의 총합을 넘지 못하며, 단 유기징역은 15년을 넘지 못하고, 벌금형은 720일의 일수벌금을 넘지 못한다."(제1항, 제2항) 독일 제국법원에 의하면, 경합범에서 전체형을 정하는 것은 "개별 형벌들의 집행방식에 관한 사법적 결정"이고,[8] 이때 전체형이 개별 형벌들의 총합에 미달하더라도 개별 형벌들은 모두, 그리고 동시에 집행되는 것이다.

결국 우리 형법은 경합범의 처단에 있어서 '제한적 가중주의'를 채택하였다고 볼 것인데, 법관이 가중된 처단형의 범위 내에서 행위자의 인격과 개별 범죄행위들을 포괄적으로 평가하여 적정한 선고형을 결정하는 양형의 원칙이 필요하고, 이로써 위 비판은 약화될 수 있을 것이다.

1. 각 죄에 정한 형이 사형, 무기징역이나 무기금고 이외의 동종의 형

'각 죄에 정한 형이 사형 또는 무기징역이나 무기금고 이외의 동종의 형'이란 각 죄에 정한 형이 유기징역과 유기징역, 유기금고와 유기금고 및 구류와 구류인

7 독일 형법 제54조에 의하면, 무기징역형의 경우에는 흡수주의를 택하고, 일반적으로 동종의 형인 때에는 가장 중한 형을 가중하여 하나의 형을 과하고, 이종의 형인 때에는 각 형종 중에서 가장 중한 형에 각 가중하여 병과할 수 있다.

8 RG 25, 298 ff.; 44, 302 ff.

때를 말하고, 각 죄에 정한 형이 유기징역과 유기금고인 때에는 동종의 형으로 간주되어 유기징역형으로 처벌한다(형법 제38조 제2항).

2. 가장 중한 죄에 정한 형의 2분의 1까지 가중

경합범의 각 죄에 정한 형이 사형, 무기징역이나 무기금고 이외의 동종의 형인 때에는 가장 중한 죄에 정한 형의 장기 또는 다액에 그 2분의 1까지 가중한다. 그러나, 유기자유형을 가중하는 때에는 50년을 넘지 못하며(형법 제42조 단서), 가중한 형이 각 죄에 정한 형의 장기 또는 다액을 합산한 형기 또는 액수를 초과할 수 없다(제38조 제1항 제2호).[9]

그러나, 관세법위반죄 또는 관세법상의 특정범죄에 대한 가중처벌규정인 특정범죄가중처벌등에관한법률 제6조 위반죄에는 위 관세법 제194조에 의하여 벌금형을 과할 경우에 경합범 가중에 관한 형법 제38조 제1항 제2호의 적용이 배제되므로(관세법 제278조 제1항), 비록 판결이 확정되지 아니한 수개의 죄라 할지라도 각 죄마다 각 별로 벌금형을 양정하여야 할 것이다(대법원 1982. 4. 13. 선고 82도256 판결). 또 조세범처벌법 제20조도 제3조부터 제6조까지, 제10조, 제12조부터 제14조까지의 범칙행위를 한 자에 대해서는 형법 제38조 제1항 제2호 중 벌금경합에 관한 제한가중규정을 적용하지 아니한다. 조세범처벌법 제9조 제1항에 규정된 죄를 범한 자를 가중처벌하고 벌금형을 병과하도록 규정하는 특정범죄 가중처벌 등에 관한 법률 제8조에 의하여 벌금형을 병과하는 경우에도 적용배제 조항은 적용되는 것이며, 판결이 확정되지 아니한 수개의 죄에 대하여 벌금을 병과하는 경우에는 각 죄마다 벌금형을 따로 양정하여 이를 합산한 액수의 벌금형을 선고하여야 한다(대법원 1996. 5. 31. 선고 94도952 판결). 그러한 한 위 특별법상 합산주의 내지 병과주의가 채택되고 있는 것이다.

가장 중한 죄의 정한 형에 경합범 가중을 함에 있어서는 형법 제56조에 의한 가중 감경의 순서에 따라 경합범 가중과 작량감경을 하기 전에, 즉 경합범의 각 죄에 대하여 법정형 중에서 형종의 선택을 하고 거기에 누범가중과 법률상의 감경을 한 처단형을 정한 후, 각 죄 중에서 가장 중한 죄에 정한 형의 장기나 다액의 2분의 1 가중을 하는 것이 확립된 실무이다.

9 실무상 판결문의 법령의 적용 란에 위와 같은 법령상의 제한을 적시하여야 하나(형사재판실무 I, 법원행정처, 208), 선고형이 그 처단형의 범위에 속하는 한, 그 적시의 누락은 위법사유가 된다고 할 수는 없을 것이다.

또 가장 중한 죄에 정한 형을 비교함에 있어서는 형법 제50조의 형의 경중에 관한 규정에 의거할 것이고, 형의 경중의 비교에 있어서는 중한 형만 비교·대조하면 족하다는 중점적 대조주의와 2개 이상의 주형의 전체에 대하여 비교·대조하여야 한다는 전체적 대조주의의 대립이 있다. 그러나 형종의 선택 전에 법정형 자체를 비교하여 중한 죄를 비교하는 상상적 경합의 경우와 달리 이미 형 선택과 가중, 감경이 이루어진 후의 처단형을 비교하는 경합범 가중 시에는 선택된 동종의 형 중에서 가장 중한 형만을 비교하면 될 것이므로, 하나의 형만이 선택된 통상적인 경우에는 중점적, 전체적 대조의 문제가 아니다.[10] 그런데 필요적 병과형이 정하여진 경우에는 문제가 간단하지 않다. 예컨대 경합범 중에서 하나의 범죄에 대하여는 중한 징역형이 선택되어 있고 다른 하나는 경한 징역형과 벌금이 필요적 병과로 되어 있는 경우나 각 범죄에 모두 징역과 벌금의 필요적 병과형으로 정하여져 있는데 각 징역형과 벌금형의 중한 정도가 서로 다른 경우가 있다. 위 각 경우에도 형법 제38조 제1항 제3호가 적용되는 것이므로(☞ 아래 Ⅳ. 참조), 전자의 경우에는 무거운 징역형과 타죄에 정한 벌금이 병과되고, 후자의 경우에는 각 징역과 필요적 병과형인 벌금 중에서 각각 중한 형을 대조하고 병과하여 처단하면 될 것이다. 또한 경한 죄에 부가형 등이 필요적으로 정해져 있는 경우에도 위 조항에 따라 병과되는 것도 당연하다.

한편 각 죄에 단기가 하한으로 규정되어 있는 경우, 그에 관하여는 형법상 명문의 규정이 없으나, 가장 중한 죄가 아닌 죄에 정한 형의 단기가 가장 중한 죄에 정한 형의 단기보다 중한 때에는 형법 제42조 본문의 규정취지에 비추어 그 중한 단기를 하한으로 하는 것(이른바 결합주의)이 확립된 실무이고 판례이다(대법원 1985. 4. 23. 선고 84도2890 판결).[11]

그러한 한, 우리 형법의 해석상 경합범 관계에 있는 각 죄의 처단형을 비교하여 최대공약수를 추출하여 상한과 하한을 정하고 이종의 형을 병과하는 새로운

10 日最判 1949. 8. 18.(集 3-9, 1455)의 다수의견 : 다만 일본 형법 제48조에 의하면, 벌금은 다른 형과 병과하되, 병합죄 중에 2개 이상의 벌금에 처할 경우에는 각 죄에 정한 벌금의 다액의 합계 이하로 처단한다고 되어 있으므로, 형법 제47조에 따라 유기징역이나 금고의 가중시 가장 중한 죄의 형을 비교함에 있어서는 문제가 되는 유기의 징역과 금고만을 대비하면 충분하고, 병과되는 벌금형 등은 고려할 것이 아니라는 견해가 유력하다; 大塚 仁 外, 大コンメンタール, 第4卷, 青林書院, 第4版(2013), 268 참조.

11 ☞ 상상적 경합의 경우에도 같으며, 이러한 해석이 이중평가금지의 원칙에 반하지 않는다는 것은 주석 형법 각칙(2), 제40조 Ⅴ. 1.의 다. 주석 참조.

'통일적 처단형주의'를 채택하였다고 말할 수 있으며, 그러한 점에서 실체적 경합의 처단은 '제한적 가중주의'에 '결합주의'를 부가한 것이라고 볼 것이다.

IV. 경합범과 병과주의

각 죄에 정한 형이 무기징역이나 무기금고 이외의 이종의 형인 때에는 이를 병과한다. 여기서 이종의 형이라 함은 유기자유형과 벌금 또는 과료, 벌금과 과료, 자격정지와 구류 같은 이종의 형을 말한다.

형법은 무기형 이외의 이종의 형에 대하여만 예외적으로 병과주의를 취하고 있으나, 병과하여야 할 형은 각 죄에 정한 형이 이종인 경우뿐만 아니라 일죄에 대하여 이종의 형을 병과할 것을 규정한 때에도 제38조 제1항 제3호가 적용된다 (대법원 1954. 6. 10. 선고 54도210 판결). 다만, 중한 죄에만 벌금이 필요적 병과형으로 되어 있는 경우에는 제38조 제1항 제3호가 적용될 필요가 없다. 그리고 전단 경합범 중 가장 중한 죄 이외의 죄에 벌금의 병과가 규정되어 있는 경우 또는 각 전단 경합범인 갑, 을의 죄에 모두 징역과 벌금의 필요적 병과형이 규정되어 있는데 징역형은 갑죄가 가장 중하나 벌금형은 을죄가 더 무거운 경우에도 각 제38조 제1항 제3호를 적용하는 것이 실무이다.[12]

또한 형법 제38조 제1항 제2호 단서에 의하여 각 죄에 정한 형이 과료와 과료, 몰수와 몰수인 경우에도 이를 병과할 수 있고, 추징은 몰수의 대체형이므로, 몰수와 추징, 추징과 추징도 병과할 수 있다고 볼 것이다.[13] 경범죄 처벌법 제5조에 의하면, 경범죄처벌법에 따라 사람을 벌할 때에는 그 사정과 형편을 헤아려서 그 형을 면제하거나 구류와 과료를 함께 과할 수 있도록 되어 있다.

한편 공직선거법 제18조 제3항에 의하면, "형법 제38조에도 불구하고 제1항 제3호에 규정된 죄와 다른 죄의 경합범에 대하여는 이를 분리 선고하고, 선거사무장·선거사무소의 회계책임자의 직계존비속 및 배우자에게 제263조 및 제265조에 규정된 죄와 본조 제1항 제3호에 규정된 죄의 경합범으로 징역형 또는 300만원 이상의 벌금형을 선고하는 때에는 이를 분리 선고하여야 한다." 이 경우 가중

12 형사재판실무 Ⅰ, 법원행정처, 208.
13 참고로 일본 형법은 몰수뿐만 아니라 제53조에서 구류와 구류, 과료와 과료도 병과할 수 있도록 되어 있고, 독일의 질서위반법(Ordnungswidrigkeitengesetz) 제21조는 우리의 과료에 해당하는 Geldbusse를 병과할 수 있도록 되어 있다.

주의의 예외가 인정되고, 다른 죄와 병합기소가 되더라도 별도로 형을 정하여 병과되어야 할 것이다.[14] 그리고 헌법재판소는 새마을금고법상 '선거범죄를 범하여' 징역형 또는 100만 원 이상의 벌금형을 선고받은 사람에 대하여 임원의 자격을 제한하도록 규정하면서도, 선거범죄와 다른 죄의 경합범인 경우에 분리 선고하도록 하는 규정을 두지 않은 새마을금고법 제21조에 대하여 헌법불합치결정을 하였다(헌법재판소 2014. 9. 25. 선고 2013헌바208 결정).[15] 그 후 2017. 12. 26. 새마을금고법 제21조의2(벌금형의 분리 선고)가 신설되어 형법 제38조에도 불구하고 새마을금고법 제21조 제1항 제8호에 규정된 죄와 다른 죄의 경합범(경합범)에 대하여 벌금형을 선고하는 경우에는 이를 분리하여 선고하여야 한다는 규정을 두었다. 같은 취지에서 농업협동조합법 제49조의2와 수산업협동조합법 제51조의2 및 중소기업협동조합법 제51조의2에도 형의 분리 선고규정이 신설되었다.

14 공직선거법 제18조 제1항 제3호(법률 제7189호, 2004. 3. 12. 개정)에 규정된 범죄로는, "선거범, 정치자금법 제45조(정치자금부정수수죄) 및 제49조(선거비용관련 위반행위에 관한 벌칙)에 규정된 죄와 대통령·국회의원·지방의회의원·지방자치단체의 장으로서 그 재임 중의 직무와 관련하여 형법(특정범죄가중처벌등에관한법률 제2조에 의하여 가중 처벌되는 경우 포함) 제3조(알선수재)에 규정된 죄를 범한" 경우를 포괄한다. '박근혜'에 대한 특가법위반(뇌물) 등 사건의 하급심은 위 규정을 간과하여 대법원에서 판결이 파기되었다(대법원 2019. 8. 29. 선고 2018도14303 판결).

15 이 결정에 대한 평석으로, 이의진, "새마을금고법 제21조 제1항 제8호 등 위헌소원 : 새마을금고법상의 선거범죄와 다른 죄의 경합범에 대하여 분리 선고 규정을 두지 않은 새마을금고법 제21조가 헌법에 위반되는지 여부(헌법재판소 2014. 9. 25. 선고 2013헌바208 결정, 판례집 26-2상, 505)", 헌법재판소결정해설집 2(2016), 헌법재판소, 541-590 참조.

제 39 조 [판결을 받지 아니한 경합범, 수개의 판결과 경합범, 형의 집행과 경합범]

① 경합범중 판결을 받지 아니한 죄가 있는 때에는 그 죄와 판결이 확정된 죄를 동시에 판결할 경우와 형평을 고려하여 그 죄에 대하여 형을 선고한다. 이 경우 그 형을 감경 또는 면제할 수 있다. <개정 2005.7.29>

② 삭제 <2005.7.29>

③ 경합범에 의한 판결의 선고를 받은 자가 경합범 중의 어떤 죄에 대하여 사면 또는 형의 집행이 면제된 때에는 다른 죄에 대하여 다시 형을 정한다.

④ 전 3항의 형의 집행에 있어서는 이미 집행한 형기를 통산한다.

[관련조문] 형사소송법 제336조, 제344조, 제489조, 제491조, 형사소송규칙 제174조 제1항.

[참고문헌] 법원행정처, 법원실무제요, 형사Ⅱ(2008); 강용현, 경합범 중 일부죄에 관하여만 재심사유가 있는 경우의 심판범위, 형사판례연구 5호; 김종호, 형법 제37조 후단 경합범에 대한 제39조 제1항의 적용, 대법원 판례해설 제78호; 유원규, 경합범 중 일부무죄, 일부유죄를 선고한 항소심판결의 무죄부분을 파기하는 경우 상고심의 심판범위, 대법원판례해설 15; 이민걸, 경합범에 있어서의 일부상소의 허용범위, 형사판례연구 1; 최병각, "사후적경합범에 대한 고찰", 형사판례연구 (24), 박영사(2016); 大塚 仁 外, 大コンメンタール, 第4卷, 青林書院, 第4版(2013); Schönke/Schröder/Stree, Strafgesetzbuch Kommentar, 30 Aufl.(2019), Bd. 1; Tröndle/Fischer, Beck'sche Kurzkommentar, Verlag C. H. Beck, 66 Aufl.(2019).

Ⅰ. 총설

본조는 제1항에서 이른바 형법 제37조 후단 경합범의 처벌에 관하여 규정하고 있다. 개정 전의 제1항은 단지 경합범 중 판결을 받지 아니한 죄에 대하여 형을 선고한다고만 되어 있었고, 제2항에서는 경합범에 의한 수개의 판결이 있는 경우의 재판의 집행에 관하여 규정하고 있었다. 2005. 7. 29.자 형법 개정에 의하여 제39조 제1항에서는 동시에 판결할 경우와의 형평을 고려하여 형을 정하도록 하되, 그 형을 정함에 있어 감경 또는 면제도 할 수 있도록 하여 형평의 원칙에 입각한 임의적 감면사유로까지 인정되었다. 따라서 종전에 여러 개의 형이 선고된 경우에 중복 집행이나 가혹함을 피하기 위하여 경합범에 대한 판결의 집행을 경합범의 예에 의하도록 하고 있던 제2항은 필요가 없게 되어 삭제된 것이다. 형법은 후단 경합범에 대하여 별개의 형을 선고하도록 하면서, 개정 전에는 집행단계에서 조절하던 것을 형의 선고단계에서 전단 경합범의 처벌에 관한 규정을 감안하여 형을 조절하도록 한 것이다. 나아가 법정형의 하한이 높은 죄가 있는 경우에 형평에 반하는 양형이 불가피한 경우가 있으므로, 이 경우 처단형을 정할 때 임의적 감경을 할 수 있도록 하고, 또 예컨대 하나의 형이 사형이나 무기징역인 경우에 전단 경합범의 처벌에 있어서 흡수되는 다른 형은 면제까지 할 수 있도록 한 것이다.

제3항은 경합범에 대하여 1개의 형이 선고된 경우에 경합범 중의 어떤 죄에 대하여 사면 또는 형 집행의 면제가 있는 경우에 다른 죄에 대하여 다시 형을 정할 것을 규정하고 있으며, 제4항은 이 경우에 이미 집행한 형을 통산하도록 하고 있다.

Ⅱ. 사후적 경합범의 처벌

1. 추가형의 선고

금고 이상의 형에 처한 판결이 확정된 죄와 그 판결확정 전에 범한 죄는 형법 제37조 후단 경합범의 관계에 있는데, 경합범 중 아직 판결을 받지 아니한 죄에 대하여만 따로 형을 선고하게 된다. 즉, 후단 경합범 중 이미 금고 이상의 형에 처한 확정판결이 있는 죄에 대하여는 일사부재리의 원칙에 의하여 다시 판결할 수 없다는 이유로 추가형만을 선고하도록 되어 있다(이른바 추가형주의; 일본 형법 제50조도 같다). 이러한 추가형을 선고하는 경우에 이미 판결을 받은 죄에 대한 형과 반드시 동종의 형을 선택하여야 되는 것은 아니다(대법원 1984. 11. 27. 선고 84도1371 판결). 후단 경합범에 대하여 별도의 추가형을 선고하도록 한 이유에 관하여, 판결의 경고기능이라는 관점과 소송법적 고려 등에 기한다고 함은 앞에서 보았다.[1] 판결의 경고기능이라는 관점에서 확정판결 이후의 범행과 그 이전의 범행은 차이가 있지만, 벌금형 이하의 판결은 경고기능이 미약하므

1 ☞ 주석 형법, 총칙(2) 제37조 Ⅲ. 주석 참조.

로, 그 확정판결 전에 범한 죄를 차단하여 별도의 형을 정할 필요가 적다는 점에서 금고 이상의 형에 처한 판결이 확정된 죄로 본조가 개정되었고, 일본 형법도 같다.

한편 후단 경합범을 인정하는 이유는 판결확정 전에 범한 죄가 법원에 알려졌다면 마땅히 경합범의 예에 의하여 처벌되었을 것이므로 법원에 알려지지 않았다는 이유만으로 유리하거나 불리하게 취급받아서는 안 된다는 점에 있다. 형법 개정 전에는 이 점을 고려하여 판결확정 전의 죄에 대하여 재판을 하는 경우, 일반적으로 동시에 재판하는 경우에 비하여 불리하지 않도록 양형에서 고려하는 것이 실무관행이었고, 집행단계에서는 제2항에 의하여 조정되었다. 그럼에도 불구하고 결국 두 개의 형이 선고되는 것이기 때문에 그 죄와 확정판결의 대상이 된 죄에 대하여 동시에 재판하는 경우에 비하여 불리한 처우를 받는 경우가 있을 수 있었다. 그래서 독일 형법 제55조의 예를 따라 '통일형주의'를 도입하자는 입법론이 있었으나,[2] 개정법은 전체형이 아니라 추가형을 정하는 것으로 하되, 앞에서 언급한 양형의 원칙을 입법적으로 채택하여 동시에 처벌하는 경우와 형평을 고려하도록 하고, 임의적 감면까지 할 수 있도록 하였다. 형법 제39조 제1항에 의하여 제37조 후단의 경합범의 관계에 있는 범죄와 위 각 판결이 확정된 죄를 동시에 판결할 경우와 형평을 고려하여 형을 선고하기 위하여 법원은 각 전과의 구체적인 내용이 무엇이었는지를 판결문이나 관련자들의 진술 등을 통하여 심리하여야 할 것이다(대법원 2008. 10. 23. 선고 2008도209 판결).

판례는 후단 경합범에 대하여 심판하는 법원은 판결이 확정된 죄와 후단 경합범의 죄를 동시에 판결할 경우와 형평을 고려하여 후단 경합범의 처단형의 범위 내에서 선고형을 결정할 수 있는 것이고, 그 죄와 판결이 확정된 죄에 대한 선고형의 총합이 두 죄에 대하여 형법 제38조를 적용하여 산출한 처단형의 범위 내에 속하도록 후단 경합범에 대한 형을 정하여야 하는 제한을 받는 것은 아니며, 감경 또

2 독일에서는 확정판결의 형이 이미 집행 종료되기 전이나 사면 또는 형 면제되기 전이어야 사후적으로 전체 형을 다시 정할 수 있도록 하고 있다. 확정판결에 의한 형이 이미 집행 종료된 경우에는 별도의 형을 선고할 수밖에 없고, 다만 양형에서 조정할 것이라고 한다; BGH St 31. 102 = NJW 1982, 2510; Schönke/Schröder/Stree, Strafgesetzbuch Kommentar, 30 Aufl.(2019), Bd. 1, §55 Rn. 28; Tröndle/Fischer, Beck'sche Kurzkommentar, Verlag C. H. Beck, 66 Aufl.(2019), §55 Rn. 17, 21 f. 참조. 독일의 경우, 후에 기소된 사건의 판결 주문에 확정판결의 표시와 그것을 포함하여 전체 형을 선고한다는 취지를 나타내도록 하고 있으며, 경합범 관계에 있는 각 죄에 대하여 여러 개의 판결이 있는 경우에 StPO §460에 의하여 결정으로 전체 형을 정하도록 되어 있다.

는 면제 여부도 법원의 재량에 따를 것이라고 한다(대법원 2008. 9. 11. 선고 2006도8376 판결). 그러나 후단 경합범에 대하여 심판하는 법원의 재량이 무제한이라 할 수는 없고, 형법 제39조 제1항 후문을 적용하여 후단 경합범 자체에 대한 처단형을 낮추어 선고형을 정하는 경우, 그러한 조치가 판결이 확정된 죄와 후단 경합범을 동시에 판결할 경우와 형평에 맞는 정당한 것인지는 판결이 확정된 죄의 선고형과 후단 경합범에 대하여 선고할 형의 각 본형을 기준으로 판단하되, 후단 경합범에 대한 형의 집행을 유예하는 등 다른 처분을 부과할 경우에는 그 처분을 비롯한 관련 제반 사정을 종합하여 전체적, 실질적으로 판단하여야 한다(대법원 2011. 9. 29. 선고 2008도9109 판결). 그러한 점에서 후단 경합범 내지 사후적 경합범에 대하여 양형을 함에 있어서 형법 제38조의 경합범의 처벌례에 구속되지는 않는다고 하더라도 그에 따르는 것이 상당하다고 생각된다. 예컨대 이미 확정판결에서 정해진 형과 사후적 경합범에 대하여 선고될 형을 합산하는 경우에 그 전체형이 그 중 가장 중한 죄에 정한 법정형의 장기 또는 다액에 그 2분의 1을 가중한 형기나 금액의 범위 내에 있도록 양형을 하여야 할 것이고, 하한이 정해져 있는 법정형으로 인하여 그러한 양형이 불가능할 때에는 형을 감면할 수도 있다는 취지로 해석된다.

그런데 하한이 정해져 있는 법정형이 있는 경우에도 형 면제까지 가능하므로 형법 제55조 제1항에 따른 형기의 1/2 이하로도 감경할 수 있다는 하급심 판결이 있고, 법정형의 하한을 둔 취지가 존중되어야 한다는 반대견해도 있었다.[3] 이 점에 관하여 대법원 전원합의체 판결의 다수의견은, 후단 경합범에 대하여 형법 제39조 제1항에 의하여 형을 감경할 때에도 법률상 감경에 관한 형법 제55조 제1항이 적용되어 유기징역을 감경할 때에는 그 형기의 2분의 1 미만으로는 감경할 수 없다는 기존 대법원 판례(대법원 2006. 12. 21. 선고 2006도6627 판결 등 참조)를 유지하였다(대법원 2019. 4. 18. 선고 2017도14609 전원합의체 판결). 즉, 처단형은 선고형의 최종적인 기준이 되므로 그 범위는 법률에 따라서 엄격하게 정하여야 하고, 별도의 명시적인 규정이 없는 이상, 형법 제56조에서 열거하고 있는 가중·감경할 사유에 해당하지 않는 다른 성질의 감경 사유를 인정할 수는 없으며, 따라서 후단 경합범에 따른 감경을 새로운 유형의 감경이 아니라 일반 법률상 감경의 하나로

3 서울고등법원 2009. 5. 20. 선고 2009노693 판결; 반대 견해로는 최병각, "사후적경합범에 대한 고찰", 형사판례연구 (24), 박영사(2016), 278.

보고, 후단 경합범에 대한 감경에 있어 형법 제55조 제1항에 따라야 한다고 보는 것은 문언적·체계적 해석에 합치될 뿐 아니라 입법자의 의사와 입법연혁 등을 고려한 목적론적 해석에도 부합한다는 것이다.[4]

한편 사형 또는 무기형을 선고한 판결이 확정되었을 때에는 다른 형은 흡수되므로(형법 제38조 제1항 제1호), 후단 경합범에 대하여는 형 면제를 하는 것이 개정법의 취지를 따르는 것이라 본다. 그러나 대법원은 무기징역에 처하는 판결이 확정된 죄와 형법 제37조의 후단 경합범의 관계에 있는 죄에 대하여 공소가 제기된 경우, 형법 제38조 제1항 제1호가 형법 제37조의 전단 경합범 중 가장 중한 죄에 정한 처단형이 무기징역인 때에는 흡수주의를 취하였다고 하여 뒤에 공소 제기된 후단 경합범에 대한 형을 필요적으로 면제하여야 하는 것은 아니라고 한다(대법원 2008. 9. 11. 선고 2006도8376 판결). 그에 따라 별개의 형이 선고된 경우 또는 이미 선고된 형이 다른 형이고 사후적 경합범에 대하여 선고될 형이 사형이나 무기형인 경우에는, 형법 제39조 제2항이 삭제되었으므로, 각 선고된 형이 별개로 집행될 수밖에 없다고 해석된다. 예컨대 피고인에 대하여 선고, 확정된 경합범 관계에 있는 2개의 형 중 1개의 형이 무기징역형이고, 1개의 형이 징역 5년 형인 경우에 유기징역형의 집행은 무의미하지만, 유기징역형이 무기징역형에 흡수된다고 볼 수 없고, 따라서 위 무기징역형이 사후에 징역 20년 형으로 감형되는 때에는 그 감형된 형과 5년 형은 별개로 집행되어야 한다.[5] 또 사형 등의 판결이 확정된 경우에 이미 다른 자유형이 집행 중일 때에는 자유형은 계속 집행되어야 하고, 사형을 집행할 경우에만 형 집행정지를 하게 될 것이다(형사소송법 제471조).

그러나 아직 판결을 받지 아니한 죄가 이미 판결이 확정된 죄와 동시에 판결할 수 없었던 경우에는 형법 제37조 후단의 경합범 관계가 성립할 수 없고, 형법 제39조 제1항에 따라 동시에 판결할 경우와 형평을 고려하여 형을 선고하거나 그 형을 감경 또는 면제할 수 없다고 해석함이 상당하다(대법원 2012. 9. 27. 선고 2012

4 반면에 소수의견은 다수의견의 해석이 책임주의와 평등주의에 반하고, 감경된 법정형의 하한과 형면제 사이에 처벌의 공백이 생긴다는 등의 이유로 반대한다.

5 형법 제39조 제2항이 삭제되기 전의 대법원 1991. 8. 9.자 91모54 결정에 의하면, “확정된 경합범관계에 있는 2개의 형 중 1개의 형이 무기징역형이고, 1개의 형이 징역 5년 형인 경우에는 비록 위 무기징역형이 사후에 징역 20년 형으로 감형되었다 하더라도 그 감형된 형만을 집행할 수 있을 뿐 위 5년 형은 집행할 수 없다”고 하였다.

도9295 판결[6] 등). 그리고 아직 판결을 받지 아니한 수개의 죄가 판결 확정을 전후하여 저질러진 경우, 판결 확정 전에 범한 죄를 이미 판결이 확정된 죄와 동시에 판결할 수 없었던 경우에는[7] 마치 확정된 판결이 존재하지 않는 것처럼 수개의 죄 사이에 형법 제37조 전단의 경합범 관계가 인정되어 형법 제38조가 적용된다고 볼 수도 없으므로, 판결 확정을 전후한 각각의 범죄에 대하여 별도로 형을 정하여 선고할 수밖에 없다(대법원 2014. 3. 27. 선고 2014도469 판결).[8]

2. 확정판결 전후에 범한 죄

예컨대, 갑이 범한 A, B, C, D, E 의 5죄 중에서 C 죄에 대하여 확정판결이 있는 때 A·B 죄와 C 죄는 후단 경합범이고, A·B 죄와 D·E 죄는 각 전단 경합범이지만, A·B·C 죄와 D·E 죄는 경합범이 아니다. 즉 중간에 확정판결이 있는 전후에 범한 죄는 서로 경합범 관계에 있지 아니하고,[9] 이 경우에는 2개의 주문에 의하여 형을 선고하여야 한다. 앞에서 본 바와 같이 확정판결 이전의 범죄에 대하여는 확정판결의 대상이 된 범죄와 실체적 경합으로 처단되었어야 하는 관계상 그 조정을 위하여 분리하여 형을 정하는 것이고, 한편 확정판결 이후에 범한 죄에 대하여는 그 판결의 경고기능을 무시한 것이기 때문에 따로 형을 정하는 것이며, 확정판결 및 그에 정한 형의 집행 종료시점과의 관계상 누범이나 집행유예 결격 등에 관하여 별도의 기준에 따라 처단형 및 선고형이 정해지는 것이므로, 결국 확정판

6 피고인을 금고 이상의 형에 처한 갑죄에 대한 판결이 확정되고, 그 후에 갑죄 판결확정일 이전에 저질러진 을죄에 대하여 금고 이상의 형에 처하는 판결이 확정되었는데, 피고인의 정보통신망 이용촉진 및 정보보호 등에 관한 법률위반 범행이 갑죄 판결확정일과 을죄 판결확정일 사이에 저질러진 사안에서, 정보통신망법 위반죄와 판결이 확정된 을죄는 처음부터 동시에 판결을 선고할 수 없었으므로 제1심이 정보통신망법 위반죄에 대하여 형법 제39조 제1항에 따라 을죄와 동시에 판결할 경우와 형평을 고려하여 형을 선고한 것은 위법한데도, 이와 달리 보아 제1심판결을 그대로 유지한 원심판결에 형법 제39조 제1항에 관한 법리오해의 위법이 있다고 한 사례.

7 위 판결의 사안은, 2012. 1. 5.자 및 2012. 1. 17.자 마약류 관리에 관한 법률 위반(향정)죄는 피고인이 서울중앙지방법원에서 같은 죄로 징역 8월에 집행유예 2년을 선고받은 판결이 2012. 2. 29. 확정되기 전에 범한 것이기는 하나, 피고인에게는 위 전과와 별도로 서울중앙지방법원에서 같은 죄 등으로 징역 1년에 집행유예 2년을 선고받아 2011. 11. 26. 판결이 확정된 전과가 있고, 2012. 2. 29. 판결이 확정된 죄는 위 2011. 11. 26. 판결 확정 전에 범한 것이어서 2012. 2. 29. 판결이 확정된 죄와 이 사건 2012. 1. 5.자 및 2012. 1. 17.자 범죄는 처음부터 동시에 판결할 수 없었던 경우이다.

8 이 판결에 대한 비판으로는, 최병각, "사후적경합범에 대한 고찰", 형사판례연구 (24), 박영사(2016), 281 이하에 의하면, 원심의 견해와 같이, 사후적 경합범의 성립에 기여하지 못하는 확정판결이 심판대상인 수개의 죄 사이에 존재하는 경우, 굳이 그 전후로 나누어 별도의 형을 정할 것이 아니라 그 모두에 하나의 형을 정하는 것으로 해석한다.

9 이 경우, 후단 경합범과 전단 경합범이 각 성립되므로, 일단 형법 제39조 제1항에 의하여 후단 경합범을 처리한 후 각 전단 경합범 처리를 하고, 2개의 주문을 내게 된다.

결 전후의 각 범죄에 대하여 각각의 형이 선고되는 것이다. 이때에는 경합범에 관한 규정이 적용될 여지가 없고 각 선고된 형이 병과되는 것이므로, 2개의 주문에서 사형을 선고하거나 사형과 무기징역을 선고하는 것도 가능하며, 수개의 형의 합계가 어떤가는 전혀 문제되지 않는다. 따라서 소년에 대한 두 형의 합계가 5년을 초과하여도 소년법 제60조 제1항 단서에 반한다고 할 수 없다(대법원 1983. 10. 25. 선고 83도2323 판결).

또한 하나의 판결로 두 개의 자유형을 선고하는 경우, 그 두 개의 자유형은 각각 별개의 형이므로 형법 제62조 제1항에 정한 집행유예의 요건에 해당하면 그 각 자유형에 대하여 각각 집행유예를 선고할 수 있는 것이고, 또 그 두개의 자유형 중 하나의 자유형에 대하여 실형을 선고하면서 다른 자유형에 대하여 집행유예를 선고하는 것도 이를 금지하는 명문의 규정이 없는 이상 허용된다. 다만 집행유예를 함에 있어 그 집행유예기간의 시기는 집행유예를 선고한 판결 확정일로 하여야 하고 법원이 판결 확정일 이후의 시점을 임의로 선택할 수는 없다(대법원 2002. 2. 26. 선고 2000도4637 판결).[10]

이와 같이 확정판결 전후에 저지른 각 죄에 대하여 두 개의 형이 선고된 경우에 그 각 죄들은 경합범 관계에 있지 아니하고 수개의 판결이 있는 것도 아니므로, 선고된 두 개의 형은 각별로 집행되어야 하고, 따라서 확정판결 이후의 범죄에 대하여 선고된 형은 이미 집행될 수 있는 형기에 단순 합산하여 집행된다.

Ⅲ. 경합범과 수개의 판결의 집행

삭제 전의 형법 제39조 제2항에 의하면, 경합범에 대하여 수개의 판결이 있는 경우에 형의 집행은 종전에는 경합범의 처벌례에 의하도록 하여 집행단계에서 조절을 하였으나,[11] 개정된 본조 제1항에 의하여 이미 양형단계에서 형량의 조절이 이루어지게 되고 본조 제2항이 삭제된 이상, 각 별개로 집행되어야 함은 앞에

10 이 판결은 형법 제37조 후단의 경합범 관계에 있는 죄에 대하여 두 개의 징역형을 선고하면서 하나의 징역형에 대하여만 집행유예를 선고하고 그 집행유예 기간의 시기를 다른 하나의 징역형의 집행종료일로 정한 것은 위법하다고 한 것이다.

11 대법원 1967. 3. 6.자 67초6 결정; 개정 전의 제39조 제2항 중 "전조의 예에 의하여 집행한다" 함은 그 각 판결이 선고한 형기를 위 법조의 예에 의하여 경감 집행한다는 취지가 아니고 그 각 판결의 선고형을 합산한 형기를 위 법조의 예에 의하여 그 경합범 중 가장 중한 죄에 정한 법정형의 장기에 그 2분의 1을 가중한 형기 범위 내에서 집행한다는 취지이다. 일본 형법 제51조는 명문으로 이러한 취지를 규정하고 있다.

서 보았다.

한편 재판의 집행을 받은 자 또는 그 법정대리인이나 배우자가 집행에 관한 검사의 처분이 부당함을 주장하는 때에는 형을 선고한 법원에 재판의 집행에 관한 이의신청을 할 수 있다(형사소송법 제489조).[12] 그 신청이나 그 취하는 반드시 서면에 의하여야 하며 재소자의 특칙이 적용된다(형사소송법 제490조, 제344조, 형사소송규칙 제174조 제1항). 신청기간은 검사의 처분이 있은 때부터 집행종료 전까지이며, 재판의 확정 여부와는 무관하여, 미확정의 재판에 대하여 검사가 집행처분을 한 때에는 그 자체가 부적법하여 이의신청의 대상이 된다.

위 신청에 대하여 법원은 결정을 하여야 하고(형사소송법 제491조 제1항), 신청이 이유 있으면 당해 검사의 처분을 취소한다. 신청 기각결정에 대하여는 즉시항고를 할 수 있다(제491조 제2항).

Ⅳ. 경합범과 사면 또는 형 집행면제

1. 서설

본조 제3항에 의하면, 경합범에 의하여 판결의 선고를 받은 자가 경합범 중의 어떤 죄에 대하여 사면 또는 형의 집행이 면제된 때에는 다른 죄에 대하여 다시 형을 정한다. 통상 경합범은 병합 심판되고 또 하나의 전체 형이 선고되는 결과, 그 후 확정판결을 받은 경합범을 구성하는 수죄 중의 일부가 사면 또는 형집행 면제를 받은 경우에 남은 죄에 대하여 형을 다시 정하도록 할 필요가 있어 본조를 두었고, 이를 '경합범에 관한 형의 분리'라고 하며, 그 절차는 형사소송법이 규정하고 있다.

2. 요건

가. 경합범에 의하여 판결의 선고를 받은 자

문언상 경합범에 의하여 판결의 선고를 받은 경우가 모두 포함되는 듯하나, 경합범에 대하여 수개의 판결이 있거나 형이 병과된 경우에는 형의 분리절차가 별도로 필요하지 않기 때문에 '경합범에 의하여 판결의 선고를 받은 것'은 경합범에 대하여 1개의 형이 선고되었을 때를 의미한다고 보아야 한다. 실체적 경합이

12 법원실무제요, 법원행정처, 형사 Ⅱ(2008), 577 이하 참조.

아닌 상상적 경합 등 과형상 1죄 중 일부에 대하여 사면 등이 있더라도 적용되지 아니함은 물론이다.

나. 경합범 중 일부 죄에 대한 사면 또는 형집행 면제

이때 사면이란 일반사면을 의미하고, 형의 집행이 면제된 때로는 특별사면(사면법 제5조 제1항 제2호), 재판확정 후 형이 폐지되거나 법령이 개폐된 때(형법 제1조 제3항), 형의 시효가 완성된 때(형법 제77조)를 들 수 있다.[13] 경합범 중 일부의 죄에 대하여 위헌결정이 난 경우에는 재심이 가능하므로(헌법재판소법 제47조 제3항), 재심절차에서 형을 다시 정하게 될 것이다.

3. 경합범에 관한 형의 분리 절차[14]

피고인에게는 청구권이 없고 오직 검사에게 직권발동을 촉구할 수 있을 뿐이며, 검사의 청구가 있어야 한다. 검사는 그 범죄사실에 대한 최종판결을 한 사실심 법원에 필요한 자료를 제출하여야 한다(형사소송법 제336조 제1항).

청구를 받은 법원은 피고인 또는 대리인의 의견을 물은 후에 그 인용 여부를 결정할 것이고,[15] 필요한 경우에는 의견을 묻기 위하여 출석을 명할 수 있다. 이때 법원이 다른 죄에 대하여 다시 형을 정한다는 것은 그 죄에 대한 심판을 다시 한다는 것이 아니라 형의 집행부분만 다시 정한다는 것이다. 따라서 남은 죄에 대한 사실인정과 법령의 적용에 관하여 확정판결과 다른 판단을 할 수 없으며, 양형판단의 기초가 되는 제반사정도 그 당시에 기초가 된 사정을 기준으로 할 것이다. 통상 분리된 형은 확정판결의 형보다 가벼울 것이고, 새롭게 집행유예를 붙이는 것도 가능할 것이다.[16] 종전의 판결 당시 소년으로 부정기형을 선고받았는데, 분리결정시 성인이 되었다면 정기형으로 정함이 상당할 것이다.

유죄판결이 확정된 이상, 형의 집행 전, 집행 중, 집행정지 중인 경우에도 본

13 경합범 중 어떤 죄에 대하여서만 형의 집행이 면제되거나 형의 시효가 만료되는 경우가 거의 없으므로 주로 사면의 경우에만 형의 분리가 필요하게 된다. 또 판결확정 후 형이 폐지되거나 법령이 개폐된 때에 형의 분리는 법률이념의 변경으로 폐지된 경우에만 가능할 것으로 본다 : 단 이를 부정하는 日最判 1953. 4. 7.(集 7-4, 771)이 있다.

14 법원실무제요 형사 Ⅱ(2008), 467 이하 참조.

15 법원은 '피고인에 대한 ○○법원 ○○고단○○○ 절도 등 사건에 대하여 선고한 형 중 ○○죄의 형을 징역 4월로 정한다'라는 식의 결정을 한다.

16 日大判 1946. 7. 3.(集 3-25, 23) 집행유예의 허부를 판단함에 있어서 확정판결 이후의 사정을 고려할 것인가, 또 집행유예기간의 기산점이 종전 판결의 확정시인지 또는 분리결정의 확정시인지에 관하여 일본의 학설이 나뉘어져 있다; 大塚 仁 外, 大コンメンタール, 第4卷, 青林書院, 第4版(2013), 280 참조.

조에 의한 형의 분리가 필요한데, 이때 다시 정하여진 형을 집행함에 있어서는 본조 제4항에 의하여 이미 집행한 형기를 통산한다.

V. 경합범과 소송법상 문제

1. 공소제기의 효력 및 심판의 대상

경합범은 수죄이므로 경합범 중 일부에 대한 공소제기의 효력은 경합범의 다른 부분에 미치지 아니하고, 심판의 대상이 되지도 아니한다. 친고죄에 있어서 고소 및 고소취소의 효력, 공소시효도 각 별로 판단한다.

2. 공소장 변경 등

검사가 경합범의 일부에 대해서만 공소제기를 한 후 다른 일부를 공소사실로 추가하기 위해서는 추가기소를 하여야 하며, 일부에 대한 공소취소의 효력은 경합범의 다른 부분에 미치지 아니한다.

후단 경합범에 대하여 심판하는 법원이 판결이 확정된 죄와 후단 경합범의 죄를 동시에 판결할 경우와의 형평을 고려하여 후단 경합범의 처단형의 범위 내에서 선고형을 결정하기 위하여는, 이미 판결이 확정된 범죄의 구체적 내용을 심리하고 판결문이나 관련자의 진술 등을 통하여 심리하여야 할 것이다(대법원 2008. 10. 23. 선고 2008도209 판결).[17]

3. 판결의 주문과 이유 및 기판력

경합범의 일부는 유죄로 인정하고 일부는 무죄, 면소, 공소기각으로 판단하는 경우, 주문에 유죄부분과 무죄 등의 부분을 모두 표시하고 이유에도 모두 설시하여야 한다. 또한 경합범의 일부에 대한 확정판결의 기판력은 경합범의 다른 일부에 미치지 아니한다.

4. 경합범과 상소

경합범은 수죄이므로, 경합범의 일부에 대하여 유죄판결이, 다른 일부에 대하여 무죄판결이 선고된 경우 또는 경합범의 각 부분에 대하여 이종의 형이 선고된

17 이 판결에서 원심이 이미 유죄판결이 확정된 3개의 전과 모두와 후단 경합범의 관계에 있는 이 사건 범죄에 대하여 추가형을 정할 때에 2개의 전과 기재를 누락하고 전과의 구체적 내용을 심리하지 아니한 경우 제39조 제1항을 위반하였다고 한다. 이 판결에 대한 평석으로는, 김종호, 형법 제37조 후단 경합범에 대한 제39조 제1항의 적용, 대법원 판례해설 제78호, 529 이하 참조.

경우에는 일부상소가 허용된다(형사소송법 제342조). 또한 상소의 일부취하도 허용된다.

가. 일부상소 및 파기부분

경합범 중 일부는 유죄, 일부는 무죄인 판결에 대하여 검사가 무죄 부분만 상소한 경우에 당사자 쌍방이 상고하지 아니한 유죄 부분은 상고기간이 지남으로써 분리 확정되고, 상소심에 계속된 사건은 무죄 부분만이므로, 상소심은 무죄 부분만을 파기할 수 있다(대법원 1992. 1. 21. 선고 91도1402 전원합의체 판결).[18] 이 경우 이미 확정된 유죄부분과의 관계상 후단의 경합범 관계에 있게 되고, 이는 상소 제기 후에 취하한 경우도 같다.

한편, 경합범 관계에 있는 공소사실 중 일부에 대하여 유죄, 일부에 대하여 무죄의 각 판결이 선고되어 유죄부분에 대하여는 피고인이, 무죄부분에 대하여는 검사가 각 상소를 제기한 경우, 판결 전부의 확정이 차단되어 상소심에 이심되는 것이다. 이 때 무죄부분에 파기사유가 있고 유죄부분에 대한 상고가 이유 없다고 하더라도 당초 위 각 죄가 전단 경합범으로 공소가 제기된 만큼 단일한 형으로 처벌받아야 할 것으로서 양형상 불가분의 관계가 있으므로, 무죄부분을 파기하면서 유죄부분도 함께 파기하는 것이 상당하다(대법원 1991. 5. 28. 선고 91도739 판결).[19] 피고인이 상소하지 아니하고 검사만이 무죄부분에 한정하지 아니하고 전체에 대하여 상소한 경우에 무죄부분에 대한 검사의 상소만 이유있는 때에도 원심판결의 유죄부분은 무죄부분과 함께 파기되어야 하므로, 상소심으로서는 원심판결 전부를 파기하여야 한다(대법원 2004. 10. 15. 선고 2004도5035 판결).

그리고 확정판결 전의 공소사실과 확정판결 후의 공소사실에 대하여 따로 유죄를 선고하여 두 개의 형을 정한 제1심 판결에 대하여 피고인만이 확정판결 전의 유죄판결 부분에 대하여 항소한 경우, 항소심이 심리·판단하여야 할 범위는 확정판결 전의 유죄판결 부분이 된다(대법원 2018. 3. 29. 선고 2016도18553 판결).

18 대법원 2000. 6. 13. 선고 2000도778 판결(공 2000, 1700), 대법원 2001. 6. 1. 선고 2001도70 판결(공 2001, 1559)도 같다 : 이 판결에 대한 평석으로는 이민걸, 경합범에 있어서의 일부상소의 허용범위, 형사판례연구 1, 405 이하 참조.

19 대법원 2007. 6. 28. 선고 2005도7473 판결(공 279, 1208)도 같다. 포괄일죄나 상상적 경합의 경우에는 당연하지만, 경합범의 경우 종전 판례가 전부파기설과 일부파기설을 취한 것으로 갈려 있었으나, 상소불가분의 원칙을 확대 적용하여 전부파기설을 취한 것이고, 그 이후 확립되었다. 이에 관한 해설로는, 유원규, 경합범 중 일부무죄, 일부유죄를 선고한 항소심판결의 무죄부분을 파기하는 경우 상고심의 심판범위, 대법원판례해설 15, 683 이하 참조.

나. 경합범과 재심

경합범에 대하여 하나의 형이 확정된 불가분의 유죄판결에서 그 중 일부에 대한 재심청구의 이유가 있는 경우에, 형식적으로는 위 재심청구는 하나의 형이 선고된 판결에 대한 것이어서 그 판결 전부에 대하여 재심개시의 결정을 할 수밖에 없지만, 비상구제수단인 재심제도의 본질상, 재심사유가 없는 범죄사실에 대하여는 재심개시결정의 효력은 그 부분을 형식적으로 심판의 대상에 포함시키는데 그치므로, 재심법원은 그 부분에 대하여는 이를 다시 심리하여 유죄 인정을 파기할 수 없고, 다만 새로운 양형을 위하여 필요한 범위에 한하여만 심리할 수 있다(대법원 2001. 7. 13. 선고 2001도1239 판결, 대법원 1996. 6. 14. 선고 96도477 판결).[20] 이 경우, 재심법원은 재심사유가 없는 범죄에 대하여는 새로이 양형을 하여야 하는 것이므로 이를 헌법상 이중처벌금지의 원칙을 위반한 것이라고 할 수 없고, 다만 재심사건에는 불이익변경의 금지 원칙이 적용되어 원판결의 형보다 중한 형을 선고하지 못하는 것이다(대법원 2014. 11. 13. 선고 2014도10193 판결). 즉, 형사소송법은 유죄의 확정판결과 항소 또는 상고의 기각판결에 대하여 각 그 선고를 받은 자의 이익을 위하여 재심을 청구할 수 있다고 규정함으로써 피고인에게 이익이 되는 이른바 이익재심만을 허용하고 있으며(형사소송법 제420조, 제421조 제1항), 그러한 이익재심의 원칙을 반영하여 제439조에서 "재심에는 원판결의 형보다 중한 형을 선고하지 못한다."라고 규정하고 있는데, 이는 단순히 원판결보다 무거운 형을 선고할 수 없다는 원칙만을 의미하는 것이 아니라 실체적 정의를 실현하기 위하여 재심을 허용하지만 피고인의 법적 안정성을 해치지 않는 범위 내에서 재심이 이루어져야 한다는 취지이다. 또한 재심대상인 원판결이 선고한 집행유예가 실효 또는 취소됨이 없이 유예기간이 지난 후에 새로운 형을 정한 재심판결이 선고되는 경우에도, 그 유예기간 경과로 인하여 원판결의 형선고의 효력이 상실되는 것은 원판결이 선고한 집행유예 자체의 법률적 효과로서 재심판결이 확정되면 당연히 실효될 원판결 본래의 효력일 뿐이므로, 이를 형의 집행과 같이 볼 수는 없고, 재심판결의 확정에 따라 원판결이 효력을 잃게 되는 결과 그 집행유예의 법률적 효과까지 없어진다고 하더라도 재심판결의 형이 원판결의 형보다 중하지 않다면 불이익변경금지의 원칙이나 이익재심의 원칙에 반한다고 볼 수 없다(대법원 2018.

20 이 판결에 대한 평석으로는, 강용현, 경합범 중 일부죄에 관하여만 재심사유가 있는 경우의 심판범위, 형사판례연구 5호, 305 이하 참조.

2. 28. 선고 2015도15782 판결).

다. 경합관계의 변경

상소법원이 경합범 관계를 변경하는 경우, 예컨대 실체적 경합을 상상적 경합으로 인정하거나 상상적 경합을 실체적 경합으로 인정하는 경우에 반드시 원심판결을 취소하거나 파기할 것은 아니다. 판결의 대상이 된 범죄의 위법과 책임내용에 변경이 없는 경우에 원심의 형이 그대로 유지될 수 있는 것이다.[21]

21 죄수평가를 잘못 하였다고 하더라도 결과적으로 처단형의 범위에는 아무런 차이가 없는 경우에는 판결 결과에 영향을 미친 위법이 있다고 보기 어렵다. 대법원 2004. 4. 9. 선고 2003도7762 판결(공 2004, 842), 대법원 2003. 2. 28. 선고 2002도7335 판결(공 2003, 956)도 같고, 독일의 BGH 1994. 5. 21. 3 stR 224/51 = NJW 1994, 1165도 같은 취지.

제 40 조 [상상적 경합]

1개의 행위가 수개의 죄에 해당하는 경우에는 가장 중한 죄에 정한 형으로 처벌한다.

[참고문헌] 법원행정처, 법원실무제요, 형사Ⅱ(2008); 김성돈, '이중평가금지와 연결효과에 의한 상상적 경합', 형사판례연구, 박영사(2002); 윤영선, 주요 범죄의 죄수 결정기준, 법조 1999. 10.; 이기헌, '경합범과 상상적 경합', 형사판례연구 (7), 박영사(1999); 이상선, 강도죄의 죄수관계, 재판과 판례 6집, 대구판례연구회 1996; 이승호, 상상적 경합의 비교단위, 형사판례연구 [10], 2002; 이승호, 연결효과에 이한 상상적 경합, 형법판례150선, 박영사(2019); 이인석, 상상적 경합과 실체적 경합의 구분, 형법판례150선, 박영사(2019); 이재상, 죄수론연구 (1), 법조 33-6; 이홍기, "상상적 경합범관계에 있는 여러 개의 죄 중 일부 수죄의 각 일부에 관한 사실오인이 판결결과에 영향이 있는지 여부", 대법원 판례해설 15; 이훈동, 죄수론의 신체계, 형사법연구 7호, 1994; 大塚 仁 外, 大コンメンタール, 第4巻, 青林書院, 第4版(2013); 大谷實, 刑法講義(總論), 1986; 中野, 併合罪, 刑事法講座 7巻 ; 鈴木, 罪數論, 現代刑法講座 3巻; Basler Kommentar Strafrecht I, M.A. Niggli, H. Wipraechtiger(hrsg.), Helbing Lichtenhahn Verlag, 2 Aufl.(2007); Günther Jakobs, Strafrecht Allgemeiner Teil. 2 Aufl.(1991); Jescheck/Weigend, Lehrbuch des Strafrechts, Allgemeiner Teil, 5 Aufl.; Strafgesetzbuch, Leipziger Kommentar, Bd. 2, De Gruyter Verlag, 11 Aufl.(2006); Maurach/Gössel/Zipf, Strafrecht Allgemeiner Teil. Bd. 2, 7 Aufl.; Münchener Kommentar zum Stafgesetzbuch Verlag C. H. Beck München, 3 Aufl.(2016), Bd. 2; Schönke/Schröder/Stree, Strafgesetzbuch Kommentar, 2019(30 Aufl.), Bd. 1; Tröndle/Fischer, Beck'sche Kurzkommentar, Verlag C. H. Beck, 66 Aufl.(2019).

Ⅰ. 상상적 경합의 의의와 입법례

한개의 행위가 수개의 죄에 해당하는 경우를 상상적 경합(Idealkonkurrenz) 또는 관념적 경합이라고 한다. 예컨대 한개의 폭탄을 던져 수인을 살해하거나, 한사람을 살해하고 다른 사람에게 상해를 가하고 가옥을 파괴한 경우를 말한다. 여기서 폭탄을 던진다는 한개의 행위가 수개의 살인죄 또는 살인죄와 상해죄 및 손괴죄에 해당하기 때문이다.

상상적 경합은 하나의 행위로 수개의 범죄가 실현된 것이지만, 단지 형벌법규가 경합하는 것이고 어디까지나 하나의 행위일 뿐이다. 하나의 행위에 하나의 처벌이 이루어지는 것이 원칙이므로, 상상적 경합의 각 실현된 범죄들에 의하여 중첩적으로 귀책시키는 방법으로 그 법률효과는 하나의 형으로 처벌하는 흡수주의에 따르고, 이를 과형상 1죄라고도 한다. 상상적 경합은 행위가 하나라는 점에서 법조경합과 같지만, 실질적으로 수죄에 해당하여 수개의 구성요건이 적용된다는 점에서 법조경합과 구별되며(대법원 2002. 7. 18. 선고 2002도669 판결), 반면에 여러 개의 행위를 성립요건으로 하는 실체적 경합과 다르다(대법원 2000. 7. 7. 선고 2000도1899 판결).[1]

상상적 경합은 대륙법계에 특유한 제도로서, 영미법계에서는 과형상 1죄라는 관념을 인정하지 아니하고 경합범의 처단에 관하여도 병과주의를 취하지만, 상상적 경합과 유사한 경우에는 형을 동시 집행하도록 함으로써 불합리한 결과를 회피하고 있다. 우리나라는 독일 등 대륙법계와 일본 형법의 예를 따라 상상적 경합을 인정하고, 흡수주의를 채택하고 있다. 참고로 중국 형법 제69조는 한 개의 행위가 수죄에 해당할 경우, 합산한 형기범위 내에서 법원이 결정하여 총합형을 과하는 가중단일형주의를 채택하고 있다.

Ⅱ. 상상적 경합의 종류

1. 동종의 상상적 경합과 이종의 상상적 경합

한개의 행위로 성립되는 범죄가 서로 다른 구성요건에 해당하는 경우를 이종의 상상적 경합(ungleichartige Idealkonkurrenz)이라고 하고, 한개의 행위가 같은 구성요건에 수회 해당하는 경우를 동종의 상상적 경합(gleichartige Idealkonkurrenz)이라고 한다. 이종의 상상적 경합을 인정함에는 견해가 일치하나, 동종의 상상적 경합을 인정할 것인지 여부에 대하여는 견해의 대립이 있다.

이에 관하여, 동종의 상상적 경합은 행위도 단일하고 법적 판단도 동일하므로 동종의 상상적 경합을 부정하는 견해나 모든 범죄에 대하여 동종의 상상적 경합을 인정하는 견해도 있었으나, 생명, 신체 등과 같은 개인의 일신전속적 법익에 있어서는 법익주체의 수만큼 동종의 상상적 경합을 인정하지만, 재산이나 공공적 법익과 같은 일신전속적이 아닌 법익에서는 행위가 1개인 이상 피해대상이 복수

1 "상상적 경합은 1개의 행위가 실질적으로 수개의 구성요건을 충족하는 경우를 말하고, 법조경합은 1개의 행위가 외관상 수개의 죄의 구성요건에 해당하는 것처럼 보이나 실질적으로 1죄만을 구성하는 경우를 말하며, 실질적으로 1죄인가 또는 수죄인가는 구성요건적 평가와 보호법익의 측면에서 고찰하여 판단하여야 한다."

라도 원칙적으로 상상적 경합이 성립하지 않는다는 것이 통설이다.[2]

대법원은 하나의 행위에 의하여 수인에 대한 강도(대법원 1991. 6. 25. 선고 91도643 판결),[3] 수인에 대한 사기를 하거나(대법원 1995. 8. 22. 선고 84도782 판결) 수인을 무고하는 경우(대법원 1961. 9. 28. 선고 4294형상415 판결), 수인의 공무원에게 증뢰하는 경우 및 수개의 문서를 일괄 행사하는 경우(대법원 1956. 9. 7. 선고 4289형상188 판결)나 1개의 문서에 2인 이상의 작성명의인이 있는 문서를 위조한 경우(대법원 1987. 7. 21. 선고 87도564 판결)[4] 등을 모두 상상적 경합으로 보고 있어 동종의 상상적 경합을 인정하고 있다.

2. 이른바 '견련범'(牽聯犯)이 상상적 경합에 해당하는지 여부

일련의 행위가 상호 견련관계에 있는 경우에 '견련범'이라 하고, 이는 범죄의 목적과 수단 또는 원인과 결과의 관계에 있는 행위가 수개의 죄명에 해당하는 때에 성립한다고 보는데, 주거침입과 절도·강도·강간 또는 살인이나 문서위조와 위조문서행사 및 사기의 관계가 바로 여기에 해당한다.

구 형법[5]에서는 견련범을 과형상의 일죄로 취급하고 있었으나, 현행 형법은

2 이재상 외 2인, 형법총론(제9판), 박영사(2017), 559; 임웅, 형법총론(제10정판), 법문사(2018), 630 등. 일본의 통설도 같고[大塚 仁 外, 大コンメンタール, 第4巻, 青林書院, 第4版(2013), 296], 독일 형법 제52조 제1항은 명문으로 이를 규정하고 있다.

3 강도가 동일한 장소에서 동일한 방법으로 시간적으로 접착된 상황에서 수인의 피해자들에게 폭행 또는 협박을 가하여 그들로부터 각기 점유관리하고 있는 재물을 각각 강취하였다면 피해자의 수에 따라 수개의 강도죄를 구성하는 것이고, 다만 강도범인이 피해자들의 반항을 억압하는 수단인 폭행, 협박행위가 사실상 공통으로 이루어졌기 때문에 법률상 1개의 행위로 평가되어 상상적 경합으로 보아야 할 경우가 있는 것은 별 문제이다. 또한 강도가 여관에 들어가 1층 안내실에 있는 관리인을 칼로 찔러 상해를 가하고 그로부터 금품을 강취한 다음 각 객실로 들어가 투숙객들로부터 금품을 강취하였다면 그 행위들이 비록 시간적으로 접착된 상황에서 동일한 방법으로 이루어지기는 하였으나, 포괄하여 1개의 강도상해죄를 구성하는 것이 아니라 실체적 경합관계에 있는 것이다. 한 개의 강도범행을 하는 기회에 수명의 피해자에게 각 폭행을 가하여 각 상해를 입힌 경우에는 각 피해자 별로 수개의 강도상해죄가 성립하며, 이들은 실체적 경합관계에 있다(대법원 1987. 5. 26. 선고 87도527 판결). 한편 대법원은 시간적으로 접착된 상황에서 가족을 이루는 수인에게 폭행, 협박을 가하여 집안에 있는 재물을 탈취한 경우 그 재물은 가족의 공동점유 아래 있는 것으로서 그 행위는 소유자가 누구인지에 불구하고 단일한 (특수)강도죄의 죄책을 진다고 판시하고 각 피해자 별로 각 강도죄의 상상적 경합을 인정한 원심을 파기하였다[대법원 1996. 7. 30. 선고 96도1285 판결(공 1996, 2761)]. 이는 단순강도죄는 재물죄의 성격을 중시하고 강도상해죄는 인격적 법익의 침해도 파악하는 것으로 이해된다. 이 판결에 대한 평석으로는, 이상선, 강도죄의 죄수관계, 재판과 판례 6집, 대구판례연구회 1996, 462 이하 참조.

4 그밖에 동일한 공무를 집행하는 다수의 공무원을 폭행·협박한 경우에 그 행위가 동일한 장소에서 동일한 기회에 이루어진 것이라면 상상적 경합이 된다고 한다(대법원 2009. 6. 25. 선고 2009도3505 판결).

5 구 형법 제54조 제1항 후단은 "범죄의 수단 또는 결과인 행위로써 타 범죄에 걸릴 때는 가장 중한 죄로써 처단한다"고 되어 있었으며, 견련범은 1죄가 발각되면 다른 범죄도 용이하게 예상되어 1개의 절차에서 수사, 기소된다는 절차적 단일성 때문에 과형상의 일죄로 취급되었다.

과형상의 일죄로 상상적 경합만을 규정하고 견련범에 대한 아무런 규정이 없으므로, 견련범을 어떻게 취급하여야 하는지 문제된다. 이와 관련하여 단순히 각 행위가 수단과 결과의 관계에 있다는 것만으로는 전체적으로 하나의 행위로 보아 상상적 경합을 인정할 수 없고,[6] 일본 형법[7]과 달리 형법상 견련범을 과형상 일죄로 취급하는 규정이 없으므로, 형법의 해석상 견련범은 원칙적으로 실체적 경합범으로 처리하자는 것이 통설이다.[8] 확립된 판례도 위조통화나 수표, 사문서의 행사죄와 사기죄의 관계를 실체적 경합으로 보고 있다.[9] 이러한 태도는 원칙적으로 타당하지만, 이 때 목적과 수단 내지 원인과 결과인 행위들을 하나의 자연적 행위로 볼 수 있다면 상상적 경합이 될 수 있고, 따라서 의사와 행위의 단일성이 인정되는 범위 내에서 종래의 견련범이 상상적 경합으로 인정되는 경우도 있다고 볼 것이다.[10]

Ⅲ. 상상적 경합의 본질

상상적 경합이 일죄인가 또는 수죄인가에 대하여는 견해의 대립이 있다.

상상적 경합은 행위가 1개이므로 일죄라고 하는 견해(일죄설 : Einheitstheorie)와 상상적 경합은 1개의 행위가 수개의 죄에 해당하는 경우이므로 수죄라고 하는 견해(수죄설 : Mehrheitstheorie)가 있어 왔다. 이 문제는 "행위의 수와 범죄의 수에 대한 관계"에 관한 이론상의 문제이다. 다만 형법은 상상적 경합에 대하여 "1개의 행위가 수개의 죄에 해당하는 경우에는 가장 중한 죄에 정한 형으로 처벌한다"고 규정하고 있으므로, 상상적 경합은 실질적으로 수죄이나 과형상의 일죄라는 것이

6 Günther Jakobs, Strafrecht Allgemeiner Teil. 2 Aufl.(1991), 33/7; Jescheck/Weigend, Lehrbuch des Strafrechts, Allgemeiner Teil, 5 Aufl., S. 722.

7 일본 형법 제54조 제1항의 견련범 규정은 비교법적으로 이색적인 입법례이고, 일본 대심원과 최고재판소는 객관설의 입장에 서서 견련범의 성립범위를 제한적으로 해석하고 있다고 한다; 大塚 仁 外, 大コンメンタール, 第4卷, 青林書院, 第4版(2013), 371 이하 참조.

8 이재상 외 2인, 형법총론(제9판), 박영사(2017), 555; 배종대, 형법총론(제13판), 홍문사(2017), 557 등.

9 위조통화행사의 경우(대법원 1979. 7. 10. 선고 79도840 판결), 부정수표의 경우(대법원 1992. 3. 31. 선고 91도2828 판결), 위조사문서행사의 경우(대법원 1981. 7. 28. 선고 81도529 판결), 사문서위조, 동행사 및 사기가 실체적 경합관계에 있다고 한 것으로는, 대법원 1991. 9. 10. 선고 91도1722 판결; 이에 대한 비판 및 나아가 사문서위조와 동행사가 법조경합이 될 가능성도 있다는 견해로는, 이기헌, 경합범과 상상적 경합, 형사판례연구 7, 176 이하 참조.

10 이재상 외 2인, 형법총론(제9판), 박영사(2017), 555도 같은 취지. ☞ 또한 주석 형법, 총칙(1) 제40조 Ⅳ. 1. 나. 2) 나) 주석 참조.

지배적인 견해이다.[11] 즉 상상적 경합은 수개의 죄에 해당하여 실체법상으로는 수죄로 다루어지나, 행위가 1개이기 때문에 1개의 죄에 정한 형으로 처벌하고 소송법적으로 1죄로 처리하는 것이다. 여기서 행위의 단일성은 범죄의 다수성과 조화될 수 있는 것이다.

Ⅳ. 상상적 경합의 요건

상상적 경합은 한개의 행위가 수개의 죄에 해당할 때 성립하므로 상상적 경합이 성립하기 위해서는 ①한개의 행위일 것 ②수개의 죄에 해당할 것 이라는 두 가지 요건이 필요하다.

1. 한개의 행위일 것

가. 행위의 단일성(Handlungseinheit)

1) 개념

법적 개념으로 적용될 수 있는 전(前) 법률적이고 사회적인 행위의 단일성이란 있을 수 없다는 이유로 한개의 행위를 구성요건적 행위로 파악하는 견해도 있으나, 형법 제40조의 행위는 자연적 의미에서의 행위를 말하고, 판례도 이와 같음은 앞에서 보았다.[12] 여기서의 행위는 법적 평가 이전에 사회적 실재로서의 행위자의 동태를 의미하고, 그 행위의 개수는 자연적 관찰에 따라 행위자의 주관적 사정과 의도, 행위의 수단과 결과 등을 전체적으로 고려하여 평가되어야 하되, 구성요건에 비춘 규범적 평가도 수반될 수 있는 것이다.

2) 공범(및 간접정범)의 경우

여러 명의 행위자가 공동실행에 의하여 1개의 범죄를 저지른 공동정범의 경우, 1죄가 성립함은 의문이 없다. 갑과 을이 공모하여 동시에 갑은 병을, 을은 정

11 이재상 외 2인, 형법총론(제9판), 박영사(2017), 553; 오영근, 형법총론(제4판), 박영사(2018), 479 등 통설; 박상기, 형법총론(제9판), 박영사(2012), 479는 실제상 차이가 없는 논쟁이라 한다. 독일과 일본의 경우도 같다. 大塚 仁 外, 大コンメンタール, 第4巻, 青林書院, 第4版(2013), 192; Günther Jakobs, Strafrecht Allgemeiner Teil. 1991(2 Aufl.), 32/12 ff.; Münchener Kommentar zum Stafgesetzbuch Verlag C. H. Beck München, 3 Aufl.(2016), Bd. 2, §52 Rn. 5.

12 ☞ 앞의 주석 형법, 총칙(2) [전론1: 일죄] Ⅰ. 참조 : 일본에서도 여기서의 행위 개념에 관하여 학설이 나뉘어져 있으나, 자연적 관찰 내지 사회적 관념에 의한다는 것이 통설이다; 大塚 仁 外, 大コンメンタール, 第4巻, 青林書院, 第4版(2013), 194, 296 이하 참조 : 단 포괄일죄에서의 행위는 법적 구성요건에 비추어 자연적 행위개념이 확장된다는 점도 앞에서 지적하였다; ☞ 앞의 주석 형법, 총칙(2) [전론1: 일죄] Ⅲ.의 1. 참조.

을 살해한 사안의 경우에, 살인죄의 상상적 경합을 인정하는 일본의 구 판례가 있었으나, 공동행위자 사이에는 1인의 행위가 전체에 미치는 것이므로, 살인죄의 경합범이 된다고 해석할 것이다.[13]

한편 동일한 범죄결의를 일으키게 하는 여러 차례의 교사행위는 일죄를 구성할 뿐이다.[14] 이는 교사(또는 방조)의 불법은 정범의 법익침해의 불법으로부터 도출되기 때문이다. 반면에 하나의 교사행위로 수회의 절도범행을 교사한 경우에 이를 하나의 행위로 보고, 정범의 각 범죄들 사이에 시간적, 공간적 간격이 있음에도 불구하고 상호 상상적 경합이 된다고 하는 것이 독일의 통설이다.[15] 종범의 행위는 주범의 행위가 자연적인 단일행위인가에 의존하지 않는 것이고, 교사나 방조와 같은 종범의 경우, 종범의 고유한 행위기여 내지 가담의 질과 양에 따라 행위의 단일성과 다수성이 판단되어야 한다는 것이 그 이유이다.[16] 따라서 종범이 주범에게 범죄도구를 주었는데, 주범이 여러 독립된 범죄에 이를 사용한 경우에도 주범은 수죄이지만, 종범의 행위는 상상적 경합으로 1죄를 구성한다고 본다.[17] 또 하나의 행위나 의무위반의 부작위로 방조한 경우에 주범이 수회의 범죄를 저지른 때에도 하나의 행위로 평가하는 것이 독일의 판례이다.[18]

13 이훈동, 죄수론의 신체계, 형사법연구 7호, 1994, 114; 大谷實, 刑法講義(總論), 1986, 473.

14 BGH 1995. 6. 2. 2 StR 198/95. 또한 다수의 행위로 단지 하나의 행위를 도운 경우에도 원칙적으로 하나의 방조행위만 성립한다; BGH 2003. 12. 11. 3 StR 375/03. 그러나 주범이 여러 구성요건적 행위(마약의 제조, 판매)를 하였으나 일죄로 포괄 평가되는 경우에 그에 따라 종범의 행위도 1죄가 됨은 물론이고, 종범이 그 중 하나의 행위에만 방조한 때(예컨대 마약의 판매)에는 그 범행에 대한 방조만 성립한다.

15 Leipziger Kommentar, Bd. 2, De Gruyter Verlag, 11 Aufl.(2006), §52 Rn. 16; Tröndle/Fischer, Beck'sche Kurzkommentar, Verlag C. H. Beck, 66 Aufl.(2019), Vor §52 Rn. 2e. 일본의 다수설이나 일부 판례도 종범의 고유범죄성을 인정하는 전제에서 같은 견해를 취하고 있다[大塚 仁 外, 大コンメンタール, 第4卷, 青林書院, 第4版(2013), 225 이하; 日最決 1982. 2. 17.(刑集 36卷2号 206). 우리의 경우, 이훈동, 위 논문 115도 같은 취지.

16 Münchener Kommentar zum Stafgesetzbuch Verlag C. H. Beck München, 3 Aufl.(2016), Bd. 2, §52 Rn. 15 ff.; Tröndle/Fischer, Beck'sche Kurzkommentar, Verlag C. H. Beck, 66 Aufl.(2019), Vor §52 Rn. 2e.

17 Münchener Kommentar zum Stafgesetzbuch Verlag C. H. Beck München, 3 Aufl.(2016), Bd. 2, §52 Rn. 17; Günther Jakobs, Strafrecht Allgemeiner Teil. 1991(2 Aufl.), 32/4a. 日最決 1982. 2. 17.(刑集 36卷2号 206)에 의하면, 정범이 2회에 걸친 각성제 밀수입행위를 하였을 때 그 구입자금을 조달하는 편의를 제공한 방조범의 경우에, 경합범으로 인정한 원심과 달리 상상적 경합관계에 있다고 해석하였다(다만 그 위법이 현저하게 정의에 반하지 않는다고 원심을 파기하지는 않았다).

18 BGH 1993. 6. 17. 4 StR 296/13. 그러나 독일에서도 통설에 대한 반대의견도 있으며(Schneidewin, Materialien zur Strafrechsreform, 1954, S. 221 f.), 독일 RG(제국법원)의 판례와 일본 대심원 판례 중에도 공범종속성설의 입장에서 동시에 2명에게 위증을 교사한 경우에 주범의 행위를 기준으로 하여 수죄로 본 것이 있다[RGSt 70, 26; 日大判 1915. 6. 30.(刑特 22集 1210)].

그러나 우리 형법이 공범종속성설에 입각하였다고 해석되며, 일반적으로 공범은 그가 의욕하고 행위한 것에 따라 처벌되는 것이 아니라 정범을 기준으로 판단되어야 한다는 점에서 볼 때, 교사범이 여러 명에게 같은 자리에서 동시에 수개의 범행을 지시하여 주범들이 각각 그 범행을 저질렀다면 경합범이 된다고 볼 수밖에 없고, 1인의 행위자에게 수개의 범행을 교사한 경우도 같다고 해석함이 상당하다. 그 수개의 범행을 소송상 1죄에 해당하는 상상적 경합으로 본다면 공소나 기판력의 범위 등에 관하여 소송법적인 문제도 생길 수 있다. 또 방조나 부작위에 의한 종범의 경우에도 종범이 이를 예견하고 수회의 범행에 대하여 방조할 의사가 미치고 있는 한 경합범으로 처리되어야 할 것이다.

이러한 공범의 죄수에 관한 논의는 간접정범의 경우에도 타당하다고 할 것이다.

나. 행위의 동일성(Handlungsidentität)

수개의 구성요건에 해당하는 한개의 행위가 되려면 행위의 동일성이 인정되어야 한다.[19] 그런데 그 행위가 각 구성요건에 어느 정도로 중복되어야 동일한 것으로 볼 수 있는지가 문제된다. 하나의 행위에 의하여 구성요건의 중복이 이루어지려면 그 동일성의 정도가 문제된다.

1) 행위의 완전한 동일성

구성요건적 실행행위가 완전히 같은 때에는 언제나 한개의 행위가 되고, 이는 상상적 경합의 전형적인 예이다. 절도범인이 체포를 면탈할 목적으로 공무집행 중인 경찰관에게 폭행, 협박을 하는 행위는 동일성이 있고, 준강도죄와 공무집행방해죄의 상상적 경합이 된다(대법원 1992. 7. 28. 선고 92도917 판결).[20] 실제로 의사나 능

19 이에 대하여 독일에서는 상상적 경합의 기준으로서 행위의 동일성이 아니라 실현된 구성요건들 사이의 불법의 유사성(Unrechtsverwandtschaft)을 제시하는 견해가 있다; Puppe, Idealkonkurrenz und Einzelverbrechen, 1979, S. 125 ff. 예컨대 위조문서를 행사하여 사기를 한 경우에 상상적 경합이 인정되는 것은 그 행위가 겹치기 때문이 아니라 양 범죄가 공통적인 기망요소로 불법이 유사하기 때문이라는 근거를 제시한다. 반면에 불법이 유사하지 않으면 수행행위가 동일하다고 하더라도 -예컨대 돌 하나를 던져 창문을 깨고 사람을 다치게 한 경우에- 실체적 경합을 인정한다. 이 견해는 설득력은 있으나, 형법의 문언과 합치할 수 없고 불법의 유사성이라는 개념도 모호하므로, 거의 지지를 받지 못하고 있다; Münchener Kommentar zum Stafgesetzbuch Verlag C. H. Beck München, 3 Aufl.(2016), Bd. 2, §52. Rn. 83 참조.

20 그러나 강도의 미수나 기수를 저지른 범인이 그후에 체포를 면탈할 목적으로 경찰관에게 폭행 협박을 한 경우에는 동일성이 없으므로, 실체적 경합이 된다. 이에 대한 비판으로는, 이기헌, 위 논문, 191 참조.

력이 없이 공무원이 취급하는 사무에 관하여 청탁이나 알선의 명목으로 금품을 받은 경우에도 변호사법위반죄가 성립되는데(대법원 1986. 3. 25. 선고 86도436 판결), 이때 사기죄와 상상적 경합이 될 것이다(대법원 2006. 1. 27. 선고 2005도8705 판결, 대법원 2006. 12. 8. 선고 2006도6356 판결).[21] 마찬가지로 공무원이 직무관련자에게 제3자와 계약을 체결하도록 요구하여 계약 체결을 하게 한 행위가 제3자뇌물수수죄의 구성요건과 직권남용권리행사방해죄의 구성요건에 모두 해당하는 경우에 두 죄는 상상적 경합관계에 있고(대법원 2017. 3. 15. 선고 2016도19659 판결), 금융회사 등의 임직원의 직무에 속하는 사항에 관하여 알선할 의사와 능력이 없음에도 알선을 한다고 기망하고 이에 속은 피해자로부터 알선을 한다는 명목으로 금품 등을 수수하였다면, 이러한 피고인의 행위는 사기죄와 특정경제범죄 가중처벌 등에 관한 법률상 알선수재죄는 상상적 경합이 된다(대법원 2012. 6. 28. 선고 2012도3927 판결).

실행행위가 객관적으로 동일한 이상, 고의범과 과실범도 한개의 행위가 될 수 있고,[22] 동일한 주의의무를 위반한 한개의 과실행위로 수개의 결과가 발생한 경우에 성립되는 수개의 과실범 사이에도 상상적 경합이 인정된다.[23] 또한 상상적 경합관계는 부작위범 사이에도 인정될 수 있다. 부작위의 동일성 때문이 아니라 작위의무에 따른 가상적인 결과발생 방지행위(기대되는 행위)의 동일성이 인정될 수 있기 때문이다.[24] 진정부작위범 사이의 관념적 경합이 통상일 것이나, 예컨대 구호의무자가 사고를 일으켜 중상을 입게 한 후 살의를 가지고 구호하지 아니하여 피해자가 사망한 경우에 진정부작위범인 구호의무위반죄와 부진정 부작위범인 살인죄와의 관계는 상상적 경합이 될 수 있다.[25]

21 윤영선, "주요 범죄의 죄수 결정기준", 법조 1999. 10., 33 : 단 실체적 경합을 인정한 반대 판결도 있다(대법원 2007. 5. 10. 선고 2007도2372 판결 등).

22 Günther Jakobs, Strafrecht Allgemeiner Teil. 1991(2 Aufl.), 33/6(예: 재물손괴와 과실치상 사이의 상상적 경합); Jescheck/ Weigend, S. 722; Systematischer Kommentar zum Strafgesetzbuch, bearbeitet von Günther, Horn, Hoyer, Rudolphi, Samson, Bd 1, Allgemeiner Teil, 7 Aufl. Vor §52 Rn. 7; Schönke/Schröder/Stree, Strafgesetzbuch Kommentar, Verlag C. H. Beck, 30 Aufl..(2019), Bd. 1, Vor §52 Rn. 7.

23 大塚 仁 外, 大コンメンタール, 第4巻, 青林書院, 第4版(2013), 321 이하 참조. 그 밖에 과실범과 부작위범 및 작위범의 관계에서도 상상적 경합이 인정되는 경우가 있다고 한다.

24 박상기, 형법총론(제9판), 박영사(2012), 518은 은행털이를 돕기 위해 뒷문을 잠그지 않은 은행경비원이 범인이 산소용접기를 이용하여 금고문을 여는 작업과정에서 화재가 발생할 가능성이 있음에도 이를 주의하지 않아 화재가 발생한 경우 제330조와 제170조 제1항의 상상적 경합이 성립한다는 예를 들고 있다.

25 大塚 仁 外, 大コンメンタール, 第4巻, 青林書院, 第4版(2013), 350 이하 참조.

한편 작위범과 부작위범 사이에서는 행위의 동일성을 인정할 수 없다는 이유로 상상적 경합이 성립할 수 없다는 견해가 통설이다.[26] 그러나 자연적 의미에서의 행위가 동시에 명령규범과 금지규범을 침해하는 경우로서, 예컨대 의사가 수술이 필요한 환자를 착오하여 멀쩡한 다른 환자에게 신체침해를 하고 수술이 필요한 환자의 상태를 악화시킨 때에는 상상적 경합이 인정될 수 있을 것이다.[27]

2) 행위의 부분적 동일성

수개의 죄의 구성요건을 충족하는 행위가 부분적으로 중복되거나 일치하는 경우에도 1개의 행위로 평가되어 상상적 경합관계의 성립이 가능한 경우가 있다.[28] 이때 중복되는 행위의 일부분은 범죄의 실행의 착수부터 실질적 '종료'까지의 행위 중에 있어야 한다. 따라서 강도의 예비단계인 주거침입과 강도 사이에는 상상적 경합이 성립할 수 없으나, 계속범에서 형식적 기수와 실질적 종료 시이의 행위의 동일성이 인정되면 상상적 경합이 되는 경우도 있을 수 있다. 그리고 각 구성요건을 충족하는 행위가 중복되는 하나의 행위로 평가되려면 구성요건적 행위의 주요하거나 필수적인 부분이 합일되어야 되어야 할 것인데, 어떠한 기준으로, 어느 정도의 부분적 동일성이 있어야 하는지는 반드시 명백하지 아니하다. 결국 판례와 실무에서 개별, 구체적인 사안에 따라 해결될 수밖에 없을 것이다.[29] 예컨대 건물을 소훼하면서 그 안에 있는 사체를 손괴하는 행위는 주요부분에 동일성이 있는 것이 되고,[30] 강도의 기회에 강간을 저지르고 사망이나 상해에 이르

26 이재상 외 2인, 형법총론(제9판), 박영사(2017), 556; 박상기, 형법총론(제9판), 박영사(2012), 518 등 통설. 독일의 다수설도 같다. 단 부작위범이 계속범인데, 부작위상태를 유지하기 위하여 작위범을 저지른 경우는 상상적 경합이 인정된다고 한다; Schönke/Schröder/Stree, Strafgesetzbuch Kommentar, Verlag C. H. Beck, 30 Aufl.(2019), Bd. 1, Vor §52 Rn. 19.

27 이 경우 중상해와 부작위에 의한 상해의 상상적 경합을 인정하는 독일 판례가 있다; BGH St 37, 107(135); Günther Jakobs, Strafrecht Allgemeiner Teil. 1991(2 Aufl.), 33/8; Münchener Kommentar zum Stafgesetzbuch Verlag C. H. Beck München, 3 Aufl.(2016), Bd. 2, §52 Rn. 72도 같다. 단 Günther Jakobs, Strafrecht Allgemeiner Teil. 1991(2 Aufl.)는 부양의무 있는 부모가 병든 아이를 돌보지 않고 음주운전을 하여 집을 떠난 경우도 상상적 경합의 예로 들고 있으나, 위 사례는 각 행위가 직접 관련성이 없어 자연적 행위도 구분될 수 있기 때문에 실체적 경합의 관계에 있다고 볼 것이다.

28 이재상 외 2인, 형법총론(제9판), 박영사(2017), 556 등 통설.

29 일본에서는 구성요건적 행위의 합일성 또는 상호 불가분성, 불가피성 및 의존성을 기준으로 삼거나 행위의 통합성이나 발전적 결합성을 기준으로 삼는 각 주장들이 나와 있으나, 위 각 기준들은 상호 배척되는 관계가 아니라 하나의 행위의 한계를 명확히 하는데 기여하는 병존적인 기준이 될 수 있다고 볼 것이다; 大塚 仁 外, 大コンメンタール, 第4卷, 青林書院, 第4版(2013), 300.

30 그러나 사람을 살해하기 위하여 현주건조물에 있는 사람을 둔기로 강타하여 실신시킨 후 방화하고 빠져나오려는 피해자의 탈출을 막아 사망케 한 사안에서 우리 판례(대법원 1983. 1. 28. 선고 82도2341 판결)는 실체적 경합범으로 보았다.

게 한 경우에도 주요부분의 행위에 통합성이 있으므로, 강도치사죄 내지 치상죄와 강도강간죄 상호간에 상상적 경합이 인정될 수 있다. 판례는 강도미수범이 항거불능의 상태에 빠진 피해자의 간음에 착수하였으나, 이 역시 미수에 그치고 상해를 입힌 경우에 강도강간미수와 강도치상의 상상적 경합을 인정하였다(대법원 1988. 6. 28. 선고 88도820 판결).[31] 또 예컨대 동일한 시기에 동일한 장소에 같은 방법으로 여러 종류의 마약이나 향정신성의약품을 수입하거나 은닉, 소지한 경우 등에도 상상적 경합이 인정될 수 있다. 그러나 계속범의 진행 중에 저질러진 별개의 법익침해는 행위의 부분적 동일성이 있더라도 실체적 경합으로 인정하는 것이 판례이다(후술).

그 밖에 행위의 부분적 동일성으로 인하여 상상적 경합의 성립이 특히 문제되는 경우는 다음과 같다.

가) 부진정 결과적가중범 및 결합범

부진정 결과적가중범에 있어서 실행행위의 중요한 일부가 같으면 상상적 경합이 될 수 있다. 즉 기본범죄를 통하여 고의로 중한 결과를 발생케 한 부진정 결과적가중범의 경우에, 그 중한 결과에 대한 고의범이 별도의 구성요건에 해당하고 그 형이 더 중한 때에는 결과적가중범과 중한 결과에 대한 고의범이 상상적 경합관계에 있다고 보아야 한다.[32]

또한 결합범의 경우에 행위자가 고의로 독립범죄를 저지른 후 그 기회에 새로운 고의로 그와 결합범의 관계에 있는 후행의 부분범죄를 실행한 경우에 상상적 경합이 될 수 있다. 예컨대 행위자가 피해자를 폭행하여 상해하고 그 기회에 연속하여 물건을 강취한 경우에 상해죄와 강도죄가 상상적 경합이 된다고 볼 수 있다.[33]

나) 목적범 및 수단적 범죄

목적범에 있어서 구성요건상의 목적을 달성하기 이전까지의 행위는 1개의 행

31 같은 취지로 강도살인과 강도강간미수의 관계에서 日最判 1958. 6. 24.(集12-10, 2301)는 상상적 경합을 인정하였다.

32 특수공무집행방해치상죄와 폭력행위등처벌에관한법률위반(상해)죄 상호간; 대법원 1995. 1. 20. 선고 94도2842 판결(공1995, 947), 현주건조물방화치사죄와 존속살해죄 상호간; 대법원 1996. 4. 26. 선고 96도485 판결(공1996, 1782), 현주건조물방화치사죄와 강도살인죄 상호간; 대법원 1998. 12. 8. 선고 98도3416 판결(공1999, 181).

33 BGH St 22, 362 = NJW 1969, 1126; Münchener Kommentar zum Stafgesetzbuch Verlag C. H. Beck München, 3 Aufl.(2016), Bd. 2, §52 Rn. 86; Schönke/Schröder/Stree, Strafgesetzbuch Kommentar, Verlag C. H. Beck, 30 Aufl..(2019), Bd. 1, Vor §52 Rn. 9.

위가 될 수 있고, 실행의 착수부터 실질적 종료 사이의 행위도 부분적 동일성이 있다는 이유로, 예컨대 목적범인 사문서위조죄와 목적을 실행에 옮기는 행위인 위조사문서행사죄 및 사기죄는 상상적 경합이 된다고 하는 견해가 있다.[34]

그러나 물론 목적과 수단이 되는 각 행위에 부분적 동일성이 있다고 볼 수도 있지만, 이는 상호 견련관계에 있는 것으로 인정되고, 일본 형법과 달리 견련범의 개념을 부정하는 현행법 하에서는 상상적 경합으로 보기 어려운 점이 있다. 그래서 목적이 되는 범죄와 그 수단이 되는 범죄 사이에 실체적 경합을 인정하는 것이 확립된 판례이고, 대법원은 사문서위조죄와 동행사죄 및 사기죄 사이에, 다른 한편 위조통화행사죄와 사기죄 간에는 각 실체적 경합범의 관계에 있다고 한다(대법원 1991. 9. 10. 선고 91도1722 판결 등). 문서위조나 통화위조죄는 구성요건상 목적범이지만 독자적인 위법성을 가지고 있으며, 위조문서나 위조통화의 행사는 그 목적을 실현하는 행위로서 별개의 독립범죄이므로 상호 견련관계에 있다고 볼 것인데, 과형상 일죄로서 견련범이 인정되지 않는 이상, 실체적 경합이 된다고 할 것이다. 또 통상 문서위조죄는 사기죄의 예비 단계에서 이루어지고 따라서 사기죄 실행의 착수 이전의 행위이므로, 사기죄와 실체적 경합관계에 있다고 볼 것이다. 그러나 위 각 위조문서나 위조통화의 행사죄는 사기죄와의 관계에 있어서 그 피침해법익이 서로 다르기는 하지만, 사기행위의 일부분으로서 수단적 범죄가 되는 경우가 통상적이다. 예컨대 타인 명의의 예금청구서를 위조하여 통장에 입금된 돈을 인출한 경우에 위조사문서의 행사는 사기의 직접적인 수단으로서 밀접불가분의 관계에 있는데, 위 각 죄가 종래의 견련범에 해당하는지 여부에도 불구하고 각 행위의 주요부분에 동일성이 있으므로, 이를 전체적으로 하나의 자연적 행위로 보아 상상적 경합을 인정하는 것이 타당하다고 생각된다.[35] 특히 재구속의 제한에 관한 형사소송법 제208조 제2항은 "1개의 목적을 위하여 동시 또는 수

34 이재상 외 2인, 형법총론(제9판), 박영사(2017), 557; 오영근, 형법총론(제4판), 박영사(2018), 434는 포괄일죄나 법조경합 관계에 있다고 하며, 이기헌, '경합범과 상상적 경합', 형사판례연구(7), 박영사, 1999, 179 이하는 문서위조가 행사죄에 흡수되고, 사기죄와 상상적 경합으로 처리해야 한다고 주장한다.

35 죄수에 관하여도 의심이 있는 경우에 피고인의 이익을 고려할 것이다. 따라서 위 견해에 따르면, 사기의 수단으로 문서(또는 통화)를 위조하여 행사하고 금원을 편취한 경우에, 우선 문서위조죄(또는 통화위조죄)는 동행사 및 사기죄와 각 실체적 경합이 되고, 동행사죄 및 사기죄는 상상적 경합의 관계에 있다고 볼 것이다. 다만 문서위조와 행사가 동시에 사기의 수단으로 피해자 앞에서 이루어졌다면, 사기죄는 제3의 범죄로서 실체적 경합인 문서위조죄 및 동행사죄와 '연결효과에 의한 상상적 경합'이 되는 경우도 있을 것이다[☞ 주석 형법, 총칙(2) 제40조 Ⅳ. 1. 2) 라) 주석 참조].

단결과의 관계에서 행하여진 행위는 동일한 범죄사실로 간주"하고 있어 수단적 범죄를 과형상 일죄로 보는 근거가 된다고 여겨진다.[36]

그러나 판례는 각 구성요건적 행위에 부분적 동일성이 있거나 목적 수단관계에 있다고 하더라도 행위의 태양과 보호법익에 주목하여, 사기의 수단으로 발행한 수표가 지급거절된 경우 부정수표단속법위반죄와 사기죄 사이에(대법원 2004. 6. 25. 선고 2004도1751 판결), 특경법위반(사기)을 수단으로 한 유사수신행위규제법위반 사이에(대법원 2009. 2. 29. 선고 2007도10414 판결), 허위기재 세금계산서합계표 제출행위와 사기 기타 부정한 행위로써 부가가치세를 포탈한 행위 사이에(대법원 2011. 12. 8. 선고 2011도9242 판결), 신용카드를 부정사용하여 현금자동인출기에서 현금을 인출하고 그 현금을 취득까지 한 행위에 관하여 신용카드업법 제25조 제1항의 부정사용죄와 절도죄 사이에(대법원 1995. 7. 28. 선고 95도997 판결[37]) 각 실체적 경합관계를 인정하고 있다.

다) 계속범의 경우

감금죄 등의 계속범과 그 중에 범한 죄에 대하여 상상적 경합을 인정할 수 있느냐가 문제된다. 그러나 단순히 행위의 동시성만으로는 부분적 동일성이 인정되는 것이 아니므로, 구성요건을 실현하는 행위가 동시에 계속범에 의하여 만들어진 위법상태를 강화하거나 유지할 때에만 -동시에 계속범도 지속되면서- 하나의 행위가 될 수 있다. 따라서 감금 중 저항하거나 도망하는 피해자를 폭행이나 상해한 경우에 이는 계속범의 위법상태를 유지 또는 강화하기 위한 것으로서 상상적 경합이 된다고 보며, 또 감금이 동시에 강간 또는 강도의 수단이 된 때에는 행위의 -부분적- 동일성이 있어 하나의 행위에 의한 것이라고 볼 수 있을 경우라면 상상적 경합이 될 수 있다(대법원 1983. 4. 26. 선고 83도323 판결).[38] 다만 후자의 경우, 계속범의 시작 시부터 별도 범행의 고의를 가지고서 계속범이 그 범행의 수단이

36 다만 이 규정이 기판력의 객관적 범위에까지 확장 적용될 수 있는지 의문은 있다.

37 상상적 경합이나 법조경합으로 보아야 한다는 견해로는, 오영근, 형법총론(제4판), 박영사(2018), 481(법조경합, 흡수관계); 이기헌, '경합범과 상상적 경합', 형사판례연구(7), 박영사, 1999, 185 이하.

38 "강간죄의 성립에 언제나 직접적으로 필요한 수단으로서 감금행위를 수반하는 것은 아니므로 감금행위가 강간미수죄의 수단이 되었다 하여 감금행위는 강간미수죄에 흡수되어 범죄를 구성하지 않는다고 할 수는 없는 것이고, 그때에는 감금죄와 강간미수죄는 일개의 행위에 의하여 실현된 경우로서 형법 제40조의 상상적 경합관계에 있다"; Münchener Kommentar zum Stafgesetzbuch Verlag C. H. Beck München, 3 Aufl.(2016), Bd. 2, §52 Rn. 33, 92; Schönke/Schröder/Stree, Strafgesetzbuch Kommentar, Verlag C. H. Beck, 30 Aufl..(2019), Bd. 1, Vor §52 Rn. 91도 같은 취지이다.

되는 때에만 상상적 경합이 인정될 수 있고, 계속범의 경과 중 한 단면에서 새로운 결의를 가지고 범행을 개시하여 별도의 법익침해를 하는 경우에는 실체적 경합범이 됨은 물론이다. 예컨대 주거침입 동안의 강간[39]이나 무면허운전 중의 강제추행 등은 실체적 경합이 된다. 또 감금행위가 단순히 강도상해 범행의 수단이 되는데 그치지 아니하고 강도상해의 범행이 끝난 뒤에도 계속된 경우에는 1개의 행위가 감금죄와 강도상해죄에 해당하는 경우라고 볼 수 없고, 이 경우 감금죄와 강도상해죄는 실체적 경합범이 된다(대법원 2003. 1. 10. 선고 2002도4380 판결). 그밖에 판례는 초병이 근무를 기피할 목적으로 수소를 이탈한 경우(대법원 1981. 10. 13. 선고 81도2397 판결), 사람을 살해하기 위하여 현주건조물에 방화한 경우(대법원 1983. 1. 28. 선고 82도2341 판결), 강도가 체포를 면탈할 목적으로 경찰관에게 폭행한 경우(대법원 1992. 7. 28. 선고 92도917 판결)에 모두 실체적 경합관계로 인정한다.

한편 무면허와 음주운전은 모두 일종의 계속범에 해당하고 행위의 종료시까지 하나의 운전행위에 기한 것이고 동일 내지 유사한 법익침해이므로, 상상적 경합관계에 있다는 것이 판례이다(대법원 2010. 1. 14. 선고 2009도10845 판결).[40] 그러나 음주운전의 죄와 운전 중 교통사고로 인한 교통사고처리특례법 위반의 죄는 비록 행위의 부분적 동일성은 있지만 계속범의 진행 중 별개의 법익침해이고 하나의 행위로 볼 수 없으므로, 실체적 경합관계에 있다고 보는 것이 확립된 판례와 실무이다(대법원 1987. 2. 24. 선고 86도27319 판결).[41] 신설된 특정범죄가중처벌등에관한법률 제5조의11의 위험운전치사상죄도 음주운전과 실체적 경합관계에 있다고 하는 것이 판례이지만, 위 구성요건은 음주운전과 교통사고의 결합범이고 결과적가중범으로서 법조경합의 관계에 있다고 볼 것임은 전술하였다.[42]

대법원은, 음주 또는 약물의 영향으로 정상적인 운전이 곤란한 상태에서 자

39 BGH St 18, 29(32 f.) = NJW 1962, 2310.

40 이 판결에 대한 평석으로는, 이인석, 상상적 경합과 실체적 경합의 구분, 형법판례150선, 박영사(2019), 146 참조; 독일의 경우, Münchener Kommentar zum Stafgesetzbuch Verlag C. H. Beck München, 3 Aufl.(2016), Bd. 2, §52 Rn. 32, 94 참조.

41 대법원 1972. 10. 31. 선고 72도2001 판결 등도 같다; 日最判 1974. 5. 29.(刑集 28-4, 114, 151)도 같은 취지. 다만 음주상태에서 운전한 것이 사고를 야기한 과실의 내용을 이루는 경우에 상상적 경합을 인정하는 견해[이재상 외 2인, 형법총론(제9판), 박영사(2017), 558]나 법조경합을 인정하자는 견해[오영근, 형법총론(제4판), 박영사(2018), 482]도 있으나, 음주로 인하여 정신이 없는 상태에서 출발 즉시 사고를 낸 경우 이외에는 상상적 경합을 인정하기 어려울 것이다.

42 ☞ 앞의 주석 형법, 총칙(2) [전론1: 일죄] Ⅱ. 2. 가. 참조. 다만 후범인 교통사고로 인한 상해가 고의(내지 원인에 있어서 자유로운 행위)에 의한 것이라면 부진정 결과적가중범인 위험운전치상죄와 상해죄는 상상적 경합이 될 것이다; ☞ 주석 형법, 총칙(2) 제40조 Ⅳ. 1. 나. 2) 가) 주석 참조.

동차를 운전하여 사람을 상해에 이르게 함과 동시에 다른 사람의 재물을 손괴한 때에는 특정범죄가중처벌 등에 관한 법률 위반(위험운전치사상)죄 외에 업무상과실 재물손괴로 인한 도로교통법 위반죄가 성립하고, 위 두 죄는 1개의 운전행위로 인한 것으로서 상상적 경합관계에 있다고 한다(대법원 2010. 1. 14. 선고 2009도10845 판결). 음주운전과 음주측정거부의 각 도로교통법위반의 죄는 양자가 동일한 법익을 침해하는 것이라거나 책임의 내용이 포섭되는 관계에 있지 아니하므로, 실체적 경합관계에 있다고 본다(대법원 2004. 11. 12. 선고 2004도5257 판결). 음주운전을 하는 동안 금지된 총기를 소지한 것은 시간적으로 중복되는 계속범의 경우이지만 별도의 법익침해이므로, 실체적 경합이 된다고 볼 것이다.[43]

한편 접속범이나 연속범의 일죄로 포괄되는 행위의 과정에서 별도의 법익침해가 아니라 접속범 등의 실행을 위하여 저질러진 별죄(예컨대 접속범인 절도의 실행과정에서 저질러진 금고의 파손으로 인한 재물손괴)는 상상적 경합이 된다고 볼 수 있다.[44]

라) 연결효과에 의한 상상적 경합

하나의 구성요건적 행위가 자연적 의미에서 수개의 행위로 구성되는 경우에 이 범죄의 부분행위가 각 다른 범죄와 단일행위로 연결되는 관계에 있을 수 있고, 이 경우 각 다른 범죄들이 하나의 특정범죄에 연결되는 것으로 볼 수 있다. 여기서 수개의 구성요건적 행위의 부분적 동일성에 관하여는 소위 연결효과(Klammerwirkung)에 의한 상상적 경합이 문제된다.[45] 연결효과에 의한 상상적 경합이란 2개의 독립된 행위가 제3의 행위에 의하여 연결되어 서로 상상적 경합의 관계에 있을 수 있는가 하는 문제로서, 예컨대 행위자가 계속범인 감금을 하는 과정에서 또는 감금의 상태를 유지하기 위하여 감금과 결부된 단순 상해나 폭행을 여러 차례 저지른 경우나 결합범인 수뢰후부정처사죄와 부정처사의 내용인 공도화변조죄 및 동행사죄의 경우를 들 수 있다.

이에 관하여, ①연결효과에 의한 상상적 경합을 인정하지 않는다면 제3의 행

43 Münchener Kommentar zum Stafgesetzbuch Verlag C. H. Beck München, 3 Aufl.(2016), Bd. 2, §52 Rn. 90, 94.

44 오영근, 형법총론(제4판), 박영사(2018), 481은 1개의 행위가 아니지만, 형법 제40조를 유추적용하여 상상적 경합을 인정한다.

45 일본의 경우, 연결효과에 의한 상상적 경합을'かすがい關係'라고 하며, 학설상 다툼이 많고, 판례도 일관되어 있지 않다; 大塚 仁 外, 大コンメンタール, 第4卷, 青林書院, 第4版(2013), 390 이하 참조.

위를 이중평가하는 불합리한 결과를 초래하므로 상상적 경합관계를 인정하여야 한다는 견해(긍정설),[46] ②서로 다른 두개의 행위가 제3의 다른 행위에 의하여 1개가 될 수는 없고, 제3의 범죄행위로 인하여 오히려 피고인이 양형상 이익을 얻는 불합리한 결과가 발생하므로 이를 인정하여서는 안된다는 견해(부정설),[47] ③제3의 행위가 독립적인 다른 두 개의 범죄 중 그 어느 것보다 중하거나 동등한 경우에는 제3의 범죄의 연결효과를 인정하여 다른 두 개의 범죄와 상상적 경합의 관계에 있다고 보아야 한다는 견해(절충설)[48]가 대립하고 있다. 절충설에 의하면, 제3의 범죄가 그와 상상적 경합관계에 있는 독립적인 다른 범죄들보다 경한 경우에는 제3의 범죄를 상상적 경합으로 연결시킬 수 없고, 그 죄와 중한 각 죄는 실체적 경합관계에 있다고 한다.

그러나 모든 범죄를 시간적 동시성이나 행위의 연결에 의하여 상상적 경합이라는 괄호 안에 넣어버리는 것은 문제이고, 특히 제3의 행위로 인한 죄의 형이 다른 두죄의 형보다 가벼운 경우에는 처단형의 확정 단계에서 부당한 혜택이 생겨날 수도 있다. 그래서 우선 별도의 범죄가 성립되는 부분행위들을 실체적 경합으로 처리하되, 그와 각 연결되는 제3의 범죄와의 관계에서 각 상상적 경합을 인정하여 형법 제40조에 의하여 처단형을 정하자는 견해도 제시되고 있다.[49]

생각건대 실무상 법령의 적용 및 처단형의 형성에 관하여 그 순서상 실체적 경합보다 상상적 경합을 먼저 처리하여야 하므로, 제3의 범죄가 연결관계에 있는

46 정성근/박광민, 형법총론(제2판), 성균관대학교출판부(2015), 663; 배종대, 형법총론(제13판), 홍문사(2017), 558.

47 박상기, 형법총론(제9판), 박영사(2012), 520, 1145; 정영일, 형법강의(총론)(제3판), 학림(2017), 334; 오영근, 형법총론(제4판), 박영사(2018), 484는 우리와 다른 죄수 및 양형규정을 지닌 독일에서 주장된 연결효과에 의한 상상적 경합을 명문의 규정도 없이 인정할 필요는 없다고 한다.

48 임웅, 형법총론(제10정판), 법문사(2018), 629; 손동권/김재윤, 새로운 형법총론(초판), 율곡출판사(2011), 655; 김성돈, 형법총론(제5판), 성균관대학교출판부(2017), 726; 김일수/서보학, 새로쓴 형법총론(제13판), 박영사(2018), 535 등. 일본에서도 학설이 대립되어 있고, 판례도 엇갈려 있으나 견련관계를 인정한 것이 많다. 또 절충설 중에도 처단형수정설, 죄분단설, 상대적 죄수설 등이 있는데, 상대적 죄수설에 의하면, 갑죄와 각 과형상 일죄의 관계에 있는 을, 병죄가 병합죄인 경우, 갑과 을죄, 갑과 병죄 사이에 각 과형상 일죄, 을죄와 병죄는 각 병합죄로 상대적으로 취급되어야 한다는 것이다; 大塚 仁 外, 大コンメンタール, 第4卷, 青林書院, 第4版(2013), 393 이하 참조. 독일의 판례와 다수설; RG St 44, 223 ff.; BGH St 2, 246 ff. = NJW 1952, 631; BGH St. 33, 4 ff. 등; Jescheck/Weigend, S. 571; Maurach/Gössel/Zipf, S. 324; Schönke/Schröder/Stree, Strafgesetzbuch Kommentar, Verlag C. H. Beck, 30 Aufl..(2019), Bd. 1, Vor §52 Rn. 16, Tröndle/Fisher, Vor §52 Rn. 34.

49 Günther Jakobs, Strafrecht Allgemeiner Teil. 1991(2 Aufl.), 33/12; 이재상 외 2인, 형법총론(제9판), 박영사(2017), 559; 임웅, 형법총론(제10정판), 법문사(2018), 629; 이승호, 상상적 경합의 비교단위, 형사판례연구[10], 218 참조; 여기서 상상적 경합의 비교단위는 경합범이 된다고 한다.

다른 범죄들에 비하여 중한 경우, 즉 제3의 범죄에 정한 형이 연결관계에 있는 각 죄에 정한 형보다 중한 경우에는 실체적 경합의 가중 문제는 나오지 아니한다. 예컨대 위 사안에서 감금죄와 연결관계에 있는 각 폭행죄는 감금죄보다 법정형이 낮기 때문에 그와 각 상상적 경합관계에 있는 감금죄에 각 죄는 흡수되고, 따라서 감금죄에 정한 중한 형으로만 처단하면 될 것이고, 이 때 각 폭행죄에 대하여 별도로 경합범 가중을 할 필요는 없다. 그러한 한 연결된 제3의 범죄가 중한 경우에는 연결관계에 의한 상상적 경합이 인정되는 결과가 되고, 다만 양형단계에서 일반적인 상상적 경합의 경우와 같이 각 폭행죄의 위법성이 가중요소로 작용될 수 있을 것이다. 한편 제3의 범죄보다 연결관계에 있는 각 죄들이 중한 경우에는 제3의 범죄는 중한 죄의 형에 흡수되고, 연결관계에 있는 각 죄의 실체적 경합으로만 처리하면 될 것이다.[50] 예컨대 감금죄보다 형이 중한 각 상해죄와 연결되어 있는 경우에는 각 상상적 경합에 의하여 상해죄에 정한 형으로 처단하되, 각 상해죄 사이에 실체적 경합이 된다고 볼 것이다.[51]

우리 대법원도 공도화변조죄와 동행사죄가 수뢰후부정처사죄와 각각 상상적 경합범 관계에 있을 때에는 공도화변조죄와 동행사죄 상호간은 실체적 경합범 관계에 있다고 할지라도 상상적 경합범 관계에 있는 수뢰후부정처사죄와 대비하여 가장 중한 죄에 정한 형으로 처단하면 족한 것이고, 따로이 경합범 가중을 할 필요가 없다고 판시하여 3죄를 실체적 경합으로 본 원심을 파기하였고(대법원 2001. 2. 9. 선고 2000도1216 판결),[52] 허위공문서작성죄 및 동행사죄와 수뢰후부정처사죄의 관계도 같이 보았다(대법원 1983. 7. 26. 선고 83도1378 판결). 대법원이 연결효과 이론을 받아들인 것인지에 대하여 이론이 있으나, 연결된 제3의 범죄인 수뢰후부정처사죄의 법정형이 더 무거운 위 사건의 경우에 이중평가를 방지하는 연결효과

50 ☞ 상상적 경합의 처리에 있어서 중한 죄의 결정에 관하여는 주석 형법, 총칙(2) 제40조 V. 1. 나., 다. 주석 참조. 또 연결관계에 있는 각 죄 중 어느 하나만이 중한 경우에도 제3의 범죄에 정한 형은 중한 죄에 정한 형에 흡수되는 것이므로, 이와 같이 처리할 것이다.

51 이는 절충설에 해당되고 독일의 판례와 부합한다. 김성돈, 이중평가금지와 연결효과에 의한 상상적 경합, 형사판례연구[10], 197도 같은 취지; 제3의 범죄가 다른 두죄보다 경한 경우에는 제3의 범죄가 이중평가되지 않게 하기 위하여 각 죄들 사이에 실체적 경합을 인정하여야 한다고 주장하고 있다.

52 이 판결에 대한 평석으로는, 이승호, 연결효과에 이한 상상적 경합, 형법판례 150선, 박영사(2019), 148 이하. 이에 대하여 3죄의 실체적 경합으로 본다는 견해로는, 김성돈, '이중평가금지와 연결효과에 의한 상상적 경합', 형사판례연구, 박영사(2002) : 다만 공무원인 의사가 허위진단서를 작성하여 준후 그 사례로 금품을 수수한 경우에 부정처사후수뢰죄와 허위공문서작성죄를 실체적 경합으로 본 판례가 있다; 대법원 2004. 4. 9. 선고 2003도7762 판결(공 2004, 842).

에 의한 상상적 경합을 간접적으로 인정한 것으로 보인다.

2. 수개의 죄에 해당할 것

1개의 행위는 수개의 죄에 해당해야 한다. 수개의 죄에 해당하는 경우란 수개의 형사법규를 침해하는 것(mehrere Strafgesetze verletzen), 즉 수개의 구성요건에 해당하는 범죄가 성립하는 것을 의미한다. 이 경우 각 죄의 종류, 즉 고의범과 과실범, 형사범과 행정범, 형법상 범죄와 특별법상 범죄, 정범과 교사범 등은 묻지 아니한다. 수개의 죄가 서로 다른 구성요건에 해당하는 경우(이종의 상상적 경합)와 동일한 구성요건에 수회 해당하는 경우도 있음은 전술하였다(동종의 상상적 경합).

V. 상상적 경합의 법적 효과

1. 실체법적 효과

가. 하나의 전체형

상상적 경합은 수개의 형사법규를 침해하여 실질적으로는 수죄이지만 행위가 한 개이므로, 하나의 전체형(eine Gesamtstrafe)으로 처벌하되 가장 중한 죄에 정한 형으로 처벌한다(이른바 흡수주의 : Absorptionsprinzip). 이때 상상적 경합은 가장 중한 죄에 정한 형으로 처벌하면 족하므로, 실체적 경합범의 처벌에 관한 규정인 형법 제38조 제2항의 규정은 상상적 경합의 경우에 적용될 여지가 없다(대법원 1976. 1. 27. 선고 75도1543 판결).

나. 가장 중한 형으로 처벌

상상적 경합의 처리에 관하여 우리 형법은 흡수주의를 채택하고 있는데,[53] 여기서 가장 중한 죄에 정한 형이란 법정형을 의미하고, 형의 경중은 형법 제50조가 정한 바에 의하여 가린다. 구체적으로 형의 경중을 살펴보면, 징역형의 상한 및 하한이 같은 경우에는 벌금의 선택형이 있는 죄가 없는 죄보다 가벼운 것으로 보고, 반면에 필요적 병과형이 있는 범죄가 더 중한 것이 된다. 법정형 중에서 병과형 또는 선택형이 있을 때에는 이중 가장 중한 형을 기준으로 하여 다른 형과 경중을 정하는 것이 원칙이다(대법원 1992. 11. 13. 선고 92도2194 판결). 형의 경중의

53 수개의 질서위반행위가 상상적 경합에 해당하는 경우에도 흡수주의를 채택하고 있다(질서위반행위규제법 제13조 제1항).

비교는 원칙적으로 법정형을 표준으로 할 것이고 처단형이나 선고형에 의할 것이 아니다. 동종의 상상적 경합의 경우와 같이 법정형이 같더라도 범죄의 질이 다르면 그 죄질에 따라 가리고,[54] 죄질이 같으면 범정에 따라 형의 경중을 가리는데, 범정의 경중은 우선 피해액이나 피해 정도를 기준으로 하고, 범정도 같을 때에는 일반적으로 맨 마지막에 행한 범죄의 범정이 무겁다고 보는 것이 실무이다.

실무상 법령적용의 순서에 따라[55] 각칙 본조에 의한 가중과 형법 제34조 제2항에 의한 가중 이외에 각 해당 규정의 법정형에 선택형이 있는 경우, 형종의 선택 이전에 상상적 경합의 처리를 하게 되고, 이 때 각 죄의 형을 비교 대조하게 된다.[56]

다. 형의 경중의 비교에 따른 처단형

형의 경중의 비교에 있어서는 중한 형만 비교·대조하면 족하다는 중점적 대조주의와 두개 이상의 주형의 전체에 대하여 비교·대조하여야 한다는 전체적 대조주의의 대립이 있는데,[57] 상상적 경합의 본질을 실질상의 수죄로 이해하고 또 형종의 선택 이전에 법정형으로 중한 죄에 정한 형을 비교하는 이상 전체적 대조주의가 이론적으로 정당하다.[58] 그러므로 법정형의 비교는 개별적, 형식적으로만 판단할 것이 아니라 전체적, 실질적으로 고찰하여 결정할 것이다.[59]

다만 순수한 전체적 대조주의에 의하면, 중한 죄에 병과형이 없고 경한 죄에 병과형이 있는 경우에 병과가 불가능하고, 또 경한 죄의 법정형 하한이 중한 죄의 하한보다 높은 경우에 그 하한 이하로 처벌하는 것도 가능하다는 문제가 있다. 판례는 수개의 죄명 중 가장 중한 형을 규정한 법조에 의하여 처단한다는 취지와 함께 다른 법조의 최하한의 형보다 가볍게 처단할 수는 없다는 취지, 다시 말하면 수개의 죄에 대하여 형을 정함에 있어서는 각 법조 중의 상한과 하한을 모두 중한 형의 범위 내에서 처단한다는 것을 포함하는 것으로 새긴다(대법원 1984. 2. 28.

54 실무상 죄명이 다르면 죄질이 다른 것으로 본다. 예컨대 장물취득과 장물보관, 뇌물수수와 뇌물요구, 뇌물약속은 죄질이 다르다.

55 형사재판실무 Ⅰ, 법원행정처, 185 참조.

56 일본 판례도 같다; 日最判 1953. 4. 14.(集 7-4, 850), 日最判 1957. 7. 18.(集 11-7, 1861) : 일본에서는 반대설 있음; 大塚 外4), 402.

57 ☞ 주석 형법, 총칙(2) 제38조 Ⅲ. 2. 주석 참조.

58 일본의 판례는 중점적 대조주의이고[日最判 1948. 4. 8.(集 2-4, 307)], 다수설은 전체적 대조주의이다; 大塚 仁 外, 大コンメンタール, 第4卷, 青林書院, 第4版(2013), 401.

59 BGH St 29, 288(292); 단 그 경중의 비교는 추상적, 일반적 고찰에 의할 것이 아니라 구체적인 행위의 경중이 그 척도가 된다는 예외적인 판례도 있다; BGH St 33, 4(6 ff.)

선고 83도3160 판결, 대법원 2008. 12. 24. 선고 2008도9169 판결 등 확립된 판례).[60] 그렇게 보지 아니하면 중한 죄에 정한 형으로 처벌한다 함이 무의미하게 되기 때문이라고 한다. 이는 이른바 결합주의(Kombinationsprinzip)를 채택한 것이고,[61] 나아가 학설은 경한 죄에 병과형 또는 부가형이 있을 때에는 이를 병과하여야 한다고 해석하고 있다.[62] 다만 이러한 해석은 명문의 근거가 없고 불리한 유추라는 반대설이 있으나,[63] 더 경한 범죄의 불법과 책임요소가 더 중한 범죄에 포함되어 있는 경우가 아닌 한, 그 법정형의 범위 내에서 형벌 가중적으로 작용하여 경한 죄의 형을 결합하여 처단형을 형성하는 것은 이중평가금지의 원칙에 반하지 않고,[64] 오히려 전부평가의 원칙에 부합되는 것이라 할 것이므로, 위 해석은 지지될 수 있다.

그러한 한, 우리 형법의 해석상 상상적 경합관계에 있는 각 죄의 법정형을 비교하여 최대공약수를 추출하여 상한과 하한을 정하고 병과형이나 부가형도 과하는 새로운 '통일적 처단형주의'를 채택하였다고 말할 수 있으며,[65] 그러한 점에서 상상적 경합의 처단은 순수한 흡수주의에 결합주의를 부가한 '가중적 흡수주의'에 의거한다고 볼 것이다.

60 "1개의 행위가 강도강간미수의 죄와 강도상해의 죄에 해당하여 무거운 강도강간미수죄에 정한 형으로 처벌하기로 하여 소정형중 유기징역형을 선택한 다음 형법 제25조 제2항에 의한 미수감경과 형법 제53조에 의한 작량감경을 하여 그 처단형의 범위를 정함에 있어서는 먼저 강도상해죄가 기수이므로 강도상해죄 소정의 유기징역형의 하한의 범위 내에서 강도강간미수죄 소정의 유기징역형을 미수감경한 다음 작량감경을 한 형기범위에 의하여야 할 것"이라고 한다.

61 일본 판례도 같고[日最判 1957. 2. 14.(集 11-2, 715 등)], 학설도 이를 지지한다; 大塚 仁 外, 大コンメンタール, 第4巻, 青林書院, 第4版(2013), 402.

62 이재상 외 2인, 형법총론(제9판), 박영사(2017), 561; 임웅, 형법총론(제10정판), 법문사(2018), 631 등 통설. 일본 형법 제54조 제2항 및 제49조 제2항에 의하면, 과형상 1죄에 해당하는 수개의 죄에 관하여 각별로 몰수, 추징의 사유가 있는 때에는 그 몰수와 추징을 병과할 수 있도록 되어 있고, 해석상 경한 죄에 정한 형에 몰수, 추징의 사유가 있는 때에도 몰수, 추징할 수 있다고 한다; 大塚 外, 大コン(4), 402, 403; 日最決 1957. 7. 19.(集 11-7, 1996).

63 오영근, 형법총론(제4판), 박영사(2018), 484; 이기헌, 경합범과 상상적 경합, 형사판례연구 7, 175.

64 Münchener Kommentar zum Stafgesetzbuch Verlag C. H. Beck München, 3 Aufl.(2016), Bd. 2, Vor §52 ff., Rn. 16; Puppe, JR 1984, 229(234). 다만 독일 형법 제52조 제2항에는 상상적 경합의 처단에 있어 경한 죄에 정한 하한에 관한 명문의 규정이 있고(결합주의), 또 적용되는 법률에 부가형이나 보안처분이 규정되어 있는 경우에 병과하는 규정이 있다(제4항 후문). 그런데 경한 죄에 벌금형이 정해진 경우에 무기형이나 자유형에 벌금형을 병과할 수 있도록 되어 있었으나(제4항 전문), 2002. 3. 20. 연방헌법재판소가 위 조항에 대하여 위헌결정을 선고하였다(NJW 2002, 1779).

65 Münchener Kommentar zum Stafgesetzbuch Verlag C. H. Beck München, 3 Aufl.(2016), Bd. 2/1 Vor §52 ff., Rn. 14. 한편 형종의 선택과 가중 감경 이후에 각 죄 중 가장 중한 최상한과 하한을 정하고 병과형도 가상 중한 것을 병과한다는 일본의 '통일처단형형성설'이 이에 유사하다고 본다; 大塚 仁 外, 大コンメンタール, 第4巻, 青林書院, 第4版(2013), 401, 403 참조.

라. 양형

상상적 경합에 의하여 하나의 형이 선고되는 경우에 법정형이 흡수되어 적용되지 않는 범죄도 양형에서 고려되어야 한다.[66] 상상적 경합에서는 법조경합과 달리 절대적 흡수가 아니라 법정형의 경합이 일어나 경한 죄의 하한을 고려할 수 있는 것이고, 또 양형에 있어서는 경한 죄에 고유한 위법성이나 책임내용이 상실되는 것이 아니므로, 중한 죄의 위법성이나 책임요소에 포함되지 않은 것이라면 경한 죄의 양형요소를 고려하는 것은 이중평가금지의 원칙에 반하는 것은 아니기 때문이다.

2. 소송법적 효과

상상적 경합의 본질이 실질상의 수죄이지만 과형상의 일죄라는 것은 그 소송법적 효과에서 더욱 분명히 나타난다.

가. 소송법상 일죄성

1) 일죄

상상적 경합은 소송법상 일죄(과형상 일죄)로 취급된다. 따라서 상상적 경합의 소송법상 취급은 포괄일죄에서 설시한 소송법상 일죄의 효과와 대동소이하다. 즉, 상상적 경합은 소송법상 일죄이므로, 상상적 경합관계에 있는 수개의 죄 중 일부에 대한 공소제기의 효력은 그 전체에 대하여 효력이 미치고, 기소되지 아니한 나머지 사실도 잠재적으로 심판의 대상이 되어 소송계속의 효과가 발생하게 된다(이른바 공소불가분의 원칙).

따라서 검사는 나머지 죄에 대하여 추가기소할 수는 없고, 공소사실의 추가에 의한 공소장 변경만이 가능하다. 만일 검사가 상상적 경합관계에 있는 나머지 죄에 대하여 추가기소하면 이중기소가 되므로 공소기각의 판결을 하여야 한다. 또 상상적 경합을 이루는 죄를 심판의 대상에서 제외하는 행위는 공소의 취소가 아니라 공소장변경에 따른 공소사실의 철회일 뿐이다.

66 독일의 판례, 통설; Münchener Kommentar zum Stafgesetzbuch Verlag C. H. Beck München, 3 Aufl.(2016), Bd. 2, §52 Rn. 124; Leipziger Kommentar, Bd. 2, De Gruyter Verlag, 11 Aufl.(2006), §52 Rn 47; Günther Jakobs, Strafrecht Allgemeiner Teil. 1991(2 Aufl.), 31/9, 33/4; 법정형은 흡수되나 양형은 가중된다(Strafrahmenabsorption bei Zumessungsasperation). 단 이러한 양형상의 고려는 의무적인 것은 아니라는 것이 독일 판례, 학설이다; BGH NStZ 1987 S. 70 f.; Systematischer Kommentar zum Strafgesetzbuch, bearbeitet von Günther, Horn, Hoyer, Rudolphi, Samson, Bd 1, Allgemeiner Teil, 7 Aufl. Vor §52 Rn. 27.

상상적 경합은 소송법상 일죄이고 일죄에 대하여는 하나의 주문만이 있을 뿐이므로, 상상적 경합관계에 있는 수죄 중 일부만이 유죄로 인정되고 나머지는 무죄, 공소기각 또는 면소로 되는 경우 판결주문에 따로 무죄 등을 선고하지 않고 판결이유에만 그 이유를 설시하면 족하다(대법원 1996. 4. 12. 선고 95도2312 판결).[67] 따라서 상상적 경합에서는 일부무죄란 없는 것이고, 실무상 이를 '이유무죄'라고 부른다. 다만 상상적 경합범 중 무죄부분을 판결 주문에 선고하였다고 하여 판결에 영향을 미친 위법이 있다고 할 수는 없다(대법원 1999. 12. 24. 선고 99도3003 판결). 또한 상상적 경합관계에 있는 수개의 죄 중에서 어느 한 죄에 관하여 확정판결이 있는 때에는 그 전부에 대하여 기판력이 발생한다(대법원 1990. 1. 25. 선고 89도252 판결).

상소는 재판의 일부에 대하여 할 수 있으나, 이때 일부에 대한 상소는 그 일부와 불가분의 관계에 있는 부분에 대하여도 효력이 미치므로, 상상적 경합관계에 있는 수죄의 일부에 대한 상소의 효력은 그 전부에 미쳐 전부가 상소심의 심판대상이 된다(대법원 2003. 5. 30. 선고 2003도1256 판결). 그리고 하급심에서 상상적 경합관계에 있는 수죄 중 일부의 죄만이 기소되었음에도 불구하고 기소되지 않은 부분까지 유죄로 인정하여 상상적 경합범으로 의율하였거나(대법원 1999. 5. 14. 선고 99도202 판결), 하급심에서 상상적 경합의 관계에 있는 수죄 전부를 유죄로 인정하였으나 그 중 일부가 무죄인 경우, 경합범의 관계에 있는 수죄 중 일부만이 유죄로 인정된 경우와 그 전부가 유죄로 인정된 경우와는 형법 제51조에 규정된 양형의 조건이 달라 선고형을 정함에 있어서 차이가 있을 수 있으므로 상급심에서 파기사유가 된다(대법원 1980. 12. 9. 선고 80도384 전원합의체 판결).[68]

2) 실질적인 수죄

상상적 경합은 실질적으로는 수죄이다. 따라서 판결이유에서는 상상적 경합의 관계에 있는 모든 범죄사실과 그 적용법조를 기재하여야 하고, 일부분이 무죄

67 "손괴 후 미조치 부분은 일반사면으로 면소판결의 대상이 되나 이와 상상적 경합범의 관계에 있는 특정범죄가중처벌등에관한법률위반(도주차량)의 공소사실에 대하여 원심이 무죄를 선고하였으므로 이에 관하여는 따로 주문에서 면소의 선고를 하지 아니한다."

68 대법원 2004. 6. 25. 선고 2004도1751 판결(공 2004, 1283), 대법원 2000. 4. 25. 선고 98도4490 판결(공 2000, 1348)도 같다 : 다만 그 일부가 양형에 영향이 없을 정도로 중요한 부분이 아닌 경우는 파기사유가 되지 아니한다; 대법원 1991. 5. 10. 선고 90도2601(공1991, 1676). 이에 관한 해설로는, 이홍기, "상상적 경합범관계에 있는 여러 개의 죄 중 일부 수죄의 각 일부에 관한 사실오인이 판결결과에 영향이 있는지 여부", 대법원 판례해설 15, 627 이하 참조.

인 때에는 그 이유를 설시해야 한다. 친고죄에 있어서 고소와 공소시효도 각 죄별로 따로 논해야 한다(대법원 1984. 8. 21. 선고 84도1550 판결). 따라서 상상적 경합관계에 있는 죄 중에서 1죄가 친고죄이고 다른 1죄는 비친고죄인데, 친고죄에 대하여 고소가 없거나 고소가 취소된 때에도 비친고죄의 처벌에는 영향을 미치지 아니한다(대법원 1983. 4. 26. 선고 83도323 판결). 친고죄가 중한 죄인 경우에도 같다.

제 3 장 형

[총설]

[참고문헌] 김성돈, 형법총론(제5판), 성균관대학교출판부(2017); 김일수/서보학, 새로쓴 형법총론(제13판), 박영사(2018); 박상기, 형법총론(제9판), 박영사(2012); 배종대, 형법총론(제13판), 홍문사(2017); 성낙현, 형법총론(제2판), 동방문화사(2011); 손동권/김재윤, 새로운 형법총론(초판), 율곡출판사(2011); 신동운, 형법총론(제10판), 법문사(2017); 오영근, 형법총론(제4판), 박영사(2018); 이재상 외 2인(이재상/장영민/강동범), 형법총론(제9판), 박영사(2017); 이정원, 형법총론, 법지사(1999); 임웅, 형법총론(제10정판), 법문사(2018); 정성근/박광민, 형법총론(전정2판), 성균관대학교출판부(2015); 정영일, 형법강의(총론)(제3판), 학림(2017).

Ⅰ. 형벌의 의의

1. 형벌의 개념

우리 형법 제1편 총칙은 제1장에서 형법의 적용범위를 규정하고, 제2장에서 죄(범죄), 제3장에서 형(형벌)을 규정하고 있다. 제2장은 법률요건으로서의 범죄를, 제3장은 법률효과로서의 형벌을 규정한 것이다. 형벌이란 국가가 범죄에 대한 법률효과로서 범죄자에 대하여 그의 책임을 근거로 부과하는 법익의 박탈이다. 형벌의 개념요소를 구체적으로 살펴본다.

첫째, 형벌의 주체는 국가이므로 사형(私刑)은 허용되지 않는다. 6·25 혼란기에 역도나 부역행위자를 처벌한다는 이유로 법률에 의한 절차에 의하지 아니하고 사적으로 타인의 생명, 신체 자유, 재산에 침해를 가하는 일이 있었다. 이에 구 사형금지법(私刑禁止法, 1950. 12. 1. 법률 제156호로 제정되고 1962. 8. 13. 법률 제1122호로 폐지)은 군인, 경찰관, 청년방위대원 등 군사 또는 치안의 임무를 수행하는 자가 비상사태를 빙자하여 사형(私刑)을 감행하는 등의 행위에 대한 처벌규정을 두었다. 법률과 적법한 절차에 의하지 않고는 처벌받지 아니하는 우리 헌법하에서(헌법 제12조 제1항) 위 구 사형금지법이 없더라도 사형은 허용되지 아니한다. 위 구 사형금지법은 사형에 관한 특별구성요건을 창설하고 이에 대한 가중된 형을 규정한 의미가 있다.

둘째, 형벌은 범죄에 대한 법률효과로서 부과되는 것이므로 범죄를 전제로 하며 범죄 없으면 형벌도 없다.

셋째, 형벌은 이미 행하여진 범죄행위에 대한 행위자의 책임을 기초로 사후적으로 부과되는 제재이므로 행위자의 장래의 위험성을 기초로 부과되는 보안처분과 구분된다.[1]

넷째, 형벌은 범죄자로부터 법익을 박탈한다. 박탈되는 법익의 종류에 따라 형벌은 생명형(사형), 자유형(징역, 금고, 구류), 명예형(자격상실, 자격정지), 재산형(벌금, 과료, 몰수) 등으로 분류할 수 있다.

2. 형벌이론

형벌의 본질, 정당성 근거, 목적, 기능 등을 둘러싸고 이른바 '형벌이론(Straftheorie, Theories of Punishment)'의 논쟁이 있어 왔다.

가. 응보(절대설)와 공리(상대설)

전통적으로 형벌은 범행에 대하여 응분의 죄값을 묻는 수단, 즉 응보(應報, Vergeltung)로 이해되었다. 응보주의(Retributivism) 시각에서 형벌은 형벌 그 자체가 목적이 되는 절대적인 것으로 관념되었다(절대설). 응보주의에서도 응보를 보복(assaultive retribution, public vengeance, societal retribution)으로 이해하는 입장, 사회의 도덕적 균형을 유지한다는 방어적 응보(protective retribution)로 이해하는 입장, 범죄에 의해 저하된 피해자의 가치회복(victim vindication)으로 이해하는 입장 등이 있다.

이에 대하여 형벌은 형벌 그 자체가 목적이 아니라 다른 사회적 목적에 기여하는 수단이라는 사조가 있다. 이러한 시각은 형벌을 절대적인 것이 아닌 상대적으로 보면서(상대설) 공리주의(Utilitarianism)의 입장에서 형벌을 이해하는 것이다. 형벌이 추구하는 다른 사회적 목적으로 범죄예방이 들어졌는데, 그 구체적 내용에 관하여 일반예방과 특별예방의 논쟁이 있다.

나. 일반예방과 특별예방

1) 일반예방

일반예방(Generalprävention, general deterrence)이란 범죄인을 처벌함으로써 일

[1] 판례도 형벌과 보안처분을 구분하여 이해하고 있다. 대법원 1988. 11. 16. 선고 88초60 판결, 대법원 2009. 5. 14. 선고 2009도1947, 2009전도5 판결, 헌법재판소 2012. 12. 27. 선고 2011헌바89 결정 등.

반인들이 범죄로 나아가는 것을 미리 방지함을 말한다.

일반예방의 한 형태는 형벌에 의한 위하(威嚇)를 통하여 다른 일반인들의 심리를 강제하여 범죄로 나아가지 못하도록 함으로써 범죄를 예방한다는 관념이다. 이를 '소극적 일반예방'이라 한다.

일반예방의 또 다른 형태는 범죄행위에 대한 형벌의 부과는 그 행위가 사회적으로 승인되지 않는다는 것을 공적으로 표명하고 법질서의 불가침성을 확증해 보임으로써 규범의식을 일반인에게 내면화시켜 범죄를 예방한다는 관념이다. 이를 '적극적 일반예방'이라 한다.

2) 특별예방

특별예방(Spezialprävention, specific deterrence, individual deterrence)이란 범죄인에 대한 처벌을 통하여 그가 다시 범죄를 저지르는 것을 예방함을 말한다.

범죄자를 사회로부터 격리시킴으로써 그 동안의 범죄를 방지하고(incapacitation), 형벌부과에 의한 위하를 통하여 그 범죄자의 재범을 예방하며(intimidation), 범죄인을 교화시켜 사회에 복귀시킴으로써 재범을 예방한다(rehabilitation, reform)는 것이 특별예방의 구체적 모습이다.

다. 절충적 이론

응보, 일반예방, 특별예방의 어느 하나만으로는 형벌의 의미를 충분히 설명할 수 없기 때문에 오늘날에는 이들을 종합하려는 경향에 있다.

이러한 경향 중에도 (i) 응보를 본질적이고 가장 중요한 관점으로 삼고 여기에 예방의 관점을 고려하자는 입장, (ii) 응보, 일반예방, 특별예방의 모든 관점을 형벌의 목적으로 동등하게 위치시켜야 한다는 입장, (iii) 입법의 단계에서는 일반예방이, 형선고의 단계에서는 응보가, 형집행의 단계에서는 특별예방이 관건이라는 단계별 형벌목적이론의 입장, (iv) 응보사상을 완전히 추방하고 예방(특별예방과 일반예방)의 관점에서만 형벌의 의미를 파악하여야 한다는 입장 등이 있다.

절충적 이론은 대체로 책임의 상한선과 일반예방의 하한선 사이에서 특별예방적 고려를 통하여 구체적 형량이 정하여진다고 이해하고 있다.

우리 판례 중에는 형벌이 응보를 주된 목적으로 하고 있다고 한 것이 있는가 하면[2] 형벌의 목적이 교정에 있는 것이며 응보는 그 목적이 아니라는 소수의견을

2 대법원 1988. 11. 16. 선고 88초60 판결, 대법원 2011. 7. 28. 선고 2011도5813, 2011전도99 판결.

가진 것이 있지만,[3] 응보와 예방을 모두 고려하는 것이 기본입장이라고 생각되며,[4] 이 점에서 절충적 이론에 입각해 있다고 평가할 수 있다.

Ⅱ. 보안처분

1. 보안처분의 의의

범죄에 대한 법률효과로서의 형사제재에는 형벌 외에도 보안처분이 있다. 우리 헌법은 보안처분의 존재를 인정하고 있다(헌법 제12조). 보안처분을 규정하고 있는 대표적인 법률로 치료감호 등에 관한 법률이 있다. 보안처분은 재범을 방지하고(보안) 사회복귀를 촉진하는 것(개선)을 목적으로 한다(위 법률 제1조 참조). 독일은 형법전에 범죄에 대한 법률효과의 하나로 보안처분(Maßregeln der Besserung und Sicherung, 개선과 보안의 처분)을 명시하고 있다(제61조 이하). 보안처분은 재범의 위험성이 있는 범죄인을 교화하여 정상적인 시민으로 사회에 복귀하게 하고(개선) 재범의 위험성이 있는 범죄인으로부터 사회를 안전하게 지키기 위한(보안) 처분이다. 따라서 재범의 위험성은 보안처분을 부과하는 근거가 된다. 그런데 보안처분도 이미 저질러진 범죄에 대한 법률효과로서 부과되는 것이므로 결국 보안처분은 죄를 범한 사람 중 재범의 위험성이 있는 사람에게 부과되는 처분이다.

2. 형벌과 보안처분

가. 본질

1) 일원론

형벌의 목적을 예방특별예방에 있다고 보게 되면 개선과 보안을 목적으로 하는 보안처분과 본질적으로 구분하기 어렵게 된다. 이에 양자의 구별은 무의미하고 본질적으로 동일하다는 일원론이 있다. 일원론에 의할 때, 실정법에 형벌과 보안처분이 모두 규정되어 있는 경우에는 양자를 선택적으로 선고하고 집행하게 된다.

2) 이원론

이에 비하여 형벌과 보안처분은 본질적으로 구별된다고 하는 이원론이 있다.

[3] 대법원 1984. 10. 10. 선고 82도2595 전원합의체 판결 반대의견.
[4] 대법원 1985. 5. 14. 선고 85도607 판결, 대법원 1999. 6. 11. 선고 99도763 판결, 대법원 2002. 2. 8. 선고 2001도6425 판결, 대법원 2009. 5. 14. 선고 2009도1947, 2009전도5 판결, 대법원 2015. 8. 27. 선고 2015도5785, 2015전도105 판결, 대법원 1977. 2. 22. 선고 76도4034 전원합의체 판결 반대의견.

이에 따르면, (i) 형벌은 과거의 불법에 대한 책임을 전제로 부과되는데 비하여 보안처분은 장래의 위험성에 근거하여 부과되며, (ii) 형벌은 응보를 주된 목적으로 하는데 비하여 보안처분은 예방을 목적으로 하며, (iii) 형벌은 범죄인에 대한 고통을 내용으로 하는데 비하여 보안처분은 예방목적에 기여하는 수단이면 족하고 반드시 고통을 내용으로 하지 않으며, (iv) 형벌은 반드시 사법절차에 의하여야 하지만 보안처분은 행정절차에 의하여서도 부과될 수 있다.

나. 부과

형벌과 보안처분을 구분하여 보는 이원론에 의할 때, 양자를 부과하는 집행방법에 관하여 여러 방식이 있을 수 있다.

1) 택일주의

형벌과 보안처분 중 어느 하나만을 부과하는 방식이다. 응보가 강조되는 경우에는 형벌을, 예방이 강조되는 경우에는 보안처분을 부과한다.

2) 대체주의

형벌과 보안처분을 모두 부과하되 보안처분의 집행기간을 형기에 산입하는 방식이다. 구체적인 집행방법에는 여러 방식이 가능하지만 보통은 보안처분을 우선 집행하고 그 집행기간을 형기에 산입하며 보안처분 집행 후 형벌의 집행을 유예할지 여부를 결정하는 방식이 사용되고 있다.[5]

3) 병과주의

형벌과 보안처분을 모두 부과하고 집행하는 방식이다. 이에도 여러 집행방법이 있지만 형법을 먼저 집행하고 보안처분을 집행하는 방식이 많이 사용된다.[6]

다. 우리 법의 입장

헌법이 형벌과 보안처분을 구분하여 규정하고 있고(헌법 제12조) 형벌은 형법에서, 보안처분은 특별법에서 규정하고 있다. 이에 비추어 보면 우리 법은 이원론의 입장에 있다고 할 수 있다. 우리 판례 역시 이원론의 입장에 있다. 그리하여 형벌은 응보를 주된 목적으로 그 책임을 추궁하는 사후적 처분이고 보안처분은 사회방위와 교화를 목적으로 하는 예방처분이라거나[7] 형벌은 본질적으로 과거의 불법에 대한

5 오영근, 형법총론(제4판), 박영사(2018), 552.
6 오영근, 형법총론(제4판), 박영사(2018), 553.
7 대법원 1988. 11. 16. 선고 88초60 판결, 대법원 2007. 8. 23. 선고 2007도3820, 2007감도8 판결, 대법원 2011. 7. 28. 선고 2011도5813, 2011전도99 판결 등.

책임을 전제로 부과되는 제재를 뜻함에 반하여, 보안처분은 장래 위험성에 근거하여 범죄자의 개선을 통해 범죄를 예방하고 장래의 위험을 방지하여 사회를 보호하기 위해서 형벌에 대신하여 또는 형벌을 보충하여 부과되는 자유의 박탈과 제한 등의 처분을 뜻하는 것으로서 양자는 그 근거와 목적을 달리하는 형사제재라고 한다.[8]

이처럼 형벌과 보안처분이 본질적으로 다르기 때문에 보안처분에는 죄형법정주의, 일사부재리, 법률불소급의 원칙 등 형벌에 관한 일반원칙이 그대로 적용되지는 않는다.[9] 또한 명시적인 배제조항이 없는 한 어느 한 쪽의 적용 대상이라는 이유로 다른 한 쪽의 적용 배제를 주장할 수 없다.[10]

그런데 오늘날에는 형벌과 보안처분의 형태가 다양해지고 새로운 형사제재수단들이 등장함에 따라 형벌과 보안처분의 경계가 모호해지고 있다. 이에 '과거 행위에 대한 응보-재범의 위험성에 따른 사회 예방'이라는 이분법적 논리를 단순히 적용하기에는 타당하지 않은 면이 있다.[11]

3. 보안처분법정주의

가. 죄형법정주의와 보안처분법정주의

우리 헌법은 누구든지 법률과 적법한 절차에 의하지 아니하고는 보안처분을 받지 아니한다고 하고 있다(헌법 제12조 제1항). 이는 보안처분법정주의를 천명한 것이라 할 수 있다.[12] 보안처분은 그 내용과 절차가 법률에 근거가 있어야 하며 그 법률은 정당한 것이어야 한다. 이는 실질적 죄형법정주의와 비견된다. 따라서 죄형법정주의의 하위원리들은 보안처분의 본질상 적합하지 않는 한 원칙적으로 보안처분법정주의의 내용으로 인정되어야 한다.[13]

이에 형벌법규는 문언에 따라 엄격하게 해석·적용하여야 하고 피고인에게 불리한 방향으로 지나치게 확장해석하거나 유추해석하여서는 안 된다는 원칙이 보안처분에도 적용된다.[14]

8 헌법재판소 2014. 8. 28. 선고 2011헌마28 등 결정.
9 대법원 1988. 11. 16. 선고 88초60 판결, 대법원 2009. 5. 14. 선고 2009도1947, 2009전도5 판결, 대법원 2011. 7. 28. 선고 2011도5813, 2011전도99 판결.
10 대법원 2007. 8. 23. 선고 2007도3820, 2007감도8 판결.
11 헌법재판소 2014. 8. 28. 선고 2011헌마28 등 결정, 헌법재판소 2012. 12. 27. 선고 2010헌가82 등 결정.
12 신동운, 형법총론(제10판), 법문사(2017), 866. 헌법재판소 2005. 2. 3. 선고 2003헌바1 결정 소수의견.
13 헌법재판소 2005. 2. 3. 선고 2003헌바1 결정 소수의견.
14 대법원 2012. 3. 22. 선고 2011도15057, 2011전도249 전원합의체 판결(위치추적 전자장치 부착명령의 요건 해석에 관하여 이와 같이 판시).

소급입법금지의 원칙에 관하여 헌법재판소는 형벌적 성격이 강한 보안처분의 경우에는 그대로 적용되지만 비형벌적 보안처분에는 적용되지 아니한다고 한다.[15] 이에 비하여 대법원은 헌법원칙으로서의 소급입법금지의 원칙은 적용되지 않는 것으로 보는 듯하다.[16] 그리하여 행위시가 아니라 재판시법에 의하여 보안처분을 부과할 수 있지만,[17] 경과규정을 두어 그 소급효를 부정할 수도 있다.[18]

나. 비례원칙

형벌은 책임의 한계 안에서 과거 불법에 대한 응보를 주된 목적으로 하는 제재로서[19] 책임이 없으면 형벌을 부과할 수 없고 책임이 있더라도 그 책임의 정도를 초과하는 형벌을 부과할 수 없다는 책임주의가 적용된다.[20] 책임주의는 헌법상 법치국가의 원리와 헌법 제10조에 근거하는 헌법상의 요청이다.[21]

이에 비하여 보안처분은 상래 재범 위험성을 전제로 범죄를 예방하기 위한 제재로서[22] 과거 불법에 대한 책임이 부과의 근거가 되지 않으며, 따라서 책임주의가 적용되지 않는다. 그러나 보안처분에는 법치국가의 원리에 근거하는 비례원칙이 적용되어 형벌에 대한 책임주의와 유사한 기능을 한다.[23] 이에 따를 때 보안처분은 개선과 보안이라는 목적과 처분으로 인한 법익의 제한 사이에 비례관계가 유지되어야 한다. 그리하여 재범의 위험성이 없으면 보안처분은 허용되지 아니하고[24] 재범 위험성의 정도를 초과하는 보안처분을 부과할 수 없다.

4. 우리 법상 보안처분

가. 연혁

일찍이 1958년 제정된 소년법이 보호처분을, 1975년 제정된 사회안전법[25]이 보호관찰처분 등을 규정한 예가 있었으나 1980년 제정된 사회보호법에 의하여 보

15 헌법재판소 2014. 8. 28. 선고 2011헌마28 등 결정.
16 대법원 1983. 6. 28. 선고 83도1070, 83감도208 판결은 구 사회보호법상의 보호처분은 일사부재리의 원칙 또는 법률불소급의 원칙에 반하지 않는다고 하였다.
17 대법원 1997. 6. 13. 선고 97도703 판결(보호관찰 관련).
18 대법원 2013. 4. 11. 선고 2013도1525 판결, 대법원 2014. 3. 27. 선고 2013도13095 판결.
19 헌법재판소 2014. 8. 28. 선고 2011헌마28 등 결정.
20 헌법재판소 2007. 11. 29. 선고 2005헌가10 결정.
21 헌법재판소 2007. 11. 29. 선고 2005헌가10 결정.
22 헌법재판소 2014. 8. 28. 선고 2011헌마28 등 결정.
23 헌법재판소 2005. 2. 3. 선고 2003헌바1 결정.
24 헌법재판소 1989. 7. 14. 선고 88헌가5 등 결정.
25 1989년 보안관찰법으로 대체되었다.

안처분이 본격적으로 도입되었다. 사회보호법은 보호감호, 치료감호, 보호관찰의 세 종류 보호처분을 규정하였다. 그 중 재범의 위험성을 요건으로 하지 아니하고 일정한 경우에 보호감호에 처하도록 하였던 조항에 대하여 위헌결정이 선언된바 있는데,[26] 2005년에는 사회보호법 전체가 폐지되고, 대체입법으로 치료감호법이 제정되어 이에 기한 치료감호와 보호관찰이 시행되었으며, 보호감호는 폐지되었다. 치료감호법은 2015년 치료감호 등에 관한 법률로 개편되면서 치료명령이 추가되었다.

그 밖에 형법의 개정과 많은 특별법을 통하여 우리 법에는 다양한 형태의 보안처분이 도입되어 있다. 아래에서 그 대강을 살펴본다.

나. 현행법상 보안처분

1) 치료감호와 치료명령

심신장애 상태 등에서 일정한 범죄행위를 한 자를 대상으로 치료감호시설에서 치료를 받도록 하는 치료감호, 통원치료를 받도록 하는 치료명령이 있다(치료감호 등에 관한 법률).

2) 보호관찰

보호관찰은 범죄인을 사회 내에서 지도·감독하는 처분이다. 형법(선고유예, 집행유예, 가석방), 소년법, 치료감호 등에 관한 법률, 가정폭력범죄의 처벌 등에 관한 특례법 등이 보호관찰을 규정하고 있다. 보안관찰법이 국가보안 등에 관련된 특정 범죄에 대하여 부과할 수 있도록 한 보안관찰처분도 보호처분의 일종이다.[27] 특정 범죄자에 대한 보호관찰 및 전자장치 부착 등에 관한 법률이 규정한 보호관찰명령은 형집행 종료 후의 보호관찰로서 보호처분의 일종이다. 보호관찰의 집행에 관한 일반규정으로 보호관찰 등에 관한 법률이 있다.

형법에 기한 집행유예를 하는 경우 사회봉사와 수강명령을 내릴 수도 있다(형법 제62조의2).

3) 전자장치 부착

특정 범죄자에 대한 보호관찰 및 전자장치 부착 등에 관한 법률은 성폭력범죄, 미성년자 대상 유괴범죄, 살인범죄 및 강도범죄를 저지른 사람이 형기를 마친

26 헌법재판소 1989. 7. 14. 선고 88헌가5 등 결정.
27 헌법재판소 2015. 11. 26. 선고 2014헌바475 결정은 보안관찰법에 관한 합헌결정을 내린 바 있다.

후에 위치추적 전자장치를 신체에 부착하게 하는 조치(전자장치 부착명령)를 규정하고 있다.

부착명령은 공소사건에서 검사의 청구로 법원이 판결로써 함이 원칙이지만, 가석방되어 보호관찰을 받게 되는 경우 보호관찰심사위원회의 결정으로 하는 경우도 있고, 치료감호가 가종료되거나 보호감호 중 가출소한 경우 치료감호 등에 관한 법률에 따른 치료감호위원회가 보호관찰기간의 범위에서 기간을 정하여 부착하게 하는 경우도 있다.

4) 성폭력범죄자에 대한 보안처분

성폭력범죄의 처벌 등에 관한 특례법, 아동·청소년의 성보호에 관한 법률, 성폭력범죄자의 성충동 약물치료에 관한 법률, 치료감호 등에 관한 법률, 특정 범죄자에 대한 보호관찰 및 전자장치 부착 등에 관한 법률 등은 성폭력범죄에 대하여 여러 가지 보안처분을 마련하고 있다. 보호관찰, 수강명령과 이수명령, 신상정보 등록, 등록정보 공개명령과 고지명령, 취업제한, 성충동 약물치료, 전자장치 부착명령 등이 그것이다.

5) 소년법상 보호처분

10세 이상 19세 미만의 소년을 대상으로 하는 소년법은 소년에 대하여 보호처분을 할 수 있도록 하였다. 소년법상 보호처분에는 보호자 위탁, 수강명령, 사회봉사명령, 단기 보호관찰, 장기 보호관찰, 아동복지시설이나 소년보호시설에 대한 감호 위탁, 병원, 요양소, 소년의료보호시설에 대한 위탁, 1개월 이내의 소년원 송치, 단기 소년원 송치, 장기 소년원 송치 등이 있다.

Ⅲ. 법정형의 위헌성 판단기준

1. 위헌성 판단의 틀

법정형의 종류와 범위를 정하는 것은 기본적으로 입법자의 권한에 속하고 이러한 입법자의 권한은 광범위한 입법재량에 속하는 것[28]이어서 법정형이 다소 부당하다는 이유만으로 쉽사리 헌법에 위반된다고 단정하여서는 아니 된다.[29] 그러나 이러한 입법자의 권한도 무제한의 것이 아니라 헌법적 제약 내에서만 허용되

28 대법원 2009. 10. 29. 선고 2009도10340 판결 참조.

29 헌법재판소 1995. 10. 26. 선고 92헌바45 결정, 헌법재판소 1999. 5. 27. 선고 96헌바16 결정 등.

기 때문에 입법재량이 헌법규정이나 헌법상의 원리에 반하여 자의적으로 행사된 경우에는 헌법에 위반되어 허용되지 아니한다.[30]

헌법재판소가 그동안 법정형의 위헌성을 판단하는 기준으로 사용한 구체적인 헌법규정이나 원칙으로는 (i) 인간의 존엄성과 가치(헌법 제10조), (ii) 비례원칙, 특히 책임과 형벌의 비례성원칙(헌법 제12조 제1항, 제37조 제2항), (iii) 평등원칙(헌법 제11조 제1항), (iv) 법관의 양형결정권, 법관독립의 원칙, 법관에 의한 재판을 받을 권리 등이 있다.

그리고 이러한 기준에 따라 헌법재판소가 실제로 위헌을 선언한 사례로는, (i) 국가보안법(1980. 12. 31. 법률 제3318호로 전문개정된 것) 제13조 중 "이 법, 군형법 제13조·제15조 또는 형법 제2편 제1장 내란의 죄·제2장 외환의 죄를 범하여 금고 이상의 형의 선고를 받고 그 형의 집행을 종료하지 아니한 자 또는 그 집행을 종료하거나 집행을 받지 아니하기로 확정된 후 5년이 경과하지 아니한 자가 … 제7조 제5항, 제1항의 죄를 범한 때에는 그 죄에 대한 법정형의 최고를 사형으로 한다." 부분,[31] (ii) 구 특정범죄가중처벌 등에 관한 법률(1995. 8. 4. 법률 제4962호로 개정되기 전의 것) 제5조의3 제2항 제1호,[32] (iii) 구 특정범죄 가중처벌 등에 관한 법률(2000. 1. 12. 법률 제6146호로 개정되고 2004. 10. 16. 법률 제7226호로 개정되기 전의 것) 제11조 제1항 중 마약류 관리에 관한 법률 제58조 제1항 제1호 소정의 "매수" 및 "판매목적소지"에 관한 부분,[33] (iv) 특정 경제범죄 가중처벌 등에 관한 법률(1990. 12. 31. 법률 제4292호로 개정되고 2004. 12. 31. 법률 제7311호로 개정되기 전의 것) 제5조 제4항 중 제1호 및 제2호 부분,[34] (vi) 폭력행위등 처벌에 관한 법률(1990. 12. 31. 법률 제4294호로 개정되고 2006. 3. 24. 법률 제7891호로 개정되기 전의 것) 제3조 제2항 중 "야간에 흉기 기타 위험한 물건을 휴대하여 형법 제283조 제1항(협박)의 죄를 범한 자" 부분,[35] (vii) 군형법(1962. 1. 20. 법률 제1003호로 제정되고 2009. 11. 2.

30 헌법재판소의 확립된 입장이다 : 합헌결정에서의 설시는 헌법재판소 1999. 5. 27. 선고 96헌바16 결정, 위헌결정에서의 설시는 헌법재판소 2002. 11. 28. 선고 2002헌가5 결정, 헌법재판소2004. 12. 16. 선고 2003헌가12 결정, 헌법재판소 1992. 4. 28. 선고 90헌바24 결정 참조.

31 헌법재판소 2002. 11. 28. 선고 2002헌가5 결정.

32 헌법재판소 1992. 4. 28. 선고 90헌바24 결정.

33 헌법재판소 2003. 11. 27. 선고 2002헌바24 결정.

34 헌법재판소 2006. 4. 27. 선고 2006헌가5 결정.

35 헌법재판소 2004. 12. 16. 선고 2003헌가12 결정.

법률 제9820호로 개정되기 전의 것) 제53조 제1항[36] 등이 있다.

2. 위반의 정도

어느 정도에 이르렀을 때 헌법위반이라고 평가되는가에 관하여 헌법재판소는 4가지의 설시태도를 보여 왔는데, 첫째, 헌법상의 평등의 원칙 및 비례원칙에 명백히 위배되는 경우가 아닌 한 쉽사리 헌법에 위반된다고 단정하여서는 아니 된다고 하여 '명백성'을 요건으로 한 예,[37] 둘째, 형벌 본래의 기능과 목적을 달성함에 있어 필요한 정도를 현저히 일탈함으로써 입법재량권이 헌법규정이나 헌법상의 제 원리에 반하여 자의적으로 행사된 것으로 평가되는 경우에는 헌법에 위반된다거나[38] 법정형이 평등의 원칙이나 비례의 원칙에 비추어 현저히 정의의 이념에 합치되지 아니할 정도로 심히 부당한 경우가 아니면 헌법재판소가 관여할 것이 못된다고 하여[39] '현저성'을 요건으로 한 예, 셋째, 현저히 형벌체계상의 정당성과 균형성을 잃은 것이 명백하다면 위헌적인 법률이 된다고 함으로써[40] '현저성'과 '명백성'을 요건으로 한 예, 넷째, 위반의 정도에 관하여 별다른 언급을 하지 않은 예[41]가 있다.

3. 판단기준의 내용

가. 인간의 존엄과 가치

어떠한 형벌을 부과하는 것이 인간의 존엄과 가치에 반하는 것이 된다면 헌법 제10조에 위반된다. 인간의 존엄과 가치를 규정한 헌법 제10조 제1문 전단은 모든 기본권 보장의 궁극적 목적조항이고 그 밖의 기본권조항은 이를 위한 수단조항이라고 이해되고 있으므로 구체적 기본권조항에 위배되는 법정형은 헌법 제10조에 위반된다고 할 수 있다. 또한 특정 기본권조항에 해당하지 않는 경우라도 인간의 존엄과 가치를 침해하는 법정형은 헌법 제10조에 위배된다.

일반예방적 효과만을 노려 무거운 형벌을 과하는 것은 범죄인을 건강한 사회

36 헌법재판소 2007. 11. 29. 선고 2006헌가13 결정.

37 헌법재판소 1995. 4. 20. 선고 93헌바40 결정, 헌법재판소 1997. 8. 21. 선고 93헌바60 결정, 헌법재판소 1998. 5. 28. 선고 97헌바68 결정, 헌법재판소 2001. 5. 31. 선고 2000헌바91 결정, 헌법재판소 2004. 4. 29. 선고 2003헌바118 결정.

38 헌법재판소 2003. 11. 27. 선고 2002헌바24 결정, 헌법재판소 2004. 12. 16. 선고 2003헌가12 결정.

39 헌법재판소 1995. 3. 23. 선고 94헌가4 결정 별개의견.

40 헌법재판소 2002. 11. 28. 선고 2002헌가5 결정.

41 헌법재판소 1989. 9. 29. 선고 89헌마53 결정, 헌법재판소 1992. 4. 28. 선고 90헌바24 결정, 헌법재판소 1995. 3. 23. 선고 94헌가4 결정(다수의견), 헌법재판소 1995. 4. 20. 선고 91헌바11 결정, 헌법재판소 1995. 10. 26. 선고 92헌바45 결정, 헌법재판소 1999. 5. 27. 선고 96헌바16 결정.

인으로 복귀시키는 것을 도외시하고 국가가 개인을 단지 범죄예방 또는 퇴치의 객체, 즉 통치권의 객체나 형벌행사권의 객체로만 보는 것이므로 인간의 존엄성을 해치며,[42] 지나치게 과중한 형벌규정은 죄질과 그에 따른 행위자의 책임 사이에 비례관계가 준수되지 않아 인간의 존엄과 가치를 존중하고 보호하려는 실질적 법치국가 이념에 어긋난다.[43]

나. 책임과 형벌의 비례성원칙

1) 원칙의 내용과 근거

헌법 제12조 제1항 제2문의 죄형법정주의는 실질적 법치국가의 이념을 토대로 한 실질적 죄형법정주의를 의미하고 이로부터 책임주의가 요구되므로 책임주의는 헌법적 원칙이라 할 수 있는데,[44] 책임주의는 형벌은 책임[45]에 부합하여야 하며 적어도 그 상한은 책임에 의하여 제한되어야 한다는 책임과 형벌의 비례성원칙을 그 한 내용으로 하고 있다.

한편 헌법 제37조 제2항의 비례원칙은 입법목적과 이를 달성하기 위한 수단(기본권 제한) 사이에 비례관계를 요구하는데, 형벌법규의 입법목적은 곧 형벌의 목적으로서 크게 응보(속죄)와 예방이 들어지고 있으므로 이 목적과 이를 실현하는 수단인 형벌의 양 사이에 비례관계가 이루어져야 한다. 응보(속죄)와 형벌의 비례는 결국 책임과 형벌의 비례와 다르지 아니하여 이를 '책임비례원칙'이라고 할 수 있고, 후자는 예방목적과 형벌의 비례를 요구하여 '예방비례원칙'이라고 할 수 있다.

헌법재판소는 법정형의 위헌성을 판단함에 있어 책임과 형벌의 비례성원칙을 중요한 판단기준으로 삼아 왔다. 헌법재판소는 이 원칙의 헌법적 근거를 헌법 제37조 제2항의 비례원칙에서 근거를 찾은 예가 다수이고,[46] 책임원칙(책임주의)에서

42 헌법재판소 1995. 4. 20. 선고 91헌바11 결정 소수의견.

43 헌법재판소 2003. 11. 27. 선고 2002헌바24 결정, 헌법재판소 2004. 12. 16. 선고 2003헌가12 결정.

44 독일연방헌법재판소도 법치국가원칙을 근거로 "책임 없으면 형벌 없다."는 명제에 헌법적 지위를 부여하였다(BVerGE 9, 167, 169; 20, 323, 331; 23, 127, 132; 25, 285; 41, 125; 45, 259; 50, 133; 54, 100).

45 범죄의 3요소 중 하나인 책임성만을 의미하는 것이 아니라 행위자의 귀책으로 돌릴 수 있는 불법의 의미, 즉 구성요건의 죄질, 위법성, 책임을 포괄하는 '죄책' 또는 '범죄의 경중'의 의미.

46 헌법재판소 1992. 4. 28. 선고 90헌바24 결정, 헌법재판소 1995. 4. 20. 선고 91헌바11 결정, 헌법재판소 1995. 10. 26. 선고 92헌바45 결정, 헌법재판소 1998. 5. 28. 선고 97헌바68 결정, 헌법재판소 1999. 5. 27. 선고 96헌바16 결정, 헌법재판소 1999. 5. 27. 선고 98헌바26 결정, 헌법재판소 2001. 11. 29. 선고 2001헌가16 결정, 헌법재판소 1995. 4. 20. 선고 93헌바40 결정, 헌법재판소 2001. 5. 31. 선고 2000헌바91 결정, 헌법재판소 2004. 4. 29. 선고 2003헌바118 결정, 헌법재판소 2005. 7. 21. 선고 2003헌바98 결정.

찾은 소수의 예가 있으며,[47] 책임원칙과 비례원칙에서 모두 찾고 있는 예도 있는데,[48] 위와 같이 양자 모두에 그 근거를 두고 있다고 봄이 타당하다.

책임과 형벌 사이에 비례성이 확보되었는지 여부를 판단하는 실용적 기준으로서 헌법재판소가 사용하여 온 방법으로는, (i) 범죄내용 자체의 중대성과 형벌을 비교,[49] (ii) 가중구성요건의 기본범죄(예: 각 형법 본조)와 비교,[50] (iii) 형법에 대한 가중구성요건을 규정한 특별법조항이 심판대상인 사건에서 형법 자체에서 가중처벌을 하도록 규정한 가중구성요건과 비교,[51] (iv) 다른 범죄와 비교,[52] (v) 입법목적과 비교,[53] (vi) 양형실무의 현실 고려,[54] (vii) 다른 나라의 입법례 등이 있다.

2) 형벌개별화의 원칙

한편 비례원칙으로부터 형벌개별화의 원칙이 도출되는데 이는 "법관들이 각 행위의 개별성과 고유성에 맞추어 행위자의 책임에 알맞은 형벌을 선고하여야 하는 원칙"이라 고 할 수 있다.[55] 법정형의 종류와 범위를 정할 때는 헌법 제37조

47 헌법재판소 1995. 4. 20. 선고 91헌바11 결정의 4인 반대의견(비례원칙이 형법의 영역에서는 책임원칙으로 표현된다고 설시), 헌법재판소 2002. 10. 31. 선고 2001헌바68 결정.

48 헌법재판소 1997. 8. 21. 선고 93헌바60 결정의 2인 반대의견(헌법 제37조 제2항의 비례원칙 및 적법절차의 원칙 내지 실질적 죄형법정주의), 헌법재판소 2002. 11. 28. 선고 2002헌가5 결정(형벌이 죄질과 책임에 상응하는 적절한 비례성, 비례의 원칙 - 다만 양자를 의미 있게 구별하고 있지 않는 것으로 보임), 헌법재판소 2003. 11. 27. 선고 2002헌바24 결정(실질적 법치국가, 과잉입법금지원칙), 헌법재판소 2004. 4. 29. 선고 2003헌바118 결정의 2인 반대의견(인간의 존엄성 및 헌법 제37조 제2항으로부터 책임비례원칙을 도출), 헌법재판소 2004. 12. 16. 선고 2003헌가12 결정(책임원칙, 실질적 법치국가, 죄형법정주의, 비례원칙), 헌법재판소 1996. 1. 25. 선고 95헌가5 결정은 헌법 제12조 제1항의 적법절차의 원칙과 헌법 제37조 제2항의 과잉금지원칙을 들고 있다.

49 헌법재판소 1995. 4. 20. 선고 91헌바11 결정, 헌법재판소 1997. 3. 27. 선고 95헌바50 결정, 헌법재판소 2001. 11. 29. 선고 2001헌가16 결정, 헌법재판소 2002. 11. 28. 선고 2002헌가5 결정.

50 헌법재판소 1998. 5. 28. 선고 97헌바68 결정, 헌법재판소 1995. 4. 20. 선고 93헌바40 결정, 헌법재판소 1992. 4. 28. 선고 90헌바24 결정.

51 헌법재판소 1995. 3. 23. 선고 94헌가4 결정의 4인 반대의견.

52 헌법재판소 1992. 4. 28. 선고 90헌바24 결정, 헌법재판소 1995. 4. 20. 선고 91헌바11 결정, 헌법재판소 1995. 10. 26. 선고 92헌바45 결정, 헌법재판소 1997. 8. 21. 선고 93헌바60 결정, 헌법재판소 1997. 3. 27. 선고 95헌바50 결정, 헌법재판소 1999. 5. 27. 선고 96헌바16 결정, 헌법재판소 1999. 5. 27. 선고 98헌바26 결정, 헌법재판소 2001. 11. 29. 선고 2001헌가16 결정.

53 헌법재판소 1997. 3. 27. 선고 95헌바50 결정, 헌법재판소 1999. 5. 27. 선고 96헌바16 결정의 4인 반대의견, 헌법재판소 1999. 5. 27. 선고 98헌바26 결정, 헌법재판소 2002. 10. 31. 선고 2001헌바68 결정.

54 헌법재판소 2004. 4. 29. 선고 2003헌바118 결정의 2인 반대의견.

55 헌법재판소 1995. 3. 23. 선고 94헌가4 결정의 4인 반대의견, 헌법재판소 1995. 4. 20. 선고 91헌바11 결정, 헌법재판소 1999. 5. 27. 선고 96헌바16 결정의 4인 반대의견, 헌법재판소 1992. 4. 28. 선고 90헌바24 결정.

제2항이 규정하고 있는 과잉입법금지의 정신에 따라 형벌개별화의 원칙이 적용될 수 있는 범위의 법정형을 설정하여 실질적 법치국가의 원리를 구현하도록 하여야 하며, 형벌이 죄질과 책임에 상응하도록 적절한 비례성을 지켜야 한다.[56] 법정형의 하한을 높이 정하는 것은 법정형의 폭을 좁히는 결과가 되어 형벌개별화에 반하지 않는가 하는 의문이 있다. 이에 관하여 헌법재판소는 죄질의 경중과 법정형의 하한의 높고 낮음이 반드시 정비례하는 것은 아니므로 법정형 하한이 높다고 하여 바로 형벌개별화에 반한다고는 할 수 없다는 입장인데,[57] 이에 대하여는 법정형의 하한이 너무 높은 경우에는 형벌개별화의 원칙이 지켜질 수 없어 비례원칙에 반할 수 있다는 의견이 있다.[58]

서로 다른 범죄에 대하여 같은 법정형을 규정하는 것이 형벌개별화원칙에 반하는지에 관하여 헌법재판소의 입장을 다음과 같이 정리할 수 있다 : (a) 여러 종류의 범죄에 대하여 법정형이 일률적으로 규정되어 있더라도 그것만으로 형벌개별화의 원칙에 반한다든가 비례원칙에 반한다고는 할 수 없으나, (i) 재판에 의하여 각 범죄의 불법내용과 정상에 따라 양형이 조절될 수 없는 경우,[59] (ii) 각 범죄에 현저한 차이가 있는 경우(질적인 차이가 있는 경우)[60] 등은 위 원칙에 반한다고 할 수 있고, (b) 이러한 법리는 서로 다른 두 범죄에 대하여 동일한 법정형을 규정하는 경우에도 적용될 수 있다.[61]

3) 선고유예, 집행유예의 가능성과 비례원칙

선고유예나 집행유예가 불가능하다는 사유만으로 과잉처벌이라고 볼 수는 없다.[62] 다만 헌법재판소 결정례 중에는 작량감경이나 법률상의 감경을 통하여 집

56 헌법재판소 2001. 11. 29. 선고 2001헌가16 결정의 3인 반대의견, 헌법재판소 2002. 10. 31. 선고 2001헌바68 결정의 3인 반대의견, 헌법재판소 2002. 11. 28. 선고 2002헌가5 결정, 헌법재판소 2003. 11. 27. 선고 2002헌바24 결정, 헌법재판소 2004. 12. 16. 선고 2003헌가12 결정. 또 헌법재판소 1992. 4. 28. 선고 90헌바24 결정.

57 헌법재판소 1995. 4. 20. 선고 93헌바40 결정, 헌법재판소 1997. 8. 21. 선고 93헌바60 결정, 헌법재판소 1995. 4. 20. 선고 91헌바11 결정의 4인 반대의견.

58 헌법재판소 1997. 8. 21. 선고 93헌바60 결정의 2인 반대의견, 헌법재판소 1999. 5. 27. 선고 96헌바16 결정의 4인 반대의견.

59 헌법재판소 1989. 9. 29. 선고 89헌마53 결정, 헌법재판소 1995. 4. 20. 선고 91헌바11 결정의 4인 반대의견.

60 헌법재판소 1995. 3. 23. 선고 94헌가4 결정의 4인 반대의견, 헌법재판소 2002. 10. 31. 선고 2001헌바68 결정의 3인 반대의견.

61 헌법재판소 2003. 11. 27. 선고 2002헌바24 결정.

62 헌법재판소 1998. 5. 28. 선고 97헌바68 결정.

행유예의 선고가 가능하다는 점을 과잉처벌이 아니라는 논거로 삼고 있는 결정례[63]나 집행유예의 선고가 불가능함을 들어 법정형에 문제가 있다고 하는 소수의견[64]이 있는데 이는 집행유예의 가능성을 실질적으로 고려하고 있는 것이라 할 수 있다.

다. 평등원칙

1) 원칙의 내용과 근거

우리 헌법이 선언하고 있는 '법 앞의 평등'(헌법 제11조 제1항)은 행정부나 사법부에 의한 법적용상의 평등만을 의미하는 것이 아니고 입법권자에게 정의와 형평의 원칙에 합당하게 합헌적으로 법률을 제정하도록 하는 것을 명하는 법내용상의 평등을 함께 의미하고 있기 때문에 입법내용이 정의와 형평에 반하거나 자의적으로 이루어진 경우에는 평등원칙에 반하는 입법권의 행사로서 헌법에 위반된다.[65]

2) 형벌체계상의 균형성

헌법재판소는 법정형의 위헌성을 판단함에 있어서 '형벌체계상의 정당성과 균형'이라는 심사기준을 사용하는 경우가 많다. 그 정확한 개념정의를 한 선례는 찾아보기 어렵지만, 일응 거시적으로는 '당해 사회의 전체형벌체계가 수립한 양형평가에 부합하여 균형을 이루고 있는 상태'를, 미시적으로는 '유사한 범죄의 법정형과 비교하여 볼 때 균형을 이루어 형벌체계에 교란이 없는 상태'를 의미한다고 이해할 수 있다.

헌법재판소는 형벌체계상의 균형성을 (i) 책임비례원칙과 관련하여 이해한 예,[66] (ii) 평등원칙과 관련하여 이해한 예,[67] (iii) 양자 모두와 관련하여 이해한 예[68]가 모두 보인다. 특정 범죄에 대한 법정형이 그 외의 범죄들을 아우르는 전체

63 헌법재판소 1998. 5. 28. 선고 97헌바68 결정.

64 헌법재판소 1995. 3. 23. 선고 94헌가4 결정의 4인 별개의견, 헌법재판소 1997. 8. 21. 선고 93헌바60 결정의 2인 반대의견.

65 헌법재판소 1995. 10. 26. 선고 92헌바45 결정.

66 헌법재판소 2004. 4. 29. 선고 2003헌바118 결정, 헌법재판소 1998. 5. 28. 선고 97헌바68 결정, 헌법재판소 2001. 11. 29. 선고 2001헌가16 결정의 3인 반대의견, 헌법재판소 2002. 11. 28. 선고 2002헌가5 결정.

67 헌법재판소 2004. 12. 16. 선고 2003헌가12 결정, 헌법재판소 2004. 4. 29. 선고 2003헌바118 결정의 2인 반대의견. 또 헌법재판소 1998. 5. 28. 선고 97헌바68 결정, 헌법재판소 1999. 5. 27. 선고 96헌바16 결정, 헌법재판소 2001. 11. 29. 선고 2001헌가16 결정, 헌법재판소 2002. 10. 31. 선고 2001헌바68 결정의 3인 반대의견.

68 헌법재판소 1995. 4. 20. 선고 91헌바11 결정, 헌법재판소 1999. 5. 27. 선고 96헌바16 결정, 헌법재판소 2001. 11. 29. 선고 2001헌가16 결정, 헌법재판소 1995. 10. 26. 선고 92헌바45 결정.

형벌체계와 균형을 잃는다는 것은 그 자체로는 평등원칙의 문제라고 할 수 있는데, 일반적으로 전체 형벌체계의 양형판단은 적정하다는 전제에 서면 이러한 경우 곧 비례원칙에 반하는 것이 되므로 결국 현실적으로 형벌체계상의 균형성은 평등원칙 및 비례원칙 모두에 관련된다고 할 수 있다.[69]

헌법재판소가 법정형의 위헌성 판단에 있어 평등원칙과 비례원칙을 엄밀하게 구분하지 아니한 것도 양자의 위와 같은 관련성 때문으로 이해된다. 또 실제에 있어 양자의 판단은 대부분 중복되고 같은 결론에 이르게 될 것이다. 그러나 이론적으로는 양자를 서로 구분할 수 있으며, 예컨대 법조경합 관계에 있는 기본범죄와 가중범죄 사이의 비교는 비례원칙에는 관련되지만 평등원칙과는 직접 관련되지 않고, 일률적 법정형은 평등원칙에는 관련되지만 비례원칙과는 직접 관련되지 않는다.

라. 법관의 양형결정권

1) 내용과 헌법적 근거

헌법 제27조 제1항은 법관에 의한 재판을 받을 권리를 보장하고 있고 헌법 제103조는 법관의 직무상의 독립을 규정하고 있으므로 법관은 양형에 관한 선택·판단·결정에 있어 재량권을 가지는데,[70] 이를 법관의 '양형결정권'이라 할 수 있다.

2) 협소한 법정형

법정형을 지나치게 협소하게 정할 경우 법관의 양형결정권을 제약하는 결과가 된다. 헌법재판소는, 법정형은 법관으로 하여금 구체적 사건의 정상에 따라 그에 알맞는 적정한 선고형을 이끌어 낼 수 있게끔 되도록 그 폭을 넓게 규정하는 것이 바람직하다고 하면서, 그러나 입법자가 법정형 책정에 관한 여러 가지 요소의 종합적 고려에 따라 법률 그 자체로 법관에 의한 양형재량의 범위를 좁혀 놓았다고 하더라도 그것이 당해 범죄의 보호법익과 죄질에 비추어 범죄와 형벌 간의 비례의 원칙상 수긍할 수 있는 정도의 합리성이 있다면 이러한 법률을 위헌이

69 헌법재판소 2004. 12. 16. 선고 2003헌가12 결정, 헌법재판소 1992. 4. 28. 선고 90헌바24 결정은 이러한 관점에서 이해할 수 있다.

70 법관의 양형결정권이 법관독립의 원칙과 법관에 의한 재판을 받을 권리와의 관련성에 관하여 헌법재판소 1995. 4. 20. 선고 93헌바40 결정, 헌법재판소 1995. 10. 26. 선고 92헌바45 결정, 헌법재판소 2001. 11. 29. 선고 2001헌가16 결정 등 참조.

라고는 할 수 없다고 하여,[71] 이에 관한 위헌판단의 기준을 제시하고 있다.

3) 집행유예의 가능성과 양형결정권

헌법재판소의 결정례 중에는 작량감경을 하더라도 별도의 법률상 감경사유가 없는 한 집행유예를 선고할 수 없도록 하는 것은 법관의 양형재량권을 제한하는 것이라고 한 예가 있다.[72] 그러나 다수 결정례의 법정의견은 집행유예를 선고할 수 없을 정도로 법정형의 하한을 높이 정하였다는 것만으로 법관의 양형재량권을 침해하였다고 할 수 없고 범죄와 형벌간의 비례의 원칙상 수긍할 수 있는 정도의 합리성이 있다면 위헌이 아니라고 보고 있다.[73]

71 헌법재판소 1995. 4. 20. 선고 93헌바40 결정, 헌법재판소 1998. 5. 28. 선고 97헌바68 결정, 헌법재판소 1999. 5. 27. 선고 96헌바16 결정, 헌법재판소 2005. 7. 21. 선고 2003헌바98 결정.

72 헌법재판소 1992. 4. 28. 선고 90헌바24 결정, 헌법재판소 2001. 11. 29. 선고 2001헌가16 결정의 3인 반대의견, 헌법재판소 2004. 4. 29. 선고 2003헌바118 결정의 2인 반대의견.

73 헌법재판소 1995. 4. 20. 선고 93헌바40 결정, 헌법재판소 1995. 10. 26. 선고 92헌바45 결정, 헌법재판소 1997. 8. 21. 선고 93헌바60 결정, 헌법재판소 1999. 5. 27. 선고 96헌바16 결정, 헌법재판소 2001. 11. 29. 선고 2001헌가16 결정, 헌법재판소 2004. 4. 29. 선고 2003헌바118 결정.

제 1 절 형의 종류와 경중

제 41 조 [형의 종류]

형의 종류는 다음과 같다.

1. 사형
2. 징역
3. 금고
4. 자격상실
5. 자격정지
6. 벌금
7. 구류
8. 과료
9. 몰수

[관련조문] 형법 제42조-제50조, 형사소송법 제462조-제469조, 제473조-제475조, 질서위반행위규제법 제6조, 경범죄처벌법 제3조, 국가공무원법 제79조.

[참고문헌] 김성돈, 형법총론(제5판), 성균관대학교출판부(2017); 김일수/서보학, 새로쓴 형법총론(제13판), 박영사(2018); 박상기, 형법총론(제9판), 박영사(2012); 박상기/전지연, 형법학(총론·각론 강의)(제4판), 집현재(2018); 배종대, 형법총론(제13판), 홍문사(2017); 서일교, 조선왕조 형사제도의 연구(1974); 성낙현, 형법총론(제2판), 동방문화사(2011); 손동권/김재윤, 새로운 형법총론(초판), 율곡출판사(2011); 신동운, 형법총론(제10판), 법문사(2017); 오영근, 형법총론(제4판), 박영사(2018); 이재상 외 2인(이재상/장영민/강동범), 형법총론(제9판), 박영사(2017); 이정원, 형법총론, 법지사(1999); 임웅, 형법총론(제10정판), 법문사(2018); 임재표, 조선시대 행형제도에 관한 연구(2000); 정성근/박광민, 형법총론(전정2판), 성균관대학교출판부(2015); 정영일, 형법강의(총론)(제3판), 학림(2017); 조규창, 로마형법, 고려대학교 출판부(1998); 사법연수원, 형사판결서작성실무(2019); Graeme Newman/이경재 역, 서양형벌사(1997).

Ⅰ. 형벌의 종류

1. 형벌종류의 가변성

가. 현행 형법의 규정

우리 형법은 제41조에서 형벌의 종류를 규정하고 있다. 이에 따르면 사형, 징역, 금고, 자격상실, 자격정지, 벌금, 구류, 과료, 몰수의 9가지 종류의 형벌이 규정되어 있다. 헌법 제12조와 제13조를 통하여 보장되고 있는 죄형법정주의는 범죄와 형벌이 법률로 정하여져야 함을 의미하므로[1] 우리 형법이 인정하는 형벌의 종류는 위 9가지로 한정된다.

그런데 우리 형법이 규정하는 형벌의 종류가 변할 수 없는 확정적인 내용이라고 할 수는 없다. 형벌의 종류는 시대와 장소에 따라 같지 아니하였다.

나. 시대와 형벌(우리나라)

삼국유사에 따르면 "환웅천왕은 풍백·우사·운사를 거느리고 …형벌과 선악…을 주관"하였다고 한다.[2] 이는 태고시대부터 형벌이 있었음을 보여준다. 고조선시대 '기자 팔조금법(箕子 八條禁法)'[3]에는 "살인자는 즉시 사형에 처한다(相殺, 以當時償殺)"라는 내용이 있는데 이로써 당시 이미 사형(死刑)이 시행되었음을 알 수 있다.[4] 또 상해와 절도에 관하여 피해자에게 재물이나 인신으로 배상하도록 하고 있는데 이는 단순한 민사상의 손해배상을 넘어 징벌적 성격을 함께 가지고 있다고 생각된다. 이처럼 초기의 형벌에는 민사와 형사가 엄격히 분화되지 않은 모습이 발견된다.

삼국시대에는 생명형(死刑), 자유형, 신체형, 재산형, 신분형, 명예형, 연좌형 등이 있었다.[5] 사형의 방법에는 참형(斬刑), 화형(火刑), 육시형(戮屍刑),[6] 기시(棄市),[7] 사약형(賜藥刑), 자진형(自盡刑) 등이 있었는데 나라에 따라 다소 차이가 있었

1 헌법재판소 2011. 6. 30. 선고 2009헌바199 결정 등, 대법원 2005. 4. 15. 선고 2004도7977 판결 등.

2 삼국유사 기이 제1 고조선(三國遺事 紀異 第一 古朝鮮)에 "桓雄天王也 將風伯雨師雲師 而主穀主命主刑主善惡凡人間三百六十餘事 在世理化"라고 기재되어 있다.

3 삼국지(三國志) 위지 동이전(魏志 東夷傳)에 따른 표현.

4 8조 중 3조의 내용만이 한서(漢書) 지리지 연조(地理志 燕條)에 전하며 그 내용은 "(i) 살인자는 즉시 사형에 처한다(相殺, 以當時償殺), (ii) 남의 신체를 상해한 자는 곡물로써 보상한다(相傷, 以穀償), (iii) 남의 물건을 도둑질한 자는 소유주의 집에 잡혀들어가 노비가 됨이 원칙이나, 자속(自贖: 배상)하려는 자는 50만 전을 내놓아야 한다(相盜, 男沒入爲其家奴, 女子爲婢, 欲自贖者人五十萬)"이다.

5 이동명, "삼국시대 형벌제도 연구", 법학연구 34 (2009), 2.

6 죽은 사람의 목을 베는 형벌.

7 공개적으로 참하고 그 사체를 사람들이 모이는 저자거리에 버리는 형벌.

다.[8] 자유형에는 삼국 모두 유형(流刑)이 있었으며 재산형은 일책십이법(一責十二法)과 같이 민·형사가 분화되지 않은 모습이 여전히 발견된다.[9]

고려시대에 이르러 형벌의 종류를 태형(笞刑), 장형(杖刑), 도형(徒刑), 유형(流刑), 사형(死刑)의 5가지로 하는 5형제도(五刑制度)가 확립되었다.[10] [11] 태형은 10대부터 50대까지, 장형은 60대부터 100대까지 각 10대 단위로 하여 각 5등급이 있었다. 도형은 자유를 박탈하고 노역하게 하는 자유형의 일종으로서 1년부터 3년까지 매 6개월 단위로 5등급이 있었다. 유형은 원지(遠地)에 보내어 거주를 제한하는 자유형의 일종으로서 2천리, 2천 5백리, 3천리의 3등급이 있었는데, 실제로는 원육지(遠陸地), 유인도(有人島), 무인도(無人島) 등으로 구분하여 시행하였다. 사형에는 교형(絞刑)과 참형(斬刑)의 2종류가 있었는데 후자가 보다 중한 처벌로 취급되었다. 한편 재산을 내어 5형을 대신하게 하는 속동(贖銅)제도가 있었다.

조선시대의 형벌에는 윤형(閏刑)과 정형(正刑)이 있었다.[12] 윤형은 신분에 대하여 과하는 형으로서 문무관이 죄를 범한 경우 정형에 대신하여 신분상의 제약을 부과하거나 관리가 되는 자격을 정지 또는 박탈하는 것이다.[13] 정형에는 태(笞), 장(杖), 도(徒), 유(流), 사(死)의 5형이 있었다.[14] 태형은 작은 형장(荊杖)으로 치는 형벌로서 10대부터 50대까지 매 10대를 단위로 5등급이 있었다. 장형은 큰 형장으로 치는 형으로서 60대부터 100대까지 매 10대를 단위로 5등급이 있었다. 도형은 관(官)에 구수(拘收)하고 소금을 굽거나 쇠를 불리는 등 힘들고 괴로운 일을 시키는 형으로서 1년부터 3년까지 매 6개월 단위로 5등급이 있었다. 위와 같은 도역(徒役)에 복하는 대신 군역(軍役)에 복하게 하는 충군(充軍)도 도형의 일종이다. 유형은 먼 지방으로 귀양을 보내어 고향에 돌아오지 못하게 하는 형으로서 고향으로부터 천리 밖으로 강제이주시키는 천사(遷徙), 일정한 지역을 지정하여 거주하게 하는 부처(付處), 일정한 장소에 격리하여 유거(幽居)시키는 안치(安置) 등이 있었다. 사형에는 교수형과 참수형이 있었고, 머리, 양팔, 양다리, 몸체를 분리시키

8 이동명, "삼국시대 형벌제도 연구", 법학연구 34 (2009), 3-4, 7-8, 11-12.

9 이동명, "삼국시대 형벌제도 연구", 법학연구 34 (2009), 15.

10 임재표, 조선시대 행형제도에 관한 연구(2000), 17.

11 이하 고려시대 형벌에 관하여 채웅석, 고려사 형법지 역주(2009), 87-95.

12 이하 조선시대와 대한제국의 형벌에 관하여는 서일교, 조선왕조 형사제도의 연구(1974), 135-190, 260-262; 정희철, "조선시대 형벌제도 및 형집행에 관한 연구", 조선시대의 규범이론과 규범체계, 1(2006), 373-386 참조.

13 관리가 되는 자격을 정지 또는 박탈하는 것을 금고(禁錮)라 하였다.

14 대명률직해(大明律直解) 오형지도(五刑之圖) 및 오형명의(五刑名義).

거나 또는 신체의 살을 잘게 저미거나 특정된 수개 처에 칼질을 하여 상해를 가하고 목을 베는 능지처사(凌遲處死) 또는 능지처참(凌遲處斬), 참수 후 그 머리를 간두(竿頭)에 매달아서 일반 민중에게 보이는 효수(梟首), 참형(斬刑)에 처하되 사람이 많이 모이는 시장에서 집행하여 사체를 길거리에 버리는 기시(棄市)가 있었다. 또 이미 죽은 자의 무덤을 파헤쳐 사체를 꺼낸 다음 참형이나 능지처사를 행하는 부관참시(剖棺斬屍)도 있었다. 한편 정형에 덧붙여 가해지는 부가형으로 자자(刺字)와 몰관(沒官)이 있었는데, 전자는 얼굴이나 팔에 죄명을 새겨 넣는 형벌이고 후자는 재산을 관에서 몰수하는 것을 말한다. 몰관에는 범죄에 사용된 물건 등에 대하여 하는 몰수, 범죄자의 가족, 재산 일체에 대하여 하는 적몰(籍沒), 몰관될 것으로서 이미 소비한 부분에 대하여 하는 추징 등이 있었다.

대한제국시대인 1905년에 제정된 형법대전은 형을 주형과 부가형으로 하고 주형은 사형, 유형(流刑), 역형(役刑), 금옥형(禁獄刑), 태형(笞刑)의 5종으로 하였다. 사형은 교(絞)로 하였다. 유형은 도지(島地)에 압부(押付)하여 보수(保授)하는 것으로서 1년부터 종신까지 10단계가 있었다. 역형은 감옥에 수금(囚禁)하여 역(役)에 복하게 하는 것으로서 유형과 같은 10단계가 있었고, 금옥은 감옥에 수금(囚禁)하는 것으로서 1개월부터 10개월까지 10단계가 있었다. 태형은 소형조(小荊條)로 둔부(臀部)를 때리는(打) 것으로 10대부터 100대까지 10단계가 있었다. 한편 부가형으로 면관(免官)·면역(免役)과 몰입(沒入)이 있었다.

일제시대에 시행된 구형법에서는 사형, 징역, 금고, 벌금, 구류, 과료, 몰수의 7가지 형벌이 인정되었다.[15]

다. 시대와 형벌(서양)

고대부터 19세기에 이르기까지 서양 형벌의 중추를 이루어 온 것은 사형(死刑)이었다. 사형을 집행하는 방법에는 참수형(斬首刑, beheading), 투석형(投石刑, stoning), 교수형(絞首刑, hanging, gibbeting, garroting의 방법이 있었음), 거열형(車裂刑, breaking on the wheel), 十字架刑(crucifixion), 생매장(生埋葬, burial alive), 익사형(溺死刑, drowning), 화형(火刑, buring), 신체절단형(身體切斷刑, quatering,[16] disembowelling[17]) 등 다양한 방법이 있었는데, 이와 같이 다양한 방법들이 시행된 데에는 실천

15 구형법 제9조 사형, 징역, 금고, 벌금, 구류 및 과료를 주형으로 하고 몰수를 부가형으로 한다.
16 사지절단형(四肢切斷刑).
17 할복형(割腹刑, 배를 가르고 내장을 꺼내는 형벌).

적 이유보다는 범죄자를 악의 전령으로 보고 범죄자의 영혼이 더 이상 신체에 머물지 못하게 하며 악마에 대한 대처를 한다는 다분히 종교적인 관념이 강하게 작용한 것으로 보인다.[18]

로마 형법사를 (i) 로마건국에서 공화정 창설까지의 왕정시대(~ 510 B.C.), (ii) 이후 포에니전쟁 승리까지의 공화정 전기(510 B.C. ~ 2c B.C.), (iii) 이후 Augustus 가 원수정(元首政)을 수립할 때까지의 공화정 후기(2c B.C. ~ 27 B.C.), (iv) 이후 Diocletianus에 이르는 원수정기(元首政期, 27 B.C. ~ 283 A.D.), (v) 이후 유스티니아누스 대제 사망시까지의 전주정기(專主政期, 284-565 A.D.)의 5기로 나누어 볼 때,[19] 시기마다 형벌의 종류에 차이가 있었는데 대체로 원수정기에 이르러 체계화되고 다양화되었다고 할 수 있다.[20] 이 시기에 사형은 집행방식에 따라 참수형, 십자가형, 수장형(水葬刑), 화형, 맹수형, 검투형(생사위험의 검투에 강제되는 중검투형과 검투시범경기 등에 강제참가하는 경검투형이 있었음), 추락형, 타살형 등으로 구별되었다.[21] 사형 외에 추방형과 유배형(流配刑), 강제노역형, 신체형(신체의 일부를 훼손하는 신체훼손형), 채찍형,[22] 태형, 곤봉형 등의 체벌, 재산몰수(전재산 몰수 또는 1/2 몰수로서 범죄와의 관련성을 전제로 하는 오늘날의 몰수와는 다름), 벌금형 등이 인정되었고, 징역형은 법률상 고유한 의미의 징역형으로서가 아니라 형사재판의 진행과 형의 집행확보를 위한 수단으로만 인정되었다.[23] 또 독립된 형벌로서가 아니라 유죄판결의 효과로서 시민권, 증인·유언능력의 상실, 자유 등을 상실하는 경우가 있었다.[24]

고대나 중세 서양의 형벌이 언제나 잔혹한 것만은 아니었고 또 사형이나 신체형이 가장 흔한 형벌이었던 것은 아니며 오히려 벌금, 몰수, 손해배상 등 경제적인 제재가 많았다고 한다.[25] 그러다가 17세기 초부터 사형과 신체형이 점차 증대하였고,[26] 공개처형과 이에 몰려든 군중들은 당시 형벌제도에 어두운 그림자를

18 Graeme Newman/이경재 역, 서양형벌사(1997), 69-104.
19 조규창, 로마형법, 고려대학교 출판부(1998), 9-12.
20 조규창, 로마형법, 고려대학교 출판부(1998), 339-340.
21 조규창, 로마형법, 고려대학교 출판부(1998), 538-544.
22 채찍형은 주형인 사형집행 전에 집행된 부가형이었다.
23 조규창, 로마형법, 고려대학교 출판부(1998), 544-558.
24 조규창, 로마형법, 고려대학교 출판부(1998), 561-570.
25 Graeme Newman/이경재 역, 서양형벌사(1997), 175, 201.
26 Graeme Newman/이경재 역, 서양형벌사(1997), 201.

드리웠다.[27] 18세기 중반부터 사회 전 분야에 걸친 개혁의 목소리가 높아지면서 형벌제도의 개혁에 대한 요구도 강해졌다.[28] 1764년에 출간된 베까리아(Cesare Beccaria)의 '범죄와 형벌(Dei delitti e delle pene)'은 형벌제도의 합리화를 요구한 선구적 대표이다. 이러한 역사를 통하여 자유형이 대표적인 형벌로 부상하게 되었다.

라. 장소와 형벌(현재)

형벌의 종류는 같은 시대에도 장소에 따라 같지 아니하다.

독일 형법에는 자유형(Freiheitsstrafe),[29] 벌금형(Geldstrafe)[30]이 있고, 부가형(Nebenstrafe)으로서 운전금지(Fahrverbot)[31]가 있으며, 일정한 요건하에 형선고의 부수적 효과로서 공무담임권과 피선거권이 당연 정지되거나 선거권 정지의 선고를 할 수 있다.[32] 한편 이들 형벌과 별도로 몰수(Einziehung)를 규정하고 있다.[33]

오스트리아 형법에는 자유형(Freiheitstrafen),[34] 벌금형(Geldstrafen),[35] 몰수(Einziehung),[36] 수익몰수(Abschöffung der Bereicherung),[37] 박탈(Verfall),[38] 공직상실(Amtsverlust)[39] 등이 인정되고 있다.

프랑스 형법은 자연인에게 적용되는 형벌과 법인에게 적용되는 형벌을 나누어 규정하고 있다. 자연인에 관하여, 중죄에 대하여는 징역형 또는 금고형을 부과하고 벌금형이나 보충형(금지, 실권, 권리무능력, 권리취소, 치료 또는 의무부과명령, 물건의 이동금지 또는 몰수, 동물몰수, 영업소 폐쇄, 판결의 게시 또는 공고 등)[40]을 병과할 수 있으며, 경죄에 대하여는 구금형, 벌금형, 시민성교육, 사회봉사형, 권리박탈형,

27 Graeme Newman/이경재 역, 서양형벌사(1997), 205-231.
28 Graeme Newman/이경재 역, 서양형벌사(1997), 265.
29 독일 형법(StGB) §§ 38-39.
30 독일 형법(StGB) §§ 40-43.
31 독일 형법(StGB) §§ 44.
32 독일 형법(StGB) §§ 45, 45a, 45b.
33 범죄수익, 범죄생성물, 범죄수단, 범죄목적물 등에 대한 몰수를 규정하고 있다. 독일 형법(StGB) §§ 73, 74.
34 오스트리아 형법(StGB) § 18.
35 오스트리아 형법(StGB) § 19.
36 범행에 사용하거나 사용하려한 물건, 범행으로 생긴 물건에 대하여 이루어진다. 오스트리아 형법(StGB) § 26.
37 범죄로 인한 재산적 이익(범죄수익)을 대상으로 한다. 오스트리아 형법(StGB) § 20.
38 범죄조직이나 테러와 관련된 재산가치를 대상으로 한다. 오스트리아 형법(StGB) § 20b.
39 오스트리아 형법(StGB) § 27.
40 프랑스 형법 제131-10조.

권리제한형, 보충형, 징벌배상형 등이 인정되고 있고,[41] 그 밖에 수표발행금지, 카드사용금지, 몰수, 동물소지금지, 사회봉사형, 권리행사금지, 공무수행금지, 입국금지, 체류금지, 영업소 폐쇄, 공계약 배제 등이 있다.[42] 한편 법인에 관하여는 벌금형, 법인해산, 영업금지, 사법감시, 영업소 폐쇄, 공계약 배제, 기업자금 공모금지, 수표발생금지, 카드사용금지, 몰수, 판결의 게시 또는 공고, 동물몰수, 동물소지금지, 징벌배상형 등이 인정되고 있다.[43]

중국 형법은 주형으로서 관제(管制),[44] 구역(拘役),[45] 징역, 사형을 규정하고,[46] 부가형으로 벌금, 정치권리박탈, 재산몰수를 규정하고 있다.[47]

일본 형법은 주형(主刑)으로서 사형, 징역, 금고, 벌금, 구류, 과료를 두고 있고 부가형으로 몰수를 두고 있다.[48]

미국에서 사용되는 형벌은 크게 사형, 자유형, 재산형으로 대별할 수 있다. 자유형에는 통상의 자유형(Total Incarceration) 외에도 부분자유형(Partial Incarceration)이 있는데, 가택연금(House Arrest Programs), 일일보고(Day Report Centers), 작업석방(Work Release Programs), 주기적 구금 또는 분할 구금(Periodic or Split Confinement), 부분구금(Halfway Houses) 등이 후자에 해당한다. 미국의 형벌체계에서는 보호관찰(Probation)이 자유형의 집행유예와 함께 운용되어 매우 중요한 역할을 수행하고 있다. 재산형에는 벌금형(Fines), 비용부담(Costs), 몰수(Forfeiture) 등이 있다. 그 밖에 군사훈련소(Boot Camp) 훈련 처분도 있다. 한편 판사는 법률이나 상급심판결로 금지된 것이 아니면 형벌의 일반적 목적과 피고인에 대한 구체적인 효과를 고려하여 새로운 형태의 형사처분을 시도할 수 있는데, 예컨대 독서명령, 연극관람, 교회출석, 스티커부착 등의 처분이 가능하다.[49]

41 프랑스 형법 제131-3조.
42 프랑스 형법 제131-19조~제131-34조.
43 프랑스 형법 제131-37조, 제131-39조, 제131-39-1조.
44 3월 이상 2년 이하의 기간 동안 공안기관의 감독을 받고 이동의 자유가 제한되는 등의 제약을 받는 형벌. 중국형법 제39조.
45 1월 이상 6월 이하의 기간 동안 공안기관이 집행하며 매월 하루 또는 이틀 귀가할 수 있다. 중국형법 제43조.
46 중국 형법 제33조.
47 중국 형법 제34조.
48 일본 형법 제9조.
49 이상 미국의 형벌제도에 관하여, 이상원, "미국의 주 양형제도의 변천과 현황", 외국의 양형제도연구(2003), 56-61.

마. 소결

이와 같이 형벌의 종류는 시대에 따라, 장소에 따라 다양하였다. 이는 형벌의 종류와 내용이 범죄에 상응하여 선험적으로 정해지거나 일의적으로 정해지는 것이 아니라 시간적·장소적 한계 위에서 사회의 문화가 반영된 결과임을 시사한다.

따라서 형벌을 목적으로 바라보든 수단으로 바라보든 형벌의 종류를 정하고 평가함에 있어서는 이러한 형벌의 가변성과 한계성을 언제나 염두에 두어야 한다.

2. 형벌의 분류

형벌은 박탈되는 법익의 종류에 따라 생명형(Lebensstrafe), 신체형(Körpersrafe), 자유형(Freiheitsstrafe), 재산형(Vermögensstrafe), 명예형(Ehrenstrafe)으로 대별된다. 신체형은 야만적이며 인간의 존엄을 침해한다는 이유에서 오늘날 대부분 폐지되었다. 우리 형법이 규정하는 형벌의 종류 중에서 사형은 생명형에, 징역과 금고 및 구류는 자유형에, 자격상실과 자격정지는 명예형에, 벌금과 과료 및 몰수는 재산형에 해당한다고 할 수 있다.

독립적으로 부과되는 형벌인가에 따라 주형(主刑, Hauptstrafe)과 부가형(附加刑, Nebenstrafe)로 구별된다. 구형법은 몰수 이외의 형을 주형으로, 몰수를 부가형으로 명시하였는데(구형법 제9조), 현행형법은 형의 종류에서 이러한 구분을 명시하지는 아니하고 몰수의 부가성을 규정하는 방식을 취하고 있다(형법 제41조, 제49조).

3. 형벌 종류의 조정 작업

앞서 본 9종의 형벌은 우리 형법이 제정된 이래 변함없이 유지되어 왔지만, 한편으로는 형벌의 종류를 조정하여야 한다는 논의가 지속되어 왔다. 이 점에서 커다란 변화를 꾀하는 형법개정안이 제출된 바 있다.[50] 이 개정안은 금고, 자격정지, 자격상실, 과료는 실무상 잘 활용되지 아니하거나 형의 부수적 효과에 불과하다는 점을 들어, 몰수는 보안처분적 성격을 가지고 있다는 점을 들어 형의 종류에서 삭제하고 형의 종류를 사형, 징역, 벌금, 구류 등 4개 종류로 간소화하자는 내용이다.[51] 위 개정안은 이와 함께 보안처분을 형법으로 확대 편입시켜 보호수용,

50 형법 일부개정법률안(정부 제출, 2011. 3. 25. 의안번호 1811304).

51 위 개정안 제40조. 다만 몰수는 이를 폐지한다는 취지가 아니라 형벌과 독립된 장에서 따로 규율하는 내용이다(위 개정안 제79조∼제80조 참조).

치료수용, 보호관찰을 규정하고 있다.[52]

한편 성폭력범죄자의 성충동 약물치료에 관한 법률은 일정한 범위의 성폭력범죄자에 대하여 약물치료명령을 내릴 수 있도록 하고 있다.[53] 그런데 이에 더 나아가 형법에 규정된 형벌의 종류에 거세형을 추가하고[54] 그 적용 요건 및 집행방법을 규정하는 내용[55]의 법률안이 제안된 바 있다. 이에 대하여 국가인권위원회는 위헌이라는 의견을 표명한 바 있다.[56]

4. 형벌유사제재

사회법질서를 해하는 행위에 대한 제재는 형벌만 있는 것이 아니다. 그 중 형벌과 유사한 제재들을 살펴보면 다음과 같은 것들이 있다.

가. 질서벌

1) 개념

질서벌은 질서위반행위에 대하여 부과하는 제재이다. 질서위반행위는 법익에 대한 직접적인 위해를 가하지는 않으나 질서에 장해를 야기할 우려가 있는 의무위반행위를 말한다.[57] 일반적으로 형벌이 부과되는 범죄행위보다 가벼운 행위에 해당하고 그 제재도 형벌이 아닌 다른 형태의 제재가 가해진다. 법적인 의무에 위반한 행위 모두를 범죄로 하는 것은 형벌의 과잉을 가져온다. 그리하여 형벌을 부과할 정도에 이르지 아니하는 위반행위는 비범죄화하여야 한다는 요청이 있다. 질서벌은 이러한 요청에 부합한다.

질서위반행위에 관한 총칙적인 규정으로 질서위반행위규제법이 있다. 이 법은 질서위반행위를 법률이나 조례상의 의무를 위반하여 과태료를 부과하는 행위라고 정의하고 있다.[58] 다만 이 법은 위와 같은 행위에 해당하더라도 (i) 대통령령으로 정하는 사법상·소송법상 의무를 위반하여 과태료를 부과하는 행위와 (ii) 대통령령으로 정하는 법률에 따른 징계사유에 해당하여 과태료를 부과하는 행위

52 각주 50의 개정안 제83조~제83조의25.
53 2010. 7. 23. 법률 제10371호로 제정되어 2011. 7. 24.부터 시행되고 있다.
54 형법 일부개정법률안(신상진 의원 대표발의, 2011. 1. 31. 의안번호 1810723).
55 아동 성폭력범죄자의 외과적 치료에 관한 법률안(신상진 의원 대표발의, 2011. 1. 31. 의안번호 1810727).
56 국가인권위원회 2011. 5. 3. 결정.
57 그러나 그 구분이 언제나 명확한 것은 아니다.
58 질서위반행위규제법 제2조 제1호.

를 질서위반행위에서 제외하고 있는데, 질서위반행위규제법 시행령은 (i)에 관하여는 민법, 상법 등 사인 간의 법률관계를 규율하는 법 또는 민사소송법, 가사소송법, 민사집행법, 형사소송법, 민사조정법 등 분쟁 해결에 관한 절차를 규율하는 법률상의 의무를 위반하여 과태료를 부과하는 행위를 규정하고, (ii)에 관하여는 공증인법·법무사법·변리사법·변호사법 등 기관·단체 등이 질서유지를 목적으로 구성원의 의무 위반에 대하여 제재를 할 수 있도록 규정하는 법률에 따른 징계사유에 해당하여 과태료를 부과하는 행위를 규정하고 있다.[59] 위 (i)의 과태료는 사법(私法)상의 질서벌과 소송절차상의 질서벌을 포괄한 것이고, (ii)의 과태료는 징계벌을 규정한 것이라고 할 수 있다. 요컨대, 질서위반행위법상 질서위반행위란 법률이나 조례상의 의무를 위반하여 과태료를 부과하는 행위로서 사법상이나 소송절차상 또는 징계벌로 부과되는 경우를 제외한 행위라고 이해할 수 있다.

위와 같이 질서위반행위법은 질서벌로서 과태료를 규정하고 있고 사실 과태료가 질서벌의 대부분을 차지한다. 그러나 질서벌에는 과태료만 있는 것이 아니다. 예컨대, 법정소란자에 대하여 감치처분을 하는 경우(법원조직법 제61조)도 과태료는 아니지만 질서벌의 일종이라고 할 수 있다.

한편 위 (ii)는 과태료가 부과된다는 점에서는 공통되지만 특정한 기관이나 단체의 구성원으로서의 의무위반에 대한 제재라는 점에서 질서위반행위법상의 과태료나 위 (i)의 과태료와는 다른 성질을 가지고 있다.

2) 특성

어떠한 행위에 대하여 형벌을 부과할 것인가 질서벌을 부과할 것인가는 일의적으로 정해지기 어렵다. 이는 기본적으로 입법권자가 제반 사정을 고려하여 결정할 입법재량에 속하는 문제이다.[60]

질서벌에 죄형법정주의가 적용되는가에 관하여 판례는 질서벌은 형벌이 아니어서 죄형법정주의의 규율대상이 아니라는 입장에 있다.[61] 지방자치법이 조례위반행위에 대하여 조례로써 1천만 원 이하여 과태료를 정할 수 있다고 규정한 것(위

59 질서위반행위규제법 시행령 제2조.

60 헌법재판소 1994. 4. 28. 선고 91헌바14 결정, 헌법재판소 1998. 5. 28. 선고 96헌바83 결정, 헌법재판소 2008. 4. 24. 선고 2005헌마373 결정, 헌법재판소 2011. 6. 30. 선고 2010헌가86 결정.

61 헌법재판소 1998. 5. 28. 선고 96헌바83 결정, 헌법재판소 2008. 9. 25. 선고 2007헌바23 결정. 대법원 1995. 6. 30. 선고 93추83 판결, 대법원 1995. 6. 30. 선고 93추113 판결도 법률이 아닌 조례로 과태료를 부과할 경우는 적법함을 전제로 하고 있다.

법 제27조)은 이러한 점에서 그 효력이 인정된다. 또한 형법총칙이 적용되지 않으며,[62] 고의·과실이 없더라도 과태료가 부과될 수 있다고 한다.[63] 그리고 과태료는 공소시효나 형의 시효(형법 제78조)에 걸리지 않으며 예산회계법이 정한 국가 금전채권에 관한 소멸시효도 적용되지 않는다고 한다.[64] 과태료부과처분은 형사처벌과 성질이나 목적을 달리하는 별개의 것이므로 면소판결의 사유가 되는 확정판결의 범주에 속하지 않으며 일사부재리원칙도 적용되지 않는다고 한다.[65]

그런데 질서위반행위규제법[66]은 위 판례와 달리 고의·과실을 요건으로 하고(제7조), 과태료 부과처분이나 재판 확정 후 5년의 시효를 설정하고 있다(제15조). 이에 따라 이 점에 관한 한 적어도 위 법상의 질서위반행위에 대하여는 위 판례가 더 이상 적용되지 아니할 것이다.

나. 범칙금

범칙금이란 범칙행위를 한 사람에게 형사절차에 앞서 행정기관이 통고처분을 발하여 납부하도록 명한 금전을 말한다. 예컨대, 경범죄처벌법(제5조 이하)과 도로교통법(제162조 이하)은 그 각 법률위반행위 중 일부를 범칙행위로 규정하고 이에 대하여 경찰서장 등이 범칙금 통고처분을 할 수 있도록 하고 범칙금의 구체적 액수는 대통령령으로 정하도록 하고 있다.[67]

범칙금제도는 완전한 비범죄화에는 이르지는 않지만 법관이 주재하는 형사절차를 생략한다는 점에서 비범죄화에 이르는 중간 정도의 완화책이라고 할 수 있다.[68] 범칙금을 납부한 사람은 그 범칙행위에 대하여 다시 벌 받지 아니한다(경범죄처벌법 제7조 제3항, 도로교통법 제164조 제3항 등).[69]

다. 징계벌

징계벌은 기관이나 단체 등이 그 내부 질서유지를 목적으로 구성원의 의무

62 헌법재판소 2008. 9. 25. 선고 2007헌바23 결정 참조.
63 대법원 1994. 8. 26. 선고 94누6949 판결, 대법원 2003. 9. 2. 선고 2002두5177 판결.
64 대법원 2000. 8. 24.자 2000마1350 결정.
65 대법원 1992. 2. 11. 선고 91도2536 판결, 대법원 1996. 4. 12. 선고 96도158 판결, 헌법재판소 2003. 7. 24. 선고 2001헌가25 결정.
66 2007. 12. 21. 법률 제8725호로 제정되어 2008. 6. 22.부터 시행.
67 범칙금은 그 밖에도 수산동물질병관리법, 자동차관리법, 자동차손해배상보장법, 출입국관리법 등에서 규정하고 있다.
68 신동운, 형법총론, 법문사(2017), 791 참조.
69 대법원 2011. 4. 28. 선고 2009도12249 판결, 대법원 2007. 4. 12. 선고 2006도4322 판결.

위반에 대하여 부과되는 제재이다. 징계벌로서 파면, 해임, 정직, 감봉, 견책을 규정하기도 하고,[70] 영구제명, 제명, 정직, 과태료, 견책을 규정하기도 하는 등[71] 각 직역의 특성에 맞추어 징계벌의 종류가 정해져 있다.

징계처분에는 일사부재리의 효력이 발생하지 않기 때문에 징계벌이 부과된 사건에 대하여 형사처벌을 추가로 가할 수 있다.[72]

Ⅱ. 사형(死刑)

1. 의의

사형(Todesstrafe, death penalty, capital punishment)은 수형자의 생명을 박탈하여 그를 사회로부터 영구히 배제하는 형벌이다. 생명을 박탈한다는 의미에서 '생명형'이라고도 하고 형벌 중 가장 중한 형이라는 의미에서 '극형'이라고도 한다. 사형을 법정형으로 규정하고 있는 범죄를 '사형범죄'라고 할 수 있다.

사형은 형벌사의 초기에서부터 있어온 가장 오랜 역사를 지닌 형벌이다. 근대 이전에는 사형이 형벌의 대종을 이루었으나 근대로 접어들면서 형법이 인도주의를 지향하면서 점차 사형의 적용범위가 제한되어 왔다.

2. 사형존폐론

가. 서언

1764년 Beccaria가 그의 저서 "범죄와 형벌(dei delittie delle pene)"에서 사형제도에 대한 비판을 한 것을 효시로 사형존폐론은 오랜 논쟁의 대상이었다.

이론적 논쟁의 한편에서는 사형폐지를 위한 국제적인 노력이 계속되어 왔다. (i) 1989년 UN총회에서 채택된 시민적·정치적 권리에 관한 국제규약 제2선택의정서(Second Optional Protocol to the International Covenant on Civil and Political Rights : 사형을 전면적으로 폐지하되 전시에는 예외를 둘 수 있도록 허용), (ii) 1990년 미주기구(Organization of American States) 총회에서 채택된 사형제도 폐지를 위한 미주인권협약 의정서(Protocol to the American Convention on Human Rights to

70 국가공무원법 제79조.
71 변호사법 제90조.
72 대법원 1994. 9. 30. 선고 93다26496 판결 등 참조. 또 중복된 징계가 가능하다는 대법원 1984. 2. 28. 선고 83누489 판결 참조.

Abolish the Death Penalty : 사형을 전면적으로 폐지하되 전시에는 예외를 둘 수 있도록 허용), (iii) 1982년 유럽회의(Council of Europe)에 의하여 채택된 유럽인권협약 제6의정서[Protocol No. 6 to the European Convention for the Protection of Human Rights and Fundamental Freedoms (European Convention on Human Rights) : 평시에는 사형을 폐지하되 전시 또는 전쟁이 임박한 시기에는 사형이 가능하도록 허용], (iv) 2002년 유럽회의(Council of Europe)에 의하여 채택된 유럽인권협약 제13의정서[Protocol No. 13 to the European Convention for the Protection of Human Rights and Fundamental Freedoms (European Convention on Human Rights) : 전시와 평시를 가리지 아니하고 사형을 전면적으로 폐지] 등이 그 대표적인 예이다.[73]

현재 각국의 사정을 살펴보면, ⓐ 사형을 전면적으로 폐지한 국가가 88개국(독일, 스위스, 영국, 오스트리아, 이태리, 캐나다, 프랑스 등), ⓑ 군법, 전시법 등에서 예외적으로 사형을 인정하지만 통상범죄에 대하여는 사형을 폐지한 국가가 11개국(브라질, 아르헨티나 등), ⓒ 통상범죄에 대한 사형제도는 있지만 10년 이상 사형집행이 행해지고 있지 아니하여 사실상 폐지한 것으로 여겨지는 국가가 29개국(러시아, 케냐, 스리랑카 등), ⓓ 통상범죄에 사형제도를 존치시키고 있는 국가가 69개국(미국, 중국, 일본, 인도 등) 등이 있다.[74] 사형폐지국가가 점차 증가하는 추세이고 지난 10년간 매년 평균 3개 국가가 사형제도를 폐지하였다.[75]

우리나라에서도 사형제 폐지법안이 발의되는 등 사형폐지의 움직임이 지속적으로 있어 왔고, 국가인권위원회는 지속적으로 사형폐지의 의견을 표명하여 오고 있다.[76] 우리나라는 1998. 1. 이후 사형집행이 이루어지지 않고 있어,[77] 사실상 사형폐지국으로 분류된다.

나. 사형존폐론의 이론적 근거

1) 사형폐지론

사형폐지론의 논거를 요약하면 다음과 같다.

① 사형은 인간의 존엄과 가치의 근원인 생명권을 박탈하는 것이므로 헌법에

73 http://web.amnesty.org/pages/deathpenalty-statistics-eng 참조.
74 2006. 12. 현재. http://web.amnesty.org/pages/deathpenalty-statistics-eng 참조.
75 http://web.amnesty.org/pages/deathpenalty-statistics-eng 참조..
76 국가인권위원회 2011. 5. 26. 결정 참조.
77 이헌규, “헌법과 사형제 존폐론”, 형사법과 헌법이념(제1권), 박영사(2006), 352. 마지막 집행은 1997. 12. 30.이었다.

반하며 야만적이고 잔혹하여 인도적 입장에서 허용될 수 없다.

② 형벌의 목적을 범죄인의 개선과 교화를 통해 사회복귀를 도모하는데 둔다면 사형은 이러한 형벌의 목적에 전혀 기여하지 못하는 형벌이 되고, 형벌을 응보나 예방의 차원에서 바라보더라도 사형은 책임이나 예방목적에 비추어 과도하고 잔혹한 형벌이다. 또 판결확정 후 완전히 개전한 경우까지 사형을 집행하는 것은 부당하다.

③ 범죄의 원인에는 범인의 악성 내지 반사회성뿐만이 아니라 사회환경적 원인도 있다. 사형은 범죄의 원인을 오직 범죄인에게만 돌리려는 불합리한 형벌이다.

④ 사형은 기대만큼 위하력이 있지 아니하다. 범죄인이 범행 당시 사형의 위협을 의식하면서 범행을 저지른다고 보기는 어렵다. 사형을 폐지한 나라의 실제를 보더라도 폐지 이후 범죄가 현저히 증가하였다는 보고는 발견되지 않는다.

⑤ 국가는 인간의 생명에 대하여 심판할 권능이 없다. 신이 아닌 인간으로서 무한대의 가치를 지닌 인간의 생명을 박탈할 권능이 없다. 사형제도는 합법적 살인행위를 저지르는 것이다.

⑥ 사형은 피해자의 가족 등을 구제하지는 못하면서 사형수의 가족에 대하여 정신적·사회적으로 고통을 주게 된다.

⑦ 오판을 한 경우 이를 회복할 방법이 없다.

⑧ 사형은 인종적이나 정치적·사회적으로 약자에게 차별적으로 가해지는 경향이 있고 정치적 목적으로 악용될 위험이 있다.

⑨ 사형제도는 응보론의 역사적 잔재로서 역사의 진보에 따라 세계적으로 폐지되는 추세에 있다.

⑩ 사형 대신 무기징역을 과하고 그간의 교도작업에서 얻은 수입으로 피해자의 손해를 배상하여야 한다.

2) 사형존치론

사형존치론의 논거를 요약하면 다음과 같다.

① 형벌의 본질이 응보인 이상 반사회적 범죄에 대한 사회의 도덕적 반응의 표현으로서 사형은 정당하며 적절한 속죄의 방법이다. 범죄인의 개선 및 사회복귀라는 형벌목적은 궁극적으로는 사회방위를 위한 것이므로 개선

이 불가능한 범죄인은 영구히 사회로부터 격리시키는 것이 오히려 형벌 목적에 부합한다.

② 사형제도는 일반인의 정의관념에 부합된다. 극악한 범죄인을 사회로부터 영구히 격리시키고 피해자의 응보감정을 충족시켜주는 것은 일반인의 법적 확신이며 피해자에 의한 사형(私刑)행위를 방지하는 결과를 낳는다.

③ 범죄와의 관계나 피해자의 생명의 가치를 고려하지 않고 사형 자체가 인간의 존엄과 가치를 부정하는 형벌이라고 단정하는 것은 타당하지 않으며 피해자의 생명권을 침해하는 극악한 범죄에 대한 사형은 책임주의와 일치하는 범위 내에서 인정해야 한다.

④ 사회계약설의 견지에서 보면, 인간의 생명을 침해하지 않겠다는 상호불가침의 약속을 위반한 살인범인은 그에 상당하는 자신의 생명을 제공하는 것이 마땅하다.

⑤ 인간은 본능적으로 자기생명에 대한 애착이 있기 때문에 사형은 커다란 위하력을 갖는다. 사형이 위하력이 없다는 결론을 내릴 수 없는 상황에서 섣불리 사형을 폐지할 수는 없다.

⑥ 사형은 중대 흉악범죄에 대하여 효율적으로 대처하기 위하여 필요하며 사회안정에 기여할 수 있고 인간의 존엄과 가치를 보호하는 효과를 거둘 수 있다.

⑦ 사형존폐문제는 정치·문화·사회의 여러 상황을 다각적으로 고려하여 종합적·상대적으로 논의되어야 할 문제인데 현재 우리의 상황에서 사형을 폐지하는 것은 시기상조이다. 시기상조의 논거로 남북대치상황이 들어지기도 한다.[78]

⑧ 사형의 경우 오판의 회복가능성이 없다는 이유는 상당히 타당하나 지금까지 오판이 판명된 경우는 극소수인데 이러한 우려 때문에 사형제도를 폐지하는 것은 범죄방책상 너무 큰 희생을 요구하는 것이 된다. 3심제도는 오판을 방지하는데 충분하다.

⑨ 정치적 살인의 문제는 시대발전에 따라 이미 극복된 문제로서 현재 우리나라의 사형수 중 정치범은 한 명도 없다.

78 배종대, 형법총론(제13판), 홍문사(2017), 573의 소개.

⑩ 범죄자의 장기구금은 국가경제면에서 손실이 너무 크다.

다. 우리나라의 논의 현황

우리나라에서도 사형제도의 존폐를 둘러싼 논의가 건국초기부터 있어 왔고 많은 학자들이 사형폐지를 주장하여 왔다.[79] 나아가 궁극적으로 사형제도가 폐지되어야 한다는 점에 대하여는 거의 모든 학자들이 인정하고 있다고 할 수 있다. 사형을 폐지할 경우 그 대체형으로서 가석방이 허용되지 않는 무기징역형,[80] 가석방이 허용되는 무기징역형, 장기유기형 등이 제시되고 있다.

다만 사형제도의 폐지에 대한 국민의식의 결여, 정치·사회적 여건의 미성숙, 사형폐지로 인한 부작용 등을 고려하여 점진적 폐지 또는 과도적 조치가 필요하다는 것이 우리나라 사형존치론의 대체적 내용이라고 할 수 있다.[81]

사형제도의 존치를 인정하는 견해도 대부분 현재의 사형제도에 대한 개선이 필요하다고 주장한다. 그 개선책으로 제시되는 것으로는 (i) 사형대상범죄의 축소(특히 결과적 가중범, 정치적 악용의 소지가 있는 국가적 법익에 대한 죄 및 국가보안법위반죄에 대한 사형 폐지), (ii) 사형선고의 제한과 신중(예: 사형을 선고하는 경우에는 2/3 이상의 찬성 또는 전원일치에 의하도록 합의정족수를 가중), (iii) 사형판결에 대한 재심사유의 확대, (iv) 사형선고기준의 구체적 명시(예: 초범자에 대한 사형선고의 금지), (v) 사형집행유예제도(일정한 기간 동안 사형의 집행을 유예하고 개선효과를 재평가하여 무기형으로 전환할 수 있도록 하는 제도) 등이 있다. 또 법정형으로서는 사형을 존치하더라도 실제로 사형을 선고하지 않거나 집행을 하지 않다가 종국에는 폐지하는 방안이 제시되기도 한다. 한편 오판가능성과 정치적 악용의 소지를 방지하기 위하여 수사 및 재판과정에서 적법절차를 확립하여야 한다는 주장도 제기되어 있다.

79 김일수/서보학, 새로쓴 형법총론, 박영사(2004), 735; 배종대, 형법총론, 홍문사(2005), 812-813; 오영근, 형법총론, 박영사(2005), 747-748; 이건호, 형법학개론, 고려대학교출판부(1977), 228; 이정원, 형법총론, 법지사(2001), 518-519(위헌설); 임웅, 형법총론, 법문사(2003), 588; 신진규, 형사법강좌 Ⅱ(1984), 826-828 등이 사형폐지를 지지한다.

80 임웅, 형법총론(제10정판), 법문사(2018), 649.

81 김기춘, 형법개정시론, 삼영사(1985); 김성천/김형준, 형법총론, 소진(2005), 667; 박상기, 형법총론, 박영사(2004), 509; 정영석, 형법총론(제5전정증판), 법문사(1984), 황산덕, 형법총론, 방문사(1989), 307; 김재중, "사형부집행문제의 입법론적 고찰", 인권과 정의 363(2006. 11.), 168 등.
이재상 외 2인(이재상/장영민/강동범), 형법총론(제9판), 박영사(2017), 577-578은 사실상 사형폐지국가인 우리나라에서 피해자의 생명을 침해하는 범죄에 대하여 법정형으로서 사형을 두고 있는 것까지 부정해야 할 근거는 없다고 한다.

라. 사형제도의 위헌성 여부

1) 사형제도

대법원은 일찍부터 사형제도가 헌법에 위반되지 않는다는 판시를 누누이 해오고 있다.[82] 대법원이 그 논거를 상세히 밝히지는 않고 있지만 (i) 범죄로 인한 피해법익의 보호, 사회공공의 안녕과 질서를 위하여 정당성을 긍정하여야 한다는 점,[83] (ii) 헌법 제12조 제1항이 처벌의 종류를 제한하고 있지 않다는 점,[84] (iii) 현재 우리나라의 실정과 국민의 도덕적 감정 등을 고려하여 질서유지와 공공복리를 위하여 사형을 규정하더라도 헌법에 위반된다고 할 수 없다는 점[85] 등을 논거로 들어 왔다.

헌법재판소도 사형제도가 헌법에 위반되지 않는다는 입장이다. 헌법재판소는 (i) 법률에 의한 처벌이라는 죄형법정주의를 규정한 헌법 제12조 제1항[86]과 사형선고의 경우에는 비상계엄하의 군사재판이라도 단심으로 할 수 없음을 규정한 헌법 제110조 제4항에 비추어 우리 헌법이 법률에 의한 사형제도를 허용하는 것으로 해석된다는 점, (ii) 사형은 인간의 죽음에 대한 공포본능을 이용한 궁극의 형벌로서 위하력이 강하고 일반적 범죄예방효과도 클 것이라고 기대하는 것이 논리적으로나 국민의 법감정에 비추어 부당하지 않다는 점, (iii) 최소한 동등한 가치가 있는 다른 생명 또는 그에 못지아니한 공공의 이익을 보호하기 위한 불가피성이 충족되는 예외적인 경우에만 적용되는 한 사형이 생명권의 본질적 내용을 침해한다고 할 수 없고 비례원칙에 반하지도 아니한다는 점 등을 논거로 사형제도가 헌법에 위반되지 않는다고 하였다.[87] 헌법재판소의 위 논리는 대법원에 의하

82 대법원 1963. 2. 28. 선고 62도241 판결, 대법원 1967. 9. 19. 선고 67도988 판결, 대법원 1987. 9. 8. 선고 87도1458 판결, 대법원 1990. 4. 24. 선고 90도319 판결, 대법원 1991. 2. 26. 선고 90도2906 판결, 대법원 1994. 12. 19.자 94초123 결정, 대법원 2000. 10. 13. 선고 2000도3189 판결.

83 대법원 1987. 9. 8. 선고 87도1458 판결.

84 대법원 1991. 2. 26. 선고 90도2906 판결, 대법원 1963. 2. 28. 선고 62도241 판결에서 이미 같은 취지의 판시를 한 바 있다.

85 대법원 1991. 2. 26. 선고 90도2906 판결. 이는 현행헌법 제37조 제2항에 의하여 정당화됨을 전제하고 있는데, 대법원 1963. 2. 28. 선고 62도241 판결에서 이를 명확히 하고 있다.

86 대법원 2000. 10. 13. 선고 2000도3189 판결은 헌법 제12조 제1항이 처벌의 종류를 제한하지 않고 있다는 점을 지적하고 있다.

87 헌법재판소 1996. 11. 28. 선고 95헌바1 결정. 이 결정에는 사형은 개과천선할 수 있는 도덕적 자유조차 남겨주지 아니하는 형벌로서 개인을 공익을 위한 수단으로 삼는 것이어서 사형수의 인간의 존엄과 가치를 침해하는 한편 사형을 선고하고 집행해야 하는 법관 및 집행관여자들의 양심의 자유와 인간으로서의 존엄과 가치를 침해하여 헌법에 위반된다는 반대의견(재판관 김진우)과 사형제도는 형벌의 목적달성에 필요한 정도를 넘어 비례원칙에 반할 뿐만 아니라 생명권의 본질적 내용을 침해하여 헌법에 위반된다는 반대의견(재판관 조승형, 김진우)이 있다.

여 다시 확인된 바 있다.[88] 헌법재판소는 사형제도의 합헌성을 다시 한 번 확인한바 있는데,[89] 7:2로 합헌의 결론에 이른 1996년의 결정과 달리 5:4로 합헌결정에 이르렀다는 점이 주목된다. 이 결정은 앞서 본 논거에 더하여 비례원칙의 검토를 상세히 하고 있으며 사형제도가 범죄자나 사형부과자(법관, 교도관)의 인간으로서의 존엄과 가치를 침해한다고 볼 수 없다고 한다.[90]

다만 헌법재판소나 대법원 모두 사형제도가 현재의 시점에서 헌법에 반하지 않는다는 판단을 한 것으로 이해할 여지도 있다.[91] 또한 헌법재판소는 사형이 일종의 "제도살인(制度殺人)"의 속성을 벗어날 수 없다고 하면서 사형제도 자체가 위헌이라고 할 수는 없지만 사형을 법정형으로 규정하고 있는 개개의 법률조항들이 행위의 불법과의 사이에 적정한 비례관계를 유지하고 있지 않다면 당해 법률조항은 위헌이 될 수 있으며 법정형은 적정한 것이라 하더라도 구체적 사건에서 사형을 선고함에 있어서는 특히 신중을 기하여야 한다고 판시하고 있다.[92]

2) 법정형의 위헌성과 사형

사형제도 자체의 위헌성 여부와 사형을 법정형으로 규정하고 있는 개별 형벌조항의 위헌성 여부는 서로 구분된다.[93] 후자는 사형이라는 형벌 자체보다는 당해 범죄와 법정형의 관계를 초점으로 판단하는 것이기 때문이다.

구 군형법(2009. 11. 2. 법률 제9820호로 개정되기 전의 것) 제53조 제1항은 상관살해에 대하여 사형만을 유일한 법정형으로 규정하고 있었다. 헌법재판소는 이 규정이 책임과 형벌 사이의 비례원칙에 반하고 형벌체계상 정당성을 상실하여 헌법에 위반된다고 판단하였다.[94] 헌법재판소는 동일한 구성요건이라도 다양한 동기와 행위태양이 있을 수 있는데 사형만을 유일한 법정형으로 규정하고 있다는 점을 지적하였지만, 그렇다고 하여 사형이 유일한 법정형인 모든 경우가 헌법에 위반된다는 취지를 선언한 것이라고 하기는 어렵다. 위 헌재결정 후 군형법이 크게 개정되었는데,[95] 위 제53조 제1항의 법정형은 '사형 또는 무기징역'으로 변경되

88 대법원 2000. 10. 13. 선고 2000도3189 판결.
89 헌법재판소 2010. 2. 25. 선고 2008헌가23 결정.
90 헌법재판소 2010. 2. 25. 선고 2008헌가23 결정.
91 대법원 판결들이 '현재 우리나라 실정'을 합헌의 한 논거로 삼고 있고, 헌법재판소 1996. 11. 28. 선고 95헌바1 결정도 "아직은 우리 헌법질서에 반하는 것이라고는 판단되지 아니한다"고 하고 있다.
92 헌법재판소 1996. 11. 28. 선고 95헌바1 결정.
93 헌법재판소 2010. 2. 25. 선고 2008헌가23 결정.
94 헌법재판소 2007. 11. 29. 선고 2006헌가13 결정.
95 2009. 11. 2. 법률 제9820호.

었으나 아직도 사형을 유일한 법정형으로 규정한 조항들이 많이 존재하고 있다. 현행 규정이 위 헌재결정의 취지에 부합하는지에 관하여는 논란이 있을 수 있다.

3) 위헌성과 존폐론

한편 사형제도의 위헌성 문제와 사형제도의 존폐론은 구별되어야 한다.[96] 위헌판단은 헌법적으로 묵과할 수 없는 선을 넘어서는 경우에 내려지는 것으로서 어떠한 제도가 헌법에 위반되지 않는다는 것이 바로 바람직한 제도라는 것을 의미하는 것은 아니기 때문이다. 그러므로 사형제도가 위헌이 아니라는 판례에도 불구하고 사형존폐론의 논쟁은 현실적인 의미를 가진다.[97]

3. 현행법상 사형범죄

가. 형법상의 사형범죄

현행 형법은 법정형에 사형을 포함한 범죄를 여럿 규정하고 있다. 여적죄는 사형만이 법정형으로 규정되어 있어 사형이 절대적 법정형이다. 그 밖의 범죄에 대하여는 사형과 자유형이 선택적으로 부과될 수 있는 상대적 법정형을 규정하고 있다. 사형과 선택적으로 규정된 법정형 중에는 5년 이상의 금고형이 가장 낮은 형이다.

나. 특별법상의 사형범죄

특별법이 규정한 범죄 중에도 법정형에 사형을 포함한 경우가 적지 않다. 특별법상 범죄 중 사형범죄는 군형법에 많이 규정되어 있다. 또 군형법상의 범죄 중에는 사형을 절대적 법정형으로 하고 있는 범죄가 많다. 사형과 선택적으로 규정된 법정형 중에서는 1년 이상의 징역이 가장 낮은 형이다.

4. 사형범죄의 재판

가. 절차상의 특칙

사형범죄는 가장 중한 범죄이기 때문에 공소시효를 가장 장기인 25년으로 하고(형사소송법 제249조 제1항 제1호, 군사법원법 제291조 제1항 제1호), 긴급체포의 사유에 해당하며(형사소송법 제200조의3, 군사법원법 제232조의3), 필요적 보석의 예외(형사소송법 제95조 제1호, 군사법원법 제135조 제1호)가 된다. 사형을 선고할 때에는 치료감호사건은 판결로써 청구기각을 선고하여야 한다(치료감호 등에 관한 법률 제12조 제1항).

96 헌법재판소 2010. 2. 25. 선고 2008헌가23 결정.
97 헌법재판소 1996. 11. 28. 선고 95헌바1 결정은 이러한 차원에서 이해할 수 있다.

한편 사형범죄는 사형이 선고될 가능성이 있는 범죄로서 형벌로 인한 법익박탈이 심대하므로 사형범죄에 대한 재판은 다른 경우와 달리 보다 신중한 재판이 요청된다. 나라에 따라서는 사형범죄에 대한 재판의 특수성을 충분히 반영한 절차를 마련하여 이에 따라 심리하도록 하기도 한다. 우리나라도 사형범죄에 대하여 필요적 국선(형사소송법 제33조 제1항 제6호),[98] 사실오인이나 양형부당을 이유로 한 상고의 허용(형사소송법 제383조 제4호, 군사법원법 제442조 제7호), 사형이 선고된 판결에 대한 피고인이나 피고인을 위한 상소권자의 상소포기 금지(형사소송법 제349조, 군사법원법 제406조), 비상계엄하의 군사재판이라도 사형을 선고한 경우에는 상소배제의 특례 적용 배제(헌법 제110조 제4항, 군사법원법 제534조), 피고인에 대한 송달불능보고서가 접수된 때로부터 6월이 경과하도록 피고인의 소재를 확인할 수 없는 때에 피고인의 진술 없이 재판하는 특례의 적용 배제(소송촉진 등에 관한 특례법 제23조) 등의 특칙을 두고 있다. 그러나 이는 대부분 사형범죄만을 위한 특칙이 아닐뿐더러 매우 빈약한 수준으로서 사형범죄의 특수성에 대한 고려가 충분하다고 할 수는 없다.

소년범에 대하여는 사형을 선고하지 아니한다. 죄를 범할 때에 18세 미만인 소년에 대하여는 사형 또는 무기형으로 처할 것인 때에는 15년의 유기징역(특정강력범죄를 범한 경우에는 20년의 유기징역)으로 하기 때문이다(소년법 제59조, 특정강력범죄의 처벌에 관한 특례법 제4조). 여기서 '사형 또는 무기형으로 처할 것'이라 하면 처단형이 사형 또는 무기형인 경우를 의미하고 법정형이 사형 또는 무기형인 경우를 의미하지는 아니하므로, 예컨대 소년에 대하여 무기징역형을 선택한 후 작량감경을 한 형기범위 내에서 징역 12년을 선고한 것은 적법하다.[99]

나. 사형선고의 기준

사건에 대한 양형의 결과 사형을 선택하는 합리적인 판단기준에 대법원은 일응 다음과 같은 기준을 제시하고 있다.[100]

98 군사재판의 경우 피고인에게 변호인이 없는 때에는 군사법원은 직권으로 변호인을 선정하여야 하므로(군사법원법 제62조) 모든 사건이 필요적 국선이라 할 수 있다.

99 대법원 1986. 12. 23. 선고 86도2314 판결(공1987, 279).

100 대법원 2017. 4. 28. 선고 2017도2188 판결, 대법원 2015. 8. 27. 선고 2015도5785, 2015전도105 판결, 대법원 2010. 6. 10. 선고 2010도4347 판결, 대법원 2006. 3. 24. 선고 2006도354 판결, 대법원 2003. 6. 13. 선고 2003도924 판결. 같은 취지 : 대법원 2009. 2. 26. 선고 2008도9867 판결, 대법원 2006. 3. 24. 선고 2006도354 판결, 대법원 2005. 8. 25. 선고 2005도4178 판결, 대법원 2004. 9. 3. 선고 2004도3538 판결, 대법원 2002. 2. 8. 선고 2001도6425 판결, 대법원 1999. 6. 11. 선고 99도763 판결.

사형은 인간의 생명 자체를 영원히 박탈하는 냉엄한 궁극의 형벌로서 문명국가의 이성적인 사법제도가 상정할 수 있는 극히 예외적인 형벌이라는 점을 감안할 때, 사형의 선고는 범행에 대한 책임의 정도와 형벌의 목적에 비추어 그것이 정당화될 수 있는 특별한 사정이 있다고 누구라도 인정할 만한 객관적인 사정이 분명히 있는 경우에만 허용되어야 하고, 따라서 사형을 선고함에 있어서는 범인의 연령, 직업과 경력, 성행, 지능, 교육 정도, 성장과정, 가족관계, 전과의 유무, 피해자와의 관계, 범행의 동기, 사전계획의 유무, 준비의 정도, 수단과 방법, 잔인하고 포악한 정도, 결과의 중대성, 피해자의 수와 피해감정, 범행 후의 심정과 태도, 반성과 가책의 유무, 피해회복의 정도, 재범의 우려 등 양형의 조건이 되는 모든 사항을 철저히 심리하여 위와 같은 특별한 사정이 있음을 명확하게 밝힌 후 비로소 사형의 선택 여부를 결정하여야 할 것이고…, 이를 위하여는 법원으로서는 마땅히 기록에 나타난 양형조건들을 평면적으로만 참작하는 것에서 더 나아가, 피고인의 주관적인 양형요소인 성행과 환경, 지능, 재범의 위험성, 개선교화 가능성 등을 심사할 수 있는 객관적인 자료를 확보하여 이를 통하여 사형선택 여부를 심사하여야 할 것은 물론이고, 피고인이 범행을 결의하고 준비하며 실행할 당시를 전후한 피고인의 정신상태나 심리상태의 변화 등에 대하여서도 정신의학이나 심리학 등 관련 분야의 전문적인 의견을 들어 보는 등 깊이 있는 심리를 하여 본 다음에 그 결과를 종합하여 양형에 나아가야 할 것이다…

대법원은 나아가 위와 같은 심리를 통하여 사형의 선고가 정당화 될 수 있는 사정이 있음이 의문의 여지가 없도록 밝혀진 경우에 한하여 비로소 사형을 선고할 수 있다고 하고 있다.[101]

사형은 인간의 생명을 박탈하는 냉엄한 궁극의 형벌로서 사법제도가 상정할 수 있는 극히 예외적인 형벌이라는 점을 감안할 때, 사형의 선고는 범행에 대한 책임의 정도와 형벌의 목적에 비추어 누구라도 그것이 정당하다고 인정할 수 있는 특별한 사정이 있는 경우에만 허용되어야 한다. 따라서 사형의 선고 여부를 결정함에 있어서는 형법 제51조가 규정한 사항을 중심으로 범인의 연령, 직업과 경력, 성행, 지능, 교육정도, 성장과정, 가족관계, 전과의 유무, 피해자와의 관계, 범행의 동기, 사전계획의 유무, 준비의 정도, 수단과 방법, 잔인하고 포악한 정도, 결과의 중대성, 피해

101 대법원 2016. 2. 19. 선고 2015도12980 전원합의체 판결.

자의 수와 피해감정, 범행 후의 심정과 태도, 반성과 가책의 유무, 피해회복의 정도, 재범의 우려 등 양형의 조건이 되는 모든 사항을 철저히 심리하여야 하고, 그러한 심리를 거쳐 사형의 선고가 정당화될 수 있는 사정이 있음이 밝혀진 경우에 한하여 비로소 사형을 선고할 수 있다(대법원 2006. 3. 24. 선고 2006도354 판결, 대법원 2013. 1. 24. 선고 2012도8980 판결 등 참조).
우리 헌법은 제110조 제4항에서 법률에 의하여 사형이 형벌로서 선고될 수 있음을 전제로 하여 사형제도를 인정하고 있고 현행 법제상 다수의 범죄에 관하여 사형이 법정형으로 규정되어 있기는 하지만, 법관이 사형을 선고함에 있어서는 앞서 든 사항 등 고려할 수 있는 모든 양형의 조건들을 엄격하고도 철저히 심리하여 의문의 여지가 없을 정도로 사형의 선고가 정당화될 수 있을 때에만 비로소 그 사형의 선고가 허용된다는 것이 대법원의 확고한 입장임은 누차 확인된 바 있다.

5. 사형의 집행

가. 서언

동서양을 막론하고 과거에는 위하력을 높이려는 의도에서 각종 잔혹한 방법에 의한 사형집행을 하였으나, 근대로 접어들면서부터 점차 완화되고 방법도 단순화되었다. 오늘날에는 대략 교수(絞首, hanging), 총살(shooting), 참수(斬首, guillotine), 전기살(electrocution), 가스살(lethal gas), 교살(絞殺, strangulation), 투석살(投石殺)의 7가지 정도가 사용되고 있다.[102]

또 집행을 공개적으로 하는가 여하에 따라 밀행주의, 공개주의, 병행주의로 구분할 수 있는데 현재 대다수의 나라에서 밀행주의를 취하고 있고 공개주의나 병행주의는 중동에서 시행되고 있다.[103]

나. 사형집행방법

사형확정자는 독거수용함을 원칙으로 한다(형의 집행 및 수용자의 처우에 관한 법률 제89조, 군에서의 형의 집행 및 군수용자의 처우에 관한 법률 제77조). 따라서 사형판결은 필연적으로 구금을 수반한다.

사형은 법무부장관(군사재판의 경우는 국방부장관)의 명령에 의하여 집행한다(형사소송법 제463조, 군사법원법 제506조). 사형집행명령은 판결이 확정된 날로부터 6월 이내에 하여야 하고(형사소송법 제465조, 군사법원법 제508조) 사형집행명령이 있

102 신진규, 형사법강좌 Ⅱ(1984), 810-811.
103 신진규, 형사법강좌 Ⅱ(1984), 811.

으면 5일 이내에 집행하여야 한다(형사소송법 제466조, 군사법원법 제509조). 이 기간은 훈시규정으로 해석된다.

사형선고를 받은 사람이 심신장애로 의사능력이 없는 상태에 있거나 잉태중에 있는 여자인 때에는 법무부장관(군사재판의 경우 국방부장관)의 명령으로 집행을 정지하고, 심신장애의 회복 또는 출산 후 장관의 명령으로 형을 집행한다(형사소송법 제469조, 군사법원법 제512조).

사형의 집행은 일반재판의 경우는 교정시설의 사형장(형의 집행 및 수용자의 처우에 관한 법률 제91조 제1항)에서, 군사재판의 경우는 참모총장이 지정하는 장소(군에서의 형의 집행 및 군수용자의 처우에 관한 법률 제78조 제1항)에서 집행하며 공휴일과 토요일에는 집행하지 아니한다(형의 집행 및 수용자의 처우에 관한 법률 제91조 제2항, 군에서의 형의 집행 및 군수용자의 처우에 관한 법률 제78조 제2항).

사형은 일반재판의 경우는 교수(絞首)하여 집행하고(형법 제66조), 군사재판의 경우에는 총살로써 집행한다(군형법 제3조). 사형집행에는 검사, 검찰청서기관, 교도소장 또는 구치소장이나 그 대리자가 참여하여야 하며(군사재판의 경우는 군의관 추가), 그 밖에는 검사나 교도소장 또는 구치소장의 허가가 없으면 아무도 형의 집행장소에 들어가지 못한다(형사소송법 제467조, 군사법원법 제510조). 즉, 집행의 밀행주의를 채택한 것이다.

사형의 집행이 있는 때에는 교도소장은 지체 없이 교도소 소재지의 시·읍·면장에게 사망의 통보를 하여야 한다(가족관계의 등록 등에 관한 법률 제88조 제1항).

다. 보상

상소권회복에 의한 상소·재심이나 비상상고절차에서 무죄재판을 받은 자가 원판결에 의하여 구금 또는 형의 집행을 받았을 때에는 구금 또는 형의 집행에 대한 보상을 청구할 수 있다(형사보상법 제1조 제2항). 사형집행에 대한 보상금은 집행 전 구금에 대한 보상금 외에 3천만 원 이내에서 모든 사정을 고려하여 법원이 상당하다고 인정하는 액을 가산 보상하되, 사망으로 인한 재산손실액이 증명된 때에는 그 손실액도 보상한다(형사보상 및 명예회복에 관한 법률 제5조 제3항).

제 42 조 [징역 또는 금고의 기간]

징역 또는 금고는 무기 또는 유기로 하고 유기는 1개월 이상 30년 이하로 한다. 단, 유기징역 또는 유기금고에 대하여 형을 가중하는 때에는 50년까지로 한다.
<개정 2010.4.15.>

[관련조문] 형사소송법 제470조-제471조의2, 제473조-제475조, 소년법 제60조, 제63조.

[참고문헌] 김성돈, 형법총론(제5판), 성균관대학교출판부(2017); 김일수/서보학, 새로쓴 형법총론(제13판), 박영사(2018); 박상기, 형법총론(제9판), 박영사(2012); 박상기/전지연, 형법학(총론·각론 강의)(제4판), 집현재(2018); 배종대, 형법총론(제13판), 홍문사(2017); 성낙현, 형법총론(제2판), 동방문화사(2011); 손동권/김재윤, 새로운 형법총론(초판), 율곡출판사(2011); 신동운, 형법총론(제10판), 법문사(2017); 오영근, 형법총론(제4판), 박영사(2018); 이재상 외 2인(이재상/장영민/강동범), 형법총론(제9판), 박영사(2017); 이정원, 형법총론, 법지사(1999); 임웅, 형법총론(제10정판), 법문사(2018); 정성근/박광민, 형법총론(전정2판), 성균관대학교출판부(2015); 정영일, 형법강의(총론)(제3판), 학림(2017); 법무부, 공무원범죄에관한특례법 해설(1995); 법원행정처, 양형실무(1999); 사법연수원, 형사판결서작성실무(2019).

Ⅰ. 자유형

1. 자유형의 개념

형법 제42조는 징역(懲役)과 금고(禁錮)에 관하여 규정하고 있다. 징역과 금고는 모두 수형자의 신체의 자유를 박탈한다는 점에서 공통점이 있다. 그런데 제46조가 규정하는 구류(拘留)도 신체의 자유를 박탈한다는 점에서 공통된다. 한편 예컨대, 유형(流刑), 추방(追放) 등과 같이 신체의 자유를 박탈하는 정도에는 이르지 아니하고 이를 제한하는 내용의 형벌이 있을 수 있다. 이처럼 수형자의 신체의 자유를 박탈하거나 제한하는 것을 내용으로 하는 형벌을 자유형(Freiheitsstrafe)이라고 한다.

현행 형법상으로는 신체의 자유를 박탈하는 형벌만이 인정되고 제한하는 형벌은 인정되지 않고 있다. 특별법상으로는 신체의 자유를 제한하는 처분이 규정되어 있는 경우가 있다. 예컨대, 가정폭력범죄의 처벌 등에 관한 특례법은 가정폭력행위자가 피해자 또는 가정구성원에게 접근하는 행위를 제한하는 처분(제40조 제1항 제1호)이나 피해자 또는 가정구성원의 주거, 직장 등에서 100미터 이내의 접근 금지를 내용으로 하는 임시조치(제29조 제1항 제2호)에 관하여 규정하고 있다. 이들은 가정폭력행위자의 신체의 자유를 제한하는 내용이기는 하지만 형벌의 일종은 아니다.

2. 자유형의 의미

근대 이전에는 사형과 신체형이 형벌의 중심이었다. "감옥은 구치를 위하여만 이용되어야지 처벌을 위하여 이용되어서는 안 된다."는 로마법상의 원칙에 따라 감옥은 주로 수사나 재판의 진행 또는 사형이나 벌금형의 집행을 위한 일시적 구치장소로 사용되었다.[1] 그러나 근대에 이르러 자유형이 중요한 기능을 하게 되었고 오늘날에는 가장 대표적인 형벌로 자리 잡게 되었다. 이에는 고전학파의 이론에 힘입은 바 크다. 고전학파는 범죄와 형벌의 균형을 주장하면서 사형의 축소를 축소하고자 하였는데, 자유형은 사형에 비하여 인도적일 뿐만 아니라 그 기간을 조정함으로써 범죄와 균형을 맞추기에 알맞기 때문이었다.[2]

초기의 자유형 운영에서는 수형자에게 자유박탈의 고통을 과하면서 자신의 범죄를 참회하도록 하는 것이 강조되었다.[3] 그러나 근대학파의 등장과 함께 자유형은 단순히 범죄인의 자유를 박탈한다는 의미를 넘어 적극적으로 범죄인을 개선·교육하는 수단으로서의 의미가 강조되었다.

우리나라도 애초 자유형을 집행하는 장소를 형무소(刑務所), 소년형무소라고 하고 그 담당자를 형무관(刑務官)이라고 하였으나[4] 1961년 교도소(矯導所), 소년교도소, 교도관이라고 명칭을 바꾸어,[5] 현재에 이르고 있는데,[6] 형무소는 응보로서의 형벌의 의미가 강조되는 반면, 교도소는 교육수단으로서의 형벌의 의미가 강조된다고 할 수 있다.

1 법원행정처, 양형실무(1999), 157.
2 오영근, 형법총론(제4판), 박영사(2018), 502.
3 교도소를 penitentiary라고도 하는데 이는 '참회의 장소'라는 의미가 있다.
4 구 행형법(1950. 3. 2. 법률 제105호로 제정된 것) 제2조, 제7조; 법 제67조, 제68조.
5 구 행형법(1961. 12. 23. 법률 제858호로 전부개정된 것) 제2조, 제7조.
6 형의 집행 및 수용자의 처우에 관한 법률 제11조, 제10조.

3. 자유형의 종류

가. 형법상의 자유형

형법은 징역, 금고, 구류의 세 가지를 자유형으로 규정하고 있다(제41조 제1호, 제3호, 제7호). 이들은 모두 교도소에 구치하는 것을 내용으로 한다는 점에서 공통되는데,[7] 징역은 이에 더하여 정역(定役)에 복무할 의무를 부과한다는 점에서 다른 두 자유형과 구별된다(제67조, 제68조). 한편 징역과 금고는 그 기간이 1월 이상이고(제42조) 구류는 그 기간이 30일 미만(제46조)라는 점에서 서로 구별된다.

나. 구별개념

벌금이나 과료를 납부하지 않은 사람에 대하여 부과하는 형법상의 노역장유치(제70조)는 그 자체가 자유형이라고 할 수는 없지만 형벌이 확정된 후 신체의 자유를 박탈한다는 점에서 실제 자유형과 동일한 효과를 수반하므로 대체자유형으로 이해할 수 있다.[8] 판례도 벌금형에 따르는 노역장 유치는 실질적으로 자유형과 동일하므로 그 집행에 대하여 자유형의 집행에 관한 규정이 준용된다고 한다(형사소송법 제492조).[9]

형사소송법에 근거한 구속(제69조 등)은 신체의 자유를 박탈한다는 점에서 자유형과 유사하다. 그러나 구속은 소송절차의 원만한 수행을 위하여 피의자나 피고인의 신병을 확보하는 것으로서 형벌이 아니므로 자유형에 속하지 아니한다.[10] 다만, 이 구속기간은 미결구금일수로서 자유형이나 노역장유치기간에 산입된다(형법 제57조 등). 이는 미결구금기간 또한 신체의 자유를 박탈하고 있다는 점에서 자유형의 집행과 다를 바 없기 때문이다.[11] 자유형의 처벌을 받는 수형자는 미결수용자에 비하여 접견 등의 빈도가 대폭 제한될 수 있다.[12]

법원조직법이 규정하는 감치(監置)는 법원의 심리를 방해한 행위 등에 대하여

7 구류는 경찰서유치장이나 구치소에서 집행할 수도 있다. 즉결심판에 관한 절차법 제18조 제2항.

8 법원행정처, 양형실무(1999), 158.

9 대법원 2010. 10. 14. 선고 2010도8591 판결.

10 형의 집행 및 수용자의 처우에 관한 법률은 이러한 수용자를 미결수용자라고 하고(제2조) 미결수용자는 자유형을 집행하는 교도소나 소년교도소가 아닌 구치소에 수용하도록 하고 있다(제11조).

11 대법원 2009. 5. 28. 선고 2009도1446 판결, 대법원 2003. 2. 11. 선고 2002도6606 판결, 대법원 2010. 4. 16.자 2010모179 결정.

12 대법원 1998. 4. 28. 선고 96다48831 판결.

20일 이내의 기간 경찰서유치장·교도소 또는 구치소에 유치하는 벌인데(제61조), 이는 피감치인의 자유를 박탈하는 처분이라는 점에서 자유형과 공통되지만, 질서벌의 일종으로서 형벌인 자유형에 속하지는 않는다.

민사소송법·민사집행법이나 가사소송법상의 감치는 특정한 의무이행을 확보하기 위한 수단으로 사용되는 것으로서 자유형과는 구별된다.[13]

Ⅱ. 징역과 금고

1. 형의 내용

가. 징역

징역은 수형자를 형무소(교도소) 내에서 구치하여 정역(定役), 즉 에 복무하게 하는 형벌이다(형법 제67조). 수형자에게 부과되는 정역은 건전한 사회복귀를 위하여 기술을 습득하고 근로의욕을 고취하는 데에 적합한 것이어야 한다.[14] 수형자는 자신에게 부과된 작업과 그 밖의 노역을 수행하여야 할 의무가 있다.[15] 즉, 정(定)해진 노역(勞役)에 복무할 의무가 있다는 점에서 그렇지 아니한 금고, 구류와 구별되고 기간이 1개월 이상이라는 점에서 1일 이상 30일 미만인 구류와 구별된다.

징역은 무기징역과 유기징역으로 나뉜다. 무기징역은 형의 만료일이 없어 종신형과 실질적으로 같다. 유기징역은 1월 이상 30년 이하의 기간 허용되는데 50년까지 가중할 수 있다(형법 제42조).

일단 무기징역형을 선택하였으면 형법 제1항 제1호의 경합범 처리례에 따라 무기징역형만으로 처벌하여야 하고 따로 경합범가중이나 누범가중을 할 수 없으며, 무기징역형을 선택한 후 작량감경을 하는 경우에는 15년을 초과하는 형을 선고할 수 없다.[16]

나. 금고

금고는 수형자를 형무소(교도소) 내에 구치하는 형벌이다(형법 제68조). 수형자

13 증언확보를 위한 감치(민사소송법 제311조), 재산명시의 확보를 위한 감치(민사집행법 제68조), 수검명령 확보를 위한 감치(가사소송법 제67조 제2항), 정기금지급명령이나 유아인도명령 이행확보를 위한 감치(가사소송법 제68조 제1항).

14 형의 집행 및 수용자의 처우에 관한 법률 제65조 제1항.

15 형의 집행 및 수용자의 처우에 관한 법률 제66조.

16 대법원 1992. 10. 13. 선고 92도1428 전원합의체 판결.

가 정역에 복무할 의무가 없다는 점에서 징역과 구별된다. 다만, 수형자가 신청할 경우에는 교도소장이 작업을 부과할 수 있다.[17]

연혁적으로 보면 금고형은 과실범이나 정치범 등과 같이 비파렴치범에 대한 형벌로 고안되었다. 이들에 대하여는 그 명예를 존중해준다는 취지에서 의무적인 정역을 부과하지 않으려는 취지였다.[18]

현행형법이 과실치사죄(제267조), 업무상과실·중과실치사상죄(제268조), 업무상과실·중과실장물취득죄(제364조), 업무상실화·중실화죄(제171조), 과실·업무상과실·중과실폭발성물건파열등죄(제173조의2) 등의 과실범과 외국에대한사전죄(제111조), 중립명령위반죄(제112조)와 같은 정치범에 대하여 금고를 규정하고 있고, 내란의 죄(제87조, 제88조, 제90조), 국기에 관한 죄(제105조, 제106조), 외국원수에 대한 폭행 등죄(제107조), 외국사절에 대한 폭행등죄(제108조), 외국국기·국장모독죄(제109조) 등의 정치범에 대하여는 징역과 선택형으로 금고를 규정하고 있는 것은 이러한 취지에 따라 이해할 수 있다.

그러나 이것이 절대적인 기준은 아니다. 형법은 과실범이나 정치범이 아닌 경우에도 금고를 규정한 경우가 있고[19] 그 밖에 다수의 범죄에서 징역과 선택형으로 금고를 규정하고 있다. 또한 국가보안법이나 집회 및 시위에 관한 법률과 같은 형사특별법에서 정치범적 성격을 가지는 범죄들에 대하여도 징역만을 규정하고 있는 경우도 있다.

결국 법정형으로서 징역을 부과할 것인가, 금고를 부과할 것인가는 각 범죄의 특성에 따른 입법자의 결정에 의존한 바가 크다고 할 것이다.

2. 형의 기간

가. 무기형과 유기형

1) 무기형

징역 또는 금고는 무기형과 유기형이 있다(형법 제42조). 무기형은 형의 만료일이 없어 사실상 종신형과 같다. 다만, 법정형이 무기이더라도 법률상감경이나

17 형의 집행 및 수용자의 처우에 관한 법률 제67조.
18 법원행정처, 양형실무(1999), 160.
19 모욕죄(형법 제311조).

작량감경을 통하여 유기로 감경될 수 있고(제53조, 제55조), 선고형이 무기이더라도 가석방을 통하여 종신 전에 자유의 몸이 될 수 있다(제72조).

그런데 사형제도를 폐지하는 대안으로서 절대적 종신형을 도입하자는 의견이 있다.[20] 절대적 종신형이란 가석방이 금지된 무기형을 의미한다. 이는 종래 실무상 무기형을 선고받은 수형자라도 가석방을 통하여 종신까지 복역하지 아니하고 석방되는 경우가 많은 이유로 사형과 무기형의 격차가 크다는 점에 주목하여 그 간극을 절대적 종신형으로 메꿈으로써 사형제도를 폐지할 수 있는 여지를 갖고자 하는 취지이다.[21] 절대적 종신형에 대하여는 위헌성의 논란이 있고,[22] 그 도입에 회의적인 입장도 있다.[23]

죄를 범할 당시 18세 미만인 소년에 대하여 사형 또는 무기형으로 처할 경우에는 15년의 유기징역으로 하되(소년법 제59조), 특정강력범죄의 경우에는 20년의 유기징역으로 한다(특정강력범죄의 처벌에 관한 특례법 제4조 제1항).

2) 유기형

징역 또는 금고의 형기가 일정한 기간으로 정하여져 있는 경우를 유기형이라고 한다. 법률에서 유기형을 규정하는 방식은 크게 세 가지로 구분하여 볼 수 있다.

첫째는 유기형의 단기만을 규정하는 방식이다. 법정형을 "3년 이상의 유기징역"으로 규정한 강간죄(형법 제297조), "1년 이상의 유기금고"로 규정한 외국에대한 사전죄(제111조), "3년 이상의 유기징역이나 유기금고"로 규정한 내란예비죄(제90조 제1항)의 경우가 그 예이다. 이처럼 단기만이 규정되어 있고 장기가 규정되어 있지 않은 경우라도 원래 유기형의 상한이 30년이므로(제42조) 결국 위 각 단기 이상 30년 이하의 형이 법정형이 된다. 유기형의 상한이 30년으로 된 것은 2010년 형법개정에 의하여 종래의 15년을 2배로 늘린 것인데, 이에 대하여는 비판이 있다.[24] 유기형의 상한은 나라에 따라 다르다. 독일과 중국은 15년,[25] 오스트리아와

20 허일태, "자유형의 합리적 재정립에 관한 제언", 동아법학 37(2005. 12.), 72-77.
21 허일태, "자유형의 합리적 재정립에 관한 제언", 동아법학 37(2005. 12.), 74.
22 허일태, "사형제도의 세계적 추세와 위헌성", 동아법학 45(2009. 11.), 270, 290-291.
23 손동권, "사형폐지론에 대한 비판적 검토", 한국형법학의 새로운 지평: 심온 김일수교수 화갑기념논문집, 박영사(2006), 285-286; 신양균, "절대적 종신형을 통한 사형폐지?", 비교형사법연구 9-2(2007. 12.), 636-643.
24 한인섭, "유기징역형의 상한: 근본적인 재조정 필요하다", 형법개정안과 인권, 경인문화사(2011), 1-13.
25 독일 형법(StGB) §38, 중국 형법 제45조.

일본은 20년,[26] 프랑스는 30년[27]을 유기형의 상한으로 하고 있다.

둘째는 유기형의 장기만을 규정하는 방식이다. 법정형을 "7년 이하의 징역"으로 규정한 상해죄(형법 제257조 제1항), "2년 이하의 금고"로 규정한 과실치사죄(제267조), "2년 이하의 징역이나 금고"로 규정한 다중불해산죄(제116조)의 경우가 그 예이다. 이처럼 장기만이 규정되어 있고 단기가 규정되어 있지 않은 경우라도 원래 유기형의 하한이 1개월이므로(제42조) 결국 1개월 이상 위 각 장기 이하의 형이 법정형이 된다. 형법상 범죄에서는 이러한 규정방식이 다수를 차지한다.

셋째는 단기와 장기를 함께 규정하는 방식이다. 법정형을 "1년 이상 10년 이하의 징역"으로 규정한 촉탁살인죄(형법 제252조 제1항), "1년 이상 10년 이하의 징역이나 금고"로 규정한 소요죄(제115조)의 경우가 그 예이다. 이 경우는 각칙에서 유기형의 범위를 명확히 하고 있는 경우이다.

한편, 유기형을 가중하는 때에는 형기의 상한을 50년까지로 한다(형법 제42조). 이도 종래 25년이던 것을 2010년의 형법 개정으로 2배로 늘린 것이다. 유기형을 감경하는 경우에는 별도의 특칙이 없으므로 형을 감경하더라도 유기형의 하한인 1개월 미만으로 감경할 수는 없다(제42조 본문).[28]

나. 정기형과 부정기형

1) 개요

자유형을 선고함에는 형기를 특정하여 하는 경우와 형기를 특정하지 아니하고 하는 경우가 있다. 전자를 정기형, 후자를 부정기형이라고 한다. 부정기형에도 형기의 상한과 하한을 정하여 일정범위 내에서 부정기형을 선고하는 상대적 부정기형과 상한과 하한을 정함이 없이 선고하는 절대적 부정기형이 있다.

우리 법제는 정기형의 선고를 원칙으로 하는 전제에서[29] 부정기형을 선고하는 경우를 특별히 법률로 규정하고 있다.

소년이 법정형 장기 2년 이상의 유기형에 해당하는 죄를 범한 경우에는 그 형의 범위에서 장기와 단기를 정하여 선고한다(소년법 제60조 제1항 본문). 이는 상대

26 오스트리아 형법(StGB) §18, 일본 형법 제12조, 제13조.
27 프랑스 형법 제131-1조.
28 사법연수원, 형사판결서작성실무(2019), 32, 174.
29 성년에 대하여 정기형을 선고하여야 하고 부정기형을 선고한 것은 위법이라는 대법원 1990. 4. 24. 선고 90도539 판결 참조.

적 부정기형을 채택한 것이다. 소년에 대한 부정기형의 장기는 10년, 단기는 5년을 초과하지 못한다(제60조 제1항 단서). 다만, 특정강력범죄의 경우에는 장기 상한이 15년, 단기 상한이 7년이 된다(특정강력범죄의 처벌에 관한 특례법 제4조 제2항).

죄형법정주의에서 파생되는 명확성의 원칙은 구성요건과 형벌규정이 명확하게 규정될 것을 요구하는바, 형벌규정의 명확성의 요청은 범죄의 결과인 형벌은 그 의미를 일의적으로 파악할 수 있을 정도로 명확한 개념으로 규정되어야 하고 절대적 부정기형은 금지되어야 한다는 요청을 내포하고 있다.[30] 이에 따라 우리 법제상 절대적 부정기형이 허용되는 경우는 없다.

2) 소년법상 부정기형

위와 같이 법정형 장기 2년 이상의 유기형에 해당하는 죄를 범한 소년에 대하여는 부정기형을 선고하여야 하는데, 여기서 소년이란 19세 미만인 자를 말하며(소년법 제2조), 범행시가 아니라 사실심 판결 선고 당시를 기준으로 한다.[31] 따라서 제1심판결 선고 당시에는 소년이었으나 항소심판결 선고 당시 성년이 된 경우에는 정기형을 선고하여야 한다.[32] 이때 피고인만이 항소하여 불이익변경금지원칙이 적용되는 경우 제1심이 선고한 부정기형 중 최단기형과 항소심이 선고하는 정기형을 비교하여 그 경중을 가리게 된다. 예컨대, 제1심에서 징역 장기 15년 단기 7년이 선고되어 피고인이 항소하였는데 항소심에서 피고인이 성년이 되어 정기형을 선고함에 있어 징역 12년을 선고한 것은 불이익변경금지에 위반된다.[33]

소년에 대하여 형식상 장·단기의 형을 선고하더라도 '장기 1년 단기 1년'과 같이 실질상 정기형을 선고하였으면 부정기형이 아니므로 위법하다.[34] 장·단기의 폭에 대하여는 법정된 바 없는데, 실무상 장기 5년에 단기 4년, 장기 4년에 단기 3년, 장기 3년에 단기 2년 6월 또는 2년, 장기 2년에 단기 1년 6월, 장기 1년 6월에 단기 1년, 장기 1년에 단기 10월 또는 8월, 장기 10월에 단기 8월 또는 6월, 장기 8월에 단기 6월 등이 선고되고 있다.[35]

사형, 무기형 또는 유기형인 법정형 가운데에서 유기형을 선택한 때에는 그

30 헌법재판소 2005. 2. 3. 선고 2003헌바1 결정의 3인 소수의견.
31 대법원 1991. 3. 8. 선고 90도2826 판결, 대법원 2008. 10. 23. 선고 2008도8090 판결.
32 대법원 1966. 3. 3. 선고 65도1229 전원합의체 판결, 대법원 1990. 4. 24. 선고 90도539 판결.
33 대법원 2006. 4. 14. 선고 2006도734 판결.
34 대법원 1956. 1. 31. 선고 4288형상371 판결, 대법원 1960. 9. 30. 선고 4293형상509 판결 참조.
35 사법연수원, 형사판결서작성실무(2011), 27.

장기가 2년 이상이라면 감경 여하에 불구하고 부정기형을 과하여야 한다.[36] 부정기형은 법정형이나 처단형이 아니라 선고형을 의미하므로[37] 처단형의 장기가 10년, 단기가 5년을 초과하더라도 장기는 10년, 단기는 5년을 선고하여야 하며,[38] 이때 감경사유가 있다고 하여 부정기형 선고형의 상한까지 감경되는 것은 아니다.[39] 형법 제37조 후단의 경합범에 해당하여 2개의 형을 선고하는 경우에는 그 단기형의 합계가 징역 5년을 초과하더라도 무방하다.[40]

소년이라도 정기형을 선고하는 경우가 있다. 첫째, 법정형이 장기 2년 이상의 유기형이 아닌 경우이다. 법정형이 사형 또는 무기형에 국한된 경우, 또는 법정형이 사형이나 무기 또는 유기형으로 되어 있는데 그 중 사형이나 무기형을 선택한 경우에, 감경사유가 있어 감경한 결과 유기형이 되더라도 이는 법정형이 아니므로 부정기형을 과할 수 없고 정기형을 과하여야 한다.[41] 법정형이 2년 미만의 유기형인 경우 가중하여 처단형이 2년 이상이 되더라도 정기형을 선고한다.[42] 이 경우에는 장·단기의 제한이 없으므로 10년을 초과하는 형도 가능하다.[43] 둘째, 형의 집행유예, 선고유예를 선고할 때에는 정기형을 선고한다(소년법 제60조 제3항).

한편, 죄를 범할 당시 18세 미만인 소년에 대하여 사형 또는 무기형으로 처할 경우에는 15년의 유기징역으로 하는데(소년법 제59조), 이는 처단형이 사형 또는 무기형일 때에 15년의 유기징역으로 한다는 것이지, 법정형이 사형 또는 무기형인 경우를 의미하는 것은 아니다.[44]

3. 형의 집행

구금되어 있는 피고인에 대하여 자유형의 판결이 확정된 때에는 검사가 교도소·구치소의 장에게 형의 집행을 지휘한다.[45] 자유형의 확정판결을 받은 사람이

36 대법원 1966. 7. 19. 선고 66도735 판결.
37 대법원 1981. 7. 7. 선고 81도1522 판결, 대법원 1983. 6. 14. 선고 83도993 판결.
38 사법연수원, 형사판결서작성실무(2019), 36 참조.
39 대법원 1983. 6. 14. 선고 83도993 판결.
40 대법원 1983. 10. 25. 선고 83도2323 판결.
41 대법원 1960. 9. 30. 선고 4293형상509 판결, 대법원 1983. 4. 26. 선고 83도210 판결, 대법원 1985. 4. 23. 선고 85도318 판결, 대법원 1988. 5. 24. 선고 88도501 판결, 대법원 1990. 10. 23. 선고 90도2083 판결, 대법원 1991. 4. 9. 선고 91도357 판결.
42 대법원 1960. 9. 30. 선고 4293형상509 판결.
43 대법원 1986. 12. 23. 선고 86도2314 판결, 대법원 1988. 5. 24. 선고 88도501 판결, 대법원 1990. 10. 23. 선고 90도2083 판결.
44 대법원 1986. 12. 23. 선고 86도2314 판결.

구금되어 있지 않은 경우에는 검사가 형을 집행하기 위하여 소환하고, 소환에 응하지 아니한 때에는 형집행장을 발부하여 구인한다.[46] 형집행장은 구속영장과 동일한 효력이 있다.[47]

구속 중인 피고인에 대하여 자유형의 판결이 확정된 때에는 구속영장은 실효되고 피고인을 계속 구금하기 위하여는 형집행의 절차를 취하여야 한다.[48] 따라서 형법 제37조 전단의 경합범 중 일부에 대하여 무죄, 일부에 대하여 유죄를 선고한 항소심 판결에 대하여 검사만이 무죄 부분에 대하여 상고한 경우 피고인과 검사가 상고하지 아니한 유죄판결 부분은 상고심에 이심되지 아니하고 따로 확정되므로 구속영장은 실효하고 구속취소결정을 할 수 없다.[49]

재심의 종국판결이 확정된 때에는 재심대상판결은 당연히 효력을 상실하나 그때까지 재심대상 판결에 의하여 이루어진 형의 집행은 적법하게 이루어진 것으로서 그 효력을 잃지 아니하므로 재심판결에서 새로이 자유형을 선고한 때에는 재심대상판결에 의한 자유형집행기간은 재심판결의 자유형 집행시 당연히 집행을 마친 것으로 통산된다.[50]

자유형은 형기의 '연월'을 역수에 따라 계산한다(형법 제83조). 그런데 이와 같이 역수에 따라 계산하도록 하면서 윤달이 있는 해에 형집행 대상이 되는 경우에 관하여 형기를 감하여 주는 보완규정을 두지 않았더라도 위헌은 아니라는 것이 헌법재판소의 입장이다.[51]

Ⅲ. 자유형의 개선논의

1. 자유형의 단일화

현행법상 각 별도의 형으로 규정된 징역, 금고, 구류를 구별하지 말고 자유형으로 단일화하자는 논의가 있다. 이러한 논의는 대체로 판결의 선고는 자유형으로만 하되 행형단계에서 구체적으로 정역의 필요 여부를 판단하게 하자는 취지이다.

45 형사소송법 제459조, 제460조, 자유형 등에 관한 검찰집행사무규칙 제5조.
46 형사소송법 제473조.
47 형사소송법 제474조 제2항.
48 대법원 1999. 9. 7.자 99초355, 99도3454 결정.
49 대법원 1999. 9. 7.자 99초355, 99도3454 결정.
50 대법원 1991. 7. 26. 선고 91재감도58 판결.
51 헌법재판소 2013. 5. 30. 선고 2011헌마861 결정.

자유형을 단일화하자는 입장은, (i) 형사정책적 입장에서 파렴치범 여부에 따라 정역의무에 차별을 둘 필연성이 없고, 오히려 개선과 재사회화라는 교정정책의 일관성을 유지하려면 자유형의 단일화가 필요하다는 점, (ii) 파렴치범의 구분이 상대적이므로 자유형의 종류를 나누는 기준으로 적합하지 않고, 징역형 수형자는 파렴치범이라는 낙인(烙印)이 찍혀 사회복귀에 장애가 된다는 점, (iii) 범죄인의 행위에 대해 파렴치성을 인정할 수 있다고 하더라도 그것은 양형단계나 행형단계에서 고려되어야 할 사항이라는 점, (iv) 현행 형법이 각칙에 징역과 금고를 규정한 것이 반드시 객관적이고 합리적이라고 하기는 어렵다는 점, (vi) 징역보다 금고를 우대로 보는 것은 노동을 천시하는 전근대적인 생각이라는 점, (vii) 금고형을 받은 사람에게 근로를 허용하지 않는 것이 오히려 고통일 수 있다는 점, (viii) 실무상 금고가 선고되는 경우가 드물다는 점, (ix) 실제로 수형자 대부분이 신청에 의하여 정역에 복무하고 있다는 점, (x) 수형자의 의사에 따라 근로 여부를 정하는 것은 행형정책상 부적절하다는 점, (xi) 정역에의 복무 여부가 사회복귀에 적합한지 여부를 행형전문가의 판단에 맡기는 것이 바람직하다는 점, (xii) 노동은 징벌이 아니라 교정수단이라는 인식의 전환이 이루어졌다는 점, (xiii) 징역과 금고는 실질적으로 큰 차이가 없어 형벌의 다양화에 부합하지 않고 자유형의 단일화는 선고의 단일화를 의미할 뿐 집행에서의 다양화는 허용하는 것이라는 점, (xiv) 세계적으로도 징역형으로 단일화되고 있다는 점 등을 논거로 제시하고 있다. 우리나라의 지배설은 단일화를 찬성하는 입장이다.[52]

자유형을 단일화하려는 노력은 입법적으로도 나타나고 있다. 징역과 금고를 징역형으로 단일화하는 내용의 형법개정안이 제출된 바 있다.[53]

52 김성돈, 형법총론(제5판), 성균관대학교출판부(2017), 790; 김성천/김형준, 형법총론, 소진(1998), 594; 박상기, 형법총론(제9판), 박영사(2012), 535; 배종대, 형법총론(제13판), 홍문사(2017), 577; 안동준, 연속범개념의 검토, 이형국 교수 화갑기념논문집(1998), 333; 이재상 외 2인, 형법총론(제9판), 박영사(2017), 580-581; 임웅, 형법총론, 법문사(2010), 609; 정영석, 형법총론(제5전정증판), 법문사(1992), 303; 정성근/박광민, 형법총론(전정2판), 성균관대학교출판부(2015), 682; 정영일, 형법강의(총론), 학림(2007), 481; 박영규, "현행 자유형과 벌금형의 개선방안", 경기법학논총 4(2006. 12.), 99-100; 허일태, "자유형의 합리적 재정립에 관한 제언", 동아법학 37(2005. 12.), 69-72; 손동권/김재윤, 새로운 형법총론(초판), 율곡출판사(2011), 682는 형선고 단계에서는 단일화되는 것이 바람직하지만 집행단계에서까지 굳이 단일화할 이유는 없다는 입장이다.

53 정부 제출, 2011. 3. 25. 의안번호 1811304; 김성돈, "형벌제도의 정비와 형사정책적 기본방향", 형법총칙 개정공청회, 법무부(2010), 148.

2. 단기자유형의 폐지·제한

단기자유형이란 형기가 짧은 자유형을 말하는데, 어느 정도가 단기인가에 대하여 의견이 일치하지 않으나 대체로 6개월 이하의 자유형을 단기자유형으로 보고 있다.[54]

수형자들이 교도소에서 개선·교화되지는 아니하고 오히려 다른 수형자들의 이면문화(裏面文化, 副次文化, subculture)를 학습하여 범죄성을 강화하는 범죄배양효과(crime-breeding effect)는 자유형의 가장 큰 문제점의 하나이다. 이러한 범죄배양효과는 특히 단기자유형의 경우에 더욱 심각한 문제점으로 나타나는데, 단기자유형은 '범죄수법을 습득하기에는 충분한 기간이고 개선·교화되기에는 불충분한 기간'이기 때문이다. 그리하여 단기자유형을 폐지하거나 제한하고 벌금형, 보호관찰부 집행유예 및 선고유예, 기타 사회내처우로 대체하자는 주장이 제기되고 있다.[55]

이에 대하여 단기자유형은 범인에게 짧지만 날카롭고 위협적이라는 3S(Short but Sharp and Shock)의 효과를 거둘 수 있으면서도, 특히 구류는 전과기록에 남지 않고 집행유예결격사유도 되지 않으며 공무원 자격상실 등의 부수효과도 없는 등 피고인에게 유리한 면이 있다는 점을 들어 단기자유형 수 있다는 점에서 유용하다고 하는 견해가 있다.[56]

단기자유형을 제한하고자 하는 노력의 하나로 자유형의 일부에 대한 집행유예제도가 있다.[57] 우리 형법의 해석상으로는 일부집행유예가 인정되지 아니한다.[58] 형법 제62조 제2항이 형을 병과할 경우에만 일부집행유예를 인정하고 있고 하나의 자유형에 대한 일부집행유예에 관하여는 그 요건, 효력 및 일부 실형에 대한 집행의 시기와 절차, 방법 등을 입법에 의해 명확하게 할 필요가 있는데 이를

54 배종대, 형법총론(제13판), 홍문사(2017), 576; 오영근, 형법총론(제4판), 박영사(2018), 504, 임웅, 형법총론(제10정판), 법문사(2018), 652; 정성근/박광민, 형법총론(전정2판), 성균관대학교출판부(2015), 682.

55 김일수/서보학, 새로쓴 형법총론(제13판), 박영사(2018), 562; 박상기, 형법총론(제9판), 박영사(2012), 535; 배종대, 형법총론(제13판), 홍문사(2017), 576-577; 이재상 외 2인, 형법총론(제9판), 박영사(2017), 581; 임웅, 형법총론(제10정판), 법문사(2018), 653; 정성근/박광민, 형법총론(전정2판), 성균관대학교출판부(2015), 682.

56 위 형법 일부개정법률안은 이러한 입장에서 구류형을 존치시켰다. 김성돈, "형벌제도의 정비와 형사정책적 기본방향", 형법총칙 개정공청회, 법무부(2010) 149 참조.

57 오영근, 형법총론, 박영사(2007), 753 참조.

58 대법원 2007. 2. 22. 선고 2006도8555 판결.

인정할 별도의 근거 규정이 없기 때문이다.[59] 다만, 형법 제37조 후단 경합범 관계에 있는 죄에 대하여 형법 제39조 제1항에 의하여 따로 형을 선고하여야 하기 때문에 하나의 판결로 두 개의 자유형을 선고하는 경우 그 두 개의 자유형 중 하나의 자유형에 대하여 실형을 선고하면서 다른 자유형에 대하여 집행유예를 선고하는 것은 허용된다.[60]

59 대법원 2007. 2. 22. 선고 2006도8555 판결.
60 대법원 2002. 2. 26. 선고 2000도4637 판결, 대법원 2001. 10. 12. 선고 2001도3579 판결.

제 43 조 [형의 선고와 자격상실, 자격정지]

① 사형, 무기징역 또는 무기금고의 판결을 받은 자는 다음에 기재한 자격을 상실한다.

1. 공무원이 되는 자격
2. 공법상의 선거권과 피선거권
3. 법률로 요건을 정한 공법상의 업무에 관한 자격
4. 법인의 이사, 감사 또는 지배인 기타 법인의 업무에 관한 검사역이나 재산관리인이 되는 자격

② 유기징역 또는 유기금고의 판결을 받은 자는 그 형의 집행이 종료하거나 면제될 때까지 전항 제1호 내지 제3호에 기재된 자격이 정지된다. 다만, 다른 법률에 특별한 규정이 있는 경우에는 그 법률에 따른다. <개정 2016.1.6>

[2016.1.6 법률 제13719호에 의하여 2014.1.28 헌법재판소에서 위헌 및 헌법불합치 결정된 이 조 제2항을 개정함.]

[관련조문] 형사소송법 제476조.

제 44 조 [자격정지]

① 전조에 기재한 자격의 전부 또는 일부에 대한 정지는 1년 이상 15년 이하로 한다.

② 유기징역 또는 유기금고에 자격정지를 병과한 때에는 징역 또는 금고의 집행을 종료하거나 면제된 날로부터 정지기간을 기산한다.

[관련조문] 형사소송법 제476조.

[참고문헌] 김성돈, 형법총론(제5판), 성균관대학교출판부(2017); 김일수/서보학, 새로쓴 형법총론(제13판), 박영사(2018); 박상기, 형법총론(제9판), 박영사(2012); 박상기/전지연, 형법학(총론·각론 강의)(제4판), 집현재(2018); 배종대, 형법총론(제13판), 홍문사(2017); 성낙현, 형법총론(제2판), 동방문화사(2011); 손동권/김재윤, 새로운 형법총론(초판), 율곡출판사(2011); 신동운, 형법총론(제10판), 법문사(2017); 오영근, 형법총론(제4판), 박영사(2018); 이재상 외 2인(이재상/장영민/강동범), 형법총론(제9판), 박영사(2017); 이정원, 형법총론, 법지사(1999); 임웅, 형법총론(제10정판), 법문사(2018); 정성근/박광민, 형법총론(전정2판), 성균관대학교출판부(2015); 정영일, 형법강의(총론)(제3판), 학림(2017); 사법연수원, 형사판결서작성실무(2019).

Ⅰ. 명예형의 의의

1. 의의

명예형은 수형자의 명예감정에 손상을 주거나 명예를 내포하는 권리를 박탈 또는 제한하는 형벌이다. 명예형은 크게 두 종류로 분류할 수 있다. 하나는 치욕형으로서 공중 앞에서 수형자에게 치욕을 주어 사회적 명예를 손상시키는 것이고, 다른 하나는 권리박탈형 또는 자격제한형으로서 수형자의 사회적 권리나 신분을 박탈·제한하는 것이다.

아동·청소년의 성보호에 관한 법률 제38조에 따른 신상공개명령은 아동·청소년 대상 성폭력범죄를 저지른 사람 등에 대하여 법원이 판결과 동시에 선고하는 일종의 형사제재로서 전자의 치욕형적인 성격을 가지고 있다. 이에 비하여 형법은 후자의 권리박탈형 또는 자격제한형만을 인정하고 다시 이를 자격상실과 자격정지로 구분하고 있다.

2. 명예형의 기능

명예형은 형벌로서의 일반적 기능 외에 범죄행위자로 하여금 민주시민으로서 누릴 수 있는 권리에 제약을 가함으로써 민주정체의 순수성과 국가기능에 대한 시민의 신뢰를 확보하는 기능을 한다.[1] 나아가 형선고의 부수효과로서의 명예형은 이를 형법총칙에 규정하여 일률적인 통일성을 기한다는 의미도 가지고 있다.

Ⅱ. 명예형의 종류

1. 자격상실

자격상실이란 일정한 자격을 박탈하는 형벌이다. 자격상실은 이론상 판결의 선고에 의하여 부과되는 선고자격상실과 다른 형을 선고받은 경우 그 부수효과로서 법률상 당연히 부과되는 당연자격상실로 구분할 수 있다. 현행 형법은 자격상실을 법정형으로 규정한 범죄를 규정하지는 않고 다만 사형, 무기징역, 무기금고의 판결을 받은 경우 그 부수적 효과로서 법률상 당연히 자격이 상실되는 경우만을 총칙에 규정하고 있다(형법 제43조).

1 법원행정처, 양형실무(1999), 176; 서보학, "명예형의 제문제", 형사법연구 22(2004. 12.), 430 이하.

상실되는 자격의 종류는 (i) 공무원이 되는 자격, (ii) 공법상의 선거권과 피선거권, (iii) 법률로 요건을 정한 공법상의 업무에 관한 자격, (iv) 법인의 이사, 감사 또는 지배인 기타 법인의 업무에 관한 검사역이나 재산관리인이 되는 자격이다(형법 제43조 제1항).

2. 자격정지

자격정지란 일정한 자격의 전부 또는 일부를 일정기간 동안 정지시키는 형벌이다. 자격정지에는 일정한 형벌을 선고받은 경우 그 부수적 효과로서 당연히 자격이 정지되는 당연정지와 자격정지판결의 선고에 의한 자격정지가 있다.

가. 당연자격정지

유기징역 또는 유기금고의 판결을 받은 사람은 그 형의 집행이 종료하거나 면제될 때까지 (i) 공무원이 되는 자격, (ii) 공법상의 선거권과 피선거권, (iii) 법률로 요건을 정한 공법상의 업무에 관한 자격이 정지된다(형법 제43조 제2항 본문, 제1항 제1호부터 제3호). 법인의 이사, 감사 또는 지배인 기타 법인의 업무에 관한 검사역이나 재산관리인이 되는 자격은 정지되지 아니한다(형법 제43조 제2항 본문).

종래 제43조 제2항은 본문만이 규정되어 있어 당연자격정지에 예외가 인정되지 않았다. 이는 집행유예자와 수형자에 대하여 전면적·획일적으로 선거권을 제한하고 있다는 문제점이 있었다. 이에 2014년 위 조항 중 유기징역 또는 유기금고의 판결을 받아 그 형의 집행유예기간 중인 자의 '공법상의 선거권'에 관한 부분은 헌법에 위반되고, 유기징역 또는 유기금고의 판결을 받아 그 형의 집행이 종료되지 아니한 자의 '공법상의 선거권'에 관한 부분은 헌법에 합치되지 아니한다는 헌법재판소의 결정이 있었다.[2] 위 결정 후 법률을 개정하여 단서를 추가함으로써 특별법으로서 예외를 인정할 수 있도록 하였다.[3]

나. 선고자격정지

자격정지를 법정형으로 규정한 경우 판결에 의하여 (i) 공무원이 되는 자격, (ii) 공법상의 선거권과 피선거권, (iii) 법률로 요건을 정한 공법상의 업무에 관한 자격, (iv) 법인의 이사, 감사 또는 지배인 기타 법인의 업무에 관한 검사역이나 재산관리인이 되는 자격의 전부 또는 일부에 대한 정지를 선고할 수 있다(형법 제

2 헌법재판소 2014. 1. 28. 선고 2012헌마409 등 결정.
3 2016. 1. 6. 법률 제13719호로 개정.

44조 제1항).

법률에는 자격정지를 다른 형벌과 선택형으로 규정하는 경우도 있고 병과형으로 규정하는 경우도 있다. 형법상 자격정지가 선택적 법정형으로 규정되어 있는 범죄에는 국기, 국장모독·비방죄(제105조, 제106조), 공무원의 직무에 관한 죄(제122조 이하), 허위진단서작성죄(제233조), 상해죄(제257조), 명예훼손죄(제307조 제2항), 업무상비밀누설죄(제317조), 점유강취죄(제325조) 등이 있다. 형법상 자격정지가 병과형으로 규정되어 있는 범죄에는 수뢰후부정처사죄(제131조 제4항), 아편에 관한 죄(제204조), 통화에 관한 죄(제209조), 유가증권·우표·인지에 관한 죄(제220조), 공문서공인위조등죄(제237조, 제238조) 살인죄(제250조), 상해·폭행죄(제265조), 낙태죄(제270조 제4항), 체포·감금죄(제282조), 약취·유인죄(제265조), 절도·강도죄(제345조), 사기·공갈죄(제353조), 횡령·배임죄(제358조), 장물취득죄(제363조 제2항) 등이 있다.

자격정지의 병과는 대부분 임의적이나 필요적 병과인 경우도 있다(부동의낙태죄 등, 형법 제270조 제4항).

Ⅲ. 명예형 폐지논의

명예형의 문제점을 지적하면서 이를 폐지하여야 한다는 주장이 제기되고 있다. 명예형 폐지를 주장하는 입장은 (i) 명예형은 중세부터 19세기까지 유럽 각국에서 이용되고 있던 원시적인 형벌로서 피고인의 사회복귀에 부정적으로 작용할 뿐이라는 점,[4] (ii) 명예형은 국가 형벌의 본질적인 목적인 범죄인의 재사회화사상과 정면충돌을 일으키는 형사제재라는 점,[5] (iii) 명예형은 인간존중 사상에 반하는 제도라는 점,[6] (iv) 명예형을 통하여 일률적으로 공직이나 공적 업무의 취임자격을 박탈 또는 제한하는 것은 그 각 업무에서 요구되는 적임자의 적성요건을 개별적으로 타당성 있게 고려할 수 없게 된다는 점,[7] (v) 적임자의 적성요건은 해당 분야를 규율하는 관계법규나 해당 기관 또는 조직의 내부규칙에 의해 더 정확하고 상세하고 규정될 수 있는 것이라는 점,[8] (vi) 현행 형법상의 피선거권 및 선거

4 이재상 외 2인, 형법총론(제9판), 박영사(2017), 589.
5 서보학, "명예형의 제문제", 형사법연구 22(2004. 12.), 438.
6 김일수, "형법개정과 제재제도의 개선방향", 형사정책 5(1991. 7.), 13.
7 서보학, "명예형의 제문제", 형사법연구 22(2004. 12.), 439-441.
8 김기춘, 형법개정시론(1984), 376. 1986년 법무부 형법개정특별심의위원회 의견도 같은 견해이다. 또 김성돈, "형벌제도의 정비와 형사정책적 기본방향", 형법총칙 개정공청회, 법무부(2010), 152 참조.

권의 제한은 민주주의 원칙에 반한다는 점,[9] (vii) 양형실무례를 보더라도 자격형이 법정형으로 규정되어 있더라도 자유형을 선택하는 경우가 대부분이고 자격형만을 선택하는 경우는 드물다는 점 등을 논거로 제시하고 있다.

명예형을 폐지하더라도 그 폐지범위를 어디까지 할 것인가에 관하여 ⓐ 선고자격상실형만을 폐지(형의 종류에서 자격상실만을 삭제)하자는 안,[10] ⓑ 선고자격상실형과 선고자격정지형을 폐지(형의 종류에서 자격정지도 삭제)하자는 안,[11] ⓒ 명예형 전체(즉 당연자격상실 또는 정지 포함)를 폐지하자는 안[12] 등이 주장되고 있다.

형법 제44조를 삭제함으로써 선고자격정지를 폐지하자는 내용의 법률안이 제안된 바 있다.[13]

9 김대휘, "형벌제도의 개선방안", 사법행정 374(1992. 2.), 32; 서보학, "명예형의 제문제", 형사법연구 22(2004. 12.), 441-443.
10 1992년 법무부 형법개정안.
11 김기춘, 형법개정시론(1984), 448.
12 서보학, "명예형의 제문제", 형사법연구 22(2004. 12.), 444. 1986년 법무부 형법개정특별심의위원회 의견도 같은 취지이다(이정석, "형벌론", 대한변호사협회지 128(1987. 4.), 33 참조).
13 형법 일부개정법률안(정부 제출, 2011. 3. 25. 의안번호 1811304).

제 45 조 [벌금]

벌금은 5만원 이상으로 한다. 다만, 감경하는 경우에는 5만원 미만으로 할 수 있다. <개정 1995.12.29>

[관련조문] 형사소송법 제477조-제481조, 제492조, 소년법 제62조.

[참고문헌] 김성돈, 형법총론(제5판), 성균관대학교출판부(2017); 김일수/서보학, 새로쓴 형법총론(제13판), 박영사(2018); 박상기, 형법총론(제9판), 박영사(2012); 박상기/전지연, 형법학(총론·각론 강의)(제4판), 집현재(2018); 배종대, 형법총론(제13판), 홍문사(2017); 성낙현, 형법총론(제2판), 동방문화사(2011); 손동권/김재윤, 새로운 형법총론(초판), 율곡출판사(2011); 신동운, 형법총론(제10판), 법문사(2017); 오영근, 형법총론(제4판), 박영사(2018); 이재상 외 2인(이재상/장영민/강동범), 형법총론(제9판), 박영사(2017); 이정원, 형법총론, 법지사(1999); 임웅, 형법총론(제10정판), 법문사(2018); 정성근/박광민, 형법총론(전정2판), 성균관대학교출판부(2015); 정영일, 형법강의(총론)(제3판), 학림(2017); 사법연수원, 형사판결서작성실무(2019).

Ⅰ. 재산형

재산형이란 범죄인으로부터 재산적 이익을 박탈하는 내용의 형벌이다. 현행 형법이 인정하는 재산형에는 벌금, 과료, 몰수의 3종류가 있다.

벌금과 과료는 액수로 구별된다. 벌금은 5만 원 이상으로서 상한의 제한이 없다(형법 제45조). 이에 비하여 과료는 2천 원 이상 5만 원 미만이다(형법 제47조). 몰수는 부가형으로서 범죄와 관련된 재산의 박탈을 내용으로 한다.

Ⅱ. 벌금형

1. 벌금형의 의의

벌금형은 수형자로 하여금 일정한 금액을 국가에 납입할 의무를 부과하는 내용의 형벌이다. 채권적 의무를 설정한다는 점에서 재산권을 일방적으로 국가에 귀속시키는 물권적 효과를 가진 몰수와 구별된다. 벌금형은 특히 특별법의 확대와 더불어 그 적용범위를 확장하고 있는 추세이다.

벌금형은 응보 및 예방이라는 형벌의 일반적 기능을 추구하면서도 수형자가 일상생활을 할 수 있도록 하므로 자유형에 비해 인도적이고 교도소의 범죄배양효과를 피할 수 있으며 국가도 수용시설을 운영할 필요가 없어 경제적이다.

그러나 한편 재산이 많은 수형자에게는 형벌로서의 위하력이 미약하고 벌금 미납에 대한 강제(노역장유치)가 민사상 강제집행(재산의 존재를 전제로 한다)보다 엄하기 때문에 국가의 벌금채권은 확보되면서도 피해자의 손해배상청구권은 확보되지 못하는 사태가 발생할 가능성이 있다.

2. 벌금형의 내용

가. 총액벌금제도

벌금은 5만 원 이상으로 하되 감경하는 경우에는 5만 원 미만으로 할 수 있다(형법 제45조). 이처럼 벌금의 하한은 형법총칙의 규정에 의하여 제한되지만 상한은 각 처벌규정에서 정해진다. 벌금은 확정된 총액의 형태로 부과된다(총액벌금제도).

나. 환형유치(換刑留置, 노역장유치)

1) 환형유치의 선고

벌금은 판결확정일로부터 30일 내에 납입하여야 한다(형법 제69조 제1항 본문).

벌금형을 선고함에 있어서는 벌금을 납입하지 아니하는 경우 노역장에 유치할 기간을 함께 판결로써 선고한다(형법 제70조 제1항, 형사소송법 제321조 제2항). 다만 선고 당시 18세 미만의 소년에 대하여는 환형유치를 선고할 수 없고(소년법 제62조) 법인에 대하여는 성질상 환형유치를 할 수 없다.[1]

2) 유치기간

유치기간은 1일 이상 3년 이하로 제한되어 있다(형법 제69조 제2항). 종래 이 유치기간 내에서 법관이 재량으로 정하고 추가의 제한은 없었다. 그 결과 고액의 벌금을 받았는데도 단기간 동안 노역장에 유치되는 것만으로 벌금액 전액을 면제받게 되는 경우가 있게 되었다. 이에 일정 액수 이상의 벌금형을 선고할 경우에는 노역장 유치의 최소 기간을 직접 법률에 규정하여 고액 벌금형을 단기의 노역장 유치로 무력화하지 못하도록 하려는 취지로 2014년 법률이 개정되었다.[2] 그리하여 선고 벌금액이 1억 원 이상 5억 원 미만인 경우에는 300일, 5억 원 이상 50억

1 다만 판례는 법인에게 노역장 유치를 선고한 경우 법인의 성질상 집행불능에 그친다고 한다(대법원 1963. 7. 11. 선고 63오3 판결).

2 2014. 5. 14. 법률 제12575호 개정안 의안원문 참조.

원 미만인 경우에는 500일, 50억 원 이상인 경우에는 1,000일을 유치기간의 하한으로 추가하였다(형법 제70조 제2항).

이 개정 법률은 그 시행 후 최초로 공소가 제기되는 경우부터 적용한다는 부칙 규정을 두었다. 그런데 헌법재판소는 이 부칙 조항은 헌법상 형벌불소급원칙에 위반되어 위헌이라고 판단하였다.[3] 그리하여 위 개정법률 시행 전에 행해진 범죄행위에 대해서 그 후 공소제기되었다는 이유로 개정 법률을 적용하여 노역장유치기간을 정할 수 없다.[4]

징역형과 벌금형이 병과된 경우 벌금형의 환형유치기간이 3년을 초과하지 않는 한 징역형의 기간보다 길더라도 위법은 아니다.[5] 징역형과 벌금형 중 벌금형을 선택하여 선고하면서 그에 대한 노역장 유치기간을 환산한 결과 선택형의 하나로 되어 있는 징역형의 장기보다 유치기간이 더 길 수 있게 되었다 하더라도 마찬가지이다.[6]

3) 환산방법

하루의 노역을 금전으로 환산하여 환산금액을 정하고 이로써 벌금액을 나눈 일수를 노역장 유치기간으로 정한다. 환산금액의 산정은 법원의 자유재량에 의하여 정하여지는데,[7] 대체로 도시일용노임을 고려하여 액수를 변동시켜 온 것으로 이해된다. 2019년 현재 1일 10만원을 기본으로 적절히 가감하여 환산금액을 정하는 것이 법원의 실무례이다.

유치기간의 상한이 3년이기 때문에 벌금액수가 고액인 때에는 위 기준이 부적절한 경우가 생기는데 이 경우에는 적절히 환산금액을 증액하여 정하고 있다.

4) 환형유치의 기재방식

환형유치를 판결의 주문에 기재하는 방법에는 환형율 표시방법과 유치기간 표시방법이 있다. 환형율 표시방법은 “피고인이 위 벌금을 납입하지 아니하는 경우 50,000원을 1일로 환산한 기간 피고인을 노역장에 유치한다.”는 방식의 표시방법이고, 유치기간 표시방법은 “피고인이 위 벌금을 납입하지 아니하는 경우 50일

3 헌법재판소 2017. 10. 26. 선고 2015헌바239, 2016헌바177 결정.
4 대법원 2018. 2. 13. 선고 2017도17809 판결.
5 대법원 1971. 3. 30. 선고 71도251 판결.
6 대법원 2000. 11. 24. 선고 2000도3945 판결.
7 대법원 1970. 11. 24. 선고 70도1813 판결.

간 피고인을 노역장에 유치한다."는 방식의 표시방법이다.

환형율 표시방법에 의할 경우 벌금액을 환산금액으로 나누어 단수(端數)가 생길 때에는 이를 노역장 유치기간 1일로 하는 방법과 버리는 방법 중 하나를 법원이 정하여 선고한다.

다. 가납판결

1) 가납판결의 선고

가납판결[8]은 벌금, 과료 또는 추징의 선고를 하는 경우 판결의 확정 후에는 집행할 수 없거나 집행하기 곤란할 염려가 있다고 인정한 때 미리 집행력을 얻기 위하여 그 상당한 금액의 납부를 명하는 부수처분으로서, 법원이 직권 또는 검사의 청구에 의하여 형의 선고와 동시에 판결로써 선고한다(형사소송법 제334조 제1항, 제2항).

가납판결은 임의적이어서 법원의 재량에 따르는 것이 원칙이지만, 법률이 필수적으로 명하도록 하고 있는 경우도 있다(부정수표단속법 제6조 전단).

2) 가납판결의 집행

가납을 명하는 판결이 선고되면 확정 전이라도 즉시 집행할 수 있다(형사소송법 제334조 제3항). 가납명령은 벌금형의 보전방법으로서 재산권에 대한 집행만을 허용하는 취지일 뿐 유치명령에까지 확정 전 집행력을 부여하는 것은 아니다.[9]

따라서 구속 피고인에 대하여 벌금형의 판결이 선고되면 가납판결이 있더라도 그 구속영장은 효력을 잃는다(형사소송법 제331조). 다만, 구속 피고인에게 부정수표단속법에 의하여 벌금을 선고하는 경우 가납판결을 함께 선고하게 되고 피고인은 벌금을 가납할 때까지 계속 구속된다(부정수표단소법 제6조).

라. 유치명령

유치명령은 판결 확정 후 벌금을 납입하지 아니하는 경우 완납할 때까지 피고인을 노역장에 유치할 것을 명할 수 있는 부수처분을 말한다(형법 제69조 제1항 단서). 완납할 때까지라고 하더라도 그 기간은 형법 제70조에 의하여 선고된 환형유치기간 범위 내로 제한된다. 환형유치 선고를 할 수 없는 18세 미만의 소년에 대하여는 유치명령도 할 수 없다.

8 '가납명령'이라고도 하는데 그 명칭에 관계없이 재판의 성질은 판결이다.
9 1963. 4. 26. 재판예규 제37호 유치명령과 가납명령과의 관계(재형 63-17).

유치명령과 환형유치는 벌금을 납입하지 아니하는 경우에 인신을 유치한다는 점에서 공통점이 있다. 그러나 (i) 유치명령은 벌금에 대하여만 임의적으로 선고할 수 있는 반면(형법 제69조 제1항 단서), 환형유치는 벌금 및 과료에 모두 필수적으로 선고하여야 하고(제69조 제2항, 제70조), (ii) 벌금·과료는 판결확정일로부터 30일 내에 납입하면 되므로(제69조 제1항 본문) 환형유치처분은 판결확정 후 30일이 경과하여야만 형사소송법 제492조에 따라 집행할 수 있는 반면, 유치명령은 판결이 확정되면 즉시 노역장 유치의 집행을 할 수 있고 이는 가납명령이 있는지 여부와 무관하다.[10]

한편 즉결심판에 관한 절차법 제17조에 따라 판사는 구류의 선고를 받은 피고인이 일정한 주소가 없거나 도망할 염려가 있을 때에는 선고기간 내에서 5일을 초과하지 아니하는 기간 경찰서유치장에 유치할 것을 명령할 수 있다. 이는 일종의 구류집행을 위한 미결구금의 성격을 가지는 것으로서 벌금에 관한 유치명령과는 성질이 다르다.

마. 벌금형의 집행유예

형법은 오랫동안 벌금형의 선고유예는 인정하지만(제59조) 집행유예는 인정하지 않아 왔다. 이에 대하여 자유형에 대한 집행유예를 인정하면서 그보다 가벼운 벌금형의 집행유예를 인정하지 않는 것은 불합리하다는 비판이 있어 왔다. 또 경제적 형편이 어려운 피고인의 경우 벌금형이 경제적 어려움을 더욱 가중시키고, 나아가 벌금을 납부하지 못하면 노역장에 유치될 위험이 있어, 오히려 벌금형보다는 자유형의 집행유예를 원하는 형벌의 역전 현상이 있어 왔다. 이에 2016년 형법의 개정[11]으로 벌금형에 대한 집행유예가 도입되었다. 다만, 고액 벌금형의 집행유예를 인정하는 것에 대한 비판적인 법감정이 있는 점 등을 고려하여 500만원 이하의 벌금형을 선고하는 경우에만 집행유예를 선고할 수 있도록 하였다(제62조 제1항 본문). 집행유예의 기간이 1년 이상 5년 미만인 점, 집행유예의 결격요건이 금고 이상의 형을 선고한 판결이 확정된 때부터 그 집행을 종료하거나 면제된 후 3년까지의 기간에 범한 죄에 대하여 형을 선고하는 경우인 점은 자유형의 경우와 같다(제62조 제1항 단서).

10 1963. 4. 26. 재판예규 제37호 유치명령과 가납명령과의 관계(재형 63-17).
11 2016. 1. 6. 법률 제13719호.

바. 벌금의 납부

벌금은 판결확정일로부터 30일내에 납입하여야 한다(형법 제69조 제1항 본문). 벌금의 납부는 일시불로 하는 것을 원칙으로 하되, 검찰청법 제11조에 근거를 둔 재산형 등에 관한 검찰 집행사무규칙(법무부령)은 신청에 따른 검사의 결정으로 벌금의 분할납부와 납부연기를 허가할 수 있도록 하고 있다(위 규칙 제12조).[12] 검사는 대상자의 경제적 능력, 벌과금등의 액수, 분할납부 또는 납부연기 시 이행 가능성, 노역장 유치 집행의 타당성 등을 고려하여 분할납부 또는 납부연기의 필요성이 있다고 인정되는 경우에는 이를 허가할 수 있다(위 규칙 제12조).

사. 벌금의 사회봉사집행

경제적인 이유로 벌금을 낼 수 없는 사람의 노역장 유치로 인한 구금을 최소화하여 그 편익을 도모함을 목적으로 형법 제69조 제2항의 벌금 미납자에 대한 노역장 유치를 사회봉사로 대신하여 집행할 수 있는 특례와 절차를 규정하는 벌금 미납자의 사회봉사 집행에 관한 특례법이 2009년 제정되었다.

이 법에 따라 법원으로부터 벌금을 선고받아 확정되었는데도 그 벌금을 내지 아니한 벌금 미납자가 노역장 유치 대신 보호관찰관이 지정한 일시와 장소에서 공공의 이익을 위하여 실시하는 무보수 근로인 사회봉사를 할 수 있게 되었다. 이 사회봉사는 벌금 미납자의 신청에 따른 검사의 청구로 법원이 허가한다.

3. 벌금형의 개선논의

가. 벌금형의 확대 및 조정

자유형만을 법정형으로 규정하고 있는 범죄들 중에는 벌금형을 선택적으로 규정할 필요가 있는 경우가 적지 않다는 지적이 많았다. 이러한 주장을 받아들여 1995년 형법개정안은 직권남용죄(제227조), 공무집행방해죄(제136조, 제137조), 무고죄(제156조), 허위공문서작성죄(제227조), 사문서위조죄(제231조), 자격모용에 의한 사문서작성죄(제232조), 상해죄 및 존속상해죄(제257조 제2항), 존속폭행죄(제260조 제2항), 유기죄 및 존속유기죄(제271조 제1항, 제2항), 체포·감금죄 및 존속체포·감금죄(제276조), 명예훼손죄(제307조) 등에 벌금형을 선택형으로 추가하였다.

12 이 규칙은 벌금 · 과료 · 추징 · 과태료 · 소송비용 및 비용배상을 "벌과금등"이라 하여 함께 다루면서 (재산형 등에 관한 검찰 집행사무규칙 제2조) 벌과금등에 관하여 분할납부와 납부연기를 규정하고 있다(재산형 등에 관한 검찰 집행사무규칙 제12조).

또 벌금형의 액수를 자유형의 기간과 균형에 맞도록 조정할 필요가 있다는 주장이 있다.[13] 예컨대, 강제집행면탈죄(제327조)의 법정형은 3년 이하의 징역 또는 1천만 원 이하의 벌금인데 절도죄(제329조)의 법정형은 6년 이하의 징역 또는 1천만 원 이하의 벌금으로 규정되어 있어 상호간 균형이 맞지 않는다는 지적이 있다.[14]

나. 일수벌금제도(日數罰金制度)

현행의 총액벌금제도는 수형자의 경제력을 고려하지 않고 동일한 불법과 책임에 대하여는 같은 금액의 벌금형을 선고하는 것을 기본으로 한다. 총액벌금제도에 대하여는 여러 가지 비판점이 있다. 첫째, 수형자가 경제력에 따라 형벌효과가 상이하게 나타나 형벌효과의 불평등이 생길 수 있다. 예컨대 경제적 약자에게는 지나치게 큰 부담을 주고 부유한 사람에게는 별다른 부담이 되지 않아 형벌로서의 효과가 미약하다. 둘째, 단기자유형의 폐해를 그대로 노출시킬 위험이 있다. 수형자가 경제적 능력이 없어 벌금을 납입하지 못할 경우 노역장에 유치되게 되는데, 이러한 경우 단기자유형의 폐해에 대한 대체수단으로 기능하는 벌금형이 다시 단기자유형으로 환형되는 문제가 발생한다. 셋째, 경제사정 변화를 반영하기 어렵다. 벌금형의 상한이 정액으로 고정되어 있는 경우 경제의 발전에 따라 소득이 증가하고 물가의 인상 등으로 화폐가치가 변동하여도 경제사정에 적절히 대응하지 못하여 형벌로서의 위하력이 약화된다.

이에 일수벌금제도를 도입하고자 하는 학술적·입법적 노력이 지속적으로 있어 왔다.일수벌금제도란 범죄에 대한 행위자의 책임에 따라 벌금을 일수(日數)로 정하고 행위자의 자력에 따라 1일의 벌금액을 정하는 제도를 말한다.[15] 북유럽국가에서부터 시작하여 독일 등 유럽의 여러 나라에서 채택되고 있으며 미국에서도 채택되어 있다(Day Fines). 이 제도는 총액벌금제도가 피고인 재산의 다과에 따라 부담의 정도가 다르다는 문제점을 개선하여 배분적 정의를 실현하고자 하는 제도이다.

13 오영근, 형법총론(제4판), 박영사(2018), 509.

14 오영근, 형법총론(제4판), 박영사(2018), 509.

15 강동범, "재산형의 문제와 개선방향: 벌금형을 중심으로", 형사정책 제5호(1990), 77 이하; 서보학, "벌금형제도 소고: 비판과 입법론적 대안", 형사정책 제10호(1998), 73 이하; 송광섭, "현행 형벌제도의 문제점과 그 개선방안", 차용석 교수 화갑기념논문집(1994), 24이하; 이상원, "미국의 주 양형제도의 변천과 현황", 외국의 양형제도연구(2003), 57; 최호진, "일수벌금제도 도입을 위한 형사정책적 방향", 법학논총 제38권 제2호(2014), 257 이하; 이영란, "벌금형제도소고: 벌금양형을 중심으로", 형사법연구 9호(1997), 221 이하.

일수벌금을 부과함에는 우선 피고인의 경제적 사정을 고려하지 않고 범죄행위와 범죄인의 책임만을 고려하여 벌금일수를 정한 다음 피고인의 경제적 사정을 고려하여 하루의 벌금액을 정하는 방식으로 형을 정한다. 이에 의할 때 판결주문은 "피고인을 120일의 벌금에 처한다. 1일 벌금액은 100,000원으로 한다."의 방식이 된다.

우리나라에서도 1985년부터 1992년 사이에 있었던 형법개정작업과정에서 일수벌금제의 도입이 논의되었고, 이에 찬성하는 견해가 많았다. 그러나 일수벌금제도가 제 기능을 발휘하기 위해서는 피고인의 재산상태가 정확히 파악되어야 한다는 전제조건이 충족되어야 하는데 당시로는 시기상조라는 이유로 채택되지 아니하였다. 그러나 그 후에도 일수벌금제도의 도입을 위한 법률안은 계속 제출되어 왔다.

일수벌금제도에도 문제점들이 있는데, (i) 동일한 행위에 대하여 사람마다 벌금액이 달라진다는 것은 범죄와 관련 없는 경제적 능력이 중요한 양형인자로 되어 책임주의에 반하고 적어도 외형상으로는 불평등하다는 우려가 있을 수 있고,[16] (ii) 벌금액 산정을 위하여 피고인의 재산상태 등을 조사하는 과정에서 재판이 지연되어 신속한 재판을 받을 권리가 침해될 수 있으며, (iii) 일수 정액을 산정하기 위하여 재산상태를 조사하는 것이 쉽지 않은데 소득이 비교적 투명하게 드러나는 월급소득자가 상대적으로 역차별을 받을 우려가 있다.[17]

다. 벌금형의 과태료 전환

행정형법 중에는 형정상의 의무불이행에 대하여 벌금형을 규정하고 있는데, 행정상의 의무불이행에 대하여는 행정벌을 부과하는 것이 원칙이고 형벌인 벌금형을 부과하는 것은 비례원칙에 맞지 않는다는 이유로 벌금형에 처하는 행정법규위반범죄를 비범죄화하고 벌금형을 과태료로 전환하여야 한다는 주장이 있다.[18]

16 박기석, "벌금형 개선방안", 형사정책 제12권 제2호(2000), 20-21; 이기헌, "일수벌금형제도에 대한 고찰", 형사정책연구 제18권 제3호(2007), 514.

17 강동범, "재산형의 문제와 개선방향: 벌금형을 중심으로", 형사정책 제5호(1990), 90.

18 김성돈, 형법총론(제5판), 성균관대학교출판부(2017), 793; 오영근, 형법총론(제4판), 박영사(2018), 509.

제 46 조 [구류]

구류는 1일 이상 30일 미만으로 한다.

[관련조문] 즉결심판에 관한 절차법 제2조, 형사소송법 제460조

[참고문헌] 김성돈, 형법총론(제5판), 성균관대학교출판부(2017); 김일수/서보학, 새로쓴 형법총론(제13판), 박영사(2018); 박상기, 형법총론(제9판), 박영사(2012); 박상기/전지연, 형법학(총론·각론 강의)(제4판), 집현재(2018); 배종대, 형법총론(제13판), 홍문사(2017); 성낙현, 형법총론(제2판), 동방문화사(2011); 손동권/김재윤, 새로운 형법총론(초판), 율곡출판사(2011); 신동운, 형법총론(제10판), 법문사(2017); 오영근, 형법총론(제4판), 박영사(2018); 이재상 외 2인(이재상/장영민/강동범), 형법총론(제9판), 박영사(2017); 이정원, 형법총론, 법지사(1999); 임웅, 형법총론(제10정판), 법문사(2018); 정성근/박광민, 형법총론(전정2판), 성균관대학교출판부(2015); 정영일, 형법강의(총론)(제3판), 학림(2017); 사법연수원, 형사판결서작성실무(2019).

구류는 1일 이상 30일 미만의 기간 동안 형무소(교도소)·구치소 또는 경찰서 유치장에 구치하는 형벌이다(형법 제46조, 제68조, 즉결심판에 관한 절차법 제18조 제2항). 정역에 복무할 의무가 없다는 점에서 징역과 구별되고 그 기간이 30일 미만이라는 점에서 징역, 금고와 구별된다.

구류형도 다른 형과 마찬가지로 검사가 지휘하여 집행함이 원칙이다(형사소송법 제460조 제1항). 그러나 실무에 있어 구류형은 즉결심판을 통하여 선고되는 경우가 많고 이 때 경찰서유치장에서 하는 형의 집행은 검사의 사전지휘 없이 경찰서장이 하고 그 집행결과를 검사에게 보고하는 방식으로 이루어진다(즉결심판에 관한 절차법 제18조 제1항). 다만 즉결심판의 경우라도 구치소나 교도소에서 집행할 경우에는 검사의 지휘에 의하여야 한다(즉결심판에 관한 절차법 제18조 제2항). 구류형에서도 수형자의 신청이 있으면 작업을 과할 수 있다.[1]

구류에 관하여도 단기자유형의 폐해 문제가 있다. 2011년 형법개정안 작업 당시 구류를 폐지할 것인가의 논의가 있었는데 앞서 자유형에 대한 개선논의에서 본 바와 같이 존치시키기로 하였다.[2]

1 형의 집행 및 수용자의 처우에 관한 법률 제67조.
2 2011. 8. 현재 형법 일부개정법률안(정부 제출, 2011. 3. 25. 의안번호 1811304). 김성돈, "형벌제도의 정비와 형사정책적 기본방향", 형법총칙 개정공청회, 법무부(2010), 149.

제 47 조 [과료]

과료는 2천원 이상 5만원 미만으로 한다. <개정 1995.12.29.>

[관련조문] 형사소송법 제477조-제481조.

과료는 2천 원 이상 5만 원 미만의 금액의 납부의무를 지우는 형벌이다(형법 제47조). 벌금형과 기본 구조는 동일하여 앞서 제45조의 해설 중 환형유치, 가납판결에 대한 설명은 과료에도 타당하다. 다만, 노역장 유치기간이 1일 이상 30일 미만의 기간이라는 점이 다르며(형법 제69조 제2항), 선고유예(형법 제59조)와 유치명령(형법 제69조 제1항 단서)은 과료에 인정되지 아니한다. 과료는 공소시효기간(형사소송법 제249조)과 형의 시효(형법 제78조) 등에 있어 벌금형과 다르다.

과료는 전과기록에 기재되지 않으므로 경미한 범죄자를 전과자로 만들지 않는다는 정책적인 장점이 있다. 그러나 과료제도에 대하여는 많은 비판이 있어 왔다. 구체적으로, (i) 과료는 벌금과 비교할 때 금전적 이익의 박탈이라는 그 실체는 물론, 그 선고, 납입기간, 집행, 미납시의 환형유치, 가납 등 절차에 있어서도 별다른 차이가 없어 이를 굳이 구별할 필요가 적고, (ii) 실제로 과료가 선고되는 경우는 매우 드물어 형벌로서 과료를 존치시킬 필요성이 크지 않으며, (iii) 질서벌로서 과태료가 있으므로 경미범죄에 대하여는 이로써 충분히 대처할 수 있는데 과태료와 과료를 병치시키면 공연한 혼동만 불러일으키고, (iv) 벌금형을 선택하고 작량감경을 하는 경우 2만 5천원까지 벌금액을 낮출 수 있어 과료를 선택할 실익도 거의 없다는 비판이 있을 수 있다.

과료를 폐지하는 내용의 형법개정안이 국회에 제출된 바 있다.[1]

1 2011. 8. 현재 형법 일부개정법률안(정부 제출, 2011. 3. 25. 의안번호 1811304). 김성돈, "형벌제도의 정비와 형사정책적 기본방향", 형법총칙 개정공청회, 법무부(2010), 152-153.

제 48 조 [몰수의 대상과 추징]

① 범인이외의 자의 소유에 속하지 아니하거나 범죄후 범인이외의 자가 정을 알면서 취득한 다음 기재의 물건은 전부 또는 일부를 몰수할 수 있다.

1. 범죄행위에 제공하였거나 제공하려고 한 물건.
2. 범죄행위로 인하여 생하였거나 이로 인하여 취득한 물건.
3. 전 2호의 대가로 취득한 물건.

② 전항에 기재한 물건을 몰수하기 불능한 때에는 그 가액을 추징한다.

③ 문서, 도화, 전자기록등 특수매체기록 또는 유가증권의 일부가 몰수에 해당하는 때에는 그 부분을 폐기한다. <개정 1995.12.29.>

[관련조문] 형사소송법 제477조-제479조, 제483조-제486조, 공무원범죄에 관한 몰수 특례법 제3조, 마약류 불법거래 방지에 관한 특례법 제13조, 범죄수익은닉의 규제 및 처벌 등에 관한 법률 제8조.

제 49 조 [몰수의 부가성]

몰수는 타형에 부가하여 과한다. 단, 행위자에게 유죄의 재판을 아니할 때에도 몰수의 요건이 있는 때에는 몰수만을 선고할 수 있다.

[관련조문] 형사소송법 제477조-제479조, 제483조-제486조, 공무원범죄에 관한 몰수 특례법 제3조, 마약류 불법거래 방지에 관한 특례법 제13조, 범죄수익은닉의 규제 및 처벌 등에 관한 법률 제8조.

[참고문헌] 김성돈, 형법총론(제5판), 성균관대학교출판부(2017); 김일수/서보학, 새로쓴 형법총론(제13판), 박영사(2018); 박상기, 형법총론(제9판), 박영사(2012); 박상기/전지연, 형법학(총론·각론 강의)(제4판), 집현재(2018); 배종대, 형법총론(제13판), 홍문사(2017); 성낙현, 형법총론(제2판), 동방문화사(2011); 손동권/김재윤, 새로운 형법총론(초판), 율곡출판사(2011); 신동운, 형법총론(제10판), 법문사(2017); 오영근, 형법총론(제4판), 박영사(2018); 이재상 외 2인(이재상/장영민/강동범), 형법총론(제9판), 박영사(2017); 이정원, 형법총론, 법지사(1999); 임웅, 형법총론(제10정판), 법문사(2018); 정성근/박광민, 형법총론(전정2판), 성균관대학교출판부(2015); 정영일, 형법강의(총론)(제3판), 학림(2017); 법무부, 공무원범죄에관한특례법 해설(1995); 사법연수원, 형사판결서작성실무(2019).

Ⅰ. 몰수의 의의

1. 몰수의 개념

다수의 학자들은 몰수를 '범죄의 반복을 막거나 범죄로부터 이득을 얻지 못하게 할 목적으로 범죄행위와 관련된 재산을 박탈하여 국고에 귀속시키는 재산형'이라고 정의하고 있다.[1] 이러한 정의는 (i) 몰수의 목적이 재범방지 또는 이익환수에 있고, (ii) 몰수의 대상이 범죄행위와 관련성이 있는 재산이며, (ii) 몰수의 효과가 몰수대상자로부터 재산을 박탈하여 이를 국가가 취득하는 것으로서, (iv) 몰수의 법적 성격은 재산형인 형벌에 해당한다는 것을 개념요소로 하고 있다. '범죄행위와 관련된 일정한 재산권을 박탈하여 국가에 귀속시키는 것을 내용으로 하는 형벌'이라는 정의[2]는 몰수의 대상을 권리로 파악한 점에서, '범죄행위와 관련된 일정한 물건의 소유권을 국가에 강제로 귀속시키는 처분'[3]이라거나 '범죄와 관련된 물건이나 문서 등을 국가가 강제로 취득하거나 폐기하는 것을 내용으로 하는 형벌'이라는 정의[4]는 몰수의 대상을 물건으로 파악한 점에서 특색이 있다. '기소된 범죄행위와 관련된 물건의 소유권을 박탈하여 국고에 귀속시키는 처분으로서 다른 형에 부가하여 과하는 형벌'[5]이라는 정의는 몰수를 부가형으로 한 우리 형법규정을 충실하게 반영한 특색이 있다. 한편, '범죄의 반복이나 범죄에 의한 이익의 취득을 방지하기 위하여 범죄행위와 관련된 재산을 박탈하는 형법상의 법률효과'라고 하는 정의[6]는 몰수가 형벌이라고만 할 수 없다는 취지를 나타내고 있고, 나아가 '범죄행위와 관련된 재산권을 보상 없이 박탈하여 국고에 귀속시키는 독자적인 형사제재'라고 하는 정의[7]는 몰수의 대상 및 그 성질을 고려한 것이다.

1 김성돈, 형법총론(제5판), 성균관대학교출판부(2017), 794; 김일수/서보학, 새로쓴 형법총론(제13판), 박영사(2018), 566; 박상기, 형법총론(제9판), 박영사(2012), 540; 성낙현, 형법총론(제2판), 동방문화사(2011), 713; 박상기/전지연, 형법학(총론·각론 강의)(제4판), 346; 배종대, 형법총론(제13판), 홍문사(2017), 579; 손동권/김재윤, 새로운 형법총론(초판), 율곡출판사(2011), 688; 이재상 외 2인(이재상/장영민/강동범), 형법총론(제9판), 박영사(2017), 585; 임웅, 형법총론(제10정판), 법문사(2018), 656-657; 정성근/박광민, 형법총론(전정2판), 성균관대학교출판부(2015), 686. 다소의 표현상의 차이는 있지만, 그 취지는 본문과 같다.

2 정영일, 형법강의(총론)(제3판), 학림(2017), 364.

3 신동운, 형법총론, 법문사(2017), 802.

4 오영근, 형법총론(제4판), 박영사(2018), 510.

5 사법연수원, 형사판결서작성실무(2019), 61.

6 이정원, 형법총론, 법지사(1999), 473.

7 이상원, 몰수의 제한법리에 관한 연구-비례원칙을 중심으로, 서울대학교 박사학위논문(2004), 76.

2. 몰수의 종류

가. 일반몰수와 특별몰수

우리 법체계상 몰수에 관한 기본규정은 형법 제48조, 제49조이다. 이들은 형법 총칙규정으로서 형법은 물론 특별법에 규정된 모든 범죄에 일반적으로 적용된다(제8조 본문 참조). 이를 '일반몰수'라고 칭할 수 있다.

한편 특정한 범죄를 전제로 하여 특별규정에서 몰수를 규정한 경우가 있다. 이를 '특별몰수'라고 칭할 수 있다. 이러한 몰수는 형법각칙에 규정된 경우도 있지만(제134조, 제206조, 제357조 제3항) 대부분 특별법에 규정되어 있다.

나. 임의적 몰수와 필수적 몰수

형법 제48조는 "몰수할 수 있다"라고 규정하여 몰수의 요건에 해당하는 경우라도 몰수 여부가 여전히 법원의 재량에 맡겨져 있다. 이에 일반몰수는 '임의적 몰수'라고 할 수 있다.

특별몰수는 대체로 "몰수한다"고 규정하여 몰수 여부에 법원의 재량을 부여하지 않은 경우가 대부분이다. 이처럼 몰수의 요건에 해당하는 경우 반드시 몰수하여야 하는 몰수를 '필수적 몰수'라고 칭할 수 있다. 형법상의 특별몰수는 모두 필수적 몰수이다.

3. 몰수의 법적 성격

가. 형벌, 보안처분, 원상회복조치

몰수가 법적으로 어떤 존재인가에 관하여, (i) 형벌의 일종으로서 재산형이라는 견해(형벌설),[8] (ii) 형식적으로는 형벌이지만 실질적으로는 대물적 보안처분이라는 견해(보안처분설),[9] (iii) 경우에 따라 형벌인 경우도 있고 보안처분인 경우도 있다는 견해(구분설),[10] (iv) 형벌로서의 성질과 보안처분으로서의 성질을 모두 가

8 오영근, 형법총론(제4판), 박영사(2018), 510-511; 배종대, 형법총론(제13판), 홍문사(2017), 579.

9 김성돈, 형법총론(제5판), 성균관대학교출판부(2017), 795(실질적으로 보안처분인 경우가 일부 있다는 견해); 정성근/박광민, 형법총론(전정2판), 성균관대학교출판부(2015), 687.

10 이재상 외 2인, 형법총론(제9판), 박영사(2017), 586; 임웅, 형법총론(제10정판), 법문사(2018); 성낙현, 형법총론(제2판), 동방문화사(2011) : 행위자나 공범의 물건에 대한 몰수는 재산형이고 제3자의 물건에 대한 몰수는 대물적 보안처분. 신동운, 형법총론(제10판), 법문사(2017), 803; 이정원, 형법총론, 법지사(1999) : 행위자나 공범에 대한 몰수는 형벌이고 물건의 위험성 자체를 이유로 하거나 제3자 소유의 물건을 대상으로 한 몰수는 대물적 보안처분.

지고 있다는 견해(겸유설),[11] (v) 형벌과 보안처분의 두 성질을 모두 가지고 중간영역에 위치한 독립된 형사제재라는 견해(독립제재설)[12] 등이 제시되어 있다.

몰수는 범죄를 전제로 그에 대한 형사제재로서 부과된다는 데에 그 핵심이 있고, 우리 형법도 몰수를 형벌의 일종으로 규정하고 있다(형법 제41조). 따라서 몰수는 근본적으로 형벌의 일종이다. 대법원이 몰수와 추징을 원칙적으로 부가적 형벌이라고 파악하여 공소사실에 관하여 재판을 받은 피고인에 대한 유죄의 판결에서 다른 형에 부가하여 선고되는 형벌이라고 판시하여 오고 있는 것이나,[13] 헌법재판소가 몰수를 타형에 부가하여 과하는 형의 일종이라고 판시하고 있는 것은 이러한 면에서 이해할 수 있다.[14] 한편, 범죄와 관련된 물건을 몰수하는 것은 유사한 범죄를 방지하는 보안처분적 성격 및 범죄로 인한 위법상태를 원상태로 돌리는 원상회복적 성격을 아울러 가지고 있다. 예컨대, 범죄에 제공된 칼을 몰수함으로써 다시 범죄에 쓰이지 못하도록 하는 것은 보안처분적 성격이 강하게 드러난 예이고, 범죄로 인한 이익을 박탈하는 것은 원상회복적 성격이 현저한 예이다.[15] 그러나 어느 경우든 몰수는 형벌로서의 성격, 보안처분으로서의 성격, 원상회복조치로서의 성격을 모두 가지고 있고 경우에 따라 그들 사이의 비중이 달라질 뿐이다. 몰수는 위 세 가지 성격을 겸유하고 있는 독자적인 제재이다.

나. 이익박탈과 징벌

판례는 몰수·추징의 성격 또는 목적과 관련하여 이익박탈적 몰수·추징과 징벌적 몰수·추징을 구별하면서, 전자는 범죄행위로 인한 부정한 이익을 박탈하여 이를 보유하지 못하게 함에 그 목적이 있다고 하고, 후자는 이익의 취득 여부와 무관하고 징벌적 제재의 성격이나 목적을 가지고 있다고 한다.[16]

11 손동권/김재윤, 새로운 형법총론(초판), 율곡출판사(2011)(법적 형식은 형벌이지만 실질은 형벌과 보안처분의 성질을 아울러 가진 형사제재); 사법연수원, 형사판결서작성실무(2019), 61(형벌인 동시에 위험물 또는 유해물인 경우에는 보안처분).

12 김일수/서보학, 새로쓴 형법총론(제13판), 박영사(2018), 567.

13 대법원 1965. 2. 23. 선고 64도653 판결, 대법원 1970. 2. 10. 선고 69다2051 판결, 대법원 1970. 3. 24. 선고 70다245 판결, 대법원 1989. 2. 14. 선고 88도2211 판결, 대법원 1999. 5. 11. 선고 99다12161 판결. 또 대법원 2013. 5. 24. 선고 2012도15805 판결, 대법원 2015. 7. 23. 선고 2012두8885 판결 참조.

14 헌법재판소 1995. 11. 30. 선고 94헌가3 결정, 헌법재판소 2008. 10. 30. 선고 2008헌바11 결정. 또 헌법재판소 2012. 5. 31. 선고 2010헌가97 결정 참조.

15 부정한 이익의 박탈은 범죄의 동기를 약화시킴으로써 재범을 방지하는 효과가 있어 이 점에서 보안처분적인 성격도 있다고 할 수 있다.

16 아래 판례들 참조. 헌법재판소는 일반예방적 차원에서 엄하게 징벌하려는 데 목적이 있다고 하여 징벌의 의미를 일반예방을 위한 것이라는 취지로 이해한다.

판례에 따르면, 형법 제134조(뇌물), 형법 제357조 제3항(배임수·증재),[17] 공공단체 등 위탁선거에 관한 법률 제60조,[18] 공무원범죄에 관한 몰수특례법 제3조 제6조,[19] 성매매알선 등 행위의 처벌에 관한 법률 제25조,[20] 변호사법 제116조,[21] 정치자금법 제45조 제3항,[22] 특정경제범죄 가중처벌 등에 관한 법률 제10조(알선수재),[23] 특정범죄 가중처벌 등에 관한 법률 제13조[24] 등이 규정하는 몰수·추징은 이익박탈적 몰수·추징이고, 관세법 제282조,[25] 마약류관리에 관한 법률 제67조,[26] 밀항단속법 제4조의2,[27] 외국환거래법 제30조,[28] 특정경제범죄 가중처벌 등에 관한 법률 제10조(재산국외도피)[29] 등이 규정하는 몰수·추징은 징벌적 몰수·추징이다. 판례는 또 징벌적 몰수·추징이 일반 형사법의 경우와 다르다거나[30] 이득의 박탈을 목적으로 하는 형법상의 몰수·추징과는 다르다거나[31] 형법 제48조 소정의 몰수·추징과 구별된다고 하여,[32] 제48조의 몰수·추징이 이익박탈적 몰수·추징에 해당한다는 이해를 전제로 하고 있는 듯 보인다.

한편 관세법상 몰수·추징이 범죄공용물의 훼기 또는 징벌적인 목적이 있다고 하는 판례[33]도 발견되는데, 여기서 훼기는 범죄공용물의 사회적 유통을 억제하기

17 대법원 2017. 4. 7. 선고 2016도18104 판결.
18 대법원 2017. 5. 17. 선고 2016도11941 판결.
19 대법원 1999. 6. 25. 선고 99도1900 판결.
20 대법원 2018. 7. 26. 선고 2018도8657 판결, 대법원 2009. 5. 14. 선고 2009도2223 판결.
21 대법원 2016. 11. 25. 선고 2016도11514 판결.
22 대법원 2004. 4. 27. 선고 2004도482 판결(당시 정치자금에 관한 법률 제30조 제3항).
23 대법원 1994. 2. 25. 선고 93도3064 판결, 대법원 1999. 6. 22. 선고 98도3878 판결.
24 대법원 1999. 6. 25. 선고 99도1900 판결.
25 대법원 2018. 2. 8. 선고 2017도15561 판결, 대법원 2009. 6. 25. 선고 2009도2807 판결, 대법원 2008. 1. 17. 선고 2006도455 판결, 대법원 2007. 12. 28. 선고 2007도8401 판결, 대법원 2006. 4. 14. 선고 2006도638 판결, 대법원 1991. 9. 13. 선고 91도1192 판결(당시 관세법 제198조); 헌법재판소 2008. 10. 30. 선고 2008헌바11 결정, 헌법재판소 1998. 2. 5. 선고 96헌바96 결정(당시 관세법 제198조).
26 대법원 2010. 8. 26. 선고 2010도7251 판결, 대법원 2009. 6. 11. 선고 2009도2819 판결, 대법원 2007. 3. 15. 선고 2006도9314 판결, 대법원 2001. 12. 28. 선고 2001도5158 판결.
27 대법원 2008. 10. 9. 선고 2008도7034 판결(당시 밀항단속법 제4조 제3항).
28 대법원 1998. 5. 21. 선고 95도2002 전원합의체 판결(당시 외국환관리법 제33조).
29 대법원 2005. 4. 29. 선고 2002도7262 판결.
30 대법원 1998. 5. 21. 선고 95도2002 전원합의체 판결, 대법원 2008. 10. 9. 선고 2008도7034 판결. 또 대법원 2018. 2. 8. 선고 2017도15561 판결, 대법원 2008. 1. 17. 선고 2006도455 판결, 대법원 2007. 12. 28. 선고 2007도8401 판결, 대법원 2006. 4. 14. 선고 2006도638 판결 등은 징벌적 추징이 일반 형사법에서의 추징과 다르다고 한다.
31 대법원 2005. 4. 29. 선고 2002도7262 판결, 헌법재판소 2008. 10. 30. 선고 2008헌바11 결정.
32 대법원 1991. 9. 13. 선고 91도1192 판결.
33 대법원 1991. 9. 13. 선고 91도1192 판결, 헌법재판소 1998. 2. 5. 선고 96헌바96 결정, 헌법재판소 2008. 10. 30. 선고 2008헌바11 결정.

위한 것이고[34] 징벌은 일반예방을 위한 것이라는 취지로 이해된다.[35] 이렇게 볼 때, 판례가 말하는 이익박탈은 원상회복조치, 훼기는 보안처분, 징벌은 형벌과 맥락을 같이 하는 것으로 보인다.

Ⅱ. 몰수의 요건

몰수의 요건은 몰수의 대상에 관한 요건(물적 요건)과 몰수대상의 권리자에 관한 요건(인적 요건)을 아우르는 실체법적 요건 및 몰수절차에 관한 소송법적 요건으로 구분하여 볼 수 있다.

1. 물적 요건

몰수의 물적 요건은 몰수의 대상이 갖추어야 하는 요건을 말한다. 몰수를 하기 위해서는 그 대상이 일정한 형태로 존재하여야 하므로 그 형태에 관한 요건이 고려되어야 한다. 또 몰수를 하는 이유는 그 대상이 범죄와 관련되어 있기 때문이므로 범죄와 몰수대상 사이에 관련성에 관한 요건을 갖추어야 한다.

가. 몰수대상의 형태

1) 물건

몰수대상의 가장 기본적인 형태는 물건이다. 형법 제48조는 물건을 몰수대상으로 규정하고 있다. 이 물건의 의미는 총칙규정인 민법상의 물건 개념을 유추하여 해석할 수밖에 없다. 민법 제98조에 의하면 물건이란 유체물 및 전기 기타 관리할 수 있는 자연력을 말하므로, 형법 제48조의 몰수대상물도 유체물 및 전기 기타 관리할 수 있는 자연력에 한한다. 유체물은 동산뿐만 아니라 부동산도 포함한다. 그러나 물건이 아닌 물권이나 채권과 같은 권리는 형법 제48조 몰수의 대상이 아니다.

2) 재산상 이익

뇌물죄의 몰수대상물은 뇌물이다(형법 제134조). 뇌물은 물건뿐만 아니라 이익도 포함하는 개념이다. 대법원도 뇌물이라 함은 직무와 관련하여 부당한 이익을 말하고,[36] 여기서 이익이라 함은 금전, 물품 기타의 재산적 이익뿐만 아니라 사람

34 헌법재판소 1998. 2. 5. 선고 96헌바96 결정.
35 헌법재판소 1998. 2. 5. 선고 96헌바96 결정, 헌법재판소 2008. 10. 30. 선고 2008헌바11 결정.
36 대법원 2007. 1. 26. 선고 2004도1632 판결.

의 수요 욕망을 충족시키기에 족한 일체의 유형, 무형의 이익을 포함한다고 한다.[37] 뇌물 자체는 반드시 재산상 이익에 한정되지 않지만 몰수는 재산권을 박탈하는 것이므로 뇌물이 재산적 가치로 환산될 수 없는 경우라면 몰수대상물이 되지 아니한다. 재산상 이익은 뇌물로서 몰수의 대상이 된다.

한편 형법 제357조 제1항의 배임수재죄로 취득한 재물은 몰수의 대상이지만 재산상 이익은 추징의 대상이 된다.[38] 이에 따라 재산상 이익은 그 자체가 아니라 가액이 추징되게 된다. 그러나 뇌물죄에서 재산상 이익이 몰수의 대상이 되는 것과 달리 취급할 특별한 이유가 무엇인지는 의문이다.

3) 재산

물건과 재산상 이익을 구별하지 아니하고 포괄하여 몰수대상을 규정한 경우가 있다. 몰수대상을 '불법재산'으로 규정한 공무원범죄에 관한 몰수특례법 제3조 제1항이 이에 해당한다.[39] 범죄수익은닉의 규제 및 처벌 등에 관한 법률에서 몰수대상으로 규정한 '범죄수익'(위 법률 제8조 제2조)이나 마약류 불법거래 방지에 관한 특례법에서 몰수대상으로 규정한 '불법수익'(위 법률 제13조, 제2조)도 위와 같은 재산개념에 해당한다.

나. 몰수원인 범죄의 내용

1) 유죄인 범죄

형법 제49조 본문은 몰수는 타형에 부가하여 과한다고 규정하고 있다. 이는 몰수원인인 범죄가 유죄인 경우에 그 형에 부가하여 몰수를 관한다는 취지이다. 즉, 몰수는 원칙적으로 공소사실에 관하여 형사재판을 받는 피고인에 대한 유죄의 판결에서 다른 형에 부가하여 선고되는 형이다.[40]

그런데 형법 제48조는 고의범에만 몰수가 허용된다는 제한을 하고 있지 아니하기 때문에 과실범의 경우에도 몰수가 불가능한 것은 아니다.

대상물이 정범에 관련될 경우뿐만 아니라 공범에 관련될 경우도 몰수가 가능하다. 교사범이나 종범을 모두 포함한다. 공범 모두가 기소된 경우 범죄에 사용된

37 대법원 2002. 11. 26. 선고 2002도3539 판결, 대법원 2003. 6. 13. 선고 2002도5218 판결, 대법원 2010. 5. 13. 선고 2009도7040 판결.

38 형법 제357조 제3항. 대법원 2000. 3. 14. 선고 99도5195 판결.

39 법무부, 공무원범죄에관한특례법 해설(1995), 9 참조.

40 대법원 2008. 2. 14. 선고 2007도10034 판결, 대법원 1999. 5. 11. 선고 99다12161 판결.

물건의 소유자뿐만 아니라 그 공범자로부터도 몰수의 선고를 하여야 한다고 한 판례[41]가 있는데, 이는 그 물건이 공범의 범죄에도 사용된 것이라는 점을 고려한 것으로 생각된다.

기수범뿐만 아니라 미수범도 몰수의 원인이 되는 범죄가 된다.

2) 무죄인 범죄

형법 제49조 단서는 행위자에게 유죄의 재판을 아니 할 때에도 몰수의 요건이 있는 때에는 몰수만을 선고할 수 있다고 규정하고 있다. 이 규정이 몰수원인인 범죄에 대하여 무죄를 선고하는 경우에도 몰수를 선고할 수 있다는 취지인지에 대하여는 검토를 요한다.

먼저, 구성요건해당성이나 위법성 결여 또는 범죄의 증명이 없는 경우는 범죄라고 할 수 없고 몰수가 허용될 정당한 필요성도 없기 때문에 몰수가 허용되지 아니한다.

그런데, 책임무능력으로 인하여 무죄가 되는 경우는 주형의 기초가 되는 범죄행위가 구성요건에 해당하고 위법한 행위로서 국가에 형벌권이 있음에도 불구하고 행위자를 개인적으로 비난할 수 없는 주관적인 사유로 인하여 무죄가 되는 경우이기 때문에 이와 같은 경우에는 형법 제49조 단서를 적용할 수 있어 몰수나 그에 갈음하는 추징을 할 수 있다고 보는 것이 우리나라 다수의 견해이다.[42] 2011년 제출된 바 있던 형법개정안도 같은 입장이다.[43]

3) 공소절차에 하자가 있는 범죄

가) 기소되지 않은 범죄

우리 대법원은 기소되지 않은 범죄를 몰수원인범죄로 하여서는 몰수를 할 수 없다는 입장을 취하고 있는데,[44] 이는 우리 법제가 몰수의 절차법적 부가성을 고수한 때문이다. 또한 공소사실에 대하여 무죄로 판단하고 공소사실과 다른 사실

41 대법원 1979. 2. 27. 선고 78도2246 판결 참조.

42 서정걸, "몰수·추징의 부가성의 의미 및 그 예외", 형사판례연구 2(1996. 8.), 109; 윤진수, "1. 범죄의 증명이 없거나 공소시효가 완성된 경우에 추징을 할 수 있는지 여부, 2. 원심판결 중 추징부분만을 파기자판할 수 있는지 여부", 해설 18(1992년 하반기), 853; 이용우, "몰수·추징에 관한 몇가지 문제", 법조 35-12(1986. 12.), 26; 한상곤, "몰수, 추징에 있어서의 부가성의 의미와 그 대상자", 자료 50: 형사법에 관한 제문제(하) (1990), 15.

43 형법 일부개정법률안(정부 제출, 2011. 3. 25. 의안번호 1811304); 김성돈, "형벌제도의 정비와 형사정책적 기본방향", 형법총칙 개정공청회, 법무부(2010), 157.

44 대법원 1992. 7. 28. 선고 92도700 판결.

을 유죄로 인정하면서 그에 관련된 압수물을 몰수하는 것은 기소되지 않은 범죄를 몰수원인 범죄로 한 것으로서 불고불리의 원칙에 위반된다.[45]

형사절차와 독립한 절차에 의한 몰수를 허용할 것인가는 입법정책의 문제이기도 하다. 우리 법제가 독립한 몰수절차를 채택하지 않은 까닭에 현행법상으로는 기소되지 않은 범죄를 몰수원인 범죄로 할 수 없다. 나아가 몰수는 부가적인 것이므로[46] 제기된 공소는 몰수판결을 받는 당해 피고인에 대하여 제기된 것이어야 한다.

이에 대하여 공소를 제기하지 아니하는 경우에도 몰수를 할 수 있다는 형법 개정안이 제출된 바 있다.[47]

나) 공소시효가 완성된 범죄

기소되지 않은 범죄에 관한 몰수를 인정하지 않는 것과 같은 취지에서 이미 공소시효가 완성된 범죄에 관하여도 몰수를 할 수 없다.[48]

몰수형만에 대한 공소시효가 인정되는가는 분명하지 아니하다. 형사소송법 제249조 제7호는 몰수에 해당하는 범죄의 공소시효를 1년으로 규정하고 있는데, 우리 법에 몰수만을 형벌로 규정한 범죄는 없다는 점을 고려할 때, 과연 위 조항이 주형의 공소시효와 무관하게 1년의 공소시효를 규정한 것인지는 의문이다. 주형에 의하여 정해지는 공소시효가 바로 몰수형의 공소시효라고 함이 자연스럽다.[49]

다) 공소기각이나 면소의 판결을 할 경우

공소기각이나 면소의 판결을 하는 경우에 몰수의 재판을 할 수 있는지에 관하여는 의견이 대립된다.

형법 제49조 단서가 예외적으로 부분적인 독립성을 인정하고 있으므로, 예컨대 공소제기 이후 친고죄에 대한 고소취소로 공소기각되는 경우 등에도 그에 사

45 대법원 1992. 7. 28. 선고 92도700 판결, 대법원 2010. 5. 13. 선고 2009도11732 판결.

46 형법 제49조 본문 참조.

47 형법 일부개정법률안(정부 제출, 2011. 3. 25. 의안번호 1811304); 김성돈, "형벌제도의 정비와 형사정책적 기본방향", 형법총칙 개정공청회, 법무부(2010), 157.

48 대법원 1992. 7. 28. 선고 92도700 판결.

49 위 대법원 1992. 7. 28. 선고 92도700 판결은 "위 1983. 1. 30.자 바이올린밀반입의 점에 대한 관세법 제180조 소정의 죄의 공소시효는 형사소송법 제249조 제1항 제3호에 의하여 7년이므로 이에 대한 공소시효는 이 사건 공소가 제기된 1991. 7. 15.에는 이미 완성되었다고 할 것인즉 이 점에서도 원심의 위 추징은 잘못된 것이라고 하지 않을 수 없다"고 판시하고 있는데, 주형의 공소시효 완성을 몰수불가의 이유로 제시하고 있다는 점에서 이러한 해석을 시사한다.

용된 도구나 흉기 등이 몰수요건에 해당하는 경우에는 이를 몰수할 수 있다고 보는 긍정설[50]이 있는 반면, 만일 공소기각이나 면소를 하여야 할 경우에도 몰수를 할 수 있다고 한다면 몰수의 요건이 갖추어졌는가 하는 실체 판단을 하여야 한다는 결론이 되고 이는 사실상 피고인에 대한 공소의 제기가 없는 경우에도 몰수를 할 수 있는 결과가 되어 부당하다는 부정설[51]이 있다.

기소되지 않은 범죄에 관한 몰수를 허용하지 않는 현행법상으로는 긍정설을 취하기 쉽지 않다.[52] 다만, 입법론으로는 공소를 제기하지 아니하는 경우에도 몰수를 할 수 있도록 할 필요가 있고, 이러한 제도아래서는 공소기각이나 면소 판결을 할 경우에도 몰수를 할 수 있다.

4) 주형의 선고유예와 몰수

주형에 대하여 선고유예하는 경우 몰수에 대하여도 선고유예할 수 있으며 이는 그 몰수가 필수적 몰수인 경우에도 같다.[53] 한편 판례는 형법 제49조 단서가 몰수의 부가성에 대한 예외를 인정하고 있으므로 주형에 대하여 선고유예하면서도 몰수형만을 선고할 수도 있다고 한다.[54]

5) 경미한 범죄

구류 또는 과료만에 해당하는 범죄의 경우는 몰수할 수 없도록 하는 입법례가 있지만,[55] 우리 형법은 이러한 규정을 두지 않고 있기 때문에 경미한 범죄라는 이유만으로 범죄관련성을 부정할 수는 없다.

다. 범죄관련성의 형태

몰수대상이 범죄와 어떠한 관련이 있을 때 몰수할 수 있는가 하는 범죄관련

50 이용우, "몰수·추징에 관한 몇가지 문제", 법조 35-12(1986. 12.), 26; 한상곤, "몰수, 추징에 있어서의 부가성의 의미와 그 대상자", 자료 50: 형사법에 관한 제문제(하) (1990), 15; 이희태, "제3자 소유물의 몰수에 관한 고찰", 사론 3(1972), 558.

51 윤진수, "1. 범죄의 증명이 없거나 공소시효가 완성된 경우에 추징을 할 수 있는지 여부, 2. 원심판결 중 추징부분만을 파기자판할 수 있는지 여부", 해설 18(1992년 하반기), 855-856.

52 같은 취지 : 서정걸, "몰수·추징의 부가성의 의미 및 그 예외", 형사판례연구 2(1996. 8.), 111.

53 대법원 1978. 4. 25. 선고 76도2262 판결, 대법원 1980. 3. 11. 선고 77도2027 판결, 대법원 1980. 12. 9. 선고 80도584 판결.

54 대법원 1973. 12. 11. 선고 73도1133 판결, 대법원 1978. 4. 25. 선고 76도2262 판결. 추징에 관하여 대법원 1981. 4. 14. 선고 81도614 판결, 대법원 1990. 4. 27. 선고 89도2291 판결. 다만, 형법 제49조 단서는 유죄의 재판을 하지 아니하는 경우의 예외를 규정한 것인데 선고유예는 유죄판결의 일종이라는 점에서 대법원의 논리에 의문이 있다.

55 일본 형법 제20조.

성의 구체적 내용은 몰수의 근거를 규정한 법률에 규정하고 있다. 따라서 관련성의 요건은 각 몰수요건 규정의 해석을 통하여 구체화될 수 있다. 여기서는 형법 제48조가 규정하는 관련성 요건을 중심으로 살펴본다.

1) 제공물건

형법 제48조 제1항 제1호는 범죄행위에 제공하였거나 제공하려고 한 물건을 몰수의 대상으로 하고 있다. 이를 '제공물건'이라고 부를 수 있다. 제공물건은 그것이 범죄의 도구로 사용된다는 차원에서 범죄관련성이 인정된다. 범죄행위에 제공한 물건은 범죄 실행행위에 직접 사용된 물건뿐만 아니라 실행행위와 밀접한 관계가 있는 행위에 사용된 물건을 포함한다.[56] 그리하여 범죄의 실행행위 자체에 사용한 물건은 물론 실행행위의 착수 전의 행위 또는 실행행위의 종료 후의 행위에 사용한 물건이더라도 그것이 범죄행위의 수행에 실질적으로 기여하였다고 인정되는 한 제공물건에 포함된다.[57]

범죄행위에 제공하려고 한 물건은 범죄행위에 사용할 목적으로 준비하였으나 실제 사용하지 못한 물건을 말한다.[58] 여기서 제공하려 한 범죄행위는 유죄로 인정되어야 한다. 몰수는 다른 형에 부가하여 선고되는 형이기 때문이다.[59]

어떠한 물건이 범죄구성요건요소에 해당하는 경우 이를 범죄를 조성하는 물건이라는 취지로 '조성물건'이라고 칭할 수 있다. 예컨대, 신고하지 아니하고 지급수단이나 증권을 수출 또는 수입하는 외국환거래법위반죄[60]에서 당해 지급수단이나 증권은 미신고 수출행위 또는 미신고 수입행위라는 범죄행위의 객체로서 구성요건요소가 되는데, 이러한 물건이 조성물건에 해당한다. 우리 형법 제48조는 조성물건을 몰수의 대상으로 열거하고 있지 않기 때문에 조성물건이라는 이유만으로 몰수를 할 수는 없다. 그러나 이것이 형법 제48조의 어느 하나로 평가될 수 있을 때에는 이에 근거하여 몰수할 수 있다. 구 외국환관리법(1997. 12. 13. 법률 제5453호로 개정되기 전의 것, 이하 같다) 제19조에 의한 허가 없이 휴대하여 출국하려던 토지개발채권은 조성물건에 해당할 것인데 이를 수출미수행위에 제공된 물건이라고 보고 형법 제48조 제1항 제1호의 제공물건으로서 몰수의 대상이 된다고

56 신동운, 형법총론(제10판), 법문사(2017), 805.
57 대법원 2006. 9. 14. 선고 2006도4075 판결.
58 대법원 2008. 2. 14. 선고 2007도10034 판결.
59 대법원 2008. 2. 14. 선고 2007도10034 판결.
60 외국환거래법 제29조 제1항 제4호, 제17조.

한 판례[61]는 이러한 관점에서 이해할 수 있다.

2) 생성물건

형법 제48조 제1항 제2호 전단은 범죄로 인하여 생(生)한 물건을 몰수대상으로 하고 있다. 이를 '생성물건'이라고 부를 수 있다. 생성물건은 범죄행위 이전에는 존재하지 않았는데 범죄행위로 인하여 비로소 존재하게 된 물건을 말하는 것으로서, 범죄행위로 인하여 생긴 물건이라는 사유로 범죄관련성이 인정되는 경우이다. 예컨대, 문서위조죄에서의 위조문서가 이에 해당한다.

3) 취득물건

형법 제48조 제1항 제2호 후단은 범죄행위로 인하여 취득한 물건을 몰수대상물로 하고 있다. 이를 '취득물건'이라고 부를 수 있다. 취득물건은 범죄행위 당시에 이미 존재하고 있던 것을 범인이 범죄행위로 얻게 된 물건을 말하는 것으로서, 범죄행위로부터 얻은 물건이라는 점에서 범죄관련성이 인정된다. 예컨대, 도박으로 얻은 금품이나 범행의 보수로 받은 금품 등이 이에 해당한다.[62] 절도로 취득한 물건(장물)도 취득물건에는 해당하지만 범인 이외의 자의 소유라는 요건을 갖추지 못하여 몰수의 대상은 되지 않는다.

취득물건은 결과적으로 취득한 물건이어야 하므로 예컨대 D가 타인으로부터 받은 자기앞수표를 밀반출하여 타인에게 전달한 경우 위 자기앞수표는 수출행위에 제공하기 위해 D가 일시취득한 것일 뿐이므로 취득물건이 아니다.[63] 또 취득물건은 범죄행위가 취득의 원인이 된 경우여야 하므로 미화를 휴대하여 입국한 후 등록하지 않은 경우 당해 미화는 취득물건이 아니다.[64]

취득물건은 범죄의 수익이 되는 경우가 많다. 그러나 범죄수익과 취득물건이 언제나 일치하는 것은 아니다. 예컨대, 뇌물수수의 목적이 금전소비대차계약에 의한 금융이익일 때에는 그 금융이익이 뇌물이고 소비대차의 목적인 돈 그 자체는 뇌물이 아니므로 위 돈 자체는 형법 제134조에 의하여 몰수할 수는 없지만 범죄행위로 인하여 취득한 물건으로서 형법 제48조 제1항 제2호에 의하여 몰수할 수 있다고

61 대법원 2002. 9. 4. 선고 2000도515 판결. 외국환거래법위반죄에 관한 대법원 2008. 2. 14. 선고 2007도10034 판결, 대법원 2009. 10. 15. 선고 2008도10912 판결도 참조.

62 신동운, 형법총론(제10판), 법문사(2017), 805, 사법연수원, 형사판결서작성실무(2019), 63.

63 대법원 1979. 9. 25. 선고 79도1309 판결(구 외국환관리법에 관한 사안).

64 대법원 1982. 3. 9. 선고 81도2930 판결(구 외국환관리법에 관한 사안).

한 판례가 있는데, 이는 범죄수익과 취득물건이 일치하지 않는 것으로 본 예이다.[65]

4) 대가물건

형법 제48조 제1항 제3호는 제공물건, 생성물건, 취득물건의 대가로 취득한 물건을 범죄관련성이 있는 것으로 유형화하여 몰수의 대상으로 규정하고 있다. 예컨대, 몰수할 물건이 선의의 제3자에게 양도되어 몰수할 수 없을 경우 그 양도대금이 이에 해당한다.[66] 장물은 몰수의 대상이 되지 않으므로 장물을 처분한 대가 역시 몰수의 대상이 되지 아니한다. 이는 피해자 교부의 대상이 된다(형사소송법 제333조 제2항).

2. 인적 요건

몰수의 인적 요건은 몰수대상의 권리자에 관한 요건이다. 형법 제48조는 몰수대상의 소유권에 관한 소유권 요건과 몰수의 대상임을 알았다는 지정(知情) 요건을 규정하고 있다.[67]

가. 소유권 요건

1) 의미

몰수대상은 범인 이외의 사람의 소유에 속하지 아니하여야 한다(형법 제48조 제1항). 이에는 범인의 소유에 속하는 것과 어느 누구의 소유에도 속하지 아니하는 것이 있다.

2) 범인의 소유

범인의 소유에 속하면 타인이 점유하더라도 몰수의 대상이 된다. 반대로 타인의 소유에 속하면 범인이 점유하더라도 몰수할 수 없다.

범인에는 공범이 포함된다.[68] 예컨대, A 소유의 물건을 B가 소지하여 함께 범죄를 저지를 경우 B로부터도 몰수할 수 있다. 공범에는 공동정범, 교사범, 방조범, 필요적 공범이 모두 포함된다.[69] 또한 공범이 기소되어 있음을 불문한다.[70] 따

65 대법원 1976. 9. 28. 선고 75도3607 판결.

66 사법연수원, 형사판결서작성실무(2019), 63.

67 신동운, 형법총론(제10판), 법문사(2017), 803-804 참조.

68 대법원 1984. 5. 29. 선고 83도2680 판결, 대법원 2000. 5. 12. 선고 2000도745 판결, 대법원 2004. 10. 27. 선고 2003도6738 판결, 대법원 2007. 3. 15. 선고 2006도8929 판결.

69 대법원 2001. 3. 9. 선고 2000도794 판결, 대법원 2004. 10. 27. 선고 2003도6738 판결, 대법원 2006. 11. 23. 선고 2006도5586 판결.

70 대법원 1984. 5. 29. 선고 83도2680 판결, 대법원 2000. 5. 12. 선고 2000도745 판결, 대법원 2004. 10. 27. 선고 2003도6738 판결, 대법원 2013. 5. 23. 선고 2012도11586 판결.

라서 위에서 A는 기소되지 않고 B만 기소된 경우에도 B로부터 몰수할 수 있다. 위 범인에 해당하는 공범자는 반드시 유죄의 죄책을 지는 사람에 국한된다고 볼 수 없고 공범에 해당하는 행위를 한 사람이면 족하다.[71] 따라서 유죄의 죄책을 지지 않는 공범자의 소유물도 유죄판결을 받는 피고인으로부터 몰수할 수 있다.

형벌은 공범자의 전원에 대하여 각기 별도로 선고하여야 하는 것이므로 부가형인 몰수(형법 제49조 참조)에 관하여도 공범 각자에 대하여 개별적으로 선고한다.[72] 후술하는 바와 같이 몰수판결의 효력은 상대적이므로, 공범 중 몰수대상물의 점유자인 피압수자에 대한 몰수판결이 확정되더라도 그 후 소유자인 공범에 대하여 다시 몰수를 선고하여야 소유권박탈의 효과가 생긴다.[73]

한편 양벌규정에 의하여 법인을 처벌하는 경우에는 법인에게도 몰수판결을 할 수 있다.[74]

3) 소유자 부존재

어느 누구의 소유에도 속하지 아니하는 물건은 몰수의 대상이 된다. 사인의 소유를 금지하는 금제품(예컨대, 위조통화, 위조문서)은 어느 누구의 소유도 허용되지 않는 물건이므로 몰수의 대상이 환부나 가환부를 할 수 없다.[75] 다만, 위조문서의 경우 위조의 표시를 하여 환부할 수는 있다.[76]

한편, 깨어진 유리조각과 같이 가치가 거의 없고 소유자를 알 수 없는 물건도 특별한 사정이 없는 한 소유권을 포기한 것으로서 어느 누구의 소유에도 속하지 아니한 물건으로 보아 몰수할 수 있다.[77]

4) 소유 여부 판단시기

몰수대상물의 소유 여부는 판결선고시를 기준으로 판단한다. 예컨대, 범인이 범죄 후 상속이나 양수로 소유권을 취득한 물건은 범행 당시 소유자가 아니라도 몰수할 수 있다. 반대로 범행 이후 타인의 소유가 된 물건은 몰수할 수 없다. 다만, 정을 알면서 취득한 경우는 몰수할 수 있다.

71 대법원 2006. 11. 23. 선고 2006도5586 판결.
72 대법원 1979. 2. 27. 선고 78도2246 판결, 대법원 2013. 5. 23. 선고 2012도11586 판결.
73 사법연수원, 형사판결서작성실무(2019), 65.
74 대법원 1961. 5. 31. 선고 4293형상923 판결, 대법원 1980. 12. 9. 선고 80도584 판결.
75 대법원 1984. 7. 24.자 84모43 결정, 대법원 1998. 4. 16.자 97모25 결정.
76 대법원 1984. 7. 24.자 84모43 결정.
77 사법연수원, 형사판결서작성실무(2019), 65.

나. 지정 요건

범죄 후 범인 이외의 자가 정을 알면서 취득한 것은 몰수대상이 된다. 취득이란 소유권은 물론 질권이나 저당권과 같은 물권을 취득한 경우를 포함한다. 범인으로부터 선의로 취득한 사람으로부터 악의로 취득한 사람도 포함한다.[78]

취득한 시점은 범죄 후여야 하므로 범인 이외의 자가 악의로 취득하였더라도 범행 전에 취득한 경우에는 몰수의 대상이 되지 아니한다. '정을 알면서' 취득하였다고 함은 형법 제48조의 요건에 해당하는 물건임을 알고서 취득하였다는 취지이다. 물건을 취득할 당시 몰랐다면 취득 후 그 정을 알게 되었더라도 몰수할 수 없다.[79]

3. 소송법적 요건

가. 주형과 몰수

앞서 본 바와 같이 몰수는 부가적 형벌이므로 몰수원인 범죄에 대한 형사절차에서 주형에 부가하여 선고되며 유죄의 재판을 전제로 함을 원칙으로 한다(형법 제49조 본문). 따라서 현행 법제상 형사절차와 독립한 절차에서 몰수를 선고하는 이른바 '독립몰수'는 허용되지 아니한다. 몰수원인으로 지목된 범죄에 대하여 구성요건해당성이나 위법성의 결여로 무죄를 선고하는 경우에는 몰수를 할 수 없다. 그러나 예외적으로 유죄의 재판을 하지 아니할 때에도 몰수의 요건이 있는 때에는 몰수만을 선고할 수 있다(형법 제49조 단서). 책임무능력으로 인하여 무죄가 되는 경우가 그 대표적인 예이다. 주형에 대하여 선고유예를 할 경우에 몰수만을 선고할 수 있음도 앞서 보았다.

나. 압수와 몰수

소송실무에서 몰수할 물건은 압수되어 있는 것이 보통이다. 그러나 몰수는 반드시 압수되어 있는 물건에 대하여서만 하는 것이 아니므로[80] 몰수대상물이 압수되어 있는지 또는 적법한 절차에 의하여 압수되었는지는 몰수의 요건이 아니다.[81] 또한 법원이 현실적으로 보관하고 있어야 하는 것도 아니므로 가환부하였거

78 사법연수원, 형사판결서작성실무(2019), 65.
79 사법연수원, 형사판결서작성실무(2011), 54-55.
80 대법원 1977. 5. 24. 선고 76도4001 판결.
81 대법원 2003. 5. 30. 선고 2003도705 판결.

나 환부한 경우에도 몰수할 수 있다.[82]

다. 증명, 불이익변경

몰수나 추징의 대상이 되는지 여부나 추징액의 인정은 범죄구성사실이 아니라는 이유로 엄격한 증명을 필요로 하지 않는다는 것이 판례의 입장이다.[83] 그러나 몰수·추징의 대상이 되는 까닭에 증거에 의하여 인정하여야 하며 만일 그 액수를 특정할 수 없는 경우에는 가액을 추징할 수 없다.[84] 또한 예컨대, 뇌물죄에서의 수뢰액은 그 다과에 따라 범죄구성요건이 달라지므로 엄격한 증명의 대상이 된다고 한다.[85]

몰수도 형의 일종이므로 불이익변경금지의 원칙이 적용된다. 따라서 주형을 같이 하면서 새로이 몰수를 선고하는 것은 불이익변경금지로서 허용되지 아니한다.[86] 그런데 불이익변경금지원칙의 적용에 있어서는 이를 개별적, 형식적으로 고찰할 것이 아니라, 전체적, 실질적으로 고찰하여 결정하여야 할 것이므로[87] 징역형의 선고유예를 벌금형과 추징의 선고유예로 변경함은 불이익변경이 아니다.[88] 또한 항소심이 몰수가능성에 관하여 제1심과 견해를 달리하여 추징을 몰수로 변경하더라도 그것만으로는 불이익변경이 아니다.[89]

Ⅲ. 몰수판결의 효과

몰수의 선고가 있으면 몰수가 선고된 물건의 재산권을 범인으로부터 박탈하여 일방적으로 국가에 귀속시키는 물권적 효과가 있다. 몰수재판으로 국고에 귀속되는 시점에 관하여는 판결확정시설과 집행시설이 있는데 판례는 전자의 입장으로 보인다. 예컨대, 관세포탈물품의 취득양여 등으로 전전 양도된 경우 그에 관

82 대법원 1977. 5. 24. 선고 76도4001 판결, 대법원 1998. 4. 16.자 97모25 결정.

83 대법원 1987. 4. 11. 선고 87도399 판결, 대법원 1993. 6. 22. 선고 91도3346 판결, 대법원 2007. 3. 15. 선고 2006도9314 판결.

84 대법원 2006. 4. 7. 선고 2005도9858 전원합의체 판결, 대법원 2011. 5. 26. 선고 2009도2453 판결.

85 대법원 2011. 5. 26. 선고 2009도2453 판결. 액수에 따라 특정범죄가중처벌등에관한법률위반(뇌물)죄가 되는 경우가 있기 때문이다. 단순 뇌물죄인 경우에는 엄격한 증명은 요하지 아니한다는 것이 판례의 입장이다.

86 대법원 1992. 12. 8. 선고 92도2020 판결.

87 대법원 1998. 3. 26. 선고 97도1716 전원합의체 판결.

88 대법원 1998. 5. 12. 선고 96도2850 판결(징역 1년의 선고유예를 벌금 4,000만 원 및 1,600여만 원의 선고유예로 변경한 사안).

89 대법원 2005. 10. 28. 선고 2005도5822 판결(대상물의 가격이 크게 몰랐다고 하더라도 마찬가지라고 판시).

여된 어느 범인으로부터 대상 물품을 몰수한다는 판결이 있으며 그 물품이 이미 검사에 의하여 압수되고 있는 한 그 판결의 확정과 동시에 그 범칙물품은 국고귀속이 되는 것이고 다른 범인과의 관계에 있어서도 실질상 몰수한 것과 마찬가지이므로 피고인이 위 물품을 전매처분한 사람이라도 그 절차에서 추징이 아닌 몰수를 선고할 수 있다.[90]

몰수판결에 의한 국고귀속의 효과가 미치는 범위에 관하여 당해 피고인에게만 미친다는 상대적 효력설과 제3자에게도 미친다는 절대적 효력설이 있는데, 판례는 전자의 입장이다. 상대적 효력설에 따를 때, 몰수는 공범자의 전원에 대하여 각기 별도로 선고하여야 하고,[91] 피고인 이외의 제3자의 소유에 속하는 물건에 대하여 몰수를 선고한 판결의 효력은 원칙적으로 몰수의 원인이 된 사실에 관하여 유죄의 판결을 받은 피고인에 대한 관계에서 그 물건을 소지하지 못하게 하는 데 그치고 그 사건에서 재판을 받지 아니한 제3자의 소유권에 어떤 영향을 미치는 것은 아니다.[92] 따라서 위 제3자는 몰수판결이 선고된 물건의 소유자임을 주장하여 국가에 대하여 민사소송으로 그 반환을 청구할 수 있다.[93]

한편 압수물에 대하여 몰수의 선고가 없는 때에는 압수를 해제한 것으로 간주하므로(형사소송법 제332조) 어떠한 압수물에 대한 몰수의 선고가 포함되지 않은 판결이 선고되어 확정되었다면 검사에게 그 압수물을 제출자나 소유자 기타 권리자에게 환부하여야 할 의무가 당연히 발생하는 것이고 권리자의 환부신청에 대한 검사의 환부결정 등 어떤 처분에 의하여 비로소 환부의무가 발생하는 것은 아니다.[94]

Ⅳ. 추징

1. 의의

몰수대상물의 전부나 일부가 몰수하기 불능한 때에 몰수에 갈음하여 그 가액 상당의 납부를 명하는 부수처분이 추징이다.

90 대법원 1980. 8. 26. 선고 80도620 판결.
91 대법원 1979. 2. 27. 선고 78도2246 판결.
92 대법원 1999. 5. 11. 선고 99다12161 판결, 대법원 2006. 11. 23. 선고 2006도5586 판결
93 대법원 1970. 3. 24. 선고 70다245 판결.
94 대법원 1995. 3. 10. 선고 94누14018 판결, 대법원 2001. 4. 10. 선고 2000다49343 판결.

추징은 형의 종류를 정한 형법 제41조에 열거되어 있지 않으므로 형이 아니다. 그러나 실질적으로 볼 때 몰수와 차이가 없으며 특히 보안처분적 의미를 가지지 아니하는 점에 있어서는 몰수보다도 오히려 순수한 형벌적 성격을 보유하는 것이라 할 것이어서 형이라는 것을 실질적인 의미에서 논할 때에는 추징을 반드시 형에 준하여 고려하고 평가하여야 한다는 것이 판례의 입장이다.[95]

2. 요건

가. 몰수요건의 존재

추징은 몰수에 갈음하는 처분이므로 처음부터 몰수요건이 존재하지 않아 몰수가 허용되지 않는 경우에는 추징도 허용되지 않는다. 몰수요건이 존재하였으나 이미 몰수가 된 경우에도 추징은 허용되지 아니한다. 외국법원에 의하여 몰수된 경우 이미 소유가 박탈되었기 때문에 우리나라에서 다시 몰수할 수 없고 추징도 할 수 없다.[96]

몰수의 대상은 유죄로 인정된 범죄사실과 관련되어 있어야 하므로, 법원이 범죄사실에서 인정되지 아니한 사실에 관하여 몰수나 추징을 선고할 수 없고, 따라서 범죄사실에서 인정한 몰수대상의 양(예컨대, 메트암페타민의 양이나 뇌물의 액수)이 특정되지 않은 경우에는 그 가액 상당의 추징을 명할 수 없다.[97]

나. 몰수불능

몰수하기 불능한 때라 함은 몰수요건은 있으나 사실상·법률상의 장애로 말미암아 몰수할 수 없는 경우를 말한다.

소비, 훼손, 분실, 가공, 혼화 등으로 물건의 존재 또는 동일성이 상실된 경우, 외국에 소재하는 부동산과 같이 그 소재장소로 인한 장애사유가 있는 경우,[98] 선의의 제3자에게 양도되어 법률상 몰수요건이 결여된 경우 등이 이에 해당한다.

다. 금전의 경우

몰수대상물이 금전인 경우 금전 그 자체가 특정되어 현존하면 몰수의 대상이고, 그렇지 않으면 그 가액을 추징한다.

95 대법원 1961. 11. 9. 선고 4294형상572 판결.
96 대법원 1980. 8. 19. 선고 80도1592 판결.
97 대법원 2016. 12. 15. 선고 2016도16170 판결, 대법원 2009. 8. 20. 선고 2009도4391 판결.
98 대법원 1998. 5. 12. 선고 96도2850 판결.

수뢰자가 뇌물을 그대로 보관하다가 증뢰자에게 반환한 때에는 증뢰자로부터 몰수·추징하여야 하고,[99] 수뢰자가 뇌물로 받은 현금 등을 소비한 후 같은 금액의 돈을 증뢰자에게 반환한 때에는 수뢰자로부터 추징하여야 한다.[100]

라. 추징액의 산정

추징은 몰수불능물의 가액을 납부할 의무를 부과하는 것이다. 몰수불능물이 금전일 경우에는 그 금액이 추징액이 될 것이다. 그런데 몰수불능물이 물건이고 그 가액이 변동하는 경우에는 어느 시점을 기준으로 가액을 산정하여야 하는가의 문제가 있다.

관세법은 '범칙 당시의 국내 도매가격에 상당한 금액'이라고 하여 범행시를 기준으로 하는 명문의 규정을 두고 있다(관세법 제282조 제3항). 이와 같은 특별규성이 없는 경우의 산정기준시점에 관하여 판례는 몰수의 취지가 범죄에 의한 이득의 박탈을 그 목적으로 하는 것이고 추징도 이러한 몰수의 취지를 관철하기 위한 것이라는 점을 고려하면 몰수하기 불능한 때에 추징하여야 할 가액은 범인이 그 물건을 보유하고 있다가 몰수의 선고를 받았더라면 잃었을 이득상당액을 의미한다고 보아야 할 것이므로 그 가액산정은 재판선고시의 가격을 기준으로 하여야 할 것이라고 한다.[101] 다만, 예컨대 수재로 취득한 주식 4,000주를 여러 차례에 걸쳐 일부씩을 그때그때의 시가에 따라 처분하였고 그 과정에서 무상증자 받은 주식과 다시 매입한 주식까지 섞어서 처분함으로써 위 4,000주만의 처분가액을 정확히 산정할 수 없을 경우에는 피고인에게 가장 유리하게 시가가 가장 낮을 때를 기준으로 하여 처분가액을 산정함이 타당하다고 한다.[102]

그리고 애초 몰수대상물을 취득하기 위하여 대가로 지급한 금액이나 지출한 비용은 추징가액에서 공제하지 않는다.[103]

3. 추징의 방법

몰수대상에 여러 사람이 관여된 경우 대법원은 그 몰수의 성격에 따라 연대책임을 지는지 개별책임을 지는지를 결정하고 있는데, 대체로 이익박탈적 몰수·

99 대법원 1984. 2. 28. 선고 83도2783 판결.
100 대법원 1999. 1. 29. 선고 98도3584 판결.
101 대법원 1991. 5. 28. 선고 91도352 판결, 대법원 2007. 3. 15. 선고 2006도9314 판결, 대법원 2008. 10. 9. 선고 2008도6944 판결.
102 대법원 2005. 7. 15. 선고 2003도4293 판결.
103 대법원 2005. 7. 15. 선고 2003도4293 판결, 대법원 2008. 10. 9. 선고 2008도6944 판결.

추징에서는 개별책임을, 징벌적 몰수·추징에서는 연대책임을 지운다고 할 수 있다.

그리하여 이익박탈적 몰수·추징에 관하여 대법원은 뇌물이나 수재관련 죄 및 국고·지방자치단체 손실의 죄의 규정에 의한 몰수나 추징[104]은 범인이 취득한 당해 재산을 범인으로부터 박탈하여 범인으로 하여금 부정한 이익을 보유하지 못하게 함에 그 목적이 있는 것이므로 피고인에게 실질적으로 귀속된 이익만을 추징하여야 한다고 하고, 변호사법위반의 경우에도 마찬가지로 범인이나 정을 아는 제3자가 받은 금품 기타 이익을 그들로부터 박탈하여 부정한 이익을 보유하지 못하게 함에 그 목적이 있는 것이므로 부정한 이익을 보유하는 한도에서만 몰수나 추징을 할 수 있다고 한다.

한편 징벌적 몰수·추징에 관하여 대법원은 마약류관리에 관한 법률과 관세법에 의한 몰수나 추징은 이득의 박탈을 목적으로 하는 것이 아니라 징벌적 성질의 처분이라는 이유로 범행으로 인하여 이득을 취하였는지 여부를 묻지 아니하고 관여한 사람 전부 각자에 대하여 그 취급한 범위 내에서 대상물의 가액 전부를 추징하여야 한다고 하는 확고한 태도를 가지고 있으며,[105] [106] 외국환거래법(구 외국환관리법)에 의한 몰수·추징에 관하여도 같은 입장이다.[107] [108]

V. 폐기

문서, 도화, 전자기록 등 특수매체기록 또는 유가증권의 일부가 몰수에 해당하는 때에는 그 부분을 폐기한다(형법 제48조 제3항).

104 형법 제134조, 특정범죄 가중처벌 등에 관한 법률 제13조, 특정경제범죄 가중처벌 등에 관한 법률 제10조, 공무원범죄에 관한 몰수특례법 제3조, 제6조.

105 마약류에 관한 판례: 대법원 2002. 12. 6. 선고 2002도5820 판결(매매알선자로부터 메스암페타민 대금 전액 추징), 대법원 2001. 12. 28. 선고 2001도5158 판결(향정신성의약품의 순차 매도인으로부터 각 매도대금 전액 추징).
관세법에 관한 판례: 대법원 2006. 4. 14. 선고 2006도638 판결(공범 전부에 대하여 각 가액 전부를 추징), 대법원 2002. 12. 6. 선고 2000도3581 판결, 대법원 1998. 11. 13. 선고 98도2658 판결, 대법원 1986. 7. 8. 선고 86도486 판결, 대법원 1984. 2. 28. 선고 83도2470 판결, 대법원 1983. 5. 24. 선고 83도639 판결, 대법원 1976. 8. 24. 선고 76도2024 판결.

106 대법원 1971. 3. 23. 선고 71도158 판결(다수 당사자간의 채권관계에서의 민법상의 분할의 원칙이 적용되지 않는다고 판시).

107 대법원 1998. 5. 21. 선고 95도2002 전원합의체 판결(4인의 반대의견 있음).

108 이 부분에 관한 보다 상세한 논의는 이상원, 몰수의 제한법리에 관한 연구-비례원칙을 중심으로, 서울대학교 박사학위논문(2004), 315-334 참조.

이는 문서 중 진정부분은 몰수할 근거가 없을 뿐만 아니라 그 부분이 위조 또는 변조된 부분과 독립하여 법적 효력을 가지고 제3자의 정당한 이익에도 관계가 있을 수 있기 때문에 진정부분은 그대로 유효하게 사용할 수 있도록 하기 위함이다. 예컨대, 차용증서 중 보증인란만 위조한 경우에는 주채무에 관한 부분은 진정한 것으로서 유효하므로 보증채무 부분만을 폐기하여 주채무에 관한 차용증서로서 유효하게 사용될 수 있도록 하려는 것이다.

그러나 문서 등의 일부가 위조 또는 변조된 경우 위·변조부분과 진정부분이 불가분의 일체를 이루고 있거나 진정부분에는 특별한 법적 의미가 없고 제3자의 이익에도 관계가 없는 경우에는 그 문서 전부를 몰수할 수 있다고 해석된다.[109]

부동산등기부는 범인 이외의 자에 속하는 물건이며 범죄후 범인 이외의 자가 정을 알면서 취득한 것이 아니므로 이를 몰수할 수 없으며 따라서 등기부기재 중 특정부분을 문서의 일부라 하고 몰수에 해당한다 하여 형법 제48조 제3항을 적용하여 폐기의 선고를 할 수는 없다.[110]

폐기의 집행은 위조 또는 변조부분에 그 표시를 한 후 정당한 소지인에게 환부하는 방법으로 한다(형사소송법 제485조 제1항).

109 예컨대, 타인의 성명을 모용하여 성적증명서를 발급받은 후 성명 부분을 자신의 성명으로 고친 경우, 유효기간이 지난 신분증의 사진을 자신의 사진으로 교체한 경우 등.

110 대법원 1957. 8. 2. 선고 4290형상190 판결.

제 50 조 [형의 경중]

① 형의 경중은 제41조 기재의 순서에 의한다. 단, 무기금고와 유기징역은 금고를 중한 것으로 하고 유기금고의 장기가 유기징역의 장기를 초과하는 때에는 금고를 중한 것으로 한다.
② 동종의 형은 장기의 긴 것과 다액의 많은 것을 중한 것으로 하고 장기 또는 다액이 동일한 때에는 그 단기의 긴 것과 소액의 많은 것을 중한 것으로 한다.
③ 전 2항의 규정에 의한 외에는 죄질과 범정에 의하여 경중을 정한다.

[참고문헌] 김성돈, 형법총론(제5판), 성균관대학교출판부(2017); 김일수/서보학, 새로쓴 형법총론(제13판), 박영사(2018); 박상기, 형법총론(제9판), 박영사(2012); 박상기/전지연, 형법학(총론·각론 강의)(제4판), 집현재(2018); 배종대, 형법총론(제13판), 홍문사(2017); 성낙현, 형법총론(제2판), 동방문화사(2011); 손동권/김재윤, 새로운 형법총론(초판), 율곡출판사(2011); 신동운, 형법총론(제10판), 법문사(2017); 오영근, 형법총론(제4판), 박영사(2018); 이재상 외 2인(이재상/장영민/강동범), 형법총론(제9판), 박영사(2017); 이정원, 형법총론, 법지사(1999); 임웅, 형법총론(제10정판), 법문사(2018); 정성근/박광민, 형법총론(전정2판), 성균관대학교출판부(2015); 정영일, 형법강의(총론)(제3판), 학림(2017);사법연수원, 형사판결서작성실무(2019).

Ⅰ. 형의 경중이 갖는 의미

형의 경중은 다음과 같은 경우에 문제가 된다.

첫째, 형벌법규의 시적 적용범위를 정하는 표준이 된다. 형법은 행위시법주의를 원칙으로 하면서(제1조 제1항) 범죄 후 그 형이 보다 가볍게 법률이 변경된 경우에는 행위시법이 아닌 신법에 의하도록 하고 있다(제1조 제2항). 이 때 형이 보다 가볍게 변경되었는지 여부를 판단하기 위하여 법정형 사이의 경중을 평가할 기준이 필요하게 된다.[1] 형법 제50조 제1항 및 제2항은 이에 관한 기준을 제시한다.

둘째, 상상적 경합범에 적용할 형을 정하는 표준이 된다. 1개의 행위가 수개의 죄에 해당하여 상상적 경합관계에 있는 경우에는 가장 중한 죄에 정한 형으로 처벌한다(형법 제40조). 이 때 어떤 죄가 가장 중한 죄인지는 법정형을 기준으로 함이 원칙이고 이를 판단하기 위하여 법정형 사이의 경중을 평가할 기준이 필요

1 대법원 1992. 11. 13. 선고 92도2194 판결.

하게 된다. 형법 제50조 제1항 및 제2항이 이에 관한 기준을 제시하고 있다. 나아가 법정형이 동일한 두 죄 사이의 경중을 판단하기 위한 기준이 필요하게 되는데, 제50조 제3항은 이에 관한 기준을 제시하고 있다.

셋째, 경합범 처벌의 표준이 된다. 경합범을 동시에 판결할 때에는 가장 중한 죄에 정한 형이 사형이나 무기형인 때에는 가장 중한 죄에 정한 형으로 처벌하고 각 죄에 정한 형이 사형이나 무기형 이외의 동종의 형인 때에는 가장 중한 죄에 정한 장기 또는 다액에 1/2까지 가중하도록 하고 있다(형법 제38조 제1항). 이 때 어떤 죄가 가장 중한 죄인지를 정하는 기준이 필요하게 된다. 형법 제50조는 이에 관한 기준을 제시하고 있다.

넷째, 불이익변경금지의 원칙을 적용하는 표준이 된다. 피고인이 상소한 사건과 피고인을 위하여 상소한 사건에 대하여는 원심판결의 형보다 중한 형을 선고하지 못하고(형사소송법 제368조, 제396조 제2항), 피고인이 정식재판을 청구한 사건에 대하여는 약식명령의 형보다 중한 형을 선고하지 못하며(형사소송법 제457조의2), 재심에는 원판결의 형보다 중한 형을 선고하지 못한다(형사소송법 제439조). 이 때 중한 형인지 여부를 판단하는 기준이 필요하게 된다. 여기서의 형은 선고형으로서 형법 제50조 제1항 및 제2항에서 이에 관한 기준을 찾을 수 있다.

Ⅱ. 형의 경중을 판단하는 기준

1. 법정형의 경중

가. 다른 종류의 형 사이의 경중

서로 다른 종류의 법정형 사이에서는 형법 제41조에 규정된 형벌종류의 순서, 즉 사형 - 징역 - 금고 - 자격상실 - 자격정지 - 벌금 - 구류 - 과료 - 몰수의 순서에 따라 형이 중한 것으로 평가된다(제50조 제1항 본문). 다만 무기금고는 유기징역보다 중하고, 유기금고의 장기가 유기징역의 장기를 초과하면 금고가 중하다(제50조 제1항 단서).

나. 같은 종류의 형 사이의 경중

동종의 형 사이에서는 우선 법정형 중 장기 또는 다액을 비교하여 장기가 긴 것과 다액이 많은 것을 중한 것으로 하고 장기나 다액이 동일한 때에는 단기가 긴 것과 소액이 많은 것을 중한 것으로 한다(형법 제50조 제2항).

기간에 의한 형벌은 징역, 금고, 자격정지, 구류가 있는데, 구류의 법정형은 '구류'로만 규정되어 있을 뿐 거기에 구류의 기간을 다시 제한하지 않는 것이 통상이므로 징역, 금고, 자격정지의 경우에 장기나 단기의 긴 것을 비교하여 형의 경중을 정하게 된다.

금액에 의한 형벌은 벌금과 과료가 있고 몰수나 추징도 금액에 의한 부과가 가능한데, 과료의 법정형은 '과료'로만 규정되어 있을 뿐 거기에 과료의 액수를 다시 제한하지 않는 것이 통상이고 몰수나 추징도 법률에 그 구체적 금액이 규정되어 있는 것은 아니므로 벌금의 경우에 다액이나 소액의 많은 것을 비교하여 형의 경중을 정하게 된다.

다. 병과형과 선택형

법정형의 경중을 비교함에 있어서 법정형 중 병과형 또는 선택형이 있을 때에는 그 중 가장 중한 형을 기준으로 하여 다른 형과 경중을 정하는 것이 원칙이다.[2] 가장 중한 형이 같을 때에는 다음으로 중한 형을 기준으로 한다. 예컨대, ⓐ10년 이하의 징역 및(또는) 2천만 원 이하의 벌금, ⓑ10년 이하의 징역 및(또는) 천만 원 이하의 벌금, ⓒ7년 이하의 징역 및(또는) 3천만 원 이하의 벌금의 세 가지 법정형은 ⓐ-ⓑ-ⓒ 순으로 법정형이 무겁다.

ⓓ법정형에 징역형만 있는 경우, ⓔ같은 징역형에 벌금형이 선택형으로 있는 경우,[3] ⓕ같은 징역형에 벌금형이 병과형으로 있는 경우 사이에서는 ⓕ-ⓓ-ⓔ 순으로 형의 무겁다.

2. 처단형·선고형의 경중

형법 제50조 제1항과 제2항은 법정형의 경중을 전제로 규정한 것으로 이해된다. '장기'의 기간이나 '다액'의 액수를 비교기준으로 삼고 있음을 보면 선고형을 전제로 한 것이라 하기 어렵고, 최종적인 처단형끼리 형의 경중을 비교하는 경우는 있기 어렵기 때문이다.

그러나 처단형을 형성하는 과정에서 형종을 선택한 후에 하는 경합범처리에 있어 가장 중한 죄를 정하기 위한 형의 비교나 불이익변경인지 여부를 판단하기 위한 선고형의 비교를 위하여 형법은 별도의 규정을 두고 있지 않은 대신 제50조

2 대법원 1983. 11. 8. 선고 83도2499 판결, 대법원 1992. 11. 13. 선고 92도2194 판결.
3 대법원 1996. 7. 26. 선고 96도1158 판결.

제3항에서 죄질과 범정에 의하여 경중을 정한다고 규정한 점에 비추어 보면, 제50조는 법정형의 비교 외의 경우에도 적용 또는 준용될 수 있다고 이해된다. 따라서 실체적 경합범 처리의 기준이 되는 '가장 중한 죄'를 정하는 표준 및 불이익변경인지 여부에 관한 선고형의 경중도 제50조에 따라 판단하게 된다.

선고된 형이 피고인에게 불이익하게 변경되었는지에 관한 판단은 형법상 형의 경중을 일응의 기준으로 하되, 병과형이나 부가형, 집행유예, 미결구금일수의 통산, 노역장 유치기간 등 주문 전체를 고려하여 피고인에게 실질적으로 불이익한가의 여부에 의하여 판단하여야 한다.[4] 나아가 피고인이 상소 또는 정식재판을 청구한 사건과 다른 사건이 병합·심리된 후 경합범으로 처단되는 경우에는 당해 사건에 대하여 선고 또는 고지받은 형과 병합·심리되어 선고받은 형을 단순 비교할 것이 아니라, 병합된 다른 사건에 대한 법정형, 선고형 등 피고인의 법률상 지위를 결정하는 객관적 사정을 전체적·실질적으로 고찰하여 병합심판된 선고형이 불이익한 변경에 해당하는지를 판단하여야 한다.[5] 그러므로 형법 제50조에 정한 형의 경중은 불이익변경 여부를 판단하는 기준 중 하나가 될 뿐 이것만으로 불이익변경 여부에 대한 완결적인 판단을 할 수 있는 것은 아니다.

형법 제50조에 따를 때, 선고형의 경중은 제41조 기재의 순서에 의하되(제50조 제1항 본문) 무기금고는 유기징역보다 중하고 유기징역과 유기금고 사이에 기간의 차이가 있는 때에는 기간의 장단으로 경중을 정한다(제50조 제2항 단서).

3. 죄의 경중

상상적 경합범 또는 실체적 경합범의 처리의 기준이 되는 '가장 중한 죄'를 정함에 있어 죄의 경중은 먼저 법정형을 기준으로 정한다. 법정형의 경중은 앞서 본 바와 같이 형법 제50조 제1항과 제2항에 의한다.

법정형이 동일한 경우에는 그 다음으로 죄질(罪質)에 의하고 죄질도 같은 경우에는 범정(犯情)에 의한다(형법 제50조 제3항). 죄질은 행위반가치와 결과반가치를 종합한 불법유형, 즉 구성요건의 유형적 본질을 말한다. 범정은 구체적으로 행해진 당해 범죄의 정상(情狀)을 말한다.[6]

4 대법원 2005. 10. 28. 선고 2005도5822 판결, 대법원 2004. 11. 11. 선고 2004도6784 판결.
5 대법원 2004. 11. 11. 선고 2004도6784 판결.
6 범정을 책임요소에 해당하는 행위자의 내면적인 심정반가치(心情反價値)라고 이해하는 견해가 있으나(김일수/서보학(2004), 749), 반드시 이에 한하는 것은 아니다.

실무상, 죄명이 다르면 죄질이 다른 것으로 본다. 즉 죄질은 구체적인 실제 범죄를 고려하기 전에 추상적 구성요건에 따라 결정된다. 예컨대, 장물취득과 장물보관, 뇌물수수와 뇌물요구(약속), 위조공문서행사와 공문서위조, 위조사문서행사와 사문서위조는 각 전자가 후자보다 죄질이 무겁다고 평가된다. 기수는 미수보다 죄질이 무겁다. 죄명이 같더라도 구성요건이나 행위태양이 다르면 죄질이 다르다. 예컨대, 형법 제241조 제1항 전문의 간통죄가 같은 항 후문의 간통죄(상간자)보다 죄질이 무겁다.[7]

범정은 구체적으로 실행된 범죄를 전제로 경중을 논한다. 피해액이나 피해정도가 중할수록 범정이 무겁고 같은 피해 정도라도 범행방법이 극악할수록 범정이 무겁다.

7 사법연수원, 형사판결서작성실무(2011), 149 참조.

제 2 절 형의 양정

[총설]

[참고문헌] 김성돈, 형법총론(제5판), 성균관대학교출판부(2017); 김일수/서보학, 새로쓴 형법총론(제13판), 박영사(2018); 박상기, 형법총론(제9판), 박영사(2012); 박상기/전지연, 형법학(총론·각론 강의)(제4판), 집현재(2018); 배종대, 형법총론(제13판), 홍문사(2017); 성낙현, 형법총론(제2판), 동방문화사(2011); 손동권/김재윤, 새로운 형법총론(초판), 율곡출판사(2011); 신동운, 형법총론(제10판), 법문사(2017); 오영근, 형법총론(제4판), 박영사(2018); 이재상 외 2인(이재상/장영민/강동범), 형법총론(제9판), 박영사(2017); 이정원, 형법총론, 법지사(1999); 임웅, 형법총론(제10정판), 법문사(2018); 정성근/박광민, 형법총론(전정2판), 성균관대학교출판부(2015); 정영일, 형법강의(총론)(제3판), 학림(2017); 사법연수원, 형사판결서작성실무(2019).

Ⅰ. 양형의 의의

1. 양형의 개념

어떤 행위가 유죄로 인정되면 이에 대하여 구체적인 형벌을 부과하는데 구체적인 형벌은 법정형을 기초로 하여 구체적 선고형을 정하는 과정을 통하여 정하여 진다. 이러한 과정을 양형 혹은 형의 양정이라고 한다.

2. 양형재량

종래 양형은 법관의 인격과 양심에 기한 가치판단이나 재량행위 또는 창조적인 형성행위라고 보아 왔다. 이에 따라 양형의 조건에 관하여 규정한 형법 제51조의 사항은 널리 형의 양정에 관한 법원의 재량사항에 속한다고 해석되므로, 상고심으로서는 형사소송법 제383조 제4호에 의하여 사형·무기 또는 10년 이상의 징역·금고가 선고된 사건에서 형의 양정의 당부에 관한 상고이유를 심판하는 경우가 아닌 이상, 사실심법원이 양형의 기초 사실에 관하여 사실을 오인하였다거나 양형의 조건이 되는 정상에 관하여 심리를 제대로 하지 아니하였다는 주장은 적법한 상고이유가 될 수 없다.[1]

[1] 대법원 2008. 5. 29. 선고 2008도1816 판결, 대법원 1988. 1. 19. 선고 87도1410 판결, 대법원 1990. 10. 26. 선고 90도1940 판결.

그러나 법관의 양형재량도 무제약의 재량을 의미하는 것은 아니다. 우리 법이 양형부당을 항소이유의 하나로 하고 있는 것(형사소송법 제361조의5)은 양형재량의 합리성을 통제하기 위한 장치의 하나이다.

나아가 사실심법원의 양형에 관한 재량도 범죄와 형벌 사이에 적정한 균형이 이루어져야 한다는 죄형균형 원칙이나 형벌은 책임에 기초하고 그 책임에 비례하여야 한다는 책임주의 원칙에 비추어[2] 당해 피고인의 공소사실에 나타난 범행의 죄책 내 양형판단의 범위에서 인정되는 내재적 한계를 가진다. 따라서 사실심법원이 피고인에게 공소가 제기된 범행을 기준으로 그 범행의 동기나 결과, 범행 후의 정황 등의 형법 제51조가 정한 양형조건으로 포섭되지 않는 별도의 범죄사실에 해당하는 사정에 관하여 그것이 합리적인 의심을 배제할 정도의 증명력을 갖춘 증거에 의하여 증명되지 않았음에도 핵심적인 형벌가중적 양형조건으로 삼아 형의 양정을 함으로써 피고인에 대하여 사실상 공소가 제기되지 않은 범행을 추가로 처벌한 것과 같은 실질에 이른 경우에는 단순한 양형판단의 부당성을 넘어 위와 같은 죄형균형의 원칙 내지 책임주의 원칙의 본질적 내용을 침해한 것이 되므로, 이러한 위법한 사실심법원의 양형심리 및 양형판단 방법은 상고이유가 될 수 있다.[3]

3. 양형이론

양형은 책임(죄책, 이하 '책임'이라고만 한다)을 한도로(책임주의) 일반예방과 특별예방을 고려하여 행해진다. 어떠한 범죄행위에 대한 정당한 형량을 어떻게 인식할 수 있는가에 관한 이해방법을 양형이론이라고 한다. 이에는 아래와 같은 견해의 대립이 있다.

가. 유일형이론

책임은 언제나 유일한 고정된 크기로 존재하며 따라서 정당한 형벌은 항상 하나일 수밖에 없다고 하는 이해방법을 '유일형이론' 또는 '점(點)의 이론(Theorie der Punktstrafe)'이라고 한다.[4]

이에 대하여는 가사 정당한 형벌이 유일하게 존재한다고 하더라도 이를 정확하게 인식하는 것은 인간의 능력을 벗어나며 이를 도출하는 합리적인 척도가 존

2 대법원 2007. 4. 19. 선고 2005도7288 판결.
3 대법원 2008. 5. 29. 선고 2008도1816 판결.
4 법원행정처, 양형실무(1999), 27.

재하지 않는다는 비판이 있다. 이에 점의 이론을 지지하는 사람들도 유일형은 단지 근사치로만 확정할 수밖에 없다고 시인한다.[5] 나아가 유일형이론에 대하여는 양형에서 일반예방이나 특별예방의 목적을 고려하지 않는다는 점, 상대적 부정기형을 근거지우기 어렵다는 점 등이 비판으로 제기되고 있다.[6]

나. 책임범위이론

책임에 적합한 형벌이란 하나의 고정된 점이 아니라 책임범위(Schuldrahmen)의 형태로 존재하며 이러한 책임의 범위 안에서 형벌의 예방목적이 고려될 수 있다는 이해방법이 있다. 이를 '범위이론(Schuldrahmentheorie)' 또는 '폭(幅)의 이론'이라고 한다.[7] 이에 의할 때 어떠한 형벌이 책임에 적합한 것인가는 정확하게 정할 수 없고, 다만 이미 책임에 적합한 형벌(die schon schuldangemessene Strafe, 책임에 의하여 요구되는 최소한의 형벌)보다 높고 여전히 책임에 적합한 형벌(die noch schuldangemessene Strafe, 책임의 범위 내에서 용인될 수 있는 최대한의 형벌)보다 낮은 범위가 존재할 뿐이다.[8] 그리고 책임에 의하여 정해지는 위 범위에서 일반예방과 특별예방을 고려하여 형벌을 정하되 예방목적으로 인해 책임의 상한을 초과할 수는 없지만 하한에 미달할 수는 있다고 한다.[9]

책임범위이론도 과연 적정한 형의 범위가 어느 정도인지는 구체적으로 제시하지 못하고 있으며 다만 현저하게 범위를 벗어난 양형을 위법으로 판단하여 법률심의 통제를 받게 하기 위한 이론적 수단으로 작동한다고 한다.[10]

다. 단계이론

형량의 결정을 의미하는 협의의 양형은 오로지 책임의 정도에 의하고 형종의 선택 및 형의 집행 여부 등을 포함하는 광의의 양형은 전적으로 예방적 관점에 따라 결정된다는 이해방법이 있다. 이를 '단계이론(Stellenwerttheorie)'[11]이라고 한다.[12] 이에 대하여는 형벌목적의 단계적 분리고찰이 가능한지 의문이라는 비판이 있다.[13]

5 법원행정처, 양형실무(1999), 27.
6 오영근, 형법총론(제4판), 박영사(2018), 517.
7 법원행정처, 양형실무(1999), 27.
8 BGHSt 7, 28.
9 오영근, 형법총론(제4판), 박영사(2018), 517.
10 법원행정처, 양형실무(1999), 27.
11 '위가이론(位價理論)'이라고도 한다.
12 법원행정처, 양형실무(1999), 27.
13 법원행정처, 양형실무(1999), 27-28.

이에 책임은 폭의 이론과 같이 범위의 형태로 존재하되 그 범위 내에서 예방적 고려를 하는 새로운 단계이론이 제시되었다. 이에 따르면, 형의 양정을 하는 협의의 양형에서 그 상한선의 범위 내에서 먼저 책임범위의 상한선을 정한 후 그 상한선의 범위 내에서 특별예방에 따라 형량을 정하되 책임범위의 하한선은 이탈할 수 있고 다만 그 이탈은 일반예방적 목적이 허용하는 지점까지만 가능하며, 그 다음 형의 종류 및 집행유예 등을 정하는 광의의 양형에서 다시금 특별예방을 고려한다는 것이다.[14]

이 이론에 의하면 형량은 불법과 책임의 정도에 따라서 결정하고, 형벌의 종류와 집행 여부는 예방의 목적을 고려하여 결정해야 한다고 한다.

단계이론에 대해서는 형량을 결정할 때에도 예방의 목적을 고려해야 하고, 형벌의 종류와 집행 여부를 결정할 때에도 책임을 고려해야 한다는 비판이 제기된다.

Ⅱ. 양형의 과정

1. 양형의 단계

양형은 법정형을 기초로 하여 형벌의 종류를 선택하고 이를 가중하거나 감경하여 처단형을 정한 다음 그 처단형의 범위에서 구체적인 선고형을 정하는 과정으로 이루어진다.

가. 법정형

개개 법률조항에서 각 구성요건에 따라 그 종류와 범위를 규정한 형벌을 법정형이라고 한다. 이는 입법자가 각 구성요건의 전형적 불법에 대하여 일반적인 평가를 내린 형의 범위이다.

법정형을 정하는 방법에는 형벌을 법률에 정하지 아니하고 법관의 자유재량에 맡기는 절대적 전단형, 법률에 형벌의 종류와 형량을 엄격히 규정하고 법관의 재량을 인정하지 않는 절대적 법정형, 법률에는 형벌의 종류와 범위만을 정하고 법관이 그 범위 안에서 구체적인 형을 정하도록 하는 상대적 법정형이 있다. 우리 형법은 상대적 법정형을 원칙으로 하고 예외적으로 절대적 법정형을 두고 있다.[15]

14 법원행정처, 양형실무(1999), 28.
15 형법 제93조의 여적죄.

나. 처단형

법정형이 처단의 범위로 구체화된 형을 처단형이라고 한다. 처단형은 법정형에서 형벌의 종류를 선택한 후 이를 기초로 법률상·재판상의 가중·감경을 한 형벌을 말한다.

다. 선고형

선고형이란 처단형의 범위 내에서 법관이 구체적으로 형을 양정하여 선고하는 형벌을 말한다. 선고형이 실제로 집행되는 형이 된다.

2. 형의 가중 및 감경

☞ 법정형으로부터 처단형을 도출하기 위하여 형을 가중하거나 감경하게 되는데 이에 관하여는 형법 제56조의 해설 참조.

3. 양형기준

많은 경우 처단형으로 도출된 형량의 범위가 광범위하여 법관의 영형에 대한 객관성과 예측가능성에 대한 요청이 있어 왔다. 2007년 법원조직법의 개정은 양형기준제도를 도입하여 이러한 요청에 부응하고자 하였다.[16] 살인, 뇌물, 성범죄, 강도, 횡령·배임, 위증, 무고범죄에 대하여 마련된 최초의 양형기준이 2009. 7. 1.부터 시행되었고 점차 그 대상범죄를 넓혀가고 있다.

양형기준은 선고형의 범위를 제시한 것이다. 양형기준은 권고적이지만(법원조직법 제81조의7 제1항) 양형기준을 벗어난 판결을 하는 경우에 그 이유를 판결서에 기재하도록 하여 사실상 강한 효력을 가질 수 있도록 의도하였다(같은 법 81조의7 제2항). 현재 설정된 양형기준은 범죄를 경중에 따라 몇 가지 유형으로 분류하고 각 유형에 대하여 기본적인 양형폭을 제시하는 기본영역을 기준으로 가중영역과 감경영역을 설정하는 형식을 취하고 있으며 각 영역에는 점으로서의 양형기준이 제시되는 것이 아니라 폭으로서의 양형기준이 제시되어 있다.

16 2007. 1. 26. 법률 제8270호. 2007. 4. 27.부터 시행되었다.

제 51 조 [양형의 조건]

형을 정함에 있어서는 다음 사항을 참작하여야 한다.

1. 범인의 연령, 성행, 지능과 환경
2. 피해자에 대한 관계
3. 범행의 동기, 수단과 결과
4. 범행 후의 정황

[관련조문] 형사소송법 제308조.

[참고문헌] 김성돈, 형법총론(제5판), 성균관대학교출판부(2017); 김일수/서보학, 새로쓴 형법총론(제13판), 박영사(2018); 박상기, 형법총론(제9판), 박영사(2012); 박상기/전지연, 형법학(총론·각론 강의)(제4판), 집현재(2018); 배종대, 형법총론(제13판), 홍문사(2017); 성낙현, 형법총론(제2판), 동방문화사(2011); 손동권/김재윤, 새로운 형법총론(초판), 율곡출판사(2011); 신동운, 형법총론(제10판), 법문사(2017); 오영근, 형법총론(제4판), 박영사(2018); 이재상 외 2인(이재상/장영민/강동범), 형법총론(제9판), 박영사(2017); 이정원, 형법총론, 법지사(1999); 임웅, 형법총론(제10정판), 법문사(2018); 정성근/박광민, 형법총론(전정2판), 성균관대학교출판부(2015); 정영일, 형법강의(총론)(제3판), 학림(2017); 사법연수원, 형사판결서작성실무(2019).

Ⅰ. 서언

형법 제51조는 형을 정함에 있어서 참작하여야 할 사유를 양형조건이라 하여, (i) 범인의 연령, 성행, 지능과 환경, (ii) 피해자에 대한 관계, (iii) 범행의 동기, 수단과 결과, (iv) 범행 후의 정황을 제시하고 있다. 이는 열거적인 것이 아니라 예시적인 것이므로 제51조에 규정되어 있지 않은 사항도 양형에 참작할 수 있다.

2011년 정부가 제출한 바 있는 형법개정안에서는 (i) 범인의 연령, 품행, 지능과 환경, (ii) 피해자와의 관계, (iii) 범행의 동기, 목적, 방법과 결과, (iv) 범행 후 범인의 태도와 정황, (v) 형의 부과에 따른 장래의 범죄 예방 및 범인의 재사회화, (vi) 벌금에 관하여 범인의 경제적 사정 등을 제시하고 있는데,[1] 이 역시 예시적인 것이라 본다.

[1] 형법 일부개정법률안(정부 제출, 2011. 3. 25. 의안번호 1811304); 김성돈, "형벌제도의 정비와 형사정책적 기본방향", 형법총칙 개정공청회, 법무부(2010), 167-168.

Ⅱ. 양형조건의 내용

1. 범인의 연령, 성행, 지능과 환경

위 사유들은 주로 범죄인의 행위자책임과 특별예방에 관련된다. 연령은 특히 책임능력과 형벌감수성의 정도를 판단하는 데 있어 중요한 사유이다. 성행은 심성, 성격, 성품이나 생활행상 등을 말한다. 지능의 높고 낮음이 범죄실행행위와 직접 관련되는 경우도 있지만 여기서는 그로 인한 행위자 요소에 초점을 맞추는 것이다. 환경은 성별, 종교, 국적, 학력, 경력, 건강상태, 직업, 가족관계, 주거관계, 교우관계, 재산관계 등 개인적·사회적·경제적 환경을 모두 포함한다.[2]

2. 피해자에 대한 관계

범죄행위자와 피해자와의 관계는 물론 피해자의 특성이나 범행 전후의 피해자의 행태 등 피해자와 관련된 사정을 포두 포함한다.

여기서 피해자는 법률상 피해자로 평가되는 사람뿐만 아니라 법적으로는 보호법익의 직접적인 향유자가 아니더라도 범죄행위로 말미암아 불이익을 받게 되는 사람을 널리 포함한다.[3]

3. 범행의 동기, 수단, 결과

범행에 이르게 된 동기는 행위불법의 정도와 행위자책임의 정도를 판단하는 중요한 요소가 된다. 이와 관련하여 확신범의 양형을 어떻게 할 것인가 하는 문제가 있는데, 그 자체가 일률적으로 유리 또는 불리한 양형조건이라고 하기는 어렵고 구체적인 경우에 있어 범죄행위에 나타난 행위자의 심성을 살펴보아 정한다는 견해가 일반적이다.[4]

범행의 수단이나 결과는 주로 행위책임과 관계된 것이다.

4. 범행 후의 정황

범행의 결과를 제외한 범행 후의 행위자요소를 뜻한다. 피해회복이나 피해감소를 위한 노력, 재판과정에서 나타난 피고인의 태도, 범행에 대한 반성 여부, 범행에 대한 일반인의 의식, 범행에 대한 반성 여부 등이 이에 해당한다.

2 법원행정처, 양형실무(1999), 65.
3 법원행정처, 양형실무(1999), 69.
4 법원행정처, 양형실무(1999), 74-75.

제 52 조 [자수, 자복]

① 죄를 범한 후 수사책임이 있는 관서에 자수한 때에는 그 형을 감경 또는 면제할 수 있다.

② 피해자의 의사에 반하여 처벌할 수 없는 죄에 있어서 피해자에게 자복한 때에도 전항과 같다.

[관련조문] 형법 제153조, 제157조.

[참고문헌] 김성돈, 형법총론(제5판), 성균관대학교출판부(2017); 김일수/서보학, 새로쓴 형법총론(제13판), 박영사(2018); 박상기, 형법총론(제9판), 박영사(2012); 박상기/전지연, 형법학(총론·각론 강의)(제4판), 집현재(2018); 배종대, 형법총론(제13판), 홍문사(2017); 성낙현, 형법총론(제2판), 동방문화사(2011); 손동권/김재윤, 새로운 형법총론(초판), 율곡출판사(2011); 신동운, 형법총론(제10판), 법문사(2017); 오영근, 형법총론(제4판), 박영사(2018); 이재상 외 2인(이재상/장영민/강동범), 형법총론(제9판), 박영사(2017); 이정원, 형법총론, 법지사(1999); 임웅, 형법총론(제10정판), 법문사(2018); 정성근/박광민, 형법총론(전정2판), 성균관대학교출판부(2015); 정영일, 형법강의(총론)(제3판), 학림(2017); 법무부, 공무원범죄에관한특례법 해설(1995); 사법연수원, 형사판결서작성실무(2019).

Ⅰ. 자수

1. 자수의 의미

자수란 범인이 스스로 수사책임이 있는 관서에 자기의 범행을 자발적으로 신고하여 그 처분(소추)을 구하는 의사표시를 말한다.[1] 자수는 범인이 수사기관에 의사표시를 함으로써 성립하기 때문에 내심적 의사만으로는 부족하고, 외부로 표시되어야 자수로 인정할 수 있다.[2]

범인이 자기의 범행으로서 범죄성립요건을 갖춘 객관적 사실을 자발적으로 수사관서에 신고하여 그 처분에 맡기는 것으로 족하고, 더 나아가 법적으로 그 요건을 완전히 갖춘 범죄행위라고 적극적으로 인식하고 있을 필요까지는 없다.[3] 자기의 범죄사실을 신고한 이상 그 신고에 있어 범죄사실의 세부적인 형태에 있어

1 대법원 2004. 10. 14. 선고 2003도3133 판결, 대법원 2006. 9. 22. 선고 2006도4883 판결.
2 대법원 2004. 10. 14. 선고 2003도3133 판결.
3 대법원 1995. 6. 30. 선고 94도1017 판결.

다소의 차이가 있다 하여도 무방하다.[4]

범행이 발각된 후에 수사기관에 자진 출석하여 범죄사실을 자백한 경우도 포함한다.[5] 수사기관에의 신고가 자발적이라고 하더라도 그 신고의 내용이 자기의 범행을 명백히 부인하는 등의 내용으로 자기의 범행으로서 범죄성립요건을 갖추지 아니한 사실일 경우에는 자수는 성립하지 않고, 일단 자수가 성립하지 아니한 이상 그 이후의 수사과정이나 재판과정에서 범행을 시인하였다고 하더라도 새롭게 자수가 성립할 여지는 없다.[6] 또 범인이 스스로 수사책임이 있는 관서에 자기의 범행을 자발적으로 신고하고 그 처분을 구하는 의사표시이므로 수사기관의 직무상의 질문 또는 조사에 응하여 범죄사실을 진술하는 것은 자백일 뿐 자수로는 되지 않는다.[7]

자수의 신고방법에는 법률상 특별한 제한이 없으므로 제3자를 통하여서도 이를 할 수 있다.[8]

법인의 직원 또는 사용인이 위반행위를 하여 양벌규정에 의하여 법인이 처벌받는 경우, 법인에게 자수감경에 관한 형법 제52조 제1항의 규정을 적용하기 위하여는 법인의 이사 기타 대표자가 수사책임이 있는 관서에 자수한 경우에 한하고, 그 위반행위를 한 직원 또는 사용인이 자수한 것만으로는 위 규정에 의하여 형을 감경할 수 없다.[9]

범인이 수개의 범죄사실 중의 일부라도 수사기관에 자진 신고한 이상, 그 동기가 투명치 않고 그 후 공범을 두둔하더라도 그 자수한 부분 범죄사실에 대하여는 자수의 효력이 있다.[10]

4 대법원 1969. 4. 29. 선고 68도1780 판결.

5 따라서 자수에 의해 범죄사실이 새로이 밝혀질 것을 요건으로 하지 않는다. 지명수배 이후 범죄사실을 신고한 경우(대법원 1968. 7. 30. 선고 68도754 판결)나 신문지상에 혐의사실이 보도되기 시작한 후 수사기관에 자진출석하여 혐의사실을 모두 인정하는 내용의 진술서를 작성한 경우(대법원 1994. 12. 27. 선고 94도618 판결)도 자수로 인정된다.

6 대법원 1993. 6. 11. 선고 93도1054 판결, 대법원 1994. 10. 14. 선고 94도2130 판결, 대법원 1999. 7. 9. 선고 99도1695 판결, 대법원 1999. 9. 21. 선고 99도2443 판결, 대법원 2004. 10. 14. 선고 2003도3133 판결.

7 대법원 2002. 6. 25. 선고 2002도1893 판결, 대법원 2004. 10. 14. 선고 2003도3133 판결, 대법원 2006. 9. 22. 선고 2006도4883 판결.

8 대법원 1964. 8. 31. 선고 64도252 판결.

9 대법원 1995. 7. 25. 선고 95도391 판결.

10 대법원 1969. 7. 22. 선고 69도779 판결.

2. 자수의 효과

자수에 대해서는 형을 감경 또는 면제할 수 있다(형법 제52조 제1항). 즉, 자수는 임의적 감면사유이다. 피고인이 자수하였다 하더라도 자수한 자에 대하여는 법원이 임의로 형을 감경할 수 있음에 불과한 것으로서 자수감경을 하지 아니하였다 하여 위법하다고 할 수 없다.[11]

일단 자수가 성립한 이상 자수의 효력은 확정적으로 발생하고 그 후에 범인이 번복하여 수사기관이나 법정에서 범행을 부인하더라도 일단 발생한 자수의 효력이 소멸하는 것은 아니다.[12]

Ⅱ. 자복

자복이란 반의사불벌죄, 즉 피해자의 의사에 반하여 처벌할 수 없는 범죄에서 피해자에게 범죄를 고백하는 것을 말한다. 반의사불벌죄가 아닌 범죄에서 피해자에게 범죄를 고백하는 것은 양형참작사유가 될 뿐이지 자복의 효과는 인정되지 않는다.

친고죄에도 자복을 인정하자는 내용의 형법개정안이 제출되어 있다.[13]

자복도 자수와 같이 형벌의 임의적 감면사유이다.

11 대법원 1992. 8. 14. 선고 92도962 판결, 대법원 2004. 6. 11. 선고 2004도2018 판결, 대법원 2006. 9. 22. 선고 2006도4883 판결.

12 대법원 1997. 3. 20. 선고 96도1167 판결, 대법원 1999. 7. 9. 선고 99도1695 판결, 대법원 2001. 5. 15. 선고 2001도410 판결, 대법원 2004. 10. 14. 선고 2003도3133 판결.

13 2011. 8. 현재 형법 일부개정법률안(정부 제출, 2011. 3. 25. 의안번호 1811304); 김성돈, "형벌제도의 정비와 형사정책적 기본방향", 형법총칙 개정공청회, 법무부(2010), 168.

제 53 조 [작량감경]

범죄의 정상에 참작할 만한 사유가 있는 때에는 작량하여 그 형을 감경할 수 있다.

[관련조문] 형법 제10조-제11조, 제25조-제27조, 제32조, 제34조-제35조, 제38조, 제135조.

☞ [제56조]의 해설 참조.

제 54 조 [선택형과 작량감경]

1개의 죄에 정한 형이 수종인 때에는 먼저 적용할 형을 정하고 그 형을 감경한다.

[관련조문] 형법 제10조 제11조, 제25조-제27조, 제32조, 제34조-제35조, 제38조, 제135조.

☞ [제56조]의 해설 참조.

제 55 조 [법률상의 감경]

① 법률상의 감경은 다음과 같다. <개정 2010.4.15>

1. 사형을 감경할 때에는 무기 또는 20년 이상 50년 이하의 징역 또는 금고로 한다.
2. 무기징역 또는 무기금고를 감경할 때에는 10년 이상 50년 이하의 징역 또는 금고로 한다.
3. 유기징역 또는 유기금고를 감경할 때에는 그 형기의 2분의 1로 한다.
4. 자격상실을 감경할 때에는 7년 이상의 자격정지로 한다.
5. 자격정지를 감경할 때에는 그 형기의 2분의 1로 한다.
6. 벌금을 감경할 때에는 그 다액의 2분의 1로 한다.
7. 구류를 감경할 때에는 그 장기의 2분의 1로 한다.
8. 과료를 감경할 때에는 그 다액의 2분의 1로 한다.

② 법률상 감경할 사유가 수개있는 때에는 거듭 감경할 수 있다.

[관련조문] 형법 제10조-제11조, 제25조-제27조, 제32조, 제34조-제35조, 제38조, 제135조.

☞ [제56조]의 해설 참조.

제 56 조 [가중감경의 순서]

형을 가중감경할 사유가 경합된 때에는 다음 순서에 의한다.

1. 각칙 본조에 의한 가중
2. 제34조 제2항의 가중
3. 누범가중
4. 법률상감경
5. 경합범가중
6. 작량감경

[관련조문] 형법 제10조-제11조, 제25조-제27조, 제32조, 제34조-제35조, 제38조, 제135조.

[참고문헌] 김성돈, 형법총론(제5판), 성균관대학교출판부(2017); 김일수/서보학, 새로쓴 형법총론(제13판), 박영사(2018); 박상기, 형법총론(제9판), 박영사(2012); 박상기/전지연, 형법학(총론·각론 강의)(제4판), 집현재(2018); 배종대, 형법총론(제13판), 홍문사(2017); 성낙현, 형법총론(제2판), 동방문화사(2011); 손동권/김재윤, 새로운 형법총론(초판), 율곡출판사(2011); 신동운, 형법총론(제10판), 법문사(2017); 오영근, 형법총론(제4판), 박영사(2018); 이재상 외 2인(이재상/장영민/강동범), 형법총론(제9판), 박영사(2017); 이정원, 형법총론, 법지사(1999); 임웅, 형법총론(제10정판), 법문사(2018); 정성근/박광민, 형법총론(전정2판), 성균관대학교출판부(2015); 정영일, 형법강의(총론)(제3판), 학림(2017); 사법연수원, 형사판결서작성실무(2019).

Ⅰ. 형의 가중

형의 가중은 법률에 명시적으로 규정되어 있는 경우에만 할 수 있다. 법률의 규정없이 법관이 가중하는 재판상의 가중 내지 작량가중은 죄형법정주의의 원칙상 허용되지 아니한다.

형법총칙에 형의 가중을 정한 규정으로는 특수교사·방조에 대한 가중(제34조 제2항), 누범가중(제35조 제2항), 경합범가중(제38조 제2항 제2호) 등이 있고, 형법각칙상의 가중규정으로는 공무원의 직무상 범죄에 대한 가중(제135조), 특수공무방해죄에 대한 가중(제144조), 상습범가중(제203조, 제264조, 제285조, 제332조, 제351조), 특수체포·감금죄에 대한 가중(제278조) 등이 있다.

Ⅱ. 형의 감경

형의 감경에는 법률상 감경과 재판상 감경이 있다. 법률상 감경은 그 사유가 법률에 규정되어 있는 경우로서 필요적 감경과 임의적 감경으로 구분된다. 재판상 감경은 법관의 재량에 의하여 감경하는 것으로서 작량감경이라고도 한다.

1. 법률상 감경

가. 필요적 감경

필요적 감경은 감경사유가 있으면 반드시 감경하여야 하는 경우를 말한다. 필요적 감경사유에는 심신장애자(형법 제10조 제2항), 농아자(제11조), 중지미수(제26조), 종범(제32조), 일정범죄에 대한 자수(제90조, 제101조, 제111조, 제120조, 제153조, 제175조, 제213조) 등이 있다.

나. 임의적 감경

임의적 감경은 감경사유가 있을 경우 법관의 재량에 의해 감경 여부를 결정하는 것을 말한다. 임의적 감경사유에는 과잉방위(형법 제21조 제2항), 과잉피난(제22조 제3항), 과잉자구행위(제23조 제2항), 장애미수(제25조 제2항), 불능미수(제27조), 자수·자복(제52조), 범죄단체의 조직(제114조), 피약취유인자나 인질 등을 석방한 경우(제295조의2, 제324조의6) 등이 있다.

2. 재판상 감경(작량감경)

범죄의 정상에 참작할 만한 사유가 있는 때에는 작량하여 그 형을 감경할 수 있다(형법 제53조). 이를 작량감경 혹은 재판상 감경이라고 한다.

작량감경은 법정형이 당해사건에 지나치게 가혹한 경우 이를 시정하기 위한 장치가 된다.

그런데 작량감경제도가 법관에게 온정주의과 지나친 재량을 부여한다는 취지에서 작량감경을 폐지하여야 한다는 논의가 있다. 현재 국회에는 작량감경을 정상감경이라고 하여 그 사유를 제한하는 내용의 개정안이 제출된 바 있다.[1] 이에 대하여는 비판적 견해도 있다.[2]

1 형법 일부개정법률안(정부 제출, 2011. 3. 25. 의안번호 1811304).

2 이상원, "정상감경사유의 한정에 대한 비판", 형법개정안과 인권, 경인문화사(2011), 127-154.

Ⅲ. 형의 가중·감경의 순서와 방법

1. 가중·감경의 순서

하나의 범죄에 대하여 여러 종류의 형벌이 선택형으로 규정되어 있는 경우에는 먼저 형벌의 종류를 선택한 후 그 형을 감경한다(형법 제54조). 가중·감경사유가 경합된 때에는 각칙 본조에 의한 가중→제34조 제2항의 가중→누범가중→법률상 감경→경합범가중→작량감경의 순서에 의해 가중·감경한다(형법 제56조).

형법 제56조 및 법원 실무관행에 따른 처단형의 산출순서는 (i) 법정형, (ii) 각칙 본조에 의한 가중, (iii) 형법 제34조 제2항의 가중, (iv) 상상적 경합범의 처리, (v) 형의 종류의 선택, (vi) 누범가중, (vii) 법률상 감경, (viii) 경합범가중, (ix) 작량감경이 되고, 이렇게 하여 산출된 처단형의 범위에서 양형기준을 고려하여 선고형을 결정한다.

2. 가중·감경의 방법

가. 가중의 방법

가중의 방법은 각 해당 조항에 규정된 바에 따른다.

나. 감경의 방법

1) 법률상 감경

법률상의 감경은 형법 제55조에 정한 바에 따른다. 제55조 제1항은 형벌의 종류에 따라 감경의 방법과 정도를 구체적으로 규정하고 있다.

법률상 감경할 사유가 수개 있는 때에는 거듭 감경할 수 있다(형법 제55조 제2항).

2) 재판상 감경(작량감경)

작량감경의 방법에 관하여는 형법이 명시하고 있지 않으나 법률상 감경의 방법에 의하는 것으로 해석된다.

작량감경은 최후에 하는 감경으로서 법률상 감경을 다하고도 그 처단형보다 낮은 형을 선고하여야 할 때에 하며 그 필요가 없는 때에는 감경하지 아니한다.[3]

[3] 대법원 1991. 6. 11. 선고 91도985 판결.

작량감경은 모든 정상을 종합하여 1회에 한하여 하는 것으로서 정상 하나하나마다 거듭 감경할 수는 없다.[4]

형법 제37조 후단 경합범에 대하여 2개 이상의 동종형을 선고할 경우 그 중 어느 하나의 형에 대하여만 작량감경을 할 수 있다.[5] 마찬가지로 제38조 제1항 제3호에 의하여 징역형과 벌금형을 병과하는 경우에는 각 형에 대한 범죄의 정상에 차이가 있을 수 있으므로 징역형에만 작량감경을 하고 벌금형에는 작량감경을 하지 아니할 수 있다.[6] 양벌규정에 의해 자연인에 대해서는 작량감경을 하고 회사에 대해서는 작량감경을 하지 않아도 무방하다.[7]

무기징역형을 선택하여 작량감경을 하는 경우에는 30년을 초과하는 징역형을 선고할 수는 없다.[8] 작량감경은 법정형을 감경하여 처단형을 정하는 과정이며 이 처단형의 범위 내에서 법원은 선고형을 양정하게 되는 것인바, 소년법에 정한 부정기형의 상한은 선고형의 상한을 정한 것에 불과하고 법정형을 정한 것이 아니므로 피고인에게 형법 제53조에 의한 작량감경사유가 있다고 하여 소년법 소정의 부정기선고형의 상한도 아울러 감경되어야 하는 것은 아니다.[9]

4 대법원 1964. 4. 7. 선고 63도410 판결.
5 사법연수원, 형사판결서작성실무(2011), 165.
6 대법원 2006. 3. 23. 선고 2006도1076 판결.
7 대법원 1995. 12. 12. 선고 95도1893 판결.
8 대법원 1992. 11. 24. 선고 92도2432 판결, 대법원 1992. 10. 13. 선고 92도1428 판결 참조.
9 대법원 1983. 6. 14. 선고 83도993 판결.

제 57 조 [판결선고전 구금일수의 통산]

① 판결선고전의 구금일수는 그 전부를 유기징역, 유기금고, 벌금이나 과료에 관한 유치 또는 구류에 산입한다. <개정 2014.12.30>

② 전항의 경우에는 구금일수의 1일은 징역, 금고, 벌금이나 과료에 관한 유치 또는 구류의 기간의 1일로 계산한다.

[2014.12.30. 법률 제12898호에 의하여 2009.6.25. 위헌 결정된 제57조 제1항을 개정함]

[관련조문] 형사소송법 제482조.

[참고문헌] 김성돈, 형법총론(제5판), 성균관대학교출판부(2017); 김일수/서보학, 새로쓴 형법총론(제13판), 박영사(2018); 박상기, 형법총론(제9판), 박영사(2012); 박상기/전지연, 형법학(총론·각론 강의)(제4판), 집현재(2018); 배종대, 형법총론(제13판), 홍문사(2017); 성낙현, 형법총론(제2판), 동방문화사(2011); 손동권/김재윤, 새로운 형법총론(초판), 율곡출판사(2011); 신동운, 형법총론(제10판), 법문사(2017); 오영근, 형법총론(제4판), 박영사(2018); 이재상 외 2인(이재상/장영민/강동범), 형법총론(제9판), 박영사(2017); 이정원, 형법총론, 법지사(1999); 임웅, 형법총론(제10정판), 법문사(2018); 정성근/박광민, 형법총론(전정2판), 성균관대학교출판부(2015); 정영일, 형법강의(총론)(제3판), 학림(2017); 사법연수원, 형사판결서작성실무(2019).

Ⅰ. 서언

1. 본형산입의 근거

판결선고 전의 구금이란 공소의 목적을 달성하기 위하여 범죄의 혐의를 받는 사람을 판결이 선고될 때까지 구금, 즉 구속하는 강제처분을 말한다. 이를 미결구금(未決拘禁, Untersuchungshaft)라고도 한다.[1] 미결구금은 피고인의 신병을 확보함으로써 재판절차에의 출석을 담보하고 증거인멸을 방지하는 소송절차적 목적에 그 본질이 있다 할 것이지만,[2] 그 외에도 자유형이 선고될 경우 그 집행을 담보하

1 엄밀히 말한다면, 판결선고 후 판결확정 전의 구금은 미결구금이라고는 할 수 있으나 판결선고 전 구금이라고는 할 수 없다는 점에서 양자가 구별될 수 있다.

2 형사소송법 제70조가 피고인이 일정한 주거가 없는 때, 피고인이 증거를 인멸할 염려가 있는 때, 피고인이 도망하거나 도망할 염려가 있는 때를 구속사유로 들고 있는 것은 이 때문으로 이해된다.

는 기능이 있다.

미결구금은 형의 집행과는 구별된다.[3] 형의 집행은 판결로 확정된 형을 집행하는 것인데 반하여 미결구금의 판결이 확정되기 전의 구금이기 때문이다. 그러나 미결구금은 자유를 박탈하는 점에서 자유형과 유사하기 때문에 형법 제57조는 인권보호의 관점에서 미결구금일수의 전부 또는 일부를 본형에 산입하도록 규정하고 있다.[4] 또한 모든 피의자나 피고인이 구속되는 것도 아니며 구속된 피의자나 피고인들 사이에서도 수사나 재판절차의 사정에 따라 미결구금일수의 차이가 생기기 때문에 미결구금을 고려하지 않고 형을 집행하는 것은 공평에 반하는 결과가 된다는 점을 고려하면, 미결구금일수의 산입은 형사사법에 있어서의 공평의 관념에 터잡은 것이기도 하다.[5]

2. 법정통산과 재정통산

미결구금일수의 본형 산입에는 법률상 당연히 산입하는 법정통산(法定通算)과 법원의 재량이 허용되는 재정통산(裁定通算)이 있다.[6] 종래 형법 제57조는 재정통산에 관하여 규정하고 있었고, 형사소송법 제482조는 법정통산에 관하여 규정하고 있다.

형법 제57조는 심급을 가리지 아니하고 적용되는 미결구금일수의 산입에 관한 기본규정이다. 제57조 제1항이 '산입한다'라고 규정하였기 때문에 산입 여부에는 재량이 없다. 종래 '전부 또는 일부'를 산입하도록 한 규정에 따라 산입일수를 정함에 법원의 재량이 인정되었다.[7] 그러나 산입 여부에 관하여까지 재량이 있는 것은 아니어서 형사소송법 제482조에 의한 법정통산을 하는 경우가 아님에도 본형을 정한 판결에서 미결구금일수를 전혀 산입하지 아니함은 위법이라고 평가되었다.[8]

그런데 2014년 개정으로 미결구금일수의 전부 또는 일부를 재량으로 산입하는 것이 아니라 그 전부를 반드시 산입하도록 하였다. 이런 의미에서 제57조의 재정통산은 사라졌다고 할 수 있다. 그러나 이에 관한 법원의 재량이 완전히 없어진 것은 아니다. 법원이 a 죄(구속영장이 발부된 범죄사실)와 b 죄를 병합심리한 끝

3 대법원 2003. 2. 11. 선고 2002도6606 판결.

4 대법원 2003. 2. 11. 선고 2002도6606 판결, 대법원 2001. 10. 26. 선고 2001도4583 판결.

5 양철한, "미결구금일수산입에 관한 문제", 재판실무 2, 창원지방법원(2005), 385.

6 '재정(법정)산입'이라고 할 수도 있는데, '재정(법정)통산'이라는 용어가 일반적 용어례이고 판례도 같다. 대법원 2002. 2. 10. 선고 2005도6246 판결 등 참조.

7 대법원 2005. 10. 14. 선고 2005도4758 판결, 대법원 1993. 11. 26. 선고 93도2505 판결.

8 대법원 1996. 7. 30. 선고 96도1500 판결, 대법원 1995. 9. 29. 선고 95도1662 판결, 대법원 1994. 7. 29. 선고 94도1354 판결.

에 a 죄와 b 죄에 대하여 2개의 형을 선고할 경우 일부 범죄사실에 의한 구금의 효과는 피고인의 신병에 관한 한 나머지 범죄사실에도 미친다고 보아 그 구금일수를 어느 죄에 관한 형에 산입할 것인가의 문제는 법원의 재량에 속하는 사항이라고 할 것이므로 법원이 판결선고 전의 구금일수를 구속영장이 발부되지 아니한 b 죄의 형에 산입할 수도 있다.[9]

형사소송법 제482조는 상소제기기간 및 상소심의 미결구금일수에 관하여 별도의 재판을 거치지 아니하고 법률에 의하여 본형에 산입되는 경우를 규정하고 있다. 검사가 상소를 제기하거나 원심판결이 파기된 때 상소심 판결 전의 상소심 구금일수 등이 이에 해당한다.

3. 법적 성질

판결 전 구금의 산입일수는 형의 선고와 동시에 판결로써 선고하여야 한다(형사소송법 제321조 제2항). 다만 법정통산의 경우는 집행기관이 법률의 규정에 따라 당해 미결구금일수 전부를 산입하게 되므로 판결에는 미결구금일수 산입에 관하여 별도의 주문을 기재하지 아니한다.[10]

법정통산이든 재정통산이든 형의 집행에 관한 것이라고 이해되고 있다.[11]

4. 산입하는 재판

판결로써 형을 선고하는 경우가 미결구금일수를 산입하는 전형적인 경우에 해당함은 물론이다. 결정으로 항소를 기각하는 경우[12]나 약식명령을 하는 경우에도 미결구금일수를 본형에 산입하여야 한다.

Ⅱ. 산입의 기준

1. 산입대상 구금일수

가. 초일과 말일

구금일수를 산정함에 있어 구속기간에 관한 규정에 따라 초일은 시간을 계산

9 대법원 1996. 5. 10. 선고 96도800 판결, 대법원 1986. 12. 9. 선고 86도1875 판결.

10 대법원 1991. 7. 26. 선고 91도1196 판결, 대법원 1989. 11. 10. 선고 89도808 판결.

11 양철한, "미결구금일수산입에 관한 문제", 재판실무 2, 창원지방법원(2005), 385; 대법원 1999. 4. 15. 선고 99도357 전원합의체 판결(10:4).

12 대법원 1998. 11. 27. 선고 98오2 판결.

함이 없이 1일로 산정한다(형사소송법 제66조 제1항 단서). 구금일수의 기산일은 통상 구속영장에 기재된 집행일시를 기준으로 한다. 체포(체포영장에 의한 체포, 긴급체포, 현행범인 체포를 포함)나 구인되었다가 구속된 경우에는 그 체포 또는 구인시부터 기산한다(형사소송법 제203조의2 참조).

판결 당일은 미결구금일수에 포함되지 아니하고 판결선고 전날까지의 구금일수만이 산입의 대상이 된다.[13] 판결선고 전에 구속취소, 보석 등으로 석방된 경우에는 석방일까지의 기간이 미결구금일수에 포함된다.

나. 실제구금일수

미결구금일수는 실제로 구금된 일수를 의미한다.

영장실질심사를 위하여 피의자심문을 하는 경우 구속영장청구서 등을 접수한 날부터 구속영장을 발부하여 검찰청에 반환한 날까지의 기간은 수사기관의 구속기간에는 산입되지 아니하지만(형사소송법 제201조의2 제8항) 미결구금일수에는 포함된다. 체포적부심사나 구속적부심사를 위하여 증거관계서류를 접수한 때부터 결정 후 검찰청에 반환 된 때까지의 기간도 마찬가지이다(제214조의2 제12항). 감정유치장에 의한 감정유치기간 구속은 집행이 정지된 것으로 간주되지만(제172조의2 제1항) 역시 미결구금일수에 포함된다(제172조 제8항). 공판절차가 정지된 기간도 본안심리를 위한 구속기간에는 산입되지 아니하지만(제92조 제3항) 미결구금일수에는 포함된다.[14]

구속적부심, 보석 또는 구속집행정지로 석방된 기간과 도망한 기간은 미결구금일수에 포함되지 아니한다. 석방이나 도망한 당일 및 재구속된 당일은 포함된다.

다. 공소의 목적을 달성하기 위한 구금기간

본형에 산입되는 미결구금일수는 공소의 목적을 달성하기 위한 구금기간이다.

따라서 범행 후 외국으로 도주하였다가 범죄인인도조약에 따라 체포되어 인도절차를 밟기 위한 절차기간은 미결구금일수에 포함되지 아니한다.[15] 외국 당국에 의하여 이민법위반으로 체포되어 강제출국되기까지의 기간도 마찬가지이다.[16]

13 대법원 2006. 2. 10. 선고 2005도6246 판결, 대법원 1966. 12. 27. 선고 66도1500 판결.
14 대법원 2005. 10. 14. 선고 2005도4758 판결.
15 대법원 2005. 10. 28. 선고 2005도5822 판결, 대법원 2004. 4. 27. 선고 2004도482 판결.
16 대법원 2003. 2. 11. 선고 2002도6606 판결.

형의 집행과 구속영장의 집행이 경합하는 경우 구속영장에 의한 구금은 관념상으로만 존재하고 실제로는 형의 집행에 의한 구금만이 존재하므로 본형에 산입될 미결구금일수에 포함되지 아니한다.[17]

라. 외국 미결구금일수

형법 제7조는 "죄를 지어 외국에서 형의 전부 또는 일부가 집행된 사람에 대해서는 그 집행된 형의 전부 또는 일부를 선고하는 형에 산입한다."라고 규정하고 있다. 외국 판결은 우리나라 법원을 기속할 수 없고 우리나라에서는 기판력도 없어 일사부재리의 원칙이 적용되지 않으므로 피고인이 동일한 행위에 관하여 우리나라 형벌법규에 따라 다시 처벌받는 경우에 생길 수 있는 실질적인 불이익을 완화하려는 것이다. 그런데 여기서 '외국에서 형의 전부 또는 일부가 집행된 사람'이란 '외국 법원의 유죄판결에 의하여 자유형이나 벌금형 등 형의 전부 또는 일부가 실제로 집행된 사람'을 말한다. 따라서 형사사건으로 외국 법원에 기소되었다가 무죄판결을 받은 사람은, 설령 그가 무죄판결을 받기까지 상당 기간 미결구금되었더라도 이를 유죄판결에 의하여 형이 실제로 집행된 것으로 볼 수는 없으므로, '외국에서 형의 전부 또는 일부가 집행된 사람'에 해당한다고 볼 수 없고, 그 미결구금 기간은 형법 제7조에 의한 산입의 대상이 될 수 없다.[18]

2. 산입할 본형

가. 본형의 종류

미결구금일수를 산입할 수 있는 본형은 (i) 유기징역, 유기금고, (ii) 벌금이나 과료에 관한 노역장유치기간, (iii) 구류에 한한다(형법 제57조 제1항). 사형, 무기징역, 무기금고를 선고할 경우에는 미결구금일수를 산입하지 아니하지만, 무기형을 감경하여 유기형에 처할 경우에는 미결구금일수를 산입한다.[19] 유기징역이나 유기금고이면 정기형이든 부정기형이든 산입힌다. 유기징역이나 유기금고 또는 벌금형에 대한 집행유예를 선고하거나 선고유예하는 경우에도 미결구금일수를 산입한다. 다만 선고유예의 경우는 주문이 아닌 이유에서 유예되는 형의 내용과 함께 산입되는 미결구금일수를 표시한다.

17 대법원 2001. 10. 26. 선고 2001도4583 판결.
18 대법원 2017. 8. 24. 선고 2017도5977 전원합의체 판결.
19 대법원 1991. 4. 9. 선고 91도357 판결.

18세 미만인 소년에 대하여는 벌금이나 과료를 납입하지 아니하는 경우의 노역장 유치처분을 할 수 없으므로(소년법 제62조 본문) 이 경우 미결구금일수를 노역장유치기간에 산입할 여지가 없다. 다만 미결구금일수(소년분류심사원에의 위탁기간 포함)를 이미 노역장에 유치된 것으로 보고 형법 제57조를 적용하여 벌금액에 산입한다.[20]

나. 구속의 원인된 죄의 형

수개의 범죄사실에 대하여 형법 제37조 전단의 경합범으로서 병과형을 선고하거나 제37조 후단 경합범으로 인하여 수개의 형을 선고할 경우 미결구금일수를 어느 형에 산입하는지 명시하여야 한다.[21]

이 때 미결구금일수는 구속의 직접적 원인이 된 죄에 산입함이 원칙이므로 구속영상과 관계있는 범죄사실에 대한 형에 산입함이 바람직하다. 구속의 원인된 범죄사실이 병과형이나 수개의 형 전부에 관계되는 경우에는 어느 죄에 산입하여도 무방하지만 실무는 무거운 형에 산입하고 있다. 그러나 이것이 절대적인 기준이라고 할 수는 없다.

피의자 또는 피고인을 일부 범죄사실만으로 구속한 경우 절차의 번잡과 구속의 장기화를 피한다는 뜻에서 나머지 범죄사실에 대하여 중복하여 구속하지 않는 것이 실무상의 관행이라 할 수 있는데, 이 경우 구속사유인 죄의 형에만 미결구금일수의 산입이 허용된다면 경우에 따라서는 피고인을 위한다는 조치가 오히려 피고인에게 불리하게 작용하여 불합리하기 때문에, 이러한 경우 일부 범죄사실에 의한 구금의 효과가 피고인의 신병에 관한 한 나머지 범죄사실에도 미친다고 보아 어느 죄의 형에 산입할 것인가는 법원의 재량에 속하는 문제라고 봄이 상당하고, 따라서 구속영장이 발부되지 않은 죄의 형에 미결구금일수를 산입할 수도 있다는 것이 판례의 입장이다.[22] 이러한 입장에서 구속영장의 공소사실에 대하여는 집행유예를, 다른 공소사실에 대하여는 실형을 선고한 사안에서 미결구금일수를 실형에 산입한 것이 위법이 아니라고 한 예가 있다.[23] 같은 취지에서 구속영장의

20 즉, 18세 이상의 피고인에 대한 주문은 "이 판결 선고 전의 구금일수 30일을 위 벌금에 관한 노역장 유치기간에 산입한다."는 형식이 됨에 비하여, 18세 미만의 소년에 대한 주문은 "이 판결 선고 전의 구금일수 30일을 1일 50,000원으로 한산하여 위 벌금액에 산입한다."라는 형식이 된다.

21 대법원 1995. 7. 11. 선고 95도1084 판결(수개의 형을 선고할 경우에 관하여 같은 취지로 판시).

22 대법원 1986. 12. 9. 선고 86도1875 판결.

23 대법원 1986. 12. 9. 선고 86도1875 판결.

공소사실에 대하여는 벌금형을, 다른 공소사실에 대하여는 자유형을 선고하는 경우에도 법원의 재량에 따라 자유형에 산입할 수 있다고 함이 타당하다.

다만 구속영장과 관계되는 공소사실이 무죄, 면소 또는 공소기각이고 다른 공소사실이 유죄인 경우 재판예규는 유죄로 선고되는 형에 미결구금일수를 산입하도록 하고 있다.[24]

한편 판례는 위와 같은 법원의 재량이 반드시 피고인에게 유리한 경우에만 허용되는 것이 아니라 수개의 형을 선고할 경우 일반적으로 인정되는 것으로 보고 있는 것으로 이해된다. 구속영장의 공소사실에 대하여 실형을, 다른 공소사실에 대하여 집행유예를 선고한 사안에서 집행유예의 형에 미결구금일수를 산입한 원심이 정당하다고 상고기각하면서 상고 후 구금일수는 실형에 산입한 사례가 있다.[25]

처음부터 병합되지 아니하고 상소심에서 비로소 병합된 경우에도 병합심리 후에는 구속사유가 된 죄에 의한 구금의 효과가 피고인의 신병에 관한 한 나머지 죄에도 미치므로 법원의 재량에 따라 구속사유가 아닌 죄에 대한 형에 미결구금일수를 산입할 수 있다.[26]

그러나 위와 같은 법원의 재량은 수개의 범죄사실이 동일한 절차에서 심리되는 것을 전제로 한다. 따라서 예컨대 A죄로 구속되었다가 불기소처분된 후 연이어 B죄로 구속되어 기소된 경우 A죄의 구속이 B죄의 수사에 실질적으로 이용되었더라도 이를 B죄의 형에 산입할 수는 없고,[27] C죄로 집행유예의 판결을 받아 그 유예기간 중 다시 D죄로 실형을 선고받아 집행유예가 취소된 경우 D죄로 인한 구금일수는 D죄에 대한 형기를 초과하더라도 C죄의 형에 산입되지 아니한다.

3. 산입의 범위

가. 전부

앞서 본 바와 같이 미결구금일수의 전부를 산입할 것인지 일부를 산입할 것인지는 법원의 재량이 없고 전부 산입하여야 한다. 판결의 주문에서 산입일수를

24 1963. 1. 17. 재판예규 제31호(재형63-7).
25 대법원 1996. 5. 10. 선고 96도800 판결.
26 대법원 1988. 7. 26. 선고 88도841 판결 참조.
27 대법원 1990. 12. 11. 선고 90도2337 판결.

구체적으로 특정하지 않는다.

나. 구금일수초과 산입

실제의 미결구금일수보다 많은 일수를 산입하는 것은 위법이다.[28]

다만 피고인이 실제 미결구금일수 보다 많은 일수를 산입하였다고 주장하면서 상고하는 것은 자신에게 불이익한 주장을 하는 것으로서 적법한 상고이유가 되지 못한다.[29]

다. 형기초과 산입

형기를 초과하여 미결구금일수를 산입하는 것은 위법하지만, 초과산입을 하더라도 피고인의 불이익에 돌아가는 것이 아니어서 피고인은 이를 상고이유로 삼을 수 없고 그 한도를 넘는 부분은 무의미하다.[30]

제1심판결이 산입한 미결구금일수는 형기의 범위 내이었는데 항소심의 구금일수가 법정통산됨에 따라 형기를 초과하는 경우는 초과된 법정통산일수에 관하여 집행할 형이 없어 통산의 대상이 없는 결과가 생길 뿐 이로써 어떠한 위법이 있다고 할 수는 없다.[31]

Ⅲ. 상소심에서의 산입

1. 종래의 논의

가. 상소제기 후 판결선고 전의 기간

1) 법정통산

가) 법정통산하는 경우

형사소송법 제482조 제1항은 (i) 검사가 상소를 제기한 때, (ii) 피고인 또는 피고인 아닌 자[32]가 상소를 제기하여 원심판결이 파기된 때에는 상소제기 후 판

28 대법원 1996. 1. 23. 선고 95도2500 판결, 대법원 1994. 2. 8. 선고 93도2563 판결.

29 대법원 1955. 3. 4. 선고 4288형상17 판결.

30 대법원 1977. 4. 26. 선고 77도789 판결(항소를 기각하면서 항소심의 미결구금일수를 추가산입한 결과 선고된 형기를 초과한 사안에서 초과된 추가산입부분은 무의미하다고 판단하고 상고기각한 사례).

31 대법원 1966. 4. 19. 선고 66도181 판결.

32 피고인의 법정대리인(형사소송법 제340조), 배우자·직계친족·원심의 변호인 등(형사소송법 제341조)을 말한다.

결선고 전의 구금일수 전부를 본형에 산입하도록 하고 있다. 군사법원법 제524조 제1항도 같은 취지로 규정하고 있다. 이 경우의 본형산입은 법정통산이므로 판결의 주문에 따로 표시하지 아니하고 검사가 형을 집행하면서 소송기록에 의하여 구체적인 일수를 확정한다.[33] 징역형과 벌금형을 병과하는 경우 징역형의 형기와 환형유치기간 중 어느 것에 산입하는가도 형집행기관이 정한다.[34]

형법 제37조 전단의 경합범관계에 있는 공소사실 중 일부에 대하여는 유죄를, 나머지 일부에 대하여는 무죄를 선고한 원심판결에 대하여 유죄부분은 피고인이, 무죄부분은 검사가 각 상고한 경우 쌍방의 상고를 모두 기각하는 때라도 상고심의 미결구금이 오로지 피고인의 책임으로 돌릴 사유로 생긴 것이라 할 수 없으므로 형사소송법 제482조 제1항 제1호에 의하여 그 전부가 본형에 산입된다.[35]

나) 법정통산 등 경우에 한 재정통산

법정통산되는 경우에 항소심이 그 법정통산될 일수보다 적은 일수를 산입한다는 판단을 주문에서 선고하였다 하더라도 이는 법률상 의미 없는 조치에 불과하고 이로 말미암아 법정통산이 배제되는 것은 아니므로 파기사유가 되지 아니한다.[36]

대한민국이나 합중국의 구금시설에서의 판결 선고 전의 구금기간을 구금형에 산입받을 권리를 규정한 '대한민국과 아메리카합중국간의 상호방위조약 제4조에 의한 시설과 구역 및 대한민국에서의 합중국 군대의 지위에 관한 협정의 합의의사록' 제22조 "제9항에 관하여" (나)목은 미결구금일수 전부가 당연히 본형에 통산되는 법정통산을 규정한 것으로 해석되고, 따라서 법원은 미결구금일수 산입을 주문에서 선고할 필요가 없는데도 항소심이 제1심판결 선고 전의 구금일수를 본형에 산입한 것은 잘못이지만 이는 법률상 의미 없는 조치에 불과하므로 이 때문에 항소심판결이 위법하게 되는 것은 아니다.[37]

형의 집행정지결정에 따른 집행정지의 효력이 소멸한 후의 구금은 형의 집행

33 대법원 1999. 4. 15. 선고 99도357 전원합의체 판결, 대법원 1971. 9. 28. 선고 71도1496 판결, 대법원 1969. 6. 24. 선고 69도681 판결.

34 대법원 1989. 11. 10. 선고 89도808 판결.

35 대법원 2002. 6. 20. 선고 2002도807 판결. 이 판결로 종전의 대법원 2002. 2. 5. 선고 2001도6311 판결은 변경되었다.

36 대법원 1996. 1. 26. 선고 95도2263 판결.

37 대법원 2001. 3. 9. 선고 2000도5590 판결(미합중국 군대의 구성원이 살인죄로 미군기지 내 구금시설에 수용되어 있으면서 그 죄로 대한민국 법원에 불구속 기소된 사안).

이지 미결구금이 아니므로 이를 미결구금일수로 보아 본형에 산입한 경우에도 마찬가지 이유로 파기사유가 되지 아니한다.[38]

다) 구속사유 아닌 죄의 형에 대한 법정통산

병합심리된 일부 죄에 의한 구금일수는 다른 죄에 대한 형에 법정통산될 수 있다. 예컨대, A 죄로 구속되어 항소심에서 B 죄와 병합심리된 후 피고인의 상고로 상고심에 이르렀는데 A 죄 부분에 대한 상고를 기각하고 B 죄 부분에 대한 상고를 받아들여 원심판결을 파기하는 경우, 상고 후의 미결구금일수는 법정통산되므로 따로 재정통산의 주문을 내지 아니한다.[39]

2) 재정통산

피고인측만이 상소하였으나 그 상소가 기각된 경우 형법 제57조에 따른 재정통산을 하게 된다. 원심판결의 선고일 당일은 원심판결 선고 전 구금일수에서 제외되므로 상소심의 재정통산의 대상이 된다. 선고일 당일에 석방된 경우 미결구금일수가 1일을 본형에 산입하는 선고를 하여야 하며,[40] 이는 그 구금기간이 24시간에 이르지 못한 경우에도 같다.

피고인이 검사와 같이 상소한 경우에는 형사소송법 제482조 제1항 제1호에 의하여 상소 후의 미결구금일수는 전부가 당연히 산입되고,[41] 형법 제57조는 형사소송법 제482조에 의하여 법정통산이 되지 않는 경우에 한하여 비로소 적용된다.[42] 제1심판결 선고 후 구속된 경우에도 마찬가지이다.[43]

실제형기를 초과하여 미결구금일수를 산입할 수는 없으므로 재정통산을 하는 상소심으로서는 그 때까지의 미결구금일수가 형기를 초과하는 경우 형기 범위 내에서만 미결구금일수를 산입하게 된다. 원심까지의 재정통산일수[44] 또는 재정통산일수와 법정통산일수의 합[45]이 이미 형기를 초과한 경우 상소 후의 미결구금일수는 재정통산하지 아니한다.[46]

38 대법원 1997. 5. 23.자 97모56 결정.
39 대법원 1988. 7. 26. 선고 88도841 판결.
40 대법원 2006. 2. 10. 선고 2005도6246 판결(항소심판결 선고일에 석방된 사안에서 석방당일 1일을 본형에 산입하면서 상고기각).
41 대법원 1995. 2. 28. 선고 94도2880 판결, 대법원 1972. 5. 23. 선고 72도528 판결.
42 대법원 1995. 2. 28. 선고 94도2880 판결, 대법원 1956. 5. 18. 선고 4289형상68 판결.
43 대법원 1995. 2. 28. 선고 94도2880 판결.
44 대법원 1977. 4. 26. 선고 77도789 판결.
45 대법원 1983. 3. 22. 선고 83도232 판결.
46 대법원 1976. 10. 29. 선고 76도3056 판결.

피고인측의 상소를 기각할 경우에 상당한 이유 없이 상소를 제기한 것으로 인정되는 때에는 상소제기 후의 판결선고 전 구금일수 중 상소제기기간 만료일[47] 로부터 상소이유서제출기간 만료일[48]까지의 일수는 이를 본형에 산입하지 아니한다.[49]

나. 상소제기기간중의 구금일수

피고인측의 상소를 기각하여 재정통산을 하는 경우에는 원심판결이 선고된 날부터의 구금일수가 재정통산의 대상이 된다.

한편, 법정통산에 관하여 종래 형사소송법 제482조 제1항이 상소제기 후의 미결구금일수에 대하여만 규정하고 있었기 때문에 원심판결 선고 후 상소제기 전의 기간 및 원심판결 선고 후 상소제기기간 도과, 상소포기, 상소취하 등으로 판결이 확정되기 전의 기간이 통산될 근거가 없었고[50] 이에 대하여 헌법불합치결정이 선고된 바 있는데,[51] 2004. 10 16. 개정으로 제2항을 신설하여 이를 전부 본형에 산입하도록 하였다.[52]

다만 위 개정법에 의하더라도 상소를 제기하였다가 상소제기기간 경과 후 상소를 취하한 경우 상소제기기간까지의 미결구금일수만이 산입되고 형기는 상소취하일부터 기산되므로 상소제기기간 경과 다음날부터 상소취하 전날까지의 기간은 법정통산될 근거가 마련되지 않았다.

그러다가 2015. 7. 31. 개정으로 판결선고 후 판결확정 전 구금일수(판결선고 당일의 구금일수를 포함한다)는 전부를 본형에 산입한다고 포괄적인 규정을 둠으로써 이제 모든 경우에 미결구금일수가 법정산입되게 되었다.

2. 현행법

근자의 입법은 미결구금일수의 산입을 확대하는 방향으로 이루어져 왔다. 2007. 6. 1. 이루어진 형사소송법 제482조의 개정은 상소제기 후 판결선고 전 구

47 판결선고일로부터 7일(형사소송법 제343조, 제358조).

48 소송기록접수통지를 받은 날부터 20일(형사소송법 제361조의3, 제379조).

49 소송촉진 등에 관한 특례법 제24조. 헌법재판소 1994. 12. 29. 선고 92헌바31 결정은 위 조항의 합헌성을 확인한 바 있다.

50 검찰집행사무규칙(법무부령) 제17조 제3항은 피고인이 상소포기하였으나 검사가 상소를 제기한 때에 상소포기일부터 구금일수를 산입하도록 함으로써 제한된 범위에서 상소제기기간 중의 미결구금일수 일부를 산입하였다.

51 헌법재판소 2000. 7. 20. 선고 99헌가7 결정.

52 군사법원법 제524조도 같은 내용으로 개정하여야 할 것이다.

금일수의 확대 산입을 규정하였다. 그런데 형법 제57조 제1항 중 "또는 일부" 부분에 대하여 헌법재판소의 위헌결정이 있었다.[53] 이 위헌결정에 따라 이 부분이 효력을 상실하게 되어 형법 제57조 제1항의 문언은 "판결선고 전의 구금일수는 그 전부를 유기징역, 유기금고, 벌금이나 과료에 관한 유치 또는 구류에 산입한다."로 축소되었다. 즉, 형법 제57조 제1항은 판결선고 전 구금일수의 본형산입에 관한 법관의 재량을 배제하고 판결선고 전 구금일수의 전부를 본형에 산입하는 법정통산으로 그 성격이 변경되었다.[54] 이제 모든 판결 선고전의 구금일수는 그 전부가 본형에 산입되어야 하고,[55] 판결에서 별도로 미결구금일수 산입에 관한 사항을 판단할 필요가 없게 되었다.[56]

한편 헌법재판소는 다시 형사소송법 제482조 제1항(2007. 6. 1. 법률 제8496호로 개정된 것) 및 제482조 제2항(2004. 10. 16. 법률 제7225호로 개정된 것)은 헌법에 합치되지 아니한다는 결정은 내렸다.[57] 이는 위 조항들이 구속 피고인이 상소하였다가 상소를 취하한 때에는 상소제기 후 상소취하시까지의 구금기간을 통산하도록 규정하고 있지 아니함으로써 그 구금기간을 본형에 산입받지 못하는 것이 헌법에 합치되지 않는다는 취지이다. 이에 따라 2015년 모든 미결구금을 본형에 산입하는 방향으로 형사소송법이 개정되었다. 2015. 7. 31 법률 제13454호에 의하여 형사소송법 제482조가 개정되어 판결선고 후 판결확정 전 구금일수(판결선고 당일의 구금일수를 포함한다) 및 상소기각 결정 시에 송달기간이나 즉시항고기간 중의 미결구금일수를 전부 본형에 산입한다고 규정함으로써, 이제 상소심에서의 미결구금일수도 전부 법정통산하게 되었다.

Ⅳ. 집행

미결구금일수가 산입된 때에는 산입된 일수에 상당하는 형이 집행된 것으로 본다.[58] 이 때 미결구금일수의 1일은 징역·금고·구류의 1일 또는 벌금·과료에 관한 유치기간의 1일로 계산한다(형사소송법 제482조 제3항). 자유형의 경우 형기는

53 헌법재판소 2009. 6. 25. 선고 2007헌바25 결정.
54 헌법재판소 2009. 12. 29. 선고 2008헌가13등 결정.
55 대법원 2010. 4. 16.자 2010모179 결정.
56 대법원 2009. 12. 10. 선고 2009도11448 판결.
57 헌법재판소 2009. 12. 29. 선고 2008헌가13 등 결정.
58 대법원 1999. 4. 15. 선고 99도357 전원합의체 판결.

판결확정일로부터 기산되는데 그 형기에서 산입된 미결구금일수만큼을 제외한 형기만을 복역하게 되고, 재산형의 경우는 산입된 유치기간에 상응하는 액수만큼 감액하여 집행된다.[59]

미결구금일수가 본형에 산입되더라도 그만큼 본형 자체가 소멸하는 것은 아니기 때문에 형의 시효, 집행유예 요건의 존부 등은 모두 본형을 기준으로 판정한다.

59 형사소송법 제482조는 재산형의 법정통산에 있어 미결구금일수 1일을 정액으로 환산하도록 규정하였었으나 1995. 12. 29. 개정으로 유치기간 1일로 계산하도록 하였고 이것이 현행 형사소송법 제482조 제3항에 이어져 있다.

제 58 조 [판결의 공시]

① 피해자의 이익을 위하여 필요하다고 인정할 때에는 피해자의 청구가 있는 경우에 한하여 피고인의 부담으로 판결공시의 취지를 선고할 수 있다.
② 피고사건에 대하여 무죄의 판결을 선고하는 경우에는 무죄판결공시의 취지를 선고하여야 한다. 다만, 무죄판결을 받은 피고인이 무죄판결공시 취지의 선고에 동의하지 아니하거나 피고인의 동의를 받을 수 없는 경우에는 그러하지 아니하다. <개정 2014.12.30>
③ 피고사건에 대하여 면소의 판결을 선고하는 경우에는 면소판결공시의 취지를 선고할 수 있다. <신설 2014.12.30.>

[관련조문] 판결 공시절차에 관한 지침(재형 83-3).

법원은 피해자의 이익이나 피고인의 명예회복을 위하여 판결공시의 취지를 선고할 수 있다. 피해자의 이익을 위한 판결의 공시는 피해자의 청구가 있는 때에 한하여 한다(형법 제58조 제1항).

피고사건에 대하여 무죄 또는 면소의 판결을 하는 경우 선고하는 판결의 공시(형법 제58조 제2항, 제3항)는 피고인의 명예회복에 그 취지가 있다. 이 경우 판결의 공시는 종래 임의적 공시였으나 2014년 형법 개정으로 무죄판결을 선고하는 경우에는 원칙적으로 반드시 공시취지를 선고하도록 하였다(제58조 제2항). 다만, 면소판결의 경우에는 종래와 같이 공시의무를 인정하지는 않았다(제58조 제3항).

이에 따라 피고인에게 무죄를 선고하는 때에는 형사판결 주문 다음에 "피고인에 대한 판결의 요지를 공시한다."고 표시하고 판결주문과 함께 이를 선고하며, 피고인에게 면소를 선고하면서 그 판결을 공시할 필요가 있다고 인정하는 때에는 형사판결 주문 다음에 "피고인에 대한 판결의 요지를 공시한다."고 표시하고 판결주문과 함께 이를 선고한다.[1]

판결의 공시는 공시의 취지를 선고한 판결이 확정된 이후에 당해 사건에 대한 제1심 법원에서 하되, 판결공시를 하는 법원의 본원소재지에서 발간되는 일반일간신문의 광고란에 판결요지를 1회 게재하고, 법원 홈페이지를 통하여 공고하는 방법에 의함을 원칙으로 한다.[2]

1 판결 공시절차에 관한 지침(재형 83-3) 제2조.
2 판결 공시절차에 관한 지침(재형 83-3) 제4조, 제5조.

제3절 형의 선고유예

[총설]

[관련조문] 형법 제1조 제3항, 제27조, 제52조, 제77조, 제157조, 제328조 제1항, 제344조, 제361조, 제365조 제1항, 형사소송법 제247조 제1항, 제322조, 사면법 제5조 제2호.

[참고문헌] 주석 형법총칙(하), 한국사법행정학회(1990); 주석 형법, 총칙(2)(제2판), 한국사법행정학회(2011); 김일수, 한국형법 Ⅱ(개정판), 박영사(1997); 이재상외 2인, 형법총론(제9판), 박영사(2017); 김성돈, 형법총론(제5판), 성균관대학교 출판부(2017); 손동권/김재윤, 새로운 형법총론, 율곡출판사(2011); 정성근/박광민, 형법총론(전정2판), 성균관대학교 출판부(2015); 정영일, 형법강의[총론](제3판), 도서출판학림(2017); 김일수/서보학, 새로쓴 형법총론(제13판), 박영사(2018); 한창훈, "집행유예기간이 경과한 자에 대하여 선고유예가 가능한지 여부", 사법연수원논문집 제3집(2007); 藤本哲也, 刑事政策概論, 青林書院(1996), 178; 西原春夫, 刑法總論, 成文堂(1983); Dölling/Duttge/König/Rössner (Hrsg.), Nomos Kommentar Gesamtes Strafrecht, 4. Aufl. Nomos(2017).

Ⅰ. 의의

1. 형의 선고유예(suspension of the imposition of a sentence)란 법원이 사건을 심리한 결과, 당해 사건이 유죄로 인정됨에도 불구하고 사안이 경미하고 개전의 정상이 현저한 경우에 일정 기간 동안 형의 선고를 유예하고, 그 유예기간을 무사히 경과하면 면소된 것으로 간주하는 제도를 말한다.

선고유예제도의 형태에는 유죄판결의 선고유예와 형의 선고유예가 있다. 전자는 다시 사실인정의 절차 자체를 중지하는 경우와 그 절차는 완료하되 유죄의 선고를 유보하는 경우로, 후자는 다시 형의 양정 자체를 유보하는 경우와 형의 양정은 하되 그 선고만을 유보하는 경우로 나뉜다.[1] 또한 선고유예는 보호관찰을 수반하는 경우가 대부분이지만 그렇지 않는 경우도 있다. 우리나라가 제정형법에서부터 채택하고 있는 선고유예제도는 '형의 선고유예'제도이며, 1995. 12. 29. 형법 개정으로 선고유예를 받는 자에 대한 보호관찰 제도를 신설하였다.

[1] 藤本哲也, 刑事政策概論, 青林書院(1996), 178; 西原春夫, 刑法總論, 成文堂(1983), 483.

2. 형의 선고유예는 형을 선고하면서 그 집행만을 유예하는 형의 집행유예(☞ 제4절 형의 집행유예 참조)와 구별되고, 형의 면제나 형 집행의 면제와도 다르다.

형의 면제는 피고사건을 유죄로 인정하면서도 형의 부과를 면제하는 것을 말하며, 여기에는 반드시 법률의 규정이 있어야 하는데, 법률상 형의 면제사유로는 필요적인 것과 임의적인 것이 있다. 전자로는 친족상도례(형법 제328조 제1항, 제344조, 제361조, 제365조 제1항) 등이 있고, 후자로는 불능범(제27조), 자수·자복(제52조), 무고죄의 자백·자수(제157조) 등이 있다. 형의 면제는 판결로써 선고하여야 한다(형사소송법 제322조). 한편, 형의 집행면제는 형을 선고한 판결이 확정되어 형집행력이 발생하였으나 확정판결 후의 사유로 형의 집행이 면제되는 것을 말한다. 유죄판결 확정 후 법률의 변경에 의하여 그 행위가 범죄를 구성하지 않게 된 때(형법 제1조 제3항), 형의 시효가 완성된 때(형법 제77조), 특별사면이 있는 때(사면법 제5조 제2호)에는 형의 집행이 면제된다. 형의 집행면제는 해당 사유가 발생하면 법원의 관여 없이 당연히 그 효력이 발생한다.

형의 선고유예는 기소유예(형사소송법 제247조)와도 구별된다. 양자는 모두 유죄를 전제로 한 개념이지만, 기소유예가 공소제기 전 검사의 재량에 의한 처분이라면, 선고유예는 일단 공소가 제기된 후 재판에 의한 유죄판결이라는 점에서 서로 차이가 있다.

Ⅱ. 연혁

선고유예제도는 영국에서 관습적으로 행해진 조건부석방제도에서 비롯된 것으로, 미국에 계수되어 보호관찰(Probation)과 결합하여 발전된 제도이다.[2] 영국 Portsmouth의 치안판사 Edward William Cox는 1842년 초범인 소년에 대하여 징역형에 대신하여 서약제도(Recognizance)를 적용하여 보증금의 납부를 조건으로 형의 선고를 유예하고 이들을 석방하면서, 감독을 위하여 특별히 조사관을 임명하였다. 이러한 조건부석방의 관행은 다른 지방에서도 행해지다가 1887년에는 미

2 이하 주석 형법총칙(하), 한국사법행정학회(1990), 378-400, 384(박재윤); 주석 형법, 총칙(2)(제2판), 한국사법행정학회(2011), 563-566, 573(윤남근); 김일수, 한국형법 Ⅱ(개정판), 박영사(1997), 654; 한창훈, "집행유예기간이 경과한 자에 대하여 선고유예가 가능한지 여부", 사법연수원논문집 제3집(2007), 248; Dölling/Duttge/König/Rössner (Hrsg.), Nomos Kommentar Gesamtes Strafrecht, 4. Aufl. Nomos(2017), §59 Rn. 1. 등.

국에서의 보호관찰(Probation)제도의 영향을 받아 초범자보호관찰법(Probation of First Offenders Act)이 법제화되었고, 1907년 다시 범죄자보호관찰법(Probation of Offenders Act)이 제정됨으로써 비로소 완전한 의미의 보호관찰(Probation)이 확립되었으며, 그 정신은 1948년의 형사재판법(Criminal Justice Act)에 계승되었다.

한편 Common law를 계수한 미국에서도 영국의 관습법상의 선고유예가 행해졌는데, 특히 보스턴(Boston)의 제화업자(製靴業者)인 John Augustus가 1849년부터 법원에서 유죄로 인정된 많은 피고인의 신병을 인수하여 자신의 감독 하에 두고 갱생시켰는데(Probation이란 용어도 그가 처음 사용), 이러한 관행은 독지가에 의한 보호관찰(Probation)과 결합하여 널리 시행되었다. 그 후 1878년 매사추세츠(Massachusetts) 주에서 세계 최초로 선고유예와 보호관찰을 밀접하게 결합시킨 실정법이 제정되어 보호관찰의 기초가 성립되기에 이르렀고, 보호관찰관도 독지가에서 유급의 전문가로 변경되었으며, 1932년까지 44개 주가 이 제도를 채택하였다. 드디어는 1962년 미국모범형법전(Model Penal Code) 제6장 제2조에도 도입되었다. 그러나 이러한 선고유예제도는 집행유예·가석방 등과 같이 일종의 보호관찰(Probation)의 한 유형으로 발전된 것이다.

이와 달리 유럽 각국에서는 단기자유형의 폐해 시정에 초점이 맞추어졌던 관계로 선고유예 대신 형의 집행유예 제도를 발전시켰다. 현재 선고유예제도는 독일, 프랑스 등이 채택하고 있다. 독일의 경우에는 전후 '형을 유보한 경고'(Verwarnung mit Strafvorbehalt)라는 표제의 조문(독일 형법 제59조)에 도입되었다. 180일분 이하의 벌금형에 한해서 적용하고, 선고유예자에게는 보호관찰이 따른다. 프랑스의 경우 단순 선고유예, 보호관찰부 선고유예, 이행명령부 선고유예, 시설수용부 선고유예 등 다양한 선고유예제도를 규정하고 있다(프랑스 형법 제132-60조).

일본은 집행유예제도만 두고 있을 뿐 선고유예제도는 채택하지 않고 있다.

Ⅲ. 법적 성격

형의 선고유예는 형의 선고를 유예하여 형벌을 피하기 위한 제도라는 점에서 형벌이나 형집행의 변형이라 할 수 없다. 그러나 유죄판결로서 선고할 형을 정해 둔다는 점에서 순수한 보안처분도 아니다.[3] 따라서 형의 선고유예는 책임과 형벌

3 이재상외 2인, 형법총론(제9판), 박영사(2017), 624.

을 확정해두고 그 선고를 유예하는 제도라는 의미에서 형법상 '고유한 종류의 제재'(Reaktionsmittel eigener Art)라고 할 수 있다.[4]

선고유예의 법적 성질은 선고유예의 요건이나 효과에 관하여 법률이 개정된 경우 형법 제1조의 적용 여부와 관련하여 문제된다. 선고유예제도가 없던 구 형법 시행 당시의 범행에 대하여 형법을 적용하여 형의 선고유예를 하는 것은 위법하다는 판례[5]가 있으나, 선고유예의 법적 성질이나 형법 제1조의 적용 여부를 정면으로 판단한 사안은 아니다.

IV. 형사정책적 의의

형의 선고유예는 개전의 정상이 현저하여 재범의 위험성이 낮은 피고인에게 일정 기간 형의 선고를 유예하고, 그 유예기간을 무사히 경과하면 면소된 것으로 간주함으로써, 형을 선고하지 않으면서도 형벌의 목적을 달성하기 위한 제도이다. 이는 범죄자라는 낙인을 찍는 의미가 적고, 자격제한 등 사회활동의 제약이 거의 없어 범죄자의 사회 복귀를 촉진할 수 있다. 즉, 피고인이 처벌받았다는 오점(Strafmakel)을 남기지 않음으로써 장차 피고인의 사회복귀를 용이하게 하는 특별예방적 목적에도 이바지하는 것이다.[6]

4 김성돈, 형법총론(제5판), 성균관대학교 출판부(2017), 831; 손동권/김재윤, 새로운 형법총론, 율곡출판사(2011), 721; 이재상외 2인, 형법총론(제9판), 박영사(2017), 624; 정성근/박광민, 형법총론(전정2판), 성균관대학교 출판부(2015), 714; 정영일, 형법강의[총론](제3판), 도서출판학림(2017), 382; Dölling/Duttge/König/Rössner (Hrsg.), Nomos Kommentar Gesamtes Strafrecht, 4. Aufl. Nomos(2017), §59 Rn. 2.

5 대법원 1955. 3. 4. 선고 54도147 판결.

6 김일수/서보학, 새로쓴 형법총론(제13판), 박영사(2018), 606-607.

제 59 조 [선고유예의 요건]

① 1년 이하의 징역이나 금고, 자격정지 또는 벌금의 형을 선고할 경우에 제51조의 사항을 참작하여 개전의 정상이 현저한 때에는 그 선고를 유예할 수 있다. 단, 자격정지 이상의 형을 받은 전과가 있는 자에 대하여는 예외로 한다.
② 형을 병과할 경우에도 형의 전부 또는 일부에 대하여 그 선고를 유예할 수 있다.

[관련조문] 형법 제37조, 제41조, 제51조, 제65조, 제81조, 형사소송법 제383조 제4호, 국제수형자이송법 제15조, 사면법 제5조 제1호, 제2호, 소년법 제67조, 형의 실효 등에 관한 법률 제7조.

[참고문헌] 김성돈, 형법총론(제5판), 성균관대학교 출판부(2017); 김일수/서보학, 새로쓴 형법총론(제13판), 박영사(2018); 배종대, 형법총론(제13판), 홍문사(2017); 손동권/김재윤, 새로운 형법총론, 율곡출판사(2011); 신동운, 형법총론(제11판), 법문사(2019); 이재상/장영민/강동범, 형법총론(제9판), 박영사(2017); 임웅, 형법총론(제10정판), 법문사(2018); 정성근·박광민, 형법총론(전정2판), 성균관대학교 출판부(2015); 주석 형법총칙(하), 한국사법행정학회(1990); 주석 형법, 총칙(2)(제2판), 한국사법행정학회(2011); 이주원, "형의 실효 등에 관한 법률에 의한 형의 실효가 판결에 미치는 영향", 법조 569호(2004. 2); 한영수, "집행유예기간이 경과한 자에 대한 선고유예", 형사판례연구 13호(2005); 한창훈, "집행유예기간이 경과한 자에 대하여 선고유예가 가능한지 여부", 사법연수원 논문집 제4집(2007.1); 前田 雅英 外, 條解刑法, 弘文堂(2002); 大塚 仁 外, 大コンメンタール 刑法 1(豊田 健), 青林書院(2004).

Ⅰ. 선고유예의 요건

1. 선고할 형(1년 이하의 징역이나 금고, 자격정지 또는 벌금의 형을 선고할 경우)

가. 선고형 기준

선고유예는 1년 이하의 징역이나 금고, 자격정지 또는 벌금의 형을 선고할 경우에만 가능하다. 여기서 형은 법정형이 아니라 선고형을 의미한다. 벌금형뿐만 아니라 1년 이하의 징역이나 금고, 자격정지에 대해서도 선고유예를 인정하지만, 구류형에 대해서는 선고유예를 할 수 없다.[1] 과료형에 대해서도 선고유예를 할 수 없다. 징역·금고의 선고형이 1년을 넘는 경우에도 선고유예를 할 수 없다.[2] 자격

1 대법원 1993. 6. 22. 선고 93오1 판결.
2 대법원 1977. 7. 26. 선고 77도1887 판결.

정지나 벌금형에는 형기나 액수에 제한이 없다.

나. 몰수·추징의 선고유예 여부

형법 제59조 제1항에는 선고유예를 할 수 있는 형에 몰수와 추징이 포함되어 있지 않다. 여기서 몰수·추징도 선고유예의 대상이 되는지 여부가 문제된다.

1) 선고유예를 할 수 있는 형이란 주형과 부가형을 포함한 '처단형 전체'를 의미한다.[3] 따라서 주형을 선고유예하는 경우에는 부가형인 몰수나 추징도 선고유예할 수 있다.[4]

2) 또한 주형을 선고유예를 하는 경우에도 몰수·추징만을 선고할 수도 있다.[5] 형법 제49조가 본문에서는 몰수형의 부가성을 명정하고 있으나 단서에서는 행위자에게 유죄의 재판을 아니할 때에도 몰수의 요건이 있는 때에는 몰수만을 선고할 수 있다고 규정함으로써 부가성에 대한 예외를 인정하고 있기 때문이다. 예컨대, 뇌물수수의 경우 징역형에 대해서는 선고를 유예하고, 뇌물상당액은 몰수하거나 몰수가 불가능한 경우에는 이를 추징할 수 있다.

3) 그러나 주형에 대하여 선고를 유예하지 않으면서 부가할 추징에 대하여서만 선고를 유예할 수는 없다.[6]

한편, 필요적 몰수·추징 사안에서도 같다.[7] 즉, 주형을 선고유예하는 경우 몰수·추징도 함께 선고유예를 할 수 있고,[8] 주형을 선고유예하고 추징만을 선고할 수도 있다.[9] 그러나 주형에 대하여 선고를 유예하지 아니하면서 이에 부가할 추징에 대하여서만 선고를 유예할 수는 없다.[10]

징역형과 벌금형의 필요적 병과 사안에서도 같다. 즉, 징역형에 대해서는 선고유예 아닌 실형을 선고하고, 나머지 주형인 벌금형에 대하여는 선고유예하면서 그 부가형인 몰수 및 추징을 선고유예할 수 있다.[11]

3 대법원 1970. 6. 30. 선고 70도883 판결, 대법원 1970. 7. 24. 선고 70도1289 판결.
4 대법원 1980. 3. 11. 선고 77도2027 판결, 대법원 1980. 12. 9. 선고 80도584 판결.
5 대법원 1973. 12. 11. 선고 73도1133 전원합의체 판결, 대법원 1981. 4. 14. 선고 81도614 판결, 대법원 1990. 4. 27. 선고 89도2291 판결.
6 대법원 1979. 4. 10. 선고 78도3098 판결, 대법원 1988. 6. 21. 선고 88도551 판결.
7 대법원 1978. 4. 25. 선고 76도2262 판결, 대법원 1979. 4. 10. 선고 78도3098 판결, 대법원 1980. 12. 9. 선고 80도584 판결, 대법원 1981. 4. 4. 선고 81도614 판결.
8 대법원 1978. 4. 25. 선고 76도2262 판결.
9 대법원 1981. 4. 14. 선고 81도614 판결.
10 대법원 1979. 4. 10. 선고 78도3098 판결.
11 대법원 1980. 12. 9. 선고 80도584 판결.

다. 양벌규정

법인과 그 대표자에 대하여 양벌규정이 적용되는 경우 대표자 개인에 대한 형은 선고유예하고 법인에 대한 형은 선고유예하지 않고 벌금형을 선고할 수 있다.[12]

2. 정상(개전의 정상이 현저할 것)

가. '개전의 정상이 현저한 때'의 의미

개전의 정상이 현저하다는 것은 반드시 죄를 깊이 뉘우친다거나 범죄사실을 자백한다는 뜻이 아니라 '형을 선고하지 않더라도 다시 범행을 저지르지 않으리라는 사정이 현저하게 기대되는 경우'[13] 즉, 재범의 위험성이 없는 경우[14]를 말한다. 그 판단기준은 형법 제51조의 양형조건이다. 즉 ①범인의 연령, 성행, 지능과 환경, ②피해자에 대한 관계, ③범행의 동기, 수단과 결과, ④범행 후의 정황 등을 참작하여, 법관의 자유로운 평가에 맡겨진다. 그리고 판단의 기준이 되는 시기는 판결시이다. 이 경우 형법 제51조의 양형조건을 종합적으로 고려해야 하기 때문에, '개전의 정상이 현저한 때'는 반드시 피고인이 죄를 깊이 뉘우치는 경우만을 뜻하는 것으로 제한하여 해석할 것은 아니다. 피고인이 범죄사실을 자백하지 않고 부인할 경우에는 언제나 선고유예를 할 수 있다.[15] 종전의 판례는 피고인이 죄를 깊이 뉘우치는 경우를 전제하면서 피고인이 범죄사실을 자백하지 않고 부인하는 경우에는 선고유예를 할 수 없다고 해석하였으나, 대법원 2001도6138 전원합의체 판결은 이와 같이 입장을 변경하였다.

나. 상고심의 심판대상 여부

'개전의 정상'에 관한 판단이 잘못되었음을 이유로 상고할 수 있는지 여부의 문제이다. '개전의 정상'을 단지 양형 문제로만 본다면 형사소송법 제383조 제4호의 제한을 받아 원천적으로 상고가 허용되지 않지만, 반면 선고유예의 요건에 관

12 대법원 1995. 12. 12. 선고 95도1893 판결.

13 대법원 2003. 2. 20. 선고 2001도6138 전원합의체 판결.

14 김성돈, 형법총론(제5판), 성균관대학교 출판부(2017), 832; 김일수/서보학, 새로쓴 형법총론(제13판), 박영사(2018), 608; 배종대, 형법총론(제13판), 홍문사(2017), 613; 손동권/김재윤, 새로운 형법총론, 율곡출판사(2011), 721-722; 신동운, 형법총론(제11판), 법문사(2019), 859; 이재상/장영민/강동범, 형법총론(제9판), 박영사(2017), 625; 임웅, 형법총론(제10정판), 법문사(2018), 699; 정성근·박광민, 형법총론(전정2판), 성균관대학교 출판부(2015), 716.

15 대법원 2003. 2. 20. 선고 2001도6138 전원합의체 판결.

한 법률판단(법령위반)의 문제로 본다면 전면적으로 상고가 허용된다. 대법원 2001도6138 전원합의체 판결은, 법률판단의 문제로 파악하였던 종전의 판례를 변경하여, '개전의 정상'이 현저한지 여부에 관한 사항은 형의 양정에 관한 사실심 법원의 재량사항에 속하므로, 그 판단이 비록 현저하게 잘못된 것이라고 하더라도 상고심으로서는 이에 대한 원심 판단의 당부를 심판할 수 없다고 한다.[16]

다. 자유로운 증명

선고유예의 양형조건에 관한 사실 인정은 공소범죄사실의 인정과 달리 형사소송법에 정해진 절차와 방식에 따라 증거조사한 증거에 의할 필요는 없다.

[판례] 대법원 2003. 2. 20. 선고 2001도6138 전원합의체 판결

'개전의 정상이 현저한 때'의 의미 및 그 판단의 당부가 상고심의 심판대상인지 여부

[다수의견] 선고유예의 요건 중 '개전의 정상이 현저한 때'라고 함은, 반성의 정도를 포함하여 널리 형법 제51조가 규정하는 양형의 조건을 종합적으로 참작하여 볼 때 형을 선고하지 않더라도 피고인이 다시 범행을 저지르지 않으리라는 사정이 현저하게 기대되는 경우를 가리킨다고 해석할 것이고, 이와 달리 여기서의 '개전의 정상이 현저한 때'가 반드시 피고인이 죄를 깊이 뉘우치는 경우만을 뜻하는 것으로 제한하여 해석하거나, 피고인이 범죄사실을 자백하지 않고 부인할 경우에는 언제나 선고유예를 할 수 없다고 해석할 것은 아니며, 또한 형법 제51조의 사항과 개전의 정상이 현저한지 여부에 관한 사항은 널리 형의 양정에 관한 법원의 재량사항에 속한다고 해석되므로, 상고심으로서는 형사소송법 제383조 제4호에 의하여 사형·무기 또는 10년 이상의 징역·금고가 선고된 사건에서 형의 양정의 당부에 관한 상고이유를 심판하는 경우가 아닌 이상, 선고유예에 관하여 형법 제51조의 사항과 개전의 정상이 현저한지 여부에 대한 원심 판단의 당부를 심판할 수 없고, 그 원심 판단이 현저하게 잘못되었다고 하더라도 달리 볼 것이 아니다.

[반대의견] 선고유예의 요건 중 '개전의 정상이 현저한 때'에 관한 판단이 기본적으로는 하급심의 재량에 속한다고 할 것이지만 그 재량판단이 '현저하게 잘못된 경우'에는 선고유예의 요건에 관한 법리오해의 위법이 있는 것으로 보아 형사소송법 제383조 제1호의 '판결에 영향을 미친 법률위반이 있는 때'에 해당하여 상고심이 그 당부를 심판할 수 있다.

[별개의 반대의견] 형법 제59조 소정의 선고유예의 요건 등에 관한 판단은 형의 경중을 가려서 단순한 형의 종류를 선택하거나 선택한 형에 대하여 그 형량을 정하는

16 대법원 2003. 2. 20. 선고 2001도6138 전원합의체 판결.

것과는 차원이 다른 '법률판단'이라 할 것이고, 따라서 1년 이하의 징역이나 금고, 자격정지 또는 벌금형을 선고할 수 없는 사건이거나, 자격정지 이상의 형을 받은 전과가 있는 자에 대하여 형의 선고를 유예한 경우와 마찬가지로 제51조의 사항을 참작하여 개전의 정상이 현저하지 아니하다고 판단되는 자에 대하여 형의 선고를 유예한 경우에도 형사소송법 제383조 제1호에 의하여 상고할 수 있다.

[평석] 대법원은 형의 선고유예제도를 범인의 재사회화를 지향하면서 범인의 과거에 대한 반성보다 미래를 향한 개선가능성에 유념한 장치라고 본 것이다. 대법원의 태도는 선고유예제도가 범인의 재사회화를 위한 장치라는 점을 명확히 지적하고 선고유예제도의 활용가능성을 넓혔다는 점에서 타당한 방향전환이라고 평가된다.[17]

3. 결격사유(자격정지 이상의 형을 받은 전과가 없을 것)

가. '자격정지 이상의 형'의 선고 및 확정

자격정지 이상의 형을 받은 전과가 없어야 한다.

1) '자격정지 이상의 형'이란 자격정지를 포함하여 사형, 징역, 금고, 자격상실을 의미한다(형법 제41조). 따라서 벌금, 구류, 과료의 전과는 선고유예의 결격사유가 되지 못한다.

2) 자격정지 이상의 형을 '받았다'는 것은 자격정지 이상의 형에 처하는 '확정'판결을 받았다는 의미이다. 따라서 자격정지 이상의 형에 처하는 판결이 아직 확정되지 않고 있는 경우에는 여전히 선고유예가 가능하다.

3) 형을 '선고' 받은 전과를 의미하므로, 선고유예 판결 및 형 면제의 판결은 결격사유가 되지 못한다. 유죄판결이기는 하지만 형의 선고가 없기 때문이다. 따라서 전에 징역·금고형의 선고유예 판결을 받은 자도 그 선고유예가 실효되지 않는 한 자격정지 이상의 형을 받은 자가 아니게 된다. 선고유예기간이 경과한 경우는 물론, 선고유예기간 중의 피고인에 대하여도 다시 선고유예를 할 수 있다.

그러나 현실적으로 형의 집행까지 받을 필요는 없다. 집행유예의 판결은 형을 선고하고 집행만 유예한 것이므로, 형을 선고 받은 전과에는 해당한다. 따라서 금고 이상의 형을 선고받고 집행유예된 자도 선고유예의 결격자가 된다.

4) 전과인 죄와 선고유예할 죄 사이에 범행시기의 선후는 문제되지 않는다.[18]

17 신동운, 형법총론(제11판), 법문사(2019), 860.
18 주석 형법총칙(하), 한국사법행정학회(1990), 384-385(박재윤).

즉, 전과는 선고유예의 판결 선고 전에 있기만 하면 족하고, 반드시 선고유예할 죄의 범행 이전에 행해졌을 필요는 없다. 따라서 형법 제37조 후단 경합범 중 판결을 받지 아니한 죄에 대하여 형을 선고하는 경우에 형법 제37조 후단에 규정된 '금고 이상의 형에 처한 판결이 확정된 죄'의 형도 여기의 전과에 포함된다.[19] 이 경우 선고유예 판결을 할 수 없다는 것이다.

나. 형 선고의 효력이 상실된 경우

문제는 ①형을 선고받았으나 집행유예기간을 무사히 경과함으로써 형의 선고가 효력을 잃은 경우(형법 제65조), ②사면법에 의하여 일반사면을 받음으로써 형 선고의 효력이 상실되거나, 특별사면 중 특별한 사정으로 형 선고의 효력을 상실시킨 경우(사면법 제5조 제1호, 제2호 후문), ③형의 실효에 관한 요건을 충족함으로써 형이 실효된 경우(형법 제81조 및 형의 실효 등에 관한 법률 제7조) 등과 같이 형 선고의 효력이 상실된 전과도 선고유예의 결격사유가 되는지 여부이다. 다른 결격사유나 특별 구성요건의 경우와 달리, 선고유예의 경우에는 특히 '전과'라는 표현을 사용하는 특수성이 있다.

판례는 선고유예의 경우 여기서 '자격정지 이상의 형을 받은 전과'라 함은 자격정지 이상의 형을 선고받은 '범죄경력 자체'를 의미하는 것이고, 그 형의 효력이 상실된 여부는 묻지 않는 것으로 해석한다.[20] 형의 선고가 효력을 잃게 되었다 하더라도 형의 선고의 법률적 효과가 없어진다는 것일 뿐, 형의 선고가 있었다는 기왕의 사실 자체까지 없어지는 것은 아니므로, 선고유예의 결격사유인 '자격정지 이상의 형을 받은 전과가 있는 자'에 해당한다는 것이다. 즉, 집행유예를 선고받고 유예기간을 무사히 경과하여 형의 선고가 실효되었다고 하더라도 선고유예를 할 수 없고,[21] 자격정지 이상의 형을 선고받고 그 집행을 종료하거나 면제받은 후 '형의 실효 등에 관한 법률' 소정의 기간을 경과하여 그 형이 실효되었다고 하더라도 마찬가지라고 한다.[22] 판례의 해석론은 선고유예가 주로 범정이 경미한 초범자에 대하여, 형을 부과하지 않고 자발적인 개선과 갱생을 촉진시키고자 하는 제도라는 이해에 기반한 것으로 볼 수 있다.

19 대법원 2010. 7. 8. 선고 2010도931 판결.
20 대법원 2003. 12. 26. 선고 2003도3768 판결.
21 대법원 2003. 12. 26. 선고 2003도3768 판결.
22 대법원 2004. 10. 15. 선고 2004도4869 판결.

그러나 이에 대해서는 자격정지 이상의 형을 받은 자라도 형 선고의 효력이 상실된 경우에는 그 이후부터 선고유예의 자격을 회복한다는 견해가 있다.[23] 집행유예기간의 경과(형법 제65조), 사면, 형의 실효(형법 제81조 및 형의 실효 등에 관한 법률 제7조) 등과 같이 법문에 형의 선고가 효력을 상실한다고 규정하고 있는 경우에는 선고유예를 할 수 있다고 보아야 한다는 것이다. 형의 선고가 효력을 상실한다는 것은 법적으로 형의 선고가 없었던 상태로 복귀하는 것을 의미한다는 것이고, 법이 형의 선고가 효력을 상실한다고 규정하였음에도 피고인에게 불이익한 법적 효력을 부여하는 것은 실효를 규정한 법의 취지에 배치되는 것이기 때문이다. '받은 전과'의 의미에 대한 일종의 제한해석이라고 할 수 있다.

다. 외국 판결 및 소년범 전과

외국 법원에서 선고받은 형은 원칙적으로 전과에 해당하지 않는 것으로 보아야 하나,[24] 외국 법원에서 금고 이상의 형을 선고받은 내국인이 국제수형자이송법에 따라 국내에서 형의 집행을 받게 된 경우에는 외국판결도 국내 판결과 동일한 효력이 있으므로(국제수형자이송법 제15조) 선고유예의 결격사유가 된다.[25] 또한 소년법 제67조의 반대해석상 소년으로서 선고받은 금고 이상의 형도 집행유예의 결격사유가 된다.[26]

4. 형의 일부에 대한 선고유예

가. 병과형 및 형법 제37조 후단의 경합범

'형을 병과할 경우' 형의 전부 또는 일부에 대하여 그 선고를 유예할 수 있다(형법 제59조 제2항). 따라서 일부 죄에 대하여는 징역형을 선택하고 나머지 죄에 대하여는 벌금형을 선택하여 징역형과 벌금형을 병과(竝科)하는 경우는 물론, 1죄에 대하여 징역형과 벌금형을 필요적으로 병과(竝科)해야 할 경우에도, 징역형에 대하여는 실형 또는 집행유예를 선고하면서 벌금형에 대하여는 선고를 유예할 수도 있으며,[27] 징역형과 벌금형의 어느 한 쪽에 대해서만 선고를 유예할 수도 있다.

23 주석 형법총칙(하), 한국사법행정학회(1990), 384(박재윤); 이주원, "형의 실효 등에 관한 법률에 의한 형의 실효가 판결에 미치는 영향", 법조 569호(2004. 2), 234-238; 한영수, "집행유예기간이 경과한 자에 대한 선고유예", 형사판례연구 13호(2005), 231-233; 한창훈, "집행유예기간이 경과한 자에 대하여 선고유예가 가능한지 여부", 사법연수원 논문집 제4집(2007.1), 253-255.

24 前田 雅英 外, 條解刑法, 弘文堂(2002), 52.

25 주석 형법, 총칙(2)(제2판), 한국사법행정학회(2011), 572(윤남근).

26 대법원 2010. 4. 29. 선고 2010도973 판결 참조.

또한 형법 제37조 후단의 경합범에 해당하여 2개 이상의 형을 선고하는 경우 일부의 형에 대하여만 선고유예를 하고 나머지 형에 대하여 실형이나 집행유예를 선고할 수 있다. 이를 금지할 아무런 근거가 없을 뿐만 아니라, 형법 제59조 제2항은 '형을 병과할 경우' 형의 일부에 대해 선고유예할 수 있다고 규정하고 있기 때문이다.[28]

나. 단일형의 일부 선고유예 문제

문제는 하나의 형의 일부에 대해 선고유예가 가능한지 여부이다. 판례는 선고유예가 아닌 집행유예와 관련하여 단일형의 일부에 대한 집행유예는 허용되지 않는다는 입장이다(부정설).[29]

참고로, 선고유예 제도를 채택하지 않는 대신 벌금형의 집행유예를 인정하는 일본에서는 벌금액의 일부에 관하여 집행유예를 선고할 수 있는지 견해가 대립되고 있다. 긍정설은, 1죄에 대하여 징역형과 벌금형을 필요적으로 병과해야 하는 경우에도 징역형만 집행을 유예하고 벌금형은 집행유예를 붙이지 않는 것이 가능한 이상, 경합범에서 각 죄별로 벌금형을 선택하고 일부 죄에 대한 벌금 형에 관하여 집행유예를 선고하는 것도 당연히 가능하다고 한다.[30] 반면, 부정설은 1개의 벌금형 중 벌금액의 일부에 관해서만 집행을 유예하는 것은 1개의 선고형에 법률효과를 달리하는 2개의 형이 존재하는 결과가 되어 부당하다고 한다.[31]

Ⅱ. 선고유예의 판결

형의 선고를 유예한다는 것은 판결의 선고 자체를 보류하는 것이 아니라 '형의 선고를 유예한다.'는 내용의 판결을 선고하는 것을 말한다. 선고유예 판결의 주문에는 "피고인에 대하여 형의 선고를 유예한다."라고 기재한다. 비록 선고는 하지 않지만 선고유예가 실효되어 유예한 형을 선고할 경우를 대비하여 유예된 형과 부수처분을 미리 정해 놓아야 한다. 이러한 의미에서 선고유예의 판결도 일종의 유죄판결이다.

27 대법원 1973. 5. 8. 선고 73도649 판결, 대법원 1976. 6. 8. 선고 74도1266 판결.

28 주석 형법, 총칙(2)(제2판), 한국사법행정학회(2011), 573(윤남근).

29 대법원 2007. 2. 22. 선고 2006도8555 판결.

30 日大津地判 1967. 9. 18.(下刑集9-9, 1171)

31 日福岡高判 1951. 12. 14.(高刑集 4-14, 2114); 大塚 仁 外, 大コンメンタール 刑法 1(豊田 健), 青林書院(2004), 530; 前田 雅英 外, 條解刑法, 弘文堂(2002), 51.

형사소송법 제39조는 '재판에는 이유를 명시하여야 한다.'고 규정하고 있다. 선고유예의 판결도 판결이유에 범죄될 사실, 증거의 요지와 법령의 적용을 명시하여야 한다. 판결이유에서는 선고할 형의 종류와 양, 즉 선고형을 정해 놓아야 하고,[32] 벌금형인 경우 그 벌금액뿐만 아니라 환형유치처분까지 해두어야 한다.[33] 결국 판결주문에 형량이 표시되지 않을 뿐 형이 선고되는 유죄판결과 같다.

선고유예도 유죄판결인 이상 피고인이 선고유예의 판결에 대하여 무죄를 주장하며 상소할 수 있음은 물론이다. 제1심의 징역형의 선고유예의 판결에 대하여 피고인만이 항소한 경우에 제2심이 벌금형을 선고한 것은 제1심판결의 형보다 중한 형을 선고한 것에 해당된다(불이익변경금지의 원칙).[34] 선고유예는 형이 선고된 것이 아니고 2년이 경과하면 면소된 것으로 간주되나, 벌금형은 선고된 형이 집행되고 노역장 유치의 가능성도 있기 때문이다.

32 대법원 1975. 4. 8. 선고 74도618 판결, 대법원 1988. 1. 19. 선고 86도2654 판결, 대법원 1993. 6. 11. 선고 92도3437 판결.

33 대법원 2015. 1. 29. 선고 2014도15120 판결.

34 대법원 1999. 11. 26. 선고 99도3776 판결.

제 59 조의 2 [보호관찰]

① 형의 선고를 유예하는 경우에 재범방지를 위하여 지도 및 원호가 필요한 때에는 보호관찰을 받을 것을 명할 수 있다.
② 제1항의 규정에 의한 보호관찰의 기간은 1년으로 한다.

[본조신설 1995.12.29]

[관련조문] 형법 제62조의2, 형사소송규칙 제147조의2 제1항, 성폭력범죄의 처벌 등에 관한 특례법 제16조 제1항, 제21조 제1항, 제44조의2.

개선가능한 초범자에 대하여 사회복귀를 촉진시키려는 선고유예제도는 그 본래의 취지에 비추어 보호관찰과의 결합이 필수적이다. 사회 내 처우를 활성화하여 재범을 방지하고 재사회화를 촉진하기 위해, 2005년 형법개정에서 선고유예자에 대한 보호관찰이 신설되었다.

형의 선고를 유예하는 경우에 재범방지를 위하여 지도 및 원호가 필요한 때에 보호관찰을 명할 수 있다(형법 제59조의2 제1항). 보호관찰의 기간은 1년으로 법정되어 있고, 그 기간은 선고유예 판결이 확정된 때로부터 진행한다. 재판장은 판결을 선고함에 있어서 피고인에게 보호관찰을 명하는 경우에는 그 취지 및 필요하다고 인정하는 사항을 설명하여야 한다(형사소송규칙 제147조의2 제1항).

보호관찰 이외에 사회봉사명령이나 수강명령에 관한 규정이 없으므로, 선고유예의 경우에는 보호관찰만을 명할 수 있을 뿐, 선고유예를 하면서 사회봉사명령이나 수강명령을 부과하는 것은 불가능하다. 집행유예의 경우 보호관찰에 아무런 요건이 규정되어 있지 않고, 원칙적으로 집행유예기간을 보호관찰기간으로 규정하며, 보호관찰 이외에 사회봉사명령 또는 수강명령을 부과할 수 있도록 한 것과 비교된다.

보호관찰은 필요적이 아니라 임의적이므로 그 부과 여부는 법원의 재량에 속한다. 다만, 형의 선고를 유예하는 경우 필요적으로 보호관찰을 명해야 하는 경우가 있다. 즉, ①성폭력범죄의 처벌 등에 관한 특례법에서 정한 성폭력범죄를 범한 소년에 대하여 형의 선고를 유예하는 경우(동법 제16조 제1항), ②아동·청소년의 성보호에 관한 법률에서 정한 아동·청소년 대상 성범죄를 범한 소년에 대하여 형의 선고를 유예하는 경우(동법 제21조 제1항)에는 반드시 보호관찰을 명하여야 한다.

또한 ③치료감호 등에 관한 법률에서 정한 심신장애인 등 치료명령대상자에 대하여 법원이 형의 선고를 유예하는 경우에는 1년의 범위 안에서 치료기간을 정하여 치료를 받을 것을 명할 수 있는데, 이 경우에는 1년의 보호관찰을 필요적으로 병과하여야 한다(동법 제44조의2).

☞ 보호관찰의 내용과 절차 등에 대해서는 형법 제62조의2의 보호관찰 부분을 참조할 것.

제 60 조 [선고유예의 효과]

형의 선고유예를 받은 날로부터 2년을 경과한 때에는 면소된 것으로 간주한다.

[관련조문] 형법 제9조 제4항 제4호, 제61조, 제129조~제132조, 제355조, 제356조, 경찰공무원법 제7조 제2항 제6호, 제21조, 공증인법 제13조 제5호, 제15조의4 제2항 제1호, 공인회계사법 제4조 제4호, 국가공무원법 제33조 제5호, 제69조 제1호, 변호사시험법 제5조 제3호, 제6조 제4호, 성폭력범죄의 처벌 등에 관한 특례법 제2조, 제42조, 제43조, 소년법 제67조 제1항 제2호, 세무사법 제4조 제9호, 아동·청소년의 성보호에 관한 법률 제2조 제2호, 지방공무원법 제31조 제5호, 제61조 제1호, 특정 범죄자에 대한 보호관찰 및 전자장치 부착 등에 관한 법률 제5조.

Ⅰ. 선고유예기간 중의 효과

1. 선고유예기간, 기산일 및 형법상 효과

유죄판결의 일종인 선고유예의 판결은 재판의 확정에 의하여 그 본래의 효력이 발생한다. 선고유예 판결을 받은 날로부터 2년을 경과하면 면소된 것으로 간주한다. 선고유예기간은 집행유예의 경우와는 달리 2년으로 법정되어 있으므로, 법원이 이를 단축하거나 연장할 수 없고, 판결에서 그 기간을 별도로 선언할 필요도 없다. 이때 선고유예 판결을 '받은 날'이란 선고유예 판결이 '확정된 날'을 의미하므로, 2년의 기산일은 선고시가 아니라 판결확정시이다.

그런데 형법에는 선고유예기간 중 제61조에서 정한 그 실효사유가 발생하면 유예된 형이 선고될 수 있다는 것 외에 선고유예 판결의 확정 사실만으로 특별히 불리한 내용이 없다. 유기징역 또는 유기금고의 판결을 받은 것이 아니므로, 형법 제43조 제2항의 반대해석상 선고유예기간 동안 형법상 자격정지의 효력이 발생하는 것도 아니다.

2. 신상정보 제출의무와 부착명령 여부

성폭력범죄의 처벌 등에 관한 특례법 제42조, 제43조에서는 등록대상 성범죄로 유죄판결이 확정된 자는 신상정보 등록대상자가 되어 유죄판결이 확정된 날부터 30일 이내에 관할경찰관서의 장에게 신상정보를 제출하여야 한다고 규정하고 있다. 등록대상 성범죄에 대하여 선고유예 판결이 있는 경우에도 선고유예 판결이 확정됨으로써 곧바로 등록대상자로 되어 신상정보를 제출할 의무를 지게 된다. 등록대상자의 신상정보 제출의무는 법원이 별도로 부과하는 것이 아니라 등록대상 성범죄로 유죄판결이 확정되면 성폭력 특례법의 규정에 따라 당연히 발생하는 것이고, 위 유죄판결에서 선고유예 판결이 제외된다고 볼 수 없기 때문이다.[1] 다만 선고유예 판결 확정 후 2년이 경과하여 면소된 것으로 간주되면 등록대상자로서 신상정보를 제출할 의무를 면한다.[2]

법원은 등록대상 성범죄에 대하여 선고유예 판결을 하는 경우에도 위 특례법 제42조 제2항에 따라 등록대상자라는 사실과 신상정보 제출 의무가 있음을 등록대상자에게 알려 주어야 한다. 반면, 특정 범죄자에 대한 보호관찰 및 전자장치 부착 등에 관한 법률 제5조는 성폭력범죄자에 대한 전자장치 부착명령의 청구를 규정하고 있는데, 성폭력범죄사건에 대하여 선고유예를 선고하는 때에는 판결로 부착명령 청구를 기각하여야 한다(형법 제9조 제4항 제4호).

3. 결격사유와 당연퇴직사유

선고유예 판결의 확정이 형법상 자격정지의 효력이 없다고 하더라도, 각종 행정법규상 자격정지 또는 금고 이상의 형의 선고유예기간 중에 있다는 사실은 일정한 임용 또는 자격의 결격사유가 된다. 예컨대, 자격정지 이상의 형의 선고유예를 선고받고 그 유예기간 중에 있는 자는 경찰공무원으로 임용될 수 없다(경찰공무원법 제7조 제2항 제6호). 금고 이상의 형의 선고유예를 받고 그 유예기간 중에 있는 자는 국가공무원, 지방공무원, 변호사, 임명공증인 또는 공증담당변호사, 공인회계사가 될 수 없으며(국가공무원법 제33조 제5호, 지방공무원법 제31조 제5호, 변호사법 제5조 제3호, 공증인법 제13조 제5호, 제15조의4 제2항 제1호, 공인회계사법 제4조 제4호), 세무사 등록을 할 수 없고 변호사시험에도 응시할 수 없다(세무사법 제4조 제9호, 변호사시험법 제6조 제4호).

한편, 이미 자격을 취득한 공무원 등이 특정 범죄를 범하여 금고 이상의 형의 선고유예를 받은 경우에는 당연퇴직사유가 된다. 즉, 공무원이 형법 제129조부터 제132조까지, 성폭력범죄의 처벌 등에 관한 특례법 제2조, 아동·청소년의 성보호에 관한 법률 제2조 제2호 및 직무와 관련하여 형법 제355조 또는 제356조에

1 대법원 2014. 11. 13. 선고 2014도3564 판결, 대법원 2018. 6. 28. 선고 2015도2390 판결.
2 대법원 2014. 11. 13. 선고 2014도3564 판결.

규정된 죄를 범한 사람으로서 금고 이상의 형의 선고유예를 받은 경우에는 당연히 퇴직한다(국가공무원법 제69조 제1호 단서 후문, 지방공무원법 제61조 제1호 단서 후문). 다만 경찰공무원은 당연퇴직사유가 아니다(경찰공무원법 제21조 단서).

소년에 대해서는 "소년이었을 때 범한 죄에 의하여 형의 선고유예나 집행유예를 선고받은 경우 자격에 관한 법령을 적용할 때 장래에 향하여 형의 선고를 받지 아니한 것으로 본다(소년법 제67조 제1항 제2호)." 소년법 제67조의 개정규정은 이 법 시행 전 소년이었을 때 범한 죄에 의하여 형의 집행유예나 선고유예를 받은 사람에게도 적용한다(부칙 제2조). 이는 소년이었을 때 범한 죄로 인하여 소년이 자포자기에 빠지지 않도록 공직 등 사회 진출에 제약을 가하지 아니하고 재기의 기회를 부여하기 위한 특례조항이다.[3]

Ⅱ. 선고유예기간 경과의 효과

선고유예 판결이 확정된 날로부터 2년이 경과하면 면소된 것으로 간주된다. 이는 선고유예 판결이 실효됨이 없이 위 기간을 경과하면 그 범죄사실에 대하여 면소판결이 선고되어 확정된 것과 동일한 효력이 발생한다는 것을 의미한다. 위 기간이 경과하면 당연히 면소의 효력이 발생하는 것이고, 법원이 별도로 면소의 선고나 결정을 해야 하는 것은 아니다.

면소판결은 피고사건에 대하여 소송추행의 이익이 없음을 이유로 소송을 종결시키는 형식재판이다. 면소판결은 형식재판임에도 일사부재리의 효력이 발생한다는 특징이 있다. 따라서 면소의 효과가 발생한 선고유예 판결의 범죄사실과 동일성이 인정되는 사건에 대하여 다시 소추·심판하는 것은 허용되지 않는다. 이를 간과하고 공소가 제기되면 면소판결을 하여야 한다.

금고 이상의 형의 선고유예를 받아 당연퇴직된 경우에는 당연퇴직의 효력이 생긴 후에 당연퇴직사유가 소멸한다는 것은 있을 수 없다. 따라서 당연퇴직 이후 형법 제60조에 따라 면소된 것으로 간주되었다 하더라도 이미 발생한 당연퇴직의 효력에는 영향이 없다.[4]

3 헌법재판소 2018. 1. 25. 선고 2017헌가7 등 결정.
4 대법원 2002. 7. 26. 선고 2001두205 판결.

제 61 조 [선고유예의 실효]

① 형의 선고유예를 받은 자가 유예기간 중 자격정지 이상의 형에 처한 판결이 확정되거나 자격정지 이상의 형에 처한 전과가 발견된 때에는 유예한 형을 선고한다. <개정 1995.12.29>

② 제59조의2의 규정에 의하여 보호관찰을 명한 선고유예를 받은 자가 보호관찰기간중에 준수사항을 위반하고 그 정도가 무거운 때에는 유예한 형을 선고할 수 있다. <신설 1995.12.29>

[관련조문] 형법 제41조, 제50조, 형사소송법 제323조, 제335조, 제336조, 보호관찰 등에 관한 법률 제47조 제1항, 제2항, 치료감호 등에 관한 법률 제44조의5, 제44조의8 제1항, 형사소송규칙 제149조, 제149조의2, 제149조의3, 제150조, 제150조의2.

[참고문헌] 정성근/박광민, 형법총론(전정2판), 성균관대학교 출판부(2015); 한영수, "선고유예제도의 정비방안", 21세기의 형벌과 양형(2006); 이순욱, "선고유예의 실효에 관한 소고", 법학논총 제37권 제2호, 전남대학교 법학연구소(2017).

Ⅰ. 선고유예 실효의 의의

선고유예의 실효란 선고유예 판결이 확정된 후 유예기간 중 일정한 사유가 발생하거나 보호관찰기간 중 일정한 사유가 발생한 경우 법원의 결정에 의하여 유예한 형을 선고하는 제도를 말한다. 여기에는 '필요적 실효'와 '임의적 실효'가 있다.

형의 선고유예는 재범의 위험성이 낮은 초범자에게 재범방지와 사회복귀의 기회 부여에 그 취지가 있으므로, 유예기간 중 재범을 한 경우에는 유예된 형의 선고가 요구된다. 또한 형의 선고유예 적격이 없는 범죄자에게 형사절차상의 기술적 한계로 인하여 이를 간과하고 불가피하게 선고유예 판결을 한 경우에는 그 오류를 사후적으로 시정할 필요도 있다. 한편 1995. 12. 29. 형법개정으로 선고유예에서 보호관찰제도를 도입하였는데, 보호관찰 준수사항 위반의 정도가 무거운 경우에는 유예된 형의 선고를 통하여 제도의 실효성을 확보할 필요가 있다.

선고유예기간 중 실효사유가 발생한 경우 설령 필요적 실효사유라 하더라도 선고유예가 당연히 실효되는 것은 아니고, 검사의 청구에 의한 법원의 실효 결정(즉, 유예된 형을 선고하는 결정)이 확정됨으로써 비로소 그 선고유예가 실효된다. 따라서 선고유예의 실효는 일정한 실효사유가 발생하면 법원의 관여 없이 법률상 당연히 실효되는 집행유예의 실효와는 차이가 있다. 한편, 선고유예의 경우에는 일정한 취소사유가 발생하면 법원의 관여가 예정된 집행유예의 취소와 같은 제도는 별도로 마련되어 있지 않다.

Ⅱ. 선고유예 실효의 요건

1. 필요적 실효(유예기간 중 자격정지 이상의 형에 처한 판결의 확정 또는 그 전과의 발견)

형의 선고유예를 받은 자가 유예기간 중 자격정지 이상의 형에 처한 판결이 확정되거나 자격정지 이상의 형에 처한 전과가 발견된 때에는 유예한 형을 선고한다(형법 제61조 제1항). 이 경우 형의 선고는 필요적이므로, 법원은 유예한 형을 반드시 선고하여야 한다.

가. 선고유예기간 중일 것

선고유예가 실효되려면 자격정지 이상의 형에 처한 판결이 확정되거나 전과가 발견된 시점이 '선고유예기간 중'일 것을 요한다. 선고유예기간은 선고유예 판결이 확정된 때로부터 2년이다. 따라서 선고유예 판결이 확정되기 전에 위 실효사유가 발생하였다면 선고유예는 실효되지 않는다. 또한 선고유예기간이 경과한 이후에 위 실효사유가 발생한 경우에도 선고유예 실효의 문제는 발생하지 않는다. 선고유예 판결이 선고된 사건에 대해서는 선고유예기간이 경과함으로써 이미 면소 간주의 효과가 발생하였기 때문이다.

나. 자격정지 이상의 형에 처한 판결의 확정 또는 그 전과의 발견

1) 자격정지 이상의 형

자격정지 이상의 형은 자격정지를 포함하여 자격상실, 금고, 징역, 사형을 의미한다(형법 제41조, 제50조). 선고유예기간 중 다시 선고유예 판결을 받은 경우 후행의 선고유예 판결은 자격정지 이상의 형에 처한(선고한) 판결이 아니므로, 선고유예의 실효사유가 되지 않는다.

2) 판결의 확정

자격정지 이상의 형에 처한 판결은 선고유예기간 중에 '확정'되어야 한다. 즉,

자격정지 이상의 형에 처한 판결의 확정시점이 '선고유예기간 중'이어야 한다. 그 죄의 범행시기나 판결의 선고시기는 문제되지 않는다. 따라서 선고유예기간 중에 재범을 하여 그 기간 중에 판결이 확정된 경우는 물론, 선고유예기간 개시 전의 범행으로 인한 판결이 선고유예기간 중에 확정된 경우에도 선고유예의 실효사유가 된다.

집행유예의 실효에서는 2005. 7. 29. 형법 개정으로 '유예기간 중 고의로 범한 죄'로 한정하였는데, 선고유예의 실효에서는 여전히 범행의 시기를 불문하고 판결 확정시점만을 기준으로 하고 있다. 헌법재판소는 이에 대해 평등원칙에 위반되지 않는다고 하여 그 합헌성을 인정하였다.[1] 즉, 선고유예는 형법이 규정하는 고유한 종류의 제재로서 그 유예기간이 경과하면 면소되는 것으로 간주되고, 자격정지 이상의 형을 받은 전과가 없는 초범자에 대해서만 인정되며, 검사의 청구와 법원의 결정이 있어야만 실효되는 등 집행유예와는 그 법적 성격 및 요건·효과에 있어서 근본적으로 차이가 있으므로, 집행유예에 비하여 선고유예의 실효사유를 넓게 규정하는 것이 형평의 원칙에 부합하는 측면이 있다는 것이다. 선고유예의 실효에서도 집행유예의 경우와 마찬가지로 '선고유예기간 중 범한 죄'로 한정하는 것이 타당하다는 입법론[2]과 해석론[3]이 있다.

3) 전과의 발견

자격정지 이상의 형에 처한 전과가 선고유예기간 중에 '발견'되어야 한다. 즉, 자격정지 이상의 형에 처한 전과의 발견시점이 역시 '선고유예기간 중' 이어야 한다. 전과의 발견이란 전과가 있다는 사실을 '비로소 알게 되는 것'을 말한다. 다시 말하면 여기서 '전과가 발견된 때'란 형의 선고유예의 판결이 확정된 후에 비로소 위와 같은 전과가 발견된 경우를 뜻한다.

따라서 선고유예 판결의 확정 전에 이러한 전과가 발견된 경우에는 실효사유가 되지 못한다.

이때 판결확정 전에 발견되었다고 함은 검사가 명확하게 그 결격사유를 안 경우만을 말하는 것이 아니라, 당연히 그 결격사유를 알 수 있는 객관적 상황이

1 헌법재판소 2009. 3. 26. 선고 2007헌가19 결정.

2 정성근/박광민, 형법총론(전정2판), 성균관대학교 출판부(2015), 718; 한영수, "선고유예제도의 정비방안", 21세기의 형벌과 양형(2006), 132-133.

3 이순욱, "선고유예의 실효에 관한 소고", 법학논총 제37권 제2호, 전남대학교 법학연구소(2017), 205-211.

존재함에도 부주의로 알지 못한 경우도 포함한다.[4] 즉, 검사가 선고유예 판결의 확정 전에 결격사유인 전과를 발견할 수 있었음에도 과실로 발견하지 못한 경우 이를 선고유예기간 중에 발견한 전과라고 할 수 없다는 것이므로, 이는 선고유예의 실효사유가 되지 못한다. 이 경우에는 검사가 상소에 의하여 위법한 선고유예 판결을 시정할 기회가 있기 때문이다.

2. 임의적 실효(보호관찰기간 중 준수사항을 위반하고 그 정도가 무거운 경우)

보호관찰을 명한 선고유예를 받은 자가 보호관찰기간 중에 준수사항을 위반하고 그 정도가 무거운 때에는 유예한 형을 선고할 수 있다(형법 제61조 제2항). 보호관찰의 기간은 1년이다. 이 경우 형의 선고는 임의적이므로, 유예한 형을 선고할 것인지는 법원의 재량에 속한다.

보호관찰기간 중의 준수사항에는 반드시 준수해야 하는 내용도 있지만, 건전한 시민으로서 견지해야 할 생활태도 등 일반적, 추상적인 내용도 있다. 보호관찰의 부과가 선고유예의 필수적 조건인 것도 아니다. 따라서 준수사항을 위반하였다는 사정만으로 선고유예를 실효시키는 것은 부당한 측면이 있다. 이러한 사정을 감안하여 그 위반의 정도가 무거운 때에 한하여 법원의 재량에 따라 선고유예의 실효가 가능하도록 규정한 것이다.

위반의 정도가 무거운 때인지 여부는 그 위반행위의 내용 및 정도에 비추어 재범의 위험성이 인정되는지 여부가 기준이 될 수 있다. 개전의 정상 등 양형요소를 종합하여 재범의 위험성이 희박한 경우에 형의 선고를 유예하는 것이므로, 그러한 평가가 번복될 정도의 위반행위가 있으면 '그 정도가 무거워' 선고유예를 실효시키는 것이 가능할 것이다. 구체적으로는, 선고유예기간 중에 재범을 한 경우, 생업에 종사하지 않고 우범자들과 자주 어울려 재범의 위험성이 있는 경우 등을 예로 들 수 있다.

치료감호 등에 관한 법률에 의하여 치료를 명한 선고유예를 받은 사람이 정당한 사유 없이 치료기간 중에 준수사항을 위반하고 그 정도가 무거운 때에도 유예한 형을 선고할 수 있다(동법 제44조의8 제1항). 치료명령을 받은 사람은 보호관찰관의 지시에 따라 성실히 치료에 응하고 인지행동 치료 등 심리치료 프로그램을 성실히 이수하여야 한다(동법 제44조의5).

4 대법원 2008. 2. 14.자 2007모845 결정.

Ⅲ. 선고유예 실효의 절차

1. 실효 청구 및 관할법원

자격정지 이상의 형에 처한 판결이 확정되거나 전과가 발견된 경우 선고유예의 실효는, 집행유예의 경우와는 달리 언제나 법원이 관여한다. 유예된 형의 선고는 반드시 검사의 청구가 있어야 하고, 그 범죄사실에 대한 최종판결을 한 법원이 관할한다(형사소송법 제336조 제1항). 선고유예의 최종판결을 한 법원에 관할권이 있으므로, 상소를 기각한 법원은 제외되며, 파기자판한 법원은 포함된다.[5] 사물관할에 관하여는 합의부 사건은 합의부가, 단독사건은 단독판사가 심판한다.

보호관찰 등을 명한 형의 선고유예의 실효는, 보호관찰소의 장의 신청에 의하여 검사가 청구하고(보호관찰 등에 관한 법률 제47조 제1항), 피고인의 현재지 또는 최후 주거지를 관할하는 법원이 관할한다(동법 제47조 제2항, 형사소송법 제335조). 사물관할에 관하여는 특별한 규정이 없으므로 법원조직법의 일반원칙에 따라 단독판사의 관할에 속한다.

검사의 실효청구는 실효사유를 구체적으로 기재한 서면으로 하여야 한다(형사소송규칙 제150조의2, 제149조). 검사는 실효사유가 있다는 것을 인정할 수 있는 자료를 제출하여야 하며(제150조의2, 제149조의2), 청구와 동시에 청구서의 부본을 법원에 제출하여야 한다(제150조의2, 제149조의3 제1항).

2. 심리 및 재판

가. 심리

법원은 청구서 부본을 지체 없이 선고유예를 받은 자에게 송달하여야 한다(형사소송규칙 제150조의2, 제149조의3). 선고유예의 실효 여부는 결정에 의하므로 변론을 열 필요는 없고 서면심리 또는 심문으로 충분하다. 선고유예를 받은 자 또는 대리인의 의견을 물은 후에 결정을 하여야 하는데(형사소송법 제336조, 제335조 제2항), 그 의견을 묻기 위하여 필요한 경우에는 선고유예를 받은 자 또는 대리인의 출석을 명할 수 있다(형사소송규칙 제150조의2, 제150조).

5 법원실무제요 형사(Ⅱ), 법원행정처(2014), 536.

나. 재판

법원의 선고유예 실효의 결정, 즉 유예된 형을 선고하는 결정은 재판의 형식이 판결이 아니라 결정이다(형사소송법 제336조 제2항, 제335조 제2항). 따라서 유예된 형의 선고를 새로운 판결로 하거나 반드시 법정에서 할 필요는 없고, '형을 선고하는 내용의 결정'을 송달에 의하여 고지하면 충분하다.[6]

'유예한 형을 선고하는 결정'에서는 주문에 유예된 형을 선고한다는 취지와 선고되는 형을 표시한다. 예컨대, '피고인에 대한 ○○법원 ○○고단○○ △△사건에 관하여 선고유예한 형을 선고한다. 피고인을 ○○에 처한다.'는 형식이다. 그 이유에는 범죄사실, 증거의 요지 및 법령의 적용을 명시하고, 법률상 범죄조각사유 또는 형의 가중·감면사유에 관한 주장에 대한 판단을 명시하며, 나아가 선고유예를 해제하는 이유를 명시하여야 한다(형사소송법 제336조 제1항 단서, 제323조). 말하자면 이전의 선고유예판결의 이유 기재사항 가운데 선고유예 이유만을 제외한 나머지를 이기하고, 선고유예의 해제이유를 기재한다.[7]

'유예된 형을 선고하는 결정'에 대하여는 즉시항고를 할 수 있다(형사소송법 제335조 제4항, 제3항).

Ⅳ. '유예된 형을 선고하는 결정'의 시간적 한계

선고유예기간 중 실효사유가 발생하였다고 하더라도 '유예된 형을 선고하는 결정'이 '확정'되기 전에 이미 '선고유예기간이 경과'한 경우에는 선고유예를 실효시킬 수 없다. 유예기간이 경과됨으로써 면소 간주된 후에는 더 이상 실효시킬 선고유예 판결이 존재하지 않으므로 선고유예 실효의 결정(선고유예된 형을 선고하는 결정)을 할 수 없기 때문이다. 이는 집행정지의 효력이 있는 즉시항고 또는 재항고로 인하여 아직 선고유예 실효 결정의 효력이 발생하기 전 상태에서 상소심 절차 진행 중에 선고유예 기간이 그대로 경과한 경우에도 마찬가지이다.[8] 따라서 선고유예기간의 경과는 법원의 선고유예 실효의 결정에 대한 시간적 한계로 작용한다.

그 결과 선고유예기간 중에 선고유예의 실효사유가 발생하고 검사가 실효청

6 법원실무제요 형사(Ⅱ), 법원행정처(2014), 537.
7 법원실무제요 형사(Ⅱ), 법원행정처(2014), 537.
8 대법원 2007. 6. 28.자 2007모348 결정, 대법원 2018. 2. 6.자 2017모3459 결정.

구를 하였더라도 심리 도중 선고유예기간이 경과하였다면 선고유예를 실효시킬 수 없다.[9] 나아가, 선고유예기간 중에 선고유예 실효의 적법한 결정이 있었으나 항고심 계속 중 선고유예기간이 경과한 경우에도 항고심은 제1심의 결정을 취소하고, 검사의 실효청구를 기각하여야 한다.[10]

유예된 형의 선고는 '선고유예기간 중'에만 가능하다는 이러한 시간적 한계는 선고유예기간 중 자격정지 이상의 형에 처한 판결이 확정되거나 그 전과가 발견된 경우는 물론, 보호관찰기간 중 준수사항을 위반하고 그 정도가 무거운 경우에도 마찬가지로 적용된다.

9 대법원 2005. 8. 30.자 2005모307 결정, 대법원 2005. 9. 12.자 2005모233 결정.
10 대법원 2007. 6. 28.자 2007모348 결정.

제 4 절 형의 집행유예

[총설]

[관련조문] 형사소송법 제348조, 제469조.

[참고문헌] 주석 형법총칙(하), 한국사법행정학회(1990); 손동권/김재윤, 새로운 형법총론, 율곡출판사(2011); 김일수, 한국형법Ⅱ(개정판), 박영사(1997); 주석 형법총칙(하), 한국사법행정학회(1990); 정성근/박광민, 형법총론(전정2판), 성균관대학교 출판부(2015); 김일수/서보학, 새로쓴 형법총론(제13판), 박영사(2018); 김성돈, 형법총론(제5판), 성균관대학교 출판부(2017); 박상기, 형법총론(제9판), 박영사(2012); 이재상외 2인, 형법총론(제9판), 박영사(2017); 임웅, 형법총론(제10정판), 법문사(2018); 정영일, 형법강의[총론](제3판), 도서출판학림(2017); 오영근, 형법총론(제4판), 박영사(2018); 박상기/전지연, 형법학, 집현재(2018).

Ⅰ. 의의

1. 형의 집행유예(Strafaussetzung zur Bewährung)란, 일단 유죄판결에 의하여 형을 선고하되, 일정한 기간 동안 그 형의 집행을 유예하고, 유예기간을 무사히 경과하면 형의 선고가 없었던 것과 동일한 효과를 발생하게 하는 제도를 말한다.

우리나라가 제정형법부터 채택하고 있는 집행유예제도는 이른바 '조건부 유죄판결제도'이다. 1995. 12. 29. 형법 개정으로 집행유예자에 대한 보호관찰 및 사회봉사 또는 수강명령제도를 신설하였고, 2005. 7. 29. 형법 개정에서 집행유예의 결격사유 및 실효사유에 관한 요건을 축소하였으며, 2016. 1. 6. 형법 개정으로 500만원 이하의 벌금형에 대한 집행유예제도를 추가적으로 신설하였다.

2. 형의 집행유예는 형의 선고는 하되 그 집행만을 유예한다는 점에서, 형의 선고 자체를 유보하는 선고유예와 구별된다. 또한 형의 집행유예는 처음부터 형의 집행이 유예되는 점에서, 형의 집행 중 일시 그 집행이 정지되는 형의 집행정지제도(형사소송법 제348조, 제469조 이하)와도 다르다.

Ⅱ. 연혁

집행유예제도는 선고유예제도에 기원을 두고 발달한 제도이다. 즉, 유럽대륙에서는 19세기 후반 형사정책상 단기자유형의 폐해를 제거하기 위한 대책이 다각적으로 강구되었는데, 그때 착안한 것이 영미에서 활발하게 운영되던 선고유예제도였다.[1] 미국의 선고유예제도는 형을 선고하지 않고 단순히 유죄판결(conviction)만 하여 피고인을 보호관찰(probation)하도록 한 다음, 보호관찰기간이 무사히 경과되면 형을 선고하지 않는 제도로서, 1830년대부터 시행되었다. 즉, 보호관찰부 유죄판결만을 할 뿐, 형의 선고(sentence)는 하지 않는 것이었다.[2] 미국의 보호관찰은 유죄판결을 선고받아도 피고인의 명예를 보호하고 사회복귀가 용이하다는 장점이 있다. 그러나 보호관찰이 취소된 경우 선고될 형이 불분명한데다가 행위 후의 태도가 형을 결정하는 결정적 단서가 된다는 단점이 있다. 그러나 이는 유죄판결과 형선고가 분리되는 소송구조 하에서만 유지될 수 있는 제도이다.[3]

엄격한 책임형법을 원칙으로 하는 유럽대륙에서는, 보호관찰을 부과할 뿐 형 선고 자체를 유보하는 영미의 보호관찰제도는 행위자의 책임의 정도에 따른 형벌의 부과라는 책임원칙과 조화되기 어렵고[4] 행위책임에 적합하지 않다는 비판이 제기되었다.[5] 그리하여 유럽대륙에서 그 실정에 맞게 변형·발전시킨 것이 집행유예제도인데, 크게 두 가지 형태로 발달하게 되었다. 조건부 유죄판결제도(System der bedingten Verurteilung)와 조건부 특사제도(System der bedingten Begnadigung)가 그것이다. '조건부 유죄판결제도'는 집행유예기간이 경과하면 형선고의 효력을 상실케 하는 제도이다. 1988년 벨기에에서 먼저 '가석방 및 조건부 유죄판결에 관한 법률'이 제정되었으며, 그 후 1991년 프랑스에서도 '형의 감경 및 가중에 관한 법률'로써 형의 집행유예를 인정하게 되었다.[6] 한편, '조건부 특사제도'는 유예기간이 경과하면 형선고 자체의 효력은 그대로 둔 채 행정기관의 사면처분에 의하여 형의 집행만을 면제하는 제도이다. 독일의 경우 처음에는 1895년 조건부 특사제도에서 시작하여 1953년 형법 개정으로 행정기관을 배제하고 유예기간을 무사히 경과하면 법원이 형집행을 면제하는 '조건부 면제제도'로 이어졌다.[7] 유예기간이 경

1 주석 형법총칙(하), 한국사법행정학회(1990), 384, 387(박재윤).
2 손동권/김재윤, 새로운 형법총론, 율곡출판사(2011), 726.
3 김일수, 한국형법 II(개정판), 박영사(1997), 646.
4 주석 형법총칙(하), 한국사법행정학회(1990), 384, 387(박재윤).
5 정성근/박광민, 형법총론(전정2판), 성균관대학교 출판부(2015), 719.
6 주석 형법총칙(하), 한국사법행정학회(1990), 384, 388(박재윤).
7 손동권/김재윤, 새로운 형법총론, 율곡출판사(2011), 716; 정성근/박광민, 형법총론(전정2판), 성균관대학교 출판부(2015), 719.

과하면 형선고의 효력까지 상실시키는 '조건부 유죄판결제도'가 형선고의 효력 자체는 인정하는 '조건부 면제제도'보다는 더 나은 제도라고 할 수 있다. 다만 집행유예제도가 범죄자의 자력갱생을 장려하고 사회복귀에 효율적으로 기능하기 위해서는 보호관찰과 유기적인 결합이 요청된다.[8]

일본의 경우 집행유예제도는 1905년 '형의 집행유예에 관한 법률'로써 도입되었고 1907년 형법개정에서 형법전에 편입되었다. 1947년 형법에서 3년 이하의 징역·금고, 5,000엔 이하의 벌금으로까지 적용범위가 확대되었고, 다시 1952년 형법에서 2회까지의 집행유예('재도의 집행유예')도 가능하게 되었으며, 2016년 형법에서 '일부 집행유예' 규정도 신설하였다. 다만 보호관찰 외에 사회 내 처우를 별도로 규정하고 있지는 않다.

Ⅲ. 법적 성격

집행유예의 법적 성질에 대해서는 형벌 및 보안처분과 구별되는 제3의 형사제재라는 견해,[9] 사회 내 처우를 위한 형집행의 변형이라는 견해[10] 등이 대립하고 있다. 집행유예는 반드시 보호관찰과 결합되는 것이 아니므로 보안처분의 성격을 가진다고 보기는 어렵고, 형의 집행을 유예하는 것이므로 순수한 형벌의 기능을 가진다고 보기도 어렵다. 조건부 유죄판결제도를 채택하고 있는 우리나라의 집행유예는 형을 선고하되 그 집행만을 유예하는 것이므로, 기본적으로 형집행의 변형이라고 보는 것이 일반적이다.[11] 다만 사회봉사명령 또는 수강명령과 결합되는 집행유예는 여러 형사제재의 기능을 함께 가진 제3의 형사제재로 이해되기도 한다.[12]

집행유예의 법적 성질은, 집행유예의 요건이나 효과에 관하여 법률이 개정된

8 정성근/박광민, 형법총론(전정2판), 성균관대학교 출판부(2015), 719.

9 김일수/서보학, 새로쓴 형법총론(제13판), 박영사(2018), 597.

10 김성돈, 형법총론(제5판), 성균관대학교 출판부(2017), 719; 박상기, 형법총론(제9판), 박영사(2012), 367; 이재상외 2인, 형법총론(제9판), 박영사(2017), 615-616; 정성근/박광민, 형법총론(전정2판), 성균관대학교 출판부(2015), 719.

11 김성돈, 형법총론(제5판), 성균관대학교 출판부(2017), 719; 박상기, 형법총론(제9판), 박영사(2012), 367; 이재상외 2인, 형법총론(제9판), 박영사(2017), 615-616; 임웅, 형법총론(제10정판), 법문사(2018), 691; 정성근/박광민, 형법총론(전정2판), 성균관대학교 출판부(2015), 719; 정영일, 형법강의[총론](제3판), 도서출판학림(2017), 388.

12 손동권/김재윤, 새로운 형법총론, 율곡출판사(2011), 725-726; 오영근, 형법총론(제4판), 박영사(2018), 535.

경우 형법 제1조의 적용 여부와 관련하여 문제된다. 또한 피고인만이 상소한 사건에서 상소심이 집행유예의 조건 등을 변경하는 경우 불이익변경금지 원칙의 위반 여부에도 영향을 미칠 수 있다.[13]

Ⅳ. 형사정책적 의의

집행유예제도는 형사정책적으로 단기자유형의 폐해를 제거한다는 소극적인 기능과 재범을 방지하고 범죄자를 개선·갱생한다는 적극적인 기능의 두 가지 측면에서 논의되어 왔다. 즉, 이 제도는 단기자유형의 폐해를 제거하고 범죄자의 자발적·능동적인 사회복귀를 도모하겠다는 형사정책적인 의지를 반영하고 있으며,[14] 사회복귀 사상이 강조되는 특별예방의 제도이자 현대 형법에서 가장 중요한 형사정책적 개선의 결과[15]라고 할 수 있다. 다만, 3년 이하라는 비교적 장기의 자유형에 대해서도 집행유예가 인정되는 점, 집행유예가 실효나 취소되면 유예된 형이 집행되는 점에서, 반드시 단기자유형의 폐단을 막기 위한 것이라고만 볼 수는 없고,[16] 집행유예의 특별예방적 기능도, 재범을 하면 유예된 형의 집행을 받게 된다는 위하작용보다는, 집행유예와 유기적으로 결합된 보호관찰의 내용 강화를 통한 범죄자의 자발적·적극적 개선·갱생에서 더 큰 의의를 찾을 수 있다는 견해가 있다.[17]

그런데 최근에는 단기자유형이 폐해만 있는 것이 아니라 일정한 범죄자에게 유용한 위하적 작용을 한다는 인식이 미국을 중심으로 점증하고 있다. 이를 반영한 제도가 미국에서 시행되고 있는 충격보호관찰(shock probation·parole), 분리선고(spilt sentencing) 등과 같은 것인데, 범죄자에게 짧지만 매서운 충격적 자유형집행을 받게 한 이후에 사회 내 처우를 행함으로써, 형벌의 위하적 효과와 사회 내 처우의 장점을 모두 고려하는 것이다.[18]

13 주석 형법, 총칙(2)(제2판), 한국사법행정학회(2011), 573, 590-591(윤남근).
14 김일수, 한국형법 Ⅱ(개정판), 박영사(1997), 645.
15 이재상외 2인, 형법총론(제9판), 박영사(2017), 615.
16 박상기/전지연, 형법학, 집현재(2018), 367.
17 주석 형법, 총칙(2)(제2판), 한국사법행정학회(2011), 573, 589(윤남근).
18 손동권/김재윤, 새로운 형법총론, 율곡출판사(2011), 726-727.

第 62 條 [집행유예의 요건]

① 3년 이하의 징역이나 금고 또는 500만원 이하의 벌금의 형을 선고할 경우에 제51조의 사항을 참작하여 그 정상에 참작할 만한 사유가 있는 때에는 1년 이상 5년 이하의 기간 형의 집행을 유예할 수 있다. 다만, 금고 이상의 형을 선고한 판결이 확정된 때부터 그 집행을 종료하거나 면제된 후 3년까지의 기간에 범한 죄에 대하여 형을 선고하는 경우에는 그러하지 아니하다. <개정 2005.7.29, 2016.1.6>

② 형을 병과할 경우에는 그 형의 일부에 대하여 집행을 유예할 수 있다.

[관련조문] 형법 제37조, 제38조 제1항 제2호, 제51조, 제59조 제1항, 제63조, 제64조, 제65조, 제73조의2 제1항, 제76조 제1항, 제2항, 제77조, 제81조, 제86조, 형사소송법 제321조 제1항, 제2항, 제322조, 제335조 제2항, 제336조 제1항, 제348조, 제361조의5, 제364조 제2항, 제383조 제4호, 제459조, 제469조, 국제수형자이송법 제15조, 사면법 제5조 제1호, 제2호, 소년법 제59조, 제60조 제1항, 제66조, 제67조, 특정강력범죄의 처벌에 관한 특례법 제2조, 제5조, 특정범죄 가중처벌 등에 관한 법률 제5조의4 제5항, 형의 실효 등에 관한 법률 제7조, 형의 집행 및 수용 자의 처우에 관한 법률 제124조 제2항.

[참고문헌] 주석 형법총칙(하), 한국사법행정학회(1990); 김성돈, 형법총론(제5판), 성균관대학교 출판부(2017); 김일수/서보학, 새로쓴 형법총론(제13판), 박영사(2018); 배종대, 형법총론(제13판), 홍문사(2017); 신동운, 형법총론(제11판), 법문사(2019); 임웅, 형법총론(제10정판), 법문사(2018); 정성근/박광민, 형법총론(전정2판), 성균관대학교 출판부(2015); 손동권/김재윤, 새로운 형법총론, 율곡출판사(2011); 이재상외 2인, 형법총론(제9판), 박영사(2017); 정영일, 형법강의[총론](제3판), 도서출판학림(2017); 주석 형법, 총칙(2)(제2판), 한국사법행정학회(2011); 김일수/서보학, 새로쓴 형법총론(제13판), 박영사(2018); 박상기, 형법총론(제9판), 박영사(2012); 이주원, 형사소송법, 박영사(2019); 이승호, "현행 형법의 집행유예제도에 대한 해석론", 일감법학 제12호(2007.8.); 최동렬, "형법 제62조 제1항 단서의 금고 이상의 형을 선고한 판결에 집행유예를 선고한 판결이 포함되는지 여부 및 집행유예 기간 중 재범한 피고인에 대하여 형을 선고할 때에 집행유예 기간이 이미 도과한 경우 재차 집행유예의 선고가 가능한지 여부", 대법원판례해설 제70호(2008.1); 손철우, "우리나라 양형기준 설정의 주요 쟁점과 과제", 사법 제8호(2009.6); 최석윤/이진국, "현행 양형기준상 집행유예기준의 개선방안", 형사법의 신동향 제37호(2012. 12); 양형실무, 법원행정처(1997); 김대휘, 형벌제도의 개선방안, 사법행정 제33권 제2호(1992); 오영근, "刑法改正案의 刑罰制度에 대한 檢討", 형사정책연구 3-2, 한국형사정책연구원(1992); 서보학, "'일부'집행유예제도와 'short sharp shock'", 형사정책 제9호(1997); 김일수, "재차 집행유예에 관한 해석론과 입법론", 법률신문 제1711호(1987.12.10.자), 11; 이광수, "개정형법과 집행유예기간 중의 집행유예 문제", 인권과 정의 제366호(2007.2), 202; 손동권, "집행유예의 요건과 예외", 비교형사법연구 제8권 제1호(2006.7), 216-217; 이주원, "집행유예 기간 중에 범한 죄에 대한 그 유예기간 중의 재차 집행유예 가능성", 비교형사법연구 제21권 제3호(2019.10), 143-144; 강해룡, "'형 실효법'의 맹점", 법률신문(2013.8.); 타츠야오타/도중진(번역), "일본에 있어서 '형의 일부집행유예' 제도의 의의와 과제", 피해자학연구 제24권 제1호(2016.4), 76-90; 大塚 仁 外, 大コンメンタール 刑法 1(豊田 健), 青林書院(2004); 前田 雅英 外, 條解刑法, 弘文堂(2002); Martin Wasik, Emmins on Sentencing, 4th edition (London: Blackstone Press Limited, 1993).

Ⅰ. 연혁

집행유예의 요건에 관한 형법 제62조 제1항은 2차례 개정되었는데, 집행유예 결격사유의 변경 및 500만원 이하의 벌금형에 대한 집행유예제도의 도입이었다.

1. 2005. 7. 29. 개정(결격사유 변경 및 이른바 '쌍집행유예' 상황의 해소)

먼저, 2005. 7. 29. 개정 형법은 집행유예 결격사유(형법 제62조 제1항 단서)에 관하여 '선고시점 기준'을 '범행시점 기준'으로 변경하였다.

종전에는 "단, 금고 이상의 형의 선고를 받아 집행을 종료한 후 또는 집행이 면제된 후로부터 5년을 경과하지 아니한 자에 대하여는 예외로 한다."고 규정하고 있었다. 여기에 대해서는 크게 두 가지 비판이 제기되었다.[1] 첫째, 5년의 기간이 범행시가 아니라 판결 선고시를 기준으로 하기 때문에 형사사법의 처리가 어떠한 시기에 행해지느냐에 따라 집행유예 허용 여부가 좌우되는 불합리함이 있고, 둘째, 결격기간의 시작시점에 대한 언급이 없기 때문에 심판대상범죄가 전과범죄보다 먼저 범해진 경우에도 결격요건에 해당될 수 있는 비정상적인 현상이 발생한다는 것이었다.

현행 형법은 "다만, 금고 이상의 형을 선고한 판결이 확정된 때부터 그 집행을 종료하거나 면제된 후 3년까지의 기간에 범한 죄에 대하여 형을 선고하는 경우에는 그러하지 아니하다"로 개정하였다. 현행 형법은 ①결격사유의 기준시점을 '선고시점'이 아닌 '범행시점'으로 변경함으로써 결격사유의 해당 여부를 형사사법의 처리 시점이 아닌 피고인의 범행시점을 기준으로 판단하고, ②결격기간(결격사유에 해당하는 기간)의 시작시점(始期)을 "판결이 확정된 때로부터"라고 명확히 새

1 이승호, "현행 형법의 집행유예제도에 대한 해석론", 일감법학 제12호(2007.8.), 84.

로 규정하며, ③아울러 그 기간의 종료시점(終期)을 '집행종료일(또는 면제일) 후 3년(종전 5년)'으로 단축한 것이다.[2] 그리하여 집행유예의 대상범죄는 적어도 전과범죄의 판결이 확정된 이후에 발생한 경우에만 결격요건에 해당될 수 있도록 정리되었다. 즉, 종전과 달리 선고시점을 불문하고 결격기간에 대상범죄를 범한 경우에 집행유예 결격자가 되는 것이다.

개정 전 형법의 해석에서는 경합범 중 먼저 기소된 범죄에 대하여 징역·금고형의 집행유예 판결이 확정된 후에 추가 기소된 여죄에 대하여 다시 집행유예를 선고하는 것이 가능한지 여부가 문제되었다. 이것은 '금고 이상의 형'에 대한 해석, 즉 '집행유예기간 중의 집행유예' 문제인데, 종래 부정설, 긍정설의 의견 대립이 있었다. 당시 판례의 확립된 입장은 제한적 긍정설(여죄설)로서, 경합범 전부에 관하여 같은 절차에서 재판을 받았더라면 일괄하여 1개의 집행유예판결을 받을 수 있었는데 별개로 기소된 경우에 한하여 다시 집행유예를 선고할 수 있다는 입장이었다. 즉, 당시 대법원 1989. 9. 12. 선고 87도2365 전원합의체 판결은, '금고 이상의 형'은 원칙적으로 실형뿐만 아니라 집행유예도 포함하기 때문에 집행유예기간 중에는 다시 집행유예를 선고할 수 없지만, "형법 제37조의 경합범관계에 있는 수죄가 전후로 기소되어 각각 별개의 절차에서 재판을 받게 된 결과 어느 하나의 사건에서 먼저 집행유예가 선고되어 그 형이 확정되었을 경우 다른 사건의 판결에서는 다시 집행유예를 선고할 수 없다면, 그 수죄가 같은 절차에서 동시에 재판을 받아 한꺼번에 집행유예를 선고받을 수 있었던 경우와 비교하여 현저히 균형을 잃게 되므로, 이러한 불합리가 생기는 경우에 한하여, 위 단서 규정의 "형의 선고를 받아"라는 의미는 실형이 선고된 경우만을 가리키고, 형의 집행유예를 선고받은 경우는 포함되지 않는다."는 것이었다. 이러한 예외적인 경우는 실무상 또는 편의상 '쌍집행유예'라고도 불리었다.

그런데 현행 형법의 해석에서도 '금고 이상의 형'에 대한 해석은 종래와 마찬가지로 여전히 문제되고 있지만, 적어도 형법 제37조 후단의 경합범에 대해서만큼은 아무런 제한 없이 재차 집행유예의 선고가 언제나 가능하게 되었다. 형법을 개정하면서 결격사유의 기준시점을 범행시점으로 변경하는 등 판례의 입장을 적

2 최동렬, "형법 제62조 제1항 단서의 금고 이상의 형을 선고한 판결에 집행유예를 선고한 판결이 포함되는지 여부 및 집행유예 기간 중 재범한 피고인에 대하여 형을 선고할 때에 집행유예 기간이 이미 도과한 경우 재차 집행유예의 선고가 가능한지 여부", 대법원판례해설 제70호(2008.1), 166.

극 반영하여 결격사유를 조정하였기 때문인데, 형법 제37조 후단의 경합범의 경우 이제는 더 이상 집행유예의 결격사유에 해당하지 않게 된 것이다.

한편, 이와 같이 집행유예의 결격사유가 변경됨에 따라, 행위시법인 구법과 재판시법인 신법 중 어느 법률을 적용하는지에 따라 집행유예 선고의 가능 여부가 달라지게 되었다. 형법 부칙 제2조는 "신법 시행 이전에 행하여진 범죄에 대하여도 신법을 적용한다. 다만 종전의 규정이 행위자에게 유리한 경우에는 구법을 적용한다"라고 규정하여 입법적으로 해결하였다.

2. 2016. 1. 6. 개정(벌금형의 집행유예)

다음, 2016. 1. 6. 개정 형법은 '500만원 이하의 벌금형을 선고하는 경우'에도 형의 집행을 유예할 수 있도록 함으로써, 벌금형에 대한 집행유예제도를 새롭게 도입하였다. 이는 공포 후 2년이 경과한 날인 2018. 1. 7.부터 시행되었다(부칙 제1조).

2016. 1. 6. 형법의 개정이유에 따르면, 벌금형보다 무거운 자유형에 대해서는 집행유예를 인정하면서 벌금형에 대해 집행유예를 인정하지 않는 것은 불합리하며, 벌금 납부능력이 부족한 서민의 경우 노역장 유치되는 것을 우려하여 징역형의 집행유예 판결을 구하는 형벌의 부조화 현상을 방지하고 서민의 경제적 어려움을 덜어 줄 필요에서 벌금형의 집행유예를 도입하였다는 것이다. 다만, 고액 벌금형의 집행유예에 대해 비판적인 법감정이 있는 점 등을 고려하여 상한선을 500만원 이하로 규정하였으며, 벌금형의 선고를 결격 사유로 규정한 다른 법률의 정비를 위하여 공포 후 2년이 경과한 후에 시행하도록 하였다고 한다.

3. 현행법상 집행유예 요건

현행 형법상 형의 집행유예는 ①3년 이하의 징역 또는 금고의 형 또는 500만원 이하의 벌금의 형을 선고할 경우일 것, ②정상에 참작할 만한 사유가 있을 것, ③금고 이상의 형을 선고한 판결이 확정된 때부터 그 집행을 종료하거나 면제된 후 3년까지의 기간에 범한 죄에 대하여 형을 선고하는 경우가 아닐 것이라는 세 가지 요건이 충족되어야 한다.

한편 형법 제64조 제1항은 제62조 제1항 단서를 집행유예의 필요적 취소사유로 규정하고 있다. 따라서 제62조 제1항 단서는 집행유예의 결격사유인 동시에 필요적 취소사유라고 할 수 있다.

4. 입법례

집행유예 결격사유에 관한 입법례로는 독일과 오스트리아의 경우 자유형의 전과가 집행유예의 결격사유로 규정되어 있지 않다. 프랑스의 경우 단순 집행유예는 행위 이전 5년의 기간 동안에 금고나 징역형의 선고를 받지 않는 경우에 한하여 집행유예의 선고가 가능하나, 보호관찰부 집행유예는 그 자체가 교정적 성격을 지닌다는 점을 고려하여 전과에 대한 제한을 제거하였다. 일본의 경우 재도(再度)의 집행유예에 관한 규정이 있으므로 집행유예의 판결을 선고받은 자가 1년 이하의 징역이나 금고의 형을 선고받은 때에는 재차 집행유예의 선고를 허용하고 있다(일본 형법 제25조 제2항). 스위스의 경우에는 행위 이전에 고의로 범한 죄로 인하여 3월 이상의 징역 또는 금고를 집행받았을 때에 한하여 집행유에 결격사유로 규정하고 있다(스위스 형법 제41조 제1항).

Ⅱ. 집행유예의 요건

1. 선고형(3년 이하의 징역이나 금고 또는 500만원 이하의 벌금의 형을 선고할 경우)

가. 선고형 기준

집행유예는 3년 이하의 징역이나 금고 또는 500만원 이하의 벌금의 형을 선고할 경우에만 가능하다. 징역이나 금고 또는 벌금의 형에 한정되므로, 자격상실, 자격정지, 구류, 과료의 경우에는 집행유예가 허용되지 않는다. 여기서 형은 법정형이 아니라 선고형을 의미하므로,[3] 형의 선택, 법률상 가중 및 감경, 경합범 가중, 작량감경 등 가중 및 감경 과정을 거친 처단형의 범위 내에서 최종적으로 결정된 선고형량이 위 형종과 형기·금액 범위 안에 위치하는 경우에 비로소 집행유예가 가능하다. 한편, 미결구금기간이 징역 또는 금고의 본형기간을 초과한 경우에도 그 본형의 '집행'을 유예하는 데에는 아무런 지장이 없다.[4] 미결구금이 곧 형의 집행인 것은 아니기 때문이다.

나. 징역·금고형의 상한(3년 이하)

집행유예가 가능한 선고형의 상한은 징역·금고형의 경우 3년이다. 강도상해

3 대법원 1989. 11. 28. 선고 89도780 판결.
4 대법원 2008. 2. 29. 선고 2007도9137 판결.

죄와 같이 법정형의 하한이 6년을 초과하는 범죄에서는 작량감경을 하더라도 선고형의 하한이 3년을 초과하게 된다. 이 경우 법률상 감경사유가 없는 한 초범에 대하여도 실형을 선고할 수밖에 없다. 헌법재판소는 법관의 집행유예에 관한 재량권은 제한될 수 없는 성질의 것은 아니므로, 강도상해죄를 범한 자에 대하여는 법률상의 감경사유가 없는 한 집행유예의 선고가 불가능하도록 한 형법의 규정이 헌법에 위반되지 않는다고 결정하였다.[5]

징역·금고형의 경우 집행유예가 가능한 3년의 상한선은 비교법적으로 집행유예범위가 확대된 경우에 해당한다. 독일과 오스트리아는 2년 이하의 자유형에 대해, 스위스는 18개월 이하의 자유형에 대해 집행유예를 인정하고 있다. 반면, 프랑스는 5년 이하의 자유형에 대해서 집행유예를 인정하고 있다. 이와 관련하여 상한선을 낮추어야 한다는 견해, 적절하다는 견해, 오히려 우리나라의 법정형이 외국의 경우에 비해 더 높기 때문에 상한선을 더 높여야 한다는 견해 등이 다양하게 제시되고 있다.

다. 벌금형의 상한(500만원 이하)

집행유예가 가능한 선고형의 상한은 벌금형의 경우 500만원이다.

2. 정상(정상에 참작할 만한 사유가 있을 것)

가. 정상참작의 사유란 일반적으로 형의 집행 없이 선고만으로도 피고인에게 충분한 경고로 작용하여 장래에 재범을 하지 않을 것으로 기대되는 상황을 말한다. 이때 "형법 제51조의 사항을 참작하여"(제62조 제1항) 종합·판단하여야 하며, 판단기준시는 판결 선고시이다.

형법 제51조는 ①범인의 연령, 성행, 지능과 환경, ②피해자에 대한 관계, ③범행의 동기, 수단과 결과, ④범행후의 정황 등을 양형의 조건으로 규정하고 있다. 이는 범죄인의 재사회화 필요성과 가능성에 대한 검토와 양형에서 법관의 고려사항을 미리 예시적으로 규정한 것으로 볼 수 있다. 재범위험성을 판단하기 위해서는 행위자의 개인적 범죄성향뿐만 아니라 행위와 환경도 고려하여야 한다.

나. 집행유예의 기준이 되는 정상의 구체적 판단은 사실심 법원의 재량에 맡겨져 있다. 우리나라는 체계적 양형시스템을 구축하기 위하여 대륙법계 국가 최초로 양형기준제를 도입하였고, 양형위원회가 설정한 최초의 양형기준은 2009. 7.

5 헌법재판소 1997. 8. 21. 선고 93헌바60 결정, 헌법재판소 2001. 4. 26. 선고 99헌바43 결정.

1.부터 시행되었다.[6] 양형위원회가 제정한 양형기준에는 형종 및 형량기준 이외에 집행유예 기준이 별도로 마련되어 있고, 집행유예 참작사유에 관한 평가원칙을 두고 있다. 이는 양형기준의 지침적 기능과 양형의 예측가능성을 높이기 위한 것이다. 즉, 양형기준상 집행유예기준은 집행유예 선고기준을 명확히 제시함으로써 법관에게 판단지침을 제공해 줄 뿐만 아니라 피고인들에게도 자신이 부과받은 형에 대한 타당한 근거를 제시할 수 있다는 점에서 의미가 있다.[7]

구체적 선고형량을 형성할 때 고려한 양형인자는 형의 집행유예 여부의 판단자료가 될 수 있다. 이는 이중평가금지 원칙에 위배되지 않는다. 구체적 형량을 결정하는 관점·기준이 형의 집행유예나 선고유예를 결정하는 관점·기준과 일치하지 않기 때문이다.[8]

제1심의 양형은 항소심의 심판대상이 된다. 형사소송법 제361조의5는 양형부당을 항소이유로 규정하고 있고, 항소심은 형사소송법 제364조 제2항에 의하여 직권으로 양형부당을 이유로 제1심 판결을 파기할 수 있기 때문이다.[9] 다만 양형부당을 이유로 한 상고는 사형, 무기 또는 10년 이상의 징역이나 금고가 선고된 사건에 한하여 허용된다(형사소송법 제383조 제4호).

다. 집행유예의 양형조건에 관한 사실 인정은 공소범죄사실의 인정과 달리 형사소송법에 정해진 절차와 방식에 따라 증거조사한 증거에 의할 필요는 없다. 따라서 법원은 형사소송법상으로는 증거능력이 없는 진술서, 탄원서, 합의서 등을 토대로 피고인의 평소 성행이나 피해변제 등의 사실을 인정하고, 이에 기초하여 형의 집행을 유예할 수 있다.[10]

3. 결격사유(금고 이상의 형을 선고한 판결이 확정된 때부터 그 집행을 종료하거나 면제된 후 3년까지의 기간에 범한 죄에 대하여 형을 선고하는 경우가 아닐 것)

가. 금고 이상의 형을 선고한 판결의 확정

1) '금고 이상의 형'의 선고 및 확정

집행유예의 결격사유가 되는 전과는 금고 이상의 형을 선고한 판결이 확정된

6 손철우, "우리나라 양형기준 설정의 주요 쟁점과 과제", 사법 제8호(2009.6), 95 이하.
7 최석윤/이진국, "현행 양형기준상 집행유예기준의 개선방안", 형사법의 신동향 제37호(2012. 12), 114.
8 양형실무, 법원행정처(1997), 109.
9 대법원 1990. 9. 11. 선고 90도1021 판결.
10 주석 형법총칙(하), 한국사법행정학회(1990), 395(박재윤).

경우이다.

가) '금고 이상의 형'을 선고한 경우라야 한다. 금고 이상의 형은 금고형, 징역형 및 사형을 말한다. 형종이 금고 이상의 형이면 족하고 그 형기는 문제되지 않는다. 확정된 형이 자격정지, 벌금, 구류, 과료인 경우에는 결격사유가 되지 못한다.

특히 '벌금형'은 물론 '벌금형의 집행유예 판결'을 받은 경우에도 결격사유가 되지 못하므로, 재차 징역·금고형의 집행유예 또는 벌금형의 집행유예 선고가 모두 가능하다.

나) 형의 '선고'가 있어야 한다. 선고유예 판결 및 형 면제의 판결은 유죄판결이기는 하지만 형의 선고가 없으므로, 결격사유가 되지 못한다. 따라서 징역·금고형의 선고유예 판결이 선고되고 유예기간 중에 있더라도 자유롭게 집행유예를 선고할 수 있다.

다) 형을 선고한 판결은 '확정'되어야 한다. 금고 이상의 형을 선고받았더라도 상소에 의해 아직 미확정 상태에 있는 경우 그때 범한 죄에 대해서는 집행유예를 선고할 수 있다. 재심의 경우 재심개시결정만으로는 재심대상판결의 확정력에 영향이 없으므로 여전히 결격사유가 된다.

라) 금고 이상의 형을 선고한 판결이 확정된 이상 결격사유에 해당하면 집행유예 결격자가 되므로, 징역·금고형의 집행유예 선고는 물론, 벌금형의 집행유예 선고 또한 불가능하다. 이 경우 후행범죄에 대해 벌금형의 선고는 물론 가능할 것이다.

2) 집행유예기간 중에 범한 죄에 대한 재차 집행유예 문제

금고 이상의 형의 집행유예기간 중에 범한 죄에 대하여 재차 집행유예의 선고가 가능한지 여부의 문제이다. 이는 '금고 이상의 형'이 실형만을 의미하는지, 아니면 그 집행이 유예된 형도 포함하는지의 문제이기도 하다. 현행 형법에서도 종래와 마찬가지로 '금고 이상의 형'의 해석을 둘러싼 견해의 대립이 있다.

여기에는 크게 두 가지 쟁점이 함축되어 있다. 첫째, 금고 이상의 형의 집행유예기간 중에 범한 죄에 대하여도 그 유예기간 중에 다시 집행유예를 선고할 수 있는지 여부, 둘째, 재차 집행유예의 선고가 불가능하다고 한다면, 집행유예기간 중에 범한 죄에 대하여 그 판결 선고시점에서 집행유예기간이 이미 경과한 경우에는 재차 집행유예의 선고가 가능한지 여부이다.

가) 제1 쟁점 : 집행유예기간 중에 범한 죄에 대하여 그 유예기간 중에 재차 집행유예의 선고가 가능한가?

(1) 학설 : 이와 관련하여 학설이 나뉜다. 긍정설은, '금고 이상의 형'은 실형만을 의미하므로 집행유예기간 중에 범한 죄에 대하여도 재차 집행유예의 선고가 가능하다는 견해[11]이다. 부정설은, '금고 이상의 형'에는 실형뿐만 아니라 집행유예도 포함되므로 집행유예기간 중에 범한 죄에 대해서는 재차 집행유예의 선고가 불가능하다는 견해[12]이다. 한편 여죄설은, '금고 이상의 형'에는 실형뿐만 아니라 집행유예도 포함되므로 집행유예기간 중에는 재차 집행유예의 선고가 불가능한 것이 원칙이지만, 특별한 사정(형법 제37조의 경합범관계에 있는 수죄가 전후로 기소되어 각각 별개의 절차에서 재판을 받게 된 결과 어느 하나의 사건에서 먼저 집행유예가 선고되어 그 형이 확정된 경우로서 같은 절차에서 동시에 재판을 받았더라면 한꺼번에 집행유예의 선고를 받았으리라고 여겨지는 특수한 경우에 한함)이 있는 경우에는 '금고 이상의 형'은 실형만을 의미하는 것으로 해석한다는 입장이다.[13]

2005년 형법 개정으로 여죄설은 더 이상 의미가 없게 되었지만(현행 형법상으로는 집행유예 판결이 확정된 후 그 판결 확정 전에 범한 죄에 대하여도 얼마든지 집행유예가 가능하다), 긍정설과 부정설의 대립은 여전히 존재한다. 현재 긍정설이 다수설이다.

(2) 판례(부정설) : 판례는 일관되게 부정설의 입장이다. 즉, 형법 개정 전에는 금고 이상의 형에는(이른바 '쌍집행유예'의 특수한 경우를 제외하고는) 실형은 물론 집행유예를 받은 경우도 포함되므로, '집행유예기간 중의 범죄에 대하여는 다시 집행유예를 할 수 없다'는 입장이었다.[14] 형법 개정 이후에도 금고 이상의 형에는 실형은 물론 집행유예를 받은 경우도 포함되므로, '금고 이상의 형의 집행유예기간 중에 범한 죄에 대하여는 다시 집행유예를 선고할 수 없다'는 입장이다.[15] 따라

11 김성돈, 형법총론(제5판), 성균관대학교 출판부(2017), 824-825; 김일수/서보학, 새로쓴 형법총론(제13판), 박영사(2018), 600-601; 배종대, 형법총론(제13판), 홍문사(2017), 607-608; 신동운, 형법총론(제11판), 법문사(2019), 874-875; 임웅, 형법총론(제10정판), 법문사(2018), 694; 정성근/박광민, 형법총론(전정2판), 성균관대학교 출판부(2015), 722-723.

12 손동권/김재윤, 새로운 형법총론, 율곡출판사(2011), 730; 이재상외 2인, 형법총론(제9판), 박영사(2017), 619; 정영일, 형법강의[총론](제3판), 도서출판학림(2017), 389; 주석 형법, 총칙(2)(제2판), 한국사법행정학회(2011), 594, 607(윤남근).

13 대법원 1989. 9. 12. 선고 87도2365 전원합의체 판결, 대법원 2007. 7. 27. 선고 2007도768 판결.

14 대법원 1989. 9. 12. 선고 87도2365 전원합의체 판결, 대법원 1991. 5. 10. 선고 91도473 판결, 대법원 2002. 2. 22. 선고 2001도5891 판결, 대법원 2007. 2. 8. 선고 2006도6196 판결, 대법원 2007. 7. 27. 선고 2007도768 판결.

15 대법원 2007. 2. 8. 선고 2006도6196 판결, 대법원 2007. 7. 27. 선고 2007도768 판결.

서 징역·금고형의 집행유예기간 중에 범한 죄에 대하여는 재차 징역·금고형의 집행유예 선고가 불가능하고, 벌금형의 집행유예 선고 또한 마찬가지로 불가능하다.

(3) 긍정설과 부정설의 논거[16] : 긍정설(집행유예기간 중에 범한 죄에 대해서도 재차 집행유예의 선고가 가능하다는 견해)의 논거는 다음과 같다. ㉠죄형법정주의의 원칙상 형법 규정은 엄격히 해석하여야 하며 의심스러울 때는 피고인에게 유리하게 해석하여야 한다. ㉡집행종료 또는 집행면제는 실형을 선고받아 현실적으로 집행절차를 거쳤음을 전제로 하는 개념이므로(집행유예기간이 경과하기 전의 미확정 상태에서는 형의 집행종료 또는 면제란 처음부터 성립할 수 없으므로) 형법 제62조 제1항 단서의 '금고 이상의 형'은 실형만을 의미한다.[17] ㉢개정 형법 제63조에서 집행유예 실효요건으로 집행유예 기간 중에 금고 이상의 '실형'을 선고 받아 확정된 때를 규정하고 있는데, 이는 집행유예 기간 중의 집행유예가 가능함을 전제로 한 것이다(즉, 집행유예를 선고한 때에는 실효되지 않고, 실형을 선고한 경우에 한하여 실효된다는 것으로 해석된다).[18] ㉣집행유예제도 본래의 취지가 자유형의 기계적 집행의 폐단을 방지하고 특별예방의 형벌목적을 달성하려는 형사정책상의 고려에 있다면 재차의 집행유예를 허용하여 법관의 양형의 재량범위를 확대시켜주는 것이 타당하다.

반면, 부정설(집행유예기간 중 범한 죄에 대하여는 재차 집행유예의 선고가 불가능하다는 견해)의 논거는 다음과 같다. ㉠'금고 이상의 형'에는 종전 판례의 해석론에 의할 때 집행유예도 당연히 포함되며, 개정 형법은 이를 전제로 조문화 되었다. 즉, 당시 국회 법제사법위원회의 2005. 6. 심사보고서 및 그 기초자료인 2004. 12. 검토보고에 의하면, "집행유예의 결격사유의 요건이 되는 죄를 형(집행유예 포함)을 선고받은 후에 범한 것만으로 제한하려고 하는 것임"이라고 되어 있는데,[19] '실형'이 아닌 '집행유예의 형'도 포함되는 것으로 설명되어 있는 점에 비추어 보면, 입법자들은 "집행유예의 형"도 "금고 이상의 형"에 포함된다고 본 듯하다. 또한

16 이하 대체로 최동렬, "형법 제62조 제1항 단서(이하 생략)", 대법원판례해설 제70호(2008.1), 170-172.

17 김일수/서보학, 새로쓴 형법총론(제13판), 박영사(2018), 601; 박상기, 형법총론(제9판), 박영사(2012), 568; 배종대, 형법총론(제13판), 홍문사(2017), 607; 신동운, 형법총론(제11판), 법문사(2019), 875; 임웅, 형법총론(제10정판), 법문사(2018), 694; 정성근/박광민, 형법총론(전정2판), 성균관대학교 출판부(2015), 723.

18 김일수/서보학, 새로쓴 형법총론(제13판), 박영사(2018), 601; 배종대, 형법총론(제13판), 홍문사(2017), 607; 신동운, 형법총론(제11판), 법문사(2019), 874; 임웅, 형법총론(제10정판), 법문사(2018), 694.

19 최동렬, "형법 제62조 제1항 단서(이하 생략)", 대법원판례해설 제70호(2008.1), 166.

입법자가 형법 제62조 단서의 문언을 수정(예컨대 제63조처럼 "금고 이상의 실형"으로 규정)할 기회가 있었음에도 이를 수정치 않은 것은, 이 부분 해석에 관한 한 기존 대법원의 입장을 유지하는 것으로 충분하다고 평가하였던 것으로 볼 수 있다.[20] ㉡개정된 형법 제63조(실효)에서는 '금고 이상의 실형'이라고 명백히 규정하는데 반하여 제62조에는 '금고 이상의 형'으로만 규정하였으므로 양자를 구별하고 있다. ㉢집행유예를 선고받은 자라도 집행유예가 실효되거나 취소되면 실형의 집행이 있을 것이고, 이 경우에는 형법 제62조 제1항 단서가 그대로 적용될 수 있으므로, 그 '집행을 종료하거나 면제된 후'라는 문언이 반드시 금고 이상의 '실형'과 논리필연적으로 연결된다고 볼 수 없다.[21] ㉣실형선고를 받은 자는 자신의 죄 값을 다 이행하고도 3년간 결격자가 되는데, 집행유예기간 중에 있는 자는 집행문제가 해결되지도 않은 상태에 있음에도 재차 집행유예를 허용하는 것은 정의 및 일반예방의 관점에서 부당하다.[22] ㉤다만, 집행유예기간 중의 범행이라도, 실효 또는 취소됨이 없이 유예기간을 경과한 때에는 형의 선고가 효력을 잃게 되므로, 집행유예의 결격대상에서 제외된다.

(4) 검토 : 다음과 같은 이유로 긍정설이 더욱 설득력이 있다고 생각된다.

첫째, 자유형의 기계적 집행의 폐해를 방지하고 행위자의 자발적 사회복귀를 촉진한다는 집행유예 제도의 취지를 고려할 때, 재차 집행유예의 선고가 가능하도록 하는 것이 형사정책적 관점에서 더욱 타당하다. 법관의 양형범위를 확대함으로써 우리 형법의 지나치게 높은 법정형을 조금이라도 완화하는 것이 바람직하다는 견해도 있다.[23] 전과범죄와 대상범죄의 고의범 또는 과실범인지 및 범죄의 경중이나 죄질·범정 등을 일체 불문하고 재차 집행유예의 선고를 원천적으로 봉쇄하는 것은 집행유예 제도의 본질과 배치되는 점만큼은 분명하다.

둘째, 개정 형법의 입법자는 금고 이상의 형에 집행유예의 형도 포함된다고 본 듯하고, 형법 제63조처럼 금고 이상의 '실형'으로 수정하지 않은 것은 기존 대법원 판례의 입장을 유지한 것이라는 해석이 부정설의 근거 중 하나이다. 그러나 입법보조인력의 심사보고서나 검토보고서에 나타난 보고의견을 곧바로 입법자의 의사와 동일시하기에는 난점이 있고, 이를 입법해석의 기초로 삼기에도 분명히

20 최동렬, "형법 제62조 제1항 단서(이하 생략)", 대법원판례해설 제70호(2008.1), 175.
21 손동권/김재윤, 새로운 형법총론, 율곡출판사(2011), 730.
22 손동권/김재윤, 새로운 형법총론, 율곡출판사(2011), 730.
23 배종대, 형법총론(제13판), 홍문사(2017), 607.

일정한 한계가 존재한다. 그보다는 오히려 형법문언에 대한 체계적 논리적 해석이 필요한 문제이다.

2005년 형법 개정 이전의 형법 제62조 제1항 단서의 '금고 이상의 형을 선고'라는 의미에 대해, 판례는 실형만이 아닌 집행유예를 포함하는 것으로 해석하였는데, 그 가운데 관련조문과의 체계 하에 이 문언을 체계적으로 해석한 중요한 판결로는 대법원 1965. 4. 6. 선고 65도163 판결이 있었다. 그 판결에서는 '형의 집행유예를 받고 그 유예기간 중에 있는 자에게 다시 집행유예의 판결을 선고하면, 이 판결이 확정됨에 따라 형법 제63조(집행유예의 실효)의 규정에 의해 먼저 한 형의 집행유예의 선고는 효력을 상실하게 되어, 두 번째 형의 집행을 유예한다는 것 자체가 집행유예제도의 형사정책적 목적과 배치된다는 점을 이유로 하여, 집행유예기간 중에는 다시 집행유예를 할 수 없다'는 입장을 취하였다.[24] 그 판결이유의 원문은 다음과 같다 : "형의 집행유예를 받고 그 유예기간 중에 있는 자는 형법 제62조 제1항 단행의 금고 이상의 형의 선고를 받아 집행을 종료한 후 또는 집행이 면제된 후부터 5년이 경과하지 아니한 자로서 다시 형의 집행유예를 할 수 없다고 해석함이 타당하다 할 것이다. 그렇지 아니하면 형의 집행유예 기간 중에 있는 자에게 대하여 다시 형의 집행유예의 판결을 선고하면 이 판결이 확정됨에 따라 형법 제63조의 규정에 의하여 먼저 번 형의 집행유예의 선고는 효력을 상실하여 먼저 번의 형의 집행을 받게 되므로 두 번째 형의 집행을 유예한다는 것은 (중략) 형의 집행유예의 목적에 배치된다고 하지 않을 수 없기 때문이다. 바로 여기에서 문제된 것도 당시 형법 제63조의 문언 중 '금고 이상의 형의 선고를 받아 그 판결이 확정된 때'였던 것이다. 그런데 2005년 형법 개정으로 인하여 현행 형법은 제63조가 "집행유예의 선고를 받은 자가 유예기간 중에 고의로 범한 죄로 금고 이상의 '실형'을 선고받아 그 판결이 확정된 때"로 개정되었다. 그리고 여기의 '실형'에서 집행유예가 제외된다는 점에 대해서는 현재 이론이 없으므로, 형의 집행유예기간 중에 있는 자에게 다시 집행유예의 판결이 선고되어 그 판결이 확정되더라도, 형법 제63조에 의해 먼저 한 형의 집행유예의 선고가 효력을 상실하게 되는 일은 현행 형법상 상정할 수 없는 것이 된다. 그 결과 집행유예 기간 중 재차 집행유예 가능성을 관련조문과의 체계적 해석을 통하여 부정하는 과거 판례

24 김일수, "재차 집행유예에 관한 해석론과 입법론", 법률신문 제1711호(1987.12.10.자), 11.

및 그 연장선상에 있는 현재 판례의 해석론은, 무엇보다도 2005년 형법 개정으로 형법 제63조의 실효사유에 명문으로 '실형'이 명시된 이상, 판례가 체계적 해석과 관련하여 제시했던 그 중요한 논거가 이미 그 실정법적 근거를 명백히 상실하게 되었음을 의미한다.

셋째, 무엇보다 형의 집행유예 판결은 '집행을 종료하거나 면제'라는 결격사유의 문언과 개념상 연결될 수 없으며, 집행종료나 집행면제의 효과와도 전혀 무관한 것이다.

형의 집행유예 판결은 유죄판결의 일종이다. 형사소송법상 유죄판결에는 형선고의 판결, 형면제의 판결, 형선고유예의 판결이 있다(형사소송법 제321조 제1항). 형선고의 판결이 확정되면 형벌권의 존재 및 범위가 확정되어 그 확정력에 따라 형집행권이 발생하게 된다.[25] 한편, 형의 집행유예 판결은 '형의 선고'와 '집행유예의 선고'가 동시에 행해지는 판결이다. 집행유예 판결의 주문은 예컨대, "피고인을 징역 ○년에 처한다. 다만, 이 판결확정일로부터 ○년간 위 형의 집행을 유예한다."의 형식이다. 전자는 '형의 선고'이며, 후자는 '집행유예의 선고'이다. 형의 집행유예가 선고된 경우에는 형이 집행되지 않으며, 집행유예가 실효(형법 제63조) 또는 취소(형법 제64조, 형사소송법 제335조 제2항)된 때에 한하여 비로소 형이 집행된다. 실형선고의 경우는 현실적인 형집행력이 발생하지만, 집행유예 선고의 경우는 형의 집행이 유예되고 형집행력은 현실적으로 발생하지 않는다는 것이다. 양자는 형의 '집행'과 그 '유예'라는 점에서 명백히 구분되는 것이다.

형의 집행유예 판결은 형선고판결의 일종이기는 하나, 형의 집행이 유예되는 판결, 형의 현실적 집행이 없는 특수한 판결이라는 점이다. 즉, 실형선고가 즉시의 확정적인 형집행권의 발생이라면, 형의 집행유예 선고는 조건부의 유예된 형집행권의 발생이다. 즉, 형의 집행유예는 형선고의 관점에서는 해제조건부 형선고이며, 형집행의 관점에서는 정지조건부 형집행이다. 더 정확히 말하자면, '집행이라는 측면'에서 집행유예의 판결은 정지조건부 형집행권의 발생, 즉 집행유예기간 내에 그 실효사유의 발생 또는 취소결정의 확정을 정지조건으로 비로소 유예된 형에 대한 형집행이 가능한 판결인 셈이다.

그러한 정지조건이 성취되기 이전 단계에서는 유예된 형의 집행이라는 개념

25 이주원, 형사소송법, 박영사(2019), 509, 520.

은 상정할 수 없는 것이다. 즉, 집행이 유예된 집행유예 판결에는 그 유예기간 동안 '집행'이란 개념이 성립할 수 없다는 것이다. 판례 또한 '집행유예가 실효 또는 취소됨이 없이 유예기간을 경과한 때에는, 집행의 가능성이 더 이상 존재하지 아니하여 집행종료나 집행면제의 개념도 상정하기 어렵다'[26]라고 하여 이를 확인하고 있다. 다만 판례는 단지 '유예기간을 경과한 때에는' 집행종료나 집행면제의 개념을 상정하기 어렵다고 하고 있으나, '집행이 유예된 그 유예기간 중에도' 집행의 개념을 상정할 수 없다는 점은 마찬가지이다.

부정설에 의하면 집행유예를 선고받은 자라도 집행유예가 실효되거나 취소되면 실형의 집행이 있을 것이니 '집행을 종료하거나 면제'라는 문언이 반드시 금고 이상의 '실형'과 논리필연적으로 연결되는 것은 아니라고 한다. 그러나 집행유예를 받은 경우 형의 집행은 집행유예가 실효 또는 취소된 경우에 비로소 상정할 수 있는 것이고, 그러한 정지조건의 성취 이전 단계에서는 결코 형의 집행이 있을 수 없는 것이니 집행유예 판결에서 '집행' 개념이란 상정할 수가 없는 것이고 그 집행의 종료 또는 면제라는 개념 또한 상정할 수 없는 것이라고 할 수 있다. 혹여 집행유예기간을 무사히 경과한 경우에 그 기간의 경과를 집행의 면제로 파악할 여지가 주장될 수 있겠으나,[27] 이미 그 기간이 무사히 경과하면 집행종료나 집행면제의 개념도 상정할 수 없다는 것이 앞서 본 판례의 입장인 데다가, 아직 그 유예기간 중에는 집행유예의 실효 또는 취소결정이 없는 한, '형의 현실적 집행이 없는' 유예된 형에 대해서는 집행이라 할 것이 없는 이상, 그 면제라 할 것도 없다는 점 또한 분명하다. 더구나 집행유예기간을 무사히 경과한 경우 형법 제65조에 의하여 형선고가 효력을 상실하게 되는데, 형의 집행유예제도와 형의 집행면제제도는 형법상 엄격히 구분되는 제도라는 점에서, 여기서의 형선고의 효력 상실을 구태여 형의 집행의 면제라고 파악하는 것 역시 부적절하다. 즉, 집행유예기간의 경과로 인한 효과는 형선고의 효력 상실이며, 이는 형의 집행면제와는 형법의 제도상 엄격히 구분된다는 것이다.

한편 부정설에 따르면 집행유예기간 중에 사회 내 처우가 집행되는 것이기 때문에 형집행과의 관련성을 전면적으로 부정할 수는 없을 것이라고도 하나, 사회 내 처우의 집행은 형의 집행이 아니며, 사회 내 처우의 불이행은 그 위반의 정

26 대법원 2007. 2. 8. 선고 2006도6196 판결.

27 이광수, "개정형법과 집행유예기간 중의 집행유예 문제", 인권과 정의 제366호(2007.2), 202.

도가 무거운 경우에 한하여 집행유예의 임의적 취소사유가 되는 것에 불과할 뿐이므로, 사회 내 처우의 이행이 곧 형의 집행유예에서 집행이라고 보기에도 역시 논리적 비약이 있다.

물론 집행유예가 실효 또는 취소된 경우에는 집행유예 판결의 '형의 선고'와 '집행유예의 선고' 가운데 '집행유예의 선고' 부분이 실효 또는 취소된 결과, '형의 선고' 부분이 현실적 효력을 발생하게 됨에 따라 형의 집행에 이르게 되는 것일 뿐이다. 즉, 집행유예 판결에서, '집행'의 개념은 통상의 집행유예 단계에서는 상정할 수 없는 것이고, 집행유예가 실효 또는 취소된 경우에 비로소 상정할 수 있는 개념일 뿐이며, 이 역시 정확히는 집행유예의 '실효 또는 취소'의 효과에 불과한 것이다. 이와 같은 체계적 해석에 의하면 '금고 이상의 형'은 '실형', 즉 '실제로 복역해야 하는 형'으로서 집행유예가 붙은 형을 제외한 것[28]을 의미한다고 보는 것이 자연스러운 해석일 것이다.

넷째, 부정설에 의하면 아직 집행문제가 해결되지도 않은 상태의 '집행유예 중에 있는 자'에게 재차 집행유예를 허용하는 것은 정의 및 일반예방의 관점에서 부당하다고 하는 비판이 있다. 그러나 과거에 집행유예를 선고받았다는 것은 실형 전과에 비해 죄질이 낮다고도 볼 수 있으므로, 양자를 동등하게 취급하는 것은 적정하지 않다.[29] 만일 집행유예기간 중에 범한 죄가 그 가벌성이 중한 경우라면 실형을 선고하면 될 것이고, 이 경우 형법 제63조에 따라 실효요건을 충족한다면 전과범죄에 대한 종전의 집행유예의 선고 또한 실효될 수 있다. 집행유예기간 중에 범한 죄에 대하여 재차 집행유예의 선고를 원천적으로 봉쇄하는 것보다는 이와 같이 구체적 사안에 따라 실형의 선고와 제한된 범위에서의 종전 집행유예의 실효가 오히려 정의 및 일반예방의 관점에서 더욱 타당하다.

다섯째, 집행유예의 실효에 관한 형법 제63조는 '실형'을 실효사유로 규정하고 있는데, 이는 집행유예 기간 중의 집행유예가 가능함을 전제로 한 것으로 해석하는 것이 합리적인 해석인지 여부이다. 형법 제63조와 달리 결격사유에 관한 형법 제62조 제1항 단서에서 단지 '금고 이상의 형' 내지 '형을 선고하는 경우'라고만 규정할 뿐 '실형'으로 명시되지 않았다는 사정이 피고인에게 불리한 '재차 집행유예의 선고가 불가능하다'는 해석의 근거가 될 수는 없다. 형법 제62조 단서에

28 신동운, 형법총론(제11판), 법문사(2019), 874.
29 박상기, 형법총론(제9판), 박영사(2012), 568.

'실형'으로 명시되지 않았다는 이유로 실형 이외에 집행유예의 경우도 포함된다는 반대해석보다는, 오히려 재차 집행유예의 선고가 불가능하다면 집행유예기간 중에 범한 후행범죄에 대해 어차피 집행유예가 불가능함에도 형법 제63조(집행유예의 실효)에서 굳이 '실형'이라고 규정할 아무런 이유가 없다는 점에 주목해야 하는 것이다. 부정설에 의하면 후행범죄에 대하여 자유형만 법정형으로 규정된 경우 어차피 실형선고만 가능한 것을 실형선고라고 법문에 그대로 반영하였다거나 또는 법관이 이미 집행유예기간 중임을 알고서 다시 집행유예를 선고할 수는 없고 이를 모르고 선고하여 확정되는 경우가 여기에 해당할 것이라고 설명하고 있다.[30] 그러나 입법자가 자유형만 법정형으로 규정된 경우 당연한 것을 새삼 확인하는 차원에서, 굳이 '실형'으로 명시하였다고 해석하는 것은 쉽게 납득하기 어렵다. 또한 입법자가 법관이 모르고 착오로 선고하는 극히 예외적인 경우까지 예상하여 이를 세심하게 배려하는 차원에서, 더구나 이러한 착오를 시정하려는 것이 아니라 구태여 용인하기 위한 차원에서, 굳이 '실형'이라고 명시적으로 규정하였다고 해석하는 것 또한, 분명 납득되기 어려운 감이 있다. 현실의 입법이 그렇게까지 불합리하게 정교할 리는 없을 것이다.

요컨대, 징역·금고형의 집행유예기간 중에 범한 죄에 대하여 '그 유예기간 중에' 재차 집행유예의 선고가 가능하다는 긍정설이 더욱 설득력이 있다고 생각된다.

(5) 집행유예가 실효·취소된 경우 결격기간의 시기(始期) : 징역·금고형의 집행유예기간 중에도 그 유예기간 중에 범한 죄에 대해 재차 집행유예의 선고가 가능하다면 집행유예가 실효 또는 취소된 경우 집행유예 결격기간의 시기(始期) 내지 기산점이 문제될 수 있다. 형법 제62조 제1항 단서에 의하면 집행유예의 결격기간은 '판결이 확정된 때로부터 집행의 종료·면제 후 3년 이내에 범한 죄'로 규정되어 있고 통상 그 시기(始期)는 판결이 확정된 때, 그 종기(終期)는 집행의 종료·면제 후 3년까지로 해석되기 때문이다.

이와 같이 금고 이상의 형의 집행유예 판결에서 집행유예가 실효 또는 취소된 예외적인 경우 현실적인 형집행력의 발생 시점은 다름 아닌 '집행유예의 실효 또는 취소결정이 확정된 때'가 된다. 따라서 집행유예가 실효 또는 취소된 예외적인 경우에 그 결격기간의 시기(始期)는 '집행을 종료하거나 면제된'이라는 문맥과

30 손동권, "집행유예의 요건과 예외", 비교형사법연구 제8권 제1호(2006.7), 216-217; 손동권/김재윤, 새로운 형법총론, 율곡출판사(2011), 733.

연결시켜 목적론적 관점에서 볼 때, 결격사유인 '금고 이상의 형이 확정된 때'란 '집행유예 판결이 확정된 때'라기보다는 형집행력이 현실적으로 발생한 시점인 '집행유예의 실효 또는 취소결정이 확정된 때'로 해석함이 타당하다고 본다.[31]

나) 제2 쟁점 : 집행유예기간 중에 범한 죄에 대하여 판결 선고시점에서 집행유예기간이 이미 경과한 경우 재차 집행유예의 선고가 가능한가?

(1) 견해 대립 : 이는 '금고 이상의 형'의 집행유예기간 중에 범한 죄에 대하여는 재차 집행유예의 선고가 불가능하다는 판례(부정설)의 입장에 따를 경우 비로소 문제되는 쟁점이다. 이와 관련하여 견해가 나뉜다.[32] 긍정설은 전과범죄의 집행유예기간 중에 범한 죄(후행범죄)라고 하더라도 집행유예가 실효 또는 취소됨이 없이 이미 유예기간을 경과한 때에는 형의 선고 자체가 효력을 잃게 되므로, 재차 집행유예의 선고가 가능하다는 견해이다. 부정설은 집행유예의 결격 여부는 후행범죄의 선고시점이 아니라 범행시점을 기준으로 하므로 집행유예기간 중의 범행은 그 유예기간이 경과한 이후에 선고할 경우에도 그 선고시점과 상관없이 집행유예의 결격요건에 해당하여 재차 집행유예의 선고가 불가능하다는 견해이다. 특히 부정설은 집행유예기간을 도과시키기 위한 재판의 공전이나 상소권 남용을 억제할 필요가 있고, 선고유예의 결격사유의 경우 형의 실효 등에 관한 법률 제7조에 따라 실효된 자격정지 이상의 형[33] 또는 집행유예의 선고를 받고 그 유예기간을 무사히 경과한 경우[34] 모두 역사적 사실로서의 전과는 변함이 없어 선고유예의 결격사유(형법 제59조 제1항 단서)에 해당한다는 점을 근거로 들고 있다.

(2) 판례 : 판례는 긍정설의 입장이다. 즉, "집행유예 기간 중에 범한 죄인 경우에도 집행유예가 실효 또는 취소됨이 없이 유예기간을 경과한 때에는, 형법 제65조에 따라 형의 선고가 이미 그 효력을 잃게 되어 '금고 이상의 형을 선고'한 경우에 해당한다고 보기 어렵고, 집행의 가능성이 더 이상 존재하지 아니하여 집행종료나 집행면제의 개념도 상정하기 어려우므로 위 단서 소정의 요건에 해당하지 않는다"는 것이다.[35] 결국 "집행유예 기간 중에 범한 죄에 대하여 형을 선고할

31 이주원, "집행유예기간 중에 범한 죄에 대한 그 유예기간 중의 재차 집행유예 가능성", 비교형사법연구 제21권 제3호(2019.10), 143-144.
32 이하 대체로 최동렬, "형법 제62조 제1항 단서(이하 생략)", 대법원판례해설 제70호(2008.1), 173-174.
33 대법원 2004. 10. 15. 선고 2004도4869 판결.
34 대법원 2003. 12. 26. 선고 2003도3768 판결.
35 대법원 2007. 2. 8. 선고 2006도6196 판결.

때에, 집행유예의 결격사유를 정하는 형법 제62조 제1항 단서 소정의 요건에 해당하는 경우란, ①이미 집행유예가 실효 또는 취소된 경우와 ②그 선고 시점에 미처 유예기간이 경과하지 아니하여 형선고의 효력이 실효되지 아니한 채로 남아 있는 경우로 국한된다"고 한다.[36]

(3) 검토 : 이 점에 대해서는 판례의 입장인 긍정설이 논리적으로 타당하다.

첫째, 집행유예의 경우에는 형법 제65조가 유예기간의 경과로 형선고의 효력이 상실된다. 따라서 ①그 유예기간이 경과한 이후에 범한 죄는, 마땅히 결격사유에 해당하지 않게 된다. ②비록 그 유예기간 중에 범한 죄라고 하더라도 유예기간이 경과된 후에 판결을 선고하는 경우에, 앞서 선고된 집행유예는 법적 효력이 없어지므로 후행범죄를 결격사유로 옭아맬 기제가 사라지게 된다. 후행범죄에 대한 집행유예가 불가능해지기 위해서는 해당 범죄가 유예기간 중의 범행일 뿐만 아니라 그 판결의 선고까지도 그 유예기간 내에 행해져야 한다. 즉, 집행유예 기간 내에 범행과 판결이 모두 행해지는 경우라야 집행유예를 선고할 수 없게 되는 것이다. 그리하여 이러한 맥락에서 결격사유의 '형'에 집행유예를 포함시키는 판례의 입장은 결국 "집행유예 기간 중의 집행유예 선고가 불가능하다."는 의미로 설명되었던 것이다.[37]

둘째, 부정설에 의하면 '집행을 종료하거나 면제'라는 문언을 무시하거나 결격기간의 종기(終期)를 따질 수 없게 되는 논리적 결함이 있다. 결격사유를 규정한 '금고 이상의 형이 확정된 때부터'라는 문언은 결격기간의 시기(始期)를 특정하고 '집행 종료나 집행 면제'는 그로부터 3년까지인 결격기간의 종기(終期)를 산정하는 요소가 된다. 집행유예 판결이 확정된 경우 그 종기의 산정기준에 대해 두 가지 방안이 제시된 바 있는데, 하나는 집행유예기간 경과시를 종기로 해석하는 방안,[38] 집행유예기간과 무관하게 집행유예 판결이 확정된 때로부터 3년으로 해석하는 방안[39]이었다. 그러나 전자는 '유예기간'을 '집행을 종료하거나 면제된 후 3년까지의 기간'으로 해석하는 것으로 문언상 도저히 받아들이기 어렵다. 후자 역시 '집행종료나 집행면제'의 문언을 완전히 배제한 채 '확정된 때로부터 3년'을 결격기간으로 설정하는 입장으로, 문언에 반하는 유추해석이 된다. 즉, 유예기간이

36 대법원 2007. 2. 8. 선고 2006도6196 판결, 대법원 2007. 7. 27. 선고 2007도768 판결.
37 이승호, "현행 형법의 집행유예제도에 대한 해석론", 일감법학 제12호(2007.8.), 99.
38 서울고등법원 2006. 10. 20. 선고 2006노1209 판결.
39 대법원 2007. 2. 8. 선고 2006도6196 판결의 상고이유.

경과하여 형의 선고가 효력을 잃으면 집행의 가능성은 전무(全無)하게 되었으므로 그 종기를 따질 수 없다. 요컨대 이미 유예기간이 경과하여 형집행의 여지가 전혀 없게 된 이상 결격기간의 종기를 따질 수가 없게 되는 것이다.[40]

3) '형선고의 효력이 상실'된 경우

금고 이상의 형을 선고받아 확정되었다고 하더라도 그 '형의 선고'가 효력을 상실한 경우에는 법적으로 '형의 선고'가 없었던 상태로 된다. 형의 선고가 효력을 상실한 경우에는 '금고 이상의 형을 선고'한 때에 더 이상 해당하지 않게 되므로, 선고유예의 경우와는 달리, 집행유예를 선고할 수 있다. 예컨대, ①금고 이상의 형의 집행유예를 선고받고 그 집행유예기간을 무사히 경과한 경우(형법 제65조), ②일반사면을 받은 경우(일반사면은 형선고의 효력이 상실된다. 사면법 제5조 제1호), ③특별사면 중 특별한 사정으로 형선고의 효력을 상실하게 한 경우(사면법 제5조 제2호 후문) 등이다.[41] 따라서 집행유예기간 중 또는 금고 이상의 형의 집행을 종료하거나 면제된 후 3년 이내에 범한 죄에 대하여도 위와 같은 사유로 형선고의 효력이 상실된 경우에는, 그 이후부터는 집행유예의 선고가 가능하다.[42] 여기에는 "일반사면령에 의하여 형의 선고의 효력이 상실된 범죄를 누범가중 사유로 하여 처벌하였음은 위법이다."라는 판결[43] 또한 참고가 될 수 있을 것이다.

문제는 ④형의 실효에 관한 요건을 충족함으로써 형이 실효된 경우(형법 제81조 및 형의 실효 등에 관한 법률 제7조)에도 마찬가지로 후행범죄에 대한 집행유예의 선고가 가능한지 여부이다. 즉, 형의 실효에 관한 요건으로, 징역 또는 금고의 경우 형집행의 종료 또는 면제 후 각각 7년(형법 제81조) 또는 5년(3년 이하의 징역·금고, 형의 실효 등에 관한 법률 제7조 제2호) 내지 10년(3년을 초과하는 징역·금고, 형의 실효 등에 관한 법률 제7조 제1호)의 경과를 규정하고 있는데, 그 형이 실효되는 경우 집행유예 결격사유에 해당하는지 여부가 문제될 수 있다. 예컨대, 전과범죄로 징역 1년을 선고받고 집행을 종료한 날로부터 3년 이내에 범한 후행범죄에 대하여, 전과범죄의 집행종료일로부터 5년이 경과하여 형이 실효된 이후 시점에서 후행범죄에 대한 판결을 선고하는 경우 등에서 문제될 수 있는 것이다. 형의 실효는

40 최동렬, "형법 제62조 제1항 단서(이하 생략)", 대법원판례해설 제70호(2008.1), 176.

41 주석 형법총칙(하), 한국사법행정학회(1990), 395(박재윤); 大塚 仁 外, 大コンメンタール 刑法 1(豊田健), 青林書院(2004), 501; 前田 雅英 外, 條解刑法, 弘文堂(2002), 52.

42 대법원 2007. 2. 8. 선고 2006도6196 판결, 대법원 2007. 7. 27. 선고 2007도768 판결.

43 대법원 1964. 3. 31. 선고 64도34 판결.

형의 선고의 법적 효과가 장래에 향하여 소멸한다는 것이므로, 형의 실효에 관한 입법취지상 실효된 이후부터는 집행유예 결격사유에 더 이상 해당하지 않게 되고, 후행범죄의 판결시점이 전과범죄의 형이 실효된 이후라면 이제는 집행유예를 선고할 수 있다고 하겠다.[44] 여기서 '형이 실효된다'는 의미는 집행유예의 효과에 관한 형법 제65조에서 '형의 선고가 효력을 잃는다'는 의미와 완전히 같다고 하기 때문이다. 즉, 판례에 따르면, 형의 실효 등에 관한 법률 제7조가 '형은 실효된다'고 규정한 취지는 '형의 선고는 효력을 잃는다'고 규정한 형법 제65조와 마찬가지로 형의 선고의 법률적 효과가 없어진다는 의미라고 하며,[45] 집행유예의 효과에 관한 형법 제65조에서 '형의 선고가 효력을 잃는다'는 의미는 형의 실효 등에 관한 법률에 의한 '형의 실효와 같이' 형의 선고에 의한 법적 효과가 장래에 향하여 소멸한다는 취지라고 한다.[46] 즉, '형의 실효'는 곧 '형선고의 효력 상실'과 동의어라는 것이 판례의 입장인 셈이다. 한편 '형의 실효'는 '형선고의 효력 상실'이 아니라 형의 소멸 이후 형을 선고한 '재판의 실효'로서, '형선고의 효력 상실'과 '형의 실효'는 서로 다른 개념이라는 견해[47]도 있으나, 형의 실효가 재판의 실효를 의미한다고 하더라도, 형의 실효 이후에는 과거범죄에 대한 실효된 재판이 현재의 심판대상범죄에 대해서는 더 이상 법적 효과 측면에서 장애사유로 작용할 수 없다는 점에서만큼은 변함이 없으므로, 동일한 결론에 이르게 된다.

4) 외국 판결 및 소년범 전과

외국 법원에서 금고 이상의 형을 선고한 판결은 원칙적으로 집행유예의 결격사유가 될 수 없으나, 외국 법원에서 금고 이상의 형을 선고받은 내국인이 국제수형자이송법에 따라 국내에서 형의 집행을 받게 된 경우에는 외국판결도 국내 판결과 동일한 효력이 있으므로(동법 제15조) 집행유예의 결격사유가 된다고 보아야 한다.

소년법 제67조는 "소년이었을 때 범한 죄에 의하여 형을 선고받은 자가 그 집행을 종료하거나 면제받은 경우 자격에 관한 법령을 적용할 때에는 장래에 향하여 형의 선고를 받지 아니한 것으로 본다."라고 규정하고 있다. 이 규정은 '사람

44 이주원, "형의 실효 등에 관한 법률에 의한 형의 실효가 판결에 미치는 영향", 법조 569호(2004. 2), 232.

45 대법원 2004. 10. 15. 선고 2004도4869 판결.

46 대법원 2010. 9. 9. 선고 2010도8021 판결.

47 강해룡, "'형 실효법'의 맹점", 법률신문(2013.8.20.자)<https://m.lawtimes.co.kr/Content/Opinion?serial=77740.>

의 자격'에 관한 법령의 적용에 있어 장래에 향하여 형의 선고를 받지 아니한 것으로 본다는 취지에 불과할 뿐, 전과까지 소멸한다는 것은 아니다.[48] 따라서 소년으로서 선고받은 금고 이상의 형도 집행유예의 결격사유가 된다. 또한 소년으로서 처벌받은 징역형은 특정범죄 가중처벌 등에 관한 법률 제5조의4 제5항을 적용하기 위한 요건으로서 요구되는 과거 전과로서의 징역형에도 포함된다.[49]

나. 집행의 종료 또는 면제

1) 집행의 종료

형집행의 종료란 선고된 형의 집행을 받아 형기가 만료된 것을 말한다. 만기출소의 경우에는 출소 당일이 형집행의 종료일이 된다. 가석방의 경우 가석방기간은 무기형에서는 10년이고 유기형에서는 남은 형기로 하되 10년을 초과할 수 없으므로(형법 제73조의2 제1항), 유기형은 잔형기를 경과한 때, 무기형은 10년이 경과한 때에 형의 집행을 종료한 것으로 본다(제76조 제1항). 가석방이 실효 또는 취소된 경우에는 가석방 중의 일수는 형기에 산입되지 않는다(제76조 제2항).

미결구금일수가 있는 경우에는 그 기간을 공제하고 남는 형기가 만료한 때에 형의 집행을 종료한 것이 된다. 따라서 미결구금일수가 선고형의 형기와 일치하는 때에는 판결 확정과 동시에 형의 집행을 받아 종료한 것으로 된다.[50]

소년이 가석방된 경우에는 가석방 전에 집행을 받은 기간과 같은 기간이 지난 경우에는 형의 집행을 종료한 것으로 한다. 다만, 소년법 제59조(사형 및 무기형의 완화)의 형기(15년의 유기징역) 또는 제60조(부정기형) 제1항에 따른 장기의 기간이 먼저 지난 경우에는 그 때에 형의 집행을 종료한 것으로 한다(소년법 제66조).

2) 집행의 면제

형집행의 면제란 형의 선고를 받았으나 그 형의 집행이 면제되는 것을 말한다. 형의 집행이 면제되는 경우는 형법상으로는 ①재판확정 후 법률의 변경에 의하여 그 행위가 범죄를 구성하지 아니한 때 형의 집행을 면제하는 경우(형법 제1조 제3항), ②형의 시효가 완성되어 형의 집행이 면제된 경우(형법 제77조)가 있고, 사면법상으로는 ③특별사면의 일종으로서 형의 집행이 면제된 경우(사면법 제5조 제1

48 대법원 2010. 4. 29. 선고 2010도973 판결.
49 대법원 2010. 4. 29. 선고 2010도973 판결.
50 주석 형법총칙(하), 한국사법행정학회(1990), 394(박재윤).

항 제2호 본문)가 있다. 형집행의 면제는 집행면제 사유가 있으면 별도로 법원의 관여 없이 당연히 그 효력이 발생하는 것이다. 다만 경합범 중 일부가 집행 면제되는 경우에는 형을 다시 정하게 된다(형사소송법 제336조 제1항).

형집행의 면제는 형의 선고는 있으나 판결확정 후의 사유로 그 집행이 면제되는 것을 의미하므로, 처음부터 형이 면제되는 형면제의 판결(형사소송법 제322조)은 형의 선고를 받은 것이 아니며, 집행유예의 결격사유가 되지 않는다.[51]

다. 판결이 확정된 때로부터(始期) 집행의 종료·면제 후 3년 이내(終期)에 범한 죄에 대하여 형을 선고하는 경우가 아닐 것

1) 금고 이상의 형을 선고한 판결이 확정된 후 그 판결 확정 전에 범한 죄에 대하여는 얼마든지 집행유예의 선고가 가능하다. 따라서 금고 이상의 형을 선고한 판결이 확정된 후 그 판결 확정 전에 범한, 즉 형법 제37조 후단의 경합범 관계에 있는 범죄에 대하여는, 이미 선고받은 형이 실형이라고 하더라도 집행유예를 선고할 수 있다. 다만 범죄의 실행행위가 금고 이상의 형을 선고한 판결의 확정 전후에 걸쳐 있는 때에는 형법 제37조 후단의 경합범은 아니므로[52] 집행유예는 허용되지 않는다고 보아야 한다.

2) 형의 집행을 종료한다는 것은 형기 만료를 의미하므로, 3년의 기간은 형기종료일의 익일부터 기산한다. 가석방과 만기석방을 구분하여 가석방의 경우에는 형기종료일의 익일부터 기산하되 만기석방의 경우에는 석방일부터 기산하여야 한다는 견해가 있으나,[53] '집행을 종료하거나 면제된 후'라는 문언상 찬성하기 어렵다.[54] 수형자를 형기종료일에 석방하게 되므로(형법 제86조, 형의 집행 및 수용 자의 처우에 관한 법률 제124조 제2항) 현실적으로 만기석방되는 수형자는 형기가 종료하는 시점보다 몇 시간 먼저 석방되는 결과가 되지만, 그렇다고 하여 형기가 그만큼 단축되는 것은 아니기 때문이다.[55]

51 주석 형법총칙(하), 한국사법행정학회(1990), 394(박재윤).
52 대법원 2001. 8. 21. 선고 2001도3312 판결, 대법원 2003. 8. 22. 선고 2002도5341 판결, 대법원 2003. 12. 26. 선고 2003도6288 판결.
53 주석 형법총칙(하), 한국사법행정학회(1990), 394(박재윤).
54 주석 형법, 총칙(2)(제2판), 한국사법행정학회(2011), 598(윤남근).
55 대구고등법원 1986. 12. 10. 선고 86노1347 판결(하집 1986-4, 391). 피고인이 1982. 6. 25. 만기석방된 후 1985. 6. 25. 범한 이 사건 범행은 1982. 6. 26.로부터 3년이 차는 날에 저질러진 범행으로서 누범에 해당한다.

3) 형의 집행이 면제된 경우 3년의 기간을 계산함에 있어서는, 형집행의 면제가 ㉠법률의 변경으로 인한 것인 때에는 당해 법률의 효력이 발생한 날로부터, ㉡형의 시효완성으로 인한 것인 때에는 시효완성일의 익일부터, ㉢특별사면으로 인한 것인 때에는 석방일로부터 각 기산하여야 할 것이다.[56]

4) 3년의 기간은 '범행시점'을 기준으로 판단하여야 한다. 형집행의 종료 또는 면제 후 3년 이내에 범한 죄에 대하여는 3년을 경과한 후에 형을 선고하는 경우에도 그 선고시점과 관계 없이 집행유예를 선고할 수 없다. 그 결과 이러한 집행유예 결격사유는 후행범죄의 공소시효 만료시까지 지속되는 매우 강력한 것이 된다.[57] 이에 대하여는 3년이라는 결격기간을 범행시에만 적용시키면 3년의 기간 내에 범행이 행해졌더라도 5년이 지난 후에 판결이 선고되는 사안에서는 개정 전의 형법과 비교하여 피고인에게 명백하게 불리해지는 문제가 발생하게 된다는 이유에서 '3년까지의 기간'은 범행시뿐만 아니라 형의 선고시까지를 수식하는 것으로 이해하는 것이 바람직하다는 견해가 있다.[58]

5) 살인, 강도, 강간, 약취유인 등 특정강력범죄의 처벌에 관한 특례법 제2조 소정의 특정강력범죄를 범하여 그 '형의 집행을 종료하거나 면제받은 후 10년 이내'에 다시 특정강력범죄를 범한 자에 대하여는 집행유예를 선고할 수 없다(동법 제5조).

4. 일부 집행유예 여부 : 하나의 형 전부에 대한 것일 것

법원이 집행유예를 선고할 때 그 유예의 대상이 반드시 선고형 전체라야 하는지, 아니면 선고형의 일부만 집행을 유예하고 나머지는 집행하는 방식의 집행유예도 가능한지 여부이다.

가. 병과형 및 형법 제37조 후단의 경합범

형법 제62조 제2항은 "형을 병과할 경우" 그 형의 일부에 대해 집행유예를 선고할 수 있다고 규정하고 있다. 따라서 형법 제37조 전단 경합범 관계에 있는 수죄에 대해 병과형(竝科刑)을 선고하는 경우에는 일부에 대한 집행유예가 가능하다. 예컨대, 징역형과 벌금형 또는 추징 등과 같이 이종(異種)의 형을 병과하여 선고하는

56 주석 형법총칙(하), 한국사법행정학회(1990), 394(박재윤).
57 최동렬, "형법 제62조 제1항 단서(이하 생략)", 대법원판례해설 제70호(2008.1), 177.
58 이승호, "현행 형법의 집행유예제도에 대한 해석론", 일감법학 제12호(2007.8.), 87.

경우에 징역형에 대해서만 집행유예를 선고하는 것은 가능하다. 또한 500만원 이하의 벌금형인 경우에는 벌금형에 대해서만 집행유예를 선고하는 것도 가능하다.

아울러 형법 제37조 후단 경합범 관계에 있는 수죄에 대하여 동종(同種)이지만 별개의 형을 선고하는 경우에도 그 중 일부에 대해 집행유예를 선고하는 것이 가능하다. 즉, 형법 제37조 후단의 경합범 관계에 있는 두 개의 범죄에 대하여 하나의 판결로 두 개의 자유형을 선고하는 경우 그 두 개의 자유형은 각각 별개의 형이므로 형법 제62조 제1항에 정한 집행유예의 요건에 해당하면 그 각 자유형에 대하여 각각 집행유예를 선고할 수 있는 것이고, 또 그 두 개의 징역형 중 하나의 징역형에 대하여는 실형을 선고하면서 다른 징역형에 대하여 집행유예를 선고하는 것도 우리 형법상 이러한 조치를 금하는 명문의 규정이 없는 이상 허용된다는 것이 판례이다.[59] 그 수죄에 대하여 이종(異種)의 형을 별개로 선고하는 경우에도 마찬가지이다.

나. 단일형의 일부 집행유예 문제

문제는 하나의 형의 일부에 대해서 집행유예의 선고가 가능한지 여부이다. 형을 병과하는 경우가 아니라 하나의 형을 선고하면서 그 중 일부만 집행을 유예하는 것, 예컨대 징역 3년을 선고하면서 그 중 2년 6개월에 대해서는 형의 집행을 유예하고 6개월에 대해서만 형을 집행하는 방식의 집행유예가 가능한지의 문제이다. 형법 제62조 제2항을 문리적으로 해석하면, 단일형에 대한 일부 집행유예는 허용되지 않는다는 것이 일반적인 견해이다.[60] 판례 또한 허용되지 않는다는 입장이다. 즉, "집행유예의 요건에 관한 형법 제62조 제1항이 '형'의 집행을 유예할 수 있다고만 규정하고 있다고 하더라도, 이는 같은 조 제2항이 그 형의 '일부'에 대하여 집행을 유예할 수 있는 때를 형을 '병과'할 경우로 한정하고 있는 점에 비추어 보면, 조문의 체계적 해석상 하나의 형의 전부에 대한 집행유예에 관한 규정이라 할 것이고, 또한 하나의 자유형에 대한 일부집행유예에 관하여는 그 요건, 효력 및 일부 실형에 대한 집행의 시기와 절차, 방법 등을 입법에 의해 명확하게 할 필요가 있어, 그 인정을 위해서는 별도의 근거 규정이 필요하므로 하나의 자유

59 대법원 2001. 10. 12. 선고 2001도3579 판결.

60 김성돈, 형법총론(제5판), 성균관대학교 출판부(2017), 825; 김일수/서보학, 새로쓴 형법총론(제13판), 박영사(2018) 601; 손동권/김재윤, 새로운 형법총론, 율곡출판사(2011), 727; 오영근, 형법총론(제4판), 박영사(2018), 536-537; 정영일, 형법강의[총론](제3판), 도서출판학림(2017), 390.

형 중 일부에 대해서는 실형을, 나머지에 대해서는 집행유예를 선고하는 것은 허용되지 않는다"고 한다.[61]

입법론으로 단일형의 일부 집행유예 도입에 대해 찬반론이 있다. 찬성론은 실형선고와 집행유예선고의 양극단의 선택 이외에 중간형태의 양형으로 일부 집행유예가 필요하다는 지적이다.[62] 반대론은, 집행유예제도의 본래 취지는 피고인이 교도소 내 하위문화와 접촉하는 것을 방지하고 본인의 자유와 책임 하에 규범합치적 생활을 하도록 재기의 기회를 부여하는 데 있는 것인데, 일부 집행유예를 인정하게 되면 집행유예를 통하여 달성하고자 하는 형사정책적 목표를 애초부터 부정하는 결과가 된다는 지적이다.[63]

입법례로는 독일의 경우 2개월 이상 복역한 피고인이 선고 형기의 2/3를 경과한 때에는 그 시점에서 잔형의 집행을 유예할 수 있으나(독일 형법 제57조 제1항), 유죄판결 선고시에 미리 형의 일부 집행유예는 명문으로 금지하고 있다(독일 형법 제56조 제4항). 일본의 경우 2016년 형법 개정으로 자유형의 일부에 대한 집행유예 제도를 신설하였다(일본 형법 제27조의2 내지 제27조의7).[64] 반면, 프랑스의 경우 단순 집행유예와 보호관찰부 집행유예의 경우 일부 집행유예를 허용하고 있으며, 미국의 경우 일부 집행유예는 예외적인 것이 아니라 일반화된 것이라고 한다.[65]

Ⅲ. 집행유예의 선고

1. 방법(형의 선고와 동시에, 판결로써 선고)

형의 집행유예는 형의 선고와 동시에 판결로써 선고하여야 한다(형사소송법 제321조 제2항).

집행유예의 선고는 형의 선고와 '동시에' 하여야 하므로, 일단 형을 선고한 뒤 별개의 판결로써 따로 이를 선고할 수 없다.[66] 다만 판결 선고 후 경합범 중의

61 대법원 2007. 2. 22. 선고 2006도8555 판결.

62 김대휘, 형벌제도의 개선방안, 사법행정 제33권 제2호(1992), 29; 김성돈, 형법총론(제5판), 성균관대학교 출판부(2017), 825-826; 오영근, "刑法改正案의 刑罰制度에 대한 檢討", 형사정책연구 3-2, 한국형사정책연구원(1992), 28.

63 서보학, "'일부'집행유예제도와 'short sharp shock'", 형사정책 제9호(1997), 258-259.

64 타츠야오타/도중진(번역), "일본에 있어서 '형의 일부집행유예' 제도의 의의와 과제", 피해자학연구 제24권 제1호(2016.4), 76-90.

65 주석 형법, 총칙(2)(제2판), 한국사법행정학회(2011), 602-603(윤남근).

66 주석 형법총칙(하), 한국사법행정학회(1990), 395(박재윤).

어떤 죄에 대하여 사면(일반사면에 한함)을 받거나 형의 집행이 면제(그 예가 드물다)된 때에는 나머지 죄에 대하여 다시 형을 정한다(형법 제39조 제3항, 형사소송법 제336조 제1항은 '형법 제39조 제4항에 의하여'라고 규정하나, 이는 입법상 착오이다). 이 경우 검사의 청구에 결정으로 형을 정하며,[67] 이때에는 집행유예를 선고할 수 없는 것이 아니다.[68]

약식명령으로 벌금형의 집행유예를 할 수 있는지 문제된다. 선고유예를 할 수 있느냐에 관하여 견해가 나뉘어져 있으나, 집행유예에 대하여도 '약식명령으로 피고인을 벌금에 처할 수 있다'는 문언(형사소송법 제448조 제1항)과 형의 선고유예와 집행유예는 '판결로써 선고하여야 한다'는 문언(형사소송법 제321조 제2항) 및 약식절차의 취지에 비추어 약식절차에서 집행유예의 선고는 허용되지 않는다고 할 것이다.[69]

2. 집행유예의 기간 및 기산일

가. 유예기간

집행유예의 기간은 판결확정일로부터 '1년 이상 5년 이하'의 범위 내에서 법원이 정한다. 유예기간은 재범 방지를 위한 심리강제 수단이자 사회 내 처우의 기간이므로 필요성의 관점에서 정해야 하며, 반드시 선고형의 장단에 대응시킬 필요는 없다.[70] 집행유예기간을 선고형보다 단기로 정하는 것은 타당하지 않으며,[71] 실무상 집행유예기간은 선고형보다 장기인 것이 일반이다. 다만 집행유예기간을 선고형의 형량에 기계적으로 결부시키는 것은 바람직하지 않다.

벌금형의 집행유예인 경우에도 집행유예기간에 대해 법문상 별다른 제약이 없다. 집행유예기간이 환형유치기간을 초과하는 경우에도 양자는 그 목적과 제도적 기반이 서로 다르므로 문제되지 않는다. 다만 집행유예기간이 선고형량에 비해 과도하게 장기간인 경우에는 비례원칙 위반이 문제될 여지가 있다. 이는 특히 벌금형의 집행유예에서 문제될 소지가 크다.

나. 집행유예의 선고형량

집행유예의 선고형량은 실형을 선고한다고 가정할 경우의 형량과 동일하여야

67 법원실무제요 형사(Ⅱ), 법원행정처(2014), 544.
68 주석 형법총칙(하), 한국사법행정학회(1990), 395(박재윤).
69 이주원, 형사소송법, 박영사(2019), 639; 법원실무제요 형사(Ⅱ), 법원행정처(2014), 666 참조.
70 주석 형법총칙(하), 한국사법행정학회(1990), 395(박재윤).
71 大塚 仁 外, 大コンメンタール 刑法 1(豊田 健), 青林書院(2004), 528.

한다.[72] 그럼에도 불구하고 재판실무상 선고형을 결정하는 단계에서 집행유예를 할 것까지 미리 염두에 두고 실형을 선고하는 경우보다 장기의 형을 선고하는 경향이 있다.[73] 그러나 집행유예는 확정적인 사회 내 처우를 의미하는 것이 아니고, 선고형은 집행유예가 실효 또는 취소되면 현실적으로 집행을 받게 된다는 점에서, 당장 집행되지 않는다는 이유로 동일한 범행에 대해 실형을 선고할 경우보다 장기·다액의 과중한 형을 선고하는 것은 법이론적 측면에서나 형집행의 측면에서나 타당하지 않다.[74]

집행유예가 가능한 선고형은 그 상한선이 있다. 즉, 징역·금고형일 경우 그 형기가 3년 이하, 벌금형일 경우 그 금액이 500만원 이하인 경우에만 집행유예의 선고가 가능하다. 그렇다면 집행유예기간 중에 형법 제37조 후단의 경합범에 대하여 재차 집행유예를 선고할 경우에, 그 선고형이 형기가 이미 집행유예를 선고한 죄의 형기와 합산하여 선고형이 3년 이하라야 하는 것인가, 아니면 뒤에 선고할 죄에 대한 선고형이 3년 이하이면 충분한 것인가라는 문제가 있을 수 있다. 벌금형의 경우에도 같은 문제가 있을 수 있다. 이에 대해 합산설과[75] 비합산설[76]이 대립하고 있다. 합산설은, 수죄(數罪)에 대하여 같은 절차에서 동시에 재판을 받았더라면 한꺼번에 집행유예의 선고를 받았으리라고 여겨지는 경우에 재차 집행유예를 선고하게 되는 것이므로, 선고형의 합산된 형기도 3년을 초과해서는 안 된다고 한다. 비합산설은, 이미 집행유예가 선고된 죄의 형기와 상관없이 뒤에 선고할 죄의 선고형이 3년 이하이면 충분하다고 한다. 합산설에 따른다면 법정형의 하한의 제한을 받는 등 재차 집행유예를 할 수 있는 여지가 대폭 축소된다. 그러나 경합범가중에서 각 죄별로 형기를 단순 합산하는 병과주의에 따를 경우 합산설이 타당할지 모르나, 우리 형법은 가장 무거운 죄에 대하여 정하여진 형기의 1/2의 범위 내에서 가중하도록 규정하고 있으므로(형법 제38조 제1항 제2호), 합산설은 형식 논리적이고 현행법과 조화되지 않는다. 따라서 동시에 심판했을 경우 일

72 Martin Wasik, Emmins on Sentencing, 4th edition (London: Blackstone Press Limited, 1993), p. 158.

73 大塚 仁 外, 大コンメンタール刑法 1(豊田 健), 青林書院(2004), 527; 이러한 현상은 일본도 마찬가지라고 한다.

74 주석 형법, 총칙(2)(제2판), 한국사법행정학회(2011), 594, 607(윤남근).

75 日東京高判 1966. 1. 17. (高刑集 19-1, 12), 日札幌高判 1959. 3. 31. (高刑集 12-2, 207).

76 日大阪高判 1967. 10. 6. (高刑集 20-5, 623), 日東京高判 1971. 4. 26. (高刑集 14-4, 212), 日廣島高判 1971. 8. 14. (高刑集 14-5, 322).

괄하여 3년 이하의 선고형에 처해졌을 것이라고 인정되는 경우에는, 뒤에 선고할 죄에 대한 선고형이 3년 이하라면, 합산하여 3년을 초과할 때에도 뒤에 선고할 죄에 대한 집행유예가 가능하다고 보는 것이 합리적이다.[77]

다. 기산일

형법에는 집행유예기간의 시기(始期)에 관한 명문의 규정이 없다. 여기서 법원이 집행유예기간의 시기를 임의로 선택하여 정할 수 있는지 여부가 문제된다.

형사소송법 제459조가 "재판은 이 법률에 특별한 규정이 없으면 확정한 후에 집행한다."라고 규정한 취지나 집행유예 제도의 본질 등에 비추어 보면, 집행유예를 함에 있어 그 집행유예기간의 시기는 집행유예를 선고한 '판결 확정일'로 하여야 하고, 법원이 판결 확정일 이후의 시점을 임의로 선택할 수는 없다는 것이 판례의 입장이다.[78] 예컨대, 형법 제37조 후단의 경합범에 대하여 실형(징역 3년 6월)과 집행유예(징역 2년 6월에 집행유예 4년)를 선고하면서 집행유예기간의 기산일(시기)을 판결 확정 후 위 실형의 집행종료일로 정한 것은 위법하다.

재심절차에서 다시 집행유예를 선고할 경우 그 집행유예 기간의 시기는 재심대상판결의 확정일이 아니라 재심판결의 확정일로 보아야 한다.[79]

77 주석 형법총칙(하), 한국사법행정학회(1990), 393-394(박재윤).
78 대법원 2002. 2. 26. 선고 2000도4637 판결, 대법원 2019. 2. 28. 선고 2018도13382 판결.
79 대법원 2019. 2. 28. 선고 2018도13382 판결.

제 62 조의 2 [보호관찰, 사회봉사·수강명령]

① 형의 집행을 유예하는 경우에는 보호관찰을 받을 것을 명하거나 사회봉사 또는 수강을 명할 수 있다.
② 제1항의 규정에 의한 보호관찰의 기간은 집행을 유예한 기간으로 한다. 다만, 법원은 유예기간의 범위내에서 보호관찰기간을 정할 수 있다.
③ 사회봉사명령 또는 수강명령은 집행유예기간내에 이를 집행한다.

[본조신설 1995.12.29]

[관련조문] 형법 제1조, 제59조의2, 가정폭력범죄의 처벌 등에 관한 특례법 제40조 제1항, 벌금 미납자의 사회봉사 집행에 관한 특례법 제4조 제1항, 제5조, 제6조, 보호관찰 등에 관한 법률 제1조, 제3조, 제4조, 제15조, 제16조, 제31조, 제32조 제1항, 제2항, 제3항, 제38조, 제39조 제1항, 제2항, 제42조 제1항, 제2항, 제43조 제1항, 제51조, 제59조, 제61조, 제62조 제2항, 제3항, 제63조, 성폭력범죄의 처벌 등에 관한 특례법 제16조 제1항, 제2항, 제3항, 제4항, 특정 범죄자에 대한 위치추적 전자장치 부착 등에 관한 법률 제28조 제1항, 형사소송규칙 제147조의2 제2항, 제3항, 제4항, 제5항.

[참고문헌] 정성근/박광민, 형법총론(전정2판), 성균관대학교 출판부(2015); 정영일, 형법강의[총론](제3판), 도서출판학림(2017); 김일수/서보학, 새로쓴 형법총론(제13판), 박영사(2018); 손동권/김재윤, 새로운 형법총론, 율곡출판사(2011); 김성돈, 형법총론(제5판), 성균관대학교 출판부(2017); 주석 형법, 총칙(2)(제2판), 한국사법행정학회(2011); 박형남/오영근, 사회봉사·보호관찰제도 해설, 법원행정처(1997); 신동운, 형법총론(제11판), 법문사(2019); 임웅, 형법총론(제10정판), 법문사(2018).

Ⅰ. 의의

1. 개념

가. 집행유예를 선고할 경우에는 보호관찰을 받을 것을 명하거나 사회봉사 또는 수강을 명할 수 있다(형법 제62조의2 제1항). 과거에는 집행유예를 받는 소년범에 대해서만 보호관찰 등을 인정하였으나 이제는 성인범에게도 모두 적용할 수 있게 되었다.

우선, 보호관찰(probation)은 범죄자의 자유를 박탈하지 않고 사회 내에서 생활하게 하면서 보호관찰관의 지도와 원호를 통하여 지시된 준수사항을 이행하도록 함으로써, 재범을 방지하고 자발적·능동적인 사회복귀를 촉진하는 제도이다. 한편, 사회봉사명령이란 유죄가 인정된 범죄자에 대하여 자유형의 집행을 대신하여 사회 내에서 생활하게 하면서 일정한 기간 내에 지정된 시간 동안 강제로 사회에 유용한 활동이나 급부를 제공하도록 명하는 것을 말한다. 그리고 수강명령이란 유죄가 인정된 범죄자에 대하여 자유형의 집행에 대신하여 일정한 시간 동안 강의 또는 교육을 받도록 명하는 것을 말한다. 넓은 의미의 보호관찰은 사회봉사명령과 수강명령을 포함한다.

나. 보호관찰, 사회봉사명령, 수강명령에 관한 기본법률로 '보호관찰 등에 관한 법률'이 제정되어 있다. 이 법은 죄를 지은 사람으로서 재범 방지를 위하여 보호관찰, 사회봉사, 수강 및 갱생보호 등 체계적인 사회 내 처우가 필요하다고 인정되는 사람을 지도하고 보살피며 도움으로써 건전한 사회 복귀를 촉진하고, 효율적인 범죄예방 활동을 전개함으로써 개인 및 공공의 복지를 증진함과 아울러 사회를 보호함을 목적으로 한다(동법 제1조). 보호관찰 등은 그 개시되는 원인이 다양하지만(동법 제3조), 일단 보호관찰 등에 회부되면 그 절차, 방법, 내용 등에 있어서 동법의 통일적 규율을 받게 된다.

2. 연혁

가. 현대적 의미의 보호관찰제도(probation)가 세계 최초로 법제화된 것은 1878년 미국 매사추세츠 주에서이다. 미국의 보호관찰제도는 19세기 후반 유럽에 도입되어 벨기에(1888년)·프랑스(1891년)가 채택한 조건부 유죄판결제도와 독일(1895년)이 채택한 조건부 특사제도로 발전하였다.

한편, 현대적 형태의 사회봉사제도(community service order; gemeinnützige Arbeit)를 처음 실시한 나라는 영국이다. 영국은 1972년 형사재판법(Criminal Justice Act)에 의하여 1973. 1. 1.부터 독립된 형사제도로 시행하고 있다. 독일은 1924년 제국형법에서 처음 채택하였는데, 주로 벌금형 미납에 대한 환형처분의 대안이었다가, 1974년 형법시행법 제293조에 다시 규정되면서 각종 유예처분의 부가조건으로 수용되었다. 다만 영국과 달리 기소유예, 공판절차중지, 선고유예, 집행유예 등 각 단계에서 사회봉사명령을 할 수 있다는 것이 특색이다.[1]

그리고 우리나라 소년법에 규정된 수강명령 제도의 모체는 영국의 Attendance

1 정성근/박광민, 형법총론(전정2판), 성균관대학교 출판부(2015), 724.

Center Order이다. 이는 비교적 비행성이 약한 21세 미만의 자가 징역형을 선고할 수 있는 범죄를 범하여 유죄로 인정된 경우 징역형을 선고하지 아니하고 24시간 이내의 시간 동안 Attendance Center에 참석하여 강의, 훈련 또는 상담을 받도록 명하는 제도이다.[2]

나. 우리나라의 보호관찰제도는 1963년 소년법의 개정에 의하여 소년범에 대한 보호처분으로 법제화된 것이 최초이다. 1988. 12. 31. 소년법 개정에서 보호관찰을 받는 16세 이상의 소년에 대하여 사회봉사명령 또는 수강명령을 할 수 있도록 입법화하였다. 그러나 이에 대한 절차법과 전담기구의 미비로 인하여 거의 이용되지 않았다. 1988년 보호관찰법이 제정되어 1989년부터 시행됨에 따라 비로소 소년범에 대한 보호관찰이 체계적으로 실시되었고, 사회봉사명령과 수강명령을 보호관찰과 결합하여 부과할 수 있게 되었다. 1994년 성폭력범죄의 처벌 및 피해자 보호 등에 관한 법률이 성폭력범죄자에 대한 보호관찰을 규정함으로써 보호관찰은 일부 성인범에게까지 확대되었다. 그 후 1995년 형법 개정에서 모든 성인범에 대한 보호관찰 및 사회봉사명령·수강명령제도를 신설하였고 이는 1997. 1. 1.부터 시행되었다.

한편, 2009년 벌금 미납자의 사회봉사 집행에 관한 특례법이 제정되어 검사의 청구에 의한 법원의 허가가 있으면 벌금 미납자에 대한 노역장 유치를 사회봉사로 대신하여 집행할 수 있게 되었다(동법 제5조, 제6조). 대체 집행이 가능한 벌금형의 금액은 300만원이다(동법 제4조 제1항, 동법 시행령 제2조). 그리하여 사회봉사제도는 형사상 부수처분 외에도 벌금 미납의 경우 대체형벌로서의 의미 또한 갖게 되었다.

3. 법적 성격

가. 보호관찰, 사회봉사명령, 수강명령의 법적 성격에 대해서는 견해의 대립이 있는데, 형벌이 아닌 보안처분이라는 견해, 보호관찰은 보안처분이지만 사회봉사명령·수강명령은 자유형의 대체수단이라는 견해,[3] 장래적 재범위험성에 기초하여 부과되는 것이 아니라서 제3의 형사제재라는 견해,[4] 제3의 제재적 성격을 갖

2 정성근/박광민, 형법총론(전정2판), 성균관대학교 출판부(2015), 725-726.

3 정성근/박광민, 형법총론(전정2판), 성균관대학교 출판부(2015), 723-724; 정영일, 형법강의[총론](제3판), 도서출판학림(2017), 391-392.

4 김일수/서보학, 새로쓴 형법총론(제13판), 박영사(2018), 603-605; 손동권/김재윤, 새로운 형법총론, 율곡출판사(2011), 731.

지만 형벌에 결부되어 있는 것이라서 형집행의 변형이라는 견해[5] 등이다.

보호관찰 등의 법적 성질은, 보호관찰 등에 관한 관련 법률이 개정된 경우 형법 제1조의 적용 여부(소급효금지 여부)와 관련하여 문제된다. 또한 피고인만이 상소한 사건에서 상소심이 보호관찰 등의 조건을 변경하는 경우 불이익변경금지 원칙의 위반 여부에도 영향을 미칠 수 있다.[6]

나. 개정 법률의 소급효 여부

우선, 보호관찰 및 수강명령은 보안처분적 성격이 강한 반면, 사회봉사명령은 일종의 강제노역으로서 단기자유형을 대체하는 수단으로, 실무상 사회봉사의 시간을 결정함에 있어서 미결구금일수와 범죄의 경중을 중요 요소로 고려한다는 점에서 형벌적 성격이 강하다는 전제 하에,[7] 사회봉사명령에 한하여 형법 제1조가 적용된다고 한다(개별적 적용설).

판례는 보호관찰 및 수강명령은 '보안처분'으로, 사회봉사명령은 '형벌에 준하는 것'으로 이해한다. 즉, 형법 제62조의2에서 정한 보호관찰은 '형벌이 아니라 보안처분의 성격을 갖는 것으로서, 과거의 불법에 대한 책임에 기초하고 있는 제재가 아니라, 장래의 위험성으로부터 행위자를 보호하고 사회를 방위하기 위한 합목적적인 조치'이며,[8] 성폭력범죄의 처벌 등에 관한 특례법에 따라 병과하는 수강명령 또는 이수명령은 '이른바 범죄인에 대한 사회 내 처우의 한 유형으로서, 형벌 자체가 아니라 보안처분의 성격을 가지는 것'이지만,[9] 형의 집행을 유예하는 경우 명할 수 있는 사회봉사는 '자유형의 집행을 대체하기 위한 것'이라고 한다.[10] 그리하여 집행유예와 관련한 보호관찰에 대해 보안처분의 성격을 인정하여 보호관찰을 도입한 개정 형법에 소급효를 인정한 바 있다. 즉, 형법 개정 전의 행위에 대하여도 재판시의 규정을 적용하여 보호관찰을 받을 것을 명할 수 있다[11]는 것이다. 또한 사회봉사명령에 대해서는 자유형의 집행을 대체하기 위한 것이라는 이유로 형벌에 준하는 성격을 인정하였고, 가정폭력범죄의 처벌 등에 관한 특례법

5 김성돈, 형법총론(제5판), 성균관대학교 출판부(2017), 827-828.
6 주석 형법, 총칙(2)(제2판), 한국사법행정학회(2011), 573, 611-612(윤남근).
7 박형남/오영근, 사회봉사·보호관찰제도 해설, 법원행정처(1997), 47.
8 대법원 1997. 6. 13. 선고 97도703 판결, 대법원 2010. 9. 30. 선고 2010도6403 판결.
9 대법원 2018. 10. 4. 선고 2016도15961 판결.
10 대법원 2008. 4. 11. 선고 2007도8373 판결.
11 대법원 1997. 6. 13. 선고 97도703 판결.

이 정한 보호처분 가운데 하나인 사회봉사명령(동법 제40조 제1항 제4호)에 대해서도 소급효금지의 원칙을 적용하였다. 즉, 이는 가정폭력범죄행위에 대하여 형사처벌 대신 부과되는 것으로서, 가정폭력범죄를 범한 자에게 의무적 노동을 부과하고 여가시간을 박탈하여 실질적으로는 신체적 자유를 제한하게 되므로, 이에 대하여는 원칙적으로 형벌불소급의 원칙에 따라 행위시법을 적용함이 상당하다[12]는 것이다.

이에 대해서는 선고유예나 집행유예의 부수조치로서의 보호관찰에 대하여 형벌에 준하는 성격을 인정하여 보호관찰을 도입한 신법의 소급효를 금지하여야 하는 반면, 가석방 기간 또는 치료감호의 가종료나 만료 후에 가해지는 보호관찰은 보안처분의 성질을 가지므로 소급효금지의 원칙이 적용되지 않는다고 보아야 한다는 견해가 있다.[13] 이 견해에 의하면 형법 제62조의2에서의 보호관찰은 물론 수강명령(에 의한 수강)도 사회봉사명령의 경우와 같이 소급효금지의 원칙과 유추해석금지의 원칙이 적용된다고 한다.[14]

다. 불이익변경금지 원칙의 위반 여부

다음으로, 판례는 불이익변경금지 원칙과 관련하여, 수강명령에 대해서는 다른 관점에서 전체적·실질적 고찰방법에 따라 실질적 불이익 여부를 판단하고 있다. 즉, 성폭력범죄의 처벌 등에 관한 특례법에 따라 병과하는 '수강명령 또는 이수명령'은 이른바 범죄인에 대한 사회 내 처우의 한 유형으로서 형벌 자체가 아니라 보안처분의 성격을 가지는 것이지만, 의무적으로 강의를 수강하거나 의무적으로 성폭력 치료프로그램을 이수하도록 함으로써 '실질적으로는 신체적 자유를 제한하는 것'이 되므로, 항소심에서 제1심판결에서 정한 형과 동일한 형을 선고하면서 새로 수강명령 또는 이수명령을 병과하는 것은 전체적·실질적으로 볼 때 피고인에게 불이익하게 변경한 것이므로 허용되지 않는다고 한다.[15]

물론 보호관찰에 관해서는, 항소심이 제1심판결에서 정한 형과 동일한 형을 선고하면서 보호관찰만을 붙인 경우에는, 보호관찰은 형벌 그 자체가 아니라 보안처분의 성격을 가지는 것이므로, 항소심의 형이 불이익하다고 볼 수 없다고 한

12 대법원 2008. 7. 24.자 2008어4 결정.
13 신동운, 형법총론(제11판), 법문사(2019), 863-864.
14 신동운, 형법총론(제11판), 법문사(2019), 876-877.
15 대법원 2018. 10. 4. 선고 2016도15961 판결.

다.[16] 결론적으로 판례는 보호관찰과 사회봉사명령·수강명령을 구별하여 서로 달리 취급하고 있는 셈이다.

Ⅱ. 보호관찰, 사회봉사명령, 수강명령의 부과

1. 부과

가. 재량사항

보호관찰, 사회봉사·수강명령은 법원의 재량사항이다. 보호관찰 등에 대한 적격성 판단의 고려요소로서 피고인의 연령 및 사회복귀가능성, 가족관계, 마약중독이나 성범죄 등의 비행전력, 범죄의 내용, 일정한 범죄에 대한 사회적 인식, 피고인의 개전의 정을 들 수 있다. 기본적으로 범죄의 객관적 측면보다 피고인의 주관적 측면이 중시되어야 하고 부과조건도 피고인에 따라 개별화되어야 할 것이다.[17]

다만, 법원이 필요적으로 보호관찰을 명해야 하는 경우가 있다. 즉, 선고유예의 경우 성폭력범죄를 범한 사람에 대하여 형의 선고를 유예하는 경우에는 1년 동안 보호관찰을 받을 것을 명할 수 있다. 그러나 성폭력범죄를 범한 소년에 대하여 형의 선고를 유예하는 경우에는 반드시 보호관찰을 명하여야 한다(성폭력범죄의 처벌 등에 관한 특례법 제16조 제1항). 또한 법원이 성폭력범죄를 범한 사람에 대하여 유죄판결(선고유예는 제외한다)을 선고하거나 약식명령을 고지하는 경우에는 500시간의 범위에서 재범예방에 필요한 수강명령 또는 성폭력 치료프로그램의 이수명령을 병과하여야 한다(동법 제16조 제2항 본문). 성폭력범죄를 범한 자에 대하여 제16조 제2항의 수강명령은 형의 집행을 유예할 경우에 그 집행유예기간 내에서 병과하고, 이수명령은 벌금 이상의 형을 선고하거나 약식명령을 고지할 경우에 병과한다(동법 제16조 제3항 본문).

한편, 법원이 성폭력범죄를 범한 사람에 대하여 형의 집행을 유예하는 경우에는 제16조 제2항에 따른 수강명령 외에 그 집행유예기간 내에서 보호관찰 또는 사회봉사 중 하나 이상의 처분을 병과할 수 있다(성폭력범죄의 처벌 등에 관한 특례법 제16조 제4항). 특정 범죄자 즉, 일정한 성폭력범죄, 미성년자 대상 유괴범죄, 살인범죄, 강도범죄를 범한 자에 대하여 형의 집행을 유예하면서 보호관찰을 받을

16 대법원 2010. 2. 11. 선고 2009도12967 판결.

17 박형남/오영근, 사회봉사·보호관찰제도 해설, 법원행정처(1997), 17.

것을 명할 때에는 보호관찰기간의 범위 내에서 기간을 정하여 위치추적 전자장치 부착명령을 할 수 있다(특정 범죄자에 대한 위치추적 전자장치 부착 등에 관한 법률 제28조 제1항). 이 경우 부착명령은 법원이 형의 집행을 유예하면서 보호관찰을 받을 것을 명하는 때에만 가능한 것이고, 보호관찰부 집행유예와 서로 불가분의 관계에 있는 것이며, 특정 범죄자에 대하여 집행유예를 선고할 경우 보호관찰을 받을 것을 함께 명할지 여부 및 구체적인 준수사항의 내용, 나아가 전자장치의 부착을 명할지 여부 및 그 기간 등에 대한 법원의 판단은 그 전제가 되는 집행유예의 선고와 일체를 이루는 것으로서, 보호관찰명령이나 부착명령이 관련 법령에서 정하고 있는 요건에 위반한 것이 아닌 한, 형의 집행유예를 선고하는 것과 마찬가지로 법원의 재량사항에 속한다는 것이 판례이다.[18]

나. 보호관찰의 기간 및 사회봉사·수상의 총시간

집행유예의 경우 보호관찰의 기간은 집행을 유예한 기간으로 하는데, 다만 법원은 유예기간의 범위 내에서 보호관찰기간을 따로 정할 수도 있다(형법 제62조의2 제2항). 그 기산일은 집행유예 판결이 확정된 때부터 진행한다.

집행유예에 부가하여 명하는 사회봉사는 500시간, 수강은 200시간의 범위 내에서 피고인이 이행하여야 할 총 사회봉사시간 또는 수강시간을 정하여야 한다. 이 경우 법원은 필요하다고 인정하는 때에는 사회봉사 또는 수강할 강의의 종류나 방법 및 그 시설 등을 지정할 수 있다(보호관찰법 제59조, 형사소송규칙 제147조의2 제2항), 사회봉사명령은 500시간, 수강명령은 200시간을 각 초과할 수 없으며, 보호관찰관이 그 명령을 집행함에는 본인의 정상적인 생활을 방해하지 아니하도록 한다(형사소송규칙 제147조의2 제3항). 그 총시간은 대상자의 개선가능성, 성향, 범죄의 경중, 본형의 형기 및 집행유예기간, 미결구금일수 등을 종합적으로 고려하여 결정하되, 집행의 편의를 위하여 8의 배수가 되는 시간으로 정하는 것이 바람직하다(보호관찰 및 사회봉사명령 등에 관한 예규 제6조). 8의 배수가 되도록 한 것은 보호관찰관의 1일 근무시간을 고려하여 집행의 편의를 위한 것이다.

다. 병과가능성

보호관찰, 사회봉사·수강명령은 둘 이상 병과할 수 있다(형사소송규칙 제147조의2 제4항). 형법상 보호관찰은 선고유예 또는 집행유예의 경우에 부가하여 부과

18 대법원 2012. 8. 30. 선고 2011도14257, 2011전도233 판결.

할 수 있고(형법 제59조의2), 사회봉사명령과 수강명령은 집행유예의 경우에만 부가하여 부과할 수 있다(형법 제62조의2).

여기서 "형의 집행을 유예하는 경우에는 보호관찰을 받을 것을 명하거나 사회봉사 또는 수강을 명할 수 있다."는 규정에 대하여, 보호관찰과 사회봉사 또는 수강을 '동시에' 명할 수 있다고 해석하는 것이 판례이다.[19] 이에 대해서는 문언적 표현을 정확히 개정하여 해석상의 논란을 해소할 필요가 있다는 입법론이 있다.[20] 즉, 그 문리에 따르면, 보호관찰과 사회봉사는 각각 독립하여 명할 수 있다는 것이지, 반드시 그 양자를 동시에 명할 수 없다는 취지로 해석되지는 않으며, 여기서 '하거나'라는 표현은 문언해석상 선택가능성을 의미하는 것이지, 병과가능성으로 해석할 것은 아니라는 것이다.

라. 벌금형의 집행유예

벌금형의 집행을 유예하는 경우에도 보호관찰을 받을 것을 명하거나 사회봉사 또는 수강을 명할 수 있다. 즉, 500만 원 이하의 벌금형의 집행을 유예하는 경우에도 형법 제62조의2의 문언상 별다른 제한이 없기 때문이다. 이 경우에도 보호관찰, 사회봉사·수강명령은 둘 이상 병과할 수 있다. 다만 사회봉사명령은 일종의 강제노역으로서 자유형의 대체수단이고 벌금 미납자에 대한 노역장 유치의 대체집행수단인 측면이 있으므로, 사회봉사명령의 부과에는 신중을 기할 필요가 있다. 또한 선고형량에 비해 집행유예기간이나 부수처분이 과도한 경우에는 비례원칙 위반이 문제될 여지가 있다.

2. 내용

가. 보호관찰의 내용[대상자의 준수사항(일반·특별)]

보호관찰명령은 보호관찰기간 동안 바른 생활을 영위할 것을 요구하는 추상적 조건의 부과이거나 악행을 하지 말 것을 요구하는 '소극적 부작위조건의 부과'라는 특징이 있다.[21]

보호관찰 대상자는 보호관찰관의 지도·감독을 받으며 준수사항을 지키고 스스로 건전한 사회인이 되도록 노력하여야 한다(보호관찰법 제32조 제1항). 보호관찰

19 대법원 1998. 4. 24. 선고 98도98 판결.
20 임웅, 형법총론(제10정판), 법문사(2018), 695-696.
21 대법원 2009. 3. 30.자 2008모1116 결정.

대상자의 준수사항에는 일반준수사항과 특별준수사항이 있다.

일반준수사항은, 주거지에 상주하고 생업에 종사할 것, 범죄로 이어지기 쉬운 나쁜 습관을 버리고 선행을 하며 범죄를 저지를 염려가 있는 사람들과 교제하거나 어울리지 말 것, 보호관찰관의 지도·감독에 따르고 방문하면 응대할 것, 주거를 이전하거나 1개월 이상 국내외 여행을 할 때에는 미리 보호관찰관에게 신고할 것(보호관찰법 제32조 제2항)이다.

특별준수사항은 법원이 일반준수사항 외에 범죄의 내용과 종류 및 본인의 특성을 고려하여 필요하다고 판단할 때 보호관찰 기간의 범위에서 기간을 정하여 특별히 지켜야 할 사항으로 따로 부과하는 준수사항이다(보호관찰법 제32조 제3항). 특별준수사항은, 야간 등 재범의 기회나 충동을 줄 수 있는 특정 시간대의 외출 제한, 재범의 기회나 충동을 줄 수 있는 특정 지역·장소의 출입 금지, 피해자 등 재범의 대상이 될 우려가 있는 특정인에 대한 접근 금지, 범죄행위로 인한 손해회복을 위한 노력, 일정한 주거가 없는 자에 대한 거주장소 제한, 사행행위에 빠지지 아니할 것, 일정량 이상의 음주를 하지 말 것, 마약 등 중독성 있는 물질을 사용하지 아니할 것, 마약류관리에 관한 법률상의 마약류 투약, 흡연, 섭취 여부에 관한 검사에 따를 것, 그 밖에 보호관찰 대상자의 재범 방지를 위하여 필요하다고 인정되어 대통령령으로 정하는 사항이다(동법 제32조 제3항). 나아가 보호관찰법 시행령은 특별준수사항으로, 운전면허를 취득할 때까지 자동차(원동기장치자전거를 포함한다) 운전을 하지 않을 것, 직업훈련, 검정고시 등 학과교육 또는 성행개선을 위한 교육, 치료 및 처우 프로그램에 관한 보호관찰관의 지시에 따를 것, 범죄와 관련이 있는 특정 업무에 관여하지 않을 것, 성실하게 학교수업에 참석할 것, 정당한 수입원에 의하여 생활하고 있음을 입증할 수 있는 자료를 정기적으로 보호관찰관에게 제출할 것, 흉기나 그 밖의 위험한 물건을 소지 또는 보관하거나 사용하지 아니할 것, 가족의 부양 등 가정생활에 있어서 책임을 성실히 이행할 것, 그 밖에 보호관찰 대상자의 생활상태, 심신의 상태, 범죄 또는 비행의 동기, 거주지의 환경 등으로 보아 보호관찰 대상자가 준수할 수 있고 자유를 부당하게 제한하지 아니하는 범위에서 개선·자립에 도움이 된다고 인정되는 구체적인 사항 등을 규정하고 있다(동법 시행령 제19조). 이러한 특별준수사항은 법원이 보호관찰소의 장의 신청 또는 검사의 청구에 따라 사후적으로 준수사항의 전부 또는 일부를 추가, 변경하거나 삭제할 수 있다(동법 제32조 제4항).

여기서의 보호관찰은 형벌이 아닌 보안처분의 성격을 갖는 것으로서, 과거의 불법에 대한 책임에 기초하고 있는 제재가 아니라 장래의 위험성으로부터 행위자를 보호하고 사회를 방위하기 위한 합목적적인 조치이다. 보호관찰은 위와 같은 형사정책적 견지에서 때로는 본래 개인의 자유에 맡겨진 영역이거나 또는 타인의 이익을 침해하는 법상 금지된 행위가 아니더라도 보호관찰 대상자의 특성, 그가 저지른 범죄의 내용과 종류 등을 구체적·개별적으로 고려하여 일정기간 동안 보호관찰 대상자의 자유를 제한하는 내용의 준수사항을 부과함으로써 대상자의 교화·개선을 통해 범죄를 예방하고 재범을 방지하려는 데에 그 제도적 의의가 있다. 다만 법치주의와 기본권 보장의 원칙 아래에서 보호관찰 역시 자의적·무제한적으로 허용될 수 없음은 물론이다. 보호관찰은 '필요하고도 적절한 한도 내에서' 이루어져야 하며, '가장 적합한 방법으로' 실시되어야 하므로(보호관찰법 제4조), 대상자가 준수할 수 있고 그 자유를 부당하게 제한하지 아니하는 범위 내에서 '구체적으로' 부과되어야 한다(동법 시행령 제19조 제8호).[22]

판례는, 버스회사 노동조합 지부장인 피고인이 운전기사 신규 채용 내지 정년 도과 후 촉탁직 근로계약의 체결과 관련하여 취업을 원하거나, 정년 후 계속 근로를 원하는 운전기사들로부터 청탁의 대가로 돈을 받아 이익을 취득한 사안에서, 근로기준법 위반죄의 성립을 인정한 뒤, 피고인에 대하여 형의 집행을 유예함과 동시에 집행유예기간 동안 보호관찰을 받을 것을 명하면서 "보호관찰기간 중 노조지부장 선거에 후보로 출마하거나 피고인을 지지하는 다른 조합원의 출마를 후원하거나 하는 등의 방법으로 선거에 개입하지 말 것"이라는 내용의 특별준수사항을 부과한 것은 정당하다고 한 사례[23]가 있다.

나. 사회봉사·수강명령의 내용[사회봉사·수강 및 대상자의 준수사항(일반·특별)]

1) 사회봉사·수강

사회봉사·수강명령은 특정 시간 동안의 '적극적인 작위의무 부과'라는 특징이 있다.[24]

사회봉사명령의 작업내용은 자연보호활동, 병원이나 사회복지시설에서의 봉사활동, 공공시설봉사활동, 대민지원봉사활동 등이다. 법원은 사회봉사를 명하면

22 대법원 2010. 9. 30. 선고 2010도6403 판결.
23 대법원 2010. 9. 30. 선고 2010도6403 판결.
24 대법원 2009. 3. 30.자 2008모1116 결정.

서 총시간만을 정할 수도 있고, 봉사활동의 내용, 장소, 방법 등을 구체적으로 지정할 수도 있다. 법원이 사회봉사의 내용을 추상적으로 정하였거나 아예 정하지 않은 경우에는 집행기관인 보호관찰관이 위임된 범위 내에서 재량으로 집행하게 된다. 판례는, 사회봉사는 형의 집행을 유예하면서 부가적으로 명하는 것이고 집행이 유예되는 형은 자유형에 한정되고 있는 점 등에 비추어, 법원이 형의 집행을 유예하는 경우 명할 수 있는 사회봉사는 자유형의 집행을 대체하기 위한 것으로서 500시간 내에서 시간 단위로 부과될 수 있는 일 또는 근로활동을 의미하는 것으로 해석되므로, 법원이 사회봉사명령으로서 피고인에게 일정한 금원을 출연하거나 이와 동일시할 수 있는 행위를 명하는 것은 허용될 수 없다고 한다.[25] 즉, 사회봉사명령으로서 일정액의 금전출연을 주된 내용으로 하는 사회공헌계획의 성실한 이행을 명하는 것 또는 준법경영을 주제로 하는 강연과 기고를 명하는 것은 허용될 수 없다는 것이다.

수강명령의 내용은 일반적으로 약물·마약·알콜치료강의, 준법운전강의, 심리치료강의, 성폭력·가정폭력치료 강의 등이다. 법원은 대상자가 수강할 강의의 종류나 방법 및 그 시설 등을 지정할 수 있다(보호관찰법 제59조, 형사소송규칙 제147조의2 제2항). 수강명령의 제도적 취지에 비추어볼 때, 단지 총시간만을 정하는 것을 지양하고 범죄의 내용, 대상자의 연령, 직업, 소질 등 개인적 특성, 집행시설의 여건 등을 고려하여 수강내용을 구체적으로 지정할 필요가 있다.

2) 사회봉사·수강명령 대상자의 준수사항 문제

사회봉사·수강명령 대상자에게도 지켜야 할 사항, 즉 일반준수사항과 특별준수사항이 있다.

일반준수사항은, 보호관찰관의 집행에 관한 지시에 따를 것, 주거를 이전하거나 1개월 이상 국내외여행을 할 때에는 미리 보호관찰관에게 신고할 것(보호관찰법 제62조 제2항)이다.

특별준수사항은, 법원이 판결의 선고를 할 때 일반준수사항 외에 대통령령으로 정하는 범위에서 본인의 특성을 고려하여 특별히 지켜야 할 사항을 따로 부과하는 준수사항이다. 보호관찰 대상자에게 부과할 수 있는 특별준수사항(보호관찰법 시행령 제19조)은 사회봉사·수강명령 대상자에 대하여 이를 준용한다(동법 시행령

25 대법원 2008. 4. 11. 선고 2007도8373 판결.

제39조 제1항).

주의할 점은, 사회봉사·수강명령 대상자에 대한 특별준수사항은 보호관찰 대상자에 대한 것과 같을 수 없고, 따라서 보호관찰대상자에 대한 특별준수사항을 사회봉사·수강명령 대상자에게 그대로 적용하는 것은 적합하지 않다는 것이다.[26] 즉, 판례는 그 근거로 ①보호관찰, 사회봉사·수강 또는 갱생보호는 당해 대상자의 교화·개선 및 범죄예방을 위하여 필요하고도 상당한 한도 내에서 이루어져야 하며, 당해 대상자의 연령·경력·심신상태·가정환경·교우관계 기타 모든 사정을 충분히 고려하여 가장 적합한 방법으로 실시되어야 하므로, 법원은 특별준수사항을 부과하는 경우 대상자의 생활력, 심신의 상태, 범죄 또는 비행의 동기, 거주지의 환경 등 대상자의 특성을 고려하여 대상자가 준수할 수 있다고 인정되고 자유를 부당하게 제한하지 아니하는 범위 내에서 개별화하여 부과하여야 한다는 점, ② 보호관찰 기간은 집행을 유예한 기간으로 하고 다만, 법원은 유예기간의 범위 내에서 보호관찰기간을 정할 수 있는 반면, 사회봉사명령·수강명령은 집행유예기간 내에 이를 집행하되 일정한 시간의 범위 내에서 그 기간을 정하여야 하는 점, ③ 보호관찰명령이 보호관찰기간 동안 바른 생활을 영위할 것을 요구하는 추상적 조건의 부과이거나 악행을 하지 말 것을 요구하는 소극적인 부작위조건의 부과인 반면, 사회봉사명령·수강명령은 특정시간 동안의 적극적인 작위의무를 부과하는 데 그 특징이 있다는 점 등을 들고 있다.

3. 집행

가. 집행기관

보호관찰, 사회봉사명령, 수강명령의 집행은 보호관찰소가 관장한다(보호관찰법 제15조). 구체적으로 집행사무를 처리하는 자는 보호관찰관으로(동법 제16조), 대상자의 주거지를 관할하는 보호관찰소 소속 보호관찰관이 담당한다(동법 제31조). 한편, 사회봉사·수강명령은 보호관찰관이 집행한다. 다만, 보호관찰관은 국공립기관이나 그 밖의 단체에 그 집행의 전부 또는 일부를 위탁할 수 있다(동법 제61조).

나. 집행시기

보호관찰은 보호관찰기간 내에 이를 집행한다. 사회봉사·수강명령은 집행유예기간 내에 이를 집행한다(형법 제62조의2 제3항). 사회봉사·수강명령이 보호관찰

[26] 대법원 2009. 3. 30.자 2008모1116 결정.

과 병과하여 부과된 때에는 보호관찰기간 내에 이를 집행하여야 한다(형사소송규칙 제147조의2 제5항). 보호관찰과 병과된 것이 아닌 사회봉사·수강명령은 판결확정일부터 집행유예가 종료할 때까지 사이에 집행하여야 한다. 그 기간을 벗어난 집행은 허용되지 않는다.

다. 준수사항·명령의 위반

보호관찰소장은 보호관찰 대상자가 준수사항을 위반하였거나 위반할 위험성이 있다고 인정할 상당한 이유가 있는 경우에는, 준수사항의 이행을 촉구하고 형의 집행 등 불리한 처분을 받을 수 있음을 경고할 수 있다(보호관찰법 제38조). 나아가 대상자가 준수사항을 위반하였거나 위반하였다고 의심할 상당한 이유가 있고, 소환에 불응하거나 도망 또는 도망할 염려가 있는 경우에는, 검사에게 신청하여 검사의 청구로 관할 지방법원 판사의 구인장을 발부받아 대상자를 구인할 수 있다(동법 제39조 제1항). 구인장은 검사의 지휘에 따라 보호관찰관이 집행하되, 보호관찰관이 집행하기 곤란한 경우에는 사법경찰관리에게 집행하게 할 수 있다(동법 제39조 제2항).

보호관찰소장은 대상자가 준수사항이나 명령을 위반하고 그 정도가 무거운 때에는 선고유예의 실효 및 집행유예의 취소 청구의 신청을 위하여 검사의 청구로 판사의 허가를 받아 대상자를 수용기관에 유치할 수 있다(보호관찰법 제42조 제1항, 제2항). 유치기간은 구인한 날부터 20일이고, 법원은 심급마다 20일의 범위에서 한 차례만 유치기간을 연장할 수 있다(동법 제43조 제1항).

4. 종료

가. 보호관찰의 종료

보호관찰은, 보호관찰 기간이 지난 때, 집행유예가 실효되거나 취소된 때, 보호관찰 기간 중 금고 이상의 형의 집행을 받게 된 때에 종료한다(보호관찰법 제51조).

나. 사회봉사·수강의 종료

사회봉사·수강은, 그 집행을 완료한 때, 집행유예 기간이 지난 때, 집행유예의 선고가 실효되거나 취소된 때, 사회봉사·수강명령 집행 중 금고 이상의 형의 집행을 받게 된 때에는 종료한다(보호관찰법 제63조).

제 63 조 [집행유예의 실효]

집행유예의 선고를 받은 자가 유예기간 중 고의로 범한 죄로 금고 이상의 실형을 선고받아 그 판결이 확정된 때에는 집행유예의 선고는 효력을 잃는다. <개정 2005.7.29>

[관련조문] 형법 제37조, 제62조 제1항, 형사소송법 제488조, 제489조, 사회보호법 제5조 제1호, 제6조 제1항, 특정범죄 가중처벌 등에 관한 법률 제5조의4 제6항.

[참고문헌] 신동운, 형법총론(제11판), 법문사(2019); 손동권/김재윤, 새로운 형법총론, 율곡출판사(2011); 이승호, "현행 형법의 집행유예제도에 대한 해석론", 일감법학 제12호(2007.8.).

Ⅰ. 집행유예 실효의 의의

집행유예의 실효란 집행유예 판결이 확정된 후 유예기간 중 일정한 사유가 발생한 경우 법률상 당연히 집행유예의 선고가 효력을 상실함으로써 유예된 형을 집행하는 제도를 말한다.

집행유예는 본래 피고인이 그 유예기간 동안 재범을 함이 없이 무사히 경과하면 형선고의 효력을 상실시키되, 재범을 하면 유예된 형을 집행할 것이라는 경고를 통해, 피고인의 재사회화를 유도하고 재범의 욕구를 심리적으로 억지하기 위한 제도이다. 따라서 집행유예기간 중에 재범을 한 자에 대하여 집행유예를 실효시켜 유예된 형을 집행하는 것은, 집행유예에 본래부터 내재되어 있는 효과로서 이중처벌금지의 원칙에 위배되는 것이 아니다.[1]

2005. 7. 29. 개정 형법은 실효사유를 '유예기간 중' '고의로 범한 죄로' '금고 이상'의 '실형'을 선고받아 '확정'된 때로 축소하였다. 개정 전에는 범죄시기 및 고의범·과실범의 구별 없이 '유예기간 중 금고 이상의 형의 선고를 받아 그 판결이 확정된 때'로 규정하였으나, 개정형법은 "유예'기간 중'에 범한 '고의범'에 대해 '금고 이상'의 '실형'의 '확정'판결이 있는 경우"에만 기존의 집행유예가 실효되도록 축소 제한함으로써, 판결 이후의 재범 방지라는 집행유예제도의 목적에 부합하게 되었다.

1 日最決 1951. 10. 6. (刑集 5-11, 2173).

집행유예기간 중 실효사유가 발생하면 집행유예의 선고는 효력을 잃는다. 집행유예의 실효는 법원의 재판 없이 법률상 당연히 그 효과가 발생한다. 선고유예의 경우 자격정지 이상의 형에 처한 판결이 확정되면 검사의 청구에 의하여 유예된 형을 선고하는 법원의 결정이 별도로 요구되는 것과 구별된다.

Ⅱ. 집행유예 실효의 요건

1. 집행유예기간 중에 고의로 범한 죄일 것

집행유예가 실효되려면 새로 재판받는 범죄는 '집행유예기간 중 고의로 범한 죄'에 한정된다. 집행유예기간은 집행유예 판결이 확정된 때로부터 진행한다. 전과범죄의 주형에 대해서는 법문상 구별이 없으므로, 징역·금고형의 집행유예이든 벌금형의 집행유예이든 마찬가지이다.

가. 새로 재판받는 범죄(재범)는 '집행유예 기간 중 새로이 범한 죄'이어야 한다. 따라서 집행유예 판결이 확정되기 전에 범한 죄, 즉 집행유예를 선고받은 범죄와 형법 제37조 후단의 경합범 관계에 있는 범죄에 대하여 집행유예기간 중에 실형이 선고·확정되는 경우에도, 구법에 따르면 유예기간 중 금고 이상의 형을 선고한 판결이 확정되기만 하면 집행유예가 실효되었지만,[2] 현행 형법에 따르면 '집행유예기간 중 범한 죄'가 아니므로 기존의 집행유예는 실효되지 않는다. 다만 범죄의 실행행위가 집행유예 판결의 확정 전후에 걸쳐 있는 때에는 형법 제37조 후단의 경합범은 아니므로,[3] 집행유예는 실효된다고 보아야 한다.

나. 새로 재판받는 범죄(재범)가 '고의범'인 경우에 한정된다. 재범이 단순 과실이나 업무상과실 또는 중과실로 범한 죄인 경우에는 기존의 집행유예가 실효되지 않는다.

2. 금고 이상의 실형이 선고되어 확정될 것

가. 금고 이상의 '실형'

새로 재판받는 범죄(재범)는 '금고 이상의 실형을 선고받아 그 판결이 확정'될 것을 요한다. 여기서 금고 이상의 실형은 금고형 및 징역형을 의미한다. 따라서

2 대법원 1997. 7. 18.자 97모18 결정.

3 대법원 2001. 3. 13. 선고 2000도4880 판결, 대법원 2001. 8. 21. 선고 2001도3312 판결, 대법원 2003. 8. 22. 선고 2002도5341 판결.

새로 재판받는 범죄(재범)에 대한 벌금형(또는 그 집행유예)의 확정만으로는 기존의 집행유예가 실효되지 않는다.

판례에 따르면, 집행유예기간이 경과하기 전 그 유예기간 중에 저지른 범죄에 대하여는, 그 집행유예 판결이 형법 제62조 제1항 단서에서 정하는 집행유예 결격사유에 해당하므로, 다시 집행유예를 선고하는 것이 허용되지 않는다고 해석한다. 그 결과 징역·금고형의 집행유예기간이 경과하기 전에는 그 유예기간 중에 범한 죄에 대하여는 다시 징역·금고형의 집행유예를 하는 것은 허용되지 않고 반드시 '실형'을 선고하여야 한다. 그리고 형법 제63조(집행유예의 실효)에서 "금고 이상의 실형"이라는 문구를 사용하고 있는 이상, 오로지 금고 이상의 실형이 선고·확정된 경우에만 기존의 집행유예가 실효하게 된다. 따라서 여기서의 '실형'은 '실제로 복역해야 하는 형'으로서 집행유예가 붙은 형을 제외한 것[4]을 의미한다. 즉 징역·금고형의 실형이 아닌 집행유예가 붙은 형이 선고된다면 기존의 집행유예는 실효되지 않는 것이 된다.

다만 피고인이 이미 집행유예기간 중임을 모르고 착오로 새로 재판받는 범죄(재범)에 대해 재차 집행유예가 선고되어 확정된 경우[5]가 문제될 수 있다. 금고 이상의 '실형'의 선고와 확정이 있어야 실효되기 때문에 새로 재판받는 범죄에 대해 집행유예가 선고될 뿐인 경우에는 기존의 집행유예가 실효되지 않는다. 집행유예의 선고는 '실형'의 선고가 아니기 때문이다. 새로 재판받는 범죄(재범)에 대해 징역·금고형의 집행유예가 선고되든 벌금형의 집행유예가 선고되든 기존의 집행유예에 대한 실효사유가 되지 못한다는 점은 마찬가지이다.

집행유예의 선고가 '실형'의 선고가 아니라는 점은 특별법상 구성요건의 해석에서도 확인된다. 특정범죄 가중처벌 등에 관한 법률 제5조의4 제6항(상습절도 누범)은 상습절도죄 등으로 '두 번 이상 실형을 선고받고' 누범으로 다시 이들 죄를 범한 경우에 가중 처벌하는 특별 구성요건을 규정하고 있다. 처음부터 실형을 선고받은 것이 아니라, 형의 집행유예를 선고받은 후 집행유예가 실효되거나 취소된 경우는 동법 제5조의4 제6항이 정하는 '실형을 선고' 받은 경우에 포함된다고 볼 수 없다[6]고 한다. 형벌법규의 해석은 엄격하여야 하고 피고인에게 불리한 방

4 신동운, 형법총론(제11판), 법문사(2019), 874.
5 손동권/김재윤, 새로운 형법총론, 율곡출판사(2011), 733.
6 대법원 2011. 5. 26. 선고 2011도2749 판결.

향의 확장해석이나 유추해석은 죄형법정주의의 원칙에 어긋나는 것으로서 허용되지 않는다는 입장에서 엄격해석한 것인데, 집행유예의 선고가 '실형'의 선고가 아니라는 점은 결과적으로 동일하다.

반면, 보호감호 요건인 사회보호법 제5조 제1호 소정의 형기 합계 3년 이상에 통산되는 '실형'에는, 집행유예의 선고가 실효되어 그 형의 집행을 종료한 경우도 해당되고,[7] 집행유예의 실효로 인하여 집행되어야 할 형이 집행되지 않은 채 형의 시효가 완성된 경우도 해당된다.[8] 이는 사회보호법 제6조 제1항이 "제5조에서 '실형'이라 함은 금고 이상의 형을 받아 그 전부 또는 일부의 집행을 받거나 면제된 경우의 형을 말한다."라고 특별히 규정하고 있기 때문이다. 따라서 동법 제5조 제1호에서의 '실형'에는 그 집행을 마친 형기뿐만 아니라 그 집행이 면제된 형기도 포함되는 것이다.[9]

나. 실형의 '선고'와 '확정'의 시점(집행유예기간 중)

현행 형법은 "유예기간 중 고의로 범한 죄로 금고 이상의 실형의 선고를 받아 그 판결이 확정된 때" 집행유예가 실효된다고 규정하고 있다. 범행시점, 금고 이상의 실형의 선고시점 및 확정시점이 모두 집행유예기간 내에 있을 것을 요구되는지는 법문상 명확하지 않다. 구법의 해석에서는 확정시점이 집행유예기간 내에 있는 것으로 충분하였으나,[10] 현행 형법의 해석에서는 범행시점은 물론, 선고시점 및 확정시점 모두 집행유예기간 내에 있을 것을 요한다. 만일 그 확정시점이 집행유예기간을 경과한 이후라도 무방하다고 해석한다면, 기존의 집행유예가 집행유예기간이 경과함으로써 형법 제65조에 따라 형의 선고 자체가 효력을 잃었음에도 불구하고 이미 실효된 형을 집행할 수 있다는 것이 되어 논리적으로 부당하다. 형법 제65조의 '집행유예기간 중'이라는 문언은 '고의로 범한' 및 실형의 '선고'와 '확정'까지를 모두 수식하는 것이 된다.[11] 따라서 집행유예기간 중에 범한 고의범에 대해 금고 이상의 실형을 선고받았더라도 그 판결이 확정되기 이전에 집행유예기간이 경과한 경우에는 기존의 집행유예는 실효되지 않는다.

7 대법원 1981. 12. 8. 선고 81도2742 판결, 대법원 1984. 2. 28. 선고 83도3131, 83감도518 판결.
8 대법원 1987. 5. 26. 선고 87감도55 판결.
9 대법원 1987. 5. 26. 선고 87감도55 판결.
10 대법원 1997. 7. 18.자 97모18 결정.
11 이승호, "현행 형법의 집행유예제도에 대한 해석론", 일감법학 제12호(2007.8.), 100.

Ⅲ. 집행유예 실효의 효과

1. '집행유예의 선고가 효력을 잃는다'는 의미(선고된 형의 집행)

집행유예의 실효사유가 발생하면 집행유예의 선고는 효력을 잃는다(형법 제63조). 여기서 "집행유예의 선고가 효력을 잃는다."라는 것은 기존에 집행이 유예되었던 형이 실형으로 전환되는 결과가 된다. 집행유예의 실효는 실효사유가 존재하면 법률상 당연히 그 효과가 발생하는 것이므로, 따로 실효에 관한 재판을 할 필요가 없다. 즉, 집행유예의 선고가 효력을 상실하면 선고된 형은 집행된다.

따라서 검사는 집행유예의 실효사유가 발생하면 곧바로 형의 집행을 지휘하게 된다. 이 경우 피고인은 판결 주문의 취지가 불명확하여 해석에 의문이 있는 등 검사의 집행에 관하여 재판의 해석에 의의(疑義)가 있는 때에는 집행유예를 선고한 법원에 재판의 해석에 관한 의의신청(疑義申請)을 할 수 있고(형사소송법 제488조), 형의 집행에 관한 검사의 처분이 부당함을 이유로 집행유예를 선고한 법원에 이의신청(異義申請)을 할 수도 있다(동법 제489조).

검사가 집행유예의 실효사실을 알지 못하여 형의 집행을 하지 않는 경우에는 집행유예가 실효된 때로부터 형의 시효가 진행된다.

2. 수개 형의 집행

집행유예기간 중에 금고 이상의 실형이 확정되어 기존의 집행유예가 실효되는 경우에는 결국 수개의 판결에 의한 수개의 형이 존재하게 된다. 새로이 선고받은 형뿐만 아니라 기존에 집행이 유예되었던 형까지도 함께 집행하게 된다. 따라서 이 경우 선행판결과 후행판결이 모두 징역·금고형의 실형인 경우에는 각 판결의 형기를 합산하여 형을 집행하고, 선행판결이 벌금형, 후행판결이 금고 이상의 실형인 경우에는 각각의 형을 집행하게 된다.

제 64 조 [집행유예의 취소]

① 집행유예의 선고를 받은 후 제62조 단행의 사유가 발각된 때에는 집행유예의 선고를 취소한다. <개정 1995.12.29>

② 제62조의2의 규정에 의하여 보호관찰이나 사회봉사 또는 수강을 명한 집행유예를 받은 자가 준수사항이나 명령을 위반하고 그 정도가 무거운 때에는 집행유예의 선고를 취소할 수 있다. <신설 1995.12.29>

[관련조문] 형법 제62조 제1항, 제65조, 제81조, 형사소송법 제335조 제1항, 제2항, 제3항, 보호관찰 등에 관한 법률 제47조 제1항, 제2항, 치료감호 등에 관한 법률 제44조의5, 제44조의8 제2항, 형의 실효 등에 관한 법률 제7조, 형사소송규칙 제149조, 제149조의2, 제149조의3 제1항, 제150조.

[참고문헌] 배종대, 형법총론(제13판), 홍문사(2017); 손동권/김재윤, 새로운 형법총론, 율곡출판사(2011); 김성돈, 형법총론(제5판), 성균관대학교 출판부(2017); 김일수/서보학, 새로쓴 형법총론(제13판), 박영사(2018); 이재상외 2인, 형법총론(제9판), 박영사(2017); 임웅, 형법총론(제10정판), 법문사(2018); 정성근/박광민, 형법총론(전정2판), 성균관대학교 출판부(2015); 정영일, 형법강의[총론](제3판), 도서출판학림(2017); 법원실무제요 형사Ⅱ, 법원행정처(2014); 양영태, "집행유예에 관한 소고", 사법연구자료 8, 법원도서관(1981); 조병현, "집행유예의 결격사유와 취소사유", 재판자료 49, 법원도서관(1990); 大塚 仁 外, 大コンメンタール刑法 1(豊田 健), 青林書院(2004).

Ⅰ. 집행유예 취소의 의의

집행유예의 취소란 집행유예 판결이 확정된 후 일정한 사유가 발생한 경우 법원의 결정에 의하여 집행유예 선고의 효력을 상실시킴으로써 유예된 형을 집행하는 제도를 말한다. 여기에는 '필요적 취소'와 '임의적 취소'가 있다.

집행유예 결격사유의 발각을 이유로 하는 필요적 취소는, 집행유예 판결이 확정된 후 유예기간 중에 새로운 범죄를 범한 경우가 아니라 집행유예의 결격사유가 있음에도 이를 간과한 채 집행유예 판결이 확정된 경우 그 위법한 집행유예를 시정하기 위한 것이다.

준수사항의 위반 등을 이유로 하는 임의적 취소는, 2005. 12. 29. 형법개정으로 집행유예에 보호관찰·사회봉사명령·수강명령 제도를 도입하였는데, 준수사항이나 명령의 위반 정도가 무거운 경우 집행유예의 취소를 통해 보호관찰 등 사회내 처우의 실효성을 확보하기 위한 것이다.

집행유예의 실효는 법원의 재판 없이 법률상 당연히 그 효과가 발생하는 데 비해, 집행유예의 취소는 검사의 청구에 의한 법원의 취소 결정이 확정됨으로써 비로소 그 효과가 발생한다는 점에서 차이가 있다.

입법례로는 독일과 프랑스의 경우 집행유예의 실효사유는 규정되어 있지 않고 전과의 사후적 발견도 취소사유로 규정되어 있지 않다. 독일은 집행유예기간 중에 재범을 하거나 보호관찰의 조건을 위반하는 경우 법원이 집행유예를 철회할 수 있는 것으로 규정하고 있다(독일 형법 제56조). 프랑스는 집행유예를 단순 집행유예, 보호관찰부 집행유예, 사회봉사부 집행유예로 구분하고 이에 대응하여 취소사유를 달리 규정하고 있으며(프랑스 형법 제132-36조, 제132-47조), 집행유예의 일부취소가 인정된다(동법 제132-48조). 일본의 경우 집행유예의 실효제도를 인정하지 않고 집행유예기간 중에 금고 이상의 형이 확정되면 집행유예의 필요적 취소를 규정(일본 형법 제26조)하는 한편, 집행유예의 임의적 취소사유도 규정(동법 제26조의2)하고 있다.

Ⅱ. 집행유예 취소의 요건

1. 필요적 취소(집행유예 결격 전과의 발각)

집행유예의 선고를 받은 후 제62조 단행의 사유가 발각된 때에는 집행유예의 선고를 취소한다(형법 제64조 제1항). 즉, 집행유예의 선고를 받은 후 '금고 이상의 형을 선고한 판결이 확정된 때부터 그 집행을 종료하거나 집행이 면제된 후 3년까지의 기간에 범한 죄'라는 것이 발각된 때에는 집행유예의 선고를 취소한다. 따라서 집행유예 결격사유는 동시에 필요적 취소사유가 된다.

이 경우 집행유예의 취소는 필요적이다. 법원은 집행유예의 선고를 반드시 취소해야 한다.

이에 대해서는 그 발각에 대한 책임을 피고인에게 전가하는 법치국가적 문제점이 지적되고 있다. 즉, 그러한 사유를 발견하지 못한 책임을 모든 기록을 손에 넣고 있는 사법기관, 즉 국가가 져야 할 것임에도, 자기 범죄를 숨긴 피고인에게 그 책임을 부담시킨다는 것이다.[1] 이러한 필요적 취소사유는, 일사부재리원칙과

[1] 배종대, 형법총론(제13판), 홍문사(2017), 611; 손동권/김재윤, 새로운 형법총론, 율곡출판사(2011), 734.

피고인의 진술거부권 보장하고 있는 헌법과 일치할 수 없을 뿐만 아니라, 증명책임에 대한 형사소송법의 일반원칙과도 조화될 수 없기 때문에, 입법론적으로 삭제하는 것이 타당하다는 견해[2]가 압도적 다수이다.

가. 집행유예 결격사유(결격 전과)

2005. 7. 29. 집행유예의 결격사유를 규정하고 있는 형법 제62조 제1항 단서가 개정됨에 따라, 집행유예의 취소 요건을 규정하고 있는 형법 제64조 제1항도 같은 내용으로 사실상 개정된 셈이다. 형법 제62조 제1항 단서, 즉 집행유예 결격사유는 그대로 집행유예의 취소사유가 되며, 형법 제62조 제1항 단서에 대한 설명은 여기에도 모두 그대로 적용된다.

1) 집행유예 결격사유의 발견

집행유예의 선고가 위법하게 되는 사유는 여러 가지가 있겠으나, 집행유예의 필요적 취소사유는 형법 제62조 제1항 단서의 결격사유에 한정된다.[3] 따라서 형법 제62조 제1항 단서 이외의 사유로 위법한 집행유예가 선고된 사실이 사후적으로 발견되더라도, 이러한 사유는 집행유예의 취소사유가 되지 못한다. 예컨대, 선고형의 형종이 집행유예 대상인 형종이 아니거나(예: 구류형 등), 징역이나 금고의 형기가 3년을 초과함에도 불구하고 집행유예가 선고된 경우 등은 집행유예의 취소사유가 되지 못한다.

2) 금고 이상의 집행유예 판결의 발견

집행유예의 취소사유가 되는 형법 제62조 제1항의 단서의 사유 가운데 '금고 이상의 형의 선고한 판결'에 집행유예의 선고가 포함되는지 여부에 관하여 견해가 대립하나, 판례는 긍정설의 입장이다. 즉, 여기서의 '금고 이상의 형의 선고'에는 실형의 선고 이외에 집행유예를 선고받은 경우도 포함하는 것이며, 금고 이상의 형의 집행유예를 선고받은 사실이 발각되면 집행유예의 취소사유가 된다는 것이다.[4] 다만, 두 개의 사건의 범죄가 상호 경합관계에 있어 동시에 심판될 수 있었는데 각각 별개로 기

2 김성돈, 형법총론(제5판), 성균관대학교 출판부(2017), 830; 김일수/서보학, 새로쓴 형법총론(제13판), 박영사(2018), 606; 배종대, 형법총론(제13판), 홍문사(2017), 611; 손동권/김재윤, 새로운 형법총론, 율곡출판사(2011), 734; 이재상외 2인, 형법총론(제9판), 박영사(2017), 623; 임웅, 형법총론(제10정판), 법문사(2018), 697; 정성근/박광민, 형법총론(전정2판), 성균관대학교 출판부(2015), 728; 정영일, 형법강의[총론](제3판), 도서출판학림(2017), 392.

3 양영태, "집행유예에 관한 소고", 사법연구자료 8, 법원도서관(1981), 384.

4 대법원 1975. 11. 13.자 75모63 결정, 대법원 1983. 2. 5.자 83모1 결정, 대법원 1990. 8. 24.자 89모36 결정.

소되어 각 적법하게 집행유예가 선고되어 상고심에서 각 때를 달리하여 상고가 기각이 되어 각 확정된 경우에 있어서는, 앞에 확정된 집행유예 판결이 후에 확정된 판결의 집행유예의 선고에 대하여 집행유예의 취소사유가 될 수 없다고 한다.[5]

3) '형선고의 효력이 상실'된 경우

특히 주의할 것은, 금고 이상의 형을 선고한 판결이 발견된 경우에도 그 형의 선고가 이미 효력을 상실한 경우, 즉 취소 여부가 문제되는 집행유예의 판결이 선고될 당시에는 형법 제62조 제1항 단서에 위반되었으나 사후에 그 위법이 치유된 경우이다. 이 경우에는 이미 형선고의 효력이 상실되었으므로 더 이상 기존의 집행유예를 취소할 사유가 되지 못한다. 예컨대, 집행유예의 결격사유가 되는 선행사건의 금고 이상의 형의 선고가 ①집행유예기간의 경과, ②일반사면, ③특별사면 중 형선고의 효력을 상실케 한 경우, ④형법 제81조에 의한 형실효, 형의 실효 등에 관한 법률 제7조에 의한 형실효 등에 의하여 '형선고의 효력이 상실'된 경우에는 이를 이유로 기존의 집행유예를 취소할 수는 없다(☞ 자세한 것은 집행유예의 결격사유 부분을 참조할 것).

나. '집행유예의 선고를 받은 후' 발각

1) 발각의 시기(집행유예기간 중)

법문상 발각의 시기는 "집행유예의 '선고'를 받은 후"라고 규정되어 있다. 그러나 판례는 일관하여 집행유예의 '선고'를 받은 후는 집행유예를 선고한 판결이 '확정'된 후를 의미하는 것으로 해석한다.[6] 따라서 집행유예의 취소는 취소사유에 해당하는 결격 전과가 집행유예의 판결이 '확정'된 이후 그 '집행유예기간 중'에 발견된 경우에 한하여 비로소 문제된다.

가) 취소사유에 해당하는 결격 전과가 집행유예 판결이 '확정되기 전'에 발견된 경우에는, 집행유예의 취소가 문제되지 않는다. 이 경우에는 상소에 의하여 그 위법을 시정할 수 있기 때문이다. 즉, 집행유예의 취소는 그 집행유예판결이 확정된 후 취소사유에 해당하는 전과가 발각된 경우에 한하고, 그 판결확정 전에 발견된 경우에는 이를 취소할 수 없다.[7]

5 대법원 1980. 2. 29.자 79모42 결정.
6 대법원 1976. 4. 14.자 76모12 결정, 대법원 1982. 1. 19.자 81모44 결정, 대법원 1984. 1. 18.자 83모58 결정, 대법원 1986. 3. 25.자 86모2 결정, 대법원 2001. 6. 27.자 2001모135 결정.
7 대법원 1982. 1. 19.자 81모44 결정.

나아가 집행유예의 판결에 대하여 피고인만 상소하여 그 판결이 아직 확정되지 아니하였으나 검사의 상소기간이 도과하여 이미 상소할 수 없게 된 상태에서 그 이전의 결격 전과가 발각된 경우가 문제된다. 이 경우에도 결격사유의 발각 시점은 집행유예 판결의 '확정 전'이라는 이유로 취소할 수 없다는 것이 판례의 입장이다.[8] 이 경우에도 상소심은 불이익변경금지의 원칙상 집행유예 판결을 유지할 수밖에 없을 것이고, 집행유예 판결 확정 후에 발각된 것이 아니므로, 집행유예의 취소사유에 해당하지 않는다.[9] 반면 일본 판례는 취소를 인정하고 있다.[10]

나) 또한 집행유예 판결 '확정' 이후라고 할지라도, 취소사유에 해당하는 결격 전과가 '집행유예기간이 경과한 이후'에 발견된 경우에는, 마찬가지로 집행유예 취소의 문제는 발생하지 않는다. 집행유예를 선고받은 후 그 선고의 실효 또는 취소됨이 없이 유예기간을 경과한 때에는 형법 제65조에 따라 이미 형의 선고는 효력을 잃는 것이고, 그와 같이 유예기간이 경과함으로써 형의 선고가 효력을 잃은 후에는 결격사유가 발각되었더라도 집행유예를 취소할 수 없고 그대로 유예기간 경과의 효과가 발생하기 때문이다.[11]

2) 발각의 주체 및 의미

집행유예의 결격사유가 되는 전과가 발각되었다는 것은 검사가 그러한 사실을 인지하였다는 것을 의미한다. 집행유예의 취소는 검사가 청구하도록 되어 있기 때문이다(형사소송법 제335조 제1항). 검사동일체의 원칙상 여기서 말하는 검사는 현실적으로 집행유예의 취소청구를 하거나 취소의 대상이 되는 집행유예 판결의 사건에 관여한 검사만을 의미하는 것은 아니다.[12]

이때 판결확정 전에 발각되었다고 함은 검사가 명확하게 그 결격사유를 안 경우만을 말하는 것이 아니라 당연히 그 결격사유를 알 수 있는 객관적 상황이 존재함에도 부주의로 알지 못한 경우도 포함된다.[13] 즉, 검사가 집행유예 판결의 확정 전에 결격사유인 전과의 존재를 현실적으로 인지한 경우는 물론, 객관적으

8 대법원 1982. 1. 19.자 81모44 결정, 대법원 1986. 3. 25.자 86모2 결정.
9 법원실무제요 형사Ⅱ, 법원행정처(2014), 533.
10 日最決 1973. 2. 28. (刑集 27-1, 79).
11 대법원 1999. 1. 12.자 98모151 결정.
12 조병현, "집행유예의 결격사유와 취소사유", 재판자료 49, 법원도서관(1990), 410.
13 대법원 1976. 4. 14.자 76모12 결정, 대법원 1982. 1. 19.자 81모44 결정, 대법원 1984. 1. 18.자 83모58 결정, 대법원 2001. 6. 27.자 2001모135 결정.

로 인지할 수 있었음에도 부주의로 이를 인지하지 못한 경우에도 그 결격 전과의 발각을 이유로 집행유예를 취소할 수 없다. 이 경우에는 검사가 상소에 의하여 위법한 집행유예의 선고를 저지할 가능성이 있기 때문이다. 예컨대, ①수사기록에 전과가 기재된 지문통보서가 첨부되어 있고 검사 피의자신문조서에도 전과가 기재되어 있는 경우,[14] ②피고인의 주민등록번호가 정정된 결과 정정 후의 주민등록번호에 의한 전과조회에는 전과가 없는 것으로 회보되었으나, 정정 전의 주민등록번호로 전과조회를 하였더라면 전과를 확인할 수 있었던 경우,[15] ③피고인이 타인의 성명을 모용하여 이에 속은 검사가 피모용자 이름으로 기소한 사건에서, 경찰이 집행유예의 판결이 확정되기 전에 지문조회에 의하여 전과사실을 확인하였으나, 행정상의 착오로 판결 확정 후에 비로소 그 사실이 검찰에 통보된 경우,[16] ④검사가 상호 연락을 취하였더라면 별건으로 선고된 실형 판결의 확정사실을 상소기간 만료 전에 알 수 있었다고 인정되는 경우[17] 등에서는 집행유예의 선고를 취소할 수 없다.

2. 임의적 취소(보호관찰 등의 준수사항이나 명령을 위반하고 그 정도가 무거운 경우)

보호관찰이나 사회봉사 또는 수강을 명한 집행유예를 받은 자가 준수사항이나 명령을 위반하고 그 정도가 무거운 때에는 집행유예의 선고를 취소할 수 있다(형법 제64조 제2항). 보호관찰 등 사회 내 처우의 실효성을 확보하기 위한 규정이다. 보호관찰의 기간은 집행을 유예한 기간으로 하되, 법원이 유예기간의 범위 내에서 정한 기간이다.

이 경우 집행유예의 취소는 임의적이다. 집행유예의 선고를 취소할 것인지는 법원의 재량에 속한다.

이에 대해서는 이미 진행되고 있는 집행유예가 준수사항 등의 위반을 이유로 전부 취소될 경우 지나치게 가혹하고 국가가 사회복귀목표를 너무나 손쉽게 포기하는 결과가 될 수 있다는 비판론이 있다.[18] 입법론으로는, 보호관찰기간의 연장, 준수사항 또는 명령의 추가 변경, 집행유예의 일부취소 등을 마련한 후 집행유예

14 대법원 1976. 4. 14.자 76모12 결정.
15 대법원 2001. 6. 27.자 2001모135 결정.
16 인천지방법원 1994. 4. 13.자 93로2 결정(확정).
17 日最決 1971. 11. 25. (刑集 35-8, 884).
18 김성돈, 형법총론(제5판), 성균관대학교 출판부(2017), 830.

의 전부취소는 최후수단으로 남겨두는 유연성 있는 방안이 제시되고 있다.[19]

가. 준수사항·명령의 위반

보호관찰 등 대상자의 준수사항에는 반드시 준수해야 하는 내용도 있지만, 건전한 시민으로서 견지해야 할 생활태도 등 일반적, 추상적인 내용도 있다. 보호관찰·사회봉사명령·수강명령의 부과가 집행유예의 필수적 조건인 것도 아니다. 따라서 준수사항이나 명령을 위반하였다는 사정만으로 집행유예의 선고를 취소시키는 것은 부당한 측면이 있다. 이러한 이유에서 그 위반의 정도가 무거운 때에 한하여 법원의 재량에 따라 집행유예의 임의적 취소를 규정한 것이다.

나. 위반의 정도가 무거운 때

준수사항이나 명령 위반의 정도가 무거운 때에 한하여 집행유예의 선고를 취소할 수 있다. 위반의 정도가 무겁다는 것은 보호관찰 등을 계속하더라도 본인의 개선과 갱생을 기대하기 어렵다고 평가되는 것을 의미한다.[20] 위반의 정도가 무거운 대표적인 예는 대상자의 재범이라 할 수 있다. 대상자가 재범한 경우 기소여부나 재판의 확정여부 등 형사절차와는 별도로 법원이 독자적으로 집행유예를 취소할 수 있다. 판례도 마찬가지 입장에서, '집행유예를 받은 자가 준수사항이나 명령을 위반한 경우에 그 위반사실이 동시에 범죄행위로 되더라도 그 기소나 재판의 확정여부 등 형사절차와는 별도로 법원이 검사의 청구에 의하여 집행유예 취소의 요건에 해당하는가를 심리하여 준수사항이나 명령 위반사실이 인정되고 위반의 정도가 무거운 때에는 집행유예를 취소할 수 있다'고 한다.[21] 또한 '보호관찰기간 중의 재범에 대하여 따로 처벌받는 것과는 별도로 보호관찰자 준수사항 위반 여부 및 그 정도를 평가하여야 한다. 보호관찰이나 사회봉사 또는 수강명령은 각각 병과되는 것이므로 보호관찰자 준수사항 위반 여부나 그 정도의 평가에서 사회봉사 또는 수강명령의 이행 여부는 결정적인 요소가 될 수 없다'고 한다.[22]

집행유예의 취소는 자유형의 선고와 마찬가지로 자유를 박탈하는 결과를 가

19 김성돈, 형법총론(제5판), 성균관대학교 출판부(2017), 830-831; 손동권/김재윤, 새로운 형법총론, 율곡출판사(2011), 735; 정성근/박광민, 형법총론(전정2판), 성균관대학교 출판부(2015), 728.
20 大塚 仁 外, 大コンメンタール刑法 1(豊田 健), 青林書院(2004), 483.
21 대법원 1999. 3. 10.자 99모33 결정.
22 대법원 2010. 5. 27.자 2010모446 결정.

져올 뿐만 아니라 사회봉사·수강명령의 실패와 다름 아니기 때문에 사회봉사·수강명령의 목적을 도저히 달성할 수 없을 정도에 이르렀다고 판단될 때 하여야 하는 것이 바람직하다.[23] 보호관찰명령 없이 수강명령만 선고한 경우 법원이 보호관찰대상자에게 특별히 부과할 수 있는 '재범의 기회나 충동을 줄 수 있는 장소에 출입하지 아니할 것'이라는 사항을 만연히 사회봉사·수강명령 대상자에게 부과하고 사회봉사·수강명령 대상자가 재범한 것을 집행유예 취소사유로 삼는 것은 신중하여야 한다.[24]

치료명령 위반의 경우에도 마찬가지이다. 치료감호 등에 관한 법률에 의하여 치료를 명한 집행유예를 받은 사람이 정당한 사유 없이 치료기간 중에 준수사항을 위반하고 그 정도가 무거운 때에는 집행유예의 선고를 취소할 수 있다(동법 제44조의8 제2항). 치료명령을 받은 사람은 보호관찰관의 지시에 따라 성실히 치료에 응하고 인지행동 치료 등 심리치료 프로그램을 성실히 이수하여야 한다(동법 제44조의5).

Ⅲ. 집행유예 취소의 절차

1. 취소청구 및 관할법원

집행유예 결격사유의 발각을 이유로 한 필요적 취소는, 반드시 검사의 취소청구가 있어야 하고, 준수사항이나 명령 위반을 이유로 한 임의적 취소는, 보호관찰소의 장의 신청에 의하여 검사가 취소청구를 한다(보호관찰 등에 관한 법률 제47조 제1항). 그 청구사건은 판결법원이 아니라 피고인의 현재지 또는 최후 주거지를 관할하는 법원이 관할한다(형사소송법 제335조 제1항, 보호관찰법 제47조 제2항). 사물관할에 관하여는 특별한 규정이 없으므로 법원조직법의 일반원칙에 따라 단독판사의 관할에 속한다.

검사의 취소청구는 취소사유를 구체적으로 기재한 서면으로 하여야 한다(형사소송규칙 제149조). 검사는 취소사유가 있다는 것을 인정할 수 있는 자료를 제출하여야 하며(제149조의2), 청구와 동시에 청구서의 부본을 법원에 제출하여야 한다(제149조의3 제1항).

23 대법원 2009. 3. 30.자 2008모1116 결정.
24 대법원 2009. 3. 30.자 2008모1116 결정.

2. 심리 및 재판

가. 심리

법원은 청구서 부본을 지체 없이 집행유예를 받은 자에게 송달하여야 한다(형사소송규칙 제149조의3). 집행유예의 취소 여부는 결정에 의하므로 변론을 열 필요는 없고 서면심리 또는 심문으로 충분하다. 집행유예를 받은 자 또는 대리인의 의견을 물은 후에 결정을 하여야 하는데(형사소송법 제335조 제2항), 그 의견을 묻기 위하여 필요한 경우에는 집행유예를 받은 자 또는 대리인의 출석을 명할 수 있다(형사소송규칙 제150조).

나. 재판

법원의 재판 형식은 판결이 아니라 결정이다(형사소송법 제335조 제2항). 집행유예취소 결정의 주문에는 예컨대, "피고인에 대한 ○○법원 ○○고단○○ △△사건에 관하여 위 법원이 20○○.○○.○○. 선고한 집행유예의 선고를 취소한다."라는 형식이다.[25] 집행유예 취소의 결정에 대하여는 즉시항고를 할 수 있다(형사소송법 제335조 제3항).

Ⅳ. '집행유예 선고의 취소결정'의 시간적 한계

집행유예기간 중 그 이전의 결격 전과가 발각되었다고 하더라도 집행유예의 취소결정이 '확정'되기 전에 이미 '집행유예기간이 경과'한 경우에는 집행유예의 선고를 취소할 수 없다. 집행유예기간이 경과함으로써 이미 형의 선고는 효력을 잃는 것이고, 형의 선고가 효력을 잃은 후에는 더 이상 취소할 대상인 '형의 집행유예 판결'이 존재하지 않기 때문이다. 따라서 집행유예기간의 경과는 법원의 집행유예 취소결정에 대한 시간적 한계로 작용한다.

그 결과 집행유예기간 중에 이전의 결격 전과의 발각 등 취소사유가 발생하여 검사가 취소청구를 하였더라도 심리 도중 집행유예기간이 경과하였다면 이제 더는 집행유예의 선고를 취소할 수 없다.

이는 집행유예 취소결정에 대하여 집행정지의 효력이 있는 즉시항고 또는 재항고로 인하여 아직 그 집행유예의 선고 취소결정의 효력이 발생하기 전 상태에

25 법원실무제요 형사(Ⅱ), 법원행정처(2014), 535.

서 상소심 절차 진행 중에 그 집행유예 기간이 그대로 경과한 경우에도 마찬가지이다. 따라서 집행유예기간 중 집행유예 취소결정에 대한 즉시항고 또는 재항고심 계속 중 집행유예기간이 경과하면, 항고심·재항고심으로서는 원결정을 취소하고 집행유예 취소신청을 기각하여야 한다.[26]

집행유예 선고의 취소는 '집행유예기간 중'에만 가능하다는 이러한 시간적 한계는 집행유예기간 중 그 결격 전과가 발각된 경우는 물론, 보호관찰기간 등의 준수사항이나 명령을 위반하고 그 정도가 무거운 경우에도 마찬가지로 적용된다.

이와 같이 집행유예 취소청구에 대한 재판이 확정되기 전에 집행유예기간이 경과하는 경우에는 집행유예를 취소할 수 없으므로, 집행유예 취소청구에 대한 재판은 신속히 진행되어야 할 필요가 있다.

26 대법원 2003. 11. 24.자 2003모410 결정, 대법원 2005. 8. 23.자 2005모444 결정.

제 65 조 [집행유예의 효과]

집행유예의 선고를 받은 후 그 선고의 실효 또는 취소됨이 없이 유예기간을 경과한 때에는 형의 선고는 효력을 잃는다.

[관련조문] 형법 제35조, 제37조, 제43조 제2항, 제59조, 제62조 제1항, 제81조, 경찰공무원법 제7조 제2항 제5호, 제21조, 공인회계사법 제4조 제3호, 공직선거법 제18조 제1항 제2호, 제19조 제1호, 공증인법 제13조 제4호, 제15조의4 제2항 제1호, 국가공무원법 제33조 제4호, 제69조 제1호, 도로교통법 제148조의2 제1항, 변호사법 제5조 제2호, 제3호, 변호사시험법 제6조 제3호, 사면법 제5조 제1항 제1호, 세무사법 제4조 제8호, 소년법 제67조 제1항 제2호, 지방공무원법 제31조 제4호, 제61조 제1호, 특정범죄 가중처벌 등에 관한 법률 제5조의4 제5항, 폭력행위 등 처벌에 관한 법률 제2조 제3항, 형의 실효 등에 관한 법률 제7조 제1항, 제8조 제1항.

[참고문헌] 이승호, "현행 형법의 집행유예제도에 대한 해석론", 일감법학 제12호(2007.8.), 97; 이주원, "형의 실효 등에 관한 법률에 의한 형의 실효가 판결에 미치는 영향", 법조 569호(2004. 2).

Ⅰ. 집행유예기간 중의 효과

1. 집행유예기간, 기산일 및 형법상 효과

유죄판결의 일종인 집행유예의 판결은 재판의 확정에 의하여 그 본래의 효력이 발생한다. 집행유예기간은 1년 이상 5년 이하의 범위에서 법원이 재량으로 정한 기간이며, 집행유예기간의 시기(始期)는 집행유예를 선고한 판결 확정일이다.[1]

집행유예 판결이 확정된 후 집행유예기간 중에 집행유예의 실효사유가 발생하거나 집행유예 취소결정이 확정되면 유예된 형의 집행을 받게 된다. 금고 이상의 형의 집행유예 판결은 유기징역 또는 유기금고의 판결을 받은 것이 아니므로, 형법 제43조 제2항의 반대해석상 유예기간 동안 형법상 자격정지의 효력이 발생하는 것도 아니다. 한편, 선거일 현재 형의 집행유예를 선고받고 유예기간 중에 있는 사람이라도 공직선거법상 선거권이 있다(공직선거법 제18조 제1항 제2호, 제19조 제1호).

1 대법원 2002. 2. 26. 선고 2000도4637 판결.

2. 결격사유와 당연퇴직사유

각종 행정법규상 자격정지 또는 금고 이상의 형의 집행유예기간 중에 있다는 사실은 일정한 임용 또는 자격의 결격사유가 된다. 예컨대, 자격정지 이상의 형의 집행유예를 선고받고 그 유예기간 중에 있는 자는 경찰공무원으로 임용될 수 없다(경찰공무원법 제7조 제2항 제5호 참조). 금고 이상의 형의 집행유예를 받고 그 유예기간 중에 있는 자는 국가공무원, 지방공무원, 변호사, 임명공증인 또는 공증담당변호사, 공인회계사가 될 수 없으며(국가공무원법 제33조 제4호, 지방공무원법 제31조 제4호, 변호사법 제5조 제3호, 공증인법 제13조 제4호, 제15조의4 제2항 제1호, 공인회계사법 제4조 제3호), 세무사 등록을 할 수 없고 변호사시험에도 응시할 수 없다(세무사법 제4조 제8호, 변호사시험법 제6조 제3호).

한편, 이미 자격을 취득한 공무원 등에게 위 결격사유가 발생한 경우에는 당연퇴직사유가 된다(경찰공무원법 제21조, 국가공무원법 제69조 제1호, 지방공무원법 제61조 제1호).

소년에 대해서는 '소년이었을 때 범한 죄에 의하여 형의 선고유예나 집행유예를 선고받은 경우 자격에 관한 법령을 적용할 때 장래에 향하여 형의 선고를 받지 아니한 것으로 본다.'(소년법 제67조 제1항 제2호) 소년법 제67조의 개정규정은 이 법 시행 전 소년이었을 때 범한 죄에 의하여 형의 집행유예나 선고유예를 받은 사람에게도 적용한다(동법 부칙 제2조). 이는 소년이었을 때 범한 죄로 인하여 소년이 자포자기에 빠지지 않도록 공직 등 사회 진출에 제약을 가하지 아니하고 재기의 기회를 부여하기 위한 특례조항이다.[2]

Ⅱ. 집행유예기간 경과의 효과

1. '형의 선고가 효력을 잃는다'는 의미(형선고의 효력 상실)

가. 형선고의 법적 효과 소멸

집행유예가 실효 또는 취소됨이 없이 무사히 집행유예기간이 경과하면 형의 선고는 효력을 잃는다(형법 제65조). 여기서 '형의 선고가 효력을 잃는다'는 것은 형의 집행이 면제되는 정도가 아니라, 처음부터 형의 선고가 없었던 법적 상태로

2 헌법재판소 2018. 1. 25. 선고 2017헌가7 등 결정.

되돌아간다는 의미이다.[3] 즉, '형의 선고가 효력을 잃는다'는 의미는 형의 실효 등에 관한 법률에 의한 형의 실효와 같이 "형의 선고에 의한 법적 효과가 장래를 향하여 소멸한다."라는 취지이다.[4] 형의 집행유예기간이 경과한 때에는 수형인명부의 해당란을 삭제하고 수형인명표를 폐기하도록 되어 있다(형의 실효 등에 관한 법률 제8조 제1항). 그 결과 판례의 해석론이 다음과 같이 정립되어 있다.

1) 누범 전과 소멸

금고 이상의 형의 집행유예기간이 무사히 경과한 경우 그 전과는 누범가중의 전과에 해당하지 않는다. 즉, 집행유예의 유예기간 경과 후 다시 범죄를 저지른 행위는 집행유예된 범죄와의 사이에 누범관계가 성립하지 아니한다.[5] 형법 제35조의 누범전과는 형의 집행을 전제로 한 개념이다. 판례는 금고 이상의 형의 집행유예 기간 중에 금고 이상에 해당하는 죄를 범한 자는 누범이 아니라고 하므로[6] 논의의 실익은 별로 없다.

2) 집행유예 결격사유 소멸

금고 이상의 형의 집행유예기간 중에 범한 죄라고 할지라도 집행유예가 실효·취소됨이 없이 그 유예기간이 경과한 경우에는 다시 집행유예의 선고가 가능하다.[7] 형의 선고가 이미 그 효력을 잃게 되어 '금고 이상의 형을 선고'한 경우에 해당한다고 보기 어렵고, 집행의 가능성이 더 이상 존재하지 아니하여 집행종료나 집행면제의 개념도 상정하기 어려우므로, 형법 제62조 제1항 단서의 집행유예 결격요건에 해당하지 않기 때문이다.

3) 집행유예의 실효 또는 취소 대상 제외

집행유예기간 중에 실효사유에 상당하는 범죄를 범한 경우에도 그 유예기간이 경과해 버리면 그 이후에 해당 범죄에 대해 금고 이상의 실형의 판결이 확정된다고 하더라도 그 유예된 형을 집행할 수 없게 된다. 집행유예기간이 경과해 버리면 형법 제65조에 의해 형의 선고가 효력을 상실하므로, 전에 선고한 형에 대한 집행유예를 실효시켜 이미 형선고의 효력이 상실된 형을 집행할 수 없기 때문

3 이승호, "현행 형법의 집행유예제도에 대한 해석론", 일감법학 제12호(2007.8.), 97.
4 대법원 2010. 9. 9. 선고 2010도8021 판결.
5 대법원 1970. 9. 22. 선고, 70도1627 판결.
6 대법원 1983. 8. 23. 선고 83도1600 판결.
7 대법원 2007. 2. 8. 선고 2006도6196 판결.

이다. 따라서 집행유예의 실효사유는 유예기간 중에 고의로 범죄를 범할 뿐만 아니라 그에 대한 금고 이상의 실형 판결 또한 유예기간 내에 확정되는 경우로만 제한되는 것이다.

집행유예 취소의 경우에도 이러한 이치는 다를 바 없다. 즉, 집행유예기간 중에 취소사유가 발견된 경우에도 그 유예기간이 경과해 버리면 그 이후에는 더 이상 그 유예된 형을 집행할 여지는 없게 된다.

4) 특별 구성요건 불해당

폭력행위 등 처벌에 관한 법률 제2조 제3항(폭력행위 누범) 및 특정범죄 가중처벌 등에 관한 법률 제5조의4 제5항(절도 누범)은 해당 범죄로 2회 또는 3회 이상의 '징역형을 받은 사람'이 누범으로 다시 이들 죄를 범한 경우에 가중 처벌하는 특별 구성요건을 규정하고 있다. 징역형의 집행유예기간이 경과하여 징역형의 선고가 효력을 잃은 경우 그 전과는 폭력행위 등 처벌에 관한 법률 제2조 제3항에서 말하는 '징역형을 받은 경우'라고 할 수 없고,[8] 특정범죄 가중처벌 등에 관한 법률 제5조의4 제5항에서 정한 '징역형을 받은 경우'로도 볼 수 없다.[9]

나. 기왕의 사실 자체의 존재

그러나 형의 선고가 효력을 잃는다는 취지는 형의 선고의 법률적 효과가 없어진다는 것일 뿐 형의 선고가 있었다는 기왕의 사실 자체까지 없어진다는 뜻이 아니다.[10] 그 결과 판례의 해석론이 다음과 같이 정립되어 있다.

1) 형법 제37조 후단 경합범

금고 이상의 형의 집행유예기간이 경과한 이후에도 여전히 '금고 이상의 형'의 집행유예 판결이 확정된 죄와 그 판결확정 전에 범한 죄는 형법 제37조 후단 경합범의 관계에 있다.[11] 즉, 형의 선고가 그 효력을 잃었다 하더라도 확정판결을 받은 존재가 소멸되지 않는 이상 형법 제37조 후단의 판결이 확정된 죄에 해당한다는 것이다.

2) 선고유예 결격사유

금고 이상의 형의 집행유예를 선고받고 그 유예기간을 무사히 경과한 자에

8 대법원 2016. 6. 23. 선고 2016도5032 판결.
9 대법원 2010. 9. 9. 선고 2010도8021 판결, 대법원 2014. 9. 4. 선고 2014도7088 판결.
10 대법원 1983. 4. 2.자 83모8 결정.
11 대법원 1984. 8. 21. 선고 84모1297 판결.

대하여는 선고유예를 할 수 없다. 즉, 유예기간을 무사히 경과하여 형의 선고가 효력을 잃게 되었다고 하더라도 형의 선고의 법률적 효과가 없어진다는 것일 뿐, 형의 선고가 있었다는 기왕의 사실 자체까지 없어지는 것은 아니므로, 형법 제59조 제1항 단행에서 정한 선고유예 결격사유인 '자격정지 이상의 형을 받은 전과가 있는 자'에 해당한다는 것이다.[12] 그러나 이 판례의 이론적 정당성에 대하여는 의문이 제기된다(☞ 형법 제59조에 대한 주석 참조). 즉, '받은 전과'의 의미에 대한 제한해석을 통하여 집행유예기간을 무사히 경과한 사람에 대하여는 선고유예를 할 수 있다는 해석론이 있다.

3) 형의 당연실효의 소극적 요건

형법 제81조(형의 실효)와 관련하여, 형의 집행종료 후 7년 이내에 집행유예의 판결을 받고 그 기간을 무사히 경과하여 7년을 채우더라도, 형법 제81조의 "형을 받음이 없이 7년을 경과"한 때에 해당하지 아니하여 형의 실효를 선고할 수 없다.[13]

4) 순수한 재범 전과

형의 실효 등에 관한 법률 제7조 제1항 각 호에 따라 형이 실효되었거나 사면법 제5조 제1항 제1호에 따라 형선고의 효력이 상실된 음주운전 전과도 도로교통법 제148조의2 제1항의 '2회 이상 위반'에 해당된다.[14] 집행유예의 경우에도 다를 바 없다.

한편, 집행유예의 전과는 그 이후에 행한 범죄의 상습성을 인정하는 자료 또는 불리한 양형자료가 될 수 있다.[15]

2. 신분상 불이익

집행유예기간의 경과 후에 집행유예로 인한 모든 불이익이 즉시 제거되는 것은 아니다. 각종 행정법규에서는 임용 또는 자격과 관련하여 일정 기간 동안 집행유예 전과로 인한 신분상 불이익을 아울러 규정하고 있다. 금고 이상의 형의 집행유예를 받고 그 집행유예기간이 경과한 후 2년간은 공무원이나 변호사, 공증인,

12 대법원 2003. 12. 26. 선고 2003도3768 판결.
13 대법원 1983. 4. 2.자 83모8 결정.
14 대법원 2012. 11. 29. 선고 2012도10269 판결.
15 이주원, "형의 실효 등에 관한 법률에 의한 형의 실효가 판결에 미치는 영향", 법조 569호(2004. 2), 241-242.

공인회계사가 될 수 없고(국가공무원법 제33조 제4호, 지방공무원법 제31조 제4호, 변호사법 제5조 제2호, 공증인법 제13조 제4호, 공인회계사법 제4조 제3호), 변호사시험에도 응시할 수 없으며(변호사시험법 제6조 제3호), 1년간은 세무사가 될 수 없다(세무사법 제4조 제8호).

국가공무원이 금고 이상의 형의 집행유예를 받아 당연퇴직된 경우에는 당연퇴직의 효력이 생긴 후에 당연퇴직사유가 소멸한다는 것은 있을 수 없다. 따라서 당연퇴직한 후 집행유예기간이 경과하여 형의 선고가 효력을 잃게 되었다 하더라도 이미 발생한 당연퇴직의 효력에는 영향이 없다.[16]

16 대법원 2011. 3. 24. 선고 2008다92022 판결.

제 5 절 형의 집행

[총설]

[참고문헌] 김성돈, 형법총론(제5판), 성균관대학교출판부(2017); 김일수/서보학, 새로쓴 형법총론(제13판), 박영사(2018); 박상기, 형법총론(제9판), 박영사(2012); 박상기/전지연, 형법학(총론·각론 강의)(제4판), 집현재(2018); 배종대, 형법총론(제13판), 홍문사(2017); 손동권/김재윤, 새로운 형법총론(초판), 율곡출판사(2011); 신동운, 형법총론(제10판), 홍문사(2017); 오영근, 형법총론(제4판), 박영사(2018); 이재상 외 2인, 형법총론(제9판), 박영사(2017); 임웅, 형법총론(제10전정판), 법문사(2018); 정성근/박광민, 형법총론(제2판), 성균관대학교출판부(2015); 정영석/신양균, 형사정책, 법문사(1997); 정영일, 형법강의(총론)(제3판), 학림(2017); 주석 형법 총칙(2)(제2판), 한국사법행정학회(2011); 주석 형사소송법 Ⅳ(제5판), 한국사법행정학회(2017); 허주욱, 교정학(증보판), 박영사(2013); 정승환, "형벌집행에 대한 법관의 통제와 형집행법원의 필요성", 형사법연구 제22호(2004 겨울).

Ⅰ. 형의 집행 일반론

1. 개론

형의 집행은 확정판결을 통하여 선고된 형을 구체적으로 실현시키는 작용 내지 과정을 말한다.[1] 형사절차의 일련의 과정을 보면, 크게 수사와 공판 그리고 형의 집행이라는 세 단계로 이루어져 있다. 형의 집행을 통하여 국가형벌권이 궁극적으로 실현된다.

형의 집행은 재판의 집행의 일부이다. 재판의 집행에는 형의 집행 이외에 추징, 소송비용 부담 등의 부수처분, 과태료·비용배상·보증금의 몰수 등 형 이외의

1 김성돈, 형법총론(제5판), 성균관대학교출판부(2017), 835; 김일수/서보학, 새로쓴 형법총론(제13판), 박영사(2018), 610; 신동운, 형법총론(제10판), 홍문사(2017), 853; 임웅, 형법총론(제10전정판), 법문사(2018), 701; 정영일, 형법강의(총론)(제3판), 학림(2017), 394.

재판과 법원이 발부한 각종 영장의 집행이 포함된다.

형 집행의 내용과 방법은 형의 종류에 따라 다르다. 즉 선고된 형이 생명형인 사형인지, 자유형인 징역, 금고 또는 구류인지, 재산형인 벌금 또는 과료인지, 자격형인 자격상실 또는 자격정지인지에 따라 다르다.

형의 집행은 행형과의 관계가 문제되는데, 일반적으로 형집행 가운데 자유형의 집행을 행형(협의의 행형)이라고 한다. 이에 대하여 행형에 자유형의 집행 이외에 노역장유치 집행을 포함하기도 하고,[2] 사형수의 수용, 노역장유치 및 미결수용 등과 같이 교도소 내의 모든 수용조치를 포함하기도 한다.[3] 그리고 형의 집행은 소송법적인 활동으로서 법적 안정성을 그 원리로 함에 비하여 행형은 행정적 활동으로 수형자의 개선·교정이라는 합목적성을 원리로 한다.[4] 따라서 일반적으로 행형절차에서는 형벌의 목적 가운데 범인의 사회복귀를 위한 재사회화라는 특별예방적 관점이 강조되고 있다. 한편 교정시설 내 수용인 시설내처우, 구금성 보안처분(소년원 수용 및 치료감호처분) 및 보호관찰, 갱생보호 등 사회내처우를 포함하여 최광의의 교정이라고 한다.[5]

형법은 제66조 이하에서 형의 집행에 관한 기본적인 방법을 규정하고 있고, 형 집행의 세부적인 절차와 방법에 대해서는 형사소송법과 형의 집행 및 수용자의 처우에 관한 법률에서 규정하고 있다. 재판의 집행 일반에 관하여는 형사소송법 제459조 이하에서 규정하고 있고, 사형과 자유형 및 노역장유치명령의 집행에 관하여는 형의 집행 및 수용자의 처우에 관한 법률에서 규정하고 있으며, 구류의 집행확보를 위한 유치명령제도에 관하여는 즉결심판에 관한 절차법 제17조에서 규정하고 있다. 그 외에 법무부령인 자유형 등에 관한 검찰 집행사무규칙, 재산형 등에 관한 검찰 집행사무규칙, 검찰압수물규칙에 실무적인 집행절차가 규정되어 있다.

2. 형 집행의 시기

가. 확정 후의 집행

형을 선고한 재판의 집행은 특별한 규정이 없으면 재판의 확정 후에 집행한

2 신동운, 형법총론(제10판), 홍문사(2017), 854.
3 정영석/신양균, 형사정책, 법문사(1997), 494.
4 주석 형법 총칙(2)(제2판), 한국사법행정학회(2011), 631(조균석).
5 허주욱, 교정학(증보판), 박영사(2013). 5.

다(형사소송법 제459조). 재판은 확정되어야 집행력이 발생하기 때문이다. 형의 집행시기는 형의 시효와 관계가 있고 특히 자유형의 경우 가석방심사 등 교정처우 등의 관계가 문제되므로, 형의 확정 후 신속하게 집행할 필요가 있다.

나. 확정 후 즉시 집행할 수 없는 예외

확정 후라고 하더라도 일정기간의 경과 또는 조건이 이행되어야 집행할 수 있는 예외들이 있다.

벌금과 과료는 판결확정일로부터 30일내에 납입하여야 한다(형법 제69조 제1항). 따라서 벌금과 과료는 확정되었다고 하더라도 30일 이내에는 강제집행하거나 노역장유치할 수 없다. 단, 벌금을 선고할 때에는 동시에 그 금액을 완납할 때까지 노역장에 유치할 것을 명할 수 있다(형법 제69조 제1항 단서). 벌금 또는 과료는 확정되더라도 30일 이내에는 별도의 노역장유치명령이 없는 한 그 미납을 이유로 노역장유치를 할 수 없다.

그리고 사형은 법무부장관의 명령에 의하여 집행한다(형사소송법 제463조). 사형은 확정 후에도 법무부장관의 집행명령 없이는 집행할 수 없다.

또한 사형의 선고받은 자가 심신의 장애로 의사능력이 없는 상태에 있거나 잉태 중에 있는 여자인 때에는 법무부장관의 명령으로 집행을 정지한다(형사소송법 제469조 제1항). 징역, 금고 또는 구류의 선고를 받은 자가 심신의 장애로 의사능력이 없는 상태에 있는 때에는 검사의 지휘에 의하여 심신장애가 회복될 때까지 형의 집행을 정지한다(형사소송법 제470조 제1항).

다. 확정 전의 집행

형이 확정되기 전에 그 형의 집행이 허용되는 경우가 있다. 벌금, 과료 또는 추징에 관하여 가납명령이 있는 때에는 벌금·과료·추징을 선고한 재판은 선고와 동시에 집행력이 발생하므로 그 재판이 확정되기 전에 집행할 수 있다(형사소송법 제334조 제3항).

3. 형 집행의 지휘

가. 검사의 집행지휘

형의 집행은 그 재판을 한 법원에 대응한 검찰청의 검사가 지휘한다(형사소송법 제460조 제1항). 상소의 재판 또는 상소의 취하로 인하여 하급법원의 재판을 집행할 경우에는 상소법원에 대응한 검찰청의 검사가 지휘한다. 단, 소송기록이 하급법원 또는 그 법원에 대응한 검찰청에 있는 때에는 그 검찰청의 검사가 지휘한다(형사소송법 제460조 제2항).

형을 포함한 재판집행의 주체에 관한 입법유형에는 법원의 권한으로 하는 법원주의와 검사의 권한으로 하는 검사주의가 있는데,[6] 형사소송법 제460조는 재판집행의 신속성과 기동성에 대처하기 위하여 형집행의 주체로서 검사주의를 채택하고 있다.

형의 집행기관은 형의 내용과 종류에 따라 교도관, 검찰청 직원, 사법경찰관리 등으로 나누어진다. 특히 자유형의 집행을 위해 법무부장관 소속 하에 교도소, 구치소 등을 두고, 법무부가 행형에 관한 사무를 관장한다.

나. 집행지휘의 방식

검사의 형집행지휘는 재판서 또는 재판을 기재한 조서의 등본 또는 초본을 첨부한 서면으로 하여야 한다(형사소송법 제461조). 특히 사형과 자유형의 집행을 지휘하는 서면을 형집행지휘서라고 한다(자유형 등에 관한 검찰 집행사무규칙 제4조). 형의 집행지휘서에는 형의 집행을 받을 자의 인적사항과 집행할 형의 종류와 내용을 기재하여야 한다. 다만, 자유형의 경우 법원으로부터 판결서등본 또는 재판을 기재한 조서의 등본의 송달이 지체되는 경우에는 검사는 형집행지휘서에 재판의 결과통지표 또는 그 내용을 소명할 수 있는 자료를 첨부하여 자유형의 집행을 지휘할 수 있다(자유형 등에 관한 검찰 집행사무규칙 제4조 단서).

그러나 천재지변 등으로 인하여 재판서 원본이 멸실되어 그 등초본 등의 작성이 불가능할 경우에는 범행, 형의 종류와 범위를 구체적으로 명확하게 할 수 있는 다른 증명자료를 첨부하여 집행지휘를 할 수 있다.[7]

4. 형 집행의 순서

동일인에게 2개 이상의 형을 집행하는 경우 형집행의 순서에 관하여는 형사소송법 제462조에서 규정하고 있다. 제462조는 중형선집행의 원칙을 규정하면서 검사에게 형집행순서의 변경권을 인정하고 있다. 형집행순서의 변경은 수형자가 가석방의 혜택을 부여받기 위하여 신청하는 경우와 벌금형의 시효 연장을 위한 경우 등이 있다.

6 형집행절차에 대한 법원주의의 필요성에 대한 논의는 정승환, "형벌집행에 대한 법관의 통제와 형집행법원의 필요성", 형사법연구 제22호(2004 겨울), 374 이하 참조.

7 대법원 1959. 12. 23.자 4191형항22 결정, 대법원 1961. 1. 27.자 4293형항20 결정.

동일인에게 2 이상의 형을 집행하는 경우 자격상실, 자격정지, 벌금, 과료와 몰수 외에는 그 중한 형을 먼저 집행한다(형사소송법 제462조 본문). 이때 형의 경중은 형법 제41조와 제50조가 정하는 바에 의한다. 중형선집행의 원칙은 자격상실, 자격정지, 벌금, 과료와 몰수의 형과 자유형(징역·금고·구류)의 관계에서는 적용되지 아니한다(제462조 본문). 성질상 위 각형과 자유형은 동시집행이 가능하기 때문이다.

2 이상의 자유형의 집행을 동시에 지휘할 때에는 집행할 순서를 정하여 지휘하여야 한다(자유형 등에 관한 검찰 집행사무규칙 제16조 제1항). 자유형의 집행 중에 다른 자유형의 집행을 지휘할 때에는 집행 중인 형에 계속하여 집행할 뜻을 명백히 하여 지휘하여야 한다(제16조 제2항 본문). 다만, 유기의 징역 또는 금고의 형의 집행 중에 무기의 징역 또는 금고의 형의 집행을 지휘하는 경우에 형법 제39조 제2항의 적용이 있는 때에는 무기의 징역 또는 금고의 형의 집행을 지휘함과 동시에 유기의 징역 또는 금고의 형의 집행정지를 지휘하여야 한다(제16조 제2항 단서).

중한 형의 우선집행원칙에도 불구하고, 검사는 소속장관의 허가를 얻어 중한 형의 집행을 정지하고 다른 형의 집행을 할 수 있다(형사소송법 제462조 단서). 여기의 소속장관은 법무부장관을 의미하는 것이 아니고 그 검사가 소속한 검찰청의 장을 의미하며(자유형 등에 관한 검찰 집행사무규칙 제38조 제1항, 제39조 제1항),[8] 지청장도 포함하는 것으로 지시되었다.[9] 형집행순서의 변경은 수형자의 수용시설 소재지 관할 지방검찰청 또는 지청 검사가 지휘하고, 다만 서울구치소의 경우에는 서울중앙지방검찰청 검사가 이를 지휘한다(자유형 등에 관한 검찰 집행사무규칙 제38조 제4항).

형집행순서의 변경은 자유형과 노역장유치 또는 2개 이상의 노역장유치를 집행지휘하는 경우에도 적용된다(자유형 등에 관한 검찰 집행사무규칙 제38조 제1항, 제39조 제1항).

5. 형집행불능결정

검사는 형의 시효가 완성된 때, 형의 선고를 받은 자에 관하여 사면이 있는

8 자유형 집행 중인 자의 노역장유치 집행(법무부 검이 826-14914, 1977. 4. 20.).
9 재산형 집행관련 지시 개선 시행(대검 집행과-1097, 2006. 5. 19.).

때와 형의 선고를 받은 자가 사망한 때에는 형집행불능결정서에 의하여 형집행불능결정을 하여야 한다(자유형 등에 관한 검찰 집행사무규칙 제7조 제1항).

검사는 재산형(벌금·과료·추징)의 시효가 완성된 경우, 납부의무자가 사망한 경우(형사소송법 제478조에 따라 상속재산에 관하여 집행할 수 있는 경우는 제외한다), 납부의무자인 법인이 해산되어 청산종결의 등기를 한 경우(형사소송법 제479조에 따라 합병 후 존속한 법인 또는 합병으로 설립된 법인에 대하여 집행할 수 있는 경우는 제외한다), 벌금·과료 또는 추징을 선고받은 자에 대하여 사면이 있는 경우에는 집행불능결정을 하여야 한다(재산형 등에 관한 검찰 집행사무규칙 제25조 제1항). 검사는 법인인 납부의무자가 사실상 해산되어 자력이 없는 경우, 외국인인 납부의무자 또는 내국인으로서 해외이주자인 납부의무자가 출국하여 재입국할 가능성이 없는 경우 등의 사유가 있어 집행할 수 없다고 인정될 때에는 집행불능결정을 할 수 있다(재산형 등에 관한 검찰 집행사무규칙 제25조 제2항).

검사는 몰수의 집행 또는 몰수물의 처분이 불가능하게 된 때에는 몰수집행불능결정 또는 몰수물처분불능결정의 처분을 하여야 한다(검찰압수물사무규칙 제45조 제1항).

Ⅱ. 몰수형의 집행

1. 의의

몰수판결이 확정되면 몰수물의 소유권은 특별한 절차를 거칠 필요 없이 피고인에 대한 관계에서 국고로 귀속된다. 몰수물은 검사가 처분하여야 하므로(형사소송법 제483조), 확정 당시에 이미 압수되어 있는 몰수물의 경우에는 검사의 처분만이 남아 있을 뿐이고, 집행은 문제되지 아니한다.

그러나 몰수물이 압수되어 있지 아니한 경우에는 몰수의 선고를 받은 자로부터 몰수물의 점유를 취득하여야 하는데, 이를 몰수형의 집행이라고 한다.[10]

2. 몰수물의 처분

몰수물은 검사가 처분하여야 한다(형사소송법 제483조). 몰수물의 처분방법은 공매처분에 한하지 아니하고, 몰수물의 종류와 성질에 따라 다르다.

10 주석 형법 총칙(2)(제2판), 한국사법행정학회(2011), 637(조균석).

가. 공매처분

압수되어 있거나 집행으로 점유를 취득한 몰수물이 유가물인 때에는 공매에 의하여 처분한 후 그 대금에 관하여 국고납입처분을 하여야 한다(검찰압수물사무규칙 제28조 제1항).

나. 폐기처분

몰수물이 무가물이거나 유가물이지만 위험물이거나 자동차·선박·항공기 또는 건설기계가 노후·파손 등으로 공매할 수 없는 때, 그 밖의 물건으로서 파괴 또는 폐기하여야 할 상당한 이유가 있을 때에는 폐기처분을 하여야 한다(검찰압수물사무규칙 제28조 제1항 단서, 제29조 제1항).

다. 국고납입처분

몰수물이 환가대금, 통화, 유가증권, 외국환인 경우에는 국고납입처분을 하여야 한다(검찰압수물사무규칙 제30조 내지 제34조).

라. 인계처분

몰수물이 마약류, 총기류, 포약류 및 수류탄, 문화재류 등과 같이 공매나 폐기가 부적당하다고 인정되는 물건인 경우에는 관계기관에 인계하여야 한다(검찰압수물사무규칙 제35조 제1항). 몰수물이 검찰실무자료로서 적당하다고 인정되는 경우에는 대검찰청에 특별인계처분을 할 수 있다(검찰압수물사무규칙 제37조 제1항).

마. 특별처분

검사는 특히 필요하다고 인정할 때에는 공매처분, 폐기처분 또는 인계처분 이외의 상당한 방법으로 몰수물을 처분할 수 있다(검찰압수물사무규칙 제36조 제1항).

바. 공안사건의 몰수물등 처분

국가보안법위반사건의 몰수물과 국가보안법 제15조 제2항에 따라 국고귀속된 금품은 국가정보원장의 송부요청이 있으면 이를 국가정보원장에게 인계하여야 한다(몰수금품 등 처리에 관한 임시특례법 시행령 제3조, 제4조, 검찰압수물사무규칙 제38조 제2항). 국가정보원장은 몰수금품 중 첩보공작상 또는 공익상 필요하다고 인정되는 금품의 일부 또는 전부를 국무회의의 심의를 거쳐 대통령의 승인을 얻어 이를 직접사용 또는 처분할 수 있다(몰수금품 등 처리에 관한 임시특례법 제3조 제1항).

사. 몰수물처분불능결정

검사는 몰수물의 처분이 불가능한 때에는 몰수물처분불능결정을 하여야 한다(검찰압수물사무규칙 제45조 제1항). 몰수물의 처분이 불가능할 때라 함은 압수된 몰수물이 소실, 도난, 분실 등으로 인하여 사실상 그 처분이 불가능하게 된 경우를 말한다.[11]

3. 몰수형의 집행

몰수물이 압수되어 있지 아니한 경우에 몰수가 선고되면 검사는 몰수의 선고를 받은 자에게 몰수물제출명령서에 의하여 몰수물의 제출을 명한다(검찰압수물사무규칙 제40조 제1항). 몰수의 선고를 받은 자가 검사의 몰수물제출명령에 응하지 아니한 때에는 검사는 몰수집행명령서를 작성하여 집행관에게 강제집행을 명하여야 한다(형사소송법 제477조, 검찰압수물사무규칙 제40조 제2항). 몰수의 선고를 받은 자로부터 몰수물의 제출이 있거나 강제집행에 의하여 집행관으로부터 몰수물을 인계받은 때에는 몰수물의 수리 및 처분절차에 따라 처리한다(검찰압수물사무규칙 제40조 제3항).

압수되지 아니한 몰수물이 그 몰수재판의 집행 전에 멸실된 경우 등 몰수의 집행이 불가능하게 된 때에는 검사는 몰수집행불능결정을 하여야 한다(검찰압수물사무규칙 제45조 제1항).

4. 몰수물의 교부

형사소송법 제484조는 몰수물에 대하여 정당한 권리있는 자에게 몰수물의 교부청구권을 인정하고 있다. 몰수판결의 효력은 원칙적으로 몰수의 원인된 사실로 인하여 유죄판결을 받은 피고인에 대한 관계에서 그 물건을 소지하지 못하게 하는 데 그치고, 그 재판을 받지 아니한 제3자의 소유권에 어떤 영향을 미치는 것은 아니기 때문이다.[12]

몰수를 집행한 후 3월 이내에 그 몰수물에 대하여 정당한 권리있는 자가 몰수물의 교부를 청구한 때에는 검사는 파괴 또는 폐기할 것이 아니면 이를 교부하여야 한다(형사소송법 제484조 제1항). 몰수물을 처분한 후 정당한 권리자에 의한 교부의 청구가 있는 경우에는 검사는 공매에 의하여 취득한 대가를 교부하여야 한

11 주석 형사소송법 Ⅳ(제5판), 한국사법행정학회(2017), 775(양동철).
12 대법원 1999. 5. 11. 선고 99다12161 판결, 대법원 1966. 12. 27. 선고 66다1703 판결.

다(형사소송법 제484조 제2항).

Ⅲ. 자격형의 집행

1. 자격형의 의의 및 기간

자격상실은 일정한 자격을 박탈하는 형벌이다. 현행 형법은 자격상실을 법정형으로 정한 범죄를 규정하고 있지는 않고 다만 사형, 무기징역 또는 무기금고의 판결이 확정되면 그 판결의 부수적 효과로서 법률상 당연히 자격이 상실되는 경우만을 총칙에 규정하고 있다(형법 제43조 제1항). 자격상실의 경우에 판결확정일로부터 형법 제43조 제1항 제1호 내지 제4호에 기재된 자격이 상실된다. 그러나 사면에 의하여 형이 실효된 때에는 자동적으로 자격을 회복하고, 무기자유형이 유기자유형으로 변경된 때에는 자격상실은 자동적으로 자격정지로 변경된다.

자격정지는 일정한 자격의 전부 또는 일부를 일정기간 동안 정지시키는 형벌이다. 자격정지에는 일정한 형벌을 선고받은 경우 그 부수적 효과로서 당연히 자격이 정지되는 당연정지(형법 제43조 제2항)와 자격정지판결의 선고로 일정기간 일정한 자격이 정지되는 선고정지(형법 제44조)가 있다.

자격의 당연정지의 경우에 유기징역 또는 유기금고의 판결확정일로부터 그 형의 집행이 종료하거나 면제될 때까지 형법 제43조 제1항 제1호 내지 제3호에 기재된 자격이 당연히 정지된다(형법 제43조 제2항). 따라서 집행유예기간 중에는 원칙적으로 공무원의 임용결격, 공법상의 선거권과 피선거권 등이 정지된다(형법 제43조 제2항). 형의 집행정지나 가석방에 의하여 석방되더라도 이는 형의 집행종료 또는 면제가 아니므로 이 기간 중에는 자격을 회복하지 못한다. 그러나 가석방기간이 무사히 경과된 경우, 사면에 의하여 실효되거나 집행이 면제된 경우 또는 감형에 의하여 형기가 단축된 경우에는 자동적으로 자격이 회복된다.

선고에 의한 자격정지가 단독으로 부과되거나 재산형에 병과된 경우에 선고된 내용에 따라 형법 제43조 제1항 제1호 내지 제4호에 기재된 자격의 전부 또는 일부가 판결확정일로부터 선고된 정지기간 동안 정지되고, 자격정지가 유기징역 또는 유기금고에 병과된 경우에는 징역 또는 금고의 집행을 종료하거나 면제된 날로부터 정지기간 동안 선고된 내용에 따라 일정자격이 정지된다(형법 제44조 제2항). 이 경우에도 사면에 의한 복권이 가능하고, 또한 자격정지의 선고를 받은 자가 피해자의 손해를 보상하고 자격정지 이상의 형을 받음이 없이 정지기간의 2분의 1을 경과한 때에는 본인 또는 검사의 신청에 의하여 자격의 회복을 선고할 수 있다(형법 제82조).

2. 자격형의 집행

자격형은 일정한 자격을 박탈하거나 일정기간 동안 정지시키는 형벌이므로, 자격형의 집행은 적극적인 행위를 내용으로 하는 다른 형의 집행과는 달리 소극적인 성격을 가진다.

자격상실 또는 자격정지의 집행방법은 수형인명부에 기재하고 수형인명표를 송부하는 것이다. 자격상실 또는 자격정지형이 확정되면 이를 수형자원부에 기재하고 지체없이 그 등본을 형의 선고를 받은 자의 등록기준지와 주거지의 시(구가 설치되지 아니한 시)·구·읍·면장에게 송부하여야 한다(형사소송법 제476조). 지방검찰청 및 그 지청은 자격정지 이상의 형을 선고한 재판이 확정되면 지체 없이 그 형을 선고받은 수형인을 수형인명부에 기재하여야 하고(형의 실효 등에 관한 법률 제3조), 자격정지 이상의 형을 선고받은 수형인에 대한 수형인명표를 작성하여 수형인의 등록기준지 시·구·읍·면 사무소에 송부하여야 한다(형의 실효 등에 관한 법률 제4조 제1항).

제 66 조 [사형]

사형은 형무소내에서 교수하여 집행한다.

[관련조문] 군형법 제3조, 형사소송법 제463조, 제464조, 제465조, 제466조, 제467조, 제468조, 제469조, 제473조, 군사법원법 제506조, 제507조, 제508조, 제509조, 제510조, 제511조, 제512조, 형의 집행 및 수용자의 처우에 관한 법률 제11조, 제89조 제1항, 제90조, 제91조, 형의 집행 및 수용자의 처우에 관한 법률 시행령 제111조, 군에서의 형의 집행 및 군수용자의 처우에 관한 법률 제77조, 제78조, 군에서의 형의 집행 및 군수용자의 처우에 관한 법률 시행령 제97조 제1항, 자유형 등에 관한 검찰 집행사무규칙 제8조, 제9조, 제10조 제1항, 제11조 제1항, 제12조, 제13조 제1항, 가족관계의 등록 등에 관한 법률 제88조 제1항.

[참고문헌] 주석 형법 총칙(2)(제2판), 한국사법행정학회(2011).

Ⅰ. 본조의 취지

1. 취지 및 입법례

본조는 사형의 집행장소와 집행방법에 관하여 규정하고 있다. 이는 집행장소를 교정시설 내로 제한하여 사형집행의 밀행성과 비공개성을 채택하고, 교수의 방법에 의하여 집행하도록 규정함으로써 잔인한 형벌을 금지하고자 하는 데에 그 취지가 있다.

사형은 시대와 나라에 따라 매우 다양한 방법으로 집행되어왔다. 동서고금을 막론하고 과거로 거슬러 갈수록 위하력을 높이기 위하여 공개적으로 잔인하게 사형을 집행하는 경우가 많았다. 조선시대에도 교수형(絞首刑)과 참수형(斬首刑) 외에도 능지처참(陵遲處斬), 효수(梟首), 기시(棄市), 부관참시(剖棺斬屍) 등의 잔인하고 공개적인 집행방법이 있었다. 생명을 박탈하는 사형의 본질상 상당한 고통을 배제할 수 없으나, 인간의 존엄에 대해 눈을 뜨기 시작한 계몽주의 이후에 사형집행의 개선이 주장되어 그 집행방법의 잔인성이 점차 완화되었다.

오늘날 각국에서 사용되는 집행방법에는 교수(hanging), 총살(shooting), 참수(guillotine), 전기살(electrocution), 가스살(lethal gas), 약물주사살(lethal injection), 교

살(strangulation), 투석살(投石殺) 등이 있는데, 우리나라는 교수형과 총살형을 인정하고 있다. 그리고 집행을 공개적으로 하는지 여부에 따라 밀행주의, 공개주의, 병행주의로 구분할 수 있는데. 현재 대다수의 나라는 밀행주의를 채택하고 있고 중동지역에서는 공개주의나 병행주의를 시행하고 있다.

2. 사형제도의 존폐론 및 위헌성 여부

사형은 형벌 중에서 가장 오래된 역사를 지닌 형벌이다. 그러나 사형은 수형자의 생명을 박탈하는 형벌이기 때문에 근대로 들어오면서 행형제도의 인도적 개선과 함께 점차 사형의 적용범위가 제한되고 집행방법도 잔혹성을 완화하는 방향으로 개선되었으며, 이와 함께 사형제도의 존폐에 대한 논쟁도 오랫동안 이어지고 있다.

우리나라에서는 제15대, 제16대, 제17대 국회에서 3회에 걸쳐 사형제 폐지법안이 발의되는 등 사형제 존폐를 둘러싼 찬반 논란이 여전히 지속되고 있고, 1998. 1. 이후 사형집행이 이루어지지 않고 있다. 많은 학자들이 사형폐지를 주장하고 있는데, 사형을 폐지할 경우 그 대체형으로 가석방이 허용되지 않는 무기징역형 등을 제시하고 있다. 이에 반하여 사형존치론은 사형제의 존치를 원하는 국민감정, 정치·사회적 여건상 시기상조, 사형폐지로 인한 부작용 등을 근거로 사형제도의 존치를 주장하고, 그 개선책으로 사형집행유예제도, 사형대상범죄의 축소, 사형선고의 제한과 기준명시, 사형판결에 대한 재심사유 확대 등을 제시하고 있다.

그리고 사형제도 자체의 위헌성에 대하여는 대법원[1]과 헌법재판소[2]는 사형제도가 헌법에 위반되지 않는다고 반복하여 확인하고 있다. 특히 사형의 집행방법을 규정한 본조와 구 행형법 제57조 제1항에 대한 위헌심판청구사건에서 헌법재판소는 본조와 구행형법 제57조 제1항은 "사형이라는 형벌의 집행의 방법과 장소를 정하는 규정에 불과하므로 그 위헌 여부에 따라 이 사건 관련소송사건의 재판의 주문이나 내용 및 효력에 관한 법률적 의미가 달라지게 되는 경우라고 할 수 없다. 따라서 청구인의 이 사건 심판청구 중 위 법률조항들에 대한 청구부분은 재

1 대법원 1963. 2. 28. 선고 62도241 판결, 대법원 1967. 9. 19. 선고 67도988 판결, 대법원 1987. 9. 8. 선고 87도1458 판결, 대법원 1990. 4. 24. 선고 90도319 판결, 대법원 1991. 2. 26. 선고 90도2906 판결, 대법원 1994. 12. 19.자 94초123 결정, 대법원 2000. 10. 13. 선고 2000도3189 판결.

2 헌법재판소 1996. 11. 28. 선고 95헌바1 결정, 헌법재판소 2010. 2. 25. 선고 2008헌가23 결정.

판의 전제성이 인정되지 아니하여 부적법하다."는 이유로 각하하였다.[3]

Ⅱ. 사형확정자의 수용

1. 사형확정자의 구인

가. 집행을 위한 소환 및 구인

사형의 선고를 받은 자가 구금되지 아니한 때에는 검사는 형을 집행하기 위하여 이를 소환하여야 한다(형사소송법 제473조 제1항). 소환에 응하지 아니한 때에는 검사는 형집행장을 발부하여 구인하여야 하고(제473조 제2항), 사형의 선고를 받은 자가 도망하거나 도망할 염려가 있는 때 또는 현재지를 알 수 없는 때에는 소환함이 없이 형집행장을 발부하여 구인할 수 있다(제473조 제3항).

나. 판결서등본 및 사형수 심신상황조회서 송부

검사는 사형을 선고한 판결이 확정된 피고인이 판결확정시에 구금되어 있는 경우에는 지체없이 사형수가 재소하고 있는 구치소 또는 교도소의 장에게 사형수에 관한 판결서등본 송부서에 판결서등본과 사형수 심신상황조회서를 첨부하여 송부하여야 한다(자유형 등에 관한 검찰 집행사무규칙 제8조 제2항).

2. 교정시설 내 수용

가. 사형확정자의 수용

사형확정자는 교도소 또는 구치소에 수용한다(형의 집행 및 수용자의 처우에 관한 법률 제11조). 군의 사형확정자는 군교정시설 내 미결수용실에 수용한다(군에서의 형의 집행 및 군수용자의 처우에 관한 법률 제77조 제1항). 형법에는 사형확정자에 대한 집행 시까지의 구금에 관하여 아무런 규정이 없으나, 사형판결은 그 집행 및 집행대기를 위하여 필연적으로 구금을 수반한다. 이때의 수용은 사형집행을 위하여 필연적으로 부수하는 구금절차이고,[4] 사형집행절차의 일환으로서 사형집행행위의 일부를 구성하는 것이다. 이 때의 교정시설 내 수용조치는 미결구금도 아니고, 형의 집행기간도 아니다.[5] 따라서 사면 등에 의하여 사형이 무기징역으로 특

3 헌법재판소 1996. 11. 28. 선고 95헌바1 결정.
4 주석 형법 총칙(2)(제2판), 한국사법행정학회(2011), 647(조균석).
5 대법원 1991. 3. 4.자 90모59 결정.

별감형된 경우 사형집행대기를 위한 구금기간은 형의 집행기간에 산입할 수 없다.[6] 그리고 사형확정자가 사형대기를 위하여 수용되어 있는 경우에는 사형의 시효는 진행되지 아니한다.

그리고 사형확정자는 독거수용함을 원칙으로 한다(형의 집행 및 수용자의 처우에 관한 법률 제89조 제1항 본문, 군에서의 형의 집행 및 군수용자의 처우에 관한 법률 제77조 제2항 본문). 다만, 자살방지, 교육·교화프로그램, 작업, 그 밖의 적절한 처우를 위하여 필요한 경우에는 법무부령 또는 국방부령으로 정하는 바에 따라 혼거수용할 수 있다(형의 집행 및 수용자의 처우에 관한 법률 제89조 제1항 단서, 군에서의 형의 집행 및 군수용자의 처우에 관한 법률 제77조 제2항 단서).

나. 사형확정자의 처우

소장은 사형확정자의 심리적 안정 및 원만한 수용생활을 위하여 교육 또는 교화프로그램을 실시하거나 신청에 따라 작업을 부과할 수 있다(형의 집행 및 수용자의 처우에 관한 법률 제90조 제1항). 군교도소장은 사형확정자의 심리적 안정 및 원만한 수용생활을 위하여 본인의 신청에 따라 심리상담 또는 종교상담을 받게 하거나 작업을 부과할 수 있다(군에서의 형의 집행 및 군수용자의 처우에 관한 법률 제77조 제3항).

사형확정자의 처우에 대하여는 구행형법상 미결수용자에 관한 규정을 준용하도록 규정하고 있었으나, 사형확정자는 미결수용자도 아니고 자유형의 집행을 받는 자도 아닌 특별한 지위에 있고, 사형확정자의 구금은 무죄가 추정되는 미결수용자의 구금과는 그 목적 및 성질이 서로 다른 점에 비추어 미결수용자에 대한 처우를 준용하기보다는 사형확정자의 기본적 인권을 고려한 독자적인 처우를 법으로 정하여야 한다는 비판이 있었다. 이에 따라 형의 집행 및 수용자의 처우에 관한 법률이 제정되면서 사형확정자에 대한 교육·교화프로그램, 작업, 그 밖의 처우에 필요한 사항은 법무부령으로 정하도록 규정하였다(형의 집행 및 수용자의 처우에 관한 법률 제90조 제2항). 형의 집행 및 수용자의 처우에 관한 법률 시행령 제108조 이하와 같은 법률 시행규칙 제150조 이하에서 그 처우에 관한 상세한 규정을 두고 있다.

[6] 대법원 1991. 3. 4.자 90모59 결정.

Ⅲ. 사형집행의 절차

1. 법무부장관의 명령

가. 사형판결 확정보고

사형을 선고한 판결이 확정된 때에는 판결선고 법원에 대응하는 검찰청의 장은 지체없이 상급검찰청의 장을 거쳐 법무부장관에게 판결문등본을 첨부하여 피고인의 인적사항, 죄명, 심급별 판결내용(선고연월일·선고법원·형명·형기), 수용되어 있는 교도소에 관한 사항을 보고하여야 한다(자유형 등에 관한 검찰 집행사무규칙 제8조 제1항).

나. 사형집행 구신 및 소송기록 제출

사형을 선고한 판결이 확정한 때에는 검사는 지체없이 소송기록을 법무부장관에게 제출하여야 한다(형사소송법 제464조). 군사법원법에 따른 사형판결이 확정된 때에는 군검사는 지체없이 소송기록을 국방부장관에게 제출하여야 한다(군사법원법 제507조).

사형을 선고한 판결이 확정된 때에는 판결선고법원에 대응하는 검찰청의 장, 소송기록이 있는 법원에 대응하는 검찰청의 장 또는 소송기록이 있는 검찰청의 장은 판결확정일로부터 4월 이내에 상급검찰청의 장을 거쳐 법무부장관에게 사형집행구신서에 의하여 사형집행을 구신하여야 한다(자유형 등에 관한 검찰 집행사무규칙 제9조 제1항). 이때 사형집행의 구신을 함에 있어서는 소송기록, 판결서등본, 가족관계기록사항에 관한 증명서, 사형수심신상황조회 회답서를 첨부하여야 한다(자유형 등에 관한 검찰 집행사무규칙 제9조 제2항).

다. 법무부장관의 사형집행명령

사형은 법무부장관의 명령(군사법원법에 의한 사형확정자에 대하여는 국방부장관의 명령)에 의하여 집행한다(형사소송법 제463조, 군사법원법 제506조). 이는 재판의 집행지휘를 검사의 권한으로 하는 원칙(형사소송법 제460조)에 대한 특칙이다. 생명형인 사형의 중요성에 비추어 법무행정의 최고책임자인 법무부장관이 사형판결에 대한 비상구제절차 요부와 사면대상 여부 등을 검토하여 그 집행에 신중을 기하기 위한 것이다.

사형집행의 명령은 판결이 확정된 날로부터 6월 이내에 하여야 한다(형사소송법 제465조 제1항, 군사법원법 제508조 제1항). 이는 법무부장관이 사형집행명령을 부당하게 지연시키는 것을 방지하기 위한 것이다. 그러나 이 기간은 훈시규정이다. 상소권회복의 청구, 재심의 청구 또는 비상상고의 신청이 있는 때에는 그 절차가 종료할 때까지의 기간은 이 기간에 산입하지 아니한다(형사소송법 제465조 제2항, 군사법원법 제508조 제2항).

2. 검사의 집행지휘

법무부장관 또는 국방부장관이 사형의 집행을 명한 때에는 5일 이내에 집행하여야 한다(형사소송법 제466조, 군사법원법 제509조). 따라서 검사는 법무부장관으로부터 사형집행의 명령이 있는 날로부터 5일이내에 형집행지휘서에 의하여 사형수가 재소하고 있는 구치소 또는 교도소의 장에게 사형집행을 지휘하여야 한다(자유형 등에 관한 검찰 집행사무규칙 제10조 제1항). 사형수가 재소하고 있는 구치소 또는 교도소에 사형집행의 설비가 없는 경우에는 검사는 이송지휘서에 의하여 사형집행의 설비가 있는 구치소 또는 교도소로 사형수를 이송하고(제11조 제1항), 사형수를 이송한 후 법무부장관의 사형집행명령이 있는 때에는 검사는 사형수를 이송받은 구치소 또는 교도소의 소재지를 관할하는 검찰청의 검사에게 재판집행촉탁서에 의하여 사형집행지휘를 촉탁하여야 한다(제12조).

검사는 사형집행의 구신 또는 사형집행명령이 있은 후 사형수에 관하여 재심청구·상소권회복청구·특별사면이나 감형의 신청 또는 상신이 있는 때에는 지체없이 그 사실을 법무부장관에게 보고하고 그 지휘를 받아야 한다(자유형 등에 관한 검찰 집행사무규칙 제13조 제1항).

3. 사형의 집행정지

사형의 선고를 받은 자가 심신의 장애로 의사능력이 없는 상태에 있거나 잉태 중에 있는 여자인 때에는 법무부장관(군사법원법에 의한 경우 국방부장관)의 명령으로 집행을 정지한다(형사소송법 제469조 제1항, 군사법원법 제512조 제1항). 사형의 집행정지는 형의 집행정지이지 구금의 정지는 아니므로 사형집행정지중인 자는 교정시설 내에 수용하여야 한다. 그리고 사형의 집행정지 중에는 형의 시효는 진행되지 아니한다.

사형의 집행 정지 후 심신장애가 회복되거나 출산을 한 때에는 법무부장관(군사법원법에 의한 경우 국방부장관)의 명령에 의하여 형을 집행한다(형사소송법 제

469조 제2항, 군사법원법 제512조 제2항).

4. 사형의 집행

가. 집행장소 및 집행방법

사형은 교정시설의 사형장에서 집행한다(형의 집행 및 수용자의 처우에 관한 법률 제91조 제1항). 형법에서 사형의 집행장소를 형무소내라고 규정한 것은 제정형법에서 사형과 자유형의 집행을 위한 수형시설을 형무소로 호칭하였기 때문이다. 1961. 12. 23. 개정된 행형법에서 그 명칭을 교도소로 변경하였고, 현행 형의 집행 및 수용자의 처우에 관한 법률에서는 사형집행장소에 관하여 교정시설의 사형장이라고 규정하고 있다. 군사법원법에 의한 사형확정자에 대한 사형은 소속 군 참모총장 또는 군사법원의 관할관이 지정한 장소에서 집행한다(군형법 제3조).

공휴일과 토요일에는 사형을 집행하지 아니한다(형의 집행 및 수용자의 처우에 관한 법률 제91조 제2항, 군에서의 형의 집행 및 군수용자의 처우에 관한 법률 제78조).

사형은 교수하여 집행하고(형법 제66조), 소장은 사형을 집행하였을 경우에는 시신을 검사한 후 5분이 지나지 아니하면 교수형에 사용한 줄을 풀지 못한다(형의 집행 및 수용자의 처우에 관한 법률 시행령 제111조). 그리고 군사법원법에 의한 사형확정자에 대한 사형은 총살로써 집행하고(군형법 제3조). 소장은 사형을 집행하였을 때에는 군의관에게 시신을 검사하게 하여 사망하였음을 확인한 후가 아니면 시신의 이전 등 다른 조치를 하지 못한다(군에서의 형의 집행 및 군수용자의 처우에 관한 법률 시행령 제97조 제1항).

나. 집행의 참여

사형의 집행에는 검사와 검찰청서기관(군사법원법에 의한 사형확정자의 경우 군검사, 검찰서기, 군의관)과 교도소장 또는 구치소장이나 그 대리자가 참여하여야 한다(형사소송법 제467조 제1항, 군사법원법 제510조 제1항). 검사(군사법원법에 의한 사형확정자의 경우 군검사) 또는 교도소장 또는 구치소장의 허가가 없으면 누구든지 형의 집행장소에 들어가지 못한다(형사소송법 제467조 제2항, 군사법원법 제510조 제2항). 사형집행의 밀행주의를 채택하고 있다.

다. 사형집행조서의 작성

사형의 집행에 참여한 검찰청 서기관(군사법원법의 경우 검찰서기)은 집행조서를 작성하고 검사(군사법원법의 경우 군검사, 군의관 추가)와 교도소장 또는 구치소장이나 그 대리자와 함께 기명날인 또는 서명하여야 한다(형사소송법 제468조, 군사법원법 제511조).

라. 사형집행사실 통보

사형의 집행이 있는 때에는 교도소장은 지체 없이 교도소 소재지의 시·읍·면의 장에게 사망의 통보를 하여야 한다(가족관계의 등록 등에 관한 법률 제88조 제1항).

제 67 조 [징역]

징역은 형무소내에 구치하여 정역에 복무하게 한다.

[관련조문] 형사소송법 제459조, 제460조, 제461조, 제462조, 제470조 제1항, 제471조 제1항, 제473조, 형의 집행 및 수용자의 처우에 관한 법률 제22조 내지 제54조, 제55조, 제56조, 제57조, 제65조, 제66조, 제70조, 제73조, 제105조, 제108조 제3호, 같은 법률 시행령 제90조, 제95조, 같은 법률 시행규칙 제120조, 제263조, 국제수형자이송법 제14조, 제16조 제3항, 제17조, 자유형 등에 관한 검찰 집행사무규칙 제4조, 제5조, 제16조, 제17조, 제19조, 제20조, 제33조, 제34조, 민영교도소 등의 설치·운영에 관한 법률 제24조, 제26조, 교도작업 운영지침 제3조, 교도작업특별회계 운영지침 제3조.

[참고문헌] 교정실무 I, 법무부 교정본부(2019); 주석 형법 총칙(2)(제2판), 한국사법행정학회(2011); 장규원, "현행 행형법의 문제점과 개선방안", 한국형사정책연구원(1995).

Ⅰ. 본조의 취지

본조는 형법 제41조에 규정된 형벌의 일종인 징역형의 집행내용에 대하여 규정하고 있다. 현행 형법상 자유형은 수형자의 신체의 자유를 박탈하는 형벌만이 인정되고, 이를 제한하는 형벌은 인정되지 않고 있다. 징역은 교도소에 구치하는 것을 내용으로 한다는 점에서 금고, 구류와 동일하지만, 징역은 이에 더하여 정역에 복무할 의무를 부과한다는 점에서 그렇지 아니한 금고, 구류와 구별된다. 징역과 금고는 그 기간이 1월 이상이고(제42조), 구류는 그 기간이 30일 미만(제46조)이라는 점에서 차이가 있다.

징역은 금고, 구류와 함께 자유형에 해당하는데, 자유형의 내용은 수형자를 일정한 장소에 구금하여 사회로부터 격리시켜 그 자유를 박탈함과 동시에 그의 교화·갱생을 도모함에 있다.[1] 즉 징역형의 집행은 교도소 내의 구치와 정역의 복무의무라는 2가지 요소를 그 본질로 하는데, 그 집행의 목적이 자유의 박탈에만 있는 것이 아니라 교정교화를 통한 수형자의 건전한 사회복귀에 있다. 따라서 수형자에게 부과되는 정역은 건전한 사회복귀를 위하여 기술을 습득하고 근로의욕

1 헌법재판소 1998. 8. 27. 선고 96헌마398 결정.

을 고취하는 데에 적합한 것이어야 한다(형의 집행 및 수용자의 처우에 관한 법률 제65조 제1항). 그리고 수형자는 자신에게 부과된 작업과 그 밖의 노역을 수행하여야 할 의무가 있다(형의 집행 및 수용자의 처우에 관한 법률 제66조).

한편 2003. 12. 31. 제정된 국제수형자이송법에 의하여 외국에서 징역 또는 금고형을 받아 형집행중인 대한민국 국민은 일정한 요건에 따라 국내에 이송될 수 있는데,[2] 외국에서 선고되어 확정된 자유형이 징역에 상당하는 형인 때에는 형법 제67조의 규정에 의하여 집행하며, 금고에 상당하는 형인 때에는 형법 제68조의 규정에 의하여 집행한다(국제수형자이송법 제16조 제3항). 그리고 국내이송수형자에 대한 가석방·사면·감형 등 자유형의 집행에 관하여 필요한 사항은 형법·형의 집행 및 수용자의 처우에 관한 법률 등 대한민국의 관련 법률이 정하는 바에 의한다(국제수형자이송법 제17조).

Ⅱ. 징역형의 집행절차

1. 의의

징역형을 집행하기 위하여는 먼저 수형자를 교도소에 구치하여 수용하여야 한다. 즉 징역형 집행의 첫째 요소는 형무소 내의 구치이다. 형무소는 응보로서의 형벌의 의미가 강조되는 형법 제정 당시의 명칭이고, 1961년 구행형법의 개정이후 교육·교정수단으로서 형벌의 의미를 강조하는 교도소로 그 명칭이 변경되었으며, 현재의 교도소 등 교정시설을 의미한다.

한편 2000. 1. 28. 민영교도소 등의 설치·운영에 관한 법률이 제정됨에 따라 민간교도소등에도 징역형을 선고받은 수형자를 구치할 수 있게 되었는데, 민영교도소등에 수용된 수용자는 형의 집행 및 수용자의 처우에 관한 법률에 따른 교도소등에 수용된 것으로 본다(민영교도소 등의 설치·운영에 관한 법률 제24조).

2. 검사의 집행지휘

징역형은 그 형을 선고한 판결이 확정된 후에 집행한다(형사소송법 제459조). 징역형의 집행은 검찰청의 검사가 집행하고(형사소송법 제460조), 검사의 집행지휘

2 우리나라는 2005. 1. 22. 유럽평의회로부터 유럽평의회 수형자이송협약에 대한 가입초청장을 수령하였고, 2005. 7. 20. "수형자의 이송에 관한 협약(Convention on the Transfer of Sentenced Persons)" 가입서를 기탁하여 60번째 당사국으로 가입하였으며(유럽평의회 회원국 외에 미국, 일본, 호주, 캐나다 등 가입), 2005. 11. 1. 발효되었다.

는 판결서등본 또는 재판을 기재한 조서의 등본을 첨부한 형집행지휘서에 의한다(형사소송법 제461조, 자유형 등에 관한 검찰 집행사무규칙 제4조 제1항). 이러한 검사의 집행지휘에 의하여 교도소 내의 구치가 개시되고, 형기 동안 계속하여 구금상태가 유지된다.

가. 판결확정시 구금되어 있는 경우

징역형이 확정된 때에 구금되어 있는 자에 대해서는 형집행지휘서를 대상자가 구금되어 있는 구치소 또는 교도소의 장에게 송부하여 집행한다(자유형 등에 관한 검찰 집행사무규칙 제5조).

한편 국내이송명령을 받은 대상수형자에 대하여는 검사가 지체없이 국내이송집행장을 발부하여 외국으로부터 국내이송대상수형자를 인도받고 그 자유형의 집행을 지휘하여야 한다(국제수형자이송법 제14조 제2항). 국내이송집행장에는 대상수형자의 인적사항, 외국의 국명, 죄명, 외국에서 선고받은 자유형의 종류 및 형기, 국내에서 집행할 형기 및 집행장소 등을 기재하고 검사가 서명날인하여야 하고(제14조 제3항), 국내이송집행장에 외국의 재판서 등본 또는 초본이나 그 밖에 판결이 선고되었음을 증명할 수 있는 서류를 첨부하여야 하며(제14조 제4항), 이는 형집행장과 동일한 효력이 있다(제14조 제5항).

나. 판결확정시 구금되어 있지 아니한 경우

1) 소환 또는 형집행장에 의한 구인

징역의 선고를 받은 자가 구금되지 아니한 때에는 검사는 형을 집행하기 위하여 이를 소환하여야 한다(형사소송법 제473조 제1항). 미집행자가 소환에 응하여 자진 출석한 때에는 형집행지휘서에 의하여 교도소 또는 구치소에 그 신병을 인계한다.

징역형을 선고받은 자가 형집행을 위한 소환에 응하지 아니한 때에는 검사는 형집행장을 발부하여 구인하여야 하고(형사소송법 제473조 제2항), 형의 선고를 받은 자가 도망하거나 도망할 염려가 있는 때 또는 현재지를 알 수 없는 때에는 소환함이 없이 형집행장을 발부하여 구인할 수 있다(제473조 제3항). 형집행장은 구속영장과 동일한 효력을 가지는데(제474조 제2항), 이는 장기간 구금을 목적으로 하는 구속영장이라기 보다는 형 집행을 위하여 신병을 확보하고 검찰청으로 구인하기 위한 구인영장의 성질을 갖는다. 따라서 형집행장에 의하여 자유형미집행자를 체포하면 관할 검찰청으로 구인할 수 있고, 그 후 형을 집행하기 위하여는 검사가 형집행지휘서에 의하여 교도소 또는 구치소에 수감하여야 한다.

2) 자유형미집행자의 발생사유

징역을 비롯한 자유형의 선고를 받고 그 형이 확정되었으나 아직 형의 집행을 받지 아니한 사람을 실무상 자유형미집행자라고 하는데, 자유형 미집행자가 발생하는 경우는 불구속기소된 피고인을 법정구속하지 않은 상태에서 형이 확정된 경우, 구속기소된 피고인이 보석으로 석방된 후 보석이 취소되지 않은 상태에서 형이 확정된 경우, 구속기소된 피고인이 구속집행정지로 석방된 후 구속집행정지결정이 취소되지 않은 상태에서 형이 확정된 경우, 집행유예가 실효되거나 취소된 자가 구금되어 있지 아니한 경우, 형집행정지결정으로 석방된 자에 대하여 형집행정지취소결정이 난 경우, 자유형에 대한 선고유예가 실효되어 유예된 형이 선고되어 확정된 경우, 가석방의 실효 또는 취소로 잔여형기를 집행하여야 할 경우, 즉결심판에서 구류처분을 받은 피고인이 정식재판을 청구한 다음 정식재판청구를 취하한 경우 등이다. 이러한 경우에는 위와 같은 소환, 형집행장에 의한 구인, 교정시설 수용 등의 절차에 따라 형을 집행한다.

자유형의 판결이 확정되는 때에 피고인이 불구속 상태에 있었던 경우 외에 불구속 사유의 변경으로 인하여 자유형을 집행하는 경우에도 소환, 구인 등의 절차에 의하고 그 집행지휘 방식은 다음과 같다.

징역 또는 금고형의 집행유예에 대한 법원의 취소결정(형법 제64조)이 확정된 때에는 검사는 형집행지휘서에 의하여 지체없이 그 형의 집행을 지휘하여야 한다(자유형 등에 관한 검찰 집행사무규칙 제20조 제2항). 그러나 검사의 집행유예취소 청구에 따라 법원이 집행유예 취소결정을 하였으나 그 결정이 확정되기 전에 집행유예기간이 경과되는 경우에는 집행유예를 취소할 수 없으므로,[3] 형 집행을 할 수 없다.

집행유예의 실효사유가 발생하면 실효에 관한 재판절차 없이 검사는 바로 형의 집행을 지휘하게 되는데, 이때 검사의 실효지휘는 형집행지휘서가 아니라 형집행유예실효지휘서에 의하고, 형집행유예실효지휘서를 형을 집행할 구치소 또는

[3] 대법원 2005. 8. 23.자 2005모444 결정.

교도소의 장에게 송부하여야 한다(자유형 등에 관한 검찰 집행사무규칙 제19조).

자유형의 집행정지에 대하여 취소결정이 있는 때에는 검사는 형집행정지자를 소환하여 그 인적사항을 확인하여 잔형집행을 지휘하여야 한다(자유형 등에 관한 검찰 집행사무규칙 제34조 제1항). 형집행정지자에 관한 잔형의 집행은 판결서등본 또는 재판을 기재한 조서의 등본을 첨부한 잔형집행지휘서에 의한다(자유형 등에 관한 검찰 집행사무규칙 제34조 제2항).

그리고 징역형의 가석방이 실효 또는 취소된 경우에도 검사의 잔형집행지휘서에 의하여 잔형을 집행하여야 한다(형의 집행 및 수용자의 처우에 관한 법률 시행규칙 제263조).

형미집행자 또는 잔형집행대상자로서 집행할 형기가 1일인 경우 형집행장에 의하여 구인되거나 자진출석한 때에는 형을 집행한 것으로 보고, 별도로 교도소나 구치소에 수감하지 않는다(자유형 등에 관한 검찰 집행사무규칙 제17조 제6항).

3. 집행지휘의 순서

현행 형법상 자유형은 그 성질상 동시집행이 불가능하므로 2이상의 자유형의 집행을 동시에 지휘할 때에는 집행할 순서를 정하여 지휘하여야 한다(자유형 등에 관한 검찰 집행사무규칙 제16조 제1항). 집행의 순서는 원칙적으로 중한 형을 먼저 집행하지만(형사소송법 제462조 본문), 검사는 소속 검찰청의 장의 허가를 얻어 중한 형의 집행을 정지하고 다른 형의 집행을 할 수 있다(형사소송법 제462조 단서). 집행순서의 변경은 그 집행시기에 관계없이 언제든 가능하므로, 어느 한 형의 집행 착수 후에도 허용된다. 그리고 소년에 대한 부정기형이 2개 이상 있을 때에는 장기를 비교하여 중한 것을 먼저 집행하는 것이 원칙이다.

자유형의 집행 중에 다른 자유형의 집행을 지휘할 때에는 집행 중인 형에 계속하여 집행할 뜻을 명백히 하여 지휘하여야 한다(자유형 등에 관한 검찰 집행사무규칙 제16조 제2항 본문). 다만, 유기의 징역 또는 금고의 형의 집행 중에 무기의 징역 또는 금고의 형의 집행을 지휘하는 경우에 형법 제39조 제2항의 적용이 있는 때에는 무기의 징역 또는 금고의 형의 집행을 지휘함과 동시에 유기의 징역 또는 금고의 형의 집행정지를 지휘하여야 한다(자유형 등에 관한 검찰 집행사무규칙 제16조 제2항 단서).

검사의 형집행순서 변경 지휘가 있을 경우 반드시 형집행순서변경지휘서 접

수일에 본형을 정지하고 그 익일을 제2형의 기산일로 정하여 집행한다.[4]

4. 집행의 정지

징역, 금고 또는 구류의 선고를 받은 자가 심신의 장애로 의사능력이 없는 상태에 있는 때에는 형을 선고한 법원에 대응한 검찰청 검사 또는 형의 선고를 받은 자의 현재지를 관할하는 검찰청 검사의 지휘에 의하여 심신장애가 회복될 때까지 형의 집행을 정지한다(형사소송법 제470조 제1항).

또한 징역, 금고 또는 구류의 선고를 받은 자에 대하여 ①형의 집행으로 인하여 현저히 건강을 해하거나 생명을 보전할 수 없을 염려가 있는 때, ②연령 70세 이상인 때, ③잉태 후 6월 이상인 때, ④출산 후 60일을 경과하지 아니한 때, ⑤직계존속이 연령 70세 이상 또는 중병이나 장애인으로 보호할 다른 친족이 없는 때, ⑥직계비속이 유년으로 보호할 다른 친족이 없는 때, ⑦기타 중대한 사유가 있는 때에는 형을 선고한 법원에 대응한 검찰청검사 또는 형의 선고를 받은 자의 현재지를 관할하는 검찰청검사의 지휘에 의하여 형의 집행을 정지할 수 있다(형사소송법 제471조 제1항).

자유형의 집행정지는 자유형의 집행 중에 있는 경우뿐 아니라 자유형의 집행에 착수하기 전에도 행하여질 수 있다.

형집행정지의 사유가 소멸한 때에는 검사는 자유형집행정지의 결정을 취소하고 잔형을 집행하여야 한다(자유형 등에 관한 검찰 집행사무규칙 제33조, 제34조). 형집행정지기간 중에는 형의 시효는 정지되며, 형집행정지의 기간은 형의 집행기간에 산입되지 아니한다.

5. 집행의 종료

징역을 비롯한 자유형은 형기종료일에 그 집행이 종료된다. 형기종료에 따른 석방은 형기종료일에 행하여야 한다(형법 제86조, 형의 집행 및 수용자의 처우에 관한 법률 제124조 제2항). 형기종료일이란 형기의 최종일을 말한다. 형기종료일은 확정된 자유형의 기간, 형기의 기산일(판결확정일 또는 형집행개시일), 미결구금일수, 형집행정지의 일수 등에 의해서 결정된다.

☞ 형기종료일, 석방일 및 석방절차에 대한 자세한 내용은 제4장 기간 제86

4 "형집행순서변경시 형의 기산일 산정에 관한 지시(보안제1과-14501, 05. 12. 15.)(교정실무 I, 법무부 교정본부(2019), 551에서 재인용).

조(석방일)” 참조.

Ⅲ. 징역형의 집행내용

징역형은 교정시설 내에 구치하여 정역에 복무하게 한다. 징역형 수형자에 대한 교정시설 내 집행내용은 크게 수형자의 정역복무, 처우와 권리 등으로 나누어 볼 수 있고, 그 구체적 내용은 형의 집행 및 수용자의 처우에 관한 법률에 규정되어 있다. 즉 형의 집행 및 수용자의 처우에 관한 법률은 자유형 확정자를 비롯한 수형자의 교정교화와 건전한 사회복귀를 도모하고, 수용자의 처우와 권리 등에 관한 사항을 규정하고 있다.

형의 집행 및 수용자의 처우에 관한 법률 제22조 내지 제54조에서 수형자의 물품, 금품관리, 위생과 의료, 접견·서신·전화통화, 종교와 집필 등 수형자의 기본적 권리를 규정하고, 같은 법률 제105조 내지 제115조에서 규율과 상벌을 규정하고 있다.

형의 집행 및 수용자의 처우에 관한 법률 제55조는 교육·교화프로그램, 작업, 직업훈련 등을 통하여 수형자의 교정교화를 도모하고 사회생활에 적응하는 능력을 함양하도록 처우하는 데에 수형자 처우의 원칙과 목적이 있음을 분명히 규정하고 있다. 이에 따라 수형자의 교정교화와 사회적응능력의 함양을 위하여 교정시설의 장은 수형자의 개별적인 특성에 알맞은 처우계획을 수립하여 시행하고, 분류심사의 결과에 따라 그에 적합한 시설에 수용하도록 하며, 교정시설을 도주방지 등을 위한 수용설비 및 계호의 정도(경비등급)에 따라 구분하여 시설형태, 계호방법 등을 차등화하고, 수형자의 수용생활태도 등을 정기적으로 재심사하여 수용시설을 단계적으로 조정하고 처우하도록 규정하고 있는데(형의 집행 및 수용자의 처우에 관한 법률 제56조, 제57조), 수용시설의 결정이 곧 처우수준의 결정을 의미한다.

징역형은 수형자의 정역 복무의무를 그 본질로 한다. 여기서 정역은 정해진 노무를 의미하고, 징역의 형벌내용으로서 정역은 구체적으로 형의 집행 및 수용자의 처우에 관한 법률 제65조 이하에서 규정하고 있는 교도작업(Prison Labor)을 말한다.

수형자는 정역 복무의무가 있으므로, 수형자는 자신에게 부과된 작업과 그 밖의 노역을 수행하여야 할 의무가 있다(형의 집행 및 수용자의 처우에 관한 법률 제

66조). 그러나 수형자에게 부과하는 작업은 건전한 사회복귀를 위하여 기술을 습득하고 근로의욕을 고취하는 데에 적합한 것이어야 하고(형의 집행 및 수용자의 처우에 관한 법률 제65조 제1항), 교정시설의 장은 수형자에게 작업을 부과하려면 나이·형기·건강상태·기술·성격·취미·경력·장래생계, 그 밖의 수형자의 사정을 고려하여야 한다(형의 집행 및 수용자의 처우에 관한 법률 제65조 제2항). 특히 19세 미만의 소년수형자에게 작업을 부과하는 경우에는 정신적·신체적 성숙 정도, 교육적 효과 등을 고려하여야 한다(형의 집행 및 수용자의 처우에 관한 법률 시행령 제90조). 따라서 정역의 복무는 징역수형자의 법적 의무이기는 하지만, 질병 등으로 일시 복무하지 못하더라도 교정시설 내의 구치가 계속되는 한, 형기는 진행된다.[5] 그리고 수형자의 작업은 의무의 성격과 함께 권리의 성격도 가지고 있는데, 징역형 수형자에 대하여 수형자의 의사에 반하여 작업할 권리를 제한하기 위해서는 징벌위원회의 의결을 거쳐 형집행법에 규정된 징벌로써 제한하여야 할 것이고 형집행법에는 징벌의 종류로 '작업취소'를 규정하고 있지도 아니하므로 교도소장은 수형자의 의사에 반하여 징역형 수형자에 대하여 작업취소 처분을 할 수 없다고 할 것이므로, 징벌위원회의 의결도 없이 형집행법에 규정되어 있지도 아니한 작업취소 처분은 위법하고 그 하자가 중대·명백하여 당연무효이다.[6]

교도작업의 종류는 교도작업의 운영 및 특별회계에 관한 법률 시행규칙 제6조에서 그 경영방식에 따라 직영작업, 위탁작업, 노무작업, 도급작업으로 분류하고 있고, 실무상 그 운영주체에 따라 직영작업과 위탁작업을 크게 분류하고 위탁작업의 범주에 집중근로작업, 자립형작업, 개방지역작업, 외부기업통근작업을 포함하고 있다. 직영작업이란 국가가 일체의 시설과 장비를 구축하여 재료 등을 구입하고 제품을 생산하는 작업을 말하고, 위탁작업이란 교도작업에 참여한 민간기업을 통하여 교도작업제품을 생산하는 작업으로 위탁업체로부터 작업에 필요한 시설 등 재료의 전부 또는 일부를 제공받아 물건 및 자재를 생산, 가공하여 이를 위탁업체에 교부하고 그 대가를 받는 작업을 말한다. 그리고 집중근로작업이란 수형자의 신청에 따라 1일 작업시간 중 접견·전화통화·교육 및 공동행사 참가 등을 하지 아니하고 휴게시간을 제외한 작업시간 내내 하는 작업을 말하고(형의 집행 및 수용자의 처우에 관한 법률 제70조, 같은 법률 시행령 제95조), 자립형교도작업이

5 주석 형법 총칙(2)(제2판), 한국사법행정학회(2011), 656(조균석).

6 대전고등법원 2015. 7. 16. 선고 2015누10702 판결.

란 수형자의 근로의욕 향상과 출소 후 생활정착금 마련을 위하여 1일 실제 작업시간 8시간 확보 및 공임책정을 수량과정으로 산정하는 제도로서 작업생산량 증가실적에 따라 작업장려금이 인상되도록 하는 집중근로제를 말하며(교도작업운영지침 제3조 제16호), 개방지역작업이란 교정시설의 주벽 밖 제한구역에 직영 또는 기업체가 운영하는 작업장에서 실시하는 작업을 말하고(교도작업운영지침 제3조 제3호), 외부기업통근작업이란 외부 민간업체의 작업장에 수형자를 통근케 하여 노무를 제공하고 그에 대한 대가로 공임을 지급받는 작업형태를 말한다(형의 집행 및 수용자의 처우에 관한 법률 시행규칙 제120조, 교도작업운영지침 제3조 제2호).

교도작업으로 생산된 제품 및 서비스의 판매, 그 밖에 교도작업에 부수되는 수입금이 생기는데, 이러한 작업수익은 국고에 귀속된다(형의 집행 및 수용자의 처우에 관한 법률 제73조 제1항). 민영교도소등에 수용된 수용자가 작업하여 생긴 수입도 국고수입으로 한다(민영교도소 등의 설치·운영에 관한 법률 제26조). 구행형법 제39조 제1항(현행 형의 집행 및 수용자의 처우에 관한 법률 제73조 제1항)이 수형자의 재산권을 침해하여 위헌이라는 헌법소원심판에 대하여 헌법재판소는 실체판단 없이 "청구인 자신이 국가보안법위반으로 징역형을 선고받은 양심범이므로 교도작업을 할 수 없다고 하여 교도소장의 작업지시를 거부하고 출소할 때까지 작업을 하지 않았기" 때문에 구행형법 제39조 제1항에 의하여 기본권을 침해받은 바가 없어 자기관련성이 없으므로 부적법하다는 이유로 각하하였다.[7]

수형자에게는 법무부장관이 정하는 바에 따라 작업의 종류, 작업성적, 교정성적, 그 밖의 사정을 고려하여 작업장려금을 지급할 수 있다(형의 집행 및 수용자의 처우에 관한 법률 제73조 제2항). 교도작업은 징역형 수형자에게 형법에 의해 강제적으로 부과되는 정역의 성질을 가지고 있으므로 작업장려금은 노무제공에 대한 사법적 대가가 아니라, 국가가 작업 장려와 석방 후 생활안정에 활용하도록 정책적으로 제공하는 급부이고, 구체적인 기준과 금액 등은 입법정책의 문제로서 행형상의 재량에 속한다.[8] 이에 대하여 입법론으로 수형자의 노동에 상응한 보수가 대가로서 지불되고 수형자가 이것을 권리로서 청구할 수 있는 작업임금제가 주장되기도 한다.[9]

7 헌법재판소 1998. 2. 27. 선고 96헌마179 결정.
8 주석 형법 총칙(2)(제2판), 한국사법행정학회(2011), 658(조균석).
9 장규원, "현행 행형법의 문제점과 개선방안", 한국형사정책연구원(1995), 85.

현재 작업장려금에는 일반작업장려금과 특별작업장려금이 있는데, 일반작업장려금은 작업의 종류·성적·등급을 참작하여 모든 취업수용자에게 지급하는 장려금을 말하고, 특별작업장려금은 교도작업 등을 성실히 수행하고 기능이 우수하거나 장기간 취업한 수용자의 사회복귀를 촉진하기 위하여 지급하는 작업장려금을 말한다(교도작업특별회계 운영지침 제3조 제2호, 제3호). 작업장려금은 석방할 때에 본인에게 지급하는 것이 원칙이지만, 본인의 가족생활 부조, 교화 또는 건전한 사회복귀를 위하여 특히 필요하면 석방 전이라도 그 전부 또는 일부를 지급할 수 있다(형의 집행 및 수용자의 처우에 관한 법률 제73조 제3항). 또한 작업장려금은 지급 전까지는 단순히 개인별 계산고로만 확인할 수 있을 뿐이고 국고에 귀속되어 있으며, 법상 징벌의 종류로서 3개월 이내의 작업장려금 삭감을 규정하고 있다(형의 집행 및 수용자의 처우에 관한 법률 제108조 제3호).

제 68 조 [금고와 구류]

금고와 구류는 형무소에 구치한다.

[관련조문] 형사소송법 제459조, 제460조, 제461조, 형의 집행 및 수용자의 처우에 관한 법률 제65조, 제67조, 제87조, 같은 법률 시행령 제93조, 즉결심판에 관한 절차법 제17조, 제18조, 자유형 등에 관한 검찰집행사무규칙 제4조 제1항.

Ⅰ. 본조의 취지

본조는 형법 제41조에 규정된 형벌의 일종인 금고와 구류의 집행내용에 대하여 규정하고 있다. 금고와 구류는 징역과 함께 신체의 자유를 박탈하는 자유형에 해당하는데, 교정시설에 구치하여 집행한다는 점에서 징역과 같으나, 정역을 부담할 의무가 없다는 점에서 징역과 다르다. 다만, 금고형 또는 구류형의 수형자가 신청할 경우에 교정시설의 장은 작업을 부과할 수 있고(형의 집행 및 수용자의 처우에 관한 법률 제67조), 이를 청원작업이라고 한다.

Ⅱ. 금고형의 집행

금고형의 집행절차도 징역형의 집행절차와 같이 금고형을 선고한 판결이 확정된 후에 집행하고(형사소송법 제459조), 금고형의 집행은 검찰청의 검사가 집행하며(형사소송법 제460조), 검사의 집행지휘는 판결서등본 또는 재판을 기재한 조서의 등본을 첨부한 형집행지휘서에 의한다(형사소송법 제461조, 자유형 등에 관한 검찰집행사무규칙 제4조 제1항). 판결확정시 구금되어 있는 자에 대한 형집행지휘서 송부, 구금되어 있지 아니한 자에 대한 소환, 구인장에 의한 구인, 교도소 등에의 수용 등의 절차, 집행지휘의 순서, 집행의 정지 및 집행의 종료는 징역형의 집행절차에서 설명한 내용이 원칙적으로 그대로 적용된다.

그리고 금고형의 집행내용은 교도작업이 강제되지 아니한다는 점을 제외하면, 징역형의 집행내용과 크게 다르지 않다. 금고형도 교도소에 구치하여 집행하므로, 그 집행내용도 교정시설 내의 교정관리 및 수형자의 처우와 권리 등에 관하여 설명한 징역형의 집행내용과 같이 형의 집행 및 수용자의 처우에 관한 법률에 규정되어 있다. 형의 집행 및 수용자의 처우에 관한 법률 제22조 내지 제54조에서 수형자의 물품, 금품관리, 위생과 의료, 접견·서신·전화통화, 종교와 집필 등 수형자의 기본적 권리를 규정하고, 같은 법률 제105조 내지 제115조에서 규율과 상벌을 규정하고 있으며, 형의 집행 및 수용자의 처우에 관한 법률 제56조 및 제57조는 수형자의 교정교화와 사회적응능력의 함양을 위하여 교정시설의 장은 수형자의 개별적인 특성에 알맞은 처우계획을 수립하여 시행하고, 분류심사의 결과에 따라 그에 적합한 시설에 수용하도록 하며, 교정시설을 도주방지 등을 위한 수용설비 및 계호의 정도(경비등급)에 따라 구분하여 시설형태, 계호방법 등을 차등화하고, 수형자의 수용생활태도 등을 정기적으로 재심사하여 수용시설을 단계적으로 조정하고 처우하도록 규정하고 있다.

금고형의 수형자에게도 신청에 의하여 작업을 부과할 수 있으며, 징역형의 교도작업에 대하여 설명한 내용은 청원작업의 경우에도 원칙적으로 그대로 적용된다. 수형자에게 부과하는 작업은 건전한 사회복귀를 위하여 기술을 습득하고 근로의욕을 고취하는 데에 적합한 것이어야 하고(형의 집행 및 수용자의 처우에 관한 법률 제65조 제1항), 교정시설의 장은 수형자에게 작업을 부과하려면 나이·형기·건강상태·기술·성격·취미·경력·장래생계, 그 밖의 수형자의 사정을 고려하여야 한다(형의 집행 및 수용자의 처우에 관한 법률 제65조 제2항). 다만, 신청에 따라 작업이 부과된 수형자가 작업의 취소를 요청하는 경우에는 그 수형자의 의사, 건강 및 교도관의 의견 등을 고려하여 작업을 취소할 수 있다(형의 집행 및 수용자의 처우에 관한 법률 시행령 제93조).

Ⅲ. 구류형의 집행

구류형은 정역이 부과되지 않으나, 신청에 의하여 교도작업을 할 수 있는 등 그 집행의 절차와 내용은 금고형과 다르지 않다.

다만, 즉결심판에 관한 절차법은 범증이 명백하고 죄질이 경미한 범죄사건에 대한 피고인에게 구류형이 선고된 경우에 별도의 집행절차를 규정하고 있다. 즉 형집행의 검사주의, 집행장소 및 재판확정 후 집행에 대한 예외를 규정하고 있다. 형의 집행은 경찰서장이 하고 그 집행결과를 지체없이 검사에게 보고하여야 한다(즉결심판에 관한 절차법 제18조 제1항). 집행장소에 대하여도 구류는 경찰서유치장·구치소 또는 교도소에서 집행하며 구치소 또는 교도소에서 집행할 때에는 검사가 이를 지휘한다(제18조 제2항).

구류형도 즉결심판을 비롯한 재판확정 후에 집행하는 것이 원칙이다. 그러나 판사는 구류의 선고를 받은 피고인이 일정한 주소가 없거나 또는 도망할 염려가 있을 때에는 5일을 초과하지 아니하는 기간 경찰서 유치장(지방해양경찰관서의 유치장을 포함한다)에 유치할 것을 명령한 경우에는 재판확정 전에도 집행할 수 있으며, 다만 유치명령기간은 선고기간을 초과할 수 없다(즉결심판에 관한 절차법 제17조 제1항). 유치명령이 있는 경우 재판확정 전에 집행할 수 있으므로, 즉결심판에 대하여 정식재판을 청구하더라도 유치명령에 의하여 경찰서 유치장에 유치할 수 있다. 이 경우 집행된 유치기간은 본형의 집행에 산입한다(즉결심판에 관한 절차법 제17조 제2항).

그리고 구류형의 집행정지는 사전에 검사의 허가를 얻어야 한다(즉결심판에 관한 절차법 제18조 제4항).

경찰관서에 설치된 유치장은 교정시설의 미결수용실로 보아 형의 집행 및 수용자의 처우에 관한 법률을 준용한다(형의 집행 및 수용자의 처우에 관한 법률 제87조). 그러나 유치장에서 구류형을 집행할 경우에는 형의 집행 및 수용자의 처우에 관한 법률에 의한 청원작업과 그 밖의 교징처우를 할 수 없다는 문제점이 있다.

제 69 조 [벌금과 과료]

① 벌금과 과료는 판결확정일로부터 30일내에 납입하여야 한다. 단, 벌금을 선고할 때에는 동시에 그 금액을 완납할 때까지 노역장에 유치할 것을 명할 수 있다.

② 벌금을 납입하지 아니한 자는 1일 이상 3년 이하, 과료를 납입하지 아니한 자는 1일 이상 30일 미만의 기간 노역장에 유치하여 작업에 복무하게 한다.

[관련조문] 형법 제57조, 제62조 제1항, 제70조, 제71조, 소년법 제62조, 부정수표단속법 제6조, 벌금 미납자의 사회봉사 집행에 관한 특례법 제4조, 제5조, 제6조, 제7조, 제8조, 제10조, 제11조, 제12조, 제13조, 제15조 제1항, 제16조, 형사소송법 제81조 제1항, 제199조 제2항, 제334조, 제460조, 제461조, 제462조, 제470조, 제471조, 제473조, 제474조, 제475조, 제477조, 제478조, 제479조, 제492조, 형의 집행 및 수용자의 처우에 관한 법률 제65조, 제66조, 제123조, 재산형 등에 관한 검찰 집행사무규칙 제6조, 제10조 제1항, 제11조, 제12조, 제13조 제1항, 제15조의2, 제17조, 제17조의2, 제18조, 제18조의2, 제20조, 제21조, 제22조, 제23조, 제24조의2, 제25조, 제26조, 수용구분 및 이송 기록 등에 관한 지침 제8조 제3항, 자유형 등에 관한 검찰 집행사무규칙 제29조, 제30조, 제33조 제2항, 제34조, 검찰사건사무규칙 제48조 제4항.

[참고문헌] 개정 형사소송법, 법무부(2007); 김성돈, 형법총론(제5판), 성균관대학교출판부(2017); 김일수/서보학, 새로쓴 형법총론(제13판), 박영사(2018); 이재상 외 2인, 형법총론(제9판), 박영사(2017); 임웅, 형법총론(제10전정판), 법문사(2018); 정성근/박광민, 형법총론(제2판), 성균관대학교출판부(2015); 한영수, 행형과 형사사법, 세창출판사(2000); 주석 형법 총칙(2)(제2판), 한국사법행정학회(2011); 오경식, "일수벌금형제도의 도입방안에 대한 제언", 조선대학교 법학논총 제20집 제2호(2013); 이재상, "벌금형제도재론-일수 벌금형제도를 중심으로", 법조 제26권 제1호(1977); 안성훈, "현행 벌금형제도의 문제점과 개선방안-일수벌금형제도 도입을 중심으로", 비교형사법연구 제18권 제4호; 이주희, "일수벌금제도: 단기자유형의 대체수단", 한양법학 제21집(2007); 정승환, "형벌의 불균형과 일수벌금제의 도입", 형사법의 신동향 제37호(2012); 김성룡, "독일의 일수벌금형 운영 40년 결산이 주는 시사", 형사법의 신동향 제54호(2017); 서효원, "벌금형 집행의 현황과 과제", 교정연구 제26권 제4호(2016); 이기현/최병각, "노역장유치제도에 관한 연구", 한국형사정책연구원(1997); 조대환, "노역장유치 집행절차에 관한 소고", 법조 제498호(1998. 3.).

Ⅰ. 본조의 취지

본조 제1항은 재산형인 벌금과 과료의 납입기한에 대하여 규정하고, 본조 제2항은 벌금과 과료의 납입을 담보하기 위한 노역장유치명령과 노역장유치기간의 상한과 하한에 대하여 규정하고 있다.

재산형인 벌금과 과료는 수형자에게 일정한 금액을 국가에 납입할 의무를 부과하는 내용의 형벌이다. 채권적 의무를 설정한다는 점에서 재산권을 일방적으로 국가에 귀속시키는 물권적 효과를 가진 몰수와 구별된다.

재산형 중 벌금형은 재산의 박탈을 통한 응보 및 범죄예방이라는 형벌의 일반적 기능을 수행하면서도 범죄자를 사회 내에 생활하게 하여 사회복귀가 용이하고, 자유형에 비하여 범죄 감염의 위험성 및 수용시설 관리비용의 증내라는 단기자유형의 폐해와 한계를 보완할 수 있다는 장점이 있어 특별법의 확대와 더불어 그 적용범위가 확장하고 있는 추세이다. 그러나 벌금형은 무자력자에 대한 집행의 곤란, 범죄인의 경제적 능력에 따른 형벌효과의 불평등 등의 문제가 제기되고 있다.

형법은 수형자가 벌금이나 과료를 납부할 경제적 능력이 없어 이를 납부하지 못하는 경우에 노역장에 유치하여 노역으로 벌금이나 구류를 대신하도록 하는 노역장유치제도를 인정하고 있다. 노역장유치제도는 확정된 형 집행의 법적 안정성 및 공평성이라는 측면에서 합리적이지만, 현행 총액벌금제도와 노역장유치제도는 경제적 약자에게는 구금이라는 지나치게 큰 부담을 주고 경제적 능력이 있는 자에게는 별다른 부담이 되지 않아 형벌로서의 효과가 미약하다는 비판이 제시되었다. 이러한 비판을 고려하여 2009. 3. 25. 벌금 미납자의 사회봉사 집행에 관한 특례법을 제정하여 벌금 미납자에 대한 노역장 유치를 사회봉사로 대신하여 집행할 수 있는 특례와 절차를 규정하고 있다. 그리고 2016. 1. 6. 형법 제62조 제1항을 개정하여 500만원 이하의 벌금형을 선고하는 경우에 집행유예를 선고할 수 있는 벌금형 집행유예제도를 도입하였고, 2018. 1. 7.부터 이를 시행하고 있다.

재산형인 벌금과 과료의 구체적인 집행절차와 방법에 대하여는 형법에 직접적인 규정이 없고, 형사소송법 제477조 내지 제481조에서 재산형의 집행에 대하여 규정하고 있으며, 형사소송법 제492조에서 노역장유치의 집행에 자유형의 집행에 관한 형법과 형사소송법의 규정을 준용하도록 규정하고 있고, 재산형 등에 관한 검찰 집행사무규칙에서 규정하고 있다.

Ⅱ. 벌금과 과료의 집행

1. 개설

벌금, 과료, 몰수 등의 재산형은 검사의 명령에 의하여 집행하고(형사소송법 제477조 제1항), 이 명령은 집행력 있는 채무명의와 동일한 효력이 있다(제477조 제2항). 재산형의 집행에 관해서는 민사집행법의 집행에 관한 규정을 준용하되, 다만 집행 전에 재판의 송달을 요하지 아니한다(제477조 제3항). 그리고 2007. 6. 1. 개정된 형사소송법은 민사집행법의 강제집행절차 외에도 국세징수법에 따른 국세체납처분의 예에 따라 집행할 수 있도록 규정(제477조 제4항)하고 있는데, 이에 따라 집행담당 공무원의 미납자 재산에 대한 직접 압류와 공매처분이 가능해졌으며, 집행의 신속성과 효율성을 고려하여 민사소송법상의 강제집행절차와 국세징수법상의 체납처분절차 중 1개를 택일하여 활용할 수 있게 되었다.[1]

벌금과 과료는 원칙적으로 일신전속적인 특성을 가지고 있다. 따라서 제3자의 대납이나 공동연대책임이 인정되지 아니하고, 국가에 대한 채권과 상계할 수 없으며, 원칙적으로 상속도 인정되지 아니하므로 형확정자의 사망으로 벌금과 과료는 집행할 수 없다. 다만, 예외적으로 상속재산이나 합병후 법인에 대하여 집행할 수 있는데, 몰수 또는 조세, 전매 기타 공과에 관한 법령에 의하여 재판한 벌금 또는 추징은 그 재판을 받은 자가 재판확정 후 사망한 경우에는 그 상속재산에 대하여 집행할 수 있고(형사소송법 제478조), 법인에 대하여 벌금, 과료를 명한 경우에 법인이 그 재판확정 후 합병에 의하여 소멸한 때에는 합병 후 존속한 법인 또는 합병에 의하여 설립된 법인에 대하여 집행할 수 있다(제479조).

2. 집행시기와 납부기한

가. 납부기한 및 유치명령

벌금과 과료는 재판이 확정된 후 집행하는 것이 원칙이지만, 확정 후 납부기한 30일이 인정되고 있다. 즉 벌금과 과료는 판결확정일로부터 30일 내에 납입하

1 개정 형사소송법, 법무부(2007), 256.

여야 한다(형법 제69조 제1항). 벌금과 과료는 확정되었다고 하더라도 30일 이내에는 집행할 수 없고, 확정 후 30일 이내에는 별도의 노역장유치명령이 없는 한 그 미납을 이유로 노역장유치를 할 수 없다. 다만 벌금을 선고할 때에는 동시에 그 금액을 완납할 때까지 노역장에 유치할 것을 명할 수 있다(제69조 제1항 단서). 따라서 벌금형의 선고와 동시에 그 금액의 완납 시까지 노역장유치를 명령한 경우에는 판결확정 후 30일 이내이더라도 노역장에 유치할 수 있다. 유치명령은 벌금에 대하여만 임의적으로 선고할 수 있으나(제69조 제1항 단서), 환형유치는 벌금 및 과료에 모두 필수적으로 선고하여야 하고(제69조 제2항, 제70조 제1항), 유치명령은 판결이 확정되면 즉시 노역장유치의 집행을 할 수 있고 이는 가납명령의 여부와 무관하며, 환형유치는 판결 확정 후 30일이 경과하여야만 형사소송법 제492조에 따라 집행할 수 있다는 점에서 유치명령과 환형유치는 차이가 있다.

종래 실무에서는 벌금 또는 과료의 재판을 구할 피의자에게 재판 확정 전에 벌금 또는 과료에 상당하는 금액의 전부 또는 일부를 예납케하는 벌금예납제가 시행되었는데, 이에 대해서는 검찰청 규칙만으로는 그 법적 근거가 미흡하고, 강제예납의 가능성으로 예납자의 재산권을 침해한다는 비판이 제기되어 2003. 5. 1.부터 중단되었으며, 2003. 10. 20. 검찰징수사무규칙의 개정으로 폐지되었다. 벌금예납제도 폐지에 따라 법원에 벌금, 과료 또는 추징을 청구할 경우 원칙적으로 형사소송법 제334조 제1항의 가납명령을 청구하고, 노역장유치명령은 특단의 사정이 없는 한 청구하지 아니하고 있다.[2]

나. 가납판결

가납판결은 벌금, 과료 또는 추징의 선고를 하는 경우에 판결의 확정 후에는 집행할 수 없거나 집행하기 곤란할 염려가 있다고 인정한 때에 미리 집행력을 확보하기 위하여 벌금, 과료 또는 추징에 상당한 금액의 가납을 명하는 부수처분이고, '가납명령'이라고도 한다. 가납판결은 벌금, 과료 또는 추징 그 자체의 확정 전의 집행을 명하는 것이 아니고 그 상당한 금액의 납부를 명하여 재판이 확정된 때에는 가납한 금액의 한도에서 형의 집행이 된 것으로 간주되는 것이므로 헌법상 재산권에 관한 규정 또는 죄형법정주의에 관한 규정에 위배되지 않는다.[3]

2 예납제도 폐지에 따른 구약식사건의 가납 및 유치명령에 관한 지시(대검공판 61100-2080, 2003. 5. 19.).
3 대법원 1977. 9. 28. 선고 77도2288 판결.

가납판결은 법원이 직권 또는 검사의 청구에 의하여 형의 선고와 동시에 판결로써 선고하여야 한다(형사소송법 제334조 제1항, 제2항). 가납판결은 임의적이어서 법원의 재량에 따르는 것이 원칙이지만, 부정수표단속법에 따라 벌금을 선고하는 경우 필수적으로 가납판결을 하여야 한다(부정수표단속법 제6조).

가납을 명하는 판결이 선고되면 확정 전이라도 즉시로 집행할 수 있다(형사소송법 제334조 제3항). 가납명령은 벌금형의 보전방법으로서 재산권에 대한 집행만을 허용하므로, 구속 피고인에 대하여 벌금형의 판결이 선고되면 가납판결이 있더라도 그 구속영장은 효력을 잃는다(형사소송법 제331조). 다만, 구속 피고인에 대하여 부정수표단속법에 따라 벌금을 선고하는 경우 가납판결을 함께 선고하여야 하고, 피고인은 벌금을 가납할 때까지 계속 구속된다(부정수표단속법 제6조).

3. 집행절차

가. 벌과금의 조정 및 납부명령

벌금 또는 과료 등 벌과금에 대한 재판이 확정되면 검찰 재산형등 집행사무 담당직원은 징제번호를 부여하고 미결구금일수 등을 반영하여 집행을 할 벌금 또는 과료 등의 납부의무자와 집행할 금액을 조사·결정하는데, 이를 조정이라고 한다(재산형 등에 관한 검찰 집행사무규칙 제6조 제1항). 벌과금등을 조정할 때에는 전산입력의 방식에 따라 벌과금등원표를 작성하여야 한다(제6조 제2항).

벌과금등에 대한 조정이 완료되면 검사는 납부의무자가 즉시 납부한 경우를 제외하고는 벌과금 납부명령서 및 영수증에 따라 납부할 것을 명하여야 한다(재산형 등에 관한 검찰 집행사무규칙 제10조 제1항).

납부명령과 관련하여 검사집행지휘의 원칙을 규정한 형사소송법 제460조와 검사의 명령으로 재산형을 집행한다는 내용의 형사소송법 제477조 제1항의 관계가 문제되고, 이에 대해서는 집행지휘설과 명령설이 대립되고 있다. 집행지휘설은 재산형 등의 집행에 관해서도 자유형을 집행하는 경우와 마찬가지로 형사소송법 제460조에 의한 검사의 지휘를 요하며 형사소송법 제477조 제1항은 단지 강제집행의 경우에 검사의 명령이 집행력 있는 채무명의와 동일한 효력이 있다는 내용을 규정한 것에 불과하다는 견해이고, 명령설은 형사소송법 제477조 제1항은 형사소송법 제460조에 대한 예외규정 내지 특별규정으로서 재산형 등의 집행에 있어서는 검사가 그 집행을 지휘하는 것이 아니고 검사의 명령에 의해서 집행하는 것이라는 학설이다. 명령설에는 검사의 집행명령은 직접 납부의무자에 대한 것이라는 견해(직접명령설)와 검사의 명령은 직접 납부의무자에 대한 것이 아니고 집행기관에 대한 것이라는 견해(간접명령설)가 있다.[4]

한편 성명모용사건에 대한 벌금형 집행방법이 문제된다. 성명모용인이 타인의 인적사항(성명피모용인으로 판결문상의 피고인)를 모용하여 벌금형이 확정된 경우에 판결의 효력은 성명모용인에게만 미치므로, 판결서정정절차 없이 그 성명모용 사실을 입증하는 소명자료를 판결서에 첨부하여 성명모용인에게 집행할 수 있다.[5]

나. 납부독촉 및 사실조회

검사는 납부기한까지 납부되지 아니한 경우에는 납부의무자에게 벌과금 납부독촉서를 발급하여 벌과금등의 납부를 독촉하여야 한다(재산형 등에 관한 검찰 집행사무규칙 제11조 제1항). 실무상 납부기한에 관하여 2008. 8. 1.부터 납부명령은 15일, 1차 납부독촉은 15일, 2차 이후 납부독촉은 '즉시'로 시행하고 있다.[6]

검사는 재산형의 재판을 집행하기 위하여 필요한 조사를 할 수 있고, 형사소송법 제199조 제2항을 준용하여 사실조회서에 의하여 공무소 기타 공사단체에 납부의무자의 소재 및 재산상황 등 필요한 사항을 조회할 수 있다(형사소송법 제477조 제5항, 재산형 등에 관한 검찰 집행사무규칙 제13조 제1항).

다. 형집행장 발부 및 지명수배

벌금 또는 과료를 완납하지 아니한 납부의무자에 대한 노역장유치집행을 하고자 할 경우에는 형집행장에 의하여 구인할 수 있다(형사소송법 제492조, 제473조, 재산형 등에 관한 검찰 집행사무규칙 제21조). 그리고 지명수배는 벌금 또는 과료의 미납자의 신병을 확보하여 집행하는 데에 가장 유용한 제도이므로 납부기한이 경과된 벌금 또는 과료의 미납자에 대하여 신속히 지명수배를 입력하여야 한다. 실무상 지명수배 입력대상은 1차 납부독촉서의 납부기한이 경과된 벌금 또는 과료 미납자로서 형집행장이 발부된 자이다.[7]

4 주석 형법 총칙(2)(제2판), 한국사법행정학회(2011), 665(조균석).
5 명의모용사건 및 자유형집행자에대한 벌금형집행지침(대검집행 61168-721, 1995. 12. 19.); 성명모용인에 대한 형집행지휘 방식(대검공판 61160-1445, 2000. 4. 8.)
6 벌과금 납부기한 및 벌금지명수배 입력시점 개선에 관한 지시(대검 집행과-1530, 2008. 7. 25.).
7 벌과금 납부기한 및 벌금지명수배 입력시점 개선에 관한 지시(대검 집행과-1530, 2008. 7. 25.).

라. 강제집행 또는 체납처분

강제집행은 검사가 납부명령을 하였음에도 벌과금을 자진 납부하지 않는 납부의무자에 대하여 민사집행법에 의하여 벌과금을 수납하는 절차이다. 납부명령과 납부독촉에도 불구하고 벌금 또는 과료를 자진 납부하지 않는 납부의무자가 개인 또는 법인으로서 납부할 자력이 있을 때에는 검사는 집행명령서를 작성하여 집행관에게 강제집행을 명하거나 법원에 부동산강제경매신청을 하는 등 필요한 조치를 하여야 한다(재산형 등에 관한 검찰 집행사무규칙 제17조). 강제집행절차의 진행 중에 납부의무자로부터 벌과금등의 전부 또는 일부를 납부받았을 때에는 검사는 강제집행절차 취소(변경)결정서에 따라 지체 없이 그 강제집행절차를 취소하거나 변경하여야 한다(제18조).

벌과금 체납처분이란 벌과금을 납부기한까지 납부하지 아니한 경우에 독촉을 하고 그 독촉기한까지 벌과금을 완납하지 않은 때에 형사소송법 제477조 제4항에 의하여 체납자의 재산을 압류한 후 집행관에게 집행명령을 하거나 직접 공매하거나 한국자산관리공사에 공매대행 의뢰를 하여 배당금을 교부받는 등의 강제집행 절차를 말한다. 체납처분 절차는 벌과금을 납부기한까지 납부하지 아니한 자인 미납자와 미납자로서 벌과금 납부독촉을 받고도 독촉기한까지 납부하지 아니한 자인 체납자를 구분하여 체납자에 한하여 압류절차를 착수하도록 하고 있다. 즉 검사는 벌과금등 납부의무자가 벌과금 납부독촉서를 받거나 가납벌과금 납부의무자가 가납벌과금 납부독촉서를 받고 각각 지정된 기한까지 납부하지 아니하였을 때에는 형사소송법 제477조 제4항에 따라 국세징수법에 따른 국세 체납처분의 예에 따라 집행할 수 있다(재산형 등에 관한 검찰 집행사무규칙 제17조의2 제1항). 검사는 체납처분의 진행 중에 납부의무자로부터 벌과금등의 전부를 납부받았을 때에는 압류를 해제하여야 하고, 일부를 납부받았을 때에는 압류재산의 전부 또는 일부에 대하여 압류를 해제할 수 있으며, 다만, 한국자산관리공사에 공매대행을 의뢰 중인 경우에는 공매대행 취소(변경) 의뢰서에 따라, 집행관이 집행 중인 경우에는 압류재산 집행취소(변경) 명령서에 따라 지체 없이 그 절차를 취소하거나 변경하여야 한다(제18조의2).

마. 집행절차정지 및 집행불능결정

검사는 벌과금등 조정 후 1년이 지난 벌금 또는 과료에 대하여 압류금지물 및 압류금지채권 외에 달리 강제집행할 재산이 없거나 압류물을 현금화하여도 집행비용 외에 남을 것이 없을 것으로 예상되는 경우나 위와 같은 경우로서 납부의무자가 법인 또는 소년이거나 형사소송법 제470조 및 제471조에 따른 자유형 집행정지의 사유가 있는 경우에는 재산형등 집행 절차 정지처분을 할 수 있다(재산형 등에 관한 검찰 집행사무규칙 제24조의2).

검사는 조정된 벌과금등에 관하여 시효가 완성된 경우, 납부의무자가 사망하거나 법인이 해산되어 청산종결의 등기를 한 경우, 사면이 있는 경우에는 재산형등 집행불능 결정을 하여야 하고(재산형 등에 관한 검찰 집행사무규칙 제25조 제1항), 법인인 납부의무자가 사실상 해산되어 자력이 없거나 외국인인 납부의무자 또는 내국인으로서 해외이주자인 납부의무자가 출국하여 재입국할 가능성이 없는 경우에 재산형등 집행불능 결정을 할 수 있다(재산형 등에 관한 검찰 집행사무규칙 제25소 제2항).

그리고 재산형등 집행절차 정지처분과 집행불능 결정은 원칙적으로 각급 검찰청 또는 지청에 설치한 재산형등집행 심의위원회의 심의를 거쳐야 한다(재산형 등에 관한 검찰 집행사무규칙 제26조).

4. 벌금 또는 과료의 분납, 납부연기 및 신용카드 등의 납부

가. 분납 및 납부연기

벌과금 분납·납부연기제도는 일시에 벌과금을 납부하기 어려운 사람에게 분납과 납부연기를 허가함으로써 재산형의 대체자유형 전환을 방지하고 단기 노역장유치의 위험으로부터 가정경제 및 생업을 보호하기 위한 목적으로 시행하고 있다.[8] 벌과금의 분납 및 납부연기는 법률에 근거를 마련하기 이전부터 법무부령인 재산형 등에 관한 검찰 집행사무규칙에 따라 인정되고 있었다. 2016. 1. 6. 개정된 형사소송법 제477조 제6항에서 벌과금의 분할납부 및 납부연기 등 납부방법에 필요한 사항은 법무부령으로 정하도록 규정하고 있고, 법무부령인 재산형 등에 관한 검찰 집행사무규칙 제12조에서 분납 및 납부연기의 허가대상, 고려사항, 분납 또는 납부연기의 기한 등에 관하여 규정하고 있다.

분납 및 납부연기의 대상자는 국민기초생활수급권자, 차상위계층 중 의료급여대상자·한부모가족지원법의 보호대상자·자활사업 참여자, 장애인, 본인 외에 가족을 부양할 사람이 없는 자, 본인이나 동거 가족의 질병이나 중상해로 1개월 이

8 벌과금 분납·납부연기제도 개선 시행(대검 집행과-899, 2005. 6. 8.).

상의 장기 치료를 받아야 하는 경우, 개인회생절차 개시결정자, 실업급여수급자 등(재산형 등에 관한 검찰 집행사무규칙 제12조 제1항)이고, 최근에는 노역장유치된 벌금미납자로서 담보제공 등 완납가능성이 인정되는 경우와 형집행장에 의하여 구인된 환자에게도 그 대상자를 확대시행하고 있다.[9]

검사는 납부의무자의 분할납부(납부연기) 신청서를 받으면 대상자의 경제적 능력, 벌과금등의 액수, 분할납부 또는 납부연기 시 이행 가능성, 노역장 유치 집행의 타당성 등을 고려하여 분할납부 또는 납부연기의 필요성이 있다고 인정되는 경우에는 이를 허가할 수 있다(재산형 등에 관한 검찰 집행사무규칙 제12조 제2항). 분할납부 또는 납부연기 기한은 6개월 이내로 하되, 해당 분할납부 또는 납부연기의 사유가 소멸되지 아니하는 경우 검사는 3개월의 범위에서 그 기한을 2회에 한하여 연장할 수 있다(재산형 등에 관한 검찰 집행사무규칙 제12조 제3항).

나. 신용카드 등의 납부

벌금형의 신용카드 납부는 2007. 12. 31. 국세기본법의 개정으로 국세에 대한 신용카드 등에 의한 납부가 허용된 이후 도입 논의가 시작되었고, 2016. 1. 6. 개정된 형사소송법 제477조 제6항에서 벌과금의 납부대행기관에 의한 납부 등 납부방법에 필요한 사항은 법무부령으로 정하도록 규정함으로써 도입되었고, 법무부령인 재산형 등에 관한 검찰 집행사무규칙 제15조의2에서 구체적인 절차를 규정하고 있다.

납부의무자는 벌과금 등 납부대행기관을 통하여 벌과금등을 신용카드 및 직불카드 등으로 납부할 수 있고, 신용카드 등으로 벌과금 등을 납부하는 경우에는 벌과금등 납부대행기관의 승인일을 납부일로 본다(재산형 등에 관한 검찰 집행사무규칙 제15조의2 제1항, 제2항).

5. 벌금미납자의 사회봉사집행

가. 의의

벌금미납자의 사회봉사집행은 경제적인 이유로 벌금을 낼 수 없는 사람의 노역장유치로 인한 구금을 최소화하기 위해 300만원 이하의 벌금을 선고받고도 벌

9 벌과금 분납 납부연기 대상자의 확대시행 지시(대검 집행과-2170, 2017. 7. 26.); 노역장유치집행지휘된 자의 분납 및 납부연기 관련 지시(대검 집행과-2902, 2017. 10. 23.); 환자의 벌과금 분납·납부연기에 대한 업무지침(대검예규 제949호 2018. 5. 11.).

금을 납부할 형편이 안되는 사람의 경우 법원의 허가를 얻어 미납벌금을 사회봉사로 대신할 수 있도록 하는 제도를 말한다. 2009. 3. 25. 벌금 미납자의 사회봉사 집행에 관한 특례법을 제정하여 2009. 9. 26.부터 시행하고 있다.

나. 대상자

사회봉사를 신청할 수 있는 대상자는 300만원 이하의 벌금형이 확정된 벌금 미납자이다(벌금 미납자의 사회봉사 집행에 관한 특례법 제4조 제1항). 그러나 징역 또는 금고와 동시에 벌금을 선고받은 사람, 벌금 선고와 동시에 노역장유치명령을 받은 사람, 다른 사건으로 형 또는 구속영장 집행이나 노역장유치되어 구금 중인 사람, 법원으로부터 사회봉사 허가를 받지 못하거나 취소당한 사람은 신청할 수 없다(제4조 제2항).

다. 대상자의 신청

300만원 이하의 벌금형이 확정된 벌금 미납자는 검사의 납부명령일부터 30일 이내에 주거지를 관할하는 지방검찰청 또는 지청의 검사에게 사회봉사를 신청할 수 있고, 다만, 검사로부터 벌금의 일부납부 또는 납부연기를 허가받은 자는 그 허가기한 내에 사회봉사를 신청할 수 있다(벌금 미납자의 사회봉사 집행에 관한 특례법 제4조 제1항).

라. 검사의 청구 및 법원의 허가

검사는 원칙적으로 7일 이내에 신청인이 제6조 제2항 각 호의 불허가 요건에 해당하지 아니하는 때에는 법원에 사회봉사의 허가를 청구하여야 하고, 사회봉사의 신청을 기각하는 검사의 처분에 대한 이의신청에 관하여는 형사소송법 제489조를 준용한다(벌금 미납자의 사회봉사 집행에 관한 특례법 제5조 제1항, 제4항, 제6항, 제6조 제2항).

법원은 검사로부터 사회봉사 허가 청구를 받은 날부터 14일 이내에 벌금 미납자의 경제적 능력, 사회봉사 이행에 필요한 신체적 능력, 주거의 안정성 등을 고려하여 사회봉사 허가 여부를 결정한다(벌금 미납자의 사회봉사 집행에 관한 특례법 제6조 제1항 본문). 법원은 신청가능한 벌금의 범위를 초과하거나 신청 기간이 지난 사람이 신청한 경우, 사회봉사를 신청할 수 없는 사람이 신청을 한 경우, 정당한 사유 없이 법원의 출석요구나 자료제출 요구를 거부한 경우, 신청인이 일정한 수입원이나 재산이 있어 벌금을 낼 수 있다고 판단되는 경우, 질병이나 그 밖의 사유로 사회봉사를 이행하기에 부적당하다고 판단되는 경우에는 사회봉사를 허가하지 아니한다(벌금 미납자의 사회봉사 집행에 관한 특례법 제6조 제2항). 법원은 사회봉사를 허가하는 경우 벌금 미납액에 의하여 계산된 노역장 유치 기간에 상응하는 사회봉사시간을 산정하여야 하고, 다만, 산정된 사회봉사시간 중 1시간 미만은 집행하지 아니한다(벌금 미납자의 사회봉사 집행에 관한 특례법 제6조 제4항).

사회봉사를 허가받지 못한 벌금 미납자는 그 결정을 고지받은 날부터 15일 이내에 벌금을 내야 하며, 위의 기간 내에 벌금을 내지 아니할 경우 노역장에 유치하며, 다만, 사회봉사 불허가에 관한 통지를 받은 날부터 15일이 지나도록 벌금을 내지 아니한 사람 중 형법 제69조 제1항에 따른 벌금 납입기간이 지나지 아니한 사람의 경우에는 그 납입기간이 지난 후 노역장에 유치한다(벌금 미납자의 사회봉사 집행에 관한 특례법 제6조 제5항).

신청인과 검사는 사회봉사 허가 여부 결정 및 사회봉사 허가의 취소 여부 결정에 대하여는 즉시항고 할 수 있다(벌금 미납자의 사회봉사 집행에 관한 특례법 제16조).

마. 사회봉사의 집행

법원은 사회봉사 허가 여부에 대한 결정을 검사와 신청인에게 서면으로 알려야 한다(벌금 미납자의 사회봉사 집행에 관한 특례법 제7조 제1항). 법원은 사회봉사를 허가하는 경우 그 확정일부터 3일 이내에 사회봉사 대상자의 주거지를 관할하는 보호관찰소의 장에게 사회봉사 허가서, 판결문 등본, 약식명령 등본 등 사회봉사 집행에 필요한 서류를 송부하여야 한다(제7조 제2항). 사회봉사 대상자는 법원으로부터 사회봉사 허가의 고지를 받은 날부터 10일 이내에 사회봉사 대상자의 주거지를 관할하는 보호관찰소의 장에게 주거, 직업, 그 밖에 대통령령으로 정하는 사항을 신고하여야 한다(제8조 제1항).

보호관찰관은 사회봉사 대상자의 성격, 사회경력, 범죄의 원인 및 개인적 특성 등을 고려하여 사회봉사의 집행분야를 정하여야 한다(벌금 미납자의 사회봉사 집행에 관한 특례법 제10조 제1항). 사회봉사는 1일 9시간을 넘겨 집행할 수 없고, 다만, 사회봉사의 내용상 연속집행의 필요성이 있어 보호관찰관이 승낙하고 사회봉사 대상자가 분명히 동의한 경우에만 연장하여 집행할 수 있다(제10조 제2항). 사회봉사의 집행은 사회봉사가 허가된 날부터 6개월 이내에 마쳐야 하고, 다만, 보호관찰관은 특별한 사정이 있으면 검사의 허가를 받아 6개월의 범위에서 한 번 그 기간을 연장하여 집행할 수 있다(제11조).

사회봉사 대상자는 사회봉사의 이행을 마치기 전에 벌금의 전부 또는 일부를 낼 수 있고, 이 경우 보호관찰소의 장으로부터 사회봉사집행확인서를 발급받아 주거지를 관할하는 지방검찰청의 검사에게 제출하여야 하며, 사회봉사 대상자가 미납벌금의 일부를 낸 경우 검사는 법원이 결정한 사회봉사시간에서 이미 납입한 벌금에 상응하는 사회봉사시간을 공제하는 방법으로 남은 사회봉사시간을 다시 산정하여 사회봉사 대상자와 사회봉사를 집행 중인 보호관찰소의 장에게 통보하여야 한다(벌금 미납자의 사회봉사 집행에 관한 특례법 제12조 제1항, 제2항, 제5항).

그리고 사회봉사를 전부 또는 일부 이행한 경우에는 집행한 사회봉사시간에 상응하는 벌금액을 낸 것으로 본다(벌금 미납자의 사회봉사 집행에 관한 특례법 제13조).

사회봉사는 사회봉사의 집행을 마친 경우, 벌금을 완납한 경우, 사회봉사 허가가 취소된 경우, 사회봉사 대상자가 사망한 경우에 종료한다(제15조 제1항).

6. 일수벌금제도 도입 논의

현재 우리나라는 벌금의 하한은 형법총칙에 의하여 제한하고 벌금의 상한은 개별 법률의 처벌규정에 정하며 그 범위 내에서 법원이 특정된 총액의 형태로 벌금형을 정하는 총액벌금제도를 채택하고 있다. 이에 대하여는 벌금을 선고받는 사람의 경제적 능력에 따라 형벌의 효과가 달라지는 불평등이 발생한다는 비판이 있어 왔고, 이에 대한 대안으로 거론되고 있는 제도가 일수벌금제도이다.

일수벌금제도는 범죄에 대한 행위자의 책임에 따라 벌금을 일수(日數)로 정하고 행위자의 자력에 따라 1일의 벌금액을 정하는 제도를 말한다. 이는 20세기 초에 스칸디나비아 국가를 시작으로 독일, 오스트리아 등에서 시행되고 있는 제도이고, 학계와 시민단체 등에서 그 도입을 주장하는 견해가 많았다.[10]

국회에서도 일수벌금제 도입을 위한 법안이 발의되는 등 입법 논의가 있었고, 그 과정에서 일수벌금제는 총액벌금제로 인한 형벌효과의 불평등을 근본적으로 개선할 수 있는 장점이 있으나, 개인의 정확한 소득 파악이 어렵고, 개인 소득

10 일수벌금제의 도입을 주장하는 견해로는 오경식, "일수벌금형제도의 도입방안에 대한 제언", 조선대학교 법학논총 제20집 제2호(2013), 532; 이재상, "벌금형제도재론-일수 벌금형제도를 중심으로", 법조 제26권 제1호(1977), 114; 안성훈, "현행 벌금형제도의 문제점과 개선방안-일수벌금형제도 도입을 중심으로", 비교형사법연구 제18권 제4호, 311 이하; 이주희, "일수벌금제도: 단기자유형의 대체수단", 한양법학 제21집(2007), 697 이하; 정승환, "형벌의 불균형과 일수벌금제의 도입", 형사법의 신동향 제37호(2012), 310 이하. 이에 대하여 신중한 접근을 주장하는 견해로는 김성룡, "독일의 일수벌금형 운영 40년 결산이 주는 시사", 형사법의 신동향 제54호(2017), 156 이하.

의 구체적인 파악이 전제되지 못하면 피고인간 불평등이 극대화될 수 있으며, 동일한 범죄에 대해 경제적 상황을 이유로 벌금형이 달라지면 책임주의 원칙에 대한 위배 논란이 생길 수 있다는 지적과 함께 그 도입에 대한 사회적 합의가 있다고 보기 어렵다는 하는 등 전반적으로 도입 자체에 대한 부정적인 의견이 모아져 논의가 진척되지 못하였다.[11]

Ⅲ. 노역장유치

1. 의의

노역장유치제도는 벌금이나 과료를 선고받은 자가 벌금 등을 납입하지 않는 경우 노역장에 유치하여 작업에 복무하게 함으로써 벌금 또는 과료의 납입을 강제하거나 대체하기 위한 수단이다. 벌금 등 재산형의 집행이 철저하게 이루어지지 않을 경우 형벌의 목적을 달성할 수 없고 국가형벌권과 법질서에 대한 경시풍조가 발생할 수 있어 재산형의 효율적인 집행을 위한 방안으로 마련된 것이다.[12]

현행 형법상 노역장유치는 2가지가 있는데, 벌금을 선고할 때 벌금을 완납할 때까지 노역장에 유치하는 명령을 하는 경우(제69조 제1항 단서)와 벌금 또는 과료를 납부하지 않는 자에 대해 벌금은 1일 이상 3년 이하, 과료는 1일 이상 30일 미만의 기간 노역장에 유치하여 작업에 복무하게 하는 경우(형법 제69조 제2항)이다. 전자는 노역장유치명령 또는 담보부 노역장유치명령이라고 하고, 후자는 환형처분으로서의 노역장유치라고 한다. 양자는 모두 판결선고와 동시에 선고하는 것이고, 유치장에 유치한다는 점에서 같다. 그러나 유치명령은 벌금에 대하여만 임의적으로 선고할 수 있으나(제69조 제1항 단서), 환형유치는 벌금 및 과료에 모두 필수적으로 선고하여야 하고(제69조 제2항, 제70조 제1항), 유치명령은 판결이 확정되면 즉시 노역장유치의 집행을 할 수 있고 이는 가납명령의 여부와 무관하며, 환형유치는 판결 확정 후 30일이 경과하여야만 형사소송법 제492조에 따라 집행할 수 있다는 점에서 유치명령과 환형유치는 차이가 있다. 전자의 노역장유치명령은 실무상 거의 활용되지 않고 있으며, 일반적으로 말하는 노역장유치는 후자의 경

11 서효원, "벌금형 집행의 현황과 과제", 교정연구 제26권 제4호(2016), 276.
12 헌법재판소 2011. 9. 29. 선고 2010헌바188 결정.

우를 말한다.

노역장유치제도에 관한 형법 제69조 제2항 및 제70조(현행 형법 제70조 제1항)에 대하여는 경제적 능력의 유무에 따라 차별하여 평등의 원칙에 위배되는 것이 아닌지와 과잉금지원칙에 위반되는지 여부가 문제되었다. 헌법재판소는 위 조항들 중 각 '벌금'부분에 대하여 "벌금의 철저한 징수를 통하여 벌금형의 형벌효과를 유지, 확보하기 위한 것으로서 입법목적의 정당성이 인정되며, 노역장 유치는 벌금납입을 대체 혹은 강제할 수 있는 유효한 수단이라는 점에서 수단의 적합성도 갖추었으며, 또한 사회봉사명령의 대체 및 벌금의 분납·연기신청이 가능하고, 노역장유치기간이 제한되어 있는 점 등을 감안하면 피해의 최소성 원칙에 반한다고 볼 수 없다. 마지막으로 노역장유치를 통하여 벌금형의 집행율을 제고하고 형벌의 목적을 달성하려는 공익은 노역장유치자가 입게 되는 불이익에 비하여 현저히 작다고 할 수 없으므로 법익 균형성에 위배된다고도 할 수 없어 이 사건 법률조항들은 과잉금지원칙에 위배되지 아니한다. 노역장유치는 경제적 능력의 유무와는 상관없이 모든 벌금미납자에게 적용되므로 이 사건 법률조항들이 경제적 능력이 없는 자를 경제적 능력이 있는 자와 차별하기 위한 것이라고 보기는 어렵고, 1일 환산금액은 법원이 벌금 총액 및 피고인의 경제적 능력 등을 고려하여 결정하는 것이므로 이 사건 법률조항들에 의하여 1일 환산금액에 따른 차별이 발생하는 것이 아니며, 노역장유치처분을 받은 벌금미납자가 실형이 선고된 수형자와 동일하게 신체구금을 당하게 된다고 하더라도 합리적 이유가 있으므로, 이 사건 법률조항들은 평등원칙에도 위배되지 않는다."는 이유로 헌법에 위반되지 아니한다고 결정하였다.[13]

2. 법적 성질

노역장유치의 법적 성질에 대하여 대체자유형이라고 보는 견해와 재산형의 특별한 집행방법이라는 견해가 대립하고 있다. 대체자유형이라고 보는 견해가 다수설인데, 노역장유치에 대하여 가석방이 허용되는지를 논의하면서 노역장유치가 대체자유형이라는 이유로 가석방을 허용할 수 있다고 본다.[14] 그리고 재산형의 특

13 헌법재판소 2011. 9. 29. 선고 2010헌바188 결정.

14 김성돈, 형법총론(제5판), 성균관대학교출판부(2017), 838; 김일수/서보학, 새로쓴 형법총론(제13판), 박영사(2018), 611; 이재상 외 2인, 형법총론(제9판), 박영사(2017), 629; 임웅, 형법총론(제10전정판), 법문사(2018), 705; 정성근/박광민, 형법총론(제2판), 성균관대학교출판부(2015), 730.

별한 집행방법이라고 보는 견해에 의하면 노역장유치를 재산형의 납입을 강제 또는 대체하기 위한 이중의 기능을 가지는 수단으로서 재산형의 집행을 확보하기 위한 방법의 일종이라고 본다.[15] 형법 제41조는 노역장유치를 형의 종류로 규정하고 있지 아니하고, 단지 형사소송법 제492조에 의하여 노역장유치의 집행에 형의 집행에 관한 규정을 준용하는 것에 불과하며, 형법은 노역장유치를 대체자유형으로 규정하거나 벌금을 납부하지 아니할 경우 다시 구금형에 처하도록 하는 규정을 두고 있지 아니하고, 벌금형의 시효가 완성되면 노역장유치를 집행할 수 없으며, 노역장유치의 집행 중에는 벌금형의 시효가 완성되지 아니하므로, 노역장유치는 재산형의 특별한 집행방법이라고 보는 것이 타당하다.[16] 이에 대하여 헌법재판소는 "노역장유치의 법적 성격은 원칙적으로 벌금 납입의 대체수단이지만, 납입강제의 기능도 함께 수행한다. 노역장유치는 벌금형 등에 대한 환형처분이라는 점에서 노역형, 즉 강제노동 자체를 내용으로 하는 형벌과는 구별된다."고 판단하였고,[17] 또한 "노역장유치는 이미 형벌을 받은 사건에 대해 또 다시 형을 부과하는 것이 아니라 단순한 형벌 집행방법의 변경에 불과하다."고 판시하였다.[18]

3. 노역장유치의 대상

벌금을 선고할 때 벌금을 완납할 때까지 노역장에 유치할 것을 명할 수 있다(형법 제69조 제1항 단서). 그러나 노역장유치명령은 실무상 거의 활용되지 아니하므로 아래에서는 형법 제69조 제2항 및 제70조에 따른 노역장유치를 중심으로 살펴본다.

가. 원칙

노역장유치의 대상자는 원칙적으로 벌금 또는 과료의 판결확정일로부터 납부기한인 30일 내에 벌금 또는 과료를 납입하지 아니한 자이다(형법 제69조 제1항 본문, 제2항, 제70조).

벌금 또는 과료의 판결이 확정되어야 한다. 따라서 추징금 미납자에 대하여는 노역장유치를 할 수 없다.

15 이기현/최병각, "노역장유치제도에 관한 연구", 한국형사정책연구원(1997), 25; 주석 형법 총칙(2)(제2판), 한국사법행정학회(2011), 677(조균석).
16 주석 형법 총칙(2)(제2판), 한국사법행정학회(2011), 675-677(조균석).
17 헌법재판소 2011. 9. 29. 선고 2010헌바188 결정.
18 헌법재판소 2010. 7. 29. 선고 2008헌바88 결정, 헌법재판소 2011. 9. 29. 선고 2010헌바188 결정.

납부기한 30일이 경과하여야 한다. 형사소송법 제334조에 따른 가납명령이 있더라도 노역장유치는 판결확정 후 30일의 납부기한이 경과된 때에만 집행할 수 있다. 그러나 예외적으로 벌금 납부 전 노역장유치명령이 선고된 경우에는 30일 이내라고 하더라도 판결확정과 동시에 노역장유치할 수 있다(형법 제69조 제1항 단서).

납부기한과 관련하여 판결확정 후 30일 이내라도 피고인이 노역장유치를 원하는 경우에 노역장유치가 가능한지가 문제된다. 실무상 본인의 승낙을 전제로 납부기한 전이라도 노역장유치집행을 할 수 있다는 규정이 없을 뿐 아니라 승낙의 임의성 여부에 관하여 향후 다툼이 발생할 소지가 있는 등 노역장유치집행의 공정성 및 적정성 확보에 문제가 있다는 이유로 피고인이 원하더라도 납부기한 내의 유치집행을 하지 아니하고 있다.[19] 다만, 외국인보호소에 보호 중인 외국인에 대하여는 유치집행이 장기간 지연됨으로써 인권침해 등의 문제가 발생할 우려가 있어 벌금형이 확정된 후 30일이 경과하지 않더라도 노역장유치를 서면으로 요청하는 경우에는 외국인보호소 등으로부터 신병을 인계받아 즉시 노역장유치를 집행하고 있다.[20]

벌금 또는 과료를 납입하지 아니하여야 한다. 이에 대하여는 납입하지 아니하는 때란 완납할 자력이 없어 납입하지 아니한 때를 의미한다고 해석하면서 납부할 능력이 있는 경우에는 강제집행을 하여야 하고 노역장유치를 해서는 아니된다는 견해가 있다.[21] 그러나 납입하지 아니한 경우는 납부할 의사는 있으나 자력이 없는 경우와 납부할 능력은 있으나 납부할 의사가 없는 경우를 모두 포함한다고 보아야 한다.[22] 법문상 납부능력을 고려하도록 규정하고 있지 아니하고, 노역장유치와 강제집행 중 하나를 선택하기 위하여 납부자력 유무와 납부의사를 일일이 확인하는 것은 집행인력과 자원의 낭비가 심하여 실효성이 없기 때문이다.

19 외국인보호기간 노역장 유치일수 산입여부 등 검토결과 송부(법무부 검이 61100-2948, 2000. 12. 20. 및 대검 집행과 61168-400, 2000. 12. 21.)

20 보호 외국인에 대한 노역장유치 집행 관련 지시(대검 집행과-3564, 2014. 11. 5.); 보호 외국인에 대한 노역장유치 집행 관련 추가 지시(대검 집행과-3766, 2014. 11. 13.).

21 주대환, "노역장유치 집행절차에 관한 소고", 법조 제498호(1998. 3.), 20; 한영수, 행형과 형사사법, 세창출판사(2000), 216.

22 주석 형법 총칙(2)(제2판), 한국사법행정학회(2011), 679(조균석).

나. 예외

선고 당시 18세 미만의 소년에 대하여는 노역장유치 선고를 하지 못한다(소년법 제62조 본문). 벌금 또는 과료의 일신전속적 성질에 비추어 상속인에 대한 노역장유치는 허용되지 아니한다. 그리고 법인도 그 성질상 노역장유치를 할 수 없다. 따라서 법인에 대한 약식명령 주문 중에 벌금을 완납하지 아니할 경우의 노역장유치의 선고가 있는 경우 이는 법인의 성질상 집행불능에 그친다.[23]

4. 노역장유치의 기간

노역장유치의 기간은 벌금에 대하여 1일 이상 3년 이하, 과료에 대하여는 1일 이상 30일 미만이다(형법 제69조 제2항). 구체적으로는 벌금 또는 과료의 선고시 유치기간을 정하여 동시에 선고하여야 하고(제70조 제1항), 선고하는 벌금이 1억원 이상 5억원 미만인 경우에는 300일 이상, 5억원 이상 50억원 미만인 경우에는 500일 이상, 50억원 이상인 경우에는 1,000일 이상의 유치기간을 정하여야 한다(제70조 제2항).

벌금 또는 과료의 선고를 받은 자가 그 일부를 납입한 때에는 벌금 또는 과료액과 유치기간의 일수에 비례하여 납입금액에 상당한 일수를 제한다(형법 제71조). 판결선고전의 구금일수는 그 전부를 벌금이나 과료에 관한 유치에 산입하고(제57조 제1항), 구금일수의 1일은 벌금이나 과료에 관한 유치의 기간의 1일로 계산한다(제57조 제2항). 그리고 선고당시 18세 미만의 소년에 대하여 판결선고 전 구속되었거나 소년법 제18조 제1항 제3호의 소년분류심사원 위탁의 조치가 있었을 때에는 그 구속 또는 위탁의 기간에 해당하는 기간은 노역장에 유치된 것으로 보아 형법 제57조를 적용할 수 있다(소년법 제62조 단서). 산입대상인 미결구금일수는 실제로 구금된 일수 전부이고, 기소의 전후 및 상소의 전후를 불문한다.

실무상 2개 이상의 형이 병과된 경우의 미결구금일수 산입방법[24]과 관련하여 원칙적으로 미결구금일수는 먼저 집행하는 형에 산입하고 잔여일수는 나머지 형에 순차적으로 산입한다. 자유형(실형)과 자유형(실형)이 병과된 경우 형사소송법 제462조에 따라 중한 형에 먼저 산입하고 잔여일수가 있으면 이를 나머지 형에

23 대법원 1963. 7. 11. 선고 63오3 판결.

24 2개 이상의 형이 병과된 경우 미결구금일수 산입에 관한 지시(대검 공판송무과-1055, 2010. 1. 18.).

순차적으로 산입하며, 자유형(실형)과 벌금형이 병과된 경우 자유형(실형)에 먼저 산입하고 잔여일수가 있으면 이를 벌금형에 산입하며, 자유형(집행유예)과 벌금형이 병과된 경우 벌금형에 먼저 산입하고 잔여일수가 있으면 이를 자유형(집행유예)에 산입한다.

그리고 구속 피고인에 대하여 부정수표단속법에 따라 벌금을 선고하는 경우 가납판결을 함께 선고하여야 하고, 피고인은 벌금을 가납할 때까지 계속 구속된다(부정수표단속법 제6조). 이 경우 판결선고일부터 석방일까지의 구속기간은 형사소송법 제482조 제2항에 의한 법정통산에 해당하여 노역장유치집행일수에서 공제처리된다.[25] 그리고 구속 피고인에 대하여 부정수표단속법에 따라 징역형의 집행유예와 벌금 및 가납명령의 판결을 선고하는 경우에 법원은 형사소송법 제321조에 따라 미결구금 산입일수를 판결과 동시에 선고하여야 하니, 실무상 법원이 미결구금일수 산입에 관한 선고를 하지 아니하더라도 집행기관은 미결구금일수 산입대상 본형을 결정하고 있으며, 징역형의 집행유예와 벌금형이 병과된 경우에 그 벌금형이 부정수표단속법위반에 대한 것으로서 부정수표단속법 제6조에 의한 가납판결이 있어 피고인이 즉시 석방되지 않고 계속 구속된 경우에도 미결구금일수를 벌금형에 먼저 산입하고, 미결구금일수가 환형유치기간을 초과하면 가납판결에도 불구하고 즉시 석방하여야 하며, 잔여일수가 있으면 이를 자유형(집행유예)에 산입한다.[26]

5. 노역장유치의 집행

벌금 또는 과료를 완납하지 못한 자에 대한 노역장유치의 집행에는 형의 집행에 관한 규정을 준용한다(형사소송법 제492조). 따라서 형집행의 일반원칙은 물론이고 형의 집행지휘(제460조), 집행지휘의 방식(제461조), 형집행순서(제462조), 형의 집행을 위한 소환(제473조 제1항), 형집행장의 발부 및 집행(제473조, 제474조, 제475조), 자유형의 집행정지(제470조, 제471조), 집행의 종료 등의 규정이 준용된다.

노역장유치의 집행절차와 내용에 관한 실무를 간단하게 살펴보면 다음과 같다. 벌금 또는 과료를 완납하지 아니한 납부의무자에 대한 노역장유치집행을 하

25 부정수표단속법 제6조와 형사소송법 제482조와의 관계 질의에 대한 검토결과 시달(대검 집행-394, 2005. 3. 15.).
26 2개 이상의 형이 병과된 경우 미결구금일수 산입에 관한 지시(대검 공판송무과-1055, 2010. 1. 18.).

고자 할 경우에는 형집행장에 의하여 구인할 수 있다(형사소송법 제492조, 제473조, 재산형 등에 관한 검찰 집행사무규칙 제21조). 따라서 1차 납부독촉서의 납부기한이 경과된 벌금 또는 과료 미납자로서 형집행장이 발부된 자[27]에 대하여 형집행장을 발부하고 동시에 지명수배를 발령한다. 형집행장의 집행에는 형사소송법 제1편 제9장의 피고인의 구속에 관한 규정을 준용하므로(형사소송법 제475조), 검사는 형집행장의 집행을 사법경찰관에게 지휘할 수 있고(형사소송법 제81조 제1항), 여기의 지명수배는 이러한 검사의 집행지휘에 근거하고 있다. 검사는 노역장유치의 집행을 할 때에는 노역장유치집행지휘서에 의한다(재산형 등에 관한 검찰 집행사무규칙 제20조 제1항). 지명수배 등을 통하여 체포된 자는 검찰청에 인치하고, 검사의 노역장유치집행지휘서에 판결문 등본을 첨부하여 신병과 함께 교도소 또는 구치소의 장에게 인계하여 노역장유치집행을 한다. 노역장 유치의 집행을 할 때에 유치기간 1일로 환산되는 벌금 또는 과료액보다 적은 잔액이 있는 경우에는 그에 대한 유치의 집행은 하지 아니하고, 다만, 노역장에 유치 중인 사람이 그 집행을 면하려고 나머지 기간에 해당하는 벌금 또는 과료액을 한꺼번에 납부하려는 경우에는 그로부터 유치기간 1일로 환산되는 벌금 또는 과료액보다 적은 잔액도 집행하여야 한다(재산형 등에 관한 검찰 집행사무규칙 제22조 제4항).

노역장유치 집행지휘에 의하여 교정시설에 수용된 자는 징역형의 수형자와 마찬가지로 자신에게 부과된 작업과 그 밖의 노역을 수행하여야 할 의무가 있다(형법 제69조 제2항, 형의 집행 및 수용자의 처우에 관한 법률 제66조). 수형자에게 부과하는 작업은 건전한 사회복귀를 위하여 기술을 습득하고 근로의욕을 고취하는 데에 적합한 것이어야 한다(형의 집행 및 수용자의 처우에 관한 법률 제65조 제1항). 교정시설의 장은 수형자에게 작업을 부과하려면 나이·형기·건강상태·기술·성격·취미·경력·장래생계, 그 밖의 수형자의 사정을 고려하여야 한다(형의 집행 및 수용자의 처우에 관한 법률 제65조 제2항).

노역장 유치의 집행을 지휘한 후 그 집행을 개시하기 전에 납부의무자가 벌금 또는 과료를 완납하였을 때에는 검사는 노역장유치지휘취소서에 따라 그 집행지휘를 취소하여야 한다(재산형 등에 관한 검찰 집행사무규칙 제22조 제1항). 검사는 납부의무자가 노역장 유치의 집행 중에 벌금 또는 과료를 완납하였을 때에는 완

27 벌과금 납부기한 및 벌금지명수배 입력시점 개선에 관한 지시(대검 집행과-1530, 2008. 7. 25.).

납한 날에 석방지휘서에 따라 석방을 지휘하여야 한다(제22조 제2항). 검사가 노역장 유치의 집행을 지휘한 후 벌금 또는 과료의 일부가 납부되었을 때에는 노역장 유치 변경지휘서에 따라 변경지휘를 하여야 한다(제23조).

형법 제86조는 노역장유치의 경우에 준용되므로, 노역장유치기간의 종료 당일에 석방하여야 한다. 노역장유치된 자의 석방은 노역장유치기간의 종료에 따라 교정시설의 장이 한다(형의 집행 및 수용자의 처우에 관한 법률 제123조). 교정시설의 장은 유치종료 당일 05:00 이후에 석방하여야 하고, 다만, 질병 등으로 그 생명에 위험을 가져올 급박한 사유가 있을 때에는 석방 시간을 일부 조정하여 실시할 수 있다.[28] 교정시설의 장은 집행종료 즉시 검사에게 유치집행종료통지를 하여야 한다(재산형 등에 관한 검찰 집행사무규칙 제20조 제2항 제1호, 수용구분 및 이송 기록 등에 관한 지침 제8조 제3항).

6. 노역장유치집행 정지

노역장유치의 집행에는 형의 집행에 관한 규정이 준용되므로(형사소송법 제492조), 형사소송법 제470조, 제471조에 의한 자유형의 집행정지가 준용된다. 실무상 벌금 미납자 중 수감생활을 감내하기 어려운 중증환자들에 대하여는 자유형집행정지제도를 준용하여 이를 인정하고 있다.[29]

교도소 또는 구치소의 장 또는 노역장유치집행 중인 자 및 관계인은 형사소송법 제470조, 제471조에 의하여 노역장유치집행 정지의 건의 또는 신청을 할 수 있다. 이러한 경우에 자유형 등에 관한 검찰 집행사무규칙 제29조, 제30조 및 자유형 집행정지 업무 처리지침(대검찰청 예규 제652호)을 준용하여 집행정지결정을 한다.

노역장유치집행정지 중인 자가 주거지를 이탈하여 소재불명되는 등 자유형 등에 관한 검찰 집행사무규칙 제33조 제2항에 규정된 사유로 집행정지를 취소하여야 할 경우에는 검찰사건사무규칙 제48조 제4항(구속의 집행정지) 및 자유형 등에 관한 검찰 집행사무규칙 제34조(소환, 잔형 집행)를 준용하여 집행정지결정을 취소하고 잔여 노역장유치기간을 집행하여야 한다.

28 수용구분 및 이송·기록 등에 관한 지침(법무부 예규 제1219호) 제43조 제2항.
29 형(구속)집행정지 등 탄력적 운용(법무부 검이 61160-1757, 2003. 7. 3.).

7. 노역장유치와 불이익변경금지

노역장 유치의 선고에 대하여도 불이익변경금지의 원칙(형사소송법 제368조)가 적용된다. 대법원은 벌금형에 관하여 그 벌금액수가 동일하나 환형유치기간이 길어진 때에는 피고인에게 불이익하게 변경되었다고 판단하였으나,[30] 피고인에 대한 벌금형이 제1심보다 감경되었다면 그 벌금형에 대한 노역장유치기간이 제1심보다 길어졌다고 하더라도 전체적으로 보아 형이 불이익하게 변경되었다고 할 수 없다고 판시하였다.[31] 그리고 벌금형이 감경되었을 뿐만 아니라 그 벌금형에 대한 노역장유치기간도 줄어든 경우라면 노역장유치 환산의 기준금액이 제1심의 그것보다 낮아졌다 하여도 형이 불이익하게 변경되었다고 할 수 없다.[32]

30 대법원 1976. 11. 23. 선고 76도3161 판결.

31 대법원 2000. 11. 24. 선고 2000도3945 판결, 대법원 1981. 10. 24. 선고 80도2325 판결, 대법원 1977. 9. 13. 선고 77도2124 판결.

32 대법원 2000. 11. 24. 선고 2000도3945 판결.

제 70 조 [노역장유치]

① 벌금 또는 과료를 선고할 때에는 납입하지 아니하는 경우의 유치기간을 정하여 동시에 선고하여야 한다. <개정 2014.5.14>

② 선고하는 벌금이 1억원 이상 5억원 미만인 경우에는 300일 이상, 5억원 이상 50억원 미만인 경우에는 500일 이상, 50억원 이상인 경우에는 1,000일 이상의 유치기간을 정하여야 한다. <신설 2014.5.14>

[관련조문] 형법 제69조 제2항, 형사소송법 제321조 제2항.

[참고문헌] 주석 형법 총칙(2)(제2판), 한국사법행정학회(2011).

Ⅰ. 본조의 취지

본조 제1항은 형법 제69조 제2항에 따른 노역장유치기간의 범위 내에서 구체적으로 유치기간을 정하여 이를 선고하는 시기에 관하여 규정하고 있다. 노역장유치는 벌금 또는 과료와 동시에 유치기간을 정하여 선고하여야 한다. 이를 벌금과 노역장유치의 동시선고원칙이라고 한다. 무기 자유형과 벌금을 병과하는 경우에도 기간을 정하여 노역장유치를 선고하여야 한다. 수개의 벌금 또는 과료를 동시에 선고하는 경우에 각 형에 대한 노역장유치기간을 개별로 정하여 선고하여야 한다.

본조 제2항은 1억 원 이상의 벌금형을 선고할 경우에 선고하는 벌금의 액수에 따라 노역장 유치의 최소 기간을 직접 규정하고 있다. 종전 형법상 노역장유치제도는 벌금을 납부하지 않는 경우 1일 이상 3년 이하 기간 동안 노역장에 유치하여 작업에 복무하도록 규정하고 있을 뿐 노역장유치 기간에 대해서는 법관의 재량에 의하여 구체적 사안에 따라 정하도록 하고 있으나, 고액 벌금형의 경우 피고인이 벌금을 납입하지 않더라도 일부 재판의 경우에는 단기간 동안 노역장에 유치되는 것만으로 벌금액 전액을 면제받게 되는 사례가 발생하고 있어 이에 대한 개선 필요성이 증가하였다. 따라서 일정 액수 이상의 벌금형 선고시 노역장유치의 최소 기간을 직접 법률에 규정하여 고액벌금형을 단기의 노역장 유치로 무력화하지 못하도록 함에 그 취지가 있다.

1억 원 이상의 벌금형을 선고하는 경우 노역장유치기간의 하한을 정한 본조 제2항이 과잉금지원칙에 반하여 신체의 자유를 침해하는지 여부와 노역장유치조항을 시행일 이후 최초로 공소제기되는 경우부터 적용하도록 한 형법 부칙(2014. 5. 14. 법률 제12575호) 제2조 제1항이 형벌불소급원칙에 위반되는지 여부가 문제되었다. 헌법재판소는 "벌금에 비해 노역장유치기간이 지나치게 짧게 정해지면 경제적 자력이 충분함에도 고액의 벌금 납입을 회피할 목적으로 복역하는 자들이 있을 수 있으므로, 벌금 납입을 심리적으로 강제할 수 있는 최소한의 유치기간을 정할 필요가 있다. 또한 고액 벌금에 대한 유치기간의 하한을 법률로 정해두면 1일 환형유치금액 간에 발생하는 불균형을 최소화할 수 있다. 노역장유치조항은 주로 특별형법상 경제범죄 등에 적용되는데, 이러한 범죄들은 범죄수익의 박탈과 함께 막대한 경제적 손실을 가하지 않으면 범죄의 발생을 막기 어렵다. 노역장유치조항은 벌금 액수에 따라 유치기간의 하한이 증가하도록 하여 범죄의 경중이나 죄질에 따른 형평성을 도모하고 있고, 노역장유치기간의 상한이 3년인 점과 선고되는 벌금 액수를 고려하면 그 하한이 지나치게 장기라고 보기 어렵다. 또한 노역장유치조항은 유치기간의 하한을 정하고 있을 뿐이므로 법관은 그 범위 내에서 다양한 양형요소들을 고려하여 1일 환형유치금액과 노역장유치기간을 정할 수 있다. 이러한 점들을 종합하면 노역장유치조항은 과잉금지원칙에 반하여 청구인들의 신체의 자유를 침해한다고 볼 수 없다."는 이유로 본조 제2항은 헌법에 위반되지 아니하나, 형법 부칙 제2조 제1항에 대하여는 "형벌불소급원칙에서 의미하는 '처벌'은 형법에 규정되어 있는 형식적 의미의 형벌 유형에 국한되지 않으며, 범죄행위에 따른 제재의 내용이나 실제적 효과가 형벌적 성격이 강하여 신체의 자유를 박탈하거나 이에 준하는 정도로 신체의 자유를 제한하는 경우에는 형벌불소급원칙이 적용되어야 한다. 노역장유치는 그 실질이 신체의 자유를 박탈하는 것으로서 징역형과 유사한 형벌적 성격을 가지고 있으므로 형벌불소급원칙의 적용대상이 된다. 노역장유치조항은 1억 원 이상의 벌금형을 선고받는 자에 대하여 유치기간의 하한을 중하게 변경시킨 것이므로, 이 조항 시행 전에 행한 범죄행위에 대해서는 범죄행위 당시에 존재하였던 법률을 적용하여야 한다. 그런데 부칙조항은 노역장유치조항의 시행 전에 행해진 범죄행위에 대해서도 공소제기의 시기가 노역장유치조항의 시행 이후이면 이를 적용하도록 하고 있으므로, 이는 범죄행위 당시 보다 불이익한 법률을 소급 적용하도록 하는 것으로서 헌법상 형벌불소급원칙

에 위반된다."는 이유로 헌법에 위반된다고 결정하였다.[1]

Ⅱ. 유치기간의 선고시기 및 방법

벌금 또는 과료를 선고함에 있어서는 벌금 또는 과료를 납입하지 아니하는 경우 노역장에 유치할 기간을 벌금 또는 과료의 선고와 동시에 판결(또는 약식명령)로써 선고하여야 한다(형법 제70조 제1항, 형사소송법 제321조 제2항).

노역장유치를 판결의 주문에 기재하는 방법에는 환형율 표시방법과 유치기간 표시방법이 있다. 환형율 표시방법은 "피고인을 벌금 100만 원에 처한다. 피고인이 위 벌금을 납입하지 아니하는 경우 금 100,000원을 1일로 환산한 기간 피고인을 노역장에 유치한다."는 방식의 표시방법이고, 유치기간 표시방법은 "피고인을 벌금 100만 원에 처한다. 피고인이 위 벌금을 납입하지 아니하는 경우 10일간 피고인을 노역장에 유치한다."는 방식의 표시방법이다. 실무에서는 환형율 표시방법에 의하여 판결을 선고하고 있다. 환형율 표시방법에 의할 경우 벌금액을 환산금액으로 나누어 단수(端數)가 생길 때에는 이를 노역장유치기간 1일로 환산하는 방법과 이를 버리는 방법 중 하나를 법원이 정하여 선고한다.

Ⅲ. 유치기간의 산정

노역장유치기간은 형법 제69조 제2항과 제70조 제2항의 법정기간의 범위 내에서 법원의 재량에 의하여 구체적으로 산정한다. 유치기간은 1일 이상 3년 이하로 제한되어 있으므로(제69조 제2항), 벌금형의 액수가 아무리 크더라도 이 제한을 초과할 수 없다.

환산금액의 산정은 법원의 재량에 의하여 정하여지는데,[2] 대체로 도시일용노임을 고려하여 액수를 변동시켜 온 것으로 이해된다.[3] 환산방법은 하루의 노역을 금전으로 환산하여 환산금액을 정하고 이로써 벌금액을 나눈 일수를 노역장유치기간으로 정한다.

한편, 법정형인 징역형과 벌금형 가운데서 벌금형을 선택하여 선고하면서 그에 대한 노역장유치기간을 환산한 결과 선택형의 하나인 징역형의 장기보다 유치

1 헌법재판소 2017. 10. 26. 선고 2015헌바239, 2016헌바177 결정.
2 대법원 1970. 11. 24. 선고 70도1813 판결.
3 주석 형법 총칙(2)(제2판), 한국사법행정학회(2011), 501(이상원).

기간이 더 길 수 있게 되었다 하더라도 위법이 아니다.[4] 징역형과 벌금형이 병과된 경우에 벌금형의 환산유치기간이 3년을 넘지 않는 한 징역형의 기간보다 길다 하더라도 위법이 아니다.[5]

유치기간의 상한이 3년이기 때문에 고액 벌금형의 경우에 위 방법이 부적절한 경우가 생길 수 있고, 형법 제70조 제2항의 최소기간에 따른 제한이 있다. 선고하는 벌금이 1억원 이상 5억원 미만인 경우에는 300일 이상, 5억원 이상 50억원 미만인 경우에는 500일 이상, 50억원 이상인 경우에는 1,000일 이상의 유치기간을 정하여야 하므로(형법 제70조 제2항), 벌금이 1억원 이상인 경우에는 그 액수에 따른 최소 기간보다 적은 기간을 정할 수 없다.

4 대법원 2000. 11. 24. 선고 2000도3945 판결.
5 대법원 1971. 3. 30. 선고 71도251 판결.

제 71 조 [유치일수의 공제]

벌금 또는 과료의 선고를 받은 자가 그 일부를 납입한 때에는 벌금 또는 과료액과 유치기간의 일수에 비례하여 납입금액에 상당한 일수를 제한다.

[관련조문] 재산형 등에 관한 검찰 집행사무규칙 제22조 제4항, 제23조.

Ⅰ. 본조의 취지

본조는 벌금과 과료의 일부 납입 시 유치일수의 공제에 관한 규정이다. 벌금 또는 과료의 선고를 받은 자가 그 일부를 납입한 때에는 벌금 또는 과료액과 유치기간의 일수에 비례하여 납입금액에 상당한 일수를 공제하므로, 공제한 나머지 기간 동안 노역장유치를 집행한다.

검사가 노역장 유치의 집행을 지휘한 후 벌금 또는 과료의 일부가 납부되었을 때에는 노역장유치 변경지휘서에 따라 변경지휘를 하고(재산형 등에 관한 검찰 집행사무규칙 제23조), 납입금액에 상당한 일수를 제하고 잔여기간을 집행한다.

Ⅱ. 관련 문제

벌금 또는 과료를 일부 납부하여 노역장유치기간을 공제할 때에 그 잔액 중 유치 1일로 환산하는 금액에 미달하는 단수금액이 있는 경우에 이를 1일로 공제할 것인지 아니면 공제하지 아니하고 1일로 유치할 것인지가 문제된다. 예를 들어 1일 10만원으로 하여 100만원의 벌금을 선고받은 자가 91만원만 납부한 경우에 마지막 1일에 대하여는 1만원만 납부되고 9만원이 미납이어도 1만원 납부만으로 1일을 공제하여 1일을 유치집행하지 아니할 것인지, 아니면 9만원 미납으로 1일을 유치집행할 것인지가 문제된다.

법원 판결의 주문에 "단수금액은 1일로 환산한다."라고 기재되어 있으면 단수금액에 대하여 1일로 환산하여 유치집행하여야 한다. 그러나 판결에 단수금액에 관한 기재가 없으면 재산형 등에 관한 검찰 집행사무규칙 제22조 제4항 본문에 따라 단수금액에 대하여는 유치집행하지 아니한다. 즉 노역장 유치의 집행을 할 때에 유치기간 1일로 환산되는 벌금 또는 과료액보다 적은 잔액이 있는 경우에는 그에 대한 유치의 집행은 하지 아니한다. 다만, 노역장에 유치 중인 사람이 그 집행을 면하려고 나머지 기간에 해당하는 벌금 또는 과료액을 한꺼번에 납부하려는 경우에는 그로부터 유치기간 1일로 환산되는 벌금 또는 과료액보다 적은 잔액도 집행하여야 한다(재산형 등에 관한 검찰 집행사무규칙 제22조 제4항).

제 6 절 가석방

[총설]

[참고문헌] 김성돈, 형법총론(제5판), 성균관대학교출판부(2017); 김일수/서보학, 새로쓴 형법총론(제13판), 박영사(2018); 박상기, 형법총론(제9판), 박영사(2012); 박상기/전지연, 형법학(총론·각론 강의)(제4판), 집현재(2018); 배종대, 형법총론(제13판), 홍문사(2017); 손동권/김재윤, 새로운 형법총론(초판), 율곡출판사(2011); 신동운, 형법총론(제10판), 홍문사(2017); 오영근, 형법총론(제4판), 박영사(2018); 이재상 외 2인, 형법총론(제9판), 박영사(2017); 임웅, 형법총론(제10전정판), 법문사(2018); 정성근/박광민, 형법총론(제2판), 성균관대학교출판부(2015); 정영일, 형법강의(총론)(제3판), 학림(2017); 주석 형법 총칙(2)(제2판), 한국사법행정학회(2011); 허주욱, 교정학(증보판), 박영사(2013); 신진규, 범죄학 겸 형사정책, 법문사(1987); 남선모/이인곤, "현행 가석방제도의 발전방안에 관한 비교법적 고찰", 법학연구 53(2014. 3.), 한국법학회; 김선태, "가석방제도의 문제점과 효율적 운영방안 연구", 교정연구 제27권 제2호 통권 제75호(2017); 오영근, "범죄인의 사회내처우에 관한 연구", 서울대학교 박사학위논문(1988); 박성래, "가석방의 운영실태와 개선방안", 한국형사정책연구원(2004); 조준현, "가석방절차와 가석방대상자에 대한 사회복귀준비에 대한 비교제도론적 검토", 교정연구 제38호(2008); 장규원 외 2인, "가석방 심사체계 정비방안에 관한 연구", 한국형사정책연구원(1998); 김철호, "우리나라와 일본 가석방제도의 비교분석", 범죄방지포럼 7(2000); 장영민/탁희성, "가석방의 실태와 효율적 운용방안에 관한 연구", 한국형사정책연구원(1993); 이보녕, "현행 가석방제도의 현상과 개선방안(상)", 교정 222(1994. 10.), 교정협회; 2018 범죄백서, 법무연수원(2019. 4.).

Ⅰ. 의의

가석방(假釋放)은 자유형의 집행 중에 있는 자가 그 행상이 양호하여 개전의 정이 현저하다고 인정되는 때에 일정한 조건부로 형기종료일 이전에 석방하고 그것이 취소 또는 실효됨이 없이 가석방 기간이 경과한 때에는 형의 집행을 종료한 것으로 간주하는 제도를 말한다.[1] 일반적으로 자유형은 수형자의 교정교화와 사회

1 김성돈, 형법총론(제5판), 성균관대학교출판부(2017), 837; 김일수/서보학, 새로쓴 형법총론(제13판), 박영사(2018), 611; 박상기, 형법총론(제9판), 박영사(2012), 573; 박상기/전지연, 형법학(총론·각론 강의)(제4판), 집현재(2018), 372; 배종대, 형법총론(제13판), 홍문사(2017), 615; 손동권/김재윤, 새로운 형법총론(초판), 율곡출판사(2011), 736; 이재상 외 2인, 형법총론(제9판), 박영사(2017), 628; 임웅, 형법총론(제10전정판), 법문사(2018), 704; 정성근/박광민, 형법총론(제2판), 성균관대학교출판부(2015), 728; 정영일, 형법강의(총론)(제3판), 학림(2017), 397.

복귀라는 특별예방목적을 위하여 기능하는 측면이 있는데, 가석방제도는 불필요한 형집행기간을 단축하여 재범의 위험성 없는 수형자의 사회복귀를 촉진하고, 형집행에 있어 수형자의 자발적인 사회복귀 의지를 촉구하여 교정효과를 증진시키는 기능을 하게 된다. 이와 같이 범죄 또는 비행으로 인하여 시설에 수용된 자를 사회복귀와 교화를 위하여 기간만료 전에 석방하는 제도로는 형법상의 가석방제도 외에 피치료감호자에 대한 가종료제도(치료감호 등에 관한 법률 제22조)와 보호소년에 대한 임시퇴원제도(보호소년 등의 처우에 관한 법률 제44조)가 있다.

세계의 주요 국가들은 모두 가석방제도를 운영하고 있는데, 그 대상, 요건 및 조건 유무 등을 달리 하여 운용하고 있다. 일정한 가석방 요건 심사를 통한 재량적 가석방이 다수이지만, 일정한 형기를 복역한 자에 대한 필요적 가석방이 있고, 가석방 없는 종신형과 함께 부정기형을 전제로 하는 영미의 보호관찰 조건부 가석방(parole)이 있으며, 사회복귀과정을 돕기 위하여 보호관찰, 가택구금과 같이 일정한 조건을 부여하는 조건부 가석방과 단순한 가석방이 있다. 그리고 조건을 부여하는 경우에도 그 기간을 잔형기로 하는 경우와 사회적응에 필요한 만큼의 기간으로 조정하는 경우가 있다. 미국의 경우 연방과 주에 따라 가석방 없는 종신형, 가석방위원회의 재량판단에 의한 가석방, 필요적 가석방, 보호관찰과 같은 조건부 가석방 등이 운용되고 있고, 영국의 경우 선고형량에 따라 필요적인 단순 가석방과 보호관찰 조건부 가석방이 있으며, 독일의 경우 유기자유형과 무기자유형을 구별하여 요건을 달리 하면서 보호관찰 조건부 가석방과 단순 가석방이 실시되고 있고,[2] 일본의 경우 교정시설의 종류에 따라 가석방(자유형에 대한 가석방), 가퇴원(소년원 또는 부인보도원 수용자에 대한 가석방), 가출장(구류 및 노역장 유치에 대한 가석방)과 보호관찰 조건부과 등을 실시하고 있다. 우리나라의 경우 원칙적인 보호관찰 조건부 가석방과 예외적인 단순 가석방이 시행되고 있다.

가석방 심사 및 결정주체와 관련하여 미국의 경우 연방정부와 주의 가석방위원회가 교정조직의 일부 또는 독립된 조직으로 구성되어 있고, 영국의 경우 선고형에 따라 필요적 가석방, 가석방위원회 또는 내무부장관의 결정에 의한 가석방으로 권한이 나누어져 있으며, 독일의 경우 당해 교정시설 소재지 주법원 소속 형집행재판부(Strafvollstreckungskammer)가 가석방의 허가와 취소를 관장하고, 프랑스

2 남선모/이인곤, "현행 가석방제도의 발전방안에 관한 비교법적 고찰", 법학연구 53(2014. 3.), 한국법학회, 244-246.

도 법원이 가석방을 결정하며, 일본의 경우 독립적인 지방갱생보호위원회가 가석방의 심사를 담당하고 있다. 그 결정 주체에 따라 행정관청이 결정하는 나라와 법원이 결정하는 나라로 나누어지는데, 전자의 경우 가석방은 행정처분으로서의 성격을 가지고, 후자의 경우 가석방은 사법처분으로서의 성격을 가진다.

우리나라의 현행 가석방제도는 법무부장관의 허가를 요건으로 하는 행정처분이라는 특색이 있다.[3] 가석방 결정은 가석방 신청, 가석방 적격심사, 가석방 허가라는 3단계로 이루어지며, 3단계의 절차는 전적으로 행정기관이 담당하고 있다.

Ⅱ. 연혁

1. 외국의 가석방제도 발전과정

가석방제도는 1790년경 영국의 식민지이며 유형지였던 오스트레일리아에서 시작한 조건부 사면(conditional pardon)에 기원을 두고 있다.[4] 영국은 18세기 무렵 급속한 도시화와 빈부격차 등으로 증가한 범죄자를 식민지에 유배하였는데, 식민자마다 죄수 유입 반대운동이 가속되고 미국의 독립으로 죄수 이송이 중지되면서 영국 내의 구금장소가 부족하게 되었다. 이에 대한 대안으로 1788년 1월 26일에 영국의 총독 아더 필립(Arthur Phillip)이 최초로 700여명의 죄수들을 이끌고 오스트레일리아에 도착하였고, 그는 1790년경 유형지에서 우수한 행태 및 작업성적을 올린 죄수들에게 조건부로 형기를 감하거나 면제하여 석방증서(Ticket of Leave)을 발부할 수 있는 조건부 사면(conditional pardon)을 인정하였다. 그 후 1840년부터 1844년 사이에 유형지 중의 하나인 노포크 섬(Norfolk Island)의 교도소장인 알렉산더 마코노키(Alexander Machonochie)에 의하여 석방증서에 의한 가석방제도로 발전하였다. 마코노키는 선행·작업·교육에 대한 '점수보상제도'와 이에 기초하여 수형자가 완전한 자유에 익숙해지도록 하기 위한 '구금의 단계적 완화제도'를 시도하였는데, 구금의 단계를 4기로 구분하여 제1기는 구금장소 내에서의 노역, 제2기

3 김성돈, 형법총론(제5판), 성균관대학교출판부(2017), 838; 김일수/서보학, 새로쓴 형법총론(제13판), 박영사(2018), 611; 박상기, 형법총론(제9판), 박영사(2012), 573; 박상기/전지연, 형법학(총론·각론 강의)(제4판), 집현재(2018), 372; 손동권/김재윤, 새로운 형법총론(초판), 율곡출판사(2011), 737; 신동운, 형법총론(제10판), 홍문사(2017), 856; 오영근, 형법총론(제4판), 박영사(2018), 540; 이재상 외 2인, 형법총론(제9판), 박영사(2017), 628; 임웅, 형법총론(제10전정판), 법문사(2018), 704; 정성근/박광민, 형법총론(제2판), 성균관대학교출판부(2015), 729; 정영일, 형법강의(총론)(제3판), 학림(2017), 397.

4 신진규, 범죄학 겸 형사정책, 법문사(1987), 687; 허주욱, 교정학(증보판), 박영사(2013). 689.

는 공공작업장에서의 노역, 제3기는 제한된 지역 내에서의 자유의 허용, 제4기는 일정한 조건 하에 수형자 자신이 선택한 곳에서 생활하도록 허가하는 석방증의 부여로 시행되었다.[5] 이 조건부 사면제도는 1829년 및 1833년 영국에서 법률로 제도화되었고, 유형제도가 폐지된 1858년까지 실시되었다. 그리고 영국에서 교도소 개량운동이 본격화되면서 1853년에 유형제도를 대신하는 강제노역법(English Penal Servitude Act)이 제정되었는데, 이로써 점수누진제와 가석방제도의 결합이 강화되었다.

그리고 1854년 아일랜드에서는 점수누진제와 결합하여 수도 더블린에서 가석방자에게 민간인 감독자(civil inspector)에 의한 지도와 가정방문 등이 시행되어 현대적 의미의 가석방제도인 조건부 석방과 보호관찰의 결합형태가 출현하였다.[6] 그 후 1854년에 아일랜드 교도소장으로 임명된 월터 크로프톤(Walter Crofton)은 수형자의 개선을 목적으로 3단계의 처우를 통한 분류처우계획을 발전시켜 마지막 단계까지 성공적으로 수행한 수형자에게 석방증을 주어 가석방시켰고, 그는 교도소에서의 구금과 석방 사이에 과도기적인 단계가 필요하다고 보아 교도소와 사회를 연계시킨 중간교도소 제도를 도입하였다.[7]

이러한 발전은 미국에도 영향을 미쳤는데, 1870년 미국 오하이오주 신시내티에서 열린 미국교정협회의 제1차 회의에서 부정기형, 점수제, 분류제도, 가석방에 의한 조기석방의 원칙을 천명하였다.[8] 그리고 1876년 뉴욕주 엘마이라감화원(Elmira Reformatory)의 개원과 함께 원장이자 행형학자인 브록웨이(Zebulon Reed Brockway)가 부정기형, 점수제, 6개월 간의 보호관찰, 가석방자에 대한 감독, 조건위반시 재구금 등 오늘날의 가석방제도와 본질적으로 유사한 제도를 채택하였다.[9] 그 후 1907년 뉴욕주가 종합적인 가석방제도를 도입한 이래 1942년에는 미국의 모든 주와 연방정부가 가석방제도를 수용하였다.[10]

5 허주욱, 교정학(증보판), 박영사(2013). 690.
6 신진규, 범죄학 겸 형사정책, 법문사(1987), 688; 허주욱, 교정학(증보판), 박영사(2013). 691.
7 김선태, "가석방제도의 문제점과 효율적 운영방안 연구", 교정연구 제27권 제2호 통권 제75호(2017), 34.
8 오영근, "범죄인의 사회내처우에 관한 연구", 서울대학교 박사학위논문(1988), 113.
9 박성래, "가석방의 운영실태와 개선방안", 한국형사정책연구원(2004), 44; 주석 형법 총칙(2)(제2판), 한국사법행정학회(2011), 694(조균석).
10 조준현, "가석방절차와 가석방대상자에 대한 사회복귀준비에 대한 비교제도론적 검토", 교정연구 제38호(2008), 36.

프랑스를 비롯한 유럽 각국도 19세기 중엽에 아일랜드의 누진제에 관심을 보이면서 가석방제도를 채택하되 보호관찰이 수반되지 않는 단순한 조건부 가석방만을 채택하는 것이 일반적이었다.[11]

일본도 1880년 구형법에 가출옥을 규정한 이래 제2차 세계대전 이전에는 대륙법계의 영향으로 보호관찰이 수반되지 않는 가석방제도를 취했는데, 전후인 1949년에 범죄자예방갱생법을 제정하여 보호관찰제도가 결합된 가석방제도를 운영하고 있다.[12]

2. 우리나라의 가석방제도

우리나라는 삼국시대부터 대사(大赦) 또는 특사(特赦)라는 제도가 있어 왕의 등극 등 국가의 경사가 있거나 재해가 심할 때에 왕명으로 죄를 사면하거나 죄수를 석방하였다. 고려와 조선시대에는 귀휴, 특사와 휼형제도 중 보방제도를 실시하여 유배된 죄인이 친상을 당하였을 때 귀휴시키고 70세 이상 또는 15세 이하의 도형, 유형자 등에게 형을 감면해 주었다. 구한말인 1905년 형법대전 중 보방규칙에 형기 중 죄수를 석방하는 오늘날의 귀휴 또는 가석방과 유사한 제도를 명문화하였고, 일제 강점기에는 일본 형법이 적용되어 가출옥이 실시되었다. 미군정 시기에는 1948년 3월 31일 우량수형자 석방령(남조선 과도정부 법령 제172호)에 의하여 미국의 선시제도(good time system)를 도입하였으나 정착되지 못한 채 형법 제정과 함께 부칙에 의하여 폐지되었다.

1953년에 제정된 현행 형법에 가석방제도가 규정되어 본격적으로 실시되었다. 1950년 제정된 행형법은 가석방심사를 위하여 가석방심사위원회와 위원회 구성에 관하여 규정하였고, 1962년 제1차 행형법 개정시 교도소와 소년교도소별로 운영하던 가석방심사위원회에 관한 실무관행을 법률에 반영하여 이에 관한 명문규정을 두었다. 1989년 7월 1일부터 가퇴원된 소년수용자, 가출소된 피보호감호자와 가석방된 소년수형자에 대하여 보호관찰을 시행하다가, 1997년 형법과 보호관찰 등에 관한 법률의 개정으로 성인 수형자의 가석방에도 보호관찰을 부과하여 실시하고 있다. 그리고 1996년 12월 12일 개정된 행형법에서 기존의 소별 가석방

11 신진규, 범죄학 겸 형사정책, 법문사(1987), 688; 허주욱, 교정학(증보판), 박영사(2013). 692.
12 허주욱, 교정학(증보판), 박영사(2013). 692; 장규원 외 2인, "가석방 심사체계 정비방안에 관한 연구", 한국형사정책연구원(1998), 86-88; 김철호, "우리나라와 일본 가석방제도의 비교분석", 범죄방지포럼 7(2000), 107-108.

심사위원회를 폐지하고 법무부장관 소속 하에 가석방심사위원회를 설치하고 가석방대상자 선정을 위하여 소별로 분류처우위원회를 운영하게 되었다. 그리고 행형법은 2007년 12월 21일 개정되어 2008년 12월 22일부터 시행되고 있는 형의 집행 및 수용자의 처우에 관한 법률로 그 명칭이 변경되었다.

Ⅲ. 법적 근거와 법적 성격

1. 법적 근거

현행법상 가석방에 관한 규정은 형법, 소년법, 형의 집행 및 수용자의 처우에 관한 법률, 보호관찰 등에 관한 법률이 있는데, 성인수형자와 소년수형자를 분리하여 이원적으로 규정하고 있다. 즉 성인수형자에 대하여는 형법 제72조에서 제76조, 형의 집행 및 수용자의 처우에 관한 법률 제119조 이하에서, 소년수형자에 대하여는 소년법 제65조 및 제66조, 보호관찰 등에 관한 법률 제22조 이하에서 가석방을 규정하고 있다. 그리고 이에 관한 세부절차 등을 규정하는 법규로는 형의 집행 및 수용자의 처우에 관한 법률 시행령과 같은 법률 시행규칙, 보호관찰 등에 관한 법률 시행령과 같은 법률 시행규칙, 가석방자에 대한 보호와 감독에 관한 대통령령인 가석방자 관리 규정, 법무부 예규인 가석방심사위원회 운영지침과 가석방 업무지침이 있다.

2. 법적 성격

가석방제도의 법적 성격에 대하여는 종래부터 은사설, 행정처분설(형의 개별화설), 사회방위설(구체적 정의설), 행형제도설, 권리설 등 여러 학설이 있다.

은사설은 수형자가 교정시설 내에서 선행 등 모범적인 생활을 유지하는 데에 대한 은혜로서 부여되는 일종의 포상이라는 견해이다. 이는 가석방제도 초기에 주장된 견해로서 누진처우제도와 결부하여 운영된 점과 관련이 있다.

행정처분설은 수형자에게 출소 후 사회에 적응할 전망이 있으면 형의 집행 중이라도 가석방을 함으로써 형벌의 개별화를 강조하고 자유형의 폐해를 방지하기 위한 제도라고 보는 견해이고, 현행 형법이 가석방을 행정처분의 일종으로 규정한 것 등을 근거로 본다.[13]

13 박상기, 형법총론(제9판), 박영사(2012), 573; 박상기/전지연, 형법학(총론·각론 강의)(제4판), 집현재(2018), 372; 장영민/탁희성, "가석방의 실태와 효율적 운용방안에 관한 연구", 한국형사정책연구원(1993), 48.

사회방위설은 가석방을 사회방위를 위한 수단으로 이해하여 가석방 후의 보호관찰이나 재수용의 가능성에 중점을 두는 견해이고, 이에 따라 위험한 범죄자에게 부정기형이 필요한 것처럼 석방시에도 반드시 임시로 석방해서 보호관찰을 부과하고 만일 사회에 적응하지 못하면 다시 수용해야 한다고 본다.

행형제도설(교정제도설)은 가석방을 누진처우의 최종 단계에서 이루어지는 행형의 한 단계로 보고 수형자의 갱생을 도모하기 위하여 모든 수형자들에게 출소 후 사회복귀를 위한 도움이 필요하다고 보는 견해이다.[14] 따라서 모든 수형자가 가석방에 의한 감독과 원조를 받는 것이 원칙이라고 주장한다.

권리설은 자유형의 본질상 당연히 제한되는 권리 이외의 모든 가능한 권리는 모든 수형자에게 보장되어야 한다는 관념 하에서 가석방에 수형자에게 인정되는 권리적 성질이 있다고 보는 견해이다.

다수설은 형집행작용설로서 가석방을 형집행의 형태를 변경하는 것으로 이해하면서 수형자의 사회복귀를 위하여 형집행의 일부를 포기하여 수형자가 석방되지만 법률상으로는 형집행을 계속하고 있다고 보는 견해이다.[15] 가석방은 잔여형기에 대한 집행방법의 변형에 해당하므로 석방 후에도 형집행으로서의 처우인 보호관찰이 예정되어 있고, 그 처우의 목적은 수형자의 원활한 사회복귀와 갱생보호에 있다고 본다.

형법 제72조(가석방의 요건) 제1항은 "징역 또는 금고의 집행 중에 있는 자가 그 행상이 양호하여 개전의 정이 현저한 때에는 무기에 있어서는 20년, 유기에 있어서는 형기의 3분의 1을 경과한 후 행정처분으로 가석방을 할 수 있다."라고 규정하고 있어 명문으로 가석방이 '행정처분'임을 표명하고 있고, 수형 중의 행상과 개전의 정을 가석방심사의 기준으로 요구하고 있다. 또한 형법 제73조의2(가석방의 기간 및 보호관찰) 제2항은 가석방된 자에게 원칙적으로 보호관찰을 부과하도록 규정하고 있다.

가석방은 국가의 완전재량에 의한 것이 아니고,[16] 일정한 요건에 대한 행정기

14 이보녕, "현행 가석방제도의 현상과 개선방안(상)", 교정 222(1994. 10.), 교정협회, 22.

15 김성돈, 형법총론(제5판), 성균관대학교출판부(2017), 838; 김일수/서보학, 새로쓴 형법총론(제13판), 박영사(2018), 611; 오영근, 형법총론(제4판), 박영사(2018), 540; 이재상 외 2인, 형법총론(제9판), 박영사(2017), 628; 임웅, 형법총론(제10전정판), 법문사(2018), 704; 정성근/박광민, 형법총론(제2판), 성균관대학교출판부(2015), 729; 정영일, 형법강의(총론)(제3판), 학림(2017), 397.

16 김성돈, 형법총론(제5판), 성균관대학교출판부(2017), 838.

관의 심사 및 결정에 의한 것이므로, 은사설은 타당하지 아니하다. 그리고 형법 등 관련 법령에 따라 가석방 심사대상자로 인정될 수 있는지 여부는 교정시설 장의 재량적 판단에 달려 있고 수형자에게 가석방 심사를 청구할 권리는 인정되지 아니하므로,[17] 권리설은 현행 제도상 타당하지 아니하다.

행정처분설, 사회방위설, 행형제도설 등 학설은 가석방 발전과정에서 강조되는 가석방의 기능을 설명하고 있다. 가석방은 법무부장관의 허가에 의하여 수형자를 석방하는 것이고 법률에 명문으로 행정처분이라고 규정하고 있으나, 가석방 제도의 목적과 기능을 고찰하여 그 법적 성격을 파악할 필요가 있다. 즉 현행 가석방제도는 수형 중의 행상과 개전의 정을 심사의 기준으로 요구하여 수형자의 개선갱생과 재범 방지를 목적으로 하고 있으며, 석방 후에도 원칙적으로 부과되는 보호관찰은 단순한 형기단축의 의미를 넘어 형집행으로서의 사회내처우에 해당하므로, 행정처분으로서 형집행작용이라고 할 수 있다.

IV. 형사정책적 의의 및 기능

가석방은 형기만료 전에 조건부로 수형자를 석방하는 제도로서 수형자의 원활한 사회복귀를 주된 목적으로 하고 있으며, 간접적으로는 수용질서를 유지하는 기능도 수행한다.[18] 이를 구체적으로 보면 다음과 같이 적극적 기능으로 수형자의 자기개선 노력의 촉구와 재범의 방지, 소극적 기능으로 수용질서의 유지, 비용의 절감과 과밀수용 해소 및 간접적인 선고형량의 불균형 시정(정기형제도의 수정·보완)이 있다.[19]

첫째, 가석방은 수형자의 자기개선 의욕을 고취하는 기능을 갖는다. 가석방은 수형자 스스로 노력하여 형기를 단축시킬 수 있다는 동기를 부여하고, 수형자들의 자기개선 노력을 이끌어냄으로써 범죄성이 순화되어 건전한 사회복귀를 달성하고 교정교화의 효과를 증진할 수 있다.

둘째, 가석방은 재범 방지와 사회방위의 기능을 갖는다. 범죄성이 개선되지 않은 채 형기 종료로 사회에 복귀한 수형자는 재범의 전철을 밟을 우려가 있다. 그러므로 수형자들이 사회 내에서 사회재적응을 위한 노력을 할 수 있도록 형기

17 헌법재판소 2012. 6. 12. 선고 2012헌마360 결정.
18 헌법재판소 2017. 4. 4. 선고 2017헌마260 결정.
19 장영민/탁희성, "가석방의 실태와 효율적 운용방안에 관한 연구", 한국형사정책연구원(1993), 31-33.

종료 전에 조건부로 석방하여 사회의 건전한 구성원으로 돌아오게 함으로써 재범을 방지하고 이를 통해 범죄로부터 사회를 방위하는 효과를 낼 수 있다.

셋째, 수용질서를 유지하는 기능을 갖는다. 가석방이 허가되기 위해서는 우선 수형생활이 양호하고 개전의 정이 현저하여야 한다. 이를 위해서는 수형자들이 수용 중 규율을 준수하면서 생활을 바르게 하려고 노력하므로 수용질서가 유지될 수 있다.

넷째, 행형경비의 절감과 과밀수용을 해소하는 기능을 갖는다. 범죄성이 개선된 수형자를 사회에 복귀할 수 있음에도 계속 구금하는 것은 국가적으로 경비의 낭비를 초래하므로 개선이 된 자를 조기에 사회에 복귀시킴으로써 구금에 소용되는 경비를 절감할 수 있다. 또한 교정시설의 수용능력 초과는 교정정책이 실효성을 거두기 어렵게 할 뿐 아니라 과밀화로 인한 교정사고의 위험을 초래할 우려가 있다. 가석방은 교정시설의 수용능력을 통제하는 데에 도움을 주는 장치이므로 교정시설의 과밀수용을 해소하는 대책이 된다.

다섯째, 선고형량의 불균형을 시정하고 정기형제도의 비효율성을 수정, 보완하는 기능을 한다. 가석방 심사시 가석방대상자의 전과를 포함한 범죄행위의 모든 면과 교정시설 내의 수용생활 태도가 그 심사대상이 될 뿐만 아니라 선고형량의 적합성과 균형이 부수적으로 고려될 수 있기 때문에 가석방에 의하여 선고형량의 부당한 불균형이 시정될 수 있다. 그리고 형법상 정기형은 형 확정 이후 수형생활의 양호 여부에 따라 그 형기를 단축할 수 있는 신축성이 없지만, 재사회화된 수형자를 그 형기 만료 전에 사회에 복귀시킴으로써 실질적으로 정기형제도를 수정, 보완하는 기능을 수행하게 된다. 이러한 기능을 활성화하기 위해서는 수형자에 대한 면밀한 관찰과 가석방 후 체계적인 사회내 처우가 이루어져야 한다. 그러나 가석방제도가 일종의 행정처분적 성격을 가지고 있어서 운영상 재량권 남용의 우려가 있고, 가석방의 실질적 요건인 개전의 정과 관련하여 그 기준의 모호성, 주관성으로 인하여 자의적인 심사 가능성과 대상자 선정의 어려움을 문제점으로 제기하기도 한다.[20]

20 배종대, 형법총론(제13판), 홍문사(2017), 615.

V. 가석방 운영 현황

[표 1]은 2008년부터 2017년까지 성인수형자 가석방 신청인원과 허가인원을 대비하여 그 허가율을 나타낸 것이다. 2010년도 이후 아동 및 여성을 대상으로 강력사건이 증가함에 따라 국민의 불안감이 증폭되자 보다 엄정한 형 집행과 가석방의 제한을 요구하는 사회적 분위기에 맞추어 가석방 신청 및 허가인원이 감소하는 추세를 보였으나, 2016년부터 수용인원 급증으로 인한 교정시설 과밀화 해소를 위해 모범수형자, 사회적 약자(환자, 장애인, 고령자 및 외국인) 및 생계형 범죄자에 대한 가석방을 확대 시행하여 가석방 허가인원이 다시 증가하고 있음을 알 수 있다.

[표 1] 성인수 가석방 허가율(2008 년~2017 년)[21]

구분 연도	신청인원 (명)	허 가		불 허 가	
		인원(명)	비율(%)	인원(명)	비율(%)
2008	9,543	8,389	87.9	1.154	121.1
2009	9,046	8,252	91.2	794	8.8
2010	8,626	7,995	92.7	631	7.3
2011	7,574	7,065	93.3	509	6.7
2012	6,996	6,444	92.1	552	7.9
2013	6,903	6,148	89.1	755	10.9
2014	6,298	5,361	85.1	937	14.9
2015	6,216	5,480	88.2	736	11.8
2016	7,474	7,126	95.3	348	4.7
2017	8,797	8,247	93.7	550	6.3

21 2018 범죄백서, 법무연수원(2019. 4.), 475.

[표 2]는 2008년부터 2017년까지 연도별 성인수형자 가석방자의 형의 집행률을 나타낸 것이다. 전체적으로 볼 때 가석방자의 형 집행률이 대부분 70% 이상이고, 70% 미만의 형 집행률의 경우는 매우 적은 것으로 나타나고 있다.

[표 2] 성인수 가석방자 형의 집행률 현황(2008 년~2017 년)[22]

[단위 : 명(%)]

형의 집행률 / 연도	계	60%미만	70%미만	80%미만	90%미만	90%이상
계	70,176 (100)	1 (0.0)	17 (0.0)	5,761 (8.2)	39,646 (56.5)	24,751 (35.3)
2008	8,389 (100)	-	6 (0.1)	383 (4.6)	3,780 (45.0)	4,220 (50.3)
2009	8,252 (100)	-	1 (0.0)	655 (7.9)	4,804 (58.2)	2,792 (33.8)
2010	7,995 (100)	-	1 (0.0)	908 (11.4)	5,117 (64.0)	1,969 (24.6)
2011	7,065 (100)	-	3 (0.0)	759 (10.7)	4,654 (65.9)	1,649 (23.3)
2012	6,444 (100)	1 (0.0)	-	548 (8.5)	3,953 (61.4)	1,942 (30.1)
2013	6,148 (100)	-	1 (0.0)	469 (7.6)	3,786 (61.6)	1,892 (30.8)
2014	5,361 (100)	-	-	433 (8.1)	3,197 (59.6)	1,731 (32.3)
2015	5,480 (100)	-	-	293 (5.3)	3,075 (56.1)	2,112 (38.6)
2016	7,126 (100)	-	5 (0.1)	926 (13.0)	3,849 (54.0)	2,346 (32.9)
2017	8,247 (100)	-	17 (0.2)	1,494 (18.1)	4,795 (58.1)	1,941 (23.5)

※ 무기형은 형기 20년으로 계산

22 2018 범죄백서, 법무연수원(2019. 4.), 477.

[표 3]은 2008년부터 2017년까지의 가석방자의 전과횟수별 인원을 나타낸 것이다. 2017년의 경우 전체 가석방자 중 초범 비율이 83.1%로 대다수를 차지하고 있다.

[표 3] 성인수 가석방자의 전과횟수별 인원(20008 년~2017 년)[23]

[단위 : 명(%)]

연도 \ 전과	계	초범	재범	3범 이상
2008	8,389(100)	6,464(77.1)	1,788(21.3)	137(1.6)
2009	8,252(100)	6,120(74.2)	1,972(23.9)	160(1.9)
2010	7,995(100)	6,237(78.0)	1,628(20.4)	130(1.6)
2011	7,065(100)	5,636(79.8)	1,358(19.2)	71(1.0)
2012	6,444(100)	5,226(81.1)	1,178(18.3)	40(0.6)
2013	6,148(100)	5,052(82.2)	1,054(17.1)	42(0.7)
2014	5,361(100)	4,536(84.6)	785(14.6)	40(0.8)
2015	5,480(100)	4,662(85.1)	768(14.0)	50(0.9)
2016	7,126(100)	6,042(84.8)	1,026(14.4)	58(0.8)
2017	8,247(100)	6,856(83.1)	1,300(15.8)	91(1.1)

[표 4]는 2008년부터 2017년까지의 가석방 인원과 형기종료 석방인원을 비교하여 나타낸 것이다. 사면 등을 제외한 전체 수용자 석방인원 대비 가석방률은 2008년 32.7%, 2017년 26.2%를 기록하였다.

[표 4] 가석방인원(소년수 포함)과 형기종료 석방인원(2008 년~2017 년)[24]

[단위 : 명(%)]

연도 \ 구분	가석방인원	형기종료 석방인원	가석방률
2008	8,524	17,561	32.7
2009	8,392	17,607	32.3
2010	8,083	17,468	31.6

23 2018 범죄백서, 법무연수원(2019. 4.), 479.
24 2018 범죄백서, 법무연수원(2019. 4.), 480.

2011	7,129	16,551	30.1
2012	6,500	15,742	29.2
2013	6,201	16,374	27.5
2014	5,394	17,191	23.9
2015	5,507	19,187	22.3
2016	7,157	21,357	25.1
2017	8,275	23,324	26.2

그리고 2016년과 2017년의 가석방자에 대한 보호관찰 실시 현황을 살펴보면, 가석방자 중 2016년 6,775명, 2017년 8,385명에 대하여 보호관찰이 실시되어 2017년은 2016년도와 비교하여 23.8% 증가하였다.[25]

25 2018 범죄백서, 법무연수원(2019. 4.), 480.

제 72 조 [가석방의 요건]

① 징역 또는 금고의 집행 중에 있는 자가 그 행상이 양호하여 개전의 정이 현저한 때에는 무기에 있어서는 20년, 유기에 있어서는 형기의 3분의 1을 경과한 후 행정처분으로 가석방을 할 수 있다. <개정 2010.4.15>

② 전항의 경우에 벌금 또는 과료의 병과가 있는 때에는 그 금액을 완납하여야 한다.

[관련조문] 형법 제73조, 소년법 제65조, 형의 집행 및 수용자의 처우에 관한 법률 제119조, 제120조, 제121조, 제122조, 보호관찰 등에 관한 법률 제6조, 제21조, 제22조, 제23조, 제24조, 제25조, 제28조.

[참고문헌] 김성돈, 형법총론(제5판), 성균관대학교출판부(2017); 김일수/서보학, 새로쓴 형법총론(제13판), 박영사(2018); 박상기, 형법총론(제9판), 박영사(2012); 박상기/전지연, 형법학(총론·각론 강의)(제4판), 집현재(2018); 배종대, 형법총론(제13판), 홍문사(2017); 손동권/김재윤, 새로운 형법총론(초판), 율곡출판사(2011); 신동운, 형법총론(제10판), 홍문사(2017); 오영근, 형법총론(제4판), 박영사(2018); 이재상 외 2인, 형법총론(제9판), 박영사(2017); 임웅, 형법총론(제10전정판), 법문사(2018); 정성근/박광민, 형법총론(제2판), 성균관대학교출판부(2015); 정영일, 형법강의(총론)(제3판), 학림(2017); 주석 형법 총칙(2)(제2판), 한국사법행정학회(2011); 허주욱, 교정학, 박영사(2013); 송광섭, 범죄학과 형사정책, 유스티니아누스(1999); 장영민/탁희성, "가석방의 실태와 효율적 운용방안에 관한 연구", 한국형사정책연구원(1993); 이인곤/남선모, "미국 가석방제도에 기초한 현행제도의 실효성 확보에 관한 연구", 성균관법학 제26권 제1호(2014. 3.); 남선모/이인곤, "현행 가석방제도의 발전방안에 관한 비교법적 고찰", 법학연구 53(2014. 3.), 한국법학회; 강동범/이강민, "가석방 활성화를 위한 체계적 정비방안", 교정연구 제27권 제2호(2017); 박종관, "교정재범예측지표(CO-REPI)의 타당성분석에 관한 연구", 교정연구 제68호(2015. 9.); 박미랑, "가석방 심사에 있어 재량권과 평가기준에 관한 고찰", 교정연구 제67호(2015. 6.); 원혜욱, "현행 가석방제도에 대한 비판적 고찰: 성인수형자를 중심으로", 교정연구 제47호(2010. 6.); 이강민, "가석방 심사체계의 문제점과 개선방안", 분쟁해결과 법 제2권, 이화여자대학교 법과대학 BK21 연구팀; 박상열, "가석방제도의 실태와 확대방안", 교정연구 제26권 제2호(통권 제71호, 2016. 6.); 정승환, "형벌집행에 대한 법관의 통제와 형집행법원의 필요성", 형사법연구 제22호(2004 겨울); 정승환/신은영, "가석방의 사법처분화 방안 연구", 형사정책 제23권 제2호(2011. 12.); 한영수, "한국과 독일의 가석방제도", 안암법학 제17호(2003); 정진연, "가석방제도와 관련된 제문제의 검토", 교정연구 제20호(2003. 9.); 이보녕, "현행 가석방제도의 현상과 개선방안(하)", 교정 223(1994. 11.), 교정협회.

Ⅰ. 본조의 취지

본조는 가석방의 대상자와 법률상 요건, 그리고 행정처분적 성격에 대하여 규정하고 있다. 가석방의 대상자는 징역 또는 금고의 집행 중에 있는 자이고, 가석방의 실질적 요건으로 행상이 양호하여 개전의 정이 현저할 것을 요구하고 있으며, 가석방의 형식적 요건으로 가석방 허가를 받기 위한 최소한의 복역기간을 규정하면서 병과된 벌금 또는 과료의 완납을 요하고 있다.

가석방의 실질적 요건은 가석방자로서 요구되는 개선의 정도와 장래의 예후를 말하는데, 이는 행상이 양호하여 개전의 정이 현저하여야 재범으로 나아가지 않을 개연성이 높다고 판단하여 석방시킬 수 있기 때문이다.[1]

가석방의 형식적 요건과 관련하여 종래에는 무기에 있어서 최소한의 복역기간은 10년이었으나, 2010. 3. 31. 형법 개정으로 그 기간이 20년으로 증가하였다. 이는 무기징역과 유기징역 간 형벌 효과가 지나치게 차이가 나고 중대한 범죄를 저지른 경우에 그에 따른 형벌을 탄력적으로 선고하는 데에 제한이 있다는 이유로 유기징역의 상한을 15년에서 30년으로 늘리면서 그에 수반되어 개정된 것이다.

그리고 형법에서 행정처분으로서의 성격만을 명시하되 가석방의 결정주체에 대하여 규정하지 않고 있으나, 성인수형자에 대하여는 형의 집행 및 수용자의 처우에 관한 법률 제119조 이하에서 법무부장관 소속의 가석방심사위원회에 의한 가석방 적격 심사와 법무부장관의 허가 등의 가석방 절차를 규정하고 있으며, 소년수형자에 대하여는 소년법 제65조에서 가석방의 대상자와 요건을, 보호관찰 등에 관한 법률 제21조 이하에서 교정시설 소재지 관할 보호관찰심사위원회의 가석방 적격 심사와 법무부장관의 허가를 규정하고 있다. 한편 군수형자로서 군교정시설에 수용된 자에 대하여는 군에서의 형의 집행 및 군수용자의 처우에 관한 법률 제104조 이하에서 군교도소 내의 가석방심사위원회에 의한 적격심사와 국방부장관의 허가 등의 가석방 절차를 규정하고 있다.

Ⅱ. 가석방의 대상자

가석방의 대상자는 징역 또는 금고의 집행 중에 있는 자이다. 성인수형자와

1 장영민/탁희성, "가석방의 실태와 효율적 운용방안에 관한 연구", 한국형사정책연구원(1993), 49.

소년수형자를 불문하며, 유기징역·금고뿐만 아니라 무기징역·금고의 집행 중에 있는 수형자에 대하여 인정된다. 징역 또는 금고의 선고가 확정되어 현재 형의 집행 중에 있어야 하므로, 재판이 확정되었다고 하더라도 현재 집행유예 중에 있는 자, 형의 집행정지에 의하여 석방된 자, 집행 중에 도주한 자는 그 대상에서 제외된다.

가석방은 징역 또는 금고의 집행 중에 있는 자에 한하여 인정되므로, 같은 자유형이라도 구류형에 대한 가석방은 인정되지 아니하고, 사형에 대해서도 인정되지 아니한다. 그러나 사형이 확정되어 구금 중에 있는 자라도 사면이나 감형 등에 의하여 징역 또는 금고형으로 변경되면 가석방의 대상이 될 수 있다.

본조의 규정에도 불구하고 징역 또는 금고의 형 이외에 벌금을 납입하지 않은 경우의 노역장유치에 대하여 가석방을 허용할 수 있는지가 문제된다. 다수설은 노역장유치가 대체자유형으로 불필요한 자유형 집행의 폐단을 방지할 필요가 있고 자유형을 선고받은 자에 비하여 경한 벌금형을 선고받은 자를 불이익하게 처우해야 할 이유가 없다는 점에서 이를 긍정하여야 한다고 주장한다.[2] 그러나 본조의 명문상 가석방의 대상자를 징역 또는 금고의 집행 중에 있는 자로 제한하고 있으므로 벌금형의 환형처분인 노역장유치에 대하여는 가석방이 인정되지 아니한다고 보는 것이 타당하다.[3] 따라서 징역이나 금고의 집행 중 형순서변경에 의해 노역장 유치중에 있는 수형자는 가석방 대상자에 해당하지 아니한다. 한편 일본 형법 제30조 제1항과 제2항에서는 구류나 벌금 또는 과료의 미납으로 인하여 유치된 자에 대하여 정상에 따른 가출장을 인정하고 있다.

2 김성돈, 형법총론(제5판), 성균관대학교출판부(2017), 838; 김일수/서보학, 새로쓴 형법총론(제13판), 박영사(2018), 611; 박상기, 형법총론(제9판), 박영사(2012), 574; 박상기/전지연, 형법학(총론·각론 강의)(제4판), 집현재(2018), 373; 배종대, 형법총론(제13판), 홍문사(2017), 615; 손동권/김재윤, 새로운 형법총론(초판), 율곡출판사(2011), 738; 이재상 외 2인, 형법총론(제9판), 박영사(2017), 629; 임웅, 형법총론(제10전정판), 법문사(2018), 705; 정성근/박광민, 형법총론(제2판), 성균관대학교출판부(2015), 730.

3 정영일, 형법강의(총론)(제3판), 학림(2017), 398; 주석 형법 총칙(2)(제2판), 한국사법행정학회(2011), 704(조균석).

Ⅲ. 가석방의 요건

1. 형식적 요건

가. 징역 또는 금고의 집행에 있어서 일정한 기간의 경과

가석방의 형식적 요건으로 가석방 허가를 받기 위한 최소한의 복역기간을 규정하고 있다. 성인수형자에 대하여는 무기에 있어서는 20년, 유기에 있어서는 형기의 3분의 1을 경과하여야 한다(형법 제72조 제1항). 그러나 소년수형자에 대하여는 이를 완화하여 무기형의 경우에는 5년, 15년 유기형의 경우에는 3년, 부정기형의 경우에는 단기의 3분의 1이 지나야 한다(소년법 제65조).

여기서 무기 또는 유기의 형기는 선고형을 의미하고, 사면 등에 의하여 감형된 경우에는 감형된 형을 기준으로 한다.[4] 소년수형자의 경우에 무기형, 유기형 또는 부정기형의 의미도 동일하다.

1) 무기형에 대한 요건

무기에 있어서 형기의 기산일로부터 20년이 경과하여야 한다. 무기형은 형법 제57조의 명문 규정 및 그 성질상 판결선고전 구금일수를 산입하지 아니한다.[5] 사형이 무기형으로 감형된 경우에 감형된 형인 무기형을 기준으로 20년이 경과하여야 하고, 그 기간은 사면의 효력발생일로부터 기산한다. 이 때 판결 확정 후 사형집행을 위하여 대기한 구금기간을 처음부터 무기징역형을 받은 경우와 동일하게 가석방요건 중의 하나인 형의 집행기간에 산입할 것인지가 문제된다. 학설[6]과 대법원, 헌법재판소는 이를 부정하는 입장을 취하고 있다. 대법원은 "사형집행을 위한 구금은 미결구금도 아니고 형의 집행기간도 아니며 특별감형은 형을 변경하는 효과만 있을 뿐이고 이로 인하여 형의 선고에 의한 기성의 효과는 변경되지 아니

4 김성돈, 형법총론(제5판), 성균관대학교출판부(2017), 838; 김일수/서보학, 새로쓴 형법총론(제13판), 박영사(2018), 611; 박상기, 형법총론(제9판), 박영사(2012), 574; 배종대, 형법총론(제13판), 홍문사(2017), 616; 손동권/김재윤, 새로운 형법총론(초판), 율곡출판사(2011), 738; 오영근, 형법총론(제4판), 박영사(2018), 541; 이재상 외 2인, 형법총론(제9판), 박영사(2017), 629; 임웅, 형법총론(제10전정판), 법문사(2018), 705; 정성근/박광민, 형법총론(제2판), 성균관대학교출판부(2015), 730; 정영일, 형법강의(총론)(제3판), 학림(2017), 398.

5 서울고등법원 1966. 1. 25. 선고 65노384 판결.

6 김성돈, 형법총론(제5판), 성균관대학교출판부(2017), 838; 손동권/김재윤, 새로운 형법총론(초판), 율곡출판사(2011), 738; 오영근, 형법총론(제4판), 박영사(2018), 541.

하므로 사형이 무기징역으로 특별감형된 경우 사형의 판결확정일에 소급하여 무기징역형이 확정된 것으로 보아 무기징역형의 형기 기산일을 사형의 판결 확정일로 인정할 수도 없고 사형집행대기 기간이 미결구금이나 형의 집행기간으로 변경된다고 볼 여지도 없으며, 또한 특별감형은 수형 중의 행장의 하나인 사형집행대기기간까지를 참작하여 되었다고 볼 것이므로 사형집행대기기간을 처음부터 무기징역을 받은 경우와 동일하게 가석방요건 중의 하나인 형의 집행기간에 다시 산입할 수는 없다."고 판시하였다.[7] 그리고 헌법재판소도 형법 제73조 제1항이 "형기에 산입된 판결선고 전 구금의 일수는 가석방에 있어서 집행을 경과한 기간에 산입한다."라고만 규정하고, 사형판결 확정 후 무기징역형으로 감형된 자의 사형집행 대기기간을 무기수의 가석방 형집행 요건기간에 산입하는 규정을 두지 않은 것이 평등권 등 기본권을 침해하여 위헌인지 여부가 문제된 사안에서 가석방 제도의 취지, 사면법에 따른 특별감형의 법적 효과, 선고형에 따라 교정시설에서 시행되어야 할 개별적 처우의 특성을 비롯한 가석방 제도에 대한 입법자의 형사정책적 판단을 감안하면, 형법 제73조 제1항이 사형집행 대기기간을 산입하는 규정을 두지 아니하였다고 하여 청구인의 평등권을 침해하였다고 할 수 없다고 결정하였다.[8]

형법은 가석방이 가능한 상대적 종신형만을 규정하고 있는데, 헌법재판소는 현행 무기징역형제도가 상대적 종신형 외에 절대적 종신형을 따로 두고 있지 않은 것이 형벌체계상 정당성과 균형을 상실하여 헌법 제11조의 평등원칙에 반한다거나 형벌이 죄질과 책임에 상응하도록 비례성을 갖추어야 한다는 책임원칙에 반한다고 단정하기 어렵다고 판시하였다.[9] 이에 대하여 입법론으로 장기간 사형집행이 없고 재범 방지차원에서 가석방 심사기준을 세분화하여 운영하는 점 등에 비추어 무기징역형 수형자에게는 가석방을 허락하지 않도록 개정하여야 한다는 견해[10]와 무기수형자에 대하여 가석방을 인정하는 등 그 대상자를 널리 인정하는 것은 재범율을 고려할 때 가석방을 남용하여 재범의 기회를 부여하는 것이라고 비판하는 견해[11]가 있다.

7 대법원 1991. 3. 4.자 90모58 결정.
8 헌법재판소 2009. 10. 29. 선고 2008헌마230 결정.
9 헌법재판소 2010. 2. 25. 선고 2008헌가23 결정.
10 이인곤/남선모, "미국 가석방제도에 기초한 현행제도의 실효성 확보에 관한 연구", 성균관법학 제26권 제1호(2014. 3.), 152.
11 허주욱, 교정학, 박영사(2013), 696.

2) 유기형에 대한 요건

유기의 형은 형기의 3분의 1을 경과하여야 한다. 여기서 형기는 선고형을 의미하고, 사면 등에 의하여 감형된 경우에는 감형된 형을 기준으로 한다.[12] 따라서 무기형이 유기의 징역 또는 금고로 감형된 경우에는 감형된 형을 기준으로 형기의 3분의 1을 경과하여야 한다. 이 때 무기형으로 집행된 기간을 형기에 산입할지 여부가 문제되는데, 이를 산입하여야 한다는 명문규정이 없으므로, 이를 부정하는 것이 타당하다.[13]

경합범에 의한 판결의 선고를 받은 자가 경합범 중의 어떤 죄에 대하여 사면 또는 형의 집행이 면제된 때에는 다른 죄에 대하여 다시 형을 정한다(형법 제39조 제3항). 이때 형의 집행에 있어서는 이미 집행한 형기를 통산한다(형법 제39조 제4항).

그리고 입법론으로 형기의 3분의 1이라는 획일화된 기준이 타당한지가 문제된다. 그 기준에 관한 각국의 입법례는 다양한데, 프랑스는 초범에 대하여 3개월, 누범에 대하여 6개월을 기준으로 하고, 영국의 경우 4년 미만의 유기자유형은 2분의 1, 4년 이상의 자유형은 3분의 2를 기준으로 하며, 독일의 경우 2월 이상의 유기자유형은 3분의 2, 6월 이상의 유기자유형은 2분의1, 무기자유형은 15년을 기준으로 하고 있다.[14] 죄질에 따라 가석방을 결정하는 것은 옳지 않으며, 특별예방적 목적을 고려하는 것이 우선되어야 한다고 주장한다.[15]

3) 수개의 형에 대한 판단 기준

수개의 독립된 자유형이 선고되어 있는 경우에 어떠한 형기를 형기의 3분의 1을 경과하였는가를 판단하는 기준으로 삼을 것인지가 문제된다. 이에 대하여는 각 형을 분리하여 개별적으로 판단하여야 한다는 견해, 가장 중한 형을 기준으로

12 김성돈, 형법총론(제5판), 성균관대학교출판부(2017), 838; 김일수/서보학, 새로쓴 형법총론(제13판), 박영사(2018), 611; 박상기, 형법총론(제9판), 박영사(2012), 574; 배종대, 형법총론(제13판), 홍문사(2017), 616; 손동권/김재윤, 새로운 형법총론(초판), 율곡출판사(2011), 738; 오영근, 형법총론(제4판), 박영사(2018), 541; 이재상 외 2인, 형법총론(제9판), 박영사(2017), 629; 임웅, 형법총론(제10전정판), 법문사(2018), 705; 정성근/박광민, 형법총론(제2판), 성균관대학교출판부(2015), 730; 정영일, 형법강의(총론)(제3판), 학림(2017), 398.

13 주석 형법 총칙(2)(제2판), 한국사법행정학회(2011), 705(조균석).

14 남선모/이인곤, "현행 가석방제도의 발전방안에 관한 비교법적 고찰", 법학연구 53(2014. 3.), 한국법학회, 244-245; 강동범/이강민, "가석방 활성화를 위한 체계적 정비방안", 교정연구 제27권 제2호(2017), 10.

15 강동범/이강민, "가석방 활성화를 위한 체계적 정비방안", 교정연구 제27권 제2호(2017), 10.

계산하여야 한다는 견해, 그리고 수개의 형을 종합하여 판단하여야 한다는 견해가 대립하고 있다. 다수설은 수형자의 자발적인 성행교정을 촉진하고 수형자의 사회복귀를 앞당기려는 가석방제도의 취지에 비추어 수개의 형을 종합하여 판단하여야 한다고 주장한다.[16] 소수설은 가석방제도의 목적에 비추어 수개의 형 중 가장 중한 형을 기준으로 계산하여야 한다고 주장한다.[17] 그러나 헌법재판소는 형법 제72조 제1항의 '형기'는 수개의 형이 확정된 경우 '각 형의 형기를 합산한 형기'나 '최종적으로 집행되는 형의 형기'를 의미하는 것이 아니라 언제나 '각 형의 형기'를 의미하므로, 그 당연한 귀결로써 수개의 형이 확정된 수형자에 대하여는 각 형의 형기를 모두 3분의 1 이상 경과한 후가 아니면 가석방이 불가능하게 된다고 판시하였다.[18] 형집행의 순서에 관한 규정인 형사소송법 제462조에서 형의 집행은 항상 확정된 '각 형'을 기준으로 하는 원칙으로 밝히고 있고, 따라서 본조 제1항의 '형기'도 '각 형의 형기'를 의미하는 것이므로,[19] 수개의 독립된 자유형이 선고되어 있는 경우에 각 형을 분리하여 개별적으로 판단하여야 한다는 견해가 타당하다.[20] 또한 형사소송법 제462조 단서조항에 따라 검사가 형집행의 순서를 바꾼다면 각 개별형의 형기를 합산한 형기의 3분의 1만을 경과한 시점에서도 각 개별형에 대하여 동시에 가석방을 하는 것이 가능하게 되므로 수개의 형을 선고받은 수형자가 1개의 형을 선고받은 수형자에 비하여 반드시 불이익한 처우를 받게 된다고 볼 수도 없다.[21]

4) 외국에서 집행된 형의 산입

외국에서 징역 또는 금고의 자유형을 선고받아 그 형이 확정되어 형집행중인 대한민국 국민을 외국으로부터 인도받아 그 자유형을 집행하는 경우에 외국에서 집행된 구금기간을 가석방의 형식적 요건으로서의 기간에 산입할 것인지가 문제된다. 국제수형자이송법에 의하여 국내에 인도된 국내이송수형자에 대한 가석방

16 김성돈, 형법총론(제5판), 성균관대학교출판부(2017), 838; 김일수/서보학, 새로쓴 형법총론(제13판), 박영사(2018), 612; 배종대, 형법총론(제13판), 홍문사(2017), 616; 손동권/김재윤, 새로운 형법총론(초판), 율곡출판사(2011), 738; 오영근, 형법총론(제4판), 박영사(2018), 542; 이재상 외 2인, 형법총론(제9판), 박영사(2017), 629; 임웅, 형법총론(제10전정판), 법문사(2018), 705; 정성근/박광민, 형법총론(제2판), 성균관대학교출판부(2015), 730.

17 정영일, 형법강의(총론)(제3판), 학림(2017), 398.

18 헌법재판소 1995. 3. 23. 선고 93헌마12 결정.

19 헌법재판소 1995. 3. 23. 선고 93헌마12 결정.

20 주석 형법 총칙(2)(제2판), 한국사법행정학회(2011), 708(조균석).

21 헌법재판소 1995. 3. 23. 선고 93헌마12 결정.

등 자유형의 집행에 관하여 필요한 사항은 형법·형의 집행 및 수용자의 처우에 관한 법률 등 대한민국의 관련 법률이 정하는 바에 의한다(국제수형자이송법 제17조). 그리고 국내이송수형자에 대하여 집행할 자유형의 형기는 외국에서 선고하여 확정된 형기로 한다(국제수형자이송법 제16조 제1항 본문). 다만, 자유형이 유기인 때에는 50년을 초과하여 집행하지 못하며, 외국에서 선고하여 확정된 자유형이 종신형인 때에는 형기가 무기인 것으로 본다(국제수형자이송법 제16조 제1항 단서). 국내이송수형자에 대하여 자유형을 집행하는 때에는 외국에서 구금되거나 형이 집행된 기간(형의 집행을 감경받은 기간을 포함한다)과 국내이송에 소요된 기간을 형기에 산입한다(국제수형자이송법 제16조 제2항).

그리고 죄를 지어 외국에서 형의 전부 또는 일부가 집행된 사람에 대해서는 그 집행된 형의 전부 또는 일부를 선고하는 형에 산입한다(형법 제7조). 2016. 12. 20. 개정 전의 형법 제7조는 "범죄에 의하여 외국에서 형의 전부 또는 일부의 집행을 받은 자에 대하여는 형을 감경 또는 면제할 수 있다."고 규정하여 이를 임의적 감면사유로 규정하였는데, 헌법재판소는 2015. 5. 28. 이 규정이 이중처벌금지원칙에 위배되지는 아니하나, 외국에서 받은 형을 전혀 반영하지 않을 수 있어 과잉금지원칙에 위배되어 신체의 자유를 침해한다는 이유로 헌법불합치 결정을 하였다.[22] 이에 따라 감면주의에서 산입주의로 개정되었다.

나. 병과된 벌금 또는 과료의 완납

가석방을 위해서는 벌금 또는 과료의 병과가 있는 때에는 그 금액을 완납하여야 한다(형법 제72조 제2항). 이 경우 벌금 또는 과료에 관한 유치기간에 산입된 판결선고전 구금일수는 그에 해당하는 금액이 납입된 것으로 간주한다(제73조 제2항). 징역 또는 금고의 형에 벌금 또는 과료가 병과된 경우에 가석방되더라도 벌금 또는 과료를 미납하면 노역장에 유치되어야 하므로 재구금을 방지하기 위하여 벌금 또는 과료의 완납을 요구하는 것이다. 이에 대하여는 벌금 또는 과료의 완납을 가족 등에게 전가시킬 가능성이 커서 입법론상 재고를 요한다는 견해가 있다.[23]

실무상 벌금 또는 추징금이 있는 자는 가석방 예비회의 개최 전일까지 완납할 경우 가석방 적격심사를 신청할 수 있다(가석방 업무지침 제18조). 헌법재판소는

22 헌법재판소 2015. 5. 28. 선고 2013헌바129 결정.
23 오영근, 형법총론(제4판), 박영사(2018), 542.

위 지침 제18조 중 추징금 부분의 위헌확인사건에서 위 지침은 교도소장이나 분류처우위원회의 가석방 적격심사신청 대상자 선정에 관한 업무처리지침 내지 사무처리준칙에 불과할 뿐 대외적인 구속력을 가지는 것은 아니므로 위 지침은 국민의 권리나 의무에 직접 변동을 가져오는 공권력의 행사라고 할 수 없어 헌법소원의 대상이 되지 않고, 수형자에게 가석방이나 가석방 적격심사를 신청할 주관적 권리가 있는 것이 아니어서 징역의 집행 중에 있으면서 추징금 납부의무가 있는 청구인이 위 지침으로 인하여 가석방 적격심사신청 대상자로 선정되지 못하였다고 하더라도, 청구인의 현재 법률관계가 불리하게 변경되거나 청구인에 대한 구체적이고 직접적인 법적 지위가 불리하게 변경되는 것은 아니므로, 이 사건 지침은 헌법소원심판의 대상이 되는 공권력의 행사에 해당한다고 볼 수 없다는 이유로 그 심판청구를 각하하였다.[24]

2. 실질적 요건

가석방의 실질적 요건은 행상이 양호하여 개전의 정이 현저하여야 한다(형법 제72조 제1항).

가. 형의 집행 및 수용자의 처우에 관한 법률 등의 규정

형법상 실질적 요건과 관련하여 형의 집행 및 수용자의 처우에 관한 법률 제121조와 같은 법 시행규칙 제245조 이하에서 가석방의 실질적 요건에 관한 고려사항과 기준을 보다 구체적으로 규정하고 있다. 즉 교정시설의 장은 형법 제72조 제1항의 기간이 지난 수형자에 대하여 법무부령으로 정하는 바에 따라 위원회에 가석방 적격심사를 신청하여야 한다(형의 집행 및 수용자의 처우에 관한 법률 제121조 제1항). 분류처우위원회의 의결을 거쳐 가석방 적격심사신청 대상자로 선정되는 자는 형법 제72조 제1항의 기간을 경과한 수형자로서 교정성적이 우수하고 뉘우치는 빛이 뚜렷하여 재범의 위험성이 없다고 인정되는 자이다(형의 집행 및 수용자의 처우에 관한 법률 시행규칙 제245조 제1항). 이 때 교정시설의 장은 수형자의 가석방 적격심사신청을 위하여 사전조사를 실시하여야 하고, 사전조사사항은 ①신원에 관한 사항(건강상태, 정신 및 심리상태, 책임감 및 협동심, 경력 및 교육정도, 노동 능력 및 의욕, 교정성적, 직업장려금 및 작업상태 등), ②범죄에 관한 사항(범행 시의 나이, 형기, 범죄횟수, 범죄의 성질·동기·수단 및 내용, 범죄 후의 정황, 공범관계, 피해 회복 여

24 헌법재판소 2013. 4. 9. 선고 2013헌마139 결정.

부, 범죄에 대한 사회의 감정 등), ③보호에 관한 사항(동거할 친족·보호자 및 고용할 자의 성명·직장명·나이·직업·주소·생활 정도 및 수형자와의 관계, 가정환경, 접견 및 서신의 수신·발신 내역, 가족의 수형자에 대한 태도·감정, 석방 후 돌아갈 곳, 석방 후의 생활계획 등)이다(형의 집행 및 수용자의 처우에 관한 법률 시행규칙 제246조). 사전조사 중 특히 피해자의 감정 및 합의여부, 출소 시 피해자에 대한 보복성 범죄 가능성 등에 유의하여야 한다(형의 집행 및 수용자의 처우에 관한 법률 시행규칙 제247조).

그리고 가석방위원회는 수형자의 나이, 범죄동기, 죄명, 형기, 교정성적, 건강상태, 가석방 후의 생계능력, 생활환경, 재범의 위험성, 그 밖에 필요한 사정을 고려하여 가석방의 적격 여부를 결정한다(형의 집행 및 수용자의 처우에 관한 법률 제121조 제2항). 형의 집행 및 수용자의 처우에 관한 법률 시행규칙 제252조 내지 제255조에서 가석방위원회가 적격심사할 때에 누범자, 범죄동기, 사회의 감정, 재산범과 관련하여 중점적으로 심사하거나 유의하여야 하는 대상 등을 상세히 규정하고 있다.

그리고 가석방 업무지침 제9조 이하에서 가석방 적격심사 유형을 무기수형자, 관리사범, 장기수형자, 보호사범, 제한사범, 교통사범, 일반사범으로 구분하고, 그 신청 기준을 달리 하고 있다. 헌법재판소는 성폭력 등의 범죄로 징역형을 선고받은 수형자에게 가석방을 신청할 주관적 권리가 있는 것이 아니어서 성폭력 사범에 대한 법무부의 가석방 제한 조치로 인하여 가석방 대상에서 제외되었다고 하더라도 이를 헌법소원의 대상이 되는 공권력의 행사 또는 불행사라고 볼 수 없다고 결정하였다.[25]

또한 교정시설의 장은 예비심사대상자에 대하여 해당 검찰청에 수사·재판 중인 사건, 미납한 벌금 혹은 추징금 등이 있는지 문서로 조회하여야 한다(가석방 업무지침 제6조 제2항). 예비심사대상자에 대하여 수사·재판 중인 사건이 있는 경우에는 법원, 검찰 등 관련기관의 의견 등을 조회하여 예비심사에 반영하여야 한다(가석방 업무지침 제6조 제3항). 이와 관련하여 헌법재판소는 추가사건이 진행 중인 수형자를 가석방 심사대상에 포함시키지 아니하더라도 청구인의 법적 지위를 불리하게 변경하는 것이라고 할 수 없으므로 이를 헌법소원의 대상이 되는 공권력의 행사 또는 불행사라고 볼 수 없다고 결정하였다.[26]

25 헌법재판소 2014. 9. 17. 선고 2014헌마712 결정.
26 헌법재판소 2016. 1. 12. 선고 2015헌마1201 결정.

한편 소년수형자에 대하여는 보호관찰 등에 관한 법률 제22조 이하에서 그 실질적 요건을 규정하고 있다. 수용기관의 장은 소년법 제65조 각 호의 기간이 지난 소년수형자에 대하여 관할 심사위원회에 가석방을 신청할 수 있다(보호관찰 등에 관한 법률 제22조 제1항). 이때 보호관찰 등에 관한 법률 제26조 또는 제27조에 따라 통지받은 환경조사 및 환경개선활동 결과를 고려하여야 한다(제22조 제2항). 소년수형자에 대하여는 수용기관의 장의 의뢰로 보호관찰소의 장은 수용자의 범죄 또는 비행의 동기, 수용 전의 직업, 생활환경, 교우관계, 가족상황, 피해회복 여부, 생계대책 등 환경을 조사하여 수용기관의 장에게 알려야 하고(제26조 제1항, 제2항), 보호관찰소의 장은 환경조사 결과에 따라 환경개선활동을 할 수 있으며, 그 실시결과를 수용기관의 장과 보호관찰심사위원회에 알려야 한다(제27조 제1항 내지 제3항). 그리고 보호관찰심사위원회는 가석방 심사·결정을 할 때에는 본인의 인격, 교정성적, 직업, 생활태도, 가족관계 및 재범 위험성 등 모든 사정을 고려하여야 한다(제23조 제4항).

나. 행상의 양호 및 개전의 정이 현저함

행상이란 일반적으로 품행의 의미로 사용되나, 여기서는 교정시설 내에서의 교정성적을 의미한다. 여기서 행상이 양호하다는 것은 형의 집행 및 수용자의 처우에 관한 법률 시행규칙 제245조 제1항에서 규정하는 바와 같이 교정성적이 우수하다는 것을 말한다.

그리고 개전의 정이라 함은 사전적으로 수형자가 잘못을 뉘우치는 마음가짐을 의미한다. 여기서 개전의 정이 현저하다는 것은 형의 집행 및 수용자의 처우에 관한 법률 시행규칙 제245조 제1항에 의하면 뉘우치는 빛이 뚜렷하여 재범의 위험성이 없다는 것을 의미한다. 통설도 수형자에게 남은 형기를 집행하지 않아도 재범위험성이 없다는 것을 의미한다고 보고, 이에 대한 판단은 범죄의 경중이 아니라 수형자의 특별예방적 관점을 기준으로 해야 한다고 본다.[27] 이에 대하여는

27 김성돈, 형법총론(제5판), 성균관대학교출판부(2017), 839; 김일수/서보학, 새로쓴 형법총론(제13판), 박영사(2018), 612; 박상기, 형법총론(제9판), 박영사(2012), 574; 박상기/전지연, 형법학(총론·각론 강의)(제4판), 집현재(2018), 373; 배종대, 형법총론(제13판), 홍문사(2017), 616; 손동권/김재윤, 새로운 형법총론(초판), 율곡출판사(2011), 739; 이재상 외 2인, 형법총론(제9판), 박영사(2017), 630; 임웅, 형법총론(제10전정판), 법문사(2018), 706; 정성근/박광민, 형법총론(제2판), 성균관대학교출판부(2015), 730; 정영일, 형법강의(총론)(제3판), 학림(2017), 398.

개전의 정을 자신의 죄를 뉘우치는 마음이라고 보면서 입법론으로 재범위험성이 없을 것을 요건으로 해야 하고 현행 규정을 재범위험성으로 해석하는 것은 무리라는 견해가 있다.[28] 대법원은 본조의 요건과 같은 표현을 사용하고 있는 선고유예의 요건 중 '개전의 정상이 현저한 때'의 의미에 대하여 "반성의 정도를 포함하여 널리 형법 제51조가 규정하는 양형의 조건을 종합적으로 참작하여 볼 때 형을 선고하지 않더라도 피고인이 다시 범행을 저지르지 않으리라는 사정이 현저하게 기대되는 경우를 가리킨다고 해석할 것이고, 이와 달리 여기서의 '개전의 정상이 현저한 때'가 반드시 피고인이 죄를 깊이 뉘우치는 경우만을 뜻하는 것으로 제한하여 해석할 것은 아니다."라고 판시하였다.[29]

'행상의 양호'와 '개전의 정'은 추상적·주관적 개념이어서 이에 대한 자의적이고 차별적인 판단을 방지할 필요가 있다. 형의 집행 및 수용자의 처우에 관한 법률 시행규칙 제237조 제1항에서 가석방은 객관적 자료와 기준에 따라 공정하게 하여야 한다고 규정하고 있는데 이는 가석방 심사의 객관성과 공정성 확보를 그 심사의 기본원칙으로 천명하고 있는 것이다. 실무상 '행상의 양호'를 판단하기 위한 객관적 자료와 기준이 되는 것은 기본적으로 교정성적과 그에 따른 수형자의 처우등급이다. 그리고 재범위험성에 관한 실무상 판단자료는 2012년 3월에 법무부 교정본부에서 자체적으로 개발하여 분류심사 및 가석방심사에 적용하기 시작한 교정재범예측지표(CO-REPI: Correctional Recidivism Prediction Index)가 있다. 교정재범예측지표(CO-REPI)는 성별, 죄명, 피해자, 범죄시 정신상태, 본건 및 과거 징벌횟수, 이전범죄 전체형기, 동일유사죄명, 최초 형확정 연령대, 집행유예 등 실효횟수, 부적절한 동거횟수, 학창시절 처벌경험, 입소 전 직업, 입소 전 경제상태, 입소 전 거주상태, 정신병원 치료경력, 학력, 출소 후 재범환경, 공권력에 대한 태도, 특정요인별 재범 가능성, 교정심리검사 비행성향, 교정심리검사 포기성향 등 전체 23개 요인을 척도화 및 수치화하고 검출된 값을 5개의 위험등급으로 구분하고 있다. 교정재범예측지표(CO-REPI)에 대하여는 개발과정 및 상관관계 분석 등에 비추어 전문가의 주관적 판단 영역과 순수한 객관적 사실을 조화시켜 신뢰도와 타당도 측면에서 우수하다는 평가가 있지만,[30] 한편으로 교정재범예측지표

28 오영근, 형법총론(제4판), 박영사(2018), 542.
29 대법원 2003. 2. 20. 선고 2001도6138 전원합의체 판결.
30 박종관, "교정재범예측지표(CO-REPI)의 타당성분석에 관한 연구", 교정연구 제68호(2015. 9.), 231.

(CO-REPI)는 모든 범죄에 적용되는 것은 아니어서 모든 가석방 대상자가 그 평가 대상이 되는 것은 아니고, 그 판단내용은 주로 수형자의 과거의 범죄기록과 인구학적 요인에 치중되어 있어 장래 출소 후 재범위험성을 판단하기에는 무리가 있으며, 범죄의 종류와 상관없이 모든 범죄에 단일한 기준을 적용하는 것도 문제라는 의견도 있다.[31]

Ⅳ. 가석방의 절차

1. 가석방 심사·결정기관

가. 가석방 심사·결정기관의 구조

형법이나 소년법은 가석방 심사 또는 허가기관을 구체적으로 명시하지 아니하고, 형법 제73조의2에서 '가석방을 허가한 행정관청'이라는 표현을 사용하고 있을 뿐이다. 가석방 심사 및 결정기관을 명시하고 있는 법률의 규정은 형의 집행 및 수용자의 처우에 관한 법률 제119조와 제122조 및 보호관찰 등에 관한 법률 제23조와 제25조이다.

가석방 결정은 가석방 신청, 가석방 적격심사, 가석방 허가라는 3단계로 이루어지고 있다. 이러한 3단계의 절차는 행정기관이 담당하고 있는데, 가석방신청기관은 각 교정시설 또는 수용기관의 장이다. 특히 가석방 심사기관은 성인수형자와 소년수형자로 이원화되어 있는데, 성인수형자에 대하여는 법무부장관 소속의 가석방심사위원회(형의 집행 및 수용자의 처우에 관한 법률 제119조), 소년수형자에 대하여는 관할 보호관찰심사위원회(보호관찰 등에 관한 법률 제23조 제1항, 제2항)가 가석방의 적격 여부를 심사한다. 가석방 허가기관은 법무부장관(형의 집행 및 수용자의 처우에 관한 법률 제119조, 보호관찰 등에 관한 법률 제25조)이다.

그리고 성인수형자의 경우 가석방 허가 행정관청이 보호관찰을 받을 필요가 없다고 인정한 때를 제외하고는 가석방기간 중 보호관찰이 부과되고, 가석방 허가시 보호관찰심사위원회는 보호관찰의 필요성을 심사하여 결정한다(보호관찰 등에 관한 법률 제24조 제1항). 이에 따라 성인수형자에 대한 가석방 심사는 가석방심사위원회가, 보호관찰 필요성은 보호관찰심사위원회가 나누어 담당하고 있다. 이

31 박미랑, "가석방 심사에 있어 재량권과 평가기준에 관한 고찰", 교정연구 제67호(2015. 6.), 164~165; 강동범/이강민, "가석방 활성화를 위한 체계적 정비방안", 교정연구 제27권 제2호(2017), 11.

에 반하여 소년수형자의 경우 보호관찰심사위원회는 가석방이 적절한지를 심사할 때에 보호관찰의 필요성을 함께 심사한다(보호관찰 등에 관한 법률 제23조 제3항).

이러한 현행 가석방 심사구조에 대하여는 가석방심사위원회와 보호관찰심사위원회의 구조 내지 인적 구성에 별 차이가 없고,[32] 심사체제의 이원화에 따른 기준의 중첩, 절차의 복잡, 관리기관의 상이함으로 가석방 심사의 효율성을 저하시킨다는 비판이 있으며,[33] 중첩심사의 방지와 업무의 효율성 제고를 위하여 심사기관을 일원화할 필요가 있다는 주장이 있다.[34]

나. 행정처분적 성격

본조 제1항은 "행정처분으로 가석방을 할 수 있다."고 규정하여 가석방의 행정처분적 성격을 명시하고 있다. 즉 우리나라의 현행 가석방제도는 법무부장관의 허가를 요건으로 하는 행정처분이라는 특색이 있다.[35] 가석방 결정은 가석방 신청, 가석방 적격심사, 가석방 허가라는 3단계로 이루어지며, 3단계의 절차는 전적으로 행정기관이 담당하고 있다. 이에 대하여는 가석방심사의 공정성, 형평성 및 효율성 확보와 가석방의 본질적 측면에서 법원이 가석방 심사의 주체로서 사법처분을 하는 모델을 도입하여야 한다는 주장이 있다.[36] 그러나 사법처분이라고 하여 공정성과 형평성을 항상 담보하는 것은 아니고, 행정처분이어서 불가능한 것이 아니며, 행정처분으로서 형벌집행의 효율성도 달성할 수 있는 장점이 있

32 강동범/이강민, "가석방 활성화를 위한 체계적 정비방안", 교정연구 제27권 제2호(2017), 12.

33 원혜욱, "현행 가석방제도에 대한 비판적 고찰: 성인수형자를 중심으로", 교정연구 제47호(2010. 6.), 47; 이강민, "가석방 심사체계의 문제점과 개선방안", 분쟁해결과 법 제2권, 이화여자대학교 법과대학 BK21 연구팀, 74.

34 강동범/이강민, "가석방 활성화를 위한 체계적 정비방안", 교정연구 제27권 제2호(2017), 12; 박상열, "가석방제도의 실태와 확대방안", 교정연구 제26권 제2호(통권 제71호, 2016. 6.), 16; 원혜욱, "현행 가석방제도에 대한 비판적 고찰: 성인수형자를 중심으로", 교정연구 제47호(2010. 6.), 50; 이강민, "가석방 심사체계의 문제점과 개선방안", 분쟁해결과 법 제2권, 이화여자대학교 법과대학 BK21 연구팀, 79.

35 김성돈, 형법총론(제5판), 성균관대학교출판부(2017), 838; 김일수/서보학, 새로쓴 형법총론(제13판), 박영사(2018), 611; 박상기, 형법총론(제9판), 박영사(2012), 573; 박상기/전지연, 형법학(총론·각론 강의)(제4판), 집현재(2018), 372; 손동권/김재윤, 새로운 형법총론(초판), 율곡출판사(2011), 737; 신동운, 형법총론(제10판), 홍문사(2017), 856; 오영근, 형법총론(제4판), 박영사(2018), 540; 이재상 외 2인, 형법총론(제9판), 박영사(2017), 628; 임웅, 형법총론(제10전정판), 법문사(2018), 704; 정성근/박광민, 형법총론(제2판), 성균관대학교출판부(2015), 729; 정영일, 형법강의(총론)(제3판), 학림(2017), 397.

36 김일수/서보학, 새로쓴 형법총론(제13판), 박영사(2018), 611; 정승환, "형벌집행에 대한 법관의 통제와 형집행법원의 필요성", 형사법연구 제22호(2004 겨울), 397; 정승환/신은영, "가석방의 사법처분화 방안 연구", 형사정책 제23권 제2호(2011. 12.), 217; 한영수, "한국과 독일의 가석방제도", 안암법학 제17호(2003), 116.

다.[37]

그리고 우리나라는 독일, 프랑스의 사법형 가석방제도를 채용한 것이 아니라 법원이 선고한 형을 행정기관이 변경시킨다는 점에서 삼권분립에 반한다는 비판이 있을 수 있으나 가석방은 법원에 의하여 선고된 형기 자체를 단축하거나 형벌의 종류를 변경하는 것이 아니고, 현행법상 법원이 선고한 형을 집행하는 행정기관은 형의 집행방법을 선택할 수 있으며 가석방은 형집행방법의 변경에 해당할 뿐이므로, 사법권을 침해하거나 삼권분립에 반하지 아니한다.[38] 또한 행정처분으로 형의 집행 내용을 변경하여 재판의 선고로 확정된 형을 부정기화하는 것이 죄형법정주의에 위반되는 것이 아니냐는 논의가 있으나, 죄형법정주의가 국가권력으로부터 범인의 자유와 권리를 보장하려는 사상적 기초가 있고, 가석방에 의하여 시설내 처우에서 사회내 처우로 구금상태가 완화되어 수형자에게 이익이 되는 점에 비추어 죄형법정주의의 위반이라고 볼 수 없다.[39]

본조 제1항의 취지와 관련하여 헌법재판소는 위 규정에 따른 요건이 갖추어지면 법률상 당연히 가석방을 하도록 정하고 있는 것이 아니고 수형자의 연령 등 제반 사정을 참작하여 재량적인 행정처분으로써 가석방을 할 수 있도록 하는 가석방제도의 원칙을 정하고 있는 규정에 불과하고, 위 규정이 그 자체로서 가석방이라는 구체적인 행정처분을 가리지 않고 직접 수형자의 기본권을 침해하고 있다고 볼 수 없다고 판시하였고,[40] 가석방 심사 등에 의한 수형자 석방 위헌확인 사건에서 수형자가 구체적 가석방 처분이 아니라 가석방 제도 자체의 위헌확인을 구하는 것은 평등권이 침해될 여지가 없고, 가석방 제도로 인하여 기본권 침해의 가능성이 있다고 할 수 없다고 결정하였다.[41]

가석방에 대한 심사는 교정시설 또는 수용기관의 장이 신청하고(형의 집행 및 수용자의 처우에 관한 법률 제121조 제1항, 보호관찰 등에 관한 법률 제22조 제1항), 수형

37 강동범/이강민, "가석방 활성화를 위한 체계적 정비방안", 교정연구 제27권 제2호(2017), 13; 이강민, "가석방 심사체계의 문제점과 개선방안", 분쟁해결과 법 제2권, 이화여자대학교 법과대학 BK21연구팀, 75.

38 송광섭, 범죄학과 형사정책, 유스티니아누스(1999), 584; 허주욱, 교정학, 박영사(2013), 717; 정진연, "가석방제도와 관련된 제문제의 검토", 교정연구 제20호(2003. 9.), 171; 강동범/이강민, "가석방 활성화를 위한 체계적 정비방안", 교정연구 제27권 제2호(2017), 5.

39 이보녕, "현행 가석방제도의 현상과 개선방안(하)", 교정 223(1994. 11.), 교정협회, 45.

40 헌법재판소 1995. 3. 23. 선고 93헌마12 결정.

41 헌법재판소 2017. 4. 4. 선고 2017헌마260 결정.

자에게는 이를 신청할 권리가 없다. 수형자가 관련 법규에 따라 가석방 심사대상자로 인정될 수 있는지 여부는 교정시설 장의 재량적 판단에 달려 있고, 어떤 수형자가 형법 제72조 제1항에 규정된 요건을 갖추었다고 하더라도 그것만으로 행형당국에 대하여 가석방을 요구할 주관적 권리를 취득하거나 행형당국이 그에게 가석방을 하여야 할 법률상의 의무를 부담하게 되는 것이 아니다.[42]

2. 성인수형자에 대한 가석방 절차

가. 가석방심사의 신청

가석방은 연 7회의 정기가석방과 연 5회의 기념일 가석방(삼일절, 석탄일, 광복절, 교정의 날, 성탄일)을 포함하여 매월 실시되고 있다. 교정시설의 장은 형법 제72조 제1항의 기간이 지난 수형자에 대하여 법무부령으로 정하는 바에 따라 위원회에 가석방 적격심사를 신청하여야 한다(형의 집행 및 수용자의 처우에 관한 법률 제121조 제1항). 이에 대하여 교정시설 장의 가석방 적격심사 신청은 재량사항이 아니라 의무사항이라는 견해[43]가 있으나, 수형자가 관련 법규에 따라 가석방 심사대상자로 인정될 수 있는지 여부는 교정시설 장의 재량적 판단에 달려 있고, 행형당국이 그에게 가석방을 하여야 할 법률상의 의무를 부담하게 되는 것이 아니다.[44] 여기서 법무부령으로 정하는 바에 따라 신청하여 한다는 것은 형의 집행 및 수용자의 처우에 관한 법률 시행규칙 제245조 이하에 따라 소장은 분류처우위원회의 의결을 거친 가석방 적격심사신청 대상자에 대하여 가석방심사위원회에 가석방 적격심사를 신청하여야 한다는 것을 의미한다.

교정시설의 장은 가석방 적격심사신청 대상자를 선정하기 위하여 세부적으로 가석방예비심사 대상자의 선정작업, 가석방심사 예비회의(분류처우위원회의) 개최 및 의결을 거치고(형의 집행 및 수용자의 처우에 관한 법률 시행규칙 제245조 제1항),

42 헌법재판소 2007. 7. 26. 선고 2006헌마298 결정, 헌법재판소 2010. 12. 28. 선고 2009헌마70 결정, 헌법재판소 2012. 6. 12. 선고 2012헌마360 결정, 헌법재판소 2013. 4. 9. 선고 2013헌마139 결정, 헌법재판소 2014. 9. 17. 선고 2014헌마712 결정, 헌법재판소 2016. 1. 12. 선고 2015헌마1201 결정.

43 강동범/이강민, "가석방 활성화를 위한 체계적 정비방안", 교정연구 제27권 제2호(2017), 14; 박상열, "가석방제도의 실태와 확대방안", 교정연구 제26권 제2호(통권 제71호, 2016. 6.), 9; 원혜욱, "현행 가석방제도에 대한 비판적 고찰: 성인수형자를 중심으로", 교정연구 제47호(2010. 6.), 40; 이강민, "가석방 심사체계의 문제점과 개선방안", 분쟁해결과 법 제2권, 이화여자대학교 법과대학 BK21 연구팀, 73.

44 헌법재판소 2007. 7. 26. 선고 2006헌마298 결정, 헌법재판소 2010. 12. 28. 선고 2009헌마70 결정, 헌법재판소 2012. 6. 12. 선고 2012헌마360 결정, 헌법재판소 2013. 4. 9. 선고 2013헌마139 결정, 헌법재판소 2014. 9. 17. 선고 2014헌마712 결정, 헌법재판소 2016. 1. 12. 선고 2015헌마1201 결정.

예비회의에서 가석방 적격심사 신청자의 의결이 확정되면 해당 수형자의 가석방 심사신청서와 가석방 적격심사 및 신상조사표 등 신청서류를 작성한다(형의 집행 및 수용자의 처우에 관한 법률 시행규칙 제250조 제1항). 즉 소장은 형법 제72조 제1항의 기간을 경과한 수형자로서 교정성적이 우수하고 뉘우치는 빛이 뚜렷하여 재범의 위험성이 없다고 인정하는 때에는 분류처우위원회의 의결을 거쳐 가석방 적격심사신청 대상자를 선정하고(제245조 제1항), 소장은 가석방 적격심사신청 대상자를 선정한 경우 선정된 날로부터 5일 이내에 위원회에 가석방 적격심사신청을 하여야 한다(제250조 제2항).

교정시설의 장은 성인수형자에 대하여 형의 집행 및 수용자의 처우에 관한 법률 제121조에 따라 가석방심사위원회에 가석방 적격심사신청을 할 때에는 신청과 동시에 가석방 적격심사신청 대상자의 명단과 신상조사서를 해당 교정시설 소재지를 관할하는 보호관찰심사위원회에 보내야 한다(보호관찰 등에 관한 법률 제28조 제1항). 보호관찰심사위원회는 교정시설의 장으로부터 가석방 적격심사신청 대상자의 명단과 신상조사서를 받으면 해당 성인수형자를 면담하여 직접 환경조사사항, 석방 후의 재범 위험성 및 사회생활에 대한 적응 가능성 등에 관한 보호관찰 사안조사를 하거나 보호관찰소의 장에게 그 자료를 보내 보호관찰 사안조사를 의뢰할 수 있다(제28조 제2항). 보호관찰 사안조사를 의뢰받은 보호관찰소의 장은 지체 없이 보호관찰 사안조사를 하고 그 결과를 심사위원회에 통보하여야 한다(제28조 제3항). 보호관찰심사위원회는 가석방되는 사람에 대하여 보호관찰의 필요성을 심사하여 결정한다(제24조 제1항). 보호관찰심사위원회는 보호관찰심사를 할 때에는 보호관찰 등에 관한 법률 제28조에 따른 보호관찰 사안조사 결과를 고려하여야 한다(제24조 제2항).

나. 가석방 적격심사

형법 제72조에 따른 가석방의 적격 여부를 심사하기 위하여 법무부장관 소속으로 가석방심사위원회를 둔다(형의 집행 및 수용자의 처우에 관한 법률 제119조). 가석방심사위원회는 위원장을 포함한 5인 이상 9인 이하의 위원으로 구성한다(제120조 제1항). 위원장은 법무부차관이 되고, 위원은 판사, 검사, 변호사, 법무부 소속 공무원, 교정에 관한 학식과 경험이 풍부한 사람 중에서 법무부장관이 임명 또는 위촉한다(제120조 제2항). 종전에는 각 교정시설별로 가석방심사위원회가 구성되어 있었으나, 가석방 심사의 공정성과 형평성을 증진하기 위하여 1996년 12월 12일

개정된 행형법에 의하여 법무부장관 직속의 중앙기관으로 일원화되었다.

가석방심사위원회는 수형자의 나이, 범죄동기, 죄명, 형기, 교정성적, 건강상태, 가석방 후의 생계능력, 생활환경, 재범의 위험성, 그 밖에 필요한 사정을 고려하여 가석방의 적격 여부를 결정한다(형의 집행 및 수용자의 처우에 관한 법률 제121조 제2항). 가석방위원회가 심사할 때에 누범자, 범죄동기, 사회의 감정, 재산범과 관련하여 뉘우치는 정도, 생활계획과 보호관계, 손해의 배상 여부 등을 중점적으로 심사하거나 유의하여야 한다(형의 집행 및 수용자의 처우에 관한 법률 시행규칙 제252조 내지 제255조).

가석방심사위원회는 가석방 적격결정을 하였으면 5일 이내에 법무부장관에게 가석방 허가를 신청하여야 한다(형의 집행 및 수용자의 처우에 관한 법률 제122조 제1항).

다. 가석방 허가

법무부장관은 가석방심사위원회의 가석방 허가신청이 적정하다고 인정하면 허가할 수 있다(형의 집행 및 수용자의 처우에 관한 법률 제122조 제2항). 그리고 교정시설의 장은 수형자의 가석방이 허가된 경우에는 주거지, 관할 경찰서 또는 보호관찰소에 출석할 기한 등을 기록한 가석방증을 가석방자에게 발급하여야 한다(형의 집행 및 수용자의 처우에 관한 법률 시행규칙 제259조).

그리고 보호관찰심사위원회는 보호관찰의 필요성에 관한 심사 결과 보호관찰이 필요없다고 결정한 경우에는 결정서에 관계 서류를 첨부하여 법무부장관에게 이에 대한 허가를 신청하여야 하며, 법무부장관은 심사위원회의 결정이 정당하다고 인정하면 이를 허가할 수 있다(보호관찰 등에 관한 법률 제25조).

3. 소년수형자에 대한 가석방절차

가. 기간경과 통보의무

교도소·구치소·소년교도소의 장은 소년수형자가 소년법 제65조 각 호의 기간을 지나면 그 교도소·구치소·소년교도소의 소재지를 관할하는 보호관찰심사위원회에 그 사실을 통보하여야 한다(보호관찰 등에 관한 법률 제21조 제1항). 보호관찰심사위원회가 가석방이 가능한 시점부터 해당 소년수형자에 대해 관심을 가지고 주도적으로 가석방 심사를 준비할 수 있도록 하기 위하여 규정되었다.[45]

45 주석 형법 총칙(2)(제2판), 한국사법행정학회(2011), 716(조균석).

수용기관의 장은 관할 심사위원회에 기간경과통보서를 송부한 후에 소년수형자를 다른 수용기관에 이송한 경우에는 이송통지서를 작성하여 관할심사위원회에 송부하여야 한다(보호관찰 등에 관한 법률 시행규칙 제15조 제1항). 이송통지서를 송부받은 심사위원회는 소년수형자가 다른 심사위원회의 관할구역에 있는 수용기관에 이송된 때에는 지체없이 기간경과통보서등 관계서류를 당해 심사위원회에 송부하여야 한다(제15조 제2항)

나. 가석방심사의 신청

수용기관의 장은 소년법 제65조 각 호의 기간이 지난 소년수형자에 대하여 법무부령으로 정하는 바에 따라 관할 보호관찰심사위원회에 가석방 심사를 신청할 수 있다(보호관찰 등에 관한 법률 제22조 제1항). 신청을 할 때에는 보호관찰 등에 관한 법률 제26조 또는 제27조에 따라 보호관찰소장으로부터 통지받은 환경조사 및 환경개선활동 결과를 고려하여야 한다(보호관찰 등에 관한 법률 제22조 제2항). 그리고 수용기관의 장은 가석방 심사를 신청하고자 하는 경우에는 소년수형자의 신상에 관한 사항, 범죄 및 비행에 관한 사항, 교정성적 등을 종합적으로 고려하여야 한다(보호관찰 등에 관한 법률 시행령 제9조).

다. 신청 또는 직권에 의한 가석방 적격 심사

보호관찰 심사위원회는 법무부장관 소속으로 고등검찰청 소재지 등 대통령령이 정하는 지역에 설치하도록 규정되어 있고(보호관찰 등에 관한 법률 제5조), 이에 따라 현재 서울, 대전, 대구, 부산, 광주 등 5개 고등검찰청 소재지에 보호관찰심사위원회가 설치되어 있다.[46]

심사위원회는 위원장을 포함하여 5명 이상 9명 이하의 위원으로 구성한다. 심사위원회의 위원장은 고등검찰청 검사장 또는 고등검찰청 소속 검사 중에서 법무부장관이 임명한다. 심사위원회의 위원은 판사, 검사, 변호사, 보호관찰소장, 지방교정청장, 교도소장, 소년원장 및 보호관찰에 관한 지식과 경험이 풍부한 사람 중에서 법무부장관이 임명하거나 위촉한다. 심사위원회의 위원 중 3명 이내의 상임위원을 둔다(보호관찰 등에 관한 법률 제7조).

심사위원회는 수용기관의 장으로부터 가석방의 심사신청을 받으면 소년수형

46 2019년 3월 1일 수원고등검찰청의 개청으로 그 소재지에 보호관찰심사위원회의 설치를 준비하고 있다.

자에 대한 가석방이 적절한지를 심사하여 결정한다(보호관찰 등에 관한 법률 제23조 제1항). 또한 수용기관의 장으로부터 가석방의 신청이 없는 경우에도 심사위원회는 소년법상 가석방 가능기간경과 통보를 받은 소년수형자에 대하여는 직권으로 가석방이 적절한지를 심사하여 결정할 수 있다(보호관찰 등에 관한 법률 제23조 제2항). 심사위원회는 위 규정에 따라 직권으로 심사를 하는 경우에는 심사대상자를 수용하는 수용기관의 장의 의견을 들어야 한다(보호관찰 등에 관한 법률 시행령 제10조). 심사위원회는 위 규정에 따라 가석방의 적부를 심사하여 결정하는 경우에는 소년수형자의 건전한 사회복귀를 위하여 가장 적당하다고 인정되는 시기와 ①뉘우치는 빛이 뚜렷할 것, ②자립·갱생의 의욕이 인정될 것, ③재범의 염려가 없다고 인정될 것, ④사회의 감정이 가석방, 퇴원 또는 임시퇴원을 용인한다고 인정될 것의 요건을 충족하였는지의 여부를 종합적으로 판단하여야 한다(보호관찰 등에 관한 법률 시행령 제11조 제1항).

심사위원회는 소년수형자의 가석방이 적절한지를 심사할 때에는 보호관찰의 필요성을 심사하여 결정한다(보호관찰 등에 관한 법률 제23조 제3항). 심사위원회는 위 규정에 의하여 보호관찰의 필요성 여부를 심사하여 결정하는 때에는 보호관찰 등에 관한 법률 제26조 또는 제27조에 의한 환경조사 또는 환경개선활동의 결과를 고려하여야 한다(보호관찰 등에 관한 법률 시행령 제11조 제2항).

그리고 심사위원회는 가석방의 적격 및 보호관찰의 필요성에 대하여 심사·결정을 할 때에는 본인의 인격, 교정성적, 직업, 생활태도, 가족관계 및 재범 위험성 등 모든 사정을 고려하여야 한다(보호관찰 등에 관한 법률 제23조 제4항).

라. 가석방 허가

심사위원회는 가석방 심사 결과 가석방이 적절하다고 결정한 경우에 결정서에 관계 서류를 첨부하여 법무부장관에게 이에 대한 허가를 신청하여야 하며, 법무부장관은 심사위원회의 결정이 정당하다고 인정하면 이를 허가할 수 있다(보호관찰 등에 관한 법률 제25조).

제73조 [판결선고전 구금과 가석방]

① 형기에 산입된 판결선고전 구금의 일수는 가석방에 있어서 집행을 경과한 기간에 산입한다.

② 벌금 또는 과료에 관한 유치기간에 산입된 판결선고전 구금일수는 전조 제2항의 경우에 있어서 그에 해당하는 금액이 납입된 것으로 간주한다.

[관련조문] 형법 제57조, 제69조, 제70조, 제72조, 형사소송법 제482조.

[참고문헌] 형법 제·개정 자료집, 한국형사정책연구원(2009); 주석 형법 총칙(2)(제2판), 한국사법행정학회(2011).

Ⅰ. 본조의 취지

본조는 가석방의 형식적 요건인 가석방을 위한 최소 복역기간 및 병과된 벌금 또는 과료의 완납을 판단함에 있어 판결선고전 구금일수의 산입에 관한 규정이다. 본조 제1항은 판결선고전 구금일수의 형집행기간 산입에 관한 규정이고, 본조 제2항은 벌금 또는 과료에 관한 유치기간에 산입된 판결선고전 구금일수는 그에 해당하는 벌금 또는 과료의 납입으로 간주하는 규정이다.

제2항은 형법 제정시 정부초안에는 없었으나 국회심의과정에서 추가된 것이다.[1] 형의 집행은 판결로 확정된 형을 집행하는 것인데 반하여 미결구금은 판결이 확정되기 전의 구금이라는 점에서 구별되지만, 미결구금은 자유를 박탈하는 점에서 자유형의 집행과 차이가 없음을 고려한 것이고, 재산형인 벌금과 과료의 경우 산입된 유치기간에 상응하는 액수만큼 감액하여 집행되기 때문이다.

Ⅱ. 형기에 산입된 미결구금일수

본조 제1항은 가석방의 요건인 유기징역 또는 금고 형기의 3분의 1을 계산할 때에 형기에 산입된 미결구금일수를 산입하는 방법을 규정하고 있다. 여기서 형기는 선고형을 의미하고, 선고형에 산입된 판결선고전 구금일수는 가석방에 있어

1 형법 제·개정 자료집, 한국형사정책연구원(2009), 174[제16회 국회임시회의 속기록 제11호(1953. 6. 27.)].

서 집행을 경과한 일수에 산입한다. 본조 제1항과 같은 규정이 없었던 구형법과 일본 형법의 해석을 둘러싸고 3분의 1의 기준이 되는 형기를 '선고형'으로 보아 미결구금일수를 집행을 경과한 기간에 산입하여야 한다는 견해(제1설)와 3분의 1의 기준이 되는 형기를 '현실적으로 집행하여야 할 기간'으로 보고 미결구금일수를 선고형에서 공제한 후 현실적으로 집행하여야 할 기간을 산출하여야 한다는 견해(제2설)가 대립하였는데, 형법은 입법적으로 논란을 해소하여 수형자에게 유리하도록 제1설과 같이 규정하였다.[2]

예를 들어보면 징역 3년과 미결구금일수 3개월 산입의 판결이 선고되었고, 형기산일이 2015. 5. 1.이다. 제1설에 의하면 선고형의 3분의 1, 즉 1년이 되는 2016. 4. 30.에서 미결구금일수 3개월을 집행기간에 산입한 2016. 1. 31.이 형기의 3분의 1에 해당하고, 이를 경과하여 집행하면 가석방의 형식적 요건을 충족한다. 이에 반하여 제2설에 의하면 형기산일로부터 3년 후인 2018. 4. 30.에서 미결구금일수 3개월을 공제한 2018. 1. 31.이 현실적으로 집행하여야 할 기간에 해당하고, 현실적으로 집행하여야 할 기간인 2년 9개월(=3년-3개월)의 3분의 1인 11개월에 해당하는 2016. 3. 31.을 경과하여야 가석방이 가능하다. 제1설이 제2설보다 수형자에게 유리하다.

무기형은 형법 제57조의 명문 규정 및 그 성질상 판결선고전 구금일수를 산입하지 아니한다.[3] 그리고 무기형이 유기의 징역 또는 금고로 감형된 경우에 무기형으로 집행된 기간을 형기에 산입할지 여부가 문제되는데, 이를 산입하여야 한다는 명문규정이 없으므로, 이를 부정하는 것이 타당하다.[4] 한편 헌법재판소는 형법 제73조 제1항이 사형판결 확정 후 무기징역형으로 감형된 자의 사형집행 대기기간을 무기수의 가석방 형집행기간에 산입하는 규정을 두지 아니하였다고 하여 청구인의 평등권을 침해하였다고 할 수 없어 위헌이 아니라고 결정하였다.[5]

2 주석 형법 총칙(2)(제2판), 한국사법행정학회(2011), 720(조균석).
3 서울고등법원 1966. 1. 25. 선고 65노384 판결.
4 주석 형법 총칙(2)(제2판), 한국사법행정학회(2011), 705(조균석).
5 헌법재판소 2009. 10. 29. 선고 2008헌마230 결정.

Ⅲ. 노역장유치기간에 산입된 미결구금일수

징역 또는 금고의 집행 중에 있는 자에 대하여 가석방을 할 경우에 벌금 또는 과료의 병과가 있는 때에는 그 금액을 완납하여야 하는데(형법 제72조 제2항), 벌금 또는 과료에 관한 유치기간에 산입된 판결선고전 구금일수는 그에 해당하는 금액이 납입된 것으로 간주한다(본조 제2항).

제 73 조의 2 [가석방의 기간 및 보호관찰]

① 가석방의 기간은 무기형에 있어서는 10년으로 하고, 유기형에 있어서는 남은 형기로 하되, 그 기간은 10년을 초과할 수 없다.

② 가석방된 자는 가석방기간중 보호관찰을 받는다. 다만, 가석방을 허가한 행정관청이 필요가 없다고 인정한 때에는 그러하지 아니하다.

[본조신설 1995.12.29]

[관련조문] 소년법 제66조, 보호관찰 등에 관한 법률 제23조, 제24조, 제25조, 제28조, 제29조, 제30조, 특정 범죄자에 대한 보호관찰 및 전자장치 부착 등에 관한 법률 제13조, 제22조.

[참고문헌] 법무부, 개정 형법·형사소송법 해설(1996. 6.); 김일수/서보학, 새로쓴 형법총론(제13판), 박영사(2018).

Ⅰ. 본조의 취지

본조는 가석방의 기간과 가석방에 부과되는 보호관찰에 관하여 규정하고 있다. 본조는 1995년 12월 29일 개정된 형법에 의하여 신설되었고, 가석방기간에 관한 제1항은 1996년 7월 1일부터 시행되었으며, 보호관찰에 관한 제2항은 1997년 1월 1일부터 시행되었다.

개정 전 형법은 가석방의 효과에 관한 제76조 제1항에서 가석방의 기간을 간접적으로 규정하고 있었으나, 개정 형법은 본조를 신설하여 가석방의 기간을 직접적으로 규정하고 있다. 개정 전 형법 제76조 제1항은 "가석방의 처분을 받은 후 처분의 실효 또는 취소됨이 없이 무기형에 있어서는 10년, 유기형에 있어서는 잔형기를 경과한 때에는 형의 집행을 종료한 것으로 간주한다."고 규정하였는데, 본조 제1항은 가석방기간을 따로 떼어 직접 명시하면서 유기형의 가석방기간이 10년을 초과할 수 없다는 규정을 추가하였다. 이는 유기형의 가석방기간이 무기형의 가석방기간보다 길어지는 경우가 발생하는 것을 방지하기 위함이다.[1]

본조 제2항은 가석방된 자에 대하여 원칙적으로 가석방기간 중 보호관찰을

1 법무부, 개정 형법·형사소송법 해설(1996. 6.), 12.

받도록 규정하면서 예외적으로 가석방 허가관청의 재량적 결정으로 보호관찰이 부과되지 않을 수 있도록 규정하고 있다. 형법은 가석방의 경우에 보호관찰을 원칙적으로 부과하도록 규정하고 있지만, 선고유예나 집행유예의 경우에는 보호관찰의 부과가 임의적이라는 점에서 차이가 있다. 가석방자의 재범방지와 사회복귀를 위한 체계적인 사회내 처우로서 최소한 보호관찰이 필요하기 때문에 원칙적인 보호관찰 부과를 규정하고,[2] 단서의 예외조항은 범죄의 성질이나 수형자의 성격 등에 비추어 보호관찰이 불필요하다고 인정되는 경우까지 보호관찰을 강요할 필요는 없다는 점을 고려하였기 때문이다.[3] 그리고 성폭력범죄의 처벌 등에 관한 특례법 제18조 제8항은 "성폭력범죄를 범한 사람으로서 형의 집행 중에 가석방된 사람은 가석방기간 동안 보호관찰을 받는다. 다만, 가석방을 허가한 행정관청이 보호관찰을 할 필요가 없다고 인정한 경우에는 그러하지 아니하다."라고 규정함으로써 성폭력범죄자로서 가석방되는 자에 대하여 원칙적으로 보호관찰이 부과됨을 규정하고 있다.

Ⅱ. 가석방의 기간

가석방 기간은 무기형에서는 10년, 유기형에서는 남은 형기로 하되, 그 기간은 10년을 초과할 수 없다(형법 제73조의2 제1항). 유기형의 경우에 원칙적으로 잔형기주의를 채택하면서 무기형과의 균형을 두기 위하여 그 최대기간을 10년으로 제한하고 있다.

소년수형자에 대한 가석방 기간은 가석방 전에 집행을 받은 기간과 같은 기간이지만, 소년법 제59조의 형기(범행시 18세 미만의 소년에 대하여 사형 또는 무기형으로 처할 경우에 완화하는 유기징역 15년) 또는 제60조 제1항에 따른 장기의 기간(법정형 장기 2년 이상의 유기형에 해당하는 죄를 범한 소년에 대하여 선고하는 부정기형 중 장기의 기간)이 먼저 지난 경우에는 그 때에 가석방 기간이 종료한 것으로 한다(제66조).

Ⅲ. 가석방과 보호관찰

가석방된 자는 가석방기간중 보호관찰을 받는다. 다만, 가석방을 허가한 행정

2 김일수/서보학, 새로쓴 형법총론(제13판), 박영사(2018), 612.
3 법무부, 개정 형법·형사소송법 해설(1996. 6.), 13.

관청이 필요가 없다고 인정한 때에는 그러하지 아니하다(형법 제73조의2 제2항).

1. 보호관찰 필요성에 대한 심사 및 결정

보호관찰심사위원회는 가석방되는 사람에 대하여 보호관찰의 필요성을 심사하여 결정한다(보호관찰 등에 관한 법률 제24조 제1항).

교정시설의 장은 성인수형자에 대하여 형의 집행 및 수용자의 처우에 관한 법률 제121조에 따라 가석방심사위원회에 가석방 적격심사신청을 할 때에는 신청과 동시에 가석방 적격심사신청 대상자의 명단과 신상조사서를 해당 교정시설 소재지를 관할하는 보호관찰심사위원회에 보내야 한다(보호관찰 등에 관한 법률 제28조 제1항). 보호관찰심사위원회는 교정시설의 장으로부터 가석방 적격심사신청 대상자의 명단과 신상조사서를 받으면 해당 성인수형자를 면담하여 직접 환경조사사항, 석방 후의 재범 위험성 및 사회생활에 대한 적응 가능성 등에 관한 보호관찰 사안조사를 하거나 보호관찰소의 장에게 그 자료를 보내 보호관찰 사안조사를 의뢰할 수 있다(제28조 제2항). 보호관찰 사안조사를 의뢰받은 보호관찰소의 장은 지체 없이 보호관찰 사안조사를 하고 그 결과를 심사위원회에 통보하여야 한다(제28조 제3항).

보호관찰심사위원회는 보호관찰심사를 할 때에는 보호관찰 등에 관한 법률 제28조에 따른 보호관찰 사안조사 결과를 고려하여야 한다(보호관찰 등에 관한 법률 제24조 제2항). 그리고 보호관찰심사위원회는 보호관찰의 필요성에 관한 심사 결과 보호관찰이 필요없다고 결정한 경우에는 결정서에 관계 서류를 첨부하여 법무부장관에게 이에 대한 허가를 신청하여야 하며, 법무부장관은 심사위원회의 결정이 정당하다고 인정하면 이를 허가할 수 있다(제25조).

소년수형자에 대하여는 보호관찰심사위원회가 수용기관의 장의 신청 또는 직권으로 가석방이 적절한지와 보호관찰의 필요성을 심사하여 결정한다(보호관찰 등에 관한 법률 제23조 제1항, 제2항, 제3항). 심사위원회는 가석방의 적격 및 보호관찰의 필요성에 대하여 심사·결정을 할 때에는 본인의 인격, 교정성적, 직업, 생활태도, 가족관계 및 재범 위험성 등 모든 사정을 고려하여야 한다(제23조 제4항). 그리고 심사위원회는 가석방 심사 결과 가석방이 적절하다고 결정한 경우에 결정서에 관계 서류를 첨부하여 법무부장관에게 이에 대한 허가를 신청하여야 하며, 법무부장관은 심사위원회의 결정이 정당하다고 인정하면 이를 허가할 수 있다(제25조).

2. 보호관찰의 기간

가석방자는 가석방기간 중 보호관찰을 받으므로, 보호관찰의 기간은 형법 제73조의2 또는 소년법 제66조에 규정된 기간인 가석방 기간과 동일하다(보호관찰 등에 관한 법률 제30조 제3호, 형법 제73조의2).

3. 보호관찰의 집행

보호관찰은 가석방된 때부터 시작된다(보호관찰 등에 관한 법률 제29조 제1항). 보호관찰 대상자는 10일 이내에 주거, 직업, 생활계획, 그 밖에 필요한 사항을 관할 보호관찰소의 장에게 신고하여야 한다(보호관찰 등에 관한 법률 제29조 제2항, 같은 법률 시행령 제16조). 보호관찰의 집행은 보호관찰소의 관장사무에 속한다(보호관찰 등에 관한 법률 제15조). 보호관찰은 보호관찰 대상자의 주거지를 관할하는 보호관찰소 소속 보호관찰관이 담당한다(보호관찰 등에 관한 법률 제31조).

그리고 부착명령 판결을 선고받지 아니한 성폭력범죄, 미성년자 대상 유괴범죄, 살인범죄 및 강도범죄 등 특정 범죄자로서 형의 집행 중 가석방되어 보호관찰을 받게 되는 자는 준수사항 이행 여부 확인 등을 위하여 가석방기간 동안 전자장치를 부착하여야 한다. 다만, 보호관찰심사위원회가 전자장치 부착이 필요하지 아니하다고 결정한 경우에는 그러하지 아니하다(특정 범죄자에 대한 보호관찰 및 전자장치 부착 등에 관한 법률 제22조 제1항). 부착명령 판결을 선고받은 자에 대하여는 가석방되는 날 석방 직전에 피부착명령자의 신체에 전자장치를 부착함으로써 집행한다(특정 범죄자에 대한 보호관찰 및 전자장치 부착 등에 관한 법률 제13조 제1항).

제 74 조 [가석방의 실효]

가석방중 금고 이상의 형의 선고를 받어 그 판결이 확정된 때에는 가석방처분은 효력을 잃는다. 단 과실로 인한 죄로 형의 선고를 받었을 때에는 예외로 한다.

[관련조문] 형법 제50조, 형의 집행 및 수용자의 처우에 관한 법률시행규칙 제263조.

[참고문헌] 형법 제·개정 자료집, 한국형사정책연구원(2009); 주석 형법 총칙(2)(제2판), 한국사법행정학회(2011).

Ⅰ. 본조의 취지

본조는 가석방의 실효에 대하여 규정하고 있다. 가석방의 실효란 일정한 사유가 있는 경우 별도의 조치 없이 가석방의 효력이 상실되는 것을 말한다. 별도의 조치가 필요하지 않다는 점에서 가석방의 취소와 구별된다. 가석방의 취지에 비추어 성인수형자로서 가석방 중에 있는 자가 다시 범죄를 저지른 경우에 그 효력을 상실시킴으로써 재범을 방지하기 위하여 규정된 조문이다. 이와 달리 소년수형자에 대하여는 소년법 제66조에서 가석방의 취소만을 규정하고 있고, 가석방의 실효에 관한 규정을 두고 있지 아니하다.

형법 제정시 정부초안에는 본문만 있었으나, 국회심의과정에서 과실범은 고의가 아니라 부주의에서 이루어지는 것이기 때문에 과실범까지 포함하는 것은 가혹하다는 이유로 단서가 추가되었다.[1]

Ⅱ. 실효의 사유

가석방의 실효 사유는 가석방 중 고의범으로 금고 이상의 형의 선고를 받아 그 판결이 확정되는 것이다.

여기서 '가석방 중'이란 가석방 기간 중에 있음을 의미한다. 즉 가석방이 허가되어 석방된 날로부터 가석방기간이 경과하기 전까지의 기간을 말한다.

'고의범'으로 금고 이상의 형을 선고받아야 한다. 본조의 단서에서 과실로 인

1 형법 제·개정 자료집, 한국형사정책연구원(2009), 175[제16회 국회임시회의 속기록 제11호(1953. 6. 27.)].

한 죄로 형의 선고를 받은 경우를 예외로 하고 있으므로, 고의범으로 형의 선고를 받은 경우에 한한다.

'금고 이상의 형'을 선고받아야 한다. 여기서 형은 선고형을 의미하고, 금고 이상의 형이라 함은 형법 제50조 형의 경중에 관한 규정에 따라 사형, 무기징역 또는 금고, 유기징역 또는 금고를 말한다.

그리고 가석방 중 금고 이상의 '형의 선고를 받아 그 판결이 확정'되어야 한다. 형의 선고와 함께 그 판결의 확정도 가석방 중에 있어야 한다. 가석방 전에 형이 선고되어 가석방 중에 그 판결이 확정되었거나 가석방 중에 형이 선고되어 가석방 기간 중에 확정되지 아니한 경우는 실효사유에 해당하지 아니한다.

문제는 가석방 중에 범한 범죄이어야 하는가이다. 본조는 가석방 중 금고 이상의 형의 선고를 받아 그 판결이 확정된 때라고만 규정하고 있으므로 범죄의 시기가 가석방 중인지 여부는 묻지 아니한다.[2] 일본 형법은 가석방의 실효제도를 두지 않고 취소제도(일본 형법 제29조)만을 두고 있다. 가석방 중에 추가로 죄를 범하고 벌금 이상의 형에 처한 때, 가석방 전에 범한 다른 죄에 대하여 벌금 이상의 형에 처한 때, 가석방 전에 다른 죄에 벌금 이상의 형에 처한 자에 대하여 그 형이 집행되어야 할 때를 가석방의 임의적 취소사유로 규정하고 있다.

Ⅲ. 실효의 효과

가석방의 실효사유가 발생하면 별도의 절차 없이 당연히 가석방은 그 효력이 상실된다. 따라서 무기형에 있어서는 다시 무기형으로, 유기형에 있어서는 잔여형기를 집행하여야 한다. 가석방실효자의 잔형 기간은 가석방을 실시한 다음 날부터 원래 형기의 종료일까지로 하고, 잔형집행 기산일은 가석방의 실효로 인하여 교정시설에 수용된 날부터 한다(형의 집행 및 수용자의 처우 등에 관한 법률 시행규칙 제263조 제5항).

각 지방검찰청의 장, 경찰서의 장 및 교정시설의 장은 가석방자가 가석방의 실효사유에 해당하게 된 사실을 알았을 때에는 지체 없이 석방시설의 장에게 통보하여야 하며, 통보를 받은 석방시설의 장은 지체 없이 법무부장관에게 보고하여야 한다(가석방자관리규정 제18조). 소장은 가석방자가 형법 제74조에 따라 가석

2 주석 형법 총칙(2)(제2판), 한국사법행정학회(2011), 726(조균석).

방이 실효된 것을 알게 된 경우에는 지체 없이 잔형 집행에 필요한 조치를 취하고 법무부장관에게 가석방실효자 잔형집행보고서를 송부하여야 한다(형의 집행 및 수용자의 처우 등에 관한 법률 시행규칙 제263조 제2항). 형의 집행은 검사가 지휘하며, 가석방이 실효된 경우에는 검사의 잔형집행지휘서에 의한다. 소장은 가석방실효자가 교정시설에 수용되지 아니한 사실을 알게 된 때에는 관할 지방검찰청 검사 또는 관할 경찰서장에게 구인하도록 의뢰하여야 한다(형의 집행 및 수용자의 처우 등에 관한 법률 시행규칙 제263조 제3항). 구인 의뢰를 받은 검사 또는 경찰서장은 즉시 가석방실효자를 구인하여 소장에게 인계하여야 한다(형의 집행 및 수용자의 처우 등에 관한 법률 시행규칙 제263조 제4항).

제 75 조 [가석방의 취소]

가석방의 처분을 받은 자가 감시에 관한 규칙을 위배하거나, 보호관찰의 준수사항을 위반하고 그 정도가 무거운 때에는 가석방처분을 취소할 수 있다.

[전문개정 1995.12.29]

[관련조문] 소년법 제66조, 보호관찰 등에 관한 법률 제32조, 제39조, 제40조, 제41조, 제42조, 제43조, 제45조, 제48조.

[참고문헌] 법무부, 개정 형법·형사소송법 해설(1996. 6.); 정영일, 형법강의(총론)(제3판), 학림(2017); 주석 형법 총칙(2)(제2판), 한국사법행정학회(2011).

Ⅰ. 본조의 취지

본조는 가석방의 취소사유에 대하여 규정하고 있다. 가석방의 취소라 함은 일정한 사유가 있는 경우 가석방 취소처분을 통하여 가석방의 효력을 상실시키는 것을 말한다. 가석방의 취소사유가 있다고 하여 당연히 가석방의 효력이 상실되는 것이 아니라 가석방 허가관청의 취소처분에 의하여 가석방의 효력이 상실된다는 점에서 가석방의 실효와 구별된다.

가석방의 취소는 허가관청인 법무부장관의 권한에 속한다. 가석방 취소사유인 감시 규칙 또는 보호관찰 준수사항의 위반 정도가 중한 경우에 가석방처분을 취소할 수 있으므로, 가석방의 취소는 필요적이 아니라 임의적이다.

가석방의 취소는 가석방자가 지도, 감독 등에 관한 규칙 등의 위반 정도가 중한 경우에 그 효력을 상실시킴으로써 가석방자에 대한 지도, 감독 및 원호를 통한 사회적응력을 높이고 재범을 방지하기 위한 취지로 규정된 조문이다. 1995년 12월 29일 형법을 개정하면서 가석방에 보호관찰을 도입하였기 때문에 가석방자의 감시에 관한 규칙을 위배한 경우뿐만 아니라 보호관찰의 준수사항을 위반한 경우까지를 가석방 취소사유로 추가하였다.[1]

1 법무부, 개정 형법·형사소송법 해설(1996. 6.), 13.

그리고 성인수형자에 대한 가석방 취소는 본조에서 규정하고 있지만, 소년수형자에 대하여는 소년법 제66조, 보호관찰 등에 관한 법률 제48조에서 취소사유와 그 절차 등을 규정하고 있다.

Ⅱ. 취소의 사유

1. 감시에 관한 규칙의 위배

가석방자가 감시에 관한 규칙을 위배한 때에는 가석방처분을 취소할 수 있다(형법 제75조). 여기의 감시에 관한 규칙은 대통령령인 가석방자관리규정을 말한다. 가석방자관리규정은 성인수형자로서 가석방된 사람 중 보호관찰이 부과되지 아니한 자를 그 적용대상으로 하고(가석방자관리규정 제2조), 보호관찰을 받지 않는 가석방자에 대한 가석방 기간 중의 보호와 감독에 필요한 사항을 규정하고 있다(가석방자관리규정 제1조).

보호관찰대상자가 아닌 가석방자는 그의 주거지를 관할하는 경찰서장의 보호와 감독을 받는다(가석방자관리규정 제3조). 가석방자관리규정은 비보호관찰대상자인 가석방자에 대하여 가석방증에 적힌 기한 내의 관할 경찰서 출석의무(제5조), 종사할 직업 등 생활계획의 신고의무(제6조), 관할 경찰서장의 비행 예방 지도 및 출입제한명령 등 조치(제7조), 국내 주거지 이전 및 1개월 이상 국내 여행의 신고의무(제10조), 국외 이주 및 1개월 이상 국외 여행의 신고의무(제13조), 국외이주등 중지의 신고의무(제15조), 국외여행자의 귀국신고의무(제16조)를 부과하고 있다. 따라서 가석방자는 가석방 기간 중 가석방자관리규정 제5조부터 제7조, 제10조, 제13조 제1항, 제15조 및 제16조에 따른 준수사항 및 관할 경찰서장의 명령 또는 조치를 따라야 하며 이를 위반하는 경우에는 형법 제75조에 따라 가석방을 취소할 수 있다(형의 집행 및 수용자의 처우에 관한 법률 시행규칙 제260조).

그리고 감시규칙의 위반 여부와 그 위반의 정도 등 취소사유에 대한 심사는 가석방심사위원회가 행하고, 이에 대한 결정은 법무부장관의 권한에 속한다(형의 집행 및 수용자의 처우에 관한 법률 시행규칙 제261조). 가석방심사위원회가 가석방 취소를 심사하는 경우에는 가석방자가 가석방자관리규정 등의 법령을 위반하게 된 경위와 그 위반이 사회에 미치는 영향, 가석방 기간 동안의 생활 태도, 직업의 유무와 종류, 생활환경 및 친족과의 관계, 그 밖의 사정을 고려하여야 한다(형의 집행 및 수용자의 처우에 관한 법률 시행규칙 제262조 제1항).

2. 보호관찰 준수사항의 중대한 위반

가석방자가 보호관찰의 준수사항을 위반하고 그 정도가 무거운 때에는 가석방처분을 취소할 수 있다(형법 제75조). 여기의 보호관찰의 준수사항에 대하여는 보호관찰 등에 관한 법률에서 규정하고 있다.

소년수형자를 포함하여 보호관찰을 받는 가석방자는 보호관찰관의 지도와 감독을 받으며 준수사항을 지키고 스스로 건전한 사회인이 되도록 노력하여야 한다(보호관찰 등에 관한 법률 제32조 제1항).

보호관찰의 준수사항은 일반준수사항과 특별준수사항이 있다. 일반준수사항은 모든 보호관찰대상자가 지켜야 하는 사항으로 ①주거지에 상주하고 생업에 종사할 것, ②범죄로 이어지기 쉬운 나쁜 습관을 버리고 선행을 하며 범죄를 저지를 염려가 있는 사람들과 교제하거나 어울리지 말 것, ③보호관찰관의 지도·감독에 따르고 방문하면 응대할 것, ④주거를 이전하거나 1개월 이상 국내외 여행을 할 때에는 미리 보호관찰관에게 신고할 것이다(보호관찰 등에 관한 법률 제32조 제2항). 보호관찰심사위원회는 범죄의 내용과 종류 및 본인의 특성 등을 고려하여 필요하면 보호관찰 기간의 범위에서 기간을 정하여 특별히 지켜야 할 사항으로 따로 부과할 수 있는데, 이 때에 부과할 수 있는 특별준수사항은 ①야간 등 재범의 기회나 충동을 줄 수 있는 특정 시간대의 외출 제한, ②재범의 기회나 충동을 줄 수 있는 특정 지역·장소의 출입 금지, ③피해자 등 재범의 대상이 될 우려가 있는 특정인에 대한 접근 금지, ④범죄행위로 인한 손해를 회복하기 위하여 노력할 것, ⑤일정한 주거가 없는 자에 대한 거주장소 제한, ⑥사행행위에 빠지지 아니할 것, ⑦일정량 이상의 음주를 하지 말 것, ⑧마약 등 중독성 있는 물질을 사용하지 아니할 것, ⑨마약류관리에 관한 법률상의 마약류 투약, 흡연, 섭취 여부에 관한 검사에 따를 것, ⑩그 밖에 보호관찰 대상자의 재범 방지를 위하여 필요하다고 인정되어 대통령령으로 정하는 사항이다(보호관찰 등에 관한 법률 제32조 제3항). 보호관찰 등에 관한 법률 제32조 제3항 제10호에서 '대통령령으로 정하는 사항'이란 보호관찰 등에 관한 법률 시행령 제19조의 제1호 내지 제8호에서 규정하고 있는데, 무면허 운전 금지, 교육, 치료 및 처우 프로그램에 관한 보호관찰관의 지시이행, 범죄 관련 업무 종사 금지, 성실한 수업 참석, 정당한 수입원 입증 자료 제출, 흉기 등 보관 금지, 가정생활 책임의 성실 이행 등이다.

이 경우에도 위반의 사실만으로는 부족하고, 그 위반의 정도가 무거워야 한다.[2] 보호관찰 준수사항의 위반을 사유로 한 가석방의 취소는 단순히 징벌 내지 제재로 이용하기 보다는 시설내처우와 보호관찰에 의한 사회내처우를 종합적으로 비교, 검토하여 대상자의 개선·갱생과 사회의 안전 확보를 조화시키는 방향으로 신중하게 판단할 필요가 있다.[3]

그리고 보호관찰 준수사항의 위반 여부와 그 위반 정도가 무거운지 여부는 보호관찰 심사위원회가 보호관찰소의 장의 신청 또는 직권으로 그 취소를 심사하여 결정하고 법무부장관의 허가를 받는다(보호관찰 등에 관한 법률 제48조).

Ⅲ. 취소

1. 보호관찰대상자가 아닌 가석방자에 대한 취소절차

보호관찰대상자가 아닌 가석방자에 대한 취소의 절차는 형의 집행 및 수용자의 처우에 관한 법률 시행규칙 제261조 이하에서 규정하고 있다. 즉 감시규칙의 위반 여부와 그 위반의 정도가 무거운지 등 취소사유에 대한 심사는 가석방심사위원회가 행하고, 이에 대한 결정은 법무부장관의 권한에 속한다(형의 집행 및 수용자의 처우에 관한 법률 시행규칙 제261조).

수형자를 가석방한 소장 또는 가석방자를 수용하고 있는 소장은 가석방자가 가석방 취소사유에 해당하는 사실이 있음을 알게 되거나 관할 경찰서장으로부터 그 사실을 통보받은 경우에는 지체 없이 가석방 취소심사신청서에 가석방 취소심사 및 조사표를 첨부하여 위원회에 가석방 취소심사를 신청하여야 한다(형의 집행 및 수용자의 처우에 관한 법률 시행규칙 제261조 제1항). 소장이 형의 집행 및 수용자의 처우에 관한 법률 시행규칙 제261조의 규정에 의하여 가석방취소의 심사신청을 하고자 하는 경우에는 당해 분류처우위원회의 의결을 거쳐야 하며, 가석방 취소가 상당하다고 인정되는 긴급한 사유가 있는 경우에는 위의 의결을 거치지 아니하고 유선으로 취소신청을 할 수 있다(가석방 업무지침 제72조 제1항). 가석방기간 중 재범으로 교정시설에 수용된 경우(과실범 제외)에는 형확정된 후 가석방을 실효

2 정영일, 형법강의(총론)(제3판), 학림(2017), 400.
3 주석 형법 총칙(2)(제2판), 한국사법행정학회(2011), 730(조균석).

시키는 것을 원칙으로 하되, 형확정 이전에 가석방 기간이 종료될 것이 예상되는 경우에는 반드시 가석방취소 심사신청을 하여야 한다(가석방 업무지침 제72조 제2항).

가석방심사위원회가 소장의 신청을 받아 심사를 한 결과 가석방을 취소하는 것이 타당하다고 결정한 경우에는 결정서에 가석방 취소심사 및 조사표를 첨부하여 지체 없이 법무부장관에게 가석방의 취소를 신청하여야 한다(형의 집행 및 수용자의 처우에 관한 법률 시행규칙 제261조 제2항). 소장은 가석방을 취소하는 것이 타당하다고 인정하는 경우 긴급한 사유가 있을 때에는 가석방심사위원회의 심사를 거치지 아니하고 전화, 전산망 또는 그 밖의 통신수단으로 법무부장관에게 가석방의 취소를 신청할 수 있다. 이 경우 소장은 지체 없이 가석방 취소심사 및 조사표를 송부하여야 한다(형의 집행 및 수용자의 처우에 관한 법률 시행규칙 제261조 제3항).

가석방심사위원회가 가석방 취소를 심사하는 경우에는 가석방자가 가석방자 관리규정 등의 법령을 위반하게 된 경위와 그 위반이 사회에 미치는 영향, 가석방 기간 동안의 생활 태도, 직업의 유무와 종류, 생활환경 및 친족과의 관계, 그 밖의 사정을 고려하여야 한다(형의 집행 및 수용자의 처우에 관한 법률 시행규칙 제262조 제1항). 이 때 가석방심사위원회는 위 심사를 위하여 필요하다고 인정하면 가석방자를 위원회에 출석하게 하여 진술을 들을 수 있다(제262조 제2항).

법무부장관은 가석방 처분을 취소하였을 때에는 가석방자의 주거지를 관할하는 지방검찰청의 장 또는 교정시설의 장이나 가석방 취소 당시 가석방자를 수용하고 있는 교정시설의 장에게 통보하여 남은 형을 집행하게 하여야 한다(가석방자 관리규정 제19조 제1항). 가석방이 취소된 경우에는 교정시설의 장은 지체 없이 잔형 집행에 필요한 조치를 취하고 법무부장관에게 가석방취소자 잔형집행보고서를 송부하여야 한다(형의 집행 및 수용자의 처우에 관한 법률 시행규칙 제263조 제1항). 교도소장은 가석방취소자가 교정시설에 수용되지 아니한 사실을 알게 된 때에는 관할 지방검찰청 검사 또는 관할 경찰서장에게 구인하도록 의뢰하여야 하고(제263조 제3항), 구인 의뢰를 받은 검사 또는 경찰서장은 즉시 가석방취소자를 구인하여 당해 교도소장에게 인계하여야 한다(제263조 제4항).

2. 보호관찰대상자인 가석방자에 대한 가석방의 취소

소년수형자를 포함하여 보호관찰대상자인 가석방자에 대한 가석방의 취소는 보호관찰 등에 관한 법률에 따라 보호관찰 심사위원회가 보호관찰소의 장의 신청 또는 직권으로 그 취소를 심사하여 결정하고 법무부장관의 허가를 받는다. 즉 보호관찰 심사위원회는 가석방된 사람이 보호관찰기간 중 보호관찰 등에 관한 법률 제32조의 준수사항을 위반하고 위반 정도가 무거워 보호관찰을 계속하기가 적절하지 아니하다고 판단되는 경우에는 보호관찰소의 장의 신청을 받거나 직권으로 가석방의 취소를 심사하여 결정할 수 있다(보호관찰 등에 관한 법률 제48조 제1항).

이 때 보호관찰소의 장은 보호관찰 대상자가 보호관찰 등에 관한 법률 제32조의 준수사항을 위반하였거나 위반하였다고 의심할 상당한 이유가 있고 일정한 주거가 없거나 소환 불응, 도주 또는 도주할 염려가 있는 경우에 검사에게 신청하여 검사의 청구로 관할 지방법원 판사의 구인장을 발부받아 보호관찰 대상자를 구인할 수 있고(보호관찰 등에 관한 법률 제39조 제1항), 긴급한 경우에 긴급구인할 수 있되, 긴급구인한 경우에 즉시 긴급구인서를 작성하여 검사의 승인을 받아야 한다(제40조 제1항, 제2항). 보호관찰소의 장은 구인한 때로부터 24시간 내에 검사에게 신청하여 48시간 이내의 검사의 청구로 관할 지방법원 판사의 허가를 받아 구인한 보호관찰 대상자를 수용기관 또는 소년분류심사원에 유치할 수 있고(제42조), 유치의 기간은 구인한 날부터 20일로 하되, 가석방의 취소 신청이 있는 경우에 심사위원회의 심사에 필요하면 검사에게 신청하여 검사의 청구로 지방법원 판사의 허가를 받아 10일의 범위에서 한 차례만 유치기간을 연장할 수 있다(제43조). 법무부장관이 보호관찰심사위원회의 가석방의 취소 신청을 허가하지 아니하는 경우에 보호관찰소의 장은 유치를 해제하고 보호관찰대상자를 즉시 석방하여야 한다(제44조).

보호관찰심사위원회는 심사 결과 가석방을 취소하는 것이 적절하다고 결정한 경우에는 결정서에 관계 서류를 첨부하여 법무부장관에게 이에 대한 허가를 신청하여야 하며, 법무부장관은 심사위원회의 결정이 정당하다고 인정되면 이를 허가할 수 있다(보호관찰 등에 관한 법률 제48조 제2항).

가석방이 취소된 경우에 수용기관의 장은 가석방이 취소된 보호관찰대상자를 지체없이 수용기관에 재수용하여야 한다(보호관찰 등에 관한 법률 시행령 제34조 제1항). 재수용을 위하여 필요한 때에는 수용기관 소재지를 관할하는 지방검찰청 또는 지청의 검사에게 구인을 의뢰할 수 있다(보호관찰 등에 관한 법률 시행령 제34조 제2항).

Ⅳ. 취소의 효과

가석방이 취소된 때에는 가석방의 효력이 상실되므로, 가석방취소자를 재수용하여 잔여형기를 집행한다. 따라서 무기형에 있어서는 다시 무기형으로, 유기형에 있어서는 잔여형기를 집행하여야 한다. 가석방취소자에 대하여 잔형을 집행하는 때에는 검사의 잔형집행지휘서에 의한다.

가석방취소자의 잔형 기간은 가석방을 실시한 다음 날부터 원래 형기의 종료일까지로 하고, 잔형집행 기산일은 가석방의 취소로 인하여 교정시설에 수용된 날부터 한다(형의 집행 및 수용자의 처우 등에 관한 법률 시행규칙 제263조 제5항). 가석방 기간 중 형사사건으로 구속되어 교정시설에 미결수용 중인 자의 가석방 취소 결정으로 잔형을 집행하게 된 경우에는 가석방된 형의 집행을 지휘하였던 검찰청 검사에게 잔형 집행지휘를 받아 우선 집행하여야 한다(형의 집행 및 수용자의 처우 등에 관한 법률 시행규칙 제263조 제6항). 그리고 보호관찰 등에 관한 법률 제42조에 따라 유치된 사람에 대하여 가석방이 취소된 경우에는 그 유치기간을 형기에 산입한다(보호관찰 등에 관한 법률 제45조).

제 76 조 [가석방의 효과]

① 가석방의 처분을 받은 후 그 처분이 실효 또는 취소되지 아니하고 가석방기간을 경과한 때에는 형의 집행을 종료한 것으로 본다. <개정 1995.12.29>
② 전2조의 경우에는 가석방중의 일수는 형기에 산입하지 아니한다.

[관련조문] 형법 제73조의2 제1항, 소년법 제66조, 형의 집행 및 수용자의 처우에 관한 법률 제124조 제1항, 형의 집행 및 수용자의 처우 등에 관한 법률 시행규칙 제263조 제5항.

[참고문헌] 형법 제·개정 자료집, 한국형사정책연구원(2009).

Ⅰ. 본조의 취지

본조 제1항은 가석방의 실효 또는 취소 없이 가석방기간을 경과한 경우에 가석방의 효과를 규정하고, 본조 제2항은 가석방의 실효 또는 취소의 경우에 형기 산입의 문제에 관하여 규정하고 있다. 본조 제2항은 가석방 실효 또는 취소의 효과상 당연한 내용으로 형법 제정시 정부 초안에는 없었으나, 해석상 의심을 피하고 이를 명확히 하기 위하여 법제사법위원회의 수정안으로 추가되었다.[1]

Ⅱ. 가석방의 효과

가석방의 직접적인 효과는 수형자의 석방이다. 가석방에 따른 석방은 가석방 허가 서류 도달 후 12시간 이내에 행하되, 다만 그 서류에서 가석방일시를 지정하고 있으면 그 일시에 행한다(형의 집행 및 수용자의 처우에 관한 법률 제124조 제1항).

가석방의 처분을 받은 후 그 처분이 실효 또는 취소되지 아니하고 가석방기간을 경과한 때에는 형의 집행을 종료한 것으로 본다(형법 제76조 제1항). 따라서 현역병 징집대상 제외에 관한 병역법의 해석과 관련하여 가석방자가 실제로 복역한 형기가 아니라 가석방자에 대하여 선고된 형의 집행이 종료한 것으로 간주한다.[2] 다만 형의 집행을 종료한 것으로 간주함에 그치고, 집행유예와 같이 형 선고

1 형법 제·개정 자료집, 한국형사정책연구원(2009), 176[제16회 국회임시회의 속기록 제11호(1953. 6. 27.)].
2 대법원 1976. 3. 9. 선고 75도3434 판결.

의 효력이 없어지는 것은 아니며, 유죄판결 자체의 효력에 아무런 영향을 미치지 아니한다.

소년수형자에 대하여는 소년법 제66조에서 가석방의 기간에 관하여 특례를 규정하고 있으나, 그 가석방 처분이 취소되지 아니하고 가석방 기간을 경과한 때에는 형의 집행을 종료한 것으로 간주함으로써 가석방 기간 종료시 가석방의 효과는 성인수형자의 경우와 동일하게 규정하고 있다.

가석방 기간 중에는 아직 형의 집행이 종료된 것이 아니므로 가석방 기간 중에 다시 죄를 범하여도 형법 제35조 소정의 누범에 해당하지 아니한다.[3] 그러나 가석방된 후 그 처분의 실효 또는 취소 없이 가석방기간을 경과한 후에 저지른 범죄는 누범에 해당한다.

2개 이상의 유기형에 관하여 가석방이 허용된 경우에 누범가중과 관련하여 가석방기간의 진행순서가 문제된다는 의견이 있으며, 이에 대하여 중한 형의 잔형기가 먼저 진행한다는 견해와 가석방 허가 당시 집행을 받고 있던 형의 잔형기가 먼저 진행한다는 견해가 있다. 그러나 2개 이상의 독립하여 선고된 유기형의 집행 중에 가석방이 허가된 경우에 현행 형법 제73조의2 제1항의 해석상 가석방 기간은 각 선고된 형의 남은 형기를 모두 합한 기간으로 하되 10년을 초과할 수 없고, 그 기간이 경과하지 않은 이상 잔형기의 진행순서에 상관없이 가석방의 효과가 발생하지 아니하므로, 누범에 해당하지 아니한다.

Ⅲ. 가석방의 실효·취소와 형기 산입의 문제

가석방이 실효 또는 취소된 경우에 가석방 중의 일수는 형기에 산입되지 아니한다(본조 제1항). 가석방이 실효 또는 취소된 때에는 가석방의 효력이 상실되므로 당연히 가석방 중의 일수는 형기에 산입되지 아니한다. 즉 가석방취소자 및 가석방실효자의 잔형 기간은 가석방을 실시한 다음 날부터 원래 형기의 종료일까지로 하고, 잔형집행 기산일은 가석방의 취소 또는 실효로 인하여 교정시설에 수용된 날부터 한다(형의 집행 및 수용자의 처우 등에 관한 법률 시행규칙 제263조 제5항).

3 대법원 1976. 9. 14. 선고 76도2071 판결.

제 7 절 형의 시효

[총설]

[참고문헌] 김성돈, 형법총론(제5판), 성균관대학교출판부(2017); 김일수/서보학, 새로쓴 형법총론(제13판), 박영사(2018); 박상기, 형법총론(제9판), 박영사(2012); 박상기/전지연, 형법학(총론·각론 강의)(제4판), 집현재(2018); 배종대, 형법총론(제13판), 홍문사(2017); 손동권/김재윤, 새로운 형법총론(초판), 율곡출판사(2011); 오영근, 형법총론(제4판), 박영사(2018); 이재상 외 2인, 형법총론(제9판), 박영사(2017); 임웅, 형법총론(제10전정판), 법문사(2018); 정성근/박광민, 형법총론(제2판), 성균관대학교출판부(2015); 정영일, 형법강의(총론)(제3판), 학림(2017); 주석 형법 총칙(2)(제2판), 한국사법행정학회(2011); 정진연, "공소시효", 법학논총 제13집(2003. 2.), 숭실대학교 법학연구소; 백형구, "논설: 형의 시효", 사법행정 27권 7호(1986. 7), 한국사법행정학회; 홍영기, "시효이론의 역사적 전개와 그 평가", 법사학연구 제37호(2008).

Ⅰ. 의의

형의 시효란 형의 선고를 받은 자가 재판이 확정된 후 그 형의 집행을 받지 않고 일정한 기간이 경과한 때에 그 집행이 면제되는 제도를 말한다(형법 제77조).

형사법상의 시효제도는 형의 시효와 공소시효가 있고, 양자를 포괄하여 '형사시효'라고 한다. 현행 형사법은 형법 제77조 이하에서 형의 시효제도를, 형사소송법 제249조 이하에서 공소시효제도를 규정함으로써 두 가지의 형사시효를 모두 인정하고 있다.

양자의 차이와 관련하여 형의 시효는 확정된 형벌의 집행권이 일정한 기간의 경과로 인해 소멸되는 제도임에 반하여 공소시효는 미확정의 형벌권인 공소권이 소멸되는 제도라고 구별하는 것이 통설이다.[1] 이에 대하여 형의 시효는 일정한 기간경과로 인하여 확정된 형벌의 집행권을 소멸시키는 제도인 데 반하여, 공소시

1 김성돈, 형법총론(제5판), 성균관대학교출판부(2017), 841; 김일수/서보학, 새로쓴 형법총론(제13판), 박영사(2018), 614; 손동권/김재윤, 새로운 형법총론(초판), 율곡출판사(2011), 742; 이재상 외 2인, 형법총론(제9판), 박영사(2017), 631; 임웅, 형법총론(제10전정판), 법문사(2018), 707; 정영일, 형법강의(총론)(제3판), 학림(2017), 401.

효는 국가의 형사소추권이 소멸되는 제도라는 견해,[2] 형의 시효는 이미 확정된 형벌의 집행권을 소멸시키는 제도인 반면, 공소시효는 형벌소멸사유 내지 소송장애사유(공소권의 소멸)이라는 견해,[3] 공소시효는 소송상의 문제이므로 형사소송법에 그 기간이 규정되어 있는 데 비해 형의 시효는 형집행상의 문제이므로 형법에 규정되어 있다고 설명하는 견해,[4] 양자의 차이를 통설과 같이 보면서 양자는 모두 실체적 형벌권 자체를 소멸시킨다는 점에 동일하다고 주장하는 견해[5] 등이 있다. 공소시효제도는 범행 후 일정한 기간이 경과할 경우 해당 형사사건에 대한 공소권을 소멸시킴으로써 형벌권 행사를 위한 형사소추절차에서 배제시키는 반면에, 형의 시효제도는 유죄확정판결 후에 비로소 진행되고 형사소추절차를 통해 확정된 형벌의 집행권을 소멸시킨다. 그리고 형의 시효가 완성되면 법률상 당연히 형의 집행이 면제됨(형법 제77조)에 반하여, 공소시효가 완성되면 면소판결을 선고하는 점(형사소송법 제326조 제3호)에서 차이가 있으며, 그 시효의 기간도 서로 다르다(형법 제78조, 형사소송법 제249조). 그리고 형사소송법은 공소시효의 중단사유에 대하여 규정하고 있지 않지만, 형법은 형의 시효에 관하여 시효의 중단이 인정된다는 점에서 차이가 있는데, 형의 시효는 집행되는 형이 확정판결에 의하여 확정되어 있는 상태이기 때문에 공소시효의 경우보다 법적 안정성의 기대가 미약하다는 점에 근거한다고 본다.[6]

형의 시효와 공소시효를 어느 법에 규정할 것인가에 대한 입법례는 나누어져 있다. 우리나라, 일본, 프랑스는 형의 시효를 형법에, 공소시효를 형사소송법에 구분하여 규정하고 있으나, 독일, 스위스, 오스트리아, 이탈리아는 양자를 모두 형법에 규정하고 있다.

그리고 형의 시효와 구별할 개념으로 재판시효가 있다. 재판시효는 공소제기 후 판결이 확정됨이 없이 25년을 경과하면 공소시효 완성으로 간주하는 것을 말한다(형사소송법 제249조 제2항).

2 박상기, 형법총론(제9판), 박영사(2012), 577; 박상기/전지연, 형법학(총론·각론 강의)(제4판), 집현재(2018), 375.
3 배종대, 형법총론(제13판), 홍문사(2017), 618.
4 오영근, 형법총론(제4판), 박영사(2018), 544.
5 정성근/박광민, 형법총론(제2판), 성균관대학교출판부(2015), 732.
6 정진연, "공소시효", 법학논총 제13집(2003. 2.), 숭실대학교 법학연구소, 47-48.

Ⅱ. 형의 시효제도의 근거

형사시효의 이론적 근거에 관한 학설은 특히 공소시효의 본질과 관련하여 국가형벌권의 소멸사유로 보는 실체법설, 시간의 경과로 인하여 증거가 산일되어 진실발견이 곤란하다는 점 등에서 형벌권과는 관계없이 국가의 소추권만 소멸시키는 소송조건으로 보는 소송법설, 가벌성의 감소와 증거의 산일로 인해서 소추권의 소멸을 가져오는 소송조건이라고 보는 병합설 등으로 나누어져 있다.

그리고 형의 시효제도를 인정하는 근거가 무엇인지에 대하여는 시일의 경과로 인하여 범인의 개선이 추측된다는 견해(개선추측설), 범인이 장기간의 도피로 인해 형벌을 대신할 정도의 충분한 고통을 받았기 때문이라는 견해(고통설) 등이 있으나, 개선추측설은 시효기간 중에 다른 범죄를 저지른 경우에 현행 법이 이를 시효중단사유로 규정하고 있지 아니한 점에서 타당하지 아니하고, 고통설은 범인의 심리적이고 주관적인 측면을 지나치게 강조한다는 비판이 있다.[7] 그러나 우리나라의 통설은 시일의 경과로 인하여 형의 선고와 집행에 대한 사회일반인의 규범의식의 요구가 완화 내지 감소되고 일정한 기간 동안 계속 유지되어 온 평온한 사회적 생활관계를 존중할 필요가 있다는 점을 그 근거라고 보는 규범완화감정설이다.[8]

Ⅲ. 형사시효의 연혁[9]

1. 로마법의 형사시효

로마법에서 형사시효는 원수정기(기원 전 27년~기원 후 283년)의 기원 전 16년의 법제(lex Iulia)에서 간통죄(adulteriis)에 관한 형사시효를 규정하면서 비로소 채용되었다. 초창기 시효의 형태는 일종의 고소권의 시효이었는데 그 권한이 일정

7 백형구, "논설: 형의 시효", 사법행정 27권 7호(1986. 7), 한국사법행정학회, 27-28.

8 김성돈, 형법총론(제5판), 성균관대학교출판부(2017), 841; 김일수/서보학, 새로쓴 형법총론(제13판), 박영사(2018), 614; 박상기, 형법총론(제9판), 박영사(2012), 577; 박상기/전지연, 형법학(총론·각론 강의)(제4판), 집현재(2018), 375; 배종대, 형법총론(제13판), 홍문사(2017), 618; 손동권/김재윤, 새로운 형법총론(초판), 율곡출판사(2011), 742; 오영근, 형법총론(제4판), 박영사(2018), 544; 이재상 외 2인, 형법총론(제9판), 박영사(2017), 631; 임웅, 형법총론(제10전정판), 법문사(2018), 708; 정성근/박광민, 형법총론(제2판), 성균관대학교출판부(2015), 732; 정영일, 형법강의(총론)(제3판), 학림(2017), 401.

9 홍영기, "시효이론의 역사적 전개와 그 평가", 법사학연구 제37호(2008), 239~244.

시간이 지난 이후에는 소멸하는 것으로 보는 방식이었다. 그 개별적인 기간은 대체로 법정형에 따라서 정해졌는데 lex Iulia 법제에서는 대체로 5년이었고 특히 중대한 범죄는 20년이었다. 후대 Diocletianus 법(284~305년)에 의해 공법적인 형벌의 시효가 완전히 제도화되었으며, 이 법에 의하면 일반적인 범죄의 경우에 5년의 시효기간이 있었고, 중범죄(crimina publica)에는 20년의 시효기간이 적용되었으며, 존속살해, 친생자 가장, 배교죄는 시효가 배제되었다.

로마법에 규정된 것은 오늘날의 공소시효에 해당하고, 형이 선고된 이후에 오랜 기간 집행하지 않으면 실효되는 이른바 형집행의 시효는 없었으나, 집행하지 아니하는 기간이 길어지는 경우에 개별적으로 이를 재차 요청하여 집행하게끔 되어 있었으며, 이에 대해서 민법상 praescriptio와 마찬가지로 30년의 시효기간이 정해져 있어서 형집행의 시효와 비슷한 역할을 하였다.

2. 게르만법의 형사시효

13세기까지 사인소추에 적용되던 소추기간의 제한이 있었으나, 캐논법, 작센슈피겔에 이르기까지 게르만법의 전통에서 형사법상 시효가 없었다. 그러나 17, 18세기에 이르러서 독일의 각 주에서 시효입법이 진행되기 시작하였고, 대체로 20년 정도의 시효기간을 정하였으며, 예외적으로 5년의 짧은 기간을 규정하거나 중대한 범죄의 경우에 시효를 배제하기도 하였다. 그 이후 근대 자유주의적 법치국가사상의 영향으로 시효제도 자체가 폐지되거나 제한된 때도 있었다. 1791년의 프랑스 형법이 형의 시효와 공소시효를 규정하였고, 1808년의 프랑스 치죄법이 이를 계수한 이래 나폴레옹 시대를 거치면서 프랑스법의 영향으로 시효제도는 독일에 제도화하여 인정되기에 이르렀다.

3. 우리나라 법의 연혁

1912년 조선형사령에 의해서 일본의 구형법과 구형사소송법이 적용됨으로써 형의 시효제도와 공소시효제도가 도입되었다. 현행 형법은 제77조 이하에서 형의 시효에 대하여, 형사소송법은 제249조에서 공소시효에 대하여 명문으로 규정하고 있다.

제 77 조 [시효의 효과]

형의 선고를 받은 자는 시효의 완성으로 인하여 그 집행이 면제된다.

[관련조문] 형법 제35조 제1항, 제41조, 제62조 제1항, 제78조, 제81조, 형사소송법 제451조, 제452조, 제457조, 즉결심판에 관한 절차법 제11조 제1항, 제16조.

[참고문헌] 박학모, "형의 시효 및 소멸 제도에 관한 연구", 연구총서 10-15, 한국형사정책연구원(2010. 12.); 김성돈, 형법총론(제5판), 성균관대학교출판부(2017); 박상기, 형법총론(제9판), 박영사(2012); 배종대, 형법총론(제13판), 홍문사(2017); 손동권/김재윤, 새로운 형법총론(초판), 율곡출판사(2011); 오영근, 형법총론(제4판), 박영사(2018); 이재상 외 2인, 형법총론(제9판), 박영사(2017); 임웅, 형법총론(제10전정판), 법문사(2018); 정성근/박광민, 형법총론(제2판), 성균관대학교출판부(2015); 정영일, 형법강의(총론)(제3판), 학림(2017).

Ⅰ. 본조의 취지

본조는 형의 시효의 대상과 시효완성의 효과에 관하여 규정하고 있다. 일본의 구형법 제31조는 "형의 언도를 받은 자는 시효로 인하여 그 집행의 면제를 받는다."라고 규정하였으나, 우리 형법은 법규정의 명확성을 기하려는 취지에서 "시효의 완성으로 인하여 그 집행이 면제된다."는 표현을 사용하였다.

보안처분에 대한 집행시효는 치료감호 등에 관한 법률 제46조, 특정 범죄자에 대한 보호관찰 및 전자장치 부착 등에 관한 법률 제21조 등 개별 보안처분법에서 별도로 규정하고 있다.[1]

한편 형의 시효에 관한 형법 제77조부터 제80조까지의 규정은 국제형사재판소 관할 범죄의 처벌 등에 관한 법률에서 규정된 집단살해죄등에 대하여 적용되지 아니한다(국제형사재판소 관할 범죄의 처벌 등에 관한 법률 제6조). 여기서 '집단살해죄등'이란 국제형사재판소 관할 범죄의 처벌 등에 관한 법률 제8조부터 제14조까지의 죄를 말하고, 이는 제8조(집단살해죄), 제9조(인도에 반한 죄), 제10조(사람에 대한 전쟁범죄), 제11조(재산 및 권리에 대한 전쟁범죄), 제12조(인도적 활동이나 식별표

1 '집행시효'라는 일반 규정을 마련하여 형의 시효와 보완처분의 시효를 통합적, 체계적으로 형법전 내에 규정할 필요가 있다는 견해에 대하여는 박학모, "형의 시효 및 소멸 제도에 관한 연구", 연구총서 10-15, 한국형사정책연구원(2010. 12.), 38-41 참조.

장 등에 관한 전쟁범죄), 제13조(금지된 방법에 의한 전쟁범죄), 제14조(금지된 무기를 사용한 전쟁범죄)가 있다.

Ⅱ. 시효의 대상

시효의 적용을 받는 대상은 형의 선고를 받은 자이다.

1. 시효의 대상인 '형'의 종류

여기서 시효의 대상이 되는 '형'은 형법 제41조에 규정된 '형' 가운데 자격상실을 제외한 사형, 징역, 금고, 자격정지, 벌금, 구류, 과료, 몰수를 말한다. 자격상실은 판결확정과 동시에 효력이 발생하므로 시효의 대상이 되지 않기 때문이다. 형법 제78조에서 자격상실에 대하여 시효기간을 규정하지 않고 있다.

추징은 형이 아니지만, 몰수에 준하는 형벌적 성격이 있고 집행을 요하므로 시효의 대상이 된다(형법 제78조 제6호). 그러나 노역장유치는 형이 아니고 재산형의 환형처분에 불과하므로 시효의 대상이 되지 아니한다. 재산형인 벌금 또는 과료의 시효가 완성되면 그 벌금 또는 과료를 완납하지 아니한 경우에도 노역장유치가 허용되지 않는데, 이는 재산형의 시효가 완성된 효과이지 노역장유치명령의 시효가 완성된 효과는 아니다.

과태료는 범죄에 대한 형벌이 아니므로, 그 성질상 처음부터 형의 시효나 공소시효의 대상에 해당하지 아니한다.[2]

2. 선고형

본조의 형은 선고형을 말한다. 판결에 의하여 선고된 형뿐 아니라 약식명령에 의하여 고지된 형(형사소송법 제451조, 제452조)과 즉결심판에 의하여 선고된 형(즉결심판에 관한 절차법 제11조 제1항)을 포함한다. 약식명령이나 즉결심판은 확정되면 확정판결과 동일한 효력이 있기 때문이다(형사소송법 제457조, 즉결심판에 관한 절차법 제16조).

Ⅲ. 시효완성의 효과

여기서 시효의 완성이라 함은 그 시효기간의 경과에 의하여 형의 시효가 완

2 대법원 2000. 8. 24.자 2000마1350 결정.

성된다는 것을 말한다(형법 제78조).

형 시효 완성의 효과라 함은 형의 시효가 완성되면 그 형의 집행이 면제된다는 것을 말한다. 시효의 완성으로 법률상 당연히 형집행 면제의 효과가 발생하며, 별도의 재판 기타 행위나 처분을 필요로 하지 아니한다.[3] 실무상 검사는 형의 시효가 완성된 때에는 형집행불능결정서에 의하여 형의 집행불능결정을 하여야 한다(자유형등에 관한 검찰집행사무규칙 제7조 제1항, 재산형 등에 관한 검찰 집행사무규칙 제25조 제1항).

형의 집행이 면제된다라 함은 형의 집행권이 소멸한다는 것을 의미한다. 따라서 형의 시효가 완성된 자는 형의 집행을 종료한 자와 동일한 법적 지위를 갖는다.

시효완성의 효력은 장래에 향하여 발생하는 것이고, 형의 확정시로 소급하여 발생하는 것은 아니다. 시효완성으로 형의 집행이 면제될 뿐이고, 형의 선고가 실효되는 것은 아니다. 형의 선고에 의하여 자격이 정지된 자는 그 형의 시효가 완성되었다고 해서 당연히 자격을 회복하는 것이 아니며, 형의 시효 완성일은 형집행의 종료일 또는 면제일에 해당하므로, 누범기간(형법 제35조 제1항), 집행유예의 요건으로 되는 기간(제62조 제1항), 또는 형의 실효 기간(제81조)은 시효완성일 익일부터 기산한다.

3 김성돈, 형법총론(제5판), 성균관대학교출판부(2017), 841; 박상기, 형법총론(제9판), 박영사(2012), 578; 배종대, 형법총론(제13판), 홍문사(2017), 618; 손동권/김재윤, 새로운 형법총론(초판), 율곡출판사(2011), 742; 오영근, 형법총론(제4판), 박영사(2018), 546; 이재상 외 2인, 형법총론(제9판), 박영사(2017), 632; 임웅, 형법총론(제10전정판), 법문사(2018), 708; 정성근/박광민, 형법총론(제2판), 성균관대학교출판부(2015), 732; 정영일, 형법강의(총론)(제3판), 학림(2017), 402.

제 78 조 [시효의 기간]

시효는 형을 선고하는 재판이 확정된 후 그 집행을 받음이 없이 다음의 기간을 경과함으로 인하여 완성된다. <개정 2017.12.12>

1. 사형은 30년
2. 무기의 징역 또는 금고는 20년
3. 10년 이상의 징역 또는 금고는 15년
4. 3년 이상의 징역이나 금고 또는 10년 이상의 자격정지는 10년
5. 3년 미만의 징역이나 금고 또는 5년 이상의 자격정지는 7년
6. 5년 미만의 자격정지, 벌금, 몰수 또는 추징은 5년
7. 구류 또는 과료는 1년

[관련조문] 형법 제79조, 제80조, 제83조, 제85조, 제457조, 형사소송법 제249조, 즉결심판에 관한 절차법 제16조, 보호관찰 등에 관한 법률 제53조 제1항, 제4항.

[참고문헌] 김일수/서보학, 새로쓴 형법총론(제13판), 박영사(2018); 주석 형법 총칙(2)(제2판), 한국사법행정학회(2011); 김영철/조현욱, "사형의 장기미집행과 형의 시효에 관한 규정의 부조화 -사형은 곧 징역 30년?-", 일감법학 제29호, 건국대학교 법학연구소(2014. 10.); 백형구, "논설: 형의 시효", 사법행정 27권 7호(1986. 7), 한국사법행정학회.

Ⅰ. 본조의 취지

본조는 시효완성의 요건 및 그 기간에 대하여 규정하고 있다.

구형법에서는 사형, 징역, 금고, 벌금, 구류, 과료, 몰수에 대한 형의 시효기간을 규정하였으나, 형법은 자격정지와 추징에 대해서도 그 시효기간을 규정하고 있다. 또한 구형법은 몰수의 시효기간을 1년으로 규정하였으나, 형법은 3년으로 규정하고 있는데, 이는 몰수의 집행을 위해서 상당한 시일이 소요된다는 점을 고려한 것이다. 그리고 2017년 12월 12일 형법을 개정하면서 제5호 3년 미만의 징역이나 금고 또는 5년 이상의 자격정지에 대한 시효기간을 5년에서 7년으로, 제6호 5년 미만의 자격정지, 벌금, 몰수 또는 추징에 대한 시효기간을 3년에서 5년으로

증가하였다.

Ⅱ. 시효완성의 요건

형의 시효의 완성은 첫째, 형을 선고한 재판이 확정될 것, 둘째, 형의 집행을 받음이 없이 본조에서 정한 일정한 기간을 경과할 것을 그 요건으로 하고 있다.

첫째, 형을 선고한 재판이 확정되어야 한다. 형이 확정되기 전에는 그 형의 집행이 문제되지 아니하고, 따라서 그 확정 전에는 형의 시효도 문제되지 아니한다. 여기서 형을 선고한 재판은 형을 선고한 판결, 약식명령 또는 즉결심판을 포함한다.

둘째, 형의 집행을 받음이 없이 형의 시효기간이 경과하여야 한다. 여기서 '형의 집행을 받음이 없이'라 함은 형이 확정된 자의 도주 또는 소재불명 등으로 적법한 형의 집행이 불가능한 상태를 말한다. 교정시설에서 형을 집행하거나 집행을 위한 대기상태로 경과한 기간은 여기에 해당하지 아니한다.[1] 형의 집행 중에 있는 때에는 시효완성에 의한 형 집행권의 소멸은 있을 수 없고, 형집행의 완료만이 문제될 뿐이다.

형의 집행을 받음이 없이 형의 시효기간이 경과하여야 시효가 완성되므로, 형의 시효기간 중 일시 체포되었다가 다시 도주한 경우와 같이 그 시효기간 중 일시적으로 형의 집행을 받은 때에는 그 집행 시에 시효가 중단된다(형법 제80조). 그리고 형의 시효는 형의 집행유예나 집행정지 등 집행할 수 없는 기간 동안은 정지되어 진행되지 아니한다(형법 제79조).

Ⅲ. 형의 시효기간

1. 개설

형의 시효기간은 형의 종류와 형기에 따라 장단의 차이가 있다. 시효기간을 정하는 형의 종류와 형기는 선고형에 의한다. 미결구금일수가 본형에 산입되는 경우에도 선고된 형의 종류와 형기에 의한다. 선고형이 부정기형인 경우에 시효기간의 기준이 되는 형은 장기의 형이다.[2] 그리고 사면에 의하여 형이 감형된 경

1 김일수/서보학, 새로쓴 형법총론(제13판), 박영사(2018), 614.
2 주석 형법 총칙(2)(제2판), 한국사법행정학회(2011), 745(조균석).

우에 그 형의 시효기간은 감형된 형의 종류와 형기에 의한다.

동일 피고인에 대하여 자유형과 재산형 등이 병과된 경우에 형의 시효기간은 선고된 각 형의 종류와 형기를 기준으로 각각 진행된다. 수개의 자유형이 병과된 경우에도 선고된 각 형기를 기준으로 시효기간을 계산한다.

형의 시효기간은 선고형을 기준으로 한다는 점에서 법정형을 기준으로 하는 공소시효의 기간과 다르다. 형의 시효기간은 공소시효기간에 비하여 대부분 장기이다. 예컨대, 사형에 해당하는 죄의 공소시효기간은 25년이나(형사소송법 제249조 제1항 제1호), 선고형이 사형인 경우에 그 형의 시효기간은 30년이다(형법 제78조 제1호). 이와 같이 공소시효기간보다 형의 시효기간을 장기로 규정하는 것은 형의 시효의 경우에 증거의 산일이나 오판이라는 측면에서 문제가 되지 아니하고 확정된 형의 집행권을 소멸시키는 데에 더욱 긴 시간이 필요하기 때문이라고 본다.[3]

2. 구체적 시효기간

가. 사형

사형의 시효기간은 30년이다(형법 제78조 제1호).

사형확정자가 장기간 미집행상태로 교도소 등의 교정시설에 수용중인 경우에 시효가 진행되는지가 문제된다. 일본에서 약 30년간 사형대기 중이던 사형수를 둘러싸고 사형의 시효가 진행되는지에 대하여 적극설과 소극설이 주장되었다. 소극설은 사형집행절차의 일환으로서 교정시설 내 수용조치가 행해지는 이상 사형의 집행을 하는 것이라고 보거나 형법 제78조의 '그 집행을 받음이 없이'에서 '집행'은 '형을 선고한 재판의 집행'이라고 보아 교정시설에서 집행을 위한 대기상태로 경과한 시간은 형법 제78조의 '그 집행을 받음이 없이'에 해당하지 않는다는 점을 그 근거로 들고 있다. 적극설은 헌법의 개인존중의 사상에 비추어 시효제도의 취지에 기초한 법조문의 해석으로 석방 가능하고, 형법 제78조의 '그 집행을 받음이 없이'에서 '집행'은 '교수형의 집행'이라고 보아야 하며, 사형미집행이 시효정지 또는 중단사유에 해당하지 아니하고, 대기를 위한 수용처분은 사형집행행위의 내용을 구성하는 것이 아니라 특수한 별개의 구금행위에 해당한다는 등을 그 근거로 든다. 그리고 일본 최고재판소는 사형대기자의 구치는 사형의 확정판결에 기한 신체의 구속으로 사형확정재판의 집행에는 교수뿐 아니라 그 구치도 포함하

3 주석 형법 총칙(2)(제2판), 한국사법행정학회(2011), 744(조균석).

는 것이므로 구치가 행하여지고 있는 이상 국가형벌권의 발현으로서 사형확정재판의 집행이 행하여지고 있는 상태이므로 형의 시효는 문제될 여지가 없다는 취지의 판결을 하였다.[4] 한편 일본은 2010년 4월 27일 형법 개정으로 사형은 형의 시효가 적용되지 않는 예외로 규정하였다(일본 형법 제31조).

사형집행대기를 위한 교정시설 내 수용조치는 사형집행행위의 일부를 구성하는 것이고, 사형집행절차의 일환으로서 교정시설 내 수용조치가 행해지는 이상 사형이라는 형의 집행을 하는 것이라고 보는 소극설이 타당하다. 대법원은 사형이 무기징역으로 특별감형된 경우 구금된 사형집행대기기간을 형의 집행기간에 산입할 수 없다고 결정하였다.[5] 이에 대하여 사형의 장기미집행문제에 비추어 적극설을 주장하는 소수설이 있다.[6]

나. 무기징역 또는 금고

무기징역 또는 금고의 시효기간은 20년이다(형법 제78조 제2호).

다. 유기징역 또는 금고

10년 이상의 징역 또는 금고의 시효기간은 15년이고(형법 제78조 제3호), 3년 이상의 징역이나 금고의 시효기간은 10년이며(제78조 제4호), 3년 미만의 징역이나 금고의 시효기간은 7년이다(제78조 제5호). 여기서 "몇 년 미만"의 경우에 몇 년은 포함되지 않고, "몇 년 이상"의 경우에 그 몇 년까지 포함한다. 선고형이 부정기형인 경우에 시효기간의 기준이 되는 형은 장기의 형이다.[7]

라. 자격정지

10년 이상의 자격정지의 시효기간은 10년이고(형법 제78조 제4호), 5년 이상의 자격정지의 시효기간은 7년이며(제78조 제5호), 5년 미만의 자격정지의 시효기간은 5년이다(제78조 제6호).

마. 벌금, 몰수 또는 추징

벌금, 몰수 또는 추징의 시효기간은 5년이다(형법 제78조 제6호).

한편 특정공무원범죄에 관한 몰수·추징의 시효는 형법 제78조에도 불구하고

4 日最決 1985. 7. 19.(判時 1158, 28).
5 대법원 1991. 3. 4.자 90모59 결정.
6 김영철/조현욱, "사형의 장기미집행과 형의 시효에 관한 규정의 부조화 -사형은 곧 징역 30년?-", 일감법학 제29호, 건국대학교 법학연구소(2014. 10.), 146-147.
7 주석 형법 총칙(2)(제2판), 한국사법행정학회(2011), 745(조균석).

10년으로 한다(공무원범죄에 관한 몰수 특례법 제9조의4).

바. 구류 또는 과료

구류 또는 과료의 시효기간은 1년이다(형법 제78조 제7호).

IV. 시효기간의 계산

1. 시효의 기산일

가. 재판확정일

형의 시효기간은 재판확정일로부터 기산한다(형법 제78조). 여기서 재판의 확정일이란 판결, 약식명령 또는 즉결심판의 확정일을 말한다.

상소 등 불복이 허용되지 아니한 판결은 선고 시에 확정된다. 상소, 정식재판의 청구가 허용되는 재판은 상소기간 또는 정식재판청구기간의 경과, 상소 또는 정식재판청구의 포기 또는 취하, 상소 또는 정식재판청구를 기각하는 재판이 확정한 때에 확정된다(형사소송법 제457조, 즉결심판에 관한 절차법 제16조).

나. 재판확정일 이외의 기산일

징역 또는 금고의 일부를 집행 중 수형자가 도주한 경우에 그 도주일이 시효기간의 기산일이다. 사형확정자가 사형대기를 위하여 구금 중에 있다가 도주한 경우에도 그 도주일이 시효기간의 기산일이다.

형의 집행을 정지한 경우에는 형의 시효가 진행되지 아니하므로(형법 제79조), 집행정지기간을 정한 때에는 그 기간만료일이 시효기간의 기산일이 되고, 그 기간을 정하지 아니한 때에는 집행정지를 취소한 날로부터 시효기간을 기산한다.[8]

형의 집행유예를 취소한 경우에는 그 취소결정의 확정일로부터 형의 시효기간을 기산하고, 형의 집행유예가 실효된 때에는 그 집행유예가 실효된 날이 시효기간의 기산일이다. 그리고 선고유예의 실효로 인하여 유예한 형을 선고한 때에는 형을 선고한 재판의 확정일이 시효기간의 기산일이다.

가석방이 실효되거나 취소된 경우에는 그 실효일 또는 취소일로부터 형의 시효가 진행된다. 가석방자가 보호관찰을 받다가 소재불명으로 보호관찰의 정지결정이 있은 경우에 정지결정의 고지일로부터 형기의 진행이 정지된다(보호관찰 등

8 백형구, "논설: 형의 시효", 사법행정 27권 7호(1986. 7.), 한국사법행정학회, 30; 주석 형법 총칙(2)(제2판), 한국사법행정학회(2011), 748(조균석).

에 관한 법률 제53조 제1항, 제4항). 이 경우에 보호관찰의 정지결정이 있은 날로부터 형의 시효가 진행되다는 의견이 있으나,[9] 보호관찰의 정지결정이 있다고 하더라도 가석방이 실효 또는 취소되지 아니한 이상 형의 집행이 문제되지 아니하므로 이 경우에 형의 시효기간이 문제되지 아니한다.

2. 시효의 완성일

형의 시효는 그 시효기간 최종일의 24시에 완성된다. 최종일이 공휴일 또는 토요일인 경우에 이에 대한 명문의 규정이 없어서 공휴일불산입 원칙이 적용되는지 여부가 문제되는데, 공휴일을 산입하는 것이 수형자에게 유리하므로 공휴일 또는 토요일이 최종일인 경우에도 형의 시효기간에 산입된다고 보는 것이 타당하다.[10]

3. 시효기간의 계산방법

형의 시효기간은 년으로 정한 기간이므로 역에 따라 계산하고(형법 제83조), 시효기간의 초일은 시간을 계산함이 없이 1일로 산정한다(제85조).

9 주석 형법 총칙(2)(제2판), 한국사법행정학회(2011), 748(조균석).

10 백형구, "논설: 형의 시효", 사법행정 27권 7호(1986. 7), 한국사법행정학회, 30; 주석 형법 총칙(2)(제2판), 한국사법행정학회(2011), 749(조균석).

제 79 조 [시효의 정지]

① 시효는 형의 집행의 유예나 정지 또는 가석방 기타 집행할 수 없는 기간은 진행되지 아니한다. <개정 2014.5.14>

② 시효는 형이 확정된 후 그 형의 집행을 받지 아니한 자가 형의 집행을 면할 목적으로 국외에 있는 기간 동안은 진행되지 아니한다. <신설 2014.5.14>

[관련조문] 형사소송법 제348조 제1항, 제428조, 제435조 제2항, 제462조, 제469조, 제470조, 제471조, 제471조의2, 치료감호에 관한 법률 제18조.

[참고문헌] 김성돈, 형법총론(제5판), 성균관대학교출판부(2017); 김일수/서보학, 새로쓴 형법총론(제13판), 박영사(2018); 박상기, 형법총론(제9판), 박영사(2012); 박상기/전지연, 형법학(총론·각론 강의)(제4판), 집현재(2018); 배종대, 형법총론(제13판), 홍문사(2017); 손동권/김재윤, 새로운 형법총론(초판), 율곡출판사(2011); 신동운, 형법총론(제10판), 홍문사(2017); 오영근, 형법총론(제4판), 박영사(2018); 이재상 외 2인, 형법총론(제9판), 박영사(2017); 임웅, 형법총론(제10전정판), 법문사(2018); 정성근/박광민, 형법총론(제2판), 성균관대학교출판부(2015); 정영일, 형법강의(총론)(제3판), 학림(2017); 주석 형법 총칙(2)(제2판), 한국사법행정학회(2011); 백형구, "논설: 형의 시효", 사법행정 27권 7호(1986. 7), 한국사법행정학회.

Ⅰ. 본조의 취지

본조는 형의 시효의 정지사유와 그 기간에 관한 규정이다. 형 시효의 정지는 정지사유가 발생했을 때 일정기간 시효가 진행되지 아니하는 것이다. 형의 시효는 집행유예나 정지 또는 가석방 기타 집행할 수 없는 기간은 진행되지 아니하는데, 이는 그 기간 동안 시효의 중단이 불가능하고 시효의 완성을 유예할 필요가 있어 시효의 정지제도를 둔 것이다. 형 시효의 정지는 정지사유가 소멸하면 그 때부터 잔여시효기간이 진행된다는 점에서 시효 중단사유 발생시 이미 경과된 시효의 효과가 시효개시시로 소급하여 상실되는 시효의 중단과 다르다.

2014년 5월 14일 형법을 개정하면서 본조 제2항을 신설하여 형의 집행을 면할 목적으로 국외 도피한 자에게 시효가 진행되지 않도록 하였다. 형사소송법 제253조 제2항의 국외도피로 인한 공소시효정지의 경우와 균형을 맞추기 위한 것으로서 국외도피사범들에게 형의 시효이익이 미치지 못하도록 한 것이다.[1]

[1] 김일수/서보학, 새로쓴 형법총론(제13판), 박영사(2018), 615; 신동운, 형법총론(제10판), 홍문사(2017), 860.

Ⅱ. 시효정지의 사유와 정지기간

1. 형의 집행유예

형의 집행을 일정기간 유예하는 집행유예제도의 성질상 집행유예기간에는 형의 집행을 할 수 없으므로, 집행유예기간 중 형의 시효가 진행하지 아니함은 당연하다. 따라서 집행유예의 재판이 확정된 때로부터 그 취소결정이 확정될 때까지의 기간 동안 형의 시효가 정지된다.

2. 형의 집행정지

형의 집행을 정지한 경우에는 그 기간 중에는 형의 시효가 진행하지 아니한다. 기간을 정하여 형의 집행이 정지된 때에는 그 기간이 형의 시효의 정지기간이다. 기간을 정하지 않고 형의 집행이 정지된 때에는 집행을 정지한 날로부터 이를 취소한 날의 전날까지의 기간이 형의 시효의 정지기간이다. 정지기간은 형의 집행기간에 산입하지 아니한다.

형의 집행정지가 취소되면 형의 시효는 다시 진행한다. 형집행정지의 취소는 검사가 행한다. 자유형의 집행이 정지된 자가 심신상실상태에서 회복되는 등 자유형집행정지의 사유가 소멸한 때에는 검사는 자유형집행정지의 결정을 취소하고 잔형을 집행하여야 한다(자유형 등에 관한 검찰 집행사무규칙 제33조, 제34조).

가. 사형의 집행정지

사형의 선고를 받은 자가 심신의 장애로 의사능력이 없는 상태에 있거나 잉태 중에 있는 여자인 때에는 법무부장관의 명령으로 집행을 정지한다(형사소송법 제469조 제1항). 사형확정자의 경우에는 자유형확정자와 달리 생명의 위독 등의 사유로 형집행정지를 할 수 없다. 형사소송법 제469조 제1항의 규정에 의하여 형의 집행을 정지한 경우에는 심신장애의 회복 또는 출산 후 법무부장관의 명령에 의하여 형을 집행한다(형사소송법 제469조 제2항).

나. 자유형의 집행정지

자유형의 집행정지에 대하여는 자유형의 필요적 집행정지에 관한 형사소송법 제470조, 자유형의 임의적 집행정지에 관한 제471조, 형집행정지 심의위원회에 관한 제471조의2에서 규정하고 있다. 자유형의 집행정지에 의하여 수형자는 석방되고, 따라서 자유형의 집행이 정지된 기간은 자유형의 형기에 산입하지 아니한다

(형법 제84조 제2항). 수형자의 심신상실을 이유로 자유형의 집행을 정지한 경우에는 검사는 자유형의 집행이 정지된 자를 감호의무자 또는 지방공공단체에 인도하여 병원 기타 적당한 장소에 수용하게 할 수 있다(형사소송법 제470조 제2항). 형의 집행이 정지된 자는 형사소송법 제470조 제2항의 처분으로 병원 등에 수용될 때까지 교도소 또는 구치소에 구치하고 그 기간을 형기에 산입한다(형사소송법 제470조 제3항).

2개 이상의 자유형의 집행은 중한 형을 먼저 집행하는 것이 원칙이나(형사소송법 제462조 본문), 검사는 중한 형의 집행을 정지하고 경한 형을 집행할 수 있다(제462조 단서). 중한 형을 먼저 집행하는 경우에는 경한 자유형에 관하여는 당연히 집행정지의 효력이 발생하고, 경한 형을 먼저 집행할 때에는 중한 형의 집행을 정지하므로, 어느 경우에나 나중에 집행하게 되는 형(제2형)에 대해서는 먼저 집행하는 형(제1형)의 집행이 종료되기까지는 형의 시효도 그 진행이 정지된다. 이는 먼저 집행하는 형(제1형)이 현실적으로 집행 중에 있을 때나 제1형의 집행이 정지된 때에도 마찬가지이다.[2]

자유형과 재산형 또는 자격형이 병과된 경우에는 자유형의 집행에 의하여 재산형 또는 자격형의 시효가 정지되지 아니한다. 예를 들어 징역형과 벌금형이 병과되어 징역형을 집행하는 경우에도 벌금형의 시효기간은 진행한다.

한편 노역장유치집행정지기간 중이라 하더라도 납부의무자의 재산을 강제처분하거나 자진납부를 받아 시효를 중단시키는 것이 가능하므로, 노역장유치집행 중인 자에 대하여 형사소송법 제470조, 제471조에 의하여 노역장유치집행정지결정을 하더라도 시효가 정지되지 아니하고 계속 진행된다.[3]

다. 상소권회복의 청구

상소권회복의 청구가 있는 때에는 법원은 그 청구에 대한 결정을 할 때까지 재판의 집행을 정지하는 결정을 할 수 있다(형사소송법 제348조 제1항). 2007년 6월 1일 형사소송법 개정 전에는 필요적 집행정지로 되어 있었는데, 형집행정지결정을 받아 석방된 후 소재불명이 되는 사례가 많아서 임의적 집행정지로 개정되었다.

2 주석 형법 총칙(2)(제2판), 한국사법행정학회(2011), 752(조균석).
3 노역장유치집행정지 결정시 벌금형의 시효정지 여부에 대한 검토 결과 시달(대검 집행과 61168-259. 2001. 6. 26.).

라. 재심의 청구

재심의 청구는 형의 집행을 정지하는 효력이 없으나, 관할법원에 대응한 검찰청의 검사는 재심청구에 대한 재판이 있을 때까지 형의 집행을 정지할 수 있다(형사소송법 제428조).

마. 재심개시결정

재심개시의 결정을 한 때에는 법원은 결정으로 형의 집행을 정지할 수 있다(형사소송법 제435조 제2항). 형사소송법 제정 당시 필요적으로 형의 집행을 정지하도록 규정하였는데, 1995년 12월 29일 제8차 개정시 현재와 같이 임의적으로 개정하였다.

3. 가석방

가석방의 기간 중에는 형의 시효기간이 진행하지 아니한다. 가석방은 자유형의 집행 중에 있는 자에 대하여 일정한 조건하에 석방하는 제도라는 성질상 형의 집행이 문제되지 아니하므로, 가석방 기간 중에 형의 시효가 정지되는 것은 그 성질상 당연하다.

가석방이 실효되거나 취소된 때에는 그 실효일 또는 취소일로부터 형의 시효가 진행된다.

4. 기타 집행불능기간

기타 집행할 수 없는 기간은 형의 시효가 진행되지 아니한다. 여기서 '기타 집행할 수 없는 기간'이란 천재·지변·사변 등 불가항력적 사유로 인하여 형을 집행할 수 없는 기간을 말한다.[4] 따라서 형의 선고를 받은 자가 도주하거나 소재불명인 기간은 이에 해당하지 아니한다.[5] 도주나 소재불명은 불가항력적 사유에 해당하지 아니하고, 이 경우에도 형의 시효가 정지된다고 하면 형의 시효제도는 사

4 김성돈, 형법총론(제5판), 성균관대학교출판부(2017), 842; 김일수/서보학, 새로쓴 형법총론(제13판), 박영사(2018), 615; 박상기, 형법총론(제9판), 박영사(2012), 578; 박상기/전지연, 형법학(총론·각론 강의)(제4판), 집현재(2018), 376; 배종대, 형법총론(제13판), 홍문사(2017), 618; 손동권/김재윤, 새로운 형법총론(초판), 율곡출판사(2011), 742; 오영근, 형법총론(제4판), 박영사(2018), 545; 이재상 외 2인, 형법총론(제9판), 박영사(2017), 632; 임웅, 형법총론(제10전정판), 법문사(2018), 708; 정성근/박광민, 형법총론(제2판), 성균관대학교출판부(2015), 733; 정영일, 형법강의(총론)(제3판), 학림(2017), 402.

5 김성돈, 형법총론(제5판), 성균관대학교출판부(2017), 842; 김일수/서보학, 새로쓴 형법총론(제13판), 박영사(2018), 615; 이재상 외 2인, 형법총론(제9판), 박영사(2017), 632; 임웅, 형법총론(제10전정판), 법문사(2018), 708; 정성근/박광민, 형법총론(제2판), 성균관대학교출판부(2015), 733; 정영일, 형법강의(총론)(제3판), 학림(2017), 402.

실상 무의미하기 때문이다.[6]

치료감호와 형이 병과된 경우에는 치료감호를 먼저 집행하고, 이 경우 치료감호의 집행기간은 형 집행기간에 포함한다(치료감호에 관한 법률 제18조). 한편 징역 또는 금고형을 선고받은 자가 다른 판결로 치료감호를 선고받은 경우에 치료감호집행기간은 여기의 '기타 집행할 수 없는 기간'에 해당하지 아니하고,[7] 이 경우 치료감호집행기간은 징역 또는 금고형의 집행기간에 산입되지 아니한다. 이 경우에는 형사소송법 제470조 제1항에 의하여 심신장애를 이유로 징역형의 집행을 정지하여야 하고, 집행정지를 하면 본조의 시효정지사유인 형의 집행정지에 해당한다.[8]

5. 형 집행 회피 목적의 국외체류

형이 확정된 후 그 형의 집행을 받지 아니한 자가 형의 집행을 면할 목적으로 국외에 있는 동안은 시효가 진행되지 아니한다. 위 규정의 입법취지는 형이 확정된 자가 우리나라의 사법권이 실질적으로 미치지 못하는 국외에 체류한 것이 도피의 수단으로 이용된 경우에 그 체류기간 동안 형의 시효가 진행되는 것을 저지하여 형벌권을 적정하게 실현하고자 하는 데 있다.

따라서 형이 확정된 후 그 형의 집행을 받지 아니한 자가 형의 집행을 면할 목적으로 국외에 있는 경우는 형이 확정된 자가 형 확정 이후에 형의 집행을 면할 목적으로 국외로 도피한 경우에 한정되지 아니하고, 형이 확정되기 이전에 국외에 체류하다가 형의 확정 이후에도 형의 집행을 면할 목적으로 국외에서 계속하여 체류하는 경우를 포함한다. 여기의 '형의 집행을 면할 목적'은 국외 체류의 유일한 목적으로 되는 것에 한정되지 아니하고 여러 국외 체류 목적 중에 포함되어 있으면 충분하다.

Ⅲ. 시효정지의 효과

형의 시효의 정지사유가 발생한 때에는 형의 시효가 진행되지 아니한다. 시효정지의 경우에는 그 사유가 있는 동안 시효의 진행이 멈추는 효과가 발생하고,

6 정성근/박광민, 형법총론(제2판), 성균관대학교출판부(2015), 733; 주석 형법 총칙(2)(제2판), 한국사법행정학회(2011), 753(조균석).

7 주석 형법 총칙(2)(제2판), 한국사법행정학회(2011), 753(조균석).

8 형의 시효정지사유 등에 관한 질의(법심 61010-628. 1993. 11. 6.).

그 정지기간은 형의 시효기간에 포함되지 아니한다. 그러나 이미 진행된 시효기간에는 영향이 없다. 따라서 시효정지사유가 소멸하면 다시 시효의 전 기간이 경과하여야 하는 것이 아니라 남은 시효기간이 다시 진행한다.

형의 시효의 정지사유가 형의 집행유예, 형의 집행정지, 가석방 등이라는 점을 고려할 때 시효의 정지사유가 발생하기 이전에 형의 시효기간이 진행하는 경우를 상정하기 어렵다는 견해도 있다.[9] 그러나 형의 집행유예 등이 취소되었으나 실제로 형을 집행하지 못하여 형의 시효기간이 진행되다가 천재지변이나 국외도피 등 다른 집행정지사유의 발생으로 집행할 수 없게 되는 경우도 있을 수 있다.[10]

9 백형구, "논설: 형의 시효", 사법행정 27권 7호(1986. 7), 한국사법행정학회, 31.
10 주석 형법 총칙(2)(제2판), 한국사법행정학회(2011), 754(조균석).

제 80 조 [시효의 중단]

시효는 사형, 징역, 금고와 구류에 있어서는 수형자를 체포함으로, 벌금, 과료, 몰수와 추징에 있어서는 강제처분을 개시함으로 인하여 중단된다.

[관련조문] 형사소송법 제473조 제2항, 제3항, 제477조, 제492조.

[참고문헌] 김성돈, 형법총론(제5판), 성균관대학교출판부(2017); 배종대, 형법총론(제13판), 홍문사(2017); 신동운, 형법총론(제10판), 홍문사(2017); 오영근, 형법총론(제4판), 박영사(2018); 이재상 외 2인, 형법총론(제9판), 박영사(2017); 임웅, 형법총론(제10전정판), 법문사(2018); 정성근/박광민, 형법총론(제2판), 성균관대학교출판부(2015); 정영일, 형법강의(총론)(제3판), 학림(2017); 주석 형법 총칙(2)(제2판), 한국사법행정학회(2011); 정진연, "공소시효", 법학논총 제13집(2003. 2.), 숭실대학교 법학연구소; 백형구, "논설: 형의 시효", 사법행정 27권 7호(1986. 7), 한국사법행정학회; 박재필, "형사소송법 제489조 소정의 '재판의 집행에 관한 검사의 처분에 대한 이의신청'의 대상 및 벌금의 일부 납부와 형시효중단의 법리", 대법원판례해설 통권 제39호(2002. 6.), 법원도서관; 김용관, "유체동산 경매의 방법으로 추징형을 집행하는 경우 시효중단의 시점", 대법원판례해설 통권 제62호(2006. 12.), 법원도서관; 김우수, "가. 벌금형의 시효중단 사유로서의 '강제처분 개시'의 의미, 나. 검사의 징수명령에 의해 수형자의 예금채권에 대하여 압류신청을 한 경우, 비록 그 예금채권이 사실상 휴면예금이거나 액수가 극히 적은 금액이었다고 하더라도 이미 발생한 시효중단의 효력이 소멸하지 않는다고 본 사례", 대법원판례해설 통권 제80호(2009. 12.), 법원도서관; 대검찰청, 재산형집행 업무편람(증보8판, 2013).

Ⅰ. 본조의 취지

본조는 형의 시효의 중단에 관한 규정이다. 형의 시효의 중단이라 함은 시효중단사유가 발생하면 이미 경과한 시효의 효과가 시효개시시로 소급하여 상실되는 것을 말한다. 형 시효의 중단은 이미 경과한 시효의 효과가 시효개시시로 소급하여 상실한다는 점에서 정지사유가 소멸하면 그 때부터 잔여시효기간이 진행하는 형 시효의 정지와 차이가 있다.

형사소송법은 공소시효의 중단사유에 대하여 규정하고 있지 않지만, 형법은 형의 시효에 관하여 시효의 중단이 인정된다는 점에서 차이가 있다. 형의 시효는 집행되는 형이 확정판결에 의하여 확정되어 있는 상태이기 때문에 공소시효의 경우보다 법적 안정성의 기대가 미약하고,[1] 확정된 형의 집행을 확보할 필요가 크기 때문이다.

1 정진연, "공소시효", 법학논총 제13집(2003. 2.), 숭실대학교 법학연구소, 47-48.

Ⅱ. 시효중단의 사유

형의 시효는 형의 집행을 위한 착수행위가 있는 때에 중단된다. 형의 시효는 형이 확정된 자가 형의 집행을 받지 아니한 때에 진행하므로, 형의 집행이 착수된 때에는 그 시효가 중단되는 것은 당연하다.

1. 수형자의 체포

사형, 징역, 금고와 구류에 있어서는 수형자를 체포함으로 인하여 형의 시효는 중단된다(형법 제80조).

여기서 '체포'라 함은 사형 또는 자유형의 집행을 위하여 수형자의 신체를 구속하는 것을 말한다.[2] 검사가 발부한 형집행장에 의하여 수형자를 구인한 경우(형사소송법 제473조 제2항, 제3항)와 검사의 소환에 응하여 출석한 수형자를 검사의 형집행지휘에 의하여 수감한 경우도 이에 해당한다.[3] 그리고 형의 집행 중 도주한 수형자를 교도관이 도주 후 72시간 이내에 체포한 경우도 이에 해당한다.[4]

사형 또는 자유형의 집행을 위하여 수형자를 체포한 때에 한하여 형의 시효가 중단된다. 따라서 수형자를 도주죄나 다른 범죄의 피의자로 체포한 경우에는 형의 시효가 중단되지 아니한다. 수형자가 다른 범죄의 피의자로 체포된 경우에는 검사의 형집행지휘에 의하여 교도소 등에 다시 수감될 때에 형의 시효가 중단된다.[5]

형이 수개인 경우에 체포는 그 이유가 된 형에 한하여 형의 시효의 중단이 인정된다.[6] 예를 들어 징역형과 벌금형이 확정된 수형자를 체포한 경우에는 징역형의 시효만 중단되고, 체포는 재산형에 대한 시효 중단사유가 아니므로 벌금형의 시효는 중단되지 아니한다. 그리고 수개의 형이 모두 자유형인 경우에 이 경우의 체포는 자유형 전부의 집행을 위한 체포에 해당하므로, 자유형 전부의 시효가

2 주석 형법 총칙(2)(제2판), 한국사법행정학회(2011), 755(조균석).

3 백형구, "논설: 형의 시효", 사법행정 27권 7호(1986. 7), 한국사법행정학회, 32; 주석 형법 총칙(2)(제2판), 한국사법행정학회(2011), 755(조균석).

4 백형구, "논설: 형의 시효", 사법행정 27권 7호(1986. 7), 한국사법행정학회, 32; 주석 형법 총칙(2)(제2판), 한국사법행정학회(2011), 755(조균석).

5 백형구, "논설: 형의 시효", 사법행정 27권 7호(1986. 7), 한국사법행정학회, 32; 주석 형법 총칙(2)(제2판), 한국사법행정학회(2011), 756(조균석).

6 백형구, "논설: 형의 시효", 사법행정 27권 7호(1986. 7), 한국사법행정학회, 32; 주석 형법 총칙(2)(제2판), 한국사법행정학회(2011), 756(조균석).

중단된다.

2. 강제처분의 개시

가. 강제처분의 의의

벌금, 과료, 몰수와 추징에 있어서는 강제처분을 개시함으로 인하여 형의 시효가 중단된다(형법 제80조). 여기의 '강제처분'은 벌금, 과료, 몰수, 추징에 대한 집행행위를 의미하고, 그 집행행위에는 임의의 일부 납부 등 분납금의 수납, 검사의 집행명령에 의한 집행(형사소송법 제477조 제3항), 국세체납처분의 예에 따른 집행(형사소송법 제477조 제3항), 노역장유치의 집행(형사소송법 제492조)이 있다.

나. 집행행위 개시의 정도

집행행위가 개시됨으로써 형의 시효가 중단된다. 그러나 검사가 납부의무자에게 단지 납입을 고지하거나 최고하는 것만으로는 집행행위의 개시에 해당하지 아니하므로 시효중단의 효력이 발생하지 아니한다.[7] 검사의 추징금납입명령 또는 노역장유치지휘만으로는 집행행위가 개시되었다고 할 수 없다.[8]

납부의무자에 대하여 재산형 등의 집행행위가 개시됨으로써 족하고, 집행행위가 종료되거나 집행에 성공하였음을 요하지 않으며, 집행행위가 실제로 효력을 발생할 필요도 없다.[9] 따라서 일응 수형자의 재산이라고 추정되는 채권에 대하여 압류신청을 한 이상 피압류채권이 존재하지 아니하거나 압류채권을 환가하여도 집행비용 외에 잉여가 없다는 이유로 집행불능이 되었다고 하더라도 이미 발생한 시효중단의 효력이 소멸하지는 않는다.[10] 그리고 집행관이 유체동산에 대하여 강제집행을 개시한 이상 압류대상 물건이 없어 현실적으로 집행을 하지 못한 경우에도 시효중단의 효력이 발생한다. 특정 유체동산을 압류하였으나 나중에 제3자가 그 소유권을 주장하여 제3자이의의 소를 제기하여 해당 유체동산에 대하여 압류가 취소된 경우에도 이미 발생한 시효중단의 효력은 소멸하지 않는다.[11]

7 백형구, "논설: 형의 시효", 사법행정 27권 7호(1986. 7), 한국사법행정학회, 32; 주석 형법 총칙(2)(제2판), 한국사법행정학회(2011), 757(조균석).

8 주석 형법 총칙(2)(제2판), 한국사법행정학회(2011), 757, 759(조균석).

9 주석 형법 총칙(2)(제2판), 한국사법행정학회(2011), 759(조균석).

10 대법원 1992. 12. 28.자 92모39 결정, 대법원 2009. 6. 25.자 2008모1396 결정.

11 대법원 2001. 7. 27. 선고 2001두3365 판결.

다. 분납금의 수납

집행기관이 수형자가 임의로 납부한 벌금, 과료, 추징의 일부를 수납하거나 임의로 제출한 몰수대상물 중 일부를 수령한 경우에는 집행행위가 개시된 것으로 보아 시효가 중단된다.[12] 임의의 일부 납부 등 집행기관에 의한 분납금의 수납은 벌금, 과료, 몰수, 추징 등 형의 전부에 대해서 형의 시효가 중단된다.[13]

이 경우 벌금의 일부 납부란 수형자 본인 스스로 벌금을 일부 납부한 경우, 즉 벌금의 일부를 수형자 본인 또는 그 대리인이나 사자(使者)가 수형자 본인의 의사에 따라 이를 납부한 경우를 말하는 것이고, 수형자 본인의 의사와는 무관하게 제3자가 이를 납부한 경우에는 포함되지 아니한다.[14] 이는 수형자와 무관한 제3자의 재산에 집행행위를 개시하였다고 하여 수형자에 대한 벌금형의 시효가 중단되지 않은 것과 같은 이치이다.[15]

라. 검사의 집행명령에 의한 집행

벌금, 과료, 몰수, 추징은 검사의 명령에 의하여 집행한다(형사소송법 제477조 제1항). 벌금 등의 강제집행은 민사집행법의 집행에 관한 규정을 준용한다(제477조 제3항). 민사집행법상 집행기관은 집행법원과 집행관으로 대별되는데, 집행법원은 부동산, 채권, 그 밖의 재산권 등에 대한 강제집행을 담당하고, 집행관은 유체동산에 대한 강제집행을 담당한다.

당해 형의 집행행위가 개시된 때에 한하여 시효가 중단되며, 다른 형에 관한 집행행위가 개시되더라도 형의 시효가 중단되지 아니한다.[16] 예를 들어 벌금형에 대한 집행행위의 개시는 몰수형에 관한 시효중단의 사유로 되지 아니한다.

1) 유체동산에 관한 강제집행의 방법

유체동산에 대한 강제집행의 경우, 즉 집행관이 집행기관인 경우에는 검사의 집행명령서를 집행관이 수령하는 때에 집행이 개시된다.[17] 다만 채무자의 소재불

12 대법원 2001. 8. 23.자 2001모91 결정.

13 대법원 2001. 8. 23.자 2001모91 결정.

14 대법원 2001. 8. 23.자 2001모91 결정.

15 박재필, "형사소송법 제489조 소정의 '재판의 집행에 관한 검사의 처분에 대한 이의신청'의 대상 및 벌금의 일부 납부와 형시효중단의 법리", 대법원판례해설 통권 제39호(2002. 6.), 법원도서관, 515.

16 주석 형법 총칙(2)(제2판), 한국사법행정학회(2011), 759(조균석).

17 대법원 2000. 9. 19.자 99모140 결정, 대법원 2006. 1. 17.자 2004모524 결정; 징수명령시 강제집행의 개시시점에 관한 질의 회신 송부(법무 검이 61101-105. 2001. 1. 16.).

명 등으로 집행관이 그 후에 집행에 착수하지 못하면 시효중단의 효력이 없어진다.[18] 시효중단의 발생시기와 관련하여 종래 대법원 2009. 9. 19.자 99모140결정에서 '검사의 집행명령을 집행관이 수령한 때'[19]라고 하였다가 대법원 2001. 7. 17. 선고 2001두3365 판결에서 '집행관이 납부의무자의 주거를 수색한 때'[20]라고 하여 일견 서로 다른 취지의 판시를 하고 있는 것처럼 보임으로써 실무상 혼선이 있었으나, 대법원 2006. 1. 17.자 2004모524 결정으로 그 개시시점을 검사의 집행명령을 집행관이 수령한 때라고 재확인하였다. 위 2001두3365 판결은 그 판시내용이 정확한 강제처분의 개시시점에 관한 것이라기보다는 '납부의무자의 재산이 아닌 그의 처의 특유재산에 대하여 강제집행을 하였으나 후에 제3자이의의 소로 그 강제집행이 취소되고 확정된 경우 시효중단의 효력이 소급적으로 소멸하는지 여부'가 문제된 사안으로 추징금 납부의무자의 주거를 수색한 때에 이미 집행행위가 개시된 것이라고 볼 것이어서 시효중단의 효력이 발생하였다는 취지로 보이고, 강제처분인 집행행위를 개시한 때를 집행관이 집행행위에 착수한 때라고 해석한다면 검사가 집행관에게 강제처분을 신청하였으나 집행관이 그 집행을 언제 착수하느냐에 따라 그 개시시기가 달라지는 불합리한 결과가 발생하기 때문이다.[21]

실무상으로 집행관이 압류절차에 착수한 때에는 시효가 중단되나, 집행관이 납부의무자의 주소에 임하였으나 납부의무자가 주민등록만 등재되어 있을 뿐 실제로 거주하지 않거나 주소가 잘못 파악되어 압류 등의 절차를 착수하지 못한 경우에는 시효중단의 효력이 발생하지 않는다. 다만 다가구주택 등 호수가 특정되지 아니하고 일부 세대는 폐문부재하여 집행을 하지 못하였다고 하더라도 그 후 상당한 기간이 경과되기 전에 수형자가 거주하는 호수를 알아낸 다음 집행에 착수하였다면 집행관이 검사의 집행명령서를 수령한 때에 시효는 중단된다.[22]

검사의 집행명령에 의하여 집행관이 납부의무자의 동산을 압류하였으나 경매완료 전에 납부의무자가 압류된 동산을 소지하고 무단 전출하는 등 행방불명이 된 때에는 집행명령을 취소하거나 미납자를 찾아 강제집행을 하지 않는 한 시효

18 대법원 2006. 1. 17.자 2004모524 결정.
19 대법원 2000. 9. 19.자 99모140 결정.
20 대법원 2001. 7. 27. 선고 2001두3365 판결.
21 김용관, "유체동산 경매의 방법으로 추징형을 집행하는 경우 시효중단의 시점", 대법원판례해설 통권 제62호(2006. 12.), 법원도서관, 358.
22 대법원 2006. 1. 17.자 2004모524 결정.

중단상태가 계속된다. 이러한 경우에는 해당 집행관실에 연락하여 집행불능보고를 받아 집행명령을 종료하고, 보고서 접수일자를 기준으로 새로 시효가 진행된다.

2) 채권, 부동산 등에 관한 강제집행의 방법

법원이 집행기관인 부동산이나 채권 등에 대한 강제집행의 경우에는 검사의 집행명령에 기하여 '법원에 채권압류명령을 신청한 때'에 강제처분인 집행행위의 개시가 있는 것으로 보아 특별한 사정이 없는 한 그 때 시효중단의 효력이 발생한다.[23] 그 시효 중단의 효력이 발생하기 위하여 집행행위가 종료되거나 성공하였음을 요하지 아니하고, 수형자에게 집행행위의 개시사실을 통지할 것을 요하지 아니한다.[24] 따라서 검사의 집행명령에 의해 수형자의 예금채권에 대하여 압류신청을 한 경우에 비록 그 예금채권이 휴면예금이거나 액수가 극히 적은 금액이었다고 하더라도 이미 발생한 시효중단의 효력이 소멸하지 않는다.[25]

벌금 납부의무자의 부동산에 대하여 제3자가 강제경매를 신청하여 경매절차가 진행하는 중에 벌금집행을 위하여 집행법원에 배당요구를 하면 법원에 배당요구한 때에 시효가 중단된다.[26]

3) 강제처분의 종료

강제처분절차가 종료한 때에는 시효가 새로이 진행한다. 강제처분이 종료되어 다시 시효가 진행되는 시점은 집행관이 집행기관인 경우에는 채무명의에 표시된 청구권 및 집행비용에 관하여 채권자가 완전한 만족을 받거나 종국적·전면적으로 불능으로 된 때 또는 집행신청이 채권자에 의하여 취하되거나 집행절차가 취소된 때에 종료된다. 즉 집행관에 의하여 유체동산의 매각이 된 다음 국가에게 교부할 금액이 교부된 때에 강제처분이 종료되어 다시 시효가 진행된다.[27] 그리고 실무상 법원이 집행기관인 채권에 대한 추심명령의 경우는 채권자가 추심완료를 신고하였을 때에 종료되고, 전부명령의 경우는 그 명령이 확정된 때에 종료된다.

23 대법원 2009. 6. 25.자 2008모1396 결정.
24 대법원 2009. 6. 25.자 2008모1396 결정.
25 대법원 2009. 6. 25.자 2008모1396 결정; 김우수, "가. 벌금형의 시효중단 사유로서의 '강제처분 개시'의 의미, 나. 검사의 징수명령에 의해 수형자의 예금채권에 대하여 압류신청을 한 경우, 비록 그 예금채권이 사실상 휴면예금이거나 액수가 극히 적은 금액이었다고 하더라도 이미 발생한 시효중단의 효력이 소멸하지 않는다고 본 사례", 대법원판례해설 통권 제80호(2009. 12.), 법원도서관, 674.
26 대검 집행과 61168-434. 1995. 6. 30.[대검찰청, 재산형집행 업무편람(증보8판, 2013), 305에서 재인용]
27 대법원 2000. 9. 19.자 99모140 결정.

마. 국세체납처분의 예에 따른 집행

벌금, 과료, 몰수, 추징 등의 재판은 민사집행법에의 집행절차 외에 국세징수법에 따른 국세체납처분의 예에 따라 집행할 수 있다(형사소송법 제477조 제4항). 벌과금을 납부기한까지 납부하지 아니한 경우에 독촉을 하고 그 독촉기한까지 벌과금을 완납하지 않은 때에 형사소송법 제477조 제4항에 의하여 체납자의 재산을 압류한 후 집행관에게 집행명령을 하거나 직접 공매 또는 공매대행 의뢰를 하여 배당금을 교부받는 등의 강제집행절차에 따라 집행할 수 있다(재산형 등에 관한 검찰 집행사무규칙 제17조의2). 벌과금 체납처분 규정(대검찰청 예규 집행 422호, 2007. 10. 15. 제정, 집행 898호, 2017. 5. 1. 일부 개정)은 형사소송법 제477조 제4항에 의한 재산형 등의 집행시 국세징수법에 따른 체납처분 절차 준용에 관한 사항으로 체납처분의 절차, 압류금지 재산, 체납처분의 효력, 동산·유가증권·채권·부동산등·무체재산권등의 압류, 압류의 해제, 교부청구 및 참가압류, 압류재산의 매각, 청산, 체납처분의 중지에 관하여 상세하게 규정하고 있다.

체납자의 재산에 대하여 체납처분의 예에 따라 압류한 경우에는 압류에 의하여 시효가 중단되고, 압류를 해제하거나 체납처분절차가 종료한 때에 시효가 새로이 진행한다.

바. 노역장유치의 집행

검사의 노역장유치지휘만으로는 집행행위가 개시되었다고 할 수 없고, 현실적으로 유치집행의 착수가 있어야 한다.[28] 따라서 벌금형에 대한 노역장유치집행을 하였으나, 이미 다른 징역형이 집행중인 관계로 이를 집행하지 못하여 그 시효기간이 경과한 경우에는 형의 시효중단사유에 해당하지 아니한다.[29]

실무상 벌금미납자를 검거하였으나 건강 악화 등의 사유로 노역장유치집행이 곤란하여 유치집행을 하지 않는 경우 시효중단이 문제되는 바, 일부 납부를 받아 시효를 중단시키거나 일부 납부능력이 없는 경우에도 검거 당일 또는 구인일수를 통산액으로 공제 처리하고 있으며,[30] 검거 또는 구인에 의하여 현실적으로 유치집행의 착수가 있으므로 시효가 중단된다.

28 주석 형법 총칙(2)(제2판), 한국사법행정학회(2011), 757, 759(조균석).
29 벌금형의 시효정지·중단에 관한 질의(법심 61010-98. 1993. 5. 10.).
30 노역장유치집행 탄력적 운용방안 시행관련 실무지침 시달(대검 집행과 61168-320. 1998. 12. 9.).

Ⅲ. 시효중단의 효과

형의 시효가 중단되면 이미 경과한 시효기간이 전부 무효가 된다. 따라서 일단 형의 시효가 중단되면 새로이 시효의 전 기간이 경과되어야만 형의 시효가 완성된다.[31]

자유형확정자가 체포되었다가 도주한 경우에는 체포로 시효가 중단되었으므로, 도주일로부터 기산하여 시효기간이 경과되어야만 형의 시효가 완성된다. 이 때 시효기간은 남은 형기가 아니라 선고된 형의 종류와 형기를 기준으로 한다. 벌금의 일부를 납부하거나 벌금형에 대한 강제처분이 개시된 때에는 벌금형 전부에 대하여 시효가 중단되고, 강제처분이 종료한 때부터 벌금형의 시효기간이 경과되어야만 미납된 벌금형의 시효가 완성되며, 시효가 완성되지 아니한 이상 벌금형의 미납자에 대하여 노역장유치의 집행을 할 수 있다. 추징금 집행을 위하여 유체동산을 강제집행한 경우에 집행관에 의하여 유체동산의 매각이 된 다음 국가에게 교부할 금액이 교부된 때에 강제처분이 종료되고,[32] 미납된 추징금이 있으면 강제집행이 종료한 때부터 추징금의 시효기간이 경과되어야 한다.

31 김성돈, 형법총론(제5판), 성균관대학교출판부(2017), 842; 배종대, 형법총론(제13판), 홍문사(2017), 619; 신동운, 형법총론(제10판), 홍문사(2017), 860; 오영근, 형법총론(제4판), 박영사(2018), 545; 이재상 외 2인, 형법총론(제9판), 박영사(2017), 632; 임웅, 형법총론(제10전정판), 법문사(2018), 709; 정성근/박광민, 형법총론(제2판), 성균관대학교출판부(2015), 733; 정영일, 형법강의(총론)(제3판), 학림(2017), 403.

32 대법원 2000. 9. 19.자 99모140 결정.

제 8 절 형의 소멸

[총설]

[참고문헌] 형법 제·개정 자료집, 한국형사정책연구원(2009); 김성돈, 형법총론(제5판), 성균관대학교출판부(2017); 김일수/서보학, 새로쓴 형법총론(제13판), 박영사(2018); 박상기, 형법총론(제9판), 박영사(2012); 박상기/전지연, 형법학(총론·각론 강의)(제4판), 집현재(2018); 배종대, 형법총론(제13판), 홍문사(2017); 손동권/김재윤, 새로운 형법총론(초판), 율곡출판사(2011); 신동운, 형법총론(제10판), 홍문사(2017); 오영근, 형법총론(제4판), 박영사(2018); 이재상 외 2인, 형법총론(제9판), 박영사(2017); 임웅, 형법총론(제10전정판), 법문사(2018); 정성근/박광민, 형법총론(제2판), 성균관대학교출판부(2015); 정영일, 형법강의(총론)(제3판), 학림(2017); 주석 형법 총칙(2)(제2판), 한국사법행정학회(2011); 주석 형법 총칙(하)(제1판), 한국사법행정학회(1995).

Ⅰ. 개설

형법은 제8절 형의 소멸이라는 표제 아래 제81조에서 형의 실효를, 제82조에서 복권을 규정하고 있다. 이 규정들은 전과자로서의 낙인을 불식해 버릴 수 있는 길을 두어서 비록 과오가 있는 사람일지라도 개과천선함으로써 재생의 의욕을 가지도록 하기 위한 것이고, 이는 자포자기자를 감소시킴으로써 범죄를 감소시키려는 형사정책적 고려와 함께 국민 개인의 인권이 존중되도록 하는 형법의 민주화를 기도하는 조항의 하나이다.[1]

형법은 형의 소멸이라는 표제 아래 형의 실효와 복권을 규정하고 있지만, 형의 소멸이 무엇인지에 대하여 직접 규정하지 않고 있다. 다만, 형의 소멸을 형의 실효와 복권을 모두 포섭하는 상위개념으로 사용하고 있을 뿐이다.

통설에 의하면 형의 소멸이라 함은 유죄판결의 확정에 의하여 발생한 형의 집행권을 소멸시키는 제도를 말한다.[2] 통설은 형의 집행권이 소멸되는 원인으로

1 엄상섭, "우리 형법전에 나타난 형법민주화의 조항", 형법 제·개정 자료집, 한국형사정책연구원(2009), 372(원문은 법정 제10권 제11호, 통권 제79호에 수록된 것으로 형법 제·개정 자료집에 재수록된 것임).

2 김성돈, 형법총론(제5판), 성균관대학교출판부(2017), 842; 김일수/서보학, 새로쓴 형법총론(제13판), 박영사(2018), 616; 배종대, 형법총론(제13판), 홍문사(2017), 620; 손동권/김재윤, 새로운 형법총론(초판), 율곡출판사(2011), 743; 오영근, 형법총론(제4판), 박영사(2018), 546; 이재상 외 2인, 형법총론(제9판), 박영사(2017), 633; 임웅, 형법총론(제10전정판), 법문사(2018), 709.

형의 집행의 종료, 선고유예 또는 집행유예의 기간 경과, 가석방기간의 만료, 형의 집행면제, 시효의 완성, 수형인의 사망 등을 들고 있고, 형법은 형의 소멸과 별개로 형의 실효와 복권은 형의 소멸과 별개로 형법에 규정된 것으로서 형이 소멸되어도 남아 있는 전과사실을 말소시키고 자격을 회복시키는 제도라고 본다.

이에 대하여 통설과 동일하게 그 의의를 정의하면서도 형의 실효 및 복권을 형의 소멸의 원인이라고 보는 견해[3]와 통설과 동일하게 그 의의를 정의하면서 복권은 형의 소멸의 원인에 해당하나 형의 실효는 국가의 형벌집행권이 이미 소멸한 후에 형의 선고의 법률상 효과를 소멸시키는 별개의 제도라는 견해,[4] 형의 소멸은 형 선고의 판결에 의해서 확정된 구체적 형벌권이 소멸하는 것으로 형의 실효와 복권도 형의 소멸의 원인이라는 견해,[5] 그리고 형의 소멸은 형의 선고에 따른 불이익을 소멸시키는 제도라는 의미에서 형의 실효와 같다는 견해[6]가 있다.

형의 소멸은 적법한 공소가 제기되어 유죄의 확정판결이 있은 후에 그 집행권을 소멸시킨다는 점에서 검사의 형벌청구권을 소멸시키는 공소시효제도와 다르다.

Ⅱ. 형벌의 법률관계의 소멸사유

1. 형벌집행권의 소멸

가. 수형인의 사망

형의 선고를 받은 자, 즉 수형인[7]에 한하여 형을 집행하는 것이 원칙이고, 이를 수형인 집행의 원칙이라고 한다. 형의 일신전속적 성격으로 인하여 수형인이 사망하면 형의 집행권이 소멸한다. 형의 종류를 불문하며, 수형인이 형의 집행 전에 사망하였는지 여부와 형의 집행 중에 사망하였는지 여부를 불문한다.

그러나 재산형과 법인에 대하여는 특례가 있다. 첫째, 몰수 또는 조세, 전매 기타 공과에 관한 법령에 의하여 재판한 벌금 또는 추징은 그 재판을 받은 자가 재판확정 후 사망한 경우에는 그 상속재산에 대하여 집행할 수 있다(형사소송법 제478조).

3 박상기, 형법총론(제9판), 박영사(2012), 578; 박상기/전지연, 형법학(총론·각론 강의)(제4판), 집현재(2018), 376; 정성근/박광민, 형법총론(제2판), 성균관대학교출판부(2015), 733.
4 정영일, 형법강의(총론)(제3판), 학림(2017), 404-406.
5 주석 형법 총칙(하)(제1판), 한국사법행정학회(1995), 437-438(백형구).
6 신동운, 형법총론(제10판), 홍문사(2017), 861.
7 수형인이란 형법 제41조에 규정된 형을 받은 자를 말한다(형의 실효 등에 관한 법률 제2조 제1호).

둘째, 수형인이 법인인 때에도 법인이 소멸하면 형의 집행권이 소멸하는 것이 원칙이다. 다만 법인에 대하여 벌금, 과료, 몰수, 추징, 소송비용 또는 비용배상을 명한 경우에 법인이 그 재판확정 후 합병에 의하여 소멸한 때에는 합병 후 존속한 법인 또는 합병에 의하여 설립된 법인에 대하여 집행할 수 있다(형사소송법 제479조).

나. 형의 집행의 종료

형 집행의 종료에 의하여 형의 집행권이 소멸한다. 형 집행의 종료는 형벌 집행권 소멸의 가장 일반적인 사유이다.

다. 가석방기간의 만료

가석방의 처분을 받은 후 그 처분이 실효 또는 취소되지 아니하고 가석방기간을 경과한 때에는 형의 집행을 종료한 것으로 본다(형법 제76조). 따라서 가석방의 실효 또는 취소 없이 가석방기간이 경과한 때에는 형의 집행권이 소멸한다.

라. 형의 집행면제

현행 법상 형의 집행이 면제되는 경우는 형의 시효가 완성된 경우(형법 제77조), 특별사면에 의한 형의 집행면제(사면법 제5조 제1항 제2호), 재판 확정 후 법률의 변경에 의하여 그 행위가 범죄를 구성하지 아니한 경우(형법 제1조 제3항) 등이 있다.

형의 집행면제는 형의 면제와 구별된다. 형의 면제는 범죄가 성립하지만 형벌을 부과하지 않는 경우로서 확정재판 전의 사유로 인하여 형의 선고가 없는 경우임에 반하여 형의 집행면제는 확정재판 후의 사유로 인하여 확정된 형의 집행을 면제하는 경우를 말한다.

마. 집행유예기간의 경과

집행유예의 선고를 받은 후 그 선고의 실효 또는 취소됨이 없이 유예기간을 경과한 때에는 형의 선고는 효력을 잃는다(형법 제65조). 형의 선고가 효력을 잃게 되므로, 당연히 형의 집행이 면제된다.

바. 선고유예기간의 경과

다수설은 형의 선고유예기간이 경과한 경우를 형의 소멸원인으로 본다.[8] 형

8 김성돈, 형법총론(제5판), 성균관대학교출판부(2017), 842; 박상기, 형법총론(제9판), 박영사(2012), 578; 박상기/전지연, 형법학(총론·각론 강의)(제4판), 집현재(2018), 376; 손동권/김재윤, 새로운 형법총론(초판), 율곡출판사(2011), 743; 임웅, 형법총론(제10전정판), 법문사(2018), 709; 정성근/박광민, 형법총론(제2판), 성균관대학교출판부(2015), 733.

의 선고유예를 받은 날로부터 2년을 경과한 때에는 면소된 것으로 간주하고(형법 제60조), 선고유예의 실효시 유예한 형을 선고하므로, 선고유예기간의 경과는 면소판결의 사유인 사면이나 범죄 후의 법령개폐로 형이 폐지되었을 경우와 마찬가지로 형의 소멸사유로 보는 것이 타당하다. 이에 대하여 형의 선고유예의 판결이 확정되더라도 형의 선고가 없어 구체적 형벌권, 즉 형의 집행권이 발생하지 아니하고, 형의 선고유예기간이 경과하면 면소된 것을 간주한다는 점에 비추어 선고유예기간의 경과는 형의 소멸사유 내지 형 집행권의 소멸사유에 해당하지 아니한다는 견해가 있다.[9]

2. 형의 실효, 복권 및 사면

가. 형의 실효

형의 실효는 형의 선고에 따른 법률상의 효과를 소멸시키는 제도이다. 형의 실효에는 재판상 형의 실효, 법률상 형의 실효와 사면에 의한 형의 실효가 있다.

재판상 형의 실효는 본인 또는 검사의 신청에 의하여 법원이 재판으로 형 선고의 효과를 소멸시킨다(형법 제81조). 법률상 형의 실효는 수형인이 일정한 요건에 해당하면 법률상 당연히 형이 실효된다(형의 실효 등에 관한 법률 제7조). 그리고 사면에 의한 형의 실효는 형 확정자에 대한 일반사면의 경우(사면법 제5조 제1항 제1호)와 특별사면에 의하여 특별히 형의 선고의 효력을 상실하게 하는 경우(사면법 제5조 제1항 제2호 단서)를 말한다.

나. 복권

복권은 형의 선고에 따라 제한된 자격을 회복시키는 제도이다. 복권에는 본인 또는 검사의 신청에 의하여 자격정지형의 선고에 따라 정지된 자격을 회복시키는 재판상 복권(형법 제82조)와 형의 선고에 의하여 상실 또는 정지된 자격을 대통령의 명에 의하여 회복시키는 사면에 의한 복권(사면법 제5조 제1항 제5호)이 있다. 사면에 의한 복권에는 일반복권(사면법 제8조)과 특별복권(사면법 제9조)이 있다.

다. 사면

사면은 국가원수의 특권에 의하여 형벌권을 소멸시키거나 그 효력을 감경시

9 주석 형법 총칙(2)(제2판), 한국사법행정학회(2011), 769(조균석).

키는 제도를 말한다. 대통령은 법률이 정하는 바에 의하여 사면·감형 또는 복권을 명할 수 있다(헌법 제79조 제1항). 사면법은 대통령의 사면, 감형과 복권에 관한 사항을 규정하고 있다.

사면에는 일반사면과 특별사면이 있다. 일반사면은 죄를 범한 자에 대하여 미리 죄의 종류를 정하여 대통령령으로 행하며(사면법 제3조, 제8조), 국회의 동의를 얻어야 한다(헌법 제79조 제2항). 일반사면은 형의 선고를 받은 자에 대하여는 형 선고의 효력을 상실케 하며, 형의 선고를 받지 아니한 자에 대하여는 공소권을 상실케 하고, 다만 특별한 규정이 있을 때에는 예외로 한다(사면법 제5조 제1항 제1호).

특별사면은 형의 선고를 받은 특정인에 대하여 대통령이 행한다(사면법 제3조, 제9조). 특별사면은 형의 집행을 면제하지만, 특별한 사정이 있을 때에는 이후 형의 선고의 효력을 상실케 할 수 있다(사면법 제5조 제1항 제2호). 사면의 효력은 장래를 향하여 발생하므로 형의 선고에 따른 기성의 효과는 사면으로 인하여 변경되지 아니한다(사면법 제5조 제2항).

제 81 조 [형의 실효]

징역 또는 금고의 집행을 종료하거나 집행이 면제된 자가 피해자의 손해를 보상하고 자격정지 이상의 형을 받음이 없이 7년을 경과한 때에는 본인 또는 검사의 신청에 의하여 그 재판의 실효를 선고할 수 있다.

[관련조문] 형법 제1조 제3항, 제35조, 제37조, 제59조 제1항, 제62조 제1항, 제65조, 제76조, 제77조, 도로교통법 제148조의2 제1항 제1호, 사면법 제5조 제1항 제2호, 소년법 제66조, 형의 실효 등에 관한 법률 제2조, 제7조 제1항, 제2항, 제8조 제1항 제1호, 형사소송법 제66조 제1항, 제337조, 특정범죄 가중처벌 등에 관한 법률 제5조의4 제5항, 폭력행위 등 처벌에 관한 법률 제2조 제3항.

[참고문헌] 김성돈, 형법총론(제5판), 성균관대학교출판부(2017); 김일수/서보학, 새로쓴 형법총론(제13판), 박영사(2018); 박상기, 형법총론(제9판), 박영사(2012); 배종대, 형법총론(제13판), 홍문사(2017); 손동권/김재윤, 새로운 형법총론(초판), 율곡출판사(2011); 신동운, 형법총론(제10판), 홍문사(2017); 오영근, 형법총론(제4판), 박영사(2018); 이재상 외 2인, 형법총론(제9판), 박영사(2017); 임웅, 형법총론(제10전정판), 법문사(2018); 정성근/박광민, 형법총론(제2판), 성균관대학교출판부(2015); 주석 형법 총칙(2)(제2판), 한국사법행정학회(2011); 주석 형법 총칙(하)(제1판), 한국사법행정학회(2001); 백형구, "형의 실효와 복권", 월간고시(1986. 11.); 이주원, "형의실효등에관한법률에 의한 형의 실효가 판결에 미치는 영향", 법조 53권 2호(2004. 2.); 김정원, "형의 실효의 법률적 효과", 형사판례연구 제19권, 박영사(2011); 김병운, "일반사면에 관련된 문제점에 대한 소고", 형사재판의 제문제 제1권, 박영사(1997); 류전철, "형의 실효의 법률상 효과와 사실상 효과", 법학논총 제33권 제3호(2013); 정준섭, "집행유예 기간경과의 효과로서의 "형의 선고는 효력을 잃는다."의 의미", 비교형사법연구 제9권 제1호, 2007.

Ⅰ. 본조의 취지

본조는 재판상 형의 실효에 관한 규정이다. 재판상 형의 실효라 함은 재판에 의해서 형의 선고에 따른 법률상의 효과를 소멸시키는 제도를 말한다.

범죄로 인한 형벌을 받은 자에게는 형식적으로 형이 소멸되어도 전과사실은 그대로 남고, 형을 선고받은 자에 대한 사회적 평가로부터 시작하여 형 선고의 법률상 효과로 인하여 여러 가지 자격제한이나 사회생활상의 불이익이 따르게 된다. 누범가중, 선고유예 또는 집행유예의 제한, 공무원의 임용제한, 선거권 및 피선거권의 제한 등이 그 불이익이나 자격제한의 예이다. 이러한 점을 고려하여 형법은 형식적 형벌집행권의 소멸요건과 별도로 범죄인의 개선과 사회복귀를 용이하게 하기 위하여 형의 선고에 따른 장래의 불이익을 제거하는 형의 실효제도를 규정하고 있다.[1]

형의 실효는 형의 선고에 따른 법률상의 효과를 소멸시키는 제도이다. 형의 실효에는 본인 또는 검사의 신청에 의하여 법원이 재판으로 선고하는 재판상 형의 실효(형법 제81조), 법률에 의하여 당연히 형이 실효되는 법률상 형의 실효(형의 실효 등에 관한 법률 제7조), 그리고 사면에 의한 형의 실효(사면법 제5조)가 있다. 형법에서는 재판상 형의 실효에 대해서만 규정하고 있다.

그리고 형의 실효는 아니지만 같은 취지의 제도로 치료감호의 실효(치료감호 등에 관한 법률 제48조 제1항의 재판상 치료감호의 실효, 같은 법률 제48조 제2항의 법률상 치료감호의 실효)가 있다.

Ⅱ. 재판상 형 실효의 요건

1. 징역·금고의 집행 종료 또는 집행 면제

재판상 형 실효의 대상은 징역 또는 금고의 집행을 종료하거나 면제된 자임을 요한다.

재판에 의하여 실효되는 형은 징역형과 금고형에 한한다. 무기징역 또는 무기금고는 재판상 실효의 대상이 되나, 사형은 그 대상이 되지 아니한다. 따라서 사형의 시효기간이 경과하여 형의 집행이 면제된 자는 해당하지 않는다. 벌금, 구류, 몰수, 추징의 집행이 종료되거나 면제된 자 역시 해당하지 않는다.

그리고 징역 또는 금고의 집행을 종료하거나 면제되어야 한다. 집행의 종료

1 김성돈, 형법총론(제5판), 성균관대학교출판부(2017), 843; 김일수/서보학, 새로쓴 형법총론(제13판), 박영사(2018), 616; 박상기, 형법총론(제9판), 박영사(2012), 580; 배종대, 형법총론(제13판), 홍문사(2017), 620; 손동권/김재윤, 새로운 형법총론(초판), 율곡출판사(2011), 744; 신동운, 형법총론(제10판), 홍문사(2017), 860; 오영근, 형법총론(제4판), 박영사(2018), 546; 이재상 외 2인, 형법총론(제9판), 박영사(2017), 633; 임웅, 형법총론(제10전정판), 법문사(2018), 710; 정성근/박광민, 형법총론(제2판), 성균관대학교출판부(2015), 734.

에는 수형자가 실제로 형의 집행을 종료한 경우뿐만 아니라 형의 집행을 종료한 것으로 간주하는 경우(가석방의 효과에 관한 형법 제76조, 가석방기간의 종료에 관한 소년법 제66조)를 포함한다. 집행이 면제된 경우는 형의 시효가 완성된 경우(형법 제77조), 특별사면에 의하여 형의 집행이 면제된 경우(사면법 제5조 제1항 제2호), 재판 확정 후 법률의 변경에 의하여 그 행위가 범죄를 구성하지 아니하는 경우(형법 제1조 제3항) 등을 포함한다. 형의 집행을 종료하거나 면제된 자에 한하므로, 형의 집행 중인 자 또는 형의 시효가 진행 중에 있는 자는 이에 해당하지 않는다.

2. 중단사유 없는 실효기간의 경과

자격정지 이상의 형을 받음이 없이 7년을 경과하여야 한다.

가. 실효기간의 중단사유(자격정지 이상의 형 확정)

자격정지 이상의 형을 받음이 없이 실효기간을 경과하여야 한다. 여기서 '형을 받음이 없이'라 함은 실효기간 내에 '형이 확정됨이 없이'라는 의미라고 해석하여야 한다.[2] 따라서 자격정지 이상의 형이 본조의 실효기간 내에 선고되더라도 본조의 기간이 경과된 후에 그 형이 확정된 때에는 본조의 요건을 충족한다.[3]

본조의 실효기간 내에 자격정지 이상의 형이 확정되었으나 집행유예기간의 경과 또는 일반사면 등에 의하여 그 형의 선고가 효력을 상실한 경우에 본조의 실효 요건을 충족하는지 여부가 문제된다. 이에 대하여 본조의 실효기간 내에 자격정지 이상의 형인 집행유예의 판결이 선고되어 확정된 이상 본조의 실효요건을 충족하지 않는다는 견해[4]와 본조의 실효기간 내에 집행유예기간의 경과 또는 일반사면 등에 의하여 형 선고의 효력이 상실된 경우에는 본조의 실효요건에 해당하지만, 본조의 실효기간이 경과된 후에 집행유예기간의 경과로 인하여 형이 실효된 경우에는 본조의 요건에 해당하지 않는다는 견해가 있다.[5] 대법원은 형법 제65조 소정의 '형의 선고는 효력을 잃는다'는 의미는 형의 선고의 법률적 효과가

2 백형구, "형의 실효와 복권", 월간고시(1986. 11.), 71; 이주원, "형의실효등에관한법률에 의한 형의 실효가 판결에 미치는 영향", 법조 53권 2호(2004. 2.), 221; 주석 형법 총칙(2)(제2판), 한국사법행정학회(2011), 772(조균석).

3 백형구, "형의 실효와 복권", 월간고시(1986. 11.), 71; 이주원, "형의실효등에관한법률에 의한 형의 실효가 판결에 미치는 영향", 법조 53권 2호(2004. 2.), 221; 주석 형법 총칙(2)(제2판), 한국사법행정학회(2011), 773(조균석).

4 이주원, "형의실효등에관한법률에 의한 형의 실효가 판결에 미치는 영향", 법조 53권 2호(2004. 2.), 221.

5 주석 형법 총칙(2)(제2판), 한국사법행정학회(2011), 773(조균석).

없어진다는 것일 뿐 형의 선고가 있었다는 기왕의 사실 자체까지 없어진다는 뜻은 아니므로 형의 집행종료 후 7년 이내에 집행유예의 판결을 받고 그 기간을 무사히 경과하여 7년을 채우더라도 형법 제81조의 '형을 받음이 없이 7년을 경과'하는 때에 해당하지 아니하여 형의 실효를 선고할 수 없다고 판시하였다.[6] 한편 법률상 형의 실효의 경우에 대법원은 징역형의 실효기간이 경과하기 전에 별도의 집행유예 선고가 있었지만 집행유예가 실효 또는 취소됨이 없이 유예기간이 경과하였고 그 무렵 집행유예 전에 선고되었던 징역형도 자체의 실효기간이 경과하였다면 그 징역형 역시 실효된다고 보았다.[7]

본조의 실효기간 내에 확정된 형면제 판결은 중단사유인 자격정지 이상의 형에 해당하지 않는다.[8]

나. 실효기간의 경과

재판상 형의 실효기간은 7년이다. 자격정지 이상의 형을 받음이 없이 7년을 경과하여야 한다.

실효기간의 기산일이 형 집행의 종료일 또는 면제일 당일인지, 아니면 그 다음날인지에 관하여 견해가 대립하고 있다. 최종일설은 형 집행의 종료일 또는 면제일을 기산일이라고 해석하는 것이 실효기간을 1일 앞당겨서 수형자에게 유리하다는 이유로 타당하다고 한다.[9] 익일설은 형사소송법 제66조 제1항(기간의 계산)에서 초일을 산입하지 않는 것을 원칙으로 하면서 시효와 구속기간에 예외를 두고 있는 입법취지상 기간계산에 관한 일반원칙에 따라 익일로 보는 것이 타당하다고 한다.[10] 그리고 형의 집행 종료의 경우에 형의 집행이란 원칙적으로 하루 종일의 집행을 의미하고 수형의 최종일은 아직 집행이 종료되지 아니하였다는 이유로 수형최종일의 익일을 기산일로 보아야 하고, 형의 집행면제 중 형의 시효 완성의 경우에는 시효만료일의 24시가 경과하여야 시효가 완성된다는 이유로 시효기간 만료일의 익일을 그 기산일로 보며, 특별사면의 경우에는 대통령의 명령이 있는 때

6 대법원 1983. 4. 2.자 83모8 결정.
7 대법원 2016. 6. 23. 선고 2016도5032 판결.
8 서울고등법원 2000. 6. 23. 선고 2000노708 판결; 이주원, "형의실효등에관한법률에 의한 형의 실효가 판결에 미치는 영향", 법조 53권 2호(2004. 2.), 221.
9 백형구, "형의 실효와 복권", 월간고시(1986. 11.), 72.
10 이주원, "형의실효등에관한법률에 의한 형의 실효가 판결에 미치는 영향", 법조 53권 2호(2004. 2.), 222.

에 사면의 효력이 발생하므로 대통령의 명령일을 기산일로 보고, 재판확정 후 법률의 변경에 의하여 그 행위가 범죄를 구성하지 아니하는 경우에는 법률이 변경되어 효력이 발생하는 날을 기산일이라고 보아야 한다는 견해가 있다.[11] 대법원은 자격정지 이상의 형을 받음이 없이 형의 집행을 종료한 날로부터 실효기간을 경과한 때에는 형이 실효된다고 판시하고 있다.[12]

다. 중단 후의 형의 실효

실효기간 내에 자격정지 이상의 형이 확정되어 실효기간이 중단되더라도 그 이후에 다시 본조에 정한 요건을 충족하면 형이 실효된다고 할 것이다. 이 때 중단된 실효기간이 재진행하는 시점을 자격정지 이상의 형이 확정된 때로 볼 것인지(제1설), 중단사유가 없었더라면 원래 형이 실효되었을 때로 볼 것인지(제2설), 중단사유가 된 나중의 형이 집행을 종료하거나 면제를 받은 때로 볼 것인지(제3설)가 문제된다. 형의 실효가 일정한 기간 동안 죄를 범하지 아니한 것을 평가하여 형 선고의 효과를 소멸시키는 제도인 점에 비추어 중단사유가 된 나중의 형이 집행을 종료하거나 면제를 받은 때로부터 다시 본조의 실효기간이 경과하여야 한다고 보는 제3설이 타당하다.[13] 따라서 2번 이상의 징역형을 받은 자가 자격정지 이상의 형을 받음이 없이 마지막 형의 집행을 종료한 날로부터 실효기간이 경과한 때에는 그 마지막 이전의 형도 모두 실효되는 것으로 보아야 한다.[14]

3. 피해자의 손해 보상

형의 실효를 위한 요건으로서 피해자의 손해를 보상하여야 한다.

가. 피해자

여기서 말하는 '피해자'란 원칙적으로는 범죄행위로 인하여 피해를 본 직접적인 피해자를 가리킨다. 본 요건은 형의 집행을 종료한 후 형을 받음이 없이 7년이 경과할 것이라는 요건에 부수되는 부차적인 요건에 불과하므로, 비록 직접적인 피해자와는 형식적인 피해보상이 이루어지지 아니하였다고 하더라도 직접적인 피해자 이외에 실질적으로 피해를 본 피해자가 별도로 존재하고 그에 대한 피해보상이 이루어짐으로써 실질적인 피해의 회복이 이루어진 것으로 인정될 만한 사정

11 주석 형법 총칙(2)(제2판), 한국사법행정학회(2011), 772(조균석).
12 대법원 2010. 3. 25. 선고 2010도8 판결, 대법원 2010. 9. 9. 선고 2010도8021 판결.
13 주석 형법 총칙(2)(제2판), 한국사법행정학회(2011), 774(조균석).
14 대법원 1983. 9. 13. 선고 83도1840, 83감도339 판결.

이 있는 때에는 피해보상의 요건은 충족을 하는 것이라고 해석하여야 할 것이고, 반드시 직접적인 피해자와의 합의가 있어야만 하는 것이라고 볼 필요는 없다.[15] 이러한 해석은 전과자의 사회복귀를 용이하게 하고자 하는 형의 실효의 제도적 취지와 부합한다.[16] 그리고 절도죄의 장물이 피해자에게 환부된 경우에는 별도의 합의가 이루어지지 않았다고 하더라도 피해자의 손해를 보상한 경우에 해당한다고 할 것이다.[17]

나. 손해

형의 실효를 위하여 피해자에게 손해를 보상하여야 하지만, 손해보상의 요건이 모든 범죄에 관하여 요구되는 요건이라고 할 수는 없다. 형의 실효의 요건으로서의 피해보상은 피해자에게 손해보상이 가능한 범죄에 한하고, 그 성질상 피해보상이 불가능한 범죄에 있어서는 위와 같은 요건은 요구되지 아니한다.[18] 따라서 국가보안법위반죄, 도주죄, 내란죄 등과 같이 피해보상이 불가능한 범죄에 있어서 손해보상은 본조의 요건이 아니다.[19]

다. 보상

보상의 시기는 불문한다. 따라서 형 집행의 종료 후 또는 그 집행 중에 손해를 보상한 경우뿐만 아니라 판결선고 전에 피해를 보상한 경우도 이에 해당한다.[20]

Ⅲ. 재판상 형 실효의 절차

1. 형 실효의 신청

재판상 형 실효의 신청권자는 형의 선고를 받은 본인 또는 검사이다. 변호사도 본인의 대리인으로서 본조의 신청을 할 수 있다.[21]

15 서울형사지방법원 1992. 6. 23.자 92로12 결정.
16 주석 형법 총칙(2)(제2판), 한국사법행정학회(2011), 774(조균석).
17 대법원 1969. 4. 17.자 69초1590 결정.
18 서울형사지방법원 1992. 6. 23.자 92로12 결정.
19 백형구, "형의 실효와 복권", 월간고시(1986. 11.), 72; 주석 형법 총칙(2)(제2판), 한국사법행정학회(2011), 775(조균석).
20 백형구, "형의 실효와 복권", 월간고시(1986. 11.), 72; 주석 형법 총칙(2)(제2판), 한국사법행정학회(2011), 775(조균석).
21 주석 형법 총칙(2)(제2판), 한국사법행정학회(2011), 775(조균석).

신청의 방식에 관하여 명문의 규정이 없으나, 성질에 비추어 서면으로 신청한다. 형의 실효 선고 신청서에는 신청인, 신청의 취지와 이유를 명시하여야 하고, 실효의 선고를 구하는 형을 특정하여야 한다.

형의 실효의 신청은 그 신청에 대한 재판이 있을 때까지는 이를 취하할 수 있다.[22] 신청의 취하를 부정할 이유가 없기 때문이다.

2. 법원의 재판

관할법원은 그 사건에 관한 기록이 보관되어 있는 검찰청에 대응하는 법원이다(형사소송법 제337조 제1항). 따라서 혁명재판소및혁명검찰부조직법 제14조 제1항, 제3항에 혁명재판소 및 검찰부가 해산하는 경우 그 기록과 재산은 대법원 및 대검찰청이 보관하게 규정되어 있으므로 혁명재판소에서 선고한 형의 실효신청은 그 기록을 보관하는 대검찰청에 대응하는 대법원에 하여야 한다.[23] 법원은 신청인이 제출한 자료에 의하여 심리하되, 필요한 경우에는 자료를 조사하거나 신청인 등을 심문할 수 있다.

형의 실효 선고 신청에 의한 선고는 결정으로 한다(형사소송법 제337조 제2항). 그 신청이 이유 있다고 인정하는 때에는 형의 실효를 선고하여야 하고, 그 신청이 부적법하거나 이유 없다고 인정하는 때에는 그 신청을 각하한다.

신청을 인용하는 결정에 대해서는 불복할 수 없고, 신청을 각하하는 결정에 대하여는 즉시항고를 할 수 있다(형사소송법 제337조 제3항).

Ⅳ. 형의 실효 선고의 효과

1. 형 실효의 일반적 효과

형이 실효된 경우에는 형의 선고에 의한 법적 효과가 장래에 향하여 소멸된다.[24] 형의 선고에 기한 법적 효과가 소멸한다는 것은 형의 선고로 인한 법적 불이익이 해소된다는 것을 의미한다. 전과기록은 수형인명부, 수형인명표 및 범죄경력자료를 말하는데(형의 실효 등에 관한 법률 제2조 제7호), 형이 실효되었을 때에는

22 백형구, "형의 실효와 복권", 월간고시(1986. 11.), 73; 주석 형법 총칙(2)(제2판), 한국사법행정학회(2011), 776(조균석).

23 대법원 1975. 8. 3.자 74초126 결정.

24 대법원 1983. 9. 13. 선고 83도1840, 83감도339 판결, 대법원 1974. 5. 14. 선고 74누2 판결, 서울고등법원 1998. 2. 4. 선고 97노2855, 97감노165 판결.

전과기록의 일부인 수형인명부와 수형인명표를 말소한다. 즉 형법 제81조 또는 형의 실효 등에 관한 법률 제7조에 따라 형이 실효되었을 때에는 수형인명부의 해당란을 삭제하고 수형인명표를 폐기한다(형의 실효 등에 관한 법률 제8조 제1항 제1호).

형의 선고에 의한 법적 효과가 장래에 향하여 소멸되므로, 장래에 대해서는 과거의 형의 선고로 인한 법적 효과는 소멸한다. 즉 형이 실효된 이후에는 형의 선고로 인한 일체의 불이익을 주어서는 안된다. 형의 실효의 장래효는 특정범죄 가중처벌 등에 관한 법률 소정의 징역형을 받은 경우 또는 폭력행위 등 처벌에 관한 법률 소정의 징역형을 받은 경우 등에 관하여 문제된다.

그러나 형의 실효는 소급효가 없으므로 그 효력이 형의 선고시로 소급하지 않으며, 형의 선고에 기한 기성의 효과는 소멸하지 않는다. 즉 형의 실효가 선고되었다고 하더라도 소급하여 자격을 회복하는 것도 아니고,[25] 그 형의 선고에 의하여 이미 상실한 어떤 권리를 소급적으로 회복시켜 주는 것도 아니다.[26] 형의 선고로 인하여 공무원의 직을 상실한 자가 형의 실효에 의하여 당연히 복직되지는 않는다.[27]

형의 실효 선고는 형의 선고에 기한 법률적 효과가 소멸한다는 것일 뿐, 형의 선고가 있었다는 기왕의 사실 자체까지 없어지는 것은 아니다.[28] 따라서 형의 집행종료 후 7년 이내에 집행유예의 판결을 받아 확정된 경우에 그 기간을 무사히 경과하여 7년을 채우더라도 형법 제81조의 "형을 받음이 없이 7년을 경과"하는 때에 해당하지 아니하여 형의 실효를 선고할 수 없다.[29] 그리고 형이 실효되더라도 전과기록의 일부인 범죄경력자료는 말소되지 아니한다. 범죄경력자료는 벌금 이상의 형의 선고 등에 해당하는 사항에 관한 자료를 말하고(형의 실효 등에 관한 법률 제2조 제5호), 형의 선고가 있었다는 사실 자체를 기록한 자료에 해당하기 때문이다.

형의 실효의 효과는 재판상 형의 실효의 경우나 법률상 형의 실효의 경우가

25 대법원 1974. 5. 14. 선고 74누2 판결.

26 대법원 1991. 5. 14. 선고 90누3720 판결.

27 백형구, "형의 실효와 복권", 월간고시(1986. 11.), 74; 이주원, "형의실효등에관한법률에 의한 형의 실효가 판결에 미치는 영향", 법조 53권 2호(2004. 2.), 222; 주석 형법 총칙(2)(제2판), 한국사법행정학회(2011), 777(조균석).

28 대법원 1974. 5. 14. 선고 74누2 판결, 대법원 1991. 5. 14. 선고 90누3720 판결.

29 대법원 1983. 4. 2.자 83모8 결정.

동일하다. 대법원은 형의 실효의 효과와 관련하여 그 효과는 장래에 향하여 소멸하고, 그 효력이 형의 선고시로 소급하지 아니하며, 형의 선고가 있었다는 기왕의 사실은 없어지지 않는다는 기준을 제시하면서 개별적인 사안에 따라 그 효과를 논하고 있으므로, 여러 문제점에 관하여 판례를 중심으로 살펴본다.

2. 가중처벌요건으로서의 징역형

가. 특가법 제5조의4 제5항에서 정한 '3회 이상 징역형을 받은 자'

대법원은 형이 실효된 경우에 형의 선고에 의한 법적 효과가 장래에 향하여 소멸되므로 그 전과를 특정범죄 가중처벌 등에 관한 법률 제5조의4 제5항에서 정한 징역형의 선고를 받은 경우로 볼 수 없다고 판시하였다.[30] 그리고 형의 실효 등에 관한 법률의 입법 취지에 비추어 보아 과거 2번 이상의 징역형을 받은 자가 자격정지 이상의 형을 받음이 없이 마지막 형의 집행을 종료한 날부터 위 법에서 정한 기간을 경과한 때에는 그 마지막 형 이전의 형도 모두 실효되는 것으로 보아야 한다고 판결하였다.[31] 어느 전과의 징역형의 실효기간이 경과하기 전에 징역형의 집행유예 전과가 있었지만 그 집행유예가 실효 또는 취소되지 않고 그 유예기간이 경과하였고, 그 무렵 집행유예 이전의 징역형도 그 자체의 실효기간이 경과하였다면, 집행유예 이전의 징역형도 역시 실효되어 특가법 제5조의4 제5항에서 정한 '징역형을 받은 경우'에 해당하지 않는다.[32]

나. 폭력행위 등 처벌에 관한 법률 소정의 징역형을 받은 경우

폭력행위 등 처벌에 관한 법률 제2조 제3항은 "이 법(형법 각 해당 조항 및 각 해당 조항의 상습범, 특수범, 상습특수범, 각 해당 조항의 상습범의 미수범, 특수범의 미수범, 상습특수범의 미수범을 포함한다)을 위반하여 2회 이상 징역형을 받은 사람이 다시 제2항 각 호에 규정된 죄를 범하여 누범으로 처벌할 경우에는 다음 각 호의 구분에 따라 가중처벌한다."라고 규정하고 있다. 그런데 형의 실효 등에 관한 법률에 따라 형이 실효된 경우에는 형의 선고에 의한 법적 효과가 장래를 향하여 소멸하므로 형이 실효된 후에는 그 전과를 폭력행위처벌법 제2조 제3항에서 말하는 '징역형을 받은 경우'라고 할 수 없고, 어느 징역형의 실효기간이 경과하기 전

30 대법원 2002. 10. 22. 선고 2002감도39 판결, 대법원 2010. 3. 25. 선고 2010도8 판결.
31 대법원 1983. 9. 13. 선고 83도1840, 83감도339 판결, 대법원 2010. 3. 25. 선고 2010도8 판결.
32 대법원 2014. 9. 4. 선고 2014도7088 판결.

에 별도의 집행유예 선고가 있었지만 집행유예가 실효 또는 취소됨이 없이 유예기간이 경과하였고 그 무렵 집행유예 전에 선고되었던 징역형도 자체의 실효기간이 경과하였다면 그 징역형 역시 실효되어 폭력행위 등 처벌에 관한 법률 제2조 제3항에서 말하는 '징역형을 받은 경우'에 해당한다고 할 수 없다.[33]

다. 집행유예의 효과에 관한 형법 제65조의 의미

대법원은 "형법 제65조는 '집행유예의 선고를 받은 후 그 선고의 실효 또는 취소됨이 없이 유예기간을 경과한 때에는 형의 선고는 효력을 잃는다'고 정하고 있고, 여기서 '형의 선고가 효력을 잃는다'는 의미는 형실효법에 의한 형의 실효와 같이 형의 선고에 의한 법적 효과가 장래에 향하여 소멸한다는 취지이다. 따라서 위 규정에 따라 형의 선고가 효력을 잃는 경우에도 그 전과는 특가법 제5조의4 제5항에서 정한 '징역형을 받은 경우'로 볼 수 없다."고 판시하였다.[34] 그리고 형법 제65조에 따라 형의 선고가 효력을 잃는 경우에도 그 전과는 폭력행위 등 처벌에 관한 법률 제2조 제3항에서 말하는 '징역형을 받은 경우'라고 할 수 없다.[35]

3. 누범전과 여부

형법 제35조에 의하면, 금고 이상의 형을 받아 그 집행을 종료하거나 면제받은 후 3년 내에 금고 이상에 해당하는 죄를 범한 자는 누범으로 처벌한다고 규정하고 있다. 그런데 형법 제35조 소정의 누범의 요건에 해당하는 누범전과 즉 금고 이상의 형을 받아 그 집행을 종료하거나 면제된 범죄를 그 형이 실효되었더라도 누범전과로 볼 수 있는지 여부가 문제될 수 있다. 예를 들어 누범전과로 형을 받아 그 집행을 종료하거나 면제받은 후 3년 내에 금고 이상에 해당하는 죄를 범하였으나, 발각되지 아니한 채 그 실효기간을 경과할 즈음 또는 그 후에, 결국 나중 범죄가 발각되어 공소시효가 완성되지 않은 관계로 공소제기되어 실제로 재판받을 경우에 문제될 수 있다(나중 범죄가 살인죄인 경우 등).[36] 이 경우에 형법 제81조 또는 형의 실효 등에 관한 법률 제7조에 의한 형의 실효는 이미 받은 형의 선고의 효력이 장래에 소멸되는 것이기는 하나, 그 효력이 형의 선고시로 소급하지

33 대법원 2016. 6. 23. 선고 2016도5032 판결.
34 대법원 2010. 9. 9. 선고 2010도8021 판결, 대법원 2014. 9. 4. 선고 2014도7088 판결.
35 대법원 2016. 6. 23. 선고 2016도5032 판결.
36 이주원, "형의실효등에관한법률에 의한 형의 실효가 판결에 미치는 영향", 법조 53권 2호(2004. 2.), 227.

는 않으며, 형의 선고가 있었다는 기왕의 사실 그 자체까지 없어진다는 뜻은 아니므로 여전히 누범전과에 해당하여 누범가중을 할 수 있다는 견해[37]와 형의 실효제도의 취지에 비추어 누범가중을 할 수 없다는 견해[38]가 있다.

한편, 일반사면령에 의한 사면의 경우는 이와 달리 형이 실효되는 시점을 기준으로 판단하여야 한다. 일반사면의 경우 형의 실효기간의 경과를 요하는 것이 아니라 사면령이 있으면 형이 실효되는 것이므로 누범전과 여부는 형이 실효되는 시점을 기준으로 그 이전에 범한 죄인가 아니면 그 이후에 범한 죄인가에 따라 달라진다.[39] 전자의 경우에는 누범전과에 해당하고, 후자의 경우에는 누범전과에 해당하지 아니한다. 대법원은 일반사면령에 의하여 사면된 후 살인죄를 범한 사안에서 일반사면령에 의하여 형의 선고의 효력이 상실된 범죄를 누범가중사유로 처벌한 것은 적법하지 않다고 판결하였다.[40]

4. 형법 제37조 후단 경합범 여부

금고 이상의 형에 처한 판결이 확정된 죄와 그 판결확정 전에 범한 죄를 경합범이라 하고(형법 제37조 후단), 경합범 중 판결을 받지 아니한 죄가 있는 때에는 그 죄와 판결이 확정된 죄를 동시에 판결할 경우와 형평을 고려하여 그 죄에 대하여 형을 선고한다(제39조 제1항 본문). 만일 위 판결이 확정된 죄(전과)가 형의 선고를 받고 형이 실효된 경우에 그 판결확정 전에 범한 죄와 형법 제37조 후단의 경합범으로 처벌할 수 있는지 여부가 문제된다.

대법원은 형법 제37조 후단에서 말하는 판결이 확정된 죄라 함은 수 개의 독립된 죄 중 어느 죄에 대하여 확정판결이 있었던 사실 자체를 의미하고 그 확정판결이 있은 죄의 형의 집행을 종료한 여부, 형의 집행유예가 실효된 여부 또는 일반사면으로 형의 선고의 효력이 상실된 여부는 묻지 않는다고 해석할 것이므로 형법 제65조에 의하여 집행유예를 선고한 확정판결에 의한 형의 선고가 그 효력

37 김정원, "형의 실효의 법률적 효과", 형사판례연구 제19권, 박영사(2011), 15; 이주원, "형의실효등에관한법률에 의한 형의 실효가 판결에 미치는 영향", 법조 53권 2호(2004. 2.), 228; 주석 형법 총칙(2)(제2판), 한국사법행정학회(2011), 781(조균석).

38 김병운, "일반사면에 관련된 문제점에 대한 소고", 형사재판의 제문제 제1권, 박영사(1997), 446; 류전철, "형의 실효의 법률상 효과와 사실상 효과", 법학논총 제33권 제3호(2013), 230.

39 이주원, "형의실효등에관한법률에 의한 형의 실효가 판결에 미치는 영향", 법조 53권 2호(2004. 2.), 228; 주석 형법 총칙(2)(제2판), 한국사법행정학회(2011), 781(조균석).

40 대법원 1964. 3. 31. 선고 64도34 판결.

을 잃었거나,[41] 일반사면령에 의한 사면에 의하여 형의 선고의 효력이 상실되더라도[42] 확정판결을 받은 죄의 존재가 이에 의하여 소멸되지 않는 이상 위 법 제37조 후단의 판결이 확정된 죄에 해당한다고 보아야 할 것이다라고 판시하였다.

그리고 위 판례의 취지대로 금고 이상의 형에 처한 판결이 확정된 죄가 그 후 그 형이 실효되었다고 하더라도 형법 제37조 후단의 경합범으로 처벌하여야 한다는 견해가 있다.[43] 이에 대하여는 유죄의 확정판결에 의하여 형법 제37조 후단의 경합범 여부가 문제되는 경우에 있어서 확정된 유죄판결이 형 선고의 법률상 효과에 해당하지 않는다고 보는 점에 대해서 의문을 제기하는 견해[44]가 있다.

5. 집행유예의 결격 여부

형법 제62조 제1항에 의하면, 3년 이하의 징역이나 금고 또는 500만원 이하의 벌금을 선고할 경우에 그 정상에 참작할 사유가 있는 때에는 집행유예를 선고할 수 있으나, 금고 이상의 형을 선고한 판결이 확정된 때부터 그 집행을 종료하거나 면제된 후 3년까지의 기간에 범한 죄에 대하여 형을 선고하는 경우에는 그러하지 아니하다. 재판상 형의 실효기간인 7년과 법률상 형의 실효기간인 5년 또는 10년이 집행유예 결격기간 3년보다 장기이므로 집행유예의 결격 여부가 문제되지 아니한다.

그러나 특정강력범죄의 처벌에 관한 특례법 제5조는 특정강력범죄로 형을 선고받고 그 집행이 끝나거나 면제된 후 10년이 지나지 아니한 사람이 다시 특정강력범죄를 범한 경우에는 형의 집행을 유예하지 못한다고 규정함으로써 집행유예의 결격기간을 10년으로 정하고 있다. 여기서 종전의 특정강력범죄로 인한 형이 실효되는 경우에 집행유예 결격에 해당하는지 여부가 문제될 수 있다. 형의 실효는 이미 받은 형의 선고의 효력이 상실되는 것이므로, 형의 실효제도의 취지상 집행유예의 결격전과에 해당한다고 볼 수 없어 집행유예를 선고할 수 있다.[45]

41 대법원 1984. 8. 21. 선고 84모1297 판결.

42 대법원 1995. 12. 22. 선고 95도2446 판결, 대법원 1996. 3. 8. 선고 95도2114 판결.

43 이주원, "형의실효등에관한법률에 의한 형의 실효가 판결에 미치는 영향", 법조 53권 2호(2004. 2.), 230; 주석 형법 총칙(2)(제2판), 한국사법행정학회(2011), 782(조균석).

44 정준섭, "집행유예 기간경과의 효과로서의 '형의 선고는 효력을 잃는다.'의 의미", 비교형사법연구 제9권 제1호, 2007, 147; 류전철, "형의 실효의 법률상 효과와 사실상 효과", 법학논총 제33권 제3호(2013), 231.

45 이주원, "형의실효등에관한법률에 의한 형의 실효가 판결에 미치는 영향", 법조 53권 2호(2004. 2.), 231; 주석 형법 총칙(2)(제2판), 한국사법행정학회(2011), 783(조균석).

그리고 일반사면에 의하여 형이 실효되는 경우에도 형의 실효는 이미 받은 형의 선고의 효력이 상실되는 것이므로, 집행유예의 결격전과에 해당한다고 볼 수 없어 집행유예를 선고할 수 있다.[46]

대법원은 집행유예 기간 중에 범한 죄에 대하여 공소가 제기된 후 그 재판 도중에 집행유예 기간이 경과한 경우에 집행유예가 실효 또는 취소됨이 없이 유예기간을 경과한 때에는 형의 선고가 이미 그 효력을 잃게 되어 '금고 이상의 형을 선고'한 경우에 해당한다고 보기 어려우므로 집행유예 기간 중에 범한 죄에 대하여 다시 집행유예를 선고할 수 있다고 판결하였고,[47] 위 판결의 취지를 여기에서 문제된 경우에도 참고할 수 있다.

6. 선고유예의 결격 여부

형법 제59조 제1항 단서는 자격정지 이상의 형을 받은 전과가 있는 자에 대하여는 선고유예를 할 수 없다고 규정하고 있다. 그런데 자격정지 이상의 형이 실효된 경우에 그 이후에 선고유예를 할 수 있는지 여부가 문제된다.

이에 대하여 자격정지 이상의 형을 받은 자라도 형이 실효되어 그 형의 선고의 효력이 상실된 때에는 그 이후부터 선고유예의 자격을 회복한다고 보는 적극설이 있다.[48] 그러나 형법 제59조 제1항 단서의 자격정지 이상의 형을 받은 전과라 함은 자격정지 이상의 형을 받은 범죄경력 자체를 의미하는 것으로서 그 형의 효력이 상실되었는지 여부는 묻지 않는 것으로 해석함이 상당하고, 형이 실효되더라도 형의 선고가 있었다는 기왕의 사실 자체의 모든 효과까지 소멸한다는 의미는 아니므로 일단 자격정지 이상의 형을 선고받은 이상 그 후 그 형이 실효되었다 하여도 선고유예 결격사유인 자격정지 이상의 형을 받은 전과가 있는 경우에 해당한다고 보는 판례[49]와 소극설[50]이 타당하다.

7. 도로교통법 제148조의2 제1항 제1호의 전과

형의 실효 등에 관한 법률 제7조 제1항 각 호에 따라 형이 실효되었거나 사

46 이주원, "형의실효등에관한법률에 의한 형의 실효가 판결에 미치는 영향", 법조 53권 2호(2004. 2.), 232; 주석 형법 총칙(2)(제2판), 한국사법행정학회(2011), 783(조균석).
47 대법원 2007. 2. 8. 선고 2006도6196 판결, 대법원 2007. 7. 27. 선고 2007도768 판결.
48 주석 형법 총칙(하)(제1판), 한국사법행정학회(2001), 384(박재윤).
49 대법원 2004. 10. 15. 선고 2004도4869 판결, 대법원 2007. 5. 11. 선고 2005도5756 판결.
50 이주원, "형의실효등에관한법률에 의한 형의 실효가 판결에 미치는 영향", 법조 53권 2호(2004. 2.), 238; 주석 형법 총칙(2)(제2판), 한국사법행정학회(2011), 783(조균석).

면법 제5조 제1항 제1호에 따라 형 선고의 효력이 상실된 구 도로교통법 제44조 제1항 위반 음주운전 전과도 도로교통법 제148조의2 제1항 제1호의 '도로교통법 제44조 제1항을 2회 이상 위반한' 것에 해당된다.[51]

8. 양형자료 또는 상습성 인정의 자료 여부

형이 실효된 자가 그 후 다른 범죄로 공소제기된 경우에 과거에 형의 선고를 받았다는 사실을 피고인에게 불이익한 양형자료 내지 상습성 인정의 자료로 삼을 수 있는지가 문제된다.

형이 실효되더라도 과거에 형의 선고가 있었다는 기왕의 사실 그 자체가 없어진다는 의미는 아니므로 그와 같은 범죄전력을 피고인에게 불이익한 양형자료 또는 상습성 인정의 자료로 삼을 수 있다.[52]

V. 법률상 형의 실효

1. 의의

법률상 형의 실효라 함은 형의 선고를 받은 자가 형의 집행을 종료하거나 그 집행이 면제된 후 자격정지 이상의 형을 받음이 없이 일정한 기간이 경과하면 그 형이 당연히 실효되는 것을 말한다. 법률상 형의 실효는 형의 실효 등에 관한 법률 제7조(형의 실효)에 규정하고 있다.

법률상 형의 실효는 형의 선고를 받은 자가 형의 집행을 종료하거나 그 집행이 면제된 후 일정한 기간이 경과하면 그 형이 법률상 당연히 실효된다는 점에서 법원의 재판에 의해서 형이 실효되는 재판상 형의 실효나 대통령이 행하는 사면에 의한 형의 실효와 구별된다. 전과자의 개선과 사회복귀를 보다 용이하게 하기 위하여 일정한 기간의 경과에 의해서 법률상 당연히 형이 실효되는 제도가 요청되고, 재판상 형의 실효보다 그 요건을 완화할 필요가 있다. 여기에 법률상 형의 실효제도를 인정한 입법취지가 있다. 2010년 3월 31일 개정 전의 형의 실효 등에 관한 법률은 그 실효기간을 징역 또는 금고의 경우 10년, 벌금은 3년, 구류와 과료는 1년으로 규정하고 있었으나, 전과자의 사회복귀를 촉진하기 위하여 그 실효

51 대법원 2012. 11. 29. 선고 2012도10269 판결.

52 백형구, "형의 실효와 복권", 월간고시(1986. 11.), 75; 이주원, "형의실효등에관한법률에 의한 형의 실효가 판결에 미치는 영향", 법조 53권 2호(2004. 2.), 242; 주석 형법 총칙(2)(제2판), 한국사법행정학회(2011), 784(조균석).

기간을 완화하는 등의 내용으로 개정하였다.

2. 대상

법률상 형의 실효의 대상으로 되는 형은 징역, 금고, 벌금, 구류 또는 과료이다(형의 실효 등에 관한 법률 제7조). 무기형은 그 대상이 되나 사형은 대상이 되지 아니한다. 재판상 형의 실효의 대상이 되는 형이 징역 또는 금고에 한하는 것과 다르다.

3. 요건

형의 집행을 종료하거나 그 집행이 면제된 후 자격정지 이상의 형을 받음이 없이 일정한 기간을 경과하여야 한다. 재판상 형의 실효와 달리 피해자의 손해 보상은 그 요건이 아니다.

가. 집행의 종료 또는 집행 면제

집행의 종료에는 수형인이 실제로 형의 집행을 종료한 경우뿐만 아니라 형의 집행을 종료한 것으로 간주하는 경우(가석방의 효과에 관한 형법 제76조, 가석방기간 종료에 관한 소년법 제66조)를 포함한다. 집행이 면제된 경우에는 형의 시효가 완성되는 경우(형법 제77조), 특별사면에 의하여 형의 집행이 면제된 경우(사면법 제5조 제1항 제2호), 재판확정 후 법률의 변경에 의하여 그 행위가 범죄를 구성하지 아니하는 경우(형법 제1조 제3항) 등을 포함한다.

나. 중단사유 없는 실효기간의 경과

자격정지 이상의 형을 받음이 없이 실효기간을 경과하여야 한다. 형의 실효기간이 무사히 경과하면 법률상 당연히 형이 실효되므로 형의 실효 신청 또는 법원의 재판을 요하지 아니한다.

1) 실효기간의 경과

재판상 형의 실효의 실효기간은 7년임에 비하여 법률상 형의 실효의 실효기간은 형의 종류에 따라 다르다. 형의 실효에 필요한 기간은 징역, 금고의 경우 3년을 초과하는 형이면 10년(형의 실효 등에 관한 법률 제7조 제1항 제1호), 3년 이하의 형이면 5년(제7조 제1항 제2호), 벌금의 경우 2년(제7조 제1항 제3호)이다. 다만 구류와 과료는 형의 집행을 종료하거나 그 집행이 면제된 때에 즉시 그 형이 실효된다(제7조 제1항 단서).

하나의 판결로 여러 개의 형이 선고된 경우에는 각 형의 집행을 종료하거나 그 집행이 면제된 날부터 가장 무거운 형에 대한 실효기간이 경과한 때에 형의 선고는 효력을 잃는다. 다만, 징역과 금고는 같은 종류의 형으로 보고 각 형기를 합산한다(형의 실효 등에 관한 법률 제7조 제2항). 징역형과 벌금형 등이 하나의 판결로 선고된 경우에 각 형의 집행종료 또는 면제일로부터 가장 무거운 형에 대한 실효기간이 경과하여야 한다. 그리고 법률상 형의 실효의 대상인 징역형과 실효의 대상이 아닌 자격정지형이 병과된 경우에 징역형의 실효기간은 자격정지형의 집행 여부와는 관계없이 징역형 자체의 집행종료 또는 면제일로부터 기산하여야 한다.[53]

실효기간의 기산일에 관하여는 징역, 금고 또는 구류의 경우에는 재판상 형의 실효의 경우와 동일하다. 그리고 벌금 또는 과료는 현금 수납 등에 의하여 형의 집행이 바로 종료하므로 벌금은 완납한 당일이 기산일이 되고, 과료는 완납한 당일에 바로 형이 실효된다. 형의 집행이 면제된 경우도 마찬가지이다. 벌금이나 과료를 납부하지 못하여 노역장유치의 집행이 행해진 경우에 징역 또는 금고에 관한 재판상 형의 실효의 경우와 같이 최종일설과 익일설의 대립이 있다.

2) 실효기간의 중단사유(자격정지 이상의 형)

자격정지 이상의 형을 받음이 없이 실효기간을 경과하여야 한다. 다만 구류와 과료는 형의 집행을 종료하거나 그 집행이 면제된 때에 즉시 그 형이 실효되므로(형의 실효 등에 관한 법률 제7조 제1항 단서), 이 요건은 묻지 아니한다.

여기서 '형을 받음이 없이'라 함은 실효기간 내에 '형이 확정됨이 없이'라는 의미라고 해석하는 것은 재판상 형의 실효의 경우와 동일하다.[54]

4. 효과

형의 실효의 효과는 재판상 형의 실효의 경우나 법률상 형의 실효의 경우가 동일하다. 형의 실효는 형의 선고에 기한 법적 효과가 소멸하는데, 그 효과는 장래에 향해서만 효력이 발생하고, 그 효력이 형의 선고시로 소급하지 아니하며, 형의 선고에 기한 기성의 효과는 소멸하지 아니하고, 형의 선고가 있었다는 기왕의 사실 자체까지 없어지는 것은 아니다.

53 '징역에 자격정지를 병과한 경우 형의 실효 기산시점에 관한 질의'(1993. 2. 13. 법심 02006-60); 주석 형법 총칙(2)(제2판), 한국사법행정학회(2011), 779(조균석).

54 백형구, "형의 실효와 복권", 월간고시(1986. 11.), 71; 이주원, "형의실효등에관한법률에 의한 형의 실효가 판결에 미치는 영향", 법조 53권 2호(2004. 2.), 221; 주석 형법 총칙(2)(제2판), 한국사법행정학회(2011), 780(조균석).

제 82 조 [복권]

자격정지의 선고를 받은 자가 피해자의 손해를 보상하고 자격정지 이상의 형을 받음이 없이 정지기간의 2분의 1을 경과한 때에는 본인 또는 검사의 신청에 의하여 자격의 회복을 선고할 수 있다.

[관련조문] 헌법 제79조 제1항, 형법 제44조 제2항, 사면법 제3조, 제5조, 제6조, 제8조, 제9조, 제10조, 제15조, 제16조, 제17조, 제18조, 제19조, 제21조, 제22조, 제25조, 제26조, 형의 실효 등에 관한 법률 제8조, 형사소송법 제337조.

[참고문헌] 김성돈, 형법총론(제5판), 성균관대학교출판부(2017); 김일수/서보학, 새로쓴 형법총론(제13판), 박영사(2018); 박상기, 형법총론(제9판), 박영사(2012); 배종대, 형법총론(제13판), 홍문사(2017); 손동권/김재윤, 새로운 형법총론(초판), 율곡출판사(2011); 오영근, 형법총론(제4판), 박영사(2018); 이재상 외 2인, 형법총론(제9판), 박영사(2017); 임웅, 형법총론(제10전정판), 법문사(2018); 정성근/박광민, 형법총론(제2판), 성균관대학교출판부(2015); 정영일, 형법강의(총론)(제3판), 학림(2017); 주석 형법 총칙(2)(제2판), 한국사법행정학회(2011); 백형구, "형의 실효와 복권", 월간고시(1986. 11.).

Ⅰ. 본조의 취지

본조는 재판상 복권에 관한 규정이다. 재판상 복권이라 함은 형의 선고에 따라 정지된 자격을 재판의 선고에 의해서 회복시키는 것을 말한다. 복권은 자격정지의 선고를 받은 자가 자격정지기간이 만료되지 않았다고 하더라도 일정한 조건하에 자격을 회복시켜 범죄인의 개선과 사회복귀를 용이하게 하는 데에 그 취지가 있다.[1]

복권은 형의 선고에 따라 제한된 자격을 회복시키는 제도이다. 복권에는 본

[1] 김성돈, 형법총론(제5판), 성균관대학교출판부(2017), 844; 김일수/서보학, 새로쓴 형법총론(제13판), 박영사(2018), 617; 박상기, 형법총론(제9판), 박영사(2012), 580; 배종대, 형법총론(제13판), 홍문사(2017), 621; 손동권/김재윤, 새로운 형법총론(초판), 율곡출판사(2011), 745; 오영근, 형법총론(제4판), 박영사(2018), 546; 이재상 외 2인, 형법총론(제9판), 박영사(2017), 634; 임웅, 형법총론(제10전정판), 법문사(2018), 711; 정성근/박광민, 형법총론(제2판), 성균관대학교출판부(2015), 735.

인 또는 검사의 신청에 의하여 자격정지형의 선고에 따라 정지된 자격을 회복시키는 재판상 복권(형법 제82조)와 형의 선고에 의하여 상실 또는 정지된 자격을 대통령의 명에 의하여 회복시키는 사면에 의한 복권(사면법 제5조)이 있고, 형법은 재판상 복권에 대해서만 규정하고 있다.

Ⅱ. 재판상 복권의 대상 및 요건

1. 대상

재판상 복권은 자격정지의 선고를 받은 자에 한한다(형법 제82조). 따라서 자격상실의 선고를 받은 자에 대해서는 재판상 복권이 허용되지 아니한다.[2]

여기서 자격정지의 선고를 받은 자라 함은 자격정지의 형이 확정된 자를 의미한다.[3] 따라서 자격정지가 선고된 경우에도 그 재판이 확정되지 아니하면 재판상 복권이 허용되지 아니한다.

2. 요건

가. 일정기간의 무사경과

자격정지 이상의 형을 받음이 없이 정지기간의 2분의 1을 경과하여야 한다(형법 제82조). 여기서 '형을 받음이 없이'라 함은 '형이 확정됨이 없이'라는 의미라고 해석하여야 한다.[4] 따라서 자격정지 이상의 형의 본조의 기간 내에 선고되더라도 그 형이 본조의 기간이 경과한 후에 확정된 때에는 본조의 요건을 충족한다.

본조의 기간 내에 자격정지 이상의 형이 확정된 경우에 그 형이 집행유예 기간의 경과 또는 일반사면 등에 의하여 실효된 경우에 본조의 복권 요건을 충족하는지 여부가 문제된다. 본조의 기간 내에 자격정지 이상의 형이 확정되더라도 그 형이 집행유예 기간의 경과 또는 일반사면 등에 의하여 실효된 경우에는 형을 받은 경우가 아니므로 본조의 요건에 해당한다고 보는 견해[5]가 있다. 그러나 재판상 형의 실효의 중단사유와 관련하여 대법원은 "형법 제65조 소정의 형의 선고는 효

2 백형구, "형의 실효와 복권", 월간고시(1986. 11.), 78; 주석 형법 총칙(2)(제2판), 한국사법행정학회(2011), 786(조균석).

3 주석 형법 총칙(2)(제2판), 한국사법행정학회(2011), 786(조균석).

4 백형구, "형의 실효와 복권", 월간고시(1986. 11.), 78; 주석 형법 총칙(2)(제2판), 한국사법행정학회(2011), 786(조균석).

5 주석 형법 총칙(2)(제2판), 한국사법행정학회(2011), 787(조균석).

력을 잃는다는 의미는 형의 선고의 법률적 효과가 없어진다는 것일 뿐 형의 선고가 있었다는 기왕의 사실 자체까지 없어진다는 뜻은 아니다."라고 판시하고 있어 본소의 기간 내에 자격정지 이상의 형이 선고되어 확정된 이상 본조의 요건을 충족하지 않는다고 해석할 여지가 있다.

정지기간의 기산일은 자격정지의 형이 선고된 판결의 확정일이다. 그리고 유기징역 또는 유기금고에 자격정지를 병과한 때에는 징역 또는 금고의 집행을 종료하거나 면제된 날로부터 정지기간을 기산한다(형법 제44조 제2항).

나. 피해자의 손해 보상

피해자의 손해를 보상하여야 한다(형법 제82조).

일반적으로 피해자는 범죄행위로 인하여 피해를 본 직접적인 피해자를 가리킨다. 그리고 손해의 보상은 피해자에게 손해보상이 가능한 범죄에 한하여 그 요건이 된다. 손해보상의 시기는 불문한다. 따라서 판결선고 전에 손해를 보상한 경우에도 본조의 손해보상에 해당한다.[6]

Ⅲ. 재판상 복권의 절차

1. 복권의 신청

복권의 신청권자는 자격정지의 선고를 받은 본인 또는 검사이다(형법 제82조). 변호사도 본인의 대리인으로서 본조의 신청을 할 수 있다.

신청의 방식에 관하여 명문의 규정이 없으나, 성질에 비추어 서면으로 신청한다. 형의 복권 선고 신청서에는 신청인, 신청의 취지와 이유를 명시하여야 하고, 복권의 선고를 구하는 형을 특정하여야 하며, 소명자료를 첨부하여야 한다.

재판상 복권의 신청은 그 신청에 대한 재판이 있을 때까지는 이를 취하할 수 있다.[7]

2. 법원의 재판

관할법원은 그 사건에 관한 기록이 보관되어 있는 검찰청에 대응하는 법원이다(형사소송법 제337조 제1항). 법원은 신청인이 제출한 자료에 의하여 심리하되, 필

6 백형구, "형의 실효와 복권", 월간고시(1986. 11.), 79; 주석 형법 총칙(2)(제2판), 한국사법행정학회(2011), 787(조균석).

7 주석 형법 총칙(2)(제2판), 한국사법행정학회(2011), 787(조균석).

요한 경우에는 자료를 조사하거나 신청인 등을 심문할 수 있다.

복권의 신청에 의한 선고는 결정으로 한다(형사소송법 제337조 제2항). 그 신청이 이유 있다고 인정하는 때에는 법원은 자격의 회복을 선고하여야 하고, 그 신청이 부적법하거나 이유 없다고 인정하는 때에는 그 신청을 각하한다.

신청을 인용하는 결정에 대해서는 불복할 수 없으므로 그 복권의 결정은 고지 시에 확정된다. 그리고 신청을 각하하는 결정에 대하여는 즉시항고를 할 수 있다(형사소송법 제337조 제3항).

Ⅳ. 재판상 복권의 효과

1. 자격의 회복

자격의 회복을 선고하는 재판이 확정되면 자격정지형의 기간이 경과되기 전에 정지된 자격이 회복된다. 따라서 재판상 복권이 있는 때에는 수형인명부의 해당란을 삭제하고 수형인명표를 폐기한다(형의 실효 등에 관한 법률 제8조 제1항 제4호). 이러한 전과말소는 행정상 조치에 불과하고, 자격의 회복을 선고하는 결정이 고지된 때에 정지된 자격이 회복된다.

2. 복권의 비소급효

재판상 복권으로 인한 자격회복은 장래를 향해서만 그 효력이 발생한다. 자격정지형의 선고에 기한 기성의 효과는 소멸하지 아니한다.[8] 예를 들어 자격정지의 선고로 인하여 공무원의 직에서 퇴직한 경우에 복권이 되더라도 당연히 복직되는 것은 아니다.

재판상 복권에 의해서 자격정지의 형을 선고받았다는 기왕의 사실 자체가 없어지지는 아니하므로 전과사실은 양형상 불이익한 자료로 삼을 수 있다.[9] 복권은 형의 선고의 효력을 상실시키는 것이 아니고, 다만 형의 선고의 효력으로 인하여 상실 또는 정지된 자격을 회복시킴에 지나지 아니하는 것이므로 복권이 있었다고 하더라도 그 전과사실은 누범가중사유에 해당한다.[10]

8 김일수/서보학, 새로쓴 형법총론(제13판), 박영사(2018), 617; 정성근/박광민, 형법총론(제2판), 성균관대학교출판부(2015), 735; 정영일, 형법강의(총론)(제3판), 학림(2017), 405; 주석 형법 총칙(2)(제2판), 한국사법행정학회(2011), 788(조균석).

9 주석 형법 총칙(2)(제2판), 한국사법행정학회(2011), 789(조균석).

10 대법원 1981. 4. 14. 선고 81도543 판결.

V. 사면법에 의한 복권

1. 의의

사면법에 의한 복권은 형 선고의 효력으로 인하여 상실 또는 정지된 자격을 대통령의 명에 의하여 회복시키는 것을 말한다(사면법 제5조 제1항 제5호). 사면법에 의한 복권은 대통령의 명에 의하여 행하여진다(헌법 제79조 제1항, 사면법 제8조, 제9조)는 점에서 재판상의 복권과 구별된다.

사면법에 의한 복권에는 일반복권과 특별복권이 있다. 일반복권은 죄 또는 형의 종류를 정하여 일반적으로 실시하는 복권으로 대통령령으로 행하고(사면법 제8조), 특별복권은 특정인에 대하여 대통령이 행한다(제9조).

2. 대상과 요건

복권의 대상은 형의 선고로 인하여 법령에 따른 자격이 상실되거나 정지된 자이다(사면법 제3조). 따라서 복권은 형의 집행이 끝나지 아니한 자 또는 집행이 면제되지 아니한 자에 대하여는 하지 아니한다(제6조). 그리고 검찰총장의 법무부장관에 대한 특별복권 상신의 신청은 형의 집행이 끝난 날 또는 집행이 면제된 날로부터 3년이 지나지 아니하면 하지 못한다(제15조 제2항).

복권은 죄 또는 형의 종류를 정하거나 회복하려는 자격을 특정하여야 하는데, 죄, 형 또는 자격의 종류에 제한이 없다.

3. 절차

죄 또는 형의 종류를 정하여 하는 일반복권은 대통령령으로 한다(사면법 제8조).

특정인에 대한 특별복권은 법무부장관의 상신에 의하여 대통령이 한다(사면법 제9조, 제10조 제1항). 이때 법무부장관은 사면법 제10조의2에 따른 사면심사위원회의 심사를 거쳐야 한다(제10조 제2항). 검찰총장은 직권으로 또는 형의 집행을 지휘한 검찰청 검사의 보고 또는 사건 본인의 출원에 의하여 법무부장관에게 특정한 자에 대한 복권을 상신할 것을 신청할 수 있으며(제15조 제1항), 복권상신신청서에는 판결서의 등본, 형 집행 종료 또는 면제 증명서 등을 첨부하여야 한다(제16조). 특정한 자격에 대한 복권을 출원하는 경우에는 회복하려는 자격의 종류를 분명히 밝혀야 하고(제17조), 복권을 사건 본인이 출원하는 경우에는 형의 집행을 지휘한 검찰청의 검사를 거쳐야 하며(제18조), 이 때 검사는 형 집행종료 또는 면제 이후 사건 본인의 태도, 현재와 장래의 생계 등의 사항을 조사하여 그에 대한 의견을 첨부하여 검찰총장에게 송부하여야 한다(제19조).

대통령으로부터 특정한 자에 대한 복권의 명이 있을 때에는 법무부장관은 검찰총장에게 복권장을 송부하고(사면법 제21조), 검찰총장은 관계 검찰청의 검사를 거쳐 지체 없이 복권장을 사건 본인에게 내준다(제22조 전문). 이 경우 사건 본인이 수감되어 있을 때에는 교정시설의 장을 거친다(제22조 후문). 검사가 복권장을 사건 본인에게 내주었을 때에는 지체 없이 법무부장관에게 보고하여야 한다(제26조).

4. 효과

복권의 효과는 형 선고의 효력으로 인하여 상실되거나 정지된 자격을 회복한다(사면법 제5조 제1항 제5호). 따라서 형의 선고로 인하여 대통령 또는 국회의원의 피선거권을 상실한 자는 그 피선거권을 회복하고, 공무원 또는 변호사의 자격이 상실되거나 정지된 자는 그 자격의 결격사유에서 벗어난다.

복권이 있을 때에는 형의 집행을 지휘한 검찰청의 검사는 판결원본에 그 사유를 덧붙여 적어야 하고(사면법 제25조 제1항), 특정한 자에 대한 복권에 관한 서류는 소송기록에 철한다(사면법 제25조 제2항). 그리고 수형인명부의 해당란을 삭제하고 수형인명표를 폐기한다(형의 실효 등에 관한 법률 제8조 제1항).

복권의 효과는 장래를 향해서만 발생하며, 형의 선고시로 소급하지 아니한다. 그리고 형의 선고에 의한 기성의 효과는 복권으로 인하여 변경되지 아니한다(사면법 제5조 제2항). 따라서 형의 선고를 받은 자가 특별사면을 받아 형의 집행을 면제받고 또 후에 복권이 되었다 하더라도 형의 선고의 효력이 상실되는 것은 아니므로 실형을 선고받아 복역하다가 특별사면으로 출소한 후 3년 이내에 다시 범죄를 저지른 자에 대한 누범가중은 정당하다.[11]

[11] 대법원 1986. 11. 11. 선고 86도2004 판결.

제 4 장 기간

[총설]

Ⅰ. 기간의 의의

형법상의 기간이라 함은 형법에 규정되어 있거나 형법상 의미를 갖는 일정한 길이의 시간을 말한다. 형법에 규정되어 있는 기간으로 징역 또는 금고의 기간(형법 제42조), 자격정지의 기간(제44조 제1항), 구류의 기간(제46조), 벌금 또는 과료에 관한 노역장유치의 기간(제70조 제2항), 누범기간(제35조), 선고유예의 면소기간(제60조), 집행유예의 기간(제62조 제1항), 보호관찰의 기간(제59조의2 제2항, 제62조의2 제2항), 가석방의 요건인 형 집행기간(제72조 제1항), 형의 시효기간(제78조), 형의 실효기간(제81조), 복권의 요건인 기간(제82조) 등이 있다. 그리고 기소중지자 자수기간, 마약사범 특별자수기간 등은 사실상 형의 감면과 관계가 있으므로 형법상 의미를 갖는 기간에 해당한다.

기간은 일정한 시점에서 다른 시점까지 계속되는 일정한 길이의 시간을 의미하므로, 시기와 종기가 있다. 시기는 기간이 개시되는 시점이며, 종기는 기간이 만료되는 시점이다.

형법상의 기간 중 형의 실효기간과 복권의 요건인 기간은 동시에 형사소송법상의 기간(형사소송법 제337조)에 해당한다. 형사소송법상의 기간은 구속기간(제75조 제1항, 제202조, 제203조), 공소시효기간(제249조) 등을 제외하고 대부분 행위기간 또는 불행위기간에 해당하나, 형법상의 기간은 자유형의 기간, 노역장유치기간, 형의 시효기간 등과 같이 존속기간이 대부분이다. 형사소송법상의 기간 중에 고소·고발사건의 처리기간(제257조), 재정결정기간(제262조 제2항), 재판기간(소송촉진 등에 관한 특례법 제21조, 제22조) 등과 같은 훈시기간이 있으나, 형법상의 기간에는 훈시기간이 없다. 형사소송법상의 기간에는 48시간, 72시간 등과 같이 시간으로 정한 기간이 있으나, 형법상의 기간에는 시간으로 정한 기간은 없고, 연, 월 또는 일로 정한 기간만이 있다.

그리고 민법상의 기간은 수, 월 또는 연으로 정한 기간을 역에 의하여 계산하나(민법 제160조), 형법상의 기간은 연 또는 월로 정한 기간을 역수에 의하여 계산한다는 점에서 차이가 있다.

형법상의 기간이 경과되거나 만료되면 일정한 법적 효과가 발생하는데, 기간의 종류에 따라 그 효과가 다르다.

Ⅱ. 본장의 구성

본장은 4개의 조문으로 구성되어 있는데, 형법 제83조는 기간의 계산, 제84조는 형기의 기산, 제85조는 형의 집행과 시효기간의 초일, 제86조는 석방일에 대하여 규정하고 있다. 형법 제83조는 기간 계산의 일반원칙을 규정한 것이고, 제84조 이하는 형기 등 구체적인 경우의 기간계산방법을 규정하고 있다.

제 83 조 [기간의 계산]

연 또는 월로써 정한 기간은 역수에 따라 계산한다.

[관련조문] 형법 제35조, 제42조, 제44조 제1항, 제46조, 제57조, 제59조의2 제2항, 제60조, 제62조 제1항, 제62조의2 제2항, 제69조 제2항, 제70조 제2항, 제72조 제1항, 제78조, 제81조, 제82조.

Ⅰ. 본조의 취지

본조는 형법상 기간의 계산방법에 관한 통칙적 규정으로서 연 또는 월을 단위로 하는 기간에 대한 역법적 계산방법에 관하여 규정하고 있다. 이는 기간 산정의 명확성과 편의성을 도모하기 위한 것이다.[1]

기간의 계산방법에는 자연적 계산방법과 역법적 계산방법이 있다. 전자는 실제의 경과시간을 수학적 원리에 따라 계산하는 방법으로서 계산이 정확하고 공평하다는 장점이 있으나, 복잡하고 불편하다는 단점이 있다. 후자는 역수에 따라 계산하는 방법으로서 계산이 명확하고 간편하다는 장점이 있으나 불공평하다는 단점이 있다. 역수에 따라 기간을 계산하는 경우에 월의 대·소 또는 평년·윤년을 불문하기 때문에 자연적 계산방법과 역법적 계산방법에 따라 기간의 실제 일수에 있어 차이가 있다. 이와 관련하여 자유형 형기의 '연월'을 역수에 따라 계산하도록 하면서 윤달이 있는 해에 형집행 대상이 되는 경우에 관하여 형기를 감하여 주는 보완규정을 두지 않은 형법 제83조가 과잉금지원칙에 위반하여 신체의 자유를 침해하는지 여부가 문제되었는데, 헌법재판소는 이는 형기 산정의 명확성과 편의성을 도모하기 위한 것이고, 태양력의 오차를 시정하기 위한 윤달이 주기적으로 생성되고, 형기를 연월로 정하는 이상 실제 복역일수에 차이가 생길 수 밖에 없으며, 2월이 형기에 포함되지 않은 경우에 비하여 1, 2일 덜 복역하게 되는 등 결과적으로 이 사건 법률조항이 수형자에게 일반적으로 유리하거나 불리하다고 볼 수 없다는 점에 비추어 볼 때, 윤달이 있는 해에 형집행 대상이 되는 경우에 관하여 형기를 감하여 주는 보완규정을 두지 않았다고 하더라도 신체의 자유를 침해하지 아니한다고 결정하였다.[2]

1 헌법재판소 2013. 5. 30. 선고 2011헌마861 결정.
2 헌법재판소 2013. 5. 30. 선고 2011헌마861 결정.

Ⅱ. 적용범위

본조는 연 또는 월로써 정한 기간에 한해서 적용된다(형법 제83조). 즉 연 또는 월을 단위로 하는 기간은 역법적 계산방법에 의한다.

형법상 연으로 정한 기간에는 유기징역 또는 금고의 기간(형법 제42조), 자격정지의 기간(제44조 제1항), 누범기간(제35조), 선고유예의 면소기간(제60조), 집행유예의 기간(제62조 제1항), 보호관찰의 기간(제59조의2 제2항, 제62조의2 제2항), 가석방의 요건인 형 집행기간(제72조 제1항), 형의 시효기간(제78조), 형의 실효기간(제81조), 복권의 요건인 기간(제82조) 등이 있고, 월로 정한 기간에는 징역 또는 금고의 기간(제42조), 자격정지의 기간(제44조 제1항) 등이 있다.

일을 단위로 하는 기간은 본조가 적용되지 아니하므로 자연적 계산방법에 의한다. 형법상 일로 정한 기간에는 구류의 기간(형법 제46조), 판결선고전 구금일수의 통산(제57조), 벌금과 과료에 관한 노역장유치의 기간(제69조 제2항, 제70조 제2항) 등이 있다.

Ⅲ. 계산방법

연 또는 월로써 정한 기간은 역수에 따라 계산한다(형법 제83조). 여기의 역수는 태양력의 역서에 의한 연 또는 월의 수를 말한다. 따라서 연 또는 월로 정한 기간은 중간의 일, 시, 분, 초를 정산하지 않고 연 또는 월을 단위로 계산하는 역법적 계산방법에 의한다.

연 또는 월의 초일이 기산일인 때에는 그 기간의 최후의 연 또는 월의 말일이 만료일(종료일)이 된다. 예를 들어 3월 1일이 기산일인 6개월의 기간 만료일은 8월 31일이 된다.

그 외의 날이 기산일인 때에는 그 기간의 최후의 연 또는 월에 해당하는 날(해당일)의 전일이 만료일이 된다. 예를 들어 2월 22일이 기산일인 1년 6개월의 기간의 만료일은 다음 해 8월 21일이다.

최후의 연 또는 월의 해당일이 존재하지 아니하는 때에는 계산상 그 해당일이 존재하지 않는 월의 말일이 만료일이 된다. 예를 들어 8월 31일이 기산일인 6개월의 기간의 경우에 해당일인 다음 해 2월 31일이 존재하지 아니하므로 그 해가 평년인 때에는 2월 28일, 윤년인 때에는 2월 29일이 만료일이 된다.

기간이 연, 월과 일이 함께 있는 경우에는 먼저 연 또는 월의 기간의 만료일을 역법적 계산방법에 의하여 계산하고, 그 날의 다음 날을 기산일로 하여 자연적 계산방법에 의하여 일에 관한 만료일을 계산한다. 예를 들어 1년 6월 10일의 기산일이 1월 20일인 경우에 먼저 1년 6월을 역법적 계산방법에 의하여 다음 해 7월 19일을 계산하고, 다음 날일 7월 20일을 기산일로 하여 남은 10일을 계산하여 산출된 다음 해 7월 29일이 그 만료일이 된다.

제84조 [형기의 기산]

① 형기는 판결이 확정된 날로부터 기산한다.

② 징역, 금고, 구류와 유치에 있어서는 구속되지 아니한 일수는 형기에 산입하지 아니한다.

[관련조문] 형법 제72조 제1항, 제76조 제2항, 제85조, 형사소송법 제343조, 제349조, 제358조, 제364조, 제374조, 제380조, 제454조, 제470조, 제489조, 보호관찰 등에 관한 법률 제45조, 즉결심판에 관한 절차법 제2조, 제16조, 형의 집행 및 수용자의 처우에 관한 법률 제20조, 제37조, 제77조 제4항, 제102조 제4항, 제125조.

[참고문헌] 김일수/서보학, 새로쓴 형법총론(제13판), 박영사(2018); 배종대, 형법총론(제13판), 홍문사(2017); 임웅, 형법총론(제10전정판), 법문사(2018); 정성근/박광민, 형법총론(제2판), 성균관대학교출판부(2015); 정영일, 형법강의(총론)(제3판), 학림(2017); 주석 형법 총칙(2)(제2판), 한국사법행정학회(2011); 주석 형법 총칙(하)(제1판), 한국사법행정학회(1995).

Ⅰ. 본조의 취지

본조 제1항은 형법상의 기간 중 형기의 기산일에 관하여 규정하고, 제2항은 징역, 금고, 구류와 유치에 있어서 실제로 구속되지 아니한 일수는 형기에 산입하지 아니한다는 내용을 규정하고 있다.

Ⅱ. 형기의 기산일

1. 판결 확정일

형기의 기산일은 판결이 확정된 날이다(형법 제84조 제1항). 여기의 형기는 자유형의 기간을 뜻한다고 보는 것이 통설이다.[1] 통설에 의하면 형기의 기산일은 자유형인 징역, 금고 또는 구류에만 문제가 되고, 자격정지형이나 형기가 없는 사형,

1 배종대, 형법총론(제13판), 홍문사(2017), 621; 임웅, 형법총론(제10전정판), 법문사(2018), 712; 정성근/박광민, 형법총론(제2판), 성균관대학교출판부(2015), 736; 정영일, 형법강의(총론)(제3판), 학림(2017), 407; 주석 형법 총칙(2)(제2판), 한국사법행정학회(2011), 797(조균석).

재산형(벌금·과료), 부가형(몰수·추징)에 있어서는 문제가 되지 아니한다. 이에 대하여 자격정지형의 기간도 형의 기간이므로 여기의 형기에 포함된다는 견해도 있다.[2]

자유형 가운데 무기형에 대해서는 형기가 없으므로 문제가 되지 아니한다는 견해[3]가 있으나, 무기형의 경우에도 가석방 요건(형법 제72조 제1항)의 관계상 형기의 기산일을 확정할 필요가 있다.[4]

판결의 확정이란 그 판결에 대하여 통상의 불복방법으로는 다툴 수 없는 상태를 의미한다.[5] 즉결심판의 대상에는 구류가 포함되고(즉결심판에 관한 절차법 제2조), 즉결심판이 확정되면 확정판결과 동일한 효력이 생기므로(즉결심판에 관한 절차법 제16조), 본조 제1항의 판결에는 즉결심판도 포함한다.[6]

자유형을 선고한 판결의 확정일은 그 판결에 대해서 상소가 허용되느냐 여부에 따라 차이가 있다. 상소가 허용되는 판결은 상소기간(형사소송법 제343조, 제358조, 제374조)의 경과, 상소 기타 불복신청의 포기 또는 취하(제349조, 제454조), 상소를 기각하는 재판의 확정(제364조, 제380조)에 의해서 확정된다. 상소기간의 경과에 의한 경우는 그 최종일이 확정일이고, 상소 기타 불복신청의 포기 또는 취하의 경우는 포기 또는 취하일 당일이 확정일이다. 그리고 상고심의 판결에 대해서는 불복신청이 허용되지 아니하므로 선고와 동시에 확정된다.

구류형을 선고한 즉결심판은 정식재판청구기간의 경과, 정식재판청구권의 포기, 그 청구의 취하 또는 정식재판청구를 기각하는 재판의 확정에 의하여 확정된다(즉결심판에 관한 절차법 제16조).

본조 제1항에 의하여 형기가 판결확정일로부터 기산되는 경우는 자유형의 선고를 받은 자가 당해 사건에 관하여 구속 중이거나 확정 당일 수감되어 형의 집행이 개시된 경우에 한한다.[7] 자유형의 선고를 받은 자가 판결확정 당시 불구속 상태에 있어서 자유형의 집행이 개시되지 아니한 때에는 판결확정일로부터 자유형의 형기를 기산할 수 없기 때문이다.

2 주석 형법 총칙(하)(제1판), 한국사법행정학회(1995), 459(백형구).
3 주석 형법 총칙(하)(제1판), 한국사법행정학회(1995), 460(백형구).
4 주석 형법 총칙(2)(제2판), 한국사법행정학회(2011), 798(조균석).
5 정영일, 형법강의(총론)(제3판), 학림(2017), 407; 주석 형법 총칙(2)(제2판), 한국사법행정학회(2011), 798(조균석).
6 주석 형법 총칙(2)(제2판), 한국사법행정학회(2011), 798(조균석).
7 주석 형법 총칙(2)(제2판), 한국사법행정학회(2011), 798(조균석).

형의 집행은 검사의 집행지휘서에 의하는데, 확정 당일 구금상태에 있는 경우에 확정일 다음 날 이후에 집행지휘가 있더라도 형기의 기산일은 집행지휘일이 아니라 판결확정일이다. 구속영장의 효력은 형의 확정에 의하여 당연히 실효되는 것은 아니므로 구속영장의 유효기간 내라면 검사의 형집행지휘가 늦더라도 그 기간은 불법구금에 해당하지 아니한다.[8] 그리고 검사가 집행지휘를 하면서 집행지휘서에 형기의 기산일을 잘못 기재한 경우에는 형의 집행을 받은 자는 법원에 형의 집행에 관한 이의신청을 할 수 있다(형사소송법 제489조).

2. 형의 집행일

자유형의 선고를 받은 자가 그 판결확정 당시 구금상태에 있지 아니한 때에는 자유형의 집행을 개시한 날이 형기의 기산일이라고 해석하여야 한다.[9] 이 경우에도 형기의 기산일은 판결확정일이며 형법 제84조 제2항에 의하여 판결확정일로부터 형집행개시일의 전일까지는 형기에 산입하지 아니한다는 이론 구성도 가능하지만, 자유형의 집행을 받고 있지 아니한 자에 대하여 형기를 기산한다는 것을 불합리하므로 형집행의 개시일이 형기의 기산일이라고 해석하는 것이 타당하다.

어떤 사건(A사건)으로 미결구금 중에 있는 자에 대하여 불구속 기소된 다른 사건(B사건)으로 자유형이 확정된 경우에는 B사건에 관한 판결확정일이 형기의 기산일이라고 해석하는 견해가 있으나, A사건에 관한 미결구금을 B사건에 관한 자유형의 집행으로 볼 수 없고 미결구금일수는 A사건에 관한 형에 산입되는 점 등에 비추어 B사건에 관한 형기의 기산일은 해당 형의 집행개시일이라고 해석하는 것이 타당하다.[10] 다만, A사건에 대하여 형의 면제, 무죄, 면소, 공소기각 등의 재판이 확정되는 경우도 예상할 수 있으므로 검사는 B사건에 대한 판결이 확정된 후 지체없이 형의 집행을 지휘하여야 한다.

Ⅲ. 형기의 불산입기간

징역, 금고, 구류와 유치에 있어서는 구속되지 아니한 일수는 형기에 산입하지 아니한다(형법 제84조 제2항).

8 주석 형법 총칙(2)(제2판), 한국사법행정학회(2011), 799(조균석).
9 주석 형법 총칙(2)(제2판), 한국사법행정학회(2011), 799(조균석).
10 주석 형법 총칙(2)(제2판), 한국사법행정학회(2011), 799(조균석).

1. 적용대상

본조 제2항의 적용대상은 자유형(징역, 금고, 구류)과 노역장유치이다. 노역장유치의 기산일은 유치의 집행개시일이며, 형 집행의 초일은 시간을 계산함이 1일로 산정한다(형법 제85조).

2. 판결확정일과 실제 형집행개시일이 다른 경우

여기의 구속되지 아니한 일수와 관련하여 판결확정일과 실제 형집행개시일이 다른 경우에 판결확정 후 구속되지 않은 일수가 여기에 해당한다고 볼 수 있는지가 문제된다. 이에 해당한다고 보는 긍정설[11]과 이에 해당하지 아니한다는 부정설[12]이 대립하고 있으나, 판결확정일로부터 집행개시까지의 구금되지 아니한 일수는 실제로 형기에 산입되지 않는다는 점에서 결론이 동일하여 논의의 실익이 적다.

3. 구속되지 아니한 일수

본조 제2항에서 말하는 구속되지 아니한 일수의 예를 들면 다음과 같다.

수형자가 형의 집행 중 도주한 기간은 형기에 산입되지 아니한다.[13] 도주한 당일은 형기에 산입하지 아니한다.[14] 이에 대하여 도주한 당일도 형기에 산입하여야 한다는 견해가 있다.[15] 도주한 수형자가 형집행장에 의하여 재수감된 경우에는 형집행장을 집행한 날은 형기에 산입되나, 도주죄 등과 같이 다른 범죄로 체포, 구속된 때에는 수형 중이던 형의 재집행까지의 기간은 형기에 산입되지 아니한다.

자유형 또는 노역장유치의 집행정지기간은 형기에 산입되지 아니한다. 형집행정지에 의하여 석방된 당일은 형기에 산입한다.[16] 검사는 심신장애로 형집행정지된 자를 감호의무자 또는 지방공공단체에 인도하여 병원 기타 적당한 장소에

11 김일수/서보학, 새로쓴 형법총론(제13판), 박영사(2018), 620; 임웅, 형법총론(제10전정판), 법문사(2018), 712; 정성근/박광민, 형법총론(제2판), 성균관대학교출판부(2015), 736.

12 주석 형법 총칙(2)(제2판), 한국사법행정학회(2011), 800(조균석).

13 김일수/서보학, 새로쓴 형법총론(제13판), 박영사(2018), 620; 임웅, 형법총론(제10전정판), 법문사(2018), 712; 정성근/박광민, 형법총론(제2판), 성균관대학교출판부(2015), 736; 주석 형법 총칙(2)(제2판), 한국사법행정학회(2011), 801(조균석).

14 수용구분 및 이송·기록 등에 관한 지침(법무부 예규 제1219호) 제51조 제2항.

15 주석 형법 총칙(하)(제1판), 한국사법행정학회(1995), 461(백형구).

16 수용구분 및 이송·기록 등에 관한 지침(법무부 예규 제1219호) 제51조 제2항.

수용하게 할 수 있고(형사소송법 제470조 제2항), 이 경우 형의 집행이 정지된 자는 감호의무자 또는 지방공공단체에 인도하여 병원 기타 적당한 장소에 수용하는 처분이 있을 때까지 교도소 또는 구치소에 구치하고 그 기간을 형기에 산입한다(형사소송법 제470조 제3항). 형의 집행이 정지된 자가 질병이나 그 밖에 피할 수 없는 사정으로 귀가하기 곤란한 경우에 본인의 신청이 있으면 일시적으로 교정시설에 수용할 수 있고(형의 집행 및 수용자의 처우에 관한 법률 제125조), 이 경우 그 수용기간은 형기에 산입한다.[17]

가석방이 실효되거나 취소된 경우에는 가석방중의 일수는 형기에 산입하지 아니한다(형법 제76조 제2항). 가석방에 의하여 석방된 당일은 형기에 산입하며,[18] 형기의 재기산일은 잔형을 집행한 날이다. 가석방 취소를 위한 심리를 위하여 유치된 사람에 대하여 가석방이 취소된 경우에는 그 유치기간을 형기에 산입한다(보호관찰 등에 관한 법률 제45조).

그리고 형의 집행 및 수용자의 처우에 관한 법률 제20조에 의하여 수용자를 다른 교정시설로 이송하는 기간이나 같은 법률 제37조에 의하여 외부치료시설이나 치료감호시설에 수용한 기간은 성질상 교도소에 구금되어 있는 것과 동일하게 평가되므로 형기에 산입한다.

수형자가 일시 석방되더라도 그 기간을 형기에 산입하는 경우가 있다. 수형자의 귀휴기간은 형 집행기간에 포함한다(형의 집행 및 수용자의 처우에 관한 법률 제77조 제4항). 그리고 천재지변이나 그 밖의 재해가 발생하여 시설의 안전과 질서유지를 위하여 긴급한 조치가 필요하면 소장은 수용자로 하여금 피해의 복구나 그 밖의 응급용무를 보조하게 할 수 있다. 그리고 교정시설의 안에서 천재지변 등으로 인하여 일시 석방된 수용자는 석방 후 24시간 이내에 교정시설 또는 경찰관서에 출석하여야 하고(형의 집행 및 수용자의 처우에 관한 법률 제102조 제4항), 석방 후 24시간 이내에 교정시설 등에 출석한 경우에 그 일시 석방기간은 형기에 산입하여야 한다.[19] 24시간 이내에 출석하지 아니한 경우는 형기에 산입되지 아니하고, 다시 형 집행을 개시한 날로부터 다시 형기에 산입된다.

17 수용구분 및 이송·기록 등에 관한 지침(법무부 예규 제1219호) 제51조 제5항.
18 수용구분 및 이송·기록 등에 관한 지침(법무부 예규 제1219호) 제51조 제2항.
19 주석 형법 총칙(2)(제2판), 한국사법행정학회(2011), 802(조균석).

제 85 조 [형의 집행과 시효기간의 초일]

형의 집행과 시효기간의 초일은 시간을 계산함이 없이 1일로 산정한다.

[관련조문] 형법 제35조, 제44조 제2항, 제62조 제1항, 제78조, 제81조, 제83조, 형사소송법 제66조 제1항.

[참고문헌] 주석 형법 총칙(2)(제2판), 한국사법행정학회(2011).

Ⅰ. 본조의 취지

본조는 형의 집행과 시효기간에 관하여 시간을 계산함이 없이 초일을 산입한다고 규정하고 있다. 이는 민법이나 형사소송법상 초일불산입의 원칙에 대한 특칙으로서 형의 선고를 받은 자에게 유리하도록 규정한 것이다.

형사소송법상 일, 월 또는 연으로써 계산하는 것은 초일을 산입하지 아니하나, 시효와 구속기간의 초일은 시간을 계산함이 없이 1일로 산정한다(형사소송법 제66조 제1항).

Ⅱ. 형 집행의 초일

형 집행의 초일은 시간을 계산함이 없이 1일로 계산한다(형법 제85조). 이는 수형자의 이익을 도모하기 위하여 형의 집행기간에 관한 논란을 해소하는 데에 그 취지가 있다.

형 집행의 초일이라 함은 형 집행의 개시일을 의미한다. 형 집행의 개시일이 판결확정일인지와 구속일인지 여부를 불문한다.

2개 이상의 형을 계속 집행할 경우 먼저 집행한 형기종료일의 다음날을 다음 형 집행의 초일로 한다.[1] 그러나 이 경우 먼저 집행한 형의 실제 미결구금일수가 형기를 초과하여 집행할 형기가 없는 경우 나중에 집행할 형의 기산일은 먼저 집행한 형의 확정일로 한다.[2] 그리고 2개 이상의 형을 계속 집행할 경우 벌금 납부, 정식재판청구권 회복결정 등에 의해 먼저 집행중인 형에 대하여 석방 사유가 발

1 수용구분 및 이송·기록 등에 관한 지침(법무부 예규 제1219호) 제48조 제6항.
2 수용구분 및 이송·기록 등에 관한 지침(법무부 예규 제1219호) 제48조 제7항.

생한 때에는 석방일을 다음형 집행의 초일로 한다.[3]

미결 상태에서 석방 사유(구속취소, 기소유예 등)가 발생한 수용자에게 다른 형을 집행하여야 할 경우에는 석방일을 다음형 집행의 초일로 한다.[4] 치료감호 종료 후 추가형 집행 등을 위해 교정시설에 입소한 때에는 입소일을 집행할 형의 초일로 한다.[5]

형의 집행 중 도주한 수형자를 형집행장에 의하여 검거하여 재수감하거나 형의 집행정지를 취소하고 수형자를 재수감하는 경우에 재수감의 초일에 관하여도 본조를 유추적용하여 시간을 계산함이 없이 1일로 산정하여야 한다.[6] 그리고 노역장유치기간의 초일에 관하여도 본조를 유추적용하여 노역장유치의 초일은 시간을 계산함이 없이 1일로 산정하여야 한다.[7]

Ⅲ. 시효기간의 초일

1. 시효기간

형의 시효기간의 초일은 시간을 계산함이 없이 1일로 산정한다(형법 제85조). 이는 형확정자의 이익을 보호하기 위한 규정이다.

형의 시효기간은 재판확정일로부터 기산한다(형법 제78조). 그리고 자유형의 일부를 집행 중 수형자가 도주한 경우에는 그 도주일이 시효기간의 기산일이고, 형의 집행유예가 실효 또는 취소된 경우에 그 실효 또는 취소된 날이 시효기간의 기산일이다. 그리고 가석방이 실효되거나 취소된 경우에 그 실효일 또는 최소일로부터 형의 시효가 진행된다.

2. 유추적용 여부

선고유예기간의 기산일은 선고유예를 선고한 판결의 확정일이고, 집행유예기간의 기산일은 집행유예를 선고한 판결의 확정일이다. 선고유예기간이나 집행유예기간의 초일에 관하여도 본조를 유추적용하여 시간을 계산함이 없이 1일로 산

3 수용구분 및 이송·기록 등에 관한 지침(법무부 예규 제1219호) 제48조 제10항.
4 수용구분 및 이송·기록 등에 관한 지침(법무부 예규 제1219호) 제48조 제8항.
5 수용구분 및 이송·기록 등에 관한 지침(법무부 예규 제1219호) 제48조 제11항.
6 주석 형법 총칙(2)(제2판), 한국사법행정학회(2011), 804(조균석).
7 주석 형법 총칙(2)(제2판), 한국사법행정학회(2011), 804(조균석).

정하여야 한다는 견해가 있다.[8] 선고유예나 집행유예의 기간은 연 또는 월로 정한 기간으로 역수에 따라 계산하여야 하므로(형법 제83조), 기간의 기산일을 정하는 것이 중요하고, 초일인 재판확정일의 시간을 계산함이 없이 1일로 계산하여야 한다.

그리고 누범기간(형법 제35조)의 기산일에 관하여 형의 집행을 종료한 날 또는 형 집행을 면제받은 날이라는 견해와 형 집행이 종료된 다음날이라는 견해가 대립하고 있는데, 이 경우에도 기산일로부터 역법적 계산방법에 의하여 그 기간을 계산한다. 또한 유기징역 또는 금고와 자격정지가 병과된 경우의 자격정지의 기간(제44조 제2항), 집행유예의 요건으로서 3년(제62조 제1항), 형의 실효의 요건으로서 7년(제81조)의 기산일과 그 계산방법도 누범기간의 경우와 마찬가지이다.

8 주석 형법 총칙(2)(제2판), 한국사법행정학회(2011), 804-805(조균석).

제 86 조 [석방일]

석방은 형기종료일에 하여야 한다.

[관련조문] 형의 집행 및 수용자의 처우에 관한 법률 제123조, 제124조 제2항, 제125조, 제126조, 형의 집행 및 수용자의 처우에 관한 법률 시행령 제141조, 제142조, 제143조 제1항, 제144조.

[참고문헌] 주석 형법 총칙(2)(제2판), 한국사법행정학회(2011).

Ⅰ. 본조의 취지

본조는 수형자의 석방일을 형기종료일로 명시한 규정이다. 이는 형기를 가급적 단축함으로써 수형자의 이익을 도모하고, 형기만료 후의 구금은 불법구금이라는 점을 고려한 데에 그 취지가 있다.

그러나 이에 대하여 수형자의 석방일을 형기종료일의 다음날로 하는 입법례가 있다. 일본 형법 제24조는 "형기가 종료된 경우 석방은 그 종료일의 익일에 한다."고 규정하고 있는데, 형의 집행은 형기 마지막까지 집행하여야 하고, 형기종료 시점인 형기종료일의 24시에 석방하면 석방사무 및 수형자의 안전에 문제가 있다는 점 등을 고려한 것이다.

Ⅱ. 석방일

석방일은 형기종료일이다. 따라서 형기종료에 따른 석방은 형기종료일에 행하여야 한다(형법 제86조, 형의 집행 및 수용자의 처우에 관한 법률 제124조 제2항). 형기종료일이란 형기의 최종일을 말한다. 형기종료일은 확정된 자유형의 기간, 형기의 기산일(판결확정일 또는 형집행개시일), 미결구금일수, 형집행정지의 일수 등에 의해서 결정된다. 구체적으로는 형의 기산일로부터 역에 따라 형기를 적산하여 미결통산일수 등을 공제하지 않은 가종료일을 정한 후 가종료일에 미결통산일수, 집행제기간, 감형기간의 순으로 공제하여 형기종료일을 정한다.[1] 집행제기간이란 형이 확정된 수형자에 대해 실제 형집행이 진행된 기간을 의미하는데, 미결에서

[1] 수용구분 및 이송·기록 등에 관한 지침(법무부 예규 제1219호) 제49조 제1항.

형이 확정되어 집행하던 중 질병 등으로 형집행정지되는 경우와 수형자로 입소하여 상소권회복청구 등으로 형집행이 정지된 경우에 발생한다.

사례를 들어 석방일을 계산하면 다음과 같다. 징역 1년 6월의 판결, 미결구금일수 35일, 형기기산일 2011. 12. 1., 형집행정지일 2012. 4. 15., 재입소일 2012. 6. 10.인 경우에 재입소일인 2012. 6. 10.을 재입기산일로 하여 징역 1년 6월을 역에 따라 적산하면 2013. 2. 10.이 되고, 여기에서 구속기간 초일을 공제하면 2013. 12. 9.의 가종료일을 얻을 수 있으며, 가종료일에서 미결구금일수 35일을 공제하고, 집행제기간(형기기산일인 2011. 12. 1.부터 형집행정지일인 2012. 4. 15.까지) 4개월 15일을 역에 따라 공제하면 최종 형기종료일은 2013. 6. 20.이 된다. 따라서 석방일은 2013. 6. 20.이다.

본조는 노역장유치의 경우에 준용된다고 해석된다.[2] 따라서 노역장유치기간의 종료일에 석방하여야 한다.

Ⅲ. 석방의 절차

1. 석방의 준비 및 석방자 보호

가. 석방의 준비

교정시설의 장은 수형자의 건전한 사회복귀를 위하여 필요하다고 인정하면 석방 전 3일 이내의 범위에서 석방예정자를 별도의 거실에 수용하여 장래에 관한 상담과 지도를 할 수 있다(형의 집행 및 수용자의 처우에 관한 법률 시행령 제141조). 소장은 형기종료로 석방될 수형자에 대하여는 석방 10일 전까지 석방 후의 보호에 관한 사항을 조사하여야 한다(제142조).

나. 석방자의 보호

1) 일시수용

소장은 피석방자가 질병이나 그 밖에 피할 수 없는 사정으로 귀가하기 곤란한 경우에 본인의 신청이 있으면 일시적으로 교정시설에 수용할 수 있다(형의 집행 및 수용자의 처우에 관한 법률 제125조).

2 주석 형법 총칙(2)(제2판), 한국사법행정학회(2011), 807(조균석).

2) 귀가여비의 지급 등

소장은 피석방자에게 귀가에 필요한 여비 또는 의류가 없으면 법무부장관이 정하는 범위에서 이를 지급하거나 빌려 줄 수 있다(형의 집행 및 수용자의 처우에 관한 법률 제126조).

3) 보호조치

소장은 수형자를 석방하는 경우 특히 필요하다고 인정하면 한국법무보호복지공단에 그에 대한 보호를 요청할 수 있다(형의 집행 및 수용자의 처우에 관한 법률 시행령 제144조).

4) 교정성적 등 통지

소장은 석방될 수형자의 보호 및 재범 방지 등을 위하여 필요하다고 인정하면 그의 성격·교정성적 또는 보호에 관한 의견을 그의 거주지를 관할하는 경찰관서 또는 그를 인수하여 보호할 법인 또는 개인에게 통보할 수 있다. 다만, 법인 또는 개인에게 통보하는 경우에는 해당 수형자의 동의를 받아야 한다(형의 집행 및 수용자의 처우에 관한 법률 시행령 제143조 제1항).

2. 석방

석방은 검사의 석방지휘서 원본 또는 모사전송에 의한 석방지휘서에 따라 처리한다.[3] 형기종료자에 대하여 형집행지휘서, 재판서, 석방지휘서 등 관계서류에 기재된 사건번호와 인적사항 등이 일치하는지를 세밀히 검토하여 대조한 후 석방하여야 한다.[4]

수형자의 석방은 형기종료에 따라 교정시설의 장이 한다(형의 집행 및 수용자의 처우에 관한 법률 제123조). 교정시설의 장은 형기종료자를 석방할 때에는 형기종료일 05:00 이후에 석방하여야 한다. 다만, 질병 등으로 그 생명에 위험을 가져올 급박한 사유가 있을 때에는 석방 시간을 일부 조정하여 실시할 수 있다.[5]

3 수용구분 및 이송·기록 등에 관한 지침(법무부 예규 제1219호) 제41조 제2항.
4 수용구분 및 이송·기록 등에 관한 지침(법무부 예규 제1219호) 제43조 제3항.
5 수용구분 및 이송·기록 등에 관한 지침(법무부 예규 제1219호) 제43조 제2항.

찾아보기

사항색인

(ㄷ)

(ㅁ)

(ㅅ)

(ㅇ)

(ㅈ)

판례색인

(日)

주석 형법 [총칙 2]

1990 년 12 월 20 일 제 1 판 1 쇄 발행
2011 년 11 월 30 일 제 2 판 1 쇄 발행
2020 년 3 월 1 일 제 3 판 1 쇄 인쇄
2020 년 3 월 15 일 제 3 판 1 쇄 발행

편집대표 박 상 옥, 김 대 휘
발 행 인 이 종 균
발 행 처 韓國司法行政學會

서울특별시 서대문구 경기대로 57 석당빌딩 5층
전 화 (02) 362-2045~8
팩 스 (02) 312-2070
등 록 1965 년 8 월 27 일 9-94

정가 90,000 원

ISBN 978-89-8109-808-7
세 트 978-89-8109-806-3

※ 낙장·파본은 교환하여 드립니다.

www.law.or.kr(홈페이지) www.lexcom.co.kr (도서쇼핑몰)